KB210400

최신중요

# 형사
# 소송법
# 판례

수사와 증거

박상진

박영사

# 머리말

이 책은 필자가 앞서 출간한 두 책(『형법판례총론』과 『형법판례각론』)의 연장선상에서 쓰여졌다. 앞서 책들과 같이 이 책의 목적도 판례를 통해 형사법의 법리(法理)를 좀 더 쉽게 이해하는 데 주안을 두고자 했다. 형사소송법은 헌법정신의 구현이며, 형사사법의 정의를 실현함에 있어서 가장 중요한 의미를 갖는 법률이다. 그런데 이 책의 원고가 마무리될 무렵인 2024. 12. 3. 대한민국은 헌정사상 초유의 사태를 맞이하였다. 현직 대통령의 비상식적 비상계엄령이 선포되고, 계엄령 선포 후 2시간 반 만에 국회에서 비상계엄해제요구결의안이 가결되었다(헌법 제77조 제5항은 "국회가 재적의원 과반수의 찬성으로 계엄의 해제를 요구한 때에는 대통령은 이를 해제하여야 한다"고 규정하고 있다). 당시 계엄사령관이 발표한 계엄포고령(제1호)의 핵심은, 결국 "반국가세력 등 체제전복세력"들에 대해서는 "영장 없이 체포, 구금, 압수수색을 할 수 있으며, 계엄법 제14조(벌칙)에 의하여 처단"할 수 있다는 내용이었다. 이는 정치적 반대자에 대해서는 영장 없이 체포, 구속이 가능한 사회를 만들겠다는 의도인 것이다(이후 대통령은 국회에서 탄핵소추안이 결의되어 직무가 정지되었고(2024.12.14.), 현직 대통령으로는 처음으로 내란 혐의로 체포·구속되어 있는 상태에서 헌법재판소의 탄핵 심판을 받고 있다).

형사소송법은 헌법정신의 구현이다. 우리 헌법 제12조는 "① 모든 국민은 신체의 자유를 가진다. 누구든지 법률에 의하지 아니하고는 체포·구속·압수·수색 또는 심문을 받지 아니하며, 법률과 적법한 절차에 의하지 아니하고는 처벌·보안처분 또는 강제노역을 받지 아니한다. ② 모든 국민은 고문을 받지 아니하며, 형사상 자기에게 불리한 진술을 강요당하지 아니한다. ③ 체포·구속·압수 또는 수색을 할 때에는 적법한 절차에 따라 검사의 신청에 의하여 법관이 발부한 영장을 제시하여야 한다. ④ 누구든지 체포 또는 구속을 당한 때에는 즉시 변호인의 조력을 받을 권리를 가진다. …… ⑤ 누구든지 체포 또는 구속의 이유와 변호인의 조력을 받을 권리가 있음을 고지받지 아니하고는 체포 또는 구속을 당하지 아니한다. …… ⑥ 누구든지 체포 또는 구속을 당한 때에는 적부의 심사를 법원에 청구할 권리를 가진다. ⑦ 피고인의 자백이 고문·폭행·협박·구속의 부당한 장기화 또는 기망 기타의 방법에 의하여 자의로 진술된 것이 아니라고 인정될 때 또는 정식재판에 있어서 피고인의 자백이 그에게 불리한 유일한 증거일 때에는 이를 유죄의 증거로 삼거나 이를 이유로 처벌할 수 없다."를 내용으로 하고 있다.

이 헌법 제12조에 열거된 내용이 우리 형사소송법의 이념이며 목적이다. 헌법의 기본적 가치는 형사소송법을 통해 구현될 수 있다. 그런데 이번 12·3 사태(내란)는 헌법과 형사소송법의 핵심 가치를 부정하고 우리의 민주질서를 파괴하는 시대착오적 조치였다. 대통령은 야당에 대해 경종을 울리고 부정선거의 증거를 수집하기 위해 구국의 결단으로 계엄령을 선포했다고 한다. 백번 양보하여 대통령의 이러한 충정을 이해하더라도 "성경을 읽기 위해 촛대를 훔쳐서는 안 된다."라는 금언이 있듯이, 목적이 아무리 정당하더라도 수단이 불법이어서는 안 된다. 형사소송법의 이념도 결국 이것이다. '실체적 진실발견'을 추구하더라도 '적법한 절차'를 준수하라는 것이다. 이 원칙을 공유하기 위해 인류는 오랜 기간 많은 피를 흘려 왔으며, 대한민국 또한 예외는 아니다. 다른 법과는 달리 형사소송법의 많은 규정은 권리장전이며, 이 법의 중요한 법리들(임의수사의 원칙과 강제처분법정주의, 미란다원칙, 위법수집증거배제법칙, 자백배제법칙, 전문증거배제법칙, 자백의 보강법칙 등)은 인류문명의 소중한 자산이다. 이 책의 목적도 독자들이 해방 이후 80년 동안 축적된 판례(문명)를 통해 형사소송법의 주요 원칙과 법리를 익혀 정의로운 형사절차를 운용하고자 함에 있다.

정의를 가르치는 학문이 법학이다. '법'이라는 용어 자체가 정의를 의미한다(법(法)을 의미하는 서양어는 예외 없이 '정의'(Justice, Justiz, giustizia, justicia)로 표현되고 있으며, '법'이나 '권리'를 나타내는 서양어의 대부분(right, Recht, droit, diritto, derecho)이 '옳음(正)'이나 '참(眞)'의 의미를 지니고 있다). 그런데 법을 이용한 온갖 사술과 법기술이 난무한다. 법학교육은 제대로 작동하고 있는가? 법기술자(법꾸라지)만 양성하고 있는 것은 아닌가? 그런 법기술자들이 능력자로 인정받고 사회 곳곳에서 리더로 활동하고 있는 것인가? 참으로 걱정되고 안타깝다(이번 내란 세력의 3대 인맥은 서울대학교 법학과, 경찰대학, 육군사관학교이다. 세 교육기관 모두 대한민국의 간성을 육성하고자 국민의 세금으로 운영되는 곳이다. 이번 사태가 정리가 되면, 세 교육기관의 장은 반드시 대국민 사과와 교육혁신에 대한 방안을 제시하여야 할 것으로 생각된다). 현직 대통령과 여·야 대표 모두 법률가 출신의 정치가이다. 그럼에도 공정과 정의를 추구하는 법의 정신은 멀어지고 법은 단순히 기술적 도구로 전락하고 있다. 이 모두 법의 문제가 아니라 그 법을 해석하고 운영하는 사람의 문제이다. 부끄러움을 모르고 양심을 저버린 사람의 문제이다.

칸트의 고백이자 그의 묘비명에는 다음과 같은 글이 쓰여 있다. "생각하면 생각할수록 나의 마음을 더욱 새롭고 더욱 커다란 놀라움과 경외감으로 충만하게 해 주는 것이 두 가지 있다. 내 머리 위의 별이 총총한 하늘과 내 마음속의 도덕법칙이 그것이다." 칸트는 『실천이성비판』에서 질서정연한 자연도 경이롭지만, 이를 뛰어넘어 인간을 인간답게 만드는 내면의 법칙 또한 경이롭다고 고백하고 있다(칸트는 오직 인간만이 마음속 '도덕법칙'을 지키기 위해 자연법칙을 거스를 수 있는 존재라 생각했다. 칸트는 인간의 '자유의지'를 믿었다). '도덕적 존재'로서의 인간에 관한 칸트의 통찰과 깊은 뜻을 헤아려 본다.

2025. 1. 25.
박 상 진

# 차 례

## PART 7

# 부록

## 범례(凡例)

1. 【판지】와 【해설】에서 판례를 직접 인용한 부분에 대해서는 「　」을 사용했다.
2. 판례 표기와 관련하여 리딩케이스인 '대상판결'에서는 선고일자와 사건번호 모두를 표기했으나 【해설】
   과 【Reference】에서는 사건번호만 표기했다.
3. 【해설】 내용 중, Ref 1. 2−3은 Reference 1에 속하는 2그룹의 3번째 판례를 말한다.

## 법령약어표

형사소송법 – – – – – – – – – – – – – – – – – – – – – – – – – – –법

형사소송규칙 – – – – – – – – – – – – – – – – – – – – – – – – – –규칙

경찰관직무집행법 – – – – – – – – – – – – – – – – – – – – – –경집법

성폭력범죄의 처벌 등에 관한 특례법 – – – – – – – – – – – – –성폭력처벌법

아동·청소년의 성보호에 관한 법률 – – – – – – – – – – – – – –청소년성보호법

형의 집행 및 수용자의 처우에 관한 법률 – – – – – – – – – – – –형집행법

검사와 사법경찰관의 상호협력과 일반적 수사준칙에 관한 규정 – – 준칙 또는 수사준칙

# 수사의 단서

## 형사소송법
[시행 2025. 1. 17.] [법률 제20460호, 2024. 10. 16., 일부개정]

### 제2편 제1심
### 제1장 수사

**제222조(변사자의 검시)** ① 변사자 또는 변사의 의심있는 사체가 있는 때에는 그 소재지를 관할하는 지방검찰청 **검사**가 검시하여야 한다.

② 전항의 검시로 범죄의 혐의를 인정하고 **긴급을 요할 때에는 영장없이 검증**할 수 있다.

③ 검사는 사법경찰관에게 전2항의 처분을 명할 수 있다.

**제223조(고소권자)** 범죄로 인한 피해자는 고소할 수 있다.

**제224조(고소의 제한)** 자기 또는 배우자의 직계존속을 고소하지 못한다.

**제225조(비피해자인 고소권자)** ① 피해자의 법정대리인은 **독립**하여 고소할 수 있다.

② 피해자가 사망한 때에는 그 배우자, 직계친족 또는 형제자매는 고소할 수 있다. 단, 피해자의 명시한 의사에 반하지 못한다.

**제226조(동전)** 피해자의 법정대리인이 피의자이거나 법정대리인의 친족이 피의자인 때에는 피해자의 친족은 **독립**하여 고소할 수 있다.

**제227조(동전)** 사자의 명예를 훼손한 범죄에 대하여는 그 친족 또는 자손은 고소할 수 있다.

**제228조(고소권자의 지정)** 친고죄에 대하여 고소할 자가 없는 경우에 이해관계인의 신청이 있으면 검사는 **10일 이내**에 고소할 수 있는 자를 지정**하여야 한다.**

**제229조(배우자의 고소)** ① 「형법」 제241조의 경우에는 혼인이 해소되거나 이혼소송을 제기한 후가 아니면 고소할 수 없다.

② 전항의 경우에 다시 혼인을 하거나 이혼소송을 취하한 때에는 고소는 취소된 것으로  간주한다.

**제230조(고소기간)** ① 친고죄에 대하여는 범인을 알게 된 날로부터 **6월**을 경과하면 고소하지 못한다. 단, 고소할 수 없는 불가항력의 사유가 있는 때에는 그 사유가 없어진 날로부터 기산한다.

② 삭제

**제231조(수인의 고소권자)** 고소할 수 있는 자가 수인인 경우에는 1인의 기간의 해태는 타인의 고소에 영향이 없다.

**제232조(고소의 취소)** ① 고소는 제1심 판결선고 전까지 취소할 수 있다.

② 고소를 취소한 자는 다시 고소할 수 없다.

③ 피해자의 명시한 의사에 반하여 공소를 제기할 수 없는 사건에서 처벌을 원하는 의사표시를 철회한 경우에도 제1항과 제2항을 준용한다.

**제233조(고소의 불가분)** 친고죄의 공범 중 그 1인 또는 수인에 대한 고소 또는 그 취소는 다른 공범자에 대하여도 효력이 있다.

**제234조(고발)** ① 누구든지 범죄가 있다고 사료하는 때에는 고발할 수 있다.

② 공무원은 그 직무를 행함에 있어 범죄가 있다고 사료하는 때에는 고발**하여야 한다.**

**제235조(고발의 제한)** 제224조의 규정은 고발에 준용한다.

**제236조(대리고소)** 고소 또는 그 취소는 대리인으로 하여금 하게 할 수 있다.

**제237조(고소, 고발의 방식)** ① 고소 또는 고발은 서면 또는 구술로써 검사 또는 사법경찰관에게 하여야 한다.

② 검사 또는 사법경찰관이 구술에 의한 고소 또는 고발을 받은 때에는 조서를 작성하여야 한다.

**제238조(고소, 고발과 사법경찰관의 조치)** 사법경찰관이 고소 또는 고발을 받은 때에는 신속히 조사하여 관계서류와 증거물을 검사에게 송부하여야 한다.

**제239조(준용규정)** 전2조의 규정은 고소 또는 고발의 취소에 관하여 준용한다.

**제240조(자수와 준용규정)** 제237조와 제238조의 규정은 자수에 대하여 준용한다.

.

.

**제257조(고소등에 의한 사건의 처리)** 검사가 고소 또는 고발에 의하여 범죄를 수사할 때에는 고소 또는 고발을 수리한 날로부터 **3월 이내**에 수사를 완료하여 공소제기여부를 결정하여야 한다.

**제258조(고소인등에의 처분고지)** ① 검사는 고소 또는 고발 있는 사건에 관하여 공소를 제기하거나 제기하지 아니하는 처분, 공소의 취소 또는 제256조의 송치를 한 때에는 그 처분한 날로부터 **7일 이내에 서면으로** 고소인 또는 고발인에게 그 취지를 통지하여야 한다.

② 검사는 불기소 또는 제256조의 처분을 한 때에는 피의자에게 즉시 그 취지를 통지하여야 한다.

제259조(고소인등에의 공소불제기이유고지) 검사는 고소 또는 고발있는 사건에 관하여 공소를 제기하지 아니하는 처분을 한 경우에 고소인 또는 고발인의 청구가 있는 때에는 **7일 이내**에 고소인 또는 고발인에게 그 이유를 서면으로 설명하여야 한다.

제259조의2(피해자 등에 대한 통지) 검사는 범죄로 인한 피해자 또는 그 법정대리인(피해자가 사망한 경우에는 그 배우자·직계친족·형제자매를 포함한다)의 신청이 있는 때에는 당해 사건의 공소제기여부, 공판의 일시·장소, 재판결과, 피의자·피고인의 구속·석방 등 구금에 관한 사실 등을 신속하게 통지하여야 한다.

## 검사와 사법경찰관의 상호협력과 일반적 수사준칙에 관한 규정

[시행 2023. 11. 1.] [대통령령 제33808호, 2023. 10. 17., 일부개정]

### 제3장 수사
### 제2절 수사의 개시

제16조(수사의 개시) ① 검사 또는 사법경찰관이 다음 각 호의 어느 하나에 해당하는 **행위에 착수한 때에는 수사를 개시한 것으로 본다**. 이 경우 검사 또는 사법경찰관은 해당 사건을 **즉시 입건**해야 한다.
1. 피혐의자의 수사기관 출석조사
2. 피의자신문조서의 작성
3. 긴급체포
4. 체포·구속영장의 청구 또는 신청
5. 사람의 신체, 주거, 관리하는 건조물, 자동차, 선박, 항공기 또는 점유하는 방실에 대한 압수·수색 또는 검증영장(부검을 위한 검증영장은 제외한다)의 청구 또는 신청
② 검사 또는 사법경찰관은 수사 중인 사건의 범죄 혐의를 밝히기 위한 목적으로 관련 없는 사건의 수사를 개시하거나 수사기간을 부당하게 연장해서는 안 된다.
③ 검사 또는 사법경찰관은 입건 전에 범죄를 의심할 만한 정황이 있어 수사 개시 여부를 결정하기 위한 사실관계의 확인 등 필요한 조사를 할 때에는 적법절차를 준수

하고 사건관계인의 인권을 존중하며, 조사가 부당하게 장기화되지 않도록 신속하게 진행해야 한다.
④ 검사 또는 사법경찰관은 제3항에 따른 조사 결과 **입건하지 않는 결정**을 한 때에는 피해자에 대한 보복범죄나 2차 피해가 우려되는 경우 등을 제외하고는 피험의자 및 사건관계인에게 통지해야 한다.
⑤ 제4항에 따른 통지의 구체적인 방법 및 절차 등은 법무부장관, 경찰청장 또는 해양경찰청장이 정한다.
⑥ 제3항에 따른 조사와 관련된 서류 등의 열람 및 복사에 관하여는 제69조제1항, 제3항, 제5항(같은 조 제1항 및 제3항을 준용하는 부분으로 한정한다. 이하 이 항에서 같다) 및 제6항(같은 조 제1항, 제3항 및 제5항에 따른 신청을 받은 경우로 한정한다)을 준용한다.

제16조의2(고소·고발 사건의 수리 등) ① 검사 또는 사법경찰관은 고소 또는 고발을 받은 경우에는 이를 **수리해야 한다.**
② 검사 또는 사법경찰관은 고소 또는 고발에 따라 범죄를 수사하는 경우에는 고소 또는 고발을 수리한 날부터 '**3개월 이내**'에 수사를 마쳐야 한다.
[본조신설 2023. 10. 17.]

제17조(변사자의 검시 등) ① 사법경찰관은 변사자 또는 변사한 것으로 의심되는 사체가 있으면 변사사건 발생사실을 **검사에게 통보**해야 한다.
② 검사는 법 제222조제1항에 따라 검시를 했을 경우에는 검시조서를, 검증영장이나 같은 조 제2항에 따라 검증을 했을 경우에는 검증조서를 각각 작성하여 **사법경찰관에게 송부해야 한다.**
③ 사법경찰관은 법 제222조제1항 및 제3항에 따라 검시를 했을 경우에는 검시조서를, 검증영장이나 같은 조 제2항 및 제3항에 따라 검증을 했을 경우에는 검증조서를 각각 작성하여 **검사에게 송부해야 한다.**
④ 검사와 사법경찰관은 법 제222조에 따라 변사자의 검시를 한 사건에 대해 사건 종결 전에 수사할 사항 등에 관하여 상호 **의견을 제시·교환해야** 한다.

제18조(검사의 사건 이송 등) ① 검사는 다음 각 호의 어느 하나에 해당하는 때에는 사건을 검찰청 외의 수사기관에 **이송해야 한다.**
1. 「검찰청법」 제4조제1항제1호 각 목에 해당되지 않는 범죄에 대한 고소·고발·진정 등이 접수된 때[1]

---

1) 검찰청법 제4조(검사의 직무) ① 검사는 공익의 대표자로서 다음 각 호의 직무와 권한이 있다. 1. 범죄수사, 공소의 제기 및 그 유지에 필요한 사항. 다만, 검사가 수사를 개시할 수 있는 범죄의 범위는 다음 각 목과 같다.
가. **부패범죄, 경제범죄** 등 대통령령으로 정하는 중요 범죄
나. **경찰공무원**(다른 법률에 따라 사법경찰관리의 직무를 행하는 자를 포함한다) 및 **고위공직자범죄수사처 소속 공무원**(「고위공직자범죄수사처 설치 및 운영에 관한 법률」에 따른 파견공무원을 포함한다)이 범한 범죄
다. 가목·나목의 범죄 및 사법경찰관이 송치한 범죄와 관련하여 인지한 각 해당 범죄와 **직접 관련성이 있는 범죄**

2. 「**검사의 수사개시 범죄 범위에 관한 규정**」제2조 각 호의 범죄에 해당하는 사건 수사 중 범죄 혐의 사실이 「검찰청법」제4조제1항제1호 각 목의 범죄에 해당되지 않는다고 판단되는 때. 다만 구속영장이나 사람의 신체, 주거, 관리하는 건조물, 자동차, 선박, 항공기 또는 점유하는 방실에 대하여 압수·수색 또는 검증영장이 발부된 경우는 제외한다.

② 검사는 다음 각 호의 어느 하나에 해당하는 때에는 사건을 검찰청 외의 수사기관에 **이송할 수 있다.**

1. 법 제197조의4제2항 단서에 따라 사법경찰관이 범죄사실을 계속 수사할 수 있게 된 때[2]

2. 그 밖에 다른 수사기관에서 수사하는 것이 적절하다고 판단되는 때

③ 검사는 제1항 또는 제2항에 따라 사건을 이송하는 경우에는 관계 서류와 증거물을 해당 수사기관에 함께 송부해야 한다.

④ 검사는 제2항제2호에 따른 이송을 하는 경우에는 특별한 사정이 없으면 사건을 수리한 날부터 **1개월 이내에 이송**해야 한다. 〈신설 2023. 10. 17.〉

---

[2] 형사소송법 **제197조의4(수사의 경합)** ① 검사는 사법경찰관과 동일한 범죄사실을 수사하게 된 때에는 사법경찰관에게 사건을 송치할 것을 요구할 수 있다. ② 제1항의 요구를 받은 사법경찰관은 지체 없이 검사에게 사건을 송치하여야 한다. 다만, 검사가 영장을 청구하기 전에 동일한 범죄사실에 관하여 사법경찰관이 영장을 신청한 경우에는 해당 영장에 기재된 범죄사실을 계속 수사할 수 있다.

# 1 수사의 단서(1) – 불심검문의 '적법성' 판단 –

* 대법원 2012. 9. 13. 선고 2010도6203 판결
* 참조조문: 경찰관직무집행법 제3조1)

## 불심검문의 적법 요건 및 그 내용

●**사실**● 부평경찰서 소속 경위 P1, 경사 P2, 순경 P3는 2009.2.15. 01:00경 인천 부평구 소재 ○○ 앞
길에서 경찰관 근무복 차림으로 검문을 하던 중, '01:00경 자전거를 이용한 핸드백 날치기 사건발생 및
**자전거에 대한 검문검색 지령**'이 01:14경 무전으로 전파되면서, 범인의 인상착의가 '30대 남자, 찢어진 눈,
짧은 머리, 회색바지, 검정잠바 착용'이라는 내용을 들었다. 이들은 **무전을 청취한 직후**인 01:20경 자전거
를 타고 검문 장소로 다가오는 피고인 X를 발견한다. 먼저 P2가 X에게 다가가 **정지를 요구**하였으나, X는
자전거를 멈추지 않은 채 P2를 지나쳤고, 이어 P3가 경찰봉으로 X의 앞을 가로막고 자전거를 세워 줄
것을 요구하면서 소속과 성명을 고지하고, "인근 경찰서에서 자전거를 이용한 날치기가 있었는데 인상착
의가 비슷하니 검문에 협조해 달라."는 취지로 말하였다. 하지만 X는 평상시 그곳에서 한 번도 검문을
받은 적이 없다고 하면서 **검문에 불응하며 그대로 전진**하였다. 이에 P3는 X를 따라가 **그가 가지 못하게
앞을 막고 검문에 응할 것을 재차 요구**하였다. 경찰관들의 이러한 제지로 더 이상 자전거를 진행할 수 없
게 된 X는 경찰관들이 자신을 범인 취급한다고 느껴 P3의 멱살을 잡아 밀치고 P1, P2에게 욕설을 하는
등 거세게 항의하였다. 이에 경찰관들은 **X를 공무집행방해죄와 모욕죄의 현행범인으로 체포**하였다. 이후
재판에서 불심검문의 **'적법성여부'**가 다투어 졌다.

원심은 불심검문은 상대방의 임의에 맡겨져 있는 이상 질문에 대한 답변을 거부할 의사를 밝힌 상대
방에 대하여 유형력을 사용하여 그 진행을 막는 등의 방법은 사실상 답변을 강요하는 것이어서 허용되
지 않고, 따라서 P3의 위 제지행위는 **불심검문의 한계를 벗어나 위법**하므로 직무집행의 적법성을 전제로
하는 공무집행방해죄는 성립하지 않고, 위법한 공무집행방해죄에 대한 저항행위로 행하여진 상해 및 모
욕도 **정당방위로서 위법성이 조각된다**고 판단하여, X에 대하여 **모두 무죄를 선고**하였다. 이에 검사가 상
고하였다.

---

1) **경찰관직무집행법 제3조(불심검문)** ① 경찰관은 다음 각 호의 어느 하나에 해당하는 **사람을 '정지'**시켜 '질문'할
수 있다. 1. 수상한 행동이나 그 밖의 주위 사정을 합리적으로 판단하여 볼 때 어떠한 **죄를 범하였거나 범하려
하고 있다고 의심할 만한 상당한 이유**가 있는 사람 2. 이미 행하여진 범죄나 행하여지려고 하는 범죄행위에 관
한 **사실을 안다고 인정**되는 사람 ② 경찰관은 제1항에 따라 같은 항 각 호의 사람을 정지시킨 장소에서 질문을
하는 것이 그 사람에게 **불리하거나 교통에 방해**가 된다고 인정될 때에는 **질문을 하기 위하여** 가까운 경찰서·지
구대·파출소 또는 출장소(지방해양경찰관서를 포함하며, 이하 "경찰관서"라 한다)로 동행할 것을 요구할 수 있
다. 이 경우 동행을 요구받은 사람은 그 요구를 **거절할 수 있다**. ③ 경찰관은 제1항 각 호의 어느 하나에 해당
하는 사람에게 질문을 할 때에 그 사람이 **흉기를 가지고 있는지를 조사할 수 있다**. ④ 경찰관은 제1항이나 제2
항에 따라 질문을 하거나 동행을 요구할 경우 자신의 신분을 표시하는 증표를 제시하면서 소속과 성명을 밝히
고 질문이나 동행의 목적과 이유를 설명하여야 하며, 동행을 요구하는 경우에는 동행 장소를 밝혀야 한다. ⑤
경찰관은 제2항에 따라 동행한 사람의 가족이나 친지 등에게 동행한 경찰관의 신분, 동행 장소, 동행 목적과
이유를 알리거나 본인으로 하여금 **즉시 연락**할 수 있는 기회를 주어야 하며, **변호인의 도움을 받을 권리**가 있음
을 알려야 한다. ⑥ 경찰관은 제2항에 따라 동행한 사람을 **6시간**을 초과하여 경찰관서에 머물게 할 수 없다.
⑦ 제1항부터 제3항까지의 규정에 따라 질문을 받거나 동행을 요구받은 사람은 형사소송에 관한 법률에 따르
지 아니하고는 신체를 구속당하지 아니하며, 그 의사에 반하여 **답변을 강요당하지 아니한다**.

●**판지**● 파기환송. 「[1] 경찰관직무집행법의 목적, 법 제1조 제1항, 제2항, 제3조 제1항, 제2항, 제3항, 제7항의 규정 내용 및 체계 등을 종합하면, 경찰관은 법 제3조 제1항에 규정된 대상자에게 질문을 하기 위하여 **범행의 경중, 범행과의 관련성, 상황의 긴박성, 혐의의 정도, 질문의 필요성** 등에 비추어 목적 달성에 필요한 최소한의 범위 내에서 **사회통념상 용인될 수 있는 상당한 방법**으로 대상자를 정지시킬 수 있고 질문에 수반하여 흉기의 소지 여부도 조사할 수 있다.

[2] 검문 중이던 경찰관들이, 자전거를 이용한 날치기 사건 범인과 흡사한 인상착의의 피고인이 자전거를 타고 다가오는 것을 발견하고 정지를 요구하였으나 멈추지 않아, 앞을 가로막고 소속과 성명을 고지한 후 검문에 협조해 달라는 취지로 말하였음에도 불응하고 그대로 전진하자, 따라가서 재차 앞을 막고 검문에 응하라고 요구하였는데, 이에 피고인이 경찰관들의 멱살을 잡아 밀치거나 욕설을 하는 등 항의하여 공무집행방해 등으로 기소된 사안에서, **범행의 경중, 범행과의 관련성, 상황의 긴박성, 혐의의 정도, 질문의 필요성** 등에 비추어 경찰관들은 목적 달성에 필요한 '**최소한의 범위**' 내에서 사회통념상 용인될 수 있는 '**상당한 방법**'을 통하여 경찰관직무집행법 제3조 제1항에 규정된 자에 대해 의심되는 사항을 질문하기 위하여 정지시킨 것으로 보아야 하는데도, 이와 달리 경찰관들의 불심검문이 위법하다고 보아 피고인에게 무죄를 선고한 **원심판결에 불심검문의 내용과 한계에 관한 법리오해의 위법이 있다**」.

●**해설**● 1 수사란 범죄혐의의 유무를 명백히 하여 공소를 제기·유지할 것인가의 여부를 결정하기 위하여 **범인을 발견·확보**하고 **증거를 수집·보전**하는 수사기관의 활동을 말한다(대판 98도3329). 수사기관은 범죄의 혐의가 있으면 **수사를 개시**할 수 있다(검사나 사법경찰관은 범죄의 혐의가 있다고 사료하는 때에는 범인, 범죄사실과 증거를 수사한다. 법196·197①). 이때 수사기관이 범죄혐의를 두게 된 '원인'을 수사의 '단서'라 하고, 이 수사의 단서로는 **고소·고발, 자수, 불심검문, 변사자검시, 현행범체포, 신문기사나 진정** 등 다양하다.[2] 대상판결은 이 중 '불심검문'시 발생된 사건으로 그 '적법성 유무'가 다투어진 사안이다. 실제 불심검문(또는 직무질문)은 수사의 단서 중 적지 않은 비중을 차지하고 있으며 불심검문으로 인해 검거되는 비율 또한 높은 편이다.

2 **불심검문의 의의** (1) 불심검문(不審檢問)이란 경찰관이 행동이 수상한 사람을 발견한 때에 이를 '**정지**'시켜 '**질문**'하는 것을 말한다(경직법3①). 불심검문은 경찰관의 범죄예방과 범인 검거를 위해 상당한 이유가 있는 경우에 실시되고 있다. 불심검문은 분명 범죄예방과 범인의 검거를 위한 핵심적 경찰의 권한이지만 경찰권의 남용 및 사생활의 침해 등 **인권침해의 우려**가 상존한다. (2) 불심검문은 수사가 아니라 **행정경찰작용** 특히 '보안경찰'에 속하는 것이나 불심검문 중 수사기관이 범죄혐의를 갖게 되면 언제든지 임의수사나 강제수사로 발전될 수 있기 때문에 **중요한 '수사의 단서'**에 해당한다. (3) 하지만 불심검문은 상대방의 동의가 없으면 유형력을 행사할 수 없는 '**임의처분**'임을 유의하여야 한다. 다만, 대법원은 범죄예방을 위한 경찰행정작용임에도 불구하고 단순히 통행을 막아선 정도로 유형력을 행사한 것은 그 목적 달성에 필요한 최소한의 범위에서 사회통념상 용인될 수 있다고 본다(대상판결).

---

2) 수사의 단서에는 ① **수사기관의 체험**에 의한 단서(불심검문, 변사자검시, 현행범체포, 기사, 세평 등)와 ② **타인 체험**의 청취에 의한 단서(고소, 고발, 자수, 진정, 범죄신고, 투서, 다른 공공기관으로부터 이첩된 첩보 등)가 있다. 이 중 **고소·고발·자수**의 경우는 **즉시 수사**가 개시되며 그 이외의 경우는 '내사'를 거쳐 **범죄의 인지(입건)**에 의하여 수사가 개시된다. 범죄의 인지는 수사의 단서가 아니라 '수사개시'의 요건이다.

**3 불심검문의 대상자 및 판단기준**　　　(1) 불심검문의 대상이 되는 사람은 **'거동불심자'**이다. 즉 "㉠ 수상한 행동이나 그 밖의 주위 사정을 합리적으로 판단하여 볼 때 어떠한 죄를 **범하였거나 범하려 하고 있다고** 의심할 만한 '상당한 이유'가 있는 사람, ㉡ 이미 행하여진 범죄나 행하여지려고 하는 범죄행위에 관한 **사실을 안다고 인정**되는 사람"이다(경직법3①). (2) 경찰관이 불심검문 대상자 해당 여부를 판단할 때(**판단기준**)에는 「불심검문 **당시의 구체적 상황**은 물론 **사전에 얻은** 정보나 전문적 지식 등에 기초하여 불심검문 대상자인지를 객관적·합리적인 기준에 따라 판단하여야 하나, **반드시 불심검문 대상자에게 형사소송법상 체포나 구속에 이를 정도의 혐의가 있을 것을 요한다고 할 수는 없다**」(대판 2011도13999, Ref 2)와 같이, 불심검문은 '구체적 혐의'가 없어도 가능하다.

**4 불심검문의 방법**　　　(1) 불심검문은 **'정지'**와 **'질문'** 및 질문을 위한 **'동행요구'**를 그 내용으로 한다. (2) 질문은 대상자에게 행선지나 용건 등을 묻고, 필요한 경우 소지품의 내용에 대해서 질의하는 것을 말한다. 질문은 어디까지나 '임의수단'이므로 질문에 대하여 상대방은 **답변을 강요당하지 아니한다**(경직법3⑦). 질문의 강제는 어떤 경우에도 허용될 수 없다. (3) 그리고 경찰관은 상대방에게 **질문하기 전에** 자신의 신분을 표시하는 **'증표를 제시'**하여 **'소속과 성명'**을 밝히고 그 **'목적과 이유'**를 설명하여야 한다(경직법3④). 그러나 대법원은 경찰관이 신분증을 제시하지 않고 불심검문을 하였으나, 「검문하는 사람이 경찰관이고 검문하는 이유가 범죄행위에 관한 것임을 **피고인이 알고 있었던 경우**에는 신분증을 제시하지 않았다고 하여 그 불심검문이 위법한 공무집행이라고는 볼 수 없다」고 판시하고 있다(대판 2014도7976, Ref 1).[3] 물론 검문의 상대방이 신분증 제시를 요구할 때에는 신분증을 제시하면서 소속과 성명을 밝힐 의무가 있다.

**5 대상판결에서의 쟁점**　　　문제는 불심검문의 대상자가 경찰관의 '정지'요구에 불응하거나 질문도중에 현장을 떠나버릴 경우 **어느 정도 실력행사**를 할 수 있는가이다(경찰관직무집행법에서는 경찰관의 불심검문시 유형력 행사에 대해서 명확한 규정을 두고 있지 않다). 대상판결도 이 '한계'에 대한 다툼이다(인권침해를 최소화하기 위해서는 불심검문 단계에서 '정지'의 요건 및 한계를 정확하게 해석할 필요가 있다). 물론 강제수단에 의한 정지는 허용되지 않는다. 다수설과 판례는 **강제에 이르지 않을 정도로** 길을 가로막거나 추적하거나 몸에 손을 대는 정도(강제에 이르지 않을 정도의 유형력행사)는 허용된다고 본다(제한적 허용설). 대상판결도 "목적 달성에 **필요한 최소한의 범위 내에서 사회통념상 용인될 수 있는 상당한 방법**으로 대상자를 정지시킬 수 있(다)"고 하지만 그 **한계는 명확하지 않다**(불심검문이 이루어지는 다양한 상황을 고려할 때 유형력 행사에 관한 일반적이고 통일된 기준을 설정하기란 현실적으로 곤란하다). 대상사안에서 (1) 제1심은 피고인에 대해서 유죄를 인정하였으나 (2) 원심은 피고인이 불심검문에 응하지 않으려는 의사를 분명히

---

3) 하지만 **인권위원회**는 거듭해서 불심검문을 함에 반드시 신분증 제시를 권고하고 있다. 「정복을 입은 경찰관의 경우에는 신분증을 제시하지 않더라도 자신의 소속과 성명을 밝히고 검문의 목적과 이유를 설명하였다면 그 검문은 정당한 것으로 보아야 한다 라는 판례(대판 2004도4029)를 근거로, 이 사건 불심검문이 정당했음을 변소하고 있으나 …… 대법원 판결은 공무집행방해죄 성립에서 경찰관이 신분증을 제시하지 않은 것만으로는 공무집행의 위법성을 인정할 수 없다는 것일 뿐 신분증 제시가 필요 없다는 판단은 아님. …… 경찰관이 불심검문 시 신분을 밝히도록 한 것은 경찰관에게는 자신의 검문행위가 정당한 경찰활동임을 피검문자에게 알리기 위한 것인 한편, 경찰관 자신의 행위가 불법일 경우 피검문자에게 이후 책임을 물을 대상을 명확히 밝히고, 검문의 목적과 이유를 고지함으로써 피검문자가 질문내용을 이해하고 방어할 수 있도록 준비하게 해주는 데 그 목적이 있는바, 검문절차의 준수 여부에 대한 오해나 시비를 없애기 위해서라도 **검문 전 신분증 제시는 최소 불가결한 절차**이고, 이는 **국민의 알권리**와도 연관된다」(20진정0615400 결정).

하였음에도, 가지 못하게 하면서 계속 검문에 응할 것을 요구한 행위는 언어적 설득을 넘어선 유형력의 행사로 답변을 강요한 것으로 불심검문의 **방법적 한계를 일탈**한 것으로 보았다. 따라서 경찰관들의 공무집행은 위법한 공무집행에 해당되며 이에 대한 저항행위로 행하여진 상해와 모욕은 **정당방위로서 위법성이 조각**된다고 판단하였다. (3) 그러나 대법원은 원심의 판단을 배척하며, 위 경찰관들의 조치는 **사회통념상 용인될 수 있는 상당한 방법**을 통하여 의심되는 사항을 질문하기 위하여 정지시킨 것으로(또한 대상자는 자유롭게 검문상황을 이탈할 수 있었던 것으로 판단) 원심판결에 불심검문의 내용과 한계에 관한 법리오해의 위법이 있다고 판시하였다.[4]

**6 동행요구 및 임의동행**　　　(1) 경찰관은 정지시킨 장소에서 질문을 하는 것이 ㉠ 그 사람에게 '**불리**'하거나 ㉡ '**교통**'에 방해가 된다고 인정될 때에는 질문을 하기 위하여 가까운 경찰서·지구대·파출소 또는 출장소로 **동행할 것을 요구**할 수 있다(경직법3④). (2) 이 경우 동행을 요구받은 사람은 그 요구를 **거절**할 수 있고, 임의동행하더라도 언제든지 **퇴거**할 수 있다. 임의동행은 「**오로지 피의자의 자발적인 의사**에 의하여 수사관서 등에의 동행이 이루어졌음이 **객관적인 사정**에 의하여 명백하게 입증된 경우에 한하여, 그 적법성이 인정된다」(대판 2005도6810, Ref 4). (3) 그리고 임의동행시 '**6시간**'을 초과하여 경찰관서에 머물게 할 수는 없다(경직법3⑥). 주의할 점은 이 규정이 임의동행한 자를 6시간 동안 경찰관서에 구금하는 것을 **허용하는 것은 아니다**(대판 97도1240, Ref 5). (4) 또한 **변호인의 조력**을 받을 권리가 있음을 '고지'하여야 한다(경직법3⑤)(**피내사자의 접견교통권**). 하지만 아직 피의자단계에는 아니기 때문에 **진술거부권을 고지할 필요 없다**. (4) 경직법상 임의동행도 수사의 목적을 가질 때에는 동행시부터 수사로 보아야 할 것이다(대판 2005도6810, Ref 4)(경직법상 동행요구는 '행정경찰작용'이고 형사소송법상 임의동행은 '사법경찰작용'의 하나이다.【9】참조).

**7 소지품 검사(흉기소지검사)**　　　소지품검사란 불심검문을 하는 중에 흉기 기타 물건의 소지 여부나 범죄의 단서를 발견하기 위하여 그의 의복이나 휴대품을 조사하는 것을 말한다. (1) 경찰관직무집행법 제3조 제3항은 거동수상자에게 질문을 할 때에 그 사람이 '**흉기**'를 가지고 있는지를 조사할 수 있음(임의적 규정)을 명문으로 규정해 두고 있다. 즉 흉기소지의 고도의 개연성이 있는 경우 폭력을 사용하지 않는 범위에서 **실력을 행사**하여 소지품의 내용을 조사하는 것은 가능하다. 하지만 (2) 그 **이외의 '일반소지품'**에 대해서는 법적 근거가 없어(명문의 규정이 없음) 그 인정여부에 대해 견해대립이 있다. 다만 예외로 중범죄에 한하여 긴급체포의 요건이 충족되는 경우에는 적법하다.

**8 범죄인지의 시기('수사'와 '내사'의 구별)**　　　(1) 수사기관이 **범죄를 인지**할 경우, '범죄인지서'를 작성하고 사건명부에 사건을 등재하는 형식적 절차를 밟게 되는데 이를 '**입건(立件)**'이라 한다. 입건에 의

---

[4] **원심의 판단**은 다음과 같다. 「여기서 정지라 함은 보행자일 경우는 불러 세우고, 자동차·오토바이·자전거에 타고 있는 자일 경우에는 정차를 시키는 것을 의미한다. 불심검문 제도의 취지상, 정지 여부를 명백하게 결정하지 못한 자에 대하여 경찰관이 일정한 거리를 따라가면서 말로써 직무질문에 협조하여 줄 것을 설득하는 것은 그 **신체이동의 자유에 제약을 가하지 않는 한 허용된다**고 보아야 한다. 그러나 정지의 목적인 질문에 대답하는 것이 상대방의 임의에 맡겨져 있는 이상, 경찰관이 질문을 거부할 의사를 밝힌 상대방에 대하여 수갑을 채우거나, 신체를 잡거나, 자동차·오토바이·자전거 등이 진행할 수 없도록 강제력을 사용하여 막거나, 소지품을 돌려주지 않는 등의 방법으로 **상대방이 그 장소를 떠나지 못하도록 하는 것은 사실상 답변을 강요하는 것이 되므로 허용되지 않는다**」 (인천지법 2009노4018).

하여 '사건번호'가 부여된다. 그리고 (2) 이러한 수사개시로부터 피내사자(용의자)는 '**피의자**'가 되어 형사소송법 상 중요한 권리를 가지게 된다.[5] 여기서 '수사의 개시 시점'과 관련한 학설 대립이 있다.[6] 먼저 (a) 수사기관에 의하여 형식적 '입건'이 된 때, 수사의 개시가 있다고 보는 **형식설**과 (b) '입건 전'이라 하더라도 수사기관이 범죄의 혐의가 있다고 판단하여 '실질적으로' 수사에 착수하면 수사가 개시된 것으로 보는 **실질설**이 있다. 판례는 '실질설'의 입장이다. 즉 「사법경찰관리 집무규칙 제21조에 의하면 사법경찰관이 범죄를 인지하는 경우에는 범죄인지보고서를 작성하는 절차를 거치도록 되어 있으므로 특별한 사정이 없는 한 수사기관이 그와 같은 절차를 거친 때에 범죄 인지가 된 것으로 볼 수 있겠으나, 사법경찰관이 **그와 같은 절차를 거치기 전에 범죄의 혐의가 있다고 보아 수사에 착수하는 행위를 한 때**에는 이때에 범죄를 인지한 것으로 보아야 하고 그 뒤 범죄인지보고서를 작성한 때에 비로소 범죄를 인지하였다고 볼 것은 아니다」(대판 2008도12127). (3) 따라서 임의동행의 형식으로 연행된 피내사자의 경우에도 **접견교통권**은 인정되며(대결 96모18), 내사과정에서 작성된 피의자신문조서나 진술조서도 일정한 요건이 충족되면 **증거능력이 인정**된다(대판 2000도2968).

## Reference
### * 불심검문과 관련된 주요 판례 *

1 [대판 2014도7976] [경찰관이 신분증을 제시하지 않고 불심검문을 하였으나, **검문하는 사람이 경찰관이고 검문하는 이유가 범죄행위에 관한 것임을 '피고인이 알고 있었던'** 경우, 그 불심검문이 위법한 공무집행인지 여부(소극)] ●**사실**● 피고인 X는 2013.2.21. 03:10경 '○○' 카페에서, 술값 문제로 시비가 있다는 경비업체의 지원요청 신고를 받고 (**정복 차림으로**) 출동한 피해자인 수내파출소 소속 경찰공무원 순경 P1과 경사 P2가 그곳 여종업원과 여사장으로부터 X가 술값을 내지 않고 가려다 여종업원과 실랑이가 있었다는 경위를 듣고, 순경 P1이 음식점 밖으로 나가려는 X의 앞을 막으며 "상황을 설명해 주십시오"라고 말하자 "야이 씨발년들아. 너희 업주랑 한편이지? 너희 내가 거꾸로 매달아 버릴 거야. 내가 누군지 알아?"라고 소리를 지르며 P1의 멱살을 잡아 흔들고, 경사 P2가 X를 제지하기 위해 뒤쪽에서 X의 어깨를 잡자 "넌 뭐야"라고 말하고 머리와 몸을 돌리면서 오른쪽 팔꿈치로 P2의 턱을 1회 때렸다. 이에 경찰관들은 X를 공무집행방해죄로 현행범체포를 하였다. X는 재판과정에서 당시 경찰관들이 불심검문을 할 때 경찰관 증표도 제시하지 않았고 소속과 성명도 밝히지 않은 위법성이 있다고 다투었다. ●**판지**● 경찰관직무집행법 제3조 제4항은 경찰관이 불심검문을 하고자 할 때에는 자신의 신분을 표시하는 증표를 제시하여야 한다고 규정하고, 경찰관직무집행법 시행령 제5조는 위 법에서 규정한 신분을 표시하는 증표는 경찰관의 공무원증이라고 규정하고 있는데, ㉠ 불심검문을 하게 된 경위, ㉡ 불심검문 당시의 현장

---

5) 반면, 수사 개시 이전의 '**내사(內査)**'(수사기관이 범죄혐의 유무를 확인하기 위해 범죄인지 전의 단계에서 수행하는 조사활동)단계의 **피내사자**는 ㉠ 피의자와는 달리 증거보전(법184)을 청구할 수 없으며(대판 79도792), ㉡ 내사종결처리는 고소사건과 달리 '재정신청'이나 '헌법소원'의 대상이 될 수 없다(대결 91모68).

6) **수사의 개시 시점**과 관련하여 「수사준칙」은 구체적 규정을 두고 있다. 제16조(**수사의 개시**) ① 검사 또는 사법경찰관이 다음 각 호의 어느 하나에 해당하는 행위에 착수한 때에는 수사를 개시한 것으로 본다. 이 경우 검사 또는 사법경찰관은 **해당 사건을 즉시 '입건'**해야 한다. 1. 피혐의자의 수사기관 **출석조사** 2. 피의자신문**조서의 작성** 3. 긴급체포 4. **체포 · 구속영장**의 청구 또는 신청 5. 사람의 신체, 주거, 관리하는 건조물, 자동차, 선박, 항공기 또는 점유하는 방실에 대한 **압수 · 수색 또는 검증영장**(부검을 위한 검증영장은 제외한다)의 청구 또는 신청

상황과 검문을 하는 경찰관들의 복장, ⓒ 피고인이 공무원증 제시나 신분 확인을 요구하였는지 여부 등을 **종합적으로 고려**하여, **(가) 검문하는 사람이 경찰관이고 (나) 검문하는 이유가 범죄행위에 관한 것임을 피고인이 충분히 알고 있었다고 보이는 경우에는 신분증을 제시하지 않았다고 하여 그 불심검문이 위법한 공무집행이라고 할 수 없다.** ●해설● 대상판결의 제1심은 불심검문 당시 신분증을 제시하지 않은 사실에 대해 공무집행의 불법성을 인정하였으나 제2심과 대법원은 당시 경찰관들이 정복차림이었고 그러한 현장상황 하에서 피고인도 상대방이 경찰관이라는 사실을 알고 있었다고 보아 신분증을 제시하지 않은 경찰관들의 절차위반행위가 위법한 공무집행에는 이르지 않았다고 보았다. 더욱이 대법원은 대상판결에서 불심검문이 형사소송법의 규율을 받는 수사로 이어지는 경우에는 형사소송법이 적용되어야 하는데, 이는 불심검문이 형사소송법이 규율하고 있는 엄격한 절차를 회피하기 위한 탈법수단으로 변질되는 것을 막기 위함이지 경찰관직무집행법 규정의 적용을 배제하는 취지로 해석되어서는 안 된다고 점을 분명히 밝히고 있다.

2 [대판 2011도13999] [경찰관이 불심검문 대상자 해당 여부를 판단하는 기준 및 불심검문의 적법 요건과 내용: 정지 거부 후 '도주자'에 대한 추적] ●사실● X는 2009년 7월 어느 날 새벽 2시 대전의 한 거리에서 경찰관에게 불심검문을 받았다. 당시 부녀자 강도강간 사건의 용의자를 검거하기 위해 잠복근무하던 경찰관은 X의 인상착의가 용의자와 비슷하다고 본 것이다. 경찰관은 경찰공무원증을 제시하고 경찰임을 알렸지만 X는 어두운 밤에 사람을 마주치자 강도로 착각하여 도망가지 시작했다. X는 200m 정도 도망가다 추격하여 온 경찰승용차가 가로막자 굴러 넘어졌다. X는 일어나 다시 도망가려다 제지하는 경찰관을 향해 주먹을 휘두르고 발로 차 상해를 입혔다. 이에 X는 공무집행방해 혐의로 현행범 체포되어 기소되었다. 제1심은 X에 대해 유죄를 인정하였으나 원심은 「설령 불심검문 대상자가 된다고 하더라도 피고인이 경찰관 공소외인의 경찰공무원증 제시에도 불구하고 도망감으로써 불심검문에 응하지 않으려는 태도를 분명히 하였음에도 경찰관들이 피고인을 차량으로 추적하여 앞을 가로막으면서까지 검문을 요구한 행위는 언어적 설득을 넘어선 유형력의 행사로서 답변을 강요하는 것이어서 **불심검문의 방법적 한계를 일탈한 위법한 행위**이고, 따라서 적법한 공무집행을 전제로 하는 공무집행방해죄는 성립할 수 없으며, 이러한 위법한 불심검문에 대항하는 과정에서 이루어진 상해행위도 정당방위로서 위법성이 조각된다」고 판단하여 피고인에게 무죄를 선고하였다. 이에 검사가 상고하였다. ●판지● 파기환송. [1] (가) 경찰관이 법 제3조 제1항에 규정된 대상자 해당 여부를 판단할 때에는 불심검문 **당시의 구체적 상황**은 물론 **사전에 얻은 정보나 전문적 지식** 등에 기초하여 불심검문 대상자인지를 객관적·합리적인 기준에 따라 판단하여야 하나, **반드시 불심검문 대상자에게 형사소송법상 체포나 구속에 이를 정도의 혐의가 있을 것을 요한다고 할 수는 없다.** (나) 그리고 경찰관은 불심검문 대상자에게 질문을 하기 위하여 범행의 경중, 범행과의 관련성, 상황의 긴박성, 혐의의 정도, 질문의 필요성 등에 비추어 목적 달성에 필요한 최소한의 범위 내에서 사회통념상 용인될 수 있는 상당한 방법으로 대상자를 정지시킬 수 있고 **질문에 수반하여 흉기의 소지 여부도 조사할 수 있다.** [2] 이 사건 불심검문은 **강도강간미수 사건의 용의자를 탐문**하기 위한 것으로서 피고인의 인상착의가 위 용의자의 인상착의와 상당 부분 일치하고 있었을 뿐만 아니라 피고인은 경찰관이 질문하려고 하자 막바로 도망하기 시작하였다는 것이므로, 이러한 경우 원심으로서는 경찰관들이 피고인을 추적할 당시의 구체적인 상황, 즉 경찰관들이 피고인에게 무엇이라고 말하면서 쫓아갔는지, 그 차량에 경찰관이 탑승하고 있음을 알 수 있는 표식이 있었는지, 피고인으로부터 어느 정도 거리에서 어떤 방향으로 가로막으면서 차량을 세운 것인지, 차량의 운행속도 및 차량 제동의 방법, 피고인이 그 차량을 피해 진행해 나갈 수 있는 가능성, 피고인이 넘어지게 된 경위 및 넘어진 피고인에 대하여 경찰관들이 취한 행동을 면밀히 심리하여 경찰관들의 이 사건 추적행위가

사회통념상 용인될 수 있는 상당한 방법으로 이루어진 것인지 여부를 판단하였어야 할 것이다.

3 [대판 2011도3682] [공무집행방해죄에서 **'적법한 공무집행'의 의미** 및 현행범인이 경찰관의 불법한 체포를 면하려고 반항하는 과정에서 경찰관에게 상해를 가한 경우 **'정당방위'의 성립 여부** (적극)] [1] 형법 제136조가 규정하는 공무집행방해죄는 공무원의 직무집행이 적법한 경우에 한하여 성립하고, 여기서 적법한 공무집행은 그 행위가 공무원의 추상적 권한에 속할 뿐 아니라 구체적 직무집행에 관한 법률상 요건과 방식을 갖춘 경우를 가리킨다. 경찰관이 현행범인 체포 요건을 갖추지 못하였는데도 실력으로 현행범인을 체포하려고 하였다면 적법한 공무집행이라고 할 수 없고, 현행범인 체포행위가 적법한 공무집행을 벗어나 불법인 것으로 볼 수밖에 없다면, 현행범이 체포를 면하려고 반항하는 과정에서 경찰관에게 상해를 가한 것은 불법체포로 인한 신체에 대한 현재의 부당한 침해에서 벗어나기 위한 행위로서 정당방위에 해당하여 위법성이 조각된다. [2] 피고인이 경찰관의 **불심검문을 받아** 운전면허증을 교부한 후 경찰관에게 큰 소리로 욕설을 하였는데, **경찰관이 모욕죄의 현행범으로 체포**하겠다고 고지한 후 피고인의 오른쪽 어깨를 붙잡자 반항하면서 경찰관에게 상해를 가한 사안에서, (가) 피고인은 경찰관의 불심검문에 응하여 이미 운전면허증을 교부한 상태이고, (나) 경찰관뿐 아니라 인근 주민도 욕설을 직접 들었으므로, 피고인이 도망하거나 증거를 인멸할 염려가 있다고 보기는 어렵고, (다) 피고인의 모욕 범행은 불심검문에 항의하는 과정에서 저지른 일시적, 우발적인 행위로서 사안 자체가 경미할 뿐 아니라, (라) 피해자인 경찰관이 범행현장에서 즉시 범인을 체포할 급박한 사정이 있다고 보기도 어려우므로, (마) 경찰관이 피고인을 체포한 행위는 **적법한 공무집행이라고 볼 수 없고**, (바) 피고인이 체포를 면하려고 반항하는 과정에서 상해를 가한 것은 불법체포로 인한 신체에 대한 현재의 부당한 침해에서 벗어나기 위한 행위로서 **정당방위에 해당한다**는 이유로, 피고인에 대한 상해 및 공무집행방해의 공소사실을 **무죄로 인정한 원심판단을 수긍한 사례.**

4 [대판 2005도6810] [임의동행의 적법요건] [1] 사법경찰관이 피고인을 수사관서까지 동행한 것이 사실상의 강제연행, 즉 불법 체포에 해당하고(① 경찰관들이 피고인을 동행한 시각이 동틀 무렵인 새벽 06:00경이었고, 그 장소는 피고인의 집 앞이었으며, 그 동행의 방법도 4명의 경찰관들이 피고인의 집 부근에서 약 10시간 동안 잠복근무를 한 끝에 새벽에 집으로 귀가하는 피고인을 발견하고 4명이 한꺼번에 차에서 내려 피고인에게 다가가 피의사실을 부인하는 피고인을 동행한 것인 점, ② 피고인이 원심 법정에서 경찰서에서 화장실에 갈 때도 경찰관 1명이 따라와 감시했다고 진술한 점 등에 비추어 피고인이 경찰서에 도착한 이후의 상황도 피고인이 임의로 퇴거할 수 있는 상황은 아니었던 점 등을 고려), 불법 체포로부터 6시간 상당이 경과한 후에 이루어진 긴급체포 또한 위법하므로 피고인이 불법체포된 자로서 형법 제145조 제1항에 정한 '법률에 의하여 체포 또는 구금된 자'가 아니어서 도주죄의 주체가 될 수 없다고 한 사례. [2] (가) 형사소송법 제199조 제1항은 "수사에 관하여 그 목적을 달성하기 위하여 필요한 조사를 할 수 있다. 다만, 강제처분은 이 법률에 특별한 규정이 있는 경우에 한하며, 필요한 최소한도의 범위 안에서만 하여야 한다."고 규정하여 **임의수사의 원칙을 명시**하고 있는바, 수사관이 수사과정에서 당사자의 동의를 받는 형식으로 피의자를 수사관서 등에 동행하는 것은, 상대방의 신체의 자유가 현실적으로 제한되어 실질적으로 체포와 유사한 상태에 놓이게 됨에도, 영장에 의하지 아니하고 그 밖에 강제성을 띤 동행을 억제할 방법도 없어서 제도적으로는 물론 현실적으로도 임의성이 보장되지 않을 뿐만 아니라, **아직 정식의 체포·구속단계 이전**이라는 이유로 상대방에게 헌법 및 형사소송법이 체포·구속된 피의자에게 부여하는 각종의 권리보장 장치가 제공되지 않는 등 형사소송법의 원리에

반하는 결과를 초래할 가능성이 크므로, (나) 수사관이 동행에 앞서 피의자에게 동행을 거부할 수 있음을 알려 주었거나 동행한 피의자가 언제든지 자유로이 동행과정에서 이탈 또는 동행장소로부터 퇴거할 수 있었음이 인정되는 등 **오로지 피의자의 자발적인 의사**에 의하여 수사관서 등에의 동행이 이루어졌음이 **객관적인 사정**에 의하여 명백하게 입증된 경우에 한하여, 그 적법성이 인정되는 것으로 봄이 상당하다. (다) 형사소송법 제200조 제1항에 의하여 검사 또는 사법경찰관이 피의자에 대하여 임의적 출석을 요구할 수는 있겠으나, 그 경우에도 수사관이 단순히 출석을 요구함에 그치지 않고 일정 장소로의 동행을 요구하여 실행한다면 위에서 본 법리가 적용되어야 하고, (라) 한편 **행정경찰 목적의 경찰활동으로 행하여지는 경찰관직무집행법 제3조 제2항 소정의 질문을 위한 동행요구**도 형사소송법의 규율을 받는 수사로 이어지는 경우에는 역시 위에서 본 법리가 적용되어야 한다.

5 [**대판 97도1240**] [임의동행한 경우 당해인을 **6시간을 초과**하여 경찰관서에 머물게 할 수 없다고 규정하고 있는 경찰관직무집행법 제3조 제6항이 임의동행한 자를 6시간 동안 경찰관서에 구금하는 것을 허용하는 것인지 여부(소극)] 임의동행은 상대방의 동의 또는 승낙을 그 요건으로 하는 것이므로 경찰관으로부터 임의동행 요구를 받은 경우 상대방은 이를 거절할 수 있을 뿐만 아니라 임의동행 후 **언제든지 경찰관서에서 퇴거할 자유가 있다** 할 것이고, 경찰관직무집행법 제3조 제6항이 임의동행한 경우 당해인을 6시간을 초과하여 경찰관서에 머물게 할 수 없다고 규정하고 있다고 하여 **그 규정이 임의동행한 자를 6시간 동안 경찰관서에 구금하는 것을 허용하는 것은 아니다.**

법원이 선임한 부재자 재산관리인이 그 관리대상인 부재자의 재산에 대한 범죄행위에 관하여 법원으로부터 고소권 행사에 관한 **허가를 얻은 경우**, 법정대리인으로서 적법한 고소권자에 해당하는가?

●**사실**● 피고인 X는 피해자 A의 친언니로서 자매 사이다. X와 A는 아버지가 1988. 4. 14. 사망함에 따라 아버지 소유의 서울 종로구 소재의 지상건물을 다른 자녀들과 함께 공동으로 상속하였다. 당시 A는 1986.7.8. 미국으로 출국한 이후 아무런 연락이 되지 않은 상태에서 현재까지 입국하지 않고 있어, 언니인 X는 서울가정법원에 A의 재산관리를 위해 부재자재산관리인 선임청구를 하여 2013.12.19. **A의 재산관리인으로 선임**되었다. 종로구청은 2016.3.18.경 이 부동산을 주차장 부지로 수용하면서 그 중 A 지분에 대한 수용보상금으로 1,374,349,100원을 피공탁자를 A로 하여 공탁하였고, X는 **부재자재산관리인 지위**에서 서울중앙지방법원에 이 공탁금 지급을 청구하여 수령한 뒤 A를 위하여 보관하게 되었다. 이후 X는 2016.5.27. 서울가정법원에 위와 같은 경위로 자신이 수령한 수용보상금의 존재를 밝히지 않은 채 그동안 A에게 부과된 세금을 자신이 대납한 것을 구상 받고 향후 A에게 부과될 세금을 해결하기 위해 A 소유 다른 부동산의 매각, 처분을 허가하여 달라는 취지의 부재자재산관리인 권한초과행위 허가 청구를 하였으나 서울가정법원은 X가 A의 부재자재산관리인으로서 역할을 다하지 못하고 있다는 이유로 위 **허가 청구를 기각함과 동시에 A의 부재자재산관리인을 X에서 변호사(L)로 개임하는 내용의 심판을 하였다.** X는 자신이 개임되었다는 내용을 확인하였음에도 불구하고 자신이 수령한 공탁금 중 그 뒤 A에 대한 실종선고로 다른 가족에게 귀속하게 된 1/2에 해당하는 687,174,550원 존재에 대해 변호사(개임된 부재자재산관리인)에게 알려주지도 않고 이를 인계하지도 아니하였다. 이에 L은 법원의 권한초과행위 허가를 받아 X를 배임 등으로 고소하였다. 이로 인해 X는 687,174,550원의 재산상 이익을 취득하고 A에게 동액 상당의 재산상 손해를 가하였다는 **배임의 혐의로 기소**되었다. 그러자 X는 이 사건은 형법 제361조, 제328조 제2항에 따라 (상대적) 친고죄로서 고소가 있어야 공소를 제기할 수 있는 사건인데 개임된 부재자 **'재산관리인(L)'은 적법한 고소권자가 될 수 없다**며 다투었다. 원심은 법정대리인으로서 L은 적법한 고소권자에 해당하고 따라서 이 사건 공소제기도 적법하다고 판시하였다. 이에 X가 상고하였다.

●**판지**● 상고기각. 「법원이 선임한 부재자 재산관리인이 그 관리대상인 부재자의 재산에 대한 범죄행위에 관하여 법원으로부터 고소권 행사에 관한 허가를 얻은 경우 부재자 재산관리인은 형사소송법 제225조 제1항에서 정한 법정대리인으로서 **적법한 고소권자에 해당한다**고 보아야 한다. 그 이유는 다음과 같다. (가) 형사소송법은 "피해자의 법정대리인은 독립하여 고소할 수 있다."라고 정하고 있다(제

---

1) 형법 제328조(**친족 간의 범행과 고소**) ① 직계혈족, 배우자, 동거친족, 동거가족 또는 그 배우자간의 제323조의 죄는 그 형을 면제한다. ② 제1항 이외의 친족 간에 제323조의 죄를 범한 때에는 **고소가 있어야 공소를 제기할 수 있다.**
2) 형사소송법 제223조(**고소권자**) 범죄로 인한 피해자는 고소할 수 있다.
3) 형사소송법 제225조(**비피해자인 고소권자**) ① 피해자의 **법정대리인**은 독립하여 고소할 수 있다.
4) 민법 제25조(**관리인의 권한**) 법원이 선임한 재산관리인이 제118조에 규정한 권한을 넘는 행위를 함에는 법원의 허가를 얻어야 한다. 부재자의 생사가 분명하지 아니한 경우에 부재자가 정한 재산관리인이 권한을 넘는 행위를 할 때에도 같다.

225조 제1항). 법정대리인이 갖는 대리권의 범위는 법률과 선임 심판의 내용 등을 통해 정해지므로 독립하여 고소권을 가지는 법정대리인의 의미도 법률과 선임 심판의 내용 등을 통해 정해진다. (나) **법원이 선임한 부재자 재산관리인**은 법률에 규정된 사람의 청구에 따라 선임된 **부재자의 '법정대리인'에 해당**한다. (다) 부재자 재산관리인의 권한은 원칙적으로 부재자의 재산에 대한 관리행위에 한정되나, 부재자 재산관리인은 재산관리를 위하여 필요한 경우 법원의 허가를 받아 관리행위의 범위를 넘는 행위를 하는 것도 가능하고, 여기에는 **관리대상 재산에 관한 범죄행위에 대한 형사고소도 포함**된다. 따라서 부재자 재산관리인은 관리대상이 아닌 사항에 관해서는 고소권이 없겠지만, 관리대상 재산에 관한 범죄행위에 대하여 법원으로부터 고소권 행사 허가를 받은 경우에는 독립하여 고소권을 가지는 법정대리인에 해당한다. (라) 고소권은 일신전속적인 권리로서 피해자가 이를 행사하는 것이 원칙이나, 형사소송법이 예외적으로 **법정대리인**으로 하여금 독립하여 고소권을 행사할 수 있도록 한 이유는 피해자가 고소권을 행사할 것을 기대하기 어려운 경우 피해자와 독립하여 고소권을 행사할 사람을 정하여 피해자를 보호하려는 데 있다. (마) **부재자 재산관리제도의 취지**는 부재자 재산관리인으로 하여금 부재자의 잔류재산을 본인의 이익과 더불어 사회경제적 이익을 기하고 나아가 잔존배우자와 상속인의 이익을 위하여 관리하게 하고 돌아올 부재자 본인 또는 그 상속인에게 관리해 온 재산 전부를 인계하도록 하는 데 있다. (바) 부재자는 자신의 재산을 침해하는 범죄에 대하여 처벌을 구하는 의사표시를 하기 어려운 상태에 있다. 따라서 부재자 재산관리인에게 법정대리인으로서 관리대상 재산에 관한 범죄행위에 대하여 **고소권을 행사할 수 있도록** 하는 것이 형사소송법 제225조 제1항과 **부재자 재산관리제도의 취지에 부합** 한다」.

●**해설**● **1 고소의 의의**　　　수사기관은 범죄의 주관적 혐의만 있어도 수사를 개시할 수 있으며(법 196·197), 이 **주관적 혐의**를 갖게 만든 원인을 수사의 '단서'라 한다. 수사의 단서로 대표적인 것이 '고소'이다. (1) **고소**란 범죄의 피해자 또는 그와 일정한 관계가 있는 고소권자가 수사기관에 대하여 특정 범죄사실을 신고하여, 범인의 **처벌을 구하는 '의사표시'**이다.　따라서 고소를 하기 위해서는 의사표시를 할 수 있는 **고소능력**이 있어야 한다. 고소능력은 민법상 **행위능력과는 구별**된다. 민법상 행위능력(19세 이상)이 없는 무능력자라도 '고소능력'이 있으면(이는 피해를 받은 사실을 이해하고 고소에 따른 사회생활상의 이해관계를 알아차릴 수 있는 '**사실상의 의사능력**'을 말한다) 독자적으로 고소할 수 있다(대판 2011도4451, Ref 1.2−1). (2) 또한 고소는 범인의 **'처벌을 구하는'** 의사표시이므로 단순한 피해사실을 신고하는(도난신고나 피해전말서의 제출 등) 경우는 고소가 아니며(대판 2010도9524, Ref 1.4−1), 고소는 수사기관에 대한 의사표시이어야 하므로 **법원에 대한 진정서**의 제출이나 피고인의 처벌을 구하는 증언은 고소가 아니다(대판 84도709, Ref 1.4−2). (3) 그리고 고소는 일반적으로 수사의 단서이나 '친고죄'에서의 고소는 수사의 단서일 뿐만 아니라 **소송의 조건**이 된다. 따라서 친고죄에서 고소의 유무 및 반의사불벌죄에서 처벌불원의사 표시의 유무는 모두 **법원의 '직권조사'사항**이다(대판 2013도7987, Ref 1.1−1). (4) 형사법의 보충성의 원칙에 따라 자기 또는 배우자의 직계존속은 고소하지 못한다(법224).

**2 범죄사실의 '특정'**　　　고소한 **범죄사실은 '특정'**되어야 한다. 하지만 (1) 그 **특정의 정도**는「고소인의 의사가 구체적으로 어떤 범죄사실을 지정하여 범인의 처벌을 구하고 있는 것인가를 확정할 수만 있으면 되는 것이고, 고소인 자신이 직접 범행의 일시, 장소와 방법 등까지 구체적으로 상세히 지적하여 그 범죄사실을 특정할 필요까지는 없다」(대판 97도1769). (2) 그리고 '상대적 친고죄'의 경우를 제외하고는 **범인의 지정**은 요하지 않는다(상대적 친고죄에서는 신분관계 있는 범인의 지정을 요한다). 즉 고소인은 범죄사실을 특정하여 신고하면 족하고 범인이 누구인지 나아가 범인 중 처벌을 구하는 자가 누구인지를

적시할 필요는 없다. 따라서 범인의 성명이 **불명**이거나 또는 **오기**가 있다고 하더라도 그 효력에는 아무 영향이 없다(대판 84도1704). (3) 그리고「고소가 어떠한 사항에 관한 것인가의 여부는 고소장에 붙인 '죄명'에 구애될 것이 아니라 **'고소의 내용'**에 의하여 결정된다」(대판 81도1250, Ref 1−8). 즉 고소는 **범죄사실의 신고**로써 충분하다.

**3 고소권자**　　　고소는 고소권 있는 사람만이 할 수 있다. 이 점이 고발 등 다른 수사의 단서와 구별된다. (1) 고소권자에는 ㉠ 범죄의 **피해자**, ㉡ 피해자의 **법정대리인**, ㉢ 피해자가 사망한 경우에는 그 **배우자, 직계친족 또는 형제자매**, ㉣ 사자의 명예를 훼손한 경우에는 그 **친족 또는 자손**, ㉤ 피해자의 법정대리인이 피의자이거나 법정대리인의 친족이 피의자인 때에는 피해자의 **친족**, ㉥ **지정고소권자**가 있다. (2) 피해자의 '법정대리인'(친권자 · 후견인)은 **'독립'**하여 고소할 수 있다**(고유권)**(법255①).5) 법정대리인은 무능력자의 보호를 위하여 무능력자의 행위를 일반적으로 대리할 수 있는 자를 말하는데, 대상판결에서 다투어진 것도 '법정대리인'과 관련된다. 즉 법원에서 선임한 '재산관리인'이 형사소송법 제225조 제1항에서 정한 법정대리인으로서 **적법한 고소권자에 해당**하는지 여부이다. 이에 대해 대법원은 법원이 선임한 **'부재자재산관리인'**도 여기에 포함된다고 판시하였다.

**4 대상판결의 쟁점**　　　사안에서 X는 A의 부재자재산관리인으로서 그 지위가 있는 동안에는 선량한 관리자의 주의의무로서 A를 위해 A의 재산을 보존하고 이용, 개량하여야 할 임무가 있었고, A의 부재자재산관리인이 개임되어 그 지위를 상실할 경우에는 새롭게 선임된 부재자재산관리인에게 A의 재산 내역을 알려주고 자신이 취득하거나 관리하고 있는 A의 재산을 인계함으로써 새로 선임된 부재자재산관리인(L)이 A의 재산을 제대로 파악하고 보존, 관리할 수 있도록 하여야 할 임무가 있다. 이런 상황에서 원심에 이어 대법원도 법원이 선임한 **A의 부재자 재산관리인**이 관리대상 재산에 관한 범죄행위에 대하여 **고소권을 행사**할 수 있도록 하는 것이 부재자 재산관리제도의 취지에 부합하며 따라서 X에 대한 그의 고소는 적법하다고 판단하였다.

**5 '고소권자'의 구체적 내용**　　　(1) 원칙적으로 고소권자는 범죄의 **'직접'피해자**에 한정된다. 따라서 간접 피해자는 제외된다. 피해자에는 자연인뿐만 아니라 **법인 · 법인격 없는 사단이나 재단도 포함**된다(이 경우 대표자가 고소권을 행사). (2) 그리고 고소권은 **인신전속적 권리**이므로 원칙상 상속이나 양도가 허용되지 않으나 **저작권**과 같이 침해가 계속적인 때에는 권리 이전에 따라 고소권도 이전된다.6) (3) 범죄 피해자가 고소를 할 수 없는 사정이 생긴 경우에는 **피해자의 친족** 등으로 그 범위가 확대 된다(법225−228).7) 이 경우 배우자, 직계친족 또는 형제자매는 피해자의 명시한 의사에 반하여 고소할 수는 없

---

5) **'독립하여'**의 의미와 관련하여, (a) 고유권설과 (b) 독립대리권설이 대립하나 판례는 **'고유권설'**의 입장이다. 즉 「법정대리인의 고소권은 무능력자의 보호를 위하여 법정대리인에게 주어진 **고유권**이어서 피해자의 고소권 소멸여부에 관계없이 고소할 수 있는 것이다」(대판 84도1579). 따라서 고유권설에 따르게 되면, ① 피해자의 명시한 의사에 반하여 고소권을 행사할 수 있으며, ② 피해자의 고소권이 소멸하여도 법정대리인은 고소권을 행사할 수 있고, ③ 법정대리인의 고소기간은 **대리인 자신이 범인을 알게 된 날로부터** 진행되며(대판 99도3784, Ref 2−4), ④ 피해자는 법정대리인 한 고소를 취소할 수 없게 된다. 그리고 같은 맥락에서 **고소당시 이혼한 생모**라도 피해자인 그의 자의 친권자로서 독립하여 고소할 수 있다(대판 87도1707, Ref 2−6).

6) 법원은 「**저작재산권**을 양도받은 사람은 그 양도에 관한 등록 여부에 관계없이 그 저작재산권을 침해한 사람을 고소할 수 있다」(대판 2002도4849, Ref 2−3). 「**상표권을 이전 등록**받은 승계인은 그 이전등록 이전에 발생한 침해에 대하여도 상표권의 성질상 그 권리의 주체로서 **피해자인 지위를 승계**한다」(대판 94도2196).

다(법225②).8) (4) 법정대리인의 지위는 '고소시'에 있으면 족하기 때문에 고소 후에 법정대리인의 지위를 상실하더라도 그 고소는 유효하다. 한편 (5) 피해자의 법정대리인이 '피의자'이거나 법정대리인의 친족이 피의자인 때에는 피해자의 '친족'은 독립하여 고소할 수 있다(법226). (6) 검사가 고소권자를 지정하는 경우도 있다(지정고소권자). 친고죄에 대하여 고소할 자가 없는 경우에 '이해관계인의 신청'이 있으면 검사는 '10일 이내'에 고소할 수 있는 자를 지정하여야 한다(법228). (7) 반의사불벌죄와 관련하여 「성폭력범죄의 처벌 등에 관한 특례법」 제27조에 따라 **성폭력범죄 피해자의 변호사**는 피해자를 대리하여 피고인에 대한 처벌을 희망하는 의사표시를 철회하거나 처벌을 희망하지 않는 의사표시를 할 수 있다(대판 2019도10678, Ref 2-1).9)

### 6 고발 및 전속고발범죄

수사의 단서인 '고발'은 고소권자나 범인 이외의 **제3자가** 수사기관에 범죄사실을 신고하여 범인의 처벌을 구하는 의사표시를 말한다. (1) 고발은 **누구든지** 범죄가 있다고 사료하는 때에는 고발할 수 있다(법234①). 다만 공무원은 그 직무를 행함에 있어 범죄가 있다고 사료하는 때에는 고발**하여야 한다**(동②). (2) 고발은 반드시 범인을 적시할 필요가 없다. 따라서 고발에서 지정한 범인이 진범인이 아니더라도 고발의 효력에는 영향이 없다(대판 94도458, Ref 3-1). (3) 고소의 경우와 같이 고발도 자기 또는 배우자의 직계존속은 고발하지 못한다(법235). (4) 그러나 고발은 **고소와 달리** ㉠ 대리가 불가하며(대판 88도1533, Ref 3-2), ㉡ 주관적 불가분의 원칙은 적용되지 않으며(대판 2004도4066, Ref 3.6-1), ㉢ 고발을 취소한 후에도 다시 고발이 가능하다. 한편 (5) **전속고발범죄**(또는 **즉시고발사건**)란 관계 공무원의 고발이 있어야 유효하게 공소를 제기할 수 있는 범죄를 말한다(소송조건)(대판 71도1736, Ref 7).10) 이 경우 소송조건이 되는 특정 행정기관의 고발을 **전속고발**이라 한다.

**\*고소와 고발의 비교\***

|  | 고소 | 고발 |
|---|---|---|
| **주체** | 피해자 등 고소권자에 한정 | 고소권자·범인 이외의 제3자 |
| **기간** | 6월(친고죄) | 제한 없음 |
| **대리** | 허용 | 허용 안 됨 |

---

7) 형사소송법 **제225조(비피해자인 고소권자)** ① 피해자의 법정대리인은 **독립**하여 고소할 수 있다. ② 피해자가 사망한 때에는 그 배우자, 직계친족 또는 형제자매는 고소할 수 있다. 단, 피해자의 명시한 의사에 반하지 못한다. **제226조(동전)** 피해자의 법정대리인이 피의자이거나 법정대리인의 친족이 피의자인 때에는 피해자의 친족은 **독립**하여 고소할 수 있다. **제227조(동전)** 사자의 명예를 훼손한 범죄에 대하여는 그 친족 또는 자손은 고소할 수 있다. **제228조(고소권자의 지정)** 친고죄에 대하여 고소할 자가 없는 경우에 이해관계인의 신청이 있으면 검사는 **10일 이내**에 고소할 수 있는 자를 지정**하여야 한다**.

8) 따라서 피해자의 부친이 **피해자 사망** 후에 피해자를 대신하여 그 피해자가 이미하였던 고소를 취소하더라도 이는 적법한 고소 취소로 볼 수 없다(대판 69도376, Ref 2-8).

9) 성폭력범죄의 처벌 등에 관한 특례법 제27조(**성폭력범죄 피해자에 대한 변호사 선임의 특례**) ① 성폭력범죄의 피해자 및 그 법정대리인은 형사절차상 입을 수 있는 피해를 방어하고 법률적 조력을 보장하기 위하여 변호사를 선임할 수 있다. …… ⑤ 제1항에 따른 변호사는 형사절차에서 피해자등의 대리가 허용될 수 있는 모든 소송행위에 대한 포괄적인 대리권을 가진다.

10) **전속고발권**을 인정하고 있는 법으로는 출입국관리법(법101), 관세법(법284), 조세범처벌법(법21), 물가안정에 관한 법률(법31) 등이 있다.

| 주관적 불가분원칙 | 적용 | 적용 안 됨 |
|---|---|---|
| 재고소/재고발 | 재고소 불허 | 재고발 가능 |

## Reference 1

### * 고소의 '의의'와 관련된 주요 판례 *

**1-1 [대판 2013도7987]** [고소권자가 비친고죄로 고소한 사건을 검사가 친고죄로 구성하여 공소를 제기한 경우, 법원이 친고죄에서 소송조건이 되는 고소가 유효하게 존재하는지 **직권으로 조사·심리하여야 하는지 여부(한정 적극)**] 법원은 검사가 공소를 제기한 범죄사실을 심판하는 것이지 고소권자가 고소한 내용을 심판하는 것이 아니므로, 고소권자가 비친고죄로 고소한 사건이더라도 검사가 사건을 친고죄로 구성하여 공소를 제기하였다면 공소장 변경절차를 거쳐 공소사실이 비친고죄로 변경되지 아니하는 한, 법원으로서는 친고죄에서 소송조건이 되는 고소가 유효하게 존재하는지를 **직권으로 조사·심리하여야 한다.**

**1-2 [대판 2009도9939]** 반의사불벌죄에 있어서 처벌불원의 의사표시의 부존재는 소위 소극적 소송조건으로서 직권조사사항이라 할 것이므로 당사자가 항소이유로 주장하지 아니하였다고 하더라도 원심은 이를 **직권으로 조사·판단하여야** 한다.

**\*고소능력\***

**2-1 [대판 2011도4451]** [**고소에 필요한 고소능력의 정도(=사실상의 의사능력)**] [1] 고소를 할 때는 소송행위능력, 즉 고소능력이 있어야 하나, 고소능력은 피해를 입은 사실을 이해하고 고소에 따른 사회생활상의 이해관계를 알아차릴 수 있는 '사실상의 의사능력'으로 충분하므로, 민법상 행위능력이 없는 사람이라도 위와 같은 능력을 갖추었다면 고소능력이 인정된다. [2] 피고인이 간음할 목적으로 미성년자인 피해자를 범행 당일 02:30경 주차장으로 끌고 간 다음 같은 날 02:40경 다시 부근의 빌딩 2층으로 끌고 가 약취하였다는 내용으로 기소된 사안에서, **당시 피해자는 11세 남짓한 초등학교 6학년생**으로서 피해 입은 사실을 이해하고 고소에 따른 사회생활상의 이해관계를 알아차릴 수 있는 '사실상의 의사능력'이 있었던 것으로 보이고, 경찰에서 일죄의 관계에 있는 범죄사실 중 범행 당일 02:30경의 약취 범행 등을 이유로 피고인을 처벌하여 달라는 의사표시를 분명히 하여 그 의사표시가 피해자 진술조서에 기재되었으므로, **고소능력 있는 피해자 본인이 고소를 하였다고 보아야 하며,** 피고인 제출의 합의서에 피해자 성명이 기재되어 있으나 피해자의 날인은 없고, 피해자의 법정대리인인 부(父)의 무인 및 인감증명서가 첨부되어 있을 뿐이어서 피해자 본인의 고소 취소의 의사표시가 여기에 당연히 포함되어 있다고 볼 수 없으므로, 설령 피해자 법정대리인의 고소는 취소되었다고 하더라도 본인의 고소가 취소되지 아니한 이상 친고죄의 공소제기 요건은 여전히 충족된다는 이유로 같은 취지에서 피고인에 대한 간음 목적 약취의 공소사실을 유죄로 인정한 원심판단을 정당하다.

**2-2 [대판 2009도6058 전원합의체]** [피해자가 제1심 법정에서 피고인들에 대한 처벌희망 의사표시를 철회할 당시 나이가 14세 10개월이었더라도 그 철회의 의사표시가 **의사능력이 있는 상태에서 행해졌다면 법정대리인의 동의가 없었더라도 유효하다**는 사례] 형사소송법상 소송능력이라 함은 소송당사자가 유효하게 소송행위를 할 수 있는 능력, 즉 피고인 또는 피의자가 자기의 소송상의 지위와 이해관계를 이해하고 이에 따라 방어행위를 할 수 있는 의사능력을 의미한다. 의사능력이 있으면 소송능력이 있다는 원칙은 피해자 등 제3자가 소송행위를 하는 경우에도 마찬가지라고 보아야 한다. 따라서 반의사불벌죄에 있어서 피해자

의 피고인 또는 피의자에 대한 처벌을 희망하지 않는다는 의사표시 또는 처벌을 희망하는 의사표시의 철회는, 위와 같은 형사소송절차에 있어서의 소송능력에 관한 일반원칙에 따라, 의사능력이 있는 피해자가 단독으로 이를 할 수 있고, 거기에 법정대리인의 동의가 있어야 한다거나 법정대리인에 의해 대리되어야만 한다고 볼 것은 아니다.

3 [대판 2010도14475] 피고인 甲 주식회사의 대표이사 피고인 乙이, 디지털콘텐츠 거래가 이루어지는 웹사이트를 운영하면서 영리를 위해 상습적으로 다른 사람의 저작재산권을 침해하였다는 내용으로 기소된 사안에서, 피고인 乙에게 반복하여 저작권 침해행위를 하는 습벽이 있다고 보이므로, 피고인들에게 저작권법 제140조 단서 제1호가 적용되어 고소가 소추조건에 해당하지 않는다고 본 원심판단을 수긍한 사례. cf) 저작권법 제140조 본문에서는 저작재산권 침해로 인한 같은 법 제136조 제1항의 죄를 친고죄로 규정하면서, 같은 법 제140조 단서 제1호에서 영리를 위하여 상습적으로 위와 같은 범행을 한 경우에는 고소가 없어도 공소를 제기할 수 있다고 규정하고 있다.

### *적법한 형식의 고소인지 여부에 대한 판단*

4-1 [대판 2010도9524] [1] 출판사 대표인 피고인이 도서의 저작권자인 피해자와 전자도서(e-book)에 대하여 별도의 출판계약 등을 체결하지 않고 전자도서를 제작하여 인터넷서점 등을 통해 판매하였다고 하여 구 저작권법 위반으로 기소된 사안에서, 피해자가 경찰청 인터넷 홈페이지에 '피고인을 철저히 조사해 달라'는 취지의 민원을 접수하는 형태로 피고인에 대한 조사를 촉구하는 의사표시를 한 것은 형사소송법에 따른 적법한 고소로 보기 어렵다는 이유로 공소를 기각한 원심판단을 정당하다고 한 사례. [2] 고소라 함은 범죄의 피해자 기타의 고소권자가 수사기관에 단순히 피해사실을 신고하거나 수사 및 조사를 촉구하는 것에 그치지 않고 범죄사실을 신고하여 범인의 소추·처벌을 요구하는 의사표시이다.

4-2 [대판 84도709] 고소는 서면 또는 구술로써 검사 또는 사법경찰관에게 하여야 하는 것이므로 피해자가 피고인을 심리하고 있는 법원에 대하여 간통사실을 적시하고 피고인을 엄벌에 처하라는 내용의 진술서를 제출하거나 증인으로서 증언하면서 판사의 신문에 대해 피고인의 처벌을 바란다는 취지의 진술을 하였다 하더라도 이는 고소로서의 효력이 없다.

4-3 [대판 85도1288] 간통의 점에 관하여 소론과 같이 피고인등이 피해자를 부축하여 병원으로 데려갈 때 피고인보고 미안하다는 말을 했다하더라도 그것만으로 피해자에게 분명히 피고인의 처벌을 희망하지 아니하는 의사가 있었다고 할 수는 없으므로 피해자의 동생이 한 이 사건 고소를 피해자의 명시한 의사에 반하는 무효의 것이라고는 할 수 없다.

4-4 [대판 2007도4977] 비록 고소인이 사건 당일 간통의 범죄사실을 신고하면서 현장에 출동한 경찰관에게 고소장을 교부하였다고 하더라도, 송파경찰서에 도착하여 최종적으로 고소장을 접수시키지 아니하기로 결심하고 고소장을 반환받은 것이라면, 고소장이 수사기관에 적법하게 수리되어 고소의 효력이 발생되었다고 할 수 없다. 나아가 고소인이 당시 피고인들에 대하여 처벌 불원의 의사를 표시하였다고 하더라도, 애초 적법한 고소가 없었던 이상, 그로부터 3개월이 지나 제기된 이 사건 고소가 재고소의 금지를 규정한 형사소송법 제232조 제2항에 위반된다고 볼 수도 없다.

6 [대판 93도1620] 피해자가 고소장을 제출하여 처벌을 희망하는 의사를 분명히 표시한 후 고소를 취소한 바 없다면 비록 고소 전에 피해자가 처벌을 원치 않았다 하더라도 그 후에 한 피해자의 고소는 유효하다.

7 [대판 85도1213] 범행기간을 **특정하고 있는 고소**에 있어서는 그 기간 중의 어느 특정범죄에 대하여 범인의 처벌을 원치 않는 고소인의 의사가 있다고 볼 만한 특단의 사정이 없는 이상 그 고소는 특정된 기간 중에 저지른 **모든 범죄에 대하여** 범인의 처벌을 구하는 의사표시라고 봄이 상당하다.

8 [대판 81도1250] 고소가 어떠한 사항에 관한 것인가의 여부는 고소장에 붙인 '죄명'에 구애될 것이 아니라 **고소의 '내용'**에 의하여 결정하여야 할 것이므로 고소장에 명예훼손죄의 죄명을 붙이고 그 죄에 관한 사실을 적었으나 그 사실이 명예훼손죄를 구성하지 않고 모욕죄를 구성하는 경우에는 위 고소는 모욕죄에 대한 고소로서의 효력을 갖는다.

## *Reference 2*
### * '고소권자'와 관련된 주요 판례 *
---

1 [대판 2019도10678] 성폭력범죄의 처벌 등에 관한 특례법 제27조는 성폭력범죄 피해자에 대한 변호사 선임의 특례를 정하고 있다. 성폭력범죄의 피해자는 형사절차상 법률적 조력을 받기 위해 스스로 변호사를 선임할 수 있고(제1항), 검사는 피해자에게 변호사가 없는 경우 국선변호사를 선정하여 형사절차에서 피해자의 권익을 보호할 수 있으며(제6항), 피해자의 변호사는 형사절차에서 피해자 등의 대리가 허용될 수 있는 모든 소송행위에 대한 '**포괄적인 대리권**'을 가진다(제5항). 따라서 **피해자의 변호사**는 피해자를 대리하여 피고인에 대한 처벌을 희망하는 의사표시를 철회하거나 처벌을 희망하지 않는 의사표시를 할 수 있다.

2 [대판 2010도8467] [프로그램저작권이 명의신탁된 경우, 제3자의 침해행위에 대한 구 컴퓨터프로그램보호법 제48조에서 정한 고소권자(＝명의수탁자)] 구 컴퓨터프로그램보호법 제48조는 '프로그램저작권자 또는 프로그램배타적발행권자' 등의 고소가 있어야 공소를 제기할 수 있다고 규정하고 있는데, 프로그램저작권이 명의신탁된 경우 **대외적인 관계에서는 '명의수탁자'만이 프로그램저작권자**이므로 **제3자의 침해행위에 대한 구 컴퓨터프로그램 보호법 제48조에서 정한 고소 역시 '명의수탁자만'**이 할 수 있다.   cf) '명의신탁자'는 고소권자가 될 수 없다.

3 [대판 2002도4849] [저작재산권 침해죄에 있어서 저작재산권을 양도받았으나 **양도등록을 하지 아니한 자의 고소**가 적법한지 여부(적극)] 구 저작권법(2000.1.12. 법률 제6134호로 개정되기 전의 것) 제52조에 따른 저작재산권의 양도등록은 그 양도의 유효요건이 아니라 제3자에 대한 대항요건에 불과하고, 여기서 등록하지 아니하면 제3자에게 대항할 수 없다고 할 때의 "제3자"란 당해 저작재산권의 양도에 관하여 양수인의 지위와 양립할 수 없는 법률상 지위를 취득한 경우 등 저작재산권의 양도에 관한 등록의 흠결을 주장함에 정당한 이익을 가지는 제3자에 한하고, 저작재산권을 침해한 사람은 여기서 말하는 제3자가 아니므로, 저작재산권을 양도받은 사람은 **그 양도에 관한 등록 여부에 관계없이** 그 저작재산권을 침해한 사람을 고소할 수 있다.

4 [대판 99도3784] [법정대리인의 고소권의 성질] 형사소송법 제225조 제1항이 규정한 법정대리인의 고소권은 무능력자의 보호를 위하여 법정대리인에게 주어진 **고유권**이므로, 법정대리인은 피해자의 고소권 소멸 여부에 관계없이 고소할 수 있고, 이러한 고소권은 피해자의 명시한 의사에 반하여도 행사할 수 있다.

5 [헌재 92헌마234] 형사소송법 제225조 제2항에서 피해자가 사망한 경우 그 배우자, 직계친족 또는 형제자매에게 고소권을 인정하고 있는 취지에 비추어 볼 때, 피해자인 **고소인이 고소 후에 사망한 경우** 피보호법익인 재산권의 상속인은 자신들이 따로 고소를 할 것 없이 피해자 지위를 수계(受繼)하여 피해자가 제기한 당해 고소사건에 관한 검사의 불기소처분에 대하여 항고, 재항고도 할 수 있다.

6 [대판 87도1707] **모자관계**는 호적에 입적되어 있는 여부와는 관계없이 자의 출생으로 법률상 당연히 생기는 것이므로 고소당시 이혼한 생모라도 피해자인 그의 자의 친권자로서 **독립하여 고소**할 수 있다.

### *피해자의 법정대리인이 피의자인 경우*

7-1 [대판 86도1982] ●**사실**● 피고인 X는 자신의 미성년 딸 B를 강제추행하였다. 이에 X의 생모이지만 호적상으로는 친자관계에 있지 않은 A가 이 사실을 고소하였다. 이로 인해 X는 기소되어 제1심과 항소심에서 유죄가 선고되었다. 이에 X는 "A는 **호적상 자신의 모가 아니므로** A에게는 고소권이 없다"며 상고하였다. ●**판지**● 상고기각. 「이 사건 고소인인 A는 피고인 X의 생모임이 명백한 바, 모자관계는 호적에 입적되어 있는 여부와는 관계없이 **자의 출생으로 법률상 당연히 생기는 것**이므로 A와 X는 호적부에 모자관계로 등재되어 있지 않다 하더라도 법률상의 친족관계에 있다 할 것이고, 따라서 A와 X의 딸인 B 사이에도 법률상의 친족관계가 있다 할 것이므로 A가 미성년인 B의 법정대리인인 X를 상대로 X의 B에 대한 이 사건 강제추행 및 강간범죄사실에 대하여 고소를 제기한 것은 형사소송법 제226조 소정의 **피해자의 친족에 의한 피해자의 법정대리인에 대한 적법한 고소**라 할 것 이다」. ●**해설**● 대상판결은 피고인의 생모가 피고인의 그 딸에 대한 강제추행 사실에 대하여 고소를 제기한 것이 형사소송법 제226조의 피해자의 친족에 의한 피해자의 법정대리인에 대한 적법한 고소로 볼 수 있는지가 다투어졌다. 형사소송법 제226조는 "피해자의 법정대리인이 피의자가 된 경우에는 피해자의 **'친족'**은 **독립하여** 고소할 수 있다"고 규정하고 있다. 사안은 이 '친족'의 범위에 호적부에는 모자관계로 등재되어 있지 않지만 '생모'가 포함되는지 여부가 다투어진 것이다(고소권자와 관련된 문제). 법원은 "**모자관계**는 호적에 입적되어 있는 여부와는 관계없이 **자의 출생으로 법률상 당연히 생기는 것**이므로 생모와 그 자의 자 사이에도 법률상 친족관계가 있다."고 판단하여 A의 고소는 적법한 고소로 판단하였다.

7-2 [대판 2009도12446] 남편 甲이 식물인간 상태가 되어 금치산선고를 받아 그 후견인이 된 배우자 乙의 간통행위에 대해 甲의 모(母) 丙이 제기한 고소가 간통죄의 공소제기 요건으로서 적법하다고 한 원심판단을 수긍한 사례. 형사소송법 제226조에 피해자의 법정대리인이 피의자이거나 법정대리인의 친족이 피의자인 때에는 피해자의 친족은 독립하여 고소할 수 있다.

8 [대판 69도376] 피해자의 부친이 **피해자 사망 후**에 피해자를 대신하여 그 피해자가 **이미 하였던 고소**를 취소하더라도 이는 적법한 고소취소라 할 수 없다.

## * '고발'과 관련된 주요 판례 *

---

1 [대판 94도458] [고발인이 범법자를 잘못 알고 고발한 경우] 고발이란 범죄사실을 수사기관에 고하여 그 소추를 촉구하는 것으로서 범인을 지적할 필요가 없는 것이고 또한 고발에서 지정한 범인이 진범인이 아니더라도 고발의 효력에는 영향이 없는 것이므로, 고발인이 농지전용행위를 한 사람을 갑으로 잘못 알고 갑을 피고발인으로 하여 고발하였다고 하더라도 을이 농지전용행위를 한 이상 을에 대하여도 고발의 효력이 미친다.

2 [대판 88도1533] [타인명의의 고소장 제출에 의한 위증사실의 신고와 **무고죄의 주체**] 위증죄는 국가의 사법기능을 보호법익으로 하는 죄로서 개인적 법익을 보호법익으로 하는 것이 아니므로 **위증사실의 신고는 고소의 형식을 취하였더라도 고발이고**, 고발은 피해자 본인 및 고소권자를 제외하고는 누구나 할 수 있는 것이어서 **고발의 대리는 허용되지 않고** 고발의 의사를 결정하고 고발행위를 '주재한 자'가 고발인이라고 할 것이므로 타인명의의 고소장 제출에 의해 위증사실의 신고가 행하여졌더라도 피고인이 고소장을 작성하여 수사기관에 제출하고 수사기관에 대하여 고발인 진술을 하는 등 피고인의 의사로 고발행위를 주도하였다면 그 고발인은 피고인이다.

## * '전속고발범죄'와 관련된 주요 판례 *

---

3 [대판 2017도14749 전원합의체] [국회에서의 증언·감정 등에 관한 법률 제15조 제1항 단서의 고발을 **특별위원회가 존속하는 동안에 해야 하는지 여부**(적극)] [1] [다수의견] 국회에서의 증언·감정 등에 관한 법률(이하 '국회증언감정법'이라 한다) 제15조 제1항 본문은 "본회의 또는 위원회는 증인·감정인 등이 제12조·제13조 또는 제14조 제1항 본문의 죄를 범하였다고 인정한 때에는 **고발하여야 한다**."라고 규정하고 있다. 제15조 제1항 본문에 따른 고발은 증인을 조사한 본회의 또는 위원회의 의장 또는 위원장의 명의로 한다(제15조 제3항). 따라서 그 위원회가 고발에 관한 의결을 하여야 하므로 제15조 제1항 본문의 **고발은 위원회가 존속하고 있을 것을 전제로 한다.** 한편 국회증언감정법 제15조 제1항 단서는 위와 같은 본문에 이어서 "다만 청문회의 경우에는 재적위원 3분의 1 이상의 연서에 따라 그 위원의 이름으로 고발할 수 있다."라고 규정하고 있다. 아래와 같은 이유로, 국회증언감정법 제15조 제1항 단서에 의한 고발도 위원회가 존속하는 동안에 이루어져야 한다고 해석하는 것이 타당하다. **cf)** 사안은 국회 국정농단(박근혜 정부의 민간인에 의한 국정농단) 특위 활동기간 종료 이후의 위증 고발은 위법하다는 판례이다. 대법원 다수의견은 국회증언감정법 제14조 제1항 본문에서 정한 **위증죄는 같은 법 제15조의 고발을 소추요건으로 한다**고 판단하고 있다.

4 [대판 2009도6614] 검사의 불기소처분에는 확정재판에 있어서의 확정력과 같은 효력이 없어 일단 불기소처분을 한 후에도 공소시효가 완성되기 전이면 언제라도 공소를 제기할 수 있으므로, 세무공무원 등의 고발이 있어야 공소를 제기할 수 있는 조세범처벌법 위반죄에 관하여 일단 불기소처분이 있었더라도 **세무공무원 등이 종전에 한 고발은 여전히 유효**하다. 따라서 나중에 공소를 제기함에 있어 세무공무원 등의 새로운 고발이 있어야 하는 것은 아니다.

5 [대판 2007도7482] [조세범칙 사건에 있어서 소추의 요건 및 **법원이 즉시고발 사유에 대하여 심사할 수 있는지 여부**(소극)] 조세범처벌절차법에 즉시고발을 함에 있어서 고발사유를 고발서에 명기하도록 하는 규정이 없을 뿐만 아니라 원래 **즉시고발권을 세무공무원에게 부여하였음은** 세무공무원으로 하여금 때에 따라 적절한 처분을 하도록 할 목적으로 특별사유의 유무에 대한 인정권까지 세무공무원에게 일임한 것이라고 볼 것이므로 조세범칙 사건에 대하여 관계 **세무공무원의 즉시고발이 있으면 그로써 소추의 요건은 충족되는 것이고**, 법원은 본안에 대하여 심판하면 되는 것이지 **즉시고발 사유에 대하여 심사할 수 없다.**

6-1 [대판 2004도4066] [조세범처벌법에 의한 고발의 경우 이른바 '**고소·고발 불가분원칙**'이 적용되는지 여부(소극)] 조세범처벌법 제6조는 조세에 관한 범칙행위에 대하여는 원칙적으로 국세청장 등의 고발을 기다려 논하도록 규정하고 있는바, 같은 법에 의하여 하는 고발에 있어서는 이른바 고소·고발 불가분의 원칙이 적용되지 아니하므로, 고발의 구비 여부는 양벌규정에 의하여 처벌받는 자연인인 행위자와 법인에 대하여 '**개별적**'으로 논하여야 한다. cf) 고발의 경우는 친고죄의 '주관적 불가분의 원칙'이 적용되지 않는다.

6-2 [비교판례] [대판 2013도5650] [조세범칙사건에 대한 고발의 효력 범위 및 수 개의 범칙사실 중 일부만을 범칙사건으로 하는 고발의 효력 범위] 고발은 범죄사실에 대한 소추를 요구하는 의사표시로서 그 효력은 고발장에 기재된 범죄사실과 동일성이 인정되는 사실 모두에 미치므로, 조세범 처벌절차법에 따라 범칙사건에 대한 고발이 있는 경우 고발의 효력은 범칙사건에 관련된 범칙사실의 전부에 미치고 **한 개의 범칙사실의 일부에 대한 고발은 전부에 대하여 효력이 생긴다.** 그러나 수 개의 범칙사실 중 일부만을 범칙사건으로 하는 고발이 있는 경우 고발장에 기재된 범칙사실과 동일성이 인정되지 않는 다른 범칙사실에 대해서까지 고발의 효력이 미칠 수는 없다. cf) 친고죄의 고소에 있어서 '객관적 불가분의 원칙'은 고발의 경우에도 적용된다.

7 [대판 71도1736] 조세범처벌법상의 범칙행위는 **국세청장, 지방국세청장, 세무서장 또는 세무에 종사하는 공무원의 고발을 기다려 논하게 되어 있으므로**, 고발 없이 공소가 제기된 경우에는 공소제기절차가 법률규정에 위반한 것이니 공소를 기각하여야 한다.

8 [대판 57도58] 조세범처벌법위반 사건에 대한 세무공무원의 고발취소는 **제1심 판결선고 전**에 한하여 취소할 수 있다고 해석함이 타당하다.

# 3 수사의 단서(3) - 고소의 방법 · 기간 · 제한 · 추완 -

* 대법원 2011. 6. 24. 선고 2011도4451, 2011전도76 판결
* 참조조문: 형사소송법 제237조,[1] 제223조[2]

> 수사기관이 고소권자를 증인 또는 피해자로서 신문하였는데, 그 중 범인 처벌을 요구하는 고소권자의 의사표시가 조서에 기재된 경우, 이를 적법한 고소로 볼 수 있는가?

●**사실**● 피고인 X는 간음할 목적으로 미성년자인 A를 범행 당일 02:30경 주차장으로 끌고 간 다음, 같은 날 02:40경 다시 부근의 빌딩 2층으로 끌고 가 약취하였다. 당시 피해자는 **11세 남짓한 초등학교 6학년생**으로서 피해 입은 사실을 이해하고 고소에 따른 사회생활상의 이해관계를 알아차릴 수 있는 사실상의 의사능력이 있었던 것으로 추정된다. A는 **고소장을 제출하지는 아니하였으나** 경찰에서 피해자 진술조서를 작성할 당시 사법경찰리에게 위 범행 당일 02:30경 간음 목적으로 피해자를 주차장으로 끌고 간 약취 범행 등을 이유로 X를 **형사처벌하여 달라는 의사표시를 분명히 하여** 그 의사표시가 피해자 진술조서에 기재되었다. 이후 피고인 X가 제출한 **합의서**에 피해자 A의 성명이 기재되어 있기는 하였으나 **A의 날인은 없었고, A의 법정대리인인 부(父) B의 무인 및 인감증명서가 첨부**되어 있었다.

원심은 X에 대해 간음 목적 약취 유죄를 인정하였다. 이에 X는 피해자의 적법한 고소가 없었으며, 만약 고소를 인정하더라도 피해자간의 합의도 원만히 이루어져 '고소가 취소'되었음을 다투며 상고하였다.

●**판지**● 상고기각. 「[1] 친고죄에서 고소는, 고소권 있는 자가 수사기관에 대하여 범죄사실을 신고하고 범인의 처벌을 구하는 의사표시로서 **서면**뿐만 아니라 **구술**로도 할 수 있고, 다만 구술에 의한 고소를 받은 검사 또는 사법경찰관은 조서를 작성하여야 하지만 **그 조서가 독립된 조서일 필요는 없으며**, 수사기관이 고소권자를 증인 또는 피해자로서 **신문한 경우**에 그 진술에 범인의 처벌을 요구하는 의사표시가 포함되어 있고 그 의사표시가 **조서에 기재되면** 고소는 적법하다.

[2] 고소를 할 때는 소송행위능력, 즉 고소능력이 있어야 하나, 고소능력은 피해를 입은 사실을 이해하고 고소에 따른 사회생활상의 이해관계를 알아차릴 수 있는 **사실상의 의사능력으로 충분**하므로, 민법상 행위능력이 없는 사람이라도 위와 같은 능력을 갖추었다면 고소능력이 인정된다.

[3] 피고인이 간음할 목적으로 미성년자인 피해자를 범행 당일 02:30경 주차장으로 끌고 간 다음 같은 날 02:40경 다시 부근의 빌딩 2층으로 끌고 가 약취하였다는 내용으로 기소된 사안에서, (가) **당시 피해자는 11세 남짓한 초등학교 6학년생**으로서 피해입은 사실을 이해하고 고소에 따른 사회생활상의 이해관계를 알아차릴 수 있는 **사실상의 의사능력**이 있었던 것으로 보이고, (나) 경찰에서 일죄의 관계에 있는 범죄사실 중 범행 당일 02:30경의 약취 범행 등을 이유로 피고인을 처벌하여 달라는 의사표시를 분명히 하여 그 의사표시가 피해자 진술조서에 기재되었으므로, 고소능력 있는 피해자 **본인이 고소**를 하였다고 보아야 하며, (다) 피고인 제출의 합의서에 피해자 성명이 기재되어 있으나 피해자의 날인은 없고, 피해자의 법정대리인인 부(父)의 무인 및 인감증명서가 첨부되어 있을 뿐이어서 피해자 본인의 고소 취소의 의사표시가 여기에 당연히 포함되어 있다고 볼 수 없으므로, **설령 피해자 법정대리인의 고소는 취소되었다고 하더라도 본인의 고소가 취소되지 아니한 이상** 친고죄의 공소제기 요건은 여전히 충족된다는 이유로 같은 취지에서 피고인에 대한 간음 목적 약취의 공소사실을 유죄로

---

1) 형사소송법 제237조(**고소, 고발의 방식**) ① 고소 또는 고발은 **서면 또는 구술**로써 검사 또는 사법경찰관에게 하여야 한다. ② 검사 또는 사법경찰관이 구술에 의한 고소 또는 고발을 받은 때에는 **조서를 작성**하여야 한다.
2) 형사소송법 제223조(**고소권자**) 범죄로 인한 피해자는 고소할 수 있다.

인정한 원심판단을 정당하다」.

●**해설**● 1 고소란 범죄의 피해자 또는 그와 일정한 관계가 있는 **고소권자**가 **수사기관**에 대하여 특정 범죄사실을 신고하여, 범인의 **처벌을 구하는 의사표시**이다. 수사개시의 원인을 수사의 단서라 하는데 고소는 대표적 '수사의 단서'이다. 친고죄나 반의사불벌죄의 경우에 있어 고소는 소송조건이 된다. 친고죄에서 적법한 고소가 있었는지는 '자유로운 증명'의 대상이 되고, 일죄의 관계에 있는 범죄사실 일부에 대한 '고소의 효력'은 **일죄 전부**에 대하여 미친다(고소불가분의 원칙).

2 **고소의 방법**　　　　　고소의 방식과 관련하여 (1) 고소는 고소권 있는 자가 「수사기관에 대하여 범죄사실을 신고하고 범인의 처벌을 구하는 의사표시로서 **'서면'**뿐만 아니라 **'구술'**로도 할 수 있고, 다만 구술에 의한 고소를 받은 검사 또는 사법경찰관은 **'조서'를 작성**하여야 하지만 그 조서가 **'독립된 조서'일 필요는 없으며**, 수사기관이 고소권자를 **증인 또는 피해자로서 신문한 경우**에 그 진술에 범인의 처벌을 요구하는 의사표시가 포함되어 있고 그 의사표시가 조서에 기재되면 고소는 적법하다」(실질적 판단)(대판 85도190, Ref 1.3−1). 대상판결도 이 부분에 대한 적법성여부가 다투어졌다. (2) 공법상 행위는 원칙적으로 본인이 직접 행사하여야 한다. 그러나 고소는 **대리인**으로 하여금하게 할 수 있다(법236)[3]. 이 경우 대리권이 정당한 고소권자에 의하여 수여되었음이 **'실질적'으로 증명**되면 충분하고 그 **방식에 특별한 제한은 없다**. 따라서 반드시 위임장을 제출하거나 '대리'라는 표시를 하여야 하는 것은 아니며, 대리인은 수사기관에 **구술**에 의한 방식으로 고소를 제기할 수도 있다(대판 2000도4595, Ref 1.1−1). (3) 고소권자로부터 고소권한을 위임받은 대리인이 친고죄에 대하여 고소를 할 경우, 그 고소기간은 **대리인이 아니라** '고소권자'가 범인을 알게 된 날로부터 기산한다(대판 2001도3081, Ref 1.1−2).

3 **고소사건의 처리(고소 이후의 절차)**　　　　　(1) 검사 또는 사법경찰관은 고소 또는 고발을 받은 경우에는 이를 수리**해야 한다**(준칙16의2①). 수리는 '의무적'이다. 따라서 수리거부는 불가하다. (2) 사법경찰관이 고소 또는 고발을 받은 때에는 **신속히 조사**하여 관계서류와 증거물을 **검사에게 송부**하여야 한다(법238). 즉 ① **범죄의 혐의**가 있다고 인정되는 경우에는 지체 없이 검사에게 사건을 송치하고, 관계 서류와 증거물을 검사에게 송부하여야 하며, ② **그 밖의 경우**에는 그 이유를 명시한 서면과 함께 관계 서류와 증거물을 지체 없이 검사에게 송부하여야 한다. 이 경우 검사는 송부 받은 날부터 **90일 이내**에 사법경찰관에게 반환하여야 한다(법245의5). (2) 고소나 고발에 의한 범죄를 수사할 때에는 **사법경찰관**의 경우는 **3개월 이내**에 수사를 마쳐야 하며(경찰수사규칙24[4] · 훈시규정), **검사**의 경우도 고소 또는 고발을 수리한 날로부터 **3개월 이내**에 수사를 완료하여 공소제기여부를 결정하여야 한다(법257). (3) 검사는 처분결과 등을 고소인 또는 고발인, 피의자에게 통지하고 설명하여야 한다(법258−260).

---

3) **반의사불벌죄의 피해자**의 경우도 피의자나 피고인 및 그들의 변호인에게 자신을 대리하여 수사기관이나 법원에 자신의 처벌불원의사를 표시할 수 있는 권한을 수여할 수 있다(대판 2017도8989).

4) 경찰수사규칙 제24조(**고소 · 고발사건의 수사기간**) ① 사법경찰관리는 고소 · 고발을 수리한 날부터 **3개월 이내**에 수사를 마쳐야 한다. ② 사법경찰관리는 제1항의 기간 내에 수사를 완료하지 못한 경우에는 그 이유를 소속수사부서장에게 보고하고 수사기간 **연장을 승인**받아야 한다.

**4 고소의 기간**        일반적인 고소는 기간의 제한이 없으며 공소시효가 완성될 때까
지 고소가 가능하다. 그러나 친고죄의 고소는 '소송조건'이므로 공소제기의 여부를 오랫동안
사인의 의사에 맡겨 불확정한 상태에 두는 것은 곤란하다. 따라서 (1) **친고죄**에 대하여는 제한
을 두어 '**범인을 알게 된 날**'로부터 '**6월**'을 경과하면 고소하지 못한다. 다만, 고소할 수 없는 **불가항력**의
사유가 있는 때에는 그 사유가 없어진 날로부터 기산한다는 제한을 두고 있다(법230). 여기서 (2) **범인을
알게 된다** 함은 「통상인의 입장에서 보아 고소권자가 고소를 할 수 있을 정도로 '범죄사실'과 '범인'을 아
는 것을 의미하고, ㉠ '**범죄사실**'을 안다는 것은 고소권자가 친고죄에 해당하는 범죄의 피해가 있었다는
사실관계에 관하여 '**확정적인 인식**'이 있음을 말한다」(미필적 인식만으로는 부족하다)(대판 2001도3106, Ref
2-2). 그리고 ㉡ '**범인**'을 안다는 것은 적어도 범인이 누구인가를 **특정**할 수 있을 정도로는 알아야 한다.
다만, 범인의 주소나 성명까지 알 필요는 없다. 여기서 **수인의 공범**이 있는 경우에는 **공범 중 1인**을 아는
것으로 충분하다(범인은 정범·공범을 불문한다). 다만, 상대적 친고죄에서는 **신분관계 있는 범인**을 알아야
한다. 또한 (3) **범인을 알게 된 '날'**이란 범죄행위가 '**종료**'된 이후에 범인을 알게 된 날을 가리킨다(따라
서, 범죄행위가 계속되는 도중에 고소권자가 범인을 알았다 하더라도 그날로부터 곧바로 고소기간이 진행되지는
않는다. 즉 범죄가 종료되지 않으면 고소기간은 진행하지 않는다). 특히 **포괄일죄**의 경우는 최후의 범죄행위가
종료한 때에 전체 범죄행위가 종료된 것으로 본다(대판 2004도5014, Ref 2-1). (4) 친고죄의 경우에 고소
할 수 없는 '불가항력의 사유'가 있는 때에는 그 사유가 없어진 날로부터 기산한다(**고소기간의 연장**)(법230
①단서). 여기서 고소를 할 수 없는 '**불가항력**'이라 함은 '객관적 사유'를 말하므로(대판 87도1707, Ref
2.4-1), 해고될 것이 두려워서 고소를 하지 않은 것만으로는 불가항력의 사유에 해당하지 않는다(대판
85도1273, Ref 2.5-1). (5) 범행당시 고소능력이 없었다가 그 후에 비로소 고소능력이 생겼다면 그 고소기
간은 고소능력이 생긴 때로부터 기산한다. 따라서 범행 당시 피해자가 **11세의 소년**에 불과하여 고소능력
이 없었다가 고소 당시에 고소능력이 생겼다면, 그 고소기간은 **고소능력이 생긴 때로부터 기산**된다(대판
95도696, Ref 2.4-2). (6) **법정대리인의 고소권**은 **고유권**이므로 그 고소기간은 **법정대리인 자신**이 범인을
알게 된 날로부터 진행한다(대판 87도857, Ref 2.3-2).[5] (7) 상대적 친고죄에서는 신분관계가 있는 공범을
알게 된 날을 기준으로 한다. (8) 고소할 수 있는 자가 수인인 경우에는 **1인의 기간의 해태**는 타인의 고
소에 영향이 없다(법231). 고소기간은 각자에 대해 '개별적으로 진행'되기 때문이다. (9) 고소기간을 경과
한 고소는 부적법하여 무효이므로 검사는 **공소권없음**을 이유로 불기소처분을 하여야 하고(검찰사건사무
규칙115③ⅱ), 만일 공소가 제기된 경우에는 공소제기의 절차가 법률의 규정에 위반하여 무효인 때에 해
당하여 법원은 **공소기각판결**을 선고하여야 한다(법327ⅱ).

**5 고소의 제한**        자기 또는 배우자의 **직계존속**은 고소하지 못한다(법224). 하지만 **성폭력범죄**(성폭력
처벌법18), **가정폭력범죄**(가정폭력처벌법6②), **아동학대**(아동학대처벌법10의4②)의 경우에는 자기 또는 배우
자의 직계존속이라도 고소할 수 있는 **특례**를 두고 있다.

**6 고소의 추완**        고소의 추완(追完)이란 친고죄에서 고소 없이 공소를 제기한 후에 고소권자가
고소를 함으로써 소송조건을 보완하는 것을 말한다. 반의사불벌죄에서도 동일한 문제가 제기된다. 이에
대해 판례는 일관되게 공소제기 전의 추완은 인정하지만 **공소제기 후의 추완**은 허용되지 않는다는 소극

---

5) 반면, 법정대리가 아니라 **일반대리**의 경우에는 '정당한 고소권자'를 기준으로 판단한다(**대리고소**). 따라서 고소
   권자가 범인을 알게 된 날로부터 기산한다(대판 2001도3081).

설의 태도를 취하고 있다(대판 82도1504, Ref 3-1).

## *Reference 1*

<h2 align="center">* 고소의 '방법'과 관련된 판례 *</h2>

### *고소의 대리*

1-1 [대판 2000도4595] [대리고소의 방식] 형사소송법 제236조의 대리인에 의한 고소의 경우 대리권이 정당한 고소권자에 의하여 수여되었음이 실질적으로 증명되면 충분하고 **그 방식에 특별한 제한은 없다**고 할 것이며, 한편 친고죄에 있어서의 고소는 고소권 있는 자가 수사기관에 대하여 범죄사실을 신고하고 범인의 처벌을 구하는 의사표시로서 서면뿐만 아니라 구술로도 할 수 있는 것이므로, 피해자로부터 고소를 위임받은 대리인은 수사기관에 **구술**에 의한 방식으로 고소를 제기할 수도 있다.

1-2 [대판 2001도3081] [대리인에 의한 고소의 방식 및 그 경우 고소기간의 산정 기준] 형사소송법 제236조의 대리인에 의한 고소의 경우, (가) 대리권이 정당한 고소권자에 의하여 수여되었음이 **실질적으로 증명되면 충분**하고, 그 방식에 특별한 제한은 없으므로, (나) 고소를 할 때 반드시 위임장을 제출한다거나 '대리'라는 표시를 하여야 하는 것은 아니고, 또 (다) 고소기간은 대리고소인이 아니라 정당한 **고소권자를 기준**으로 고소권자가 범인을 알게 된 날부터 기산한다.

1-3 [대판 2017도8989] 반의사불벌죄의 피해자는 피의자나 피고인 및 그들의 변호인에게 자신을 대리하여 수사기관이나 법원에 자신의 처벌불원의사를 표시할 수 있는 권한을 수여할 수 있다.

2 [대판 94도2423] [친고죄의 경우 양벌규정에 의하여 처벌받는 자에 대하여 별도의 고소를 요하는지 여부 (소극)] 고소는 범죄의 피해자 또는 그와 일정한 관계가 있는 고소권자가 수사기관에 대하여 범죄사실을 신고하여 범인의 처벌을 구하는 의사표시이므로, 고소인은 범죄사실을 특정하여 신고하면 족하고 범인이 누구인지 나아가 범인 중 처벌을 구하는 자가 누구인지를 적시할 필요도 없는바, 저작권법 제103조의 양벌규정은 직접 위법행위를 한 자 이외에 아무런 조건이나 면책조항 없이 그 업무의 주체 등을 당연하게 처벌하도록 되어 있는 규정으로서 당해 위법행위와 별개의 범죄를 규정한 것이라고는 할 수 없으므로, 친고죄의 경우에 있어서도 행위자의 범죄에 대한 고소가 있으면 족하고, 나아가 양벌규정에 의하여 처벌받는 자(법인)에 대하여 별도의 고소를 요한다고 할 수는 없다.

3-1 [대판 85도190] [수사기관 작성의 피해자 진술조서에 기재된 범인의 처벌을 요구하는 의사 표시의 효력] 친고죄에 있어서의 고소는 고소권 있는 자가 수사기관에 대하여 범죄사실을 신고하고 범인의 처벌을 구하는 의사표시로서 **서면뿐만 아니라 구술**로도 할 수 있는 것이고, 다만 구술에 의한 고소를 받은 검사 또는 사법경찰관은 조서를 작성하여야 하지만 그 조서가 **독립된 조서일 필요는 없으며** 수사기관이 고소권자를 증인 또는 피해자로서 신문한 경우에 그 진술에 범인의 처벌을 요구하는 의사표시가 포함되어 있고 그 의사표시가 조서에 기재되면 고소는 적법하게 이루어진 것이다.

3-2 [대판 2009도3860] 피해자가 강제추행 당한 사실을 진술하면서 피고인의 처벌을 요구하는 의사표시를 하였고 이러한 의사표시가 수사기관이 작성한 피해자진술조서에 기재되었다면, 그러한 의사표시가 경찰관의 **질문에 답하는 형식**으로 이루어졌다고 하더라도 적법한 고소에 해당한다.

## * 고소의 '기간'과 관련된 판례 *

1 [대판 2004도5014] [형사소송법 제230조 제1항에 정한 '범인을 알게 된 날'의 의미] 형사소송법 제230조 제1항에서 말하는 '범인을 알게 된 날'이란 범죄행위가 종료된 후에 범인을 알게 된 날을 가리키는 것으로서, 고소권자가 범죄행위가 계속되는 도중에 범인을 알았다 하여도, 그 날부터 곧바로 위 조항에서 정한 친고죄의 고소기간이 진행된다고는 볼 수 없고, 이러한 경우 **고소기간은 범죄행위가 '종료'된 때부터 계산**하여야 하며, 동종행위의 반복이 당연히 예상되는 **영업범 등 '포괄일죄'**의 경우에는 최후의 범죄행위가 '종료한 때'에 전체 범죄행위가 종료된 것으로 보아야 한다.  **cf)** 이렇게 계산하는 것이 피고인에게 이롭다.

2 [대판 2001도3106] [형사소송법 제230조 제1항 소정의 '범인을 알게 된 날'의 의미] [1] 형사소송법 제230조 제1항 본문은 "친고죄에 대하여는 범인을 알게 된 날로부터 6월을 경과하면 고소하지 못한다."고 규정하고 있는바, 여기서 범인을 알게 된다 함은 통상인의 입장에서 보아 고소권자가 고소를 할 수 있을 정도로 범죄사실과 범인을 아는 것을 의미하고, 범죄사실을 안다는 것은 고소권자가 친고죄에 해당하는 범죄의 피해가 있었다는 사실관계에 관하여 **확정적인 인식**이 있음을 말한다. [2] 고소인이 처와 상간자 간에 성관계가 있었다는 사실을 알게 되었으나 처가 상간자와의 성관계는 강간에 의한 것이라고 주장하며 상간자를 강간죄로 고소하였고 이에 대하여 검찰에서 무혐의결정이 나자 이들을 간통죄로 고소한 경우, 고소인으로서는 그 강간 고소사건에 대한 검찰의 무혐의결정이 있은 때 **비로소 처와 상간자 간의 간통사실을 알았다고 봄이 상당**하므로, 그 때로부터 고소기간을 기산하여야 한다고 본 사례.

3-1 [대판 2001도3081] 고소기간은 대리고소인이 아니라 **정당한 고소권자를 기준**으로 고소권자가 범인을 알게 된 날부터 기산한다.

3-2 [비교판례] [대판 87도857] [법정대리인의 고소기간 진행의 시기] 형사소송법 제225조 제1항이 규정한 법정대리인의 고소권은 무능력자의 보호를 위하여 법정대리인에게 주어진 고유권으로서 피해자의 고소권 소멸여부에 관계없이 고소할 수 있는 것이므로 법정대리인의 고소기간은 법정대리인 자신이 범인을 알게 된 날로부터 진행한다.

**\*범행당시 고소능력이 없었다가 그 후에 고소능력이 생긴 경우의 고소기간의 기산점\***

4-1 [대판 87도1707] 피해자는 피고인으로부터 판시 제1의 범행을 당할 때는 나이가 너무 어려(12세) 고소능력이 없었으나 판시 제2의 범행을 당할 때는 나이 13세 남짓되어(중학교 1학년) 비로소 고소능력이 생겨 그 생모인 공소외 1과 함께 이 사건 고소를 제기하였다는 것인 바, 이와 같이 피해자가 범행을 당할 때에는 나이 어려 고소능력이 없었다가 그 후에 비로소 고소능력이 생겼다면 그 고소기간은 고소능력이 생긴 때로부터 기산되어야 할 것이다.

4-2 [대판 95도696] 강제추행의 피해자가 범인을 안 날로부터 6월이 경과된 후에 고소제기하였더라도, 범행 당시 피해자가 11세의 소년에 불과하여 고소능력이 없었다가 고소 당시에 비로소 고소능력이 생겼다면, 그 고소기간은 **고소능력이 생긴 때로부터 기산**되어야 하므로, 고소기간이 경과된 것으로 볼 것이 아니다.

4-3 [대판 2007도4962] 강간 피해 **당시 14세의 정신지체아**(이 사건 범행 당시인 2004. 4. 23.경 14세 4개월

남짓의 나이였으나, 이 사건 범행 후 약 1년 7개월 후에 실시된 면담 및 심리검사결과에 따르면 심리검사 당시의 피해자의 나이는 15세 11개월 남짓임에도 그 지능지수 49로 정신지체 수준에 해당하고 발달성숙도 및 사회적응성이 10세 1개월 수준에 불과)가 범행일로부터 약 1년 5개월 후 담임교사 등 주위 사람들에게 피해사실을 말하고 **비로소 그들로부터** 고소의 의미와 취지를 설명 듣고 고소에 이른 경우, 위 설명을 들은 때 고소능력이 생겼다고 본 사례.

### *고소를 할 수 없는 '불가항력적 사유'에 해당되지 않는 경우*

5-1 [대판 85도1273] 자기의 피용자인 부녀를 간음하면서 불응하는 경우 **해고할 것을 위협**하였다 하더라도 이는 업무상 위력에 의한 간음죄의 구성요건일 뿐 그 경우 해고될 것이 두려워 고소를 하지 않은 것이 고소할 수 없는 불가항력적 사유에 해당한다고 할 수 없다.

5-2 [대판 77도421] 피고소인의 **주소를 알지 못하였던 사유**는 형사소송법 제230조 제1항 단서 소정 고소할 수 없는 불가항력의 사유에 해당한다고 볼 수 없다.

## *Reference 3*

### *고소의 추완*

1 [대판 82도1504] [강간치사죄로 기소되었다가 친고죄인 강간죄로 **공소장변경 된 후에 고소가 있는 경우** 강간죄의 공소제기의 효력유무] 강간죄는 친고죄로서 피해자의 고소가 있어야 죄를 논할 수 있고 기소 이후의 **고소의 추완은 허용되지 아니한다** 할 것이며 이는 비친고죄인 강간치사죄로 기소되었다가 친고죄인 강간죄로 공소장이 변경되는 경우에도 동일하다 할것이니, 강간치사죄의 공소사실을 강간죄로 변경한 후에 이르러 비로소 피해자의 부가 고소장을 제출한 경우에는 강간죄의 공소 제기절차는 법률의 규정에 위반하여 무효인 때에 해당한다.

2 [대판 70도942] 세무공무원의 고발 없이 조세범칙사건의 공소가 제기된 후에 세무공무원이 고발을 하여도 그 **공소절차의 무효가 치유된다고 할 수 없다.**

# 4 수사의 단서(4) – 친고죄와 '고소불가분'의 원칙 –

* 대법원 2015. 11. 17. 선고 2013도7987 판결
* 참조조문: 형사소송법 제233조[1], 형법 제328조[2]

> 고소권자가 비친고죄로 고소한 사건을 검사가 **친고죄로 구성**하여 공소를 제기한 경우, 공소사실에 대하여 피고인과 공범관계에 있는 사람에 대한 적법한 고소취소의 효력이 피고인에 대하여도 미치는가?

●**사실**● 피고인 X는 2011.11.12. 12:30경 서울 강남구 소재 유흥주점 지하1층에서 주점 종업원인 피해자 A(여, 20세)의 옆에 앉아 이야기를 하던 중 A의 배 부분을 주무르듯이 만져 강제로 추행하였다는 혐의로 검사는 X를 강제추행죄로 기소하였다. 추행혐의를 받던 X와 Y에 대한 A의 진술은 고소장부터 경찰과 검찰에 이르면서 내용에 차이가 있었다. A는 검찰 조사 이후 Y에 대해서 고소를 취소하였고, 이에 따라 검사는 X에 대해서만 단독범으로 기소하였다.

제1심 법원은 강제추행죄는 피해자의 고소가 있어야 공소를 제기할 수 있는데(형법306)[3] 당시 A는 이 사건 공소제기 이전인 2012.2.16. **X와 공범관계에 있는 Y에 대해서 고소를 취소**한 상태이므로, 형사소송법 제233조에 의하여 그 취소의 효력은 공범인 X에게도 미쳐 형사소송법 제327조 제5호에 의하여 이 사건을 **공소기각**하였다. 이에 검사는 피해자 A는 「성폭력범죄의 처벌 등에 관한 특례법」에 규정된 **비친고죄인 특수강제추행죄**에 해당하는 사실에 대하여 고소한 것이므로 이 사건에서 형사소송법 제233조에 규정된 고소불가분의 원칙이 적용될 수 없다고 항소하였다. 그러나 항소심의 판단도 비록 A가 X와 Y가 합동하여 자신을 강제추행하였다는 취지로 고소하였더라도, 검사가 그 고소사실을 특례법 제4조 제2항에 규정된 특수강제추행죄로 의율하지 않고 **형법상 강제추행죄로만 약식기소**한 다음 공소장변경의사가 없음을 명시하고 있는 이 사건에서 피해자의 고소취소에는 고소불가분의 원칙이 적용되는 것으로 볼 수밖에 없다고 판시하였다. 이에 검사가 상고하였다.

> ●**판지**● 상고기각. 「법원은 검사가 공소를 제기한 범죄사실을 심판하는 것이지 고소권자가 고소한 내용을 심판하는 것이 아니므로, 고소권자가 비친고죄로 고소한 사건이더라도 검사가 사건을 **친고죄로 구성하여 공소를 제기**하였다면 공소장 변경절차를 거쳐 공소사실이 비친고죄로 변경되지 아니하는 한, 법원으로서는 친고죄에서 소송조건이 되는 고소가 유효하게 존재하는지를 **직권으로 조사·심리**하여야 한다. 그리고 이 경우 친고죄에서 고소와 고소취소의 불가분 원칙을 규정한 형사소송법 제233조는 당연히 적용되므로, 만일 공소사실에 대하여 피고인과 공범관계에 있는 사람에 대한 적법한 고소취소가 있다면 **고소취소의 효력은 피고인에 대하여 미친다**」.

●**해설**● 1 고소불가분 원칙의 의의        (1) 고소불가분의 원칙은 **친고죄**[4]에 있어서 고소의 효력이

---

1) 형사소송법 제233조(고소의 불가분) 친고죄의 공범 중 그 1인 또는 수인에 대한 고소 또는 그 취소는 다른 공범자에 대하여도 효력이 있다.
2) 형법 제328조(**친족간의 범행과 고소**) ① 직계혈족, 배우자, 동거친족, 동거가족 또는 그 배우자간의 제323조의 죄는 그 형을 면제한다. ② 제1항 이외의 친족간에 제323조의 죄를 범한 때에는 **고소가 있어야 공소를 제기할 수 있다.** ③ 전 2항의 신분관계가 없는 공범에 대하여는 전 이항을 적용하지 아니한다.
3) 형법 제306조는 <2012.12.18.> 개정으로 삭제되었다. 따라서 현재 강제추행죄는 친고죄가 아니지만 대상판결은 삭제되기 이전 상황이다.
4) '친고죄'는 검사가 공소를 제기하기 위해서는 피해자 기타 고소권자의 고소가 있어야만 공소를 제기할 수 있는

미치는 범위에 관한 원칙을 말한다(**비친고죄**에서의 고소는 수사의 단서에 불과하므로 고소불가분의 원칙이 적용되지 않는다). 이 원칙에는 ① 하나의 범죄사실 일부에 대한 '고소' 또는 '취소'는 그 범죄사실 전부에 대하여 효력이 발생하는 **객관적 불가분의 원칙**과 ② 친고죄에 있어서 수인의 공범 중 그 1인 또는 수인에 대한 고소 또는 취소는 다른 공범자에게도 효력이 미친다는 **주관적 불가분의 원칙**이 있다. (2) 형사소송법은 주관적 불가분의 원칙에 대해서만 규정하고 있다(법233). 객관적 불가분의 원칙은 명문규정이 없어도 이론상 모든 범죄에 대해서 **당연히 인정**된다. (3) 고소불가분의 원칙은 고소권자의 의사에 의해 국가의 형벌권의 범위가 좌지우지 되는 것을 방지함으로써 **형사사법의 '객관성'과 '공평성'**을 도모하기 위함이다.

**2 객관적 불가분의 원칙**　　　　　(1) 객관적 불가분의 원칙은 **(단순)일죄의 관계**에 있는 범죄사실의 일부에 대한 고소의 효력은 그 일죄의 '전부'에 대하여 미친다(대판 2002도5411, Ref 1.1−2). 이는 형사소송을 관통하는 '실체법적으로 하나의 사건은 나눌 수 없다'는 원칙을 반영한다. (2) 객관적 불가분의 원칙은 하나의 범죄사실을 전제로 하므로 **실체적 경합범**의 관계에 있는 '수죄'의 경우는 이 원칙이 적용되지 않는다. (3) 문제는 과형상 일죄이다. 이 경우는 다음과 같이 나누어 검토된다. 먼저, ① **상상적 경합범(과형상 일죄)** 관계에서 **피해자가 동일하고 모두 친고죄인 경우**에는 비록 수죄일지라도 '예외적'으로 객관적 불가분의 원칙은 적용된다.[5] 반면, ② **과형상 일죄의 각 부분이 친고죄이지만 피해자가 '다른' 경우**, 피해자의 의사를 존중하는 친고죄의 취지상 고소의 객관적 불가분의 원칙은 적용되지 않는다.[6] ③ 그리고 과형상 **일죄의 일부만이 친고죄**인 경우, 비친고죄에 대한 고소는 친고죄에 대하여 효력이 없다.[7] 같은 맥락에서, 친고죄에 대한 고소의 취소는 비친고죄에 대하여 효력이 없다. 피해자의 처벌희망 의사표시는 친고죄에 대해서만 효력이 있기 때문이다. (6) 고소의 객관적 불가분 원칙은 고발이나 전속고발에서 고발의 객관적 불가분의 형태로 적용된다(대판 2013도5650, Ref 1.1−3).

**3 주관적 불가분의 원칙과 대상판결**　　　　　주관적 불가분의 원칙이란 **친고죄의 공범** 중 그 1인 또는 수인에 대한 **고소 또는 그 취소**는 다른 공범자에 대하여도 효력이 미친다는 원칙을 말한다(법233). 이는 고소인의 자의에 의하여 불공평한 결과가 발생하는 것을 방지하고자 하는데 그 이유가 있다. 대상

---

범죄를 말한다. 따라서 친고죄에서 고소가 없거나 고소가 취소된 경우에는 형사소추를 할 수 없다(고소권자의 고소는 소추조건). 이러한 친고죄는 형사절차에서 **사인의 의사개입을 허용**하는 예외적 범죄 유형이다. 친고죄는 피해자와 범인의 신분관계 유무에 따라 절대적 친고죄와 상대적 친고죄로 나뉜다. ① **절대적 친고죄**는 피해자와 범인의 신분관계를 묻지 않고 형사소추를 위해서는 반드시 고소권자의 고소를 요하는 범죄 유형이다. 반면 ② **상대적 친고죄**는 친족상도례와 같이 범인과 피해자 사이에 일정한 신분관계가 있는 경우에만 친고죄로 된다. 친고죄로는 **사자명예훼손죄**(법307), **모욕죄**(법311), **비밀침해죄**(법316), **업무상비밀누설죄**(법317) 등이 있다.

5) 예를 들어, 다수 환자들이 앉아 있는 병원에서 수술결과에 불만을 품고 거칠게 항의하는 **환자 A에 대하여** 의사 X가 욕을 하면서 업무상 지득한 A에 대한 비밀을 누설하였다면 X의 행위는 **업무상비밀누설죄와 모욕죄의 상상적 경합**이 된다. 양 죄는 **모두 친고죄이면서 피해자가 '동일'**한 경우에 해당되어 모욕죄에 대한 고소는 업무상비밀누설죄에 대한 고소로도 그 효력이 있게 된다.

6) 예를 들어, 하나의 문서로 여러 사람을 모욕한 경우 피해자 1인의 고소는 다른 피해자에 대한 모욕에 미치지 않는다.

7) 예를 들어, 변호사 X가 A에게 직무상 알게 된 비밀을 누설하는 방법으로 B의 명예를 훼손한 경우(상상적 경합), 명예훼손을 당한 B의 고소는 업무상 비밀누설행위에 대하여 효력이 미치지 않는다. 이 경우 업무상 비밀누설죄는 친고죄이지만 명예훼손죄는 친고죄가 아니다. 이처럼 과형상 일죄의 일부만이 친고죄인 경우, 비친고죄에 대한 고소는 친고죄에 대하여 효력이 없다.

판결의 경우, 2012년 당시 강제추행죄는 친고죄였다. 따라서 법원은 고소권자가 비친고죄로 고소한 사건이더라도 검사가 사건을 '친고죄'로 구성하여 공소를 제기하였다면 주관적 불가분의 원칙이 적용되며, 이에 따라 A가 Y에 대한 고소를 취소하였다면 그 고소취소의 효력은 X에게도 미쳐 공소기각 판결을 내려야 한다고 판시한 것이다. 즉 검사가 비친고죄임에도 불구하고 친고죄로 기소한 경우 소송조건의 충족 여부는 검사가 **공소제기한 범죄를 기준**으로 하여 판단하여야 한다. 이와 같이, 대상판결은 친고죄의 적법한 고소 또는 고소취소의 판단은 검사가 공소제기한 공소사실이 기준이 되어야 함을 보여주고 있다.

**4 주관적 불가분 원칙의 적용범위**　　　　　주관적 불가분 원칙의 **적용범위**와 관련하여 (1) **절대적 친고죄**의 경우에는 예외 없이 이 원칙이 적용된다. 따라서 공범 중 1인에 대한 고소의 효력은 그 전원에 대하여 미친다(여기의 공범에는 형법총칙상의 공범뿐만 아니라 필요적 공범도 포함된다. 대판 85도1940, Ref 1-4). 하지만 (2) **친족상도례**[8]와 같이 범인과 피해자 사이에 일정한 신분관계가 있는 경우에만 친고죄가 되는 **상대적 친고죄**의 경우에는 ㉠ 비신분자에 대한 고소의 효력은 신분관계에 있는 공범에게는 미치지 않으며, 같은 맥락에서 신분관계에 있는 사람에 대한 피해자의 고소취소는 비신분자에게 효력이 없다(대판 64도481, Ref 1.2-2).[9] 반면, ㉡ 공범자 전원이 피해자와 일정한 신분관계가 있는 경우에는 주관적 불가분의 원칙이 적용된다. (3) 고소 후에 **공범자 중 1인에 대하여 제1심판결이 선고**되어 고소를 취소할 수 없게 되었을 때, 다른 1심판결 선고 전의 공범에 대한 고소취소가 가능한지가 문제된다. 판례는 고소권자의 의사에 의해 형벌권의 범위가 좌우되는 **불공평한 결과를 방지**하기 위해서 이를 부정하고 있다(대판 85도1940, Ref 1-4).[10] (4) 친고죄의 경우 **양벌규정**에 의하여 처벌받는 자에 대하여 별도의 고소를 요하지 않는다(대판 94도2423, Ref 1-3). 따라서 행위자에 대한 고소만 있어도 양벌규정이 있는 그 법인에게도 고소의 효력은 미친다.

**5 반의사불벌죄 및 전속고발범죄와 주관적 불가분의 원칙**　　　　　'반의사불벌죄'나 조세범처벌법이나 관세법상의 '전속고발범죄'[11]는 **주관적 불가분의 원칙이 적용되지 않는다**(대판 93도1689, Ref 2-3)(대판 2008도4762, Ref 2-1). 이는 고소불가분의 원칙을 반의사불벌죄에도 준용한다는 명문의 규정이 없음에도 이를 인정하는 것은 **유추해석**이고 형사처벌의 범위를 확장하기 때문이다. 따라서 반의사불벌죄의 공범 중

---

8) 최근 헌법재판소는 71년 간 유지되어 왔던 '친족상도례'에 대해 2025. 12. 31.을 시한으로 입법자가 개정할 때까지 형법 제328조의 적용을 중지하는 헌법 불합치 결정을 내렸다(헌법재판소 2024. 6. 27.자 2020헌바341 결정). 헌법재판소는 가족 구성원 사이에서 발생하는 수인 가능한 수준의 재산범죄에 대한 형사소추 내지 처벌에 관한 특례의 필요성은 인정하였으나, 현행 규정은 너무 넓은 범위의 친족 간의 범죄에 대해 일률적으로 형을 면제하여 구체적 사안에서 피해자의 재판절차진술권을 형해화시킬 우려가 있다고 판시하였다.

9) 예를 들어, 조카 X가 친구 Y·Z와 공모한 뒤, 삼촌 A의 집에 침입하여 재물을 절취한 경우, 삼촌은 이들 모두를 처벌해달라고 고소하였으나 제1심 공판 중 조카 X에 대해서만 고소를 취소하였다. 이 경우 상대적 친고죄에 있어서의 피해자의 고소취소는 친족관계가 없는 공범자(친구 Y·Z)에게는 그 효력이 미치지 않는다. 따라서 법원은 X에 대해서는 공소기각판결을 선고하여야 하고(법327 ⅴ), Y와 Z에 대해서는 실체판결을 선고하여야 한다.

10) 하지만 주관적 불가분의 원칙이 적용되지 않는 반의사불벌죄의 경우에는 제1심판결 선고 전의 다른 공범자에 대한 처벌 희망에 대한 의사표시의 철회가 가능하다.

11) **전속고발범죄**란 특정 행정기관(세무공무원 등)에 의한 고발이 있어야 소추가 가능한 범죄를 말한다. 이 경우 '소송조건'이 되는 특정 행정기관의 고발을 전속고발이라 한다. 전속고발제도는 특수한 행정영역의 법위반 여부 및 그 위반의 범죄 여부, 처벌의 범위 등의 판단에 고도의 전문성이 요구되는 분야에서 도입되어 활용되고 있다.

일부에 대하여 제1심 판결이 선고된 후에도 제1심 판결 선고 전의 다른 공범자에 대하여 처벌을 희망하지 아니하는 의사표시나 처벌을 희망하는 의사표시의 철회를 할 수 있다. 나아가 '전속고발범죄의 **양벌규정**'의 경우에도 주관적 불가분의 원칙은 적용되지 않는다(대판 2004도4066, Ref 2-2).

**\*전속고발과 친고죄의 고소의 비교\***

| | 전속고발 | 친고죄의 고소 |
|---|---|---|
| 목적 | 행정체계 내 자율적 분쟁해결 | 혐의자와 사인간의 자율적 분쟁해결 |
| 주체 | 전문적 판단권을 가진 행정기관 | 피해자 등 고소권자 |
| 소송행위 | 소송조건 | 소송조건 |
| 주관적 불가분 원칙 | 적용 안됨 | 적용 |

**\*절대적 친고죄/상대적 친고죄/반의사불벌죄\***

| 절대적 친고죄 | 상대적 친고죄 | 반의사불벌죄 |
|---|---|---|
| 사자명예훼손죄(법307)<br>모욕죄(법311)<br>비밀침해죄(법316)<br>업무상 비밀누설죄(법317) | 친족상도례가 적용되는 재산범죄:<br>권리행사방해죄(법323)<br>절도죄(법329~332)<br>사기·공갈죄(법347~352)<br>횡령·배임죄(법355~360) | 폭행·존속폭행죄(법260②)<br>과실치상죄(법266②)<br>협박·존속협박죄(법283②)<br>명예훼손·출판물에 의한<br>명예훼손죄(법312②)<br>교통사고처리특례법상 업무상<br>과실치상죄나 중과실치상죄와<br>도로교통법 제151조(벌칙)의 죄를<br>범한 경우(동법3②) |

*Reference 1*

# \* 친고죄에 있어서 고소불가분의 원칙 \*

**\*객관적 불가분의 원칙\***

1-1 [대판 2011도4451] [1] 친고죄에서 적법한 고소가 있었는지는 **자유로운 증명**의 대상이 되고, 일죄의 관계에 있는 범죄사실 일부에 대한 고소의 효력은 일죄 **전부**에 대하여 미친다. [2] 피고인이 간음할 목적으로 미성년인 피해자를 범행 당일 02:30경 주차장으로 끌고 간 다음 같은 날 02:40경 다시 부근의 빌딩 2층으로 끌고 가 약취하였다는 내용으로 기소된 사안에서, 당시 피해자는 11세 남짓한 초등학교 6학년생으로서 피해입은 사실을 이해하고 고소에 따른 사회생활상의 이해관계를 알아차릴 수 있는 사실상의 의사능력이 있었던 것으로 보이고, 경찰에서 일죄의 관계에 있는 범죄사실 중 범행 당일 02:30경의 약취 범행 등을 이유로 피고인을 처벌하여 달라는 의사표시를 분명히 하여 그 의사표시가 피해자 진술조서에 기재되었으므로, …… 설령 피해자 법정대리인의 고소는 취소되었다고 하더라도 본인의 고소가 취소되지 아니한 이상 친고죄의 공소제기 요건은 여전히 충족된다는 이유로 같은 취지에서 피고인에 대한 간음 목적 약취의

공소사실을 유죄로 인정한 원심판단을 정당하다.

1-2 [대판 2002도5411] 법인세는 사업연도를 과세기간으로 하는 것이므로 그 **포탈범죄는 각 사업연도마다 1개의 범죄가 성립**하고, 일죄의 관계에 있는 범죄사실의 '일부'에 대한 공소제기 및 고발의 효력은 그 일죄의 '전부'에 대하여 미친다.

1-3 [비교판례] [대판 2013도5650] [조세범칙사건에 있어서 수 개의 범칙사실 중 일부만을 범칙사건으로 하는 '고발'의 효력 범위] (가) 고발은 범죄사실에 대한 소추를 요구하는 의사표시로서 그 효력은 고발장에 기재된 범죄사실과 동일성이 인정되는 사실 모두에 미치므로, 조세범 처벌절차법에 따라 범칙사건에 대한 고발이 있는 경우 고발의 효력은 범칙사건에 관련된 범칙사실의 전부에 미치고 한 개의 범칙사실의 '일부'에 대한 고발은 '전부'에 대하여 효력이 생긴다. (나) 그러나 **수 개의 범칙사실 중 일부만을 범칙사건으로 하는 고발**이 있는 경우 고발장에 기재된 범칙사실과 동일성이 인정되지 않는 다른 범칙사실에 대해서까지 고발의 효력이 미칠 수는 없다.

### *주관적 불가분의 원칙*

2-1 [대판 2008도7462] 고소불가분의 원칙상 공범 중 일부에 대하여만 처벌을 구하고 나머지에 대하여는 처벌을 원하지 않는 내용의 고소는 적법한 고소라고 할 수 없고, 공범 중 1인에 대한 고소취소는 고소인의 의사와 상관없이 다른 공범에 대하여도 효력이 있다. 한편, 구 저작권법 제97조의5 위반죄와 같은 친고죄에서 공소제기 전에 고소의 취소가 있었다면 법원은 직권으로 이를 심리하여 **공소기각의 판결**을 선고하여야 한다(형사소송법 제327조 제2호).

2-2 [대판 64도481] **상대적 친고죄의 공범자 중 일부만이 피해자와 일정한 신분관계**가 있는 경우, (가) 비신분자에 대한 고소는 신분관계에 있는 자에 대하여 효력이 없고, (나) 신분관계 있는 자에 대한 고소취소는 비신분자에 대하여 효력이 없다.

3 [대판 94도2423] [친고죄의 경우 **양벌규정**에 의하여 처벌받는 자에 대하여 별도의 고소를 요하는지 여부(소극)] 고소는 범죄의 피해자 또는 그와 일정한 관계가 있는 고소권자가 수사기관에 대하여 범죄사실을 신고하여 범인의 처벌을 구하는 의사표시이므로, 고소인은 **범죄사실을 특정하여 신고하면 족하고 범인이 누구인지 나아가 범인 중 처벌을 구하는 자가 누구인지를 적시할 필요도 없는바**, 저작권법 제103조의 양벌규정은 직접 위법행위를 한 자 이외에 아무런 조건이나 면책조항 없이 그 업무의 주체 등을 당연하게 처벌하도록 되어 있는 규정으로서 당해 위법행위와 별개의 범죄를 규정한 것이라고는 할 수 없으므로, 친고죄의 경우에 있어서도 행위자의 범죄에 대한 고소가 있으면 족하고, **나아가 양벌규정에 의하여 처벌받는 자에 대하여 별도의 고소를 요한다고 할 수는 없다.** 따라서 이와 달리 양벌규정에 의하여 처벌받는 피고인 2 **회계법인에 대하여도 별도의 고소를 요한다고 잘못 판단**한 나머지 위 피고인에 대한 공소를 기각한 원심판결에는 양벌규정과 고소에 관한 법리를 오해하여 판결에 영향을 미친 위법이 있다.

4 [대판 85도1940] 친고죄의 공범 중 그 일부에 대하여 **제1심판결이 선고된 후**에는 제1심판결선고전의 다른 공범자에 대하여는 그 고소를 취소할 수 없고 그 고소의 취소가 있다 하더라도 그 효력을 발생할 수 없으며, 이러한 법리는 **필요적 공범이나 임의적 공범이나를 구별함이 없이 모두 적용**된다.

## * 반의사불벌죄 · 전속고발범죄와 주관적 불가분의 원칙 *

1 [대판 2008도4762] [독점규제 및 공정거래에 관한 법률 제71조 제1항이 소추조건으로 명시하고 있는 공정거래위원회의 '고발'에 '고소불가분의 원칙'을 규정한 형사소송법 제233조를 유추적용할 수 있는지 여부(소극)] (가)「독점규제 및 공정거래에 관한 법률」제71조 제1항은 "제66조 제1항 제9호 소정의 부당한 공동행위를 한 죄는 공정거래위원회의 고발이 있어야 공소를 제기할 수 있다."고 규정함으로써 그 **소추조건을 명시**하고 있다. (나) 반면에 위 법은 공정거래위원회가 같은 법 위반행위자 중 일부에 대하여만 고발을 한 경우에 그 고발의 효력이 나머지 위반행위자에게도 미치는지 여부 즉, 고발의 주관적 불가분원칙의 적용 여부에 관하여는 명시적으로 규정하고 있지 아니하고, 형사소송법도 제233조에서 친고죄에 관한 고소의 주관적 불가분원칙을 규정하고 있을 뿐 고발에 대하여 그 주관적 불가분의 원칙에 관한 규정을 두고 있지 않고, 또한 형사소송법 제233조를 준용하고 있지도 아니하다. (다) 이와 같이 **명문의 근거 규정이 없을 뿐만 아니라** 소추요건이라는 성질상의 공통점 외에 그 고소 · 고발의 주체와 제도적 취지 등이 상이함에도, 친고죄에 관한 고소의 주관적 불가분원칙을 규정하고 있는 형사소송법 제233조가 공정거래위원회의 고발에도 유추적용된다고 해석한다면 이는 공정거래위원회의 고발이 없는 행위자에 대해서까지 **형사처벌의 범위를 확장하는 것**으로서, 결국 피고인에게 불리하게 형벌법규의 문언을 **유추해석한 경우에 해당하므로 죄형법정주의에 반하여 허용될 수 없다.**

2 [대판 2004도4066] 조세범처벌법 제6조는 조세에 관한 범칙행위에 대하여는 원칙적으로 국세청장 등의 고발을 기다려 논하도록 규정하고 있는바, 같은 법에 의하여 하는 고발에 있어서는 이른바 고소 · 고발 불가분의 원칙이 적용되지 아니하므로, 고발의 구비 여부는 양벌규정에 의하여 처벌받는 자연인인 **행위자와 법인**에 대하여 **개별적으로 논하여야 한다.**

### *친고죄와 반의사불벌죄의 차이*

3 [대판 93도1689] [친고죄에 있어서의 고소불가분의 원칙을 규정한 형사소송법 제233조의 규정이 반의사불벌죄에 준용되는지 여부] [1] 형사소송법이 고소와 고소취소에 관한 규정을 하면서 제232조 제1항, 제2항에서 고소취소의 시한과 재고소의 금지를 규정하고 제3항에서는 반의사불벌죄에 제1항, 제2항의 규정을 준용하는 규정을 두면서도, 제233조에서 고소와 고소취소의 불가분에 관한 규정을 함에 있어서는 **반의사불벌죄에 이를 준용하는 규정을 두지 아니한 것은** 처벌을 희망하지 아니하는 의사표시나 처벌을 희망하는 의사표시의 철회에 관하여 **친고죄와는 달리** 공범자간에 불가분의 원칙을 적용하지 아니하고자 함에 있다고 볼 것이지, **입법의 불비로 볼 것은 아니다.** [2] 형사소송법이 반의사불벌죄에 관하여 고소취소의 시한과 재고소금지에 관한 제232조 제1, 2항의 규정을 준용하도록 규정하면서도 고소의 불가분에 관한 제233조를 준용하는 규정을 두지 아니한 것은, 반의사불벌죄에 대하여는 이 원칙을 적용하지 아니하고자 함에 있는 것인지, 아니면 입법의 불비인지는 일단 논의의 여지가 있다고 할 것이다. (가) **법이 친고죄를 인정하는 이유**는 두 가지 유형이 있다고 볼 수 있다. 그 하나는 범죄를 소추해서 그 사실을 일반에게 알리는 것이 도리어 피해자에게 불이익을 줄 우려가 있기 때문에 이와 같은 경우에는 피해자의 처벌희망의 의사표시가 있어야 비로소 소추해서 처벌할 수 있게 하는 것이고, 또 하나는 비교적 경미하고 주로 피해자 개인의 법익을 침해하는 범죄에 관하여 구태여 피해자의 의사나 감정을 무시하면서까지

처벌할 필요가 없기 때문에 이와 같은 경우에는 피해자로 부터 아무런 말이 없으면 소추하지 아니하고 피해자가 처벌을 희망하여 올 경우에 그때에 논하게 하겠다는 것이다. (나) **반의사불벌죄**는 1953. 9. 18. 형법개정시 구 형법에 없던 새로운 유형의 범죄를 창설한 것으로서, 위의 이유 중 첫째의 것은 없고, 친고죄 중 두번째 이유에 해당하는 유형의 경우중 상대적으로 덜 경미하여 처벌의 필요성이 적지 않는데도 이를 친고죄로 하는 경우 피해자가 심리적 압박감이나 후환이 두려워 고소를 주저하여 법이 그 기능을 다하기 어려울 것에 대비한 것이며, 이와 같은 경우에는 다른 일반의 범죄와 마찬가지로 수사, 소추, 처벌을 할 것이나 피해자가 명시적으로 처벌을 희망하지 아니할 의사를 밝힌 경우에 한하여는 구태여 소추해서 처벌하지 않겠다는 것이다. (다) 그러므로 친고죄와 반의사불벌죄는 피해자의 의사가 소추조건이 된다는 점에 있어서는 같다고 할 것이나, 피해자의 의사를 조건으로 하는 이유나 방법에 있어서는 같다고 할 수 없고, 반의사불벌죄는 피해자에 대한 배상이나 당사자 사이의 개인적 차원에서 이루어지는 분쟁해결을 촉진하고 존중하려는 취지도 포함되어 있다고 볼 수 있어서, 이점에서는 친고죄와는 다른 의미가 있다고 할 것이다. (라) 친고죄는 위에서 본 첫째의 이유에서 인정하는 유형이 주로 있는 것이므로, 그 고소는 피해자가 범죄사실이 알려지는 것을 감수하고 수사기관에 대하여 범죄사실을 신고하여 그 범인의 처벌을 희망하면 되는 것이고, 고소의 대상인 범죄사실이 특정되기만 하면 원칙적으로 범인을 특정하거나 범인이 누구인가를 적시할 필요는 없는 것이며, 친고죄에 고소나 고소취소 불가분의 원칙이 적용되어야 함은 친고죄의 이러한 특질에서 연유된다고 볼 수도 있다. 그러나 **반의사불벌죄에는 위의 첫째의 이유는 없는 것이므로** 그 처벌을 희망하지 아니하는 의사표시는 반드시 위와 같은 불가분의 원칙에 따라야 한다고 할 수는 없고, 그 의사표시는 범죄사실에 대하여 하게 할 수도 있고 범인에 대하여 하게 할 수도 있다고 볼 것이며, 경미한 범죄에 대하여 피해자의 의사에 따라 처벌여부에 차등을 둔다고 하여 형사소송의 목적에 배치된다고 하기는 어려울 것이므로, 그 어느 경우로 할 것인가는 **입법정책에 속하는 것**이라고 보아야 할 것이다.

# 5 수사의 단서(5) – 고소의 취소와 포기 –

\* 대법원 2023. 7. 17. 선고 2021도11126 전원합의체 판결
\* 참조조문: 형사소송법 제232조,[1] 교통사고처리특례법 제3조 제2항[2]

의식불명 상태에 있는 남편을 대신하여 성년후견인인 아내가 피고인에 대한 처벌을 희망하지 아니한다는 의사를 표시하였다면 소송법상 의사표시의 효력이 있는가?

●**사실**● 피고인 X(고등학생)는 2018.11.19. 자전거를 운행하던 중 전방주시의무를 게을리하여 진행한 과실로 전방에서 보행하고 있던 피해자 A(남, 69세)을 보지 못하고 자전거 앞바퀴 부분으로 피해자를 들이받아 넘어지게 하였다. A는 이 사고로 의식불명이 되었고 치료를 받던 중인 2019.6.14.경 담당의사로부터 의사표현이 불가능한 **식물인간 상태**라는 취지의 진단을 받았다. 의사능력이 없는 A에 대하여 수원가정법원의 심판으로 성년후견이 개시되어 성년후견인으로 A의 법률상 **배우자 B가 선임**되었다(위 법원은 '소송행위'를 성년후견인의 법정대리권의 범위에 포함하여, 그 대리권 행사에 있어서 법원의 허가를 받도록 정하였다).

검사는 X를 업무상 과실로 A에게 중상해를 가하였다고 하여 「교통사고처리특례법」위반으로 기소하였다(법률적으로 '자전거'는 도로교통법 제2조 제17호 가목 4에 해당하는 것으로서 교통사고처리 특례법 제2조 제1호의 '차'에 해당). 이후 B는 X 측으로부터 **합의금을 수령**한 후, 제1심 판결 선고 전에 법원에 "피해자는 4,000만 원을 지급받고 피고인의 형사처벌을 원하지 않는다."라는 내용의 서면을 제출하였다(남편을 대리하여 처벌불원의 의사를 표시). 「교통사고처리특례법」제3조 제2항은 "차의 교통으로 제1항의 죄 중 업무상과실치상죄 또는 **중과실치상죄**와 「도로교통법」제151조의 죄를 범한 운전자에 대하여는 **피해자의 명시적인 의사에 반하여 공소를 제기할 수 없다.**"로 규정되어 있다.[3] 원심은 형사소송절차에서는 명문의 규정이 없으면 소송행위의 법정대리가 허용되지 않는다는 이유로 피해자가 의사능력이 없더라도 피해자의 성년후견인이 반의사불벌죄에 관해서 피해자를 대리하거나 독립하여, 처벌불원의사를 표시하거나 처벌희망 의사표시를 철회하는 것은 허용되지 않는다면서 공소사실을 유죄로 인정한 제1심 판결을 그대로 유지하였다. 이에 X는 이 건은 반의사불벌죄에 해당하고, A의 성년후견인 B가 제1심 판결 선고 전에 A를 대신하여 처벌불원 의사표시를 하였으므로, '공소기각'이 되어야 한다는 취지로 상고하였다.

●**판지**● 상고기각. 「[다수의견] 반의사불벌죄에서 성년후견인은 명문의 규정이 없는 한 의사무능력자인 피해자를 대리하여 피고인 또는 피의자에 대하여 처벌을 희망하지 않는다는 의사를 결정하거나 처벌을 희망하는 의사표시를 철회하는 행위를 할 수 없다. 이는 성년후견인의 법정대리권 범위에 통상적인 소송행위가 포함되어 있거나 성년후견개시심판에서 정하는 바에 따라 성년후견인이 소송행위를 할 때 가정법원의 허가를 얻었더라도 마찬가지이다. 구체적인 이유는 아래와 같다. (가) **(법의 문언적·합리적 해석)** 형사소송절차 규정을 해석·적용할 때에는 절차적 안정성과 명확성이 무엇보다 중요

하므로 **문언의 객관적인 의미에 충실**한 해석이 필수적이다. …… 교통사고처리 특례법 제3조 제2항에 따르면, 차의 운전자가 교통사고로 인하여 범한 형법 제268조의 업무상과실치상죄는 '피해자의 명시적인 의사'에 반하여 공소를 제기할 수 없도록 규정하므로, **문언상 그 처벌 여부가 '피해자'의 '명시적'인 의사에 달려 있음이 명백**하다. 따라서 제3자가 피해자를 대신하여 처벌불원의사를 형성하거나 결정할 수 있다고 해석하는 것은 법의 문언에 반한다. (나) (**반의사불벌죄에서 피해자 의사의 우선성**) 반의사불벌죄는 피해자의 일방적 의사표시만으로 이미 개시된 국가의 형사사법절차가 일방적으로 중단·소멸되는 강력한 법률효과가 발생한다는 점에서도 처벌불원의사는 피해자의 진실한 의사에 기한 것이어야 한다. 처벌불원에 관한 법정대리인의 의사표시를 피해자 본인의 의사와 같다고 볼 수는 없다. 법정대리인의 의사표시는 그 자체로 피해자의 의사가 아닐 뿐만 아니라 피해자의 진실한 의사에 부합한다는 점에 관한 담보가 전혀 없기 때문이다. 결국 피해자의 처벌불원의사는 입법적 근거 없이 타인의 의사표시에 의하여 대체될 수 있는 성질의 것이 아니므로, **일신전속적인 특성**을 가진다. (다) (**친고죄와 반의사불벌죄의 준별**) 형사소송법은 친고죄의 고소 및 고소취소와 반의사불벌죄의 처벌불원의사를 달리 규정하였으므로, 반의사불벌죄의 처벌불원의사는 친고죄의 고소 또는 고소취소와 동일하게 취급할 수 없다. …… 형사소송법이 친고죄와 달리 반의사불벌죄에 관하여 고소취소의 시한과 재고소의 금지에 관한 규정을 준용하는 규정 외에 다른 근거규정이나 준용규정을 두지 않은 것은 이러한 반의사불벌죄의 특성을 고려하여 고소 및 고소취소에 관한 규정에서 규율하는 법원칙을 반의사불벌죄의 처벌불원의사에 대하여는 적용하지 않겠다는 입법적 결단으로 이해하여야 한다. 피해자가 아닌 제3자에 의한 고소 및 고소취소 또는 처벌불원의사를 허용할 것인지 여부는 친고죄와 반의사불벌죄의 성질상 차이 외에 입법정책의 문제이기도 하다. 이는 반의사불벌죄에서 처벌불원 의사결정 자체는 피해자 본인이 해야 한다는 입법자의 결단이 드러난 것으로, 피해자 본인의 진실한 의사가 확인되지 않는 상황에서는 **함부로 피해자의 처벌불원의사가 있는 것으로 추단해서는 아니 됨**을 의미한다. …… (라) (**소극적 소송조건이 아닌 양형인자로서의 '합의'**) 양형기준을 포함한 현행 형사사법 체계 아래에서 성년후견인이 의사무능력자인 피해자를 대리하여 피고인 또는 피의자와 합의를 한 경우에는 이를 소극적인 소추조건이 아니라 **양형인자로서 고려하면 충분**하다」.

●**해설●** 1 **대상판결의 쟁점**　　대상사건의 쟁점은 반의사불벌죄에서 피해자가 처벌불
원의 의사를 표시할 수 없는 상황에 놓인 경우, 피해자의 성년후견인이 피해자를 대리하여 처벌불원의 의사표시를 할 수 있는지 여부이다. 교통사고처리 특례법 제3조 제2항은 "차의 교통으로 제1항의 죄 중 업무상과실치상죄 또는 중과실치상죄와 「도로교통법」 제151조의 죄를 범한 운전자에 대해서는 피해자의 명시적인 의사에 반하여 공소를 제기할 수 없다"고 규정하고 있다. 문제는 형사소송법은 제236조에 "고소 또는 그 취소는 대리인으로 하여금 하게 할 수 있다."고 하여 대리에 의한 고소 및 고소취소에 관한 명시적인 근거 규정이 있는 반면, 반의사불벌죄에 관하여는 제236조를 준용하는 규정이 없다는 점이다. 이에 다수의견은 반의사불벌죄에 있어 처벌불원의 의사표시에 대하여 친고죄의 고소취소와 동일하게 취급할 수는 없는 것으로 판단한다. 즉 다수의견은 「교통사고처리특례법」 제3조 제2항에서 차의 운전자가 교통사고로 인하여 범한 업무상과실치상죄는 '피해자의 명시적인 의사'에 반하여 공소를 제기할 수 없도록 규정하여 문언상 그 처벌 여부가 **'피해자'의 '명시적'인 의사**에 달려 있음이 명백하므로, 을이 갑을 대신하여 처벌불원의사를 형성하거나 결정할 수 있다고 해석하는 것은 법의 문언에 반한다고 보았다(다수의견은 ① 법해석상 문언적, 합리적 해석면에서 절차적 안정성과 명확성, ② 피해자 의사의 우선성, ③ 친고죄와 반의사불벌죄의 준별, ④ 성년후견인에 의한 처벌불원의사 대리의 한계 등을 논거로 하여 성년후견인이 위와 같은 의사표시를 대리할 수는 없다고 보았다. 반면 반대의견은 친고죄에서 고소취소에 대하여 대

리할 수 있다는 규정을 두면서도 처벌불원 의사표시에 대하여는 그러한 규정을 두지 않은 것은 **입법의 불비**에 해당하므로 법관의 해석을 통하여 유추적용을 할 수 있다고 본다).[4]

**2 고소취소의 의의** 　　　고소의 '취소'란 친고죄에 있어서 고소권자가 일단 제기한 고소를 철회하는 소송행위를 말한다. (1) 고소의 취소는 피해회복이나 화해 등을 통한 피해자의 태도 변화를 재판에 고려할 수 있도록 한 제도이다. (2) '고소권자'는 고소를 취소할 수 있으며, 고소의 '대리'가 가능하듯이 **고소의 취소도 대리인**으로 하여금 하게 할 수 있다(법236). 하지만 고소의 대리권자는 고유의 고소권자가 제기한 고소를 임의적으로 취소할 수는 없다. 따라서 법정대리인이라도 별도의 수권 없이 미성년자가 행한 고소를 취소할 수는 없다(대판 2011도4451, Ref 2-4). 반면 고소의 대리행사권자가 한 고소는 고유의 고소권자가 취소할 수 있다. (3) 친고죄에서 처벌을 구하는 의사표시의 철회는 수사기관이나 법원에 대한 '공법상'의 의사표시로서 내심의 **조건부 의사표시**는 허용되지 않는다(대판 2007도425, Ref 1-4). (4) 고소인 내지 피해자는 피의자·피고인 및 그 변호인에게 친고죄의 고소취소 내지 반의사불벌죄의 처벌불원의사표시의 대리권을 수여하는 것도 가능하다(대판 2017도8989, Ref 3-2). (5) 고소를 취소한 자는 **다시 고소할 수 없다**(법232②).

**3 고소취소의 시한** 　　　(1) 친고죄에서 고소의 취소 및 반의사불벌죄에서 처벌을 희망하는 의사표시의 철회는 **'제1심판결 선고 전'까지만** 할 수 있다(법232①③)(대판 2011도17264, Ref 1.1-1). 이는 국가사법권의 발동이 너무 오랫동안 고소인의 의사에 의하여 좌우되는 것을 막기 위함이다. 따라서 제1심 판결이 선고된 이후에 행해진 고소의 취소는 효력이 없다. 여기서 제1심 판결의 선고시점은 **형식적·획일적**으로 정해진다. 따라서 (2) 비친고죄로 제1심 판결이 선고된 이후, **항소심**에서 공소장의 변경에 의하여 **친고죄나 반의사불벌죄로 변경**(예를 들어, 항소심에서 공소장변경으로 상해죄가 반의사불벌죄인 폭행죄로 바뀐 경우)된 때에는 고소의 취소나 처벌희망의사표시의 철회는 인정되지 않는다(판례는 항소심을 제1심으로 볼 수 없다고 판단한다)(대판 96도1922 전원합의체, Ref 1.2-1). 따라서 이 경우, 피해자가 고소취소나 처벌의사를 철회하더라도 법원은 공소기각판결을 하는 것이 아니라 실체판결을 하여야 한다. (3) 그러나 친고죄의 상소심에서 법률 위반을 이유로 **제1심 공소기각판결을 파기**하고 사건을 **제1심 법원에 '환송'**한 이후의 제1심판결 선고 전에는 고소의 취소가 가능하다(2009도9112, Ref 1.1-3). 이는 종전의 제1심판결은

---

[4] 반대의견 입장에서의 평석이 있다. "일상적으로 자전거를 이용하는 많은 사람들이 종합보험(대인배상Ⅱ)까지 가입하고 운행하는 경우는 흔치 않다. 대상판결의 피고인 역시 사고 당시 고등학생으로서, 일상생활에서 자전거를 운전하던 중 실수를 하였으며 당시 종합보험에는 가입되어 있지 아니한 상태였다. 피고인의 가족은 피해자 측에 4,000만 원이라는 합의금을 지급하였으나, 피해자가 의식불명에 빠져 피해자로부터 '직접' 용서를 받지 못한 피고인은 결국 형사처벌을 피할 수 없었다. 만약 대상사안의 피해자가 잠시라도 의식을 회복할 수 있었다면 피고인에게는 공소기각 판결을 받았을 가능성도 있었다. 이처럼 피해자가 의식불명에 빠지게 될 경우, 교통사고처리 특례법의 '특례'를 적용하는 데 있어, 법률의 공백이 발생한다. 즉, 교통사고처리 특례법의 '입법 목적'을 달성하는 데에 문제가 발생한 것이다. …… 종합보험에 가입하지 않은 상태로 자전거를 운행하다가 사고를 일으키고 피해자가 예상치 못하게 의식불명 상태에 빠지게 된다면, **대상판결의 다수의견에 의할 때 가해자는 어떠한 경우라도 형사 합의에는 이를 수 없어 형사처벌을 피할 수 없게 된다**. 이는 결국 현재의 교통사고처리 특례법 내지는 형사소송법에 '법정대리인에 의한 피해자의 소송행위'로서 반의사불벌죄의 처벌불원 의사표시가 규정되어 있지 않기 때문인바, 장차 입법이 마련되기 전까지는 이와 같은 부당한 상황이 반복될 가능성이 있으므로 대상판결의 다수의견과는 법 해석 및 적용의 관점을 달리할 형사정책적 고려가 필요한 때다." (김민경, 교통사고처리 특례법상 성년후견인의 처벌불원 의사표시 허용 여부 - 대법원 2023. 7. 17. 선고 2021도11126 전원합의체 판결을 중심으로 -, 법과 정책연구 제23집 제3호(2023), 67-69면).

이미 파기되어 효력을 상실하였으므로 환송 후의 제1심판결 선고 전에는 고소취소의 제한사유가 되는 제1심판결 선고가 없는 경우에 해당하기 때문이다. (5) 제1심 판결선고 후는 물론, **'재심'을 청구하는 대신 '항소권회복청구'**를 하여 재판을 받게 된 항소심에서 한 처벌희망 의사표시의 철회는 효력이 없다(대판 2016도9470, Ref 1.1−2).

**4 고소취소의 방법**　　　　(1) 고소취소의 방식은 고소할 때의 방식과 동일하게 **서면** 또는 구술로 할 수 있으며, 구술에 의한 경우에는 **조서**에 작성하여야 한다. 고소불가분의 원칙또한 적용된다. 그러나 조건부 고소취소는 허용되지 않는다. (2) 고소의 취소는 '공소제기 전'에는 고소사건을 담당하는 **수사기관**에, '공소제기 후'에는 고소사건의 **수소법원**에 대하여 이루어져야 한다(대판 2011도17264, Ref 1.1−1). (3) 합의서와 함께 "관대한 처분을 바란다"는 취지의 탄원서가 법원에 제출되었다면 고소의 취소가 인정된다(대판 81도1171, Ref 2−3). 하지만 고소취소는 **법률행위적 소송행위**이므로 합의서 제출만이 절대적 기준이 되지는 못한다(대판 80도1448, Ref 2−9). 같은 맥락에서 범인이 피해자와 합의를 하여 합의서를 작성하더라도 그 합의서면을 '수사기관'이나 '제1심법원'에 제출하지 않는 한 적법한 고소 취소는 될 수 없다(대판 83도516, Ref 2−6). (4) **반의사불벌죄**에 있어서 피해자가 처벌을 희망하지 아니하는 의사표시나 처벌을 희망하는 의사표시의 철회를 하였다고 인정하기 위해서는 피해자의 진실한 의사가 명백하고 믿을 수 있는 방법으로 표현되어야 한다(대판 2007도3405, Ref 3.6−1).

**5 고소취소의 효과 및 고소권의 포기**　　　　친고죄에서 (1) 고소취소의 효과는 **공소제기 전**에 고소가 취소되면 사법경찰관은 '공소권 없음'을 이유로 '불송치결정', 검사는 '공소권 없음'을 이유로 '불기소처분' 하고, **공소제기 후**에 고소가 취소되었다면 법원은 처음부터 공소제기가 없었던 것으로 보아 '공소기각판결'을 하여야 한다(법327). (2) 고소를 취소하면 고소권이 **소멸**하므로, 고소를 취소한 자는 **다시 고소할 수 없다**(법232②). 이는 반의사불벌죄에서 처벌을 원하는 의사표시를 철회한 경우에도 같다(대판 2007도3405, Ref 3.6−1). (3) 공소제기 **이후에** 고소가 취소되면 법원은 '공소기각판결'(법327ⅴ)을 하여야 하고,[5] 공소제기 **전**에 고소가 취소되면 사법경찰관은 공소권 없음 '불송치결정', 검사는 공소권 없음 '불기소처분'을 하여야 한다. (4) 친고죄에 있어서의 「피해자의 **고소권은 공법상의 권리**라고 할 것이므로 법이 특히 명문으로 인정하는 경우를 제외하고는 자유처분을 할 수 없고 따라서 일단 한 고소는 취소할 수 있으나 고소 전에 **고소권을 '포기'할 수 없다**」(대판 67도471, Ref 1−7).

---

5) 형사소송법 제327조(**공소기각의 판결**) 다음 각 호의 경우에는 판결로써 공소기각의 선고를 하여야 한다. 1. 피고인에 대하여 재판권이 없을 때 2. 공소제기의 절차가 법률의 규정을 위반하여 무효일 때 3. 공소가 제기된 사건에 대하여 다시 공소가 제기되었을 때 4. 제329조를 위반하여 공소가 제기되었을 때 5. 고소가 있어야 공소를 제기할 수 있는 사건에서 고소가 취소되었을 때 6. 피해자의 명시한 의사에 반하여 공소를 제기할 수 없는 사건에서 처벌을 원하지 아니하는 의사표시를 하거나 처벌을 원하는 의사표시를 철회하였을 때

# *고소의 취소와 관련된 주요 판례*

## * 고소취소의 시한인 '제1심판결 선고 전'과 관련된 판례*

1-1 [대판 2011도17264] (가) 형사소송법 제232조 제1항, 제3항에 의하면 **친고죄에서 고소의 취소 및 반의사불벌죄에서 처벌을 희망하는 의사표시의 철회는 '제1심판결 선고 전'까지만** 할 수 있고, (나) 따라서 제1심판결 선고 후에 고소가 취소되거나 처벌을 희망하는 의사표시가 철회된 경우에는 효력이 없으므로 형사소송법 제327조 제5호 내지 제6호의 공소기각 재판을 할 수 없다. (다) 그리고 고소의 취소나 처벌을 희망하는 의사표시의 철회는 수사기관 또는 법원에 대한 **법률행위적 소송행위**이므로 ㉠ 공소제기 전에는 고소사건을 담당하는 **수사기관에**, ㉡ 공소제기 후에는 고소사건의 **수소법원**에 대하여 이루어져야 한다.

1-2 [대판 2016도9470] 제1심 법원이 반의사불벌죄로 기소된 피고인에 대하여 「소송촉진 등에 관한 특례법」 제23조에 따라 피고인의 진술 없이 유죄를 선고하여 판결이 확정된 경우, (다) 만일 피고인이 책임을 질 수 없는 사유로 공판절차에 출석할 수 없었음을 이유로 소송촉진법 제23조의2에 따라 제1심 법원에 재심을 청구하여 **재심개시결정이 내려졌다면** 피해자는 재심의 제1심 판결 선고 전까지 처벌을 희망하는 의사표시를 철회할 수 있다. 그러나 (라) 피고인이 제1심 법원에 소송촉진법 제23조의2에 따른 **재심을 청구하는 대신 항소권회복청구**를 함으로써 항소심 재판을 받게 되었다면 **항소심을 제1심이라고 할 수 없는 이상** 항소심 절차에서는 처벌을 희망하는 의사표시를 철회할 수 없다.

1-3 [대판 2009도9112] 형사소송법 제232조 제1항은 고소를 제1심판결 선고 전까지 취소할 수 있도록 규정하여 친고죄에서 고소취소의 시한을 한정하고 있다. 그런데 상소심에서 형사소송법 제366조 또는 제393조 등에 의하여 법률 위반을 이유로 **제1심 공소기각판결을 파기하고 사건을 제1심법원에 환송함에 따라 다시 제1심 절차가 진행된 경우**, 종전의 제1심판결은 이미 파기되어 효력을 상실하였으므로 환송 후의 **제1심판결 선고 전에는 고소취소의 제한사유가 되는 제1심판결 선고가 없는 경우에 해당한다.**

## *항소심에서 친고죄 또는 반의사불벌죄로 공소장이 변경된 경우*

2-1 [대판 96도1922 전원합의체] [항소심에서 공소장변경 또는 법원 직권에 의하여 비친고죄를 친고죄로 인정한 경우(사안은 비친고죄인 강제추행치상죄를 친고죄인 강제추행죄로 인정), 항소심에서의 고소취소가 친고죄에 대한 고소취소로서의 효력이 있는지 여부(소극)] [다수의견] 원래 고소의 대상이 된 피고소인의 행위가 친고죄에 해당할 경우 소송요건인 그 친고죄의 고소를 취소할 수 있는 시기를 언제까지로 한정하는가는 형사소송절차운영에 관한 입법정책상의 문제이기에 형사소송법의 그 규정은 **국가형벌권의 행사가 피해자의 의사에 의하여 좌우되는 현상을 장기간 방치하지 않으려는 목적에서 고소취소의 시한을 획일적으로 제1심판결 선고시까지로 한정한 것**이고, 따라서 그 규정을 현실적 심판의 대상이 된 공소사실이 친고죄로 된 당해 심급의 판결 선고시까지 고소인이 고소를 취소할 수 있다는 의미로 볼 수는 없다 할 것이어서, 항소심에서 공소장의 변경에 의하여 또는 공소장변경절차를 거치지 아니하고 **법원 직권에 의하여 친고죄가 아닌 범죄를 친고죄로 인정하였더라도 항소심을 제1심이라 할 수는 없는 것이므로**, 항소심에 이르러 비로소 고소인이 고소를 취소하였다면 이는 친고죄에 대한 고소취소로서의 효력은 없다.

2-2 [대판 85도2518] [항소심에서 반의사불벌죄로의 공소장이 변경된 경우 그 처벌을 희망하는 의사표시를 철회할 수 있는지 여부(소극)] 형사소송법 제232조 제1항, 제3항의 취지는 국가형벌권의 행사가 피해자의 의

사에 의하여 좌우되는 현상을 장기간 방치할 것이 아니라 제1심판결선고 이전까지로 제한하자는데 그 목적이있다 할 것이므로 비록 항소심에 이르러 비로소 반의사불벌죄가 아닌 죄에서 반의사불벌죄로 공소장 변경이 있었다 하여 항소심인 제2심을 제1심으로 볼 수는 없다.

3 [대판 2007도4977] 피해자가 고소장을 제출하여 처벌을 희망하는 의사를 분명히 표시한 후 고소를 취소한 바 없다면 비록 고소 전에 피해자가 처벌을 원치 않았다 하더라도 그 후에 한 피해자의 고소는 유효하다.

4 [대판 2007도425] 친고죄에서 처벌을 구하는 의사표시의 철회는 수사기관이나 법원에 대한 공법상의 의사표시로서 내심의 조건부 의사표시는 허용되지 않는다.

5 [대판 83도1431] [검사에 의한 피해자 진술조서 작성시 행한 고소취소 진술의 효력] 고소취소는 요식행위가 아니므로 고소권자가 검사에 의한 피해자 진술조서작성시 고소를 취소하겠다고 명백히 하고 또 고소취소 후에는 다시 고소할 수 없다는 점도 알고 있다고 진술하였음이 인정된다면 그 고소는 적법하게 취소되었다 할 것이다.

6 [대판 69도376] 피해자의 부친이 피해자 사망 후에 피해자를 대신하여 그 피해자가 이미하였던 고소를 취소하더라도 이는 적법한 고소취소라 할 수 없다. cf) 이는 피해자의 생전의 명시한 의사에 반하기 때문이다.

7 [대판 67도471] [친고죄와 고소권의 포기] 친고죄에 있어서의 피해자의 고소권은 공법상의 권리라고 할 것이므로 법이 특히 명문으로 인정하는 경우를 제외하고는 자유처분을 할 수 없고 따라서 일단 한 고소는 취소할 수 있으나 고소 전에 고소권을 포기할 수 없다고 함이 상당할 것이다. cf) '선거권'과 같은 공법상의 권리는 포기할 수 없는 것과 같은 이유이다.

## Reference 2
### * '합의서 작성'으로 고소의 취소를 인정한 사례 *

1 [대판 2007도11339] 피해자는 피고인의 제1심 국선변호인을 통하여 2007.10.11. "가해자와 피해자 간에 원만한 합의를 하였으므로 이 건을 차후 민·형사상 어떠한 이의도 제기치 않을 것을 서약하면서 합의서를 제출합니다"라는 내용과 "합의금 이백 중 나머지 일백만 원은 11월부터 매월 10만 원씩 송금하기로 함"이라는 내용이 기재된 합의서를 제1심법원에 제출하였음을 알 수 있는바, 그렇다면 위 피해자는 위 합의서를 제출함으로써 피고인에 대한 처벌을 희망하지 아니한다는 의사를 명시적으로 표시한 것으로 봄이 상당하다고 할 것이다.

2 [대판 2001도6777] 피해자가 경찰에 강간치상의 범죄사실을 신고한 후 경찰관에게 가해자의 처벌을 원한다는 취지의 진술을 하였다가, 그 다음에 가해자와 합의한 후 "이 사건 전체에 대하여 가해자와 원만히 합의하였으므로 피해자는 가해자를 상대로 이 사건과 관련한 어떠한 민·형사상의 책임도 묻지 아니한다."는 취지의 가해자와 피해자 사이의 합의서가 경찰에 제출되었다면, 위와 같은 합의서의 제출로써 피해

자는 가해자에 대하여 처벌을 희망하던 종전의 의사를 철회한 것으로서 공소제기 전에 고소를 취소한 것으로 봄이 상당하다.

3 [대판 81도1171] 강간피해자 명의의 "당사자 간에 원만히 합의되어 민·형사상 문제를 일체 거론하지 않기로 화해되었으므로 합의서를 1심 재판장 앞으로 제출한다"는 취지의 합의서 및 피고인들에게 중형을 내리기보다는 법의 온정을 베풀어 사회에 봉사할 수 있도록 **관대한 처분을 바란다는 취지의 탄원서**가 제1심 법원에 제출되었다면 이는 **결국 고소취소가 있은 것으로 보아야 한다.**

## * 고소의 취소로 인정되지 않은 사례 *

4 [대판 2011도4451] 피고인이 간음할 목적으로 미성년자인 피해자를 범행 당일 02:30경 주차장으로 끌고 간 다음 같은 날 02:40경 다시 부근의 빌딩 2층으로 끌고 가 약취하였다는 내용으로 기소된 사안에서, **당시 피해자는 11세 남짓한 초등학교 6학년생**으로서 피해입은 사실을 이해하고 고소에 따른 사회생활상의 이해관계를 알아차릴 수 있는 사실상의 의사능력이 있었던 것으로 보이고, 경찰에서 일죄의 관계에 있는 범죄사실 중 범행 당일 02:30경의 약취 범행 등을 이유로 **피고인을 처벌하여 달라는 의사표시를 분명히 하여 그 의사표시가 피해자 진술조서에 기재되었으므로, 고소능력 있는 피해자 본인이 고소를 하였다고 보아야 하며,** 피고인 제출의 합의서에 피해자 성명이 기재되어 있으나 **피해자의 날인은 없고,** 피해자의 법정대리인인 **부(父)의 무인 및 인감증명서가 첨부되어 있을 뿐**이어서 **피해자 본인의 고소 취소의 의사표시가 여기에 당연히 포함되어 있다고 볼 수 없으므로,** 설령 피해자 법정대리인의 고소는 취소되었다고 하더라도 본인의 고소가 취소되지 아니한 이상 친고죄의 공소제기 요건은 여전히 충족된다는 이유로 같은 취지에서 피고인에 대한 간음 목적 약취의 공소사실을 유죄로 인정한 원심판단을 정당하다.

5 [대판 2003도8136] 관련 '**민사사건**'에서 '이 사건과 관련하여 서로 상대방에 대하여 제기한 형사 고소 사건 일체를 모두 취하한다.'는 내용이 포함된 '**조정**'이 성립된 것만으로는 고소 취소나 처벌불원의 의사표시를 한 것으로 보기 어렵다.

6 [대판 83도516] 형사소송법 제239조, 제237조에 의하면, 고소의 취소는 서면 또는 구술로서 **검사 또는 사법경찰관**에게 하여야 하도록 규정되어 있으므로 원심이 판시 모욕죄의 고소인 이 소론과 같은 내용의 **합의서를 '피고인'에게 작성하여준 것만으로는** 고소가 적법하게 취소된 것으로는 볼 수 없다.

7 [대판 81도1968] 고소인(강간피해자)과 피고인(가해자)사이에 작성된, "상호간에 원만히 해결되었으므로 이후에 민·형사간 어떠한 이의도 제기하지 아니할 것을 합의한다."는 취지의 합의서가 제1심 법원에 제출되었으나 고소인이 **제1심에서 고소취소의 의사가 없다고 증언**하였다면 위 합의서의 제출로 고소취소의 효력이 발생하지 아니한다.

8 [대판 80도2210] [피해자의 처벌을 희망하는 의사표시의 철회라고 볼 수 없다고 한 사례] 검사가 작성한 피해자에 대한 진술조서기재 중 "피의자들의 처벌을 원하는 가요?"라는 물음에 대하여 "**법대로 처벌하여 주기 바랍니다**"로 되어 있고 이어서 "더 할 말이 있는 가요?"라는 물음에 대하여 "젊은 사람들이니 **한번**

**기회를 주시면 감사하겠습니다**"로 기재되어 있다면 피해자의 진술취지는 법대로 처벌하되 관대한 처분을 바란다는 취지로 보아야 하고 처벌의사를 철회한 것으로 볼 것이 아니다.

　9 [대판 80도1448] [합의서가 제출되었음에도 고소의 취소를 인정하지 아니한 사례] 법원에 제출된 합의서에는 고소인과 피고소인 상호간에 원만히 해결되었으므로 이후에 민.형사간 어떠한 이의도 제기하지 않을 것을 합의한다는 취지가 기재되어 있을 뿐이고 그 **합의서 제출 후에 고소인이 법정에 나와 고소취소의 의사가 없다고 진술하였다면** 위 합의서가 고소인의 자유의사에 의하여 작성되었는가의 여부에 관계없이 고소는 취소되지 아니한 것이다.

## *Reference 3*

## * 반의사불벌죄에 있어서 처벌불원의 의사표시 *

---

　1-1 [대판 2021도10010] ●**사실**● 피고인 X는 2020.2.19. 00:00경 자신의 아내가 운영하는 PC방에서 손님으로 온 피해자 A가 게임에서 돈을 잃고 추가 결제를 요청하면서 자신의 아내와 장모에게 욕설을 한 것에 화가 나 손으로 A의 멱살을 잡고 밖으로 끌고 나와 손으로 A의 가슴을 2회 밀쳐 폭행하였다. 이후 X는 **제1심 변론 종결 후 판결 선고 전인** 2021.1.12. 제1심 법원에 '피해자는 피고인에 대한 처벌을 원치 않고 이 사건에 대하여 민·형사상 일체 이의가 없다.'는 내용과 함께 피해자가 자필로 주민등록번호, 주소, 연락처를 적고 피해자의 서명과 무인이 찍힌 피해자 명의의 '**합의서**'를 제출하였다. 하지만 제1심 법원은 폭행 부분을 포함한 X에 대한 공소사실을 모두 유죄로 인정하고 X에게 징역 1년 6개월을 선고하였다. 이에 X와 검사 모두 양형부당을 이유로 항소하였다. ●**판지**● [반의사불벌죄에서 처벌을 희망하는 의사표시의 철회 또는 처벌을 희망하지 않는 의사표시를 할 수 있는 시기(=제1심 판결선고 전까지)/ 피해자가 처벌을 희망하지 않는 의사표시나 처벌을 희망하는 의사표시의 철회를 하였다고 인정하기 위한 요건/ 처벌을 희망하지 않는 의사표시의 부존재가 법원의 직권조사사항에 해당하는지 여부(적극)] (가) 폭행죄는 피해자의 명시한 의사에 반하여 공소를 제기할 수 없다(형법 제260조 제3항). 반의사불벌죄에서 처벌을 희망하는 의사표시의 철회 또는 처벌을 희망하지 않는 의사표시는 **제1심 판결 선고 전까지** 할 수 있다(형사소송법 제232조 제1항, 제3항). (나) 피해자가 처벌을 희망하지 않는 의사표시나 처벌을 희망하는 의사표시의 철회를 하였다고 인정하기 위해서는 피해자의 **진실한 의사**가 '**명백하고 믿을 수 있는 방법**'으로 표현되어야 한다. (다) 처벌을 희망하지 않는 의사표시의 부존재는 **소극적 소송조건으로서 직권조사사항**에 해당하므로 당사자가 항소이유로 주장하지 않았더라도 원심은 이를 직권으로 조사·판단해야 한다. (라) 피고인 X가 제1심 판결 선고 전에 제출한 '합의서'에 피해자가 처벌을 희망하지 않는다는 내용이 기재되어 있고, 원심에 제출한 '합의서 및 처벌불원서'에는 피해자가 제1심에서 **피고인을 용서하고 합의서를 작성**하여 주었다는 내용이 있으므로, 피해자가 제1심 판결 선고 전에 처벌희망 의사표시를 철회하였다고 볼 여지가 있다. 따라서 원심은 제1심 판결 선고 전에 피해자의 처벌희망 의사표시가 **적법하게 철회되었는지를 직권으로 조사**하여 반의사불벌죄의 소극적 소송조건을 명확히 심리·판단할 필요가 있었다. 그런데도 원심은 이에 대하여 심리하지 않은 채 위 공소사실을 유죄로 판단하였다. 원심판결에는 반의사불벌죄에 관한 법리를 오해한 나머지 필요한 심리를 다하지 않아 판결에 영향을 미친 잘못이 있다.

　1-2 [대판 2021도3992] 파기환송. 형법 제260조 제3항은 같은 조 제1항의 죄는 피해자의 명시한 의사에 반하여 공소를 제기할 수 없다고 정하고 있다. 형사소송법 제232조 제3항, 제1항에 따르면 피해자의 명시

한 의사에 반하여 죄를 논할 수 없는 사건에서 처벌을 희망하는 의사표시의 철회 또는 처벌을 희망하지 않는다는 의사표시는 **제1심 판결 선고시까지 할 수 있으므로 그 후의 의사표시는 효력이 없다**. 기록에 따르면 다음 사실을 알 수 있다. 제1심은 2020. 9. 23. 형법 제260조 제1항에 해당하는 이 사건 공소사실을 유죄로 인정하고 피고인에게 징역 2월을 선고하였다. **피해자는 제1심 판결 '선고 이후'인 2021. 3. 9. 피고인의 처벌을 희망하지 않는 의사를 표시하였다**. 원심은 피해자가 피고인의 처벌을 희망하지 않는 의사를 표시하였다는 이유로 형사소송법 제327조 제6호에 따라 이 사건 공소를 기각하였다. 이러한 사실관계를 위 법리에 비추어 살펴보면, 피해자가 피고인의 처벌을 희망하지 않는 의사를 표시한 것은 제1심 판결 선고 이후에 이루어진 것으로 효력이 없다. 그런데도 피해자의 명시한 의사에 반하여 죄를 논할 수 없는 사건에 대하여 처벌을 희망하지 않는 의사표시가 있다는 이유로 이 사건 공소를 기각한 원심판결에는 반의사불벌죄에 관한 법리를 오해하여 판결에 영향을 미친 잘못이 있다.

**2 [대판 2017도8989]** 반의사불벌죄의 피해자는 피의자나 피고인 및 그들의 변호인에게 자신을 대리하여 수사기관이나 법원에 자신의 처벌불원의사를 표시할 수 있는 권한을 수여할 수 있다.

**3 [대판 2012도568]** ●**사실**● 피고인 X는 2011.5.26. 01:42경 승용차를 운전하여 서울 방배동에 있는 시스폴사거리 교차로를 이수역 방면에서 내방역 방면으로 편도 5차로 도로의 2차로를 따라 운행하다 과실로 도로를 무단횡단하던 피해자 A(26세)을 승용차 앞 범퍼 부분으로 들이받아 도로상에 넘어뜨렸다. 이로 인해 **A는 만성 식물인간 상태**가 되었다. 검사는 X를 업무상 과실로 A에게 중상해를 가하였다고 하여 「교통사고처리특례법」위반으로 기소하였다. 당시 A의 아버지 B는 의식이 없는 **아들을 대신**하여 합의금을 받고 **처벌불원의 의사표시**를 한 상황이었다. 「교통사고처리특례법」제3조 제2항은 "차의 교통으로 제1항의 죄 중 업무상과실치상죄 또는 **중과실치상죄**와 「도로교통법」제151조의 죄를 범한 운전자에 대하여는 **피해자의 명시적인 의사에 반하여 공소를 제기할 수 없다. 다만, ……** "으로 규정되어 있다. X는 제1심에 이어 항소심에서도 유죄가 선고되자 상고하였다. ●**판지**● **상고기각**. 「자동차 운전자인 피고인이 업무상 과실로 甲에게 상해를 가하였다고 하여 교통사고처리 특례법 위반으로 기소된 사안에서, (가) 피해자가 의식을 회복하지 못하고 있는 이상 피해자에게 반의사불벌죄에서 처벌희망 여부에 관한 의사표시를 할 수 있는 소송능력이 있다고 할 수 없고, (나) **피해자의 아버지가 피해자를 대리하여 피고인에 대한 처벌을 희망하지 아니한다는 의사를 표시하는 것 역시 허용되지 아니할 뿐만 아니라** (다) 피해자가 성년인 이상 의사능력이 없다는 것만으로 피해자의 아버지가 당연히 법정대리인이 된다고 볼 수도 없으므로, **피해자의 아버지가 피고인에 대한 처벌을 희망하지 아니한다는 의사를 표시하였더라도 그것이 반의사불벌죄에서의 처벌희망 여부에 관한 피해자의 의사표시로서 소송법적으로 효력이 발생할 수는 없다**」. **cf)** 대상판결은 의식불명 상태에 있는 성년자 아들(A)을 대신하여 아버지가 피고인에 대한 처벌을 희망하지 아니한다는 의사를 표시한 경우 그 의사표시가 소송법상 효력이 있는지 여부가 다투어진 사안이다. 법원은 성년인 피해자의 부모라고 하여 형사소송절차에서 당연히 피해자의 법정대리인이 된다고 볼 수도 없고, 이런 상황에서 피해자 아버지의 처벌불원의 의사표시는 소송법적으로 효력이 없다고 판단하였다.

**4 [대판 2010도5610]** 반의사불벌죄에서 피고인 또는 피의자의 처벌을 희망하지 않는다는 의사표시 또는 처벌희망 의사표시 철회의 유무나 그 효력 여부에 관한 사실은 엄격한 증명의 대상이 아니라 증거능력이 없는 증거나 법률이 규정한 증거조사방법을 거치지 아니한 증거에 의한 증명, 이른바 **자유로운 증명의 대상**

이다.

5 [대판 2010도2680] [1] 폭행죄는 피해자의 명시한 의사에 반하여 공소를 제기할 수 없는 반의사불벌죄로서 처벌불원의 의사표시는 의사능력이 있는 피해자가 단독으로 할 수 있는 것이고, 피해자가 사망한 후 그 상속인이 피해자를 대신하여 처벌불원의 의사표시를 할 수는 없다고 보아야 한다. [2] 속칭 '생일빵'을 한다는 명목 하에 피해자를 가격하여 사망에 이르게 한 사안에서, 폭행과 사망 간에 인과관계는 인정되지만 폭행 당시 피해자의 사망을 예견할 수 없었다는 이유로 폭행치사의 공소사실에 대하여 무죄를 선고한 원심판단을 수긍한 사례.

6-1 [대판 2007도3405] (가) 반의사불벌죄에 있어서 피해자가 처벌을 희망하지 아니하는 의사표시나 처벌을 희망하는 의사표시의 철회를 하였다고 인정하기 위해서는 피해자의 진실한 의사가 명백하고 믿을 수 있는 방법으로 표현되어야 하고, (나) 이러한 의사표시는 공소제기 이후에도 제1심판결이 선고되기 전이라면 수사기관에도 할 수 있는 것이지만, 한번 명시적으로 표시된 이후에는 다시 처벌을 희망하지 아니하는 의사표시를 철회하거나 처벌을 희망하는 의사를 표시할 수 없다고 할 것이다.

6-2 [대판 2001도4283] [피고인이 피해자로부터 작성·교부받은 교통사고 합의서를 수사기관에 제출한 경우, 피해자의 처벌불원의사가 적법하게 표시되었고, 피고인이 피해자에게 약속한 합의금 전액을 지급하지 않은 경우에도 처벌불원의사를 철회할 수 없다고 한 사례] 피해자가 피고인과 사이에 피고인이 교통사고로 인한 피해자의 치료비 전액을 부담하는 조건으로 민·형사상 문제삼지 아니하기로 합의하고 피고인으로부터 합의금 일부를 수령하면서 피고인에게 합의서를 작성·교부하고, 피고인이 그 합의서를 수사기관에 제출한 경우, 피해자는 그 합의서를 작성·교부함으로써 피고인에게 자신을 대리하여 자신의 처벌불원의사를 수사기관에 표시할 수 있는 권한을 수여하였고, 이에 따라 피고인이 그 합의서를 수사기관에 제출한 이상 피해자의 처벌불원의사가 수사기관에 적법하게 표시되었으며, 이후 피고인이 피해자에게 약속한 치료비 전액을 지급하지 아니한 경우에도 민사상 치료비에 관한 합의금지급채무가 남는 것은 별론으로 하고 처벌불원의사를 철회할 수 없다.

# 6 수사의 단서(6) - '자수'의 인정여부 -

* 대법원 2004. 6. 24. 선고 2004도2003 판결
* 참조조문: 형법 제52조,[1] 「특정범죄가중처벌 등에 관한 법률」 제2조 제1항 제1호[2]

수사기관에 뇌물수수의 범죄사실을 자발적으로 신고하였으나 그 수뢰액을 실제보다 적게 신고함으로써 적용법조와 법정형이 달라지게 된 경우, 자수로 볼 수 있는가?

●**사실**● 피고인 X는 2003.6.3. 검찰에 "○○사건과 관련하여 잘못한 죄를 뉘우치고 사실 그대로 조사를 받기 위하여 자수하고자 한다."는 내용의 **자수서를 제출하고 자진출석**한 다음 제1회 피의자신문을 받으면서 Y로부터 3,000만 원을 받았지 5,000만 원을 받은 것은 아니라고 진술하였고, 그 이후에도 계속하여 3,000만 원을 초과하는 금원의 수수사실을 완강히 부인하였다. 이에 검찰이 Y에 대하여 추가조사를 하고 X 및 처에 대한 금융자료를 조사하여 계속 추궁하자, X는 2003.6.17. 제5회 피의자신문 이후에는 Y로부터 5,000만 원을 받았다고 자백하면서 그 동안 3,000만 원을 받았다고 극구 주장했던 것은 **죄를 적게 받기 위하여** 그랬던 것이라고 진술하였다. 이후, 검찰이 X를 수뢰액이 5,000만 원 이상인 때에 해당하는 「특정범죄가중처벌 등에 관한 법률」 제2조 제1항 제1호, 형법 제129조 위반죄로 기소하자, X는 제1심 제1차 공판에서 다시 Y로부터 받은 금원이 3,000만 원이라고 진술하면서 나머지 2,000만 원의 수수사실을 부인하였고 그 이후 원심까지 그 주장을 유지하다가 원심이 변론을 종결한 **제5차 공판기일에 이르러 Y로부터 5,000만 원을 받았다고 다시 시인**하였다. 이에 원심은 피고인의 자수의 법률상 감경 주장을 배척하였다. X가 상고하였다.

●**판지**● 상고기각. 「[1] (가) 형법 제52조 제1항 소정의 **자수**란 범인이 자발적으로 자신의 범죄사실을 수사기관에 신고하여 그 소추를 구하는 의사표시를 함으로써 성립하는 것이고, (나) 여기서 신고의 내용이 되는 '**자신의 범죄사실**'이란 자기의 범행으로서 범죄성립요건을 갖춘 객관적 사실을 의미하는 것으로서, 위와 같은 객관적 사실을 자발적으로 수사기관에 신고하여 그 처분에 맡기는 의사표시를 함으로써 자수는 성립하게 되는 것이므로, (다) **수사기관에의 신고가 자발적이라고 하더라도** 그 신고의 내용이 자기의 범행을 부인하는 등의 내용으로 자기의 범행으로서 범죄성립요건을 갖추지 아니한 사실일 경우에는 **자수는 성립하지 아니하며**, (라) 수사기관의 직무상의 질문 또는 조사에 응하여 범죄사실을 진술하는 것은 **자백**일 뿐 자수로는 되지 않는다. [2] 수사기관에 뇌물수수의 범죄사실을 **자발적으로 신고하였으나 그 수뢰액을 실제보다 적게 신고**함으로써 적용법조와 법정형이 달라지게 된 경우, 자수의 성립을 부인한 사례」.

●**해설**● **1 대상판결에서의 쟁점**     대상판결은 자수의 성립요건으로서 '**자신의 범죄사실**'의 의미를

---

1) 형법 제52조(**자수, 자복**) ① 죄를 지은 후 수사기관에 **자수**한 경우에는 형을 **감경하거나 면제할 수 있다.** ② 피해자의 의사에 반하여 처벌할 수 없는 범죄의 경우에는 피해자에게 죄를 **자복(自服)**하였을 때에도 형을 감경하거나 면제할 수 있다.

2) 당시 「특정범죄가중처벌 등에 관한 법률」 제2조(**뇌물죄의 가중처벌**)는 다음과 같다. "① 형법 제129조·제130조 또는 제132조에 규정된 죄를 범한 자는 그 수수·요구 또는 약속한 뇌물의 가액에 따라 다음과 같이 가중처벌한다. 1. 수뢰액이 5천만원 이상인 때에는 무기 또는 10년 이상의 징역에 처한다. 2. 수뢰액이 1천만원 이상 5천만원 미만인 때에는 5년 이상의 유기징역에 처한다." 현재에는 수뢰액이 1억원 이상인 경우에는 무기 또는 10년 이상의 징역, 수뢰액이 5천만원 이상 1억원 미만인 경우에는 7년 이상의 유기징역, 수뢰액이 3천만원 이상 5천만원 미만인 경우에는 5년 이상의 유기징역에 처하고 있다.

밝히고 있다. 「특정범죄가중법」은 수뢰액의 액수에 따라 형벌을 가중하고 있는데 당시 법률에 따르면, 수뢰액이 5천만원 이상인 때에는 무기 또는 10년 이상이고 그 이하인 1천만원 이상 5천만원 미만인 때에는 5년 이상의 유기징역을 규정하고 있었다. 따라서 X는 뇌물수수의 범죄사실을 자발적으로 신고하였으나 그 수뢰액을 실제보다 적은 3,000만 원이라고 신고함으로써 그 **형을 낮추고자 노력**한 것이다. 이에 대해 법원은 「**수사기관에의 신고가 자발적이라고 하더라도** 그 신고의 내용이 자기의 범행을 부인하는 등의 내용으로 자기의 범행으로서 범죄성립요건을 갖추지 아니한 사실일 경우에는 **자수는 성립하지 아니한다**」고 판단하였다. 즉 같은 뇌물죄에 대한 자수이더라도 그 **적용법조와 법정형을 달리**할 경우에는 자신의 '범죄사실'을 신고한 것으로 볼 수 없다고 본 것이다. 나아가 「이 사건 죄 중 피고인이 당초부터 시인한 3,000만 원 부분에 한하여 자수의 효력을 인정하여 그 부분에 관하여 법률상 감경을 할 수 있는 것도 아니다」고 판시하였다.

**2 자수의 의의**　　　수사의 단서로서 **자수**(형법52①)란 「(가) 범인이 스스로 수사책임이 있는 관서에 자기의 범행을 **자발적으로 신고**하고 그 처분을 구하는 의사표시이므로, (나) 수사기관의 직무상의 질문 또는 조사에 응하여 범죄사실을 진술하는 것은 **자백**일 뿐 자수로는 되지 아니하고,[3] 나아가 (다) 자수는 범인이 수사기관에 의사표시를 함으로써 성립하는 것이므로 내심적 의사만으로는 부족하고 **외부로 표시**되어야 이를 인정할 수 있는 것이다. (라) 또한 피고인이 자수하였다 하더라도 자수한 이에 대하여는 법원이 임의로 형을 감경할 수 있음에 불과한 것으로서 원심이 자수감경을 하지 아니하였다거나 자수감경 주장에 대하여 판단을 하지 아니하였다 하여 위법하다고 할 수 없다」(대판 2011도12041, Ref 1.1－1).

**3** 이와 같이, (1) 자수는 ㉠ **수사의 단서**이자 ㉡ 형법상 형의 **임의적 감면사유**이다. (2) 법률상의 형의 감경사유가 되는 자수를 위하여는 「범인이 자기의 범행으로서 범죄성립요건을 갖춘 객관적 사실을 자발적으로 수사관서에 신고하여 그 처분에 맡기는 것으로 족하고, 더 나아가 법적으로 그 요건을 완전히 갖춘 범죄행위라고 적극적으로 인식하고 있을 필요까지는 없다」(대파 94도1017). (3) 그리고 일단 자수가 '성립'한 이상 자수의 효력은 **'확정적으로' 발생**한다. 따라서 그 후에 범인이 번복하여 수사기관이나 법정에서 범행을 부인하여도 **일단 발생한 자수의 효력**이 소멸하는 것은 아니다(대판 99도1695, Ref 1.7－1). (4) 자수는 범인 스스로의 의사이어야 하므로 **대리**에 의한 자수는 허용되지 않는다. 하지만 **사자**(使者)를 통한 자수는 가능하다(대판 64도252, Ref 1－13). (5) 수개의 범죄사실 중 일부에 관하여만 자수한 경우에는 **그 부분 범죄사실**에 대하여만 자수의 효력이 있다(대판 94도2130, Ref 1－4). (6) 자수의 **'시기'**에는 제한이 없다. 따라서 범행이 발각된 이후이든 지명수배를 받은 이후이든 체포 전에 자발적으로 신고한 이상 자수에 해당된다.

**4 수사의 단서와 개시**　　　수사의 단서로는 자수 이외에 고소·고발, 불심검문, 변사자검시, 현행범체포, 신문기사나 진정 등이 있으며, 검사 또는 사법경찰관이 다음의 행위에 착수한 때에는 수사를 개시한 것으로 본다. 이 경우 검사 또는 사법경찰관은 **해당 사건을 즉시 '입건'**해야 한다. "① 피혐의자의 수사기관 출석조사, ② 피의자신문조서의 작성, ③. 긴급체포, ④. 체포·구속영장의 청구 또는 신청, ⑤ 사람의 신체, 주거, 관리하는 건조물, 자동차, 선박, 항공기 또는 점유하는 방실에 대한 압수·수색 또는 검증영

---

3) 한편 **자복**(自服)은 피해자의 의사에 반하여 처벌할 수 없는 범죄(반의사불벌죄)에 있어서 **피해자에게** 자신의 죄를 고백하고 용서를 구하는 것을 말한다. 이 경우도 형을 감경하거나 면제할 수 있다(형법52②).

장(부검을 위한 검증영장은 제외한다)의 청구 또는 신청"을 한 경우에는 **수사를 개시한 것으로 본다**(준칙16①).

**5 수사개시의 시점(수사와 내사의 구별)** 　　사법경찰관이 **범죄를 '인지'(입건)하였다고 볼 수 있는 시기**와 관련하여 판례는 「사법경찰관리 집무규칙 제21조에 의하면 사법경찰관이 범죄를 인지하는 경우에는 범죄인지보고서를 작성하는 절차를 거치도록 되어 있으므로 특별한 사정이 없는 한 수사기관이 그와 같은 절차를 거친 때에 범죄 인지가 된 것으로 볼 수 있겠으나, 사법경찰관이 그와 같은 절차를 거치기 전에 범죄의 혐의가 있다고 보아 **수사에 착수하는 행위를 한 때에는 이때에 범죄를 인지한 것으로 보아야 하고** 그 뒤 범죄인지보고서를 작성한 때에 비로소 범죄를 인지하였다고 볼 것은 아니다」(대판 89도648)라고 하여 범죄의 인지를 **실질적 개념**으로 판단하고 있다(대판 2000도2968, Ref 2–1). 따라서 수사의 개시는 수사기관에 의하여 (형식적)**입건 전이라 하더라도** 수사기관이 범죄의 혐의가 있다고 판단하여 수사에 착수한 때를 개시 시점으로 본다(**실질설**).4)

*Reference 1*

## * 자수에 해당하지 않는다고 본 판례 *

1-1 [대판 2011도12041] 피고인은 수사기관에 자진 출석하여 처음 조사를 받으면서 금융기관의 직원인 자신의 업무와 관련하여 금품을 수수한 것이 아니라 공소외 Y로부터 2억 원을 연 5% 정도의 이자를 주기로 하고 차용하였을 뿐이라며 범죄사실을 부인하다가 제2회 '조사'를 받으면서 비로소 금융기관의 직원인 자신의 업무와 관련하여 2억 원을 수수하였다고 **자백하였음**을 알 수 있으므로, 이를 **자수라고 할 수 없다.**

1-2 [대판 82도1965] 자수라 함은 범인이 스스로 수사책임이 있는 관서에 자기의 범행을 고하고 그 처분을 구하는 의사표시를 하는 것을 말하고, 가령 수사기관의 **직무상의 '질문' 또는 '조사'에 응하여 범죄사실을 진술**하는 것은 자백일 뿐 자수로는 되지 않는다.

1-3 [대판 98도4560] 세관 검색 시 금속탐지기에 의해 대마 휴대 사실이 발각될 상황에서 세관 **검색원의 '추궁'에 의하여** 대마 수입 범행을 시인한 경우, 자발성이 결여되어 자수에 해당하지 않는다.

1-4 [대판 2006도4883] 경찰관이 피고인의 강도상해 등의 범행에 관하여 수사를 하던 중 국립과학수사연구소의 유전자색검감정의뢰회보 등을 토대로 피고인의 **여죄를 '추궁'한** 끝에 피고인이 강도강간의 범죄사실과 특수강도의 범죄사실을 자백하였음을 알 수 있으므로 이를 자수라고 할 수 없다.

2 [대판 2003도3133] 자수서를 소지하고 수사기관에 자발적으로 출석하였으나 **자수서를 제출하지 아니하고 범행사실도 부인하**였다면 자수가 성립하지 아니하고, 그 이후 구속까지 된 상태에서 자수서를 제출하고 범행사실을 시인한 것을 자수에 해당한다고 인정할 수 없다고 한 사례.

3 [대판 95도391] [양벌규정에 의한 법인의 형사책임에 관하여 자수감경이 적용되는 경우] 법인의 직원 또

---

4) 한편, 수사 이전의 단계를 **내사**(입건 전 조사)라 하는데, 형사소송법은 피의자의 권리를 피내사자에게도 준용하는 규정을 두고 있지 않다. 그러므로 피내사자는 단순 용의자에 불과하여 증거보전(법184)을 청구할 수 없으며(대결 79도792), 내사종결처분에 대해서 진정인은 재정신청이나 헌법소원을 제기할 수 없다(대결 91모68; 헌재 89헌마277). 그러나 피내사자도 변호인과의 접견교통권은 제한되지 않는다(대결 98모18).

는 사용인이 위반행위를 하여 양벌규정에 의하여 **법인이 처벌받는 경우**, 법인에게 자수감경에 관한 형법 제52조 제1항의 규정을 적용하기 위하여는 법인의 이사 기타 대표자가 수사책임이 있는 관서에 자수한 경우에 **한하고,** 그 위반행위를 한 직원 또는 사용인이 자수한 것만으로는 위 규정에 의하여 형을 감경할 수 없다.

4 **[대판 94도2130]** [범죄사실을 **부인하거나 죄의 뉘우침이 없는** 자수를 형감경사유인 자수라고 할 수 있는지 여부] [1] 형법 제52조 제1항 소정의 자수란 범인이 자발적으로 자신의 범죄사실을 수사기관에 신고하여 그 소추를 구하는 의사표시로서 이를 형의 감경사유로 삼는 주된 이유는 범인이 그 죄를 뉘우치고 있다는 점에 있으므로 범죄사실을 부인하거나 죄의 뉘우침이 없는 자수는 그 외형은 자수일지라도 법률상 형의 감경사유가 되는 진정한 자수라고는 할 수 없다. [2] 수개의 범죄사실 중 **일부에 관하여만 자수한** 경우에는 그 부분 범죄사실에 대하여만 자수의 효력이 있다.

5 **[대판 85도1489]** 경찰관에게 검거되기 전에 **친지에게 전화로 자수의사를 전달**하였더라도 그것만으로는 자수로 볼 수 없다.

## * 자수에 해당된다고 본 판례 *

6 **[대판 2002도46]** [수사기관에 자진 출석하여 범죄사실을 자백한 후에 검찰이나 법정에서 이를 일부 부인하는 경우, 자수의 효력이 소멸하는지 여부(소극)] 피고인이 검찰의 소환에 따라 자진 출석하여 검사에게 범죄사실에 관하여 자백함으로써 형법상 자수의 효력이 발생하였다면, 그 후에 검찰이나 법정에서 범죄사실을 **일부 부인하였다고 하더라도** 일단 발생한 자수의 효력이 소멸하는 것은 아니다.

7-1 **[대판 99도1695]** [자수가 성립한 후 범행을 부인하는 경우, 자수의 효력이 소멸하는지 여부(소극)] 형법 제52조 제1항 소정의 자수란 범인이 자발적으로 자신의 범죄사실을 수사기관에 신고하여 그 소추를 구하는 의사표시를 함으로써 성립하는 것으로서, **일단 자수가 성립한 이상 자수의 효력은 확정적으로 발생**하고 그 후에 범인이 번복하여 수사기관이나 법정에서 범행을 부인한다고 하더라도 **일단 발생한 자수의 효력이 소멸하는 것은 아니라고 할 것이다.**

7-2 **[대판 94도618]** 피고인이 수사기관에 자진출석하여 스스로 뇌물을 수수하였다는 내용의 자술서를 작성·제출하고 수사과정에서 혐의사실을 자백하였다면, 법정에서 수수한 금원의 직무관련성에 대하여만 수사기관에서의 **자백과 차이가 나는** 진술을 하였다 하더라도, 자수의 효력에 영향을 미칠 것이 못 된다.

8 **[대판 94도619]** [언론에 혐의사실이 **보도되기 시작한 후** 수사기관에 전화를 걸어 조사를 요청한 경우] 신문지상에 혐의사실이 보도되기 시작하였는데도 수사기관으로부터 공식소환이 없으므로 자진출석하여 사실을 밝히고 처벌을 받고자 담당 검사에게 전화를 걸어 조사를 받게 해달라고 요청하여 **출석시간을 지정받은 다음 자진출석하여 혐의사실을 모두 인정하는** 내용의 진술서를 작성하고 검찰 수사과정에서 혐의사실을 모두 자백한 경우 피고인은 수사책임 있는 관서에 자기의 범죄사실을 자수한 것으로 보아야 하고 법정에서 수수한 금원의 직무관련성에 대하여만 수사기관에서의 자백과 차이가 나는 진술을 하였다 하더라도 자수의 효력에는 영향이 없다.

9 [대판 69도779] 범인이 **수개의 범죄사실 중의 일부**라도 수사기관에 자진 신고한 이상, 그 동기가 투명치 않고 그 후 **공범을 두둔하더라도** 그 자수한 부분 범죄사실에 대하여는 자수의 효력이 있다.

10 [대판 68도1780] 자수란 죄를 범한 후 수사책임이 있는 관서에 자기의 범죄사실을 신고함을 말하는 것이므로, 자기의 범죄사실을 신고한 이상 그 신고에 있어 **범죄사실의 세부적인 형태에 있어 다소의 차이**가 있다 하여도 이를 자수로 보았음에 위법이 있다고 할 수 없다.

11 [대판 68도754] 비록 범죄사실과 범인이 누구인가가 **발각된 후라 하더라도** 또 수사기관에 의해 지명수배를 받은 연후라 하더라도 **범인이 체포되기 전에 자발적으로** 자기의 범죄사실을 수사기관에 신고한 이상 자수로 보아야 할 것이고 또한 국가보안법 및 반공법에서 규정한 자수를 형법상의 자수와 구별하여 해석할 근거는 없다.

12 [대판 65도597] 범죄사실과 범인이 누구인가가 **발각된 후라 하더라도** 범인이 자발적으로 자기의 범죄사실을 수사기관에 신고한 경우에는 이를 자수로 보아야한다.

13 [대판 64도252] 자수의 신고방법에는 법률상 특별한 제한이 없으므로 **제3자를 통하여서도** 이를 할 수 있다.

## *Reference 2*
## * 수사개시의 시점 *

1 [대판 2000도2968] [범죄인지서를 작성하여 사건수리 절차를 밟기 전의 수사과정에서 작성된 피의자신문조서나 진술조서의 증거능력 유무(한정 적극)] 검찰사건사무규칙 제2조 내지 제4조에 의하면, 검사가 범죄를 인지하는 경우에는 범죄인지서를 작성하여 사건을 수리하는 절차를 거치도록 되어 있으므로, 특별한 사정이 없는 한 수사기관이 그와 같은 절차를 거친 때에 범죄인지가 된 것으로 볼 것이나, '**범죄의 인지**'는 실질적인 개념이고, 이 규칙의 규정은 검찰행정의 편의를 위한 사무처리절차 규정이므로, 검사가 그와 같은 절차를 거치기 전에 범죄의 혐의가 있다고 보아 수사를 개시하는 행위를 한 때에는 이 때에 범죄를 인지한 것으로 보아야 하고, 그 뒤 범죄인지서를 작성하여 사건수리 절차를 밟은 때에 비로소 범죄를 인지하였다고 볼 것이 아니며, **이러한 인지절차를 밟기 전에 수사를 하였다고 하더라도**, 그 수사가 장차 **인지의 가능성이 전혀 없는** 상태 하에서 행해졌다는 등의 특별한 사정이 없는 한, 인지절차가 이루어지기 전에 수사를 하였다는 이유만으로 그 수사가 위법하다고 볼 수는 없고, 따라서 그 수사과정에서 작성된 피의자신문조서나 진술조서 등의 증거능력도 이를 부인할 수 없다.

# 7 수사의 조건(1) – 수사의 필요성 –

* 대법원 2011. 3. 10. 선고 2008도7724 판결
* 참조조문: 구 출입국관리법 제101조[1]

일반사법경찰관리가 출입국사범에 대한 **전속적 고발권자**인 출입국관리사무소장 등에게 인계하지 않고 한 수사가 소급하여 위법하게 되는가?

●**사실**● 피고인 X는 2006.3.경부터 2007.9.5.경까지 서울 강남구 역삼동에 위치한 중국어학원에서 유학비자(D-2)만을 소지한 중국인 Y를 중국어 강사로 고용한 것을 비롯하여 취업활동을 할 수 없는 중국인 12명을 고용하였다. 당시 경기지방경찰청 소속 경찰은 2007.9.20. 이 사건을 입건하였으나 지체 없이 출입국관리사무소장에게 **인계하지 아니한 채**, 당일 X에 대한 피의자신문조서를 작성한 뒤, 2007.11.30.경 경기지방경찰청장 명의로 서울출입국관리사무소장에게 다른 인지 사건의 피의자들을 포함하여 91명에 대한 **고발의뢰**를 하였다. 이에 소장은 2008.1.18. 별다른 조사를 거치지 않고 의견서, 피고발인명부, 경기지방경찰청 고발의뢰 및 범죄사실 공문만을 첨부하여 경기지방경찰청장에게 X에 대해 **고발하였다**.

출입국관리법 제101조에 의하면, 입국사범에 관한 사건은 지방출입국·외국인관서의 장의 **고발이 없으면 공소를 제기할 수 없으며**, 출입국관리공무원 외의 수사기관이 입국사범에 해당하는 사건을 **입건**하였을 때에는 **지체 없이** 관할 지방출입국·외국인관서의 장에게 **인계**할 것을 규정하고 있다. 이에 제1심은 수원출입국관리사무소장의 이 사건 고발은 출입국관리법 제101조를 **명백히 위반**한 하자가 있다고 판단하여 공소를 기각하였다.[2] 하지만 원심은 공소제기의 절차가 무효인 때에 해당하지 아니함에도 무효인 때에 해당한다고 판단한 제1심을 파기환송하였다. 이에 X가 상고하였다.

●**판지**● 상고기각. 「[1] [일반사법경찰관리가 출입국사범에 대한 출입국관리사무소장 등의 고발이 있기 전에 한 수사가 소급하여 위법하게 되는지 여부(원칙적 소극)] (가) 법률에 의하여 고소나 고발이 있어야 논할 수 있는 죄에 있어서 고소 또는 고발은 이른바 '소추조건'에 불과하고 당해 범죄의 성립요건이나 '수사의 조건'은 아니므로, (나) 위와 같은 범죄에 관하여 고소나 고발이 있기 전에 수사를 하였더라도, 그 수사가 장차 고소나 고발의 가능성이 없는 상태 하에서 행해졌다는 등의 특단의 사정이 없는 한, 고소나 고발이 있기 전에 수사를 하였다는 이유만으로 그 수사가 위법하게 되는 것은 아니다. (다) 그

---

1) 출입국관리법 제101조(**고발**) ① 출입국사범에 관한 사건은 지방출입국·외국인관서의 장의 **고발이 없으면 공소를 제기할 수 없다.** ② 출입국관리공무원 외의 수사기관이 제1항에 해당하는 사건을 **입건하였을 때에는 지체 없이** 관할 지방출입국·외국인관서의 장에게 **인계하여야** 한다.

2) 제1심은 다음과 같은 이유로 이 사건은 효력이 없는 출입국관리사무소장의 고발에 의하여 공소가 제기된 것으로 판단하였다. 「출입국사범에 대한 조사는 일반적으로 외국인을 피의자로 하거나 참고인으로 하기 때문에 수사상 언어 및 문화의 장벽이 있어 이를 전문으로 하는 소장 등이 일차적인 수사를 하는 것이 타당하고, 외국인 피의자의 인권보호에 충실할 수 있다는 점, 소장 등이 고발을 하는 것보다 통고처분을 하는 것이 피의자에 대한 유리한 경우가 대부분인 점, 그런데 이 사건 수사절차는 출입국관리법상 고발절차 규정을 정면으로 위반하였다고 보이고, 일반적으로 수사절차상 위법사유가 있을 때 그 위법한 절차에 의하여 수집된 증거를 배제하여야 할 것이나, 위와 같이 출입국관리법상 고발절차 규정을 정면으로 위반한 경우에는 위법수집증거배제만으로는 위반에 대한 효과로서 충분하지 못한 점까지 고려할 때, 비록 출입국사범이 급격히 증가하는 반면 출입국관리사무소·출장소 또는 외국인보호소의 직원과 수용시설이 현저히 부족하다 하더라도, **위 하자는 중대 명백하다**고 봄이 상당하므로, 이 사건에 대한 출입국관리사무소장의 고발은 효력이 없다 할 것이다」(서울중앙지법 2008고단1135).

렇다면 일반사법경찰관리가 출입국사범에 대한 출입국관리사무소장 등의 고발이 있기 전에 수사를 하였더라도, 달리 위에서 본 특단의 사정이 없는 한 그 사유만으로 수사가 소급하여 위법하게 되는 것은 아니다.

　[2] [일반사법경찰관리가 출입국사범에 대한 전속적 고발권자인 출입국관리사무소장 등에게 인계하지 않고 한 수사가 소급하여 위법하게 되는지 여부(소극)] 구 출입국관리법(2010.5.14. 법률 제10282호로 개정되기 전의 것) 제101조는 제1항에서 출입국관리사무소장 등의 **전속적 고발권**을 규정함과 아울러, 제2항에서 일반사법경찰관리가 출입국사범을 입건한 때에는 지체없이 사무소장 등에게 인계하도록 규정하고 있고, 이는 그 규정의 취지에 비추어 제1항에서 정한 사무소장 등의 **전속적 고발권** 행사의 편의 등을 위한 것이라고 봄이 상당하므로 일반사법경찰관리와의 관계에서 존중되어야 할 것이지만, 이를 출입국관리공무원의 **수사 전담권에 관한 규정이라고까지 볼 수는 없는** 이상 이를 위반한 일반사법경찰관리의 **수사가 소급하여 위법하게 되는 것은 아니다.**

　[3] 피고인이 체류자격이 없는 외국인들을 고용하여 구 출입국관리법 위반으로 기소되었는데, 당초 위 사건을 입건한 지방경찰청이 지체없이 관할 출입국관리사무소장 등에게 인계하지 아니한 채 **그 고발 없이 수사를 진행**하였고, 이후 위 사무소장이 지방경찰청장의 고발의뢰에 따라 고발하면서 그 사유를 '지방경찰청의 고발의뢰 공문 등에 의해 명백히 입증되었다'라고만 기재한 사안에서, 고발 경위에 비추어 사무소장이 한 위 고발은 구체적인 검토에 따라 재량으로 행하여진 것이어서 무효로 볼 수 없고, 지방경찰청에서 같은 법 제101조 제2항의 규정을 위반하였다는 것만으로는 지방경찰청 및 검찰의 수사가 위법하다거나 공소제기의 절차가 법률의 규정에 위배되어 **무효인 때에 해당하지 않는다**고 본 원심판단을 수긍한 사례」.

　●**해설●** 1 **수사의 의의 및 수사의 조건**　　　(1) 수사는 수사기관이 범죄 혐의 유무를 명백히 하여 **공소제기와 유지 여부**를 결정하기 위하여 범죄사실을 조사하고 범인 및 증거를 발견, 수집, 보전하는 활동을 말한다(대판 98도3329). (2) 수사는 사람을 상대로 하기 때문에 기본적으로 **인권과 밀접**한 관계를 가지게 된다. 따라서 수사기관의 자의적인 재량에 맡길 수는 없다. 이에 수사는 '필요한 경우'에 '상당한 방법'에 따라서 행해져야 하며, 이점에서 수사를 위한 조건을 제시해야 할 필요가 있다. (3) **수사의 조건**은 수사기관의 '자의적 수사' 활동을 **억제**하여 '수사권 남용'을 **방지**하기 위한 이론이다. 수사의 조건으로는 ㉠ 수사의 **필요성**과 ㉡ 수사의 **상당성**이 문제된다.

　2 **수사의 필요성**　　　수사는 수사의 목적을 달성함에 '**필요한**' 경우에 한해서만 허용된다. 수사의 필요성이 없음에도 행하는 수사처분은 위법한 수사처분이다. (1) 따라서 수사는 수사기관이 '**범죄의 혐의가 있다고 사료하는 때**'에 개시되며,[3] 여기서 범죄의 혐의는 수사기관의 '**주관적 혐의(인지)**를 의미한다(대판 2000도2968). 다만 주관적 혐의는 **구체적 사실**에 근거하여야 한다(추상적 범죄혐의만으로는 수사개시가 불가능하고 내사가 가능할 뿐이다). (2) 또한 수사는 공소제기를 염두에 두기 때문에 '공소제기의 가능'이 없을 때는 수사의 필요성도 부인된다. 여기서 **소송조건**이 '수사의 조건'이 될 수 있는지가 문제된다.[4]

---

3) **범죄혐의의 정도**와 관련하여 ① 수사의 단서를 포착하는 단계에서는 구체적 사실에 근거를 두지 않은 **추상적 혐의**만으로도 족하다. 그러나 ② 수사의 개시는 **구체적 사실**에 근거를 둔 **주관적 혐의**를 요하고, ③ 나아가 인신제약이 가장 큰 체포·구속의 단계에서는 범죄의 혐의가 증거에 의하여 객관적으로 뒷받침되는 **객관적 혐의**가 있어야 가능하다. 수사절차는 수사기관이 피의자에 대한 주관적 혐의를 객관화·구체화시키는 과정이라 말할 수 있다.

4) **소송조건**이란 형사재판을 개시하거나 계속하기 위해 필요한 조건을 말한다. '친고죄'에서의 고소나 '반의사불

**3 친고죄 · 전속고발범죄의 고소 · 고발 전 수사의 허용 여부**　　　　특히 친고죄나 전속고발범죄에 있어서 고소 · 고발 전에도 수사가 허용되는지가 문제된다. 대상판결도 이점이 다투어졌다. (1) '**친고죄**'란 피해자 기타 고소권자의 고소가 있어야만 공소제기를 할 수 있는 범죄를 말하고, '**전속고발범죄**'란 관계 공무원의 고발이 있어야 유효하게 공소를 제기할 수 있는 범죄[5]를 말하는데 이러한 친고죄나 세무공무원 등의 고발이 있어야 논할 수 있는 범죄에 있어서 **고소 · 고발 전에도** 수사가 허용되는지가 문제된다. (2) 이와 관련하여 ⓐ 전면허용설 ⓑ 전면부정설 ⓒ 제한적 허용설이 대립하고 있다. 판례는 (대상판결에서와 같이) 고소 · 고발이 없더라도 '**고소 · 고발의 가능성**'이 있으면 임의수사는 물론 강제수사도 허용된다는 '**제한적 허용설**'의 입장에 있다(대판 94도252, Ref 4). (3) 그리고 고소의 가능성이 없는 때로는 ㉠ (친고죄에서) 고소기간이 '경과'한 경우와 ㉡ 고소권자가 고소를 하지 않겠다는 뜻을 명백히 한 경우를 들 수 있다.

**4 대상판결의 정리**　　　　출입국관리법은 출입국사범에 관한 사건은 지방출입국 · 외국인관서의 장의 고발이 없으면 공소를 제기할 수 없도록 규정하고 있다(법101)(이와 같이 법에서 사무소장 등에게 **전속적 고발권**과 더불어 출입국관리공무원에게 특별사법경찰관리로서의 지위를 부여한 취지는 출입국관리에 관한 전문적 지식과 경험을 갖춘 출입국관리공무원으로 하여금 출입국관리에 관한 행정목적 달성을 위하여 자율적 · 행정적 제재수단을 형사처벌에 우선하여 활용할 수 있도록 하려는 데에 있다). 이와 같이, 관계 공무원의 '고발'이 있어야 유효하게 공소를 제기할 수 있는 범죄를 **전속고발범죄(즉시고발범죄)**라고 한다.[6] 전속고발제도는 고발의 권한을 특정 행정기관에게 전속시킴과 동시에 공소제기의 요건이 된다는 점에서 일반적인 고발의 법리가 적용되지 않는 독특성을 가지고 있다.[7] 대상판결은 피고인이 체류자격이 없는 외국인들을 고용하여 구 출입국관리법 위반으로 기소된 사안에서, 당초 위 사건을 입건한 지방경찰청이 지체 없이 관할 출입국관리사무소장 등에게 인계하지 않고 그 **고발 없이 수사를 하였다는 것만으로는** 지방경찰청 및 검찰의 수사가 위법하다거나 공소제기절차가 법률의 규정에 위배되어 무효인 때에 해당하지 않는다고 본 원

---

　　벌죄'에서 처벌을 원하지 않는 명시적 의사표시가 존재하지 않는 것 등이 그것이다. 소송의 진행 중 소송조건이 결여된 경우에는 바로 **공소기각 판결**을 하여야 한다(법327).

5) **전속고발제도**는 범죄의 혐의 유무를 판단함에 있어서 **고도의 전문성**을 요구하는 특정 영역(**세무 · 공정거래 · 선거** 등)에서, 공소권 행사의 전제로서 '관계기관 공무원'에 의한 고발을 요구하는 특수한 절차를 말한다(이런 영역의 경우, 처벌의 필요성을 당해 행정기관의 판단에 맡기는 것이 바람직하기 때문이다). 형사소송에서 '고발'이란 일반인이면 누구든지 범죄사실을 신고하고 범인에 대해 형사소추를 구하는 의사표시를 말하는데 친고죄의 고소와 유사하게 법률에 특별히 **고발을 '소송요건'**으로 규정하고 있는 경우가 있다. 이와 같이, 행정기관의 고발에 의해서만 형사소송절차를 시작하도록 하는 것이 '전속고발제도'이다(관세법 위반, 조세범처벌법 위반, 출입국관리법 위반).

6) 수사의 단서인 **'고발'**은 범인이나 고소권자 이외의 제3자가 수사기관에 범죄사실을 알리고 범인의 소추 및 처벌을 희망하는 의사표시이다. 고발의 주체와 관련하여 형사소송법은 누구든지 범죄를 알게 된 경우에 고발할 수 있음을 명시하여, 일반 사인의 임의적 고발권한을 규정하고 있다. 반면에 공무원이 직무수행 과정에서 범죄를 인지한 경우에는 **고발하여야 할 의무**를 진다(법234). '즉시고발사건'이라는 용어가 사용된 이유는 전속고발권을 명시한 특별법의 규정들이 "... 즉시고발하여야 한다"는 표현을 통상적으로 사용하고 있기 때문이다.

7) 전속고발제도에 대해서는 다음의 비판이 있다. "전속고발제도는 우리나라와 일본만이 가지고 있는 독특한 제도이며, 일본의 경우에는 독점금지법에서 인정되고 있다. 이러한 사실만 보더라도 우리의 전속고발제도가 **지나치게 다양한 분야**에서 인정되고 있는 것은 아닌가하는 의문이 제기된다. 더욱이 전속고발권을 보유한 일부 행정기관이 행정조사의 권한을 넘어서 특별사법경찰권을 가짐으로서 지나친 **권한의 비대화**를 초래하고 있으며, 일반 수사기관과의 **수사권 경합**의 문제를 낳고 있다. 또한 검사의 수사지휘권을 근거로 행정기관이 사법기능을 담당하는 검사의 통제를 받게 됨으로서 전속고발제도가 왜곡되고 본래적 의미를 상실하는 문제점이 발생하고 있다."(김택수, 형사절차상 전속고발권의 문제, 형사법연구 제25권 제1호(2013), 315면).

심판단을 수긍한 사례이다(제한적 허용설).

　5 수사의 상당성　　　수사의 필요성이 인정되는 경우에도 그 수사의 처분은 그 수단이 수사의 목적을 달성하는데 '**상당하다**'고 인정되는 방법으로 행해질 것을 요한다. 수사의 상당성은 '수사의 신의칙'과 '수사비례의 원칙'을 내용으로 한다. (1) **수사의 신의칙**이란 '사술(詐術)금지의 원칙'이라고 하는데, 수사는 사회통념상 용인되는 수단이어야 하며 신의칙에 반해서 행해져서는 안된다는 원칙이다. 신의칙과 관련해서는 특히 '**함정수사**'가 문제된다(【8】참조). (2) **수사비례의 원칙**이란 수사는 수사의 목적달성을 위한 **필요최소한도**에 그쳐야 하며, 수사의 목적과 수단 간에 비례관계가 유지되어야 함을 말한다. 특히 이 원칙은 기본권침해를 수반하는 강제수사의 허용여부를 판단함에 중요한 기준이 된다(적합성·필요성·균형성).

## *Reference*

### * 수사의 필요성과 관련된 판례 *

　1 [대판 2009도6614] [세무공무원 등의 고발에 따른 조세범처벌법 위반죄 혐의에 대하여 검사가 불기소처분을 하였다가 나중에 공소를 제기하는 경우, 세무공무원 등의 새로운 고발이 있어야 하는지 여부(소극)] [1] 검사의 불기소처분에는 확정재판에 있어서의 확정력과 같은 효력이 없어 일단 불기소처분을 한 후에도 공소시효가 완성되기 전이면 언제라도 공소를 제기할 수 있으므로, 세무공무원 등의 고발이 있어야 공소를 제기할 수 있는 조세범처벌법 위반죄에 관하여 **일단 불기소처분이 있었더라도 세무공무원 등이 종전에 한 고발은 여전히 유효하다. 따라서 나중에 공소를 제기함에 있어 세무공무원 등의 새로운 고발이 있어야 하는 것은 아니다.** [2] 서초세무서장이 수사기관에 피고인의 2002년도 및 2003년도 국세체납 부분에 관하여 고발하였으나 불기소처분된 사실, 그 후 서초세무서장이 다시 피고인의 2004년도 국세체납 부분에 관하여 고발하자, 검사는 2004년도 국세체납 부분과 함께 종전에 불기소처분하였던 2002년도 및 2003년도 국세체납 부분도 공소를 제기한 사실을 알 수 있는바, 이를 앞서 본 법리에 비추어 살펴보면, 이 사건 공소사실 중 2002년도 및 2003년도 국세체납 부분에 관한 고발은 검사의 불기소처분 후에도 **여전히 유효**하므로, 이 부분 공소사실이 조세범처벌법 제6조에 의한 고발 없이 공소제기되었다고 볼 수는 없다.

　2 [대판 98도3329] [무인장비에 의하여 제한속도 위반차량의 차량번호 등을 촬영한 사진의 증거능력 유무(적극)] (가) **수사, 즉 범죄혐의의 유무를 명백히 하여 공소를 제기·유지할 것인가의 여부를 결정하기 위하여 범인을 발견·확보하고 증거를 수집·보전하는 수사기관의 활동**은 수사 목적을 달성함에 '**필요한 경우에 한하여**' 사회통념상 상당하다고 인정되는 방법 등에 의하여 수행되어야 하는 것인바, (나) 무인장비에 의한 제한속도 위반차량 단속은 이러한 수사활동의 일환으로서 도로에서의 위험을 방지하고 교통의 안전과 원활한 소통을 확보하기 위하여 도로교통법령에 따라 정해진 제한속도를 위반하여 차량을 주행하는 범죄가 현재 행하여지고 있고, (다) 그 범죄의 성질·태양으로 보아 긴급하게 **증거보전**을 할 필요가 있는 상태에서 일반적으로 허용되는 한도를 넘지 않는 **상당한 방법**에 의한 것이라고 판단되므로, (라) 이를 통하여 운전 차량의 차량번호 등을 촬영한 사진을 두고 위법하게 수집된 증거로서 **증거능력이 없다고 말할 수 없다.**

　3 [대판 94도3373] [수사기관이 고발에 앞서 조세범처벌법 위반사건의 수사를 한 후 공소제기 전에 **검찰**

의 요청에 따라 세무서장이 **고발조치**를 한 경우, 공소제기 절차가 위법하여 무효인지 여부] 조세범처벌법 제6조의 세무종사 공무원의 고발은 공소제기의 요건이고 수사개시의 요건은 아니므로 **수사기관이 고발에 앞서 수사를 하고** 피고인에 대한 구속영장을 발부받은 후 검찰의 요청에 따라 세무서장이 고발조치를 하였다고 하더라도 공소제기 전에 고발이 있은 이상 조세범처벌법 위반사건 피고인에 대한 공소제기의 절차가 법률의 규정에 위반하여 무효라고 할 수 없다.

4 [대판 94도252] [친고죄나 세무공무원 등의 고발이 있어야 논할 수 있는 죄에 있어서 고소나 고발이 있기 전에 행해진 수사는 위법한지 여부] [1] 친고죄나 세무공무원 등의 고발이 있어야 논할 수 있는 죄에 있어서 고소 또는 고발은 이른바 소추조건에 불과하고 당해 범죄의 성립 요건이나 수사의 조건은 아니므로, 위와 같은 범죄에 관하여 고소나 고발이 있기 전에 수사를 하였다고 하더라도, 그 수사가 장차 고소나 고발이 있을 가능성이 없는 상태 하에서 행해졌다는 등의 특단의 사정이 없는 한, 고소나 고발이 있기 전에 수사를 하였다는 이유만으로 그 수사가 **위법하다고 볼 수는 없다.** [2] 검사 작성의 피고인에 대한 피의자신문조서, 다른 피의자에 대한 각 피의자신문조서등본 및 제3자에 대한 각 진술조서등본이 조세범처벌법 위반죄에 대한 **세무서장의 고발이 있기 전에 작성된 것이라 하더라도** 피고인이나 그 피의자 및 제3자 등에 대한 신문이 피고인의 조세범처벌법위반 범죄에 대한 **고발의 가능성이 없는 상태 하에서 이루어졌다고 볼 아무런 자료도 없다면**, 그들에 대한 신문이 고발 전에 이루어졌다는 이유만으로 그 조서나 각 조서등본의 증거능력을 부정할 수는 없다.

* 대법원 2020. 1. 30. 선고 2019도15987 판결
* 참조조문: 형법 제13조,[1] 형사소송법 제327조 제2호[2]

> 수사기관과 유인자의 **직접적 관련성** 유무 및 유인자가 피유인자의 **범의 유발**에 개입한 정도에 따라 함정
> 수사의 위법성을 판단하는 방법

●**사실**● 피고인 X는 메트암페타민(일명 필로폰) 소지로 인한 「마약류 관리에 관한 법률」위반(향정)으로 기소되었다. 문제는 X가 항변하기를 당시 수사기관에 체포된 Y가 그의 피의사실 수사에 관하여 유리한 결과를 얻기 위하여 자신과의 **개인적인 친밀관계**를 이용하여 필로폰을 주문하는 전화를 걸어 자신으로 하여금 필로폰 매매 알선의 **범의를 일으키게 한 것**이라고 주장한 것이다. 재판에서 이런 상황이 위법한 수사인지 여부가 문제되었다.

　제1심법원은 범죄를 예방하고 방지하여야 할 수사기관이 새로운 범죄 시도를 막지 않고 오히려 방조한 것은 위법한 함정수사에 해당되고 따라서 이에 기한 공소제기는 그 절차가 법률의 규정에 위반되어 무효인 때에 해당된다고 보아, 형사소송법 제327조 제2호를 적용하여 **공소를 기각**하였다. 하지만 원심은 제1심판결을 파기하고 X에게 유죄판결을 선고하였다. 이에 X가 상고하였다.

●**판지**● 「**본래 범의를 가지지 아니한 사람**에 대하여 수사기관이 **사술이나 계략** 등을 써서 범의를 유발하게 하여 범죄인을 검거하는 함정수사는 위법하다. 구체적인 사건에 있어서 위법한 함정수사에 해당하는지 여부는, 해당 범죄의 종류와 성질, 유인자의 지위와 역할, 유인의 경위와 방법, 유인에 따른 피유인자의 반응, 피유인자의 처벌 전력 및 유인행위 자체의 위법성 등을 **종합하여 판단**하여야 한다. (가) **수사기관과 '직접 관련'이 있는 유인자**가 ㉠ 피유인자와의 개인적인 친밀관계를 이용하여 피유인자의 동정심이나 감정에 호소하거나, ㉡ 금전적·심리적 압박이나 위협 등을 가하거나, ㉢ 거절하기 힘든 유혹을 하거나, 또는 ㉣ 범행방법을 구체적으로 제시하고 범행에 사용될 금전까지 제공하는 등으로 과도하게 개입함으로써 **피유인자로 하여금 범의를 일으키게 하는 것**은, 위법한 함정수사에 해당하여 허용되지 않는다. (나) 그렇지만 **유인자가 수사기관과 '직접적인 관련을 맺지 않은'** 상태에서 피유인자를 상대로 단순히 수차례 반복적으로 범행을 부탁하였을 뿐, 수사기관이 사술이나 계략 등을 사용하였다고 볼 수 없는 경우에는 **설령 그로 인하여 피유인자의 범의가 유발되었다 하더라도 위법한 함정수사에 해당하지 않는다.** …… 원심이 판시와 같은 이유를 들어 피고인이 필로폰을 소지한 행위는 수사기관의 사술이나 계략 등에 의해 범의가 유발된 위법한 함정수사라고 볼 수 없고 제1심이 이 부분에 대하여 **공소기각 판결**을 선고한 것은 잘못이라고 판단한 조치는 정당하다」.

●**해설**● **1 함정수사의 의의**　　　(1) 수사가 필요하더라도 그 방법과 정도는 수사의 목적에 비추어 허용되는 범위 내에서 이루어져야 한다. 특히 수사처분은 그 수단이 수사의 목적을 달성하는데 상당하다

---

1) 형법 제13조(**범의**) 죄의 성립요소인 사실을 인식하지 못한 행위는 벌하지 아니한다. 단, 법률에 특별한 규정이 있는 경우에는 예외로 한다.

2) 형사소송법 제327조(**공소기각의 판결**) 다음 각 호의 경우에는 판결로써 공소기각의 선고를 하여야 한다. 1. 피고인에 대하여 재판권이 없을 때 **2. 공소제기의 절차가 법률의 규정을 위반하여 무효일 때** 3. 공소가 제기된 사건에 대하여 다시 공소가 제기되었을 때 4. 제329조를 위반하여 공소가 제기되었을 때 5. 고소가 있어야 공소를 제기할 수 있는 사건에서 고소가 취소되었을 때 6. 피해자의 명시한 의사에 반하여 공소를 제기할 수 없는 사건에서 처벌을 원하지 아니하는 의사표시를 하거나 처벌을 원하는 의사표시를 철회하였을 때

고 인정되는 방법으로 하여야 한다(**수사의 상당성**). 수사의 상당성과 관련해 문제되는 것이 **함정수사의 적법성 여부**이다. (2) **함정수사**란 수사기관 또는 그 의뢰를 받은 수사협력자(정보원 등)가 신분을 감춘 채 상대방으로 하여금 범죄를 실행하도록 한 후 그 실행을 기다려 상대방을 검거하는 수사방법을 말한다. (3) 이러한 함정수사는 범행이 은밀히 이루어지는 **마약수사나 조직범죄, 도박범죄** 수사에서 많이 이루어지고 있다. (4) 문제는 국가기관이 범죄를 유발케하고 이후 함정에 걸린 국민을 처벌하는 것이 **수사의 신의칙의 관점**에서 과연 정당 하느냐이다. 다시 말해, 이러한 함정수사가 적정절차의 원칙이나 사법의 염결성(**廉潔性**)에 반하는 것이 아닌가 하는 문제가 제기된다.

　　**2 법원에서의 함정수사의 정의**　　법원이 함정수사를 정의하기를 「함정수사라 함은 본래 (가) **범의를 가지지 아니한 자**에 대하여 수사기관이 사술이나 계략 등을 써서 범죄를 유발하게 하여 범죄인을 검거하는 수사방법을 말하는 것이므로, (나) **범의를 가진 자**에 대하여 범행의 기회를 주거나 단순히 사술이나 계략 등을 써서 범죄인을 검거하는 데 불과한 경우에는 이를 함정수사라고 할 수 없다」(대판 2007도4532, Ref 7)고 하여, 범죄의 상황을 ① **기회제공형**과 ② **범의유발형**로 구분하여 기본적으로 '**범의유발형**'만 함정수사로 보고 있다. 대상판결에서도 같은 선상에서 「수사기관이 사술이나 계략 등을 사용하였다고 볼 수 없는 경우에는 설령 그로 인하여 피유인자의 범의가 유발되었다 하더라도 위법한 함정수사에 해당하지 않는다」고 판단하고 있다.

　　**3** 한편, 판례에 따라서는 「(가) **범의를 가진 자**에 대하여 단순히 범행의 기회를 제공하거나 범행을 용이하게 하는 것에 불과한 수사방법이 **경우에 따라 허용**될 수 있음은 별론으로 하고, (나) **본래 범의를 가지지 아니한 자**에 대하여 수사기관이 사술이나 계략 등을 써서 범의를 유발케 하여 범죄인을 검거하는 함정수사는 위법함을 면할 수 없고, 이러한 함정수사에 기한 공소제기는 그 절차가 법률의 규정에 위반하여 **무효인 때에 해당**된다」(대판 2005도1247, Ref 2)고 하여 범의유발형 함정수사는 역시 무효에 해당된다고 판단 하지만 기회제공형 함정수사의 경우도 무조건 적법한 것은 아니고 경우에 따라서는 위법한 함정수사로 평가할 수 있다고 본다.[3]

　　**4 함정수사의 판단기준**　　함정수사의 **판단기준**과 관련하여 (a) 피유인자의 내심의 범죄의사를 기준으로 구분하는 **주관설**과 (b) 수사기관의 유인행위의 객관적 상당성 여부로 위법성을 판단하고자 하는 **객관설** 그리고 (c) 주관설과 객관설의 여러 판단기준을 종합적으로 고려하여 함정수사의 한계를 판단해야 한다는 **종합설**이 있다. 대법원은 「구체적인 사건에 있어서 **위법한 함정수사**에 해당하는지 여부는 해당 범죄의 종류와 성질, 유인자의 지위와 역할, 유인의 경위와 방법, 유인에 따른 피유인자의 반응, 피유인자의 처벌 전력 및 유인행위 자체의 위법성 등을 **종합하여 판단**하여야 한다」(대판 2006도2339)고 하여 종합설의 입장이지만, 수사기관의 '**직접 관련성**'의 정도가 결정적으로 중요한 요소인 것으로 평가된다.

　　**5 위법한 함정수사의 효과**　　함정수사가 위법하다고 평가받는 경우에 함정에 걸린 사람을 어떻게 처리할 것인가에 대해 학설이 대립하고 있다. (a) 무죄설 (b) 공소기각설 (c) 면소설 (d) 유죄설이 있다.

---

3) 판례는 기회제공형 함정수사는 처음부터 함정수사에서 제외시켰으나 이 판결을 계기로 입장을 바꾸어 **절충적 입장**을 취하고 있다. 따라서 기회제공형이라도 항상 적법한 것은 아니고 수사의 위법정도가 중한 경우에는 제한적으로나 위법한 함정수사가 될 수 있다고 판단한다.

대법원은 함정수사에 의한 공소는 적정절차에 위배되는 수사에 의한 공소이므로 공소제기의 절차가 **'법률의 규정에 위배'하여 무효**인 때에 해당하여 **'공소기각'의 판결**(법327ⅱ)을 선고해야 한다고 본다(대판 2005도1247, Ref 2). 그리고 이렇게 수집한 증거는 위법수집증거배제법칙에 의해 당연히 **증거능력이 부정**된다.

### 6 신분비공개수사와 신분위장수사

근래 'N번방 사건'과 같은 디지털 성범죄에 디지털 기술과 점조직이 활용됨에 따라 수사기관이 범죄에 접근하는 것 자체가 제한되고, 주범을 검거하기 어려운 상황이 되고 있다. 이에 대응하기 위한 방법 중 하나가 2021. 3. 23. 개정되어 2021. 9. 24. 시행된 「아동ㆍ청소년의 성보호에 관한 법률」(청소년성보호법) 제25조의2의 '신분비공개수사와 신분위장수사'이다. 청소년성보호법 제25조의2에서는 아동ㆍ청소년대상 **디지털 성범죄의 수사**와 관련하여 '신분비공개수사'와 '신분위장수사'에 대한 **특례**를 두고 있다(새로운 수사방법의 도입). 본법 제25조의2 "① 사법경찰관리는 다음 각 호의 어느 하나에 해당하는 범죄(이하 "디지털 성범죄"라 한다)에 대하여 신분을 **비공개**하고 범죄현장(정보통신망을 포함한다) 또는 범인으로 추정되는 자들에게 접근하여 범죄행위의 증거 및 자료 등을 수집(이하 **"신분비공개수사"**라 한다)할 수 있다. 1. 제11조 및 제15조의2의 죄 2. 아동ㆍ청소년에 대한 「성폭력범죄의 처벌 등에 관한 특례법」 제14조제2항 및 제3항의 죄 ② 사법경찰관리는 디지털 성범죄를 계획 또는 실행하고 있거나 실행하였다고 의심할 만한 충분한 이유가 있고, 다른 방법으로는 그 범죄의 실행을 저지하거나 범인의 체포 또는 증거의 수집이 어려운 경우에 한정하여 수사 목적을 달성하기 위하여 부득이한 때에는 다음 각 호의 행위(이하 **"신분위장수사"**라 한다)를 할 수 있다. 1. **신분을 위장**하기 위한 문서, 도화 및 전자기록 등의 작성, 변경 또는 행사 2. **위장 신분**을 사용한 계약ㆍ거래 3. 아동ㆍ청소년성착취물 또는 「성폭력범죄의 처벌 등에 관한 특례법」 제14조제2항의 촬영물 또는 복제물(복제물의 복제물을 포함한다)의 소지, 판매 또는 광고 ③ 제1항에 따른 수사의 방법 등에 필요한 사항은 대통령령으로 정한다."[4]

---

[4] "위장수사는 수사기관이 신분의 위장이라는 기망적인 방법을 사용하여 수사 대상자의 의사에 반하여 그로부터 범죄에 관한 증거, 자료, 정보 등을 수집하는 것이므로 사생활의 비밀과 자유, 개인정보자기결정권을 제한한다. 이는 국가가 대상자에게 직접 금지나 명령을 과하여 기본권을 제한하는 것은 아니지만, 사실행위로 기본권을 제한하는 이른바 **'사실적 기본권 제한'**에 해당한다. 다만 헌법 제37조 제2항에 따라 법률유보의 원칙과 과잉금지 원칙을 준수함으로써 위와 같은 기본권을 제한할 수 있다. 위장수사는 위와 같이 기망적인 방법으로 개인의 사적인 영역에 관한 법익을 침해하는 것이므로 강제수사에 해당하고, 그 법익 침해의 정도가 중대하므로 사법적 통제도 필요하다 할 것이다. 다만 모든 강제수사에 영장주의가 적용되는 것은 아니고, 영장주의는 대상자의 신체 등에 직접적인 강제력이 수반되는 경우에 한정하여 적용된다고 해석함이 타당하므로, 법률의 규정만으로 가능한 강제수사의 영역이 있다고 보아야 할 것이다. 이처럼, 위장수사는 영장주의가 적용되지 않는 강제수사이기는 하나, 위장수사의 특성과 법익 침해의 중대성에 비추어 법원의 허가등 **사법적 통제**는 필요한 수사방법이라고 봄이 타당하다."(김민수, 위장수사에 관한 검토: 기본권의 제한, 강제수사 여부, 영장주의 적용 여부 및 절차적 통제의 관점에서 – 「아동ㆍ청소년의 성보호에 관한 법률」 및 「사기방지 기본법안」 규정을 중심으로, 사법 제64호(2023), 590면).

*Reference*

## * 위법한 함정수사에 해당된다고 본 판례 *

1 [대판 2008도7362] 경찰관들이 단속 실적을 올리기 위하여 손님을 가장하고 들어가 도우미를 불
러 줄 것을 요구하였던 점, 피고인측은 평소 자신들이 손님들에게 도우미를 불러 준적도 없으며,
…… 위 경찰관들이 피고인측으로부터 한 차례 거절당하였으면서도 다시 위 노래방에 찾아가
도우미를 불러 줄 것을 요구하여 도우미가 오게 된 점 등 여러 사정들을 종합해 보면, 이 사건 단속은 수사
기관이 **사술이나 계략 등을 써서 피고인의 범의를 유발케 한 것으로서 위법**하고, 이러한 함정수사에 기한 이
사건 공소제기 또한 그 절차가 법률의 규정에 위반하여 **무효인 때에 해당**한다.

2 [대판 2005도1247] 원래 중국까지 가서 메스암페타민을 구해 올 생각이 없었는데 갑과 을의 함정수사
를 위한 **이른바 '작업'에 의하여** 비로소 이 사건 범행에 대한 **범의를 일으켰다고** 하는 피고인들의 진술이 더
신빙성이 있을 뿐 아니라, …… 결국 이 부분 공소는 범의를 가지지 아니한 사람에 대하여 수사기관이 범
행을 적극 권유하여 범의를 유발케 하고 범죄를 행하도록 한 뒤 범행을 저지른 사람에 대하여 바로 그 범
죄행위를 문제 삼아 공소를 제기하는 것으로서 적법한 소추권의 행사로 볼 수 없으므로, 형사소송법 제327
조 제2호에 규정된 공소제기의 절차가 법률의 규정에 위반하여 **무효인 때에 해당**한다는 이유로 **공소기각 판
결**을 선고하였다.

3 [대판 2004도1066] 파기환송. 피고인들은 자신들이 히로뽕을 매수하거나 **밀수입할 의사가 전혀 없었는
데**, 피고인 1의 애인이었던 공소외 1이 "서울지검 마약1반의 정보원인 공소외 2가 마약반에서 많은 역할을
하던 중 또 다른 정보원의 배신으로 구속되게 되었다. 마약반의 계장 공소외 3과 계장 공소외 4가 공소외
2의 공적(다른 마약범죄에 대한 정보를 제공하여 수사기관의 수사를 도운 공적)을 만들어 공소외 2를 빼내려
한다. 그렇게 하기 위하여는 수사기관이 수사에 사용할 히로뽕을 구해야 하니, **수사기관을 돕기 위하여 히로
뽕을 좀 구해 달라.** 히로뽕을 구입하여 오면 검찰에서 피고인들의 안전을 보장한다고 하였다."고 이야기할
뿐만 아니라 심지어 **히로뽕을 구입할 자금까지 교부**하면서 피고인 1에게 집요하게 부탁을 하여 비로소 피고
인 1이 공소외 1 및 검찰을 돕기로 마음먹고 피고인 2에게 그와 같은 사정을 다 이야기하면서 히로뽕의 매
입을 의뢰하였고, 피고인 2도 그에 따라 비로소 히로뽕을 매입하여 피고인 1에게 교부하기로 마음먹고 이
사건 범행에 이르게 되었다고 주장하고 있고, …… 이와 같은 사정 하에서라면 원래 중국까지 가서 히로뽕
을 매입하여 **밀수입할 의도가 없었던** 피고인들이 **수사기관의 사술이나 계략에 의하여 범의를 일으켜** 이 사
건 범행을 결행하게 되었을 가능성을 완전히 배제할 수 없다 할 것이고, …… 과연 피고인들이 수사기관의
사술에 의하여 이 사건 범행을 할 범의를 일으켰는지에 관하여 판단을 하였어야 할 것임에도 이러한 점들
에 대하여 심리가 미진하다.

## * 위법한 함정수사에 해당되지 않는다고 본 판례 *

4 [대판 2017도16810] 파기환송. [1] 원심은, 피고인이 2016. 9. 10. 이 사건 게임장에 잠복근무
중인 경찰관 P로부터 게임점수를 환전해 줄 것을 요구받고 거절하였음에도 P의 지속적인 요구
에 어쩔 수 없이 게임점수를 현금으로 환전해 준 것은 본래 범의를 가지지 않은 자에 대하여 수

사기관이 계약으로 범의를 유발하게 한 함정수사에 해당하고, 이 사건 공소사실은 전체가 일체를 이루어 이러한 위법한 함정수사의 영향을 직접 받는다고 보아, 이 사건 공소제기는 그 절차가 법률의 규정에 위반하여 무효인 때에 해당한다고 판단하여 공소기각판결을 선고하였다. [2] [대법원의 판단] (가) 경찰관 P는 이 사건 게임장에서 불법 환전이 이루어지고 있다는 신고를 받고 2016.7.9.경부터 위 게임장에 **손님으로 가장하여 잠입수사**를 하던 중, 2016.7.10.경 성명불상의 남성으로부터 위 게임장에서 발급하여 주는 회원카드에 적립한 게임점수를 다른 손님으로부터 매입할 수 있다는 이야기를 듣고 위 게임장 내에서 게임점수 거래 등의 사행행위가 이루어지고 있는 정황을 포착하였다. (나) 그 후에도 P는 피고인의 게임 결과물 환전행위를 적발하기 위해 이 사건 게임장에 여러 차례에 걸쳐 잠입수사를 하였는데, 그 과정에서 2016.7.19.경 위 게임장 종업원의 제안에 따라 회원카드를 발급받아 게임점수를 적립하였을 뿐 피고인 등에게 회원카드 발급 및 게임점수 적립을 적극적으로 요구하거나 다른 손님들과 게임점수의 거래를 시도한 적은 없다. (다) P는 함정수사가 이루어진 2016.9.10.에도 피고인에게 게임점수의 환전을 요구하였을 뿐 피고인에게 위와 같은 회원카드 발급 및 게임점수 적립 등을 통한 사행행위의 조장을 요구하거나 종용한 사실이 없다. (라) 이러한 사실관계에 비추어 살펴보면, 이 부분 범행은 **수사기관이 사술이나 계략 등을 써서 피고인의 범의를 유발한 것이 아니라 이미 이루어지고 있던 범행**을 적발한 것에 불과하므로, 이에 관한 공소제기가 함정수사에 기한 것으로 볼 수 없다.

**5-1 [대판 2013도1473]** 수사기관이 공소외 1, 2로 하여금 피고인을 유인하도록 한 것이라기보다는 공소외 1, 2가 **각자의 사적인 동기**에 기하여 **수사기관과 '직접적인 관련 없이' 독자적으로 피고인을 유인**한 것으로서, 수사기관이 사술이나 계략 등을 사용하여 피고인으로 하여금 범의를 일으키게 하였다고 볼 수 없어 원심판결에 함정수사에 관한 법리를 오해하는 등의 위법이 없다.

**5-2 [대판 2008도2794]** [1] 유인자가 **수사기관과 직접적인 '관련을 맺지 않은'** 상태에서 피유인자를 상대로 **단순히 수차례 반복적으로 범행을 부탁**하였을 뿐 수사기관이 사술이나 계략 등을 사용하였다고 볼 수 없는 경우는, **설령 그로 인하여 피유인자의 범의가 유발되었다 하더라도 위법한 함정수사에 해당하지 않는다**. [2] 피고인이 2005.5.25. 갑에게 필로폰 약 0.03g이 든 1회용 주사기를 교부하고, 같은 달 28. 18:00 무렵 필로폰 약 0.03g을 1회용 주사기에 넣고 생수로 희석한 다음 자신의 팔에 주사하여 투약하였는바, 갑이 같은 달 29. 위 사실을 검찰에 신고하여 위 피고인이 체포되도록 하였다. 그러나 갑이 수사기관과 관련을 맺은 상태에서 위 피고인으로 하여금 위와 같이 필로폰을 교부하도록 하거나 필로폰을 투약하도록 유인했다고 볼 아무런 자료가 없으므로, 위 피고인의 필로폰 투약 등이 함정수사에 의한 것이라고 할 수 없다.

**6 [대판 2007도7680]** 甲이 수사기관에 **체포된 동거남의 석방을 위한 공적을 쌓기 위하여** 乙에게 필로폰 밀수입에 관한 정보제공을 부탁하면서 대가의 지급을 약속하고, 이에 乙이 丙에게, 丙은 丁에게 순차 필로폰 밀수입을 권유하여, 이를 승낙하고 필로폰을 받으러 나온 丁을 체포한 사안에서, 乙, 丙 등이 **각자의 사적인 동기**에 기하여 **수사기관과 직접적인 '관련이 없이' 독자적으로** 丁을 유인한 것으로서 위법한 함정수사에 해당하지 않는다.

**7 [대판 2007도4532]** 기록에 의하면, 이 사건에 있어서 피고인이 수사기관의 사술이나 계략 등에 의하여 범행을 유발한 것이 아니라, **이미 '범행을 저지른'** 피고인을 검거하기 위하여 **수사기관이 정보원을 이용**하여 피고인을 검거장소로 유인한 것에 불과하므로, 피고인의 이 사건 범행이 함정수사에 의한 것으로 볼 수도

없다.

8 [대판 2007도3164] 수사기관에서 **공범이나 장물범의 체포 등을 위하여** 범인의 체포시기를 조절하는 등 여러 가지 수사기법을 사용한다는 점을 고려하면, 수사기관이 피고인의 범죄사실을 인지하고도 피고인을 바로 체포하지 않고 추가 범행을 지켜보고 있다가 범죄사실이 많이 늘어난 뒤에야 피고인을 체포하였다는 사정만으로는 피고인에 대한 수사와 공소제기가 위법하다거나 **함정수사에 해당한다고 할 수 없다.**

9 [대판 2007도1903] [경찰관이 취객을 상대로 한 이른바 **부축빼기 절도범을 단속**하기 위하여, 공원 인도에 쓰러져 있는 취객 근처에서 감시하고 있다가, 마침 피고인이 나타나 취객을 부축하여 10m 정도를 끌고 가 지갑을 뒤지자 현장에서 체포하여 기소한 경우, 위법한 함정수사에 기한 공소제기가 아니라고 한 사례] ●**사실**● 피고인 X는 범행 장소인 사당동 까치공원 옆 인도에 옆으로 누워 잠들어 있는 A를 발견하고 주변을 살피다가 경찰관들이 잠복근무 중이던 차량 옆까지 다가와 동정을 살핀 후, A를 공원 옆 화단이 있는 으슥한 곳까지 약 10m 정도를 끌고 가, 위 차량 바로 앞(약 1m 정도 떨어진 곳)에서 멈추어 화단 옆에 있는 돌 위에 앉혀 놓고 A의 오른쪽 바지주머니에 손을 넣어 지갑을 꺼냈다. 이때 경찰관들이 곧바로 잠복 중이던 위 차량 안에서 뛰어나가 피고인을 **현행범으로 체포**하였다. 당시 경찰관들은 지하철경찰대 소속으로서 사당역 인근에서 만취한 취객을 상대로 한 이른바 부축빼기 수법의 범죄가 빈발한다는 첩보를 입수하고 지하철 막차 근무를 마친 후 함께 범행장소인 까치공원으로 갔다. 당시 그곳 공원 옆 인도에 만취한 피해자가 누워 자고 있는 것을 보고서 "그 장소에서 사건이 계속 발생하다 보니 잡아야겠다는 생각"으로 일부러 잠복을 하기로 결심하고 기다리다 X를 체포하기에 이른다. 제1심과 원심은 절도의 공소사실에 대해 **유죄**를 유지했다. 이에 X는 경찰관들의 위법한 함정수사에 의한 공소제기의 효력을 다투며 상고했다. ●**판지**● **상고기각.** [1] (가) 본래 범의를 가지지 아니한 자에 대하여 수사기관이 사술이나 계략 등을 써서 범의를 유발케 하여 범죄인을 검거하는 함정수사는 위법함을 면할 수 없고, 이러한 함정수사에 기한 공소제기는 그 절차가 법률의 규정에 위반하여 무효인 때에 해당한다 할 것이지만, (나) **범의를 가진 자에 대하여 단순히 범행의 기회를 제공하는 것에 불과한 경우에는 위법한 함정수사라고 단정할 수 없다.** [2] 경찰관이 취객을 상대로 한 이른바 **부축빼기 절도범을 단속**하기 위하여, 공원 인도에 쓰러져 있는 취객 근처에서 감시하고 있다가, 마침 피고인이 나타나 취객을 부축하여 10m 정도를 끌고 가 지갑을 뒤지자 현장에서 체포하여 기소한 경우, **위법한 함정수사에 기한 공소제기가 아니라고 한 사례.** ●**해설**● 대법원은 사안에서 경찰관들에 의한 위법한 함정수사에 기한 공소제기는 아니라고 보았지만 위 경찰관들의 잠복행위와 관련하여 **지극히 부적절한 행위**라 질타하였다. 노상에 정신을 잃고 쓰러져 있는 피해자를 발견하였으면 바로 보호조치(경찰관직무집행법 제4조)를 취했어야 함에도 오히려 **그러한 피해자의 상태를 이용**하여 범죄수사에 나아간 점을 지적하고, 나아가 「국가경찰은 국민의 생명·신체 및 재산의 보호와 범죄의 예방·진압을 가장 우선적인 사명으로 삼고 있는바(경찰법 제3조 참조), 범죄 수사의 필요성을 이유로 일반 국민인 피해자의 생명과 신체에 대한 위험을 의도적으로 방치하면서까지 수사에 나아가는 것은 허용될 수 없고, 또 수사에 국민의 협조가 필요한 경우라 할지라도 본인의 동의 없이 국민의 생명과 신체의 안전에 대한 위험을 무릅쓰고 이른바 **미끼로 이용**하여 범죄수사에 나아가는 것을 두고 적법한 경찰권의 행사라고 보기도 어려울 것이다. 이 사건에서도 피해자의 상태나 저항 유무에 따라서는 잠재적 범죄자가 단순한 절도 범행이 아닌 강도의 범행으로 급작스럽게 나아갈 개연성도 배제할 수 없고, 더구나 정신을 잃고 노상에 쓰러져 있는 시민을 발견하고도 적절한 조치를 강구하지 아니하고 **오히려 그러한 상태를 이용**하여 이 사건과 같이 잠재적 범죄행위에 대한 단속 및

수사에 나아가는 것은, 경찰의 직분을 도외시하여 범죄수사의 한계를 넘어선 것이라 하지 아니할 수 없다」고 하였다. 하지만 위와 같은 사유들은 「어디까지나 **피해자에 대한 관계에서 문제될 뿐**으로서, 위 경찰관들의 행위는 단지 피해자 근처에 숨어서 지켜보고 있었던 것에 불과하고, 피고인은 피해자를 발견하고 스스로 범의를 일으켜 이 사건 범행에 나아간 것이어서, 앞서 본 법리에 의할 때 **잘못된 수사방법에 관여한 경찰관에 대한 책임은 별론으로 하고,** 스스로 범행을 결심하고 실행행위에 나아간 피고인에 대한 이 사건 기소 자체가 위법하다고 볼 것은 아니라 할 것」이라고 판시하였다.

10 [대판 2006도2339] 파기환송. [함정수사에서 유인자와 수사기관의 **직접적 관련성**과 피유인자의 범의 유발에 개입한 정도에 따라 함정수사의 위법성을 판단하는 방법] [1] (가) **수사기관과 '직접 관련이 있는' 유인자**가 피유인자와의 개인적인 친밀관계를 이용하여 피유인자의 동정심이나 감정에 호소하거나, 금전적·심리적 압박이나 위협 등을 가하거나, 거절하기 힘든 유혹을 하거나, 또는 범행방법을 구체적으로 제시하고 범행에 사용할 금전까지 제공하는 등으로 과도하게 개입함으로써 피유인자로 하여금 범의를 일으키게 하는 것은 위법한 함정수사에 해당하여 허용되지 아니하지만, (나) 유인자가 **수사기관과 '직접적인 관련을 맺지 아니한' 상태**에서 피유인자를 상대로 단순히 수차례 반복적으로 범행을 부탁하였을 뿐 수사기관이 사술이나 계략 등을 사용하였다고 볼 수 없는 경우는, 설령 그로 인하여 피유인자의 범의가 유발되었다 하더라도 **위법한 함정수사에 해당하지 아니한다.** [2] 수사기관은 피고인이 갑의 부탁을 받고 범행을 승낙한 이후에야 비로소 을을 통하여 그 사실을 알게 되었다는 것이고, 갑이 피고인에게 필로폰을 구해달라는 부탁을 할 당시에는 아직 그 사실을 알지 못하였던 것으로 보이는바, 이러한 사정에 비추어 이 사건은 수사기관이 을 또는 갑으로 하여금 피고인을 유인하도록 한 것이라기보다는 을 또는 갑이 **포상금 획득 등 사적인 동기에 기하여** 수사기관과 관련 없이 독자적으로 피고인을 유인한 것이라고 보아야 할 것이다. 또한, 갑은 피고인에게 단순히 10여 차례에 걸쳐 "아는 여자가 필로폰을 구입하려고 하니 구해 달라"는 부탁을 하였을 뿐 그 과정에서 피고인과의 개인적인 친밀관계를 이용하여 피고인의 동정심이나 감정에 호소하거나, 금전적·심리적 압박이나 위협 등을 가하거나, 거절하기 힘든 유혹을 하거나, 또는 범행방법을 구체적으로 제시하고 범행에 사용될 금전을 제공하는 등의 방법을 사용하지 아니하였는바, 사정이 이러하다면 이 사건은 수사기관이 사술이나 계략 등을 사용한 경우에 해당한다고 볼 수도 없다. 따라서 설령 피고인이 갑의 부탁을 받고 비로소 범의가 유발된 것이라 하더라도, 이를 위법한 함정수사라고 보기는 어렵다. 그리고 이러한 판단은 을 또는 갑이 피고인을 유인한 목적이 수사기관으로부터 포상금을 지급받으려는 데에 있었다거나 피고인이 갑의 부탁을 받고 몇 차례 거절한 사실이 있었다고 하여 달라지는 것은 아니다.

11 [대판 87도915] 소위 함정수사라 함은 본래 범의를 가지지 아니한 자에 대하여 수사기관이 사술이나 계략 등을 써서 범죄를 유발케 하여 범죄인을 검거하는 수사방식을 말하는 것이므로 위 **물품반출업무담당자가 소속회사에 밀반출행위를 사전에 알리고 그 정확한 증거를 확보하기 위하여 피고인의 밀반출행위를 묵인하였다는 것은** 이른바 함정수사에 비유할 수는 없다.

## * 기타 함정수사의 주요 판례 *

12 [대판 2007도10804] [1] [함정수사의 위법성에 대한 판단 기준] (가) 본래 범의를 가지지 아니한 자에 대하여 수사기관이 사술이나 계략 등을 써서 범의를 유발케 하여 범죄인을 검거하는 함정수사는 위법하다

할 것인바, (나) 구체적인 사건에 있어서 위법한 함정수사에 해당하는지 여부는 해당 범죄의 종류와 성질, 유인자의 지위와 역할, 유인의 경위와 방법, 유인에 따른 피유인자의 반응, 피유인자의 처벌 전력 및 유인행위 자체의 위법성 등을 종합하여 판단하여야 하고, (다) 따라서 유인자가 수사기관과 **직접적인 관련을 맺지 아니한 상태**에서 피유인자를 상대로 단순히 수차례 반복적으로 범행을 교사하였을 뿐, 수사기관이 사술이나 계략 등을 사용하였다고 볼 수 없는 경우는, 설령 그로 인하여 피유인자의 범의가 유발되었다 하더라도 위법한 함정수사에 해당하지 아니한다. [2] [**함정에 빠뜨릴 의사로 공무원에게 금품을 공여**하여 공무원이 그 금품을 직무와 관련하여 수수한 경우 뇌물수수죄가 성립되는지 여부(적극)] 뇌물공여죄와 뇌물수수죄는 **필요적 공범관계**에 있다고 할 것이나, 필요적 공범이라는 것은 법률상 범죄의 실행이 다수인의 협력을 필요로 하는 것을 가리키는 것으로서 이러한 범죄의 성립에는 행위의 공동을 필요로 하는 것에 불과하고 반드시 협력자 전부가 책임이 있음을 필요로 하는 것은 아니므로, 오로지 공무원을 함정에 빠뜨릴 의사로 직무와 관련되었다는 형식을 빌려 그 공무원에게 금품을 공여한 경우에도 공무원이 그 금품을 직무와 관련하여 수수한다는 의사를 가지고 받아들이면 **뇌물수수죄가 성립**한다. [3] 피고인의 뇌물수수가 공여자들의 함정교사에 의한 것이기는 하나, 뇌물공여자들에게 피고인을 함정에 빠뜨릴 의사만 있었고 뇌물공여의 의사가 전혀 없었다고 보기 어려울 뿐 아니라, **뇌물공여자들의 함정교사라는 사정은 피고인의 책임을 면하게 하는 사유가 될 수 없다.**

## 형사소송법

[시행 2025. 1. 17.] [법률 제20460호, 2024. 10. 16., 일부개정]

### 제2편 제1심

### 제1장 수사

**제197조의3(시정조치요구 등)** ⑧ 사법경찰관은 **피의자를 신문하기 전**에 수사과정에서 법령위반, 인권침해 또는 현저한 수사권 남용이 있는 경우 검사에게 구제를 신청할 수 있음을 피의자에게 알려주어야 한다.

.

**제199조(수사와 필요한 조사)** ① 수사에 관하여는 그 목적을 달성하기 위하여 필요한 조사를 할 수 있다. 다만, 강제처분은 이 **법률에 특별한 규정**이 있는 경우에 한하며, 필요한 최소한도의 범위 안에서만 하여야 한다.

**제200조(피의자의 출석요구)** 검사 또는 사법경찰관은 수사에 필요한 때에는 피의자의 출석을 요구하여 진술을 들을 수 있다

.

### 【피의자신문】

**제241조(피의자신문)** 검사 또는 사법경찰관이 피의자를 신문함에는 먼저 그 성명, 연령, 등록기준지, 주거와 직업을 물어 피의자임에 틀림없음을 확인하여야 한다.

**제242조(피의자신문사항)** 검사 또는 사법경찰관은 피의자에 대하여 범죄사실과 정상에 관한 필요사항을 신문하여야 하며 그 이익되는 사실을 진술할 기회를 주어야 한다.

**제243조(피의자신문과 참여자)** 검사가 피의자를 신문함에는 검찰청수사관 또는 서기관이나 서기를 참여하게 하여야 하고 사법경찰관이 피의자를 신문함에는 **사법경찰관리를 참여**하게 하여야 한다.

**제243조의2(변호인의 참여 등)** ① 검사 또는 사법경찰관은 피의자 또는 그 변호인·법정대리인·배우자·직계친족·형제자매의 신청에 따라 변호인을 피의자와 접견하게 하거나 **정당한 사유가 없는 한** 피의자에 대한 신문에 **참여하게 하여야 한다.**

② 신문에 참여하고자 하는 변호인이 2인 이상인 때에는 **피의자가** 신문에 참여할 변호인 1인을 지정한다. 지정이 없는 경우에는 **검사 또는 사법경찰관이** 이를 **지정할 수 있다.**

③ 신문에 참여한 변호인은 **신문 후 의견을 진술**할 수 있다. 다만, 신문 중이라도 부당한 신문방법에 대하여 **이의**를 제기할 수 있고, 검사 또는 사법경찰관의 **승인을 얻어** 의견을 진술할 수 있다.

④ 제3항에 따른 변호인의 의견이 기재된 피의자신문조서는 변호인에게 열람하게 한 후 **변호인으로 하여금** 그 조서에 **기명날인 또는 서명**하게 하여야 한다.

⑤ 검사 또는 사법경찰관은 변호인의 신문**참여 및 그 제한**에 관한 사항을 피의자신문**조서에 기재**하여야 한다.

**제244조(피의자신문조서의 작성)** ① 피의자의 진술은 조서에 기재하여야 한다.

② 제1항의 조서는 피의자에게 **열람**하게 하거나 **읽어 들려주어야** 하며, 진술한 대로 기재되지 아니하였거나 사실과 다른 부분의 유무를 물어 피의자가 **증감** 또는 **변경**의 청구 등 이의를 제기하거나 의견을 진술한 때에는 이를 조서에 **추가로 기재**하여야 한다. 이 경우 피의자가 **이의를 제기**하였던 부분은 읽을 수 있도록 남겨두어야 한다.

③ 피의자가 조서에 대하여 이의나 의견이 없음을 진술한 때에는 피의자로 하여금 그 취지를 자필로 기재하게 하고 조서에 **간인한 후 기명날인 또는 서명**하게 한다.

**제244조의2(피의자진술의 영상녹화)** ① 피의자의 진술은 영상녹화할 수 있다. 이 경우 **미리** 영상녹화사실을 **알려주어야** 하며, 조사의 개시부터 종료까지의 **전 과정** 및 객관적 정황을 영상녹화하여야 한다.

② 제1항에 따른 영상녹화가 완료된 때에는 피의자 또는 변호인 앞에서 **지체 없이 그 원본을 봉인**하고 피의자로 하여금 기명날인 또는 서명하게 하여야 한다.

③ 제2항의 경우에 피의자 또는 변호인의 요구가 있는 때에는 영상녹화물을 **재생하여 시청**하게 하여야 한다. 이 경우 그 내용에 대하여 **이의를 진술**하는 때에는 그 취지를 기재한 **서면을 첨부**하여야 한다.

**제244조의3(진술거부권 등의 고지)** ① 검사 또는 사법경찰관은 피의자를 **신문하기 전**에 다음 각 호의 사항을 알려주어야 한다.

1. 일체의 진술을 하지 아니하거나 개개의 질문에 대하여 진술을 하지 아니할 수 있다는 것

2. 진술을 하지 아니하더라도 불이익을 받지 아니한다는 것

3. 진술을 거부할 권리를 포기하고 행한 진술은 법정에서 유죄의 증거로 사용될 수 있다는 것

4. 신문을 받을 때에는 변호인을 참여하게 하는 등 변호인의 조력을 받을 수 있다는 것

② 검사 또는 사법경찰관은 제1항에 따라 알려 준 때에는 피의자가 진술을 거부할 권리와 변호인의 조력을 받을 권리를 행사할 것인지의 여부를 질문하고, 이에 대한 피의자의 **답변을** 조서에 **기재**하여야 한다. 이 경우 피의자의 답변은 피의자로 하여금 **자필로 기재**하게 하거나 검사 또는 사법경찰관이 피의자의 답변을 기재한 부분에 **기명날인 또는 서명**하게 하여야 한다.

**제244조의4(수사과정의 기록)** ① 검사 또는 사법경찰관은 피의자가 조사장소에 도착한 시각, 조사를 시작하고 마친 시각, 그 밖에 조사과정의 진행경과를 확인하기 위하여 필요한 사항을 피의자신문조서에 **기록**하거나 별도의 서면에 기록한 후 수사기록에 **편철**하여야 한다.

② 제244조제2항 및 제3항은 제1항의 조서 또는 서면에 관하여 준용한다.

③ 제1항 및 제2항은 피의자가 아닌 자를 조사하는 경우에 준용한다.

**제244조의5(장애인 등 특별히 보호를 요하는 자에 대한 특칙)** 검사 또는 사법경찰관은 피의자를 신문하는 경우 다음 각 호의 어느 하나에 해당하는 때에는 **직권** 또는 피의자·법정대리인의 **신청**에 따라 피의자와 신뢰관계에 있는 자를 동석하게 **할 수 있다.**

1. 피의자가 **신체적** 또는 **정신적 장애**로 사물을 변별하거나 의사를 결정·전달할 능력이 미약한 때

2. 피의자의 **연령·성별·국적 등의 사정**을 고려하여 그 심리적 안정의 도모와 원활한 의사소통을 위하여 필요한 경우

**제245조(참고인과의 대질)** 검사 또는 사법경찰관이 사실을 발견함에 필요한 때에는 피의자와 다른 피의자 또는 피의자 아닌 자와 대질하게 할 수 있다.

**제245조의2(전문수사자문위원의 참여)** ① 검사는 공소제기 여부와 관련된 사실관계를 분명하게 하기 위하여 필요한 경우에는 직권이나 피의자 또는 변호인의 신청에 의하여 전문수사자문위원을 지정하여 수사절차에 참여하게 하고 **자문을 들을 수 있다.**

② 전문수사자문위원은 전문적인 지식에 의한 설명 또는 의견을 기재한 **서면을 제출**하거나 전문적인 지식에 의하여 설명이나 **의견을 진술**할 수 있다.

③ 검사는 제2항에 따라 전문수사자문위원이 제출한 서면이나 전문수사자문위원의 설명 또는 의견의 진술에 관하여 피의자 또는 변호인에게 구술 또는 서면에 의한 의견진술의 기회를 주어야 한다.

**제245조의3(전문수사자문위원 지정 등)** ① 제245조의2제1항에 따라 전문수사자문위원을 수사절차에 참여시키는 경우 검사는 **각 사건마다 1인 이상**의 전문수사자문위원을 지정한다.

② 검사는 상당하다고 인정하는 때에는 전문수사자문위원의 지정을 **취소할 수 있다.**

③ 피의자 또는 변호인은 검사의 전문수사자문위원 지정에 대하여 관할 **고등검찰청**검사장에게 이의를 제기할 수 있다.

④ 전문수사자문위원에게는 수당을 지급하고, 필요한 경우에는 그 밖의 여비, 일당 및 숙박료를 지급할 수 있다.

⑤ 전문수사자문위원의 지정 및 지정취소, 이의제기 절차 및 방법, 수당지급, 그 밖에 필요한 사항은 법무부령으로 정한다.

**제245조의4(준용규정)** 제279조의7 및 제279조의8은 검사의 전문수사자문위원에게 준용한다.

### 【신뢰관계자의 동석】

**제163조의2(신뢰관계에 있는 자의 동석)** ① 법원은 범죄로 인한 피해자를 증인으로 신문하는 경우 증인의 연령, 심신의 상태, 그 밖의 사정을 고려하여 증인이 현저하게 불안 또는 긴장을 느낄 우려가 있다고 인정하는 때에는 직권 또는 피해자·법정대리인·검사의 신청에 따라 피해자와 신뢰관계에 있는 자를 동석하게 할 수 있다.

② 법원은 범죄로 인한 피해자가 13세 미만이거나 신체적 또는 정신적 장애로 사물을 변별하거나 의사를 결정할 능력이 미약한 경우에 재판에 지장을 초래할 우려가 있는 등 부득이한 경우가 아닌 한 피해자와 신뢰관계에 있는 자를 동석하게 하여야 한다.

③ 제1항 또는 제2항에 따라 동석한 자는 법원·소송관계인의 신문 또는 증인의 진술을 방해하거나 그 진술의 내용에 부당한 영향을 미칠 수 있는 행위를 하여서는 아니 된다.

### 【참고인조사 및 감정·통역·번역의 위촉】

**제221조(제3자의 출석요구 등)** ① 검사 또는 사법경찰관은 수사에 필요한 때에는 피의자가 아닌 자의 출석을 요구하여 진술을 들을 수 있다. 이 경우 그의 **동의를 받아 영상녹화할 수 있다.**

② 검사 또는 사법경찰관은 수사에 필요한 때에는 **감정·통역 또는 번역**을 위촉할 수 있다.

③ **제163조의2 제1항부터 제3항까지**는 검사 또는 사법경찰관이 범죄로 인한 피해자를 조사하는 경우에 **준용한다.**

### 【공무소등에 대한 조회】

**제199조(수사와 필요한 조사)** ② 수사에 관하여는 공무소 기타 공사단체에 **조회**하여 필요한 사항의 보고를 요구할 수 있다.

# 형사소송규칙

[시행 2022. 1. 1.] [대법원규칙 제3016호, 2021. 12. 31., 일부개정]

## 제1편 총칙
## 제2편 제1심
## 제3장 공판

**제134조의2(영상녹화물의 조사 신청)** ① 검사는 **피고인이 아닌 피의자의 진술**을 영상녹화한 사건에서 피고인이 아닌 피의자가 그 조서에 기재된 내용이 자신이 진술한 내용과 동일하게 기재되어 있음을 인정하지 아니하는 경우 그 부분의 **성립의 진정을 증명**하기 위하여 영상녹화물의 조사를 신청할 수 있다.

② 삭제

③ 제1항의 영상녹화물은 조사가 개시된 시점부터 조사가 종료되어 피의자가 조서에 기명날인 또는 서명을 마치는 시점까지 전과정이 영상녹화된 것으로, 다음 각 호의 내용을 포함하는 것이어야 한다.

1. 피의자의 신문이 영상녹화되고 있다는 취지의 고지

2. 영상녹화를 시작하고 마친 시각 및 장소의 고지

3. 신문하는 검사와 참여한 자의 성명과 직급의 고지

4. 진술거부권·변호인의 참여를 요청할 수 있다는 점 등의 고지

5. 조사를 중단·재개하는 경우 중단 이유와 중단 시각, 중단 후 재개하는 시각

6. 조사를 종료하는 시각

④ 제1항의 영상녹화물은 조사가 행해지는 동안 조사실 전체를 확인할 수 있도록 녹화된 것으로 진술자의 얼굴을 식별할 수 있는 것이어야 한다.

⑤ 제1항의 영상녹화물의 재생 화면에는 녹화 당시의 날짜와 시간이 실시간으로 표시되어야 한다.

⑥ 삭제

**제134조의3(제3자의 진술과 영상녹화물)** ① 검사는 **피의자가 아닌 자가** 공판준비 또는 공판기일에서 조서가 자신이 검사 또는 사법경찰관 앞에서 진술한 내용과 동일하게 기재되어 있음을 인정하지 아니하는 경우 그 부분의 **성립의 진정을 증명**하기 위하여 영상녹화물의 조사를 신청할 수 있다.

② 검사는 제1항에 따라 영상녹화물의 조사를 신청하는 때에는 피의자가 아닌 자가 영상녹화에 동의하였다는 취지로 기재하고 기명날인 또는 서명한 서면을 첨부하여야 한다.

③ 제134조의2제3항제1호부터 제3호, 제5호, 제6호, 제4항, 제5항은 검사가 피의자가 아닌 자에 대한 영상녹화물의 조사를 신청하는 경우에 준용한다.

**제134조의4(영상녹화물의 조사)** ① 법원은 검사가 영상녹화물의 조사를 신청한 경우 이에 관한 결정을 함에 있어 **원진술자와 함께** 피고인 또는 변호인으로 하여금 그 영상녹화물이 적법한 절차와 방식에 따라 작성되어 봉인된 것인지 여부에 관한 의견을 진술하게 하여야 한다.

② 삭제

③ 법원은 공판준비 또는 공판기일에서 봉인을 해체하고 영상녹화물의 전부 또는 일부를 재생하는 방법으로 조사하여야 한다. 이 때 영상녹화물은 그 재생과 조사에 필요한 전자적 설비를 갖춘 법정 외의 장소에서 이를 재생할 수 있다.

④ 재판장은 조사를 마친 후 지체 없이 법원사무관 등으로 하여금 다시 원본을 봉인하도록 하고, 원진술자와 함께 피고인 또는 변호인에게 기명날인 또는 서명하도록 하여 검사에게 반환한다. 다만, 피고인의 출석 없이 개정하는 사건에서 변호인이 없는 때에는 피고인 또는 변호인의 기명날인 또는 서명을 요하지 아니한다.

**제134조의5(기억 환기를 위한 영상녹화물의 조사)** ① 법 제318조의2제2항에 따른 영상녹화물의 재생은 **검사의 신청이 있는 경우에 한하고**, 기억의 환기가 필요한 **피고인 또는 피고인 아닌 자에게만** 이를 재생하여 시청하게 하여야 한다.

② 제134조의2제3항부터 제5항까지와 제134조의4는 검사가 법 제318조의2제2항에 의하여 영상녹화물의 재생을 신청하는 경우에 준용한다.

# 검사와 사법경찰관의 상호협력과 일반적 수사준칙에 관한 규정

[시행 2023. 11. 1.] [대통령령 제33808호, 2023. 10. 17., 일부개정]

## 제3장 수사
### 제1절 통칙

**제10조(임의수사 우선의 원칙과 강제수사 시 유의사항)** ① 검사와 사법경찰관은 수사를 할 때 수사 대상자의 자유로운 의사에 따른 **임의수사를 원칙**으로 해야 하고, 강제수사는 법률에서 정한 바에 따라 필요한 경우에만 최소한의 범위에서 하되, 수사 대상자의 권익 침해의 정도가 더 적은 절차와 방법을 선택해야 한다.

② 검사와 사법경찰관은 피의자를 체포·구속하는 과정에서 피의자 및 현장에 있는 가족 등 지인들의 **인격과 명예**를 침해하지 않도록 유의해야 한다.

③ 검사와 사법경찰관은 압수·수색 과정에서 사생활의 비밀, 주거의 평온을 최대한 보장하고, 피의자 및 현장에 있는 가족 등 지인들의 인격과 명예를 침해하지 않도록 유의해야 한다.

**제11조(회피)** 검사 또는 **사법경찰관리**는 피의자나 사건관계인과 친족관계 또는 이에 준하는 관계가 있거나 그 밖에 수사의 공정성을 의심 받을 염려가 있는 사건에 대해서는 **소속 기관의 장의 허가를 받아** 그 수사를 **회피해야 한다.**

**제12조(수사 진행상황의 통지)** ① 검사 또는 사법경찰관은 수사에 대한 진행상황을 사건관계인에게 적절히 통지하도록 노력해야 한다.

② 제1항에 따른 통지의 구체적인 방법·절차 등은 법무부장관, 경찰청장 또는 해양경찰청장이 정한다.

**제13조(변호인의 피의자신문 참여·조력)** ① 검사 또는 사법경찰관은 피의자신문에 참여한 변호인이 피의자의 옆자리 등 실질적인 조력을 할 수 있는 위치에 앉도록 해야 하고, 정당한 사유가 없으면 피의자에 대한 법적인 조언·상담을 보장해야 하며, 법적인 조언·상담을 위한 변호인의 **메모를 허용**해야 한다.

② 검사 또는 사법경찰관은 피의자에 대한 신문이 아닌 단순 면담 등이라는 이유로 변호인의 참여·조력을 제한해서는 안 된다.

③ 제1항 및 제2항은 검사 또는 사법경찰관의 사건관계인에 대한 조사·면담 등의 경우에도 적용한다.

**제14조(변호인의 의견진술)** ① 피의자신문에 참여한 변호인은 검사 또는 사법경찰관의 **신문 후 조서를 열람하고 의견을 진술**할 수 있다. 이 경우 변호인은 별도의 **서면으로 의견**을 제출할 수 있으며, 검사 또는 사법경찰관은 해당 서면을 **사건기록에 편철**한다.

② 피의자신문에 참여한 변호인은 신문 중이라도 검사 또는 사법경찰관의 **승인을 받아 의견**을 진술할 수 있다. 이 경우 검사 또는 사법경찰관은 정당한 사유가 있는 경우를 제외하고는 변호인의 의견진술 요청을 **승인해야 한다.**

③ 피의자신문에 참여한 변호인은 제2항에도 불구하고 **부당한 신문방법**에 대해서는 검사 또는 사법경찰관의 **승인 없이 이의를 제기**할 수 있다.

④ 검사 또는 사법경찰관은 제1항부터 제3항까지의 규정에 따른 의견진술 또는 이의제기가 있는 경우 해당 내용을 조서에 적어야 한다.

**제15조(피해자 보호)** ① 검사 또는 사법경찰관은 피해자의 명예와 사생활의 평온을 보호하기 위해 「범죄피해자 보호법」 등 피해자 보호 관련 법령의 규정을 준수해야 한다.

② 검사 또는 사법경찰관은 피의자의 범죄수법, 범행 동기, 피해자와의 관계, 언동 및 그 밖의 상황으로 보아 피해자가 피의자 또는 그 밖의 사람으로부터 생명·신체에 위해를 입거나 입을 염려가 있다고 인정되는 경우에는 직권 또는 피해자의 신청에 따라 신변보호에 필요한 조치를 강구해야 한다.

### 제3절 임의수사

**제19조(출석요구)** ① 검사 또는 사법경찰관은 피의자에게 출석요구를 할 때에는 다음 각 호의 사항을 유의해야 한다.

1. 출석요구를 하기 전에 우편·전자우편·전화를 통한 진술 등 **출석을 대체**할 수 있는 방법의 선택 가능성을 고려할 것

2. 출석요구의 방법, 출석의 일시·장소 등을 정할 때에는 피의자의 **명예 또는 사생활의 비밀**이 침해되지 않도록 주의할 것

3. 출석요구를 할 때에는 피의자의 **생업에 지장을 주지 않도록** 충분한 시간적 여유를 두도록 하고, 피의자가 출석 일시의 **연기를 요청**하는 경우 특별한 사정이 없으면 출석 일시를 조정할 것

4. 불필요하게 여러 차례 출석요구를 하지 않을 것

② 검사 또는 사법경찰관은 피의자에게 출석요구를 하려는 경우 피의자와 조사의 **일시·장소에 관하여 협의해야** 한다. 이 경우 변호인이 있는 경우에는 **변호인과도 협의해야 한다.**

③ 검사 또는 사법경찰관은 피의자에게 출석요구를 하려는 경우 피의사실의 요지 등 출석요구의 취지를 구체적으로 적은 **출석요구서를 발송**해야 한다. 다만, 신속한 출석요구가 필요한 경우 등 부득이한 사정이 있는 경우에는 전화, 문자메시지, 그 밖의 **'상당한 방법'**으로 출석요구를 할 수 있다.

④ 검사 또는 사법경찰관은 제3항 본문에 따른 방법으로 출석요구를 했을 때에는 출석요구서의 사본을, 같은 항 단서에 따른 방법으로 출석요구를 했을 때에는 그 취지를 적은 수사보고서를 각각 사건기록에 편철한다.

⑤ 검사 또는 사법경찰관은 피의자가 치료 등 수사관서에 출석하여 조사를 받는 것이 현저히 곤란한 사정이 있는 경우에는 **수사관서 외의 장소**에서 조사할 수 있다.

⑥ 제1항부터 제5항까지의 규정은 **피의자 외의 사람**에 대한 출석요구의 경우에도 적용한다.

**제20조(수사상 임의동행 시의 고지)** 검사 또는 사법경찰관은 임의동행을 요구하는 경우 상대방에게 동행을 거부할 수 있다는 것과 동행하는 경우에도 언제든지 자유롭게 동행 과정에서 **이탈**하거나 동행 장소에서 **퇴거**할 수 있다는 것을 **알려야 한다**.

**제21조(심야조사 제한)** ① 검사 또는 사법경찰관은 조사, 신문, 면담 등 그 명칭을 불문하고 피의자나 사건관계인에 대해 **오후 9시부터 오전 6시까지** 사이에 조사(이하 "심야조사"라 한다)를 해서는 안 된다. 다만, 이미 작성된 조서의 **열람**을 위한 절차는 **자정 이전까지** 진행할 수 있다.

② 제1항에도 불구하고 다음 각 호의 어느 하나에 해당하는 경우에는 심야조사를 할 수 있다. 이 경우 심야조사의 사유를 조서에 명확하게 적어야 한다.

1. 피의자를 체포한 후 48시간 이내에 구속영장의 청구 또는 신청 여부를 판단하기 위해 불가피한 경우

2. **공소시효**가 임박한 경우

3. 피의자나 사건관계인이 출국, 입원, 원거리 거주, 직업상 사유 등 **재출석이 곤란**한 구체적인 사유를 들어 심야조사를 요청한 경우(변호인이 심야조사에 동의하지 않는다는 의사를 명시한 경우는 제외한다)로서 해당 요청에 상당한 이유가 있다고 인정되는 경우

4. 그 밖에 사건의 성질 등을 고려할 때 심야조사가 **불가피하다고 판단**되는 경우 등 법무부장관, 경찰청장 또는 해양경찰청장이 정하는 경우로서 검사 또는 사법경찰관의 소속 기관의 장이 지정하는 **인권보호 책임자의 허가** 등을 받은 경우

**제22조(장시간 조사 제한)** ① 검사 또는 사법경찰관은 조사, 신문, 면담 등 그 명칭을 불문하고 피의자나 사건관계인을 조사하는 경우에는 대기시간, 휴식시간, 식사시간 등 모든 시간을 합산한 조사시간(이하 "**총조사시간**"이라 한다)이 **12시간을 초과하지 않도록 해야 한다**. 다만, 다음 각 호의 어느 하나에 해당하는 경우에는 예외로 한다.

1. 피의자나 사건관계인의 **서면 요청**에 따라 **조서를 열람**하는 경우

2. 제21조제2항 각 호의 어느 하나에 해당하는 경우

② 검사 또는 사법경찰관은 특별한 사정이 없으면 총조사

시간 중 식사시간, 휴식시간 및 조서의 열람시간 등을 제외한 **실제 조사시간이 8시간을 초과하지 않도록** 해야 한다.

③ 검사 또는 사법경찰관은 피의자나 사건관계인에 대한 조사를 **마친 때부터 8시간이 지나기 전에는 다시 조사할 수 없다**. 다만, 제1항제2호에 해당하는 경우에는 예외로 한다.

**제23조(휴식시간 부여)** ① 검사 또는 사법경찰관은 조사에 상당한 시간이 소요되는 경우에는 특별한 사정이 없으면 피의자 또는 사건관계인에게 조사 도중에 **최소한 2시간마다 10분 이상의 휴식시간**을 주어야 한다.

② 검사 또는 사법경찰관은 조사 도중 피의자, 사건관계인 또는 그 변호인으로부터 휴식시간의 부여를 **요청받았을 때**에는 그때까지 조사에 소요된 시간, 피의자 또는 사건관계인의 건강상태 등을 고려해 적정하다고 판단될 경우 **휴식시간**을 주어야 한다.

③ 검사 또는 사법경찰관은 조사 중인 피의자 또는 사건관계인의 건강상태에 이상 징후가 발견되면 의사의 진료를 받게 하거나 휴식하게 하는 등 필요한 조치를 해야 한다.

**제24조(신뢰관계인의 동석)** ① 법 제244조의5에 따라 피의자와 동석할 수 있는 신뢰관계에 있는 사람과 법 제221조제3항에서 준용하는 법 제163조의2에 따라 피해자와 동석할 수 있는 **신뢰관계에 있는 사람**은 **피의자 또는 피해자의 직계친족, 형제자매, 배우자, 가족, 동거인, 보호·교육시설의 보호·교육담당자** 등 피의자 또는 피해자의 심리적 안정과 원활한 의사소통에 도움을 줄 수 있는 사람으로 한다.

② 피의자, 피해자 또는 그 법정대리인이 제1항에 따른 신뢰관계에 있는 사람의 동석을 신청한 경우 검사 또는 사법경찰관은 그 관계를 적은 동석신청서를 제출받거나 조서 또는 수사보고서에 그 관계를 적어야 한다.

**제25조(자료·의견의 제출기회 보장)** ① 검사 또는 사법경찰관은 조사과정에서 피의자, 사건관계인 또는 그 변호인이 사실관계 등의 확인을 위해 자료를 제출하는 경우 그 자료를 수사기록에 편철한다.

② 검사 또는 사법경찰관은 조사를 종결하기 전에 피의자, 사건관계인 또는 그 변호인에게 자료 또는 의견을 제출할 의사가 있는지를 확인하고, 자료 또는 의견을 제출받은 경우에는 해당 자료 및 의견을 수사기록에 편철한다.

**제26조(수사과정의 기록)** ① 검사 또는 사법경찰관은 법 제244조의4에 따라 조사(신문, 면담 등 명칭을 불문한다. 이하 이 조에서 같다) 과정의 진행경과를 다음 각 호의 구분에 따른 방법으로 기록해야 한다.

1. 조서를 작성하는 경우: 조서에 기록(별도의 서면에 기록한 후 조서의 끝부분에 편철하는 것을 포함한다)

2. 조서를 작성하지 않는 경우: 별도의 서면에 기록한 후 수
   사기록에 편철

② 제1항에 따라 조사과정의 진행경과를 기록할 때에는
다음 각 호의 구분에 따른 사항을 **구체적으로 적어야 한다.**

1. 조서를 작성하는 경우에는 다음 각 목의 사항

   가. 조사 대상자가 조사장소에 **도착**한 시각

   나. 조사의 **시작 및 종료** 시각

   다. 조사 대상자가 조사장소에 도착한 시각과 조사를
      시작한 시각에 상당한 시간적 차이가 있는 경우에
      는 그 이유

   라. 조사가 중단되었다가 재개된 경우에는 그 이유와
      중단 시각 및 재개 시각

2. 조서를 작성하지 않는 경우에는 다음 각 목의 사항

   가. 조사 대상자가 조사장소에 도착한 시각

   나. 조사 대상자가 조사장소를 떠난 시각

   다. 조서를 작성하지 않는 이유

   라. 조사 외에 실시한 활동

   마. 변호인 참여 여부

# 9 임의수사와 강제수사의 한계 영역 – 임의동행 –

* 대법원 2011. 6. 30. 선고 2009도6717 판결
* 참조조문: 형사소송법 제199조 제1항,[1] 경찰관 직무집행법 제3조 제2항[2]

## '임의동행'의 적법성을 인정하기 위한 요건

●**사실**● 경찰관 4명은 ○○유흥주점에서 성매매가 이루어진다는 제보를 받고 2008.1.30. 21:30경부터 유흥주점 앞에서 잠복근무를 하다가 같은 날 22:24경 위 유흥주점에서 X와 유흥주점 종업원인 Y가 나와 인근의 여관으로 들어가는 것을 확인하고, 여관 업주의 협조를 얻어 같은 날 22:54경 X와 Y가 투숙한 여관 방문을 열고 들어갔다. 당시 두 사람은 침대에 옷을 벗은 채로 약간 떨어져 누워 있었는데 경찰관들이 이 두 사람에게 "성매매로 현행범 체포한다"고 고지하였으나 이들은 성행위를 하고 있는 상태도 아니었고, 방 내부 및 화장실 등에서 성관계를 가졌음을 증명할 수 있는 화장지나 콘돔 등도 발견되지 아니하였다. 그런 상황에서 경찰관들은 이 두 사람을 성매매로 현행범 체포를 하지는 못하고 **수사관서로 동행해 줄 것을 요구**하면서 그 중 경찰관 한명은 두 사람에게 **"동행을 거부할 수도 있으나 거부하더라도 강제로 연행할 수 있다."**고 말하였다. 이후 수사관서로 동행과정에서 Y가 화장실에 가자 여자 경찰관이 Y를 따라가 감시하기도 하였다. X와 Y는 경찰관들과 괴산경찰서 증평지구대에 도착하여 같은 날 23:40경 각각 자술서를 작성하였고, 곧 이어 사법경찰리가 2008.1.31. 00:00경부터 01:50경까지 사이에 X와 Y 대하여 각각 제1회 진술조서를 작성하였다.

제1심과 원심은 경찰관들이 X와 Y를 수사관서까지 동행한 것은 적법요건이 갖추어지지 아니한 채 사법경찰관의 동행 요구를 거절할 수 없는 **심리적 압박** 아래 행하여진 **사실상의 강제연행**에 해당한다고 보아 적법하지 아니한 임의동행을 통하여 수집한 위 증거들은 **위법수집증거**로서 증거능력이 없다고 판시하였다. 이에 검사가 상고하였다.

●**판지**● **상고기각.** 「[1] 형사소송법 제199조 제1항은 **임의수사 원칙**을 명시하고 있는데, 수사관이 수사과정에서 동의를 받는 형식으로 피의자를 수사관서 등에 동행하는 것은, 피의자의 신체의 자유가 제한되어 실질적으로 체포와 유사한데도 이를 억제할 방법이 없어서 이를 통해서는 제도적으로는 물론 현실적으로도 임의성을 보장할 수 없을 뿐만 아니라, 아직 정식 체포·구속단계 이전이라는 이유로 헌법 및 형사소송법이 체포·구속된 피의자에게 부여하는 각종 권리보장 장치가 제공되지 않는 등 **형사소송법의 원리에 반하는 결과를 초래할 가능성**이 크므로, (가) 수사관이 동행에 앞서 피의자에게 **동행을 거부할 수 있음**을 알려 주었거나 (나) 동행한 피의자가 언제든지 자유로이 **동행과정에서 이탈 또는 동행장소에서 퇴거**할 수 있었음이 인정되는 등 (다) **오로지 피의자의 자발적인 의사**에 의하여 수사관서 등에 동행이 이루어졌다는 것이 (라) **객관적인 사정**에 의하여 **명백하게 입증**된 경우에 한하여, 동행의 **적법성이 인정**된다고 보는 것이 타당하다.

---

[1] 형사소송법 제199조(**수사와 필요한 조사**) ① 수사에 관하여는 그 목적을 달성하기 위하여 필요한 조사를 할 수 있다. **다만, 강제처분**은 이 법률에 특별한 규정이 있는 경우에 한하며, **필요한 최소한도**의 범위 안에서만 하여야 한다.

[2] 경찰관직무집행법 제3조 ② 경찰관은 제1항에 따라 같은 항 각 호의 사람을 정지시킨 장소에서 질문을 하는 것이 그 사람에게 불리하거나 교통에 방해가 된다고 인정될 때에는 질문을 하기 위하여 가까운 경찰서·지구대·파출소 또는 출장소로 **동행할 것을 요구**할 수 있다. 이 경우 동행을 요구받은 사람은 **그 요구를 거절**할 수 있다

[2] 유흥주점 업주와 종업원인 피고인들이 영업장을 벗어나 시간적 소요의 대가로 금품을 받아서는 아니되는데도, 이른바 '티켓영업' 형태로 성매매를 하면서 금품을 수수하였다고 하여 구 식품위생법 (2007.12.21. 법률 제8779호로 개정되기 전의 것) 위반으로 기소된 사안에서, 경찰이 피고인 아닌 甲, 乙을 **사실상 강제연행하여 불법체포한 상태**에서 甲, 乙 간의 성매매행위나 피고인들의 유흥업소 영업행위를 처벌하기 위하여 甲, 乙에게서 자술서를 받고 甲, 乙에 대한 진술조서를 작성한 경우, 위 각 자술서와 진술조서는 헌법과 형사소송법이 규정한 체포·구속에 관한 **영장주의 원칙에 위배**하여 수집된 것으로서 수사기관이 피고인 아닌 자를 상대로 적법한 절차에 따르지 아니하고 수집한 증거에 해당하여 형사소송법 제308조의2[3]에 따라 증거능력이 부정된다는 이유로, 이를 피고인들에 대한 **유죄 인정의 증거로 삼을 수 없다**」.

●**해설**● 1 **임의동행의 의의 및 적법성**　　　　임의동행이란 수사기관이 피의자의 동의를 얻어 피의자를 수사기관까지 동행하는 것을 말한다(수사절차상 수사기관이 범죄 장소 등에서 피의자나 범죄용의자를 수사관서에 동행하는 방법으로는 '체포'와 '임의동행'이 있다). 임의동행에는 ① 수사의 단서인「경찰관 직무집행법」제3조 제2항에 따른 **직무질문을 위한 임의동행**과 ② 형사소송법 제199조 제1항에 의한 **임의수사로서의 임의동행**이 있다. 양자는 성질과 목적을 달리하므로 구별하여야 한다. 전자는 '행정경찰 목적의 경찰활동'으로 행하여지는 것임에 반해 후자는 '수사의 수단'으로서 행하여진다.[4] 특히 임의수사로서 임의동행의 경우는 엄격한 요건 하에서만 가능하다(수사상 임의동행에 대한 법적 규정이 없고 임의수사라는 명분으로 수사실무에서는 언제든지 임의동행을 통하여 피의자를 수사관서로 동행하려는 심리가 강해질 수 있기 때문이다). 즉 대상판결에서와 같이「(가) 수사관이 동행에 앞서 피의자에게 **동행을 거부할 수 있음**을 알려 주었거나 (나) 동행한 피의자가 언제든지 자유로이 **동행과정에서 이탈 또는 동행장소에서 퇴거**할 수 있었음이 인정되는 등 (다) **오로지 피의자의 '자발'적인 의사**에 의하여 수사관서 등에 동행이 이루어졌다는 것이 (라) **객관적인 사정에 의하여 명백하게 입증**된 경우에 한하여, 동행의 **적법성이 인정**된다」(대상판결의 위 내용은「수사준칙」제20조로 명문화 되었다).

| | 수사의 수단으로서 임의동행 | 직무질문을 위한 임의동행 |
|---|---|---|
| **법적 근거** | 형사소송법(199①) 해석상)<br>수사준칙 제20조 | 경찰관 직무집행법 제3조 |
| **성질** | 피의자신문을 위한 보조수단 | 범죄예방과 진압을 위한 행정경찰처분 |
| **대상자** | 피의자나 참고인 등 | 거동불심자 |

2 **임의동행의 적법요건**　　　　수사상 임의동행은 명시적인 법적 근거가 없어 법적 성격과 적법성이 문제된다. 이 경우 임의동행은 '동의'라는 형식을 취하지만 상대가 국가의 수사기관이라는 심리적 위축으로 인해 임의동행의 요청에 대해 **사실상 거절이 곤란**한 점이 있다(임의동행은 피의자의 동의라는 외형에도 불구하고 내심은 불이익을 두려워하여 내키지 않으면서도 동행을 하는 경우 **사실상 불법체포**로서 피의자의 권

---

3) 형사소송법 제308조의2(**위법수집증거의 배제**) 적법한 절차에 따르지 아니하고 수집한 증거는 증거로 할 수 없다.
4) 양자는 개념적으로는 구분되나 실무상으로는 혼선이 빚어진다. 이를 잘 보여주는 판결이 2020도398(Ref 1−4)이다. 항소심은 대상판결을 경직법상 임의동행임을 전제로 판단하였으나 대법원은 형사소송법에 근거한 임의수사로서의 임의동행으로 보았다.

리를 침해할 가능성이 크다). 더욱이 아직 정식의 체포·구속단계 이전이라는 이유로 헌법 및 형사소송법이 체포·구속된 피의자에게 부여하는 각종의 권리보장 장치가 제공되지 않는 등 형사소송법의 원리에 반하는 결과를 초래할 가능성이 크다(대판 2005도6810, Ref 1-4). 때문에 실무에서 임의동행의 적법요건과 절차를 준수하는 것은 피의자의 인권을 보장하고 수사기관의 신뢰를 확보하기 위한 전제조건이다. 이에 대통령령인 「**수사준칙**」 **제20조**는 수사상 '임의동행 시의 고지'에 대한 규정을 두고 있다.[5]

**3 대상판결의 의미(위법한 임의동행의 효과)**　　　　대상판결에서 법원은 비록 사법경찰관이 X와 Y를 동행할 당시에 물리력을 행사한 바가 없고, 이들 또한 명시적으로 거부의사를 표명한 적이 없다고 하더라도, 사법경찰관이 이들을 수사관서까지 동행한 것은 적법요건이 갖추어지지 아니한 채 사법경찰관의 동행 요구를 거절할 수 없는 '**심리적 압박**' 아래 행하여진 '**사실상**'의 **강제연행**, 즉 불법체포에 해당한다고 판단하였다. 따라서 이와 같은 불법체포에 의한 유치 중에 X와 Y가 작성한 각 자술서와 사법경찰리가 작성한 X·Y에 대한 각 제1회 진술조서는 영장주의 원칙에 위배하여 수집된 증거로서 형사소송법 제308조의2(위법수집증거배제법칙)에 의하여 그 증거능력이 부정되므로 피고인들에 대한 유죄 인정의 증거로 삼을 수 없다고 본 것이다. 이와 같이, 임의동행에 중대한 위법이 있는 경우, 증거의 경우에는 위법수집증거배제법칙에 의하여, 자백의 경우에는 자백배제법칙에 의하여 증거능력이 부정된다. 이 경우 당사자의 동의가 있어도 증거능력이 인정되지 않는다.

**4 임의수사와 강제수사**　　　　수사의 방법에는 '임의수사'와 '강제수사'가 있다. (1) 수사는 원칙적으로 임의수사에 의하고 강제수사는 법률에 규정되어 있는 경우에 한하여 예외적으로 허용된다(**임의수사의 원칙**)(**강제수사법정주의**)(법199①). 즉 임의수사란 상대방의 동의나 승낙을 얻거나 기타 합목적성의 차원에서 법률의 근거 없이도 가능한 수사방법을 말한다. 하지만 임의수사라 하더라도 헌법상 적정절차원칙의 적용을 받으며, 피의자에 대한 수사는 '불구속 수사'가 원칙이고(법198①), 필요한 한도 내에서만 허용된다(**수사비례의 원칙**). 한편 (2) 강제수사를 포함한 강제처분은 법률에 특별한 규정이 없으면 하지 못한다. 이와 같은 **강제처분법정주의**는 강제처분의 종류와 요건 및 절차를 법률로써 규정할 것을 요구하는 원칙이다. 형사절차상 체포·구속·압수·수색 등의 강제처분을 함에 있어서는 법원 또는 법관이 발부한 적법한 영장에 의하여야 한다(**영장주의**). 영장주의는 강제처분의 남용을 억제하고 시민의 자유와 재산을 보장하기 위한 **사법적 통제수단**이다. 특히 '수사비례의 원칙'은 강제수사를 규제하는 원칙으로서 중요한 의미를 가진다. 또한 강제수사의 경우, 그 성격상 '위법수집증거배제법칙'이 강조된다.

| 임의수사 | 강제수사 |
|---|---|
| - 피의자신문 | - 체포·구속 |

---

[5] 수사준칙은 형사소송법상 임의동행의 사전절차를, 경찰수사규칙은 그 사후절차를 각각 규정해 두고 있다. 「**수사준칙**」 **제20조(수사상 임의동행 시의 고지)** 검사 또는 사법경찰관은 임의동행을 요구하는 경우 상대방에게 동행을 **거부**할 수 있다는 것과 동행하는 경우에도 언제든지 자유롭게 동행 과정에서 **이탈**하거나 동행 장소에서 **퇴거**할 수 있다는 것을 알려야 한다. 나아가 「경찰수사규칙」은 사법경찰관리는 임의동행 후 대상자로부터 임의동행 동의서를 작성 받아 근거를 남겨두도록 하고 있다. 「**경찰수사규칙**」 **제35조(수사상 임의동행)** 사법경찰관리는 수사준칙 제20조에 따른 임의동행 고지를 하고 임의동행한 경우에는 별지 제23호서식의 임의동행 동의서를 작성하여 사건기록에 편철하거나 별도로 보관해야 한다.

| | |
|---|---|
| - 참고인조사<br>- 감정 · 통역 · 번역의 위촉<br>- 공무소 등의 사실 조회 | - 압수 · 수색 · 검증<br>- 통신제한조치<br>- 사진촬영 |

**5 임의수사와 강제수사의 한계 영역**　　　임의수사와 강제수사의 **한계 영역**에서 언급되는 것으로는 보호실유치, 승낙수색과 승낙검증, 거짓말탐지기에 의한 수사, 마취분석, 사진촬영 등이 있다. 먼저 (1) **보호실유치**는 영장대기자나 즉결심판 대기자 등의 도주방지와 경찰업무의 편의를 위하여 경찰서의 보호실에 유치하는 것을 말한다. 보호실 유치에는 승낙유치와 강제유치가 있는데 '어떤 경우'에도 허용되지 않는다. 판례도 이를 위법하게 본다(대판 93도958, Ref 2-2). (2) 승낙유치와 달리 동의에 의한 **승낙수색 · 승낙검증**은 승낙의 임의성이 인정되는 임의수사로 허용된다(대판 2008도7471, Ref 2-3). (3) **거짓말탐지기**에 의한 수사는 피검사자의 **동의**가 있는 경우에 한하여 임의수사로서 허용된다. 이 경우 그 검사결과는 피검사자가 동의한 때 또는 엄격한 요건을 갖춘 때에만 **증거능력이 인정**되며(대판 2005도130, Ref 2-4), 이 경우에도 유죄의 본증으로는 삼을 수 없고, 진술의 신빙성을 가늠하는 **정황증거**에 그친다(대판 83도3146, Ref 2-5). (4) **마취분석**에 의한 수사는 인간의 존엄에 반하는 것으로 동의 여부를 불문하고 허용되지 않는다. (5) **사진촬영**은 초상권을 침해한다는 점에서 '강제수사'라는 견해가 지배적이다. 따라서 원칙적으로 영장으로 요한다. 하지만 판례는 '엄격한 요건' 하에서 '영장 없는' 사진촬영을 예외적으로 허용하고 있으며(긴급사진촬영)(대판 2013도2511, Ref 2-7),[6] 무인장비에 의하여 제한속도 위반차량의 차량번호 등을 촬영한 사진의 증거능력도 인정하고 있다(대판 98도3329, Ref 2-9). (6) **계좌추적**은「금융실명거래 및 비밀보장에 관한 법률」에 따라 법원의 제출명령이나 영장이 발부된 경우를 제외하고는 금융거래 정보 및 자료를 타인에게 제공하거나 누설하지 못한다. 따라서 영장주의를 위반하여 금융실명법상 거래정보를 취득한 것은 위법수집증거에 해당한다(대판 2012도13607, Ref 2-10). (7) **통제배달**이란 수사기관이 마약류 등의 금제품을 충분한 감시 아래 배송함으로써 거래자를 밝혀 검거하는 수사기법을 말한다. 우편물 통관검사절차에서 압수 · 수색영장 없이 진행된 우편물의 개봉, 시료채취, 성분분석 등의 검사는 수출입물품에 대한 적정한 통관 등을 목적으로 한 '행정조사의 성격'을 가지는 것이므로 수사기관의 강제처분이라 볼 수 없다(대판 2013도7718, Ref 2-12). 그러나 수출입물품을 검사하는 과정에서 마약류가 감추어져 있다고 밝혀지거나 그러한 의심이 드는 경우,「마약류 불법거래 방지에 관한 특례법」제4조 제1항[7]에 따라 검사의 요청으로 세관장이 행하는 조치의 경우에는 '영장주의 원칙'이 적용된다(대판 2014도8719, Ref 2.11-2).

---

6) 판례는 이 판결에서 동의 없는 **사진촬영의 허용요건**으로서 ㉠ 범죄의 '명백성', ㉡ 증거보전의 '필요성 및 긴급성', ㉢ 촬영방법의 '상당성'을 제시하고 있다. 그리고 이러한 요건이 충족된 경우에 한하여 수사기관의 영장 없는 사진촬영은 위법하지 않다고 판단한다(대판 2013도2511, Ref 2-7).

7) 마약류 불법거래 방지에 관한 특례법 제4조(**세관 절차의 특례**) ① 세관장은「관세법」제246조에 따라 화물을 검사할 때에 화물에 마약류가 감추어져 있다고 밝혀지거나 그러한 의심이 드는 경우, 그 마약류의 분산을 방지하기 위하여 충분한 감시체제가 확보되어 있는 **마약류범죄의 수사**에 관하여 그 마약류가 외국으로 반출되거나 대한민국으로 반입될 필요가 있다는 검사의 요청이 있을 때에는 다음 각 호의 조치를 할 수 있다. 다만, 그 조치를 하는 것이 관세 관계 법령의 입법 목적에 비추어 타당하지 아니하다고 인정할 때에는 요청한 검사와의 협의를 거쳐 그 조치를 하지 아니할 수 있다. 1. 해당 화물(그 화물에 감추어져 있는 마약류는 제외한다)에 대한「관세법」제241조에 따른 수출입 또는 반송의 면허 2. 그 밖에 검사의 요청에 따르기 위하여 필요한 조치

*Reference 1*

# * 불법으로 판단한 수사기관의 임의동행 사례 *

1 [대판 2012도13611] 피의자가 **동행을 거부하는 의사를 표시하였음에도 불구하고** 경찰관들이 영장에 의하지 아니하고 피의자를 강제로 연행한 행위는 수사상의 강제처분에 관한 형사소송법상의 절차를 무시한 채 이루어진 것으로 **위법한 체포에 해당**하고, 이와 같이 위법한 체포상태에서 마약 투약 혐의를 확인하기 위한 채뇨 요구가 이루어진 경우,[8] 채뇨 요구를 위한 위법한 체포와 그에 이은 채뇨 요구는 마약 투약이라는 범죄행위에 대한 증거 수집을 위하여 연속하여 이루어진 것으로서 개별적으로 그 적법 여부를 평가하는 것은 적절하지 아니하므로 그 **일련의 과정을 전체적으**로 보아 위법한 채뇨 요구가 있었던 것으로 볼 수밖에 없다.

2 [대판 2010도8591] 경찰관이 벌금형에 따르는 노역장 유치의 집행을 위하여 **형집행장을 소지하지 아니한 채** 피고인을 구인할 목적으로 그의 주거지를 방문하여 임의동행의 형식으로 데리고 가다가, 피고인이 **동행을 거부하며** 다른 곳으로 가려는 것을 제지하면서 체포·구인하려고 하자 피고인이 이를 거부하면서 경찰관을 폭행한 사안에서, 위와 같이 피고인을 체포·구인하려고 한 것은 (가) 노역장 유치의 집행에 관한 법규정에 반하는 것으로서 적법한 공무집행행위라고 할 수 없으며, 또한 (나) 그 경우에 형집행장의 제시 없이 구인할 수 있는 '**급속을 요하는 경우**'(형사소송법 제85조 제3항)[9]에 해당한다고 할 수 없고, (다) 이는 피고인이 벌금미납자로 지명수배 되었다고 하더라도 달리 볼 것이 아니라는 이유로, 위 공무집행방해의 공소사실에 대하여 무죄를 선고한 원심판단을 수긍한 사례.

3 [대판 2010도2094] 파기환송. 피고인이 2008.12.12. 22:00경 승용차를 운행하던 중 피해 차량의 후사경을 부딪쳤다는 이유로 피해 차량의 운전자, 동승자들과 시비가 벌어졌고 현장에 출동한 경찰관들이 피고인의 음주운전을 의심하여 음주측정을 위해서 **지구대로 동행할 것을 요구**하자 피고인은 '술을 마시지 않았고 사고도 내지 않았다'는 취지로 주장하면서 계속해서 순찰차에 타기를 거부하였다. (가) 이에 4명의 경찰관이 피고인의 **팔다리를 잡아 강제로** 순찰차에 태워 지구대로 데려갔으며, (나) 그 과정에서 경찰관들은 피고인에게 형사소송법 제200조의5에 정한 사항을 고지하는 등의 절차를 전혀 지키지 않았으며, (다) 피고인은 지구대로 연행된 후 경찰관들로부터 호흡조사 방법에 의한 음주측정에 응할 것을 요구받았으나 이를 거부하다가 계속 음주측정에 불응할 경우 **구속된다는 말을 듣고 호흡측정에 응하였고** 그 결과 음주운전으로 처벌받는 수치가 나왔다. 이에 담당 경찰관은 피고인에게 이제 다 끝났으니 집으로 가라는 취지로 수차 말하였으나 피고인은 운전을 한 당시에는 음주를 한 상태가 아니었고 또 위 호흡측정 결과도 받아들일 수 없다는 취지로 항의하면서 혈액측정을 요구하였고 이에 경찰관이 피고인과 인근 병원에 동행하여 채혈을 하게 되었다. …… 피고인의 연행 경위 및 채혈에 이르는 과정 등 위 사실관계를 앞서 본 법리에 비추어 보면, 경찰관들이 **피고인을 지구대로 강제연행한 행위는 위법한 체포에 해당하므로 그 상태에서 한 음주측정요구는**

---

8) 이와 같이 **위법한 선행행위에 이은 후행행위**는 비록 형식적 요건을 갖추었다 하더라도 선행절차의 위법으로 인하여 그 또한 위법하게 된다(선행행위 위법성이론). 판례도 위법한 임의동행에 이은 긴급체포는 당연히 위법하다는 전제에서, 위법한 긴급체포로 불법하게 구금된 자는 도주죄의 주체가 아니라거나(대판 2005도6810, Ref 1-4), 위법한 임의동행에 이은 음주측정은 그 자체로 위법하다(대판 2010도2094, Ref 1-3)고 보고 있다.
9) 형사소송법 제85조(**구속영장집행의 절차**) ③ 구속영장을 소지하지 아니한 경우에 급속을 요하는 때에는 피고인에 대하여 공소사실의 요지와 영장이 발부되었음을 고하고 집행할 수 있다.

위법한 수사라고 볼 수밖에 없고, 그러한 요구에 따른 음주측정 결과 또한 적법한 절차에 따르지 아니하고 수집한 증거로서 그 증거능력을 인정할 수 없다.

4 [대판 2005도6810] [임의동행과 긴급체포의 적법성] [1] 형사소송법 제199조 제1항은 "수사에 관하여 그 목적을 달성하기 위하여 필요한 조사를 할 수 있다. 다만, 강제처분은 이 법률에 특별한 규정이 있는 경우에 한하며, 필요한 최소한도의 범위 안에서만 하여야 한다."고 규정하여 **임의수사의 원칙**을 명시하고 있는바, 수사관이 수사과정에서 **당사자의 동의를 받는 형식**으로 피의자를 수사관서 등에 동행하는 것은, 상대방의 신체의 자유가 현실적으로 제한되어 실질적으로 체포와 유사한 상태에 놓이게 됨에도, 영장에 의하지 아니하고 그 밖에 강제성을 띤 동행을 억제할 방법도 없어서 제도적으로는 물론 현실적으로도 임의성이 보장되지 않을 뿐만 아니라, 아직 정식의 체포·구속단계 이전이라는 이유로 상대방에게 헌법 및 형사소송법이 체포·구속된 피의자에게 부여하는 각종의 권리보장 장치가 제공되지 않는 등 형사소송법의 원리에 반하는 결과를 초래할 가능성이 크므로, (가) 수사관이 동행에 앞서 피의자에게 **동행을 거부**할 수 있음을 알려 주었거나 (나) 동행한 피의자가 언제든지 자유로이 동행과정에서 이탈 또는 동행장소로부터 퇴거할 수 있었음이 인정되는 등 (다) **오로지 피의자의 자발적인 의사에 의하여 수사관서 등에의 동행이 이루어졌음이 객관적인 사정에 의하여 명백하게 입증된 경우에 한하여, 그 적법성이 인정**되는 것으로 봄이 상당하다. 형사소송법 제200조 제1항에 의하여 검사 또는 사법경찰관이 피의자에 대하여 임의적 출석을 요구할 수는 있겠으나, 그 경우에도 수사관이 단순히 출석을 요구함에 그치지 않고 일정 장소로의 동행을 요구하여 실행한다면 위에서 본 법리가 적용되어야 하고, 한편 행정경찰 목적의 경찰활동으로 행하여지는 경찰관직무집행법 제3조 제2항 소정의 질문을 위한 동행요구도 형사소송법의 규율을 받는 수사로 이어지는 경우에는 역시 위에서 본 법리가 적용되어야 한다. [2] (가) 경찰관들이 피고인을 동행한 시각이 동틀 무렵인 새벽 06:00경이었고, 그 장소는 피고인의 집 앞이었으며, 그 동행의 방법도 4명의 경찰관들이 피고인의 집 부근에서 약 10시간 동안 잠복근무를 한 끝에 새벽에 집으로 귀가하는 피고인을 발견하고 4명이 한꺼번에 차에서 내려 피고인에게 다가가 피의사실을 부인하는 피고인을 동행한 것인 점, …… (나) 피고인이 원심 법정에서 **경찰서에서 화장실에 갈 때도 경찰관 1명이 따라와 감시**했다고 진술한 점 등에 비추어 피고인이 경찰서에 도착한 이후의 상황도 피고인이 임의로 퇴거할 수 있는 상황은 아니었던 것으로 보이는 점 등 제반 사정에 비추어 보면, **비록 사법경찰관이 피고인을 동행할 당시에 물리력을 행사한 바가 없고, 피고인이 명시적으로 거부의사를 표명한 적이 없다고 하더라도**, (1) 사법경찰관이 피고인을 수사관서까지 동행한 것은 위에서 본 적법요건이 갖추어지지 아니한 채 사법경찰관의 **동행 요구를 거절할 수 없는 '심리적 압박'** 아래 행하여진 **'사실상의 강제연행', 즉 불법 체포에 해당**한다고 보아야 할 것이고, (2) 사법경찰관이 그로부터 6시간 상당이 경과한 이후에 비로소 피고인에 대하여 긴급체포의 절차를 밟았다고 하더라도 **이는 동행의 형식 아래 행해진 불법 체포에 기하여 사후적으로 취해진 것에 불과하므로, 그와 같은 '긴급체포 또한 위법'**하다고 아니할 수 없다. 따라서 피고인은 불법체포된 자로서 형법 제145조 제1항 소정의 '법률에 의하여 체포 또는 구금된 자'가 아니어서 도주죄의 주체가 될 수 없다.

5-1 [대판 91다38334] 경찰관이 임의동행요구에 응하지 않는다 하여 **강제연행하려고 대상자의 양팔을 잡아 끈 행위**는 적법한 공무집행이라고 할 수 없으므로 그 대상자가 이러한 불법연행으로부터 벗어나기 위하여 저항한 행위는 정당한 행위라고 할 것이고 이러한 행위에 무슨 과실이 있다고 할 수 없다.

5-2 [비교판례] [대판 98도138] 경찰관이 임의동행을 요구하며 **손목을 잡고 뒤로 꺾어 올리는** 등으로 제

압하자 거기에서 벗어나려고 몸싸움을 하는 과정에서 경찰관에게 경미한 상해를 입힌 경우, 위법성이 결여된 행위라고 본 사례.

6 [대판 93다35155] [임의동행에 있어서 임의성의 판단기준] [1] 이른바 임의동행에 있어서의 임의성의 판단은 (가) 동행의 시간과 장소, (나) 동행의 방법과 동행거부의사의 유무, (다) 동행 이후의 조사 방법과 퇴거의사의 유무 등 여러 사정을 종합하여 객관적인 상황을 기준으로 하여야 한다. [2] 국가안전기획부 수사관들이 피의자를 연행한 1991.7.8. 04:40경부터 48시간 내에 사후 구속영장을 발부받지 아니하고 같은 해 7.10. 01:35경 통상의 구속영장을 발부받아 집행하였다면 피의자를 불법체포 구금한 것에 해당하고 이와 같은 경우 통상의 구속영장을 발부받아 집행하였다고 하여 불법체포나 그 동안의 구금이 적법하게 된다고 할 수 없다.

## * 적법으로 판단한 수사기관의 임의동행 사례 *

7 [대판 2020도398] [형사소송법 제199조 제1항에 따라 범죄 수사를 위하여 이루어진 임의동행의 적법성이 인정되는 경우] 피고인이 메트암페타민(일명 필로폰) 투약 혐의로 임의동행 형식으로 경찰서에 간 후 자신의 소변과 모발을 경찰관에게 제출하여 「마약류 관리에 관한 법률」위반(향정)으로 기소된 사안에서, (가) 경찰관은 당시 피고인의 정신 상태, 신체에 있는 주사바늘 자국, 알콜솜 휴대, 전과 등을 근거로 피고인의 마약류 투약 혐의가 상당하다고 판단하여 경찰서로 임의동행을 요구하였고, (나) 동행장소인 경찰서에서 피고인에게 마약류 투약 혐의를 밝힐 수 있는 소변과 모발의 임의제출을 요구하였으므로 피고인에 대한 임의동행은 마약류 투약 혐의에 대한 수사를 위한 것이어서 형사소송법 제199조 제1항에 따른 임의동행에 해당한다는 이유로, (다) 피고인에 대한 임의동행은 경찰관 직무집행법 제3조 제2항에 의한 것인데 같은 조 제6항을 위반하여 불법구금 상태에서 제출된 피고인의 소변과 모발은 위법하게 수집된 증거라고 본 원심판단에 임의동행에 관한 법리를 오해한 잘못이 있다. cf) 원심은 피고인의 소변과 모발은 임의동행 후 약 12시간이 지난 후 압수된 것이어서 위법수집증거에 해당되어 증거능력이 없다고 보아 무죄를 선고하였다(경찰관 직무집행법 제3조 제6항은 "경찰관은 제2항에 따라 동행한 사람을 6시간을 초과하여 경찰관서에 머물게 할 수 없다."라고 규정하고 있다). 이에 검사는 경찰서로의 임의동행이 경찰관직무집행법이 아닌 형사소송법에 근거한 것이므로 6시간의 체류시간 제한을 받지 않는다는 취지로 상고하였고 대법원은 이를 받아들였다(피의자의 자발적인 의사에 의한 동행이라는 점이 객관적인 사정에 의하여 명백하게 입증된 경우로 대법원은 판단하였다).10)

8 [대판 2016도10544] 피고인 X는 2015.4.3. 01:18경 및 01:25경 임의동행 후 F지구대에서 경찰관 P로부

---

10) 대상판결과 관련하여 수사의 실무에 대한 다음의 제안이 있다. "경집법에 따를 때 경찰관은 동행요구 시 목적과 이유 등을 고지해야 한다(제3조 제4항). 이때 수사개시 전인지 후인지, 동행요구의 근거법령은 무엇인지도 고지내용에 반드시 포함되어야 할 것이다. 한편 경집법상 임의동행 시 보고서류 작성 요부는 사후적으로 수사가 개시되었는지에 따라 갈리게 된다. 하지만 대상판결 사안에서와 같은 절차적 혼란을 피하려면 예외 없이 근거서류를 남겨두는 것이 바람직하다. 아울러 위 근거서류에는 목적과 이유 같은 동행경위가 명확하게 기재되어야 한다. 참고로 수사준칙 시행 이후 형소법상 임의동행의 경우 규정서식에 임의동행 동의서를 작성하여 사건기록에 편철해두어야 하는데, 동행경위를 확인할 수 있는 서류도 추가로 남겨둔다면 절차의 형식적 확실성을 한층 더 높일 수 있을 것이다. 임의동행 동의서의 '동행의 이유(사건 개요)'란에 그러한 내용을 상세하게 작성해두는 것도 하나의 대안이 될 수 있겠다."(지은석, 경찰관직무집행법상 임의동행 ― 대법원 2020. 5. 14. 선고 2020도398 판결을 중심으로 ―, 형사법의 신동향 통권 제71호(2021·여름), 188면).

터 2회에 걸쳐 음주측정에 응할 것을 요구받았으나 음주측정기에 입김을 불어넣는 시늉만 하는 등의 방법으로 이에 불응하고는 음주측정이 되지 않았다며 F지구대 밖으로 나가려고 하였다. 그러자 P는 X가 F지구대 밖으로 나가지 못하도록 제지하였고, 이에 X는 P의 얼굴에 가래침을 뱉고 양손으로 P의 가슴을 2~3회 때리는 등 폭행하고, P에게 "너 이 새끼 죽여버린다, 너 개새끼 집에 쫓아가서 가족들 다 죽여버린다"라고 말하여 협박하였다. 이에 P는 그 즉시 정당한 직무집행 중인 경찰관을 폭행·협박하여 공무집행을 방해하였다는 범죄사실로 X를 현행범인으로 체포하였다. 당시 X의 혈중알코올농도가 0.134%로 측정되었다. 위와 같은 사실과 사정들을 앞서 본 법리에 비추어 살펴보면, 비록 피고인이 임의동행 후 언제든지 경찰관서에서 퇴거할 자유가 있기는 하지만, 이 사건 당시 X는 P로부터 음주측정을 요구받고 음주측정기에 입김을 불어넣는 시늉만 하는 등의 방법으로 이에 불응하고는 음주측정이 되지 않았다며 F지구대 밖으로 나가려고 하였으므로 이와 같은 X의 행위는 특별한 사정이 없는 한 전체적으로 음주측정을 거부하는 행위로 볼 수 있어, P가 이를 제지하는 정도의 행위는 도로교통법 제44조 제2항에 따른 경찰공무원의 정당한 음주측정 요구행위로서 적법한 직무집행에 해당한다고 할 것이다.

9 [대판 2015도2798] 피고인이 경찰관으로부터 음주측정을 위해 경찰서에 동행할 것을 요구받고 자발적인 의사에 의해 순찰차에 탑승하였고, 경찰서로 이동하던 중 하차를 요구한 바 있으나 그 직후 경찰관으로부터 수사 과정에 관한 설명을 듣고 경찰서에 빨리 가자고 요구하였으므로, 피고인에 대한 임의동행은 피고인의 자발적인 의사에 의하여 이루어졌고, 그 후에 이루어진 음주측정결과는 증거능력이 있다.

10 [대판 2012도8890] 경찰관 A는 피고인을 경찰서로 동행할 당시 피고인에게 언제든지 동행을 거부할 수 있음을 고지한 다음 동행에 대한 동의를 구하였고, 이에 (가) 피고인이 고개를 끄덕이며 동의의 의사표시를 하였던 점, (나) 피고인은 동행 당시 경찰관에게 욕을 하거나 특별한 저항을 하지도 않고 동행에 순순히 응하였던 점, (다) 비록 동행 당시 피고인이 술에 취한 상태이기는 하였으나, 동행 후 경찰서에서 주취운전자정황진술보고서의 날인을 거부하고 "이번이 3번째 음주운전이다. 난 시청 직원이다. 한번만 봐 달라."고 말하기도 하는 등 동행 전후 피고인의 언행에 비추어 피고인이 당시 경찰관의 임의동행 요구에 대하여 이에 따를 것인지 여부에 관한 판단을 할 정도의 의사능력은 충분히 있었던 것으로 보이는 점 등 그 판시와 같은 사정을 종합하여, 피고인에 대한 임의동행은 피고인의 자발적인 의사에 의하여 이루어진 것으로서 적법하다.

11 [대판 2008도11999] [검사가 구속영장 청구 전 대면조사를 위하여 사법경찰관리에게 긴급체포된 피의자의 인치를 명하는 것이 적법한 수사지휘에 해당하는지 여부(한정 적극)] 사법경찰관이 검사에게 긴급체포된 피의자에 대한 긴급체포 승인 건의와 함께 구속영장을 신청한 경우, 검사는 긴급체포의 승인 및 구속영장의 청구가 피의자의 인권에 대한 부당한 침해를 초래하지 않도록 긴급체포의 적법성 여부를 심사하면서 수사서류 뿐만 아니라 피의자를 검찰청으로 출석시켜 직접 대면조사할 수 있는 권한을 가진다고 보아야 한다. 따라서 이와 같은 목적과 절차의 일환으로 검사가 구속영장 청구 전에 피의자를 대면조사하기 위하여 사법경찰관리에게 피의자를 검찰청으로 인치할 것을 명하는 것은 적법하고 타당한 수사지휘 활동에 해당하고, 수사지휘를 전달받은 사법경찰관리는 이를 준수할 의무를 부담한다. 다만 체포된 피의자의 구금 장소가 임의적으로 변경되는 점, 법원에 의한 영장실질심사 제도를 도입하고 있는 현행 형사소송법 하에서 체포된 피의자의 신속한 법관 대면권 보장이 지연될 우려가 있는 점 등을 고려하면, 위와 같은 검사의 구속영장 청

구 전 피의자 대면조사는 긴급체포의 적법성을 의심할 만한 사유가 기록 기타 객관적 자료에 나타나고 피의자의 대면조사를 통해 그 여부의 판단이 가능할 것으로 보이는 예외적인 경우에 한하여 허용될 뿐, 긴급체포의 합당성이나 구속영장 청구에 필요한 사유를 보강하기 위한 목적으로 실시되어서는 아니 된다. 나아가 **검사의 구속영장 청구 전 피의자 대면조사는 강제수사가 아니므로 피의자는 검사의 출석 요구에 응할 의무가 없고,** 피의자가 검사의 출석 요구에 동의한 때에 한하여 사법경찰관리는 피의자를 검찰청으로 호송하여야 한다.

### *Reference 2*

## * 보호실유치 *

1 [대판 97도877] [**즉결심판 '피의자'를 강제로 경찰서 보호실에 유치시키는 것이 불법감금죄에 해당하는지 여부(적극)**] 형사소송법이나 경찰관직무집행법 등의 법률에 정하여진 구금 또는 보호유치 요건에 의하지 아니하고는 즉결심판 피의자라는 사유만으로 피의자를 구금, 유치할 수 있는 아무런 법률상 근거가 없고, 경찰 업무상 그러한 관행이나 지침이 있었다 하더라도 이로써 원칙적으로 금지되어 있는 인신구속을 행할 수 있는 근거로 할 수 없으므로, 즉결심판 피의자의 정당한 귀가요청을 거절한 채 다음날 즉결심판법정이 열릴 때까지 피의자를 경찰서 보호실에 강제유치시키려고 함으로써 피의자를 경찰서 내 즉결피의자 대기실에 10-20분 동안 있게 한 행위는 형법 제124조 제1항의 **불법감금죄에 해당**하고, 이로 인하여 피의자를 보호실에 밀어넣으려는 과정에서 상해를 입게 하였다면 「특정범죄가중처벌 등에 관한 법률」 제4조의2 제1항 위반죄에 해당한다.

2 [대판 93도958] [**구속영장을 교부받음이 없이 '피의자'를 보호실에 유치함이 적법한 공무수행인지 여부**] 경찰서에 설치되어 있는 보호실은 영장대기자나 즉결대기자 등의 도주방지와 경찰업무의 편의 등을 위한 수용시설로서 사실상 설치, 운영되고 있으나 현행법상 그 설치근거나 운영 및 규제에 관한 법령의 규정이 없고, 이러한 보호실은 그 시설 및 구조에 있어 통상 철창으로 된 방으로 되어 있어 그 안에 대기하고 있는 사람들이나 그 가족들이 출입이 제한되는 등 일단 그 장소에 유치되는 사람은 그 의사에 기하지 아니하고 일정장소에 구금되는 결과가 되므로, 경찰관직무집행법[11]상 정신착란자, 주취자, 자살기도자 등 응급의 구호를 요하는 자를 24시간을 초과하지 아니하는 범위 내에서 경찰관서에 보호조치할 수 있는 시설로 제한적으로 운영되는 경우를 제외하고는 구속영장을 발부받음이 없이 피의자를 보호실에 유치함은 영장주의에 위배되는 **위법한 구금으로서 적법한 공무수행이라고 볼 수 없다.** …… 기록에 의하면 피고인이 이 사건 보호실에 유치될 당시 피고인이 위와 같은 응급의 구호를 요한다고 믿을만한 상당한 이유가 있었다든지, 피고인이 이 사건 보호실에 유치된 후 경찰관이 지체 없이 그 사실을 피고인의 가족 등에게 통지하였다고 볼 아무런 자료가 없으므로 피고인을 적법하게 보호조치한 것도 아니라 할 것이다. 따라서, 경찰관이 피고인을 이 사건 보호실에 유치한 것은 적법한 공무로 볼 수 없고, 피고인이 보호실의 유치에 항의하면서 나오

---

11) 경찰관 직무집행법 제4조(**보호조치 등**) ① 경찰관은 수상한 행동이나 그 밖의 주위 사정을 합리적으로 판단해 볼 때 다음 각 호의 어느 하나에 해당하는 것이 명백하고 응급구호가 필요하다고 믿을 만한 상당한 이유가 있는 사람을 발견하였을 때에는 보건의료기관이나 공공구호기관에 긴급구호를 요청하거나 경찰관서에 보호하는 등 적절한 조치를 할 수 있다. 1. **정신착란**을 일으키거나 **술에 취하여** 자신 또는 다른 사람의 생명·신체·재산에 위해를 끼칠 우려가 있는 사람 2. **자살을 시도**하는 사람 3. 미아, 병자, 부상자 등으로서 **적당한 보호자가 없으며 응급구호**가 필요하다고 인정되는 사람. 다만, 본인이 구호를 거절하는 경우는 제외한다.

려는 것을 피해자 순경 2 등이 제지할 적법한 권한도 없다 할 것이므로 원심이 이와 같은 취지에서 피고인에 대한 **공무집행방해죄에 대하여 무죄**를 선고한 것은 정당하다.

## * 승낙수색 · 승낙검증에 의한 수사 *

3 [대판 2008도7471] [수사기관이 적법절차를 위반하여 지문채취 대상물을 압수한 경우, **그전에 이미 범행 현장에서 위 대상물에서 채취한 지문**이 위법수집증거에 해당하는지 여부(소극)] 피해자의 신고를 받고 현장에 출동한 인천남동경찰서 과학수사팀 소속 경장 P는 피해자가 범인과 함께 술을 마신 테이블 위에 놓여 있던 맥주컵에서 지문 6점을, 물컵에서 지문 8점을, 맥주병에서 지문 2점을 각각 현장에서 직접 채취하였음을 알 수 있는바, 이와 같이 **범행 현장에서 지문채취 대상물에 대한 지문채취가 먼저 이루어진 이상, 수사기관이 그 이후에 지문채취 대상물을 적법한 절차에 의하지 아니한 채 압수하였다고 하더라도**(한편, 이 사건 지문채취 대상물인 맥주컵, 물컵, 맥주병 등은 피해자가 운영하는 주점 내에 있던 피해자의 소유로서 이를 수거한 행위가 피해자의 의사에 반한 것이라고 볼 수 없으므로, 이를 가리켜 위법한 압수라고 보기도 어렵다), 위와 같이 채취된 지문은 위법하게 압수한 지문채취 대상물로부터 획득한 2차적 증거에 해당하지 아니함이 분명하여, 이를 가리켜 **위법수집증거라고 할 수 없으므로**, 원심이 이를 증거로 채택한 것이 위법하다고 할 수 없다. (유류물압수와 관련하여【28】참조) **cf)** 대상판결은 피해자의 신고로 경찰이 범행현장에 출동하여 맥주컵 등에서 지문을 채취한 것이므로, 이는 피해자의 승낙에 의한 검증(임의수사)으로 허용되며 사전 · 사후에 검증영장을 발부받지 않았다고 하여도 적법하다.

## * 거짓말 탐지기에 의한 수사 *

4 [대판 2005도130] [거짓말탐지기 검사 결과에 대하여 증거능력을 인정하기 위한 요건] 거짓말탐지기의 검사 결과에 대하여 사실적 관련성을 가진 증거로서 '증거능력을 인정'할 수 있으려면, (가) 첫째로 거짓말을 하면 반드시 일정한 **심리상태의 변동**이 일어나고, 둘째로 그 심리상태의 변동은 반드시 일정한 **생리적 반응**을 일으키며, 셋째로 그 생리적 반응에 의하여 피검사자의 말이 거짓인지 아닌지가 **정확히 판정**될 수 있다는 세 가지 전제요건이 충족되어야 할 것이며, (나) 특히 마지막 생리적 반응에 대한 거짓 여부 판정은 거짓말탐지기가 검사에 동의한 피검사자의 생리적 반응을 정확히 측정할 수 있는 장치이어야 하고, (다) 질문사항의 작성과 검사의 기술 및 방법이 합리적이어야 하며, (라) 검사자가 탐지기의 측정내용을 객관성 있고 **정확하게 판독**할 능력을 갖춘 경우라야만 그 정확성을 확보할 수 있는 것이므로, (마) 이상과 같은 여러 가지 요건이 충족되지 않는 한 거짓말탐지기 검사 결과에 대하여 형사소송법상 증거능력을 부여할 수는 없다.

5 [대판 83도3146] [1] 거짓말탐지기의 검사는 그 기구의 성능, 조작기술에 있어 신뢰도가 극히 높다고 인정되고 그 검사자가 적격자이며, 검사를 받는 사람이 검사를 받음에 동의하였으며 검사자 자신이 실시한 검사의 방법, 경과 및 그 결과를 충실하게 기재하였다는 여러가지 점이 증거에 의하여 확인되었을 경우에 형사소송법 제313조 제2항에 의하여 이를 증거로 할 수 있다. [2] 거짓말탐지기의 검사결과가 증거능력이 있는 경우에도 그 검사 즉 감정의 결과는 검사를 받는 사람의 진술의 신빙성을 가늠하는 **정황증거로서의 기능**을 다하는데 그치는 것이다.

6 [대판 2018도8161] 파기환송. [1] 수사기관이 범죄를 수사하면서 현재 범행이 행하여지고 있거나 행하여진 직후이고, 증거보전의 필요성 및 긴급성이 있으며, 일반적으로 허용되는 상당한 방법으로 촬영한 경우라면 위 촬영이 영장 없이 이루어졌다 하여 이를 위법하다고 할 수 없다. 다만 촬영으로 인하여 초상권, 사생활의 비밀과 자유, 주거의 자유 등이 침해될 수 있으므로 수사기관이 **일반적으로 허용되는 상당한 방법**으로 촬영하였는지 여부는 수사기관이 촬영장소에 통상적인 방법으로 출입하였는지 또 촬영장소와 대상이 사생활의 비밀과 자유 등에 대한 보호가 합리적으로 기대되는 영역에 속하는지 등을 종합적으로 고려하여 신중하게 판단하여야 한다. [2] 나이트클럽의 운영자 피고인 갑, 연예부장 피고인 을, 남성무용수 피고인 병이 공모하여 클럽 내에서 성행위를 묘사(나이트클럽 무대에서 약 15분 동안 티팬티만 입은 채 성행위를 묘사하는 쇼를 하고, 다시 손님들이 앉아 있는 테이블로 내려와 술을 부어 주는 등 흥을 돋운 후 다시 무대로 올라가 성기에 모조 성기를 끼워 음모가 보이는 상태로 춤을 추며 성행위를 묘사)하는 공연을 하는 등 음란행위 영업을 하여 풍속영업의 규제에 관한 법률 위반으로 기소되었는데, 당시 경찰관들이 클럽에 출입하여 피고인 병의 공연을 촬영한 영상물 및 이를 캡처한 영상사진이 증거로 제출된 사안에서, (가) 경찰관들은 국민신문고 인터넷사이트에 '클럽에서 남성무용수의 음란한 나체쇼가 계속되고 있다.'는 민원이 제기되자 그에 관한 **증거수집을 목적**으로 클럽에 출입한 점, (나) 클럽은 영업시간 중에는 출입자격 등의 제한 없이 성인이라면 누구나 출입이 가능한 일반적으로 개방되어 있는 장소인 점, (다) 경찰관들은 클럽의 영업시간 중에 손님들이 이용하는 출입문을 통과하여 출입하였고, 출입 과정에서 보안요원 등에게 제지를 받거나 보안요원이 자리를 비운 때를 노려 몰래 들어가는 등 특별한 사정이 발견되지 않는 점, (라) 피고인 병은 클럽 내 무대에서 성행위를 묘사하는 장면이 포함된 공연을 하였고, 경찰관들은 다른 손님들과 함께 객석에 앉아 공연을 보면서 **불특정 다수의 손님들에게 공개된 피고인 병의 모습을 촬영**한 점에 비추어 보면, 위 촬영물은 경찰관들이 피고인들에 대한 범죄 혐의가 포착된 상태에서 클럽 내에서의 음란행위 영업에 관한 증거를 보전하기 위하여, 불특정 다수에게 공개된 장소인 클럽에 통상적인 방법으로 출입하여 손님들에게 공개된 모습을 촬영한 것이므로, 영장 없이 촬영이 이루어졌더라도 위 촬영물과 이를 캡처한 영상사진은 **증거능력이 인정된다**는 이유로, 이와 달리 보아 피고인들에 대한 공소사실을 무죄로 판단한 원심판결에 수사기관 촬영물의 증거능력에 관한 법리오해의 잘못이 있다고 한 사례.[12] **cf)** 제1심에서는 비밀촬영의 적법성 여부가 쟁점이 되지 않은 채 유죄판결이 선고되자 피고인 측에서는 경찰관이 손님으로 가장하여 클럽을 들어와 비밀리

---

12) 대상판결에 대해서는 다음의 비판이 있다. "대법원이 오랫동안 견지하여 온 요건, 즉 영장주의의 예외가 인정되는 요건으로 범죄혐의의 명백성, 증거보전의 필요성 및 긴급성, 촬영방법의 상당성이 유지된다면 비밀촬영이 임의수사로 볼 수 있어 영장을 요하지 않을 것이다. 본건의 경우 범죄혐의의 명백성과 증거보전의 필요성은 인정되는 사안이라고 보여진다. 그러나 앞에서도 언급하였듯이 **증거보전의 긴급성이 인정되는 사안으로 보이지는 않는다.** 긴급성이라 함은 영장을 발부 받을 여유가 없는 경우 등을 상정하여야 할 것인데, 이 사건의 경우 국민신문고에 해당 나이트클럽에서 음란행위가 이루어지고 있다는 민원이 제기되고 있어 수사기관이 이를 알고 있었고 나이트클럽에 증거 수집을 위해 사진을 촬영할 준비를 하여 손님으로 가장하고 들어가 비노출 소형 카메라를 이용하여 비밀촬영을 한 경우이므로 긴급성을 인정하기는 어렵다고 보여진다. 긴급성이 인정되지 않는 상황에서 경찰관이 직접 손님을 가장하여 실내로 들어가 비노출 소형카메라를 사용하여 음란쇼를 촬영하여 증거로 제시한 비밀촬영 사진은 대상판결의 원심이 지적하고 있듯이 사전 또는 사후영장 없이 이루어진 것이므로 헌법과 형사소송법이 정한 적법한 절차에 의하지 아니하고 수집된 증거로서 **위법수집증거배제법칙에 따라 증거능력이 부정**되어야 마땅하다."(김재중·강현주, 비밀촬영한 사진의 증거능력, 법과 정책연구 제23집 제3호(2023), 200면).

에 촬영한 것은 위법수사이므로 촬영물을 증거로 쓸 수 없다는 취지로 주장하여 항소하였다. 이에 항소심
은 비밀촬영의 법적 성격을 강제수사로 보았으며 이 입장에서 이상의 촬영물은 위법수집증거로 증거능력
이 없다고 판단하여 무죄를 선고하였다.

7 [대판 2013도2511] [왕재산 사건] [1] 누구든지 자기의 얼굴이나 모습을 함부로 촬영당하지 않을 자유를
가지나, 이러한 자유도 무제한으로 보장되는 것은 아니고 국가의 안전보장·질서유지·공공복리를 위하여
필요한 경우에는 그 범위 내에서 **상당한 제한**이 있을 수 있으며, (가) 수사기관이 범죄를 수사함에 있어 현
재 범행이 행하여지고 있거나 행하여진 **직후**이고, (나) **증거보전의 필요성 및 긴급성**이 있으며, (다) 일반적
으로 허용되는 **상당한 방법**으로 촬영한 경우라면 위 촬영이 영장 없이 이루어졌다 하여 이를 위법하다고
단정할 수 없다. [2] 피고인들이 일본 또는 중국에서 북한 공작원들과 회합하는 모습을 동영상으로 촬영한
것은 위 피고인들이 회합한 **증거를 보전할 필요**가 있어서 이루어진 것이고, 피고인들이 반국가단체의 구성
원과 **회합 중이거나 회합하기 직전 또는 직후의 모습**을 촬영한 것으로 그 촬영 장소도 차량이 통행하는 도로
또는 식당 앞길, 호텔 프런트 등 공개적인 장소인 점 등을 알 수 있으므로, 이러한 촬영이 일반적으로 **허용
되는 상당성**을 벗어난 방법으로 이루어졌다거나, 영장 없는 강제처분에 해당하여 위법하다고 볼 수 없다.
cf) 이상에서와 같이 판례가 동의 없는 사진촬영을 허용하는 요건으로 ㉠ 범죄의 '명백성', ㉡ 증거보전의
'필요성 및 긴급성', ㉢ 촬영방법의 '상당성'을 제시하고 있다.

8 [대판 99도2317] [영남위원회 사건] 이 사건 비디오촬영은 피고인들에 대한 범죄의 혐의가 상당히 포착
된 상태에서 그 회합의 **증거를 보전**하기 위한 필요에서 이루어진 것이고 공소외 2의 주거지 외부에서 담장
밖 및 2층 계단을 통하여 공소외 2의 집에 출입하는 피고인들의 모습을 촬영한 것으로 그 촬영방법 또한
반드시 **상당성**이 결여된 것이라고는 할 수 없다 할 것인바, 위와 같은 사정 아래서 원심이 이 사건 비디오
촬영행위가 위법하지 않다고 판단하고 그로 인하여 취득한 비디오테이프의 증거능력을 인정한 것은 정당
하다.

9 [대판 98도3329] [무인장비에 의하여 제한속도 위반차량의 차량번호 등을 촬영한 사진의 증거능력 유무(적
극)] 수사, 즉 범죄혐의의 유무를 명백히 하여 공소를 제기·유지할 것인가의 여부를 결정하기 위하여 범인
을 발견·확보하고 증거를 수집·보전하는 수사기관의 활동은 수사 목적을 달성함에 필요한 경우에 한하여
사회통념상 상당하다고 인정되는 방법 등에 의하여 수행되어야 하는 것인바, 무인장비에 의한 제한속도 위
반차량 단속은 이러한 수사 활동의 일환으로서 도로에서의 위험을 방지하고 교통의 안전과 원활한 소통을
확보하기 위하여 도로교통법령에 따라 정해진 제한속도를 위반하여 차량을 주행하는 범죄가 **현재 행하여지
고 있고**, 그 범죄의 성질·태양으로 보아 긴급하게 증거보전을 할 필요가 있는 상태에서 일반적으로 허용되
는 한도를 넘지 않는 상당한 방법에 의한 것이라고 판단되므로, 이를 통하여 운전 차량의 차량번호 등을
촬영한 사진을 두고 위법하게 수집된 증거로서 증거능력이 없다고 말할 수 없다.

# * 계좌추적 *

**10 [대판 2012도13607]** [수사기관이 법관의 **영장에 의하지 아니하고** 금융회사 등으로부터 신용카드 매출전표의 거래명의자에 관한 정보를 획득한 경우, 그와 같이 수집된 증거의 증거능력 유무(원칙적 소극)] 수사기관이 범죄 수사를 목적으로 금융실명거래 및 비밀보장에 관한 법률(이하 '금융실명법'이라 한다) 제4조 제1항에 정한 '거래정보 등'을 획득하기 위해서는 법관의 영장이 필요하고, 신용카드에 의하여 물품을 거래할 때 '금융회사 등'이 발행하는 매출전표의 거래명의자에 관한 정보 또한 금융실명법에서 정하는 '거래정보 등'에 해당하므로, 수사기관이 금융회사 등에 그와 같은 정보를 요구하는 경우에도 법관이 발부한 영장에 의하여야 한다. 그럼에도 수사기관이 영장에 의하지 아니하고 매출전표의 거래명의자에 관한 정보를 획득하였다면, 그와 같이 수집된 증거는 원칙적으로 형사소송법 제308조의2에서 정하는 '적법한 절차에 따르지 아니하고 수집한 증거'에 해당하여 **유죄의 증거로 삼을 수 없다.**

# * 통제배달 *

**11-1 [대판 2013도7718]** [우편물 통관검사절차에서 압수·수색영장 없이 진행된 우편물의 개봉, 시료채취, 성분분석 등 검사의 적법 여부(원칙적 적극)] 관세법 제246조 제1항, 제2항, 제257조, '국제우편물 수입통관 사무처리'(2011. 9. 30. 관세청고시 제2011-40호) 제1-2조 제2항, 제1-3조, 제3-6조, 구 '수출입물품 등의 분석사무 처리에 관한 시행세칙'(2013. 1. 4. 관세청훈령 제1507호로 개정되기 전의 것) 등과 관세법이 관세의 부과·징수와 아울러 수출입물품의 통관을 적정하게 함을 목적으로 한다는 점(관세법 제1조)에 비추어 보면, 우편물 통관검사절차에서 이루어지는 우편물의 개봉, 시료채취, 성분분석 등의 검사는 수출입물품에 대한 적정한 통관 등을 목적으로 한 행정조사의 성격을 가지는 것으로서 수사기관의 강제처분이라고 할 수 없으므로, 압수·수색영장 없이 우편물의 개봉, 시료채취, 성분분석 등 검사가 진행되었다 하더라도 특별한 사정이 없는 한 위법하다고 볼 수 없다.

**11-2 [비교판례] [대판 2014도8719]** [수출입물품을 검사하는 과정에서 마약류가 감추어져 있다고 밝혀지거나 그러한 의심이 드는 경우, 마약류 불법거래 방지에 관한 특례법 제4조 제1항에 따라 검사의 요청으로 세관장이 행하는 조치에 영장주의 원칙이 적용되는지 여부(한정 적극) / 위 조항에 따른 조치의 일환으로 특정한 수출입물품을 개봉하여 검사하고 그 내용물의 점유를 취득한 행위가 범죄수사인 압수 또는 수색에 해당하여 사전 또는 사후에 영장을 받아야 하는지 여부(적극)] 수사기관에 의한 압수·수색의 경우 헌법과 형사소송법이 정한 적법절차와 영장주의 원칙은 법률에 따라 허용된 예외사유에 해당하지 않는 한 관철되어야 한다. 세관공무원이 수출입물품을 검사하는 과정에서 마약류가 감추어져 있다고 밝혀지거나 그러한 의심이 드는 경우, 검사는 마약류의 분산을 방지하기 위하여 충분한 감시체제를 확보하고 있어 수사를 위하여 이를 외국으로 반출하거나 대한민국으로 반입할 필요가 있다는 요청을 세관장에게 할 수 있고, 세관장은 그 요청에 응하기 위하여 필요한 조치를 할 수 있다(마약류 불법거래 방지에 관한 특례법 제4조 제1항). 그러나 **이러한 조치가 수사기관에 의한 압수·수색에 해당하는 경우에는 영장주의 원칙이 적용**된다. 물론 수출입물품 통관검사절차에서 이루어지는 물품의 개봉, 시료채취, 성분분석 등의 검사는 수출입물품에 대한 적정한 통관 등을 목적으로 조사를 하는 것으로서 이를 수사기관의 강제처분이라고 할 수 없으므로, 세관공무원은 압수·수색영장 없이 이러한 검사를 진행할 수 있다. 세관공무원이 통관검사를 위하여 직무상 소지하거나 보관하는 물품을 수사기관에 임의로 제출한 경우에는 비록 소유자의 동의를 받지 않았더라도

수사기관이 강제로 점유를 취득하지 않은 이상 해당 물품을 압수하였다고 할 수 없다. 그러나 마약류 불법 거래 방지에 관한 특례법 제4조 제1항에 따른 조치의 일환으로 특정한 수출입물품을 개봉하여 검사하고 그 내용물의 점유를 취득한 행위는 위에서 본 수출입물품에 대한 적정한 통관 등을 목적으로 조사를 하는 경우와는 달리, **범죄수사인 압수 또는 수색에 해당하여 사전 또는 사후에 영장을 받아야 한다.**

12 [**대판 2013도7718**] [**통관검사**] 우편물 통관검사절차에서 이루어지는 우편물의 개봉, 시료채취, 성분분석 등의 검사는 수출입물품에 대한 적정한 **통관 등을 목적으로 한 '행정조사'의 성격**을 가지는 것으로서 수사기관의 강제처분이라고 할 수 없으므로, 압수·수색영장 없이 우편물의 개봉, 시료채취, 성분분석 등 검사가 진행되었다 하더라도 특별한 사정이 없는 한 위법하다고 볼 수 없다.

# 10 피의자신문의 방법과 절차 — 진술거부권의 고지 —

* 대법원 1992. 6. 23. 선고 92도682 판결
* 참조조문: 형사소송법 제244조의3,[1] 폭력행위등 처벌에 관한 법률 제4조 제1호[2]

---

'피의자에게 '진술거부권'을 고지하지 아니하고 작성한 피의자신문조서의 증거능력

●**사실**● 피고인 X는 부산 중구 남포동·부평동 일대의 오락실 이권 등을 장악하기 위해 범죄단체인 '신이십세기파'를 조직하고 관리한 혐의로 기소되어 제1심과 항소심에서 유죄가 인정되었다(「폭력행위등 처벌에 관한 법률」 제4조 제1호 "수괴"에 해당). 유죄 인정 증거 중의 하나가 이 사건의 공범으로서 별도로 공소제기된 Y에 대한 수사과정에서의 대화 내용(담당 검사인 P가 피의자인 Y와 위 사건에 관하여 대화하는 내용)을 녹화한 비디오테이프에 대한 검증조서이었다. X는 검사 P가 피의자인 Y를 신문하기 전에 **진술거부권을 고지하지 않은 위법**이 있음을 문제 삼았다. 이에 따라 위 검증조서는 증거능력 없음을 주장하며 상고하였다.

●**판지**● 「형사소송법 제200조 제2항은 검사 또는 사법경찰관이 출석한 피의자의 진술을 들을 때에는 **미리 피의자에 대하여 진술을 거부할 수 있음을 알려야 한다고 규정**하고 있는바, 이러한 피의자의 진술거부권은 헌법이 보장하는 형사상 자기에 불리한 진술을 강요당하지 않는 자기부죄거부의 권리에 터잡은 것이므로 수사기관이 피의자를 신문함에 있어서 피의자에게 미리 진술거부권을 고지하지 않은 때에는 그 피의자의 진술은 **위법하게 수집된 증거로서 진술의 임의성이 인정되는 경우라도 증거능력이 부인되어야 한다**」.

●**해설**● **1 대상판결의 의의**　　대상판결은 '한국형 미란다 판결'로 칭해질 정도로 우리 형사소송 발전에 큰 영향을 주었다.[3] 대법원은 수사기관이 피의자를 신문함에 있어 진술거부권을 고지하지 않을 경우, 아무리 그 피의자의 진술이 '임의적'이라 하더라도 이는 위법하게 수집된 증거로 증거능력이 부정됨을

---

1) 형사소송법 제244조의3(**진술거부권 등의 고지**) ① 검사 또는 사법경찰관은 피의자를 신문하기 전에 다음 각 호의 사항을 알려주어야 한다. 1. 일체의 진술을 하지 아니하거나 개개의 질문에 대하여 진술을 하지 아니할 수 있다는 것 2. 진술을 하지 아니하더라도 불이익을 받지 아니한다는 것 3. 진술을 거부할 권리를 포기하고 행한 진술은 법정에서 유죄의 증거로 사용될 수 있다는 것 4. 신문을 받을 때에는 변호인을 참여하게 하는 등 변호인의 조력을 받을 수 있다는 것 ② 검사 또는 사법경찰관은 제1항에 따라 알려 준 때에는 피의자가 진술을 거부할 권리와 변호인의 조력을 받을 권리를 행사할 것인지의 여부를 질문하고, 이에 대한 피의자의 답변을 조서에 기재하여야 한다. 이 경우 피의자의 답변은 피의자로 하여금 자필로 기재하게 하거나 검사 또는 사법경찰관이 피의자의 답변을 기재한 부분에 기명날인 또는 서명하게 하여야 한다.

2) 폭력행위등 처벌에 관한 법률 제4조(**단체 등의 구성·활동**) ① 이 법에 규정된 범죄를 목적으로 하는 단체 또는 집단을 구성하거나 그러한 단체 또는 집단에 가입하거나 그 구성원으로 활동한 사람은 다음 각 호의 구분에 따라 처벌한다. 1. 수괴(首魁): 사형, 무기 또는 10년 이상의 징역 2. 간부: 무기 또는 7년 이상의 징역 3. 수괴·간부 외의 사람: 2년 이상의 유기징역

3) 2007년 6월 1일부로 형사소송법이 개정되면서 '체포와 피의사실 등의 고지'라는 명칭으로 미란다 원칙인 제200조의5가 신설된다(제200조의5는 "검사 또는 사법경찰관은 피의자를 체포하는 경우에는 피의사실의 요지, 체포의 이유와 변호인을 선임할 수 있음을 말하고 변명할 기회를 주어야 한다"). 이렇게 미란다 원칙을 고지하게 된 배경에는 진술거부권을 고지하지 않은 상태에서 수집한 증거의 증거능력을 배제한 대상판결(대법원 1992. 6. 23, 92도682 판결)이 한국형 미란다 원칙의 탄생에 큰 영향을 주었다. 그리고 변호인 참여권을 인정한 대법원과 헌법재판소의 결정은 한국형 미란다 원칙의 완성으로 볼 수 있다.

이 판결을 통해 분명하게 천명하였다. 특히 대상판결은 증거능력 부정의 이유로 진술의 임의성이 인정되더라도 진술거부권을 고지하지 않고 한 신문은 '위법수집증거'로서 증거능력이 없음을 밝히고 있다(**위법수집증거배제법칙적용**).

**2 임의수사의 원칙**　　　수사에는 임의수사와 강제수사가 있다. 형사소송법은 **임의수사를 원칙**으로 하고 있으며 강제수사는 법률에 특별한 규정이 있는 경우에 한하여 예외적으로 허용하고 있다(법199①)[4]. (1) **임의수사**에는 피의자신문, 참고인조사, 감정·통역·번역의 위촉, 공무소 등에 대한 사실조회 등이 있고, (2) **강제수사**에는 체포·구속, 압수·수색·검증과 강제처분의 성격을 지닌 수사상 증거보전·증인신문청구가 있다. 대상판결은 임의수사 중 **피의자신문에 있어서 '사전고지'와 관련**된 사건이다.

**3 피의자신문의 방법 및 절차**　　　피의자신문이란 수사기관이 피의자를 신문(訊問)[5]하여 피의자로부터 진술을 듣는 것을 말한다. 피의자신문은 **임의수사**에 불과하나 피의자의 진술을 통해 사건의 진상에 접근할 수 있기에 **수사의 핵심절차**에 해당한다(피의자신문조서는 증거로 제출되어 법원의 심증형성에 영향을 미치고 유죄의 증거로 사용될 수 있다). 수사기관은 피의자신문을 통해 피의자의 임의적 자백을 쉽게 받아내고자 하는 유혹을 느낀다. 이에 「형사소송법」과 「수사준칙」은 세세하게 법적 규제를 두고 있다. 피의자신문의 과정은 출석요구 → 인정신문 → 진술거부권·변호인조력권 고지 → 피의자신문 순으로 이루어진다. (1) 먼저 수사기관은 피의자나 참고인에 대해서 **출석을 요구**하여 진술을 들을 수 있다(법200).[6] (준칙19).[7] 이 경우 피의자는 그 출석요구에 응할 의무가 없으며 출석한 경우에도 언제든지 퇴거할 수 있다

---

[4] 형사소송법 제199조(**수사와 필요한 조사**) ① 수사에 관하여는 그 목적을 달성하기 위하여 필요한 조사를 할 수 있다. 다만, 강제처분은 이 **법률에 특별한 규정**이 있는 경우에 한하며, 필요한 최소한도의 범위 안에서만 하여야 한다.

[5] '**신문(訊問)**'은 어떤 사건에 관해 관계인을 **조사**하는 것을 말하고, '**심문(審問)**'은 법원이 당사자 등에게 서면이나 구두로 개별적으로 **진술할 기회**를 주는 것을 말한다.

[6] **피의자신문의 주체**는 검사 또는 사법경찰관이다. **사법경찰리**는 수사의 보조기관이지만, 검사나 사법경찰관으로부터 구체적 사건에 관하여 특정된 수사명령을 받으면 '**사법경찰관사무취급**'으로서 피의자신문의 주체가 될 수 있다. 따라서 사법경찰리 작성의 피의자신문조서도 '권한 없는 자가 작성한 조서'라고 할 수 없다(대판 82도1080). 한편, 「수사준칙」에는 수사기관의 '**회피**'제도가 있다. 제11조(회피) **검사 또는 사법경찰관리**는 피의자나 사건관계인과 친족관계 또는 이에 준하는 관계가 있거나 그 밖에 수사의 공정성을 의심 받을 염려가 있는 사건에 대해서는 **소속 기관의 장의 허가**를 받아 그 수사를 **회피해야 한다**.

[7] 「수사준칙」 제19조(**출석요구**) ① 검사 또는 사법경찰관은 피의자에게 출석요구를 할 때에는 다음 각 호의 사항을 유의해야 한다. 1. 출석요구를 하기 전에 우편·전자우편·전화를 통한 진술 등 **출석을 대체**할 수 있는 방법의 선택 가능성을 고려할 것 2. 출석요구의 방법, 출석의 일시·장소 등을 정할 때에는 피의자의 명예 또는 사생활의 비밀이 침해되지 않도록 주의할 것 3. 출석요구를 할 때에는 피의자의 **생업에 지장을 주지 않도록** 충분한 시간적 여유를 두도록 하고, 피의자가 출석 일시의 **연기를 요청**하는 경우 특별한 사정이 없으면 출석 일시를 조정할 것 4. 불필요하게 여러 차례 출석요구를 하지 않을 것 ② 검사 또는 사법경찰관은 피의자에게 출석요구를 하려는 경우 피의자와 조사의 **일시·장소에 관하여 협의**해야 한다. 이 경우 변호인이 있는 경우에는 '**변호인**'과도 **협의해야 한다**. ③ 검사 또는 사법경찰관은 피의자에게 출석요구를 하려는 경우 피의사실의 요지 등 출석요구의 취지를 구체적으로 적은 '**출석요구서**'를 발송해야 한다. 다만, 신속한 출석요구가 필요한 경우 등 부득이한 사정이 있는 경우에는 **전화, 문자메시지, 그 밖의 상당한 방법**으로 출석요구를 할 수 있다. ④ 검사 또는 사법경찰관은 제3항 본문에 따른 방법으로 출석요구를 했을 때에는 출석요구서의 사본을, 같은 항 단서에 따른 방법으로 출석요구를 했을 때에는 그 취지를 적은 수사보고서를 각각 사건기록에 편철한다. ⑤ 검사 또는 사법경찰관은 피의자가 치료 등 수사관서에 출석하여 조사를 받는 것이 현저히 곤란한 사정이 있는 경우에는 **수사관서 외의 장소**에서 조사할 수 있다. ⑥ 제1항부터 제5항까지의 규정은 **피의자 외의 사람**에 대한

(임의수사). 다만, 정당한 이유 없이 출석요구에 응하지 않으면 체포영장(법200의2)에 의해 체포될 수 있으며, **체포·구속된 피의자의 경우**, 판례는 피의자신문을 위한 '**구인**'은 **가능**하다는 입장이다(즉 판례는 적법하게 **구금된 피의자**가 피의자신문을 위한 출석요구에 응하지 않으면 수사기관은 이미 발부된 구속영장의 효력에 의하여 피의자를 조사실로 구인할 수 있다는 입장이다. 물론 이 경우도 진술거부권은 여전히 보장된다. 대결 2013모160, Ref 1−3). (2) 피의자가 출석하면 수사기관은 피의자 '신문 전'에 미리 '**진술거부권**'과 '**변호인의 피의자신문참여권**'을 '**적극적·명시적**'으로 **고지**하여야 한다.8) 진술거부권의 고지는 형사절차에서 매우 중요한 절차이므로 수사기관은 고지 이후에 '진술거부권'과 '변호인의 조력을 받을 권리'를 행사할 것인지 여부에 대한 피의자의 답변을 반드시 '**조서**'에 **기재**하여야 한다. 이 경우 '피의자의 답변'은 피의자로 하여금 '**자필**'로 **기재**하게 하거나 검사 또는 사법경찰관이 피의자의 답변을 기재한 부분에 **기명날인 또는 서명**하게 하여야 한다(법244의3②). 만약 답변이 자필로 기재되어 있지 아니하거나 그 답변 부분에 피의자의 기명날인 또는 서명이 없으면 증거능력이 부정된다(대판 2010도3359, Ref 1−4). 진술거부권을 고지하지 않고 작성한 피의자신문조서는 진술의 **임의성이 인정되더라도** '**위법수집증거**'로서 증거능력이 **없다**. 대상판결은 이를 받아들인 최초의 판결이다. 그리고 **피고인이** '**법인**'인 **때**에는 그 대표자가 공판정에 출석할 수 있는데, 이 경우 그 '대표자'가 진술거부권을 행사할 수 있다(법27① · 283의2②). 진술거부권 고지 대상이 되는 **피의자의 지위**는 수사기관이 조사대상자에 대한 범죄혐의를 인정하여 수사를 개시하는 행위를 한 때 인정되는 것으로 보아야 한다(대판 2011도8125, Ref 2.2−2). 수사기관이 수사를 함에 있어, 그 대상자가 실질적으로 피의자의 지위에서 진술을 하고「수사기관에서의 조사 과정에서 작성된 것이라면, 그것이 '진술조서, 진술서, 자술서'라는 형식을 취하였다고 하더라도 피의자신문조서와 달리 볼 수 없다」(대판 2014도5939, Ref 2.2−1)(따라서 이 경우도 진술거부권은 고지되어야 한다). (3) 이어 수사기관은 **인정신문**을 한다.「검사 또는 사법경찰관이 피의자를 신문함에는 먼저 그 **성명, 연령, 등록기준지, 주거와 직업**을 물어 피의자임에 틀림없음을 확인하여야 한다」(법241). 피의자는 인정신문에 대해서도 진술을 거부할 수 있다. (3) 피의자에게 **신문할 사항**은 ㉠ 범죄사실과 ㉡ 정상(情狀)에 관한 필요한 사항이며 ㉢ 피의자에게도 그 이익되는 사실을 진술할 기회를 주어야 한다(법242). 피의자의 진술은 **조서에 기재**하여야 한다(법244①).9)

**4 피의자신문조서의 작성 및 신문절차와 규제**　　　　(1) 피의자의 **답변은 반드시** '**조서**'에
**기재**하여야 한다(피의자신문조서). 조서는 피의자에게 **열람**하게 하거나 **읽어 들려**주어야 하며,

---

진술한 대로 기재되지 아니하였거나 사실과 다른 부분의 유무를 물어 피의자가 증감 또는 변경의 청구 등 **이의를 제기**하거나 **의견을 진술**한 때에는 이를 조서에 **추가로 기재**하여야 한다. 이 경우 피의자가 **이의를 제기**하였던 부분은 읽을 수 있도록 남겨두어야 한다(법244②). 그리고 피의자의 답변은 피의자로 하여금 **자필로 기재**하게 하거나 검사 또는 사법경찰관이 피의자의 답변을 기재한 부분에 '**매엽에 간인한 후**' 기명날인 또는 **서명**하게 하여야 한다(법244③)(준칙25). (2) 검사 또는 사법경찰관은 피의자가 조사장소에 도착한 시각, 조사를 시작하고 마친 시각, 그 밖에 **조사과정의 진행경과**를 확인하기 위하여 필요한 사항(모든 과정)을 피의자신문조서에 기록하거나 별도의 서면에 기록한 후 **수사기록에 편철**하여야 한다(법244의4①).[10] (3) 피의자신문은 원칙적으로 **오전 9시부터 오전 6시 까지** 사이에는 **심야조사**를 해서는 안되고, 조서를 열람하거나 예외적으로 심야조사가 허용되는 경우를 제외하고는 총조사시간은 **12시간**을 초과하지 않도록 하여야 한다(준칙21~23).[11]

**5 피의자진술의 영상녹화** (1) 피의자의 진술은 영상녹화할 수 있다(임의적). 이 경우 '**미리**' 영상녹화사실을 **알려주어야 하며**(사전고지), 조사의 개시부터 종료까지의 '**전 과정**'[12] 및 객관적 정황을 영

---

10) 형사소송법 제244조의4(**수사과정의 기록**) ① 검사 또는 사법경찰관은 피의자가 조사장소에 **도착**한 시각, 조사를 **시작**하고 **마친** 시각, 그 밖에 조사과정의 진행경과를 확인하기 위하여 필요한 사항을 피의자신문조서에 기록하거나 별도의 서면에 기록한 후 **수사기록에 편철**하여야 한다. ② 제244조제2항 및 제3항은 제1항의 조서 또는 서면에 관하여 준용한다. ③ 제1항 및 제2항은 **피의자가 아닌 자를 조사하는 경우**에 준용한다.

11) 「수사준칙」 제21조(**심야조사 제한**) ① 검사 또는 사법경찰관은 조사, 신문, 면담 등 그 명칭을 불문하고 피의자나 사건관계인에 대해 **오후 9시부터 오전 6시까지** 사이에 조사(이하 "**심야조사**"라 한다)를 해서는 안 된다. 다만, 이미 작성된 조서의 열람을 위한 절차는 **자정 이전까지** 진행할 수 있다. ② 제1항에도 불구하고 다음 각 호의 어느 하나에 해당하는 경우에는 심야조사를 할 수 있다. 이 경우 심야조사의 사유를 조서에 명확하게 적어야 한다. 1. 피의자를 **체포한 후 48시간 이내**에 구속영장의 청구 또는 신청 여부를 판단하기 위해 불가피한 경우 2. **공소시효가 임박**한 경우 3. 피의자나 사건관계인이 출국, 입원, 원거리 거주, 직업상 사유 등 재출석이 곤란한 구체적인 사유를 들어 **심야조사를 요청**한 경우(변호인이 심야조사에 동의하지 않는다는 의사를 명시한 경우는 제외한다)로서 해당 요청에 상당한 이유가 있다고 인정되는 경우 4. **그 밖에 사건의 성질** 등을 고려할 때 심야조사가 **불가피하다고 판단**되는 경우 등 법무부장관, 경찰청장 또는 해양경찰청장이 정하는 경우로서 검사 또는 사법경찰관의 소속 기관의 장이 지정하는 **인권보호 책임자의 허가** 등을 받은 경우

「수사준칙」 제22조(**장시간 조사 제한**) ① 검사 또는 사법경찰관은 조사, 신문, 면담 등 그 명칭을 불문하고 피의자나 사건관계인을 조사하는 경우에는 대기시간, 휴식시간, 식사시간 등 **모든 시간을 합산**한 조사시간(이하 "**총조사시간**"이라 한다)이 **12시간을 초과하지 않도록** 해야 한다. 다만, 다음 각 호의 어느 하나에 해당하는 경우에는 예외로 한다. 1. 피의자나 사건관계인의 서면 요청에 따라 **조서를 열람**하는 경우 2. 제21조제2항 각 호의 어느 하나에 해당하는 경우 ② 검사 또는 사법경찰관은 특별한 사정이 없으면 총조사시간 중 식사시간, 휴식시간 및 조서의 열람시간 등을 제외한 **실제 조사시간이 8시간을 초과하지 않도록** 해야 한다. ③ 검사 또는 사법경찰관은 피의자나 사건관계인에 대한 조사를 마친 때부터 **8시간이 지나기 전에는 다시 조사할 수 없다**. 다만, 제1항제2호에 해당하는 경우에는 예외로 한다.

「수사준칙」 제23조(**휴식시간 부여**) ① 검사 또는 사법경찰관은 조사에 상당한 시간이 소요되는 경우에는 특별한 사정이 없으면 피의자 또는 사건관계인에게 조사 도중에 **최소한 2시간마다 10분 이상의 휴식시간**을 주어야 한다. ② 검사 또는 사법경찰관은 조사 도중 피의자, 사건관계인 또는 그 변호인으로부터 휴식시간의 부여를 **요청받았을 때**에는 그때까지 조사에 소요된 시간, 피의자 또는 사건관계인의 건강상태 등을 고려해 적정하다고 판단될 경우 **휴식시간**을 주어야 한다. ③ 검사 또는 사법경찰관은 조사 중인 피의자 또는 사건관계인의 건강상태에 이상 징후가 발견되면 의사의 진료를 받게 하거나 휴식하게 하는 등 필요한 조치를 해야 한다.

12) 영상녹화에 있어 조사의 개시부터 종료까지의 '**전과정**'이란 조사가 개시된 시점부터 조사가 종료되어 피의자가 조서에 기명날인 또는 서명을 마치는 시점까지의 전과정을 의미한다(규칙134의2③). 다만, 여러 차례의 조사가 이루어진 경우에 최초 조사부터 모든 조사를 영상녹화해야 하는 것은 아니다(대판 2020도13957, Ref 1-1).

상녹화하여야 한다(법244의2①).[13] 이 경우 피의자 또는 변호인의 **'동의'는 필요 없다**('동의'를 반드시 요하는 '참고인영상녹화'와는 다른 점이다). (2) 수회의 조사가 이루어진 경우, 최초의 조사부터 모든 조사 과정을 빠짐없이 영상녹화하여야 하는 것은 아니다. 여기서 조사가 개시된 시점부터 조사가 종료되어 조서에 기명날인 또는 서명을 마치는 시점까지라 함은 기명날인 또는 서명의 대상인 조서가 작성된 **개별 조사에서의 시점**을 의미한다(대판 2020도13957, Ref 1−1). (3) 영상녹화가 **완료**된 때에는 피의자 또는 변호인 앞에서 지체 없이 그 원본을 **'봉인'**하고 피의자로 하여금 **기명날인 또는 서명**하게 하여야 한다(동조②). 이 경우에 피의자 또는 변호인의 요구가 있는 때에는 영상녹화물을 **재생하여 시청**하게 하여야 하며, 피의자 또는 변호인이 내용에 대하여 **이의를 진술**하는 때에는 그 취지를 기재한 **'서면'**을 **첨부**하여야 한다(동조③). (4) 피의진술의 영상녹화물은 '본증'이나 '탄핵증거'로는 사용할 수 없고(현행법은 조작의 위험성, 법관의 그릇된 심증형성 등을 이유로 영상녹화물을 실질증거로는 사용하지 못하도록 하고 있다), ㉠ 단지 **기억환기용**(법318의2)[14]으로 사용하거나 ㉡ 검사 또는 사법경찰관 작성 참고인진술조서의 **실질적 진정성립을 증명**(법312④)하는 수단으로만 사용될 수 있다.[15] (5) 그러나 「성폭력처벌법」[16]과 「청소년성보호법」[17]에서

---

13) 형사소송법 제244조의2(**피의자진술의 영상녹화**) ① 피의자의 진술은 영상녹화할 수 있다. 이 경우 **미리** 영상녹화사실을 알려주어야 하며, 조사의 개시부터 종료까지의 **전 과정 및 객관적 정황**을 영상녹화하여야 한다. ② 제1항에 따른 영상녹화가 완료된 때에는 피의자 또는 변호인 앞에서 **지체 없이 그 원본을 봉인**하고 피의자로 하여금 **기명날인 또는 서명**하게 하여야 한다. ③ 제2항의 경우에 피의자 또는 변호인의 **요구가 있는 때에는 영상녹화물을 재생하여 시청**하게 하여야 한다. 이 경우 그 내용에 대하여 이의를 진술하는 때에는 그 취지를 기재한 **서면을 첨부**하여야 한다.

14) 형사소송법 제318조의2(**증명력을 다투기 위한 증거**) ② 제1항에도 불구하고 피고인 또는 피고인이 아닌 자의 진술을 내용으로 하는 영상녹화물은 공판준비 또는 공판기일에 피고인 또는 피고인이 아닌 자가 진술함에 있어서 기억이 명백하지 아니한 사항에 관하여 **기억을 환기**시켜야 할 필요가 있다고 인정되는 때에 한하여 피고인 또는 피고인이 아닌 자에게 재생하여 시청하게 할 수 있다.

15) 형사소송법 제312조(**검사 또는 사법경찰관의 조서 등**) ④ 검사 또는 사법경찰관이 피고인이 아닌 자의 진술을 기재한 조서는 적법한 절차와 방식에 따라 작성된 것으로서 그 조서가 검사 또는 사법경찰관 앞에서 진술한 내용과 동일하게 기재되어 있음이 원진술자의 공판준비 또는 공판기일에서의 진술이나 **영상녹화물 또는 그 밖의 객관적인 방법에 의하여 증명되고, 피고인 또는 변호인이 공판준비 또는 공판기일에 그 기재 내용에 관하여 원진술자를 신문할 수 있었던 때에는 증거로 할 수 있다. 다만, 그 조서에 기재된 진술이 특히 신빙할 수 있는 상태 하에서 행하여졌음이 증명된 때에 한한다.

16) 성폭력범죄의 처벌 등에 관한 특례법 제30조(19세미만피해자등 진술 내용 등의 **영상녹화 및 보존** 등) ① 검사 또는 사법경찰관은 **19세미만 피해자 등**의 진술 내용과 조사 과정을 영상녹화장치로 녹화(녹음이 포함된 것을 말하며, 이하 "영상녹화"라 한다)하고, **그 영상녹화물을 보존하여야 한다.** ③ 제1항에도 불구하고 19세미만피해자등 또는 그 법정대리인(법정대리인이 가해자이거나 가해자의 배우자인 경우는 제외한다)이 이를 원하지 아니하는 의사를 표시하는 경우에는 영상녹화를 하여서는 아니 된다. …… 제30조의2(**영상녹화물의 증거능력 특례**) ① 제30조제1항에 따라 19세미만피해자등의 진술이 영상녹화된 영상녹화물은 같은 조 제4항부터 제6항까지에서 정한 절차와 방식에 따라 영상녹화된 것으로서 다음 각 호의 어느 하나의 경우에 **증거로 할 수 있다.** 1. 증거보전기일, 공판준비기일 또는 공판기일에 그 내용에 대하여 피의자, 피고인 또는 변호인이 피해자를 신문할 수 있었던 경우. 다만, 증거보전기일에서의 신문의 경우 법원이 피의자나 피고인의 방어권이 보장된 상태에서 피해자에 대한 반대신문이 충분히 이루어졌다고 인정하는 경우로 한정한다. 2. 19세미만 피해자등이 다음 각 목의 어느 하나에 해당하는 사유로 공판준비기일 또는 공판기일에 **출석하여 진술할 수 없는 경우.** 다만, 영상녹화된 진술 및 영상녹화가 특별히 신빙할 수 있는 상태에서 이루어졌음이 증명된 경우로 한정한다. 가. 사망 나. 외국 거주 다. 신체적, 정신적 질병·장애 라. 소재불명 마. 그 밖에 이에 준하는 경우 [본조신설 2023. 7. 11.]

17) 아동·청소년의 성보호에 관한 법률 제26조(**영상물의 촬영·보존 등**) ① 아동·청소년대상 성범죄 피해자의 진술내용과 조사과정은 비디오녹화기 등 영상물 녹화장치로 **촬영·보존하여야 한다.** ⑥ 제1항부터 제4항까지

는 예외적으로 영상녹화물을 **증거로 사용**할 수 있음을 유의하여야 한다.

*Reference 1*

## * 피의자신문과 관련된 주요 판례 *

1 [대판 2020도13957] [피의자의 진술을 영상녹화하는 경우, 형사소송법 및 형사소송규칙에서 조사 전 과정이 영상녹화되는 것을 요구하는 취지 / **수회의 조사가 이루어진 경우**, 최초의 조사부터 모든 조사 과정을 빠짐없이 영상녹화하여야 하는지 여부(소극) 및 **같은 날 수회의 조사가 이루어진 경우**, 조사 과정 전부를 영상녹화하여야 하는지 여부(원칙적 소극)] 형사소송법은 제244조의2 제1항에서 피의자의 진술을 영상녹화하는 경우 조사의 개시부터 종료까지의 전 과정 및 객관적 정황을 영상녹화하여야 한다고 규정하고 있고, 형사소송규칙은 제134조의2 제3항에서 영상녹화물은 조사가 개시된 시점부터 조사가 종료되어 피의자가 조서에 기명날인 또는 서명을 마치는 시점까지 전 과정이 영상녹화된 것으로서 피의자의 신문이 영상녹화되고 있다는 취지의 고지, 영상녹화를 시작하고 마친 시각 및 장소의 고지, 신문하는 검사와 참여한 자의 성명과 직급의 고지, 진술거부권·변호인의 참여를 요청할 수 있다는 점 등의 고지, 조사를 중단·재개하는 경우 중단 이유와 중단 시각, 중단 후 재개하는 시각, 조사를 종료하는 시각의 내용을 포함하는 것이어야 한다고 규정한다. (가) 형사소송법 등에서 조사가 개시된 시점부터 조사가 종료되어 조서에 기명날인 또는 서명을 마치는 시점까지 조사 전 과정이 영상녹화되는 것을 요구하는 취지는 진술 과정에서 **연출이나 조작을 방지**하고자 하는 데 있다. (나) 여기서 조사가 개시된 시점부터 조사가 종료되어 조서에 기명날인 또는 서명을 마치는 시점까지라 함은 기명날인 또는 서명의 대상인 조서가 작성된 **'개별 조사'에서의 시점을 의미**하므로 수회의 조사가 이루어진 경우에도 최초의 조사부터 모든 조사 과정을 빠짐없이 영상녹화하여야 한다고 볼 수 없고, (다) 같은 날 이루어진 수회의 조사라 하더라도 특별한 사정이 없는 한 조사 과정 전부를 영상녹화하여야 하는 것도 아니다.

2 [대판 2014도5939] (가) 피의자의 진술을 기재한 서류 또는 문서가 수사기관에서의 조사 과정에서 작성된 것이라면, 그것이 '진술조서, 진술서, 자술서'라는 형식을 취하였다고 하더라도 피의자신문조서와 달리 볼 수 없고, (나) 수사기관에 의한 진술거부권 고지의 대상이 되는 피의자의 지위는 수사기관이 범죄인지서를 작성하는 등의 형식적인 사건수리 절차를 거치기 전이라도 조사대상자에 대하여 범죄의 혐의가 있다고 보아 **실질적으로 수사를 개시하는 행위를 한 때**에 인정된다. (다) 특히 조사대상자의 진술 내용이 단순히 제3자의 범죄에 관한 경우가 아니라 자신과 제3자에게 공동으로 관련된 범죄에 관한 것이거나 제3자의 피의사실뿐만 아니라 자신의 피의사실에 관한 것이기도 하여 **실질이 피의자신문조서의 성격을 가지는 경우**에 수사기관은 진술을 듣기 전에 미리 진술거부권을 고지하여야 한다.

3 [대결 2013모160] [**구속영장 발부에 의하여 적법하게 구금된 피의자**가 피의자신문을 위한 출석요구에 응하지 아니하면서 수사기관 조사실에 출석을 거부할 경우, 수사기관이 구속영장의 효력에 의하여 피의자를 조사실로 구인할 수 있는지 여부(적극) 및 이때 피의자를 신문하기 전에 진술거부권을 고지하여야 하는지 여부(적극)] [1] 수사기관이 관할 지방법원 판사가 발부한 구속영장에 의하여 피의자를 구속하는 경우, 그

---

의 절차에 따라 촬영한 영상물에 수록된 피해자의 진술은 공판준비기일 또는 공판기일에 피해자 또는 조사과정에 동석하였던 **신뢰관계에 있는 자**의 진술에 의하여 **그 성립의 진정함이 인정된 때에는 증거로 할 수 있다.**

구속영장은 기본적으로 장차 공판정에의 출석이나 형의 집행을 담보하기 위한 것이지만, 이와 함께 법 제202조, 제203조에서 정하는 구속기간의 범위 내에서 수사기관이 법 제200조, 제241조 내지 제244조의5에 규정된 **피의자신문의 방식으로 구속된 피의자를 조사하는 등 적정한 방법으로 범죄를 수사하는 것도 예정하고 있다고 할 것이다.** 따라서 (가) 구속영장 발부에 의하여 적법하게 구금된 피의자가 피의자신문을 위한 출석요구에 응하지 아니하면서 수사기관 조사실에 출석을 거부한다면 **수사기관은 그 구속영장의 효력에 의하여 피의자를 조사실로 구인할 수 있다고 보아야 한다.** (나) 다만 이러한 경우에도 그 피의자신문 절차는 어디까지나 법 제199조 제1항 본문, 제200조의 규정에 따른 **임의수사의 한 방법으로 진행되어야 하므로,** 피의자는 헌법 제12조 제2항과 법 제244조의3에 따라 일체의 진술을 하지 아니하거나 개개의 질문에 대하여 진술을 거부할 수 있고, 수사기관은 피의자를 신문하기 전에 그와 같은 **권리를 알려주어야 한다.** [2] 국가정보원은 2011.7.20. 오전 준항고인들을 국가정보원 조사실로 소환하였으나, 준항고인들은 수사기관에서는 진술은 물론 어떠한 조사도 받지 않겠다며 출감을 거부하였다. …… 이 과정에서 준항고인 1은 계속하여 출감을 거부하였고, 담당 교도관들이 다소의 물리력을 행사하여 준항고인 1을 수용실에서 나오게 한 후 호송 차량에 탑승시켰다. 이후 담당 교도관들과 **국가정보원 수사관들은 함께 준항고인들을 국가정보원 조사실로 호송**하였다.

4 [대판 2010도3359] 비록 사법경찰관이 피의자에게 진술거부권을 행사할 수 있음을 알려 주고 그 행사 여부를 질문하였다 하더라도, 형사소송법 제244조의3 제2항[18])에 규정한 방식에 위반하여 진술거부권 행사 여부에 대한 **피의자의 답변이 자필로 기재**되어 있지 아니하거나 그 답변 부분에 피의자의 기명날인 또는 **서명이 되어 있지 아니한** 사법경찰관 작성의 피의자신문조서는 특별한 사정이 없는 한 형사소송법 제312조 제3항에서 정한 '적법한 절차와 방식'에 따라 작성된 조서라 할 수 없으므로 그 증거능력을 인정할 수 없다.

5 [대판 99도237] [**서명만이 있고 날인이나 간인이 없는** 검사 작성의 피고인에 대한 피의자신문조서의 증거능력 유무(소극)] 조서말미에 피고인의 서명만이 있고, 그 날인(무인 포함)이나 간인이 없는 검사 작성의 피고인에 대한 피의자신문조서는 **증거능력이 없다고 할 것**이고, 그 날인이나 간인이 없는 것이 피고인이 그 날인이나 간인을 거부하였기 때문이어서 그러한 취지가 조서말미에 기재되었다거나, **피고인이 법정에서 그 피의자신문조서의 임의성을 인정하였다고 하여 달리 볼 것은 아니다.**

*Reference 2*

## * '진술거부권'과 관련된 주요 판례 *

1 [헌재 2016헌바381] [공직선거법상 자료제출요구권과 진술거부권의 관계] [각급선거관리위원회 위원·직원의 선거범죄 조사에 있어서 피조사자에게 자료제출의무를 부과한 공직선거법(2000. 2. 16. 법률 제6265호로 개정된 것) 제272조의2 제3항 중 '제1항의 규정에 의한 자료의 제출을 요구받은 자'에 관한 부분 및 허위자료를 제출하는 경우 형사처벌 하는 구 공직선거법(2014. 2. 13. 법률 제12393호로 개정되고, 2017. 2. 8. 법률 제14556호로 개정되기 전의 것) 제256조 제5항 제12호 중 '제272조의2 제3항의 규정에 위반하여 허위의 자료

---

18) 형사소송법 제244조(**피의자신문조서의 작성**) ③ 피의자가 조서에 대하여 이의나 의견이 없음을 진술한 때에는 피의자로 하여금 그 취지를 **자필로 기재**하게 하고 조서에 간인한 후 **기명날인 또는 서명**하게 한다.

를 제출한 자'에 관한 부분(이하 위 각 조항을 합하여 '심판대상조항'이라 한다)이 영장주의에 위반되는지 여부 (소극)] (가) 선거관리위원회의 본질적 기능은 선거의 공정한 관리 등 행정기능이고, 그 효과적인 기능 수행과 집행의 실효성을 확보하기 위한 수단으로서 선거범죄 조사권을 인정하고 있다. (나) 심판대상조항에 의한 자료제출요구는 위와 같은 **조사권의 일종으로서 행정조사에 해당**하고, 선거범죄 혐의 유무를 명백히 하여 공소의 제기와 유지 여부를 결정하려는 목적으로 범인을 발견·확보하고 증거를 수집·보전하기 위한 수사기관의 활동인 **수사와는 근본적으로 그 성격을 달리**한다. (다) 심판대상조항에 의한 자료제출요구는 그 성질상 대상자의 **자발적 협조를 전제**로 할 뿐이고 물리적 강제력을 수반하지 아니한다. 심판대상조항은 피조사자로 하여금 자료제출요구에 응할 의무를 부과하고, 허위 자료를 제출한 경우 형사처벌하고 있으나, 이는 형벌에 의한 불이익이라는 심리적, 간접적 강제수단을 통하여 진실한 자료를 제출하도록 함으로써 조사권 행사의 실효성을 확보하기 위한 것이다. (라) 이와 같이 ==심판대상조항에 의한 자료제출요구는 행정조사의 성격==을 가지는 것으로 수사기관의 수사와 근본적으로 그 성격을 달리하며, 청구인에 대하여 직접적으로 어떠한 물리적 강제력을 행사하는 강제처분을 수반하는 것이 아니므로 영장주의의 적용대상이 아니다. **cf)** 이 판결에 대해서는 다음의 비판이 있다. "공직선거법상 자료제출요구권 행사를 통해 확보된 자료를 형사재판에서 그대로 증거로 사용하는 것은 형사절차에서 임의제출의 적법성 요건을 엄격하게 해석하는 취지를 몰각할 우려가 있다. 또한, 형사절차에서는 피의자 등이 수사기관에서 허위 진술을 하거나, 허위자료를 제출하더라도 적극적으로 증거를 조작하는 등 특별한 사정이 없으면 형사처벌되지 않는데, 이는 공직선거법상 자료제출요구에 단순히 불응하기만 하여도 형사처벌되는 점과 매우 다르다. 한편, 형사소송법 개정으로 인하여 수사기관이 작성한 피의자신문조서의 증거능력 요건은 선거관리위원회 문답서의 증거능력 요건에 비해 더욱 엄격해졌다. 이러한 상황들로 인해 수사기관이 엄격한 인권보장장치의 적용을 회피하고자 선거관리위원회의 질문·조사권, 자료제출요구권 등의 권한에 의존할 가능성이 존재하고, 그 과정에서 피조사자의 방어권이 부당하게 제약되는 결과가 초래될 수 있다. 따라서, 자료제출요구권의 실효성 담보 수단을 형사제재가 아닌 행정질서벌로 전환하거나, '정당한 이유'가 있는 경우에는 선거관리위원회의 자료제출요구를 거부할 수 있는 권리를 명문으로 인정하는 방안 등이 강구될 필요가 있다."[19]

### *피의자의 지위가 인정되는 시기와 진술거부권의 고지*

**2-1 [대판 2014도5939]** (가) 피의자의 진술을 기재한 서류 또는 문서가 수사기관에서의 조사 과정에서 작성된 것이라면, ==그것이 '진술조서, 진술서, 자술서'라는 형식을 취하였다고 하더라도 피의자신문조서와 달리 볼 수 없고==, (나) 수사기관에 의한 진술거부권 고지의 대상이 되는 피의자의 지위는 수사기관이 범죄인지서를 작성하는 등의 **형식적인 사건수리 절차를 거치기 전이라도** 조사대상자에 대하여 범죄의 혐의가 있다고 보아 **실질적으로 수사를 개시하는 행위를 한 때에 인정**된다. (다) 특히 조사대상자의 진술 내용이 단순히 제3자의 범죄에 관한 경우가 아니라 자신과 제3자에게 공동으로 관련된 범죄에 관한 것이거나 제3자의 피의사실뿐만 아니라 자신의 피의사실에 관한 것이기도 하여 ==실질이 피의자신문조서의 성격==을 가지는 경우에 수사기관은 진술을 듣기 전에 미리 진술거부권을 고지하여야 한다.

**2-2 [대판 2011도8125] 파기환송.** [진술거부권 고지 대상이 되는 **피의자 지위가 인정되는 시기** 및 피의자 지위에 있지 아니한 자에게 진술거부권이 고지되지 아니한 경우, 진술의 증거능력 유무(적극)] [1] 피의자에 대한 진술거부권 고지는 피의자의 진술거부권을 실효적으로 보장하여 진술이 강요되는 것을 막기 위해

---

19) 이효진, 공직선거법상 자료제출요구권과 진술거부권의 관계 - 헌법재판소 2019. 9. 26. 선고 2016헌바381 결정의 평석을 겸하여 -, 법조 제73권 제2호(2024), 90~91면.

인정되는 것인데, 이러한 진술거부권 고지에 관한 형사소송법 규정내용 및 진술거부권 고지가 갖는 실질적인 의미를 고려하면 수사기관에 의한 진술거부권 고지 대상이 되는 **피의자 지위는 수사기관이 조사대상자에 대한 범죄혐의를 인정하여 수사를 개시하는 행위를 한 때 인정되는 것으로 보아야 한다.** 따라서 이러한 피의자 지위에 있지 아니한 자에 대하여는 진술거부권이 고지되지 아니하였더라도 진술의 증거능력을 부정할 것은 아니다. [2] 피고인들이 중국에 있는 甲과 공모한 후 중국에서 입국하는 乙을 통하여 필로폰이 들어 있는 곡물포대를 배달받는 방법으로 필로폰을 수입하였다고 하여 주위적으로 기소되었는데 검사가 乙에게서 곡물포대를 건네받아 피고인들에게 전달하는 역할을 한 **참고인 丙에 대한 검사 작성 진술조서를 증거로 신청한 사안**에서, (가) 피고인들과 공범관계에 있을 가능성만으로 丙이 참고인으로서 검찰 조사를 받을 당시 또는 그 후라도 검사가 丙에 대한 범죄혐의를 인정하고 수사를 개시하여 피의자 지위에 있게 되었다고 단정할 수 없고, (나) 검사가 丙에 대한 수사를 개시할 수 있는 상태이었는데도 진술거부권 고지를 잠탈할 의도로 피의자 신문이 아닌 참고인 조사의 형식을 취한 것으로 볼 만한 사정도 기록상 찾을 수 없으며, (다) 오히려 피고인들이 수사과정에서 필로폰이 중국으로부터 수입되는 것인지 몰랐다는 취지로 변소하였기 때문에 피고인들의 수입에 관한 범의를 명백하게 하기 위하여 丙을 참고인으로 조사한 것이라면, (라) **丙은 수사기관에 의해 범죄혐의를 인정받아 수사가 개시된 피의자의 지위에 있었다고 할 수 없고 참고인으로서 조사를 받으면서 수사기관에게서 진술거부권을 고지받지 않았다는 이유만으로 그 진술조서가 위법수집증거로서 증거능력이 없다고 할 수 없는데도,** 아무런 객관적 자료 없이 丙이 피고인들 범행의 공범으로서 피의자 지위에 있다고 단정한 후 진술거부권 불고지로 인하여 丙에 대한 진술조서의 증거능력이 없다고 본 원심판결에는 법리오해의 위법이 있고, 이러한 위법은 주위적 공소사실을 무죄로 인정한 판결 결과에 영향을 미쳤다고 한 사례.

3 **[헌재 96헌가11] [주취여부의 측정거부와 진술거부권]** [도로교통법 제41조 제2항, 제107조의2 제2호 중 주취운전의 혐의자에게 주취여부의 측정에 응할 의무를 지우고 이에 불응한 사람을 처벌하는 부분(이하 "이 사건 법률조항"이라 한다)이 헌법 제12조 제2항에서 보장하는 진술거부권을 침해하는 위헌조항인지 여부] 헌법 제12조 제2항은 진술거부권을 보장하고 있으나, 여기서 **"진술"이라함은 생각이나 지식, 경험사실을 정신작용의 일환인 언어를 통하여 표출하는 것을 의미하는**데 반해, 도로교통법 제41조 제2항에 규정된 음주측정은 호흡측정기에 입을 대고 호흡을 불어 넣음으로써 신체의 물리적, 사실적 상태를 그대로 드러내는 행위에 불과하므로 이를 두고 "진술"이라 할 수 없고, 따라서 주취운전의 혐의자에게 호흡측정기에 의한 주취여부의 측정에 응할 것을 요구하고 이에 불응할 경우 처벌한다고 하여도 이는 형사상 불리한 "진술"을 강요하는 것에 해당한다고 할 수 없으므로 헌법 제12조 제2항의 진술거부권조항에 위배되지 아니한다.

4 **[헌재 89헌가118]** [도로교통법 제50조 제2항, 제111조 제3호가 헌법 제12조 제2항의 진술거부권을 침해하는지 여부] 교통사고를 일으킨 운전자에게 신고의무를 부담시키고 있는 도로교통법 제50조 제2항, 제111조 제3호는, 피해자의 구호 및 교통질서의 회복을 위한 조치가 필요한 범위 내에서 교통사고의 객관적 내용만을 신고하도록 한 것으로 해석하고, 형사책임과 관련되는 사항에는 적용되지 아니하는 것으로 해석하는 한 헌법에 위반되지 아니한다.

* 대법원 2020. 3. 17.자 2015모2357 결정
* 참조조문: 헌법 제12조 제4항,[1] 형사소송법 제243조의2 제1항·제3항,[2] 수사준칙 제13조[3] 제14조[4]

---

검사가 구금된 피의자를 신문할 때 피의자 또는 변호인으로부터 **보호장비**를 해제해 달라는 요구를 받고도 거부한 조치는 정당한가? 또한 변호인이 피의자신문 중에 부당한 신문방법에 대한 이의제기를 하였다는 이유만으로 변호인을 조사실에서 **퇴거시킨 조치**가 정당한가?

---

●**사실**● 피의자 X는 국가보안법위반 혐의로 구속되어 수원구치소에 수용 중이었고, 변호사인 A는 X의 변호인이었다. X는 당시 2015.5.26. 수원지방검찰청에서 A와 접견을 마친 후 검사로부터 피의자신문을 받기 위하여 221호실(영상녹화실)로 입실하였다. A도 변호인으로서 **피의자신문에 참여**하기 위해 221호실로 입실하였다. 담당 교도관은 X가 입실하기 직전에 포승을 풀었으나 수갑은 해제하지 않았고, 221호실 출입문 바깥쪽에서 대기하고 있었다. 담당 검사는 X가 **수갑을 착용한 상태**에서 인정신문을 시작하였고, 이에 A는 검사에게 수갑의 해제를 요청하였으나 거부당했다(제1행위). A는 15분가량 계속해서 수갑의 해제를 요구하였고, 검사는 A의 이러한 행동이 수사에 현저한 지장을 초래한다는 이유로 검찰수사관들을 통하여 A를 **강제로 퇴거**시켰다(제2행위). 원심은 검사의 제1행위 - 인정신문 전에 수갑을 해제하여 달라고 요구하였음에도 수갑 해제 요청을 하지 않은 조치 - 에 대해서는 준항고의 대상이 되는 '**구금에 관한 처분**'에 해당한다고 판단하였다. 그리고 검사의 제2행위 - 수사에 현저한 지장을 초래한다는 이유로 A를 퇴실시킨 조치 - 도 변호인의 피의자신문 참여권을 침해하여 위법하다고 판단하였다. 이에 검

---

1) 헌법 제12조 ④ 누구든지 체포 또는 구속을 당한 때에는 즉시 변호인의 조력을 받을 권리를 가진다. 다만, 형사피고인이 스스로 변호인을 구할 수 없을 때에는 법률이 정하는 바에 의하여 국가가 변호인을 붙인다.
2) 형사소송법 제243조의2(**변호인의 참여 등**) ① 검사 또는 사법경찰관은 피의자 또는 그 변호인·법정대리인·배우자·직계친족·형제자매의 **신청**에 따라 변호인을 피의자와 접견하게 하거나 **정당한 사유가 없는 한** 피의자에 대한 신문에 **참여하게 하여야 한다.** ② 신문에 참여하고자 하는 변호인이 **2인 이상**인 때에는 피의자가 신문에 **참여할 변호인 1인을 지정한다. 지정이 없는 경우에는 검사 또는 사법경찰관이 이를 지정할 수 있다.** ③ 신문에 참여한 변호인은 **신문 후 의견을 진술**할 수 있다. 다만, 신문 중이라도 부당한 신문방법에 대하여 **이의를 제기**할 수 있고, 검사 또는 사법경찰관의 **승인을 얻어** 의견을 진술할 수 있다. ④ 제3항에 따른 **변호인의 의견이 기재**된 피의자신문조서는 변호인에게 **열람**하게 한 후 변호인으로 하여금 그 조서에 **기명날인** 또는 **서명**하게 하여야 한다. ⑤ 검사 또는 사법경찰관은 변호인의 신문참여 및 **그 제한에 관한 사항**을 피의자신문조서에 **기재하여야 한다.**
3) 수사준칙 제13조(**변호인의 피의자신문 참여·조력**) ① 검사 또는 사법경찰관은 피의자신문에 참여한 변호인이 피의자의 옆자리 등 '**실질적인 조력**'을 할 수 있는 위치에 앉도록 해야 하고, 정당한 사유가 없으면 피의자에 대한 법적인 조언·상담을 보장해야 하며, 법적인 조언·상담을 위한 변호인의 **메모를 허용**해야 한다. ② 검사 또는 사법경찰관은 피의자에 대한 신문이 아닌 **단순 면담** 등이라는 이유로 변호인의 참여·조력을 제한해서는 안 된다. ③ 제1항 및 제2항은 검사 또는 사법경찰관의 사건관계인에 대한 조사·면담 등의 경우에도 적용한다.
4) 수사준칙 제14조(**변호인의 의견진술**) ① 피의자신문에 참여한 변호인은 검사 또는 사법경찰관의 **신문 후 조서**를 열람하고 의견을 진술할 수 있다. 이 경우 변호인은 별도의 서면으로 의견을 제출할 수 있으며, 검사 또는 사법경찰관은 해당 서면을 사건기록에 편철한다. ② 피의자신문에 참여한 변호인은 **신문 중이라도** 검사 또는 사법경찰관의 '**승인**'을 받아 의견을 진술할 수 있다. 이 경우 검사 또는 사법경찰관은 정당한 사유가 있는 경우를 제외하고는 변호인의 의견진술 요청을 **승인해야** 한다. ③ 피의자신문에 참여한 변호인은 제2항에도 불구하고 **부당한 신문방법**에 대해서는 검사 또는 사법경찰관의 '**승인 없이**' 이의를 제기할 수 있다. ④ 검사 또는 사법경찰관은 제1항부터 제3항까지의 규정에 따른 의견진술 또는 이의제기가 있는 경우 해당 내용을 **조서에 적어야 한다.**

사가 재항고하였다.

●**판지**● 재항고기각. 「[1] 인간의 존엄성 존중을 궁극의 목표로 하고 있는 우리 헌법이 제27조 제4항에서 무죄추정의 원칙을 선언하고, 제12조에서 신체의 자유와 적법절차의 보장을 강조하고 있음을 염두에 두고 앞서 본 규정들의 내용과 취지를 종합하여 보면, 검사가 조사실에서 피의자를 신문할 때 피의자가 신체적으로나 심리적으로 위축되지 않은 상태에서 자기의 방어권을 충분히 행사할 수 있도록 피의자에게 **보호장비를 사용하지 말아야 하는 것이 원칙**이고, 다만 도주, 자해, 다른 사람에 대한 위해 등 형집행법 제97조 제1항 각호5)에 규정된 위험이 분명하고 구체적으로 드러나는 경우에만 예외적으로 보호장비를 사용하여야 한다. 따라서 구금된 피의자는 형집행법 제97조 제1항 각호에 규정된 사유에 해당하지 않는 이상 보호장비 착용을 강제당하지 않을 권리를 가진다. 검사는 조사실에서 피의자를 신문할 때 해당 피의자에게 그러한 특별한 사정이 없는 이상 교도관에게 보호장비의 해제를 요청할 의무가 있고, 교도관은 이에 응하여야 한다.

[2] 형사소송법 제243조의2 제1항은 검사 또는 사법경찰관은 피의자 또는 변호인 등이 신청할 경우 정당한 사유가 없는 한 변호인을 피의자신문에 참여하게 하여야 한다고 규정하고 있다. 여기에서 '**정당한 사유**'란 변호인이 피의자신문을 방해하거나 수사기밀을 누설할 염려가 있음이 객관적으로 명백한 경우 등을 말한다. 형사소송법 제243조의2 제3항 단서는 피의자신문에 참여한 변호인은 신문 중이라도 부당한 신문방법에 대하여 이의를 제기할 수 있다고 규정하고 있으므로, 검사 또는 사법경찰관의 부당한 신문방법에 대한 이의제기는 고성, 폭언 등 그 방식이 부적절하거나 또는 합리적 근거 없이 반복적으로 이루어지는 등의 특별한 사정이 없는 한, 원칙적으로 변호인에게 인정된 권리의 행사에 해당하며, 신문을 방해하는 행위로는 볼 수 없다. 따라서 검사 또는 사법경찰관이 그러한 특별한 사정없이, 단지 변호인이 피의자신문 중에 **부당한 신문방법에 대한 이의제기를 하였다는 이유만으로** 변호인을 조사실에서 퇴거시키는 조치는 **정당한 사유 없이 변호인의 피의자신문 참여권을 제한하는 것**으로서 허용될 수 없다」.

●**해설**● 1 대상판결에서의 쟁점        대상판결은 ① 검사가 조사실에서 피의자를 신문할 때 도주, 자해, 다른 사람에 대한 위해 등「형집행법」제97조 제1항 각호에 규정된 위험이 분명하고 구체적으로 드러나는 경우에만 예외적으로 보호장비를 사용할 수 있는지 여부와 ② 검사가 조사실에서 피의자를 신문할 때 피의자에게 위와 같은 특별한 사정이 없는 이상 교도관에게 보호장비의 해제를 요청할 의무가 있고, 교도관은 이에 응하여야 하는지 여부가 다투어 졌다. 나아가 ③ 검사 또는 사법경찰관이 단지 변호인이 피의자신문 중에 부당한 신문방법에 대한 이의제기를 하였다는 이유만으로 변호인을 조사실에서 퇴거시키는 조치가 정당한 사유 없이 변호인의 피의자신문 참여권을 제한하는 것인지 여부가 다투어 졌다.

---

5) 형의 집행 및 수용자의 처우에 관한 법률 제97조(**보호장비의 사용**) ① 교도관은 수용자가 다음 각 호의 어느 하나에 해당하면 보호장비를 사용할 수 있다. 1. 이송·출정, 그 밖에 교정시설 밖의 장소로 수용자를 호송하는 때 2. 도주·자살·자해 또는 다른 사람에 대한 위해의 우려가 큰 때 3. 위력으로 교도관의 정당한 직무집행을 방해하는 때 4. 교정시설의 설비·기구 등을 손괴하거나 그 밖에 시설의 안전 또는 질서를 해칠 우려가 큰 때 ② 보호장비를 사용하는 경우에는 수용자의 나이, 건강상태 및 수용생활 태도 등을 고려하여야 한다. ③ 교도관이 교정시설의 안에서 수용자에 대하여 보호장비를 사용한 경우 의무관은 그 수용자의 건강상태를 수시로 확인하여야 한다. cf) 이상의 경우에도 교도관은 **필요한 최소한의 범위**에서 보호장비를 사용하여야 하며, 그 사유가 소멸하면 사용을 **지체 없이 중단**하여야 한다(동법99①)

**2 변호인의 피의자신문참여권의 의의**　　　(1) 변호인은 검사 또는 사법경찰관의 피의자
신문에 참여할 수 있는 **권리**가 있다. 헌법재판소는 변호인의 변호권을 '헌법상의 기본권'으로
보고 있다.「변호인이 피의자신문에 자유롭게 참여할 수 있는 권리는 피의자가 가지는 변호인
의 조력을 받을 권리를 실현하는 수단이므로 '**헌법상 기본권**'인 변호인의 **변호권**으로서 보호되어야 한다」
고 판시하고 있다(헌재 2016헌마503, Ref 1-1). 따라서 변호인의 피의자신문참여권은 수사기관의 입장에
서는 '**원칙적 의무**'로 **수인**되어야 한다(피의자신문시 변호인참여권을 인정해야 하는 이유는 피의자의 취약한 **방
어능력을 보충**하고 유죄인정의 자료가 될 수 있는 **조서의 선택적 기재**로 인한 위험성을 줄이는데 있다).[6] (2) 형
사소송법은 피의자신문 시 변호인 참여가 가능하며, 신문에 참여한 변호인은 '**신문 후**' 의견을 **진술**할 수
있다(의견진술권). 다만, '**신문 중**'이라하더라도 '**부당한 신문방법**'에 대해서는 이의를 **제기**할 수 있고(이의
제기권), 검사 또는 사법경찰관의 '**승인**'을 **얻어** 의견을 진술할 수 있도록 하고 있다(법243의2)[7](문맥상 부
당한 신문방법에 대한 이의제기는 검사 또는 사법경찰관의 승인을 요하지 않는다). 이 경우 검사 또는 사법경찰
관은 정당한 사유가 있는 경우를 제외하고는 변호인의 의견진술 요청을 **승인해야** 한다(준칙14②). (3) 검
사 또는 사법경찰관은 피의자신문에 참여한 변호인이 피의자의 **옆자리 등 '실질적인'** 조력을 할 수 있는
위치에 앉도록 해야 하고, 정당한 사유가 없으면 피의자에 대한 **법적인 조언·상담을 보장**해야 하며, 법
적인 조언·상담을 위한 변호인의 **메모를 허용**하도록 하여야 한다(준칙13①). 나아가 (4) 검사 또는 사법경
찰관은 피의자에 대한 신문이 아닌 **단순 면담** 등이라는 이유로 변호인의 참여·조력을 제한해서는 안 된
다(준칙13②). (5) 수사관이 변호인에게 **피의자 후방에 앉으라고 요구**(헌재 2016헌마503, Ref 1-1)한다든가
**피의자로부터 떨어진 곳으로** 옮겨 앉으라고 지시(대결 2008모793, Ref 1-3)를 하였다면 변호인의 참여권에
대한 침해가 된다.

**3 피의자신문시 변호인 참여권의 제한**　　　변호인의 피의자신문참여는 단순한 수동적 입회에 그치
는 것이 아니라 피의자의 방어권보장을 위한 **적절한 상담**과 **법적 조언**(진술거부권 행사 등)의 제공을 의미
한다. 하지만 '정당한 사유'가 있을 때에는 참여가 **제한될 수 있다**(법243의2①). 여기서 '**정당한 사유**'란

---

6) "경찰 피의자신문 절차에서 변호인 참여 비율은 약 1% 정도로 추산되어 수사단계에서의 변호인 조력은 매우
　　미흡한 현실에서, 변호인의 조력 없이 수사단계에서 이루어진 자백으로 인해 피고인이 돌이킬 수 없을 정도로
　　불리한 지위에 놓이게 된다면「헌법」상 변호인의 조력을 받을 권리가 보장되고 있다고 보기 어렵다. 수사기관
　　에서 피의자신문이 이루어지는 과정에서 피의자는 현실적으로 수사기관과 대등한 지위에 있다고 보기 어려우
　　며, 변호인이 없는 경우에는 훨씬 더 열악한 지위에 놓이게 된다. 이처럼 수사 단계에서 피의자가 변호인의 조
　　력을 충분히 받기 어려운 현실에서, 피고인의 자백이 기재되어 있는 피의자신문조서를 검찰이 유리한 증거로
　　활용하는 것은 실질적 무기평등주의의 관점에서 문제가 있다. 이러한 결과는 개정「형사소송법」이 검사 작성
　　피의자신문조서의 증거능력 인정요건을 엄격하게 규정한 취지를 몰각시키는 것이다."(곽지현, 증거능력 없는
　　피의자신문조서의 탄핵증거로의 사용, 법학논집 제27권 제3호(2023), 이화여자대학교 법학연구소, 124면).
7) 형사소송법 제243조의2(**변호인의 참여 등**) ① 검사 또는 사법경찰관은 피의자 또는 그 변호인·법정대리인·배
　　우자·직계친족·형제자매의 신청에 따라 변호인을 피의자와 접견하게 하거나 **정당한 사유가 없는 한** 피의자에
　　대한 신문에 **참여하게 하여야 한다**. ② 신문에 참여하고자 하는 변호인이 2인 이상인 때에는 **피의자가** 신문에
　　참여할 변호인 1인을 **지정**한다. 지정이 없는 경우에는 **검사 또는 사법경찰관**이 이를 **지정할 수 있다**. ③ 신문에
　　참여한 변호인은 '**신문 후**' 의견을 **진술**할 수 있다. 다만, 신문 중이라도 부당한 신문방법에 대하여 '**이의'를 제
　　기**할 수 있고, 검사 또는 사법경찰관의 '**승인**'을 **얻어** 의견을 진술할 수 있다. ④ 제3항에 따른 변호인의 의견
　　이 기재된 피의자신문조서는 변호인에게 열람하게 한 후 **변호인으로 하여금** 그 조서에 **기명날인 또는 서명**하게
　　하여야 한다. ⑤ 검사 또는 사법경찰관은 변호인의 신문참여 및 그 제한에 관한 사항을 피의자신문조서에 **기
　　재하여야 한다**.　cf) 본 조항은 2007. 6. 1. 개정 형사소송법에서 명문으로 규정되어 들어왔다.

「변호인이 ㉠ 피의자신문을 **방해**하거나 ㉡ 수사기밀을 **누설**할 염려가 있음이 **객관적으로 명백**한 경우 등을 말한다8)」(대결 2008모793, Ref 1-3). 따라서 막연하게 변호인의 수사방해나 수사기밀 유출에 대한 우려가 있다는 추상적 가능성만으로는 부족하고, 그러한 우려가 현실화될 **구체적 가능성**이 있어야 한다(헌재 2016헌마503, Ref 1-1). 참여한 변호인이 피의자에게 **진술거부권을 행사**하도록 하는 것은 참여권을 제한할 정당한 사유에 해당하지 않으며(대결 2006모657, Ref 1-4), 대상판결에서와 같이 변호인이 피의자신문 중에 부당한 신문방법에 대한 이의제기를 하였다는 이유만으로 변호인을 **조사실에서 퇴거**시키는 것은 정당한 조치로 볼 수 없다(대결 2015모2357).

**4 접견교통권 침해에 대한 불복방법(준항고)** 　　　　접견교통권은 헌법상의 피의자의 권리이다. 검사나 사법경찰관이 **변호인의 참여를 제한하거나 퇴거**시킨 처분에 대해서는 피의자나 변호인은 '**준항고**'를 통해 그 처분의 취소 또는 변경을 청구할 수 있도록 하고 있다(법417).9) 대상판결도 이런 상황이 문제되었다. 또한 대상판결에서 법원은 「형사소송법 제417조는 검사 또는 사법경찰관의 '구금에 관한 처분'에 불복이 있으면 법원에 그 처분의 취소 또는 변경을 청구할 수 있다고 규정하고 있다. …… 따라서 검사 또는 사법경찰관이 구금된 피의자를 신문할 때 **피의자 또는 변호인으로부터 보호장비를 해제해 달라는 요구를 받고도 거부한 조치**는 형사소송법 제417조에서 정한 '구금에 관한 처분'에 해당한다고 보아야 한다」고 판시하였다. 제417조의 준항고 청구가 있는 경우 제409조가 준용되며(법419), 따라서 준항고가 제기된 경우 제409조에 따라 집행정지의 효력은 인정되지 않는다.10) 검사 또는 사법경찰관리가 변호인 참여를 제한하는 경우에 피의자와 변호인에게 그 처분에 대해 제417조에 따른 준항고를 제기할 수 있다는 사실을 미리 고지해야 한다(검찰사건사무규칙22⑤ · 경찰수사규칙13①).

**5 피의자신문과 참여자** 　　　　피의자 신문 시 **참여자 규정**이 있다. 먼저 (1) 신문하는 측인 「㉠ 검사가 피의자를 신문함에는 '검찰청수사관' 또는 '서기관이나 서기'를 참여하게 하여야 하고 ㉡ 사법경찰관이 피의자를 신문함에는 '사법경찰관리'를 참여하게 하여야 한다」(법243). 이는 조서기재의 정확성과 신문절차의 적법성을 보장하기 위한 것이다. (2) 그리고 신문 당하는 피의자 쪽에서도 피의자 등의 '**신청**'에 의해 '**변호인**'을 참여시킬 수 있다(법243의2, 준칙13 · 14). 헌법재판소는 피의자에 대한 조사나 신문 중에 피의자의 요청에 따라 변호인이 조언과 상담을 하는 것은 변호인의 조력을 받을 권리의 **핵심적 내용**으로 본다(헌재 2000헌마138).11)(피의자 접견교통권의 구체적 내용은 【17】참조). 또한 (3) 검사 또는 사법경

---

8) 예를 들면, 참여 변호인이 피의자를 대신하여 답변하거나 특정한 답변을 유도하는 경우, 피의자신문내용을 핸드폰으로 촬영 · 녹음하는 경우 등이다. 그러나 변호인이 신문내용을 **메모나 쪽지**에 기록하는 것은 피고인의 방어권행사를 위한 행위이므로 신문방해에 해당하지 않는다.

9) 형사소송법 제417조(**준항고**) 검사 또는 사법경찰관의 **구금, 압수 또는 압수물의 환부에 관한 처분**과 제243조의2에 따른 **변호인의 참여 등에 관한 처분에 대하여 불복**이 있으면 그 직무집행지의 관할법원 또는 검사의 소속 검찰청에 대응한 법원에 그 처분의 취소 또는 변경을 청구할 수 있다. **cf)** 항고는 법원의 '결정'에 대한 상소를 말한다. 여기서 법원은 '형사소송법상의 수소법원만'을 가리킨다(대결 97모1). 반면, **준항고**는 (수소법원의) 재판장 또는 수명법관의 재판이나 검사 · 사법경찰관의 처분에 대하여 그 취소 또는 변경을 구하는 불복방법을 말한다.

10) 형사소송법 제409조(**보통항고와 집행정지**) 항고는 즉시항고 외에는 재판의 집행을 정지하는 효력이 없다. 단, 원심법원 또는 항고법원은 결정으로 항고에 대한 결정이 있을 때까지 집행을 정지할 수 있다.

11) 나아가 헌법재판소는 「변호인이 피의자신문에 자유롭게 참여할 수 있는 권리는 피의자가 가지는 변호인의 조력을 받을 권리를 실현하는 수단이므로 **헌법상 기본권인 변호인의 변호권**으로서 보호되어야 한다」(헌재 2016

찰관이 피의자를 신문하는 경우에 ㉠ 피의자가 **신체적** 또는 **정신적 장애**로 사물을 변별하거나 의사를 결정·전달할 능력이 **미약**하거나 ㉡ 피의자의 **연령·성별·국적 등의 사정**을 고려하여 그 심리적 안정의 도모와 원활한 의사소통을 위하여 필요한 경우에는 '**직권**' 또는 피의자·법정대리인의 '**신청**'에 따라 피의자와 '**신뢰관계**'에 있는 자를 동석하게 **할 수 있다**(수사기관의 '**재량**')(법244의5). 하지만 동석자의 대리진술은 허용되지 않는다(대판 2009도1322). (4) 검사는 공소제기 여부와 관련된 사실관계를 분명하게 하기 위하여 필요한 경우에는 **직권**이나 피의자 또는 변호인의 **신청**에 의하여 **전문수사자문위원**을 지정하여 수사절차에 참여하게 하고 자문을 **들을 수 있다**(법245의2①).

**6 참고인조사**　　'피의자 아닌 자'를 **참고인**[12]이라 하며, 참고인의 진술을 듣는 것을 **참고인**'**조사**'라 한다. (1) 검사 또는 사법경찰관은 수사에 필요한 때에는 피의자가 아닌 자의 출석을 요구하여 진술을 들을 수 있다. 참고인조사 또한 **임의수사**이므로 출석의무나 진술의무는 없다. 참고인의 불출석에 대해서는 제재나 구인을 할 수 없다. 다만, 참고인이 출석 또는 진술을 거부하는 경우에 **검사**는 제1회 공판기일 전에 한하여 **증인신문을 청구**할 수 있다(법221의2①).[13] (2) (피의자신문과는 달리) 참고인이 출석하여 진술에 임할 때 **진술거부권을 고지할 필요는 없다**. 따라서 참고인에 대해 진술거부권이 고지되지 아니하였더라도 진술의 증거능력이 부정되지는 않는다(대판 2011도8125, Ref 2-5). 그러나 참고인이 피의자로 신분이 전환된 경우에는 당연히 진술거부권이 고지되어야 한다. (3) 그리고 참고인의 '**동의를 받아**' 영상**녹화**를 할 수 있다(법221①)(영상녹화동의서작성이 필요). 이렇게 작성된 영상녹화물은 다른 법률에서 달리 규정하고 있는 등의 특별한 사정이 없는 한, 공소사실을 직접 증명할 수 있는 독립적인 증거로 사용될 수는 없다(대판 2012도5041, Ref 2-3). (4) (피의자신문과는 달리) 참고인조사에서는 검찰수사관 등의 **참여는 필요 없다**. (5) '**피해자**'를 참고인으로 조사할 경우에는 ㉠ 피해자의 연령, 심신의 상태, 그 밖의 사정을 고려하여 피해자가 현저하게 불안 또는 긴장을 느낄 우려가 있다고 인정하는 때에는 **직권** 또는 피해자·법정대리인·검사의 **신청**에 따라 피해자와 '**신뢰관계에 있는 자**'를 **동석하게 할 수 있다**('**임의적**' 동석)(법221③·163의2①). 다만, ㉡ 피해자가 **13세 미만**이거나 **신체적** 또는 **정신적 장애**로 사물을 변별하거나 의사를 결정할 능력이 **미약**한 경우에 참고인조사에 지장을 초래할 우려가 있는 등 부득이한 경우가 아닌 한 피해자와 신뢰관계에 있는 자를 **동석하게 하여야 한다**('**필요적**' 동석)(법163의2②). (6) 검사 또는 사법경찰관은 참고인이 조사장소에 도착한 시각, 조사를 시작하고 마친 시각, 그 밖에 조사과정의 진행경과를 확인하기 위하여 필요한 사항을 피의자신문조서에 **기록**하거나 별도의 서면에 기록한 후 수사기록에 **편철**하여야 한다(법244의4③). (7) 한편 참고인조사의 한 방법으로 '범인식별진술'이 있다. **범인식별진술**이란 범인과 직접 접촉이 있었던 피해자나 목격자가 특정인을 범인으로 지목하는 진술을 말한다. 범인

---

헌마503)고 결정하여 변호인의 '변호권'이 헌법상의 '기본권'임을 분명히 하고 있다. 따라서 변호인의 피의자신문참여권은 **수사기관의 입장에서는 '원칙적 의무'로 수인**되어야 한다. 다만, '정당한 사유'가 있다면 참여권이 제한될 수 있다. 판례는 「형사소송법 제243조의2 제1항에서 '정당한 사유'란 변호인이 피의자신문을 **방해**하거나 수사기밀을 누설할 염려가 있음이 **객관적으로 명백**한 경우 등을 말하는 것」으로 이해한다(대결 2008모793).

12) 참고인은 '**증인**'과 **구별**된다. 참고인은 수사기관에 대하여 일정한 체험사실을 진술하는 자임에 반해 증인은 법원 또는 법관에 대하여 일정한 체험사실을 진술하는 자이다. **증인**은 참고인과 달리 **출석·선서·증언의무**가 있으며 '강제구인'이 가능하다(법152).

13) 형사소송법 제221조의2(**증인신문의 청구**) ① 범죄의 수사에 없어서는 아니될 사실을 안다고 명백히 인정되는 자가 전조의 규정에 의한 출석 또는 진술을 거부한 경우에는 검사는 **제1회 공판기일 전에 한하여** 판사에게 그에 대한 증인신문을 청구할 수 있다.

식별절차에는 복수대면(lineup)과 단수대면(showup)이 있다. 판례는 **복수대면이 원칙**이고 단수대면은 신빙성이 낮다는 입장이다(대판 2003도7033). 그러나 예외적인 경우도 인정하고 있다(대판 2008도12111). (【39】 참조)

**\*신뢰관계인의 동석 비교\***

| 피의자의 경우 | 피해자의 경우 | |
|---|---|---|
| 임의적 동석 | 임의적 동석 | 필요적 동석 |

## *Reference 1*

### * 피의자신문시 변호인 참여권을 침해한 사례 *

1 [헌재 2016헌마503] [검찰수사관인 피청구인이 피의자신문에 참여한 변호인인 청구인에게 **피의자 후방에 앉으라고 요구한 행위**가 변호인인 청구인의 변호권을 침해하는지 여부(적극)] (가) 변호인이 피의자신문에 자유롭게 참여할 수 있는 권리는 피의자가 가지는 변호인의 조력을 받을 권리를 실현하는 수단이므로 **헌법상 기본권인 변호인의 변호권**으로서 보호되어야 한다. (나) 피의자신문에 참여한 변호인이 **피의자 옆에 앉는다고 하여** 피의자 뒤에 앉는 경우보다 수사를 방해할 가능성이 높아진다거나 수사기밀을 유출할 가능성이 높아진다고 볼 수 없으므로, 이 사건 후방착석요구행위의 목적의 정당성과 **수단의 적절성**을 인정할 수 없다. (다) 이 사건 후방착석요구행위로 인하여 위축된 피의자가 변호인에게 적극적으로 조언과 상담을 요청할 것을 기대하기 어렵고, 변호인이 피의자의 뒤에 앉게 되면 피의자의 상태를 즉각적으로 파악하거나 수사기관이 피의자에게 제시한 서류 등의 내용을 정확하게 파악하기 어려우므로, 이 사건 후방착석요구행위는 변호인인 청구인의 피의자신문참여권을 과도하게 제한한다. 그런데 이 사건에서 변호인의 수사방해나 수사기밀의 유출에 대한 우려가 없고, 조사실의 장소적 제약 등과 같이 이 사건 후방착석요구행위를 정당화할 그 외의 특별한 사정도 없으므로, 이 사건 후방착석요구행위는 **침해의 최소성** 요건을 충족하지 못한다. (라) 이 사건 후방착석요구행위로 얻어질 공익보다는 변호인의 피의자신문참여권 제한에 따른 불이익의 정도가 크므로, **법익의 균형성** 요건도 충족하지 못한다. 따라서 이 사건 '**후방착석요구**'행위는 변호인인 **청구인의 변호권을 침해한다.**

2 [대판 2010도3359] 피의자가 **변호인의 참여를 원한다는 의사를 명백하게 표시**하였음에도 수사기관이 정당한 사유 없이 변호인을 참여하게 하지 아니한 채 피의자를 신문하여 작성한 피의자신문조서는 형사소송법 제312조에 정한 '적법한 절차와 방식'에 위반된 증거일 뿐만 아니라, 형사소송법 제308조의2에서 정한 '적법한 절차에 따르지 아니하고 수집한 증거'에 해당하므로 이를 증거로 할 수 없다.

3 [대결 2008모793] [형사소송법 제243조의2 제1항에 정한 '**정당한 사유**'의 의미와 변호인의 피의자신문 참여권의 제한] 변호인의 피의자신문 참여권을 규정한 형사소송법 제243조의2 제1항에서 '**정당한 사유**'란 변호인이 (가) 피의자신문을 **방해**하거나 (나) 수사**기밀을 누설**할 염려가 있음이 **객관적으로 명백**한 경우 등을 말하는 것이므로, 수사기관이 피의자신문을 하면서 위와 같은 정당한 사유가 없는데도 **변호인에 대하여 피의자로부터 떨어진 곳으로 옮겨 앉으라고 지시**를 한 다음 이러한 지시에 따르지 않았음을 이유로 변호인의

피의자신문 참여권을 제한(퇴실을 명함)하는 것은 허용될 수 없다.

4 [대결 2006모657] [변호사의 진실의무와 피의자 또는 피고인의 **진술거부권행사 권유**와의 관계] 변호사인 변호인에게는 변호사법이 정하는 바에 따라서 이른바 진실의무가 인정되는 것이지만, 변호인이 신체구속을 당한 사람에게 법률적 조언을 하는 것은 그 권리이자 의무이므로 변호인이 적극적으로 피고인 또는 피의자로 하여금 허위진술을 하도록 하는 것이 아니라 단순히 헌법상 권리인 진술거부권이 있음을 알려 주고 그 행사를 권고하는 것을 가리켜 변호사로서의 진실의무에 위배되는 것이라고는 할 수 없다.

5 [헌재 2000헌마138] [불구속 피의자가 피의자신문을 받을 때 변호인의 참여를 요구할 권리가 있는지 여부(적극)] 불구속 피의자나 피고인의 경우 형사소송법상 특별한 명문의 규정이 없더라도 스스로 선임한 변호인의 조력을 받기 위하여 변호인을 옆에 두고 조언과 상담을 구하는 것은 수사절차의 개시에서부터 재판절차의 종료에 이르기까지 언제나 가능하다. 따라서 불구속 피의자가 피의자신문시 변호인을 대동하여 신문과정에서 조언과 상담을 구하는 것은 신문과정에서 필요할 때마다 퇴거하여 변호인으로부터 조언과 상담을 구하는 번거로움을 피하기 위한 것으로서 불구속 피의자가 피의자신문장소를 이탈하여 변호인의 조언과 상담을 구하는 것과 본질적으로 아무런 차이가 없다. 형사소송법 제243조는 피의자신문시 의무적으로 참여하여야 하는 자를 규정하고 있을 뿐 적극적으로 위 조항에서 규정한 자 이외의 자의 참여나 입회를 배제하고 있는 것은 아니다. 따라서 불구속 피의자가 피의자신문시 변호인의 조언과 상담을 원한다면, 위법한 조력의 우려가 있어 이를 제한하는 다른 규정이 있고 그가 이에 해당한다고 하지 않는 한 수사기관은 피의자의 위 요구를 거절할 수 없다.

## * 피의자 신문시 동석제도 *

6 [대판 2009도1322] [형사소송법 제244조의5에서 정한 '**피의자 신문시 동석제도**'의 취지 및 동석자가 한 진술의 성격과 그 진술의 증거능력을 인정하기 위한 요건] (가) 형사소송법 제244조의5는, 검사 또는 사법경찰관은 피의자를 신문하는 경우 피의자가 신체적 또는 정신적 장애로 사물을 변별하거나 의사를 결정·전달할 능력이 미약한 때나 피의자의 연령·성별·국적 등의 사정을 고려하여 그 심리적 안정의 도모와 원활한 의사소통을 위하여 필요한 경우에는, 직권 또는 피의자·법정대리인의 신청에 따라 피의자와 신뢰관계에 있는 자를 동석하게 할 수 있도록 규정하고 있다. 구체적인 사안에서 위와 같은 동석을 허락할 것인지는 원칙적으로 검사 또는 사법경찰관이 피의자의 건강 상태 등 여러 사정을 고려하여 '**재량**'에 따라 판단하여야 할 것이나, **이를 허락하는 경우에도 동석한 사람으로 하여금 피의자를 대신하여 진술하도록 하여서는 안 된다.** (나) 만약 동석한 사람이 피의자를 대신하여 진술한 부분이 **조서에 기재되어 있다면** 그 부분은 피의자의 진술을 기재한 것이 아니라 동석한 사람의 진술을 기재한 조서에 해당하므로, 그 사람에 대한 진술조서로서의 증거능력을 취득하기 위한 요건을 충족하지 못하는 한 이를 유죄 인정의 증거로 사용할 수 없다.

*Reference 2*

## 참고인 조사

1 [대판 2015도20396] 공범 중 1인이 그 범행에 관한 수사절차에서 **참고인 또는 피의자로 조사받으면서**

자기의 범행을 구성하는 사실관계에 관하여 허위로 진술하고 허위 자료를 제출하는 것은 자신의 범행에 대한 방어권 행사의 범위를 벗어난 것으로 볼 수 없다. 이러한 행위가 다른 공범을 도피하게 하는 결과가 된다고 하더라도 범인도피죄로 처벌할 수 없다. 이때 공범이 이러한 행위를 교사하였더라도 범죄가 될 수 없는 행위를 교사한 것에 불과하여 범인도피교사죄가 성립하지 않는다.

2 [대판 2013도3790] 피고인이 아닌 자가 수사과정에서 진술서를 작성하였지만 수사기관이 그에 대한 **조사과정을 기록하지 아니하여** 형사소송법 제244조의4 제3항, 제1항에서 정한 절차를 위반한 경우에는, 특별한 사정이 없는 한 '적법한 절차와 방식'에 따라 수사과정에서 진술서가 작성되었다 할 수 없으므로 증거능력을 인정할 수 없다.

3 [대판 2012도5041] [수사기관이 참고인을 조사하는 과정에서 형사소송법 제221조 제1항에 따라 작성한 **영상녹화물**이 공소사실을 직접 증명할 수 있는 **독립적인 증거**로 사용될 수 있는지 여부(원칙적 소극)] 2007.6.1. 법률 제8496호로 개정되기 전의 형사소송법에는 없던 수사기관에 의한 피의자 아닌 자(이하 '참고인'이라 한다) 진술의 영상녹화를 새로 정하면서 그 용도를 참고인에 대한 진술조서의 **실질적 진정성립을 증명**하거나 참고인의 **기억을 환기**시키기 위한 것으로 한정하고 있는 현행 형사소송법의 규정 내용을 영상물에 수록된 성범죄 피해자의 진술에 대하여 독립적인 증거능력을 인정하고 있는 성폭력범죄의 처벌 등에 관한 특례법 제30조 제6항 또는 아동·청소년의 성보호에 관한 법률 제26조 제6항의 규정과 대비하여 보면, 수사기관이 참고인을 조사하는 과정에서 형사소송법 제221조 제1항에 따라 작성한 영상녹화물은, **다른 법률에서 달리 규정하고 있는 등의 특별한 사정이 없는 한, 공소사실을 직접 증명할 수 있는 독립적인 증거로 사용될 수는 없다**고 해석함이 타당하다.

4 [대판 2012도725] 피의자에 대한 진술거부권의 고지는 피의자의 진술거부권을 실효적으로 보장하여 진술이 강요되는 것을 막기 위하여 인정되는 것인데, 이러한 진술거부권 고지에 관한 형사소송법의 규정내용 및 진술거부권 고지가 갖는 실질적인 의미를 고려하면 수사기관에 의한 진술거부권 고지의 대상이 되는 피의자의 지위는 수사기관이 조사대상자에 대한 범죄혐의를 인정하여 수사를 개시하는 행위를 한 때에 인정되는 것으로 봄이 상당하다. 따라서 이러한 **피의자의 지위에 있지 아니한 자에 대하여는** 진술거부권이 고지되지 아니하였다 하더라도 그 진술의 증거능력을 부정할 것은 아니다.

5 [대판 2011도8125] 파기환송. [진술거부권 고지 대상이 되는 피의자 지위가 인정되는 시기 및 **피의자 지위에 있지 아니한 자에게 진술거부권이 고지되지 아니한 경우, 진술의 증거능력 유무(적극)**] [1] 피의자에 대한 진술거부권 고지는 피의자의 진술거부권을 실효적으로 보장하여 진술이 강요되는 것을 막기 위해 인정되는 것인데, 이러한 진술거부권 고지에 관한 형사소송법 규정내용 및 진술거부권 고지가 갖는 '실질적인 의미'를 고려하면 수사기관에 의한 진술거부권 고지 대상이 되는 '**피의자 지위**'는 수사기관이 조사대상자에 대한 **범죄혐의를 인정하여 수사를 개시하는 행위를 한 때 인정되는 것으로 보아야 한다.** 따라서 이러한 피의자 지위에 있지 아니한 자에 대하여는 진술거부권이 고지되지 아니하였더라도 진술의 증거능력을 부정할 것은 아니다. [2] 피고인들이 중국에 있는 甲과 공모한 후 중국에서 입국하는 乙을 통하여 필로폰이 들어 있는 곡물포대를 배달받는 방법으로 필로폰을 수입하였다고 하여 주위적으로 기소되었는데 검사가 乙에게서 곡물포대를 건네받아 피고인들에게 전달하는 역할을 한 **참고인 丙에 대한** 검사 작성 진술조서를 증거로 신

청한 사안에서, 丙이 위 범행의 공범으로서 피의자 지위에 있다고 단정한 후 진술거부권 불고지로 인하여 丙에 대한 진술조서의 증거능력이 없다고 본 원심판결에는 법리오해의 위법이 있다고 한 사례.

6 [대판 2011도7757] [수사기관이 피고인 아닌 자에 대한 진술조서를 작성하면서 진술자의 성명을 가명(假名)으로 기재한 경우, 위 진술조서의 증거능력] 형사소송법 제312조 제4항은 검사 또는 사법경찰관이 피고인이 아닌 자의 진술을 기재한 조서의 증거능력이 인정되려면 '적법한 절차와 방식에 따라 작성된 것'이어야 한다고 규정하고 있다. 여기서 적법한 절차와 방식이라 함은 피의자 또는 제3자에 대한 조서 작성 과정에서 지켜야 할 진술거부권의 고지 등 형사소송법이 정한 제반 절차를 준수하고 조서의 작성방식에도 어긋남이 없어야 한다는 것을 의미한다. 그런데 **형사소송법은 조서에 진술자의 실명 등 인적 사항을 확인하여 이를 그대로 밝혀 기재할 것을 요구하는 규정을 따로 두고 있지는 아니하다.** 따라서 「특정범죄신고자 등 보호법」 등에서처럼 명시적으로 진술자의 인적 사항의 전부 또는 일부의 기재를 생략할 수 있도록 한 경우가 아니라 하더라도, 진술자와 피고인의 관계, 범죄의 종류, 진술자 보호의 필요성 등 여러 사정으로 볼 때 **상당한 이유가 있는 경우에는 수사기관이 진술자의 성명을 가명으로 기재하여 조서를 작성하였다고 해서 그 이유만으로 그 조서가 '적법한 절차와 방식'에 따라 작성되지 않았다고 할 것은 아니다.** 그러한 조서라도 공판기일 등에 원진술자가 출석하여 자신의 진술을 기재한 조서임을 확인함과 아울러 그 조서의 실질적 진정성립을 인정하고 나아가 그에 대한 반대신문이 이루어지는 등 형사소송법 제312조 제4항에서 규정한 조서의 증거능력 인정에 관한 다른 요건이 모두 갖추어진 이상 그 증거능력을 부정할 것은 아니라고 할 것이다.

# 12 음주측정 – 음주측정불응 및 혈액채취 –

* 대법원 2017. 4. 7. 선고 2016도19907 판결
* 참조조문: 도로교통법 제44조,[1] 제148조의2 제2항·제3항[2]

## 음주측정불응과 현행범체포

●**사실**● 피고인 X는 2015.6.29. 21:30경부터 23:00경까지 식당에서 지인 4명과 함께 저녁을 먹으면서 술을 마신 뒤 이 식당 건너편 빌라 주차장에 주차되어 있던 자신의 차량을 그대로 둔 채 귀가하였다. **다음날 아침**인 08:11경 빌라 측에서 경찰청 112에 X의 차량 때문에 공사를 할 수 없다며 차량을 이동시켜 달라는 신고전화를 하였고, 이에 제주서부경찰서 소속 경위 P는 X에게 08:19경, 08:22경, 08:48경 3회에 걸쳐 차량을 이동할 것을 요구하는 전화를 하였다. X는 09:20경 위 빌라 주차장에 도착하여 차량을 **약 2m 가량 운전**하여 이동·주차하였으나, 차량을 완전히 뺄 것을 요구하던 공사장 인부들과 시비가 되었고, 그러던 중 누군가 X가 음주운전을 하였다고 신고를 하여 P 등이 현장에 출동하였다. P 등은 눈이 충혈 되어 있고 술 냄새가 나는 X에게 술을 마신 상태에서 차량을 운전하였는지 물었고 X는 '**어젯밤에 술을 마셨다**'고 하자 음주감지기에 의한 확인을 요구하였다. 하지만 X는 '**이만큼 차량을 뺀 것이 무슨 음주운전이 되느냐**'며 응하지 아니하였고, 임의동행도 거부하였다. 당시 P 등은 술을 마셨는지 여부만을 확인할 수 있는 **음주감지기** 외에 주취 정도를 표시하는 **음주측정기**는 소지하지 않은 상태에서 음주감지기를 통해 음주감지는 확인하였다. 이에 P 등은 X를 도로교통법위반(음주운전)죄의 **현행범으로 체포**하여 지구대로 데리고 가 음주측정을 요구하였다. 하지만 X는 3번에 거친 음주측정요구에 응하지 않았다. 원심은, 음주측정요구가 위법한 체포 상태에서 이루어졌다는 피고인의 주장을 배척하고 이 사건 공소사실을 유죄로 인정한 제1심판결을 그대로 유지하였다. 이에 X가 상고하였다.

●**판지**● 파기환송. 「피고인이 전날 늦은 밤 시간까지 마신 술 때문에 미처 덜 깬 상태였던 것으로 보이기는 하나, (가) 술을 마신 때로부터 이미 **상당한 시간이 경과**한 뒤에 운전을 하였으므로 도로교통법위반(음주운전)죄를 저지른 범인임이 명백하다고 쉽게 속단하기는 어려워 보인다. 더군다나 (나)

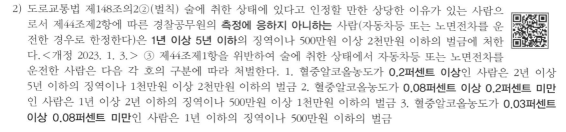

1) 도로교통법 제44조(술에 취한 상태에서의 운전 금지) ① 누구든지 술에 취한 상태에서 자동차등(「건설기계관리법」 제26조제1항 단서에 따른 건설기계 외의 건설기계를 포함한다), 노면전차 또는 자전거를 운전하여서는 아니 된다. ② 경찰공무원은 **교통의 안전과 위험방지를 위하여 필요**하다고 인정하거나 제1항을 위반하여 **술에 취한 상태에서** 자동차등, 노면전차 또는 자전거를 운전하였다고 인정할 만한 **상당한 이유**가 있는 경우에는 운전자가 술에 취하였는지를 호흡조사로 측정할 수 있다. 이 경우 운전자는 경찰공무원의 측정에 응하여야 한다. ③ 제2항에 따른 측정 결과에 불복하는 운전자에 대하여는 그 운전자의 동의를 받아 **혈액 채취** 등의 방법으로 다시 측정할 수 있다. ④ 제1항에 따라 운전이 금지되는 술에 취한 상태의 기준은 운전자의 혈중알코올농도가 **0.03퍼센트 이상**인 경우로 한다.
2) 도로교통법 제148조의2②(벌칙) 술에 취한 상태에 있다고 인정할 만한 상당한 이유가 있는 사람으로서 제44조제2항에 따른 경찰공무원의 **측정에 응하지 아니하는** 사람(자동차등 또는 노면전차를 운전한 경우로 한정한다)은 **1년 이상 5년 이하**의 징역이나 500만원 이상 2천만원 이하의 벌금에 처한다. <개정 2023. 1. 3.> ③ 제44조제1항을 위반하여 술에 취한 상태에서 자동차등 또는 노면전차를 운전한 사람은 다음 각 호의 구분에 따라 처벌한다. 1. 혈중알코올농도가 **0.2퍼센트 이상**인 사람은 2년 이상 5년 이하의 징역이나 1천만원 이상 2천만원 이하의 벌금 2. 혈중알코올농도가 **0.08퍼센트 이상 0.2퍼센트 미만**인 사람은 1년 이상 2년 이하의 징역이나 500만원 이상 1천만원 이하의 벌금 3. 혈중알코올농도가 **0.03퍼센트 이상 0.08퍼센트 미만**인 사람은 1년 이하의 징역이나 500만원 이하의 벌금

피고인은 위 지구대로부터 차량을 이동하라는 전화를 받고 위 빌라 주차장까지 가 차량을 2m 가량 운전하였을 뿐 피고인 스스로 운전할 의도를 가졌다거나 차량을 이동시킨 후에도 계속하여 운전할 태도를 보인 것도 아니어서 **사안 자체가 경미**하다. 그런데 당시는 아침 시간이었던 데다가 위 주차장에서 피고인에게 차량을 이동시키라는 등 시비를 하는 과정에서 경찰관 등도 피고인이 전날 밤에 술을 마셨다는 얘기를 들었으므로, 당시는 술을 마신 때로부터 **상당한 시간이 지난 후**라는 것을 충분히 알 수 있었다. 나아가 (다) 피고인이 음주감지기에 의한 확인 자체를 거부한 사정이 있기는 하나, 공소외인 등 경찰관들로서는 음주운전 신고를 받고 현장에 출동하였으므로 음주감지기 외에 음주측정기를 소지하였더라면 임의동행이나 현행범 체포 없이도 현장에서 곧바로 음주측정을 시도할 수 있었을 것으로 보인다. 이러한 사정을 앞에서 든 정황들과 함께 종합적으로 살펴보면, **피고인이 현장에서 도망하거나 증거를 인멸하려 하였다고 단정하기는 어렵다**고 할 것이다. 그럼에도 원심은 그 판시와 같은 이유만으로 피고인에 대한 현행범 체포가 적법하다고 판단하였으니, 거기에는 현행범 체포의 요건에 관한 법리를 오해하여 판결에 영향을 미친 잘못이 있다」.

●**해설**● **1 음주측정의 법적 성격 및 위헌여부**        도로교통법에 따르면, 경찰공무원은 교통의 안전과 위험방지를 위하여 필요하다고 인정하거나 술에 취한 상태에서 자동차등을 운전하였다고 인정할 만한 상당한 이유가 있는 경우에는 운전자가 술에 취하였는지를 호흡조사로 측정할 수 있고, 운전자가 경찰공무원의 측정에 응하지 않으면 처벌한다. 구 도로교통법 제41조 제2항에 규정된 '음주측정'은 성질상 강제될 수 있는 것이 아니며 궁극적으로 당사자의 **자발적 협조가 필수적**인 것이므로 이를 두고 법관의 영장을 필요로 하는 **강제처분이라 할 수 없다**(헌재 96헌가11, Ref 1-2). 이와 같이, 동의를 전제로 한 음주측정은 **임의수사의 일종**으로 볼 수 있다. 헌법재판소는 구 도로교통법 제41조 제2항[3])에 규정된 주취운전 혐의자에게 음주측정에 응할 의무를 지우고 이에 불응한 사람을 처벌하는 것이 ① 헌법 제12조 제2항에서 보장하는 **진술거부권을 침해**하지 않으며, ② 헌법 제12조 제3항의 **영장주의에도 위배**되지 않으며 ③ 헌법 제12조 제1항의 **적법절차원칙도 위배**되지 않고, ④ 양심의 자유나 인간의 존엄과 가치, **일반적 행동의 자유도** 침해하지 않는다고 판시하였다(헌재 96헌가11, Ref 1-2). 특히 음주측정불응죄로 인한 운전면허 필요적 취소처분에 대해서도 '**공익 보호의 중대성**'이라는 입법목적을 효과적으로 달성하기 위해 타당한 것으로 인정하였다(헌재 2003헌바87, Ref 1-1).

**2 음주측정불응죄의 성립요건**        경찰관은 다음의 경우에 음주측정을 할 수 있다. 음주운전을 제지하지 아니하고 방치할 경우에 초래될 도로교통의 안전에 대한 침해 또는 위험을 미리 방지하기 위한 필요성 즉 ① "교통안전과 위험방지의 **필요성**"이 있는 경우와 ② "술에 취한 상태에서 자동차 등을 운전하였다고 인정할 만한 **상당한 이유가 있는 경우**"이다(도로교통법44②). 판례도 「도로교통법 제107조의2 제2호의 음주측정불응죄는 술에 취한 상태에 있다고 인정할 만한 상당한 이유가 있는 사람이 같은 법 제41조 제2항의 규정에 의한 경찰공무원의 측정에 응하지 아니한 경우에 성립하는 것인바, 같은 법 제41조 제2항의 규정에 비추어 보면 음주측정 요구 당시의 객관적 사정을 종합하여 볼 때, (가) 운전자가 술에 취

---

3) 도로교통법 제41조(**주취 중 운전금지**) ① 운전면허를 받은 사람이라고 할지라도 술에 취한 상태에서는 자동차 등을 운전하여서는 아니된다. ② 경찰공무원은 교통안전과 위험방지를 위하여 필요하다고 인정하거나 제1항의 규정에 위반하여 술에 취한 상태에서 자동차등을 운전하였다고 인정할 만한 상당한 이유가 있는 때에는 운전자가 술에 취하였는지의 여부를 측정할 수 있으며, 운전자는 이러한 경찰공무원의 측정에 응하여야 한다. cf) 당시 위헌심판 대상이 된 본 조문의 도로교통법은 1984.8.4. 법률 제3744호로 전문개정되고 1995.1.5. 법률 제4872호로 최종개정된 것이다.

한 상태에서 자동차 등을 운전하였다고 인정할 만한 **상당한 이유**가 있고 (나) 운전자의 음주운전 여부를 확인하기 위하여 **필요한 경우**에는 (다) 사후의 음주측정에 의하여 음주운전 여부를 확인할 수 없음이 명백하지 않는 한 **경찰공무원은 당해 운전자에 대하여 음주측정을 요구할 수 있고**, (라) 당해 운전자가 이에 불응한 경우에는 같은 법 제107조의2 제2호 소정의 음주측정불응죄가 성립한다」고 판시하고 있다(대판 2000도6026, Ref 2-10).

**3 대상판결의 쟁점**　　　대상사안에서 현행범체포가 위법하게 이루어 졌다는 피고인의 주장에 대해 원심은 경찰이 빌라 주차장에 출동하여 X를 현행범으로 체포한 시간이 09:30 내지 09:40경이고 X를 지구대로 데리고 가 최초로 음주측정을 요구한 시각이 09:50이므로 피고인의 음주운전 범행 시각과 시간적으로 아주 접착되어 있고 피고인이 체포된 장소도 음주운전 범행을 한 빌라 주차장이었던 점 등을 종합하여 보면, X에 대한 현행범 체포는 적법한 것으로 판단하였다. 그러나 **대법원**은 P 등이 피고인을 현행범으로 체포한 것은 그 요건을 갖추지 못한 것이어서 위법하고, 그와 같이 위법한 체포상태에서 이루어진 P의 음주측정요구 또한 위법하다고 보지 않을 수 없다고 판단하였다. 즉 대법원은 사안 자체가 경미하고 술도 전날 밤에 마신 것으로 상당한 시간이 흐른 시점이었고 당시 상황으로 볼 때 X가 **현장에서 도망하거나 증거를 인멸하려 하였다고 단정하기는 어렵다**고 본 것이다.

**4 측정에 응하지 아니한 경우**　　　음주측정불응죄에 있어서 (1) 「'경찰공무원의 측정에 응하지 아니한 경우'란 전체적인 사건의 경과에 비추어 술에 취한 상태에 있다고 인정할 만한 상당한 이유가 있는 운전자가 음주측정에 응할 의사가 없음이 **객관적으로 명백**하다고 인정되는 때를 의미하고, 운전자가 경찰공무원의 **1차 측정에만 불응하였을 뿐 곧이어 이어진 2차 측정에 응한 경우**와 같이 측정거부가 일시적인 것에 불과한 경우까지 측정불응행위가 있었다고 보아 처벌조항의 음주측정불응죄가 성립한다고 볼 것은 아니다」(대판 2013도8481, Ref 2-4). (2) 술에 취한 상태에 있다고 인정할 만한 상당한 이유가 있는 운전자가 「(가) 호흡측정기에 숨을 내쉬는 시늉만 하는 등으로 음주측정을 **소극적으로 거부한 경우**라면, 소극적 거부행위가 일정 시간 계속적으로 반복되어 운전자의 측정불응의사가 객관적으로 명백하다고 인정되는 때에 비로소 음주측정불응죄가 성립하고, (나) 반면 운전자가 명시적이고도 **적극적으로 음주측정을 거부**하겠다는 의사를 표명한 것이라면 즉시 음주측정불응죄가 성립할 수 있다」(대판 2013도8481, Ref 2-4).

**5 음주측정 결과를 유죄의 증거로 삼기 위한 요건**으로는 「도로교통법 제44조 제2항의 규정에 의하여 실시한 음주측정 결과는 그 결과에 따라서는 운전면허를 취소하거나 정지하는 등 당해 운전자에게 불이익한 처분을 내리게 되는 근거가 될 수 있고 향후 수사와 재판에 있어 중요한 증거로 사용될 수 있으므로, 음주측정은 **음주측정 기계**나 운전자의 **구강 내에 남아 있는 잔류 알코올**로 인하여 잘못된 결과가 나오지 않도록 미리 필요한 조치를 취하는 등 그 측정결과의 정확성과 객관성이 담보될 수 있는 공정한 방법과 절차에 따라 이루어져야 하고, 만약 당해 음주측정 결과가 이러한 방법과 절차에 의하여 얻어진 것이 아니라면 이를 쉽사리 유죄의 증거로 삼아서는 아니 된다」(대판 2008도5531). 따라서 피측정자가 물로 입 안을 헹구지 아니한 상태에서 호흡측정기로 측정한 혈중알코올 농도 수치의 신빙성에 대해 다툴 수 있다(대판 2009도1856, Ref 2-5).

# * 음주측정에 대한 헌법재판소 결정례 *

1 [헌재 2003헌바87] [음주측정거부자에 대해 **필요적으로 면허를 취소**할 것을 규정한 도로교통법 제78조 제1항 단서 제8호가 재산권, 직업선택의 자유, 행복추구권, 또는 양심의 자유 등에 대한 과도한 금지에 해당하는지 여부(소극)] (가) 도로교통법 제41조 및 그 시행령 제31조는 혈중 알콜농도가 0.05% 이상의 경우를 음주운전으로 규정하고 있고 음주운전자에 대하여는 그 면허를 취소할 수 있도록 규정하고 있다. 그러므로 음주운전 여부를 가리기 위하여는 음주의 정도가 백분율(%)로 표시되는 방법의 측정을 할 수밖에 없고(必要的 前置) 만일 이를 거부 내지 회피하는 것을 용인하게 되면 음주운전, 즉 혈중 알콜농도의 수치 0.05% 이상임을 인정할 수 없게 되어 음주운전자는 면허의 취소라는 행정적 제재의 범주에서 원천적으로 벗어나게 된다. 그렇게 되면 많은 음주운전자들이 자연히 음주측정을 거부하게 되고 이렇게 되면 음주운전에 대한 효과적인 단속이 매우 어렵게 된다. 이러한 폐단을 방지하기 위하여 법은 음주측청 거부자에 대한 **형사처벌의 법정형을 음주운전자에 대한 그것과 동일**하게 규정하고 마찬가지 이유로 음주측청 거부자에 대한 **행정제재를 음주운전자에 대한 그것의 상한(운전면허의 취소)와 동일**하게 규정하고 있다. (나) 그렇다면 음주측정거부에 대한 행정상의 제재를 임의적 면허취소로 하지 않고 필요적 면허취소로 규정하는 것은 그 입법목적이 정당하고 입법목적의 달성에 효과적이고도 불가피한 수단이 된다. (다) 나아가 음주운전으로 인하여 개인과 사회 그리고 국가가 입는 엄청난 피해를 방지하여야 할 공익적 중대성에서 필연적으로 파생되는 음주측정거부에 대한 제재의 **공익적 중대성** 또한 크다. 한편 음주측정 거부자가 운전면허를 필요적으로 취소당하여 입는 개인적인 불이익 내지 그로부터 파생되는 여타의 간접적 피해의 정도는 위에서 본 공익의 중대함에 결코 미치지 못한다. (라) 또한 음주운전이 초래할 수 있는 잠재적인 사고 위험성의 심각도에 비추어 볼 때 음주운전행위 및 음주측정 거부행위의 심각한 위험성은 여러 가지 다른 이유에 의하여 현실로 발생하는 경미한 교통사고의 경우와는 비교할 수 없을 정도로 훨씬 더 크다. 따라서 음주측정 거부행위에 대한 제재로서 운전면허를 반드시 취소하도록 하는 것이 법익간의 균형을 도외시한 것이라고 보기 어렵다. (마) 또한 앞에서 본 바에 의하면 음주측정은 음주운전을 단속하기 위한 **불가피한 전치적(前置的) 조치**라고 인정되므로 경찰관의 음주측정요구에 응하는 것은 법률이 운전자에게 부과한 정당한 의무라고 할 것이고 법률이 부과한 이러한 정당한 의무의 불이행에 대하여 이 정도의 제재를 가하는 것은 양심의 자유나 행복추구권 등에 대한 침해가 될 수 없다.

2 [헌재 96헌가11] [1] [도로교통법 제41조 제2항, 제107조의2 제2호 중 주취운전의 혐의자에게 주취여부의 측정에 응할 의무를 지우고 이에 불응한 사람을 처벌하는 부분이 헌법 제12조 제2항에서 보장하는 **진술거부권을 침해하는 위헌조항인지 여부**] 헌법 제12조 제2항은 진술거부권을 보장하고 있으나, 여기서 **"진술"**이라함은 생각이나 지식, 경험사실을 정신작용의 일환인 언어를 통하여 표출하는 것을 의미하는데 반해, 도로교통법 제41조 제2항에 규정된 음주측정은 호흡측정기에 입을 대고 호흡을 불어 넣음으로써 신체의 물리적, 사실적 상태를 그대로 드러내는 행위에 불과하므로 이를 두고 **"진술"**이라 할 수 없고, 따라서 주취운전의 혐의자에게 호흡측정기에 의한 주취여부의 측정에 응할 것을 요구하고 이에 불응할 경우 처벌한다고 하여도 이는 형사상 불리한 **"진술"을 강요하는 것**에 해당한다고 할 수 없으므로 헌법 제12조 제2항의 진술거부권조항에 위배되지 아니한다. [2] [이 사건 법률조항이 헌법 제12조 제3항의 **영장주의**에 위배되는지 여부와 이 사건 법률조항이 헌법 제12조 제1항의 **적법절차원칙**에 위배되는지 여부, 이 사건 법률조항이 **양**

심의 자유, 인간의 존엄과 가치, 일반적 행동의 자유를 침해하는 것인지 여부] (가) 도로교통법 제41조 제2항에 규정된 음주측정은 성질상 강제될 수 있는 것이 아니며 궁극적으로 당사자의 자발적 협조가 필수적인 것이므로 이를 두고 법관의 영장을 필요로 하는 강제처분이라 할 수 없다. 따라서 이 사건 법률조항이 주취운전의 혐의자에게 영장없는 음주측정에 응할 의무를 지우고 이에 불응한 사람을 처벌한다고 하더라도 헌법 제12조 제3항에 규정된 영장주의에 위배되지 아니한다. (나) 이 사건 법률조항은 위 여러 요소들을 고려한 것으로서 추구하는 목적의 중대성(음주운전 규제의 절실성), 음주측정의 불가피성(주취운전에 대한 증거확보의 유일한 방법), 국민에게 부과되는 부담의 정도(경미한 부담, 간편한 실시), 음주측정의 정확성문제에 대한 제도적 보완(혈액채취 등의 방법에 의한 재측정 보장), 처벌의 요건과 처벌의 정도(측정불응죄의 행위주체를 엄격히 제한) 등에 비추어 합리성과 정당성을 갖추고 있으므로 헌법 제12조 제1항의 **적법절차원칙에 위배된다고 할 수 없다.** (다) **(양심의 자유에 대한 침해 여부)** 헌법이 보호하려는 양심은 어떤 일의 옳고 그름을 판단함에 있어서 그렇게 행동하지 아니하고는 자신의 인격적인 존재가치가 허물어지고 말 것이라는 강력하고 진지한 마음의 소리이지, 막연하고 추상적인 개념으로서의 양심이 아니다. 음주측정요구에 처하여 이에 응하여야 할 것인지 거부해야 할 것인지 고민에 빠질 수는 있겠으나 그러한 고민은 선과 악의 범주에 관한 진지한 윤리적 결정을 위한 고민이라 할 수 없으므로 그 고민 끝에 어쩔 수 없이 음주측정에 응하였다 하여 내면적으로 구축된 인간양심이 왜곡·굴절된다고 할 수 없다. 따라서 이 사건 법률조항을 두고 헌법 제19조에서 보장하는 **양심의 자유를 침해하는 것이라고 할 수 없다.** (라) **(인간의 존엄과 가치에 대한 침해 여부)** 음주운전으로 야기될 생명·신체·재산에 대한 위험과 손해의 방지라는 절실한 공익목적을 위하여 더욱이 주취운전의 상당한 개연성이 있는 사람에게 부과되는 제약이라는 점을 생각하면 그 정도의 부담을 두고 인간으로서의 인격적 주체성을 박탈한다거나 인간의 존귀성을 짓밟는 것이라고는 할 수 없으므로, 이 사건 법률조항은 헌법 제10조에 규정된 **인간의 존엄과 가치를 침해하는 것이 아니다.** (마) **(일반적 행동의 자유에 대한 침해 여부)** 이 사건 법률조항에 의하여 일반적 행동이 자유가 제한될 수 있으나, 그 입법목적의 중대성, 음주측정의 불가피성, 국민에게 부과되는 부담의 정도, 처벌의 요건과 정도에 비추어 헌법 제37조 제2항의 과잉금지의 원칙에 어긋나는 것이라고 할 수 없으므로, 이 사건 법률조항은 헌법 제10조의 규정된 행복추구권에서 도출되는 **일반적 행동의 자유를 침해하는 것이라고도 할 수 없다.**

## *Reference 2*

### 음주측정불응죄와 관련된 주요 판례

1 [대판 2020도7193] [음주운전 신고를 받고 출동한 경찰관이 운전자를 추격하여 도주를 제지한 것이 도로교통법상 **음주측정에 관한 일련의 직무집행 과정**에서 이루어진 행위로서 정당한 직무집행인지 여부(=적극)] ●**사실**● 경찰관 1, 2는 음주운전을 하려는 사람이 있다는 112 신고를 받고 현장에 출동하여 만취한 상태로 시동이 걸린 차량의 운전석에 앉아있는 피고인 X를 발견하였다. 경찰관들이 순찰차에서 내려 X의 차량에 다가가 X에게 음주운전을 했다는 신고가 있으니 음주측정을 위해 차량의 시동을 끄고 내리라고 요구했지만 X는 운전을 하지 않았다고 하면서 하차하지 않았고, 이에 경찰관이 신고자에게 연락하여 X가 운전하는 것을 목격하였는지 물어 차량이 10㎝ 정도 움직였다는 답변을 들었다. 당시 경찰관이 음주감지기 내지 음주측정기를 직접 소지하지는 않았지만 근처에 주차된 순찰차에 보관하고 있었다. 경찰관이 하차를 계속 거부하는 X에게 지구대로 가 차량에 설치된 블랙박스 영상을 재생하여 보는 방법으로 운전 여부를 확인하자고 하자 피고인은 명시적인 거부 의사표시 없이 차량에서 내리더니 곧바로 도주하였다. 경찰관 1

이 X를 10m 정도 추격하여 X의 앞을 가로막는 방법으로 제지한 뒤 '그냥 가면 어떻게 하느냐'는 취지로 말하자 X가 경찰관의 뺨을 때렸고, 계속하여 도주하고 폭행하려고 하자 경찰관이 X를 **공무집행방해죄의 현행범으로 체포**하였다. ●판지● 음주운전 신고를 받고 출동한 경찰관이 만취한 상태로 시동이 걸린 차량 운전석에 앉아있는 피고인을 발견하고 음주측정을 위해 하차를 요구함으로써 도로교통법 제44조 제2항이 정한 음주측정에 관한 직무에 착수하였다고 할 것이고, 피고인이 차량을 운전하지 않았다고 다투자 경찰관이 지구대로 가서 차량 블랙박스를 확인하자고 한 것은 음주측정에 관한 직무 중 '운전' 여부 확인을 위한 임의동행 요구에 해당하고, 피고인이 차량에서 내리자마자 도주한 것을 임의동행 요구에 대한 거부로 보더라도, 경찰관이 음주측정에 관한 직무를 계속하기 위하여 피고인을 추격하여 도주를 제지한 것은 앞서 본 바와 같이 도로교통법상 음주측정에 관한 일련의 직무집행 과정에서 이루어진 행위로써 **정당한 직무집행**에 해당한다.

2 [대판 2017도661] [1] [음주운전의 혐의가 있는 운전자에 대하여 도로교통법 제44조 제2항에 따른 호흡측정이 이루어진 경우, **운전자의 불복이 없는데도 다시 음주측정을 하는 것이 허용되는지 여부**(원칙적 소극)/ 호흡측정 방식에 따라 혈중알코올농도를 측정한 경찰공무원이 **혈액채취의 방법을 통하여 혈중알코올농도를 다시 측정할 수 있다는 취지를 운전자에게 고지하여야 할 의무가 있는지 여부**(원칙적 소극)] (가) 음주운전에 대한 수사과정에서 음주운전의 혐의가 있는 운전자에 대하여 도로교통법 제44조 제2항에 따른 호흡측정이 이루어진 경우에는 그에 따라 과학적이고 중립적인 **호흡측정 수치가 도출된 이상 다시 음주측정을 할 필요가 사라졌으므로 운전자의 불복이 없는 한 다시 음주측정을 하는 것은 원칙적으로 허용되지 아니한다.** (나) 또한 도로교통법 제44조 제2항, 제3항의 내용 등에 비추어 보면, 호흡측정 방식에 따라 혈중알코올농도를 측정한 경찰공무원에게 **특별한 사정이 없는 한 혈액채취의 방법을 통하여 혈중알코올농도를 다시 측정할 수 있다는 취지를 운전자에게 고지하여야 할 의무가 있다고 볼 수 없다.** [2] [경찰공무원에게 위드마크 공식의 존재 및 호흡측정에 의한 혈중알코올농도가 음주운전 처벌기준 수치에 미달하였더라도 위드마크 공식에 의한 역추산 방식에 의하여 운전 당시의 혈중알코올농도를 산출할 경우 그 결과가 음주운전 처벌기준 수치 이상이 될 가능성이 있다는 취지를 **운전자에게 미리 고지하여야 할 의무가 있는지 여부**(소극)] **위드마크 공식**은 운전자가 음주한 상태에서 운전한 사실이 있는지에 대한 **경험법칙에 의한 증거수집 방법에 불과하다.** 따라서 경찰공무원에게 위드마크 공식의 존재 및 나아가 호흡측정에 의한 혈중알코올농도가 음주운전 처벌기준 수치에 미달하였더라도 위드마크 공식에 의한 역추산 방식에 의하여 운전 당시의 혈중알코올농도를 산출할 경우 그 결과가 음주운전 처벌기준 수치 이상이 될 가능성이 있다는 취지를 운전자에게 미리 고지하여야 할 의무가 있다고 보기도 어렵다.

### *음주감지기의 거부*
3-1 [대판 2016도16121] ['음주감지기'에 의한 시험을 거부한 행위를 '음주측정기'에 의한 측정에 응할 의사가 없음을 객관적으로 명백하게 나타낸 것으로 볼 수 있는 경우] 경찰공무원이 운전자에게 음주 여부를 확인하기 위하여 음주측정기에 의한 **측정의 전 단계에 실시되는 '음주감지기'에 의한 시험**을 요구하는 경우 그 시험 결과에 따라 '음주측정기'에 의한 측정이 예정되어 있고, 운전자가 그러한 사정을 인식하였음에도 **음주감지기에 의한 시험에 불응함으로써 음주측정을 거부하겠다는 의사를 표명**한 것으로 볼 수 있다면, **음주감지기에 의한 시험을 거부한 행위도 음주측정기에 의한 측정에 응할 의사가 없음을 객관적으로 명백하게 나타낸 것으로 볼 수 있다.**

3-2 [대판 2017도5115] 파기환송. ●사실● 목격자인 A는 2016. 6. 11. 05:10경 차종과 차량번호를 특정하여 피고인이 차량에서 비틀거리며 내린 후 다시 탑승하여 운전하는 것을 목격하고 112로 음주운전을 신고하였다. 경찰관 P1은 신고내용을 접수하고 곧바로 근무하고 있던 ○○지구대 밖으로 나갔고, 때마침 신호대기 중이던 피고인의 차량을 발견하고 운전석 쪽으로 다가가 유리창을 두드리거나 호각을 불면서 창문을 내릴 것과 차량을 도로 우측 가장자리로 이동시킬 것을 요청하였으나, 피고인은 자신의 휴대전화를 조작하거나 시선을 주지 않은 채 아무런 반응을 보이지 않았다. 뒤따라온 동료경찰관 P2도 운전석 쪽으로 다가가 창문을 내릴 것과 차량을 우측으로 이동시킬 것을 요구하였으나, 피고인은 이에 불응한 채 차량을 10~15m 정도 2~3회에 걸쳐 조금씩 진행하다 멈추는 것을 반복하였고, P2가 운전석의 손잡이를 잡아당기면서 하차할 것을 요구하는 순간, 갑자기 차량을 급히 출발시키면서 5m 정도 진행하여 도주를 시도하던 중 때마침 좌측 대각선 방면에서 진행해 오던 순찰차량에 의해 진로가 막히자 도로 우측에 정차하게 되었다. 피고인의 차량을 뒤쫓아 달려온 P1과 P2 등 경찰관들이 피고인 차량의 운전석 앞 유리창을 삼단봉으로 깨뜨리자 피고인과 탑승자는 차량에서 내렸는데, 피고인에게서는 술 냄새가 나고 얼굴이 붉었고 보행상태도 다소 비틀거렸으며 탑승자는 완전히 만취된 상태로 몸을 가누지 못하였다. 경찰관 P3는 같은 날 05:45경 차량에서 내린 피고인에게 특수공무집행방해 혐의로 체포한다고 고지한 후 P1, P2와 함께 피고인을 현행범으로 체포한 다음 인근의 ○○지구대로 연행하였다. 그 직후부터 같은 날 06:30경까지 P1이 위 지구대에서 피고인에게 음주감지기에 의한 시험에 응할 것을 요구함과 동시에 주취운전자 정황진술보고서에 서명할 것을 요구하였으나, 피고인은 자신에 대한 체포나 수사에 대한 불만을 이유로 인적사항을 밝히기를 거부한 채 위와 같은 요구에 전혀 응하지 않았고, ○○지구대에서 경찰관들의 발이나 엉덩이를 걷어차거나 욕설하면서 계속 소란을 피웠다. 피고인은 위 지구대에서 △△경찰서로 이송된 후 이루어진 경찰조사에서 당시 자신과 탑승자가 부당하게 체포되거나 자신의 차량이 손괴된 것으로 인하여 너무 화가 나 도저히 음주측정에 응할 수 없었다고 진술하였다. 한편 피고인이 체포된 때로부터 약 4시간 뒤 △△경찰서에서 이루어진 음주감지기에 의한 시험에서 혈중알코올농도 0.1% 이상에서 반응하는 적색불이 감지되었다. ●판지● 위와 같은 사실관계에 의하여 알 수 있는 피고인에 대한 현행범 체포 경위, 음주감지기에 의한 시험요구 당시 피고인의 상태 및 시험요구를 받은 후에 보인 피고인의 태도 등을 종합하여 보면, 피고인에게는 당시 술에 취한 상태에서 자동차를 운전하였다고 인정할 만한 상당한 이유가 있었고, 이로 인하여 경찰관 P1이 음주측정기에 의한 측정의 사전단계로 음주감지기에 의한 시험을 요구하였음에도 피고인이 이를 명시적으로 거부함으로써 결국 피고인은 음주측정기에 의한 측정 요구에도 응할 의사가 없음을 객관적으로 명백하게 표시하였다고 보기에 충분하고, 이러한 피고인의 행위는 도로교통법위반(음주측정거부)죄에 해당한다고 봄이 타당하다. 이는 P1이 당시 피고인에게 음주측정기에 의한 측정을 명시적으로 요구하지 않았다고 하더라도 달리 볼 것은 아니다.

4 [대판 2013도8481] [도로교통법 제148조의2 제1항 제2호에서 말하는 '경찰공무원의 측정에 응하지 아니한 경우'의 의미 및 측정거부가 일시적인 것에 불과한 경우, 음주측정불응죄가 성립하는지 여부(소극)] 도로교통법 제148조의2 제1항 제2호(이하 '처벌조항'이라 한다)의 주된 목적은 음주측정을 간접적으로 강제함으로써 교통의 안전을 도모함과 동시에 음주운전에 대한 입증과 처벌을 용이하게 하려는 데 있는 것이지, 측정불응행위 자체의 불법성을 처벌하려는 데 있는 것은 아닌 점, …… (가) 처벌조항에서 말하는 '경찰공무원의 측정에 응하지 아니한 경우'란 전체적인 사건의 경과에 비추어 술에 취한 상태에 있다고 인정할 만한 상당한 이유가 있는 운전자가 음주측정에 응할 의사가 없음이 객관적으로 명백하다고 인정되는 때를 의미하

고, (나) 운전자가 경찰공무원의 **1차 측정에만** 불응하였을 뿐 곧이어 이어진 **2차 측정에 응한 경우**와 같이 측정거부가 일시적인 것에 불과한 경우까지 측정불응행위가 있었다고 보아 처벌조항의 음주측정불응죄가 성립한다고 볼 것은 아니다. (다) 따라서 술에 취한 상태에 있다고 인정할 만한 상당한 이유가 있는 운전자가 호흡측정기에 숨을 내쉬는 시늉만 하는 등으로 음주측정을 **소극적으로 거부한 경우**라면, 소극적 거부행위가 일정 시간 계속적으로 반복되어 운전자의 측정불응의사가 객관적으로 명백하다고 인정되는 때에 비로소 음주측정불응죄가 성립하고, (라) 반면 운전자가 명시적이고도 **적극적으로 음주측정을 거부**하겠다는 의사를 표명한 것이라면 즉시 음주측정불응죄가 성립할 수 있으나, 그 경우 운전자의 측정불응의사가 객관적으로 명백하였는지는 음주측정을 요구받을 당시의 운전자의 언행이나 태도 등을 비롯하여 경찰공무원이 음주측정을 요구하게 된 경위 및 측정요구의 방법과 정도, 주취운전자 적발보고서 등 측정불응에 따른 관련 서류의 작성 여부 및 운전자가 음주측정을 거부한 사유와 태양 및 거부시간 등 전체적 경과를 종합적으로 고려하여 신중하게 판단하여야 한다.

**5 [대판 2009도1856] [피측정자가 물로 입 안을 헹구지 아니한 상태에서 호흡측정기로 측정한 혈중알코올 농도 수치의 신빙성]** [1] 호흡측정기에 의한 혈중알코올 농도의 측정은 장에서 흡수되어 혈액 중에 용해되어 있는 알코올이 폐를 통과하면서 증발하여 호흡공기로 배출되는 것을 측정하는 것이므로, 최종 음주시로부터 상당한 시간이 경과하지 아니하였거나, 트림, 구토, 치아보철, 구강청정제 사용 등으로 인하여 입 안에 남아 있는 알코올, 알코올 성분이 있는 구강 내 타액, 상처부위의 혈액 등이 폐에서 배출된 호흡공기와 함께 측정될 경우에는 실제 혈중알코올의 농도보다 수치가 높게 나타나는 수가 있어, 피측정자가 물로 입 안 헹구기를 하지 아니한 상태에서 한 호흡측정기에 의한 혈중알코올 농도의 측정 결과만으로는 혈중알코올 농도가 반드시 그와 같다고 단정할 수 없고, 오히려 호흡측정기에 의한 측정수치가 혈중알코올 농도보다 높을 수 있다는 의심을 배제할 수 없다. [2] 음주종료 후 4시간 정도 지난 시점에서 물로 입 안을 헹구지 아니한 채 호흡측정기로 측정한 혈중알코올 농도 수치가 0.05%로 나타난 사안에서, 위 증거만으로는 피고인이 혈중알코올 농도 0.05% 이상의 술에 취한 상태에서 자동차를 운전하였다고 인정하기 부족하다.

**6 [대판 2008도2170]** 운전자가 경찰공무원에 대하여 호흡측정기에 의한 측정 결과에 불복하여 그 즉시, 또는 **2차, 3차 호흡측정을 실시하여 그 재측정 결과에도 불복**하면서 혈액채취의 방법에 의한 측정을 요구할 수 있는 것은 경찰공무원이 운전자에게 호흡측정의 결과를 제시하여 확인을 구하는 때로부터 상당한 정도로 근접한 시점에 한정된다 할 것이고, 운전자가 정당한 이유 없이 위 시점으로부터 **상당한 시간이 경과한 후에야** 호흡측정 결과에 이의를 제기하면서 2차 호흡측정 또는 **혈액채취의 방법**에 의한 측정을 요구하는 경우에는 이를 정당한 요구라고 할 수 없으므로, 이와 같은 경우에는 경찰공무원이 2차 호흡측정 또는 혈액채취의 방법에 의한 측정을 실시하지 않았다고 하더라도 1차 호흡측정기에 의한 측정의 결과만으로 음주운전 사실을 증명할 수 있다.

#### *위법한 강제연행 상태에서의 호흡측정*
**7-1 [대판 2004도8404] [위법한 체포 상태에서 이루어진 음주측정요구에 불응한 행위를 처벌할 수 있는지 여부(소극)]** [1] 교통안전과 위험방지를 위한 필요가 없음에도 주취운전을 하였다고 인정할 만한 상당한 이유가 있다는 이유만으로 이루어지는 음주측정은 이미 행하여진 주취운전이라는 범죄행위에 대한 증거 수집을 위한 수사절차로서의 의미를 가지는 것인데, 구 도로교통법(2005. 5. 31. 법률 제7545호로 전문 개정되기

전의 것)상의 규정들이 음주측정을 위한 강제처분의 근거가 될 수 없으므로 위와 같은 음주측정을 위하여 **당해 운전자를 강제로 연행하기 위해서는** 수사상의 강제처분에 관한 형사소송법상의 절차에 따라야 하고, 이러한 절차를 무시한 채 이루어진 강제연행은 위법한 체포에 해당한다. 이와 같은 위법한 체포 상태에서 음주측정요구가 이루어진 경우, 음주측정요구를 위한 위법한 체포와 그에 이은 음주측정요구는 주취운전이라는 범죄행위에 대한 증거 수집을 위하여 연속하여 이루어진 것으로서 개별적으로 그 적법 여부를 평가하는 것은 적절하지 않으므로 **그 일련의 과정을 전체적으로 보아** 위법한 음주측정요구가 있었던 것으로 볼 수밖에 없고, **운전자가 주취운전을 하였다고 인정할 만한 상당한 이유가 있다** 하더라도 그 운전자에게 경찰공무원의 이와 같은 위법한 음주측정요구에 대해서까지 그에 응할 의무가 있다고 보아 이를 강제하는 것은 부당하므로 그에 불응하였다고 하여 음주측정거부에 관한 도로교통법 위반죄로 처벌할 수 없다. [2] 위와 같은 법리를 전제로 하여 피고인이 이 사건 오토바이를 운전하여 자신의 집에 도착한 상태에서 단속경찰관으로부터 주취운전에 관한 증거 수집을 위한 음주측정을 위하여 인근 파출소까지 동행하여 줄 것을 요구받고 이를 **명백하게 거절하였음에도 위법하게 체포·감금된 상태**에서 이 사건 음주측정요구를 받게 되었으므로, 그와 같은 음주측정요구에 응하지 않았다고 하여 피고인을 음주측정거부에 관한 도로교통법 위반죄로 처벌할 수 없다고 판단한 것은 정당하다.

**7-2 [대판 2010도2094] 파기환송.** [**위법한 강제연행** 상태에서 호흡측정 방법에 의한 음주측정이 이루어진 후 강제연행 상태로부터 시간적·장소적으로 단절되었다고 볼 수 없는 상황에서 **피의자의 요구에 의하여 이루어진 혈액채취** 방법에 의한 음주측정 결과의 증거능력 유무(원칙적 소극) 및 피고인이나 변호인이 이를 증거로 함에 동의한 경우에도 마찬가지인지 여부(적극)] [1] 위법한 강제연행 상태에서 호흡측정 방법에 의한 음주측정을 한 다음 강제연행 상태로부터 시간적·장소적으로 단절되었다고 볼 수도 없고 피의자의 심적 상태 또한 강제연행 상태로부터 완전히 벗어났다고 볼 수 없는 상황에서 피의자가 호흡측정 결과에 대한 탄핵을 하기 위하여 스스로 혈액채취 방법에 의한 측정을 할 것을 요구하여 혈액채취가 이루어졌다고 하더라도 그 사이에 위법한 체포 상태에 의한 영향이 완전하게 배제되고 피의자의 의사결정의 자유가 확실하게 보장되었다고 볼 만한 다른 사정이 개입되지 않은 이상 **불법체포와 증거수집 사이의 인과관계가 단절된 것으로 볼 수는 없다.** 따라서 그러한 혈액채취에 의한 측정 결과 역시 유죄 인정의 증거로 쓸 수 없다고 보아야 한다. 그리고 이는 수사기관이 위법한 체포 상태를 이용하여 증거를 수집하는 등의 행위를 효과적으로 억지하기 위한 것이므로, **피고인이나 변호인이 이를 증거로 함에 동의하였다고 하여도 달리 볼 것은 아니다.**
[2] 피고인이 2008.12.12. 22:00경 승용차를 운행하던 중 피해 차량의 후사경을 부딪쳤다는 이유로 피해 차량의 운전자, 동승자들과 시비가 벌어졌고 현장에 출동한 경찰관들이 피고인의 음주운전을 의심하여 음주측정을 위해서 **지구대로 동행할 것을 요구**하자 피고인은 '술을 마시지 않았고 사고도 내지 않았다'는 취지로 주장하면서 계속해서 순찰차에 타기를 거부하였다. 이에 **4명의 경찰관이 피고인의 팔다리를 잡아 강제로 순찰차에 태워 지구대로 데려갔으며,** 그 과정에서 경찰관들은 피고인에게 형사소송법 제200조의5에 정한 사항을 고지하는 등의 절차를 전혀 지키지 않았으며, 피고인은 지구대로 연행된 후 경찰관들로부터 호흡조사 방법에 의한 음주측정에 응할 것을 요구받았으나 이를 거부하다가 계속 음주측정에 불응할 경우 구속된다는 말을 듣고 호흡측정에 응하였고 그 결과 **음주운전으로 처벌받는 수치**가 나왔다. 이에 담당 경찰관은 피고인에게 이제 다 끝났으니 집으로 가라는 취지로 수차 말하였으나 피고인은 운전을 한 당시에는 음주를 한 상태가 아니었고 또 위 호흡측정 결과도 받아들일 수 없다는 취지로 항의하면서 **혈액측정을 요구**하였고 이에 경찰관이 피고인과 인근 병원에 동행하여 채혈을 하게 되었다. …… 피고인의 연행 경위 및 채혈에 이르는 과정 등 위 사실관계를 앞서 본 법리에 비추어 보면, 경찰관들이 **피고인을 지구대로 강제연**

행한 행위는 위법한 체포에 해당하므로 그 상태에서 한 음주측정요구는 위법한 수사라고 볼 수밖에 없고, 그러한 요구에 따른 음주측정 결과 또한 적법한 절차에 따르지 아니하고 수집한 증거로서 그 증거능력을 인정할 수 없다

8 [대판 2004도4789] 음주측정요구를 받을 당시에 술에 취한 상태에 있었다고 인정할 만한 상당한 이유가 있다고 보아 **음주측정불응죄가 인정되는 이상**, 그 후 스스로 경찰공무원에게 혈액채취의 방법에 의한 음주측정을 요구하고 그 결과 음주운전으로 처벌할 수 없는 혈중알콜농도 수치가 나왔다고 하더라도 음주측정불응죄의 성립에 영향이 없다.

9 [대판 2002도4220] [**호흡측정기에 의한 측정절차를 생략하고 바로 혈액채취에 의한 측정을 하여야 하는 경우**] [1] 도로교통법 제41조 제2항, 제3항의 해석상, 운전자의 **신체 이상** 등의 사유로 호흡측정기에 의한 측정이 **불가능 내지 심히 곤란**하거나 운전자가 처음부터 호흡측정기에 의한 측정의 방법을 불신하면서 혈액채취에 의한 측정을 요구하는 경우 등에는 호흡측정기에 의한 측정의 절차를 생략하고 바로 혈액채취에 의한 측정으로 나아가야 할 것이고, 이와 같은 경우라면 호흡측정기에 의한 측정에 불응한 행위를 음주측정불응으로 볼 수 없다. [2] 특별한 이유 없이 호흡측정기에 의한 측정에 불응하는 운전자에게 경찰공무원이 혈액채취에 의한 측정방법이 있음을 고지하고 그 선택 여부를 물어야 할 의무가 있다고는 할 수 없다. [3] 경찰공무원이 피고인에게 호흡측정기에 의한 음주측정을 요구하였으나, 피고인은 약 21분간 불대에 입을 대고 부는 시늉만 하면서 입을 떼버리는 것을 반복하여 호흡측정기에 음주측정수치가 나타나지 아니하도록 한 사실을 인정하는 한편, 피고인이 그 변소와 같이 호흡장애로 인하여 음주측정기 불대를 정상적으로 불 수 없었다고 볼 자료는 없다고 하여, 정당한 사유 없이 호흡측정기에 의한 음주측정에 실질적으로 불응한 피고인의 행위는 **음주측정불응의 죄에 해당한다.**

10 [대판 2000도6026] [**음주운전을 하였다고 인정할 만한 상당한 이유가 있는지 여부의 판단 기준**] [1] 도로교통법 제107조의2 제2호의 음주측정불응죄는 술에 취한 상태에 있다고 인정할 만한 상당한 이유가 있는 사람이 같은 법 제41조 제2항의 규정에 의한 경찰공무원의 측정에 응하지 아니한 경우에 성립하는 것인바, 같은 법 제41조 제2항의 규정에 비추어 보면 음주측정 요구 당시의 객관적 사정을 종합하여 볼 때 (가) 운전자가 술에 취한 상태에서 자동차 등을 운전하였다고 인정할 만한 **상당한 이유**가 있고 (나) 운전자의 음주운전 여부를 확인하기 위하여 **'필요한 경우'**에는 사후의 음주측정에 의하여 음주운전 여부를 확인할 수 없음이 명백하지 않는 한 **경찰공무원은 당해 운전자에 대하여 음주측정을 요구할 수 있고**, (다) 당해 운전자가 이에 불응한 경우에는 같은 법 제107조의2 제2호 소정의 음주측정불응죄가 성립한다. [2] 피고인의 음주와 음주운전을 목격한 참고인이 있는 상황에서 경찰관이 음주 및 **음주운전 종료로부터 약 5시간 후 집에서 자고 있는** 피고인을 연행하여 음주측정을 요구한 데에 대하여 피고인이 불응한 경우, 도로교통법상의 **음주측정불응죄가 성립**한다고 본 사례.

11 [대판 99도5210] [음주측정을 요구받은 운전자가 형식적으로 음주측정에 응하였을 뿐 호흡측정기에 음주측정수치가 나타날 정도로 숨을 불어넣지 아니한 경우, 음주측정불응죄의 성립 여부(적극)] 운전자가 경찰공무원으로부터 음주측정을 요구받고 **호흡측정기에 숨을 내쉬는 시늉만 하는** 등 형식적으로 음주측정에 응하였을 뿐 경찰공무원의 거듭된 요구에도 불구하고 호흡측정기에 음주측정수치가 나타날 정도로 숨을

제대로 불어넣지 아니하였다면 이는 실질적으로 **음주측정에 불응한 것과 다를 바 없다** 할 것이고, 운전자가 정당한 사유 없이 호흡측정기에 의한 음주측정에 불응한 이상 그로써 음주측정불응의 죄는 성립하는 것이며, 그 후 경찰공무원이 혈액채취 등의 방법으로 음주여부를 조사하지 아니하였다고 하여 달리 볼 것은 아니다.

12 [대판 96도3069] **교통안전과 위험방지를 위하여 필요한 경우가 아니라고 하더라도** 음주측정 요구 당시의 객관적 사정을 종합하여 볼 때 운전자가 술에 취한 상태에서 자동차 등을 운전하였다고 인정할 만한 상당한 이유가 있고 운전자의 음주운전 여부를 확인하기 위하여 필요한 경우에는 사후의 음주측정에 의하여 음주운전 여부를 확인할 수 없음이 명백하지 않는 한 경찰공무원은 당해 운전자에 대하여 음주측정을 요구할 수 있고, 당해 운전자가 이에 불응한 경우에는 같은 법 제107조의2 제2호 소정의 음주측정불응죄가 성립한다.

13-1 [대판 92도3402] [도로교통법 제41조 제2항에 의한 음주측정의 성질(＝예방적 행정행위) 및 같은 조항 소정의 "교통안전과 위험방지의 필요성"이 아닌 음주운전죄의 수사를 위한 음주측정 요구에 불응한 경우에도 구 도로교통법(1992.12.8. 법률 제4518호로 개정되기 전의 것) 제107조의2 제2호의 음주측정불응죄가 성립하는지 여부(소극)] 구 도로교통법 제107조의2 제2호의 음주측정불응죄는 경찰관으로부터 술에 취한 상태에 있다고 의심받을 상당한 이유가 있는 사람이 도로교통법 제41조 제2항의 규정에 의한 경찰공무원의 측정에 응하지 아니한 경우에 성립하고, 법 제41조 제2항에서 규정하는 경찰관의 음주측정은 위 조항과 법 제1조의 취지에 비추어 볼 때 음주운전을 제지하지 아니하고 방치할 경우에 초래될 도로교통의 안전에 대한 침해 또는 위험을 미리 방지하기 위한 필요성 즉 **"교통안전과 위험방지의 필요성"이 있을 때에 한하여 음주운전의 혐의가 있는 운전자에 대하여 요구할 수 있는 예방적인 행정행위일 뿐** 그 조항에 의하여 경찰관에게 이미 발생한 도로교통상의 범죄행위에 대한 수사를 위한 음주측정 권한이 부여된 것이라고는 볼 수 없으므로, 이러한 범죄수사를 위한 경찰관의 음주측정 요구에 불응한 경우에는 다른 증거에 의하여 음주운전죄로 처벌할 수 있음은 별론으로 하고 법 제107조의2 제2호 소정의 음주측정불응죄는 성립하지 아니한다.
[2] 원심은 피고인이 술을 마신 후 승용차를 운전하고서도 경찰관의 음주측정에 응하지 아니하였다는 이 사건 공소사실에 대하여, 피고인이 이 사건 공소사실 기재의 시각 이전에 음주하였기 때문에 타인으로 하여금 대리운전을 시켜 자신의 집까지 왔으나, 주차할 장소를 찾지 못하여 시간을 끌던 중 대리운전자에게 미안한 생각이 들어 그를 보내고 자신이 승용차를 운전하여 A의 집 앞에 주차하려다가 그의 항의를 받고 서로 시비 끝에 다시 이를 운전하여 피고인의 집 앞에 주차시킨 후 걸어오다가 A의 신고를 받고 출동한 경찰관에게 연행되어 파출소에서 음주측정을 요구받았으나 이에 불응하였다는 사실을 인정하고서, (가) 피고인은 이미 운전을 종료하였으므로 도로교통법 제41조 제2항에서 정한 **교통의 안전과 위험방지를 위한 음주측정의 필요성이 없고,** (나) 경찰관의 측정요구는 이미 저지른 음주운전의 증거확보를 위한 것으로서 위법 소정의 요건이 결여된 상태에서 한 부적법한 것이므로 이에 불응한 피고인에게는 같은 법 제107조의2 제2호의 죄책이 없다는 취지로 판단하여 피고인에게 무죄를 선고한 제1심 판결을 유지하였는바 원심의 위와 같은 사실인정과 판단은 옳고, 거기에 소론이 지적하는 바와 같은 채증법칙위배나 도로교통법상 음주측정불응죄에 관한 법리오해의 위법이 있다고 할 수 없다.

13-2 [대판 94도2172] [음주측정을 요구받을 당시 운전자가 운전을 종료한 경우, 교통안전과 위험방지라는 음주측정의 필요성이 있다고 볼 것인지 여부] [1] 도로교통법 제41조 제2항의 규정에 의한 경찰공무원의

음주측정은 같은 법 제1조, 제41조 제2항의 취지에 비추어 볼 때 음주운전을 제지하지 아니하고 방치할 경우에 초래될 도로교통의 안전에 대한 침해 또는 위험을 미리 방지하기 위한 필요성 즉, "교통안전과 위험방지의 필요성"이 있을 때에 한하여 그 음주운전의 혐의가 있는 운전자에 대하여 요구할 수 있는 **예방적인 행정행위일 뿐이다.** [2] 원심은 피고인이 술을 마신 후 승용차를 운전하고서도 경찰관의 음주측정에 응하지 아니하였다는 공소사실에 대하여, 피고인이 공소사실기재의 시각 이전에 약간의 소주를 마신 상태에서 진주시 칠암동에 있는 행복예식장 인근에서 열리고 있는 개천예술제를 구경하는 등 바람을 쏘이며 쉬기 위하여 자신의 승용차로 약 500m 정도를 운전하여 위 예식장 앞까지 진행한 후 도로가에 위 승용차를 주차시켰는데 곧 바로 A가 피고인에게 동인의 차량이 빠져 나올 수 있도록 피고인에게 위 승용차를 비켜줄 것을 요구하였고 피고인이 이를 거부하여 상호간에 주차문제로 시비가 되자, A가 경찰에 피고인이 음주운전을 하였다고 신고를 함으로써 출동한 경찰관이 피고인을 진주경찰서로 동행한 후 그 곳에서 피고인에게 음주측정을 요구하였으나 피고인이 이에 불응하였다는 사실을 인정하고서, (가) 피고인으로서는 당시 **이미 운전을 종료**하였다고 봄이 상당하고, (나) 피고인이 이후 단시간 내에 도로교통법 제41조 제1항에 규정된 정도로 술이 취한 상태에서 다시 운전을 하리라고 볼 만한 사정을 엿볼 수 없는 이 사건에 있어서 경찰관의 음주측정요구는 그 요구경위에 비추어 **교통안전과 위험방지의 필요성을 위한 것이 아니라 이미 저지른 음주운전의 증거확보를 위한 것으로서** 도로교통법 제41조 제2항 소정의 요건이 결여된 부적법한 것이라 할 것이므로 피고인이 이에 불응하였다고 하여 도로교통법 제107조의2 제2호를 위반한 것으로 볼 수는 없다고 판단하여 피고인에게 무죄를 선고한 제1심판결을 유지하였는 바, 원심의 위와 같은 사실인정과 판단은 옳고 거기에 소론이 지적하는 바와 같은 채증법칙위배나 도로교통법상 음주측정불응죄에 관한 법리오해의 위법이 있다고 할 수 없다.

## Reference 3

## 혈액채취에 의한 음주측정

1 [대판 2014도16051] [음주운전에 대한 수사 과정에서 음주운전 혐의가 있는 운전자에 대해 호흡측정이 이루어졌으나 **호흡측정 결과에 오류가 있다고 인정할 만한 객관적이고 합리적인 사정이 있는 경우, 혈액 채취에 의한 측정 방법으로 다시 음주측정을 하는 것이 허용되는지 여부(한정 적극)**  및 이때 혈액 채취에 의한 측정의 적법성이 인정되는 경우] 음주운전에 대한 수사 과정에서 음주운전 혐의가 있는 운전자에 대하여 구 도로교통법(2014. 12. 30. 법률 제12917호로 개정되기 전의 것) 제44조 제2항에 따른 호흡측정이 이루어진 경우에는 그에 따라 과학적이고 중립적인 호흡측정 수치가 도출된 이상 다시 음주측정을 할 필요성은 사라졌으므로 **운전자의 불복이 없는 한 다시 음주측정을 하는 것은 원칙적으로 허용되지 아니한다.** 그러나 운전자의 태도와 외관, 운전 행태 등에서 드러나는 주취 정도, 운전자가 마신 술의 종류와 양, 운전자가 사고를 야기하였다면 경위와 피해 정도, 목격자들의 진술 등 호흡측정 당시의 구체적 상황에 비추어 **호흡측정기의 오작동 등으로 인하여 호흡측정 결과에 오류가 있다고 인정할 만한 객관적이고 합리적인 사정이 있는 경우라면** 그러한 호흡측정 수치를 얻은 것만으로는 수사의 목적을 달성하였다고 할 수 없어 추가로 음주측정을 할 필요성이 있으므로, 경찰관이 음주운전 혐의를 제대로 밝히기 위하여 **운전자의 자발적인 동의를 얻어 혈액 채취에 의한 측정의 방법으로 다시 음주측정을 하는 것을 위법하다고 볼 수는 없다.** 이 경우 운전자가 일단 호흡측정에 응한 이상 재차 음주측정에 응할 의무까지 당연히 있다고 할 수는 없으므로, 운전자의 혈액 채취에 대한 동의의 임의성을 담보하기 위하여는 경찰관이 미리 운전자에게 혈액

채취를 거부할 수 있음을 알려주었거나 운전자가 언제든지 자유로이 혈액 채취에 응하지 아니할 수 있었음이 인정되는 등 운전자의 자발적인 의사에 의하여 혈액 채취가 이루어졌다는 것이 객관적인 사정에 의하여 명백한 경우에 한하여 혈액 채취에 의한 측정의 적법성이 인정된다.

2 [대판 2006다32132] 경찰관이 음주운전 단속 시 운전자의 요구에 따라 곧바로 채혈을 실시하지 않은 채 호흡측정기에 의한 음주측정을 하고 '1시간 12분'이 경과한 후에야 채혈을 하였다는 사정만으로는 위 행위가 법령에 위배된다거나 객관적 정당성을 상실하여 운전자가 음주운전 단속과정에서 받을 수 있는 권익이 현저하게 침해되었다고 단정하기 어렵다.

3 [대판 2003도6905] [호흡측정기에 의한 음주측정치와 혈액검사에 의한 음주측정치가 불일치한 경우, 증거취사선택의 방법] 도로교통법 제41조 제2항에서 말하는 '측정'이란, 측정결과에 불복하는 운전자에 대하여 그의 동의를 얻어 혈액채취 등의 방법으로 다시 측정할 수 있음을 규정하고 있는 같은 조 제3항과의 체계적 해석상, 호흡을 채취하여 그로부터 주취의 정도를 객관적으로 환산하는 측정방법, 즉 호흡측정기에 의한 측정이라고 이해하여야 할 것이고, 호흡측정기에 의한 음주측정치와 혈액검사에 의한 음주측정치가 다른 경우에 어느 음주측정치를 신뢰할 것인지는 법관의 자유심증에 의한 증거취사선택의 문제라고 할 것이나, 호흡측정기에 의한 측정의 경우 그 측정기의 상태, 측정방법, 상대방의 협조정도 등에 의하여 그 측정결과의 정확성과 신뢰성에 문제가 있을 수 있다는 사정을 고려하면, 혈액의 채취 또는 검사과정에서 인위적인 조작이나 관계자의 잘못이 개입되는 등 혈액채취에 의한 검사결과를 믿지 못할 특별한 사정이 없는 한, 혈액검사에 의한 음주측정치가 호흡측정기에 의한 음주측정치보다 측정 당시의 혈중알콜농도에 더 근접한 음주측정치라고 보는 것이 경험칙에 부합한다.

4 [대판 98도968] [경찰관이 간호사로부터 진료 목적으로 '이미 채혈'된 피고인의 혈액 중 일부를 주취운전 여부에 대한 감정을 목적으로 제출받아 압수한 경우, 적법절차의 위반 여부(소극)] 형사소송법 제218조는 "검사 또는 사법경찰관은 피의자, 기타인의 유류한 물건이나 소유자, 소지자 또는 보관자가 임의로 제출한 물건을 영장 없이 압수할 수 있다."라고 규정하고 있고, 같은 법 제219조에 의하여 준용되는 제112조 본문은 "변호사, 변리사, 공증인, 공인회계사, 세무사, 대서업자, 의사, 한의사, 치과의사, 약사, 약종상, 조산사, 간호사, 종교의 직에 있는 자 또는 이러한 직에 있던 자가 그 업무상 위탁을 받아 소지 또는 보관하는 물건으로 타인의 비밀에 관한 것은 압수를 거부할 수 있다."라고 규정하고 있을 뿐이고, 달리 형사소송법 및 기타 법령상 의료인이 진료 목적으로 채혈한 혈액을 수사기관이 수사 목적으로 압수하는 절차에 관하여 특별한 절차적 제한을 두고 있지 않으므로, 의료인이 진료 목적으로 채혈한 환자의 혈액을 수사기관에 임의로 제출하였다면 그 혈액의 증거사용에 대하여도 환자의 사생활의 비밀 기타 인격적 법익이 침해되는 등의 특별한 사정이 없는 한 반드시 그 환자의 동의를 받아야 하는 것이 아니고, 따라서 경찰관이 간호사로부터 진료 목적으로 이미 채혈되어 있던 피고인의 혈액 중 일부를 주취운전 여부에 대한 감정을 목적으로 임의로 제출받아 이를 압수한 경우, 당시 간호사가 위 혈액의 소지자 겸 보관자인 병원 또는 담당의사를 대리하여 혈액을 경찰관에게 임의로 제출할 수 있는 권한이 없었다고 볼 특별한 사정이 없는 이상, 그 압수절차가 피고인 또는 피고인의 가족의 동의 및 영장 없이 행하여졌다고 하더라도 이에 적법절차를 위반한 위법이 있다고 할 수 없다.

# 대인적 강제수사 - 체포와 구속 -

**형사소송법**
[시행 2025. 1. 17.] [법률 제20460호, 2024. 10. 16., 일부개정]

## 제1편 총 칙
### 제9장 피고인의 소환, 구속

**제68조(소환)** 법원은 피고인을 소환할 수 있다.

**제69조(구속의 정의)** 본법에서 구속이라 함은 구인과 구금을 포함한다.

**제70조(구속의 사유)** ① 법원은 피고인이 죄를 범하였다고 의심할 만한 **상당한 이유**가 있고 다음 각 호의 1에 해당하는 사유가 있는 경우에는 피고인을 구속할 수 있다.

1. 피고인이 일정한 **주거가 없는 때**
2. 피고인이 **증거를 인멸**할 염려가 있는 때
3. 피고인이 **도망**하거나 도망할 염려가 있는 때

② 법원은 제1항의 구속사유를 심사함에 있어서 범죄의 **중대성**, 재범의 **위험성**, 피해자 및 중요 참고인 등에 대한 **위해우려** 등을 **고려하여야 한다.**

③ 다액 50만원 이하의 벌금, 구류 또는 과료에 해당하는 사건에 관하여는 제1항 제1호의 경우를 제한 외에는 구속할 수 없다.

**제71조(구인의 효력)** 구인한 피고인을 법원에 인치한 경우에 구금할 필요가 없다고 인정한 때에는 그 인치한 때로부터 **24시간** 내에 석방하여야 한다.

**제71조의2(구인 후의 유치)** 법원은 인치받은 피고인을 유치할 필요가 있는 때에는 교도소·구치소 또는 경찰서 유치장에 유치할 수 있다. 이 경우 유치기간은 인치한 때부터 **24시간**을 초과할 수 없다.

**제72조(구속과 이유의 고지)** 피고인에 대하여 범죄사실의 요지, 구속의 이유와 변호인을 선임할 수 있음을 말하고 변명할 기회를 준 후가 아니면 구속할 수 없다. 다만, 피고인이 도망한 경우에는 그러하지 아니하다.

**제72조의2(고지의 방법)** ① 법원은 **합의부원**으로 하여금 제72조의 절차를 이행하게 할 수 있다.

② 법원은 피고인이 출석하기 어려운 특별한 사정이 있고 상당하다고 인정하는 때에는 검사와 변호인의 의견을 들어 비디오 등 중계장치에 의한 **중계시설을 통하여** 제72조의 절차를 진행할 수 있다.

**제73조(영장의 발부)** 피고인을 소환함에는 소환장을, 구인 또는 구금함에는 구속영장을 발부하여야 한다.

**제74조(소환장의 방식)** 소환장에는 피고인의 성명, 주거, 죄명, 출석일시, 장소와 정당한 이유없이 출석하지 아니하는 때에는 도망할 염려가 있다고 인정하여 구속영장을 발부할 수 있음을 기재하고 재판장 또는 수명법관이 기명날인 또는 서명하여야 한다.

**제75조(구속영장의 방식)** ① 구속영장에는 피고인의 성명, 주거, 죄명, 공소사실의 요지, 인치 구금할 장소, 발부년월일, 그 유효기간과 그 기간을 경과하면 집행에 착수하지 못하며 영장을 반환하여야 할 취지를 기재하고 재판장 또는 수명법관이 **서명날인**하여야 한다.

② 피고인의 성명이 분명하지 아니한 때에는 인상, 체격, 기타 피고인을 특정할 수 있는 사항으로 피고인을 표시할 수 있다.

③ 피고인의 주거가 분명하지 아니한 때에는 그 주거의 기재를 생략할 수 있다.

**제76조(소환장의 송달)** ① 소환장은 송달하여야 한다.

② 피고인이 기일에 출석한다는 서면을 제출하거나 출석한 피고인에 대하여 차회기일을 정하여 출석을 명한 때에는 소환장의 송달과 동일한 효력이 있다.

③ 전항의 출석을 명한 때에는 그 요지를 조서에 기재하여야 한다.

④ 구금된 피고인에 대하여는 교도관에게 통지하여 소환한다.

⑤ 피고인이 교도관으로부터 소환통지를 받은 때에는 소환장의 송달과 동일한 효력이 있다.

**제77조(구속의 촉탁)** ① 법원은 피고인의 현재지의 지방법원판사에게 피고인의 구속을 촉탁할 수 있다.

② 수탁판사는 피고인이 관할구역 내에 현재하지 아니한 때에는 그 현재지의 지방법원판사에게 전촉할 수 있다.

③ 수탁판사는 구속영장을 발부하여야 한다.

④ 제75조의 규정은 전항의 구속영장에 준용한다.

**제78조(촉탁에 의한 구속의 절차)** ① 전조의 경우에 촉탁에 의하여 구속영장을 발부한 판사는 피고인을 인치한 때로부터 **24시간** 이내에 그 피고인임에 틀림없는가를 조사하여야 한다.

② 피고인임에 틀림없는 때에는 신속히 지정된 장소에 송치하여야 한다.

**제79조(출석, 동행명령)** 법원은 필요한 때에는 지정한 장소에 피고인의 출석 또는 동행을 명할 수 있다.

**제80조(요급처분)** 재판장은 급속을 요하는 경우에는 제68조부터 제71조까지, 제71조의2, 제73조, 제76조, 제77조와 전조에 규정한 처분을 할 수 있고 또는 합의부원으로 하여금 처분을 하게 할 수 있다.

제81조(구속영장의 집행) ① 구속영장은 **검사의 지휘**에 의하여 사법경찰관리가 집행한다. 단, 급속을 요하는 경우에는 재판장, 수명법관 또는 수탁판사가 그 집행을 지휘할 수 있다.

② 제1항 단서의 경우에는 **법원사무관 등**에게 그 집행을 명할 수 있다. 이 경우에 법원사무관등은 그 집행에 관하여 필요한 때에는 사법경찰관리·교도관 또는 법원경위에게 보조를 요구할 수 있으며 관할구역 외에서도 집행할 수 있다.

③ **교도소 또는 구치소에 있는 피고인**에 대하여 발부된 구속영장은 검사의 지휘에 의하여 **교도관이 집행**한다.

제82조(수통의 구속영장의 작성) ① 구속영장은 수통을 작성하여 사법경찰관리 수인에게 교부할 수 있다.

② 전항의 경우에는 그 사유를 구속영장에 기재하여야 한다.

제83조(관할구역 외에서의 구속영장의 집행과 그 촉탁) ① 검사는 필요에 의하여 관할구역 외에서 구속영장의 집행을 지휘할 수 있고 또는 당해 관할구역의 검사에게 집행지휘를 촉탁할 수 있다.

② 사법경찰관리는 필요에 의하여 관할구역 외에서 구속영장을 집행할 수 있고 또는 당해 관할구역의 사법경찰관리에게 집행을 촉탁할 수 있다.

제84조(고등검찰청검사장 또는 지방검찰청검사장에 대한 수사촉탁) 피고인의 현재지가 분명하지 아니한 때에는 재판장은 고등검찰청검사장 또는 지방검찰청검사장에게 그 수사와 구속영장의 집행을 촉탁할 수 있다.

제85조(구속영장집행의 절차) ① 구속영장을 집행함에는 **피고인에게 반드시 이를 제시하고 그 사본을 교부하여야** 하며 신속히 지정된 법원 기타 장소에 인치하여야 한다.

② 제77조제3항의 구속영장에 관하여는 이를 발부한 판사에게 인치하여야 한다.

③ **구속영장을 소지하지 아니한 경우**에 급속을 요하는 때에는 피고인에 대하여 공소사실의 요지와 영장이 발부되었음을 고하고 집행할 수 있다.

④ 전항의 **집행을 완료한 후에는 신속히 구속영장을 제시하고 그 사본을 교부하여야 한다.**

제86조(호송 중의 가유치) 구속영장의 집행을 받은 피고인을 호송할 경우에 필요하면 가장 가까운 교도소 또는 구치소에 임시로 유치할 수 있다.

제87조(구속의 통지) ① 피고인을 구속한 때에는 변호인이 있는 경우에는 변호인에게, 변호인이 없는 경우에는 제30조제2항에 규정한 자 중 피고인이 지정한 자에게 피고사건명, 구속일시·장소, 범죄사실의 요지, 구속의 이유와 변호인을 선임할 수 있는 취지를 알려야 한다.

② 제1항의 통지는 **지체없이 서면**으로 하여야 한다.

제88조(구속과 공소사실 등의 고지) 피고인을 구속한 때에는 즉시 공소사실의 요지와 변호인을 선임할 수 있음을 알려야 한다.

제89조(구속된 피고인의 접견·진료) 구속된 피고인은 관련 법률이 정한 범위에서 타인과 **접견**하고 서류나 물건을 **수수**하며 의사의 **진료**를 받을 수 있다.

제90조(변호인의 의뢰) ① 구속된 피고인은 법원, 교도소장 또는 구치소장 또는 그 대리자에게 변호사를 지정하여 변호인의 선임을 의뢰할 수 있다.

② 전항의 의뢰를 받은 법원, 교도소장 또는 구치소장 또는 그 대리자는 급속히 피고인이 지명한 변호사에게 그 취지를 통지하여야 한다.

제91조(변호인 아닌 자와의 접견·교통) 법원은 **도망**하거나 **범죄의 증거를 인멸**할 염려가 있다고 인정할 만한 상당한 이유가 있는 때에는 직권 또는 검사의 청구에 의하여 결정으로 구속된 피고인과 제34조에 규정한 외의 타인과의 **접견을 금지**할 수 있고, 서류나 그 밖의 물건을 수수하지 못하게 하거나 검열 또는 압수할 수 있다. 다만, **의류·양식·의료품은 수수를 금지하거나 압수할 수 없다.**

제92조(구속기간과 갱신) ① 구속기간은 2개월로 한다.

② 제1항에도 불구하고 특히 구속을 계속할 필요가 있는 경우에는 심급마다 2개월 단위로 2차에 한하여 결정으로 갱신할 수 있다. 다만, **상소심**은 **피고인 또는 변호인**이 신청한 증거의 조사, 상소이유를 보충하는 서면의 제출 등으로 추가 심리가 필요한 부득이한 경우에는 3차에 한하여 갱신할 수 있다.

③ 제22조,[4] 제298조제4항,[5] 제306조제1항[6] 및 제2항[7]의 규정에 의하여 공판절차가 정지된 기간 및 공소제기 전의 체포·구인·구금 기간은 제1항 및 제2항의 기간에 산입하지 아니한다.

제93조(구속의 취소) 구속의 사유가 없거나 소멸된 때에는 법원은 직권 또는 검사, 피고인, 변호인과 제30조제2항에 규정한 자의 청구에 의하여 결정으로 구속을 취소하여야 한다.

---

4) **기피신청**과 소송의 정지
5) **공소장의 변경**으로 인한 공판절차의 정지
6) 피고인이 사물의 변별 또는 의사의 결정을 할 능력이 없는 상태와 공판절차의 정지
7) 피고인이 **질병**으로 인하여 출정할 수 없는 경우와 공판절차의 정지

## 【보석제도】

**제94조(보석의 청구)** 피고인, 피고인의 변호인 · 법정대리인 · 배우자 · 직계친족 · 형제자매 · **가족 · 동거인 또는 고용주**는 법원에 구속된 피고인의 보석을 청구할 수 있다.

**제95조(필요적 보석)** 보석의 청구가 있는 때에는 다음 이외의 경우에는 보석을 허가하여야 한다.

1. 피고인이 **사형, 무기 또는 장기 10년이 넘는** 징역이나 금고에 해당하는 죄를 범한 때

2. 피고인이 **누범**에 해당하거나 **상습범**인 죄를 범한 때

3. 피고인이 **죄증을 인멸**하거나 인멸할 염려가 있다고 믿을 만한 충분한 이유가 있는 때

4. 피고인이 도망하거나 **도망할 염려**가 있다고 믿을 만한 충분한 이유가 있는 때

5. 피고인의 **주거**가 분명하지 아니한 때

6. 피고인이 피해자, 당해 사건의 재판에 필요한 사실을 알고 있다고 인정되는 자 또는 그 친족의 생명 · 신체나 재산에 **해를 가하거나 가할 염려**가 있다고 믿을만한 충분한 이유가 있는 때

**제96조(임의적 보석)** 법원은 제95조의 규정에 불구하고 **상당한 이유**가 있는 때에는 직권 또는 제94조에 규정한 자의 청구에 의하여 결정으로 보석을 허가할 수 있다.

**제97조(보석, 구속의 취소와 검사의 의견)** ①재판장은 보석에 관한 결정을 하기 전에 검사의 **의견을 물어야 한다.**

② 구속의 취소에 관한 결정을 함에 있어서도 검사의 청구에 의하거나 급속을 요하는 경우 외에는 제1항과 같다.

③ 검사는 제1항 및 제2항에 따른 의견요청에 대하여 **지체 없이 의견을 표명**하여야 한다.

④ 구속을 취소하는 결정에 대하여는 검사는 **즉시항고를 할 수 있다.**

**제98조(보석의 조건)** 법원은 보석을 허가하는 경우에는 필요하고 상당한 범위 안에서 다음 각 호의 조건 중 하나 이상의 조건을 정하여야 한다.

1. 법원이 지정하는 일시 · 장소에 출석하고 증거를 인멸하지 아니하겠다는 **서약서**를 제출할 것

2. 법원이 정하는 보증금에 해당하는 금액을 납입할 것을 약속하는 **약정서**를 제출할 것

3. 법원이 지정하는 장소로 주거를 제한하고 주거를 변경할 필요가 있는 경우에는 법원의 허가를 받는 등 도주를 방지하기 위하여 행하는 조치를 받아들일 것

4. 피해자, 당해 사건의 재판에 필요한 사실을 알고 있다고 인정되는 사람 또는 그 친족의 생명 · 신체 · 재산에 해를 가하는 행위를 하지 아니하고 주거 · 직장 등 그 주변에 접근하지 아니할 것

5. 피고인 아닌 자가 작성한 **출석보증서**를 제출할 것

6. 법원의 허가 없이 외국으로 출국하지 아니할 것을 서약할 것

7. 법원이 지정하는 방법으로 피해자의 권리 회복에 필요한 **금전을 공탁**하거나 그에 상당하는 담보를 제공할 것

8. 피고인이나 법원이 지정하는 자가 **보증금을 납입**하거나 담보를 제공할 것

9. 그 밖에 피고인의 출석을 보증하기 위하여 법원이 정하는 적당한 조건을 이행할 것

**제99조(보석조건의 결정 시 고려사항)** ① 법원은 제98조의 조건을 정할 때 다음 각 호의 사항을 고려하여야 한다.

1. 범죄의 **성질 및 죄상(罪狀)**

2. 증거의 **증명력**

3. 피고인의 **전과(前科) · 성격 · 환경 및 자산**

4. 피해자에 대한 배상 등 **범행 후의 정황**에 관련된 사항

② 법원은 피고인의 자금능력 또는 자산 정도로는 이행할 수 없는 조건을 정할 수 없다.

**제100조(보석집행의 절차)** ① 제98조제1호 · 제2호 · 제5호 · 제7호 및 제8호의 조건은 이를 **이행한 후가 아니면** 보석허가결정을 집행하지 못하며, 법원은 필요하다고 인정하는 때에는 다른 조건에 관하여도 그 이행 이후 보석허가결정을 집행하도록 정할 수 있다.

② 법원은 **보석청구자 이외의 자에게 보증금의 납입을 허가**할 수 있다.

③ 법원은 유가증권 또는 피고인 외의 자가 제출한 보증서로써 보증금에 갈음함을 허가할 수 있다.

④ 전항의 보증서에는 보증금액을 언제든지 납입할 것을 기재하여야 한다.

⑤ 법원은 보석허가결정에 따라 석방된 피고인이 보석조건을 준수하는데 필요한 범위 안에서 관공서나 그 밖의 공사단체에 대하여 적절한 조치를 취할 것을 요구할 수 있다.

**제100조의2(출석보증인에 대한 과태료)** ① 법원은 제98조 제5호의 조건을 정한 보석허가결정에 따라 석방된 피고인이 정당한 사유 없이 기일에 **불출석**하는 경우에는 결정으로 그 출석보증인에 대하여 **500만원 이하의 과태료**를 부과할 수 있다.

② 제1항의 결정에 대하여는 **즉시항고**를 할 수 있다.

**제101조(구속의 집행정지)** ① 법원은 상당한 이유가 있는 때에는 결정으로 구속된 피고인을 친족 · 보호단체 기타 적당한 자에게 부탁하거나 피고인의 주거를 제한하여 구속의 집행을 정지할 수 있다.

② 전항의 결정을 함에는 검사의 의견을 물어야 한다. 단, 급속을 요하는 경우에는 그러하지 아니하다.

③ 삭제

④ 헌법 제44조에 의하여 구속된 국회의원에 대한 석방요구가 있으면 당연히 구속영장의 집행이 정지된다.

⑤ 전항의 석방요구의 통고를 받은 검찰총장은 즉시 석방을 지휘하고 그 사유를 수소법원에 통지하여야 한다.

제102조(보석조건의 변경과 취소 등) ① 법원은 **직권 또는 제94조에 규정된 자**의 신청에 따라 결정으로 피고인의 **보석조건을 변경**하거나 일정기간 동안 당해 조건의 이행을 **유예**할 수 있다.

② 법원은 피고인이 다음 각 호의 어느 하나에 해당하는 경우에는 **직권 또는 검사의 청구**에 따라 결정으로 **보석 또는 구속의 집행정지를 취소**할 수 있다. 다만, 제101조 제4항에 따른 구속영장의 집행정지는 그 회기 중 취소하지 못한다.

1. 도망한 때
2. 도망하거나 죄증을 인멸할 염려가 있다고 믿을 만한 충분한 이유가 있는 때
3. 소환을 받고 정당한 사유 없이 출석하지 아니한 때
4. 피해자, 당해 사건의 재판에 필요한 사실을 알고 있다고 인정되는 자 또는 그 친족의 생명·신체·재산에 해를 가하거나 가할 염려가 있다고 믿을 만한 충분한 이유가 있는 때
5. 법원이 정한 조건을 위반한 때

③ 법원은 피고인이 정당한 사유 없이 보석조건을 위반한 경우에는 결정으로 피고인에 대하여 **1천만원 이하의 과태료**를 부과하거나 **20일 이내의 감치**에 처할 수 있다.

④ 제3항의 결정에 대하여는 즉시항고를 할 수 있다.

제103조(보증금 등의 몰취) ① 법원은 보석을 취소하는 때에는 직권 또는 검사의 청구에 따라 결정으로 보증금 또는 담보의 전부 또는 일부를 **몰취할 수 있다.**

② 법원은 보증금의 납입 또는 담보제공을 조건으로 석방된 피고인이 동일한 범죄사실에 관하여 형의 선고를 받고 그 판결이 확정된 후 집행하기 위한 소환을 받고 정당한 사유 없이 출석하지 아니하거나 도망한 때에는 직권 또는 검사의 청구에 따라 결정으로 보증금 또는 담보의 전부 또는 일부를 **몰취하여야 한다.**

제104조(보증금 등의 환부) 구속 또는 보석을 취소하거나 구속영장의 효력이 소멸된 때에는 몰취하지 아니한 보증금 또는 담보를 청구한 날로부터 **7일 이내에 환부**하여야 한다.

제104조의2(보석조건의 효력상실 등) ① 구속영장의 효력이 소멸된 때에는 보석조건은 **즉시** 그 효력을 상실한다.

② **보석이 취소**된 경우에도 제1항과 같다. 다만, 제98조 제8호의 조건은 예외로 한다.

제105조(상소와 구속에 관한 결정) **상소기간 중 또는 상소 중의 사건**에 관하여 구속기간의 갱신, 구속의 취소, 보석, 구속의 집행정지와 그 정지의 취소에 대한 결정은 소송기록이 원심법원에 있는 때에는 **원심법원**이 하여야 한다.

## 제2편 제1심
## 제1장 수사

제199조(수사와 필요한 조사) ① 수사에 관하여는 그 목적을 달성하기 위하여 필요한 조사를 할 수 있다. 다만, 강제처분은 이 법률에 특별한 규정이 있는 경우에 한하며, 필요한 최소한도의 범위 안에서만 하여야 한다.

제200조(피의자의 출석요구) 검사 또는 사법경찰관은 수사에 필요한 때에는 피의자의 출석을 요구하여 진술을 들을 수 있다.

### 【강제수사】

제200조의2(영장에 의한 체포) ① 피의자가 죄를 범하였다고 의심할 만한 상당한 이유가 있고, 정당한 이유없이 제200조의 규정에 의한 **출석요구**에 응하지 아니하거나 응하지 아니할 **우려**가 있는 때에는 검사는 관할 지방법원판사에게 청구하여 체포영장을 발부받아 피의자를 체포할 수 있고, 사법경찰관은 검사에게 **신청**하여 검사의 **청구**로 관할지방법원판사의 체포영장을 발부받아피의자를 체포할 수 있다. 다만, 다액 **50만원이하의 벌금, 구류 또는 과료**에 해당하는 사건에 관하여는 피의자가 일정한 주거가 없는 경우 또는 정당한 이유없이 제200조의 규정에 의한 출석요구에 응하지 아니한 경우에 한한다.

② 제1항의 청구를 받은 지방법원판사는 상당하다고 인정할 때에는 체포영장을 발부한다. 다만, **명백히 체포의 필요**가 인정되지 아니하는 경우에는 그러하지 아니하다.

③ 제1항의 청구를 받은 지방법원판사가 체포영장을 발부하지 아니할 때에는 청구서에 그 취지 및 이유를 기재하고 서명날인하여 청구한 검사에게 교부한다.

④ 검사가 제1항의 청구를 함에 있어서 **동일한 범죄사실에 관하여** 그 피의자에 대하여 전에 체포영장을 청구하였거나 발부받은 사실이 있는 때에는 다시 체포영장을 청구하는 취지 및 **이유를 기재**하여야 한다.

⑤ 체포한 피의자를 구속하고자 할 때에는 체포한 때부터 **48시간이내**에 제201조의 규정에 의하여 구속영장을 청구하여야 하고, 그 기간 내에 구속영장을 청구하지 아니하는 때에는 피의자를 즉시 석방하여야 한다.

제200조의3(긴급체포) ① 검사 또는 사법경찰관은 피의자가 **사형·무기 또는 장기 3년 이상의** 징역이나 금고에 해당하는 죄를 범하였다고 의심할 만한 상당한 이유가 있고, 다음 각 호의 어느 하나에 해당하는 사유가 있는 경우에 **긴급을 요하여** 지방법원판사의 체포영장을 받을 수 없는 때에는 그 사유를 알리고 영장없이 피의자를 체포할 수 있다. 이 경우 긴급을 요한다 함은 피의자를 우연히 발견한 경우 등과 같이 체포영장을 받을 시간적 여유가 없는 때를 말한다.

1. 피의자가 증거를 인멸할 염려가 있는 때

2. 피의자가 도망하거나 도망할 우려가 있는 때

② 사법경찰관이 제1항의 규정에 의하여 피의자를 체포한 경우에는 **즉시 검사의 승인**을 얻어야 한다.

③ 검사 또는 사법경찰관은 제1항의 규정에 의하여 피의자를 체포한 경우에는 **즉시 긴급체포서를 작성**하여야 한다.

④ 제3항의 규정에 의한 긴급체포서에는 범죄사실의 요지, 긴급체포의 사유 등을 기재하여야 한다.

**제200조의4(긴급체포와 영장청구기간)** ① 검사 또는 사법경찰관이 제200조의3의 규정에 의하여 피의자를 체포한 경우 피의자를 구속하고자 할 때에는 **지체 없이** 검사는 관할지방법원판사에게 구속영장을 **청구**하여야 하고, 사법경찰관은 검사에게 **신청**하여 검사의 청구로 관할지방법원판사에게 구속영장을 청구하여야 한다. 이 경우 구속영장은 피의자를 체포한 때부터 **48시간** 이내에 청구하여야 하며, 제200조의3제3항에 따른 **긴급체포서를 첨부**하여야 한다.

② 제1항의 규정에 의하여 구속영장을 청구하지 아니하거나 발부받지 못한 때에는 피의자를 **즉시 석방**하여야 한다.

③ 제2항의 규정에 의하여 석방된 자는 영장없이는 동일한 범죄사실에 관하여 체포하지 못한다.

④ **검사는** 제1항에 따른 구속영장을 청구하지 아니하고 피의자를 **석방한 경우**에는 석방한 날부터 **30일 이내에 서면**으로 다음 각 호의 사항을 법원에 통지하여야 한다. 이 경우 긴급체포서의 사본을 첨부하여야 한다.

1. 긴급체포 후 석방된 자의 인적사항

2. 긴급체포의 일시·장소와 긴급체포하게 된 구체적 이유

3. 석방의 일시·장소 및 사유

4. 긴급체포 및 석방한 검사 또는 사법경찰관의 성명

⑤ 긴급체포 후 석방된 자 또는 그 변호인·법정대리인·배우자·직계친족·형제자매는 통지서 및 관련 서류를 **열람하거나 등사할 수 있다.**

⑥ **사법경찰관**은 긴급체포한 피의자에 대하여 구속영장을 신청하지 아니하고 석방한 경우에는 **즉시 검사에게 보고**하여야 한다.

**제200조의5(체포와 피의사실 등의 고지)** 검사 또는 사법경찰관은 피의자를 체포하는 경우에는 피의사실의 **요지**, 체포의 **이유**와 변호인을 **선임**할 수 있음을 말하고 **변명**할 기회를 주어야 한다.

**제200조의6(준용규정)** 제75조, 제81조제1항 본문 및 제3항, 제82조, 제83조, 제85조제1항·제3항 및 제4항, 제86조, 제87조, 제89조부터 제91조까지, 제93조, 제101조제4항 및 제102조제2항 단서의 규정은 검사 또는 사법경찰관이 피의자를 체포하는 경우에 이를 준용한다. 이 경우 "구속"은 이를 "체포"로, "구속영장"은 이를 "체포영장"으로 본다.

**제201조(구속)** ① 피의자가 죄를 범하였다고 의심할 만한 상당한 이유가 있고 제70조제1항 각 호의 1에 해당하는 사유가 있을 때에는 검사는 관할지방법원판사에게 청구하여 구속영장을 받아 피의자를 구속할 수 있고 사법경찰관은 검사에게 신청하여 검사의 청구로 관할지방법원판사의 구속영장을 받아 피의자를 구속할 수 있다. 다만, 다액 50만원이하의 벌금, 구류 또는 과료에 해당하는 범죄에 관하여는 피의자가 일정한 주거가 없는 경우에 한한다.

② 구속영장의 청구에는 구속의 필요를 인정할 수 있는 자료를 제출하여야 한다.

③ 제1항의 청구를 받은 지방법원판사는 신속히 구속영장의 발부여부를 결정하여야 한다.

④ 제1항의 청구를 받은 지방법원판사는 상당하다고 인정할 때에는 구속영장을 발부한다. 이를 발부하지 아니할 때에는 청구서에 그 취지 및 이유를 기재하고 서명날인하여 청구한 검사에게 교부한다.

⑤ 검사가 제1항의 청구를 함에 있어서 동일한 범죄사실에 관하여 그 피의자에 대하여 전에 구속영장을 청구하거나 발부받은 사실이 있을 때에는 다시 구속영장을 청구하는 취지 및 이유를 기재하여야 한다.

## [구속영장실질심사]

**제201조의2(구속영장 청구와 피의자 심문)** ① 제200조의2·제200조의3 또는 제212조에 따라 **체포된 피의자에 대하여** 구속영장을 청구 받은 판사는 **지체 없이** 피의자를 심문하여야 한다. 이 경우 특별한 사정이 없는 한 구속영장이 청구된 날의 다음날까지 심문하여야 한다.

② 제1항외의 피의자에 대하여 구속영장을 청구받은 판사는 피의자가 죄를 범하였다고 의심할 만한 이유가 있는 경우에 **구인을 위한 구속영장을 발부**하여 피의자를 **구인한 후 심문하여야 한다.** 다만, 피의자가 **도망**하는 등의 사유로 심문할 수 없는 경우에는 그러하지 아니하다.

③ 판사는 제1항의 경우에는 즉시, 제2항의 경우에는 피의자를 인치한 후 즉시 검사, 피의자 및 변호인에게 심문기일과 장소를 **통지하여야 한다.** 이 경우 검사는 피의자가 체포되어 있는 때에는 심문기일에 피의자를 출석시켜야 한다.

④ 검사와 변호인은 제3항에 따른 심문기일에 출석하여 의견을 진술할 수 있다.

⑤ 판사는 제1항 또는 제2항에 따라 심문하는 때에는 공범의 분리심문이나 그 밖에 수사상의 비밀보호를 위하여 필요한 조치를 하여야 한다.

⑥ 제1항 또는 제2항에 따라 피의자를 심문하는 경우 법원사무관등은 심문의 요지 등을 **조서로 작성**하여야 한다.

⑦ 피의자심문을 하는 경우 법원이 구속영장청구서·수사 관계 서류 및 증거물을 접수한 날부터 구속영장을 발부하여 검찰청에 반환한 날까지의 기간은 제202조 및 제203조의 적용에 있어서 그 구속기간에 이를 산입하지 아니한다.

⑧ 심문할 피의자에게 변호인이 없는 때에는 지방법원판사는 직권으로 변호인을 선정하여야 한다. 이 경우 변호인의 선정은 피의자에 대한 구속영장 청구가 기각되어 효력이 소멸한 경우를 제외하고는 제1심까지 효력이 있다.

⑨ 법원은 변호인의 사정이나 그 밖의 사유로 변호인 선정결정이 취소되어 변호인이 없게 된 때에는 직권으로 변호인을 다시 선정할 수 있다.

⑩ 제71조, 제71조의2, 제75조, 제81조부터 제83조까지, 제85조제1항·제3항·제4항, 제86조, 제87조제1항, 제89조부터 제91조까지 및 제200조의5는 제2항에 따라 구인을 하는 경우에 준용하고, 제48조, 제51조, 제53조, 제56조의2 및 제276조의2는 피의자에 대한 심문의 경우에 준용한다.

**제202조(사법경찰관의 구속기간)** 사법경찰관이 피의자를 구속한 때에는 **10일 이내**에 피의자를 검사에게 인치하지 아니하면 석방하여야 한다.

**제203조(검사의 구속기간)** 검사가 피의자를 구속한 때 또는 사법경찰관으로부터 피의자의 인치를 받은 때에는 **10일 이내**에 공소를 제기하지 아니하면 석방하여야 한다.

**제203조의2(구속기간에의 산입)** 피의자가 제200조의2·제200조의3·제201조의2제2항 또는 제212조의 규정에 의하여 체포 또는 구인된 경우에는 제202조 또는 제203조의 구속기간은 피의자를 **체포 또는 구인한 날부터 기산한다.**

**제204조(영장발부와 법원에 대한 통지)** 체포영장 또는 구속영장의 발부를 받은 후 피의자를 체포 또는 구속하지 아니하거나 체포 또는 구속한 피의자를 석방한 때에는 **지체없이** 검사는 영장을 발부한 법원에 그 사유를 서면으로 통지하여야 한다.

**제205조(구속기간의 연장)** ① 지방법원판사는 **검사의 신청**에 의하여 수사를 계속함에 상당한 이유가 있다고 인정한 때에는 **10일**을 초과하지 아니하는 한도에서 제203조의 구속기간의 연장을 **1차에 한하여** 허가할 수 있다.

② 전항의 신청에는 구속기간의 연장의 필요를 인정할 수 있는 자료를 제출하여야 한다.

**제206조** 삭제

**제207조** 삭제

**제208조(재구속의 제한)** ① 검사 또는 사법경찰관에 의하여 **구속되었다가 석방된 자**는 다른 중요한 증거를 발견한 경우를 제외하고는 동일한 범죄사실에 관하여 재차 구속하지 못한다.

② 전항의 경우에는 1개의 목적을 위하여 동시 또는 수단결과의 관계에서 행하여진 행위는 동일한 범죄사실로 간주한다.

**제209조(준용규정)** 제70조제2항, 제71조, 제75조, 제81조제1항 본문·제3항, 제82조, 제83조, 제85조부터 제87조까지, 제89조부터 제91조까지, 제93조, 제101조제1항, 제102조제2항 본문(보석의 취소에 관한 부분은 제외한다) 및 제200조의5는 검사 또는 사법경찰관의 피의자 구속에 관하여 준용한다.

**제210조(사법경찰관리의 관할구역 외의 수사)** 사법경찰관리가 관할구역 외에서 수사하거나 관할구역 외의 사법경찰관리의 촉탁을 받아 수사할 때에는 관할지방검찰청 검사장 또는 지청장에게 보고하여야 한다. 다만, 제200조의3, 제212조, 제214조, 제216조와 제217조의 규정에 의한 수사를 하는 경우에 긴급을 요할 때에는 사후에 보고할 수 있다.

**제211조(현행범인과 준현행범인)** ① 범죄를 실행하고 있거나 실행하고 난 직후의 사람을 현행범인이라 한다.

② 다음 각 호의 어느 하나에 해당하는 사람은 현행범인으로 본다.

1. 범인으로 불리며 추적되고 있을 때

2. 장물이나 범죄에 사용되었다고 인정하기에 충분한 흉기나 그 밖의 물건을 소지하고 있을 때

3. 신체나 의복류에 증거가 될 만한 뚜렷한 흔적이 있을 때

4. 누구냐고 묻자 도망하려고 할 때

**제212조(현행범인의 체포)** 현행범인은 누구든지 영장없이 체포할 수 있다.

**제212조의2** 삭제

**제213조(체포된 현행범인의 인도)** ① 검사 또는 사법경찰관리 아닌 자가 현행범인을 체포한 때에는 **즉시** 검사 또는 사법경찰관리에게 **인도**하여야 한다.

② 사법경찰관리가 현행범인의 인도를 받은 때에는 체포자의 성명, 주거, 체포의 사유를 물어야 하고 필요한 때에는 체포자에 대하여 경찰관서에 **동행함을 요구**할 수 있다.

③ 삭제

**제213조의2(준용규정)** 제87조, 제89조, 제90조, 제200조의2제5항 및 제200조의5의 규정은 검사 또는 사법경찰관리가 현행범인을 체포하거나 현행범인을 인도받은 경우에 이를 준용한다.

**제214조(경미사건과 현행범인의 체포)** 다액 50만원이하의 벌금, 구류 또는 과료에 해당하는 죄의 현행범인에 대하여는 범인의 주거가 분명하지 아니한 때에 한하여 제212조 내지 제213조의 규정을 적용한다.

## [체포 · 구속적부심사제도]

**제214조의2(체포와 구속의 적부심사)**[8] ① 체포되거나 구속된 피의자 또는 그 변호인, 법정대리인, 배우자, 직계친족, 형제자매나 **가족, 동거인 또는 고용주**는 관할법원에 체포 또는 구속의 적부심사를 청구할 수 있다.

② 피의자를 체포하거나 구속한 검사 또는 사법경찰관은 체포되거나 구속된 피의자와 제1항에 규정된 사람 중에서 **피의자가 지정하는 사람**에게 제1항에 따른 적부심사를 청구할 수 있음을 알려야 한다.

③ 법원은 제1항에 따른 청구가 다음 각 호의 어느 하나에 해당하는 때에는 제4항에 따른 심문 없이 결정으로 청구를 기각할 수 있다.

1. 청구권자 아닌 사람이 청구하거나 동일한 체포영장 또는 구속영장의 발부에 대하여 재청구한 때

2. 공범이나 공동피의자의 순차청구(順次請求)가 **수사 방해를 목적**으로 하고 있음이 명백한 때

④ 제1항의 청구를 받은 법원은 청구서가 접수된 때부터 **48시간 이내**에 체포되거나 구속된 피의자를 **심문**하고 수사 관계 서류와 증거물을 **조사**하여 그 청구가 이유 없다고 인정한 경우에는 결정으로 **기각**하고, 이유 있다고 인정한 경우에는 결정으로 체포되거나 구속된 피의자의 **석방**을 명하여야 한다. 심사 청구 후 피의자에 대하여 공소제기가 있는 경우에도 또한 같다.

⑤ 법원은 **구속된 피의자**(심사청구 후 공소제기된 사람을 포함한다)에 대하여, 피의자의 출석을 보증할 만한 보증금의 납입을 조건으로 하여 결정으로 제4항의 석방을 명할 수 있다. 다만, 다음 각 호에 해당하는 경우에는 그러하지 아니하다.

1. 범죄의 증거를 인멸할 염려가 있다고 믿을 만한 충분한 이유가 있는 때

2. 피해자, 당해 사건의 재판에 필요한 사실을 알고 있다고 인정되는 사람 또는 그 친족의 생명 · 신체나 재산에 해를 가하거나 가할 염려가 있다고 믿을 만한 충분한 이유가 있는 때

⑥ 제5항의 석방 결정을 하는 경우에는 **주거의 제한**, 법원 또는 검사가 지정하는 일시 · 장소에 **출석할 의무**, 그 밖의 적당한 **조건을 부가**할 수 있다.

⑦ 제5항에 따라 보증금 납입을 조건으로 석방을 하는 경우에는 제99조와 제100조를 준용한다.

⑧ 제3항과 제4항의 결정에 대해서는 항고할 수 없다.

⑨ 검사 · 변호인 · 청구인은 제4항의 심문기일에 출석하여 의견을 진술할 수 있다.

⑩ 체포되거나 구속된 피의자에게 변호인이 없는 때에는 제33조를 준용한다.

⑪ 법원은 제4항의 심문을 하는 경우 공범의 분리심문이나 그 밖에 수사상의 비밀보호를 위한 적절한 조치를 하여야 한다.

⑫ 체포영장이나 구속영장을 발부한 법관은 제4항부터 제6항까지의 심문 · 조사 · 결정에 관여할 수 없다. 다만, 체포영장이나 구속영장을 발부한 법관 외에는 심문 · 조사 · 결정을 할 판사가 없는 경우에는 그러하지 아니하다.

⑬ 법원이 수사 관계 서류와 증거물을 접수한 때부터 **결정 후 검찰청에 반환된 때까지의 기간**은 제200조의2제5항(제213조의2에 따라 준용되는 경우를 포함한다) 및 제200조의4제1항을 적용할 때에는 그 제한기간에 산입하지 아니하고, 제202조 · 제203조 및 제205조를 적용할 때에는 **그 구속기간에 산입하지 아니한다.**

⑭ 제4항에 따라 피의자를 심문하는 경우에는 제201조의2제6항을 준용한다.

**제214조의3(재체포 및 재구속의 제한)** ① 제214조의2제4항에 따른 체포 또는 구속 적부심사결정에 의하여 석방된 피의자가 **도망**하거나 범죄의 **증거를 인멸**하는 경우를 제외하고는 **동일한 범죄사실로 재차 체포하거나 구속할 수 없다.**

② 제214조의2제5항에 따라 석방된 피의자에게 다음 각 호의 어느 하나에 해당하는 사유가 있는 경우를 제외하고는 동일한 범죄사실로 재차 체포하거나 구속할 수 없다.

1. 도망한 때

2. 도망하거나 범죄의 증거를 인멸할 염려가 있다고 믿을 만한 충분한 이유가 있는 때

3. 출석요구를 받고 정당한 이유없이 출석하지 아니한 때

4. 주거의 제한이나 그 밖에 법원이 정한 조건을 위반한 때

**제214조의4(보증금의 몰수)** ① 법원은 다음 각 호의 1의 경우에 직권 또는 검사의 청구에 의하여 결정으로 제214조의2제5항에 따라 납입된 보증금의 전부 또는 일부를 **몰수할 수 있다.** (cf) 임의적 몰수

1. 제214조의2제5항에 따라 석방된 자를 제214조의3제2항에 열거된 사유로 **재차 구속할 때**

2. 공소가 제기된 후 법원이 제214조의2제5항에 따라 석방된 자를 동일한 범죄사실에 관하여 재차 구속할 때

② 법원은 제214조의2제5항에 따라 석방된 자가 동일한 범죄사실에 관하여 형의 선고를 받고 그 판결이 확정된 후, 집행하기 위한 소환을 받고 정당한 이유없이 출석하지 아니하거나 도망한 때에는 직권 또는 검사의 청구에 의하여 결정으로 보증금의 전부 또는 일부를 몰수**하여야 한다.** (cf) 필요적 몰수

---

8) 형사소송규칙 제101조−제106조 참조.

**제221조(제3자의 출석요구 등)** ① 검사 또는 사법경찰관은 수사에 필요한 때에는 피의자가 아닌 자의 출석을 요구하여 진술을 들을 수 있다. 이 경우 그의 동의를 받아 영상녹화할 수 있다.

② 검사 또는 사법경찰관은 수사에 필요한 때에는 감정·통역 또는 번역을 위촉할 수 있다.

③ 제163조의2제1항부터 제3항까지는 검사 또는 사법경찰관이 범죄로 인한 피해자를 조사하는 경우에 준용한다.

**제221조의2(증인신문의 청구)** ① 범죄의 수사에 없어서는 아니될 사실을 안다고 명백히 인정되는 자가 전조의 규정에 의한 출석 또는 진술을 거부한 경우에는 검사는 제1회 공판기일 전에 한하여 판사에게 그에 대한 증인신문을 청구할 수 있다.

② 삭제

③ 제1항의 청구를 함에는 서면으로 그 사유를 소명하여야 한다.

④ 제1항의 청구를 받은 판사는 증인신문에 관하여 법원 또는 재판장과 동일한 권한이 있다.

⑤ 판사는 제1항의 청구에 따라 증인신문기일을 정한 때에는 피고인·피의자 또는 변호인에게 이를 통지하여 증인신문에 참여할 수 있도록 하여야 한다.

⑥ 판사는 제1항의 청구에 의한 증인신문을 한 때에는 지체없이 이에 관한 서류를 검사에게 송부하여야 한다.

**제221조의3(감정의 위촉과 감정유치의 청구)** ① 검사는 제221조의 규정에 의하여 감정을 위촉하는 경우에 제172조제3항의 유치처분이 필요할 때에는 판사에게 이를 청구하여야 한다.

② 판사는 제1항의 청구가 상당하다고 인정할 때에는 유치처분을 하여야 한다. 제172조 및 제172조의2의 규정은 이 경우에 준용한다.

**제221조의4(감정에 필요한 처분, 허가장)** ① 제221조의 규정에 의하여 감정의 위촉을 받은 자는 판사의 허가를 얻어 제173조제1항에 규정된 처분을 할 수 있다.

② 제1항의 허가의 청구는 검사가 하여야 한다.

③ 판사는 제2항의 청구가 상당하다고 인정할 때에는 허가장을 발부하여야 한다.

④ 제173조제2항, 제3항 및 제5항의 규정은 제3항의 허가장에 준용한다.

**제221조의5(사법경찰관이 신청한 영장의 청구 여부에 대한 심의)** ① 검사가 사법경찰관이 신청한 영장을 정당한 이유 없이 판사에게 청구하지 아니한 경우 사법경찰관은 그 검사 소속의 지방검찰청 소재지를 관할하는 고등검찰청에 영장 청구 여부에 대한 심의를 신청할 수 있다.

② 제1항에 관한 사항을 심의하기 위하여 각 고등검찰청에 영장심의위원회(이하 이 조에서 "심의위원회"라 한다)를 둔다.

③ 심의위원회는 위원장 1명을 포함한 10명 이내의 외부 위원으로 구성하고, 위원은 각 고등검찰청 검사장이 위촉한다.

④ 사법경찰관은 심의위원회에 출석하여 의견을 개진할 수 있다.

⑤ 심의위원회의 구성 및 운영 등 그 밖에 필요한 사항은 법무부령으로 정한다.

# 검사와 사법경찰관의 상호협력과 일반적 수사준칙에 관한 규정

[시행 2023. 11. 1.] [대통령령 제33808호, 2023. 10. 17., 일부개정]

## 제3장 수사
### 제4절 강제수사

**제27조(긴급체포)** ① 사법경찰관은 법 제200조의3제2항에 따라 긴급체포 후 **12시간 내**에 검사에게 긴급체포의 **승인을 요청**해야 한다. 다만, 다음 각 호의 어느 하나에 해당하는 경우에는 긴급체포 후 **24시간 이내**에 긴급체포의 승인을 요청해야 한다. 〈개정 2023. 10. 17.〉

1. 제51조제1항제4호가목에 따른 피의자중지 또는 제52조제1항제3호에 따른 기소중지 결정이 된 피의자를 소속 경찰관서가 위치하는 특별시·광역시·특별자치시·도 또는 특별자치도 외의 지역에서 긴급체포한 경우

2. 「해양경비법」 제2조제2호에 따른 경비수역에서 긴급체포한 경우

② 제1항에 따라 긴급체포의 승인을 요청할 때에는 범죄사실의 요지, 긴급체포의 일시·장소, 긴급체포의 사유, 체포를 계속해야 하는 사유 등을 적은 긴급체포 승인요청서로 요청해야 한다. 다만, 긴급한 경우에는 「형사사법절차 전자화 촉진법」 제2조제4호에 따른 형사사법정보시스템(이하 "형사사법정보시스템"이라 한다) 또는 팩스를 이용하여 긴급체포의 승인을 요청할 수 있다.

③ 검사는 사법경찰관의 긴급체포 승인 요청이 이유 있다고 인정하는 경우에는 지체 없이 긴급체포 승인서를 사법경찰관에게 송부해야 한다.

④ 검사는 사법경찰관의 긴급체포 승인 요청이 이유 없다고 인정하는 경우에는 지체 없이 사법경찰관에게 불승인 통보를 해야 한다. 이 경우 사법경찰관은 긴급체포된 피의자를 즉시 석방하고 그 석방 일시와 사유 등을 검사에게 통보해야 한다.

**제28조(현행범인 조사 및 석방)** ① 검사 또는 사법경찰관은 법 제212조 또는 제213조에 따라 현행범인을 체포하거나 체포된 현행범인을 인수했을 때에는 조사가 현저히 곤란하다고 인정되는 경우가 아니면 지체 없이 조사해야 하며, 조사 결과 계속 구금할 필요가 없다고 인정할 때에는 현행범인을 즉시 석방해야 한다.

② 검사 또는 사법경찰관은 제1항에 따라 현행범인을 석방했을 때에는 석방 일시와 사유 등을 적은 피의자 석방서를 작성해 사건기록에 편철한다. 이 경우 사법경찰관은 석방 후 지체 없이 검사에게 석방 사실을 통보해야 한다.

**제29조(구속영장의 청구·신청)** ① 검사 또는 사법경찰관은 구속영장을 청구하거나 신청하는 경우 법 제209조에서 준용하는 법 제70조제2항의 필요적 고려사항이 있을 때에는 구속영장 청구서 또는 신청서에 그 내용을 적어야 한다.

② 검사 또는 사법경찰관은 체포한 피의자에 대해 구속영장을 청구하거나 신청할 때에는 구속영장 청구서 또는 신청서에 체포영장, 긴급체포서, 현행범인 체포서 또는 현행범인 인수서를 첨부해야 한다.

**제30조(구속 전 피의자 심문)** 사법경찰관은 법 제201조의2제3항 및 같은 조 제10항에서 준용하는 법 제81조제1항에 따라 판사가 통지한 피의자 심문 기일과 장소에 체포된 피의자를 출석시켜야 한다.

**제31조(체포·구속영장의 재청구·재신청)** 검사 또는 사법경찰관은 동일한 범죄사실로 다시 체포·구속영장을 청구하거나 신청하는 경우(체포·구속영장의 청구 또는 신청이 기각된 후 다시 체포·구속영장을 청구하거나 신청하는 경우와 이미 발부받은 체포·구속영장과 동일한 범죄사실로 다시 체포·구속영장을 청구하거나 신청하는 경우를 말한다)에는 그 취지를 체포·구속영장 청구서 또는 신청서에 적어야 한다.

**제32조(체포·구속영장 집행 시의 권리 고지)** ① 검사 또는 사법경찰관은 피의자를 체포하거나 구속할 때에는 법 제200조의5(법 제209조에서 준용하는 경우를 포함한다)에 따라 피의자에게 피의사실의 요지, 체포·구속의 이유와 변호인을 선임할 수 있음을 말하고, 변명할 기회를 주어야 하며, 진술거부권을 알려주어야 한다.

② 제1항에 따라 피의자에게 알려주어야 하는 진술거부권의 내용은 법 제244조의3제1항제1호부터 제3호까지의 사항으로 한다.

③ 검사와 사법경찰관이 제1항에 따라 피의자에게 그 권리를 알려준 경우에는 피의자로부터 권리 고지 확인서를 받아 사건기록에 편철한다.

**제32조의2(체포·구속영장 사본의 교부)** ① 검사 또는 사법경찰관은 영장에 따라 피의자를 체포하거나 구속하는 경우에는 법 제200조의6 또는 제209조에서 준용하는 법 제85조제1항 또는 제4항에 따라 피의자에게 반드시 영장을 제시하고 그 사본을 교부해야 한다.

② 검사 또는 사법경찰관은 제1항에 따라 피의자에게 영장을 제시하거나 영장의 사본을 교부할 때에는 사건관계인의 개인정보가 피의자의 방어권 보장을 위해 필요한 정도를 넘어 불필요하게 노출되지 않도록 유의해야 한다.

③ 검사 또는 사법경찰관은 제1항에 따라 피의자에게 영장의 사본을 교부한 경우에는 피의자로부터 영장 사본 교부 확인서를 받아 사건기록에 편철한다.

④ 피의자가 영장의 사본을 수령하기를 거부하거나 영장 사본 교부 확인서에 기명날인 또는 서명하는 것을 거부하는 경우에는 검사 또는 사법경찰관이 영장 사본 교부 확인서 끝 부분에 그 사유를 적고 기명날인 또는 서명해야 한다.

[본조신설 2023. 10. 17.]

**제33조(체포·구속 등의 통지)** ① 검사 또는 사법경찰관은 피의자를 체포하거나 구속하였을 때에는 법 제200조의6 또는 제209조에서 준용하는 법 제87조에 따라 변호인이 있으면 변호인에게, 변호인이 없으면 법 제30조제2항에 따른 사람 중 피의자가 지정한 사람에게 24시간 이내에 서면으로 사건명, 체포·구속의 일시·장소, 범죄사실의 요지, 체포·구속의 이유와 변호인을 선임할 수 있음을 통지해야 한다.

② 검사 또는 사법경찰관은 제1항에 따른 통지를 하였을 때에는 그 통지서 사본을 사건기록에 편철한다. 다만, 변호인 및 법 제30조제2항에 따른 사람이 없어서 체포·구속의 통지를 할 수 없을 때에는 그 취지를 수사보고서에 적어 사건기록에 편철한다.

③ 제1항 및 제2항은 법 제214조의2제2항에 따라 검사 또는 사법경찰관이 같은 조 제1항에 따른 자 중에서 피의자가 지정한 자에게 체포 또는 구속의 적부심사를 청구할 수 있음을 통지하는 경우에도 준용한다.

**제34조(체포·구속영장 등본의 교부)** 검사 또는 사법경찰관은 법 제214조의2제1항에 따른 자가 체포·구속영장 등본의 교부를 청구하면 그 등본을 교부해야 한다.

**제35조(체포·구속영장의 반환)** ① 검사 또는 사법경찰관은 체포·구속영장의 유효기간 내에 영장의 집행에 착수하지 못했거나, 그 밖의 사유로 영장의 집행이 불가능하거나 불필요하게 되었을 때에는 즉시 해당 영장을 법원에 반환해야 한다. 이 경우 체포·구속영장이 여러 통 발부된 경우에는 모두 반환해야 한다.

② 검사 또는 사법경찰관은 제1항에 따라 체포·구속영장을 반환하는 경우에는 반환사유 등을 적은 영장반환서에 해당 영장을 첨부하여 반환하고, 그 사본을 사건기록에 편철한다.

③ 제1항에 따라 사법경찰관이 체포·구속영장을 반환하는 경우에는 그 영장을 청구한 검사에게 반환하고, 검사는 사법경찰관이 반환한 영장을 법원에 반환한다.

**제36조(피의자의 석방)** ① 검사 또는 사법경찰관은 법 제200조의2제5항 또는 제200조의4제2항에 따라 구속영장을 청구하거나 신청하지 않고(사법경찰관이 구속영장의 청구를 신청하였으나 검사가 그 신청을 기각한 경우를 포함한다) 체포 또는 긴급체포한 피의자를 석방하려는 때에는 다음 각 호의 구분에 따른 사항을 적은 피의자석방서를 작성해야 한다. 〈개정 2023. 10. 17.〉

1. 체포한 피의자를 석방하려는 때: 체포 일시·장소, 체포 사유, 석방 일시·장소, 석방 사유 등

2. 긴급체포한 피의자를 석방하려는 때: 법 제200조의4제4항 각 호의 사항

② 사법경찰관은 제1항에 따라 피의자를 석방한 경우 다음 각 호의 구분에 따라 처리한다. 〈개정 2023. 10. 17.〉

1. 체포한 피의자를 석방한 때: 지체 없이 검사에게 석방 사실을 통보하고, 그 통보서 사본을 사건기록에 편철한다.

2. 긴급체포한 피의자를 석방한 때: 즉시 검사에게 석방 사실을 보고하고, 그 보고서 사본을 사건기록에 편철한다.

**제44조(영장심의위원회)** 법 제221조의5에 따른 영장심의위원회의 위원은 해당 업무에 전문성을 가진 중립적 외부 인사 중에서 위촉해야 하며, 영장심의위원회의 운영은 독립성·객관성·공정성이 보장되어야 한다.

# 13 대인적 강제수사(1) – 영장에 의한 체포 –

* 대법원 2021. 6. 24. 선고 2021도4648 판결
* 참조조문: 형사소송법 제200조의2,[1] 제85조 제3항 및 제4항[2]

> 긴급을 요하여 체포영장을 제시하지 않은 채 체포영장에 기한 체포 절차에 착수하였으나 피고인이 저항하며 폭력을 행사하자 그 자리에서 현행범으로 영장 없이 체포한 것이 정당한가?

●**사실**● 경찰관 P 등은 '피고인의 차량이 30분 정도 자신을 따라온다'는 내용의 112신고를 받고 **현장에 급히 출동**하였다. P 등은 피고인 X의 주민등록번호를 조회하여 X에 대한 체포영장(「성폭력처벌법」위반)이 **이미 발부**된 것을 확인하였다. 이에 P 등은 X에게 '성폭력처벌법위반으로 수배가 되어 있는바, 변호인을 선임할 수 있고 묵비권을 행사할 수 있으며, 체포적부심을 청구할 수 있고 변명의 기회가 있다'고 고지하며 하차를 요구하며 **체포절차에 착수**하였다. 그러나 X가 흥분하여 타고 있던 승용차를 출발시켜 경찰관들에게 상해를 입히자, 경찰관들은 승용차를 멈추게 한 뒤 저항하는 X를 **별도의 범죄인 특수공무집행방해치상의 현행범으로 체포**하였다. 제1심과 원심은 X에 대해 유죄를 인정하였다. 이에 X는 해당 경찰관이 체포 직후 자신에게 **체포영장을 제시**하지 않았으므로, 이와 같은 체포행위를 적법한 공무집행으로 볼 수 없다며 상고하였다.

●**판지**● 상고기각. 「검사 또는 사법경찰관이 체포영장을 집행할 때에는 피의자에게 반드시 체포영장을 제시하여야 한다. 다만 체포영장을 소지하지 아니한 경우에 **급속을 요하는 때**에는 피의자에게 범죄사실의 요지와 영장이 발부되었음을 고하고 체포영장을 집행할 수 있다. 이 경우 **집행을 '완료'한 후**에는 **신속히 체포영장을 제시**하여야 한다. …… 이 사건 당시 (가) 체포영장에 의한 체포절차가 **착수된 단계에 불과**하였고, (나) 피고인에 대한 체포가 체포영장과 관련 없는 새로운 피의사실인 특수공무집행방해치상을 이유로 별도의 **현행범 체포 절차에 따라 진행된 이상**, 집행 완료에 이르지 못한 체포영장을 사후에 피고인에게 제시할 필요는 없는 점까지 더하여 보면, 피고인에 대한 **체포절차가 적법하다**」.

●**해설**● **1 대인적 강제수사**　　강제수사는 강제처분에 의한 수사를 말한다. 강제처분에는 대인적

---

1) 형사소송법 제200조의2(**영장에 의한 체포**) ① 피의자가 죄를 범하였다고 의심할 만한 **상당한 이유**가 있고, **정당한 이유 없이** 제200조의 규정에 의한 출석요구에 **응하지 아니하거나 응하지 아니할 우려**가 있는 때에는 검사는 관할 지방법원판사에게 **청구**하여 체포영장을 발부받아 피의자를 체포할 수 있고, 사법경찰관은 검사에게 **신청**하여 검사의 청구로 관할지방법원판사의 체포영장을 발부받아 피의자를 체포할 수 있다. 다만, 다액 **50만원 이하**의 벌금, 구류 또는 과료에 해당하는 사건에 관하여는 피의자가 **일정한 주거가 없는 경우** 또는 정당한 이유 없이 제200조의 규정에 의한 출석요구에 **응하지 아니한 경우**에 한한다. ② 제1항의 청구를 받은 지방법원판사는 상당하다고 인정할 때에는 체포영장을 발부한다. 다만, 명백히 체포의 필요가 인정되지 아니하는 경우에는 그러하지 아니하다. ③ 제1항의 청구를 받은 지방법원판사가 체포영장을 발부하지 아니할 때에는 청구서에 그 취지 및 이유를 기재하고 서명날인하여 청구한 검사에게 교부한다. ④ 검사가 제1항의 청구를 함에 있어서 **동일한 범죄사실에 관하여** 그 피의자에 대하여 전에 체포영장을 청구하였거나 발부받은 사실이 있는 때에는 다시 체포영장을 청구하는 취지 및 이유를 기재하여야 한다. ⑤ 체포한 피의자를 **구속하고자 할 때**에는 체포한 때부터 **48시간이내**에 제201조의 규정에 의하여 **구속영장을 청구**하여야 하고, 그 기간 내에 구속영장을 청구하지 아니하는 때에는 피의자를 **즉시 석방**하여야 한다.
2) 형사소송법 제85조(**구속영장집행의 절차**) ③ **구속영장을 소지하지 아니한 경우**에 급속을 요하는 때에는 피고인에 대하여 공소사실의 요지와 영장이 발부되었음을 고하고 집행할 수 있다. ④ 전항의 **집행을 완료한 후**에는 신속히 구속영장을 제시하고 그 사본을 교부하여야 한다.

강제처분(체포·구속)과 대물적 강제처분(압수·수색·검증·제출명령)이 있다. **대인적 강제수사**로 ① **'체포'** 는 수사 초기단계에서 피의자를 **단기간** 수사관서 등 일정한 장소에 인치하는 강제처분이고, ② **'구속'**은 수사와 재판을 위해 피의자·피고인의 신병을 확보하기 위한 강제처분으로 체포에 비하여 **장기간** 자유 를 제한한다(**체포**는 초동 수사단계에서 보다 확실한 범죄혐의를 밝혀냄으로써 이후의 형사절차의 진행을 확보하 기 위해 사용되는 제도인 반면, **구속**은 재판단계 또는 수사가 상당정도 진행되어 범죄혐의 유무가 거의 드러난 단 계에 도주·증거인멸을 방지하여 장기간 신병을 확보하기 위한 처분이다). 이와 같이 대인적 강제수사는 필연 적으로 개인의 자유와 권리를 침해하지 않을 수 없다. 따라서 법률은 개인의 기본권을 보장하는 **헌법정 신**에 비추어 그 **요건을 엄격히 제한**하고 있다(강제처분법정주의·영장주의).[3] 대인적 강제수사로서 체포에 는 ㉠ 영장에 의한 체포(통상체포)와 ㉡ 현행범체포 및 ㉢ 긴급체포가 있다. 그리고 구속에는 ㉠ 피의자 구속과 ㉡ 피고인구속이 있다. 피의자 구속은 반드시 체포를 전제로 하지 않는다. 따라서 체포절차를 거 치지 않고 바로 피의자를 구속하는 것도 가능하다(체포·구속 병렬주의).

**2 영장체포의 요건**       (1) 영장체포는 임의동행·보호실유치 등의 탈법적 수사관행을 근절하기 위해 1995년 개정 때 도입되었다. 영장체포는 주로 소환불응자와 기소중지자 검거에 활용된다. (2) 영장 체포의 요건은 우선 피의자가 "죄를 범하였다고 의심할 만한 **상당한 이유**"가 있어야만 한다('**객관적 범죄 혐의**'·유죄판결에 대한 고도의 개연성). (3) 그리고 피의자가 "정당한 이유 없이 **'출석요구'에 응하지 아니하 거나 응하지 아니할 우려**"가 있어야 한다(법200의2①). 다만, 비례원칙상 **경미사건**(다액 50만원 이하의 벌금, 구류, 과료에 해당하는 사건)의 경우에는 피의자가 ㉠ **일정한 주거가 없는** 경우이거나 ㉡ 정당한 이유 없이 **출석요구에 응하지 아니한** 경우에 한한다(동항 단서). (4) 하지만 명백히 **체포의 필요**가 인정되지 아니하는 경우(도망 또는 증거인멸의 염려가 없는 경우)에 판사는 체포영장을 발부할 수 없다(**소극적 요건**)(법200의2② 단서). 따라서 범죄혐의와 체포사유가 인정되더라도 '명백히 체포의 필요'가 인정되지 아니하는 경우에는 체포할 수 없다(규칙96의2).[4]

**3 영장체포의 절차(영장의 청구와 발부)**       영장체포의 절차는 다음의 수순을 밟게 된다. (체포영장 의) **신청**(경찰) → **청구**(검사) → **발부**(판사) → **집행** → **통지** → **구속영장청구 또는 석방**의 순이다. 먼저 (1) 체포의 요건이 구비되면 사법경찰관은 검사에게 **신청**하여 검사의 **청구**로 체포영장을 **발부**받아 집행 한다(사전영장의 원칙)(법200의2).[5] 이 때, (2) 검사가 사법경찰관이 신청한 영장을 '정당한 이유 없이' 판

---

3) 우리 헌법은 제12조 제1항에서 "누구든지 법률에 의하지 아니하고는 체포·구속·압수·수색 또는 심문을 받 지 아니하며, 법률과 적법한 절차에 의하지 아니하고는 처벌·보안처분 또는 강제노역을 받지 아니한다."는 **적 법절차**를 천명하고, 제12조 제3항과 제16조에서 **영장주의의 원칙**을 기본권으로 규정하고 있다.

4) 형사소송규칙 제96조의2(**체포의 필요**) 체포영장의 청구를 받은 판사는 체포의 사유가 있다고 인정 되는 경우에 도 피의자의 연령과 경력, 가족관계나 교우관계, 범죄의 경중 및 태양 기타 제반 사정에 비추어 피의자가 도망 할 염려가 없고 증거를 인멸할 염려가 없는 등 **명백히 체포의 필요가 없다고 인정되는 때**에는 체포영장의 청구 를 기각하여야 한다.

5) 형사소송규칙 제95조(**체포영장청구서의 기재사항**) 체포영장의 청구서에는 다음 각 호의 사항을 기재하여야 한 다. 1. 피의자의 성명(분명하지 아니한 때에는 인상, 체격, 그 밖에 피의자를 특정할 수 있는 사항), 주민등록번 호 등, 직업, 주거 2. 피의자에게 변호인이 있는 때에는 그 성명 3. 죄명 및 범죄사실의 요지 4. **7일**을 넘는 유효기간을 필요로 하는 때에는 그 취지 및 사유 5. **여러 통의 영장**을 청구하는 때에는 그 취지 및 사유 6. 인 치구금할 장소 7. 법 제200조의2제1항에 규정한 체포의 사유 8. 동일한 범죄사실에 관하여 그 피의자에 대하여 전에 체포영장을 청구하였거나 발부받은 사실이 있는 때에는 다시 체포영장을 청구하는 취지 및 이유 9. 현재

사에게 청구하지 아니한 경우 사법경찰관은 그 검사 소속의 지방검찰청 소재지를 관할하는 **'고등검찰청'**에 영장 청구 여부에 대한 **'심의'를 신청**할 수 있다(법221의5①).[6] (3) 검사가 체포영장을 청구를 함에 있어서 동일한 범죄사실에 관하여 그 피의자에 대하여 전에 체포영장을 청구하였거나 발부받은 사실이 있는 때에는 **다시** 체포영장을 청구하는 취지 및 이유를 기재하여야 한다(법200의2④)(영장체포의 경우는 긴급체포와는 달리 **'재체포 제한'**은 적용되지 않는다). (4) 검사는 필요한 경우에 사법경찰관에게 보완수사를 요구할 수 있다(법197의2①). (5) 검사는 체포영장을 발부받은 후 피의자를 체포하기 이전에 체포영장을 첨부하여 판사에게 인치·구금할 장소의 변경을 청구할 수 있다(규칙96의3). (6) 체포영장 청구를 받은 지방법원판사는 상당하다고 인정될 때에는 체포영장을 발부한다. 이 경우 구속영장과 달리 체포영장 발부 시에 **피의자심문은 인정되지 않는다**. (7) 관할 지방법원판사(**수임판사**)에 의한 영장의 발부 및 기각결정에 대해서는 **불복방법이 없다**(대결 2006모646, Ref 4).[7]

**4 체포영장의 집행**    (1) 체포영장은 **검사의 지휘**에 의하여 사법경찰관리 또는 교도관리가 집행한다. 교도소 또는 구치소에 있는 피의자에 대하여 발부된 체포영장은 검사의 지휘에 의하여 교도관이 집행한다(법200의6·81①③). (2) 검사 또는 사법경찰관은 원칙적으로 체포영장을 집행할 때에는 피의자에게 반드시 **'사전'**에 체포영장을 **'제시'**하고 그 사본을 **'교부'**하여야 한다(법200의6·85①). 여기서 제시하는 체포영장은 **정본**이어야 한다(대판 96다40547). 다만, 체포영장을 소지하지 아니한 경우에 **'급속'을 요하는 때**에는 피의자에게 ㉠ 범죄사실의 요지와 ㉡ 영장이 발부되었음을 고하고 체포영장을 **'긴급집행'**할 수 있다. 이 경우도 집행을 완료한 후에는 신속히 영장을 **제시**하고 사본을 **교부**하여야 한다(법200의6·85③④)(그러나 **'압수'**영장집행의 경우는 반드시 '사전제시'만 가능하다). 대상판결은 이 부분에 대한 적법성 여부가 다투어 진 사안이다. (2) 검사 또는 사법경찰관은 영장을 집행(**체포**)할 때에는 피의자에게 **'미란다고지'**를 하여야 한다.[8] 즉 「㉠ 피의사실의 **요지**, ㉡ 체포·구속의 **이유**와 ㉢ 변호인을 **선임**할 수 있음을 말하고,

---

6) **고등검찰청**은 이러한 영장 청구 여부에 대한 **심의를 위하여** 각 고등검찰청에 **'영장심의위원회'**를 둔다(법221의5②). 심의위원회는 위원장 1명을 포함한 **10명 이내의 '외부' 위원**으로 구성하고, 위원은 각 고등검찰청 검사장이 위촉한다(법221의5③). 영장심의위원회의 위원은 해당 업무에 전문성을 가진 중립적 외부 인사 중에서 위촉해야 하며, 영장심의위원회의 운영은 독립성·객관성·공정성이 보장되어야 한다(준칙44). 사법경찰관은 심의위원회에 **출석하여 의견을 개진**할 수 있다(법221의5④).

7) 검사의 체포영장 또는 구속영장 청구에 대한 지방법원판사의 재판은 형사소송법 제402조의 규정에 의하여 항고의 대상이 되는 '법원의 결정'에 해당하지 아니하고, 제416조 제1항의 규정에 의하여 준항고의 대상이 되는 '재판장 또는 수명법관의 구금 등에 관한 재판'에도 해당하지 아니한다. 따라서 **수임판사의 재판에 대한 불복은 허용되지 않는다**(대결 2006모646).

8) **미란다 원칙**(Miranda warning)이란 수사기관(경찰, 검찰)이 범죄 용의자를 체포할 때 체포의 이유와 변호인의 도움을 받을 수 있는 권리, 진술을 거부할 수 있는 권리 등이 있음을 미리 알려 주어야 한다는 원칙이다. 1966년 선고된 미란다 대 애리조나 판결(Miranda v. Arizona 384 U.S. 436)에서 유래한다. 얼 워런 대법원장은 미란다 원칙으로 유명하다. 1963년 3월 미국 애리조나주의 피닉스 경찰은 멕시코계 미국인인 에르네스토 미란다(Ernesto Miranda)를 체포했다. 18세 소녀를 납치해 강간했다는 혐의로 경찰에 연행된 미란다는 그 소녀에 의해 범인으로 지목되었고 자백도 하였다. 이후 공판정에서 절차적 위법이 다투어 졌으나 미란다는 납치와 강간에 대해 유죄가 인정되어 각각 징역 20년과 30년을 선고받았다. 애리조나주의 상소법원은 미란다의 헌법상 권리가 침해당하지 않았다며 원심을 인용하는 판결을 하였다. 그러나 이 판결은 미연방 대법원에서 파기되었다. 이 역사적 판결로 인해 미란다원칙(당신은 묵비권을 행사할 수 있으며, 당신이 한 발언은 재판에서 불리하게 사용될 수 있습니다. 당신은 변호인을 선임할 수 있으며, 질문을

ⓔ **변명**할 기회를 주어야 하며」(법200의5), 나아가 ⓜ **진술거부권**을 알려주어야 한다(준칙32①).[9] 이러한 고지는 체포를 위한 실력행사 **이전에 미리** 하는 것이 원칙이나, 도주나 대항하는 경우에는 제압하는 과정이나 **제압한 후 '지체 없이'** 영장을 제시하고 필요한 사항을 고지하여야 한다(대판 2007도10006, Ref 3−1). 또한 (3) 검사 또는 사법경찰관은 체포하는 경우에 필요한 때에는 **영장 없이** ⓐ 타인의 주거나 타인이 간수하는 가옥, 건조물, 항공기, 선차 내에서의 **피의자 수색**(단 '피의자 수색'은 미리 수색영장을 발부받기 어려운 긴급한 사정이 있는 경우에 한정된다)과 ⓑ **체포현장에서의 압수, 수색, 검증 등의 처분**을 할 수 있다(법216①). (4) 체포영장을 발부 받은 후 피의자를 체포하지 아니하거나 체포한 피의자를 석방한 때에는 **지체없이** 검사는 영장을 발부한 법원에 그 사유를 **서면**으로 **통지**하여야 한다(법204).

**5 영장 집행 후의 조치**　　　　이상의 집행이 이루어져 (1) 피의자를 체포한 때에는 체포된 피의자와 체포적부심사청구권자 중 피의자가 지정하는 자에게 **체포적부심사를 청구**할 수 있음을 알려주어야 한다(법214의2).[10] 또한 (2) 피의자를 체포한 때에는 ⓐ **변호인**이 있는 경우에는 변호인에게, ⓑ 변호인이 없는 경우에는 변호인 선임권자(피의자의 법정대리인, 배우자, 직계친족과 형제자매) 중 **피의자가 지정**한 자에게 피의사건명, 체포일시 · 장소, 범죄사실의 요지, 체포의 이유와 변호인을 선임할 수 있는 취지를 **알려야 하며**, 이러한 '통지'는 **지체 없이 '서면'**으로 하여야 한다(법200의6 · 87①②).[11] 이때 '지체 없이'란 "체포를 한 때로부터 늦어도 **24시간 이내**"를 의미한다(규칙51②). 그리고 (3) 체포한 피의자를 구속하고자 할 때에는 **체포한 때부터 '48시간 이내'에 구속영장을 '청구'**하여야 하고('청구'로 족하고 '발부'될 것은 요하지 않는다), 그 기간 내에 청구하지 아니하는 때에는 **즉시 석방**하여야 한다(법200의2⑤). 또한 구속영장을 청구하였으나 영장을 발부받지 못한 경우에도 **즉시 석방**하여야 한다(법200의4②). 체포된 피의자를 구속영장에 의하여 구속한 경우에 **구속기간**은 '체포된 때'부터 기산한다(법203의2). (4) 검사 또는 사법경찰관은 영장에 의한 체포를 한 현장에서 압수한 물건을 **계속 압수할 필요**가 있는 경우에는 지체 없이 − 체포한 때부터 **'48시간'** 이내 −압수수색영장을 청구하여야 하며(법217②), 청구한 압수수색영장을 발부받지 못한 때에는 압수한 물건을 **즉시 반환**하여야 한다(법217③). (5) 체포영장을 발부를 받은 후 피의자를 체포하지 아니하거나 체포한 피의자를 석방한 때에는 **지체 없이** 검사는 영장을 발부한 법원에 그 사유를 **서면**으로 통지하여야 한다(법204). (6) 피의자에 대한 구속영장의 제시와 집행이 그 발부 시로부터 정당한 사유 없이 시간이 **지체**되어 이루어진 경우, 구속영장의 유효기간 내에 집행되었다고 하더라도 위 기간

---

받을 때 변호인에게 대신 발언하게 할 수 있습니다. 만약 변호사를 고용할 돈이 없다면, 국선변호인이 선임될 것입니다. 이 권리가 있음을 인지했습니까?)이 성립되게 된다. ko.wikipedia.org

9) 수사준칙 제32조(**체포 · 구속영장 집행 시의 권리 고지**) ① 검사 또는 사법경찰관은 피의자를 체포하거나 구속할 때에는 법 제200조의5(법 제209조에서 준용하는 경우를 포함한다)에 따라 피의자에게 피의사실의 요지, 체포·구속의 이유와 변호인을 선임할 수 있음을 말하고, 변명할 기회를 주어야 하며, **진술거부권**을 알려주어야 한다. cf) 미란다고지에 진술거부권이 들어간 최초의 규정이다.

10) 형사소송법 제214조의2(**체포와 구속의 적부심사**) ① 체포되거나 구속된 피의자 또는 그 변호인, 법정대리인, 배우자, 직계친족, 형제자매나 **가족, 동거인 또는 고용주**는 관할법원에 체포 또는 구속의 적부심사를 청구할 수 있다. ② 피의자를 체포하거나 구속한 검사 또는 사법경찰관은 체포되거나 구속된 피의자와 제1항에 규정된 사람 중에서 **피의자가 지정하는 사람**에게 제1항에 따른 적부심사를 청구할 수 있음을 알려야 한다.

11) 형사소송법 제87조(**구속의 통지**) ① 피고인을 구속한 때에는 변호인이 있는 경우에는 변호인에게, 변호인이 없는 경우에는 제30조제2항에 규정한 자 중 피고인이 지정한 자에게 피고사건명, 구속일시 · 장소, 범죄사실의 요지, 구속의 이유와 변호인을 선임할 수 있는 취지를 알려야 한다. ② 제1항의 통지는 지체없이 서면으로 하여야 한다.

동안의 체포 내지 구금 상태는 위법하다(대판 2020도16438, Ref 2).

**6 대상판결에서의 쟁점**　　체포제도는 수사초기의 '증거수집'과 '범인검거'에 필수적인 장치이다. 대상사안의 경우, 당시 경찰관들이 (1) 체포영장을 소지할 여유 없이 우연히 그 상대방을 만난 경우로서 체포영장의 제시 없이 체포영장을 집행할 수 있는 **'급속을 요하는 때'**에 해당하므로, 경찰관들이 체포영장의 제시 없이 X를 체포하려고 시도한 행위는 적법한 공무집행이라고 판단하였다. (2) 나아가 경찰관들이 체포영장을 근거로 체포절차에 착수하였으나 X가 흥분하며 타고 있던 승용차를 출발시켜 경찰관들에게 상해를 입히는 범죄를 추가로 저지르자, 경찰관들이 X를 **별도의 범죄**인 특수공무집행방해치상의 **현행범으로 체포**하였다. 이와 같이 경찰관이 체포영장에 기재된 범죄사실이 아닌 **새로운 피의사실인 특수공무집행방해치상을 이유로 피고인을 현행범으로 체포**하였고(따라서 '긴급집행'으로 인한 영장 제시나 사본을 교부할 필요가 없는 상황으로 변해버린 것이다), 현행범 체포에 관한 제반 절차도 준수하였던 이상 X에 대한 체포 및 그 이후 절차에 위법이 없다고 법원은 판단한 것이다. (3) 그리고 법원은 위 사정들과 함께 이 사건 당시 체포영장에 의한 체포절차가 **착수된 단계에 불과**하였고, X에 대한 체포가 체포영장과 관련 없는 새로운 피의사실인 특수공무집행방해치상을 이유로 별도의 **현행범 체포 절차**에 따라 진행된 이상, 집행 **'완료'에 이르지 못한** 체포영장을 사후에 X에게 제시할 필요는 없다고 보아 X에 대한 체포절차가 적법하다고 판단하였다.

*Reference*

## * 수사기관의 위법한 공무집행으로 본 사례 *

**1 [대판 2021도17103] [수사기관이 외국인을 체포하거나 구속하면서 지체 없이 영사통보권 등이 있음을 고지하지 않은 경우, 체포나 구속 절차가 위법한지 여부(적극)]** 영사관계에 관한 비엔나협약(Vienna Convention on Consular Relations, 1977. 4. 6. 대한민국에 대하여 발효된 조약 제594호, 이하 '협약'이라 한다) 제36조 제1항은 "파견국의 국민에 관련되는 영사기능의 수행을 용이하게 할 목적으로 다음의 규정이 적용된다."라고 하면서, (b)호에서 "파견국의 영사관할구역 내에서 파견국의 국민이 체포되는 경우, 재판에 회부되기 전에 구금되거나 유치되는 경우, 또는 그 밖의 방법으로 구속되는 경우에, 그 국민이 파견국의 영사기관에 통보할 것을 요청하면 접수국의 권한 있는 당국은 지체 없이 통보하여야 한다. 체포, 구금, 유치되거나 구속되어 있는 자가 영사기관에 보내는 어떠한 통신도 위 당국에 의하여 지체 없이 전달되어야 한다. 위 당국은 관계자에게 (b)호에 따른 그의 권리를 지체 없이 통보하여야 한다."라고 정하고 있다. 이에 따라 **경찰수사규칙 제91조 제2항, 제3항**은 "사법경찰관리는 외국인을 체포·구속하는 경우 국내 법령을 위반하지 않는 범위에서 영사관원과 자유롭게 접견·교통할 수 있고, 체포·구속된 사실을 영사기관에 통보해 줄 것을 요청할 수 있다는 사실을 알려야 한다. …… 따라서 수사기관이 외국인을 체포하거나 구속하면서 지체 없이 영사통보권 등이 있음을 고지하지 않았다면 **체포나 구속 절차는 국내법과 같은 효력을 가지는 협약 제36조 제1항 (b)호를 위반한 것으로 위법하다.** **cf)** 하지만 대법원은 본 사안에서 체포나 구속 절차에 영사관계에 관한 비엔나협약 제36조 제1항 (b)호를 위반한 위법이 있으나, 절차 위반의 내용과 정도가 중대하거나 절차 조항이 보호하고자 하는 외국인 피고인의 권리나 법익을 본질적으로 침해하였다고 볼 수 없어 **체포나 구속 이후 수집된 증거와 이에 기초한 증거들은 유죄 인정의 증거로 사용할 수 있다**고 판시하였다.

2 [대판 2020도16438] [피의자에 대한 구속영장의 제시와 집행이 그 발부 시로부터 정당한 사유 없이 시간이 지체되어 이루어진 경우, 구속영장의 유효기간 내에 집행되었다고 하더라도 위 기간 동안의 체포 내지 구금 상태는 위법한지 여부(적극)] [1] 법관이 검사의 청구에 의하여 체포된 피의자의 구금을 위한 구속영장을 발부하면 검사와 사법경찰관리는 '지체 없이' 신속하게 구속영장을 집행하여야 한다. 피의자에 대한 구속영장의 제시와 집행이 그 발부 시로부터 정당한 사유 없이 시간이 지체되어 이루어졌다면, 구속영장이 그 유효기간 내에 집행되었다고 하더라도 위 기간 동안의 체포 내지 구금 상태는 위법하다. [2] 피고인에 대한 구속영장이 2020.2.8. 발부되고 피고인에 대한 구속영장 청구 사건의 수사관계 서류와 증거물이 같은 날 17:00경 검찰청에 반환되어 그 무렵 검사의 집행지휘가 있었는데도, 사법경찰리는 그로부터 '만 3일 가까이 경과'한 2020.2.11. 14:10경 구속영장을 집행하였으므로 사법경찰리의 피고인에 대한 구속영장 집행은 지체 없이 이루어졌다고 볼 수 없고, 위 '구속영장 집행에 관한 수사보고'상의 사정은 구속영장 집행절차 지연에 대한 정당한 사유에 해당한다고 보기도 어려우므로 정당한 사유 없이 지체된 기간 동안의 피고인에 대한 체포 내지 구금 상태는 위법하다고 할 것이다.

## * 수사기관의 공무집행이 위법하지 않다고 본 사례 *

### *미란다고지의 시기(사전고지 · 사후고지)*

3-1 [대판 2007도10006] [사법경찰관 등이 체포영장을 소지하고 피의자를 체포하는 경우, 범죄사실의 요지와 구속의 이유 및 변호인 선임권 등을 고지하여야 하는 시기] [1] 사법경찰관 등이 체포영장을 소지하고 피의자를 체포하기 위하여는 '체포 당시'에 피의자에게 체포영장을 제시하고 피의자에 대한 범죄사실의 요지, 구속의 이유와 변호인을 선임할 수 있음을 말하고 변명할 기회를 주어야 하는데 형사소송법 제200조의5, 제72조, 제85조 제1항, 이와 같은 체포영장의 제시나 고지 등은 체포를 위한 실력행사에 들어가기 '이전'에 미리 하여야 하는 것이 원칙이나, (가) 달아나는 피의자를 쫓아가 붙들거나 폭력으로 대항하는 피의자를 실력으로 제압하는 경우에는 붙들거나 제압하는 과정에서 하거나, (나) 그것이 여의치 않은 경우에라도 일단 붙들거나 제압한 후에 지체없이 행하여야 한다. [2] P1 등은 피고인에 대한 체포영장을 집행하기 전 피고인에게 필로폰 투약혐의로 체포영장이 발부되었다는 사실과 범죄사실의 요지 및 변호인선임권 등을 고지하였고, 이어 P2가 소지하고 있던 체포영장을 꺼내어 피고인에게 제시하려고 하였으나, 피고인이 팔을 휘두르면서 도망가려고 저항하고, 이어 깨진 유리를 들어 P1의 오른쪽 팔을 찌르고 P2에게도 깨진 유리를 휘두르면서 완강히 대항하여 결국 P1 등이 힘에 부쳐 피고인을 검거하지 못한 채 현장에서 이탈함에 따라 피고인에게 체포영장을 제시하지 못한 것이므로, 피고인에게 체포영장이 실제로 제시되지는 않았다 하더라도 P1 등의 위와 같은 체포행위는 '적법한 공무집행'으로 보아야 한다.

3-2 [비교판례] [대판 2017도10866] 경찰관들이 체포영장을 소지하고 메트암페타민(일명 필로폰) 투약 등 혐의로 피고인을 체포하려고 하자, 피고인이 이에 거세게 저항하는 과정에서 경찰관들에게 상해를 가하였다고 하여 공무집행방해 및 상해의 공소사실로 기소된 사안에서, 피고인이 경찰관들과 마주하자마자 도망가려는 태도를 보이거나 먼저 폭력을 행사하며 대항한 바 없는 등 경찰관들이 체포를 위한 실력행사에 나아가기 전에 체포영장을 제시하고 미란다 원칙을 고지할 여유가 있었음에도 애초부터 미란다 원칙을 체포 후에 고지할 생각으로 먼저 체포행위에 나선 행위는 적법한 공무집행이라고 보기 어렵다.

4 [대결 2006모646] [체포영장 또는 구속영장의 청구에 관한 재판 자체에 대하여 직접 항고나 준항고를 통한 불복을 허용하지 아니한 것이 헌법에 위반되는지 여부(소극)] 검사의 체포영장 또는 구속영장 청구에 대한 **지방법원판사의 재판**은 형사소송법 제402조의 규정에 의하여 항고의 대상이 되는 '법원의 결정'에 해당하지 아니하고, 제416조 제1항의 규정에 의하여 준항고의 대상이 되는 '재판장 또는 수명법관의 구금 등에 관한 재판'에도 해당하지 아니한다. …… 헌법 제12조 제1항, 제3항, 제6항 및 형사소송법 제37조, 제200조의2, 제201조, 제214조의2, 제402조, 제416조 제1항 등의 규정들은, 신체의 자유와 관련한 기본권의 침해는 부당한 구속 등에 의하여 비로소 생길 수 있고 검사의 영장청구가 기각된 경우에는 그로 인한 직접적인 기본권침해가 발생할 여지가 없다는 점 및 피의자에 대한 체포영장 또는 구속영장의 청구에 관한 재판 자체에 대하여 항고 또는 준항고를 통한 불복을 허용하게 되면 그 **재판의 효력이 장기간 유동적인 상태**에 놓여 피의자의 지위가 불안하게 될 우려가 있으므로 그와 관련된 법률관계를 가급적 조속히 확정시키는 것이 바람직하다는 점 등을 고려하여, 체포영장 또는 구속영장에 관한 재판 그 자체에 대하여 직접 항고 또는 준항고를 하는 방법으로 불복하는 것은 이를 허용하지 아니하는 대신에, (가) 체포영장 또는 구속**영장이 발부된 경우**에는 피의자에게 체포 또는 구속의 **적부심사를 청구**할 수 있도록 하고 (나) 그 **영장청구가 기각된 경우**에는 검사로 하여금 그 영장의 발부를 **재청구**할 수 있도록 허용함으로써, 간접적인 방법으로 불복할 수 있는 길을 열어 놓고 있는 데 그 취지가 있고, 이는 헌법이 법률에 유보한 바에 따라 입법자의 형성의 자유의 범위 내에서 이루어진 합리적인 정책적 선택의 결과일 뿐 헌법에 위반되는 것이라고는 할 수 없다.

# 14 대인적 강제수사(2) - 긴급체포 -

* 대법원 2016. 10. 13. 선고 2016도5814 판결
* 참조조문: 형사소송법 제200조의3[1]

---

**긴급체포가 요건을 갖추지 못하여 위법한 체포에 해당하는 경우**

●**사실**● 피고인 X가 필로폰을 투약하고 동네를 활보하고 다닌다는 제보를 받은 경찰관이 실제 제보된 주거지에 X가 살고 있는지 등 제보의 정확성을 사전에 확인하기 위하여 **X의 주거지를 방문**하였다가, 현관에서 담배를 피우고 있는 X를 발견하고 사진을 찍어 제보자에게 전송하여 그 사진에 있는 사람이 제보한 대상자가 맞다는 확인을 하였다. 경찰은 X의 전화번호로 전화를 하여 차량 접촉사고가 났으니 나오라고 하였으나 나오지 않았다. 이에 경찰임을 밝히고 만나자고 하는데도, 현재 집에 있지 않다는 취지로 거짓말을 하자 X의 집 문을 **강제로 열고 들어가** X를 **긴급체포**하였다. 당시 경찰은 집안을 수색한 끝에 침대 밑에 숨어 있던 X를 발견하였고, X는 순순히 필로폰을 투약하였다고 자백하였으며 자신의 왼쪽 팔뚝에 있던 주사흔도 확인시켜 주었다. 경찰은 미란다 원칙을 고지하면서 X를 긴급체포하였다. 그리고 긴급체포된 상태에서 **X는 소변 채취에 동의**하였고 소변에서는 **필로폰 양성반응**이 나왔다.

제1심은 X에 대한 긴급체포는 적법하다고 판단하여 X에 대해 유죄를 선고하였지만 원심은 X에 대한 긴급체포는 범죄혐의의 '상당성'과 '긴급성'을 인정하기 어려워 위법하다고 판시하였다. 이에 검사가 상고하였다.

●**판지**● 상고기각. 「피고인이 필로폰을 투약한다는 제보를 받은 경찰관이 제보된 주거지에 피고인이 살고 있는지 등 제보의 정확성을 사전에 확인한 후에 제보자를 불러 조사하기 위하여 피고인의 주거지를 방문하였다가, 현관에서 담배를 피우고 있는 피고인을 발견하고 사진을 찍어 제보자에게 전송하여 사진에 있는 사람이 제보한 대상자가 맞다는 확인을 한 후, 가지고 있던 피고인의 전화번호로 전화를 하여 차량 접촉사고가 났으니 나오라고 하였으나 나오지 않고, 또한 경찰관임을 밝히고 만나자고 하는데도 현재 집에 있지 않다는 취지로 거짓말을 하자 피고인의 집 문을 강제로 열고 들어가 피고인을 긴급체포한 사안에서, (가) 피고인이 **마약에 관한 죄를 범하였다고 의심할 만한 '상당한 이유'가 있었더라도**, (나) 경찰관이 **이미 피고인의 신원과 주거지 및 전화번호 등을 모두 파악**하고 있었고, (다) 당시 마약 투약의 **범죄 증거가 급속하게 소멸될 상황도 아니었던 점** 등의 사정을 감안하면, **긴급체포가 미리 체포영장을 받을 시간적 여유가 없었던 경우에 해당하지 않아 위법하다**고 본 원심판단이 정당하다」.

●**해설**● 1 긴급체포의 의의　　　　긴급체포란 중대한 범죄를 범하였다고 의심할 만한 상당한 이유가 있는 피의자를 수사기관이 법관의 **체포영장을 발부받지 않고** 체포하는 것을 말한다(**영장주의의 예외**). 이는

---

1) 형사소송법 제200조의3(**긴급체포**) ① 검사 또는 사법경찰관은 피의자가 **사형·무기 또는 장기 3년 이상의 징역**이나 금고에 해당하는 죄를 범하였다고 의심할 만한 상당한 이유가 있고, 다음 각 호의 어느 하나에 해당하는 사유가 있는 경우에 긴급을 요하여 지방법원판사의 체포영장을 받을 수 없는 때에는 그 사유를 알리고 영장없이 피의자를 체포할 수 있다. 이 경우 **긴급을 요한다** 함은 피의자를 우연히 발견한 경우 등과 같이 체포영장을 받을 시간적 여유가 없는 때를 말한다. 1. 피의자가 **증거를 인멸할 염려**가 있는 때 2. 피의자가 **도망하거나 도망할 우려**가 있는 때 ② 사법경찰관이 제1항의 규정에 의하여 피의자를 체포한 경우에는 **즉시 검사의 '승인'**을 얻어야 한다. ③ 검사 또는 사법경찰관은 제1항의 규정에 의하여 피의자를 체포한 경우에는 **즉시 긴급체포서를 작성**하여야 한다. ④ 제3항의 규정에 의한 긴급체포서에는 범죄사실의 요지, 긴급체포의 사유 등을 기재하여야 한다.　cf)「수사준칙」 제27조 ①, ② 참조.

중대범죄의 범인을 놓치지 않게 하기 위함이다. 헌법에서도 긴급체포에 대한 근거규정을 두고 있다. **헌법 제12조 제3항**은 "체포·구속·압수 또는 수색을 할 때에는 적법한 절차에 따라 검사의 신청에 의하여 법관이 발부한 영장을 제시하여야 한다. 다만, 현행범인인 경우와 **장기 3년 이상의 형**에 해당하는 죄를 범하고 도피 또는 증거인멸의 염려가 있을 때에는 **사후에 영장**을 청구할 수 있다"고 규정하고 있다.

**2 긴급체포의 요건과 요건의 판단기준**　　　형사소송법은 긴급체포의 요건으로 ㉠ 범죄의 '**중대성**'과 혐의의 상당성, ㉡ 체포의 '**필요성**', ㉢ 체포의 '**긴급성**'을 요구한다(법200의3). 먼저 (1) 긴급체포는 피의자가 **사형·무기** 또는 **장기 3년 이상의 징역이나 금고에 해당하는 죄[2]**를 범하였다고 의심할 만한 상당한 이유가 있어야 한다(범죄의 '**중대성**'과 혐의의 **상당성**. 여기서 범죄의 혐의는 당연히 '객관적 혐의'이어야 한다). (2) 그리고 긴급체포에는 '**구속사유**'가 있어야 한다. 즉 피의자가 '증거를 인멸할 염려'가 있거나 또는 피의자가 '도망하거나 도망할 우려'가 있어야 한다(체포의 '**필요성**'[3])(대판 2000도5701, Ref 4). 마지막으로 (3) 긴급체포는 피의자를 '우연히 발견'하는 경우 등과 같이 긴급을 요하여 지방법원판사의 체포영장을 받을 수 없어야 한다(체포의 '**긴급성**'). (4) 이상의 긴급체포의 요건을 갖추었는지 여부는 「**사후에 밝혀진 사정을 기초로 판단하는 것이 아니라 체포 '당시'의 상황을 기초로 판단**하여야 하고, 이에 관한 검사나 사법경찰관 등 수사주체의 판단에는 '**상당한 재량**'의 여지가 있다」(대판 2006도148, Ref 1−1)(여기서 '상당한' 재량이란 **합리적** 재량을 의미한다). 다만, 수사기관의 체포가 경험칙에 비추어 **현저히 합리성을 잃은** 경우에는 위법한 체포가 된다(따라서 사법경찰관이 "자신의 재량 범위를 벗어난다는 사실을 인식하고 그와 같은 결과를 용인한 채 사람을 체포하여 권리행사를 방해하였다면, 직권남용체포죄와 직권남용권리행사방해죄가 성립한다." 대판 2013도16162). (4) 긴급체포의 **적법성 여부**와 관련하여 특히 문제되는 경우가 수사기관에 **자진출석**한 참고인이나 피고인을 긴급체포할 수 있는지 여부이다. 이는 경우를 나누어 ㉠ 합리적 근거 없이 긴급체포할 경우에는 위법이겠지만(대판 2006도148, Ref 1−1) ㉡ 조사 중 피의사실이 명백하게 밝혀진 경우 등에는 긴급체포가 가능하다고 볼 수 있다(대판 2004도42, Ref 1−2).

**3 대상판결의 정리**　　　대상판결은 체포의 요건 중 '긴급성 여부'가 다투어 졌다.[4] 제1심은 피고인을 긴급체포한 경찰관의 판단이 현저히 합리성을 잃은 경우에 해당한다고 볼 수 없다고 판단[5]한 반면에

---

2) 따라서 **폭행죄**(2년 이하), **사실명예훼손죄**(2년 이하), **모욕죄**(1년 이하), **도박죄**(1천만원 이하)는 긴급체포의 대상이 될 수 없다. 이외에 **과실치사상, 점유이탈물횡령, 실화, 무면허운전** 등도 긴급체포의 대상은 되지 않는다. 음주운전은 측정거부, 혈중알코올농도 0.2% 이상인 경우에만 긴급체포할 수 있다. 이와 같이, 형법범죄나 특별법범죄 대부분이 장기 3년 이상의 형에 해당한다는 점으로 볼 때, 긴급체포의 대상범죄가 너무 광범위하다는 비판이 있다.

3) **영장체포**의 경우에는 '체포의 필요성'이 소극적 요건으로 작용한다. 즉 증거인멸의 염려나 도주의 우려가 없는 경우(명백히 체포의 필요가 인정되지 아니한 경우)에는 체포할 수 없다(법200의2②). 그리고 **현행범체포**의 경우, '체포의 필요성'이 명문으로 규정되어 있지는 않지만 판례는 이를 인정하고 있다(대판 98도3029). 반면, **긴급체포**는 이를 조문에 명시하고 있다.

4) 범죄의 '**중대성**' 요건과 관련하여서는 피고인이 필로폰을 투약하였다는 혐의를 받고 있으므로 「마약류관리에 관한 법률 위반」으로 그 법정형이 '10년 이하의 징역 또는 1억 원 이하의 벌금'에 해당되어 당연히 이 요건은 충족된 것으로 보고 있다(마약류관리에 관한 법률 제2조 제3호 (나)목, 제4조 제1항 제1호, 제60조 제1항 제2호).

5) 수사관들의 긴급체포가 적법하다고 본 제1심의 논거는 다음과 같다. 「(가) 피고인이 자신의 소재에 대한 거짓말을 한 후 인기척을 내지 않고 숨어 있는 방법으로 경찰관의 수사를 회피하려하였던 점, (나) 필로폰 투약은 10년 이하의 징역 또는 1억 원 이하의 벌금에 해당하는 범죄로 국민과 사회의 신체적·정신적 건강에 심각한 해악을 야기하는 중대한 범죄인바 경찰관이 자신에 대한 수사를 개시하였다는 것을 인식한 이상 피고인에게는

원심과 대법원은 X에 대한 긴급체포는 **범죄혐의의 '긴급성'을 인정하기 어려우므로** 긴급체포의 요건을 충족하지 못하여 위법하다고 판단하고 있다. 즉 대상판결에서 **범죄혐의의 '상당성'과 '긴급성'을 부정한 대법원의 판단근거**는 다음과 같다. 「(가) 만약 경찰관들이 영장 없이 피고인의 주거지의 잠금장치를 해제하고 주거지 내에 들어간 행위를 긴급체포를 위한 부수처분으로 보지 않는다면 그러한 침입행위 자체는 아무런 법적 근거가 없어 위법하고, 그에 연속하여 이루어진 긴급체포 역시 그 형식적 적법성을 불문하고 위법하게 될 것이다. …… (나) 또한 갑자기 피고인의 주거지를 찾아와 접촉사고를 가장하여 피고인을 유인하려다 실패하자 경찰관임을 밝히고 만나기를 요구하는 경찰관들을 만나주지 않고, 자신의 소재에 대해 거짓말을 한 피고인의 행동은 상식적으로 이해하지 못할 바가 아니므로, **그러한 행동이 피고인이 마약을 투약한 것으로 의심할 만한 근거가 되지는 못한다.**[6] (다) 원심 증인 공소외인의 진술에 의하면, 경찰관들은 실제 제보된 거주지에 피고인이 살고 있는지 등 제보의 정확성을 사전에 확인한 후 제보자를 불러 조사를 하기 위하여 피고인의 주거지를 방문하였던 것이므로, 그곳에서 피고인을 발견한 것은 당초 경찰관들이 예정하였던 상황일 뿐 피고인을 우연히 맞닥뜨려 **긴급히 체포해야 할 상황이라고 볼 수 없다.** 또한 (라) 먼발치에서 사진을 찍어 제보자로부터 피고인이 제보된 인물임을 확인하였고 피고인의 전화번호, 주거지 등을 모두 파악하고 있었던 경찰관들로서는 당초 자신들의 계획대로 제보자를 조사하는 등으로 **소명자료를 준비하여 체포영장을 발부받을 수 있었을 것**으로 판단되므로, 경찰관들이 영장을 발부받을 시간적 여유가 없었다고 볼 만한 특별한 사정이 인정되지 않아 **긴급성도 인정하기 어렵다」.**

**4 긴급체포의 절차**     긴급체포의 절차는 먼저 (1) 피의자에게 긴급체포를 한다는 사실을 수사기관은 **'고지'하여야** 하고, 피의사실의 요지, 체포의 이유와 변호인을 선임할 수 있음을 말하고 변명의 기회를 주어야 한다(법200의5). 나아가 **진술거부권도** 고지해주어야 한다(준칙32)(이와 같은 고지는 긴급체포를 위한 실력행사에 들어가기 **이전에 미리** 하여야 하는 것이 원칙이나, 달아나는 피의자를 쫓아가 붙들거나 폭력으로 대항하는 **피의자를 실력으로 제압하는 경우**에는 붙들거나 제압하는 과정에서 하거나, 그것이 여의치 않은 경우에는 일단 붙들거나 제압한 후에 지체없이 하여야 한다. 대판 2008도2794, Ref 8). 또한 (2) **'체포적부심사'를** 청구할 수 있음을 알려주어야 한다(법214의2). (3) 긴급체포 시 **수반되는 강제처분으로** ㉠ 검사 또는 사법경찰관이 피의자를 긴급체포하는 경우에는 **영장 없이** 타인의 주거나 타인이 간수하는 가옥 등에서 **피의자를 수색**하거나 ㉡ **체포현장**에서 압수·수색·검증을 할 수 있다(법216). 나아가 ㉢ 긴급체포된 자가 **소유·소지** 또는 **보관**하는 물건에 대해 긴급히 압수할 필요가 있는 경우에 **체포한 때로부터 '24시간' 이내에 한하여** 영장 없이 압수·수색 또는 검증을 할 수 있다(법217①)**(긴급압수·수색).**

**5 긴급체포 후의 조치**     (1) 검사 또는 사법경찰관은 긴급체포한 경우에 **즉시 '긴급체포서'를 작성**하여야 하며, 사법경찰관이 긴급체포를 한 경우에는 **즉시 검사의 '승인'을 받아야** 한다(긴급체포의 통제)

---

도주할 동기나 가능성이 충분히 있는 점, (다) 시일의 경과에 따라 피고인의 신체에서 마약 성분이 희석·배설됨으로써 증거가 소멸될 위험성도 농후한 점 등에 비추어 체포영장을 받을 시간적 여유도 없었다고 할 것이다. (라) 따라서 피고인을 긴급체포한 경찰관의 판단이 현저히 합리성을 잃은 경우에 해당한다고 볼 수 없으므로 피고인에 대한 **긴급체포는 적법**하고 …… 경찰관이 피고인을 긴급체포하기 위해서 피의자 수색을 위한 부수처분으로 피고인의 주거지의 시정장치를 해제하고 주거지 내에 들어간 행위 등도 영장주의 원칙이나 형사소송법 관련 규정에 어긋나는 **위법한 공무집행이었다고 볼 수 없다」**(창원지법 2015고단2099).

6) 원심은 이점에서 범죄 혐의 '상당성'을 부정하고 있다. 하지만 대법원은 대상판결에서 '상당성' 판단은 유보하고 '긴급성'만을 판단하여 사안은 긴급한 상황은 아닌 것으로 보았다.

(법200의3). **불승인 통보**를 받은 사법경찰관은 긴급체포된 피의자를 즉시 석방하고 그 석방 일시와 사유 등을 검사에게 '통보'하여야 한다(준칙27④). (2) **긴급체포 후의 절차**는 형사소송법 제200조4에 의한다.[7] (준칙27).[8] (3) 수사기관이 피의자를 긴급체포를 한 때에는 ㉠ **변호인**이 있는 경우에는 변호인에게, ㉡ 변호인이 없는 경우에는 변호인 선임권자(피의자의 법정대리인, 배우자, 직계친족과 형제자매) 중 **피의자가 지정**한 자에게 피의사건명, 체포일시·장소, 범죄사실의 요지, 체포의 이유와 변호인을 선임할 수 있는 취지를 **알려야 하며**, 이러한 '통지'는 **지체 없이 '서면'**으로 하여야 한다(법200의6·87①②)(이때 '지체 없이' 란 "체포를 한 때로부터 늦어도 24시간 이내"를 의미한다. 규칙51②). (4) 검사 또는 사법경찰관이 긴급체포로 피의자를 체포한 경우 피의자를 구속하고자 할 때에는 **지체 없이** 검사는 관할지방법원판사에게 구속영 장을 청구하여야 하고, 사법경찰관은 검사에게 신청하여 검사의 청구로 관할지방법원판사에게 구속영장 을 청구하여야 한다. 이 경우 구속영장은 피의자를 **체포한 때**부터 **48시간 이내에 '청구'**하여야 하며, **긴급 체포서를 첨부**하여야 한다(법200의4①). 48시간 이내에 구속영장을 청구하지 아니하거나 발부받지 못한 때에는 피의자를 **즉시 석방**하여야 한다(법200의4②).

### 6 긴급체포의 통제

긴급체포의 경우, 구속영장을 청구하는 48시간까지는 영장 없는 체포를 인정하는 것이 되어 비판이 강하다. 이에 형사소송법은 긴급체포의 남용을 방지하기 위한 **통제장치**들을 두고 있다. 먼저 (1) **사법경찰관**이 긴급체포한 피의자에 대하여 구속영장을 신청하지 아니하고 석방한 경우에는 **즉시 검사에게 '보고'**하여야 한다(즉시보고의무)(법200의4⑥). (2) **검사**가 구속영장을 청구하지 아 니하고 피의자를 석방한 경우에는 **석방한 날부터 '30일' 이내**에 긴급체포서를 첨부한 **'서면'으로** 석방된

---

7) 형사소송법 제200조의4(**긴급체포와 영장청구기간**) ① 검사 또는 사법경찰관이 제200조의3의 규정에 의하여 피 의자를 체포한 경우 피의자를 구속하고자 할 때에는 **지체 없이** 검사는 관할지방법원판사에게 구속영장을 청구 하여야 하고, 사법경찰관은 검사에게 **신청**하여 검사의 **청구**로 관할지방법원판사에게 구속영장을 청구하여야 한다. 이 경우 **구속영장**은 피의자를 체포한 때부터 **48시간 이내**에 청구하여야 하며, 제200조의3제3항에 따른 **긴급체포서를 첨부**하여야 한다. ② 제1항의 규정에 의하여 구속영장을 청구하지 아니하거나 발부받지 못한 때 에는 피의자를 **즉시 석방**하여야 한다. ③ 제2항의 규정에 의하여 석방된 자는 영장 없이는 **동일한 범죄사실**에 관하여 체포하지 못한다. ④ **검사**는 제1항에 따른 구속영장을 청구하지 아니하고 피의자를 석방한 경우에는 석방한 날부터 **30일 이내**에 **서면**으로 다음 각 호의 사항을 법원에 **통지**하여야 한다. 이 경우 긴급체포서의 사 본을 첨부하여야 한다. 1. 긴급체포 후 석방된 자의 인적사항 2. 긴급체포의 일시·장소와 긴급체포하게 된 구 체적 이유 3. 석방의 일시·장소 및 사유 4. 긴급체포 및 석방한 검사 또는 사법경찰관의 성명 ⑤ 긴급체포 후 석방된 자 또는 그 변호인·법정대리인·배우자·직계친족·형제자매는 통지서 및 관련 서류를 열람하거나 등사할 수 있다. ⑥ **사법경찰관**은 긴급체포한 피의자에 대하여 구속영장을 신청하지 아니하고 석방한 경우에는 즉시 **검사에게 보고**하여야 한다.

8) 수사준칙 제27조(**긴급체포**) ① **사법경찰관**은 법 제200조의3제2항에 따라 긴급체포 후 **'12시간'** 내에 검사에게 긴 급체포의 승인을 요청해야 한다. 다만, 제51조제1항제4호가목 또는 제52조제1항제3호에 따라 수사중지 결정 또 는 기소중지 결정이 된 피의자를 소속 경찰관서가 위치하는 특별시·광역시·특별자치시·도 또는 특별자치도 **외의 지역**이나 「연안관리법」 제2조제2호나목의 **바다에서** 긴급체포한 경우에는 긴급체포 후 **'24시간'** 이내에 긴 **급체포의 승인**을 요청해야 한다. ② 제1항에 따라 긴급체포의 승인을 요청할 때에는 범죄사실의 요지, 긴급체 포의 일시·장소, 긴급체포의 사유, 체포를 계속해야 하는 사유 등을 적은 **'긴급체포 승인요청서'로 요청**해야 한 다. **다만, 긴급한 경우**에는 「형사사법절차 전자화 촉진법」 제2조제4호에 따른 **형사사법정보시스템** 또는 **팩스**를 이용하여 긴급체포의 승인을 요청할 수 있다. ③ 검사는 사법경찰관의 긴급체포 승인 요청이 이유 있다고 인 정하는 경우에는 **지체 없이 긴급체포 승인서**를 사법경찰관에게 송부해야 한다. ④ 검사는 사법경찰관의 긴급체 포 **승인 요청이 이유 없다고** 인정하는 경우에는 지체 없이 사법경찰관에게 불승인 통보를 해야 한다. 이 경우 사법경찰관은 긴급체포된 피의자를 **즉시 석방**하고 그 석방 일시와 사유 등을 검사에게 **통보**해야 한다.

자의 인적사항 사항 등을 **법원에 '통지'**하여야 한다(검사의 법원에 대한 **통지의무**)(대판 2011도6035, Ref 6)(이 때 긴급체포서의 사본을 첨부하여야 한다. 법200의4④). (3) 검사는 긴급체포의 승인 및 구속영장의 청구가 피의자의 인권에 대한 부당한 침해를 초래하지 않도록「긴급체포의 **'적법성 여부'를 심사**하면서 수사서류 뿐만 아니라 피의자를 검찰청으로 출석시켜 **직접 '대면조사'할 수 있는 권한을 가진다**」고 보아야 하고, 이에 따라 사법경찰관리에게 피의자를 검찰청으로 인치할 것을 명할 수 있다(이 경우 긴급체포의 **합당성**이나 구속영장 청구에 필요한 사유를 **보강**하기 위한 목적으로 실시되어서는 아니 되며, 이러한 검사의 피의자 **'대면조사권'**은 강제수가 아니라 **'임의수사'**이므로 피의자의 **'동의' 없이는 이루어질 수 없다.** 대판 2008도11999, Ref 7). (4) 긴급체포 후 석방된 자 또는 그 변호인·법정대리인·배우자·직계친족·형제자매는 통지서 및 **관련 서류를 열람하거나 등사**할 수 있다(법200의4⑤)(이는 긴급체포가 불법한 경우 배상청구 등의 자료로 이용할 수 있도록 하기 위한 것이다). (5) 구속영장을 청구하지 아니하거나 발부받지 못한 때에는 피의자를 **즉시 석방**하여야 하며(법200의4②), 석방된 자는 영장 없이는 **동일한 범죄사실**에 관하여 다시 '긴급체포'하지 못한다(**재체포의 제한**)(법200의4③). 이는 달리 말하자면 **'체포영장'**이나 **'구속영장'**을 발부받은 경우에는 다시 체포·구속할 수 있음을 의미한다(대판 2001도4291, Ref 9). 또한 체포적부심사청구를 통하여 석방된 경우에는 재체포의 제한이 적용되지 않는다. 따라서 체포적부심을 통해 석방된 경우에는 수사기관의 보강수사를 통해 다시 긴급체포가 가능하다.

*Reference*

## * 위법한 긴급체포로 판단한 사례 *

### *자진출석과 긴급체포*

1-1 [대판 2006도148] [수사기관에 **자진출석한 사람**이 긴급체포의 요건을 갖추지 못하였음에도 실력으로 자신을 체포하려고 한 검사에게 폭행을 가한 경우 **공무집행방해죄의 성립** 여부(소극) 및 위 검사에게 상해를 가한 것이 **정당방위에 해당**한다고 본 사례] [1] 형법 제136조가 규정하는 공무집행방해죄는 공무원의 직무집행이 '적법한 경우'에 한하여 성립하고, 여기서 적법한 공무집행은 그 행위가 공무원의 추상적 권한에 속할 뿐 아니라 구체적 직무집행에 관한 법률상 요건과 방식을 갖춘 경우를 가리키므로, 검사나 사법경찰관이 **수사기관에 자진출석한 사람**을 긴급체포의 요건을 갖추지 못하였음에도 실력으로 체포하려고 하였다면 **적법한 공무집행이라고 할 수 없고**, 자진출석한 사람이 검사나 사법경찰관에 대하여 이를 거부하는 방법으로써 폭행을 하였다고 하여 공무집행방해죄가 성립하는 것은 아니다. [2] 검사가 참고인 조사를 받는 줄 알고 검찰청에 자진출석한 변호사사무실 사무장을 합리적 근거 없이 긴급체포하자 그 변호사가 이를 제지하는 과정에서 위 검사에게 상해를 가한 것이 **정당방위에 해당**한다.

1-2 [비교판례] [대판 2004도42] 검찰관은 피고인으로부터 주식회사 삼진건설과 관련하여 공사시 편의제공 등을 부탁받은 제11전투비행단 시설대대장의 진술을 먼저 확보한 다음, 2003.5.17. 군검찰의 소환에 응하여 **자진출석**한 피고인으로부터 자술서를 제출받고 제1회 피의자신문조서를 작성하였고, 그 후 피고인으로부터 장병신체검사 지정병원 선정과 관련한 부탁을 받은 제11전투비행단 인사처장 및 의무전대장의 진술을 확보한 후, 2003.5.18. 03:50경 **피고인을 긴급체포**하였는데, 피고인은 인사처장에게 2002년 장병신체검사 지정병원으로 성서병원이 선정될 수 있도록 검토해 달라는 부탁을 한 사실은 인정하면서도 성서병원으로부터 그 대가를 수수하거나 약속한 사실을 부인하고, 공사 편의제공과 관련하여 시설대대장에게 사실상의 영향력을 행사한 사실도 부인하였던 사실이 인정되고, 피고인이 담당 부대 장교들에 대한 동향관찰보

고를 통하여 진급, 인사 등에 영향력을 행사할 수 있는 기무부대장으로 근무하고 있었던 점을 감안하면, 피고인이 관련자들과의 접촉을 통하여 **증거를 인멸할 염려**가 있다고 보이므로, 피고인을 긴급체포할 당시 그 요건의 충족 여부에 관한 검찰관의 판단이 경험칙에 비추어 **현저히 합리성을 잃었다고 보기는 어렵다**고 할 것이고, 긴급체포 당시 피고인이 범죄사실의 요지, 긴급체포의 이유와 변호인을 선임할 수 있음을 고지받았고 변명의 기회가 주어진 사실도 인정되므로, **피고인에 대한 긴급체포가 적법하게 이루어졌음**을 전제로 검찰관 작성의 피고인에 대한 각 피의자신문조서의 증거능력을 인정한 원심의 판단은 옳다. cf) 대상판결은 자진출석하여 조사를 받는 경우이더라도 조사과정에서 ㉠ **새로운 혐의가** 발견되거나 ㉡ **증거를 인멸한 염려나 도주 우려가** 있다고 보이는 경우에는 긴급체포할 수 있음을 보여주고 있다. 그러나 자진출석한 참고인은 처음부터 피의자인 경우에 긴급체포하는 것보다 긴급체포의 요건이 충족되었는가에 대해서 더욱 엄격하게 판단하여야 할 것이다.

2 [대판 2005도6810] [사법경찰관이 피고인을 수사관서까지 동행한 것이 **사실상의 강제연행, 즉 불법 체포에 해당**하고, 불법 체포로부터 **6시간 상당이 경과한 후**에 이루어진 **긴급체포** 또한 위법하므로 피고인이 불법체포된 자로서 형법 제145조 제1항에 정한 '법률에 의하여 체포 또는 구금된 자'가 아니어서 도주죄의 주체가 될 수 없다고 한 사례] ① 경찰관들이 피고인을 동행한 시각이 동틀 무렵인 새벽 06:00경이었고, 그 장소는 피고인의 집 앞이었으며, 그 동행의 방법도 4명의 경찰관들이 피고인의 집 부근에서 약 10시간 동안 잠복근무를 한 끝에 새벽에 집으로 귀가하는 피고인을 발견하고 4명이 한꺼번에 차에서 내려 피고인에게 다가가 피의사실을 부인하는 피고인을 동행한 것인 점, …… ② 피고인이 원심 법정에서 경찰서에서 화장실에 갈 때도 경찰관 1명이 따라와 감시했다고 진술한 점 등에 비추어 …… 사법경찰관의 동행 요구를 거절할 수 없는 **심리적 압박 아래 행하여진 사실상의 강제연행, 즉 불법 체포에 해당한다**고 보아야 할 것이고, 사법경찰관이 그로부터 6시간 상당이 경과한 이후에 비로소 피고인에 대하여 긴급체포의 절차를 밟았다고 하더라도 이는 동행의 형식 아래 행해진 불법 체포에 기하여 사후적으로 취해진 것에 불과하므로, **그와 같은 긴급체포 또한 위법하다고 아니할 수 없다.** 따라서 피고인은 불법체포된 자로서 형법 제145조 제1항 소정의 '법률에 의하여 체포 또는 구금된 자'가 아니어서 도주죄의 주체가 될 수 없다.

3 [대결 2002모81] 도로교통법위반 피의사건에서 **기소유예 처분을 받은** 재항고인이 그 후 **혐의 없음을 주장**함과 동시에 수사경찰관의 처벌을 요구하는 진정서를 검찰청에 제출함으로써 이루어진 진정사건을 담당한 검사가, 재항고인에 대한 위 피의사건을 재기한 후 **담당검사인 자신의 교체를 요구하고자 부장검사 부속실에서 대기하고 있던** 재항고인을 위 **도로교통법위반죄로 긴급체포하여 감금한** 경우, 그 긴급체포는 형사소송법이 규정하는 긴급체포의 요건을 갖추지 못한 것으로서 당시의 상황과 경험칙에 비추어 현저히 합리성을 잃은 위법한 체포에 해당한다.

4 [대판 2000도5701] 수사검사는 피고인 X에게 뇌물을 주었다는 피고인 Y 및 관련 참고인들의 진술을 먼저 확보한 다음, **현직 군수인** X를 소환·조사하기 위하여 검사의 명을 받은 검찰주사보가 1999.12.8. 16:40경 경기도 광주군청 군수실에 도착하였으나 X가 군수실에 없어 도시행정계장에게 군수의 행방을 확인하였더니, 위 피고인이 검사가 자신을 소환하려 한다는 사실을 미리 알고 자택 옆에 있는 초야농장 **농막에서 기다리고** 있을 것이니 수사관이 오거든 그 곳으로 오라고 하였다고 하므로, 같은 날 17:30경 주사보와 행정계장이 같이 위 초야농장으로 가서 그 곳에서 **수사관을 기다리고 있던** X를 긴급체포하였다. …… 사정

이 그와 같다면, 위 X는 현직 군수직에 종사하고 있어 검사로서도 X의 소재를 쉽게 알 수 있었고, 1999.11.29. Y의 위 진술 이후 시간적 여유도 있었으며, X도 도망이나 증거인멸의 의도가 없었음은 물론, 언제든지 검사의 **소환조사에 응할 태세를 갖추고 있었고**, 그 사정을 위 검찰주사보도 충분히 알 수 있었다 할 것이어서, 위 긴급체포는 **그 당시로 보아서도** 형사소송법 제200조의3 제1항의 요건을 갖추지 못한 것으로 쉽게 보여져 이를 실행한 검사 등의 판단이 현저히 합리성을 잃었다고 할 것이므로, 이러한 위법한 긴급체포에 의한 유치 중에 작성된 이 사건 각 피의자신문조서는 이를 유죄의 증거로 하지 못한다고 할 것이다.

## * 적법한 긴급체포로 판단한 사례 *

5 [대판 2005도7569] 이 사건 피고인에 대한 고소사건을 담당하던 경찰관은 피고인의 소재 파악을 위해 피고인의 거주지와 피고인이 경영하던 공장 등을 찾아가 보았으나, 피고인이 공장 경영을 그만 둔 채 거주지에도 귀가하지 않는 등 소재를 감추자 법원의 압수수색영장에 의한 휴대전화 위치추적 등의 방법으로 피고인의 소재를 파악하려고 하던 중, 2004.10.14. 23:00경 주거지로 귀가하던 피고인을 발견하고, 피고인이 **계속 소재를 감추려는 의도가 다분하고 증거인멸 및 도망의 염려**가 있다는 이유로 피고인을 사기 혐의로 긴급체포한 사실을 알 수 있는바, 위 법리 및 이 사건 긴급체포의 경위 등에 비추어 보면 피고인에 대한 긴급체포가 위법한 체포에 해당한다고 보기는 어렵다고 할 것이다.

## * 기타 긴급체포와 관련된 주요 판례 *

6 [대판 2011도6035] 피의자가 2009.11.2. 22:00경 긴급체포되어 조사를 받고 구속영장이 청구되지 아니하여 2009.11.4. 20:10경 석방되었음에도 검사가 그로부터 **30일 이내에** 법 제200조의4에 따른 **석방통지를 법원에 하지 아니한 사실**을 알 수 있으나, 피의자에 대한 긴급체포 당시의 상황과 경위, 긴급체포 후 조사과정 등에 특별한 위법이 있다고 볼 수 없는 이상, 단지 사후에 석방통지가 법에 따라 이루어지지 않았다는 사정만으로 그 긴급체포에 의한 유치 중에 작성된 피의자에 대한 **피의자신문조서들의 작성이 소급하여 위법하게 된다고 볼 수는 없다.**

7 [대판 2008도11999] [검사가 구속영장 청구 전 대면조사를 위하여 사법경찰관리에게 **긴급체포된 피의자의 인치를 명하는 것이 적법한 수사지휘에 해당하는지 여부(한정 적극)**] [1] 사법경찰관이 검사에게 긴급체포된 피의자에 대한 긴급체포 승인 건의와 함께 구속영장을 신청한 경우, **검사는** 긴급체포의 승인 및 구속영장의 청구가 피의자의 인권에 대한 부당한 침해를 초래하지 않도록 긴급체포의 '적법성 여부를 심사'하면서 '수사서류' 뿐만 아니라 **피의자를 검찰청으로 출석시켜 직접 대면조사할 수 있는 권한을 가진다**고 보아야 한다. 따라서 이와 같은 목적과 절차의 일환으로 검사가 구속영장 청구 전에 피의자를 대면조사하기 위하여 사법경찰관리에게 피의자를 검찰청으로 인치할 것을 명하는 것은 적법하고 타당한 수사지휘 활동에 해당하고, 수사지휘를 전달받은 사법경찰관리는 이를 준수할 의무를 부담한다. [2] 다만 체포된 피의자의 구금 장소가 임의적으로 변경되는 점, 법원에 의한 영장실질심사 제도를 도입하고 있는 현행 형사소송법 하에서 체포된 피의자의 신속한 법관 대면권 보장이 지연될 우려가 있는 점 등을 고려하면, 위와 같은 검사의 구속영장 청구 전 **피의자 대면조사**는 (가) 긴급체포의 **'적법성'을 의심할 만한 사유**가 기록 기타 객관적 자료에 나타나고 피의자의 대면조사를 통해 그 여부의 판단이 가능할 것으로 보이는 예외적인 경우에 한하

여 허용될 뿐, (나) **긴급체포의 합당성이나 구속영장 청구에 필요한 사유를 보강하기 위한 목적으로 실시되어서는 아니 된다.** (다) 나아가 검사의 구속영장 청구 전 피의자 대면조사는 **강제수사가 아니므로 피의자는 검사의 출석 요구에 응할 의무가 없고,** 피의자가 검사의 출석 요구에 '동의'한 때에 한하여 사법경찰관리는 피의자를 검찰청으로 호송하여야 한다. [3] 검사가 긴급체포 등 강제처분의 적법성에 의문을 갖고 대면조사를 위한 피의자 인치를 2회에 걸쳐 명하였으나 이를 이행하지 않은 사법경찰관에게 인권옹호직무명령불준수죄[9]와 직무유기죄[10]를 모두 인정하고 두 죄를 **상상적 경합관계**로 처리한 원심판단을 수긍한 사례.

8 [대판 2008도2794] [고지의무의 이행시기] 검사 또는 사법경찰관이 형사소송법 제200조의3의 규정에 의하여 피의자를 긴급체포하는 경우에는 반드시 피의사실의 요지, 체포의 이유와 변호인을 선임할 수 있음을 말하고, 변명할 기회를 주어야 한다. 이와 같은 고지는 긴급체포를 위한 실력행사에 들어가기 **이전에 미리** 하여야 하는 것이 원칙이나, 달아나는 피의자를 쫓아가 붙들거나 폭력으로 대항하는 **피의자를 실력으로 제압하는 경우**에는 붙들거나 제압하는 과정에서 하거나, 그것이 여의치 않은 경우에는 일단 붙들거나 제압한 후에 지체없이 하여야 한다.

9 [대판 2001도4291] [**긴급체포되었다가 수사기관의 조치로 석방된 후 법원이 발부한 구속영장에 의하여 구속이 이루어진 경우**, 형사소송법 제200조의4 제3항, 제208조에 위배되는 위법한 구속인지 여부(소극)] 형사소송법 제200조의4 제3항은 영장 없이는 긴급체포 후 석방된 피의자를 동일한 범죄사실에 관하여 체포하지 못한다는 규정으로, 위와 같이 석방된 피의자라도 **법원으로부터 구속영장을 발부받아 구속할 수 있음은** 물론이고, 같은 법 제208조 소정의 '구속되었다가 석방된 자'라 함은 구속영장에 의하여 구속되었다가 석방된 경우를 말하는 것이지, 긴급체포나 현행범으로 체포되었다가 사후영장발부 전에 석방된 경우는 포함되지 않는다 할 것이므로, 피고인이 수사 당시 긴급체포되었다가 수사기관의 조치로 석방된 후 법원이 발부한 구속영장에 의하여 구속이 이루어진 경우 앞서 본 법조에 위배되는 위법한 구속이라고 볼 수 없다.

---

9) 형법 제139조(**인권옹호직무방해**) 경찰의 직무를 행하는 자 또는 이를 보조하는 자가 인권옹호에 관한 검사의 직무집행을 방해하거나 **그 명령을 준수하지 아니한 때**에는 5년 이하의 징역 또는 10년 이하의 자격정지에 처한다.
10) 형법 제122조(**직무유기**) 공무원이 정당한 이유없이 그 직무수행을 거부하거나 그 직무를 유기한 때에는 1년 이하의 징역이나 금고 또는 3년 이하의 자격정지에 처한다.

# 15 대인적 강제수사(3) – 현행범 체포 –

* 대법원 2022. 2. 11. 선고 2021도12213 판결
* 참조조문: 형사소송법 제211조,[1] 제212조,[2] 제213조,[3] 제214조[4]

현행범 체포의 요건으로 '체포의 필요성'이 있어야 하는가? 현행범 체포의 요건을 갖추었는지는 **체포 당시의 상황**을 기초로 판단하여야 하는가? 그리고 이에 관한 **수사주체의 판단 재량은?**

●**사실**● 피고인 X는 술에 취한 상태에서 2019.7.8. 00:50경 안양시 소재의 식당 안으로 들어가, 그곳에서 식사를 하기 위하여 앉아있던 A에게 아무런 이유 없이 욕설을 하고 그의 멱살을 잡고 밀치고 잡아당기는 등으로 **A를 폭행**하였다. 안양만안경찰서 D지구대 소속 경찰관 P1, P2, P3은 식당 종업원의 112 신고에 따라 위 현장에 출동하였다. 경찰관들이 출동하였을 당시에도 X는 A에게 손가락질을 하면서 시비를 걸고 있었다. A는 출동 경찰관들에게 식당에 밥을 먹으러 왔다가 전혀 알지 못하는 X로부터 이른바 **'묻지마 폭행'**을 당하였다면서 강력한 처벌을 요구하였고, X는 그때에도 A에게 욕설을 하면서 손가락질을 하였다. 이에 경찰관들은 X와 A를 식당 바깥으로 나가게 하였다. 경찰관 P1은 X와 A로부터 신분증을 제시받아 X의 신분증상 주소지가 거제시로 되어 있음을 확인하였고, 경찰관 P2, P3는 식당 밖에서 X와 A를 분리하여 그들로부터 진술을 들었다. 당시 X는 자신이 A로부터 폭행을 당하였다고 주장하면서 A를 향해 손가락질을 하거나 A가 있는 곳으로 이동하려고 시도하다가 경찰관의 제지를 받기도 하였다. 경찰관 P1은 식당 안에서 CCTV 영상을 시청하여 폭행상황을 확인하고 경찰관 P3로부터 식당 바깥의 상황을 전달받은 후, 식당 밖으로 나와 그곳에 있던 X에게 피의사실의 요지 등을 고지하고 **X를 현행범인으로 체포**하였다. 원심은 X에 대한 현행범인 체포가 '위법'하다고 판단하였다. 이에 검사가 상고하였다.

●**판지**● **파기환송.** 「[1] 범죄를 실행 중이거나 실행 직후의 현행범인은 누구든지 영장 없이 체포할 수 있다(형사소송법 제212조). (가) 현행범인으로 체포하기 위하여는 행위의 가벌성, 범죄의 현행성·시간적 접착성, 범인·범죄의 명백성 외에 **체포의 필요성**, 즉 도망 또는 증거인멸의 염려가 있어야 한다. (나) 이러한 현행범인 체포의 요건을 갖추었는지는 **체포 당시의 상황을 기초로 판단**하여야 하고, 이에 관한 수사주체의 판단에는 **상당한 재량**의 여지가 있다. 따라서 (다) 체포 당시의 상황에서 보아 그 요건에 관한 수사주체의 판단이 경험칙에 비추어 현저히 합리성이 없다고 인정되지 않는 한 수사주체의 현행범인 체포를 **위법하다고 단정할 것은 아니다.**

---

1) 형사소송법 제211조**(현행범인과 준현행범인)** ① 범죄를 **실행하고 있거나** 실행하고 난 **직후**의 사람을 현행범인이라 한다. ② 다음 각 호의 어느 하나에 해당하는 사람은 현행범인으로 본다. 1. 범인으로 불리며 추적되고 있을 때 2. 장물이나 범죄에 사용되었다고 인정하기에 충분한 흉기나 그 밖의 물건을 소지하고 있을 때 3. 신체나 의복류에 증거가 될 만한 뚜렷한 흔적이 있을 때 4. 누구냐고 묻자 도망하려고 할 때

2) 형사소송법 제212조**(현행범인의 체포)** 현행범인은 **누구든지** 영장 없이 체포할 수 있다.

3) 형사소송법 제213조**(체포된 현행범인의 인도)** ① 검사 또는 사법경찰관리 아닌 자가 현행범인을 체포한 때에는 **즉시** 검사 또는 사법경찰관리에게 **인도**하여야 한다. ② 사법경찰관리가 현행범인의 인도를 받은 때에는 체포자의 성명, 주거, 체포의 사유를 물어야 하고 필요한 때에는 **체포자에 대하여 경찰관서에 동행함을 요구**할 수 있다.

4) 형사소송법 제214조**(경미사건과 현행범인의 체포)** 다액 50만원이하의 벌금, 구류 또는 과료에 해당하는 죄의 현행범인에 대하여는 범인의 주거가 분명하지 아니한 때에 한하여 제212조 내지 제213조의 규정을 적용한다. cf) 관공서에서의 **주취소란**이나 **거짓신고**는 60만원 이하의 벌금, 구료 또는 과료의 형으로 처벌한다(경범죄처벌법3③1·2호). 따라서 이 경우는 경미범죄에 해당되지 않아 주거가 명백하더라도 현행범체포가 가능하다.

[2] 경찰관들이 출동하였을 당시는 (가) 피고인이 A에 대한 폭행 이후에도 계속하여 A에게 욕설을 하면서 시비를 거는 등으로 **피고인의 폭행범행이 실행 중이거나 실행 직후**였다고 볼 수 있고, (나) 술에 취한 상태에서 늦은 밤에 식당에서 전혀 알지 못하는 사람에게 시비를 걸어 일방적으로 폭행에 이른 범행경위에 비추어 볼 때 사안 자체가 **경미하다고 보기 어렵다**. 또한 (다) 피고인은 경찰관이 출동한 이후 CCTV 영상으로 확인되는 폭행상황과는 달리 자신의 범행은 부인하면서 피해자로부터 폭행을 당하였다고 주장하였고, 피고인이 제시한 신분증의 주소지는 거제시로서 사건 현장인 안양시와는 멀리 떨어져 있는 곳이어서 위와 같은 폭행에 이르게 된 범행경위를 고려할 때 추가적인 거소 확인이 필요하다고 보이는 등으로 피고인에게 **도망 또는 증거인멸의 염려가 없다고 단정하기 어렵다**. (라) 이러한 사정을 앞서 본 법리에 비추어 볼 때, 위와 같은 상황에서 피고인을 현행범인으로 체포한 경찰관의 행위가 경험칙에 비추어 현저히 합리성을 잃은 경우에 해당하는 **위법한 체포라고 볼 수는 없다**」.

●**해설**● **1 현행범체포의 요건 및 대상판결의 쟁점**　　**현행범인 체포**란 범죄의 '실행 중'이거나 '실행 직후'인 자와 같이 범죄사실이 '명백한' 경우 영장 없이 **누구나** 피의자를 체포할 수 있는 제도를 말한다(영장주의의 예외 · 법212). (1) 판례는 현행범체포의 요건으로 **명문에 없는** '체포의 필요성'인 '도망이나 증거인멸의 우려'를 요한다.5) 즉「현행범인 체포의 요건으로서는 행위의 **가벌성**,6) 범죄의 **현행성** · 시간적 **접착성**, 범인 · 범죄의 **명백성** 외에 '체포의 **필요성**' 즉, 도망 또는 증거인멸의 염려가 있을 것을 요한다」(대판 98도3029, Ref 1−14). 따라서 현행범일지라도 '도망이나 증거인멸의 우려'가 없으면 체포할 수 없음을 주의해야 한다(**체포의 필요성**). 대상판결에서 다투어진 쟁점도 이점이다. 대상판결에서는 '체포의 필요성'이 현행범체포의 요건임을 다시 확인하였다(대상판결에서 제1심은 체포의 필요성이 있다고 판단하였으나 항소심은 체포필요성이 없다고 보았다. 그러나 최종적으로 대법원은 '도망이나 증거인멸의 우려'가 있다고 판단하였다. 체포필요성은 범죄사실 등 객관적 사실을 기준으로 체포경찰관의 주관적인 평가가 개입될 수밖에 없고, 현장에서 짧은 시간에 결정하여야 하는 특성상 명백하게 불합리한 것이 아니라면 **현장경찰관의 판단을 존중**하여 경찰의 법집행력을 보호할 필요가 있다). (2) 다액 50만원 이하의 벌금, 구류 또는 과료에 해당하는 죄의 현행범인인 경우는 원칙적으로 현행범체포가 안되고, 범인의 주거가 분명하지 아니한 때에 한하여 현행범인으로 체포할 수 있다(법214). 그리고 (3) 대상판결에서 판시하고 있듯이 이러한 **현행범인 체포의 요건**을 갖추었는지는 「체포 '**당시**'의 상황」을 기초로 판단하여야 하고, 이에 관한 수사주체의 판단에는 **상당한 재량**의 여지가 있다고 할 것이다」. 형사소송법은 ① 고유한 의미의 현행범인과 ② 준현행범인으로 나누어 규정하고 있다.

**2 고유한 의미의 현행범인**　　고유한 의미의 현행범인(법211①)이란 범죄의 '실행 중'이거나 '실행 직후'인 자를 말한다. (1) 범죄의 '**실행 중**'이란 범죄의 실행에 착수하여 종료하지 못한 상태를 말한다. 예비 · 음모를 벌하는 경우에는 예비 · 음모행위가 실행행위에 해당한다. 문제가 되는 것은 (2) 범죄 실행 '**직후**'의 의미이다. 이 의미와 관련하여, 판례는「형사소송법 제211조가 현행범인으로 규정한 "범죄의 실행의 즉후인 자"라고 함은, (가) 범죄의 실행행위를 종료한 직후의 범인이라는 것이 '**체포하는 자의 입장**'에서 볼 때 명백한 경우를 일컫는 것으로서, (나) "범죄의 실행행위를 **종료한 직후**"라고 함은, 범죄행위

---

5) 형사소송법은 현행범체포의 경우, 현행범인에 해당하면 누구나 체포할 수 있다고 규정하면서(법212) 도망이나 증거인멸의 염려를 요건으로는 하지 않고 있다.

6) 행위의 '**가벌성**' 요건이 충족되어야 하므로, 위법성조각사유나 책임조각사유가 명백히 존재하면 현행범인으로 체포할 수 없으며, 나아가 인적처벌조각사유가 있는 경우에도 역시 체포할 수가 없다.

를 실행하여 **끝마친** 순간 또는 이에 **아주 접착된 시간적 단계**를 의미하는 것으로 해석되므로, (다) **'시간 적'**으로나 **'장소적'**으로 보아 **'체포를 당하는 자'**가 방금 범죄를 실행한 범인이라는 점에 관한 **죄증이 '명백 히 존재'**하는 것으로 인정되는 경우에만 현행범인으로 볼 수 있는 것」으로 판단하고 있다(대판 91도1314, Ref 1.3−2). (3) 현행범 체포의 **적법성**은 '체포 당시'의 구체적 상황을 기초로 **'객관적'으로 판단**하여야 하 고, 사후에 범인으로 인정되었는지에 의할 것은 아니다(대판 2011도4763, Ref 1−10). 또한 (4) 경찰관의 현행범인 체포경위 및 그에 관한 현행범인체포서와 범죄사실의 기재에 다소 차이가 있더라도, **그것이 논 리와 경험칙상 장소적 · 시간적 동일성이 인정되는 범위 내라면** 그 체포행위가 공무집행방해죄의 요건인 적법한 공무집행에 해당한다(대판 2008도3640, Ref 1.11−1). (5) 국회의원은 **현행범인인 경우를 제외**하고는 회기 중 국회의 동의 없이 체포 또는 구금되지 아니한다(헌법44①).[7]

**3 준현행범인**     준현행범인(법211②)이란 현행범인은 아니지만 형사소송법상 현행범인으로 간주되 는 자를 말한다. 형사소송법은 ① **범인으로 불리며 추적**되고 있는 자(제1호), ② 장물이나 범죄에 사용되 었다고 인정하기에 충분한 흉기나 그 밖의 물건을 **소지**하고 있는 자(제2호)(대판 99도4341, Ref 1.16−2). ③ 신체나 의복류에 증거가 될 만한 **뚜렷한 흔적**이 있는 자(제3호)(대판 2011도15258, Ref 1.16−1). ④ 누 구냐고 **묻자 도망**하려는 자(제4호)를 현행범인으로 **'간주'**한다. 판례는 사고차량으로 인정되는 차량에서 내리는 사람을 발견한 경우(대판 99도4341, Ref 1.16−2)나 피의자가 교통사고로 의식불명 상태에 빠져 있 었지만 피의자의 신체 내지 의복류에 주취로 인한 냄새가 강하게 나는 경우(대판 2011도15258, Ref 1.16−1) 등에서 준현행범인임을 인정하고 있다.

**4 현행범 체포의 절차**     (1) **사법경찰관리**가 현행범인을 체포하는 경우에도 미란다원칙은 고지되 어야 한다. 즉 범죄사실의 요지, 체포의 이유와 변호인을 선임할 수 있음을 말하고 변명할 기회를 주어 야 한다(법213의2 · 200의5). 그리고 이와 같은 고지는 「체포를 위한 실력행사에 들어가기 **이전에 미리 하 여야 하는 것이 원칙이나**, 달아나는 피의자를 쫓아가 붙들거나 폭력으로 대항하는 피의자를 실력으로 제 압하는 경우에는 붙들거나 제압하는 과정에서 하거나, 그것이 여의치 않은 경우에라도 **일단 붙들거나 제 압한 후에 지체없이** 행하였다면 경찰관의 현행범인 체포는 적법한 공무집행이라고 할 수 있다」(대판 2008 도3640, 2011도7193, Ref 1−9). (2) 검사 또는 사법경찰관이 현행범인을 체포하는 경우에 필요한 때에는 영장 없이 타인의 주거에 들어가 피의자를 수색할 수 있고, 체포현장에서 압수 · 수색 · 검증을 할 수 있 다(법216). (3) 그러나 **일반 사인**이 현행범인을 체포하는 경우에는 ㉠ 체포 전 고지의무도 없으며, ㉡ 현 행범을 체포하기 위하여 타인의 주거에 들어갈 수도 없다. 또한 ㉢ 사인은 현행범인을 수사기관에 '인도' 할 의무만 있지 임의로 피의자를 '석방'하는 것은 허용되지 않는다.

**5 현행범 체포 후의 절차**     현행범인체포 후의 절차와 관련해 (1) 현행범은 누구든지 영장 없이 체포할 수 있으나 **일반 사인**이 현행범인을 체포한 경우에는 **즉시** 검사 또는 사법경찰관리에게 **'인도'하여 야 한다**(법213①).[8][9] 여기서 **'즉시'**라고 함은 「반드시 체포시점과 시간적으로 밀착된 시점이어야 하는 것

---

7) 헌법 제44조 ① 국회의원은 **현행범인인 경우를 제외**하고는 회기 중 국회의 동의없이 체포 또는 구금되지 아니 한다. ② 국회의원이 회기 전에 체포 또는 구금된 때에는 **현행범인이 아닌 한** 국회의 요구가 있으면 회기 중 석방된다.

8) 형사소송법 제213조(**체포된 현행범인의 인도**) ① 검사 또는 사법경찰관리 아닌 자가 현행범인을 체포한 때에는 **즉시** 검사 또는 사법경찰관리에게 **인도**하여야 한다. ② 사법경찰관리가 현행범인의 인도를 받은 때에는 **체포자**

은 아니고, '정당한 이유 없이 인도를 지연하거나 체포를 계속하는 등으로 **불필요한 지체를 함이 없이**'라는 뜻으로 볼 것이다」(대판 2011도12927, Ref 2−1). (2) 사법경찰관리가 현행범인의 인도를 받은 때에는 **체포자**의 성명, 주거, 체포의 사유를 **물어야 하고** 필요한 때에는 '체포자에 대하여' 경찰관서에 **동행함을 요구할 수 있다**(법213②). 그리고 이 경우 사법경찰관리는 '**현행범인인수서**'를 작성하여야 한다(수사지휘규정37②)(사법경찰관리가 현행범을 체포한 경우에는 '**현행범인체포서**'를 작성하여야 한다(수사지휘규정37①). (3) 검사 또는 사법경찰관이 현행범인을 체포하거나 체포된 현행범인을 인수했을 때에는 조사가 현저히 곤란하다고 인정되는 경우가 아니면 **지체 없이 조사**해야 하며, 조사 결과 계속 구금할 필요가 없다고 인정할 때에는 현행범인을 **즉시 석방**해야 하며(준칙28①), 현행범인을 석방했을 때에는 석방 일시와 사유 등을 적은 피의자 석방서를 작성해 사건기록에 편철한다. 이 경우 사법경찰관은 **석방 후 지체 없이 검사에게 석방 사실을 '통보**'해야 한다(준칙28②). (4) 체포한 현행범을 구속하고자 할 때에는 '**48시간**' 이내에 구속영장을 청구하여야 한다. 구속영장을 청구하지 아니하거나 청구하였으나 영장청구가 기각되어 구속영장을 발부받지 못한 때에는 **즉시 석방**하여야 한다(법213의2). (5) 다만 **일반인**에 의하여 현행범인이 체포된 경우에는「위 48시간의 기산점은 **체포시가 아니라 검사 등이 현행범인을 '인도받은**' 때」가 된다(대판 2011도12927, Ref 2−1). 하지만 '구속기간의 기산점'은 사인이 현행범을 '**체포한**' 때로부터 기산한다(법203의2).

## Reference 1

### * 위법한 현행범인체포로 판단한 사례 *

#### *체포의 '필요성'이 인정되지 않은 경우*

1−1 [대판 2016도19907] ●**사실**● 피고인 X는 2015.6.29. 21:30경부터 23:00경까지 식당에서 지인 4명과 함께 저녁을 먹으면서 술을 마신 뒤 이 식당 건너편 빌라 주차장에 주차되어 있던 자신의 차량을 그대로 둔 채 귀가하였다. 다음날 아침인 08:11경 빌라 측에서 경찰청 112에 X의 차량 때문에 공사를 할 수 없다며 차량을 이동시켜 달라는 신고전화를 하였고, 이에 제주서부경찰서 소속 경위 P는 X에게 08:19경, 08:22경, 08:48경 3회에 걸쳐 차량을 이동할 것을 요구하는 전화를 하였다. X는 09:20경 위 빌라 주차장에 도착하여 차량을 **약 2m 가량** 운전하여 이동·주차하였으나, 차량을 완전히 **뺄** 것을 요구하던 공사장 인부들과 시비가 되었고, 그러던 중 누군가 X가 음주운전을 하였다고 신고를 하여 P 등이 현장에 출동하였다. P 등은 눈이 충혈 되어 있고 술 냄새가 나는 X에게 술을 마신 상태에서 차량을 운전하였는지 물었고 X는 '**어젯밤에 술을 마셨다**'고 하자 음주감지기에 의한 확인을 요구하였다. 하지만 X는 '**이만큼 차량을 뺀 것이 무슨 음주운전이 되느냐**'며 응하지 아니하였고, 임의동행도 거부하였다. 당시 P 등은 술을 마셨는지 여부만을 확인할 수 있는 **음주감지기** 외에 주취 정도를 표시하는 **음주측정기**는 소지하지 않은 상태에서 음주감지기를 통해 음주감지는 확인하였다. 이에 P 등은 X를 도로교통법위반(음주운전)죄의 **현행범으로 체포**하여 지구대로 데

---

의 성명, 주거, 체포의 사유를 **물어야 하고** 필요한 때에는 체포자에 대하여 **경찰관서에 동행함을 요구할 수 있다.**
9) 수사준칙 제28조(**현행범인 조사 및 석방**) ① 검사 또는 사법경찰관은 법 제212조 또는 제213조에 따라 현행범인을 체포하거나 체포된 현행범인을 인수했을 때에는 조사가 현저히 곤란하다고 인정되는 경우가 아니면 **지체 없이 조사**해야 하며, 조사 결과 계속 구금할 필요가 없다고 인정할 때에는 현행범인을 즉시 석방해야 한다. ② 검사 또는 사법경찰관은 제1항에 따라 현행범인을 석방했을 때에는 석방 일시와 사유 등을 적은 피의자 석방서를 작성해 사건기록에 편철한다. 이 경우 **사법경찰관은 석방 후 지체 없이 검사에게 석방 사실을 통보**해야 한다.

리고 가 음주측정을 요구하였다. 하지만 X는 3번에 거친 음주측정요구에 응하지 않았다. 원심은, 음주측정 요구가 위법한 체포 상태에서 이루어졌다는 피고인의 주장을 배척하고 이 사건 공소사실을 유죄로 인정한 제1심판결을 그대로 유지하였다. 이에 X가 상고하였다. ●판지● 파기환송. 「피고인이 전날 늦은 밤 시간까지 마신 술 때문에 미처 덜 깬 상태였던 것으로 보이기는 하나, (가) 술을 마신 때로부터 이미 상당한 시간이 경과한 뒤에 운전을 하였으므로 도로교통법위반(음주운전)죄를 저지른 범인임이 명백하다고 쉽게 속단하기는 어려워 보인다. 더군다나 (나) 피고인은 위 지구대로부터 차량을 이동하라는 전화를 받고 위 빌라 주차장까지 가 차량을 2m 가량 운전하였을 뿐 피고인 스스로 운전할 의도를 가졌다거나 차량을 이동시킨 후에도 계속하여 운전할 태도를 보인 것도 아니어서 **사안 자체가 경미하다**. 그런데 당시는 아침 시간이었던 데다가 위 주차장에서 피고인에게 차량을 이동시키라는 등 시비를 하는 과정에서 경찰관 등도 피고인이 전날 밤에 술을 마셨다는 얘기를 들었으므로, 당시는 술을 마신 때로부터 **상당한 시간이 지난 후**라는 것을 충분히 알 수 있었다. 나아가 피고인이 음주감지기에 의한 확인 자체를 거부한 사정이 있기는 하나, 공소외인 등 경찰관들로서는 음주운전 신고를 받고 현장에 출동하였으므로 음주감지기 외에 음주측정기를 소지하였더라면 임의동행이나 현행범 체포 없이도 현장에서 곧바로 음주측정을 시도할 수 있었을 것으로 보인다. 이러한 사정을 앞에서 든 정황들과 함께 종합적으로 살펴보면, **피고인이 현장에서 도망하거나 증거를 인멸하려 하였다고 단정하기는 어렵다**고 할 것이다. 그럼에도 원심은 그 판시와 같은 이유만으로 피고인에 대한 현행범 체포가 적법하다고 판단하였으니, 거기에는 현행범 체포의 요건에 관한 법리를 오해하여 판결에 영향을 미친 잘못이 있다」.

　**1-2 [대판 2011도3682]** ●사실● 피고인은 2009. 9. 6. 01:45경 서울 마포구 서교동에 있는 빌라 주차장에서 전화를 걸다가 순찰 중이던 경찰관 A로부터 불심검문을 받게 되자 이에 항의하며 인근 주민인 B 및 불특정 다수의 행인들에게 들리도록 A에게 "씨발놈아, 도둑질도 안 했는데 왜 검문을 하냐. 검문 똑바로 해, 개새끼야."라고 욕설을 하다 A가 피고인을 모욕죄의 현행범인으로 체포한다고 미란다원칙을 고지하자, 이에 불만을 품고 양손으로 A의 가슴을 밀치고, 옆에서 이를 말리던 다른 경찰관 B를 밀어 버린 후 양손으로 A의 멱살을 잡고 입으로 A의 왼쪽 팔 부위를 세게 물었다. 이후 피고인은 A와 B에 의해 공무집행방해 및 상해죄의 현행범인으로 체포당해 순찰차 뒷좌석에 태워진 후에도 발로 B가 앉아 있는 운전석을 2~3회 차는 등 폭행하여 경찰공무원 A와 B의 현행범인 체포에 관한 정당한 공무집행을 방해함과 동시에 A에게 약 2주간의 치료가 필요한 교상 등을 가하였다. ●판지● 피고인이 경찰관의 불심검문을 받아 **운전면허증을 교부**한 후 경찰관에게 큰 소리로 욕설을 하였는데, 경찰관이 **모욕죄의 현행범으로 체포**하겠다고 고지한 후 피고인의 오른쪽 어깨를 붙잡자 반항하면서 경찰관에게 상해를 가한 사안에서, (가) 피고인은 경찰관의 불심검문에 응하여 **이미 운전면허증을 교부한 상태**이고, (나) 경찰관뿐 아니라 인근 주민도 욕설을 직접 들었으므로, 피고인이 **도망하거나 증거를 인멸할 염려가 있다고 보기는 어렵고**, (다) 피고인의 모욕 범행은 불심검문에 항의하는 과정에서 저지른 일시적, 우발적인 행위로서 사안 자체가 경미할 뿐 아니라, (라) 피해자인 경찰관이 범행현장에서 즉시 범인을 **체포할 급박한 사정이 있다고 보기도 어려우므로**, 경찰관이 피고인을 체포한 행위는 **적법한 공무집행이라고 볼 수 없고**, (마) 피고인이 체포를 면하려고 반항하는 과정에서 상해를 가한 것은 불법체포로 인한 신체에 대한 현재의 부당한 침해에서 벗어나기 위한 행위로서 **정당방위에 해당**한다는 이유로, 피고인에 대한 상해 및 공무집행방해의 공소사실을 무죄로 인정한 원심판단을 수긍한 사례.

　**1-3 [비교판례] [대판 2012도8184] 파기환송.** ●사실● 피고인은 2011. 11. 16. 23:00경 용인시 기흥구 보라동에 있는 노래방 앞에서, 피고인의 신고를 받고 출동한 경찰관인 A가 위 노래방에서 불법영업이 이루어졌

는지 조사하고 있었음에도, 위 노래방의 업주 C와 피고인의 일행 D 등이 있는 자리에서 A에게 "야, 이 개새끼야, 씨발 놈아, 빨리 단속해. 뭐 받아 처먹었냐, 이 씹새끼들아"라는 등으로 욕설하다 공연히 A를 **모욕**하였다는 범죄사실로 **현행범인 체포**되자 머리로 다른 경찰관 B의 얼굴을 들이받고, 경찰관들이 피고인을 순찰차에 태우려 하자 발로 B의 우측 정강이를 수회 걷어차고 머리로 순찰차 유리창을 들이받은 후 순찰차 안에서 소변을 보고, 계속하여 용인시 기흥구 신갈동에 있는 파출소에서 A의 얼굴에 침을 뱉는 등 폭행하여 경찰공무원인 A와 B의 범죄단속에 관한 정당한 직무집행을 방해하였다. ●판지● 위 사실관계에 의하면, 경찰관이 피고인을 현행범인으로 체포할 당시 피고인은 모욕범행을 실행 중이거나 실행한 직후이고, 피고인이 자신의 전화로 노래방 불법영업을 112신고를 하였다고 하여 체포 당시를 기준으로 피고인의 인적사항이 확인된 상태였다고 할 수 없다. 또한 정당한 직무집행 중인 경찰관에 대하여 위와 같은 경위로 욕설을 계속한 행위가 일시적, 우발적인 행위라고 보기도 어려우며, 경찰관의 만류와 경고에도 불구하고 경찰관에게 욕설을 하고 몸을 들이밀면서 다가오는 상황에서 경찰관에게 피고인을 체포할 급박한 사정이 없었다고 할 수도 없다. 그렇다면 앞서 본 법리에 비추어 볼 때 위와 같은 상황에서 피고인을 현행범인으로 체포한 경찰관의 행위가 경험칙에 비추어 현저히 합리성을 잃은 경우에 해당하는 위법한 체포라고 볼 수는 없다.  cf) 위의 두 대상판결은 **경찰관을 상대로 모욕**한 경우, 현행범인 체포가 적법한지(공권력 남용) 여부가 다투어진 사례이다(2011도3682 판결에서는 현행범인 체포가 위법하다고 보았지만 유사한 사례인 2012도8184 판결에서는 적법한 것으로 판단하고 있다).[10] 경찰모욕죄로 인한 현행범 체포는 법적인 문제나 인권침해의 논란이 계속 반복되고 있다.

 2 [대판 2013도2168] [**쌍용차 사태**[11]] [**고지가 위법한 경우**] [1] 전투경찰대원들이 조합원들을 체포하는 과정에서 체포의 이유 등을 제대로 고지하지 않다가 **30~40분이 지난 후 피고인 등의 항의를 받고 나서야 비로소 체포의 이유 등을 고지한 것은** 형사소송법상 현행범인 체포의 적법한 절차를 준수한 것이 아니므로

---

10) 두 대상판결의 분석(유사사건의 상반된 결론)을 통해 현행범 체포에서 규정에 없는 체포의 '필요성' 요건을 배제하자는 의견이 있다. "대상판결들이 판결 서두에서 각각 전제하고 있는 바와 같이 현행범인 체포의 적법성 여부는 체포 당시의 현장 상황을 기준으로 판단하여야 하는데, 현장에서 수시로 범죄자들을 맞닥뜨리며 현행범인 체포라는 직무를 자주 수행하게 되는 경찰관들은 평소 현행범인 체포의 요건을 정확히 숙지하고 있어야 하고, 그러기 위해서는 법과 판례가 경찰관들에게 현행범인 체포의 요건을 명확하고 구체적으로 제시하여 줌으로써, 경찰관들이 현장에서 신속하고도 효율적으로 범죄를 진압하고 범인을 검거할 수 있도록 해주어야 한다. 그런데 유사한 사안들임에도 어떤 때는 체포가 적법하고 또 어떤 때는 체포가 위법하다고 한다면, 경찰관들로서는 어떻게 행동하여야 할지 빨리 결정을 하지 못한 채 자칫 불법체포를 저지르게 되는 건 아닐까 하는 노이로제에 사로잡혀 적극적으로 법집행을 하지 못하고, 결국 잡아야 할 범인을 놓치는 상황을 초래하게 될지도 모른다. 그러한 관점에서, 두 대상판결의 사실관계는 미세한 차이밖에 없음에도 동일한 기준을 놓고도 그 결론을 달리하고 있어, 판례가 일선 수사현장에서 제대로 된 기준 역할을 하지 못하고 도리어 혼란을 초래한 측면이 있다. 이러한 혼란을 해결하기 위해서는, 현행범인 체포의 요건으로 법상 명문규정에 없는 '도망 또는 증거인멸의 염려'라는 추상적이고 막연한 기준은 배제하고, 사안의 중대성과 긴급성을 기준으로 하여 체포할 필요성이 있는 사안인지 여부를 따져보는 해석이 필요하다고 생각한다."(한제희, 경찰관 상대 모욕 현행범인 체포의 요건, 형사판례연구 제23권, 2015, 612면).

11) **쌍용차 사태**는 2009년 5월 22일부터 8월 6일까지 약 76일간 쌍용자동차 노조원들이 사측의 일방적인 구조조정 단행에 반발해 쌍용자동차의 평택 공장을 점거하고 농성을 벌인 사건이다. 공권력 투입에 반발한 공장 내 노조원들의 불법 무기 사용에 경찰이 최루액과 테이저건 등을 통하여 대응하는 등 대치상황이 지속되었다. 결국 이 사건으로 민주노총 쌍용차 지부의 지부장인 한상균을 비롯한 64명의 노조원들이 구속되었으며 경찰관 100여명이 부상을 입었다. 2017년 출범된 경찰 진상조사위원회에서 쌍용차 사태와 관련된 재조사를 시작하여, 2018년에 경찰의 과잉진압이었다는 조사 결과를 내놓았다. ko.wikipedia.org

적법한 공무집행이라고 볼 수 없다. [2] 검사 또는 사법경찰관리가 현행범인을 체포하는 경우에는 반드시 피의사실의 요지, 체포의 이유와 변호인을 선임할 수 있음을 말하고 변명할 기회를 주어야 한다(형사소송법 제213조의2, 제200조의5). 이와 같은 고지는 체포를 위한 실력행사에 들어가기 전에 **미리 하는 것이 원칙이** 다. 그러나 달아나는 피의자를 쫓아가 붙들거나 폭력으로 대항하는 피의자를 실력으로 제압하는 경우에는 붙들거나 제압하는 과정에서 고지하거나, 그것이 여의치 않은 경우에는 **일단 붙들거나 제압한 후에 지체없** **이 고지**하여야 한다.

### *범죄의 현행성 · 시간적 접착성 · 범증의 명백성이 없는 경우*

3-1 [대판 2007도1249] 신고를 받고 출동한 제천경찰서 청전지구대 소속 경장 공소외인이 피고인이 음 주운전을 종료한 후 '40분 이상이 경과'한 시점에서 길가에 앉아 있던 피고인에게서 **술 냄새가 난다는 점만을** 근거로 피고인을 음주운전의 현행범으로 체포한 것은 피고인이 '방금 음주운전을 실행한 범인이라는 점에 관한 죄증이 명백하다고 할 수 없는 상태'에서 이루어진 것으로서 적법한 공무집행이라고 볼 수 없다.

3-2 [대판 91도1314][12] **파기환송**. [1] 교사가 교장실에 들어가 **불과 약 5분 동안** 식칼을 휘두르며 교장을 협박하는 등의 **소란을 피운 후 '40여분 정도'가 지나 경찰관들이 출동하여 교장실이 아닌 서무실에서** 그를 연 행하려 하자 그가 구속영장의 제시를 요구하면서 동행을 거부하였다면, 체포 당시 서무실에 앉아 있던 위 교사가 방금 범죄를 실행한 범인이라는 죄증이 경찰관들에게 명백히 인식될 만한 상황이었다고 단정할 수 없는데도 이와 달리 그를 "범죄의 실행의 즉후인 자"로서 현행범인이라고 단정한 원심판결에는 현행범인에 관한 법리오해의 위법이 있다고 하여 이를 파기한 사례. [2] 형사소송법 제211조가 현행범인으로 규정한 (가) "범죄의 실행의 즉후인 자"라고 함은, 범죄의 실행행위를 종료한 직후의 범인이라는 것이 **'체포하는 자'** 의 입장에서 볼 때 명백한 경우를 일컫는 것으로서, (나) **"범죄의 실행행위를 종료한 직후"**라고 함은, 범죄행 위를 실행하여 끝마친 순간 또는 이에 아주 접착된 시간적 단계를 의미하는 것으로 해석되므로, (다) 시간 적으로나 장소적으로 보아 **'체포를 당하는 자'**가 방금 범죄를 실행한 범인이라는 점에 관한 **죄증이 명백히** **존재하는 것으로 인정되는 경우에만** 현행범인으로 볼 수 있는 것이다.

3-3 [대판 89도1934] 경찰관이 주민의 신고를 받고 현장에 도착했을 때에는 **이미 싸움이 끝난 상태였다** 면 그러한 상황은 형사소송법 제211조, 제206조에 해당하지 않으므로 경찰관이 임의동행을 거부하는 피고 인을 체포하려는 행위는 적법한 공무집행이라 볼 수 없다.

4 [대판 2001도300] [현행범인을 규정한 형사소송법 제211조 제1항 소정의 **'범죄의 실행의 즉후인 자'**의 의미] ●**사실**● 피고인 X는 현장에 출동한 경찰관들에 의하여 폭력사건의 **현행범으로 지목**되어 파출소에 연 행되어 가던 중 A 경장의 뒷머리를 발로 차 그에게 상해를 가하였다. 하지만 당시 상황은 **X가 현행범에 해** **당하지 아니함에도** A 등이 X를 현행범으로 체포하여 파출소로 강제로 끌고 가려 하였고, X는 이를 벗어날 목적으로 몸부림을 치던 중 순찰차 조수석에 앉아 있던 A의 뒷머리를 발로 차게 된 것이다. 원심은 X에 대 해 위법성이 결여된 정당방위 내지 정당행위에 해당한다고 판단하여 **무죄를 선고**하였다. 이에 검사가 상고 하였다. ●**판지**● **상고기각**. 현행범인으로서의 요건을 갖추고 있었다고 인정되지 않는 상황에서 경찰관들이 동행을 거부하는 자를 체포하거나 강제로 연행하려고 하였다면, 이는 적법한 공무집행이라고 볼 수 없고,

---

12) 본 판결은 현행범체포의 요건에 관한 최초의 대법원판결이라는 점에서 의미 있는 판결이다. 특히 범인과 범 증(犯證)의 명백성이 현행범체포의 요건임을 분명히 하고 현행범 판단에 대한 기준을 체포자의 입장에서 명 백한 경우이어야 함을 밝히고 있다.

그 체포를 면하려고 반항하는 과정에서 경찰관에게 상해를 가한 것은 불법 체포로 인한 신체에 대한 현재의 부당한 침해에서 벗어나기 위한 행위로서 **정당방위에 해당하여 위법성이 조각된다.**

5 [대판 94도2283] [음주측정을 거절하는 운전자를 음주측정할 목적으로 파출소로 끌고 가려한 행위를 적법한 공무집행으로 볼 수 없다고 한 사례] 의경이 피고인을 파출소로 **끌고 가려고 한 것은** 음주측정을 하기 위한 것일 뿐, 피고인을 음주운전이나 음주측정거부의 현행범으로 체포하려는 의사였는지도 의심스러울 뿐 아니라, 가사 현행범으로 체포하려 하였더라도 현행범을 체포함에 있어서는 체포 당시에 헌법 및 형사소송법에 규정된 바와 같이 피의자에 대하여 범죄사실의 요지, 체포 또는 구속의 이유와 변호인을 선임할 수 있음을 말하고 변명할 기회를 주는 등 적법절차를 준수하여야 함에도 **현행범으로 체포한다는 사실조차 고지하지 아니한 채 실력으로 연행하려 하였다면** 그 의경의 행위는 적법한 공무집행으로 볼 수 없다.

## * 적법한 현행범인체포로 판단한 사례 *

6 [대판 2021도4648] 경찰관들이 체포영장을 근거로 체포절차에 착수하였으나 피고인이 흥분하며 타고 있던 승용차를 출발시켜 경찰관들에게 상해를 입히는 범죄를 추가로 저지르자, 경찰관들이 위 승용차를 멈춘 후 저항하는 피고인을 **별도 범죄인 특수공무집행방해치상의 현행범으로 체포**한 사실을 인정한 후, 이와 같이 경찰관이 체포영장에 기재된 범죄사실이 아닌 새로운 피의사실인 특수공무집행방해치상을 이유로 피고인을 현행범으로 체포하였고, 현행범 체포에 관한 제반 절차도 준수하였던 이상 피고인에 대한 체포 및 그 이후 절차에 위법이 없다.

7 [대판 2017도21537] 피고인이 갑과 주차문제로 언쟁을 벌이던 중, 112 신고를 받고 출동한 경찰관 을이 갑을 때리려는 피고인을 제지하자 자신만 제지를 당한 데 화가 나서 손으로 을의 가슴을 1회 밀치고, 계속하여 욕설을 하면서 **피고인을 현행범으로 체포**하며 순찰차 뒷좌석에 태우려고 하는 을의 정강이 부분을 양발로 2회 걷어차는 등 폭행함으로써 경찰관의 112 신고처리에 관한 직무집행을 방해하였다는 내용으로 기소된 사안에서, 제반 사정을 종합하면 (가) 피고인이 손으로 을의 가슴을 밀칠 당시 을은 112 신고처리에 관한 직무 내지 순찰근무를 수행하고 있었고, 이와 같이 (나) 공무를 집행하고 있는 을의 가슴을 밀치는 행위는 공무원에 대한 유형력의 행사로서 **공무집행방해죄에서 정한 폭행에 해당**하며, (다) 피고인이 체포될 당시 도망 또는 증거인멸의 염려가 없었다고 할 수 없어 **체포의 필요성이 인정**되고, (라) 공소사실에 관한 증인들의 법정진술의 신빙성을 인정한 제1심의 판단을 뒤집을 만한 특별한 사정이 없다는 등의 이유로, 이와 달리 보아 공소사실을 무죄라고 판단한 원심판결에 공무집행방해죄의 폭행이나 직무집행, 현행범 체포의 요건 등에 관한 법리오해 또는 제1심 증인이 한 진술의 신빙성을 판단할 때 공판중심주의와 직접심리주의 원칙을 위반한 잘못이 있다.

8 [대판 2015도13726] 피고인이 **바지선에 승선하여 밀입국**하면서 필로폰을 밀수입하는 범행을 실행 중이거나 실행한 직후에 검찰수사관이 바지선 내 피고인을 발견한 장소 근처에서 필로폰이 발견되자 곧바로 피고인을 체포하였으므로 이는 **현행범 체포로서 적법**하고, 체포 당시 상황에서 피고인이 밀입국하면서 필로폰을 밀수한 현행범인에 해당하지 않는다거나 그에 관한 검찰수사관의 판단이 경험칙에 비추어 현저히 합리성이 없다고 볼 수는 없다. **cf)** 대상사건은 수사기관이 필로폰 밀수 등으로 재판 중 도망한 피고인이 다

시 국내로 필로폰을 반입하려고 한다는 제보자의 진술을 듣고 서울에서 거제도까지 내려가 바지선을 수색하였고, 바지선 수색을 시작한 시점과 필로폰 발견 및 피고인 체포까지의 일련의 과정이 약 15분 정도 밖에 걸리지 않았으며, 검찰수사관이 바지선에서 필로폰을 발견한 후 함께 있던 검찰수사관이 피고인을 체포한 것으로 당시 피고인은 필로폰 밀수범임이 명백하고, 필로폰 밀수 중 또는 그 직후에 체포한 것으로 시간적, 장소적 접착성이 인정되었을 뿐만 아니라 피고인은 도망의 우려가 커서 체포의 필요성 또한 컸기 때문에, 피고인에 대한 현행범 체포는 적법한 것으로 대법원은 판단하였다.

9 [대판 2011도7193] 피고인이 집회금지 장소에서 개최된 옥외집회에 참가하였는데, 당시 경찰이 70명 가량의 전투경찰순경을 동원하여 집회 참가자에 대한 체포에 나서 **9명을 현행범으로 체포**하고, 그 과정에서 피고인은 전투경찰순경 甲에게 체포되어 바로 호송버스에 탑승하게 되면서 경찰관 乙에게서 피의사실의 요지 및 현행범인 체포의 이유와 변호인을 선임할 수 있음을 고지받고 변명의 기회를 제공받은 사안에서, 집회의 개최 상황, 현행범 체포의 과정, 미란다 원칙을 고지한 시기 등에 비추어 현행범 체포 과정에서 형사소송법 제200조의5에 규정된 고지가 이루어졌다고 한 사례.

10 [대판 2011도4763] 파기환송. [공무집행방해죄에서 공무집행의 적법성을 판단하는 기준 및 현행범 체포의 적법성을 판단하는 경우에도 마찬가지인지 여부(적극)] [1] 공무집행방해죄는 공무원의 적법한 공무집행이 전제로 되는데, 추상적인 권한에 속하는 공무원의 어떠한 공무집행이 적법한지 여부는 행위 당시의 구체적 상황에 기하여 객관적·합리적으로 판단하여야 하고 사후적으로 순수한 객관적 기준에서 판단할 것은 아니다. 마찬가지로 현행범 체포의 적법성은 체포 당시의 구체적 상황을 기초로 객관적으로 판단하여야 하고, 사후에 범인으로 인정되었는지에 의할 것은 아니다. [2] 비록 피고인이 식당 안에서 소리를 지르거나 양은그릇을 부딪치는 등의 소란행위가 업무방해죄의 구성요건에 해당하지 않아 사후적으로 무죄로 판단된다고 하더라도, 피고인이 상황을 설명해 달라거나 밖에서 얘기하자는 경찰관의 요구를 거부하고 경찰관 앞에서 소리를 지르고 양은그릇을 두드리면서 **소란을 피운 당시 상황에서는 객관적**으로 보아 피고인이 업무방해죄의 현행범이라고 인정할 만한 충분한 이유가 있으므로, 경찰관들이 피고인을 체포하려고 한 행위는 적법한 공무집행이라고 보아야 하고, 그 과정에서 피고인이 체포에 저항하며 피해자들을 폭행하거나 상해를 가한 것은 공무집행방해죄 등을 구성한다고 할 것이다. 그럼에도 원심이 이와 달리 판단한 것은 현행범 체포와 공무집행방해 및 정당방위에 관한 법리를 오해하여 판단을 그르친 것이다.

11-1 [대판 2008도3640] 파기환송. [1] 경찰관의 현행범인 체포경위 및 그에 관한 현행범인체포서와 범죄사실의 기재에 다소 차이가 있더라도, **그것이 논리와 경험칙상 장소적·시간적 동일성이 인정되는 범위 내라면** 그 체포행위가 공무집행방해죄의 요건인 적법한 공무집행에 해당한다. [2] 구 형사소송법(2007.12.21. 법률 제8730호로 개정되기 전의 것) 제213조의2, 제72조의 규정 등에 의하면 사법경찰관리가 현행범인을 체포하는 경우에는 반드시 범죄사실의 요지, 체포의 이유와 변호인을 선임할 수 있음을 말하고 변명할 기회를 주어야 하고, 이와 같은 고지는 체포를 위한 실력행사에 들어가기 이전에 미리 하여야 하는 것이 원칙이나, **달아나는 피의자를 쫓아가 붙들거나 폭력으로 대항하는 피의자를 실력으로 제압하는 경우**에는 붙들거나 제압하는 과정에서 하거나, 그것이 여의치 않은 경우에라도 일단 붙들거나 제압한 후에 지체없이 행하였다면 경찰관의 현행범인 체포는 적법한 공무집행이라고 할 수 있다.

11-2 [대판 2005도6461] [현행범인의 체포에 있어서 현행범인체포서에 기재된 죄명에 의해 체포 사유가

한정되는지 여부(소극)] 피고인이 서울역에서 경찰관들에게 체포되기 직전까지 한 원심 판시의 행패 행위는, 폭행죄로 의율하기에는 다소 애매한 점이 있다 하더라도, 적어도 역무 종사자의 정당한 업무를 방해한 행위로서 형법 제314조의 업무방해죄에 해당되는 범죄행위로 보기에는 충분하므로 피고인은 당시 그 범죄의 현행범인 상태에 있었다고 볼 수 있고, 한편 피고인에 대한 현행범인체포서를 보면, 그 '범죄사실 및 체포의 사유'란에 피고인의 위와 같은 행패의 과정이 모두 기재되어 있어, 피고인을 단순히 폭행죄의 현행범으로서만 체포한 것이 아니라 피고인의 행패 행위 전체를 범죄행위로 평가하여 체포의 사유로 삼았음을 쉽게 알 수 있다(다만, 위 체포서에는 죄명으로 '공무집행방해 및 폭력행위 등 처벌에 관한 법률 위반'만이 기재되어 있을 뿐이지만, 범죄행위의 동일성이 유지되는 범위 안에서 죄명은 체포 후에 얼마든지 변경할 수 있는 것이므로 죄명에 의해 체포 사유가 한정된다고 볼 수는 없다).

12 [대판 2005도7158] 파기환송. [체포 당시 피고인이 방금 범죄를 실행한 범인이라고 인정할 죄증이 명백히 존재한다고 보아, 피고인을 현행범인이라고 볼 수 없다고 판단한 원심판결을 파기한 사례] 술에 취한 피고인이 이 사건 당일 09:10경 위 목욕탕 탈의실에서 A를 구타하고 약 1분여 동안 피해자의 목을 잡고 있다가 그 곳에 있던 다른 사람들이 말리자 잡고 있던 A의 목을 놓은 후 위 목욕탕 탈의실 의자에 앉아 있었는데, …… 다른 사람들이 피고인이 A를 구타하는 것을 말린 후 위 목욕탕 주인이 경찰에 112 신고를 하여 경찰관 P1, P2가 바로 출동하였는데, 경찰관들이 현장에 출동하였을 때 피고인은 위와 같이 탈의실에서 옷을 입고 있었던 사실, 위 P1이 피해자, 피고인, 신고자 등을 상대로 신고내용을 들은 후 탈의실에 있는 피고인을 상해죄의 현행범인으로 체포한다고 하면서 미란다 원칙을 고지하고 피고인을 강제로 연행하려고 하자, 피고인이 잘못한 일이 없다고 하면서 탈의실 바닥에 누워 한동안 체포에 불응한 사실, 이에 위 P1이 피고인에게 목욕탕 영업에 지장이 있으니 누워있지 말고 나오라고 하였음에도 피고인이 계속 누워서 저항하자 같은 날 09:35 내지 09:40경 위 P1은 위 P2, B 등과 힘을 합하여 피고인을 들고 위 목욕탕 밖으로 나와 112 순찰차량의 뒷좌석에 태운 사실, 그런데 피고인이 갑자기 차 밖으로 뛰쳐나와 양손으로 경찰관 P1의 멱살을 붙잡은 후 양 주먹으로 얼굴 부위를 수회 때려 P1에게 2주간의 치료를 요하는 안면부 좌상을 가한 사실 등이 인정된다. 이러한 사실관계와 체포 전후의 정황에 비추어 본다면, 위 P1이 피고인을 현행범인으로 체포한 시기는 피고인이 A에 대한 상해행위를 종료한 순간과 아주 접착된 시간적 단계에 있다고 볼 수 있을 뿐만 아니라 피고인을 체포한 장소도 피고인이 위 상해범행을 저지른 바로 위 목욕탕 탈의실이어서, 위 P1이 피고인을 체포할 당시는 피고인이 방금 범죄를 실행한 범인이라고 볼 죄증이 명백히 존재하는 것으로 인정할 수 있는 상황이었다고 할 것이므로, 피고인을 현행범인으로 볼 수 있다고 할 것이다.

13-1 [대판 2005도6461] 파기환송. [현행범인의 체포에 있어서 현행범인체포서에 기재된 죄명에 의해 체포 사유가 한정되는지 여부(소극)] 피고인이 서울역에서 경찰관들에게 체포되기 직전까지 한 원심 판시의 행패 행위는, 폭행죄로 의율하기에는 다소 애매한 점이 있다 하더라도, 적어도 역무 종사자의 정당한 업무를 방해한 행위로서 형법 제314조의 업무방해죄에 해당되는 범죄행위로 보기에는 충분하므로 피고인은 당시 그 범죄의 현행범인 상태에 있었다고 볼 수 있고, 한편 피고인에 대한 현행범인체포서(공판기록 제4쪽)를 보면, 그 '범죄사실 및 체포의 사유'란에 피고인의 위와 같은 행패의 과정이 모두 기재되어 있어, 피고인을 단순히 폭행죄의 현행범으로서만 체포한 것이 아니라 피고인의 행패 행위 전체를 범죄행위로 평가하여 체포의 사유로 삼았음을 쉽게 알 수 있다(다만, 위 체포서에는 죄명으로 '공무집행방해 및 폭력행위 등 처벌에 관한 법률 위반'만이 기재되어 있을 뿐이지만, 범죄행위의 동일성이 유지되는 범위 안에서 죄명은 체포 후에 얼마든지 변경

할 수 있는 것이므로 죄명에 의해 체포 사유가 한정된다고 볼 수는 없다). 그렇다면 이 사건에 있어 경찰관이 위역에 도착할 당시에는 피고인을 현행범으로 체포할 수 있는 적법한 사유가 있었다고 보아야 할 것이고, 나아가 당해 경찰관이 그 사유에 터잡아 피고인을 현행범으로 체포한 이상 그 체포는 당연히 적법한 것이라할 것이며, 이 경우 가사 체포 사유로 삼은 범죄사실 중의 다른 일부가 범죄로 인정되지 않는다 하여도 그이유만으로 이를 불법체포라고 할 수는 없을 것이다.

13-2 [대판 2008도3640] [경찰관의 현행범인 체포경위 및 그에 관한 **현행범인체포서와 범죄사실의 기재에 다소 차이가 있더라도**, 그것이 논리와 경험칙상 장소적·시간적 동일성이 인정되는 범위 내라면 그 체포행위가 공무집행방해죄의 요건인 적법한 공무집행에 해당한다고 한 사례] 피고인에 대한 현행범인체포서에는 사법경찰관리인 공소외 1이 "2007. 7. 23. 11:00" "부산 동래구 명륜1동 339-8 소재 동성장 여관 302호내"에서 피고인을 현행범인으로 체포한 것으로 기재되어 있으나, 공소사실에는 현행범체포의 일시가 "2007. 7. 23. 10:50경", 체포장소가 "부산 동래구 명륜1동 339-8 소재 동성장 여관 앞 노상"으로 되어 있는 사실을 알 수 있는바, 앞서 본 법리를 이러한 사실들에 비추어 보면, 경찰관 공소외 1은 공소외 2의 상해피해신고에서 비롯된 피고인의 공소외 2에 대한 폭행 등을 이유로 피고인을 현행범인으로 체포하면서 피고인에게 범죄사실의 요지, 체포의 이유와 변호인을 선임할 수 있음을 고지한 것으로 인정되고, 피고인에 대한 현행범인 체포경위 및 그에 대한 현행범인체포서와 범죄사실에 다소 차이가 있다고 하더라도 이러한 차이는 논리와 경험칙상 장소적·시간적인 동일성이 인정되는 범위 내에서의 차이로 볼 수 있으므로, 경찰관 공소외 1 등이 피고인을 현행범인으로 체포하여 경찰 지구대로 연행한 행위는 적법한 공무집행행위라고 볼 수 있다.

14 [대판 98도3029] [1] [현행범인 체포의 요건] 현행범인은 누구든지 영장 없이 체포할 수 있으므로 **사인의 현행범인 체포는 법령에 의한 행위로서 위법성이 조각된다**고 할 것인데, 현행범인 체포의 요건으로서는 ㉠ 행위의 **가벌성**, ㉡ 범죄의 **현행성·시간적 접착성**, ㉢ 범인·범죄의 **명백성** 외에 ㉣ **체포의 필요성** 즉, 도망 또는 증거인멸의 염려가 있을 것을 요한다. [2] [현행범인 체포행위가 적정한 한계를 벗어나는 행위인지 여부의 판단 기준] 적정한 한계를 벗어나는 현행범인 체포행위는 그 부분에 관한 한 법령에 의한 행위로 될 수 없다고 할 것이나, 적정한 한계를 벗어나는 행위인가 여부는 결국 정당행위의 일반적 요건을 갖추었는지 여부에 따라 결정되어야 할 것이지 그 행위가 소극적인 방어행위인가 적극적인 공격행위인가에 따라 결정되어야 하는 것은 아니다. [3] 피고인의 차를 손괴하고 도망하려는 피해자를 도망하지 못하게 멱살을 잡고 흔들어 피해자에게 전치 14일의 흉부찰과상을 가한 경우, 정당행위에 해당한다고 본 사례.

15 [대판 93도926] 경찰관들이 112 신고를 받고 출동하여 피고인을 체포하려고 할 때는, 피고인이 서울 성동구 사근동에 있는 무학여고 앞길에서 (가) 피해자의 자동차를 발로 걷어차고 그와 싸우는 **범행을 한 지 겨우 10분 후에 지나지 않고**, (나) **그 장소도 범행 현장에 인접한 위 학교의 운동장**이며, (다) 위 피해자의 친구가 112 신고를 하고 나서 피고인이 도주하는지 여부를 **계속 감시**하고 있던 중 위 신고를 받고 출동한 위 경찰관들에게 피고인을 지적하여 체포하도록 한 사실을 인정한 다음, 피고인은 "범죄 실행의 즉후인 자"로서 현행범인에 해당한다고 판단하였는바, 원심의 이러한 판단은 당원의 위 견해에 따른 것으로서 옳다.

### *'준현행범'으로 인정한 사례*

16-1 [대판 2011도15258] 음주운전 중 교통사고를 야기한 후 피의자가 의식불명 상태에 빠져 있는 등으

로 도로교통법이 음주운전의 제1차적 수사방법으로 규정한 호흡조사에 의한 음주측정이 불가능하고 혈액 채취에 대한 동의를 받을 수도 없을 뿐만 아니라 법원으로부터 혈액 채취에 대한 감정처분허가장이나 사전 압수영장을 발부받을 시간적 여유도 없는 긴급한 상황이 생길 수 있다. 이러한 경우 피의자의 신체 내지 의복류에 주취로 인한 냄새가 강하게 나는 등 형사소송법 제211조 제2항 제3호가 정하는 범죄의 증적이 현저한 준현행범인의 요건이 갖추어져 있고 교통사고 발생 시각으로부터 사회통념상 범행 직후라고 볼 수 있는 시간 내라면, 피의자의 생명·신체를 구조하기 위하여 사고현장으로부터 곧바로 후송된 병원 응급실 등의 장소는 형사소송법 제216조 제3항[13]의 범죄 장소에 준한다 할 것이므로, 검사 또는 사법경찰관은 피의자의 혈중알코올농도 등 증거의 수집을 위하여 의료법상 의료인의 자격이 있는 자로 하여금 의료용 기구로 의학적인 방법에 따라 필요최소한의 한도 내에서 피의자의 혈액을 채취하게 한 후 그 혈액을 영장 없이 압수할 수 있다.

16-2 [대판 99도4341] 순찰 중이던 경찰관이 교통사고를 낸 차량이 도주하였다는 무전연락을 받고 주변을 수색하다가 범퍼 등의 파손상태로 보아 사고차량으로 인정되는 차량에서 내리는 사람을 발견한 경우, 형사소송법 제211조 제2항 제2호 소정의 '장물이나 범죄에 사용되었다고 인정함에 충분한 흉기 기타의 물건을 소지하고 있는 때'에 해당하므로 준현행범으로서 영장 없이 체포할 수 있다.

## Reference 2
### * 기타 현행범 체포와 관련된 주요 판례 *

**\*사인의 현행범체포에 있어서 '즉시'의 의미\***

1 [대판 2011도12927] [아덴만 여명 작전[14]] [형사소송법 제213조 제1항에서 '즉시'의 의미 및 검사 또는 사법경찰관리 아닌 이에 의하여 현행범인이 체포된 후 불필요한 지체 없이 검사 등에게 인도된 경우, 구속영장 청구기간인 48시간의 기산점(=검사 등이 현행범인을 인도받은 때)] [1] 현행범인은 누구든지 영장 없이 체포할 수 있고(형사소송법 제212조), 검사 또는 사법경찰관리 아닌 이가 현행범인을 체포한 때에는 즉시 검사 등에게 인도하여야 한다(형사소송법 제213조 제1항). 여기서 '즉시'라고 함은 반드시 체포시점과 시간적으로 밀착된 시점이어야 하는 것은 아니고, '정당한 이유 없이 인도를 지연하거나 체포를 계속하는 등으로 불필요한 지체를 함이 없이'라는 뜻으로 볼 것이다. …… 따라서 검사 등이 아닌 이에 의하여 현행범인이 체포된 후 불필요한 지체 없이 검사 등에게 인도된 경우 위 48시간의 기산점은 체포시가 아니라 검사 등이 현행범인을 '인도받은 때'라고 할 것이다. [2] 소말리아 해적인 피고인들 등이 아라비아해 인근 공해 상에서 대한민국 해운회사가 운항 중인 선박을 납치하여 대한민국 국민인 선원 등에게 해상강도 등 범행을 저질렀다는 내용으로 국군 청해부대에 의해 체포·이송되어 국내 수사기관에 인도된 후 구속·기소된 사안에서, 청해부대

---

13) 형사소송법 제216조(영장에 의하지 아니한 강제처분) ③ 범행 중 또는 범행직후의 범죄 장소에서 긴급을 요하여 법원판사의 영장을 받을 수 없는 때에는 영장없이 압수, 수색 또는 검증을 할 수 있다. 이 경우에는 사후에 지체없이 영장을 받아야 한다.

14) **아덴만 여명 작전**은 2011년 1월, 대한민국 **해군 청해부대**가 소말리아 해적에게 피랍된 대한민국의 삼호해운 소속 선박 삼호 주얼리호(1만 톤급)를 소말리아 인근의 아덴만 해상에서 구출한 작전이다. 대한민국 정부는 생포한 5명의 해적을 제3국에 인계하여 국제 공조를 통해 대리처벌하도록 할 예정이었으나, 인접 국가들이 대리처벌을 거부함에 따라 최초로 본국으로 송치하게 하여 재판을 받게 하였다. 인질 중에 사망자는 없었으나, 석해균 선장이 복부에 관통상을 입었다. 석 선장은 작전 과정에서 목숨을 걸고 기지를 발휘한 것으로 알려지면서 많은 관심을 받았다. ko.wikipedia.org

소속 군인들이 피고인들을 현행범인으로 체포한 것은 검사 등이 아닌 이에 의한 현행범인 체포에 해당하고, 피고인들 체포 이후 **국내로 이송하는 데에 약 9일이 소요**된 것은 공간적·물리적 제약상 불가피한 것으로 정당한 이유 없이 인도를 지연하거나 체포를 계속한 경우로 볼 수 없으며, 경찰관들이 피고인들의 신병을 인수한 때로부터 48시간 이내에 청구하여 발부된 구속영장에 의하여 피고인들이 구속되었으므로, 피고인들은 적법한 체포, **즉시 인도** 및 적법한 구속에 의하여 공소제기 당시 국내에 구금되어 있다 할 것이어서 **현재지인 국내법원에 토지관할이 있다**고 본 원심판단을 수긍한 사례.

2 [대판 2005도6461] [**현행범인의 체포에 있어서 현행범인체포서에 기재된 죄명에 의해 체포 사유가 한정되는지 여부(소극)**] [1] 피고인이 술에 취하여 지하철 역사 내에서 행패를 부려 출동한 경찰관들이 현행범으로 체포하려고 하자 이에 반항하는 과정에서 경찰관의 안면을 할퀴고 안경을 손괴한 사안에서, 피고인의 위 행위를 폭행죄로 의율하기에는 다소 모호하나 적어도 당시 업무방해죄의 현행범인 상태에 있었다고 본 사례 [2] 피고인이 서울 (역 이름 생략)역에서 경찰관들에게 체포되기 직전까지 한 원심 판시의 행패 행위는, 폭행죄로 의율하기에는 다소 애매한 점이 있다 하더라도, 적어도 (역 이름 생략)역무 종사자의 정당한 업무를 방해한 행위로서 형법 제314조의 업무방해죄에 해당되는 범죄행위로 보기에는 충분하므로 피고인은 당시 그 범죄의 현행범인 상태에 있었다고 볼 수 있고, 한편 피고인에 대한 현행범인체포서를 보면, 그 '범죄사실 및 체포의 사유'란에 피고인의 위와 같은 행패의 과정이 모두 기재되어 있어, 피고인을 단순히 폭행죄의 현행범으로서만 체포한 것이 아니라 피고인의 행패 행위 전체를 범죄행위로 평가하여 체포의 사유로 삼았음을 쉽게 알 수 있다(다만, 위 체포서에는 죄명으로 '공무집행방해 및 폭력행위 등 처벌에 관한 법률 위반'만이 기재되어 있을 뿐이지만, 범죄행위의 동일성이 유지되는 범위 안에서 죄명은 체포 후에 얼마든지 변경할 수 있는 것이므로 죄명에 의해 체포 사유가 한정된다고 볼 수는 없다). 그렇다면 이 사건에 있어 경찰관이 위 역에 도착할 당시에는 피고인을 현행범으로 체포할 수 있는 적법한 사유가 있었다고 보아야 할 것이고, 나아가 당해 경찰관이 그 사유에 터잡아 피고인을 현행범으로 체포한 이상 그 체포는 당연히 적법한 것이라 할 것이며, 이 경우 가사 체포 사유로 삼은 범죄사실 중의 다른 일부가 범죄로 인정되지 않는다 하여도 그 이유만으로 이를 불법체포라고 할 수는 없을 것이다.

3 [대판 95도535] [**현행범을 체포한 경찰관의 진술의 증거능력**] 현행범을 체포한 경찰관의 진술이라 하더라도 범행을 목격한 부분에 관하여는 여느 목격자의 진술과 다름없이 증거능력이 있다.

# 16 대인적 강제수사(4) - 구속 -

* 대법원 2021. 4. 29. 선고 2020도16438 판결
* 참조조문: 형사소송법 제70조,[1] 제201조,[2] 제81조 제1항[3]

피의자에 대한 구속영장의 제시와 집행이 그 발부 시로부터 **정당한 사유 없이 시간이 지체되어** 이루어진 경우, 비록 구속영장의 유효기간 내에 집행되었다고 하더라도 이 기간 동안의 체포 내지 구금 상태는 위법한가?

●**사실**● 경기경찰서 소속 사법경찰 A, B, C는 **2020.2.6. 17:10** 피고인 X를 업무방해, 공연음란의 범죄사실로 **현행범 체포**를 하였다. 인천지방검찰청 부천지청 소속 검사는 X를 현행범인으로 체포한 때로부터 48시간 이내인 2020.2.7. 18:15 인천지방법원 부천지원에 X에 대한 **구속영장을 청구**하였다. 인천지방법원 부천지원 소속 판사는 **2020.2.8. 16:00** 피고인에 대한 영장실질심사를 진행하여 '유효기간을 **2020.2.14.까지**'로 기재한 **구속영장을 발부**하였다. 그리고 같은 날 17:00경 피고인에 대한 구속영장 청구 사건의 수사 관계서류와 증거물이 인천지방검찰청 부천지청에 반환되었으며, 검사는 그 무렵 위 구속영장에 대한 집행지휘를 하였다. 경기경찰서 소속 경사 D는 그로부터 **만 3일 가까이 경과한 2020.2.11. 14:10**경 X에 대한 **구속영장을 집행**하였다(피고인에 대한 구속영장 집행 경위와 관련하여 '피고인에 대한 구속영장이 주말인 2020.2.8.(토)에 법원에서 발부되어 경기경찰서의 송치담당자가 2020.2.10.(월) 일과 시간 중 인천지방검찰청 부천지청 사건과에서 이를 찾아왔는데, 피고인에 대한 사건 담당자가 그날 외근 수사 중이었기 때문에 부득이 2020.2.11.(화) 구속 영장을 집행하였다'는 취지로 작성된 '구속영장 집행에 관한 수사보고'가 원심법원에 제출되었다).

X는 이 기간 동안의 구금이 불법구금임을 주장하며 다투었다. 하지만 원심은 X에 대하여 유효한 구속영장이 발부되었고, 구속영장에 기재된 유효기간 내에 집행되었으며, 구속기간도 X의 최초 체포 시로부터 기산되어 구속기간 내에 검찰에 송치 후 공소가 제기된 이상 구속영장의 집행이 통상의 경우보다 다소 늦어졌다는 사정만으로 구속절차가 위법하다거나 피고인에 대한 구속이 불법구금에 해당한다고 볼

---

1) 형사소송법 제70조(**구속의 사유**) ① 법원은 피고인이 **죄를 범하였다고 의심할 만한 상당한 이유**가 있고 다음 각 호의 1에 해당하는 사유가 있는 경우에는 피고인을 구속할 수 있다. 1. 피고인이 일정한 주거가 없는 때 2. 피고인이 증거를 인멸할 염려가 있는 때 3. 피고인이 도망하거나 도망할 염려가 있는 때 ② 법원은 제1항의 **구속 사유를 심사**함에 있어서 범죄의 **중대성**, 재범의 **위험성**, 피해자 및 중요 참고인 등에 대한 **위해우려** 등을 고려하여야 한다. ③ 다액 50만원이하의 벌금, 구류 또는 과료에 해당하는 사건에 관하여는 제1항제1호의 경우를 제한 외에는 구속할 수 없다.

2) 형사소송법 제201조(**구속**) ① 피의자가 죄를 범하였다고 의심할 만한 상당한 이유가 있고 제70조제1항 각 호의 1에 해당하는 사유가 있을 때에는 검사는 관할지방법원판사에게 청구하여 구속영장을 받아 피의자를 구속할 수 있고 사법경찰관은 검사에게 **신청**하여 검사의 **청구**로 관할지방법원판사의 구속영장을 받아 피의자를 구속할 수 있다. **다만, 다액 50만원이하의 벌금, 구류 또는 과료에 해당하는 범죄에 관하여는 피의자가 일정한 주거가 없는 경우**에 한한다. ② 구속영장의 청구에는 구속의 필요를 인정할 수 있는 **자료를 제출**하여야 한다. ③ 제1항의 청구를 받은 지방법원판사는 신속히 구속영장의 발부여부를 결정하여야 한다. ④ 제1항의 청구를 받은 지방법원판사는 상당하다고 인정할 때에는 구속영장을 발부한다. 이를 발부하지 아니할 때에는 청구서에 그 취지 및 이유를 기재하고 서명날인하여 청구한 검사에게 교부한다. ⑤ 검사가 제1항의 청구를 함에 있어서 **동일한 범죄사실**에 관하여 그 피의자에 대하여 전에 구속영장을 청구하거나 발부받은 사실이 있을 때에는 **다시 구속영장을 청구**하는 취지 및 이유를 기재하여야 한다.

3) 형사소송법 제81조(**구속영장의 집행**) ① 구속영장은 검사의 지휘에 의하여 사법경찰관리가 집행한다. 단, 급속을 요하는 경우에는 재판장, 수명법관 또는 수탁판사가 그 집행을 지휘할 수 있다.

수도 없다고 판단하였다. 이에 X가 상고하였다.

●**판지**● 상고기각. 「[1] 헌법이 정한 적법절차와 영장주의 원칙, 형사소송법이 정한 체포된 피의자의 구금을 위한 구속영장의 청구, 발부, 집행절차에 관한 규정을 종합하면, 법관이 검사의 청구에 의하여 **체포된 피의자**의 구금을 위한 구속영장을 발부하면 검사와 사법경찰관리는 '**지체 없이**' 신속하게 **구속영장을 집행**하여야 한다. 피의자에 대한 구속영장의 제시와 집행이 그 발부 시로부터 정당한 사유 없이 시간이 지체되어 이루어졌다면, 구속영장이 그 **유효기간 내에 집행되었다고 하더라도** 위 기간 동안의 **체포 내지 구금 상태는 위법**하다.

[2] 가. 피고인에 대한 구속영장이 2020.2.8. 발부되고 피고인에 대한 구속영장 청구 사건의 수사관계 서류와 증거물이 같은 날 17:00경 검찰청에 반환되어 그 무렵 검사의 집행지휘가 있었는데도, 사법경찰리는 **그로부터 만 3일 가까이 경과**한 2020.2.11. 14:10경 구속영장을 집행하였으므로 사법경찰리의 피고인에 대한 **구속영장 집행은 지체 없이 이루어졌다고 볼 수 없고**, 위 '구속영장 집행에 관한 수사보고'상의 사정은 구속영장 집행절차 지연에 대한 정당한 사유에 해당한다고 보기도 어려우므로 **정당한 사유 없이 지체**된 기간 동안의 피고인에 대한 체포 내지 구금 상태는 위법하다고 할 것이다.

나. 다만, 판결내용 자체가 아니고 피고인의 신병확보를 위한 구금 등의 처분에 관한 절차가 법령에 위반된 경우에는, 그 구금 등의 처분에 대하여 형사소송법 제417조에 따라 법원에 그 처분의 취소 또는 변경을 청구하는 것은 별론으로 하고 그로 인하여 피고인의 방어권, 변호권이 본질적으로 침해되고 판결의 정당성마저 인정하기 어렵다고 보여지는 정도에 이르지 아니하는 한, 그 구금 등의 처분이 위법하다는 것만으로 판결 결과에 영향이 있어 독립한 상고이유가 된다고 할 수 없다. 그런데 이 사건 기록을 살펴보아도 상고이유에서 주장하는 바와 같은 구금의 집행 절차상의 법령 위반이 피고인의 방어권이나 변호권을 본질적으로 침해하여 원심판결의 정당성마저 인정할 수 없게 한다거나 판결 결과에 영향을 미쳤다고 보이지 아니하므로, 원심판결에 구금의 집행 절차상의 위법성 등에 관한 법리오해의 잘못이 있다는 취지의 상고이유 주장은 이유 없다」.

●**해설**● 1 **구속의 의의**　　　　　구속이란 형사절차를 관철하기 위하여 피의자 또는 피고인의 인신의 자유를 비교적 **장기간 제한**하는 강제처분을 말한다. (1) 구속에는 '피의자구속'과 '피고인구속'이 있다. **피의자구속**은 수사절차에서 검사가 청구하고 판사가 발부한 구속영장에 의하여 피의자를 구속하는 것이고, **피고인구속**은 공소제기 후 **법원이 직권**으로 구속영장을 발부하여 피고인을 구속하는 것을 말한다.[4] (2) 구속은 **구인**(拘引)과 **구금**(拘禁)을 포함한다. '**구인**'은 피고인을 법원 기타 장소에 인치하는 강제처분이다. 구인한 피고인을 법원에 인치한 경우에 구금할 필요가 없다고 인정한 때에는 그 인치한 때로부터 '**24시간**' 내에 석방하여야 한다(법71 · 209). 구인장으로는 구금할 수 없으나 **구금영장으로는 구인이 가능**하다. 따라서 구금된 피의자가 '피의자신문'을 위한 출석요구를 거부할 경우, 구속영장의 효력에 의하여 피의자를 조사실로 구인할 수 있다. 그러나 이 경우도 진술거부권은 고지하여야 한다(대결 2013모160, Ref 2−1). (3) 구속의 목적은 **공판정 출석의 담보** 및 **형 집행의 담보**에 있다(대결 2013모160). (4) 구속은 피구속자에 주는 충격이 너무 크기 때문에 피의자에 대한 수사는 불구속 상태에서 함을 원칙으로 한다(법198①). 피고인에 대해서도 **불구속 재판의 원칙**이 적용됨은 당연하다. 같은 맥락에서 (5) 구속은 반드시 사전에 발부된 구속영장에 의해서만 가능하며 긴급체포나 현행범체포와 같은 사전 영장주의의 예외가 없다. 이점이 체포와 구별된다.

---

4) 법원이 행하는 강제처분에 대한 영장은 집행기관에 대한 **명령장**의 성격을, 수사기관이 행하는 강제처분에 대한 영장은 수사기관에 대한 사법적 통제수단으로서 **허가장**의 성격을 갖는다(헌재 2002헌바104).

**2 구속의 요건**　　　　　피의자구속과 피고인구속은 절차에 있어서는 차이가 있으나 **요건은 동일**하다. (1) 구속의 요건은 피고인이나 피의자가 죄를 범하였다고 의심할 만한 '상당한 이유'가 있고(**객관적 혐의·현저한 혐의**), '구속사유'와 '비례성의 원칙'이 지켜져야 한다. (2) 이 중 **구속사유**로 "㉠ 피고인이 일정한 주거가 없는 때(주거부정),5) ㉡ 피고인이 증거를 인멸할 염려가 있는 때, ㉢ 피고인이 도망하거나 도망할 염려가 있는 때" 중 하나에 해당하면 구속할 수 있다(법70①). ㉣ 다만, 경미범죄(**다액 50만원 이하의** 벌금, 구류, 과료 사건)에서는 **주거부정**(住居不定)이 '**독자적**' 구속사유가 된다(법70③·201①). (3) 그리고 법원은 이러한 **구속사유를 심사**함에 있어서 "㉠ 범죄의 **중대성**, ㉡ 재범의 **위험성**, ㉢ 피해자 및 중요 참고인 등에 대한 **위해우려**" 등도 **고려하여야 한다**(필요적 고려사항)(법70②). ㉠과 ㉡은 '도망의 염려'를 판단할 때, ㉢은 '증거인멸의 염려'를 판단할 때 고려되어야 한다.

**3 '피의자' 구속의 절차(1)**　　　　　'피의자' 구속의 절차는 다음의 수순을 밟게 된다. (구속영장의) **신청**(경찰) → **청구**(검사) → **영장실질심사** → **발부**(수임판사) → **집행**의 순이다. (1) 사법경찰관은 구속영장을 검사에게 **신청**하고, 검사는 관할지방법원 판사에게 **청구**한다(법201①)(사법경찰관이 영장을 신청한 경우, 검사는 청구 전에 사전심사를 위하여 피의자를 검찰청으로 인치하여 면담·조사할 수 있고, 이를 위하여 피의자에게 출석을 요구할 수 있다). 이 때, 검사가 사법경찰관이 신청한 영장을 **정당한 이유 없이** 판사에게 청구하지 아니한 경우 사법경찰관은 그 검사 소속의 지방검찰청 소재지를 관할하는 **고등검찰청**에 영장 청구 여부에 대한 '**심의**'를 신청할 수 있다(법221의5①).6) (2) 검사가 청구를 함에 있어서 **동일한 범죄사실**에 관하여 그 피의자에 대하여 **전에** 구속영장을 청구하거나 발부받은 사실이 있을 때에는 다시 구속영장을 청구하는 취지 및 이유를 기재하여야 한다(법201⑤). 공판 단계에서는 검사의 청구 없이 법원이 바로 구속영장을 발부할 수 있다. (3) (영장에 의해) 체포한 피의자를 구속하고자 할 때에는 체포한 때부터 **48시간 이내**에 제201조의 규정에 의하여 **구속영장을 청구**하여야 하고, 그 기간 내에 구속영장을 청구하지 아니하는 때에는 피의자를 **즉시 석방**하여야 한다(법200의2⑤). 위 규정은 검사 또는 사법경찰관리가 현행범인을 체포하거나 현행범인을 인도받은 경우에 준용되고(법213의2), 긴급체포한 피의자를 구속하고자 할 때에도 같은 취지의 규정을 두고 있다(법200의4①②).

---

5) '**주거부정**'은 '도망할 염려'를 판단하는 **보조적 기준**으로서 의미를 가질 뿐, 독자적 구속사유로 보지는 않는다. 하지만 경미사건의 경우에는 독자적 구속사유가 된다(법70③). 즉 경미범죄에서는 피의자가 일정한 주거가 없는 경우에 한하여 구속할 수 있다.

6) 형사소송법 제221조의5(**사법경찰관이 신청한 영장의 청구 여부에 대한 심의**) ① 검사가 사법경찰관이 신청한 영장을 정당한 이유 없이 판사에게 청구하지 아니한 경우 사법경찰관은 그 검사 소속의 지방검찰청 소재지를 관할하는 **고등검찰청**에 영장 청구 여부에 대한 **심의를 신청**할 수 있다. ② 제1항에 관한 사항을 심의하기 위하여 각 고등검찰청에 영장심의위원회(이하 이 조에서 "심의위원회"라 한다)를 둔다. ③ 심의위원회는 **위원장 1명을 포함한 10명 이내의 외부 위원**으로 구성하고, 위원은 각 고등검찰청 검사장이 위촉한다. ④ 사법경찰관은 심의위원회에 출석하여 **의견을 개진**할 수 있다. ⑤ 심의위원회의 구성 및 운영 등 그 밖에 필요한 사항은 법무부령으로 정한다.

### 4 '피의자' 구속의 절차(2) : 구속영장실질심사(구속 전 피의자심문)[7][8]　　　　영장실질심사

는 구속영장의 청구를 받은 판사가 구속사유의 판단을 위하여 피의자를 **직접 심문**(審問)하는 제도로 구속영장이 청구된 '**모든**' 피의자를 '**필요적**'으로 심문하여야 한다(필요적 심문제도)(영장실질심사는 수사기관이 일방적으로 제출한 수사기록에 대한 형식적 심사만으로 구속여부를 결정할 것이 아니라 법관이 직접 피의자를 심문하여 판단해야 한다는 점에서 영장주의의 핵심적 내용이 된다). 영장실질심사는 다음의 경우로 나누어진다. (1) 먼저 '**체포된**' 피의자의 경우, 판사는 **지체 없이** 피의자를 심문하여야 하는데, 특별한 사정이 없는 한 구속영장이 **청구된 날의 '다음 날'까지** 심문하여야 한다(법201의2①). (2) 반면 '**미체포**' 피의자의 경우, 판사는 피의자가 죄를 범하였다고 의심할 만한 이유가 있는 경우에 '**구인**'을 위한 **구속영장을 발부**하여 피의자를 '**구인한 후**' 심문하여야 한다.[9] 다만, 피의자가 **도망**하는 등의 사유로 심문할 수 없는 경우에는 **심문을 생략**할 수 있다(법201의2②). (3) 그리고 (지방법원) 판사는 즉시 피의자 및 변호인에게 **심문기일과 장소를 통지**하여야 하며, 검사는 체포되어 있는 피의자를 심문기일에 **출석**시켜야 한다(법201의2③). (4) 판사는 피의자가 심문기일에의 출석을 거부하거나 질병 그 밖의 사유로 출석이 현저하게 곤란하고, 피의자를 심문 법정에 인치할 수 없다고 인정되는 때에는 **피의자의 출석 없이** 심문절차를 진행할 수 있으며(불출석 심문), 이 경우 판사는 출석한 검사 및 변호인의 의견을 듣고, 수사기록 그 밖에 적당하다고 인정하는 방법으로 구속사유의 유무를 조사할 수 있다(규칙96의13①③).[10] (5) 영장실질

---

7) 형사소송법 제201조의2(**구속영장 청구와 피의자 심문**) ① 제200조의2·제200조의3 또는 제212조에 따라 **체포된 피의자에 대하여** 구속영장을 청구 받은 판사는 **지체 없이** 피의자를 심문하여야 한다. 이 경우 **특별한 사정이 없는 한 구속영장이 청구된 날의 다음날까지 심문하여야 한다.** ② **제1항외의 피의자에 대하여** 구속영장을 청구받은 판사는 피의자가 죄를 범하였다고 의심할 만한 이유가 있는 경우에 **구인을 위한 구속영장을 발부**하여 피의자를 **구인한 후 심문하여야 한다.** 다만, 피의자가 **도망**하는 등의 사유로 심문할 수 없는 경우에는 그러하지 아니하다. ③ 판사는 제1항의 경우에는 즉시, 제2항의 경우에는 피의자를 인치한 후 즉시 검사, 피의자 및 변호인에게 심문기일과 장소를 **통지하여야 한다.** 이 경우 검사는 피의자가 체포되어 있는 때에는 심문기일에 피의자를 출석시켜야 한다. ④ **검사와 변호인**은 제3항에 따른 심문기일에 출석하여 의견을 진술할 수 있다. ⑤ 판사는 제1항 또는 제2항에 따라 심문하는 때에는 공범의 분리심문이나 그 밖에 수사상의 비밀보호를 위하여 필요한 조치를 하여야 한다. ⑥ 제1항 또는 제2항에 따라 피의자를 심문하는 경우 법원사무관등은 심문의 요지 등을 **조서로 작성**하여야 한다. ⑦ 피의자심문을 하는 경우 법원이 구속영장청구서·수사 관계 서류 및 증거물을 접수한 날부터 구속영장을 발부하여 검찰청에 반환한 날까지의 기간은 제202조 및 제203조의 적용에 있어서 **그 구속기간에 이를 산입하지 아니한다.** ⑧ 심문할 피의자에게 변호인이 없는 때에는 지방법원판사는 **직권으로 변호인을 선정하여야 한다.** 이 경우 변호인의 선정은 피의자에 대한 구속영장 청구가 기각되어 효력이 소멸한 경우를 제외하고는 **제1심까지 효력**이 있다. ⑨ 법원은 변호인의 사정이나 그 밖의 사유로 변호인 선정결정이 취소되어 변호인이 없게 된 때에는 **직권으로 변호인을 다시 선정할 수 있다.** ⑩ 생략

8) 구속영장실질심사제도는 1995년 형사소송법 개정으로 처음 도입되었고, 2007년 형사소송법 개정에 의해 현재와 같은 모습을 갖추게 되었다. 형사소송규칙 제96조의5 이하 참조.

9) 형사소송규칙 제96조의12(**심문기일의 지정, 통지**) ② **체포된 피의자외의 피의자에 대한 심문기일은 관계인에 대한 심문기일의 통지 및 그 출석에 소요되는 시간 등을 고려하여 피의자가 법원에 인치된 때로부터 가능한 한 빠른 일시로 지정**하여야 한다. ③ 심문기일의 통지는 서면 이외에 구술·전화·모사전송·전자우편·휴대전화 문자전송 그 밖에 적당한 방법으로 신속하게 하여야 한다. 이 경우 통지의 증명은 그 취지를 심문조서에 기재함으로써 할 수 있다.

10) 형사소송규칙 제96조의13(**피의자의 심문절차**) ① 판사는 피의자가 심문기일에의 **출석을 거부**하거나 질병 그 밖의 사유로 출석이 **현저하게 곤란**하고, 피의자를 심문 법정에 인치할 수 없다고 인정되는 때에는 피의자의 출석 없이 심문절차를 진행할 수 있다. ② 검사는 피의자가 심문기일에의 출석을 거부하는 때에는 판사에게 그 취지 및 사유를 기재한 서면을 작성 제출하여야 한다. ③ 제1항의 규정에 의하여 심문절차를 진행할 경우에는 출석한 검사 및 변호인의 의견을 듣고, 수사기록 그 밖에 적당하다고 인정하는 방법으로 구속사유의 유

심사는 피의자의 법관 대면권을 실질적으로 보장하기 위한 제도로 **'필요적 변호'**사건이다. 따라서 판사는 피의자에게 변호인이 없을 때에는 **'직권'으로 변호인을 선정하여야 한다**(이 경우 변호인의 선정은 피의자에 대한 구속영장 청구가 기각되어 효력이 소멸한 경우를 제외하고는 **제1심까지 효력**이 있다. 법201의2⑧). 한편 (6) 법원은 변호인의 사정이나 그 밖의 사유로 변호인 선정결정이 취소되어 변호인이 **없게 된 때**에는 직권으로 변호인을 **다시 선정'할 수 있다'**(법201의2⑨). (7) 변호인은 구속영장이 청구된 피의자에 대한 **심문 시작 전**에 피의자와 **접견**할 수 있으며(규칙96의20①), 피의자 심문에 참여할 변호인은 지방법원 판사에게 제출된 ㉠ 구속영장청구서 및 그에 첨부된 ㉡ 고소·고발장, ㉢ 피의자의 진술을 기재한 서류와 ㉣ 피의자가 제출한 서류를 **'열람'**(만)할 수 있다(**변호인의 접견교통권 및 수사서류열람권**)(규칙96의21①). (8) 심문은 **비공개**로 하고, 다만 상당하다고 인정하는 경우에 판사는 **친족, '피해자'** 등 **이해관계인의 방청을 허가**할 수 있다(규칙96의14)(판사는 구속 여부의 판단을 위하여 필요하다고 인정하는 때에는 심문장소에 출석한 '피해자' 그 밖의 제3자를 심문할 수 있다. 규칙96의16⑤). 또한 장애인 등 특별히 보호를 요하는 피의자의 경우에는 신뢰관계에 있는 자를 동석하게 할 수 있다(법201의2⑩·276의2). (9) 판사는 피의자에게 구속영장청구서에 기재된 범죄사실의 요지를 고지하고, 피의자에게 일체의 진술을 하지 아니하거나 개개의 질문에 대하여 진술을 거부할 수 있으며, 이익 되는 사실을 진술할 수 있음을 알려주어야 한다(진술거부권 등의 고지·규칙96의16①). (10) **검사와 변호인**은 심문기일에 출석하여 **의견을 진술**할 수 있으며(법201의2④), 이때 원칙적으로 판사의 **심문이 끝난 후에** 의견을 진술할 수 있다. 다만, 필요한 경우에는 '심문 도중'에도 **판사의 '허가'**를 얻어 의견을 진술할 수 있다(규칙96의16③)(따라서 검사와 변호인은 범죄 사실에 관하여 문답 형식으로 피의자를 **직접 심문할 수는 없다**). 반면, 피의자는 판사의 **심문 도중에도 변호인의 조력**을 구할 수 있다(규칙96의16④). (11) 판사는 피의자를 심문하는 때에는 **공범의 분리심문**이나 그 밖에 수사상의 비밀 보호를 위하여 필요한 조치를 하여야 한다(법201의2⑤). (12) 판사는 구속 여부를 판단하기 위하여 필요한 사항에 관하여 신속하고 간결하게 심문하여야 한다. 증거인멸 또는 도망의 염려를 판단하기 위하여 필요한 때에는 피의자의 경력, 가족관계나 교우관계 등 **개인적인 사항**에 관하여 심문할 수 있다(규칙96의16②). (13) 법원사무관 등은 심문의 요지 등을 '조서'(영장실질심사심문조서)로 작성하여야 한다(법201의2⑥). 이 조서는 **제315조**의 기타 특히 신빙할 만한 정황에 의하여 작성된 서류로서 **증거능력이 인정된다**(대판 2003도5693). (14) 판사는 지정된 심문기일에 피의자를 심문할 수 없는 특별한 사정이 있는 경우에는 그 심문기일을 변경할 수 있다(규칙96의22). (15) 피의자심문을 하는 경우 법원이 구속영장청구서·수사 관계 서류 및 증거물을 **'접수'한 날부터** 구속영장을 발부하여 검찰청에 **'반환'**한 날까지의 기간은 **구속 기간에 이를 산입하지 않는다**(법201의2⑦).

**5 '피의자' 구속의 절차(3) : 구속영장의 발부와 기각**　　　　　(1) 구속영장청구를 받은 판사는 신속히 구속영장의 발부 여부를 결정하여야 하고, 상당하다고 인정할 때에는 구속영장을 발부한다(법201③④). (2) 구속영장에는 「피고인의 성명, 주거, 죄명, 공소사실의 요지, 인치구금할 장소, 발부연월일, 그 유효기간과 그 기간을 경과하면 집행에 착수하지 못하며 영장을 반환하여야 할 취지를 기재하고 재판장 또는 수명법관이 **'서명'**날인하여야 한다」고 규정하고 있다(법209·75①). (3) 동일한 범죄사실에 대하여는 1개의 구속영장을 발부하는 것이 원칙이다. 범죄사실이 동일한지 여부는 **사회적 사실관계의 동일성**을 기준으로 판단한다(대결 2001모85, Ref 2-5). (4) 구속영장은 **여러 통**을 작성하여 사법경찰관리 수인에게 교부할 수 있다. 그리고 이 경우에는 그 사유를 구속영장에 기재하여야 한다(법209·82). (5) 영장의 유효기

───────────────

무를 조사할 수 있다.

간은 **원칙적으로 7일**이다. 다만, 상당하다고 인정하는 때에는 7일을 넘는 기간을 정할 수 있다(규칙178). (6) ㉠ **피의자**에 대하여 **수임판사가** 구속영장을 발부한 결정이나 기각한 결정에 대해서는 **불복방법이 없다**. 즉 이러한 수임판사의 결정에 대하여는 **항고나 준항고가 허용되지 않는다**(대결 2006모646, Ref 2-3). 따라서 구속영장이 기각이 되었다면 구속영장을 다시 재청구하면 되고, 구속영장이 발부되었다면 피의자는 구속적부심사를 청구할 수 있다. ㉡ **피고인에 대한 법원의 구속영장의 발부나 기각결정**은 수소법원의 판결 전 소송절차에 관한 결정이어서 원칙적으로 항고하지 못하나 이 경우는 '**구금**'에 관한 결정에 속하므로 **보통항고의 대상**이 된다(법403②).[11]

**6 '피의자' 구속의 절차(4) : 구속영장의 집행(대상판결의 쟁점)**　　　　(1) 구속영장은 **검사의 지휘**에 의하여 사법경찰관리가 집행하며, 급속을 요하는 경우에는 재판장, 수명법관 또는 수탁판사가 그 집행을 지휘할 수 있다. 그리고 **교도소 또는 구치소**에 있는 피고인에 대하여 발부된 구속영장은 검사의 지휘에 의하여 **교도관이 집행**한다(법209·81). (2) 법관이 검사의 청구에 의하여 체포된 피의자의 구금을 위한 구속영장을 발부하면 검사와 사법경찰관리는 '**지체 없이**' 신속하게 구속영장을 **집행**하여야 한다. 구속영장의 유효기간은 영장집행의 종기일 뿐이다. 따라서 유효기간 내에 집행하였다고 하여 정당한 사유 없이 시간이 지체되어 이루어졌다면, 그 영장집행은 대상판결에서와 같이 위법한 것이 된다(대상사안에서 구속영장이 주말인 토요일에 발부되어 경찰서의 송치담당자가 월요일 일과 시간 중 검찰청에서 이를 찾아왔다면 곧바로 구속영장을 집행하였어야 할 것이다. 그럼에도 피고인에 대한 사건 담당자가 그날 외근 수사 중이었다는 이유로 다음 날인 화요일에 구속영장을 집행한 것은 집행이 지체된 점에 대한 정당한 사유가 될 수 없어 그 기간의 구금은 위법하다). (3) 구속영장을 집행함에는 반드시 영장을 **사전에 '제시'**하고 그 사본을 '**교부**'하여야 하며 신속히 지정된 법원 기타 장소에 인치하여야 한다. 다만, **구속영장을 소지하지 아니한 경우**에 급속을 요하는 때에는 피의자에게 ㉠ 공소사실의 요지와 ㉡ 영장이 발부되었음을 고하고 집행할 수 있다(**긴급집행**). 이 경우도 **집행을 완료한 후**에는 신속히 구속영장을 제시하고 그 사본을 교부하여야 한다(법209·85). (4) 검사 또는 사법경찰관은 영장을 **집행**(체포)할 때에는 피의자에게 **미란다고지**를 하여야 한다(즉 피의사실의 요지, 체포·구속의 이유와 변호인을 **선임**할 수 있음을 말하고, **변명할 기회**를 주어야 하며(법200의5), 나아가 **진술거부권**을 알려주어야 한다(준칙32①)). (5) 피의자를 구속한 때에는 ㉠ **변호인**이 있는 경우에는 변호인에게, ㉡ 변호인이 없는 경우에는 변호인 선임권자(피의자의 법정대리인, 배우자, 직계친족과 형제자매) 중 **피의자가 지정**한 자에게 피의사건명, 체포일시·장소, 범죄사실의 요지, 체포의 이유와 변호인을 선임할 수 있는 취지를 **알려야 하며**, 이러한 '**통지**'는 **지체 없이 '서면'**으로 하여야 한다(법209·87①②)(이때 '지체 없이'란 "체포를 한 때로부터 늦어도 '**24시간**'이내"를 의미한다. 규칙51②). (6) **구속적부심사를** 청구할 수 있음을 알려주어야 한다(법214의2①②)[12] (7) 구속된 피의자는 영장에 기재된 경찰서 유치장이나 구치소 또는 교도소 내의 미결수용실에 수용된다. **구금장소의 임의적 변경**은 청구인의 방어권이나 접견교통권의 행사에 중대한 장애를 초래하는 것이므로 위법하다(대판 95모94, Ref 2-8). (8) 체포영장 또는 구

---

11) 형사소송법 403조(**판결 전의 결정에 대한 항고**) ① 법원의 관할 또는 판결 전의 소송절차에 관한 결정에 대하여는 특히 즉시항고를 할 수 있는 경우 외에는 **항고하지 못한다.** ② 전항의 규정은 **구금**, 보석, 압수나 압수물의 환부에 관한 결정 또는 감정하기 위한 피고인의 유치에 관한 결정에 적용하지 아니한다.

12) 형사소송법 제214조의2(**체포와 구속의 적부심사**) ① 체포되거나 구속된 **피의자** 또는 그 **변호인, 법정대리인, 배우자, 직계친족, 형제자매나 가족, 동거인** 또는 **고용주**는 관할법원에 체포 또는 구속의 적부심사를 청구할 수 있다. ② 피의자를 체포하거나 구속한 검사 또는 사법경찰관은 체포되거나 구속된 피의자와 제1항에 규정된 사람 중에서 **피의자가 지정하는 사람**에게 제1항에 따른 적부심사를 청구할 수 있음을 알려야 한다.

속영장의 발부를 받은 후 피의자를 체포 또는 구속하지 아니하거나 체포 또는 구속한 피의자를 **석방**한 때에는 **지체 없이** 검사는 영장을 발부한 법원에 그 사유를 **서면**으로 통지하여야 한다(법204). (9) 검사 또는 사법경찰관은 체포·구속영장의 유효기간 내에 영장의 집행에 착수하지 못했거나, 그 밖의 사유로 영장의 집행이 불가능하거나 불필요하게 되었을 때에는 **즉시 해당 영장을 법원에 반환**해야 한다. 이 경우 체포·구속영장이 여러 통 발부된 경우에는 **모두 반환**해야 한다(준칙35①). 사법경찰관이 체포·구속영장을 반환하는 경우에는 그 영장을 청구한 **검사에게 반환**하고, 검사는 사법경찰관이 반환한 영장을 법원에 반환한다(준칙35③). (10) 구속에 관한 절차상의 위법이 상고이유가 되지는 못한다(대판 83도1473, Ref 2-11).

**7 '피고인' 구속의 절차**　　　　(1) 공소제기된 피고인에 대한 구속은 **수소법원이 '직권'**으로 행한다(법70①). 따라서 이 경우는 검사의 구속영장의 청구가 필요 없다(대결 96모46). 구속영장은 검사의 지휘에 따라 사법경찰관리 또는 교도관이 집행한다(법81①③). 단, 급속을 요하는 경우에는 재판장, 수명법관 또는 수탁판사가 그 집행을 지휘할 수 있다(법81①). (2) **수소법원**은 피고인을 구속함에 있어 법관에 의한 **'사전청문'절차**를 밟아야 한다(이는 피의자 구속에서의 '영장실질심사제도'에 대응된다. 사전청문절차는 구속영장을 집행함에 있어 집행기관이 취하여야 하는 절차가 아니라 구속영장을 발부함에 있어 **수소법원 등 법관이 취하여야** 하는 절차이다. 즉 수소법원은 「피고인에 대하여 ㉠ 범죄사실의 요지, ㉡ 구속의 이유와 ㉢ 변호인을 선임할 수 있음을 말하고 ㉣ 변명할 기회를 준 후가 아니면 구속할 수 없다. 다만, 피고인이 **도망한 경우**에는 그러하지 아니하다」(법72). 이와 같이 사전에 청문절차를 거치지 아니한 채 구속영장을 발부하였다면 그 발부결정은 **위법하다**고 볼 것이나 판례는 **예외적으로** 피고인이 이미 변호인을 선정하여 공판절차에서 변명과 증거의 제출을 다하고 그의 변호 아래 판결을 선고받은 경우처럼 **절차적 권리가 '실질적으로 보장'**되었다고 볼 수 있는 경우에는 **위법하지 않다**고 판단하고 있다(대결 2000모134, Ref 2.6-1). 사전청문절차의 경우, '진술거부권'을 고지할 필요는 없다(이는 공판을 개시할 때 이미 진술거부권을 고지하기 때문이다). (3) 법원이 피고인을 구속함에는 구속영장을 발부하여야 한다(법73). 체포와는 달리, 구속의 경우에는 피고인 구속이든 피의자 구속이든 반드시 영장이 있어야 한다. (4) 피고인을 **구속한 때**에는 즉시 ㉠ 공소사실의 요지와 ㉡ 변호인을 선임할 수 있음을 알려야 한다(**'사후청문'절차**)(법88). 하지만 이를 위반하였다 하여 구속영장의 효력에 어떠한 영향을 미치는 것은 아니다(대결 2000모134, Ref 2.6-1). (5) 수소법원의 결정(영장발부·기각결정)에 대해 불복이 가능하다. 이는 수소법원의 판결 전 소송절차에 관한 결정에 속하나 **구금**에 관한 결정에 속하므로 **보통항고**의 대상이 된다(법403②).[13]

**8 재구속의 제한**　　　　(1) 검사 또는 사법경찰관에 의하여 '구속되었다가 석방된 자'는 **다른 중요한 증거**를 발견한 경우[14](예를 들어, 절도사건으로 구속되었다가 불기소처분으로 석방된 후 누범가중사유가 발견된 경우 등)를 제외하고는 '동일한 범죄사실'에 관하여 재차 구속하지 못한다(법208①).[15] 그리고 이 경우 1

---

13) 형사소송법 제403조(**판결 전의 결정에 대한 항고**) ① 법원의 관할 또는 판결 전의 소송절차에 관한 결정에 대하여는 특히 즉시항고를 할 수 있는 경우 외에는 항고하지 못한다. ② 전항의 규정은 **구금**, 보석, 압수나 압수물의 환부에 관한 결정 또는 감정하기 위한 피고인의 유치에 관한 결정에 적용하지 아니한다.

14) 재구속의 제한에서와 같이, **'다른 중요한 증거 발견'**을 요건으로 하는 경우로는 ① 공소취소에 의한 공소기각의 결정이 확정된 때에는 공소취소 후 그 범죄사실에 대한 **다른 중요한 증거를 발견**한 경우에 한하여 다시 공소를 제기할 수 있다(공소취소와 재기소·법329), ② 재정신청에 대한 기각결정이 확정된 사건에 대하여는 **다른 중요한 증거를 발견**한 경우를 제외하고는 소추할 수 없다(법262④).

개의 목적을 위하여 **동시 또는 수단결과의 관계**에서 행하여진 행위는 동일한 범죄사실로 간주한다(법208 ②). (2) 그러나 이러한 재구속의 제한은 수사기관이 '**피의자**'를 **구속**하는 경우에만 적용되고, **공소제기 이후 수소법원**이 그 '피고인'을 다시 구속하는 경우에는 적용되지 않는다(대판 69도509). 이 경우 법원은 다른 중요한 증거를 발견한 경우뿐만 아니라 다른 중요한 증거를 발견하지 못한 경우에도 다시 구속할 수 있다. (3) 그리고 구속기간의 만료로 구속의 효력이 상실된 후 수소법원이 판결을 선고하면서 피고인을 구속한 것은 재구속 또는 이중구속이 되지 않는다(대결 85모12). 또한 (4) '구속되었다가 석방된 자'의 범위에 긴급체포나 현행범으로 체포되었다가 석방된 자는 포함되지 않는다. 따라서 이 경우는 '다른 중요한 증거 발견'을 요건으로 하지 않는다(대판 2001도4291, Ref 2-4). (4) 판례는 「동일한 사건으로 재구속되었다 할지라도 그것만으로는 공소제기 자체가 **무효가 된다고 할 수는 없다**」고 본다(대판 66도1288). 따라서 이 경우도 '실체재판'을 할 수 있음을 의미한다.

**9 구속영장의 효력범위(이중구속과 별건구속)** (1) 구속영장의 효력범위와 관련하여 (a) '피의자'의 모든 범죄에 대해 효력이 미친다는 **인단위설**과 (b) 구속영장에 기재된 범죄사실에 대해서만 효력이 미친다는 **사건단위설**이 있다. 판례는 **원칙적으로 '사건단위설'**을 취한다. 다만, 예외적으로 '미결구금일수 산입'에 있어서 법원은 **재량**으로 구속영장이 발부되지 아니한 다른 범죄사실에 관한 죄의 형도 산입할 수 있다고 하여 '인단위설'도 취하고 있다(대판 86도1875, Ref 2-9). (2) '사건단위설'을 취하는 판례에 따르면, 이미 구속영장이 발부되어 구속된 피의자·피고인에 대하여 **(다른 범죄사실로)** 다시 구속영장을 발부받아 이를 집행하는 **이중구속**은 허용된다. 즉 「구속기간이 만료될 무렵에 종전 구속영장에 **기재된 범죄사실과 다른 범죄사실로** 피고인을 구속하였다는 사정만으로는 피고인에 대한 구속이 위법하다고 할 수 없다」(대결 2000모134, Ref 2-7). (3) 반면 수사기관이 본래 수사하고자 하는 사건(**본건**)에 대해 구속의 요건이 구비되지 못한 경우에, 이를 수사하고자 구속요건이 구비된 별개의 사건(**별건**)으로 구속영장을 발부받아 피의자를 구속하는 **별건구속**은 영장주의에 반하여 위법하다. (4) 하지만 본건에 대한 적법한 구속영장으로 **여죄수사**하는 것은 크게 문제되지 않는다.

*Reference 1*

## * 구속기간 및 구속기간의 연장 *

**【수사기관의 구속기간】**

* 법 제202조(**사법경찰관의 구속기간**) 사법경찰관이 피의자를 구속한 때에는 **10일 이내**에 피의  자를 검사에게 인치하지 아니하면 석방하여야 한다.
* 법 제203조(**검사의 구속기간**) 검사가 피의자를 구속한 때 또는 사법경찰관으로부터 피의자의 인치를 받은 때에는 **10일 이내**에 공소를 제기하지 아니하면 석방하여야 한다.
* 법 제205조(구속기간의 연장) ① 지방법원판사는 **검사의 신청**에 의하여 수사를 계속함에 상당한 이유가 있다고 인정한 때에는 **10일**을 초과하지 아니하는 한도에서 제203조의 구속기간의 연장을 **1차에 한하여 허가**할 수 있다.

---

15) 만약, 재구속 금지를 어기고 동일한 사건으로 재구속되었다 할지라도 그것만으로 공소제기 자체가 무효로 되지는 않는다(대판 66도1288). 재구속의 제한은 구속자체의 효력에 관한 문제이고 **공소제기의 효력**에는 영향을 미치지 않기 때문이다. 따라서 이 경우에도 '실체재판'은 가능하다.

* 지방법원판사는 **국가보안법** 제3조 내지 제10조의 죄에 대하여 사법경찰관에게 **1회**, 검사에게 **2회에 한**
**하여 각 10일 이내**로 구속기간의 연장을 허가할 수 있다(국가보안법19).[16]

**【법원의 구속기간】**

* 법 제92조(구속기간과 갱신) ① 구속기간은 **2개월**로 한다. ② 제1항에도 불구하고 특히 구속을 계속할
필요가 있는 경우에는 **심급마다 2개월 단위로 2차에 한하여** 결정으로 갱신할 수 있다. 다만, **상소심은**
**'피고인 또는 변호인'**이 신청한 증거의 조사, 상소이유를 보충하는 서면의 제출 등으로 추가 심리가 필
요한 **부득이한** 경우에는 **3차에 한하여** 갱신할 수 있다. ③ 제22조, 제298조제4항, 제306조제1항 및 제2
항의 규정에 의하여 공판절차가 정지된 기간 및 **공소제기전의** 체포·구인·구금 기간은 제1항 및 제2
항의 기간에 산입하지 아니한다.　cf) 이에 따라 법원의 구속기간은 **각 심급마다 최장 6개월**이 되고 이
를 모두 합치면 **18개월**이 된다. 구속사건은 18개월 안에 법원은 재판을 마쳐야 한다. 따라서 그 기간
이 경과되면 피고인을 석방하고 불구속재판을 하는 수밖에 없다.

## * 구속기간의 계산 *

* 법 제66조**(기간의 계산)** ① 기간의 계산에 관하여는 시(時)로 계산하는 것은 즉시(即時)부터 기산하고
일(日), 월(月) 또는 연(年)으로 계산하는 것은 **초일을 산입하지 아니한다.** 다만, **시효와 구속기간**의 초
일은 시간을 계산하지 아니하고 **1일로 산정**한다(**초일산입**). ② 연 또는 월로 정한 기간은 연 또는 월 단
위로 계산한다. ③ 기간의 말일이 공휴일이거나 토요일이면 그날은 기간에 산입하지 아니한다. 다만,
**시효와 구속기간에 관하여는 예외**로 한다.
* 법 제203조의2**(구속기간에의 산입)** 피의자가 제200조의2·제200조의3·제201조의2제2항 또는 제212조의
규정에 의하여 체포 또는 구인된 경우에는 제202조 또는 제203조의 구속기간은 피의자를 **체포 또는**
**구인한 날부터 기산한다.**
* 법 제92조**(구속기간과 갱신)** ③ 제22조, 제298조제4항, 제306조제1항 및 제2항의 규정에 의하여 공판절
차가 정지된 기간 및 공소제기전의 체포·구인·구금 기간은 제1항 및 제2항의 기간에 산입하지 아니
한다.　cf) **피의자로서의 구속기간** 즉 공소제기 전 체포·구인·구금기간은 **피고인구속기간에서 제외**된다.
* 규칙 제98조**(구속기간연장기간의 계산)** 구속기간연장허가결정이 있는 경우에 그 연장기간은 법 제203조
의 규정에 의한 **구속기간만료일 '다음날'**로부터 기산한다.

**【구속기간에 산입하지 않는 경우】**

* 법 제201조의2**(영장실질심사기간)** ⑦ 피의자심문을 하는 경우 **법원이** 구속영장청구서·수사 관계 서류
및 증거물을 접수한 날부터 구속영장을 발부하여 검찰청에 반환한 날까지의 기간은 제202조 및 제
203조의 적용에 있어서 그 **구속기간에 이를 산입하지 아니한다.**
* 법 제214조의2**(체포·구속적부심사기간)** ⑬ **법원이** 수사 관계 서류와 증거물을 접수한 때부터 결정 후
검찰청에 반환된 때까지의 기간은 제200조의2제5항(제213조의2에 따라 준용되는 경우를 포함한다) 및
제200조의4제1항을 적용할 때에는 그 제한기간에 산입하지 아니하고, 제202조·제203조 및 제205조를

---

16) 다만, 헌법재판소는 국가보안법 **제7조(찬양·고무)**와 제10조**(불고지)**의 죄에 대해서 까지 구속기간을 연장하는
것은 과잉금지원칙에 현저히 반한다고 보아 **위헌 결정**하였다(헌재결 90헌마82).

적용할 때에는 그 **구속기간에 산입하지 아니한다.**

* 법 제172조의2(**감정유치기간**) ① 구속 중인 피고인에 대하여 **감정유치장이 집행**되었을 때에는 피고인이 유치되어 있는 기간 **구속은 그 집행이 정지**된 것으로 간주한다.[17]

* 법 제22조(**기피신청으로 공판절차의 정지**) 기피신청이 있는 때에는 제20조제1항의 경우를 제한 외에는 **소송진행을 정지**하여야 한다. 단, 급속을 요하는 경우에는 예외로 한다.

* 법 제298조(**공소장변경으로 공판절차의 정지**) ④ 법원은 전3항의 규정에 의한 공소사실 또는 적용법조의 추가, 철회 또는 변경이 피고인의 불이익을 증가할 염려가 있다고 인정한 때에는 직권 또는 피고인이나 변호인의 청구에 의하여 피고인으로 하여금 필요한 방어의 준비를 하게 하기 위하여 결정으로 필요한 기간 **공판절차를 정지**할 수 있다.

* 법 제306조(**피고인의 무능력 또는 질병으로 인한 공판절차의 정지**) ① 피고인이 **사물의 변별 또는 의사의 결정을 할 능력이 없는 상태에 있는 때**에는 법원은 검사와 변호인의 의견을 들어서 결정으로 그 상태가 계속하는 기간 공판절차를 정지하여야 한다. ② 피고인이 **질병으로 인하여 출정할 수 없는 때**에는 법원은 검사와 변호인의 의견을 들어서 결정으로 출정할 수 있을 때까지 공판절차를 정지하여야 한다.

## * 구속기간과 관련된 판례 *

1 [대판 2001도5225] [**파기환송 사건에 있어 구속기간의 갱신**] 대법원의 파기환송 판결에 의하여 사건을 환송받은 법원은 형사소송법 제92조 제1항에 따라 2월의 구속기간이 만료되면 특히 계속할 필요가 있는 경우에는 2차(대법원이 형사소송규칙 제57조 제2항에 의하여 구속기간을 갱신한 경우에는 1차)에 한하여 결정으로 구속기간을 갱신할 수 있다.

2 [헌재 99헌가14] [구속기간을 제한하고 있는 형사소송법 제92조 제1항이 피고인의 공정한 재판을 받을 권리를 침해하는지 여부(소극)] 사건 법률조항에서 말하는 '**구속기간**'은 '**법원이 피고인을 구속한 상태에서 재판할 수 있는 기간**'을 의미하는 것이지, '법원이 형사재판을 할 수 있는 기간' 내지 '법원이 구속사건을 심리할 수 있는 기간'을 의미한다고 볼 수 없다. 즉, 이 사건 법률조항은 미결구금의 부당한 장기화로 인하여 피고인의 신체의 자유가 침해되는 것을 방지하기 위한 목적에서 미결구금기간의 한계를 설정하고 있는 것이지, 신속한 재판의 실현 등을 목적으로 법원의 재판기간 내지 심리기간 자체를 제한하려는 규정이라 할 수는 없다. 그러므로 구속사건을 심리하는 법원으로서는 만약 심리를 더 계속할 필요가 있다고 판단하는 경우에는 피고인의 구속을 해제한 다음 구속기간의 제한에 구애됨이 없이 재판을 계속할 수 있음이 당연하고, 따라서 비록 이 사건 법률조항이 법원의 피고인에 대한 구속기간을 엄격히 제한하고 있다 하더라도 이로써 법원의 심리기간이 제한된다거나 나아가 피고인의 공격·방어권 행사를 제한하여 피고인의 공정한 재판을 받을 권리가 침해된다고 볼 수는 없다.

3 [대결 97모1] [**구속기간연장기각결정에 대한 불복 가부(소극)**] 형사소송법 제402조, 제403조에서 말하는 법원은 형사소송법상의 **수소법원만**을 가리키므로, 같은 법 제205조 제1항 소정의 구속기간의 연장을 허가하지 아니하는 지방법원 판사의 결정에 대하여는 같은 법 제402조, 제403조가 정하는 항고의 방법으로는

---

17) **감정유치기간**은 ㉠ 구속기간에는 산입하지 않지만 ㉡ **미결구금일수**를 산입할 때에는 구속기간으로 간주한다 (법172⑧).

불복할 수 없고, 나아가 그 지방법원 판사는 수소법원으로서의 재판장 또는 수명법관도 아니므로 그가 한 재판은 같은 법 제416조가 정하는 준항고의 대상이 되지도 않는다.

## *Reference 2*

### * 구속과 관련된 주요 판례 *

1 [대결 2013모160] [구속영장 발부에 의하여 적법하게 구금된 피의자가 피의자신문을 위한 출석요구에 응하지 아니하면서 수사기관 조사실에 **출석을 거부할 경우**, 수사기관이 구속영장의 효력에 의하여 피의자를 **조사실로 구인할 수 있는지 여부(적극)** 및 이때 피의자를 신문하기 전에 **진술거부권을 고지하여야 하는지 여부 (적극)**] 형사소송법 제70조 제1항 제1호, 제2호, 제3호, 제199조 제1항, 제200조, 제200조의2 제1항, 제201조 제1항의 취지와 내용에 비추어 보면, 수사기관이 관할 지방법원 판사가 발부한 구속영장에 의하여 피의자를 구속하는 경우, 그 **구속영장은 기본적으로 장차 공판정에의 출석이나 형의 집행을 담보**하기 위한 것이지만, 이와 함께 법 제202조, 제203조에서 정하는 구속기간의 범위 내에서 수사기관이 법 제200조, 제241조 내지 제244조의5에 규정된 피의자신문의 방식으로 구속된 피의자를 조사하는 등 적정한 방법으로 범죄를 수사하는 것도 예정하고 있다고 할 것이다. 따라서 (가) 구속영장 발부에 의하여 적법하게 구금된 피의자가 피의자신문을 위한 출석요구에 응하지 아니하면서 수사기관 조사실에 출석을 거부한다면 수사기관은 그 **구속영장의 효력**에 의하여 피의자를 조사실로 구인할 수 있다고 보아야 한다. (나) 다만 이러한 경우에도 그 피의자신문 절차는 어디까지나 법 제199조 제1항 본문, 제200조의 규정에 따른 **임의수사의 한 방법으로 진행되어야 하므로**, 피의자는 헌법 제12조 제2항과 법 제244조의3에 따라 일체의 진술을 하지 아니하거나 개개의 질문에 대하여 진술을 거부할 수 있고, 수사기관은 피의자를 **신문하기 전에 그와 같은 권리를 알려주어야 한다.**

2 [대결 2007모460] [상소기간 중 또는 상소 중의 사건에 관한 피고인의 구속을 소송기록이 상소법원에 도달하기까지는 원심법원이 하도록 규정한 형사소송규칙 제57조 제1항[18]의 규정이 형사소송법 제105조[19]의 규정에 저촉되는지 여부(소극)] [1] 상소제기 후 소송기록이 상소법원에 도달하지 않고 있는 사이에는 피고인을 구속할 필요가 있는 경우에도 기록이 없는 상소법원에서 구속의 요건이나 필요성 여부에 대한 판단을 하여 피고인을 구속하는 것이 실질적으로 불가능하다는 점 등을 고려하면, 상소기간 중 또는 상소 중의 사건에 관한 피고인의 구속을 소송기록이 상소법원에 도달하기까지는 원심법원이 하도록 규정한 형사 소송규칙 제57조 제1항의 규정이 형사소송법 제105조의 규정에 저촉된다고 보기는 어렵다. [2] 불출석상태에서 징역형을 선고받고 항소한 피고인에 대하여 **제1심법원이 소송기록이 항소심법원에 도달하기 전에 구속 영장을 발부한 것이 적법하다고 한** 사례.

---

18) 형사소송규칙 제57조(**상소 등과 구속에 관한 결정**) ① 상소기간 중 또는 상소 중의 사건에 관한 **피고인의 구 속**, 구속기간갱신, 구속취소, 보석, 보석의 취소, 구속집행정지와 그 정지의 취소의 결정은 **소송기록이 상소법 원에 도달하기까지는 원심법원**이 이를 하여야 한다.

19) 형사소송법 제105조(**상소와 구속에 관한 결정**) 상소기간 중 또는 상소 중의 사건에 관하여 구속기간의 갱신, 구속의 취소, 보석, 구속의 집행정지와 그 정지의 취소에 대한 결정은 **소송기록이 원심법원에 있는 때에는 원 심법원이 하여야 한다.**

**3 [대결 2006모646] [검사의 체포영장 또는 구속영장 청구에 대한 지방법원판사의 재판이 항고나 준항고의 대상이 되는지 여부(소극)]** [1] 검사의 체포영장 또는 구속영장 청구에 대한 지방법원판사의 재판은 형사소송법 제402조의 규정에 의하여 항고의 대상이 되는 '법원의 결정'에 해당하지 아니하고, 제416조 제1항의 규정에 의하여 준항고의 대상이 되는 '재판장 또는 수명법관의 구금 등에 관한 재판'에도 해당하지 아니한다. [2] 헌법 제12조 제1항, 제3항, 제6항 및 형사소송법 제37조, 제200조의2, 제201조, 제214조의2, 제402조, 제416조 제1항 등의 규정들은, 신체의 자유와 관련한 기본권의 침해는 부당한 구속 등에 의하여 비로소 생길 수 있고 검사의 영장청구가 기각된 경우에는 그로 인한 직접적인 기본권침해가 발생할 여지가 없다는 점 및 피의자에 대한 체포영장 또는 구속영장의 청구에 관한 재판 자체에 대하여 항고 또는 준항고를 통한 불복을 허용하게 되면 그 재판의 효력이 장기간 유동적인 상태에 놓여 피의자의 지위가 불안하게 될 우려가 있으므로 그와 관련된 법률관계를 가급적 조속히 확정시키는 것이 바람직하다는 점 등을 고려하여, 체포영장 또는 구속영장에 관한 재판 그 자체에 대하여 직접 항고 또는 준항고를 하는 방법으로 불복하는 것은 이를 허용하지 아니하는 대신에, (가) 체포영장 또는 구속영장이 발부된 경우에는 피의자에게 **체포 또는 구속의 적부심사**를 청구할 수 있도록 하고 (나) 그 영장청구가 기각된 경우에는 검사로 하여금 그 영장의 발부를 **재청구**할 수 있도록 허용함으로써, **간접적인 방법으로 불복**할 수 있는 길을 열어 놓고 있는 데 그 취지가 있고, 이는 헌법이 법률에 유보한 바에 따라 입법자의 형성의 자유의 범위 내에서 이루어진 합리적인 정책적 선택의 결과일 뿐 헌법에 위반되는 것이라고는 할 수 없다.

**4 [대판 2001도4291] [긴급체포되었다가 수사기관의 조치로 석방된 후 법원이 발부한 구속영장에 의하여 구속이 이루어진 경우, 형사소송법 제200조의4 제3항, 제208조[20]에 위배되는 위법한 구속인지 여부(소극)]** 형사소송법 제200조의4 제3항은 영장 없이는 긴급체포 후 석방된 피의자를 동일한 범죄사실에 관하여 체포하지 못한다는 규정으로, 위와 같이 석방된 피의자라도 법원으로부터 구속영장을 발부받아 구속할 수 있음은 물론이고, 같은 법 제208조 소정의 **'구속되었다가 석방된 자'라 함은 구속영장에 의하여 구속되었다가 석방된 경우를 말하는 것이지, 긴급체포나 현행범으로 체포되었다가 사후영장발부 전에 석방된 경우는 포함되지 않는다** 할 것이므로, 피고인이 수사 당시 긴급체포되었다가 수사기관의 조치로 석방된 후 법원이 발부한 구속영장에 의하여 구속이 이루어진 경우 앞서 본 법조에 위배되는 위법한 구속이라고 볼 수 없다.

**5 [대결 2001모85] [구속영장의 효력이 미치는 공소사실의 범위 및 그 판단 기준]** [1] 구속영장의 효력은 구속영장에 기재된 범죄사실 및 그 사실의 기초가 되는 사회적 사실관계가 기본적인 점에서 동일한 공소사실에 미친다고 할 것이고, 이러한 **기본적 사실관계의 동일성**을 판단함에 있어서는 그 사실의 동일성이 갖는 기능을 염두에 두고 피고인의 행위와 그 사회적인 사실관계를 기본으로 하되 **규범적 요소도 아울러 고려**하여야 한다. [2] 구속영장에 기재된 **횡령죄의 범죄사실**과 공소장에 기재된 **사기죄의 공소사실**이 범행일시 및 장소, 범행의 목적물과 그 행위의 내용에 있어서는 같으나 그 영득행위에 대한 법적인 평가만이 다를 뿐이므로 그 기본적인 사실관계는 동일하다는 이유로 구속영장의 효력이 공소사실에 미친다고 판단한 원심의 조치를 수긍한 사례.

**\*사전청문절차의 준수와 적법성유무\***

**6-1 [대결 2000모134] [**형사소송법 제72조의 규정 취지 및 법원이 피고인에 대하여 구속영장을 발부함

---

20) 형사소송법 제208조(재구속의 제한) ① 검사 또는 사법경찰관에 의하여 구속되었다가 석방된 자는 **다른 중요한 증거를 발견**한 경우를 제외하고는 동일한 범죄사실에 관하여 재차 구속하지 못한다.

에 있어 사전에 같은 규정에 따른 절차를 거치지 아니한 채 구속영장을 발부하였으나 피고인이 이미 변호인을 선정하여 공판절차에서 변명과 증거의 제출을 다하고 그의 변호 아래 판결을 선고받은 경우, 그 구속영장발부결정이 위법한 것인지 여부(한정 소극)] (가) **형사소송법 제72조**는 "피고인에 대하여 범죄사실의 요지, 구속의 이유와 변호인을 선임할 수 있음을 말하고 변명할 기회를 준 후가 아니면 구속할 수 없다."고 규정하고 있는바, 이는 피고인을 구속함에 있어 법관에 의한 **사전 청문절차를 규정**한 것으로서, 구속영장을 집행함에 있어 집행기관이 취하여야 하는 절차가 아니라 구속영장 발부함에 있어 **수소법원 등 법관이 취하여야 하는 절차라 할 것**이므로, 법원이 피고인에 대하여 구속영장을 발부함에 있어 사전에 위 규정에 따른 절차를 거치지 아니한 채 구속영장을 발부하였다면 그 발부결정은 **위법하다**고 할 것이나, (나) 위 규정은 피고인의 절차적 권리를 보장하기 위한 규정이므로 **이미 변호인을 선정하여** 공판절차에서 변명과 증거의 제출을 다하고 그의 변호 아래 판결을 선고받은 경우 등과 같이 위 규정에서 정한 **절차적 권리가 실질적으로 보장**되었다고 볼 수 있는 경우에는, 이에 해당하는 절차의 전부 또는 일부를 거치지 아니한 채 구속영장을 발부하였다 하더라도 이러한 점만으로 그 발부결정이 **위법하다고 볼 것은 아니다.**

6-2 [비교판례] [대결 2015모1032] 형사소송법 제72조의 '피고인에 대하여 범죄사실의 요지, 구속의 이유와 변호인을 선임할 수 있음을 말하고 변명할 기회를 준 후가 아니면 구속할 수 없다'는 규정은 피고인을 구속함에 있어서 **법관에 의한 사전 청문절차를 규정**한 것으로서, (가) 법원이 사전에 위 규정에 따른 절차를 거치지 아니한 채 피고인에 대하여 구속영장을 발부하였다면 발부결정은 위법하다. 한편 (나) 위 규정은 피고인의 **절차적 권리를 보장**하기 위한 규정이므로 이미 변호인을 선정하여 공판절차에서 변명과 증거의 제출을 다하고 그의 변호 아래 판결을 선고받은 경우 등과 같이 위 규정에서 정한 **절차적 권리가 실질적으로 보장**되었다고 볼 수 있는 경우에는 이에 해당하는 절차의 전부 또는 일부를 거치지 아니한 채 구속영장을 발부하였더라도 이러한 점만으로 발부결정을 **위법하다고 볼 것은 아니지만**, (다) 사전 청문절차의 흠결에도 불구하고 구속영장 발부를 적법하다고 보는 이유는 공판절차에서 증거의 제출과 조사 및 변론 등을 거치면서 판결이 선고될 수 있을 정도로 범죄사실에 대한 **충분한 소명과 공방**이 이루어지고 그 과정에서 피고인에게 자신의 범죄사실 및 구속사유에 관하여 **변명을 할 기회가 충분히 부여되기 때문**이므로, 이와 동일시할 수 있을 정도의 사유가 아닌 이상 함부로 청문절차 흠결의 위법이 치유된다고 해석하여서는 아니 된다.

**\*이중구속\***

7 [대결 2000모134] [1] [구속기간이 만료될 무렵 종전 구속영장에 기재된 범죄사실과 **다른 범죄사실로 피고인을 구속한 경우**, 그러한 사정만으로 피고인에 대한 구속이 위법한 것인지 여부(소극)] **형사소송법 제75조 제1항**은, "구속영장에는 피고인의 성명, 주거, 죄명, 공소사실의 요지, 인치구금할 장소, 발부연월일, 그 유효기간과 그 기간을 경과하면 집행에 착수하지 못하며 영장을 반환하여야 할 취지를 기재하고 재판장 또는 수명법관이 서명날인하여야 한다."고 규정하고 있는바, 구속의 효력은 원칙적으로 위 방식에 따라 작성된 구속영장에 기재된 범죄사실에만 미치는 것이므로, **구속기간이 만료될 무렵**에 종전 구속영장에 기재된 범죄사실과 다른 범죄사실로 피고인을 구속하였다는 사정만으로는 피고인에 대한 구속이 위법하다고 할 수 없다. cf) 사안은 **이중구속**에 대한 법원의 판단으로 이중구속은 위법하지 않다고 판시하고 있다. 그러나 수사기관이 본래 수사하려는 사건에 대하여 구속요건이 구비되지 않아 구속요건이 구비된 다른 사건으로 구속하는 **별건구속은 위법**하다.

**8 [대결 95모94]** [**구금장소의 임의적 변경**이 청구인의 방어권이나 접견교통권의 행사에 중대한 장애를 초래하는지 여부(적극)] 구속영장에는 청구인을 구금할 수 있는 장소로 특정 경찰서 유치장으로 기재되어 있었는데, 청구인에 대하여 위 구속영장에 의하여 1995. 11. 30. 07 : 50경 위 경찰서 유치장에 구속이 집행되었다가 같은 날 08 : 00에 그 신병이 조사차 국가안전기획부 직원에게 인도된 후 위 경찰서 유치장에 인도된 바 없이 계속하여 국가안전기획부 청사에 사실상 구금되어 있다면, 청구인에 대한 이러한 사실상의 구금장소의 임의적 변경은 청구인의 **방어권이나 접견교통권의 행사에 중대한 장애**를 초래하는 것이므로 **위법하다.**

**9 [대판 86도1875]** [형법 제37조 후단의 경합범에 대하여 2개의 형을 선고할 경우의 미결구금 일수 산입 방법] 수개의 범죄사실로 공소제기된 피고인이 그 중 일부의 범죄사실만으로 구속영장이 발부되어 구금되어 있었고, 법원이 그 수개의 범죄사실을 병합심리한 끝에 피고인에게 구속영장이 발부된 일부 범죄사실에 관한 죄의 형과 나머지 범죄사실에 관한 죄의 형으로 나누어 2개의 형을 선고할 경우, 위와 같은 경우에는 일부 범죄사실에 의한 구금의 효과는 피고인의 신병에 관한 한 나머지 범죄사실에도 미친다고 보아 그 구금일수를 어느 죄에 관한 형에 산입할 것인가의 문제는 **법원의 재량에 속하는 사항**이라고 봄이 상당하고, 따라서 이를 구속영장이 발부되지 아니한 다른 범죄사실에 관한 죄의 형에 산입할 수도 있다.

**10 [대결 85모12]** [구속기간의 만료로 구속의 효력이 상실된 후 수소법원이 판결을 선고하면서 피고인을 구속한 것이 형사소송법 제208조 규정에 위배되는지 여부] 항소법원은 항소피고사건의 심리 중 또는 판결 선고 후 상고제기 또는 판결확정에 이르기까지 수소법원으로서 형사소송법 제70조 제1항 각호의 사유있는 불구속 피고인을 구속할 수 있고 또 수소법원의 구속에 관하여는 검사 또는 사법경찰관이 피의자를 구속함을 규율하는 형사소송법 제208조의 규정은 적용되지 아니하므로 구속기간의 만료로 피고인에 대한 구속의 효력이 상실된 후 **항소법원이 피고인에 대한 판결을 선고하면서** 피고인을 구속하였다 하여 위 법 제208조의 규정에 위배되는 재구속 또는 이중구속이라 할 수 없다.

**11 [대판 83도1473]** [구속에 관한 절차상의 위법이 상고이유가 되는지 여부] 구속영장의 집행상의 위법, 검사의 구속기간의 연장결정, 법원의 구속갱신절차에 위법이 있다는 등의 사유는 형사소송법 제383조[21] 소정의 적법한 상고이유로 삼을 수 없다.

---

21) 형사소송법 제383조(**상고이유**) 다음 사유가 있을 경우에는 원심판결에 대한 상고이유로 할 수 있다. 1. 판결에 영향을 미친 헌법·법률·명령 또는 규칙의 위반이 있는 때 2. 판결후 형의 폐지나 변경 또는 사면이 있는 때 3. 재심청구의 사유가 있는 때 4. 사형, 무기 또는 10년 이상의 징역이나 금고가 선고된 사건에 있어서 중대한 사실의 오인이 있어 판결에 영향을 미친 때 또는 형의 양정이 심히 부당하다고 인정할 현저한 사유가 있는 때

# 17 체포 · 구속된 자의 권리(1) – 접견교통권 –

* 헌법재판소 2019. 2. 28. 선고 2015헌마1204 전원재판부 결정
* 참조조문: 형사소송법 제34조,[1) 제243조의2,[2) 형의 집행 및 수용자의 처우에 관한 법률 시행령 제58조 제1항,[3) 국가공무원 복무규정 제9조[4)

---

'변호인이 되려는 자'의 피의자 접견교통권이 '헌법상 기본권'인가?

---

●**사실**● 피의자 X는 2015.10.5. 19:00경 체포영장에 의하여 체포되어 구속영장이 청구되었다. **변호사인 청구인**(아직 변호인으로 선임되지는 않은 상태)은 X의 가족들의 의뢰를 받아 2015.10.6. 17:00경 사건을 수사 중인 부산지방검찰청 검사에게 변호인 접견이 가능한지 전화로 문의한 후, 같은 날 **19:00경** 접견신청서를 지참한 채 검사실을 방문하여 **피청구인 검사 A에게 변호인 접견신청**을 하였다(당시 X의 호송을 담당한 피청구인 부산구치소 교도관은 같은 날 17:00경 A 검사실에서 X를 인계받아 검찰청 내 구치감에 대기시켰다가, 같은 날 19:10경 A 검사로부터 야간 피의자신문을 위한 피의자 소환을 요청받고 X를 검사실로 인치한 상황이었다). 검사는 교도관에게 청구인의 접견신청이 있었음을 알렸고, 교도관은 부산구치소 변호인 접견 담당직원에게 그 처리 절차에 관하여 문의한 후, 청구인에게 「형의 집행 및 수용자의 처우에 관한 법률 시행령」 제58조 제1항에 따라 **'국가공무원 복무규정'상 근무시간(09:00~18:00)이 경과하여 변호인 접견을 허용할 수 없다고** 통보하였다. A 검사는 그 후 청구인의 접견신청에 대하여 더 이상의 조치를 취하지 아니하였고, 청구인은 검사실에서 머무르다가 결국 X를 접견하지 못한 채로 퇴실하였다. A 검사는 청구인이 퇴실한 이후 X에 대한 신문을 계속하였으며, 청구인은 결국 피의자의 변호인으로 선임되지는 못하였다. 이에 청구인은 위와 같이 변호인 접견신청을 불허한 피청구인들의 행위와 피청구인 교도관이 그 법적 근거로 삼은 「형의 집행 및 수용자의 처우에 관한 법률 시행령」 제58조 제1항이 자신의 **기본권을 침해**하였다고 주장하며 **헌법소원심판을 청구**하였다.

●**결정**● 헌법위반. [1] ['변호인이 되려는 자'의 피의자 접견교통권이 헌법상 기본권인지 여부(적극)] (가) 변호인 선임을 위하여 피의자·피고인(이하 '피의자 등'이라 한다)이 가지는 '변호인이 되려는 자'와의 접견교통권은 **헌법상 기본권**으로 보호되어야 하고, '변호인이 되려는 자'의 접견교통권은 피의자 등이 변호인을 선임하여 그로부터 조력을 받을 권리를 공고히 하기 위한 것으로서, 그것이 보장되지 않으면 피의자 등이 변호인 선임을 통하여 변호인으로부터 충분한 조력을 받는다는 것이 유명무실하게 될 수밖에 없다. (나) 이와 같이 '변호인이 되려는 자'의 접견교통권은 피의자 등을 조력하기 위한 **핵심적인 부분**으로서, 피의자 등이 가지는 헌법상의 기본권인 '변호인이 되려는 자'와의 접견교통권과 **표**

---

1) 형사소송법 제34조(**피고인·피의자와의 접견, 교통, 진료**) 변호인이나 **변호인이 되려는 자**는 신체가 구속된 피고인 또는 피의자와 접견하고 서류나 물건을 수수(授受)할 수 있으며 의사로 하여금 피고인이나 피의자를 진료하게 할 수 있다.
2) 형사소송법 제243조의2(**변호인의 참여 등**) ① 검사 또는 사법경찰관은 피의자 또는 그 변호인·법정대리인·배우자·직계친족·형제자매의 신청에 따라 변호인을 피의자와 접견하게 하거나 정당한 사유가 없는 한 피의자에 대한 신문에 참여하게 하여야 한다.
3) 형의 집행 및 수용자의 처우에 관한 법률 시행령 제58조(**접견**) ① 수용자의 접견은 매일(공휴일 및 법무부장관이 정한 날은 제외한다) 「국가공무원 복무규정」 제9조에 따른 근무시간 내에서 한다.
4) 국가공무원 복무규정 제9조(**근무시간 등**) ① 공무원의 1주간 근무시간은 점심시간을 제외하고 40시간으로 하며, 토요일은 휴무함을 원칙으로 한다. ② 공무원의 1일 근무시간은 **오전 9시부터 오후 6시까지**로 하며, 점심시간은 낮 12시부터 오후 1시까지로 한다. 다만, 행정기관의 장은 직무의 성질, 지역 또는 기관의 특수성을 고려하여 필요하다고 인정할 때에는 1시간의 범위에서 점심시간을 달리 정하여 운영할 수 있다.

리의 관계에 있다. (다) 따라서 피의자 등이 가지는 '변호인이 되려는 자'의 조력을 받을 권리가 '실질적으로 확보'되기 위해서는 **'변호인이 되려는 자'의 접견교통권 역시 헌법상 기본권으로서 보장**되어야 한다.

[2] [청구인이 **'변호인이 되려는 자'의 자격**으로 피의자 접견 신청을 하였음에도 이를 허용하기 위한 조치를 취하지 않은 검사의 행위(접견불허행위)가 헌법상 기본권인 청구인의 접견교통권을 침해하였다고 보아 청구인의 헌법소원심판청구를 인용한 사례] 청구인은 피청구인 검사에게 접견신청을 하고 검사실에서 머무르다가 이 사건 검사의 접견불허행위로 인하여 결국 피의자를 접견하지 못하고 검사실에서 퇴실하였으므로, 청구인의 위 피의자에 대한 접견교통권이 제한되었다고 봄이 상당한 점, ……이 사건 접견시간 조항은 검사 또는 사법경찰관이 그 허가 여부를 결정하는 피의자신문 중 변호인 등의 접견신청의 경우에는 적용되지 않으므로, 위 조항을 근거로 변호인 등의 접견신청을 불허하거나 제한할 수는 없는 점 등을 종합해 볼 때, **청구인의 피의자 X에 대한 접견신청은 '변호인이 되려는 자'에게 보장된 접견교통권의 행사 범위 내에서 이루어진 것**이고, 또한 이 사건 검사의 접견불허행위는 헌법이나 법률의 근거 없이 이를 제한한 것이므로 청구인의 접견교통권을 침해하였다고 할 것이다.

[3] [피의자신문 중에 교도관이 '변호인이 되려는 자'의 접견 신청을 허용할 수 없다고 통보하면서 그 근거로 '형의 집행 및 수용자의 처우에 관한 법률 시행령'(2008. 10. 29. 대통령령 제21095호로 전부개정된 것) 제58조 제1항(이하 '이 사건 접견시간 조항'이라 한다)을 제시한 경우, 동 조항에 대하여 **기본권 침해의 자기관련성**을 인정할 수 있는지 여부(소극)] 이 사건 접견시간 조항은 수용자의 접견을 '국가공무원 복무규정'에 따른 근무시간 내로 한정함으로써 피의자와 변호인 등의 접견교통을 제한하고 있는데, 위 조항은 교도소장·구치소장이 그 허가 여부를 결정하는 변호인 등의 접견신청의 경우에 적용되는 조항으로서, 형사소송법 제243조의2 제1항에 따라 검사 또는 사법경찰관이 그 허가 여부를 결정하는 피의자신문 중 변호인 등의 접견신청의 경우에는 적용된다고 볼 수 없으므로, 위 조항을 근거로 피의자신문 중 변호인 등의 접견신청을 불허하거나 제한할 수도 없다. 따라서 피의자신문 중에 교도관이 '변호인이 되려는 자'의 접견 신청을 허용할 수 없다고 통보하면서 그 근거로 이 사건 접견시간 조항을 제시한 경우, 동 조항에 대하여 기본권 침해의 자기관련성을 인정할 수 없다」.

●**해설**● 1 대상결정의 의의　　　대상결정은 종래 헌법재판소와 대법원의 선례를 깨고 **변호인의 피의자 접견교통권**이 헌법상의 '기본권'임 확인하고 있다. 종래 대법원은 변호인의 구속된 피고인 또는 피의자와의 접견교통권은 「피고인 또는 피의자 자신이 가지는 변호인과의 접견교통권과는 성질을 달리하는 것으로서 헌법상 보장된 권리라고는 볼 수 없고, 형사소송법 제34조에 의하여 비로소 보장되는 권리」로만 보아왔다(대결 2000모112). 그러나 대상결정에서 헌법재판소는 변호인뿐만 아니라 **'변호인이 되려는 자'**의 접견교통권 까지 **헌법상의 '기본권'**으로서 보장되어야 한다고 판시하여 그 권리를 더욱 강화하였다는 점에서 의의가 크다(대상결정에서의 쟁점은 변호인으로 정식 선임되지 않은 변호사가 '변호인이 되려고 하는 자'로서 가지는, 피의자 등에 대한 접견교통권이 헌법상의 기본권에 해당하는가 아니면, 단순히 형사소송법 제34조의 규정에 따라 인정되는 법률상의 권리에 불과한 것인지가 다투어졌다. 헌법에서는 체포·구속된 자의 변호인 조력권의 주체를 '변호인'으로만 규정하고 있지만, 형사소송법에서 이를 확대하여 '변호인이 되려는 자'를 포함시키고 있다). 또 하나 이 사건에서 「형의 집행 및 수용자의 처우에 관한 법률」시행령 제58조 제1항은 '국가공무원 복무규정'에 따라 근무시간(09:00~18:00) 내로 '수용자의 접견'을 제한하고 있는데, 헌법재판소는 검사 또는 사법경찰관이 그 허가 여부를 결정하는 피의자신문 중 변호인의 접견신청의 경우에는 위 조항이 적용되지 않는다고 결정함으로써(사례에서 교도관의 접견불허조치는 법령에 정한 접견시간을 벗어난 것이므로 적법한 것으로 볼 수도 있다. 그러나 이 규정은 교도소 내에서의 접견에 대한 규정에 불과하고, 체포·구속된 자에

대한 피의자신문시에 적용될 규정은 아니므로 이 규정을 위의 사례에 적용하는 것은 유추적용으로서 허용되지 않는다), 위 조항을 근거로 하여 변호인 또는 변호인이 되려는 자의 접견신청을 불허하거나 제한할 수 없다는 점을 분명히 하였다는 점에서 그 의의가 있다.

**2 접견교통권의 의의**　　　　接見交通권이란 피의자 또는 피고인, 특히 체포·구속된 피의자(피고인)가 변호인이나 가족·친지 등의 타인과 **접견**하고 서류 또는 물건을 **수수**하며 의사의 **진료**를 받을 권리를 말한다(특히, 변호인과의 접견교통권은 변호인의 조력을 받을 권리의 가장 핵심적인 내용이다). (1) 체포·구속된 피의자 또는 피고인의 변호인과의 접견교통권은 **헌법상 보장된 '기본권'**이다(헌법12④)[5](헌재 2002헌마193).[6] 기본권이므로 '법률'에 의한 제한(헌법37②)[7]은 가능하나 형사소송법은 체포·구속된 피의자·피고인의 '변호인'과의 접견교통원을 **제한 없이 보장**하고 있다(법34)(다만, 「형집행법」에서 구속 장소에서의 질서유지를 위한 규정을 두고 있을 뿐이다). (2) 접견교통권은 **방어권 행사**에서 핵심적 역할을 하기 때문에 ㉠ 피의자·피고인의 권리임과 동시에 ㉡ 변호인의 권리 중 가장 중요한 **고유권**이다. (3) 형사절차에서 변호인의 조력을 받을 권리는 실질적으로 **무기대등의 원칙**을 실현하여 적법절차를 준수하려는 실천적 수단이다. (4) 하지만 피의자 등이 헌법상 변호인의 조력을 받을 권리의 의미와 범위를 정확히 이해하면서도 이성적 판단에 따라 **자발적으로 그 '권리를 포기'한 경우**까지 피의자 등의 의사에 반하여 변호인의 접견이 강제될 수 있는 것은 아니다(대판 2016다266736, Ref 1−1).

**3 접견교통권의 유형**　　　　接見交通권은 세 가지 유형으로 분류된다. ① 피의자·피고인의 변호인과의 접견교통권(피의자·피고인 → 변호인), ② 피의자·피고인의 변호인 아닌 자와의 접견교통권(피의자·피고인 → 비변호인) 그리고 ③ 변호인의 피의자·피고인 등과의 접견교통권(변호인 → 피의자·피고인)이 그것이다. (1) 먼저 체포 또는 구속된 피의자·피고인의 **변호인과의 접견교통권**은 「신체구속을 당한 피고인이나 피의자의 인권보장과 방어준비를 위하여 '필수불가결한 권리'이므로, '법령'에 의한 제한이 없는 한 '수사기관의 처분'은 물론, '법원의 결정'으로도 이를 제한할 수 없다」(헌재 2009헌마341, Ref 1.12−1).[8] (2) 하지만 **비변호인과의 접견교통권**은 ㉠ 법률(형집행법)과 ㉡ 법원, ㉢ 수사기관의 결정에 의해 **제한될 수 있다.** 마지막으로 (3) **변호인의 피의자·피고인 등과의 접견교통권**과 관

---

5) 헌법 제12조 ④ 누구든지 체포 또는 구속을 당한 때에는 **즉시 변호인의 조력을 받을 권리**를 가진다. 다만, 형사피고인이 스스로 변호인을 구할 수 없을 때에는 법률이 정하는 바에 의하여 **국가가 변호인을 붙인다.**

6) 법적·심리적으로 불안한 상태에 있는 피의자나 피고인은 변호인과의 접견을 통하여 심리적인 안정을 회복하고, 형사소송절차 내에서 효과적으로 방어권을 행사할 수 있게 된다. 미국의 경우, 1964년 Escobedo 사건에서 연방대법원은 경찰이 피의자를 조사하는 과정에서 변호인의 도움을 받을 수 있는 권리는 보장되어야 하며, 변호인과의 접견교통권이 침해된 상태에서 취득한 증거는 증거능력이 없다고 판시하였다(Escobedo v. Illinois, 878 U.S. 478(1964)).

7) 헌법상 규정된 기본권이라고 하더라도 무제한적으로 인정될 수는 없다. 헌법상 기본권은 법률유보원칙에 의해 제한된다. 헌법 제37조 ② 국민의 모든 자유와 권리는 **국가안전보장·질서유지** 또는 **공공복리**를 위하여 필요한 경우에 한하여 **'법률'로써 제한**할 수 있으며, 제한하는 경우에도 자유와 권리의 본질적인 내용을 침해할 수 없다.

8) 형사소송법 제89조는 접견교통권을 **'법률이 정한 범위'**에서 보장하고 있다. 따라서 법률에 의한 제한은 가능하다. 헌법재판소는 국선변호인이 구치소에 수감된 피의자의 접견을 신청하였으나 접견을 희망한 날이 공휴일이라는 이유로 불허한 것은 합헌으로 보았다(헌재 2009헌마341)(「형집행법」 제1조, 제41조, 제42조, 제84조 제2항 참조). 형사소송법 제89조(구속된 피고인의 접견·진료) 구속된 피고인은 관련 **법률이 정한 범위**에서 타인과 접견하고 서류나 물건을 수수하며 의사의 진료를 받을 수 있다.

련하여 헌법재판소는 대상결정에서와 같이 **'변호인이 되려는 자'**의 접견교통권도 '헌법상의 기본권'으로 판시하고 있다(대상결정에서 다수의견은 변호인이 되려는 자의 접견교통권은 그 특성상 구속된 피의자와의 필요적·상호적인 공동관계에서 비로소 실현될 수 있는 것이므로 피의자의 변호인의 조력을 받을 권리가 '실질적으로 확보'되기 위해서는 그와 **'표리관계'**에 있는 변호인이 되려는 자의 접견교통권 또한 헌법상 기본권으로 보장되어야 한다는 점을 강조하고 있다. 헌재 2015헌마1204).

**4 접견교통권의 주체**　　　(1) 변호인의 조력을 받을 권리를 **'실질적'**으로 보장하기 위하여 법원은 「임의동행의 형식으로 수사기관에 연행된 '피의자'에게도 변호인 또는 변호인이 되려는 자와의 접견교통권은 당연히 인정된다고 보아야 하고, **임의동행의 형식으로 연행된 '피내사자'**의 경우에도 이는 마찬가지이다」(대결 96모18).9) (2) 체포·구속당한 피의자뿐만 아니라 **신체구속 상태에 있지 않은 피의자**도 당연히 접견교통권의 주체가 될 수 있다(헌재 2000헌마138, 법243의2①). 이와 같이, 변호인과의 접견교통권은 피고인 또는 피의자를 불문하며, 구속 또는 불구속을 불문한다. (3) 나아가 헌법재판소는 인천국제공항에서 난민인정신청을 하였으나 난민인정심사불회부결정을 받아 송환대기실에 약 5개월째 수용되어 있는 (인천공항 송환대기실 밖으로 나갈 수 없었고 공중전화 외에 외부와의 소통수단이 없는 상태에서 변호인 접견신청이 거부된 사안) 사람에게도 변호인의 조력을 받을 권리는 있다고 판시하고 있다(헌재 2014헌마346, Ref 1-2)(적법절차원리의 행정영역으로의 확대). (4) 그러나 형이 확정되어 집행 중에 있는 **'수형자'**에 대한 재심개시의 여부를 결정하는 **재심청구절차**의 경우에는 변호인의 접견교통권이 그대로 적용될 수는 없다(대판 96다48831, Ref 1.15-3).

**5 변호인과의 접견교통권의 내용**　　　접견교통권의 주요 내용으로는 우선 (1) 접견의 **비밀이 보장**되어야 한다. 변호인과의 **'자유로운' 접견**은 피의자(피고인)의 핵심적 권리이므로 '어떠한 명분'으로 제한될 수 없다. 헌법재판소도 「변호인과의 자유로운 접견은 신체구속을 당한 사람에게 보장된 변호인의 조력을 받을 권리의 가장 중요한 내용이어서 국가안전보장, 질서유지, 공공복리 등 **어떠한 명분으로도** 제한될 수 있는 성질의 것이 아니다」고 판시한다(헌재 91헌마111).10) 따라서 변호인과의 접견에는 ㉠ 교도관이 절대 참여하지 못하며 ㉡ 그 내용을 청취하거나 녹취하지 못한다. ㉢ 다만 보이는 거리(可視거리)에서 미결수용자를 **관찰**할 수 있다(형집행법84①).11)(이와 관련하여 헌법재판소는 구치소 내의 변호인 접견실에

---

9) 수사 이전 단계를 **내사(입건 전 조사)**라 한다. 내사의 대상자인 피내사자는 단순한 용의자에 불과하므로 원칙적으로 피의자가 가지는 권리를 주장할 수는 없다. 하지만 변호인과의 접견교통권은 헌법상의 기본권이므로 제한받지 아니한다. 그러나 피내사자는 **증거보전**(법184)을 청구할 수 없고(대결 79도792), **내사종결처분에** 대해 진정인은 재정신청(법260)이나 헌법소원을 제기할 수 없다(대결 91모68; 헌재 89헌마277).

10) 헌법재판소는 본 결정이후, '자유로운 접견'의 의미를 다음과 같이 좀 더 분명하게 한정하고 있다. 「91헌마111 결정에서 미결수용자와 변호인과의 접견에 대해 어떠한 명분으로도 제한할 수 없다고 한 것은 구속된 자와 변호인 간의 **접견이 '실제로 이루어지는 경우'**에 있어서의 **'자유로운 접견'**, 즉 '대화내용에 대하여 비밀이 완전히 보장되고 어떠한 제한, 영향, 압력 또는 부당한 간섭 없이 자유롭게 대화할 수 있는 접견'을 제한할 수 없다는 것이지, 변호인과의 접견 자체에 대해 아무런 제한도 가할 수 없다는 것을 의미하는 것이 아니므로 미결수용자의 변호인 접견권 역시 국가안전보장·질서유지 또는 공공복리를 위해 **필요한 경우에는 '법률로써 제한'**될 수 있음은 당연하다」(헌재 2009헌마341, Ref 1.12-1).

11) 형의 집행 및 수용자의 처우에 관한 법률 제84조(**변호인과의 접견 및 편지수수**) ① 제41조 제4항에도 불구하고 미결수용자와 변호인과의 접견에는 교도관이 참여하지 못하며 그 내용을 청취 또는 녹취하지 못한다. 다만, 보이는 거리에서 미결수용자를 **관찰**할 수 있다. ② 미결수용자와 변호인 간의 접견은 시간과 횟수를 제한하지 아니한다. ③ 제43조제4항 단서에도 불구하고 미결수용자와 변호인 간의 **편지**는 교정시설에서 상대방이

CCTV를 설치한 것은 접견교통권을 침해하는 것은 아닌 것으로 보았고, 더불어 교도관이 미결수용자와 변호인 간에 주고받는 서류를 확인하고, 소송관계서류처리부에 그 제목을 기재하여 등재한 행위도 접견교통권이나 개인정보의 자기결정권을 침해하는 것은 아니라고 판시하였다. 헌재 2015헌마243, Ref 1.11−1). (2) 변호인이나 변호인이 되려는 자는 ㉠ 신체가 구속된 피고인 또는 피의자와 **접견**하고, ㉡ '서류'나 '물건'을 **수수**(授受)할 수 있으며, ㉢ 의사로 하여금 피고인이나 피의자를 **진료**하게 할 수 있다(법34). 수수한 서류의 **검열**과 물건의 **압수**는 허용되지 않는다(대판 2021도244, Ref 2−1). (3) 미결수용자와 변호인간의 접견은 시간과 횟수를 제한하지 아니한다(형집행법84②). (4) 대법원은 **접견교통권 행사의 한계**에 대하여 '신체구속제도의 본래의 목적'이라는 기준을 제시한바 있다. 즉「변호인 또는 변호인이 되려는 자의 접견교통권은 **신체구속제도 본래의 목적을 침해하지 아니하는 범위 내에서 행사**되어야 하므로, 변호인 또는 변호인이 되려는 자가 구체적인 시간적·장소적 상황에 비추어 현실적으로 보장할 수 있는 한계를 벗어나 피고인 또는 피의자를 접견하려고 하는 것은 정당한 접견교통권의 행사에 해당하지 아니하여 허용될 수 없다」(대판 2013도16162, Ref 1−3).

### 6 '비변호인'과의 접견교통권의 제한

비변호인과의 접견교통권은 법률과 법원, 수사기관의 결정에 의해 제한될 수 있다. 먼저 (1) 비변호인과의 접견교통권은 **법률에 의한 제한**이 허용된다. 이에 따라「형집행법」등에 의한 제한이 가능하다(법41~43).[12] (2) 형사소송법 제91조는 "**법원**은 **도망**하거나 범죄의 **증거를 인멸**할 염려가 있다고 인정할 만한 상당한 이유가 있는 때에는 **직권** 또는 **검사의 청구**에 의하여 결정"으로 구속된 피고인과 비변호인과 **접견을 금지**할 수 있다고 하여 '**법원'에 결정**에 의해 제한할 수 있도록 하고 있다.[13] (3) 그리고 형사소송법 제91조는 피의자의 체포·구속에 대해서도 준용되므로 '**수사기관'의 결정**에 의한 비변호인과의 접견교통권의 제한도 허용된다(법200의6·209). 이상의 접견의 금지는 **전면적 금지**뿐만 아니라 특정인의 접견을 배제시키는 **개별적 금지**가 포함되고, **조건부** 또는 **기한부 금지**도 가능하다. (4) 그러나 인도적 차원에서 **의류·양식·의료품**은 수수를 금지하거나 압수할 수 없다(법91단서).

### 7 접견교통권 침해의 양태

접견교통권을 제한하거나 침해를 인정한 사례로는 ① 접견신청일이 **경과하도록** 접견이 이루어지지 않은 경우(대결 91모24, Ref 1.9−1), ② 사실상 구금 장소를 임의적으

---

변호인임을 확인할 수 없는 경우를 제외하고는 **검열할 수 없다.**

12) 형의 집행 및 수용자의 처우에 관한 법률 제41조(**접견**) ① 수용자는 교정시설의 외부에 있는 사람과 접견할 수 있다. 다만, 다음 각 호의 어느 하나에 해당하는 사유가 있으면 그러하지 아니하다. 1. 형사 법령에 저촉되는 행위를 할 우려가 있는 때 2.「형사소송법」이나 그 밖의 법률에 따른 접견금지의 결정이 있는 때 …… 이하 생략. 제42조(**접견의 중지 등**) 교도관은 접견 중인 수용자 또는 그 상대방이 다음 각 호의 어느 하나에 해당하면 **접견을 중지할 수 있다.** 1. 범죄의 증거를 인멸하거나 인멸하려고 하는 때 2. 제92조의 금지물품을 주고받거나 주고받으려고 하는 때 …… 이하 생략. 제43조(**편지수수**) ① 수용자는 다른 사람과 편지를 주고받을 수 있다. 다만, 다음 각 호의 어느 하나에 해당하는 사유가 있으면 그러하지 아니하다. 1.「형사소송법」이나 그 밖의 법률에 따른 편지의 수수금지 및 압수의 결정이 있는 때 2. 수형자의 교화 또는 건전한 사회복귀를 해칠 우려가 있는 때 …… 이하 생략.

13) 형사소송법 제91조(**변호인 아닌 자와의 접견·교통**) 법원은 **도망하거나 범죄의 증거를 인멸**할 염려가 있다고 인정할 만한 상당한 이유가 있는 때에는 직권 또는 검사의 청구에 의하여 결정으로 구속된 피고인과 제34조에 규정한 외의 타인과의 접견을 금지할 수 있고, 서류나 그 밖의 물건을 수수하지 못하게 하거나 검열 또는 압수할 수 있다. 다만, **의류·양식·의료품**은 수수를 금지하거나 압수할 수 없다.

로 **변경**한 경우(대결 95모94, Ref 1−8), ③ 피의자신문에 참여한 변호인에게 피의자 **후방에 앉으라고** 요구한 경우(헌재 2016헌마503), ④ 피의자신문 중에 부당한 신문방법에 대한 이의제기를 하였다는 이유만으로 변호인을 조사실에서 **퇴거**시킨 경우(대결 2015모2357), ⑤ 신체구속을 당한 피의자 또는 피고인이 범한 것으로 의심받고 있는 범죄행위에 **변호인이 관련**되어 있다는 사정만으로 접견교통권을 금지하는 경우(대결 2006모656, Ref 1−4), ⑥ 피의자 접견시 승낙 없이 **사진촬영**을 하는 경우(대판 2002다56628, Ref 1−6)나 변호인 접견에 **교도관이 참여**하는 경우(헌재 91헌마111) 등이다.

**8 접견교통권 침해에 대한 법적 효과 및 구제**　　　(1) 변호인의 접견교통권이 침해된 상태에서 수집된 피고인, 피의자의 자백이나 증거물은 '**위법수집증거**'로서 증거능력이 인정되지 않는다(대판 90도1586, Ref 1−10). 그러나 검사의 '**비변호인**'과의 접견금지결정이 있는 중에 작성된 피의자신문조서라 하여 그 조서가 임의성이 없다고는 할 수 없다(대판 84도846, Ref 2−7). (2) 접견교통권 침해에 대한 **구제**와 관련하여서는 ① '법원'의 결정에 대하여 불복이 있는 때에는 **보통항고**를 할 수 있으며(법403②)[14], ② '수사기관'(검사 또는 사법경찰관)에 의한 피의자의 접견교통권 제한은 **준항고**에 의하여 그에 대한 취소 또는 변경을 요구할 수 있다(법417)[15]. ③ '교도소·구치소'에 의한 접견교통권의 침해에 대해서는 **행정소송**에 의해서 구제받을 수 있다. ④ 접견교통권을 침해한 공무원과 국가를 상대로 **국가배상청구**가 가능하며, 법원의 '준항고' 절차를 밟아 취소결정이 있었음에도 수사기관이 이를 무시한 채 재차 접견거부처분을 하면 **헌법소원 청구**가 허용된다(헌재 89헌마181).

### *Reference 1*

## * 접견교통권의 침해를 인정한 사례 *

1 [대판 2016다266736] [서울시 공무원 간첩 혐의 사건[16]] [1] [피의자 등이 헌법상 변호인의 조력을 받을

---

14) 형사소송법 제403조(**판결 전의 결정에 대한 항고**) ① 법원의 관할 또는 판결 전의 소송절차에 관한 결정에 대하여는 특히 즉시항고를 할 수 있는 경우 외에는 항고하지 못한다. ② 전항의 규정은 **구금**, 보석, 압수나 압수물의 환부에 관한 결정 또는 감정하기 위한 피고인의 유치에 관한 결정에 적용하지 아니한다.

15) 형사소송법 제417조(동전) 검사 또는 사법경찰관의 구금, 압수 또는 압수물의 환부에 관한 처분과 제243조의2에 따른 **변호인의 참여 등에 관한 처분**에 대하여 불복이 있으면 그 직무집행지의 관할법원 또는 검사의 소속 검찰청에 대응한 법원에 그 처분의 취소 또는 변경을 청구할 수 있다.

16) **서울시 공무원 간첩 혐의 사건**은 국가정보원이 조선민주주의인민공화국 국적으로 북한에 거주하던 전 서울특별시 공무원 유우성씨가 북한에 탈북자 정보를 누출하였다고 주장한 사건이다. **유우성**은 북한에 거주하던 화교출신이다. 북한에서 경성의학전문학교를 졸업하고 준의사로 살다가 중국으로 탈북했다. 제1심에서 법원은 유우성에 대해 여권법과 「북한이탈주민의 보호 및 정착지원에 관한 법률」을 위반한 혐의로 징역 1년 집행유예 2년을 선고했지만, 간첩 혐의에 대해서는 무죄를 선고했다. 다만 불법구금 상태에서 조사받은 것은 아니라고 판단했다. 검찰은 무죄 판결을 받은 간첩 혐의에 대해 항소하였고, 유우성은 북한이탈주민 지원금을 부정수급할 의사가 없었다고 항소했다. 여동생 유가려와 민변측은 유가려가 중앙합동신문센터에서 조사를 받는 동안 **변호인의 접견이 차단당한 것이 위법하다**는 항고 신청을 냈다. 이 신청은 법원에서 받아들여졌다. 제2심에서는 제1심과 같은 판결을 내렸으며, 유가려가 불법 구금 상태에서 모욕. 강압적인 조사를 당했다고 결론내렸다. 중국 국적 화교라는 사실이 밝혀진 이상 북한이탈주민이 아니기 때문에 북한이탈주민법상 보호조치에 의한 조사를 할 수 없고 피의자로 조사를 해야 하지만 영장청구를 하지 않고 170일간 불법 구금된 상태에서 조사를 했다고 결론 냈다. 2015년 10월 29일 대법원은 유우성의 여권법 위반, 북한이탈주민의 보호 및 정착지원에 관한 법률 위반, 사기의 혐의를 인정해 징역 1년에 집행유

권리의 의미와 범위를 정확히 이해하면서도 이성적 판단에 따라 **자발적으로 그 권리를 포기한 경우**, 변호인의 접견이 강제될 수 있는지 여부(소극) 및 위와 같은 요건이 갖추어지지 않았는데도 수사기관이 접견을 허용하지 않는 경우, 변호인의 접견교통권 침해로 인한 국가배상책임이 성립하는지 여부(적극)와 그 증명책임의 소재] 수사기관이 법령에 의하지 않고는 변호인의 접견교통권을 제한할 수 없다는 것은 대법원이 오래전부터 선언해 온 확고한 법리로서 변호인의 접견신청에 대하여 허용 여부를 결정하는 수사기관으로서는 마땅히 이를 숙지해야 한다. 이러한 법리에 반하여 변호인의 접견신청을 허용하지 않고 변호인의 접견교통권을 침해한 경우에는 접견 불허결정을 한 공무원에게 고의나 과실이 있다고 볼 수 있다. 변호인의 접견교통권은 피의자 등이 변호인의 조력을 받을 권리를 실현하기 위한 것으로서, (가) 피의자 등이 헌법 제12조 제4항에서 보장한 기본권의 의미와 범위를 정확히 이해하면서도 이성적 판단에 따라 **자발적으로 그 권리를 포기한 경우**까지 피의자 등의 의사에 반하여 변호인의 접견이 강제될 수 있는 것은 아니다. (나) 그러나 변호인이 피의자 등에 대한 접견신청을 하였을 때 위와 같은 요건이 갖추어지지 않았는데도 수사기관이 접견을 허용하지 않는 것은 변호인의 접견교통권을 침해하는 것이고, (다) 이 경우 국가는 변호인이 입은 정신적 고통을 배상할 책임이 있다. (라) 이때 변호인의 조력을 받을 권리의 중요성, 수사기관에 이러한 권리를 침해할 동기와 유인이 있는 점, 피의자 등이 접견교통을 거부하는 것은 이례적이라는 점을 고려하면, **피의자 등이** 헌법 제12조 제4항에서 보장한 기본권의 의미와 범위를 정확히 이해하면서도 이성적 판단에 따라 자발적으로 그 권리를 포기하였다는 것에 대해서는 **이를 주장하는 사람이 증명할 책임**이 있다. [2] **북한에서 태어나고 자란 중국 국적의 화교**인 갑이 대한민국에 입국한 후 국가정보원장이 북한이탈주민의 보호 및 정착지원에 관한 법률에 따라 설치·운영하는 임시보호시설인 **중앙합동신문센터에 수용**되어 조사를 받았는데, **변호사인 을 등이 갑에 대한 변호인 선임을 의뢰받고 9차례에 걸쳐 갑에 대한 변호인접견을 신청하였으나, 국가정보원장과 국가정보원 소속 수사관이 을 등의 접견신청을 모두 불허**하였고, 이에 을 등이 국가를 상대로 변호인 접견교통권 침해를 이유로 손해배상을 구한 사안에서, 국가정보원장이나 국가정보원 수사관이 변호인인 을 등의 갑에 대한 접견교통신청을 허용하지 않은 것은 **변호인의 접견교통권을 침해한 위법한 직무행위에 해당**하므로, 국가는 을 등이 입은 정신적 손해를 배상할 책임이 있다고 본 원심판단이 정당하다.

2 [헌재 2014헌마346] ●사실● 이 사건 청구인은 수단 국적의 외국인으로 2013. 11. 20. 인천국제공항에 도착하여 난민인정신청을 하였으나 입국목적이 사증에 부합하지 않음을 이유로 입국불허 및 송환지시 결정이 내려졌다. 난민심사를 위해 공항 송환대기실에 수용된 청구인은 같은 달 26. 인천공항출입국·외국인청장으로부터 난민인정심사불회부 결정을 받은 후 같은 달 28. 난민인정심사불회부결정 취소의 소를 제기하였고 같은 해 12. 19. 인신보호청구의 소를 제기하였다. 청구인은 인신보호청구의 소의 인용으로 2014. 5. 4. 수용이 해제되기까지 5개월 이상 공항 송환대기실에 수용되었다. 공항 송환대기실은 입국이 불허된 외국인들이 국외 송환에 앞서 임시로 머무르는 곳으로 출입문이 철문으로 되어 있는 폐쇄된 공간이고 출입이 통제된다. 청구인은 자신의 의사에 따라 대기실 밖으로 나갈 수 없었고, 공중전화 외에는 외부와의 소통수단이 없었다. 청구인의 변호인은 2014. 4. 25. 청구인에 대한 접견을 신청하였으나 피청구인은 같은 달 25. 송환대기실 내에 수용된 입국불허자에게 변호인접견권을 인정할 법적 근거가 없고, 피청구인은 송환대기실의 관리·운영 주체가 아니어서 청구인에 대한 변호인 접견을 허가할 권한이나 의무가 없다는 이유를 들어 청구인의 변호인의 접견신청을 거부하였다. 청구인은 피청구인의 접견신청 거부로 인하여 청구인의

예 2년을 선고하였으나, 간첩 혐의에 대해서는 무죄를 확정하였다. ko.wikipedia.org

변호인의 조력을 받을 권리가 침해되었다고 주장하면서 접견신청 거부의 취소를 구하는 이 사건 헌법소원 심판을 청구하였다. ●판지● [1] [헌법 제12조 제4항 본문에 규정된 "구속"에 행정절차상 구속도 포함되는지 여부(적극, 선례변경)] 헌법 제12조 제4항 본문의 문언 및 헌법 제12조의 조문 체계, 변호인 조력권의 속성, 헌법이 신체의 자유를 보장하는 취지를 종합하여 보면 헌법 제12조 제4항 본문에 규정된 "구속"은 사법절차에서 이루어진 구속뿐 아니라, 행정절차에서 이루어진 구속까지 포함하는 개념이다. 따라서 헌법 제12조 제4항 본문에 규정된 변호인의 조력을 받을 권리는 행정절차에서 구속을 당한 사람에게도 즉시 보장된다. [2] 인천국제공항 송환대기실은 출입문이 철문으로 되어 있는 폐쇄된 공간이고, 인천국제공항 항공사운영협의회에 의해 출입이 통제되기 때문에 청구인은 송환대기실 밖 환승구역으로 나갈 수 없었으며, 공중전화 외에는 외부와의 소통 수단이 없었다. 청구인은 이 사건 변호인 접견신청 거부 당시 약 5개월 째 송환대기실에 수용되어 있었고, 적어도 난민인정심사불회부 결정 취소소송이 종료될 때까지는 임의로 송환대기실 밖으로 나갈 것을 기대할 수 없었다. 청구인은 이 사건 변호인 접견신청 거부 당시 자신에 대한 송환대기실 수용을 해제해 달라는 취지의 인신보호청구의 소를 제기해 둔 상태였으므로 자신의 의사에 따라 송환대기실에 머무르고 있었다고 볼 수도 없다. 따라서 청구인은 이 사건 변호인 접견신청 거부 당시 헌법 제12조 제4항 본문에 규정된 "구속" 상태였다. [3] 이 사건 변호인 접견신청 거부는 현행법상 아무런 법률상 근거가 없이 청구인의 변호인의 조력을 받을 권리를 제한한 것이므로, 청구인의 변호인의 조력을 받을 권리를 침해한 것이다. 또한 청구인에게 변호인 접견신청을 허용한다고 하여 국가안전보장, 질서유지, 공공복리에 어떠한 장애가 생긴다고 보기는 어렵고, 필요한 최소한의 범위 내에서 접견 장소 등을 제한하는 방법을 취한다면 국가안전보장이나 환승구역의 질서유지 등에 별다른 지장을 주지 않으면서도 청구인의 변호인 접견권을 제대로 보장할 수 있다. 따라서 이 사건 변호인 접견신청 거부는 국가안전보장이나 질서유지, 공공복리를 위해 필요한 기본권 제한 조치로 볼 수도 없다. ●해설● 대상 결정은 "외국인에게 변호인의 조력을 받을 권리를 인정한 대단히 의미 있는 결정이다. 이를 전제로 헌법 제12조 제4항 본문에 규정된 '구속'에 행정절차상 구속이 포함되며, 청구인의 송환대기실 수용이 동 규정의 '구속'에 해당되므로, 헌법 제12조 제4항 본문에 따라 변호인의 조력을 받을 권리가 있다고 하는 등 구체적 타당성을 기하였다. 이에 따라 이 사건 변호인 접견신청 거부는 청구인의 변호인의 조력을 받을 권리를 침해하므로 헌법에 위반된다고 판시하였다. 종래 결정에서는 헌법 제12조 제4항에 규정된 '구속'에는 형사절차상 구속만 포함되고, 행정절차상 구속은 포함되지 않는다고 판시하였는바, 종래 판례를 변경하여 행정절차상 구속의 경우에도 변호인의 조력을 받을 권리가 있다고 판시한 점에서 그 의미가 크다."[17]

3 [대판 2013도16162] [변호인이 되려는 의사를 표시한 자가 객관적으로 변호인이 될 가능성이 있는 경우, 신체구속을 당한 피고인 또는 피의자와 접견하지 못하도록 제한할 수 있는지 여부(소극)] [1] 형사소송법 제34조는 "변호인 또는 변호인이 되려는 자는 신체구속을 당한 피고인 또는 피의자와 접견하고 서류 또는 물건을 수수할 수 있으며 의사로 하여금 진료하게 할 수 있다."라고 규정하고 있으므로, 변호인이 되려는 의사를 표시한 자가 객관적으로 변호인이 될 가능성이 있다고 인정되는데도, 형사소송법 제34조에서 정한 '변호인 또는 변호인이 되려는 자'가 아니라고 보아 신체구속을 당한 피고인 또는 피의자와 접견하지 못하도록 제한하여서는 아니 된다. [2] 변호인 또는 변호인이 되려는 자의 접견교통권은 신체구속제도 본래의 목적을 침해하지 아니하는 범위 내에서 행사되어야 하므로, 변호인 또는 변호인이 되려는 자가 구체적인 시

---

17) 성중탁, 출입국 외국인(난민)의 기본권 보장범위에 관한 헌재 결정 및 관련 법제에 대한 검토와 그 개선방안 — 헌법재판소 2018. 5. 31. 2014헌마346 결정을 중심으로 —, 행정판례연구 제25권 제1호(2020), 374−375면.

간적·장소적 상황에 비추어 현실적으로 보장할 수 있는 한계를 벗어나 피고인 또는 피의자를 접견하려고 하는 것은 정당한 접견교통권의 행사에 해당하지 아니하여 허용될 수 없다. 다만 접견교통권이 그와 같은 한계를 일탈한 것이어서 허용될 수 없다고 판단함에 있어서는 신체구속을 당한 사람의 헌법상 기본적 권리인 변호인의 조력을 받을 권리의 본질적인 내용이 침해되는 일이 없도록 신중을 기하여야 한다.

4 [대결 2006모656] [신체구속을 당한 피고인 또는 피의자가 범하였다고 **의심받는 범죄행위에 자신의 변호인이 관련되었다는 사정**만으로 그 변호인과의 접견교통을 금지할 수 있는지 여부(소극)] 신체구속을 당한 피의자 또는 피고인이 범한 것으로 의심받고 있는 범죄행위에 해당 변호인이 관련되어 있다는 등의 사유에 기하여 그 변호인의 변호활동을 광범위하게 규제하는 변호인의 제척(除斥)과 같은 제도를 두고 있지 아니한 우리 법제 아래에서는, 변호인의 접견교통의 상대방인 신체구속을 당한 사람이 그 **변호인을 자신의 범죄행위에 '공범으로 가담'**시키려고 하였다는 등의 사정만으로 그 변호인의 신체구속을 당한 사람과의 접견교통을 금지하는 것이 정당화될 수는 없다.

5 [대판 2003다50184] [교도소장이 **금치기간 중에 있는 피징벌자와 변호사와의 접견을 불허한 조치**가 피징벌자의 접견권과 재판청구권을 침해하여 위법하다고 한 사례] 금치기간 중의 접견허가 여부가 교도소장의 재량행위에 속한다고 하더라도 피징벌자가 **금치처분 자체를 다툴 목적**으로 소제기 등을 대리할 권한이 있는 변호사와의 접견을 희망한다면 이는 행형법시행령 제145조 제2항에 규정된 예외적인 접견허가사유인 '처우상 특히 필요하다고 인정하는 때'에 해당하고, 그 외 제반 사정에 비추어 교도소장이 금치기간 중에 있는 피징벌자와 변호사와의 접견을 불허한 조치는 피징벌자의 접견권과 재판청구권을 침해하여 위법하다.

6 [대판 2002다56628] [1] 변호인이 피의자를 접견할 때 국가정보원 직원이 **승낙 없이 '사진촬영'**을 한 것은 접견교통권 침해에 해당한다. [2] **변호인이 되려는 변호사**는 국가정보원에게 변호인이 되려는 의사를 표시함에 있어, 국가정보원이 그 의사를 인식하는 데 적당한 방법을 사용하면 되고, **반드시 문서로서 그 의사를 표시하여야 할 필요는 없다.**

7 [대결 96모18] [1] [**임의동행된 '피의자'와 '피내사자'**에게 변호인의 접견교통권이 인정되는지 여부(적극)] 변호인의 조력을 받을 권리를 실질적으로 보장하기 위하여는 변호인과의 접견교통권의 인정이 당연한 전제가 되므로, 임의동행의 형식으로 수사기관에 연행된 피의자에게도 변호인 또는 변호인이 되려는 자와의 접견교통권은 당연히 인정된다고 보아야 하고, **임의동행의 형식으로 연행된 피내사자의 경우에도 이는 마찬가지이다.** [2] [**변호인의 접견교통권의 제한 가부**] 접견교통권은 피고인 또는 피의자나 피내사자의 인권보장과 방어준비를 위하여 필수불가결한 권리이므로 **법령에 의한 제한이 없는 한 수사기관의 처분은 물론 법원의 결정**으로도 이를 제한할 수 없다.

8 [대결 95모94] [**구금장소의 '임의적 변경'**이 청구인의 방어권이나 접견교통권의 행사에 중대한 장애를 초래하는지 여부(적극)] 구속영장에는 청구인을 구금할 수 있는 장소로 특정 경찰서 유치장으로 기재되어 있었는데, 청구인에 대하여 위 구속영장에 의하여 1995.11.30. 07:50경 위 경찰서 유치장에 구속이 집행되었다가 같은 날 08:00에 그 신병이 조사차 국가안전기획부 직원에게 인도된 후 위 경찰서 유치장에 인도된 바 없이 계속하여 국가안전기획부 청사에 사실상 구금되어 있다면, **청구인에 대한 이러한 사실상의 구**

**금 장소의 임의적 변경**은 청구인의 방어권이나 접견교통권의 행사에 중대한 장애를 초래하는 것이므로 위법하다.

### *변호인의 접견신청일의 경과*

9-1 [대결 91모24] 변호인의 조력을 받을 권리를 규정하고 있는 헌법 제12조 제4항 전문, 절차상 또는 시기상의 아무런 제약 없이 변호인의 피고인 또는 피의자와의 접견교통권을 보장하고 있는 형사소송법 제34조, 구속 피고인 또는 피의자에 대한 변호인의 접견교통권을 규정한 같은 법 제89조, 제90조, 제91조 등의 규정에 의하면 **변호인의 접견교통권**은 신체구속을 당한 피고인이나 피의자의 인권보장과 방어준비를 위하여 **필수불가결한 권리**로서 법령에 의한 제한이 없는 한 수사기관의 처분은 물론 법원의 결정으로도 이를 제한할 수 없다 할 것인바, 위 관계법령의 규정취지에 비추어 볼 때 **접견신청일이 경과하도록 접견이 이루어지지 아니한 것은 실질적으로 접견불허가처분이 있는 것과 동일시된다**고 할 것이다.

9-2 [대결 89모37] 피의자들에 대한 접견이 접견신청일로부터 상당한 기간(약 10일)이 경과 — 1989.7.31. 구치소장에게 접견신청을 하였으나 같은 해 8.9.까지도 접견이 허용되지 아니 — 하도록 허용되지 않고 있는 것은 **접견불허처분이 있는 것과 동일시된다**고 봄이 상당하다.

10-1 [대판 90도1586] [**위법한 변호인접견불허 기간 중에 작성된 검사 작성의 피의자신문 조서의 증거능력 유무**(소극)] 헌법상 보장된 변호인과의 접견교통권이 위법하게 제한된 상태에서 얻어진 피의자의 자백은 그 증거능력을 부인하는 유죄의 증거에서 실질적이고 완전하게 배제하여야 하는 것인바, 피고인이 구속되어 국가안전기획부에서 조사를 받다가 변호인의 접견신청이 불허되어 이에 대한 준항고를 제기 중에 검찰로 송치되어 검사가 피고인을 신문하여 제1회 피의자신문조서를 작성한 후 준항고절차에서 위 접견불허처분이 취소되어 접견이 허용된 경우에는 검사의 피고인에 대한 위 제1회 피의자신문은 변호인의 접견교통을 금지한 위법상태가 계속된 상황에서 시행된 것으로 보아야 할 것이므로 그 **피의자신문조서는 증거능력이 없다.**

10-2 [대판 2010도3359] 헌법 제12조 제1항, 제4항 본문, 형사소송법 제243조의2 제1항 및 그 입법 목적 등에 비추어 보면, **피의자가 변호인의 참여를 원한다는 의사를 명백하게 표시하였음에도 수사기관이 정당한 사유 없이** 변호인을 참여하게 하지 아니한 채 피의자를 신문하여 작성한 피의자신문조서는 형사소송법 제312조에 정한 '적법한 절차와 방식'에 위반된 증거일 뿐만 아니라, 형사소송법 제308조의2에서 정한 '적법한 절차에 따르지 아니하고 수집한 증거'에 해당하므로 **이를 증거로 할 수 없다.**

## * 접견교통권이 침해되지 않았다고 본 사례 *

11-1 [헌재 2015헌마243] [1] [**CCTV 관찰행위가 변호인의 조력을 받을 권리를 침해하는지 여부**(소극)] 이 사건 CCTV 관찰행위는 금지물품의 수수나 교정사고를 방지하거나 이에 적절하게 대처하기 위한 것으로 교도관의 육안에 의한 시선계호를 CCTV 장비에 의한 시선계호로 대체한 것에 불과하므로 그 **목적의 정당성과 수단의 적합성**이 인정된다. 형집행법 및 형집행법 시행규칙은 수용자가 입게 되는 피해를 최소화하기 위하여 CCTV의 설치·운용에 관한 여러 가지 규정을 두고 있고, 이에 따라 변호인접견실에 설치된 CCTV는 교도관이 CCTV를 통해 미결수용자와 변호인 간의 접견을 관찰하더라도 접견내용의 비밀이 침해되거나 접견교통에 방해가 되지 않도록 조치를 취하고 있는 점, 금지물품의 수수를 적발하거나 교정사고를 효과적

으로 방지하고 교정사고가 발생하였을 때 신속하게 대응하기 위하여는 CCTV를 통해 관찰하는 방법 외에 더 효과적인 다른 방법을 찾기 어려운 점 등에 비추어 보면, 이 사건 CCTV 관찰행위는 그 목적을 달성하기 위하여 필요한 범위 내의 제한으로 침해의 최소성을 갖추었다. CCTV 관찰행위로 침해되는 법익은 변호인 접견 내용의 비밀이 폭로될 수 있다는 막연한 추측과 감시받고 있다는 심리적인 불안 내지 위축으로 법익의 침해가 현실적이고 구체화되어 있다고 보기 어려운 반면, 이를 통하여 구치소 내의 수용질서 및 규율을 유지하고 교정사고를 방지하고자 하는 것은 교정시설의 운영에 꼭 필요하고 중요한 공익이므로, 법익의 균형성도 갖추었다. 따라서 이 사건 CCTV 관찰행위가 청구인의 변호인의 조력을 받을 권리를 침해한다고 할 수 없다. [2] [교도관이 미결수용자와 변호인 간에 주고받는 서류를 확인하고, 소송관계서류처리부에 그 제목을 기재하여 등재한 행위가 변호인의 조력을 받을 권리와 개인정보자기결정권을 침해하는지 여부(소극)] 이 사건 서류 확인 및 등재행위는 구금시설의 안전과 질서를 유지하고, 금지물품이 외부로부터 반입 또는 외부로 반출되는 것을 차단하기 위한 것으로서 그 목적이 정당하고, 변호인 접견 시 수수된 서류에 소송서류 외에 제3자 앞으로 보내는 서신과 같은 서류가 포함되어 있는지 또는 금지물품이 서류 속에 숨겨져 있는지 여부를 확인하고 이를 기록하는 것은 위 목적 달성에 적절한 수단이다. 서류확인 및 등재는 변호인 접견이 종료된 뒤 이루어지고, 교도관은 변호인과 미결수용자가 지켜보는 가운데 서류를 확인하여 그 제목 등을 소송관계처리부에 기재하여 등재하므로 내용에 대한 검열이 이루어질 수도 없는 점에 비추어 보면 침해의 최소성 요건을 갖추었고, 달성하고자 하는 공익과 제한되는 청구인의 사익 간에 불균형이 발생한다고 볼 수 없으므로 법익의 균형성도 갖추었다. 따라서 이 사건 서류 확인 및 등재행위는 청구인의 변호인의 조력을 받을 권리를 침해한다고 할 수 없다. 구치소장은 청구인이 변호인에게 준 소송서류를 확인한 뒤 '발송일자, 서류의 제목, 수령자' 등의 정보를 수집 및 보관해 오고 있고, 이는 청구인이 어느 시점에 어떤 종류의 소송을 수행하고 있는지를 알려주는 정보들이기는 하나, 교도관은 수수한 서류의 내용을 확인하거나 검열을 하는 것이 아니라 단지 소송 서류인지 여부만을 확인하고 있고 등재하는 내용도 서류의 제목에 불과하여 내용적 정보가 아니라 소송서류와 관련된 외형적이고 형식적인 사항들로서 개인의 인격과 밀접하게 연관된 민감한 정보라고 보기도 어렵다고 할 것이므로, 이는 구금시설의 안전과 질서를 유지하기 위하여 필요한 범위 내의 제한이다. 따라서 이 사건 서류 확인 및 등재행위는 청구인의 개인정보자기결정권을 침해하지 아니한다.

11-2 [비교판례] [대판 2002다56628] 변호인이 피의자를 접견할 때 국가정보원 직원이 승낙 없이 사진촬영을 한 것은 접견교통권 침해에 해당한다고 한 사례

12-1 [헌재 2009헌마341] [1] [미결수용자의 변호인 접견권에 대한 제한가능성] 헌법재판소가 91헌마111 결정에서 미결수용자와 변호인과의 접견에 대해 어떠한 명분으로도 제한할 수 없다고 한 것은 구속된 자와 변호인 간의 접견이 '실제로 이루어지는 경우'에 있어서의 '자유로운 접견', 즉 '대화내용에 대하여 비밀이 완전히 보장되고 어떠한 제한, 영향, 압력 또는 부당한 간섭 없이 자유롭게 대화할 수 있는 접견'을 제한할 수 없다는 것이지, 변호인과의 접견 자체에 대해 아무런 제한도 가할 수 없다는 것을 의미하는 것이 아니므로 미결수용자의 변호인 접견권 역시 국가안전보장·질서유지 또는 공공복리를 위해 필요한 경우에는 법률로써 제한될 수 있음은 당연하다. [2] [미결수용자 또는 변호인이 원하는 특정한 시점의 접견 불허가 변호인의 조력을 받을 권리를 침해하는지 여부(소극)] 변호인의 조력을 받을 권리를 보장하는 목적은 피의자 또는 피고인의 방어권 행사를 보장하기 위한 것이므로, 미결수용자 또는 변호인이 원하는 특정한 시점에 접견이 이루어지지 못하였다 하더라도 — 구속된 피고인을 국선변호인이 접견하고자 하였으나 공휴일

(2009.6.6.)이라는 이유로 접견이 불허되었다가 그로부터 이틀 후 접견이 이루어짐 — 그것만으로 곧바로 변호인의 조력을 받을 권리가 침해되었다고 단정할 수는 없는 것이고, 변호인의 조력을 받을 권리가 침해되었다고 하기 위해서는 **접견이 불허된 특정한 시점을 전후한 수사 또는 재판의 진행 경과에 비추어 보아, 그 시점에 접견이 불허됨으로써 피의자 또는 피고인의 방어권 행사에 어느 정도는 불이익이 초래되었다고 인정할 수 있어야만 하며,** 그 시점을 전후한 변호인 접견의 상황이나 수사 또는 재판의 진행 과정에 비추어 미결수용자가 방어권을 행사하기 위해 변호인의 조력을 받을 기회가 충분히 보장되었다고 인정될 수 있는 경우에는, **비록 미결수용자 또는 그 상대방인 변호인이 원하는 특정 시점에는 접견이 이루어지지 못하였다 하더라도 변호인의 조력을 받을 권리가 침해되었다고 할 수 없다.**

　　12-2 [참조판례] [헌재 91헌마111] [1] **변호인과의 자유로운 접견**은 신체구속을 당한 사람에게 보장된 변호인의 조력을 받을 권리의 가장 중요한 내용이어서 국가안전보장, 질서유지, 공공복리 등 어떠한 명분으로도 제한될 수 있는 성질의 것이 아니다. [2] 헌법 제12조 제4항이 보장하는 …… "변호인의 조력"은 **"변호인의 충분한 조력"**을 의미한다. 변호인의 조력을 받을 권리의 필수적 내용은 신체구속을 당한 사람과 변호인과의 접견교통권이며 이러한 접견교통권의 **'충분한 보장'**은 (가) 구속된 자와 변호인의 대화내용에 대하여 **비밀이 완전히 보장**되고 어떠한 제한·영향·압력 또는 부당한 간섭없이 자유롭게 대화할 수 있는 접견을 통하여서만 가능하고 (나) 이러한 자유로운 접견은 구속된 자와 변호인의 접견에 교도관이나 수사관 등 **관계공무원의 참여가 없어야 가능하다.** [3] 행형법 제62조가 **"미결수용자에 대하여 본법 또는 본법의 규정에 의하여 발하는 명령에 특별한 규정이 없는 때에는 수형자에 관한 규정을 준용한다.**"라고 규정하여 미결수용자(피의자, 피고인)의 변호인 접견에도 행형법 제18조 제3항에 따라서 교도관이 참여할 수 있게 한 것은 신체구속을 당한 미결수용자에게 보장된 **변호인의 조력을 받을 권리를 침해하는 것이어서 헌법에 위반**된다.

　　13 [헌재 2007헌마992] [법정 옆 피고인 대기실에서 재판대기중인 피고인이 공판을 앞두고 호송교도관에게 변호인 접견을 신청하였으나, 교도관이 이를 허용하지 아니한 것이 피고인의 변호인의 조력을 받을 권리를 침해한 것인지 여부(소극)] (가) 구속피고인 변호인 면접·교섭권은 독자적으로 존재하는 것이 아니라 국가형벌권의 적정한 행사와 피고인의 인권보호라는 형사소송절차의 전체적인 체계 안에서 의미를 갖고 있는 것이다. 따라서 구속피고인의 변호인 면접·교섭권은 최대한 보장되어야 하지만, 형사소송절차의 위와 같은 목적을 구현하기 위하여 제한될 수 있다. 다만 이 경우에도 그 제한은 엄격한 비례의 원칙에 따라야 하고, 시간·장소·방법 등 일반적 기준에 따라 중립적이어야 한다. (나) 청구인은 법정 옆 구속피고인 대기실에서 재판을 대기하던 중 자신에 대한 **재판 시작 전 약 20분전**에 교도관 김○호에게 변호인과의 면담을 요구하였다. 당시 위 대기실에는 **청구인을 포함하여 14인이 대기** 중이었고, 그 중 11인은 살인미수, 강간치상 등 이른바 강력범들이었다. 반면 대기실에서 근무하는 교도관은 위 김○호를 포함하여 2명 뿐 이었다. 또한 청구인은 변호인과의 면접에 관하여 **사전에 서면은 물론 구두로도 신청한 바 없었고,** 교도관들은 청구인이 만나고자 하는 변호인이 법정에 있는지 조차 알 수 없는 상황이었다. 이 때 교도관이 계호근무준칙상의 변호인 접견절차를 무시하고라도 청구인의 변호인과의 면접을 허용하려면, 법정으로 들어가 변호인을 찾은 후 면담의 비밀성이 보장되고 계호에도 문제가 없는 공간을 찾아서 면담을 하게 하여줄 수밖에 없다. 그러나 위 상황에서 교도관이 청구인과 변호인 간의 면담을 위하여 이와 같은 행위를 하여줄 경우 다른 피고인들의 계호 등 **교도행정업무에 치명적 위험**이 될 가능성도 배제할 수 없다. (다) 결국 위와 같은 시간적·장소적 상황을 고려할 때, 청구인의 면담 요구는 구속피고인의 변호인과의 면접·교섭권으로서 **현실적으로 보장할 수 있는 한계 범위 밖**이라고 아니할 수 없다. 따라서 청구인의 변호인 면담 요구를 받아들

이지 아니한 교도관 김○호의 접견불허행위는 청구인의 기본권을 침해하는 위헌적인 공권력의 행사라고 보기 어렵다.

14 [대결 2000모112] [사법경찰관이 경찰서 유치장에 수용된 피의자에 대한 변호인의 수진권행사에 **의무관의 참여를 요구**한 것이 변호인의 수진권을 침해하는 위법한 처분인지 여부(소극)] 경찰서 유치장은 미결수용실에 준하는 것이어서(행형법 제68조) 그 곳에 수용된 피의자에 대하여는 행형법 및 그 시행령이 적용되고, **행형법시행령 제176조**는 '형사소송법 제34조, 제89조, 제209조의 규정에 의하여 피고인 또는 피의자가 의사의 진찰을 받는 경우에는 **교도관 및 의무관이 참여**하고 그 경과를 신분장부에 기재하여야 한다.'고 규정하고 있는바, 이는 피고인 또는 피의자의 신병을 보호, 관리해야 하는 수용기관의 입장에서 수진과정에서 발생할지도 모르는 돌발상황이나 피고인 또는 피의자의 신체에 대한 위급상황을 예방하거나 대처하기 위한 것으로서 합리성이 있으므로, 행형법 제176조의 규정은 변호인의 수진권 행사에 대한 법령상의 제한에 해당한다고 보아야 할 것이고, 그렇다면 국가정보원 사법경찰관이 경찰서 유치장에 구금되어 있던 피의자에 대하여 의사의 진료를 받게 할 것을 신청한 변호인에게 국가정보원이 추천하는 의사의 참여를 요구한 것은 행형법시행령 제176조의 규정에 근거한 것으로서 적법하고, 이를 가리켜 변호인의 수진권을 침해하는 위법한 처분이라고 할 수는 없다.

**\*수형자와 변호인의 조력을 받을 권리\***

15-1 [헌재 96헌마398] [1] 형사절차가 종료되어 교정시설에 수용중인 **수형자**는 원칙적으로 변호인의 조력을 받을 권리의 주체가 될 수 없다. 다만, 수형자의 경우에도 재심절차 등에는 변호인 선임을 위한 일반적인 교통·통신이 보장될 수도 있겠으나, 기록에 의하면 청구인은 교도소 내에서의 처우를 왜곡하여 외부인과 연계, 교도소내의 질서를 해칠 목적으로 변호사에게 이 사건 서신을 발송하려는 것이므로 이와 같은 경우에는 변호인의 조력을 받을 권리가 보장되는 경우에 해당한다고 할 수 없다. [2] [수형자의 서신을 검열하는 것이 수형자의 통신의 자유 등 기본권을 침해하는 것인지 여부(소극)] 구금시설은 다수의 수형자를 집단으로 관리하는 시설로서 규율과 질서유지가 필요하므로 수형자의 서신수발의 자유에는 내재적 한계가 있고, 구금의 목적을 달성하기 위하여 **수형자의 서신에 대한 검열은 불가피**하다. 현행법령과 제도하에서 수형자가 수발하는 서신에 대한 검열로 인하여 수형자의 통신의 비밀이 일부 제한되는 것은 국가안전보장·질서유지 또는 공공복리라는 정당한 목적을 위하여 부득이할 뿐만 아니라 유효적절한 방법에 의한 최소한의 제한이며 통신의 자유의 본질적 내용을 침해하는 것이 아니다.

15-2 [헌재 2011헌마122] 형사절차가 종료되어 **교정시설에 수용 중인 수형자나 미결수용자**가 형사사건의 변호인이 아닌 민사재판, 행정재판, 헌법재판 등에서 변호사와 접견할 경우에는 원칙적으로 헌법상 변호인의 조력을 받을 권리의 주체가 될 수 없다.

15-3 [대판 96다48831] [형사소송법 제34조의 변호인의 **접견교통권이 재심청구절차**에도 준용되는지 여부(소극)] 형사소송법 제34조는 "변호인 또는 변호인이 되려는 자는 신체구속을 당한 피고인 또는 피의자와 접견하고 서류 또는 물건을 수수할 수 있으며 의사로 하여금 진료하게 할 수 있다."고 규정하고 있는바, 이 규정은 **형이 확정되어 집행 중에 있는 수형자에 대한 재심개시의 여부를 결정하는 재심청구절차에는 그대로 적용될 수 없다.** cf) 수형자와 관련하여 '변호인이 되려는 자'의 접견교통권이 특히 문제가 되는 것은 수형자가 당해 사건에 대하여 상소권회복청구 또는 재심청구를 하고자 하는 경우이다. 대법원은 수형자에 대해서는 「형의 집행 및 수형자의 처우에 관한 법률」에 따라 접견교통권이 제한될 수 있다는 입장이다. 이러한

입장에 대해서는 다음의 비판이 있다. "재심이나 상소권회복 청구를 하고자 하는 수형자의 경우, 상소권회복 또는 재심절차 개시 등에 의해 당해 형사사건이 재개될 수 있다는 점에서, 이미 확정판결을 받았더라도 잠재적인 미결수용자로 볼 수 있다. 뿐만 아니라 수형자가 재심청구 등을 하고자 하는 경우, 미결수용자에 못지 않게 변호인의 조력이 더욱 절실한 상황임을 감안하면 '변호인이 되려는 자'의 수형자를 대상으로 하는 접견교통권도 미결수용자에 대한 것과 마찬가지로 헌법상 기본권으로 보장되어야 한다."[18]

## Reference 2

## * 기타 접견교통권과 관련된 주요 판례 *

1 [대판 2021도244] 파기환송. [변호인 또는 변호인이 되려는 자의 접견교통권 행사의 한계 및 접견교통권이 한계를 일탈한 것이어서 허용될 수 없다고 판단할 때 고려할 사항/ **피고인의 변호인 접견교통권 행사가 한계를 일탈한 규율위반행위에 해당하는 것을 넘어 위계공무집행방해죄의 '위계'에 해당하기 위한 요건**] [1] 변호인 또는 변호인이 되려는 자의 접견교통권은 신체구속제도 본래의 목적을 침해하지 아니하는 범위 내에서 행사되어야 하므로, 변호인 또는 변호인이 되려는 자가 구체적인 시간적·장소적 상황에 비추어 현실적으로 보장할 수 있는 한계를 벗어나 피고인 또는 피의자를 접견하려고 하는 것은 정당한 접견교통권의 행사에 해당하지 아니하여 허용될 수 없다. 다만 접견교통권이 그와 같은 한계를 일탈한 것이어서 허용될 수 없다고 판단할 때에는 신체구속을 당한 사람의 헌법상 기본적 권리인 변호인의 조력을 받을 권리의 본질적인 내용이 침해되는 일이 없도록 신중을 기하여야 한다. 한편 **피고인의 변호인 접견교통권 행사가 한계를 일탈한 규율위반행위에 해당하더라도** 그 행위가 위계공무집행방해죄의 '위계'에 해당하려면 행위자가 상대방에게 오인, 착각, 부지를 일으키게 하여 그 오인, 착각, 부지를 이용함으로써 상대방이 이에 따라 그릇된 행위나 처분을 하여야만 한다. 만약 그러한 행위가 구체적인 직무집행을 저지하거나 현실적으로 곤란하게 하는 데까지는 이르지 않은 경우에는 위계에 의한 공무집행방해죄로 처벌할 수 없다. [2] 피고인은 **모두 6명의 '집사변호사'를** 고용하여 **총 51회에 걸쳐** 변호인 접견을 가장하여 개인적인 업무와 심부름을 하게 하고 소송 서류 외의 문서를 수수함으로써, 위계로써 서울구치소의 변호인 접견업무 담당 교도관의 변호인 접견 관리 등에 관한 정당한 직무집행을 방해하였다는 혐의로 원심에서는 위계에 의한 공무집행방해죄 성립이 인정되었다. …… 그러나 (가) 미결수용자의 변호인이 교도관에게 변호인 접견을 신청하는 경우 미결수용자의 형사사건에 관하여 변호인이 구체적으로 어떠한 변호 활동을 하는지, 실제 변호를 할 의사가 있는지 여부 등은 교도관의 심사대상이 되지 않는다. 따라서 이 사건 접견변호사들이 미결수용자의 개인적인 업무나 심부름을 위해 접견신청행위를 하였다는 이유만으로 교도관들에 대한 위계에 해당한다거나 그로 인해 교도관의 직무집행이 구체적이고 현실적으로 방해되었다고 볼 수 없다. …… (나) 형집행법은 수용자와 교정시설의 외부에 있는 사람의 접견 시 일정한 경우 접견내용을 청취·기록·녹음 또는 녹화할 수 있도록 하면서도(구 형집행법 제41조 제2항) 미결수용자와 변호인의 접견에는 교도관의 참여나 접견내용의 청취 또는 녹취를 금지하고 있는바(구 형집행법 제84조 제1항), 미결수용자가 변호인과 접견에서 어떤 대화를 나누는지는 교도관의 감시, 단속의 대상이 아니다. 따라서 이 사건 접견변호사들이 피고인의 개인적인 연락업무 등을 수행한 것이 위계에 해당한다거나 그로 인해 교도관의 직무집행이 방해되었다고 할 수 없다. 결국 피고인이 이 사건 접견변호사들에게 지시한 접견이 변호인에 의한 변호활동이라는 외관만을 갖추었을 뿐 실질적으로는 형사사건의 방어권 행사가 아닌 다른 주된 목적이나 의도를

---

18) 민만기, '변호인이 되려는 자'의 접견교통권과 관련된 몇 가지 쟁점, 성균관법학 제33권 제2권(2021), 145면.

위한 행위로서 **접견교통권 행사의 한계를 일탈한 경우에 해당할 수는 있겠지만, 그 행위가 '위계'에 해당한다거나 그로 인해 교도관의 구체적이고 현실적인 직무집행이 방해되었다고 보기 어렵다.**

2 [헌재 2009헌마333] [수용자가 밖으로 내보내는 **모든 서신을 봉함하지 않은 상태로 교정시설에 제출**하도록 규정하고 있는 '형의 집행 및 수용자의 처우에 관한 법률 시행령'(2008. 10. 29. 대통령령 21095호로 개정된 것) 제65조 제1항이 청구인의 통신 비밀의 자유를 침해하는지 여부(적극)] 이 사건 시행령조항은 교정시설의 안전과 질서유지, 수용자의 교화 및 사회복귀를 원활하게 하기 위해 수용자가 밖으로 내보내는 서신을 봉함하지 않은 상태로 제출하도록 한 것이나, 이와 같은 목적은 (가) 교도관이 수용자의 면전에서 서신에 금지물품이 들어 있는지를 확인하고 수용자로 하여금 서신을 봉함하게 하는 방법, (나) 봉함된 상태로 제출된 서신을 X-ray 검색기 등으로 확인한 후 의심이 있는 경우에만 개봉하여 확인하는 방법, (다) 서신에 대한 검열이 허용되는 경우에만 무봉함 상태로 제출하도록 하는 방법 등으로도 얼마든지 달성할 수 있다고 할 것인바, 위 시행령 조항이 수용자가 보내려는 모든 서신에 대해 무봉함 상태의 제출을 강제함으로써 **수용자의 발송 서신 모두를 사실상 검열 가능한 상태에 놓이도록 하는 것은 기본권 제한의 최소 침해성 요건을 위반하여 수용자인 청구인의 통신비밀의 자유를 침해**하는 것이다.

3 [대판 2008도9812] 피고인들의 제1심 변호인에게 변호사법 제31조 제1호[19]의 수임제한 규정을 위반한 위법이 있다 하여도, 피고인들 스스로 위 변호사를 변호인으로 선임한 이 사건에 있어서 다른 특별한 사정이 없는 한 위와 같은 위법으로 인하여 변호인의 조력을 받을 피고인들의 권리가 침해되었다거나 그 소송절차가 무효로 된다고 볼 수는 없다.

4 [헌재 2002헌마193] [미결수용자의 **접견교통권이 헌법상의 기본권인지 여부(적극)**] 구속된 피의자 또는 피고인이 갖는 **변호인 아닌 자와의 접견교통권**은 가족 등 타인과 교류하는 인간으로서의 기본적인 생활관계가 인신의 구속으로 인하여 완전히 단절되어 파멸에 이르는 것을 방지하고, 또한 피의자 또는 피고인의 방어를 준비하기 위해서도 반드시 보장되지 않으면 안되는 인간으로서의 기본적인 권리에 해당하므로 이는 **성질상 헌법상의 기본권**에 속한다고 보아야 할 것이다.

5 [대판 90도646] [**수사기관에서의** 변호인접견 등 구금에 관한 처분의 위법이 **독립한 상소이유**가 될 수 있는지 여부(소극)] 검사 또는 사법경찰관의 구금에 관한 처분에 대하여 불복이 있는 경우 형사소송법 제417조에 따라 법원에 그 처분의 취소 또는 변경을 청구하는 것은 별론으로 하고 수사기관에서의 구금의 장소, 변호인의 접견 등 구금에 관한 처분이 위법한 것이라는 사실만으로는 **그와 같은 위법이 판결에 영향을 미친것이 아닌 한 독립한 상소이유가 될 수 없다.**

6 [대판 84도846] 검사의 (비변호인들과의 접견) 접견금지 결정으로 피고인들의 접견이 제한된 상황 하에서 피의자 신문조서가 작성되었다는 사실만으로 바로 그 조서가 임의성이 없는 것이라고는 볼 수 없다.

---

19) 변호사법 제31조(**수임제한**) ① 변호사는 다음 각 호의 어느 하나에 해당하는 사건에 관하여는 그 직무를 수행할 수 없다. 다만, 제2호 사건의 경우 수임하고 있는 사건의 위임인이 동의한 경우에는 그러하지 아니하다. 1. 당사자 한쪽으로부터 상의(相議)를 받아 그 수임을 승낙한 사건의 상대방이 위임하는 사건 2. 수임하고 있는 사건의 상대방이 위임하는 다른 사건 3. 공무원·조정위원 또는 중재인으로서 직무상 취급하거나 취급하게 된 사건

* 대법원 1997. 8. 27.자 97모21 결정
* 참조조문: 헌법 제12조 제6항,[1] 형사소송법 제214조의2 제1항,[2] 제402조[3]

---

1. 긴급체포된 피의자에게 체포적부심사청구권이 있는가?
2. 체포적부심사절차에서 체포된 피의자를 보증금 납입을 조건으로 석방할 수 있는가?
3. 보증금 납입을 조건으로 한 피의자 석방결정에 대하여 항고할 수 있는가?

●**사실**● 피의자 X는 1997.1.29. 19:30경에 창원지방검찰청 수사관에 의하여 **긴급체포**되었다. 1월 31일 검찰은 X에 대해 창원지방법원에 구속영장을 청구하였고, X도 같은 날 동 법원에 **체포적부심**을 **청구**하였다. 법원은 X에 대하여 **보증금납입조건부 석방**을 결정하였고, X는 2월 1일 보증금을 납입한 후 석방되었다. 법원은 검찰이 청구한 구속영장에 대해서는 X의 보증금납입을 확인한 후 구속영장을 기각하였다. 이에 검찰은 **긴급체포된 피의자**에 대하여 체포적부심청구권을 허용하는 것은 위법하고, 긴급체포된 피의자에 대하여 보증금납입을 조건으로 석방을 결정한 것은 부당하다며 항고와 재항고하였다.

---

1) 헌법 제12조 ⑥ 누구든지 체포 또는 구속을 당한 때에는 **적부의 심사**를 법원에 청구할 권리를 가진다.
2) 형사소송법 제214조의2(**체포와 구속의 적부심사**) ① 체포되거나 구속된 **피의자 또는 그 변호인, 법정대리인, 배우자, 직계친족, 형제자매나 가족, 동거인 또는 고용주**는 관할법원에 체포 또는 구속의 적부심사를 청구할 수 있다. ② 피의자를 체포하거나 구속한 검사 또는 사법경찰관은 체포되거나 구속된 피의자와 제1항에 규정된 사람 중에서 **피의자가 지정하는 사람**에게 제1항에 따른 적부심사를 청구할 수 있음을 알려야 한다. ③ 법원은 제1항에 따른 청구가 다음 각 호의 어느 하나에 해당하는 때에는 제4항에 따른 심문 없이 결정으로 청구를 기각할 수 있다. 1. 청구권자 **아닌 사람**이 청구하거나 동일한 체포영장 또는 구속영장의 발부에 대하여 **재청구**한 때 2. 공범이나 공동피의자의 순차청구(順次請求)가 **수사 방해를 목적**으로 하고 있음이 명백한 때 ④ 제1항의 청구를 받은 법원은 청구서가 접수된 때부터 **48시간 이내**에 체포되거나 구속된 피의자를 **심문**하고 수사 관계 서류와 증거물을 **조사**하여 그 청구가 이유 없다고 인정한 경우에는 결정으로 **기각**하고, 이유 있다고 인정한 경우에는 결정으로 체포되거나 구속된 피의자의 **석방**을 명하여야 한다. 심사 청구 후 피의자에 대하여 공소제기가 있는 경우에도 또한 같다. ⑤ 법원은 **구속된 피의자**(심사청구 후 공소제기된 사람을 포함한다)에 대하여 피의자의 출석을 보증할 만한 **보증금의 납입을 조건**으로 하여 결정으로 제4항의 석방을 명할 수 있다. 다만, 다음 각 호에 해당하는 경우에는 그러하지 아니하다. 1. 범죄의 증거를 인멸할 염려가 있다고 믿을 만한 충분한 이유가 있는 때 2. 피해자, 당해 사건의 재판에 필요한 사실을 알고 있다고 인정되는 사람 또는 그 친족의 생명·신체나 재산에 해를 가하거나 가할 염려가 있다고 믿을 만한 충분한 이유가 있는 때 ⑥ 제5항의 석방 결정을 하는 경우에는 **주거의 제한**, 법원 또는 검사가 지정하는 일시·장소에 **출석할 의무**, 그 밖의 적당한 **조건을 부가**할 수 있다. ⑦ 제5항에 따라 보증금 납입을 조건으로 석방을 하는 경우에는 제99조와 제100조를 준용한다. ⑧ 제3항과 제4항의 결정에 대해서는 **항고할 수 없다.** ⑨ 검사·변호인·청구인은 제4항의 심문기일에 출석하여 **의견을 진술**할 수 있다. ⑩ 체포되거나 구속된 피의자에게 변호인이 없는 때에는 제33조를 준용한다. ⑪ 법원은 제4항의 심문을 하는 경우 공범의 분리심문이나 그 밖에 수사상의 비밀보호를 위한 적절한 조치를 하여야 한다. ⑫ 체포영장이나 구속영장을 발부한 법관은 제4항부터 제6항까지의 심문·조사·결정에 관여할 수 없다. 다만, 체포영장이나 구속영장을 발부한 법관 외에는 심문·조사·결정을 할 판사가 없는 경우에는 그러하지 아니하다. ⑬ 법원이 수사 관계 서류와 증거물을 접수한 때부터 **결정 후 검찰청에 반환된 때까지의 기간**은 제200조의2제5항(제213조의2에 따라 준용되는 경우를 포함한다) 및 제200조의4제1항을 적용할 때에는 그 **제한기간에 산입하지 아니하고**, 제202조·제203조 및 제205조를 적용할 때에는 **그 구속기간에 산입하지 아니한다.** ⑭ 제4항에 따라 피의자를 심문하는 경우에는 제201조의2제6항을 준용한다. cf) 형사소송규칙 제101조–제106조 참조.
3) 형사소송법 제402조(항고할 수 있는 재판) 법원의 결정에 대하여 불복이 있으면 항고를 할 수 있다. 단, 이 법률에 특별한 규정이 있는 경우에는 예외로 한다.

●판지● 「[1] **헌법 제12조 제6항**은 누구든지 체포 또는 구속을 당한 때에는 적부의 심사를 법원에 청구할 권리를 가진다고 규정하고 있고, 형사소송법 제214조의2 제1항은 "**체포영장 또는 구속영장에** 의하여 체포 또는 구속된 피의자 등이 체포 또는 구속의 적부심사를 청구할 수 있다"고 규정하고 있는바, 형사소송법의 위 규정이 체포영장에 의하지 아니하고 체포된 피의자의 적부심사청구권을 제한한 취지라고 볼 것은 아니므로 **긴급체포 등 체포영장에 의하지 아니하고 체포된 피의자의 경우에도** 헌법과 형사소송법의 위 규정에 따라 그 적부심사를 청구할 권리를 가진다.

[2] 형사소송법은 수사단계에서의 **체포와 구속을 명백히 구별**하고 있고 이에 따라 체포와 구속의 적부심사를 규정한 같은 법 제214조의2에서 체포와 구속을 서로 구별되는 개념으로 사용하고 있는바, 같은 조 제4항에 기소 전 보증금 납입을 조건으로 한 **석방의 대상자가 '구속된 피의자'라고 명시**되어 있고, 같은 법 제214조의3 제2항의 취지를 체포된 피의자에 대하여도 보증금 납입을 조건으로 한 석방이 허용되어야 한다는 근거로 보기는 어렵다 할 것이어서 **현행법상 체포된 피의자에 대하여는 보증금 납입을 조건으로 한 석방이 허용되지 않는다.**

[3] 형사소송법 제402조의 규정에 의하면, 법원의 결정에 대하여 불복이 있으면 항고를 할 수 있으나 다만 같은 법에 특별한 규정이 있는 경우에는 예외로 하도록 되어 있는바, (가) 체포 또는 구속적부심사절차에서의 법원의 결정에 대한 항고의 허용 여부에 관하여 같은 법 제214조의2 제7항은 제2항과 제3항의 기각결정 및 석방결정에 대하여 항고하지 못하는 것으로 규정하고 있을 뿐이고 **제4항에 의한 석방결정에 대하여 항고하지 못한다는 규정은 없을 뿐만 아니라,** (나) 같은 법 제214조의2 제3항의 석방결정은 체포 또는 구속이 불법이거나 이를 계속할 사유가 없는 등 부적법한 경우에 피의자의 석방을 명하는 것임에 비하여, 같은 법 제214조의2 제4항의 석방결정은 구속의 적법을 전제로 하면서 그 단서에서 정한 제한사유 없는 경우에 한하여 출석을 담보할 만한 보증금의 납입을 조건으로 하여 피의자의 석방을 명하는 것이어서 같은 법 **제214조의2 제3항의 석방결정과 제4항의 석방결정은 원래 그 실질적인 취지와 내용을 달리 하는 것**이고, 또한 (다) 기소 후 보석결정에 대하여 항고가 인정되는 점에 비추어 그 보석결정과 성질 및 내용이 유사한 기소 전 보증금 납입 조건부 석방결정에 대하여도 항고할 수 있도록 하는 것이 **균형에 맞는 측면도** 있다 할 것이므로, 같은 법 **제214조의2 제4항의 석방결정에 대하여는 피의자나 검사가 그 취소의 실익이 있는 한 같은 법 제402조에 의하여 항고할 수 있다**」.

●해설● **1 체포・구속적부(適否)심사의 의의**　　　(1) 체포・구속적부심사제도는 수사기관에 의하여 체포・구속된 '**피의자**'에 대하여 법원이 그 **적법여부와 계속의 필요성**을 심사하여 **위법・부당**한 경우에 석방시키는 제도로 불법하게 체포되거나 구속되어 있는 피의자를 석방하기  위한 가장 중요한 것으로 불법한 수사기관의 체포・구속에 대한 견제이자 법관이 발부한 영장에 대한 항고적 성격도 가지고 있다. (2) 체포・구속적부심사의 **청구사유**에는 ① 체포・구속의 요건 및 절차에 관한 규정을 위반한 '**불법**'뿐 만아니라 ② '**부당**'한 경우 즉 체포・구속을 계속할 필요성이 없음에도 계속 체포・구속을 하는 경우도 포함된다. 때문에 구속을 계속할 필요가 있는지 여부를 판단하는 시기는 '**심사시'를 기준**으로 판단하고 따라서 체포구속된 **이후의 사유**도 고려한다(예를 들어, 구속은 적법하게 이루어졌으나 이후 **사정변경**('합의'나 '피해 변상'을 하여 고소를 취소한 경우 등)으로 더 이상 구속을 계속할 필요가 없어진 상황 등이다). (4) 체포・구속적부심사는 체포・구속된 '**피의자만'을 대상**으로 하는 점에서, 공소제기 후 '구속 피고인'의 석방 여부를 결정하는 **보석**(법94 이하)과는 다르다.

**2 체포・구속적부심사제도의 연혁**　　　체포・구속적부심사제도는 **미군정**에 의해 처음 도입되었고(미

군정법령 176호), 제헌헌법(1948년) 때부터 헌법과 법률에 의해 보장되어 왔으나 유신헌법(1972년) 때 삭제되었다. 그러나 제5공화국헌법(1980년)은 이를 다시 부활시켜 지금에 이르고 있다. **헌법 제12조 제6항**은 "누구든지 체포 또는 구속을 당한 때에는 적부의 심사를 법원에 청구할 권리를 가진다."고 규정하여 이를 **헌법상 '기본권'**으로 보장하고 있다. 체포·구속적부심사제도는 수사기관에 의하여 불법하게 체포되거나 구속되어 있는 피의자를 석방하기 위한 가장 중요한 제도이다.

**3 청구권자**　　　(1) 체포·구속적부심은 청구권자의 청구에 의해서만 이루어지고 법원이 직권심사는 없다. 체포·구속적부심사의 **청구권자**는 체포되거나 구속된 **피의자** 또는 그 변호인, 법정대리인, 배우자, 직계친족, 형제자매나 **가족, 동거인 또는 고용주**이다(법214의2①). (2) 피의자를 체포하거나 구속한 검사 또는 사법경찰관은 체포되거나 구속된 피의자와 그 변호인, 법정대리인, 배우자, 직계친족, 형제자매나 가족, 동거인 또는 고용주 중에서 **피의자가 지정하는 사람**에게 적부심사를 청구할 수 있음을 **알려야 한다**(법214의2②). (3) 영장체포에 의한 경우는 물론 대상판결에서와 같이 **'긴급체포' 등 체포영장에 의하지 아니하고 체포된 피의자**의 경우에도 당연히 체포·구속적부심사의 청구권을 가진다(판지1).[4] (4) 청구권자는 **'피의자에 한정'**되므로 공소제기 이후의 '피고인'은 체포·구속적부심사를 청구할 수 없다. 그러나 심사청구 후 피의자에 대한 공소제기(피의자가 체포·구속적부심사를 청구하지 못하게 하기 위해 검사가 피의자를 '피고인'으로 바꾸기 위한 전략적 **'전격기소'**)가 되어 피고인이 되더라도 심사청구는 계속된다(법214의2④). 즉 피의자의 지위에서 발생한 적부심청구인의 지위는 계속 유지된다(피의자라는 청구인적격은 체포·구속적부심사의 **'절차개시요건'**이지 존속요건은 아니다. 따라서 검사의 '전격기소'로 인해 구속된 피의자가 피고인이 되었지만 예외적으로 법원은 결정을 해야 하며, 이 경우 석방결정은 효력이 있다)(헌재 2002헌바104, Ref 1-4). (5) 체포되거나 구속된 피의자에게 변호인이 없는 때에는 '제33조를 준용'하여 **국선변호인을 선정하여야 한다(필요적변호)**(법214의2⑩).

**4 청구방법 및 심사 전의 절차**　　　(1) 청구권자는 피의사건의 '관할법원'에 **'서면'으로** 적부심사를 청구하여야 한다(청구 → 심사 → 결정). (2) 체포 또는 구속의 적부심사의 청구를 받은 법원은 지체 없이 청구인, 변호인, 검사 및 피의자를 구금하고 있는 관서(경찰서, 교도소 또는 구치소 등)의 장에게 **심문기일과 장소를 '통지'**하여야 한다(규칙104①). 사건을 수사 중인 검사 또는 사법경찰관은 제1항의 심문기일까지 수사관계서류와 증거물을 법원에 제출하여야 하고, 피의자를 구금하고 있는 관서의 장은 위 심문기일에 **피의자를 출석**시켜야 한다. 법원사무관 등은 체포적부심사청구사건의 기록표지에 수사관계서류와 증거물의 접수 및 반환의 시각을 기재하여야 한다(규칙104②). (3) 체포·구속적부심의 **실질적 보장**을 위하여 구속영장이 청구되거나 체포 또는 구속된 피의자, 그 변호인, 법정대리인, 배우자, 직계친족, 형제자매나 동거인 또는 고용주는 긴급체포서, 현행범인체포서, 체포영장, 구속영장 또는 그 청구서를 보관하고 있는 검사, 사법경찰관 또는 법원사무관등에게 **그 등본의 교부를 청구**할 수 있으며**(영장등본교부청구권)**(규칙101)(대판 2010다24879, Ref 1-2), (4) **피의자의 '변호인'**은 관련사건 파악을 위해 지방법원 판사에

---

4) 대상판결이 다투어진 당시의 형사소송법 제214조의2 제1항은 "**체포영장** 또는 구속영장에 의하여 체포 또는 구속된 피의자 등이 체포 또는 구속의 적부심사를 청구할 수 있다"고 규정되어 있었기 때문에 체포·구속적부심의 청구권자가 '체포영장'에 의해 체포된 자에 한정되고 **긴급체포**된 자는 여기에 포함되지 않는 것이 아닌가 하는 점이 다투어졌다. 이에 대법원은 대상판결에서 **'긴급체포된 피의자'**의 경우도 당연히 체포·구속적부심의 청구권자로서 적부심사를 청구할 수 있다고 판시하였다. 이후 2007년 형사소송법 개정 때 본 조문은 지금의 **체포되거나** 구속된 피의자 …… "로 개정되어 청구권자가 보다 명확해졌다.

게 제출된 ㉠ 구속영장청구서 및 ㉡ 그에 첨부된 고소·고발장, ㉢ 피의자의 진술을 기재한 서류와 ㉣ 피의자가 제출한 서류를 '**열람**'할 수 있다(규칙104의2·법96의21①). 하지만 이 경우도 **열람을 제한하는 규정**을 두고 있다.[5] (5) 헌법재판소는 변호인에게 수사기록 중 '**고소장**'과 '**피의자신문조서**'의 내용을 알 권리 및 그 서류들을 **열람·'등사'**할 권리가 있음을 인정하고 있음에 주의를 요한다(변호인의 영장청구권등 열람·등사신청권)(헌재 2000헌마474, Ref 1-5). (6)「**수사준칙**」은 피의자, 사건관계인 또는 그 변호인의 수사서류 등에 대한 열람·복사 신청을 폭넓게 규정하고 있다(준칙 68).[6]

**5 법원의 심사**　　　(1) 체포·구속적부의 심사는 피의자를 수사 중인 검사의 소속 검찰청에 대응하는 **지방법원 합의부** 또는 **단독판사**가 한다. 이 때 체포·구속영장을 **발부한 법관**은 심문·조사·결정에 관여할 수 없다. 다만 체포·구속영장을 발부한 법관 외에 '다른 판사가 없을 경우'는 **예외**로 한다(법214의2⑫). (2) 청구 받은 법원은 청구서가 **접수된 때부터 '48시간' 이내**에 피의자를 **심문**하고 수사 관계 서류와 증거물을 **조사**하여야 한다(법214의2④). 심문 전에 법원은 '간이기각결정'을 내릴 수 있다(법214의2③). (3) 사건을 수사 중인 검사·사법경찰관은 수사관계서류와 증거물을 심문기일까지 법원에 제출하여 한다. 법원이 수사관계서류와 증거물을 접수한 때로부터 심사 결정 후 검찰청에 반환 된 때까지의 기간은 체포기간이나 구속기간에 **산입하지 않는다**(법214의2⑬). (4) 피의자의 출석은 절차개시의 요건이다. (5) 검사·변호인·청구인은 심문기일에 출석하여 **의견을 진술**할 수 있다(법214의2⑨). 이 경우 검사·변호인·청구인은 법원의 심문이 끝난 후 의견을 진술할 수 있다. 다만, 필요한 경우에는 심문 도중에도 판사의 허가를 얻어 의견을 진술할 수 있다(규칙105①). 피의자는 판사의 심문 도중에도 변호인에게 조력을 구할 수 있으며, 체포 또는 구속된 피의자, 변호인, 청구인은 피의자에게 유리한 자료를 낼 수 있다(규칙105②). (6) 법원은 심문을 하는 경우 공범의 분리심문이나 그 밖에 수사상의 비밀보호를 위한 **적절한 조치**를 하여야 한다(법214의2⑪). (7) 피의자를 심문하는 경우 법원사무관등은 심문의 요지 등을 '**조서**'로 작성하여야 한다(체포·구속적부심문조서)(법214의2⑭). 이 조서는 당연히 증거능력이 있는 서류를 열거하는 **제315조 제3호**("기타 특히 신용할 만한 정황에 의하여 작성된 문서")에 해당하여 **증거능력이 인정**된다(대판

---

5) 형사소송법 제96조의21(**구속영장청구서 및 소명자료의 열람**) ② 검사는 증거인멸 또는 피의자나 공범 관계에 있는 자가 도망할 염려가 있는 등 **수사에 방해가 될 염려**가 있는 때에는 지방법원 판사에게 제1항에 규정된 서류('**구속영장청구서'는 제외한다**)의 열람 제한에 관한 의견을 제출할 수 있고, 지방법원 판사는 검사의 의견이 상당하다고 인정하는 때에는 그 **전부 또는 일부의 열람을 제한**할 수 있다.

6) 검사와 사법경찰관의 상호협력과 일반적 수사준칙에 관한 규정 제69조(**수사서류 등의 열람·복사**) ① 피의자, 사건관계인 또는 그 변호인은 검사 또는 사법경찰관이 수사 중인 사건에 관한 **본인의 진술이 기재된 부분 및 본인이 제출**한 서류의 전부 또는 일부에 대해 열람·복사를 신청할 수 있다. ② 피의자, 사건관계인 또는 그 변호인은 검사가 **불기소 결정**을 하거나 사법경찰관이 **불송치 결정**을 한 사건에 관한 기록의 전부 또는 일부에 대해 열람·복사를 신청할 수 있다. ③ 피의자 또는 그 변호인은 필요한 사유를 소명하고 고소장, 고발장, 이의신청서, 항고장, 재항고장(이하 "고소장등"이라 한다)의 열람·복사를 신청할 수 있다. 이 경우 열람·복사의 범위는 피의자에 대한 혐의사실 부분으로 한정하고, 그 밖에 사건관계인에 관한 사실이나 개인정보, 증거방법 또는 고소장등에 첨부된 서류 등은 제외한다. ④ 체포·구속된 피의자 또는 그 변호인은 현행범인체포서, 긴급체포서, 체포영장, 구속영장의 열람·복사를 신청할 수 있다. ⑤ 피의자 또는 사건관계인의 법정대리인, 배우자, 직계친족, 형제자매로서 피의자 또는 사건관계인의 위임장 및 신분관계를 증명하는 문서를 제출한 사람도 제1항부터 제4항까지의 규정에 따라 열람·복사를 신청할 수 있다. ⑥ 검사 또는 사법경찰관은 제1항부터 제5항까지의 규정에 따른 신청을 받은 경우에는 해당 서류의 공개로 사건관계인의 개인정보나 영업비밀이 침해될 우려가 있거나 **범인의 증거인멸·도주를 용이**하게 할 우려가 있는 경우 등 정당한 사유가 있는 경우를 제외하고는 열람·복사를 허용해야 한다.

2003도5693, Ref 1-3).

**6 법원의 결정**        (1) 법원은 체포 또는 구속된 피의자에 대한 **심문이 종료**된 때로부터 '**24시간**' 이내에 체포·구속적부심사청구에 대한 **결정**을 하여야 한다(규칙106). (2) 법원이 내릴 수 있는 결정으로는 '**기각결정**', '**석방결정**', '**보증금납입조건부 석방결정**'이 있다. 먼저 ① 법원은 심문 후 심사결과 **이유가 없다**고 인정되면 결정으로 '**기각**'하여야 한다. 특히, 법원은 다음의 경우에는 '**심문 없이**' '**간이기각결정**'을 할 수 있다(형식적 요건심사)(즉 ㉠ 청구권자 **아닌 사람**이 청구하거나 ㉡ 동일한 체포영장 또는 구속영장의 발부에 대하여 **재청구**하거나 ㉢ 공범이나 공동피의자의 **순차청구가 수사 방해**를 목적으로 하고 있음이 명백한 때에는 **심문 없이** 결정으로 청구를 기각할 수 있다. 법214의2③). 그리고 ② 법원은 심사결과 **이유가 있다**고 인정될 경우에는 결정으로 체포·구속된 피의자의 '**석방**'을 명하여야 한다. 석방결정으로 **구속영장의 효력은 '상실**'된다. 석방결정은 석방결정시가 아니라 그 결정서 등본이 검찰청에 '**송달된 때**' 효력이 발생한다(법42). 마지막으로 ③ 법원은 보증금의 납입을 조건으로 구속된 피의자를 석방시킬 수 있다. (3) 이상의 법원의 결정 중 간이기각결정이나 기각결정, 석방결정에 대해서는 **항고하지 못하지만**(법214의2⑧)[7], 대상판결에서와 같이, '보증금납입조건부 석방결정'에 대해서는 피의자나 검사가 **항고할 수 있다**고 보는 것이 판례의 입장이다(판지3).

**7 보증금납입조건부 피의자석방결정(피의자보석)**        대상판결은 바로 이 보증금납입조건부 피의자 석방과 관련된 사안이다. (1) 이 제도는 **구속된 피의자**에 대하여 보증금납입을 조건으로 '**구속**'의 효력을 **상실**시키는 제도를 말한다(법214의2⑤)(구속된 피고인에 대한 보석제도를 피의자에게 까지 확대한 것으로 '피의자보석'이라 칭하기도 한다). 형사소송법은 구속된 피의자만을 그 대상으로 명시하고 있으므로 피의자보석은 '**구속된**' 피의자에게만 인정되고 '**체포된**' 피의자에게는 **인정되지 않는다**(판지2). (2) 피의자보석은 **법원의 '직권**'에 의하여 석방을 명할 수 있는 **직권·재량보석**이기 때문에 피의자에게는 보증금납입조건부 보석청구권이 인정되지는 않는다.[8] (3) 피의자가 다음에 해당할 경우에는 보석이 인정되지 않는다. 「① 범죄의 **증거를 인멸할 염려**가 있다고 믿을 만한 충분한 이유가 있거나 ② 피해자, 당해 사건의 재판에 필요한 사실을 알고 있다고 인정되는 사람 또는 그 친족의 생명·신체나 재산에 **해를 가하거나 가할 염려**가 있다고 믿을 만한 충분한 이유가 있는 때」이다(법214의2⑤). (4) 그리고 구속적부심의 경우, 석방결정으로 인해 **구속영장**의 '**효력이 상실**'하게 되므로(그 실질은 **구속취소**에 해당한다), 보증금납입조건부로 석방된 피의자를 다시 구금하기 위해서는 **새로운 구속영장**을 다시 발부받아야 한다.[9] (5) 법원은 보증금납입조건부로 피의자를 석방결정을 할 경우에 주거의 제한, 법원 또는 검사가 지정하는 일시·장소에 출석할

---

7) 법리적으로 보면 법원의 결정이므로 항고가 가능하나 입법자는 항고로 인한 수사의 지연과 심사의 장기화를 피하기 위하여 체포·구속적부심사청구에 대한 결정에 대해서는 항고하지 못하게 하고 있다.

8) 이점이 **피고인의 보석제도와 구별**된다. 즉 피고인보석은 청구 또는 직권에 의하여 결정되며, 피고인보석은 예외사유가 없는 한 반드시 보석을 허가하여야 하는 **필요적 보석**이라는 점이 특징이다. 이 이외에도 피의자보석은 ㉠ 구속영장을 발부한 지방법원판사 이외의 법원이 결정을 한다는 점과 ㉡ 보증금의 납입만을 조건으로 하는 점, ㉢ **보석의 취소가 인정되지 않고 재구속만 가능**하다는 점에서 피고인 보석과 구별된다. 특히 ㉣ 피고인보석은 구속영장의 효력이 유지되면서 보증금납입을 조건으로 구속집행을 정지시키는 제도인 반면에 피의자보석은 구속 계속의 필요성이 없을 때 **구속의 효력을 상실**시키는 제도이다.

9) 이점이 '보석'과 구별된다. 보석의 경우는 보석으로 석방되더라도 구속영장의 효력은 그대로 유지되기 때문에 석방된 피고인을 재구금하고자 하면 '보석의 취소'만으로 충분하다. 그리고 피의자보석은 피고인보석과는 달리 ㉠ 보석 결정전에 검사의 의견을 구하지 아니하며 ㉡ 보증금의 환부 규정도 없다.

의무, 그 밖의 적당한 **조건을 부가**할 수 있다(법214의2⑥). (6) 보증금을 납입한 후가 아니면 피의자보석결정을 집행하지 못한다(**보증금납입필수조건**)(법214의2⑦). (7) 법원은 피의자를 석방한 뒤, **재구속시**에 직권 또는 검사의 청구에 의하여 결정으로 보증금의 전부 또는 일부를 **몰수 할 수 있다**(임의적 몰수)(법214의4①). 그러나 석방된 자가 동일한 범죄사실에 관하여 형의 선고를 받고 그 **판결이 '확정'된 후**, 집행하기 위한 소환을 받고 정당한 이유없이 출석하지 아니하거나 도망한 때에는 직권 또는 검사의 청구에 의하여 결정으로 보증금의 전부 또는 일부를 **몰수하여야 한다**(필요적 몰수)(법214의4②).

 **8 재체포 · 재구속의 제한**          (1) 법원은 체포 · 구속의 적부심사결과 **이유가 있다고 인정**될 경우에는 결정으로 체포 · 구속된 피의자의 석방을 명할 수 있으며, 석방된 자를 다시 **재체포 · 재구속**할 수는 있으나 석방된 피의자가 ㉠ **실제로 도망**하거나 ㉡ 범죄의 **증거를 인멸**하는 경우를 제외하고는 동일한 범죄사실로 재차 체포하거나 구속할 수는 없다(따라서 단지 '죄증을 인멸할 염려'가 있거나 다른 '중요한 증거를 발견'하였다고 하여 재체포 · 재구속할 수는 없다)(법214의3①). 반면, (2) 보증금납입 조건으로 석방된 피의자의 경우는 요건이 훨씬 완화되어 있다. 「① **도망**한 때, ② 도망하거나 범죄의 증거를 **인멸**할 '염려'가 있다고 믿을 만한 충분한 이유가 있는 때, ③. 출석요구를 받고 정당한 이유없이 **출석**하지 아니한 때, ④ 주거의 제한이나 그 밖에 **법원이 정한 조건을 위반**한 때」를 제외하고는 동일한 범죄사실로 재차 체포하거나 구속할 수는 없다(법214의3②).

 * **재체포 · 재구속 제한의 비교***

|  | 긴급체포 | 구속 | 체포 · 구속적부심 | 보증금납입 조건부 피의자석방 |
|---|---|---|---|---|
| (수사기관의 동일범죄사실에 대한) 재체포 · 재구속의 제한 | 재긴급체포는 불가하나 영장에 의한 체포는 가능(법200의4③) | 다른 중요한 증거의 발견이 없는 한 재구속은 불가(법208) | 도망하거나 증거인멸를 제외하고는 재체포 · 재구속 불가(법214의3①) | 도망한 때, 도망하거나 증거인멸염려, 이유 없는 불출석, 법원이 정한 조건위반의 경우를 제외하고는 재체포 · 재구속 불가(법214의3②) |

 **9 구속의 집행정지 · 구속의 취소 · 구속의 실효**          피의자의 신분단계에서 석방될 수 있는 방법으로는 ㉠ 체포 · 구속적부심사, ㉡ 구속의 집행정지, ㉢ 구속의 취소가 있다. 먼저 (1) 체포 · 구속적부심사제도는 수사기관에 의하여 체포 · 구속된 **피의자**를 석방시키는 제도라는 점에서 구속된 피고인의 석방을 결정하는 **보석과 구별**된다. (2) **구속의 '집행정지'**란 검사는 '직권' 또는 사법경찰관의 '신청'을 받아 **상당한 이유**(수술이나 출산, 직계혈족의 장례참석 등)가 있는 때에는 결정으로 구속된 피의자를 친족 · 보호단체 기타 적당한 자에게 부탁하거나 피의자의 주거를 제한하여 구속의 **집행을 정지**할 수 있다(법209 · 101①). 이 경우는 단지 구속의 집행이 정지될 뿐이며 구속영장의 효력에는 영향이 없다. 또한 헌법 제44조에 의하여 구속된 **국회의원에 대한 석방요구**가 있으면 당연히 구속영장의 집행이 정지된다[10](이때 법원의 별도

---

10) 헌법 제44조 ① 국회의원은 현행범인인 경우를 제외하고는 회기 중 국회의 동의 없이 체포 또는 구금되지 아

의 결정은 요하지 않는다). 집행정지의 취소사유는 보석의 취소사유와 같다(법102②). 그리고 법원의 결정에 대하여 검사는 **보통항고**만 가능하다. (3) **구속의 '취소'**란 검사가 직권 또는 사법경찰관의 신청이나 피의자, 변호인 등의 '청구'에 의하여 **'구속의 사유가 없거나 소멸된 때'**[11]에 결정으로 구속을 취소하는 것을 말한다(법209·93). 구속을 취소하면 **구속영장의 효력은 '소멸'**한다(이점은 구속적부심사제도와 같으나 구속의 집행만 정지시키는 구속집행정지와는 구별된다). 구속취소결정에 대하여 검사는 **즉시항고**를 할 수 있다(법97④). (4) 구속의 **당연'실효'**란 구속영장의 효력이 당연히 실효되는 경우로 ㉠ 구속기간이 **만료**되거나[12] ㉡ 무죄판결 등 **석방**시키는 판결이 선고되거나[13] ㉢ 사형·자유형을 내리는 **유죄판결이 '확정'**된 경우이다. 이외에도 (5) 지방검찰청 검사장 또는 지청장의 **체포·구속장소감찰제도**에 의한 석방이 있다(법198의2).[14]

## *Reference 1*

1 [헌재 2014헌마205] [수사기관에 의하여 체포된 후 체포시한인 48시간이 종료된 무렵에 석방된 자가 이에 대해 헌법소원을 제기한 경우] 헌법소원심판의 청구인은 자신의 기본권에 대한 공권력 주체의 침해행위가 위헌적인 것임을 **구체적이고 명확하게 주장**하여야 하고, 그와 같이 기본권 침해의 가능성을 확인할 수 있을 정도로 구체적인 주장을 하지 아니하고 막연하고 모호한 주장만을 하는 경우 그 소원청구는 부적법하다. 그런데 청구인은 이 사건 심판청구서에서 청구취지로 '경찰관의 체포적부심사를 보장하지 않아서 이미 체포상황이 종료된 상황에서 구제절차는 사라진 것이며 청구인이 말하고자 하는 헌법소원의 취지를 다시 살펴 위헌을 확인하여 주십시오'라는 **막연한 주장만을 하고 있을 뿐**만 아니라, 청구인의 기본권을 침해한 공권력의 행사를 명확히 하고 그와 관련된 소명자료를 제출하라는 헌법재판소의 보정명령을 받고도, 이에 대해 아무런 주장이나 자료도 제출하지 않고 있으므로, 이 사건 심판청구는 부적법하다.

---

니한다. ② 국회의원이 회기 전에 체포 또는 구금된 때에는 **현행범인이 아닌 한 국회의 요구가 있으면 회기 중 석방된다.**

11) 이 경우는 구속의 계속이 부당한 상황을 말한다. 판례에서는 형이 그대로 확정되더라도 잔여형기가 8일 이내인 경우라든지(대결83모42, Ref 2-2), 미결구금일수만으로도 본형의 형기를 초과할 것이 명백한 경우에는(대결 91모25, Ref 2-1) 구속을 취소하여야 한다고 보았다. 그러나 다음의 경우는 구속취소사유에 해당하지 않는다. ① 체포 구금 당시 그 이유 및 변호인의 조력을 받을 권리 등을 고지 받지 못하였고 구금기간 중 면회거부처분 등을 받은 사유는 구속취소사유에 해당하지 않는다(대결 91모76, Ref 2-3). ② 다른 사유로 구속영장이 이미 실효된 경우라면 피고인이 계속 구금되어 있더라도 구속을 취소할 수 없다(대결 99초355, 99도3454, Ref 2-4).

12) 다만 판례는 '구속기간이 만료'되더라도 효력이 당연히 상실되는 것은 아니고 법원의 결정이 별도로 있을 것을 요한다(대판 64도428).

13) 형사소송법제331조(**무죄등 선고와 구속영장의 효력**) 무죄, 면소, 형의 면제, 형의 선고유예, 형의 집행유예, 공소기각 또는 벌금이나 과료를 과하는 판결이 **선고**된 때에는 **구속영장은 효력을 잃는다.** cf) 다만, **관할위반판결**은 관할위반 선고 이전에 행해진 소송행위이어도 그 효력에 영향이 없다는 점에서 여기에 포함되지 않는다.

14) 형사소송법 제198조의2(**검사의 체포·구속장소감찰**) ① 지방검찰청 검사장 또는 지청장은 불법체포·구속의 유무를 조사하기 위하여 검사로 하여금 **매월 1회 이상** 관하수사관서의 피의자의 체포·구속장소를 감찰하게 **하여야 한다.** 감찰하는 검사는 체포 또는 구속된 자를 심문하고 관련서류를 **조사하여야 한다.** ② 검사는 적법한 절차에 의하지 아니하고 체포 또는 구속된 것이라고 의심할 만한 상당한 이유가 있는 경우에는 즉시 체포 또는 구속된 자를 석방하거나 사건을 검찰에 송치할 것을 **명하여야 한다.**

**\*피의자 · 변호인 등의 영장등본교부청구권\***

2 [대판 2010다24879] [변호인이 직원 등 사자(使者)를 통해 수사기관에 체포영장에 대한 등사를 신청할 수 있는지 여부(적극) 및 변호인의 위임을 받은 직원이 체포영장에 대한 열람 · 등사를 신청하려면 검찰청법 제11조의 위임규정에 의하여 제정된 법무부령인 '사건기록 열람 · 등사의 방법 및 수수료 등에 관한 규칙' 제4조 제3항에 따라 사전에 검사의 허가를 받아야 하는지 여부(소극)] (가) 체포영장과 같은 소송서류에 대한 등사신청이나 그 등본의 수령행위는 단순한 사실행위에 불과하여 신청권자의 위임을 받은 대리인 내지 사자(使者)가 대신 행사한다고 하여 그 내용이 달라지는 것도 아니어서 변호인이 반드시 이를 직접 행사하여야 할 필요가 없으며, 신청권자 본인만이 등사신청을 할 수 있는 것으로 제한하는 근거 규정도 없으므로 변호인은 직접 수사기관에 체포영장에 대한 등사를 신청하는 대신에 그 직원 등 사자(使者)를 통해서 이를 신청할 수 있다고 할 것이고, 한편 (나) 위 규칙 제4조 제3항은 "소송대리인 또는 변호인은 그 사무원, 사용인, 그 밖의 자로 하여금 사건기록을 열람 · 등사하게 할 수 있다. 이 경우 미리 검사의 허가를 얻어야 한다."고 규정하고 있는바, 위 규칙이 검찰청법 제11조의 위임규정에 근거하여 제정된 법무부령이기는 하지만, 그러한 사실만으로 위 규칙 내의 모든 규정이 법규적 효력을 가지는 것은 아니고, 변호인의 사건기록에 대한 열람등사청구권을 제한하는 위 규칙 제4조 제3항은 법률상의 위임근거가 없어 행정기관 내부의 사무처리준칙으로서 행정규칙에 불과하므로 위 규정을 근거로 변호인의 위임을 받은 직원이 체포영장에 대한 열람·등사를 신청하기 위하여 사전에 검사의 허가를 받아야 한다고 볼 수 없다.

3 [대판 2003도5693] [**구속적부심문조서의 증거능력 유무(적극)**] [1] 구속적부심은 구속된 피의자 또는 그 변호인 등의 청구로 수사기관과는 별개 독립의 기관인 법원에 의하여 행하여지는 것으로서 구속된 피의자에 대하여 피의사실과 구속사유 등을 알려 그에 대한 자유로운 변명의 기회를 주어 구속의 적부를 심사함으로써 피의자의 권리보호에 이바지하는 제도인바, 법원 또는 합의부원, 검사, 변호인, 청구인이 구속된 피의자를 심문하고 그에 대한 피의자의 진술 등을 기재한 구속적부심문조서는 형사소송법 제311조가 규정한 문서에는 해당하지 않는다 할 것이나, 특히 신용할 만한 정황에 의하여 작성된 문서라고 할 것이므로 특별한 사정이 없는 한, 피고인이 증거로 함에 부동의하더라도 형사소송법 제315조 제3호[15]에 의하여 당연히 그 증거능력이 인정된다. [2] 구속적부심문조서의 증명력은 다른 증거와 마찬가지로 법관의 자유판단에 맡겨져 있으나, 피의자는 구속적부심에서의 자백의 의미나 자백이 수사절차나 공판절차에서 가지는 중요성을 제대로 헤아리지 못한 나머지 **허위자백을 하고라도 자유를 얻으려는 유혹**을 받을 수가 있으므로, 법관은 구속적부심문조서의 자백의 기재에 관한 증명력을 평가함에 있어 이러한 점에 **각별히 유의**를 하여야 한다.

4 [헌재 2002헌바104] [구속된 피의자가 적부심사청구권을 행사한 다음 **검사가 '전격기소'를** 한 경우, 법원으로부터 구속의 헌법적 정당성에 대하여 실질적 심사를 받고자 하는 청구인의 **절차적 기회를 제한**하는 결과를 가져오는 형사소송법 제214조의2 제1항(이하, '이 사건 법률조항'이라 한다)이 헌법에 합치되는지 여부(소극)] 우리 형사소송법상 구속적부심사의 청구인적격을 피의자 등으로 한정하고 있어서 청구인이 구속적부심사청구권을 행사한 다음 검사가 법원의 결정이 있기 전에 기소하는 경우(이른바 전격기소), 영장에 근거한 구속의 헌법적 정당성에 대하여 법원이 실질적인 판단을 하지 못하고 그 청구를 기각할 수밖에 없다. 그러나 구속된 피의자가 적부심사청구권을 행사한 경우 검사는 그 적부심사절차에서 피구속자와 대

---

15) 형사소송법 제315조(**당연히 증거능력이 있는 서류**) 다음에 게기한 서류는 증거로 할 수 있다. 1. 가족관계기록사항에 관한 증명서, 공정증서등본 기타 공무원 또는 외국공무원의 직무상 증명할 수 있는 사항에 관하여 작성한 문서 2. 상업장부, 항해일지 기타 업무상 필요로 작성한 통상문서 3. **기타 특히 신용할 만한 정황에 의하여 작성된 문서**

립하는 반대 당사자의 지위만을 가지게 됨에도 불구하고 헌법상 독립된 법관으로부터 심사를 받고자 하는 청구인의 '절차적 기회'가 반대 당사자의 '전격기소'라고 하는 일방적 행위에 의하여 제한되어야 할 합리적인 이유가 없고, 검사가 전격기소를 한 이후 청구인에게 '구속취소'라는 후속절차가 보장되어 있다고 하더라도 그에 따르는 적지 않은 시간적, 정신적, 경제적인 부담을 청구인에게 지워야 할 이유도 없으며, 기소 이전단계에서 이미 행사된 적부심사청구권의 당부에 대하여 법원으로부터 실질적인 심사를 받을 수 있는 청구인의 절차적 기회를 완전히 박탈하여야 하는 합리적인 근거도 없기 때문에, 입법자는 그 한도 내에서 적부심사청구권의 본질적 내용을 제대로 구현하지 아니하였다고 보아야 한다.

5 [헌재 2000헌마474] [구속적부심사건 '피의자의 변호인'에게 수사기록 중 고소장과 피의자신문조서의 내용을 알 권리 및 그 서류들을 열람·등사할 권리가 인정되는지 여부(적극)] 고소로 시작된 형사피의사건의 구속적부심절차에서 피구속자의 변호를 맡은 변호인으로서는 피구속자에 대한 고소장과 경찰의 피의자신문조서를 열람하여 그 내용을 제대로 파악하지 못한다면 피구속자가 무슨 혐의로 고소인의 공격을 받고 있는 것인지 그리고 이와 관련하여 피구속자가 수사기관에서 무엇이라고 진술하였는지 그리고 어느 점에서 수사기관 등이 구속사유가 있다고 보았는지 등을 제대로 파악할 수 없게 되고 그 결과 구속적부심절차에서 피구속자를 충분히 조력할 수 없음이 사리상 명백하므로 위 서류들의 열람은 피구속자를 충분히 조력하기 위하여 변호인에게 반드시 보장되지 않으면 안되는 핵심적 권리이다. …… 이 사건에서 변호인은 고소장과 피의자신문조서의 내용을 알 권리가 있다. …… 그리고 형사소송법이 구속적부심사를 기소 전에만 인정하고 있기 때문에 만일 기소 전에 변호인이 미리 고소장과 피의자신문조서를 열람하지 못한다면 구속적부심제도를 헌법에서 직접 보장함으로써 이 제도가 피구속자의 인권옹호를 위하여 충실히 기능할 것을 요청하는 헌법정신은 훼손을 면할 수 없다는 점 등에서, 이 규정은 구속적부심사단계에서 변호인이 고소장과 피의자신문조서를 열람하여 피구속자의 방어권을 조력하는 것까지를 일체 금지하는 것은 아니다. 결국 변호인에게 고소장과 피의자신문조서에 대한 열람 및 등사를 거부한 경찰서장의 정보비공개결정은 변호인의 피구속자를 조력할 권리 및 알 권리를 침해하여 헌법에 위반된다.

*Reference 2*
## * 구속취소의 사유가 된다고 판단한 사례 *

1 [대결 91모25] 피고인의 상고가 기각되더라도 제1심과 항소심판결 선고 전 구금일수만으로도 구속을 필요로 하는 본형 형기를 초과할 것이 명백하다면 피고인이 현재 집행유예 기간 중에 있더라도 이것이 피고인의 구속을 계속하여야 할 사유가 된다고 할 수 없어 피고인을 구속할 사유는 소멸되었다고 할 것이므로 피고인에 대한 구속은 취소해야 한다.

2 [대결 83모42] [잔여형기가 극히 적고 또한 주거가 일정한 경우 구속취소 신청의 당부] 피고인에 대한 형이 그대로 확정된다고 하더라도 잔여형기가 8일 이내이고 또한 피고인의 주거가 일정할 뿐 아니라 증거인멸이나 도망의 염려도 없어 보인다면 피고인을 구속할 사유는 소멸하였다 보아야 할 것이니 구속취소 신청은 이유 있다.

# * 구속취소사유에 해당되지 않는다고 본 판례 *

3 [대결 91모76] [체포 구금 당시 그 이유 및 변호인의 조력을 받을 권리 등을 고지 받지 못하였고 구금기간 중 면회거부처분 등을 받은 사유가 형사소송법 제93조의 구속취소사유에 해당하는지 여부(소극)] 체포, 구금 당시에 헌법 및 형사소송법에 규정된 사항(체포, 구금의 이유 및 변호인의 조력을 받을 권리) 등을 **고지받지 못하였고**, 그 후의 구금기간 중 **면회거부 등의 처분**을 받았다 하더라도 이와 같은 사유는 형사소송법 제93조 소정의 구속취소사유에는 해당하지 아니한다.

4 [대결 99초355, 99도3454] [구속영장이 이미 실효된 경우, 형사소송법 제93조에 의한 구속취소의 가부(소극)] 형사소송법 제93조에 의한 구속의 취소는 구속영장에 의하여 구속된 피고인에 대하여 **구속의 사유가 없거나 소멸된 때**에 법원이 직권 또는 피고인 등의 청구에 의하여 결정으로 구속을 취소하는 것으로서, 그 결정에 의하여 구속영장이 실효되므로, 구속영장의 효력이 존속하고 있음을 전제로 하는 것이고, 다른 사유로 **이미 구속영장이 실효된 경우**에는 피고인이 계속 구금되어 있더라도 위 규정에 의한 구속의 취소 결정을 할 수 없다.

# 19 체포 · 구속된 자의 권리(3) – 보석제도 –

* 대법원 1990. 4. 18. 90모22 결정
* 참조조문: 형사소송법 제94조,[1] 제95조,[2] 제96조,[3] 형법 제62조[4]

> 집행유예기간 중에 있는 피고인에 대해 보석이 가능한가?

●**판지**● 「피고인이 **집행유예의 기간 중**에 있어 집행유예의 결격자라고 하여 보석을 허가할 수 없는 것은 아니고 형사소송법 제95조는 그 제1 내지 5호 이외의 경우에는 필요적으로 보석을 허가하여야 한다는 것이지 여기에 해당하는 경우에는 보석을 허가하지 아니할 것을 규정한 것이 아니므로 집행유예기간 중에 있는 피고인의 보석을 허가한 것이 누범과 상습범에 대하여는 보석을 허가하지 아니할 수 있다는 **형사소송법 제95조 제2호의 취지에 위배되어 위법이라고 할 수 없다**」.

●**해설**● **1 보석의 의의** 보석이란 **구속된 '피고인'**에 대하여 보증금의 납부 등을 조건으로 **구속의 집행을 정지**함으로서 구속된 피고인을 석방하는 제도를 말한다. (1) 피고인에게  보석권을 인정하지 않으면 **무죄추정의 법리**는 무의미하게 된다는 점에서 보석의 의의를 찾을 수 있다. (2) 보석은 구속의 집행만을 **잠정적으로 '정지'**시키는 제도이므로 보석이 취소되면 정지된 구속영장의 효력은 부활한다. (3) 보석의 청구는 공소제기 후 재판의 **확정 전까지는 심급을 불문**하고 청구할 수 있다(법105).[5] (4) 보석은 '피고인의 석방'을 위한 제도라는 점에서 피의자를 석방하기 위한 체포 · 구속적부심사와 구별된다.

**2 보석의 종류** 보석에는 (1) 피고인측의 청구에 의한 청구보석(법95 · 96)과 법원의 직권에 의한 직권보석(법96)이 있다. **청구보석이 원칙이고 직권보석은 보충적**이다. 또한 (2) 보석결정에 대한 법원의 재량 유무에 따른 필요적 보석과 임의적 보석이 있다. **필요적 보석이 원칙이고 임의적 보석은 보충적**으로

---

1) 형사소송법 제94조(**보석의 청구**) 피고인, 피고인의 변호인 · 법정대리인 · 배우자 · 직계친족 · 형제자매 · **가족 · 동거인 또는 고용주**는 법원에 구속된 피고인의 보석을 청구할 수 있다. cf) 형사소송규칙 제53조−제57조 참조.
2) 형사소송법 제95조(**필요적 보석**) 보석의 청구가 있는 때에는 다음 이외의 경우에는 보석을 **허가하여야 한다**. 1. 피고인이 사형, 무기 또는 **장기 10년이 넘는** 징역이나 금고에 해당하는 죄를 범한 때 2. 피고인이 **누범**에 해당하거나 **상습범**인 죄를 범한 때 3. 피고인이 **죄증을 인멸**하거나 인멸할 염려가 있다고 믿을 만한 충분한 이유가 있는 때 4. 피고인이 도망하거나 **도망할 염려**가 있다고 믿을 만한 충분한 이유가 있는 때 5. 피고인의 **주거가 분명하지 아니한 때** 6. 피고인이 피해자, 당해 사건의 재판에 필요한 사실을 알고 있다고 인정되는 자 또는 그 친족의 생명 · 신체나 재산에 **해를 가하거나 가할 염려**가 있다고 믿을만한 충분한 이유가 있는 때 cf) 필요적 보석의 예외사유가 너무 **광범위하다는 비판**이 있다. 특히 제3호와 제5호는 삭제할 것을 주장한다.
3) 형사소송법 제96조(**임의적 보석**) 법원은 제95조의 규정에 불구하고 **상당한 이유가 있는 때**에는 직권 또는 제94조에 규정한 자의 청구에 의하여 **결정으로 보석을 허가할 수 있다**.
4) 형법 제62조(**집행유예의 요건**) ① **3년 이하**의 징역이나 금고 또는 500만원 이하의 벌금의 형을 선고할 경우에 제51조의 사항을 참작하여 그 정상에 참작할 만한 사유가 있는 때에는 **1년 이상 5년 이하의 기간 형의 집행을 유예**할 수 있다. 다만, 금고 이상의 형을 선고한 판결이 확정된 때부터 그 집행을 종료하거나 면제된 후 3년까지의 기간에 범한 죄에 대하여 형을 선고하는 경우에는 그러하지 아니하다.
5) 형사소송법 제105조(**상소와 구속에 관한 결정**) 상소기간 중 또는 상소 중의 사건에 관하여 구속기간의 갱신, 구속의 취소, **보석**, 구속의 집행정지와 그 정지의 취소에 대한 결정은 소송기록이 원심법원에 있는 때에는 원심법원이 하여야 한다.

인정하고 있다.[6] ① **필요적 보석**은 권리보석으로서 보석청구가 있는 때에는 제외사유가 없는 한 보석을 허가하여야 한다(법95). ② **임의적 보석**은 법원의 **직권·재량보석**으로 피고인의 권리가 아니다.

**3 필요적 보석의 제외사유**　　필요적 보석의 제외사유로는 「① 피고인이 사형, 무기 또는 **장기 10년이 넘는** 징역이나 금고에 해당하는 죄를 범한 때, ② 피고인이 **누범**에 해당하거나 **상습범**인 죄를 범한 때, ③ 피고인이 **죄증을 인멸**하거나 인멸할 염려가 있다고 믿을 만한 충분한 이유가 있는 때, ④ 피고인이 도망하거나 **도망할 염려**가 있다고 믿을 만한 충분한 이유가 있는 때, ⑤ 피고인의 **주거**가 분명하지 아니한 때, ⑥ 피고인이 피해자, 당해 사건의 재판에 필요한 사실을 알고 있다고 인정되는 자 또는 그 친족의 생명·신체나 재산에 **해를 가하거나 가할 염려**가 있다고 믿을만한 **충분한** 이유가 있는 때」이다(법95). 따라서 위 사유에 해당되지 않은 경우, 대상판결에서와 같이 피고인이 '**집행유예**'기간 중에 있을 때에도 보석을 허가할 수 있다(집행유예결격자라 하여도 이를 누범·상습범으로 단정할 수는 없기 때문이다)(대결 90모22). 그리고 위의 제외사유에 해당하더라도 **상당한 이유**가 있으면 법원은 결정으로 보석을 허가할 수 있다[7]**(재량보석)**(법96).

**4 보석결정의 절차 및 법원의 결정**　　(1) **보석의 청구권자**는 피고인, 피고인의 변호인·법정대리인·배우자·직계친족·형제자매·**가족·동거인 또는 고용주**이다(법94). 따라서 이들은 법원에 구속된 피고인의 보석을 청구할 수 있다. 보석청구는 **서면**에 의해야 한다(규칙53①). 보석청구는 **심급을 불문**하므로 상소기간 중에도 할 수 있다(확정판결전 까지 가능)(규칙57①). (2) 보석청구를 받은 법원은 원칙적으로 **지체없이** 심문기일을 정하여 구속된 피고인을 **심문하여야** 한다(규칙54의2①). 그리고 (3) 재판장은 보석에 관한 결정을 하기 전에 **검사의 의견을 물어야 한다**(법97①). 그러나 검사의 의견이 법원을 구속하는 것은 아니며, 검사의 의견표명 전에 보석허가를 결정하더라도 그 결정을 취소할 수 있는 것은 아니다(대결 97모88). (4) 법원은 특별한 사정이 없는 한 보석 또는 구속취소의 청구를 받은 날부터 '**7일' 이내**에 그에 관한 **결정**(허가결정이나 기각결정)을 하여야 한다(규칙55). (5) 법원의 보석허가결정에 대하여 검사는 **즉시항고를 할 수 없으나**(헌재 93헌가2, Ref 4), 보석 기각결정에 대하여 보석청구권자는 **보통항고**의 방법으로 불복하는 것은 허용된다(법403②).[8] (6) 보석허가결정의 효력은 보석이 취소되지 않는 한 확정판결 시까지 지속된다. 심급을 달리해도 그러하다.

**5 보석의 조건**　　법원은 보석을 허가하는 경우에 필요하고 상당한 범위 안에서 다음 각 호의 조건 중 **하나 이상의 조건**을 정하여야 한다(법98).[9] 크게는 선이행 조건과 후이행 조건으로 나뉘어 질 수 있

---

6) **필요적 보석**의 경우 청구보석만 인정된다. 반면 **임의적 보석**의 경우는 청구보석과 직권보석 모두 인정된다. 따라서 임의적 보석의 경우, 보석청구가 없어도 법원은 상당한 이유가 있으면 결정으로 보석을 허가할 수 있다. '병보석'이 대표적 예가 된다.

7) 실무상 '상당한 이유'로 인정되는 대표적 예가 피고인의 중대한 질병으로 이를 통상 '**병보석**'이라 부른다.

8) 형사소송법 제403조(**판결 전의 결정에 대한 항고**) ① 법원의 관할 또는 판결 전의 소송절차에 관한 결정에 대하여는 특히 즉시항고를 할 수 있는 경우 외에는 항고하지 못한다. ② 전항의 규정은 구금, **보석**, 압수나 압수물의 환부에 관한 결정 또는 감정하기 위한 피고인의 유치에 관한 결정에 적용하지 아니한다.

9) 형사소송법 제98조(**보석의 조건**) 법원은 보석을 허가하는 경우에는 필요하고 상당한 범위 안에서 다음 각 호의 조건 중 하나 이상의 조건을 정하여야 한다. 1. 법원이 지정하는 일시·장소에 출석하고 증거를 인멸하지 아니하겠다는 **서약서**를 제출할 것 2. 법원이 정하는 보증금에 해당하는 금액을 납입할 것을 약속하는 **약정서**를 제출할 것 3. 법원이 지정하는 장소로 주거를 제한하고 주거를 변경할 필요가 있는 경우에는 법원의 허가

다. 먼저 (1) **선이행 조건에 해당**하는 것으로는 「㉠ 법원이 지정하는 일시·장소에 출석하고 증거를 인멸하지 아니하겠다는 **서약서**를 제출할 것(제1호), ㉡ 법원이 정하는 보증금에 해당하는 금액을 납입할 것을 약속하는 **약정서**를 제출할 것(제2호), ㉢ 피고인 아닌 자가 작성한 **출석보증서**를 제출할 것(제5호), ㉣ 법원이 지정하는 방법으로 피해자의 권리 회복에 필요한 **금전을 공탁**하거나 그에 상당하는 **담보를 제공**할 것(제7호), ㉤ 피고인이나 법원이 지정하는 자가 **보증금을 납입**하거나 **담보를 제공**할 것(제8호)」이 있다. 다음으로 (2) **후이행 조건에 해당**하는 것으로는 「㉠ 법원이 지정하는 장소로 주거를 제한하고 주거를 변경할 필요가 있는 경우에는 법원의 허가를 받는 등 **도주를 방지**하기 위하여 행하는 조치를 받아들일 것(제3호), ㉡ 피해자, 당해 사건의 재판에 필요한 사실을 알고 있다고 인정되는 사람 또는 그 친족의 생명·신체·재산에 해를 가하는 행위를 하지 아니하고 주거·직장 등 그 **주변에 접근**하지 아니할 것(제4호), ㉢ 법원의 허가 없이 외국으로 출국하지 아니할 것을 **서약**할 것(제6호), ㉣ 그 밖에 피고인의 출석을 보증하기 위하여 법원이 정하는 적당한 조건을 이행할 것(제9호)」이 있다. 그리고 새로 추가된 조건으로 **전자장치의 부착**을 명할 수 있다(전자장치부착등에관한법률31의2[10]). (3) 법원은 제98조의 조건을 정할 때 다음의 **사항을 고려**하여야 한다. 「㉠ 범죄의 성질 및 죄상(罪狀), ㉡ 증거의 **증명력**, ㉢ 피고인의 전과·성격·환경 및 자산, ㉣. 피해자에 대한 배상 등 **범행 후의 정황**에 관련된 사항」(법99①). 그리고 법원은 피고인의 자금능력 또는 자산 정도로는 '이행할 수 없는' 조건을 정할 수 없다(법99②). (4) 법원은 보석청구자 '이외의 자'에게 보증금 납입을 허가할 수 있으며(법100②), 법원은 유가증권 또는 피고인 외의 자가 제출한 보증서로써 보증금에 **갈음**함을 허가할 수 있다(법100③). (5) 법원은 보석결정 당시에 부과한 조건이 '사정변경'에 따라 부적절한 경우에 **직권** 또는 보석청구권자의 **'신청'**에 따라 결정으로 피고인의 **보석조건을 변경**하거나 일정기간 동안 당해 조건의 **이행을 유예**할 수 있다(법102①).

　　**6 보석의 취소**　　　　(1) 법원은 보석을 취소할 수 있다. 보석의 취소여부는 **법원의 '재량'**에 속한다. 따라서 법원은 피고인이 다음의 취소사유에 해당하는 경우에는 **직권** 또는 **검사의 청구**에 따라 결정으로 보석을 취소할 수 있다(법102②). 「① **도망**한 때, ② 도망하거나 **죄증을 인멸**할 염려가 있다고 믿을 만한 충분한 이유가 있는 때, ③ 소환을 받고 정당한 사유 없이 **출석**하지 아니한 때, ④ 피해자, 당해 사건의 재판에 필요한 사실을 알고 있다고 인정되는 자 또는 그 친족의 생명·신체·재산에 **해를 가하거나 가할 염려**가 있다고 믿을 만한 충분한 이유가 있는 때, ⑤ 법원이 정한 **조건을 위반**한 때」가 그것이다.[11] (2)

---

　　를 받는 등 도주를 방지하기 위하여 행하는 조치를 받아들일 것 4. 피해자, 당해 사건의 재판에 필요한 사실을 알고 있다고 인정되는 사람 또는 그 친족의 생명·신체·재산에 해를 가하는 행위를 하지 아니하고 주거·직장 등 그 주변에 접근하지 아니할 것 5. 피고인 아닌 자가 작성한 **출석보증서**를 제출할 것 6. 법원의 허가 없이 외국으로 출국하지 아니할 것을 **서약**할 것 7. 법원이 지정하는 방법으로 피해자의 권리 회복에 필요한 금전을 공탁하거나 그에 상당하는 **담보를 제공**할 것 8. 피고인이나 법원이 지정하는 자가 보증금을 납입하거나 **담보를 제공**할 것 9. 그 밖에 피고인의 출석을 보증하기 위하여 법원이 정하는 적당한 **조건을 이행**할 것
10) 전자장치부착 등에 관한법률 제31조의2(**보석과 전자장치 부착**) ① 법원은 「형사소송법」 제98조제9호에 따른 보석조건으로 피고인에게 **전자장치 부착을 명할 수 있다.** ② 법원은 제1항에 따른 전자장치 부착을 명하기 위하여 필요하다고 인정하면 그 법원의 소재지 또는 피고인의 주거지를 관할하는 보호관찰소의 장에게 피고인의 직업, 경제력, 가족상황, 주거상태, 생활환경 및 피해회복 여부 등 피고인에 관한 사항의 조사를 의뢰할 수 있다. ③ 제2항의 의뢰를 받은 보호관찰소의 장은 지체 없이 조사하여 서면으로 법원에 통보하여야 하며, 조사를 위하여 필요한 경우에는 피고인이나 그 밖의 관계인을 소환하여 심문하거나 소속 보호관찰관에게 필요한 사항을 조사하게 할 수 있다. ④ 보호관찰소의 장은 제3항의 조사를 위하여 필요하다고 인정하면 국공립 기관이나 그 밖의 단체에 사실을 알아보거나 관련 자료의 열람 등 협조를 요청할 수 있다. [본조신설 2020. 2. 4.]

보석이 취소되면 집행이 정지되었던 구속영장의 효력이 **다시 발효**하게 된다. 따라서 보석취소결정이 있는 때에는 검사는 그 취소결정의 '등본'에 의하여 피고인을 **재구금**하여야 한다(규칙56①). 피고인의 재구금은 이미 발부된 구속영장의 효력에 의하는 것이어서, 보석취소결정의 '등본'을 피고인에게 송달할 필요도 없고 별도의 구속영장을 발부할 필요도 없다(보석은 단지 구속의 집행만을 **잠정적으로** '정지'시키는 제도이므로 보석이 취소되면 정지된 구속영장의 **효력은 부활**하기 때문이다). (3) 보석취소결정에 대하여 **항고**할 수 있다(법403②).

**7 보석조건위반의 제재**    (1) 법원은 '**피고인**'이 정당한 사유 없이 보석조건을 위반한 경우에는 결정으로 피고인에 대하여 **1천만원 이하의 과태료**를 부과하거나 **20일 이내의 '감치'**에 처할 수 있다(법102③). 이러한 제재는 보석취소의 경우는 물론, 보석을 취소하지 않는 경우에도 부과할 수 있다. 이러한 제재결정에 대하여는 **즉시항고**를 할 수 있다(법102④). (2) 법원은 제3자의 출석보증서의 조건(법98ⅴ)으로 석방된 피고인이 정당한 사유 없이 기일에 **불출석**하는 경우에는 결정으로 그 '**출석보증인**'에 대하여 **500만원 이하**의 과태료를 부과할 수 있다. 이 결정에 대하여도 **즉시항고**를 할 수 있다(법100의2).

**8 보석의 실효**    보석은 보증금의 납부 등을 조건으로 **구속의 집행을 '정지'**함으로서 구속된 피고인을 석방하는 제도를 말한다. 그리고 보석은 **보석의 '취소'**와 **구속영장의 '실효'**에 의하여 그 효력을 상실한다. 즉 구속영장은 무죄, 면소, 형의 면제, 형의 선고유예, 형의 집행유예, 공소기각 또는 벌금이나 과료를 과하는 판결이 '**선고**'된 때에는 효력을 잃는다(법331). 또한 사형 또는 자유형의 판결이 '**확정**'된 때에도 구속영장의 효력은 당연히 상실된다. 그리고 구속영장의 **효력이 소멸**한 때와 **보석이 취소**된 경우에는 보석조건은 **즉시 그 효력을 상실**한다. 다만, 이 때에 피고인 또는 법원이 지정하는 자가 '보증금을 납입하거나 담보를 제공'한 경우는 **예외**로 한다(법104의2).

**9 보증금의 몰취와 환부**    (1) 법원은 **보석을 취소**하는 때에는 **직권 또는 검사의 청구**에 따라 결정으로 보증금 또는 담보의 전부 또는 일부를 **몰취할 수 있다**(임의적 몰취)(법103①). 그리고 보증금을 몰수할 때 반드시 보석취소와 동시에 하여야 하는 것은 아니다. **보석취소 이후에 별도**로 보증금몰수결정을 할 수도 있다(대결 2000모22 전원합의체, Ref 2). (2) 법원은 보증금의 납입 또는 담보제공을 조건으로 석방된 피고인이 동일한 범죄사실에 관하여 형의 선고를 받고 그 **판결이 확정된 후** 집행하기 위한 소환을 받고 정당한 사유 없이 **출석하지 아니하거나 도망한 때**에는 직권 또는 검사의 청구에 따라 결정으로 보증금 또는 담보의 전부 또는 일부를 몰취하여야 한다(**필요적 몰취**)(법103②). (3) 구속 또는 보석을 취소하거나 구속영장의 효력이 소멸된 때에는 몰취하지 아니한 보증금 또는 담보를 청구한 날로부터 '**7일**' 이내에 **환부**하여야 한다(법104). (4) 보증금몰수사건은 그 성질상 당해 형사본안 사건의 기록이 존재하는 **법원**에 속하고, 그 법원이 지방법원인 경우에 있어서 사물관할은 법원조직법 제7조 제4항의 규정에 따라 지방법원 **단독판사**에게 속한다(대결 2001모53, Ref 1).

---

11) 피고인에 대한 새로운 중요 증거의 발견은 보석취소사유에 해당하지 않는다.

# * '보석'과 관련된 주요 판례 *

1 [대결 2001모53] [보석보증금몰수신청사건의 사물관할] 형사소송법 제103조는 "보석된 자가 형의 선고를 받고 그 판결이 확정된 후 집행하기 위한 소환을 받고 정당한 이유 없이 출석하지 아니하거나 도망한 때에는 직권 또는 검사의 청구에 의하여 결정으로 보증금의 전부 또는 일부를 몰수하여야 한다."고 규정하고 있는바, 이 규정에 의한 보증금몰수사건은 그 성질상 당해 형사본안 사건의 기록이 존재하는 법원 또는 그 기록을 보관하는 검찰청에 대응하는 법원의 토지관할에 속하고, 그 법원이 지방법원인 경우에 있어서 사물관할은 법원조직법 제7조 제4항의 규정에 따라 지방법원 단독판사에게 속하는 것이지 소송절차 계속 중에 보석허가결정 또는 그 취소결정 등을 본안 관할법원인 제1심 합의부 또는 항소심인 합의부에서 한 바 있었다고 하여 그러한 법원이 사물관할을 갖게 되는 것은 아니다.

2 [대결 2000모22 전원합의체] [보석보증금몰수결정은 반드시 보석취소와 동시에 하여야만 하는지 여부(소극)] [다수의견] 형사소송법 제102조 제2항은 "보석을 취소할 때에는 결정으로 보증금의 전부 또는 일부를 몰수할 수 있다."라고 규정하고 있는바, 이는 보석취소사유가 있어 보석취소결정을 할 경우에는 보석보증금의 전부 또는 일부를 몰수하는 것도 가능하다는 의미로 해석될 뿐, 문언 상 보석보증금의 몰수는 반드시 보석취소와 동시에 결정하여야 한다는 취지라고 단정하기는 어려운 점, 같은 법 제103조에서 보석된 자가 유죄판결 확정 후의 집행을 위한 소환에 불응하거나 도망한 경우 보증금을 몰수하도록 규정하고 있어 보석보증금은 형벌의 집행 단계에서의 신체 확보까지 담보하고 있으므로, 보석보증금의 기능은 유죄의 판결이 확정될 때까지의 신체 확보도 담보하는 취지로 봄이 상당한 점, 보석취소결정은 그 성질상 신속을 요하는 경우가 대부분임에 반하여, 보증금몰수결정에 있어서는 그 몰수의 요부(보석조건위반 등 귀책사유의 유무) 및 몰수 금액의 범위 등에 관하여 신중히 검토하여야 할 필요성도 있는 점 등을 아울러 고려하여 보면, 보석보증금을 몰수하려면 반드시 보석취소와 동시에 하여야만 가능한 것이 아니라 보석취소 후에 별도로 보증금몰수결정을 할 수도 있다. 그리고 형사소송법 제104조가 구속 또는 보석을 취소하거나 구속영장의 효력이 소멸된 때에는 몰수하지 아니한 보증금을 청구한 날로부터 7일 이내에 환부하도록 규정되어 있다고 하여도, 이 규정의 해석상 보석취소 후에 보증금몰수를 하는 것이 불가능하게 되는 것도 아니다.

3 [대결 97모88] [검사의 의견청취절차를 거치지 아니한 보석허가결정의 효력] 검사의 의견청취의 절차는 보석에 관한 결정의 본질적 부분이 되는 것은 아니므로, 설사 법원이 검사의 의견을 듣지 아니한 채 보석에 관한 결정을 하였다고 하더라도 그 결정이 적정한 이상, 절차상의 하자만을 들어 그 결정을 취소할 수는 없다.

4 [헌재 93헌가2] [보석허가결정에 대한 검사의 즉시항고를 허용하는 것이 영장주의와 적법절차의 원칙에 반하고 과잉금지의 원칙에 위반되는지 여부] 보석허가결정에 대하여 검사의 즉시항고를 허용하여 그 즉시항고에 대한 항고심의 재판이 확정될 때까지 그 집행이 정지되도록 한 형사소송법 제97조 제3항의 규정은 당해 피고인에 대한 보석허가결정이 부당하다는 검사의 불복을 그 피고인에 대한 구속집행을 계속할 필요가 없다는 법원의 판단보다 우선시킨 것이어서 구속의 여부와 구속을 계속시키는 여부에 대한 판단을 사법권의 독립이 보장된 법관의 결정에만 맡기려는 영장주의에 위반되고, 그 내용에 있어 합리성과 정당성이 없으면서 피고인의 신체의 자유를 제한하는 것이므로 적법절차의 원칙에 반하며, 기본권제한입법의 기본원칙인 방법의 적정성, 피해의 최소성, 법익의 균형성을 갖추지 못하여 과잉금지의 원칙에도 위반된다.

# 대물적 강제수사 - 압수수색검증 -

형사소송법
[시행 2025. 1. 17.] [법률 제20460호, 2024. 10. 16., 일부개정]

## 제1편 총칙

### 【법원의 압수 · 수색 · 검증】

#### 제10장 압수와 수색

**제106조(압수)** ① 법원은 **필요한** 때에는 피고사건과 **관계가 있다**고 인정할 수 있는 것에 한정하여 증거물 또는 몰수할 것으로 사료하는 물건을 압수할 수 있다. 단, 법률에 다른 규정이 있는 때에는 예외로 한다.

② 법원은 압수할 물건을 지정하여 소유자, 소지자 또는 보관자에게 **제출을 명할 수 있다.**

③ 법원은 압수의 목적물이 컴퓨터용디스크, 그 밖에 이와 비슷한 **정보저장매체**(이하 이 항에서 "정보저장매체 등"이라 한다)인 경우에는 기억된 **정보의 범위를 정하여 출력**하거나 **복제**하여 제출받아야 한다. 다만, 범위를 정하여 출력 또는 복제하는 방법이 불가능하거나 압수의 목적을 달성하기에 현저히 곤란하다고 인정되는 때에는 **정보저장매체** 등을 **압수할 수 있다.**

④ 법원은 제3항에 따라 정보를 제공받은 경우 「개인정보 보호법」 제2조제3호에 따른 정보주체에게 해당 사실을 지체 없이 알려야 한다.

**제107조(우체물의 압수)** ① 법원은 필요한 때에는 피고사건과 관계가 있다고 인정할 수 있는 것에 한정하여 우체물 또는 「통신비밀보호법」 제2조제3호에 따른 전기통신(이하 "전기통신"이라 한다)에 관한 것으로서 체신관서, 그 밖의 관련 기관 등이 소지 또는 보관하는 물건의 제출을 명하거나 압수를 할 수 있다.

② 삭제

③ 제1항에 따른 처분을 할 때에는 발신인이나 수신인에게 그 취지를 통지하여야 한다. 단, 심리에 방해될 염려가 있는 경우에는 예외로 한다.

**제108조(임의 제출물 등의 압수)** 소유자, 소지자 또는 보관자가 임의로 제출한 물건 또는 유류한 물건은 영장없이 압수할 수 있다.

**제109조(수색)** ① 법원은 필요한 때에는 **피고사건과 관계가 있다**고 인정할 수 있는 것에 한정하여 **피고인**의 신체, 물건 또는 주거, 그 밖의 장소를 수색할 수 있다.

② **피고인 아닌 자**의 신체, 물건, 주거 기타 장소에 관하여는 **압수할 물건**이 있음을 인정할 수 있는 경우에 한하여 수색할 수 있다.

**제110조(군사상 비밀과 압수)** ① 군사상 비밀을 요하는 **장소**는 그 **책임자의 승낙** 없이는 압수 또는 수색할 수 없다.

② 전항의 책임자는 국가의 **중대한 이익**을 해하는 경우를 제외하고는 승낙을 거부하지 못한다.

**제111조(공무상 비밀과 압수)** ① 공무원 또는 공무원이었던 자가 소지 또는 보관하는 물건에 관하여는 본인 또는 그 해당 공무소가 직무상의 비밀에 관한 것임을 신고한 때에는 그 소속공무소 또는 당해 감독관공서의 승낙 없이는 압수하지 못한다.

② 소속공무소 또는 당해 감독관공서는 국가의 **중대한 이익**을 해하는 경우를 제외하고는 승낙을 거부하지 못한다.

**제112조(업무상비밀과 압수)** 변호사, 변리사, 공증인, 공인회계사, 세무사, 대서업자, 의사, 한의사, 치과의사, 약사, 약종상, 조산사, 간호사, 종교의 직에 있는 자 또는 이러한 직에 있던 자가 그 업무상 위탁을 받아 소지 또는 보관하는 물건으로 타인의 비밀에 관한 것은 압수를 거부할 수 있다. 단, 그 타인의 승낙이 있거나 중대한 공익상 필요가 있는 때에는 예외로 한다.

**제113조(압수 · 수색영장)** 공판정 외에서 압수 또는 수색을 함에는 영장을 발부하여 시행하여야 한다.

**제114조(영장의 방식)** ① 압수 · 수색영장에는 다음 각 호의 사항을 기재하고 재판장이나 수명법관이 서명날인하여야 한다. 다만, 압수 · 수색할 물건이 **전기통신**에 관한 것인 경우에는 **작성기간을 기재**하여야 한다.

1. 피고인의 성명
2. 죄명
3. 압수할 물건
4. 수색할 장소 · 신체 · 물건
5. 영장 발부 연월일
6. 영장의 유효기간과 그 기간이 지나면 집행에 착수할 수 없으며 영장을 반환하여야 한다는 취지
7. 그 밖에 대법원규칙으로 정하는 사항

② 제1항의 영장에 관하여는 제75조제2항을 준용한다.

**제115조(영장의 집행)** ① 압수 · 수색영장은 검사의 지휘에 의하여 사법경찰관리가 집행한다. 단, 필요한 경우에는 재판장은 법원사무관등에게 그 집행을 명할 수 있다.

② 제83조의 규정은 압수 · 수색영장의 집행에 준용한다.

■ **제83조(관할구역 외에서의 구속영장의 집행과 그 촉탁)** ① 검사는 필요에 의하여 **관할구역** 외에서 구속영장의 집행을 지휘할 수 있고 또는 당해 관할구역의 검사에게 집행지휘를 **촉탁**할 수 있다.

② 사법경찰관리는 필요에 의하여 관할구역 외에서 구속영장을 집행할 수 있고 또는 당해 관할구역의 사법경찰관리에게 집행을 촉탁할 수 있다.

**제116조(주의사항)** 압수·수색영장을 집행할 때에는 타인의 비밀을 보호하여야 하며 처분받은 자의 명예를 해하지 아니하도록 주의하여야 한다.

**제117조(집행의 보조)** 법원사무관등은 압수·수색영장의 집행에 관하여 필요한 때에는 사법경찰관리에게 보조를 구할 수 있다.

**제118조(영장의 제시와 사본교부)** 압수·수색영장은 처분을 받는 자에게 **반드시 제시**하여야 하고, 처분을 받는 자가 피고인인 경우에는 그 사본을 교부하여야 한다. 다만, 처분을 받는 자가 현장에 없는 등 영장의 제시나 그 사본의 교부가 현실적으로 **불가능한 경우** 또는 처분을 받는 자가 영장의 제시나 사본의 교부를 **거부한 때**에는 예외로 한다. 〈개정 2022. 2. 3.〉

**제119조(집행 중의 출입금지)** ① 압수·수색영장의 집행 중에는 타인의 출입을 금지할 수 있다.

② 전항의 규정에 위배한 자에게는 퇴거하게 하거나 집행 종료시까지 간수자를 붙일 수 있다.

**제120조(집행과 필요한 처분)** ① 압수·수색영장의 집행에 있어서는 건정을 열거나 개봉 **기타 필요한 처분**을 할 수 있다.

② 전항의 처분은 압수물에 대하여도 할 수 있다.

**제121조(영장집행과 당사자의 참여)** 검사, 피고인 **또는 변호인**은 압수·수색영장의 집행에 참여할 수 있다.

**제122조(영장집행과 참여권자에의 통지)** 압수·수색영장을 집행함에는 미리 집행의 일시와 장소를 전조에 규정한 자에게 **통지하여야 한다.** 단, 전조에 규정한 자가 참여하지 아니한다는 의사를 명시한 때 또는 **급속을 요하는** 때에는 예외로 한다.

**제123조(영장의 집행과 책임자의 참여)** ① 공무소, 군사용 항공기 또는 선박·차량 안에서 압수·수색영장을 집행하려면 그 **책임자**에게 참여할 것을 **통지하여야 한다.**

② 제1항에 규정한 장소 외에 타인의 주거, 간수자 있는 가옥, 건조물, 항공기 또는 선박·차량 안에서 압수·수색영장을 집행할 때에는 주거주, 간수자 또는 이에 준하는 사람을 참여하게 **하여야 한다.**

③ 제2항의 사람을 참여하게 하지 못할 때에는 이웃 사람 또는 지방공공단체의 직원을 참여하게 **하여야 한다.**

**제124조(여자의 수색과 참여)** 여자의 신체에 대하여 **수색할** 때에는 **성년의 여자를 참여**하게 하여야 한다.

**제125조(야간집행의 제한)** 일출 전, 일몰 후에는 압수·수색영장에 야간집행을 할 수 있는 기재가 없으면 그 영장을 집행하기 위하여 타인의 주거, 간수자 있는 가옥, 건조물, 항공기 또는 선차 내에 들어가지 못한다.

**제126조(야간집행제한의 예외)** 다음 장소에서 압수·수색영장을 집행함에는 전조의 제한을 받지 아니한다.

1. 도박 기타 풍속을 해하는 행위에 상용된다고 인정하는 장소

2. 여관, 음식점 기타 야간에 공중이 출입할 수 있는 장소. 단, 공개한 시간 내에 한한다.

**제127조(집행중지와 필요한 처분)** 압수·수색영장의 집행을 중지한 경우에 필요한 때에는 집행이 종료될 때까지 그 장소를 폐쇄하거나 간수자를 둘 수 있다.

**제128조(증명서의 교부)** 수색한 경우에 증거물 또는 몰취할 물건이 **없는 때**에는 그 취지의 증명서를 교부하여야 한다.

**제129조(압수목록의 교부)** 압수한 경우에는 목록을 작성하여 소유자, 소지자, 보관자 기타 이에 준할 자에게 교부하여야 한다.

## 【압수물의 처리】

**제130조(압수물의 보관과 폐기)** ① 운반 또는 보관에 불편한 압수물에 관하여는 간수자를 두거나 소유자 또는 적당한 자의 승낙을 얻어 **보관**하게 할 수 있다.

② **위험발생**의 염려가 있는 압수물은 **폐기**할 수 있다.

③ 법령상 생산·제조·소지·소유 또는 **유통이 금지**된 압수물로서 **부패의 염려**가 있거나 **보관하기 어려운** 압수물은 소유자 등 권한 있는 자의 **동의**를 받아 **폐기**할 수 있다.

**제131조(주의사항)** 압수물에 대하여는 그 상실 또는 파손 등의 방지를 위하여 상당한 조치를 하여야 한다.

**제132조(압수물의 대가보관)** ① 몰수하여야 할 압수물로서 멸실·파손·부패 또는 현저한 가치 감소의 염려가 있거나 보관하기 어려운 압수물은 매각하여 대가를 보관할 수 있다.

② 환부하여야 할 압수물 중 환부를 받을 자가 **누구인지 알 수 없거나 그 소재가 불명한 경우**로서 그 압수물의 멸실·파손·부패 또는 현저한 가치 감소의 염려가 있거나 보관하기 어려운 압수물은 매각하여 대가를 **보관할 수 있다.**

**제133조(압수물의 환부, 가환부)** ① 압수를 계속할 필요가 없다고 인정되는 압수물은 피고사건 **종결 전이라도 결정으로 환부하여야** 하고 **증거에 공할** 압수물은 소유자, 소지자, 보관자 또는 제출인의 청구에 의하여 **가환부할 수 있다.**

② 증거에만 공할 목적으로 압수한 물건으로서 그 소유자 또는 소지자가 계속 사용하여야 할 물건은 사진촬영 기타 원형보존의 조치를 취하고 신속히 **가환부하여야 한다.**

**제134조(압수장물의 피해자환부)** 압수한 장물은 피해자에게 환부할 이유가 명백한 때에는 피고사건의 **종결 전이라도 결정으로** 피해자에게 환부할 수 있다.

**제135조(압수물처분과 당사자에의 통지)** 전3조의 결정을 함에는 검사, **피해자**, 피고인 또는 변호인에게 **미리 통지하여야** 한다.

【참조】
- **제332조(몰수의 선고와 압수물)** 압수한 서류 또는 물품에 대하여 몰수의 선고가 없는 때에는 압수를 **해제**한 것으로 **간주**한다.
- **제333조(압수장물의 환부)** ① 압수한 장물로서 피해자에게 환부할 이유가 명백한 것은 **판결**로써 피해자에게 환부하는 선고를 하여야 한다.
  ② 전항의 경우에 장물을 처분하였을 때에는 판결로써 그 대가로 취득한 것을 피해자에게 교부하는 선고를 하여야 한다.
  ③ 가환부한 장물에 대하여 별단의 선고가 없는 때에는 **환부의 선고**가 있는 것으로 **간주**한다.
  ④ 전3항의 규정은 이해관계인이 민사소송절차에 의하여 그 권리를 주장함에 영향을 미치지 아니한다.
- **제486조(환부불능과 공고)** ① 압수물의 환부를 받을 자의 소재가 불명하거나 기타 사유로 인하여 환부를 할 수 없는 경우에는 검사는 그 사유를 **관보에 공고**하여야 한다.
  ② 공고한 후 **3월 이내**에 환부의 청구가 없는 때에는 그 물건은 **국고에 귀속**한다.
  ③ 전항의 기간 내에도 가치없는 물건은 폐기할 수 있고 보관하기 어려운 물건은 공매하여 그 대가를 보관할 수 있다.
- **제218조의2(압수물의 환부, 가환부)** 참조.

**제136조(수명법관, 수탁판사)** ① 법원은 압수 또는 수색을 합의부원에게 명할 수 있고 그 목적물의 소재지를 관할하는 지방법원 판사에게 촉탁할 수 있다.
  ② 수탁판사는 압수 또는 수색의 목적물이 그 관할구역 내에 없는 때에는 그 목적물 소재지지방법원 판사에게 전촉할 수 있다.
  ③ 수명법관, 수탁판사가 행하는 압수 또는 수색에 관하여는 법원이 행하는 압수 또는 수색에 관한 규정을 준용한다.

**제137조(구속영장집행과 수색)** 검사, 사법경찰관리 또는 제81조제2항의 규정에 의한 법원사무관등이 구속영장을 집행할 경우에 필요한 때에는 미리 수색영장을 발부받기 어려운 긴급한 사정이 있는 경우에 한정하여 타인의 주거, 간수자있는 가옥, 건조물, 항공기, 선차 내에 들어가 피고인을 수색할 수 있다.

**제138조(준용규정)** 제119조, 제120조, 제123조와 제127조의 규정은 전조의 규정에 의한 검사, 사법경찰관리, 법원사무관등의 수색에 준용한다.

## 제11장 검증

**제139조(검증)** 법원은 사실을 발견함에 필요한 때에는 검증을 할 수 있다.

**제140조(검증과 필요한 처분)** 검증을 함에는 신체의 검사, 사체의 해부, 분묘의 발굴, 물건의 파괴 기타 필요한 처분을 할 수 있다.

**제141조(신체검사에 관한 주의)** ① 신체의 검사에 관하여는 검사를 받는 사람의 성별, 나이, 건강상태, 그 밖의 사정을 고려하여 그 사람의 건강과 명예를 해하지 아니하도록 주의하여야 한다.
  ② **피고인 아닌 사람의 신체검사**는 증거가 될 만한 흔적을 확인할 수 있는 현저한 사유가 있는 경우에만 할 수 있다.
  ③ 여자의 신체를 검사하는 경우에는 의사나 성년 여자를 참여하게 하여야 한다.
  ④ 시체의 해부 또는 분묘의 발굴을 하는 때에는 예(禮)에 어긋나지 아니하도록 주의하고 미리 유족에게 통지하여야 한다.

**제142조(신체검사와 소환)** 법원은 신체를 검사하기 위하여 피고인 아닌 자를 법원 기타 지정한 장소에 소환할 수 있다.

**제143조(시각의 제한)** ①일출 전, 일몰 후에는 가주, 간수자 또는 이에 준하는 자의 승낙이 없으면 검증을 하기 위하여 타인의 주거, 간수자 있는 가옥, 건조물, 항공기, 선차 내에 들어가지 못한다. 단, 일출 후에는 검증의 목적을 달성할 수 없을 염려가 있는 경우에는 예외로 한다.
  ② 일몰 전에 검증에 착수한 때에는 일몰 후라도 검증을 계속할 수 있다.
  ③ 제126조에 규정한 장소에는 제1항의 제한을 받지 아니한다.

**제144조(검증의 보조)** 검증을 함에 필요한 때에는 사법경찰관리에게 보조를 명할 수 있다.

**제145조(준용규정)** 제110조, 제119조 내지 제123조, 제127조와 제136조의 규정은 검증에 관하여 준용한다.

## 【수사기관의 압수 · 수색 · 검증】

### 제2편 제1심
### 제1장 수사

**제199조(수사와 필요한 조사)** ① 수사에 관하여는 그 목적을 달성하기 위하여 **필요한** 조사를 할 수 있다. 다만, 강제처분은 이 법률에 특별한 규정이 있는 경우에 한하며, 필요한 최소한도의 범위 안에서만 하여야 한다.

.

**제215조(압수, 수색, 검증)** ① 검사는 범죄수사에 **필요한** 때에는 피의자가 죄를 범하였다고 **의심**할 만한 정황이 있고 해당 사건과 **관계가 있다**고 인정할 수 있는 것에 한정하여 지방법원판사에게 **청구**하여 발부받은 영장에 의하여 압수, 수색 또는 검증을 할 수 있다.

② 사법경찰관이 범죄수사에 **필요한** 때에는 피의자가 죄를 범하였다고 **의심**할 만한 정황이 있고 해당 사건과 **관계가 있다**고 인정할 수 있는 것에 한정하여 검사에게 **신청**하여 검사의 청구로 지방법원판사가 발부한 영장에 의하여 압수, 수색 또는 검증을 할 수 있다.

### 【영장주의의 예외】

**제216조(영장에 의하지 아니한 강제처분)** ①검사 또는 사법경찰관은 제200조의2 · 제200조의3 · 제201조 또는 제212조의 규정에 의하여 피의자를 체포 또는 구속하는 경우에 **필요한 때에는 영장없이** 다음 처분을 할 수 있다.

1. 타인의 주거나 타인이 간수하는 가옥, 건조물, 항공기, 선차 내에서의 **피의자 수색**. 다만, 제200조의2 또는 제201조에 따라 피의자를 체포 또는 구속하는 경우의 피의자 수색은 미리 수색영장을 발부받기 어려운 **긴급한** 사정이 있는 때에 한정한다.

2. **체포현장에서의 압수, 수색, 검증**

② 전항 제2호의 규정은 검사 또는 사법경찰관이 **피고인에 대한 구속영장의 집행**의 경우에 준용한다.

③ **범행 중 또는 범행직후의 범죄 장소**에서 긴급을 요하여 법원판사의 영장을 받을 수 없는 때에는 영장없이 압수, 수색 또는 검증을 할 수 있다. 이 경우에는 **사후에 지체없이 영장을 받아야 한다.**

[2019. 12. 31. 법률 제16850호에 의하여 2018. 4. 26. 헌법재판소에서 헌법불합치 결정된 이 조를 개정함.]

**제217조(영장에 의하지 아니하는 강제처분)** ① 검사 또는 사법경찰관은 제200조의3에 따라 체포된 자가 소유 · 소지 또는 보관하는 물건에 대하여 긴급히 압수할 필요가 있는 경우에는 체포한 때부터 **24시간 이내**에 한하여 영장 없이 압수 · 수색 또는 검증을 할 수 있다.

② 검사 또는 사법경찰관은 제1항 또는 제216조제1항제2호에 따라 압수한 물건을 계속 압수할 필요가 있는 경우에는 지체 없이 압수수색영장을 청구하여야 한다. 이 경우 압수수색영장의 청구는 **체포한 때부터 48시간 이내에** 하여야 한다.

③ 검사 또는 사법경찰관은 제2항에 따라 청구한 압수수색영장을 발부받지 못한 때에는 압수한 물건을 **즉시 반환**하여야 한다.

**제218조(영장에 의하지 아니한 압수)** 검사, 사법경찰관은 피의자 기타인의 유류한 물건이나 **소유자, 소지자** 또는 **보관자**가 임의로 제출한 물건을 영장없이 압수할 수 있다.

**제218조의2(압수물의 환부, 가환부)** ① 검사는 사본을 확보한 경우 등 압수를 계속할 필요가 없다고 인정되는 압수물 및 증거에 사용할 압수물에 대하여 공소제기 전이라도 소유자, 소지자, 보관자 또는 제출인의 청구가 있는 때에는 환부 또는 가환부하여야 한다.

② 제1항의 청구에 대하여 검사가 이를 거부하는 경우에는 신청인은 해당 검사의 소속 검찰청에 대응한 법원에 압수물의 환부 또는 가환부 결정을 청구할 수 있다.

③ 제2항의 청구에 대하여 법원이 환부 또는 가환부를 결정하면 검사는 신청인에게 압수물을 환부 또는 가환부하여야 한다.

④ 사법경찰관의 환부 또는 가환부 처분에 관하여는 제1항부터 제3항까지의 규정을 준용한다. 이 경우 사법경찰관은 검사의 지휘를 받아야 한다.

**제219조(준용규정)** 제106조, 제107조, 제109조 내지 제112조, 제114조, 제115조제1항 본문, 제2항, 제118조부터 제132조까지, 제134조, 제135조, 제140조, 제141조, 제333조제2항, 제486조의 규정은 검사 또는 사법경찰관의 본장의 규정에 의한 압수, 수색 또는 검증에 준용한다. 단, 사법경찰관이 제130조, 제132조 및 제134조에 따른 처분을 함에는 검사의 지휘를 받아야 한다.

**제220조(요급처분)** 제216조의 규정에 의한 처분을 하는 경우에 급속을 요하는 때에는 제123조제2항, 제125조의 규정에 의함을 요하지 아니한다.

### 【수사기관의 감정유치】

**제221조의3(감정의 위촉과 감정유치의 청구)** ① 검사는 제221조의 규정에 의하여 감정을 위촉하는 경우에 제172조제3항의 유치처분이 필요할 때에는 판사에게 이를 청구하여야 한다.

② 판사는 제1항의 청구가 상당하다고 인정할 때에는 유치처분을 하여야 한다. 제172조 및 제172조의2의 규정은 이 경우에 준용한다.

제221조의4(감정에 필요한 처분, 허가장) ① 제221조의 규정에 의하여 감정의 위촉을 받은 자는 판사의 허가를 얻어 제173조제1항에 규정된 처분을 할 수 있다.

② 제1항의 허가의 청구는 검사가 하여야 한다.

③ 판사는 제2항의 청구가 상당하다고 인정할 때에는 허가장을 발부하여야 한다.

④ 제173조제2항, 제3항 및 제5항의 규정은 제3항의 허가장에 준용한다.

제221조의5(사법경찰관이 신청한 영장의 청구 여부에 대한 심의) ① 검사가 사법경찰관이 신청한 영장을 정당한 이유 없이 판사에게 청구하지 아니한 경우 사법경찰관은 그 검사 소속의 지방검찰청 소재지를 관할하는 고등검찰청에 영장 청구 여부에 대한 심의를 신청할 수 있다.

② 제1항에 관한 사항을 심의하기 위하여 각 고등검찰청에 영장심의위원회(이하 이 조에서 "심의위원회"라 한다)를 둔다.

③ 심의위원회는 위원장 1명을 포함한 10명 이내의 외부위원으로 구성하고, 위원은 각 고등검찰청 검사장이 위촉한다.

④ 사법경찰관은 심의위원회에 출석하여 의견을 개진할 수 있다.

⑤ 심의위원회의 구성 및 운영 등 그 밖에 필요한 사항은 법무부령으로 정한다.

⋅
⋅

제332조(몰수의 선고와 압수물) 압수한 서류 또는 물품에 대하여 몰수의 선고가 없는 때에는 압수를 해제한 것으로 간주한다.

제333조(압수장물의 환부) ① 압수한 장물로서 피해자에게 환부할 이유가 명백한 것은 판결로써 피해자에게 환부하는 선고를 하여야 한다.

② 전항의 경우에 장물을 처분하였을 때에는 판결로써 그 대가로 취득한 것을 피해자에게 교부하는 선고를 하여야 한다.

③ 가환부한 장물에 대하여 별단의 선고가 없는 때에는 환부의 선고가 있는 것으로 간주한다.

④ 전3항의 규정은 이해관계인이 민사소송절차에 의하여 그 권리를 주장함에 영향을 미치지 아니한다.

⋅

제486조(환부불능과 공고) ① 압수물의 환부를 받을 자의 소재가 불명하거나 기타 사유로 인하여 환부를 할 수 없는 경우에는 검사는 그 사유를 관보에 공고하여야 한다.

② 공고한 후 3월 이내에 환부의 청구가 없는 때에는 그 물건은 국고에 귀속한다.   ③ 전항의 기간 내에도 가치 없는 물건은 폐기할 수 있고 보관하기 어려운 물건은 공매하여 그 대가를 보관할 수 있다

# 형사소송규칙

[시행 2022. 1. 1.] [대법원규칙 제3016호, 2021. 12. 31., 일부개정]

## 제1편 총칙
## 제2편 제1심
## 제10장 압수와 수색

**제58조(압수수색영장의 기재사항)** 압수수색영장에는 압수수색의 사유를 기재하여야 한다.

**제59조(준용규정)** 제48조의 규정은 압수수색영장에 이를 준용한다.

**제60조(압수와 수색의 참여)** ① 법원이 압수수색을 할 때에는 법원사무관등을 참여하게 하여야 한다.

② 법원사무관등 또는 사법경찰관리가 압수수색영장에 의하여 압수수색을 할 때에는 다른 법원사무관등 또는 사법경찰관리를 참여하게 하여야 한다.

**제61조(수색증명서, 압수품목록의 작성등)** 법 제128조에 규정된 증명서 또는 법 제129조에 규정된 목록은 제60조제1항의 규정에 의한 압수수색을 한 때에는 참여한 법원사무관등이 제60조제2항의 규정에 의한 압수수색을 한 때에는 그 집행을 한 자가 각 작성 교부한다.

**제62조(압수수색조서의 기재)** 압수수색에 있어서 제61조의 규정에 의한 증명서 또는 목록을 교부하거나 법 제130조의 규정에 의한 처분을 한 경우에는 압수수색의 조서에 그 취지를 기재하여야 한다.

**제63조(압수수색영장 집행후의 조치)** 압수수색영장의 집행에 관한 서류와 압수한 물건은 압수수색영장을 발부한 법원에 이를 제출하여야 한다. 다만, 검사의 지휘에 의하여 집행된 경우에는 검사를 경유하여야 한다.

## 제11장 검증

**제64조(피고인의 신체검사 소환장의 기재사항)** 피고인에 대한 신체검사를 하기 위한 소환장에는 신체검사를 하기 위하여 소환한다는 취지를 기재하여야 한다.

**제65조(피고인 아닌 자의 신체검사의 소환장의 기재사항)** 피고인이 아닌 자에 대한 신체검사를 하기 위한 소환장에는 그 성명 및 주거, 피고인의 성명, 죄명, 출석일시 및 장소와 신체검사를 하기 위하여 소환한다는 취지를 기재하고 재판장 또는 수명법관이 기명날인하여야 한다.

## 제1장 수사

**제107조(압수, 수색, 검증 영장청구서의 기재사항)** ① 압수, 수색 또는 검증을 위한 영장의 청구서에는 다음 각호의 사항을 기재하여야 한다.

1. 제95조제1호부터 제5호까지에 규정한 사항
2. 압수할 물건, 수색 또는 검증할 장소, 신체나 물건
3. 압수, 수색 또는 검증의 사유
4. 일출전 또는 일몰후에 압수, 수색 또는 검증을 할 필요가 있는 때에는 그 취지 및 사유
5. 법 제216조제3항에 따라 청구하는 경우에는 영장 없이 압수, 수색 또는 검증을 한 일시 및 장소
6. 법 제217조제2항에 따라 청구하는 경우에는 체포한 일시 및 장소와 영장 없이 압수, 수색 또는 검증을 한 일시 및 장소
7. 「통신비밀보호법」제2조제3호에 따른 전기통신을 압수·수색하고자 할 경우 그 작성기간

② 신체검사를 내용으로 하는 검증을 위한 영장의 청구서에는 제1항 각호의 사항외에 신체검사를 필요로 하는 이유와 신체검사를 받을 자의 성별, 건강상태를 기재하여야 한다.

**제108조(자료의 제출)** ① 법 제215조의 규정에 의한 청구를 할 때에는 피의자에게 범죄의 혐의가 있다고 인정되는 자료와 압수, 수색 또는 검증의 필요 및 해당 사건과의 관련성을 인정할 수 있는 자료를 제출하여야 한다.

② 피의자 아닌 자의 신체, 물건, 주거 기타 장소의 수색을 위한 영장의 청구를 할 때에는 압수하여야 할 물건이 있다고 인정될 만한 자료를 제출하여야 한다.

**제109조(준용규정)** 제58조, 제62조의 규정은 검사 또는 사법경찰관의 압수, 수색에 제64조, 제65조의 규정은 검사 또는 사법경찰관의 검증에 각 이를 준용한다.

**제110조(압수, 수색, 검증의 참여)** 검사 또는 사법경찰관이 압수, 수색, 검증을 함에는 법 제243조에 규정한 자를 각 참여하게 하여야 한다.

.

.

**제178조(영장의 유효기간)** 영장의 유효기간은 7일로 한다. 다만, 법원 또는 법관이 상당하다고 인정하는 때에는 7일을 넘는 기간을 정할 수 있다.

## 검사와 사법경찰관의 상호협력과 일반적 수사준칙에 관한 규정

[시행 2023. 11. 1.] [대통령령 제33808호, 2023. 10. 17., 일부개정]

**제37조(압수·수색 또는 검증영장의 청구·신청)** 검사 또는 사법경찰관은 압수·수색 또는 검증영장을 청구하거나 신청할 때에는 압수·수색 또는 검증의 범위를 범죄 혐의의 소명에 **필요한 최소한**으로 정해야 하고, 수색 또는 검증할 장소·신체·물건 및 압수할 물건 등을 **구체적으로 특정**해야 한다. 이 경우 수사기밀이나 사건관계인의 개인정보가 압수·수색 또는 검증을 필요로 하는 사유의 소명에 필요한 정도를 넘어 불필요하게 노출되지 않도록 유의해야 한다. 〈개정 2023. 10. 17.〉

**제38조(압수·수색 또는 검증영장의 제시·교부)** ① 검사 또는 사법경찰관은 법 제219조에서 준용하는 법 제118조에 따라 **영장을 제시할 때에는 처분을 받는 자**에게 법관이 발부한 영장에 따른 압수·수색 또는 검증이라는 사실과 영장에 기재된 범죄사실 및 수색 또는 검증할 장소·신체·물건, 압수할 물건 등을 명확히 알리고, 처분을 받는 자가 **해당 영장을 열람할 수 있도록 해야 한다.** 이 경우 처분을 받는 자가 피의자인 경우에는 해당 영장의 사본을 교부해야 한다. 〈개정 2023. 10. 17.〉

② 압수·수색 또는 검증의 처분을 받는 자가 여럿인 경우에는 **모두에게 개별적으로** 영장을 제시해야 한다. 이 경우 피의자에게는 **개별적으로** 해당 영장의 사본을 교부해야 한다. 〈개정 2023. 10. 17.〉

③ 검사 또는 사법경찰관은 제1항 및 제2항에 따라 피의자에게 영장을 제시하거나 영장의 사본을 교부할 때에는 사건관계인의 개인정보가 피의자의 방어권 보장을 위해 필요한 정도를 넘어 불필요하게 노출되지 않도록 유의해야 한다. 〈신설 2023. 10. 17.〉

④ 검사 또는 사법경찰관은 제1항 후단 및 제2항 후단에 따라 피의자에게 영장의 사본을 교부한 경우에는 피의자로부터 **영장 사본 교부 확인서**를 받아 사건기록에 편철한다. 〈신설 2023. 10. 17.〉

⑤ 피의자가 영장의 사본을 수령하기를 거부하거나 영장 사본 교부 확인서에 기명날인 또는 서명하는 것을 거부하는 경우에는 검사 또는 사법경찰관이 영장 사본 교부 확인서 끝 부분에 그 사유를 적고 기명날인 또는 서명해야 한다. 〈신설 2023. 10. 17.〉[제목개정 2023. 10. 17.]

**제39조(압수·수색 또는 검증영장의 재청구·재신청 등)** 압수·수색 또는 검증영장의 재청구·재신청(압수·수색 또는 검증영장의 청구 또는 신청이 기각된 후 다시 압수·수색 또는 검증영장을 청구하거나 신청하는 경우와 이미 발부받은 압수·수색 또는 검증영장과 동일한 범죄사실로 다시 압수·수색 또는 검증영장을 청구하거나 신청하는 경우를 말한다)과 반환에 관해서는 제31조 및 제35조를 준용한다.

**제40조(압수조서와 압수목록)** 검사 또는 사법경찰관은 증거물 또는 몰수할 물건을 압수했을 때에는 압수의 일시·장소, 압수 경위 등을 적은 압수조서와 압수물건의 품종·수량 등을 적은 **압수목록을 작성**해야 한다. 다만, 피의자신문조서, 진술조서, 검증조서에 압수의 취지를 적은 경우에는 그렇지 않다.

**제41조(전자정보의 압수·수색 또는 검증 방법)** ① 검사 또는 사법경찰관은 법 제219조에서 준용하는 법 제106조제3항에 따라 컴퓨터용디스크 및 그 밖에 이와 비슷한 정보저장매체(이하 이 항에서 "정보저장매체등"이라 한다)에 기억된 정보(이하 "전자정보"라 한다)를 압수하는 경우에는 해당 정보저장매체등의 소재지에서 수색 또는 검증한 후 범죄사실과 관련된 전자정보의 **범위를 정하여** 출력하거나 복제하는 방법으로 한다.

② 제1항에도 불구하고 제1항에 따른 압수 방법의 실행이 불가능하거나 그 방법으로는 압수의 목적을 달성하는 것이 **현저히 곤란한 경우에는** 압수·수색 또는 검증 현장에서 정보저장매체등에 들어 있는 전자정보 **전부를 복제**하여 그 복제본을 정보저장매체등의 소재지 외의 장소로 반출할 수 있다.

③ 제1항 및 제2항에도 불구하고 제1항 및 제2항에 따른 압수 방법의 실행이 불가능하거나 그 방법으로는 압수의 목적을 달성하는 것이 현저히 곤란한 경우에는 피압수자 또는 법 제123조에 따라 압수·수색영장을 집행할 때 참여하게 해야 하는 사람(이하 "피압수자등"이라 한다)이 참여한 상태에서 정보저장매체등의 **원본을 봉인하여** 정보저장매체등의 소재지 외의 장소로 반출할 수 있다.

**제42조(전자정보의 압수·수색 또는 검증 시 유의사항)** ① 검사 또는 사법경찰관은 전자정보의 탐색·복제·출력을 완료한 경우에는 지체 없이 피압수자 등에게 압수한 **전자정보의 목록을 교부**해야 한다.

② 검사 또는 사법경찰관은 제1항의 **목록에 포함되지 않은 전자정보가 있는 경우**에는 해당 전자정보를 지체 없이 삭제 또는 폐기하거나 반환해야 한다. 이 경우 삭제·폐기 또는 반환확인서를 작성하여 피압수자 등에게 교부해야 한다.

③ 검사 또는 사법경찰관은 전자정보의 복제본을 취득하거나 전자정보를 복제할 때에는 해시값(파일의 고유값으로서 일종의 전자지문을 말한다)을 확인하거나 압수·수색 또는 검증의 과정을 촬영하는 등 전자적 **증거의 동일성과 무결성(無缺性)**을 보장할 수 있는 적절한 방법과 조치를 취해야 한다.

④ 검사 또는 사법경찰관은 압수·수색 또는 검증의 **전 과정에 걸쳐** 피압수자 등이나 변호인의 **참여권을 보장**해야 하며, 피압수자등과 변호인이 **참여를 거부하는 경우**에는 신뢰성과 전문성을 담보할 수 있는 **상당한 방법**으로 압수·수색 또는 검증을 해야 한다.

⑤ 검사 또는 사법경찰관은 제4항에 따라 참여한 피압수자등이나 변호인이 압수 대상 전자정보와 사건의 관련성에 관하여 의견을 제시한 때에는 이를 **조서에 적어야 한다.**

**제43조(검증조서)** 검사 또는 사법경찰관은 검증을 한 경우에는 검증의 일시·장소, 검증 경위 등을 적은 검증조서를 작성해야 한다.

**제44조(영장심의위원회)** 법 제221조의5에 따른 영장심의위원회의 위원은 해당 업무에 전문성을 가진 중립적 외부 인사 중에서 위촉해야 하며, 영장심의위원회의 운영은 독립성·객관성·공정성이 보장되어야 한다.

# 20 압수 · 수색의 요건 – 해당 사건과의 '관련성' 판단기준 –

* 대법원 2020. 2. 13. 선고 2019도14341, 2019전도130(병합) 판결
* 참조조문: 형사소송법 제215조 제1항,1) 제106조 제1항2)

> 영장 발부의 사유로 된 범죄 혐의사실과 **무관한 별개의 증거**를 압수한 경우, 이를 유죄 인정의 증거로 사용할 수 있는가?

●**사실**● 피고인 X가 **2018.5.6.경** 피해자 A(여, 10세)에 대하여 저지른 간음유인미수 및 「성폭력범죄의 처벌 등에 관한 특례법(성폭력처벌법)」위반(통신매체이용음란)과 관련하여 영장을 발부 받은 수사기관이 X 소유의 **휴대전화를 압수**하였는데, 이 휴대전화에 대한 정보분석 결과 X가 **2017.12.경부터 2018.4.경까지** 사이에 저지른 피해자 B(여, 12세), C(여, 10세), D(여, 9세)에 대한 간음유인 및 간음유인미수, 미성년자의 제강간, 성폭력처벌법위반(13세미만미성년자강간) 등 범행에 관한 **추가 자료들이 획득**되었다. 이에 검찰은 A에 대한 간음유인미수 및 성폭력처벌법위반(통신매체이용음란)죄 뿐만 아니라 B, C, D에 대한 성폭력처벌법위반(미성년자강간)죄 등으로 X를 기소하였다. 변호인은 이 사건 압수수색영장은 A에 대한 범행을 수집하기 위한 범위에서만 효력이 있으므로, 수사기관이 휴대전화를 통해 획득한 B, C, D에 대한 정보는 영장주의 및 적법절차원칙에 반한 위법수집증거이고 따라서 이 **추가 자료들을 기초로 획득**한 B, C, D의 각 진술은 모두 위법수집증거에 기초한 2차 증거로서 증거능력이 없다고 주장하며 다투었다. 하지만 원심은 추가자료들에 대한 증거능력을 인정하였고 이에 X는 상고하였다.

●**판지**● 상고기각. 「[1] ['**압수 · 수색영장의 범죄 혐의사실과 관계있는 범죄**'라는 것의 의미 및 이때 혐의사실과의 '객관적 관련성'이 인정되는 범위와 판단 기준] 형사소송법 제215조 제1항은 "검사는 범죄수사에 필요한 때에는 피의자가 죄를 범하였다고 의심할 만한 정황이 있고 **해당 사건과 관계가 있다고 인정할 수 있는 것에 한정**하여 지방법원판사에게 청구하여 발부받은 영장에 의하여 압수, 수색 또는 검증을 할 수 있다."라고 정하고 있다. (가) 따라서 영장 발부의 사유로 된 범죄 혐의사실과 **무관한 별개의 증거**를 압수하였을 경우 이는 원칙적으로 유죄 인정의 증거로 사용할 수 없다. (나) 그러나 압수 · 수색의 목적이 된 범죄나 이와 **관련된 범죄**의 경우에는 그 압수 · 수색의 결과를 유죄의 증거로 사용할 수 있다. (다) **압수 · 수색영장의 범죄 혐의사실과 관계있는 범죄**라는 것은 ㉠ 압수 · 수색영장에 기재한 '혐의사실'과 **객관적 관련성**이 있고 ㉡ 압수 · 수색영장 '대상자와 피의자 사이'에 **인적 관련성**이 있는 범죄를 의미한다. (라) 그중 혐의사실과의 '**객관적 관련성**'은 압수 · 수색영장에 기재된 혐의사실 자체 또는 그와 기본적 사실관계가 동일한 범행과 직접 관련되어 있는 경우는 물론 범행 동기와 경위, 범행 수단과 방법, 범행 시간과 장소 등을 증명하기 위한 **간접증거나 정황증거 등으로 사용될 수 있는 경우에도 인정**될 수 있다. (마) 이러한 객관적 관련성은 압수 · 수색영장에 기재된 혐의사실의 내용과 수사의 대상, 수사 경위 등을 종합하여 '**구체적 · 개별적 연관관계**'가 있는 경우에만 인정된다고 보아야 하고, 혐의사실과 단순히 동종 또는 유사 범행이라는 사유만으로 객관적 관련성이 있다고 할 것은 아니다.
  [2] 사안에서, 위 휴대전화는 피고인이 긴급체포되는 현장에서 적법하게 압수되었고, 형사소송법

---

1) 형사소송법 제215조(**압수, 수색, 검증**) ① 검사는 범죄수사에 **필요한 때**에는 피의자가 죄를 범하였다고 의심할 만한 **정황**이 있고 **해당 사건과 관계**가 있다고 인정할 수 있는 것에 한정하여 지방법원판사에게 청구하여 발부받은 영장에 의하여 압수, 수색 또는 검증을 할 수 있다.
2) 형사소송법 제106조(압수) ① 법원은 필요한 때에는 피고사건과 **관계가 있다**고 인정할 수 있는 것에 한정하여 증거물 또는 몰수할 것으로 사료하는 물건을 압수할 수 있다. 단, 법률에 다른 규정이 있는 때에는 예외로 한다.

제217조 제2항에 의해 발부된 법원의 사후 압수·수색·검증영장에 기하여 압수 상태가 계속 유지되었으며, 압수·수색영장에는 범죄사실란에 갑에 대한 간음유인미수 및 통신매체이용음란의 점만이 명시되었으나, 법원은 계속 압수·수색·검증이 필요한 사유로서 영장 범죄사실에 관한 혐의의 상당성 외에도 **추가 여죄수사의 필요성을 포함**시킨 점, 압수·수색영장에 기재된 혐의사실은 미성년자인 갑에 대하여 간음행위를 하기 위한 중간 과정 내지 그 수단으로 평가되는 행위에 관한 것이고 나아가 피고인은 형법 제305조의2 등에 따라 **'상습범'으로 처벌될 가능성이 완전히 배제되지 아니한 상태**였으므로, (가) 추가 자료들로 밝혀지게 된 을, 병, 정에 대한 범행은 압수·수색영장에 **기재된 혐의사실과 '기본적 사실관계'**가 동일한 범행에 직접 관련되어 있는 경우라고 볼 수 있으며, (나) 실제로 2017.12.경부터 2018.4.경까지 사이에 저질러진 추가 범행들은, 압수·수색영장에 기재된 혐의사실의 일시인 2018.5.7. 과 **시간적으로 근접**할 뿐만 아니라, (다) 피고인이 자신의 성적 욕망을 해소하기 위하여 미성년인 피해자들을 대상으로 저지른 **일련의 성범죄로서 범행 동기, 범행 대상, 범행의 수단과 방법이 공통**되는 점, (라) 추가 자료들은 압수·수색영장의 범죄사실 중 간음유인죄의 '간음할 목적'이나 「성폭력처벌법」위반(통신매체이용음란)죄의 '자기 또는 다른 사람의 성적 욕망을 유발하거나 만족시킬 목적'을 뒷받침하는 **간접증거**로 사용될 수 있었고, (마) 피고인이 영장 범죄사실과 같은 범행을 저지른 수법 및 준비과정, 계획 등에 관한 **정황증거**에 해당할 뿐 아니라, (바) 영장 범죄사실 자체에 대한 피고인 **진술의 신빙성**을 판단할 수 있는 자료로도 사용될 수 있었던 점 등을 종합하면, (사) 추가 자료들로 인하여 밝혀진 피고인의 을, 병, 정에 대한 범행은 **압수·수색영장의 범죄사실과 단순히 동종 또는 유사 범행인 것을 넘어서서 이와 구체적·개별적 연관관계가 있는 경우로서 객관적·인적 관련성을 모두 갖추었다**는 이유로, 같은 취지에서 추가 자료들은 위법하게 수집된 증거에 해당하지 않으므로 압수·수색영장의 범죄사실뿐 아니라 추가 범행들에 관한 증거로 사용할 수 있다고 본 원심판단이 정당하다」.

●**해설**● **1 대상판결의 의의**　　　　　　압수·수색은 그 대상물이 피의사실 또는 공소사실과 관련이 있는 것이어야 한다("**관련성**"은 원래 증거법상 어느 증거가 '해당 사실'의 증명과 연관되어 있어 해당사실을 증명할 수 있는 능력을 말한다. 압수·수색과 관련하여서는 '해당 사건'과 '관계가 있다'고 인정할 수 있는 것에 한정하여 압수·수색이 허용된다는 제한을 말한다). 대법원은 '해당 사건과의 관련성'이 인정되기 위해서는 ① 혐의사실과의 **'객관적 관련성'**과 ② 대상자와 피의자 사이에 **'인적 관련성'**을 요구한다.[3] 또한 관련성 있는 증거를 **'관련 증거'** 또는 **'유관정보'**라 하고, 관련성 없는 증거를 **'별건 증거'** 또는 **'무관정보'**라 한다. 종종 실무에서는 적법한 압수·수색영장을 집행하는 과정에서 **별개 사건의 증거물을 발견**하는 경우가 있다 (plain view). 이 경우 영장 없이 이를 압수할 수는 없으며, 이런 경우는 임의제출을 요구하여 영치하거나 그 물건에 대한 압수·수색영장을 별도로 발부받아 압수하여야 한다. 하지만 대상판결의 경우, 대법원은 이 사건 「추가 자료들로 인하여 밝혀진 피고인의 B, C, D에 대한 범행은 압수·수색영장의 범죄사실과 **단순히 동종 또는 유사 범행인 것을 넘어서서 이와 '구체적·개별적 연관관계'가 있는 경우**로서 객관적·인적 관련성을 모두 갖추었다」는 이유로 이들 추가 자료들은 위법하게 수집된 증거에 해당하지 않고 따라

---

3) 즉 「압수·수색영장의 범죄 혐의사실과 관련되고 이를 증명할 수 있는 최소한의 가치가 있는 것으로서 압수·수색영장의 범죄 혐의사실과 **객관적 관련성**이 인정되고 압수·수색영장 대상자와 피의자 사이에 **인적 관련성**이 있는 경우를 뜻한다. 그 중 **혐의사실과 객관적 관련성**이 있는지는 (가) 압수·수색영장에 기재된 **혐의사실 자체** 또는 (나) 그와 기본적 사실관계가 동일한 범행과 **직접 관련**되어 있는 경우는 물론 (다) 범행 동기와 경위, 범행 수단과 방법, 범행 시간과 장소 등을 증명하기 위한 **간접증거나 정황증거** 등으로 사용될 수 있는 경우에도 인정될 수 있다. (라) 이러한 객관적 관련성은 ㉠ 압수·수색영장 범죄 혐의사실과 단순히 동종 또는 유사 범행에 관한 것이라는 사유만으로 인정되는 것이 아니고, ㉡ 혐의사실의 내용, 수사의 대상과 경위 등을 종합하여 **구체적·개별적 연관관계**가 있으면 인정된다고 보아야 한다」(대판 2017도13458).

서 추가 범행들에 관한 증거로 사용할 수 있다고 판단하고 있다. 대상판결은 ㉠ 압수·수색의 요건 중의 하나인 **'해당사건과의 관련성'**에 대한 부분을 다시 한 번 명확하게 분석하고 있다는 점, 그리고 ㉡ 영장발부의 사유인 범죄 혐의사실과 구분되는 별견 범죄의 증거가 압수된 경우, 이 증거가 '관련성 있는 압수물'일 경우에는 별건 범죄에 대해 별도의 영장을 받을 필요가 없음을 재확인하였다는 점에 그 의의가 있다.

**2 압수의 의의 및 압수의 대상**　　　강제수사는 '강제처분'에 의한 수사를 말한다. 강제처분  에는 대인적 강제처분(체포·구속)과 대물적 강제처분(압수·수색·검증)이 있다. 대물적 강제처분은 그 직접적 대상이 물건이라는 점에서 대인적 강제처분과 구별된다. (1) 대물적 강제처분으로서 **압수**란 '증거물'이나 '몰수물'의 **점유를 취득**하는 강제처분을 말한다. 법원은 필요한 때에는 피고사건과 관계가 있다고 인정할 수 있는 것에 '한정'하여 **증거물**(절차확보) 또는 **몰수할 것으로 사료하는 물건**(집행확보)을 압수할 수 있다(법106)(형사소송법은 법원의 강제처분을 먼저 규정하고 이를 수사기관의 강제처분이 준용하는(법219) 형식을 취하고 있다). (2) 압수에는 **압류·영치·제출명령**의 세 가지가 있다.[4] (3) **압수의 '대상'**은 「압수수색영장의 범죄사실 자체와 **직접적으로 연관된 물건에 한정할 것은 아니고**, 압수수색영장의 범죄사실과 기본적 사실관계가 동일한 범행 또는 동종·유사의 범행과 **관련된다고 의심**할 만한 상당한 이유가 있는 범위 내에서는 압수를 실시할 수 있다」(대판 2018도6252). (4) 구체적으로 압수의 '대상'은 **'증거물'**이나 **'몰수물**(몰수할 것으로 사료되는 물건)**'로 점유가 가능한 '유체물'이다. **부동산**도 점유 가능한 유체물이므로 압수의 대상에 포함된다. 하지만 (4) 사람의 신체, 장소는 물적 증거로서 검증의 대상이 되지만 성질상 압수의 목적물로는 되지 않는다. 그러나 신체로부터 분리된 **혈액**이나 **소변**(이외에 두발, 체모, 손·발톱, 정액 등)은 일정한 요건 하에 압수의 대상이 될 수 있다('영장'이나 '감정처분허가장' 없이 채취한 혈액을 이용한 혈중알코올농도 감정 결과의 증거능력은 원칙적으로 절차위반행위가 적법절차의 실질적인 내용을 침해하여 피고인이나 변호인의 동의가 있더라도 유죄의 증거로 사용할 수 없다. 대판 2011도15258, Ref 4-1). (5) **전자정보**(법106③·219. 【22】【23】【24】참조), **금융거래정보**(금융실명법4①. 대판 2012도13607, Ref 5-1) 및 **전기통신**(법107③·219. 【30】 참조)도 압수의 대상이 된다.

**3 압수의 특칙**　　　압수가 제한되는 경우로는 ① 우체물(법107·219),[5] ② 군사상 비밀(법110·219),[6] ③ 공무상 비밀(법111·219),[7] ④ 업무상 비밀(법112·219)[8] 등이 있다(이들 압수 제한의 유형은 모두 증인

---

4) **'압류'**란 점유취득과정에서 (점유자의 의사에 반해) 물리적 강제력을 통해 점유를 이전하는 강제처분을 말하고 (협의의 압수), **'영치'**란 점유의 이전이 점유자의 의사에 반하지 않는 것으로서 '유류물'과 '임의제출물'을 점유하는 것이며, **'제출명령'**은 법원이 압수할 물건을 지정하여 소유자 등에게 제출을 명하는 것을 말한다(법106②). 제출명령은 수사기관이 아니라 **법원**의 대물적 강제처분에 속한다.

5) 형사소송법 제107조(**우체물의 압수**) ① 법원은 필요한 때에는 **피고사건과 관계가 있다고 인정할 수 있는 것에 한정하여** 우체물 또는 「통신비밀보호법」 제2조제3호에 따른 전기통신에 관한 것으로서 체신관서, 그 밖의 관련 기관 등이 소지 또는 보관하는 물건의 제출을 명하거나 압수를 할 수 있다. ② 삭제 ③ 제1항에 따른 처분을 할 때에는 발신인이나 수신인에게 그 취지를 **통지**하여야 한다. 단, 심리에 방해될 염려가 있는 경우에는 예외로 한다.

6) 형사소송법 제110조(**군사상 비밀과 압수**) ① 군사상 비밀을 요하는 **'장소'**는 그 책임자의 **승낙 없이는** 압수 또는 수색할 수 없다. ② 전항의 '책임자'는 **국가의 중대한 이익**을 해하는 경우를 제외하고는 승낙을 거부하지 못한다.

7) 형사소송법 제111조(**공무상 비밀과 압수**) ① 공무원 또는 공무원이었던 자가 **소지 또는 보관하는 '물건'**에 관하여는 본인 또는 그 해당 공무소가 직무상의 비밀에 관한 것임을 신고한 때에는 그 소속공무소 또는 당해 감

거부권 또는 증언거부권과 보완관계에 있다). 그리고 ⑤ 출판물에 대한 사전검열은 금지되므로(헌법21②) 출판물에 대한 압수·수색은 출판된 이후에 출판물의 내용이 법령에 저촉되는 경우에만 가능하다. 판례는 출판내용에 '범죄혐의가 있는 경우' 출판 직전에 그 증거물 또는 몰수할 물건으로의 압수할 수 있다고 본다(대결 91모1).[9] ⑥ **의류·양식·의료품**은 압수가 금지된다(법91).

**4 수색의 의의 및 수색의 대상**　　　(1) **수색**이란 압수할 물건이나 체포할 피의자·피고인을 발견할 목적으로 사람의 신체, 물건 또는 주거 기타의 장소를 뒤져 찾는 강제처분을 말한다. 실무상 압수와 수색은 압수·수색영장이라는 '단일영장'이 발부된다. (2) **수색의 '대상'**과 관련하여 법원과 수사기관은 필요한 때에는 ㉠ **피고·피의사건과 관계가 있다고 인정할 수 있는 것**에 한정하여 **피고인·피의자**의 신체, 물건 또는 주거, 그 밖의 장소를 수색할 수 있으며(관련성 중시)(법109① · 219), ㉡ **피고인·피의자 아닌 자**(제3자)**의** 신체, 물건, 주거 기타 장소에 관하여는 **압수할 물건이 있음을 인정할 수 있는 경우**에 한하여 수색할 수 있다[10](압수물의 소재 중시)(법109② · 219).

**5 압수·수색의 요건**　　　(1) 검사 또는 사법경찰관은 "범죄수사에 **필요한 때**에는 피의자가 죄를 범하였다고 의심할 만한 정황이 있고 **해당 사건과 관계**가 있다고 인정할 수 있는 것에 한정하여" 판사로부터 발부받은 영장에 의하여 압수·수색을 할 수 있다(법215). 이와 같이 적법한 압수·수색이 되기 위해서는 ㉠ 범죄의 **혐의**(범죄의 혐의는 구속의 경우에 요구되는 정도를 요하지는 않고 단순히 죄를 범하였다고 '의심할만한 정황'이면 족하다. 그러나 단순히 수사의 단서를 찾기 위한 탐색적 압수·수색은 허용되지 않는다), ㉡ 압수·수색의 **필요성**(대결 2003모126, Ref 3-2), ㉢ 해당사건과의 **관련성**이 충족되어야 한다.[11] (2) 압수·수색의 **'필요성'요건**과 관련하여 법원은 「검사나 사법경찰관이 범죄수사에 필요한 때에는 영장

---

독관공서의 **승낙 없이는** 압수하지 못한다. ② '소속공무소' 또는 '당해 감독관공서'는 **국가의 중대한 이익**을 해하는 경우를 제외하고는 승낙을 거부하지 못한다.

8) 형사소송법 제112조(**업무상비밀과 압수**) 변호사, 변리사, 공증인, 공인회계사, 세무사, 대서업자, 의사, 한의사, 치과의사, 약사, 약종상, 조산사, 간호사, 종교의 직에 있는 자 또는 이러한 직에 있던 자가 그 업무상 위탁을 받아 **소지 또는 보관하는 '물건'**으로 타인의 비밀에 관한 것은 **압수를 거부할 수 있다. 단, 그 타인의 승낙이 있거나 중대한 공익상 필요**가 있는 때에는 예외로 한다.　cf) 본 조문과 관련하여 근래 문제되었던 것이 변호사의 '법률의견서'이다. 대법원은 수사나 공판 등 형사절차가 개시되기 전에 일상적 생활관계에서 변호사와 상담한 법률자문내용에 대해서는 압수를 거부할 수 없다고 판단하고 있다. 즉 판례는 변호사-의뢰인 특권(ACP. Attorney-Client Privilege)을 인정하지 않는다(대판 2009도6788 전원합의체, 【54】 참조).

9) 「출판에 대한 사전검열이 헌법상 금지된 것으로서 어떤 이유로도 행정적인 규제방법으로 사전검열을 하는 것은 허용되지 않으나 출판내용에 형벌법규에 저촉되어 범죄를 구성하는 혐의가 있는 경우에 그 증거물 또는 몰수할 물건으로서 압수하는 것은 재판절차라는 사법적 규제와 관련된 것이어서 행정적인 규제로서의 사전검열과 같이 볼 수 없고, 다만 출판 직전에 그 내용을 문제삼아 출판물을 압수하는 것은 **실질적으로 출판의 사전검열과 같은 효과**를 가져올 수도 있는 것이므로 범죄혐의와 강제수사의 요건을 엄격히 해석하여야 할 것이다」(대결 91모1).

10) 피의자 아닌 자에 대한 **신체검사**는 증거가 될 만한 흔적을 확인할 수 있는 '현저한 사유'가 있는 경우에만 할 수 있다(법141② · 219).

11) 판례도 「검사 또는 사법경찰관은 범죄수사에 **'필요한'** 때에는 피의자가 죄를 범하였다고 의심할 만한 '정황'이 있는 경우에 판사로부터 발부받은 영장에 의하여 압수·수색을 할 수 있으나, 압수·수색은 영장 발부의 사유로 된 범죄 **혐의사실**과 **'관련된'** 증거에 한하여 할 수 있으므로, 영장 발부의 사유로 된 범죄 혐의사실과 무관한 별개의 증거를 압수하였을 경우 이는 원칙적으로 유죄 인정의 증거로 사용할 수 없다」고 본다(대판 2013도11233).

에 의하여 압수를 할 수 있으나, 여기서 '**범죄수사에 필요한 때**'라 함은 단지 수사를 위해 필요할 뿐만 아니라 강제처분으로서 압수를 행하지 않으면 수사의 목적을 달성할 수 없는 경우를 말한다」고 하고 있다. 그리고 그 필요성이 인정되는 경우에도 무제한적으로 허용되는 것은 아니며 검사의 압수처분이 수사상의 필요에 의해서 행하는 압수의 본래의 취지를 넘어 상당성이 없을 뿐만 아니라, 수사상의 필요와 그로 인한 개인의 재산권 침해의 정도를 '**비교형량**'하여 그 선을 넘으면 '**비례성의 원칙**'에 위배되어 위법한 것으로 본다(대결 2003모126, Ref 3-2). 따라서 압수·수색의 요건에는 위 세 가지(㉠㉡㉢)이외에 ㉣ **비례성**도 요구된다.

**6 해당사건과의 '관련성'(집행의 한계로서의 '관련성')**　　'해당사건과의 관련성'은 압수·수색·검증영장의 청구 및 발부의 요건이지만, 동시에 압수·수색·검증 **집행의 한계**로서의 의미도 지닌다. 따라서 해당사건과 관련성이 없는 집행은 위법한 집행이 된다(실무상 주로 수사단계에서 '별건 압수'가 문제된다). **특히, '전자증거'의 영역**에서 정보저장매체 자체를 압수하는 등 압수가 과도하게 이루어져 2011년 형사소송법이 개정되면서 '관련성'요건이 들어오게 된다.[12] '**관련성**'요건과 관련하여 법원도 「적법절차와 영장주의의 정신에 비추어 볼 때, 법관이 압수·수색영장을 발부하면서 '압수할 물건'을 특정하기 위하여 기재한 문언은 이를 **엄격하게 해석**하여야 하고, 함부로 피압수자 등에게 불리한 내용으로 확장 또는 유추해석하는 것은 허용될 수 없다고 할 것이다. 그러나 압수의 대상을 압수·수색영장의 **범죄사실 자체와 직접적으로 연관된 물건에 한정할 것은 아니고**, 압수·수색영장의 범죄사실과 '**기본적 사실관계**'가 동일한 범행 또는 **동종·유사의 범행과 관련**된다고 의심할 만한 상당한 이유가 있는 범위 내에서는 압수를 실시할 수 있다」고 본다(대판 2015도9784). 또한 대법원은 관련성을 판단함에 압수·수색영장의 범죄 혐의사실과 '**객관적 관련성**'을 압수·수색영장 대상자와 피의자 사이에 '인적 관련성'을 요구한다. 그중 혐의사실과 **객관적 관련성**은 「압수·수색영장 범죄 혐의사실과 **단순히 동종 또는 유사 범행에 관한 것이라는 사유만으로 인정되는 것이 아니고**, 혐의사실의 내용, 수사의 대상과 경위 등을 종합하여 **구체적·개별적 연관관계가** 있어야 인정된다」(대판 2019도10309, Ref 2-5).[13] 이와 같은, 관련성 요건의 근거는 '일반영장의 금지' 내지는 '탐색적 압수·수색의 금지'에서 찾을 수 있다.

---

12) 2012.1.1. 시행된 개정 형사소송법은 제215조 제1항에서 압수의 대상물로서 "**해당사건과 관계가 있다고 인정할 수 있는 것에 한정하여**"라는 관련성 요건을 추가하였다. 개정의 취지는 '관련성' 없는 증거의 압수수색을 더욱 엄격히 하여 피의자 등의 인권침해를 최소화하고자 함이다. 실무상 주로 수사단계에서 '별건 압수'가 문제된다.
13) "관련성 판단의 기준이 되는 범위에 '동종 유사 범죄'를 포함시키면 명확성도 일관성도 없어지기 때문에 동종 유사 범죄가 만약 상습범이나 영업범과 같은 포괄일죄로 묶이면 동종사건에 포함시키되 실체적 경합관계이면 별건으로 제외해야 할 것이다. 그리고 진범이나 공범이 따로 있을 수 있다고 하여 영장 기재로 특정된 피의자가 아닌 제3자의범행을 관련성 판단기준으로 삼을 수는 없다. 또한 압수수색할 증거는 해당 사건에 관련된 증거이면 직접증거든 간접증거든 그 범위에 포함되나 간접증거는 추론·추정의 단계와 논리칙·경험칙의 개입을 필요로 하는 만큼 그 압수수색에 보다 신중해야 한다. 양형자료 역시 쉽게 압수수색의 대상으로 삼지 않도록 해야 할 것이다."(최병각, 디지털 증거의 압수수색에서 관련성과 참여권, 형사법연구 제35권 제1호 (2023 봄), 307면).

## * 해당 사건과의 '객관적 관련성'과 '인적 관련성'의 의미 *

1 [대판 2016도13489] [통신사실확인자료 제공요청에 의하여 취득한 통화내역 등 통신사실확인자료를 범죄의 수사·소추를 위하여 사용하는 경우, 여기서 '통신사실확인자료 제공요청의 목적이 된 **범죄와 관련된 범죄**'의 의미 및 범위] [1] 통신비밀보호법은 통신제한조치의 집행으로 인하여 취득된 전기통신의 내용은 통신제한조치의 목적이 된 범죄나 이와 관련되는 범죄를 수사·소추하거나 그 범죄를 예방하기 위한 경우 등에 한정하여 사용할 수 있도록 규정하고(제12조 제1호), 통신사실확인자료의 사용제한에 관하여 이 규정을 준용하도록 하고 있다(제13조의5). 따라서 통신사실확인자료 제공요청에 의하여 취득한 통화내역 등 통신사실확인자료를 범죄의 수사·소추를 위하여 사용하는 경우 대상 범죄는 통신사실확인자료 제공요청의 목적이 된 범죄 및 이와 **관련된 범죄에 한정되어야 한다**. 여기서 통신사실확인자료 제공요청의 목적이 된 범죄와 관련된 범죄란 통신사실 확인자료제공요청 허가서에 기재한 혐의사실과 '객관적 관련성'이 있고 자료제공 요청대상자와 피의자 사이에 '인적 관련성'이 있는 범죄를 의미한다. [2] 그 중 (가) **혐의사실과의 '객관적 관련성'**은, 통신사실 확인자료제공요청 허가서에 기재된 혐의사실 자체 또는 그와 기본적 사실관계가 동일한 범행과 직접 관련되어 있는 경우는 물론 범행 동기와 경위, 범행 수단 및 방법, 범행 시간과 장소 등을 증명하기 위한 **간접증거**나 **정황증거** 등으로 사용될 수 있는 경우에도 인정될 수 있다. 다만 통신비밀보호법이 통신사실확인자료의 사용 범위를 제한하고 있는 것은 특정한 혐의사실을 전제로 제공된 통신사실확인자료가 별건의 범죄사실을 수사하거나 소추하는 데 이용되는 것을 방지함으로써 통신의 비밀과 자유에 대한 제한을 최소화하는 데 입법 취지가 있다. 따라서 그 관련성은 통신사실 확인자료제공요청 허가서에 기재된 혐의사실의 내용과 수사의 대상 및 수사 경위 등을 종합하여 ㉠ **구체적·개별적 연관관계**가 있는 경우에만 인정되고, ㉡ 혐의사실과 **단순히 동종 또는 유사 범행**이라는 사유만으로 관련성이 있는 것은 아니다. 그리고 (나) **피의자와 사이의 '인적 관련성'**은 통신사실 확인자료제공요청 허가서에 기재된 대상자의 공동정범이나 교사범 등 공범이나 간접정범은 물론 필요적 공범 등에 대한 피고사건에 대해서도 인정될 수 있다.

## * 대상자와 피의자 사이의 '인적 관련성' 여부에 대한 판단 *

2 [대판 2020도14654] ●사실● 피고인은 아동·청소년을 대상으로 성적 학대행위를 함과 동시에 이들을 이용하여 각 음란물을 제작·배포하고, 아동·청소년을 이용한 음란물 총 229건을 소지하고 있었다. 경찰은 피해자가 연락을 주고받은 피고인의 페이스북 계정에 관한 압수·수색 결과를 바탕으로 범인이 피해자와 페이스북 메신저를 통해 대화한 계정의 접속 IP 가입자가 甲(피고인의 모친)임을 확인하였다. 그리고 甲의 주민등록표상 乙(피고인의 부친)과 丙(피고인의 남동생)이 함께 거주하고 있음을 확인하였다. 당시 피고인은 위 페이스북 접속지에서 거주하고 있었으나 주민등록상 거주지가 달라 甲의 주민등록표에는 나타나지 않았다. **경찰은 丙을 피의자로 특정**한 뒤 압수·수색영장을 신청하였고, 지방법원판사는 경찰이 신청한 대로 이 사건 영장을 발부하였다. (가) 이 사건 **영장에는 범죄혐의 피의자로 피고인의 동생인 '丙'**이, 수색·검증할 장소, 신체, 물건으로 '가. 전라북도 전주시 덕진구 (주소생략), 나. 피의자 丙의 신체 및 피의자가 소지·소유·보관하는 물건'이, 압수할 물건으로 '피의자 丙이 소유·소지 또는 보관·관리·사용하고 있는 스마트폰 등 디지털기기 및 저장매체'가 각 특정되어 기재되어 있다. ●판지● **피고인이 아닌 사람을 피의자**

로 하여 발부된 이 사건 영장을 집행하면서 피고인 소유의 이 사건 휴대전화 등을 압수한 것은 위법하다. (가) 헌법과 형사소송법이 구현하고자 하는 적법절차와 영장주의의 정신에 비추어 볼 때, 법관이 압수·수색영장을 발부하면서 '압수할 물건'을 특정하기 위하여 기재한 문언은 **엄격하게 해석**하여야 하고, 함부로 피압수자 등에게 불리한 내용으로 확장 또는 유추 해석하여서는 안 된다. (나) 경찰은 이 사건 범행의 피의자로 丙을 특정하여 丙이 소유·소지하는 물건을 압수하기 위해 이 사건 영장을 신청하였고, 판사는 그 신청취지에 따라 丙이 소유·소지하는 물건의 압수를 허가하는 취지의 이 사건 영장을 발부하였으므로, 이 사건 영장의 문언상 압수·수색의 상대방은 丙이고, 압수할 물건은 丙이 소유·소지·보관·관리·사용하는 물건에 한정된다. (다) 비록 경찰이 압수·수색 현장에서 다른 사람으로부터 이 사건 범행의 진범이 피고인이라는 이야기를 들었다고 하더라도 **이 사건 영장에 기재된 문언에 반하여** 피고인 소유의 물건을 압수할 수는 없다. 대물적 강제처분은 대인적 강제처분과 비교하여 범죄사실 소명의 정도 등에서 그 차이를 인정할 수 있다고 하더라도, 일단 **피의자와 피압수자를 특정하여 영장이 발부된 이상** 다른 사람을 피압수자로 선해하여 영장을 집행하는 것이 적법·유효하다고 볼 수는 없기 때문이다.

3 [대판 2013도7101] [수사기관이 피의자 甲의 공직선거법 위반 범행을 영장 범죄사실로 하여 발부받은 압수·수색영장의 집행 과정에서 乙, 丙 사이의 대화가 녹음된 녹음파일을 압수하여 乙, 丙의 공직선거법 위반 혐의사실을 발견한 사안에서, **별도의 압수·수색영장을 발부받지 않고 압수한 위 녹음파일은 위법수집증거로서 증거능력이 없다**고 한 사례] 수사기관이 **피의자 甲의 공직선거법 위반** 범행을 영장 범죄사실로 하여 발부받은 압수·수색영장의 집행 과정에서 乙, 丙 사이의 대화가 녹음된 녹음파일을 압수하여 **乙, 丙의 공직선거법 위반** 혐의사실을 발견한 사안에서, **압수·수색영장에 기재된 '피의자'**인 甲이 녹음파일에 의하여 의심되는 **'혐의사실과 무관'한 이상**, 수사기관이 별도의 압수·수색영장을 발부받지 아니한 채 압수한 녹음파일은 (가) 형사소송법 제219조에 의하여 수사기관의 압수에 준용되는 형사소송법 제106조 제1항이 규정하는 '피고사건' 내지 같은 법 제215조 제1항이 규정하는 '해당 사건'과 '관계가 있다고 인정할 수 있는 것'에 해당하지 않으며, (나) 이와 같은 압수에는 헌법 제12조 제1항 후문, 제3항 본문이 규정하는 영장주의를 위반한 절차적 위법이 있으므로, 녹음파일은 형사소송법 제308조의2에서 정한 '적법한 절차에 따르지 아니하고 수집한 증거'로서 증거로 쓸 수 없고, **그 절차적 위법은 헌법상 영장주의 내지 적법절차의 실질적 내용을 침해하는 중대한 위법에 해당**하여 예외적으로 증거능력을 인정할 수도 없다. **cf)** 대상판결은 형사소송법 제106조 제1항에 '관련성 요건'을 추가한 이후 **'관련성'의 의미**에 대하여 **최초 판시**한 판결로서 의미가 있다. 대상판결의 제1심은 해당 녹음파일이 갑의 사건에서 유력한 간접증거로도 사용될 수 있기 때문에 영장 기재의 범죄사실과 관련성이 있다고 판단하였고, 을과 병의 사건과도 19대 국회의원 선거 공천과 관련된 사안이고, 시간적 간격도 3주 정도로 근접해 있으며, 혐의 사실도 동종·유사 범죄로써 갑의 사건과 을과 병의 사건이 연관되어 있다고 판단하였다. 그러나 원심과 대법원은 '피의자'를 기준으로 관련성(주관적 관련성) 여부를 판단하여 **관련성을 부정**하였다.

*Reference 2*
## * 해당 사건과의 '객관적 관련성'을 부정한 판례 *

1-1 [대판 2019도6775] [필로폰 투약혐의사실로 **압수·수색영장을 발부 받은 후 '1달이 지나'** 소변·모발을 **압수한 경우**] (가) 이 사건 압수영장에 기재된 메트암페타민(이하 '필로폰') 투약 혐의사실은 피고인이

2018.5.23. 시간불상경 부산 이하 불상지에서 필로폰 불상량을 불상의 방법으로 투약하였다는 것이다. 이 사건 공소사실 중 필로폰 투약의 점은 피고인이 **2018.6. 21.경부터 같은 달 25일경까지** 사이에 부산 이하 불상지에서 필로폰 불상량을 불상의 방법으로 투약하였다는 것이다. (나) **마약류 투약 범죄는 그 범행일자가 다를 경우 별개의 범죄로 보아야 하고**, 이 사건 압수영장 기재 혐의사실과 이 부분 공소사실은 그 범행 장소, 투약방법, 투약량도 모두 구체적으로 특정되어 있지 않아 **어떠한 객관적인 관련성이 있는지 알 수 없다.** 이 사건 압수영장 기재 혐의사실과 이 부분 공소사실이 동종 범죄라는 사정만으로 객관적 관련성이 있다고 할 수 없다. (다) 경찰은 제보자의 진술을 토대로 이 사건 압수영장 기재 혐의사실을 특정하였는데, 이 사건 **압수영장이 발부된 후 '약 1달이 지난'** 2018.6.25.에야 이 사건 압수영장을 집행하여 피고인의 소변을 압수하였으나 그 때는 필로폰 투약자의 소변에서 마약류 등이 검출될 수 있는 기간이 지난 뒤였고, 별도의 압수·수색영장으로 압수한 피고인의 모발에서 마약류 등이 검출되지 않자 결국 압수된 피고인의 소변에서 필로폰 양성반응이 나온 점을 근거로 이 부분 공소사실과 같이 기소하였다. 이 사건 압수영장 기재 혐의사실의 내용과 수사의 대상, 수사 경위 등을 종합하여 보면, 이 부분 공소사실과 같은 필로폰 투약의 점은 경찰이 이 사건 압수영장을 발부받을 당시 **전혀 예견할 수 없었던 혐의사실**이었던 것으로 보이므로, 이 사건 압수영장 기재 혐의사실과 이 부분 공소사실 사이에 연관성이 있다고 보기 어렵다.[14]

**1-2 [비교판례] [대판 2021도2205]** ●**사실**● 가. **제1 압수·수색영장의 집행.** 경찰은 "피고인이 2019. 4. 초순경 '필로폰'을 투약하였다."라는 제보를 받고, 이를 혐의사실로 하여 압수·수색영장을 발부받았으나 피고인의 소재를 발견하지 못하여 유효기간 내에 영장을 집행할 수 없게 되자 이를 반환하고, 2019. 10. 16. 다시 압수·수색영장('**제1 압수·수색영장**')을 발부받았다(제1 압수·수색영장에는 '압수·수색을 필요로 하는 사유'로 "제보자의 진술을 바탕으로 법원으로부터 압수·수색영장을 발부받아 피고인의 소재를 추적하였지만 현재까지 피고인의 소재를 발견하지 못하였다. 피고인의 예상 주거지가 특정됨에 따라 이전에 발부받은 영장은 유효기간이 경과하여 반환하고, 새로운 영장을 발부받아 피고인에 대한 수사 계속 진행하고자 압수·수색영장을 신청한다."라고 기재되어 있고, '압수할 물건'으로 '피고인의 소변 30cc, 모발 약 80수, 피고인이 소지 또는 은닉하고 있는 마약류, 마약류 불법사용에 대한 도구 등'이 기재되어 있으며, 유효기간은 2019. 12. 8.까지였다). 경찰은 제1 압수·수색영장의 유효기간 내인 2019. 11. 18. 피고인의 소재를 파악하여 **긴급체포**하면서 위 압수·수색영장에 따라 피고인으로부터 소변 30cc, 모발 약 80수, 일회용 주사기 등을 함께 압수하였다. 피고인으로부터 압수한 소변 및 모발 등에서 필로폰 양성 반응이 나왔고, 피고인은 수사단계에서 "2019. 11. 12. 및 2019. 11. 16. 각 필로폰을 투약하였다."라고 자백하였다. 나. **제2 압수·수색영장의 집행.** 경찰은 "피고인이 2019. 6. 26. 필로폰을 투약하고, 소지하였다."라는 제보를 받고, 이를 혐의사실로 하여 2019. 12. 10. 압수·수색영장('**제2 압수·수색영장**')을 발부받았다(제2 압수·수색영장에는 '압수·수색을 필요로 하는 사유'로 "본 건 범죄 혐의인 필로폰 투약 및 소지에 대한 증거물을 확보하고자 할 경우 피고인이 이에 항거하거나 소지하고 있을지 모르는 필로폰 등의 증거물을 은닉, 멸실시키는 등의 방법으로 인멸할 우려가 있으며, 필로폰 사범의 특성상 피고인이 이전 소지하고 있던 **필로폰을 투약하였을 가능성 또한 배제할 수 없어** 피고인의 필로폰 투약 여부를 확인 가능한 소변과 모발을 확보하고자 압수·수색영장을 신청한다."라고 기재되어 있고, '압수할 물건'으로 '피고인의 소변 50cc 및 모발 60수, 필로폰 및 필로폰을 투약할 때 사용되는 기구, 기타 마약류'라고 기재되어 있으며, 유효기간은

---

14) 이 판결은 동일 피의자의 동종 범행에 대한 압수·수색에 대해서도 대법원이 위법한 압수·수색으로 보아 증거능력을 부정한 첫 판결로서 의의가 있다. 제1심에서는 증거능력을 인정하여 유죄를 인정하였으나 원심과 대법원은 이 사건 압수영장에 기초하여 압수한 피고인의 소변과 소변에 대한 마약감정서는 압수영장에 기재된 혐의사실과 **무관한 별개의 증거**로서 위법하게 수집된 증거로 증거능력이 부정된다고 판단하였다.

2020. 2. 29.까지였다). 경찰은 제2 압수·수색영장의 유효기간 내인 2020. 1. 16. 피고인을 긴급체포하면서 위 압수·수색영장에 따라 피고인으로부터 소변 50cc 및 모발 60수를 함께 압수하였다. 피고인으로부터 압수한 소변 및 모발에서 필로폰 양성 반응이 나왔고, 피고인은 수사단계에서 "2020. 1. 14. 필로폰을 투약하였다."라고 자백하였다. 피고인은 총 3회 동종 범행전력이 있고, 그중 2회는 징역형을, 1회는 징역형의 집행유예를 선고받았다. 검사는 2020. 4. 21. 이 사건 각 압수·수색영장에 따라 압수된 피고인의 소변 및 모발 등에서 필로폰 양성 반응이 나온 점과 피고인의 수사단계에서의 자백을 근거로 공소를 제기하였다(제1 공소사실과 제2 공소사실). 원심은 제1 공소사실과 제1 압수·수색영장 기재 혐의사실, 제2 공소사실과 제2 압수·수색영장 기재 혐의사실 사이에 객관적 관련성이 없다고 보아 무죄로 판단하였다. 이에 검사가 상고하였다. ●판지● 파기환송. (가) 이 사건 각 압수·수색영장은 혐의사실의 직접 증거뿐 아니라 그 증명에 도움이 되는 간접증거 내지 정황증거를 확보하기 위한 것으로 볼 수 있고, 위 각 압수·수색영장에 따라 압수된 피고인의 소변 및 모발과 그에 대한 감정 결과 등은 혐의사실의 간접증거 내지 정황증거로 사용될 수 있는 경우에 해당하므로, 위 각 압수·수색영장 기재 혐의사실과 사이에 **객관적 관련성이 인정**된다고 봄이 타당하고, 압수된 피고인의 소변 및 모발 등은 이 사건 공소사실의 증거로 사용할 수 있다고 할 것이다. …… (나) 한편 마약류 범죄는 중독, 다른 투약자의 유혹, 호기심, 우연, 영리 등을 원인으로 이루어지는 경우가 많고, 특히 마약류 투약 범죄는 마약류가 지니는 강한 중독성으로 인하여 **반복적·계속적으로 이루어져 재범의 비율이 월등히 높다**고 보고되어 있다. 또한 마약류 투약 범죄는 은밀한 공간에서 범인 자신의 신체를 대상으로 이루어지므로 목격자 등이 없는 경우가 많고 **증거수집이 곤란하다**는 특성이 있다. (다) 위와 같은 이 사건 각 압수·수색영장의 기재 내용, 마약류 범죄의 특성과 피고인에게 다수의 동종 범죄전력이 있는 점을 고려하면, 이 사건 각 압수·수색영장에 따라 압수된 피고인의 소변 및 모발에 대한 감정 결과에 의하여 피고인이 위 각 압수·수색영장 집행일 무렵뿐만 아니라 **그 이전에도 반복적·계속적으로 필로폰을 투약해온 사실이 증명되면** 이 사건 각 압수·수색영장 기재 혐의사실 일시 무렵에도 유사한 방법으로 필로폰을 투약하였을 개연성이 매우 높다고 할 것이므로, 비록 소변에서 위 각 압수·수색영장 기재 필로폰 투약과 관련된 필로폰이 검출될 수 있는 기간이 경과된 이후에 영장이 집행되어 압수된 소변으로 혐의사실을 직접 증명할 수는 없다고 하더라도, 유효기간 내에 집행된 위 각 압수·수색영장에 따라 압수된 피고인의 소변 및 모발 등은 적어도 위 각 압수·수색영장 기재 혐의사실을 증명하는 유력한 정황증거 내지 간접증거로 사용될 수 있는 경우에 해당한다고 보아야 한다. …… 그럼에도 원심이 이 사건 각 압수·수색영장 기재 혐의사실과 이 사건 공소사실 사이에 관련성이 없으므로 위 각 압수·수색영장에 의하여 압수된 피고인의 소변 및 모발은 위법하게 수집된 증거에 해당하고, 그에 기초하여 획득한 2차적 증거들 역시 증거능력이 없다고 보아 이 사건 공소사실을 무죄로 판단한 데에는 압수·수색에 있어서의 '관련성', 위법수집증거배제법칙에 관한 법리를 오해하여 판결에 영향을 미친 위법이 있다.

2 [대판 2016도82[15]] [경찰이 지하철 내에서 여성의 다리를 촬영한 혐의로 임의제출 받은 휴대전화에서 피고인이 당시 교제 중이던 여성의 나체와 음부를 촬영한 동영상을 발견하고 이를 함께 기소한 경우] [1] 피고인은 2014.7.28. **지하철 내에서 휴대전화로 여성의 다리를 촬영하였다는 혐의로 '현행범 체포'**되면서, 가지고 있던 휴대전화를 사법경찰관에게 **임의 제출**하였고, 사법경찰관은 즉시 이를 영장 없이 압수하였다. 경찰은 압수된 이 사건 휴대전화에서 삭제된 전자정보 일체를 복원하고, 복원된 전자정보를 복제한 시디(CD)를 이 사건 수사기록에 편철하였는데, **피고인이 지하철에서 촬영한 피해자의 영상은 발견하지 못하였다.** 대신 복

---

15) 대법원 2021. 11. 25. 선고 2016도82 판결

원된 전자정보 중 여성의 나체와 음부가 촬영된 사진 파일을 출력하여 그 출력물을 수사기록에 추가로 편철하였다. 검사는 피고인에 대한 피의자신문 과정에서 사진 파일에 관하여 신문하였고, 이에 피고인은 '2014년 초경 안양시에 있는 다세대 주택에서 당시 교제 중이던 여성이 성관계 후 잠들어 있는 것을 보고서 몰래 가지고 있던 휴대폰 카메라를 이용하여 그녀의 나체와 음부를 촬영한 사실이 있다'라고 진술하였다. 검사는 성폭력처벌법위반(카메라등이용촬영)죄로 공소를 제기하였고, 사진 파일과 그 출력물을 원심 제2회 공판 기일에 증거로 제출하였다. 경찰은 압수된 이 사건 휴대전화에서 여성의 나체와 음부가 촬영된 사진 파일이 발견된 후 공소가 제기되고 사진 파일과 그 출력물이 증거로 제출되기까지, 수사기관이 법원으로부터 해당 범죄 혐의에 관한 **별도의 압수·수색영장을 발부받은 바 없다.** 한편, 경찰은 휴대전화를 압수한 후 삭제된 전자정보를 복원하고 그 정보를 탐색·출력하는 과정에서, 피고인에게 참여의 기회를 보장하거나, 압수한 전자정보 목록을 교부하거나 또는 피고인이 그 과정에 참여하지 아니할 의사를 가지고 있는지 여부를 **확인한 바가 없다.** [2] 피고인이 (가) 2014.7.28. 공중밀집장소인 지하철 내에서 여성을 추행한 행위와 (나) 2014년 초경 다세대 주택에서 몰래 당시 교제 중이던 여성의 나체와 음부를 촬영한 행위는 **범행 시간과 장소뿐만 아니라 범행 동기와 경위, 범행 수단과 방법 등을 달리한다.** 따라서 앞서 살펴본 간접증거와 정황증거를 포함하는 구체적·개별적 연관관계 있는 관련 증거의 법리에 의하더라도, 여성의 나체와 음부가 촬영된 사진은 임의제출에 따른 압수의 동기가 된 범죄혐의사실과 **구체적·개별적 연관관계 있는 전자정보로 보기 어렵다.** (다) 또한 위 사진 및 이 사건 휴대전화에서 삭제된 전자정보를 복원하여 이를 복제한 시디는 경찰이 피압수자인 피고인에게 **참여의 기회를 부여하지 않은 상태**에서 임의로 탐색·복제·출력한 전자정보로서, 피고인에게 압수한 전자정보 목록을 교부하거나 피고인이 그 과정에 참여하지 아니할 의사를 가지고 있는지 여부를 확인한 바가 없으므로, 수사기관이 영장 없이 이를 취득한 이상 증거능력이 없다.

## * 해당 사건과의 '객관적 관련성'을 긍정한 판례 *

3 [대판 2021도10034] [스마트폰을 이용한 불법촬영범죄의 경우] [1] 전자정보 또는 전자정보저장매체에 대한 압수수색에서 혐의사실과 관련된 전자정보인지 여부를 판단할 때는 혐의사실의 내용과 성격, 압수수색의 과정 등을 토대로 구체적·개별적 연관관계를 살펴볼 필요가 있다. (가) 특히 카메라의 기능과 전자정보저장매체의 기능을 함께 갖춘 휴대전화인 스마트폰을 이용한 불법촬영 등 범죄와 같이 범죄의 속성상 해당 범행의 상습성이 의심되거나 성적 기호 내지 경향성의 발현에 따른 일련의 범행의 일환으로 이루어진 것으로 의심되고, (나) 범행의 직접 증거가 스마트폰 안에 이미지 파일이나 동영상 파일의 형태로 남아 있을 개연성이 있는 경우에는 그 안에 저장되어 있는 같은 유형의 전자정보에서 그와 관련한 유력한 간접증거나 정황증거가 발견될 가능성이 높다는 점에서 **이러한 간접증거나 정황증거는 혐의사실과 구체적·개별적 연관관계를 인정**할 수 있다. 이처럼 범죄의 대상이 된 피해자의 인격권을 현저히 침해하는 성격의 전자정보를 담고 있는 촬영물은 범죄행위로 인해 생성된 것으로서 몰수의 대상이기도 하므로, 휴대전화에서 해당 전자정보를 신속히 압수수색하여 촬영물의 유통가능성을 적시에 차단함으로써 피해자를 보호할 필요성이 크다. 나아가 이와 같은 경우에는 간접증거나 정황증거이면서 몰수의 대상이자 압수수색의 대상인 전자정보의 유형이 이미지 파일 내지 동영상 파일 등으로 비교적 명확하게 특정되어 그와 무관한 사적 전자정보 전반의 압수수색으로 이어질 가능성이 적어 상대적으로 폭넓게 관련성을 인정할 여지가 많다는 점에서도 그렇다. [2] 이 사건 범죄사실은 피고인이 2019.11.9. 피해자 공소외인을 추행하고 피해자 A의 의사에 반하여 신체를 촬영하였다는 것이다. 이 사건 공소사실 중 피해자 A를 제외한 나머지 피해자들에 대한 부분은

2018.8.12.경 부터 2020.3.16.경까지 아동들에게 성적 학대행위를 하거나, 이 사건 휴대전화를 이용하여 아동·청소년이용음란물을 제작하거나, 아동·청소년이용음란물을 소지하였다는 것이다. 이를 비교하여 보면 (가) **그 각 범행 시기가 근접**하여 있고, (나) **범행이 모두 아동·청소년을 대상**으로 하고 있으며, (다) 이 사건 **휴대전화를 주된 범행수단**으로 하고 있다는 점에서 공통점이 인정되므로, 위 각 범행은 동종·유사 범행에 해당한다. 여기에 수사기관이 압수수색 당시 이 사건 각 전자정보가 피고인이 아동·청소년이용음란물을 제작한 것인지, 아니면 아동·청소년이용음란물을 소지한 것인지 구분하기 어려웠다는 점도 함께 고려되어야 한다. …… 이 사건 각 전자정보는 이 사건 압수영장에 기재된 범죄사실인 피해자 공소외인에 대한 범행과 관련하여 피고인이 피해자 공소외인의 의사에 반하거나 위력을 이용하여 피해자 공소외인에게 음란한 행위를 하도록 하고 그 신체를 촬영하였는지 여부 및 피고인 진술의 신빙성과 범행 동기 등을 판단할 수 있는 **간접증거나 정황증거로도 사용**될 수 있었다. 나아가 이 사건 각 전자정보는 **성범죄에서 중요한 심리 요소인 피고인의 성적 취향을 알 수 있는 자료에 해당**한다. 그런데도 원심은 이 사건 압수영장 기재 혐의사실과 피해자 공소외인을 제외한 나머지 피해자들에 대한 공소사실 사이에 관련성이 없으므로, 이 사건 각 전자정보 중 피해자 공소외인을 제외한 나머지 피해자들에 대한 범행 관련 부분은 위법하게 수집된 증거에 해당하고, 그에 기초하여 획득한 2차적 증거들도 증거능력이 없다고 보아, 이 사건 공소사실 중 원심 판시 범죄일람표 1, 2, 3 기재 부분을 무죄로 판단하였다. 이러한 원심의 판단에는 압수수색에서 객관적 관련성과 위법수집증거에 관한 법리를 오해하여 판결에 영향을 미친 잘못이 있다.

4 [**대판 2021도3756**] 파기환송. [**필로폰 '교부'혐의**로 압수·수색 영장을 받아 소변·모발을 압수한 후 이를 증거로 **필로폰 '투약'의 사실로 공소를 제기**한 경우 유죄의 증거로 사용할 수 있는지 여부(적극)] 파기환송. ●**사실** 경찰은 2020.9.11. 체포영장에 따라 피고인을 체포한 후 이 사건 압수영장에 따라 피고인의 소변과 모발을 압수하였다. 이 사건 **압수영장의 혐의사실**은 "피고인이 2020.7.11.~12. 및 2020.7.16. 공소 외인에게 무상으로 **필로폰을 교부**하였다."라는 것으로 되어 있었다. 원심의 판단은 검사의 공소사실이 "피고인이 2020.9.11. **필로폰을 투약**하였다."라는 것인바, 이 부분 공소사실은 이 사건 압수영장을 발부받을 당시 전혀 예견할 수 없었던 범행으로 보이므로, 이 사건 압수영장의 혐의사실과 이 부분 공소사실 사이에 연관성이 있다고 보기 어렵다고 판단하였다. 즉 검사가 제출한 증거들은 이 사건 압수·수색·검증영장의 혐의사실과 관련이 없는 별개의 증거를 압수하여 위법하게 수집된 증거에 해당하거나 이를 기초로 하여 획득한 2차적 증거로서 증거능력이 없다고 보아 유죄를 인정한 제1심판결을 파기하고 무죄를 선고하였다. ●**판지** ● 이 사건 압수영장에는 '압수·수색·검증을 필요로 하는 사유'로 "피고인 상대로 필로폰 제공에 대한 증거물을 확보하고자 할 경우 이에 항거하거나 소지하고 있을지 모르는 필로폰 등의 증거물을 은닉, 멸실시키는 등의 방법으로 인멸할 우려가 있으며, 필로폰 사범의 특성상 피고인이 이전 소지하고 있던 **필로폰을 투약하였을 가능성 또한 배제할 수 없**어 필로폰 투약 여부를 확인 가능한 소변과 모발을 확보하고자 한다."라고 기재되어 있고, '압수할 물건'으로 "피고인의 소변 50cc 및 모발 60수, 필로폰 및 필로폰을 투약할 때 사용되는 기구, 기타 마약류'라고 기재되어 있다. (가) 경찰은 2020.9.11. 피고인을 체포하면서 이 사건 압수영장에 따라 피고인으로 부터 소변 50cc 및 모발 60수를 함께 압수하였고, 압수한 소변 및 모발에서 필로폰 양성반응이 나왔다. (나) 피고인은 경찰 및 검찰에서 "2020.9.11. 10:00경 화장실 내에서 필로폰을 주사기로 투약하였다."라고 자백하였고, 검사는 2020.9.23. 피고인에 대하여 '**필로폰 수수 및 투약**'의 사실로 공소를 제기하였다. (다) 위와 같은 사실과 원심이 적법하게 채택한 증거들에 의하여 인정되는 아래의 사정들을 앞서 본 법리에 비추어 살펴보면, 이 사건 압수영장에 의하여 압수한 피고인의 소변 및 모발과 그에 대

한 감정 결과 등은 이 사건 압수영장의 혐의사실과 **객관적 관련성이 있다**고 볼 수 있고, 나아가 압수한 소변 및 모발 등으로 밝혀진 이 부분 공소사실은 이 사건 압수영장의 혐의사실과 단순히 동종 또는 유사의 범행인 것을 넘어서 **구체적·개별적 연관관계**가 있는 경우로서 객관적·인적 관련성이 인정되므로, 압수한 소변 및 모발 등은 이 부분 공소사실의 증거로 사용할 수 있다고 봄이 타당하다. …… 이 사건 압수영장의 혐의사실로 피고인의 필로폰 교부의 점만 기재되어 있기는 하나, 법원이 위 영장의 '압수·수색·검증을 필요로 하는 사유'로 "**필로폰 사범의 특성상 피고인이 이전 소지하고 있던 필로폰을 투약하였을 가능성 또한 배제할 수 없어 필로폰 투약 여부를 확인 가능한 소변과 모발을 확보하고자 한다.**"라고 기재하고 있는 점 등에 비추어 볼 때, 이 부분 공소사실이 이 사건 압수영장 발부 이후의 범행이라고 하더라도 영장 발부 당시 전혀 예상할 수 없었던 범행이라고 볼 수도 없다. 그럼에도 원심이 이 사건 압수영장의 혐의사실과 이 부분 공소사실 사이에 연관성이 없으므로 이 사건 압수영장에 의하여 압수된 피고인의 소변 및 모발은 위법하게 수집된 증거에 해당하고, 그에 기초하여 획득한 2차적 증거들 역시 증거능력이 없다고 보아 이 부분 공소사실을 무죄로 판단한 데에는 압수·수색에 있어서의 '관련성', 위법 수집증거배제법칙에 관한 법리를 오해하여 판결에 영향을 미친 위법이 있다

**5 [대판 2019도10309]** ●**사실**● 피고인 X는 2018.3.9. 18:00경 안산시에서 우연히 마주친 피해자 A(여, 22세)의 치마 속을 촬영하기로 마음먹고 피해자를 따라 다니다가 피해자가 여자화장실로 들어가는 것을 보고 따라 들어가 피해자를 촬영하기 위하여 칸막이 아래로 자신의 휴대전화를 집어넣었으나 피해자가 이를 발견하고 소리를 지르는 바람에 성폭력처벌법 위반(카메라등이용촬영) 범행은 미수에 그쳤다. 수원지방법원 안산지원은 2018.4.5. 위 사실이 기재된 피고인의 범행을 혐의사실로 하여 압수·수색·검증영장을 발부하였다. 이 영장에 따라 경찰은 피고인 소유의 휴대전화인 **스마트폰 2대를 압수**하고, 이 사건 휴대전화에 대하여 디지털 증거분석을 실시하였으나 이 사건 영장 혐의사실과 관련된 사진이나 동영상은 발견되지 못하였다. 하지만 같은 해 **3.9.자 및 4.2.자 각 동종의 범행과 관련된 동영상들이 발견**되었다(X는 2018.3.9. 15:00경부터 18:00경까지 수원역 인근 또는 안산시 인근에서 23회에 걸쳐 자신의 휴대전화로 성명불상의 여성 치마 속을 몰래 촬영하고, 2018.4.2. 도로를 운행 중인 버스 안에서, 이 사건 휴대전화로 버스 내 좌석에 앉아 있던 피해자 B(여, 16세)의 교복 치마 속 허벅지 안쪽을 몰래 촬영하였다). 경찰은 위의 동영상을 제시하며 X를 신문하였고 X는 자백하였다. 이에 검사는 이를 근거로 공소제기하고 위의 각 동영상 등을 유죄의 증거로 제출하였다. ●**판지**● [1] 형사소송법 제215조 제1항은 "검사는 범죄수사에 필요한 때에는 피의자가 죄를 범하였다고 의심할 만한 정황이 있고 해당 사건과 관계가 있다고 인정할 수 있는 것에 한정하여 지방법원판사에게 청구하여 발부받은 영장에 의하여 압수, 수색 또는 검증을 할 수 있다."라고 정한다. 여기서 '**해당 사건과 관계가 있다고 인정할 수 있는 것**'은 압수·수색영장의 범죄 혐의사실과 관련되고 이를 증명할 수 있는 최소한의 가치가 있는 것으로서 압수·수색영장의 범죄 혐의사실과 **객관적 관련성**이 인정되고 압수·수색영장 대상자와 피의자 사이에 **인적 관련성**이 있는 경우를 뜻한다. 그중 혐의사실과 객관적 관련성이 있는지는 압수·수색영장에 기재된 혐의사실 자체 또는 그와 기본적 사실관계가 동일한 범행과 직접 관련되어 있는 경우는 물론 범행 동기와 경위, 범행 수단과 방법, 범행 시간과 장소 등을 증명하기 위한 간접증거나 정황증거 등으로 사용될 수 있는 경우에도 인정될 수 있다. 이러한 객관적 관련성은 압수·수색영장 **범죄 혐의사실과 단순히 동종 또는 유사 범행에 관한 것이라는 사유만으로 인정되는 것이 아니고**, 혐의사실의 내용, 수사의 대상과 경위 등을 종합하여 **구체적·개별적 연관관계**가 있으면 인정된다고 보아야 한다. [2] [**법리의 적용**] 위에서 본 사실과 기록에서 알 수 있는 다음 사정을 이러한 법리에 비추어 살펴보면, 이 사건 각 동

영상은 이 사건 영장 혐의사실 기재 범행의 동기와 경위, 범행 수단과 방법, 범행 시간과 장소 등을 증명하기 위한 간접증거나 정황증거 등으로 사용될 수 있는 경우에 해당한다. 또한 이 사건 영장 혐의사실과 이 사건 공소사실의 내용, 수사기관이 이 사건 각 동영상을 압수하게 된 경위 등에 비추어 보면, 이 사건 각 동영상은 이 사건 영장 혐의사실과 구체적·개별적 연관관계도 있다고 할 수 있다. 따라서 **이 사건 각 동영상과 이 사건 영장 혐의사실 사이에 객관적 관련성은 인정**된다. (가) 이 사건 영장 혐의사실과 이 사건 공소사실 모두 피고인이 공중이 밀집한 장소에서 불특정 여성 중 범행의 대상을 물색한 후 그 여성을 좇아가 자신의 휴대전화를 이용하여 성적 욕망 또는 수치심을 유발할 수 있는 신체를 촬영한 범행에 대한 것이고, 그 **범행의 일시, 간격 등에 비추어 시간적 근접성이 인정**된다. (나) 이 사건 영장 혐의사실 기재 범행이 미수에 그쳐 이 사건 휴대전화에서 위 범행과 관련된 사진이나 동영상이 발견되지 않았으므로, 피고인이 이 사건 영장 혐의사실과 같이 해당 피해자를 촬영하려고 하였다는 점에 대한 증거는 피해자의 진술이 사실상 유일한 것이다. 이러한 경우 피고인이 그 범행 이전과 이후 그와 동종의 범행을 하였다는 점에 대한 증거인 이 사건 각 **동영상은 피해자 진술의 신빙성을 뒷받침할 수 있는 간접증거나 정황증거 등으로 사용**될 수 있다. (다) 수사기관이 이 사건 영장 혐의사실 기재 범행에 대하여 수사를 하면서 이 사건 영장을 발부받았고, 위 범행에 대한 증거를 확보하기 위하여 피고인의 이 사건 휴대전화를 압수하였으며, 휴대전화에서 위 범행에 대한 증거를 확보하기 위하여 디지털 증거분석을 한 결과 이 사건 영장 혐의사실과 범행의 일시·장소, 범행의 양태 등에서 **밀접하게 관련되어 있는 이 사건 동영상을 발견**하게 되었다. 이 사건 영장 혐의사실 기재 범행과 단순히 동종 또는 유사 범행에 관한 것이라는 사유만으로 이 사건 동영상을 압수한 것이 아니다. **cf)** 하지만 대법원은 대상판결에서 위 증거들의 '사건관련성'은 인정하였으나 휴대전화에서 이 사건 각 동영상을 탐색·복제·출력하면서 **피고인에게 참여권이 보장되지 않았으므로** 위 각 동영상을 유죄의 증거로 사용할 수 없다고 판단하였고 이에 따라, 이 사건 각 동영상은 위법수집증거에 해당하여 유죄의 증거로 사용할 수 없다고 보고 있다.

## Reference 3

## * 압수의 요건인 '필요성'과 '비례성' *

1 [대판 2008도2245] 경찰관이 이른바 **전화사기죄** 범행의 혐의자를 긴급체포하면서 그가 보관하고 있던 **다른 사람의 주민등록증, 운전면허증** 등을 압수한 사안에서, 이는 구 형사소송법(2007.6.1. 법률 제8496호로 개정되기 전의 것) 제217조 제1항에서 규정한 해당 범죄사실의 수사에 **필요한 범위 내의 압수**로서 적법하므로, 이를 위 혐의자의 점유이탈물횡령죄 범행에 대한 증거로 인정한 사례.

2 [대결 2003모126] [형사소송법 제215조가 규정하고 있는 '범죄수사에 필요한 때'의 의미 및 판단 방법] [1] 형사소송법 제215조에 의하면 검사나 사법경찰관이 범죄수사에 필요한 때에는 영장에 의하여 압수를 할 수 있으나, 여기서 **'범죄수사에 필요한 때'라 함은** (가) 단지 수사를 위해 필요할 뿐만 아니라 강제처분으로서 압수를 행하지 않으면 수사의 목적을 달성할 수 없는 경우를 말하고, (나) 그 **'필요성이 인정'되는 경우에도 무제한적으로 허용되는 것은 아니며,** (다) 압수물이 증거물 내지 몰수하여야 할 물건으로 보이는 것이라 하더라도, ㉠ 범죄의 형태나 경중, ㉡ 압수물의 증거가치 및 중요성, ㉢ 증거인멸의 우려 유무, ㉣ 압수로 인하여 피압수자가 받을 불이익의 정도 등 제반 사정을 **종합적으로 고려하여 판단**해야 한다. [2] 검사의 압수처분이 수사상의 필요에서 행하는 압수의 본래의 취지를 넘는 것으로 상당성이 없을 뿐만 아니라, **'수**

사상의 필요'와 그로 인한 '개인의 재산권 침해'의 정도를 비교형량해 보면 비례성의 원칙에 위배되어 위법하다고 한 사례. [3] 검사가 이 사건 준항고인들의 **폐수무단방류 혐의**가 인정된다는 이유로 준항고인들의 **공장부지, 건물, 기계류 일체 및 폐수운반차량 7대에 대하여 한 압수처분**은 수사상의 필요에서 행하는 압수의 본래의 취지를 넘는 것으로 상당성이 없을 뿐만 아니라, 수사상의 필요와 그로 인한 개인의 재산권 침해의 정도를 **비교형량해** 보면 비례성의 원칙에 위배되어 위법하다.

## *Reference 4*

## * 혈액이나 소변의 압수 *

1 [대판 2011도15258] [영장이나 감정처분허가장 없이 채취한 혈액을 이용한 혈중알코올농도 감정 결과의 증거능력 유무(원칙적 소극) 및 피고인 등의 동의가 있더라도 마찬가지인지 여부(적극)] [1] 수사기관이 법원으로부터 영장 또는 감정처분허가장을 발부받지 아니한 채 피의자의 동의 없이 피의자의 신체로부터 혈액을 채취하고 사후에도 지체 없이 영장을 발부받지 아니한 채 혈액 중 알코올농도에 관한 감정을 의뢰하였다면, 이러한 과정을 거쳐 얻은 감정의뢰회보 등은 형사소송법상 영장주의 원칙을 위반하여 수집하거나 그에 기초하여 획득한 증거로서, 원칙적으로 절차위반행위가 적법절차의 실질적인 내용을 침해하여 피고인이나 변호인의 동의가 있더라도 유죄의 증거로 사용할 수 없다. [2] 수사기관이 범죄 증거를 수집할 목적으로 피의자의 동의 없이 피의자의 혈액을 취득·보관하는 행위는 법원으로부터 **감정처분허가장**을 받아 형사소송법 제221조의4 제1항, 제173조 제1항에 의한 '**감정에 필요한 처분**'으로도 할 수 있지만, 형사소송법 제219조, 제106조 제1항에 정한 압수의 방법으로도 할 수 있고, 압수의 방법에 의하는 경우 혈액의 취득을 위하여 피의자의 신체로부터 혈액을 채취하는 행위는 혈액의 압수를 위한 것으로서 형사소송법 제219조, 제120조 제1항에 정한 '**압수영장의 집행에 있어 필요한 처분**'에 해당한다. [3] 음주운전 중 교통사고를 야기한 후 피의자가 의식불명 상태에 빠져 있는 등으로 도로교통법이 음주운전의 제1차적 수사방법으로 규정한 호흡조사에 의한 음주측정이 불가능하고 혈액 채취에 대한 동의를 받을 수도 없을 뿐만 아니라 법원으로부터 혈액 채취에 대한 감정처분허가장이나 사전 압수영장을 발부받을 시간적 여유도 없는 긴급한 상황이 생길 수 있다. 이러한 경우 피의자의 신체 내지 의복류에 주취로 인한 냄새가 강하게 나는 등 형사소송법 제211조 제2항 제3호가 정하는 범죄의 증적이 현저한 준현행범인의 요건이 갖추어져 있고 교통사고 발생 시각으로부터 사회통념상 범행 직후라고 볼 수 있는 시간 내라면, 피의자의 생명·신체를 구조하기 위하여 사고현장으로부터 곧바로 후송된 병원 응급실 등의 장소는 **형사소송법 제216조 제3항의 범죄 장소**에 준한다 할 것이므로, 검사 또는 사법경찰관은 피의자의 혈중알코올농도 등 증거의 수집을 위하여 의료법상 의료인의 자격이 있는 자로 하여금 의료용 기구로 의학적인 방법에 따라 필요최소한의 한도 내에서 피의자의 혈액을 채취하게 한 후 그 **혈액을 영장 없이 압수**할 수 있다. 다만 이 경우에도 형사소송법 제216조 제3항 단서, 형사소송규칙 제58조, 제107조 제1항 제3호에 따라 사후에 지체 없이 강제채혈에 의한 압수의 사유 등을 기재한 영장청구서에 의하여 법원으로부터 압수영장을 받아야 한다.

2 [대판 2018도6219] [수사기관이 범죄 증거를 수집할 목적으로 피의자의 동의 없이 피의자의 **소변을 채취**하는 것을 '**감정에 필요한 처분**'으로 할 수 있는지 여부(적극) 및 이를 압수·수색의 방법으로도 할 수 있는지 여부(적극)] [1] 수사기관이 범죄 증거를 수집할 목적으로 피의자의 동의 없이 피의자의 소변을 채취하는 것은 법원으로부터 감정허가장을 받아 형사소송법 제221조의4 제1항, 제173조 제1항에서 정한 '감정

에 필요한 처분'으로 할 수 있지만(피의자를 병원 등에 유치할 필요가 있는 경우에는 형사소송법 제221조의3에 따라 법원으로부터 감정유치장을 받아야 한다), 형사소송법 제219조, 제106조 제1항, 제109조에 따른 압수·수색의 방법으로도 할 수 있다. 이러한 압수·수색의 경우에도 수사기관은 원칙적으로 형사소송법 제215조에 따라 판사로부터 압수·수색영장을 적법하게 발부받아 집행해야 한다. 압수·수색의 방법으로 소변을 채취하는 경우 압수대상물인 피의자의 소변을 확보하기 위한 수사기관의 노력에도 불구하고, 피의자가 인근 병원 응급실 등 소변 채취에 적합한 장소로 이동하는 것에 동의하지 않거나 저항하는 등 임의동행을 기대할 수 없는 사정이 있는 때에는 수사기관으로서는 소변 채취에 적합한 장소로 피의자를 데려가기 위해서 필요 최소한의 유형력을 행사하는 것이 허용된다. 이는 형사소송법 제219조, 제120조 제1항에서 정한 '압수·수색영장의 집행에 필요한 처분'에 해당한다고 보아야 한다. 그렇지 않으면 피의자의 신체와 건강을 해칠 위험이 적고 피의자의 굴욕감을 최소화하기 위하여 마련된 절차에 따른 강제 채뇨가 불가능하여 압수영장의 목적을 달성할 방법이 없기 때문이다. [2] 피고인이 메트암페타민(일명 '필로폰')을 투약하였다는 마약류 관리에 관한 법률 위반(향정) 혐의에 관하여, 피고인의 소변(30cc), 모발(약 80수), 마약류 불법사용 도구 등에 대한 압수·수색·검증영장을 발부받은 다음 경찰관이 피고인의 주거지를 수색하여 사용 흔적이 있는 주사기 4개를 압수하고, 위 영장에 따라 3시간가량 소변과 모발을 제출하도록 설득하였음에도 피고인이 계속 거부하면서 자해를 하자 이를 제압하고 수갑과 포승을 채운 뒤 강제로 병원 응급실로 데려고 가 응급구조사로 하여금 피고인의 신체에서 소변(30cc)을 채취하도록 하여 이를 압수한 사안에서, 피고인의 소변에 대한 압수영장 집행이 적법하다고 본 원심판단을 수긍한 사례.

## *Reference 5*

## * 금융거래정보 *

1 [대판 2012도13607] ●**사실**● 백화점 절도 범행을 수사하면서 매장 내에 범인이 벗어 놓고 간 점퍼와 그 안에 있는 신용카드회사 발행의 **매출전표를 발견**하고, 경찰관들이 **법관의 영장 없이 해당 카드회사에 공문을 발송**하여 회사로부터 위 매출전표의 거래명의자가 누구인지 그 인적 사항을 알아내어 이를 기초로 피의자를 범행의 용의자로 특정한 사안이다. ●**판지**● [수사기관이 법관의 영장에 의하지 아니하고 금융회사 등으로부터 **신용카드 매출전표의 거래명의자에 관한 정보**를 획득한 경우, 그와 같이 수집된 증거의 증거능력 유무(원칙적 소극)] [1] 수사기관이 범죄 수사를 목적으로 「금융실명거래 및 비밀보장에 관한 법률」(이하 '금융실명법') 제4조 제1항16)에 정한 '**거래정보 등**'을 획득하기 위해서는 **법관의 영장이 필요**하고, 신용카드에

---

16) 「금융실명거래 및 비밀보장에 관한 법률」 제4조(**금융거래의 비밀보장**) ① 금융회사 등에 종사하는 자는 명의인(신탁의 경우에는 위탁자 또는 수익자를 말한다)의 서면상의 요구나 동의를 받지 아니하고는 그 금융거래의 내용에 대한 정보 또는 자료(이하 "거래정보등")를 타인에게 제공하거나 누설하여서는 아니 되며, 누구든지 금융회사등에 종사하는 자에게 거래정보등의 제공을 요구하여서는 아니 된다. 다만, 다음 각 호의 어느 하나에 해당하는 경우로서 그 사용 목적에 필요한 최소한의 범위에서 거래정보등을 제공하거나 그 제공을 요구하는 경우에는 그러하지 아니하다. 1. **법원의 제출명령 또는 법관이 발부한 영장에 따른 거래정보등의 제공** ‥‥‥ 제4조의2(**거래정보등의 제공사실의 통보**) ① 금융회사등은 명의인의 서면상의 동의를 받아 거래정보등을 제공한 경우나 제4조제1항제1호·제2호(조세에 관한 법률에 따라 제출의무가 있는 과세자료 등의 경우는 제외한다)·제3호 및 제8호에 따라 거래정보등을 제공한 경우에는 제공한 날(제2항 또는 제3항에 따라 통보를 유예한 경우에는 통보유예기간이 끝난 날)부터 **10일 이내에 제공한 거래정보등의 주요 내용, 사용 목적, 제공받은 자 및 제공일 등을** 명의인에게 **서면으로 통보**하여야 한다. cf) 수사기관이 수사 목적으로 금융거래 정보를 제공받기 위해서는 실무상 '압수·수색·검증영장(금융거래추적용)'을 발부받는다. 그러나 대상자의

의하여 물품을 거래할 때 '금융회사 등'이 발행하는 매출전표의 거래명의자에 관한 정보 또한 금융실명법에서 정하는 '거래정보 등'에 해당하므로, 수사기관이 금융회사 등에 그와 같은 정보를 요구하는 경우에도 법관이 발부한 영장에 의하여야 한다. 그럼에도 수사기관이 영장에 의하지 아니하고 매출전표의 거래명의자에 관한 정보를 획득하였다면, 그와 같이 수집된 증거는 원칙적으로 형사소송법 제308조의2에서 정하는 '적법한 절차에 따르지 아니하고 수집한 증거'에 해당하여 유죄의 증거로 삼을 수 없다. [2] 수사기관이 법관의 영장에 의하지 아니하고 매출전표의 거래명의자에 관한 정보를 획득한 경우, 이에 터 잡아 수집한 2차적 증거들, 예컨대 피의자의 자백이나 범죄 피해에 대한 제3자의 진술 등이 유죄 인정의 증거로 사용될 수 있는지를 판단할 때, (가) 수사기관이 의도적으로 영장주의의 정신을 회피하는 방법으로 증거를 확보한 것이 아니라고 볼 만한 사정, (나) 위와 같은 정보에 기초하여 범인으로 특정되어 체포되었던 피의자가 석방된 후 상당한 시간이 경과하였음에도 다시 동일한 내용의 자백을 하였다거나 그 범행의 피해품을 수사기관에 임의로 제출하였다는 사정, (다) 2차적 증거수집이 체포 상태에서 이루어진 자백 등으로부터 독립된 제3자의 진술에 의하여 이루어진 사정 등은 통상 2차적 증거의 증거능력을 인정할 만한 정황에 속한다고 볼 수 있다. [3] 앞서 본 법리에 비추어 살펴보면, 이 사건에서 수사기관이 법관의 영장도 없이 위와 같이 매출전표의 거래명의자에 관한 정보를 획득한 조치는 위법하다고 할 것이므로, 그러한 위법한 절차에 터 잡아 수집된 증거의 증거능력은 원칙적으로 부정되어야 할 것이고, 따라서 이와 같은 과정을 통해 수집된 증거들의 증거능력 인정 여부에 관하여 특별한 심리·판단도 없이 곧바로 위 증거들의 증거능력을 인정한 제1심의 판단을 그대로 유지한 원심의 조치는 적절하다고 할 수 없다.

---

'모든 금융기관에 개설한 예금계좌 일체'를 요구하는 포괄계좌나 대상자의 특정예금계좌와 전후 연결되는 모든 계좌에 대한 거래정보 등을 요구하는 연결계좌 영장은 허용되지 않는다.

# 21 압수 · 수색영장의 집행 절차

* 대법원 2009. 3. 12. 선고 2008도763 판결
* 참조조문: 헌법 제12조 제3항,[1] 형사소송법 제118조[2]

> 압수수색 영장에서 적시할 압수수색 장소의 특정방법과 그 인정범위

**●사실●** 제주지사 선거와 관련하여 제주도 소속 **공무원들이** 선거에 출마한 현직 제주도지사인 후보자의 방송사 토론회 대담자료를 작성하고 예행연습(공직선거법 제86조 제1항 제2호 위반)을 했다는 혐의에 대해 수사관들이 **압수 · 수색에 착수**하였다. 영장에 기재된 압수 대상물은 "제주도지사 **비서실장 A의 사무실 내 '보관 중'인** 컴퓨터, 디스켓, 씨디롬 등 외부기억장치, 선거관련자료, 메모지, 일기장, 수첩 등 공무원으로서 선거에 관여한 것으로 추정되는 자료 일체"였다. 수사관들은 이 사무실에 있던 A에게는 **압수 · 수색영장을 제시하였지만** 그 뒤 그 사무실로 이 사건 압수물을 들고 온 **비서관 B에** 대해서는 압수하면서 따로 압수 · 수색영장을 **제시하지 않았다.** 당시 B는 도지사 집무실에 보관 중이던 도지사의 업무일지 등이 포함된 서류뭉치를 옆구리에 끼고 가지고 나온 다음 이 사건 사무실의 출입문을 열고 비서실장을 부르면서 들어오다 수사관들에 의해 서류가 압수되었다. 압수한 **압수물의 목록**은 작성월일이 누락된 채 일부 사실에 부합하지 않는 내용으로 작성되어 압수 · 수색이 종료된 지 **5개월이 지난 뒤에 교부**되었다. 원심은 위 서류의 압수절차는 형사소송법이 정한 바에 따르지 않은 '절차 위법'이 있었다고 판단하여 증거로 받아들이지 않았다. 이에 검사가 상고하였다.

**●판지●** 상고기각. 「[1] [압수 · 수색영장에 압수대상물을 압수장소에 '보관중인 물건'으로 기재한 경우, 이를 '현존하는 물건'으로 해석가능한지 여부(소극)] 헌법과 형사소송법이 구현하고자 하는 적법절차와 영장주의의 정신에 비추어 볼 때, 법관이 압수 · 수색영장을 발부하면서 '압수할 물건'을 특정하기 위하여 기재한 문언은 엄격하게 해석하여야 하고, 함부로 피압수자 등에게 불리한 내용으로 확장 또는 유추 해석하여서는 안 된다. 따라서 압수 · 수색영장에서 압수할 물건을 **압수장소에 '보관'중인 물건**이라고 기재하고 있는 것을 압수장소에 '현존'하는 물건으로 해석할 수는 없다.

[2] [압수 · 수색영장의 제시방법(=개별적 제시)] 압수 · 수색영장은 처분을 받는 자에게 **반드시 제시하여야** 하는바, 현장에서 압수 · 수색을 당하는 사람이 여러 명일 경우에는 그 사람들을 **모두에게 '개별적'으로 영장을 제시**해야 하는 것이 원칙이다. 수사기관이 압수 · 수색에 착수하면서 그 장소의 관리책임자에게 영장을 제시하였다고 하더라도, **물건을 소지하고** 있는 다른 사람으로부터 이를 압수하고자 하는 때에는 그 사람에게 **따로 영장을 제시**하여야 한다.

[3] [형사소송법상 압수목록의 작성 · 교부시기(=압수 직후)] 공무원인 수사기관이 작성하여 피압수자 등에게 교부해야 하는 '압수물 목록'에는 작성연월일을 기재하고, 그 내용은 사실에 부합하여야 한다. 압수물 목록은 피압수자 등이 압수물에 대한 환부 · 가환부신청을 하거나 압수처분에 대한 준항고를

---

1) 헌법 제12조 ③ 체포 · 구속 · 압수 또는 수색을 할 때에는 적법한 절차에 따라 **검사의 신청에 의하여 법관이 발부한 영장을 제시**하여야 한다. 다만, 현행범인인 경우와 장기 3년 이상의 형에 해당하는 죄를 범하고 도피 또는 증거인멸의 염려가 있을 때에는 사후에 영장을 청구할 수 있다.

2) 형사소송법 제118조(**영장의 제시와 사본교부**) 압수 · 수색영장은 **처분을 받는 자에게 반드시 제시**하여야 하고, 처분을 받는 자가 피고인인 경우에는 **그 사본을 교부하여야 한다.** 다만, 처분을 받는 자가 현장에 없는 등 영장의 제시나 그 사본의 교부가 현실적으로 불가능한 경우 또는 처분을 받는 자가 영장의 제시나 사본의 교부를 거부한 때에는 예외로 한다.

하는 등 권리행사절차를 밟는 가장 기초적인 자료가 되므로, 이러한 권리행사에 지장이 없도록 **압수 '직후' 현장에서 바로 작성하여 교부**해야 하는 것이 원칙이다」.

**●해설●** **1 대상판결의 의의**    대상사안은 수사기관이 압수·수색영장을 집행함에 있어 주의를 요하는 절차와 관련된 주요 논점 등을 잘 보여주는 고전적 판례이다. 먼저 ① 압수영장에 기재되어 있는 문구는 **'엄격히 해석'**되어야 하고 함부로 피압수자에게 불리한 내용으로 확장 또는 유추해석해서는 안 됨을 지적한다(따라서 압수영장에 압수의 대상물이 압수장소에 **'보관중인 물건'**으로 기재되어 있다면 이를 **'현존하는 물건'**으로 확장 해석할 수는 없다). 그리고 ② 압수·수색영장은 **반드시 '사전'에 제시**하여야 하고 현장에서 압수·수색을 당하는 사람이 여러 명일 경우에는 그 사람들 **'모두'**에게 **'개별적'**으로 **'따로'** 영장을 제시하여야 함을 환기시키고 있다. 마지막으로 ③ 압수물에 대한 압수목록는 **압수 '직후' 현장에서 '바로' 작성하여 '교부'**해야 하는 것이 원칙임을 밝히고 있다.

**2 압수와 영장주의**    형사소송법이 압수·수색영장을 집행함에 있어 (1) 피압수자에게 반드시 압수·수색영장을 **제시**하도록 규정한 것은 법관이 발부한 영장 없이 압수·수색을 하는 것을 방지하여 **영장주의 원칙**을 절차적으로 보장하기 위함이다. 또한 (2) 압수·수색영장에 기재된 물건, 장소, 신체에 대해서만 압수·수색을 하도록 하여 개인의 **사생활과 재산권의 침해를 최소화**하는 한편, 준항고 등 피압수자의 불복신청의 기회(처분의 위법성을 다툴 수 있는 기회)를 실질적으로 보장하기 위한 것이다. (3) 영장의 **유효기간은 '7일'**이고 다만, 법원 또는 법관이 상당하다고 인정하는 때에는 7일을 넘는 기간을 정할 수 있다(규칙178). (4) 집행종료 후, 영장의 유효기간이 남아있어도 **동일한 영장**으로 수회 같은 장소에서 압수·수색은 안 된다(**동일영장재집행금지**)(대결 99모161, Ref 13). (5) 영장집행을 위한 절차규정에 위반하여 압수가 이루어진 경우, 그 과정에서 압수한 물건은 **증거로 사용할 수 없다**(대판 2015도10648, Ref 7-1). (6) 압수·수색의 절차는 일반적으로 **영장의 신청**(경찰) → **청구**(검사) → **발부**(판사) → **집행**(수사기관) → **조서의 작성** 순으로 이루어진다. 집행과정에서의 주요내용으로는 ㉠ 영장의 사전제시와 피의자에게 사본의 교부, ㉡ 검사, 피의자 또는 변호인의 참여권 보장, ㉢ 야간집행의 원칙적 제한, ㉣ 목록의 즉시 교부, ㉤ 조서의 작성 등이 있다.

**3 압수·수색영장의 청구와 발부**    (1) **검사**는 범죄수사에 필요한 때에는 지방법원판사에게 청구하여 발부받은 영장에 의하여 압수·수색 또는 검증을 할 수 있다. **사법경찰관**이 범죄수사에 필요한 때에는 검사에게 **'신청'**하여 검사의 **'청구'**로 지방법원판사가 **'발부'**한 영장에 의하여 압수·수색 또는 검증을 할 수 있다(법215).[3] 이 경우 정당한 이유 없이 검사가 영장을 청구하지 않으면 사법경찰관은 **'심의를 신청'**할 수 있다(법221의5①)[4]. (2) 영장의 청구는 **'서면'**으로 하여야 하며

---

3) **일단 공소가 제기된 후**에는 피고사건에 관하여 검사로서는 형사소송법 제215조에 의하여 압수·수색을 할 수 없다고 보아야 하며, 그럼에도 검사가 공소제기 후 형사소송법 제215조에 따라 수소법원 이외의 지방법원 판사에게 청구하여 발부받은 영장에 의하여 압수·수색을 하였다면, 그와 같이 수집된 증거는 기본적 인권 보장을 위해 마련된 적법한 절차에 따르지 않은 것으로서 원칙적으로 유죄의 증거로 삼을 수 없다(대판 2009도10412, Ref 2).

4) 형사소송법 제221조의5(**사법경찰관이 신청한 영장의 청구 여부에 대한 심의**) ① 검사가 사법경찰관이 신청한 영장을 정당한 이유 없이 판사에게 청구하지 아니한 경우 사법경찰관은 그 검사 소속의 지방검찰청 소재지를 관할하는 **고등검찰청**에 영장 청구 여부에 대한 심의를 신청할 수 있다.

(규칙93①), 검사가 압수 · 수색영장을 청구할 때에는 피의자에게 범죄의 혐의가 있다고 인정되는 자료와 압수, 수색 또는 검증의 필요 및 해당 사건과의 관련성을 인정할 수 있는 **자료를 제출**하여야 한다(규칙 108①). (3) 영장의 **기재방식**은 형사소송법 제114조에 따르고 특히, 압수 · 수색할 물건이 **전기통신**에 관한 것인 경우에는 **작성기간을 기재**하여야 한다.[5] 판례는 법관의 서명날인란에 '서명'만 있고 '날인'이 없는 경우, 적법하게 발부되었다고 볼 수는 없으나 증거능력을 인정하고 있다(대판 2018도20504, Ref 1). (4) 검사 또는 사법경찰관은 「압수 · 수색 또는 검증영장을 청구하거나 신청할 때에는 압수 · 수색 또는 검증의 범위를 범죄 혐의의 소명에 **필요한 최소한으로** 정해야 하고, 수색 또는 검증할 장소 · 신체 · 물건 및 압수할 물건 등을 **구체적으로 '특정'**해야 한다」(준칙37). 이와 같이, 압수 · 수색의 **대상물은 '특정'**되어야 한다(대판 2008도763). 특정되지 않은 **'일반영장'은 무효**이다. 이는 수사기관의 자의적인 판단에 따라 압수할 물건이 결정되는 것을 막고자 함이다. 따라서 **영장의 기재문구는 '엄격히 해석'**되어야 한다(대판 2018도 6252). 대상판결에서도 「압수 · 수색영장에 압수대상물을 압수장소에 '보관중인 물건'으로 기재한 경우, 이를 '현존하는 물건'으로 해석할 수는 없다」고 판시하고 있다. (5) 영장 발부 또는 기각결정은 '수임판사'의 결정이므로 이에 대해서는 항고나 준항고로 **불복할 수 없다**(대결 97모66, Ref 4).

**4 압수 · 수색영장의 집행**        압수 · 수색영장은 **검사의 지휘**에 의하여 사법경찰관리가 집행한다. (1) 압수 · 수색영장은 **'반드시' 집행 '전'에 제시**되어야 한다(법118 · 219).[6] 따라서 (구속과 달리) 사후제시에 의한 '긴급집행'은 인정되지 않는다. 다만, 판례는 「영장제시가 **현실적으로 불가능**한 경우에는 영장을 제시하지 아니한 채 압수 · 수색을 하더라도 위법하다고 볼 수 없다」고 판시한 바 있다(대판 2014도10978 전원합의체, Ref 9). 이 판결 이후, 이를 받아 2022.2.3. 개정법에서는 "처분을 받는 자가 ㉠ **현장에 없는 등** 영장의 제시나 그 사본의 교부가 현실적으로 **불가능**한 경우 또는 ㉡ 처분을 받는 자가 영장의 제시나 사본의 **교부를 거부**한 때에는 예외로 한다."는 점을 명문화하였다(법118단서). (2) 그리고 압수 · 수색영장의 '제시범위'와 관련하여, 영장을 집행하는 수사기관은 「피압수자로 하여금 법관이 발부한 영장에 의한 압수 · 수색이라는 **사실을 확인**함과 동시에 형사소송법이 압수 · 수색영장에 필요적으로 기재하도록 정한 사항이나 그와 일체를 이루는 사항을 **충분히 알 수 있도록** 압수 · 수색영장을 **제시**하여야 한다」. 따라서 **'표지'**나 혐의사실 **'기재부분'만** 보여주는 것은 위법하다(대판 2015도12400, Ref 8-1). (3) 또한 처분을 받는 자가 '피의자 · 피고인인 경우'에는 그 **'사본'을 교부**하여야 한다(법118)('사본 교부' 규정은 피고인의 실질적 방어를 위해 2022.2.3. 형사소송법 개정으로 **신설**되었다). (4) 대상판결에서와 같이 「현장에서 압수 · 수색을 당하는 사람이 **여러 명일 경우**에는 그 사람들 **'모두'**에게 **'개별적'**으로 영장을 제시해야 하는 것이 원칙이

---

5) 형사소송법 제114조(**영장의 방식**) ① 압수 · 수색영장에는 다음 각 호의 사항을 **기재**하고 재판장이나 수명법관이 **서명날인**하여야 한다. 다만, 압수 · 수색할 물건이 **전기통신**에 관한 것인 경우에는 **'작성기간'을 기재**하여야 한다. 1. 피고인의 성명 2. 죄명 3. 압수할 물건 4. 수색할 장소 · 신체 · 물건 5. 영장 발부 연월일 6. 영장의 유효기간과 그 기간이 지나면 집행에 착수할 수 없으며 영장을 반환하여야 한다는 취지 7. 그 밖에 대법원규칙으로 정하는 사항 cf) 형사소송규칙은 여기에 **'압수수색의 사유'**를 기재사항으로 추가하고 있다(규칙58). 판례는 발부 영장에 법관의 서명날인란에 **서명만** 있고 **'날인'이 없는** 경우, 적법한 발부는 아니라고 보았으나 영장에 따라 수집한 이 사건 파일 출력물의 **증거능력은 인정할 수 있다**는 입장이다(대판 2018도20504, Ref 1).

6) 이점이 체포 · 구속영장과는 다르다. 압수영장은 **반드시 사전에 제시**되어야 하고 사후제시와 같은 긴급집행은 인정되지 않는다. 「형사소송법」 제118조(**영장의 제시와 사본교부**) 압수 · 수색영장은 처분을 받는 자에게 **반드시 제시**하여야 하고, 처분을 받는 자가 피고인인 경우에는 그 **사본을 교부**하여야 한다. 다만, 처분을 받는 자가 현장에 없는 등 영장의 제시나 그 사본의 교부가 현실적으로 **불가능한 경우** 또는 처분을 받는 자가 영장의 제시나 사본의 교부를 **거부한 때**에는 예외로 한다.  <개정 신설 2022. 2. 3.>

다. 수사기관이 압수 · 수색에 착수하면서 그 장소의 '관리책임자'에게 영장을 제시하였다고 하더라도, **물건을 '소지하고' 있는 다른 사람**으로부터 이를 압수하고자 하는 때에는 '그 사람에게' **따로 영장을 제시하여야 한다**」(개별제시). (5) 압수 · 수색영장의 집행에 있어서는 출입금지 · 퇴거 또는 건정을 열거나 개봉 **기타 '필요한 처분'**을 할 수 있다(법119[7]) · 120[8]) · 127[9]) · 219). 따라서 수사기관이 소변 채취에 적합한 장소로 피의자를 데려가기 위해서 '**필요 최소한**'의 유형력을 행사하는 것도 '기타 필요한 처분'에 해당할 수 있다(대판 2018도6219, Ref 6). 압수물에 대하여도 같은 처분을 할 수 있다. (6) 그리고 영장에 기재된 사실과 별개의 사실에 대하여 영장을 유용할 수는 없다(**별건 압수 · 수색의 금지**)(대판 2008도10914). 다만, 범죄사실이 다른 때에는 동일한 물건에 대한 재압수가 가능하며 압수해제된 물품의 재압수도 가능하다(대결 96모34, Ref 14). (7) 법원은 압수 · 수색영장의 집행에 관하여 범죄 혐의사실과 관련 있는 전자정보의 탐색 · 복제 · 출력이 완료된 때에는 지체 없이 영장 기재 범죄 **혐의사실과 관련이 없는 나머지 전자정보에 대해 삭제 · 폐기 또는 피압수자 등에게 반환할 것을 정할 수 있다**(대결 2021모1586, Ref 18). 한편, (8) 효력이 없는 압수 · 수색영장으로 몰수대상 물건을 압수하더라도 **압수 자체가 위법하게 됨은 별론으로 하더라도** 몰수의 효력에는 영향을 미치지 않는다(대판 2003도705, Ref 25).

**5 당사자 · 책임자 등의 참여**　　　　　압수 · 수색영장의 집행을 받은 당사자는 집행절차에 **참여할 권리**를 가진다. 따라서 (1) 검사, 피고인, 피의자 또는 변호인은 압수 · 수색영장의 **집행에 참여**할 수 있다(법121 · 219). **당사자의 참여** 없이 압수 · 수색을 하면 위법하며, 참여권은 집행이 종료되기까지 **전 과정**에서 보장되어야 한다. 이와 같이, 참여권이 보장되기 때문에 (2) 압수 · 수색영장을 집행함에는 **미리** 집행의 **'일시'와 '장소'**를 검사, 피고인, 피의자 또는 변호인에게 **'통지'하여야 한다**. 다만, 이들이 ㉠ 참여하지 아니한다는 **의사를 명시**한 때 또는 ㉡ **'급속을 요하는'** 때에는 예외로 한다(법122)(여기서 '급속을 요하는 때'의 의미를 판례는 「압수 · 수색영장 집행 사실을 미리 알려주면 **증거물을 은닉할 염려** 등이 있어 압수 · 수색의 실효를 거두기 어려울 경우」로 해석한다. 대판 2012도7455, Ref 17). 하지만 이 경우에도 **'변호인의 참여권'**은 피압수자의 보호를 위하여 변호인에게 주어진 **'고유권'**이기 때문에 설령 피압수자가 수사기관에 불참의사를 밝혔다고 하더라도, 특별한 사정이 없는 한 그 **변호인에게는 통지**하여야 함을 유의하여야 한다(대판 2020도10729, Ref 15). (3) **전자정보**의 압수 · 수색의 경우는 실물증거의 경우 보다 훨씬 더 **엄격한 참여권**의 보장이 요구된다(대결 2011모1839 전원합의체, 【22】 참조). (4) 공무소, 군사용 항공기 또는 선박 · 차량 안에서 압수 · 수색영장을 집행하려면 그 **책임자**에게 참여할 것을 통지하여야 한다(법123① · 219). 그리고 위 장소 외에 타인의 주거, 간수자 있는 가옥, 건조물, 항공기 또는 선박 · 차량 안에서 압수 · 수색영장을 집행할 때에는 **주거주, 간수자 또는 이에 준하는 사람**을 참여하게 하여야 한다(법123② · 219). 이상의 자를 참여하게 하지 못할 때에는 **이웃 사람 또는 지방공공단체의 직원**을 참여하게 하여야 한다(법123③ · 219). (5) **여자의 신체**에 대하여 **'수색'**할 때에는 **'성년의 여자'**를 참여하게 하여야 한다(법124 · 219).[10]

---

7) 형사소송법 제119조(**집행 중의 출입금지**) ① 압수 · 수색영장의 집행 중에는 타인의 **출입**을 금지할 수 있다. ② 전항의 규정에 위배한 자에게는 **퇴거**하게 하거나 집행종료시까지 **간수자를 붙일** 수 있다.

8) 형사소송법 제120조(**집행과 필요한 처분**) ① 압수 · 수색영장의 집행에 있어서는 **건정을 열거나 개봉 기타 필요한 처분**을 할 수 있다. ② 전항의 처분은 압수물에 대하여도 할 수 있다.

9) 형사소송법 제127조(**집행중지와 필요한 처분**) 압수 · 수색영장의 집행을 **중지**한 경우에 필요한 때에는 집행이 종료될 때까지 그 **장소를 폐쇄**하거나 **간수자**를 둘 수 있다.

10) 반면, 수사기관이 여자의 신체를 '**검사**'하는 경우에는 '**의사**'나 '**성년 여자**'를 참여하게 하여야 한다(법141③ · 219).

**6 야간집행의 제한**      (1) 압수·수색영장에 야간집행을 할 수 있는 **'기재'가 없으면** 그 영장을 집행하기 위하여 **일출 전이나 일몰 후**에 타인의 주거, 간수자 있는 가옥, 건조물, 항공기 또는 선차 내에 들어가지 못한다**(주간집행의 원칙)**(법125·219).[11] 하지만 (2) **도박 기타 풍속**을 해하는 행위에 상용된다고 인정하는 장소나 여관, 음식점 기타 야간에 공중이 출입할 수 있는 장소(단, 공개한 시간 내에 한한다)의 경우에는 그러한 제한을 받지 않는다(법126·219).

**7 수색증명서·압수목록의 교부 및 조서의 작성**      (1) 수색하였으나 증거물 또는 몰취할 물건이 없는 때에는 그 취지의 **'수색증명서'**를 교부하여야 하고(법128·219), **압수한 경우**에는 **'목록'**을 작성하여 소유자, 소지자, 보관자 기타 이에 준할 자에게 **교부**하여야 한다(법129·219). 압수물목록은 작성연월일을 기재하고 사실과 부합하게 물건의 특징을 **'구체적'**으로 **기재**하여야 한다. (2) 압수목록은 대상판결에서 판시한 것과 같이 **압수 '직후'** 현장에서 **'바로' 작성하여 교부**해야 하는 것이 원칙이다(대판 2008도763)(이는 피압수자등이 압수물에 대한 환부·가환부신청을 하거나 압수처분에 대한 준항고를 할 때 가장 중요한 기초자료가 되기 때문이다). 그러나 (3) '전자정보'의 경우에는 압수된 정보의 '상세목록'에 「정보의 **파일 명세가 특정**되어 있어야 하고, 수사기관은 이를 ㉠ 출력한 **서면을 교부**하거나 ㉡ 전자파일 형태로 **복사**해 주거나 ㉢ **이메일을 전송**하는 등의 방식으로도 할 수 있다」(대판 2017도13263, Ref 21). 따라서 '….zip'과 같이 그 내용을 파악할 수 없도록 되어 있는 '포괄적인 압축파일'만을 기재하는 등 상세목록을 작성하지 않고 피압수자에게 교부한 경우, 정보 전체에 대한 압수가 위법하게 된다(대결 2021모1586, Ref 18). (4) 검증·압수·수색에 관하여는 **조서를 작성**하여(법49),[12] 서류에 **편철**하여야 한다.

## *Reference*
## * 압수·수색영장의 '청구' 및 '발부'와 관련된 주요 판례 *

1 [대판 2018도20504] 이 사건 영장은 **법관의 서명날인란에 서명만 있고 날인이 없으므로**, 형사소송법이 정한 요건을 갖추지 못하여 적법하게 발부되었다고 볼 수 없다. 그런데도 원심이 이와 달리 이 사건 영장이 법관의 진정한 의사에 따라 발부되었다는 등의 이유만으로 이 사건 영장이 유효라고 판단한 것은 잘못이다. **그러나** …… 이 사건 영장에는 야간집행을 허가하는 판사의 수기와 날인, 그 아래 서명날인란에 판사 서명, 영장 앞면과 별지 사이에 **판사의 간인이 있으므로**, 판사의 의사에 기초하여 진정하게 영장이 발부되었다는 점은 외관상 분명하다. (가) 당시 수사기관으로서는 영장이 적법하게 발부되었다고 신뢰할 만한 합리적인 근거가 있었고, (나) 의도적으로 적법 절차의 실질적인 내용을 침해한다거나 영장주의를 회피할 의도를 가지고 이 사건 영장에 따른 압수·수색을 하였다고 보기 어렵다. …… 요컨대, 이 사건 영장이 형사소송법이 정한 요건을 갖추지 못하여 **적법하게 발부되지 못하였다고 하더라도**, 그 영장에 따라 수집한 이 사건 파일 출력물의 증거능력을 인정할 수 있다. 이에 기초하여 획득한 2차적 증거인 위 각 증거 역시 증거능

---

11) 그러나 형사소송법 제216조의 처분(**체포현장에서의 압수·수색 등**)을 하는 경우에 **급속을 요할 때**에는 제123조 제2항(주거주 등의 참여), 제125조(야간집행 제한)의 규정에 의함을 요하지 아니한다(법220·요급처분).

12) 그러나 피의자신문조서, 진술조서, 검증조서에 압수의 취지를 적은 경우에는 압수조서에 갈음할 수 있다. 「수사준칙」 제40조(**압수조서와 압수목록**) 검사 또는 사법경찰관은 증거물 또는 몰수할 물건을 압수했을 때에는 압수의 일시·장소, 압수 경위 등을 적은 압수조서와 압수물건의 품종·수량 등을 적은 압수목록을 작성해야 한다. 다만, 피의자신문조서, 진술조서, 검증조서에 압수의 취지를 적은 경우에는 그렇지 않다.

력을 인정할 수 있다.

2 [대판 2009도10412] [검사가 '공소제기 후' 형사소송법 제215조에 따라 **수소법원 이외의 지방법원 판사로부터 발부받은** 압수·수색 영장에 의해 수집한 증거의 증거능력 유무(원칙적 소극)] 형사소송법은 제215조에서 검사가 압수·수색 영장을 청구할 수 있는 시기를 공소제기 전으로 명시적으로 한정하고 있지는 아니하나, 헌법상 보장된 적법절차의 원칙과 재판받을 권리, 공판중심주의·당사자주의·직접주의를 지향하는 현행 형사소송법의 소송구조, 관련 법규의 체계, 문언 형식, 내용 등을 종합하여 보면, **일단 공소가 제기된 후에는** 피고사건에 관하여 검사로서는 형사소송법 제215조에 의하여 압수·수색을 할 수 없다고 보아야하며, 그럼에도 검사가 공소제기 후 형사소송법 제215조에 따라 **수소법원 이외의 지방법원 판사에게 청구**하여 발부받은 영장에 의하여 압수·수색을 하였다면, 그와 같이 수집된 증거는 기본적 인권 보장을 위해 마련된 적법한 절차에 따르지 않은 것으로서 원칙적으로 유죄의 증거로 삼을 수 없다.

3 [대결 2007모82] [검사가 압수·수색영장의 청구 등 강제처분을 위한 조치를 취하지 아니한 것을 형사소송법 제417조[13] 소정의 '압수에 관한 처분'으로 보아 준항고로 불복할 수 있는지 여부(소극)] 헌법과 형사소송법 및 검찰청법 등의 규정을 종합해 보면, 고소인 또는 고발인, 그 밖의 일반국민이 검사에 대하여 영장청구 등의 강제처분을 위한 조치를 취하도록 요구하거나 신청할 수 있는 권리를 가진다고 할 수 없고, 검사가 수사과정에서 영장의 청구 등 강제처분을 위한 조치를 취하지 아니함으로 말미암아 고소인 또는 고발인, 그 밖의 일반국민의 법률상의 지위가 직접적으로 어떤 영향을 받는다고도 할 수 없다. 따라서 **검사가 수사과정에서 증거수집을 위한 압수·수색영장의 청구 등 강제처분을 위한 조치를 취하지 아니하고 그로 인하여 증거를 확보하지 못하고 불기소처분에 이르렀다면**, 그 불기소처분에 대하여 형사소송법상의 재정신청이나 검찰청법상의 항고·재항고 등으로써 불복하는 것은 별론으로 하고, 검사가 압수·수색영장의 청구 등 강제처분을 위한 조치를 취하지 아니한 것 그 자체를 형사소송법 제417조 소정의 '압수에 관한 처분'으로 보아 이에 대해 **준항고로써 불복할 수는 없다**. 검사의 불기소처분에 대하여 검찰청법의 규정에 따른 항고 또는 재항고의 결과 고등검찰청검사장 등이 하는 이른바 **재기수사명령은 검찰 내부에서의 지휘권의 행사**에 지나지 아니하므로 그 재기수사명령에서 증거물의 압수·수색이 필요하다는 등의 지적이 있었다고 하여 달리 볼 것은 아니다.

4 [대결 97모66] [지방법원 판사가 한 압수영장발부의 '재판'에 대하여 준항고나 항고로 불복할 수 있는지 여부(소극)] 형사소송법 제416조는 재판장 또는 수명법관이 한 재판에 대한 준항고에 관하여 규정하고 있는바, 여기에서 말하는 '재판장 또는 수명법관'이라 함은 수소법원의 구성원으로서의 재판장 또는 수명법관만을 가리키는 것이어서, 수사기관의 청구에 의하여 압수영장 등을 발부하는 독립된 재판기관인 지방법원 판사가 이에 해당된다고 볼 수 없으므로, 지방법원 판사가 한 압수영장발부의 재판에 대하여는 위 조항에서 정한 준항고로 불복할 수 없고, 나아가 같은 법 제402조, 제403조에서 규정하는 항고는 법원이 한 결정을 그 대상으로 하는 것이므로 법원의 결정이 아닌 지방법원 판사가 한 압수영장발부의 재판에 대하여 그와 같은 항고의 방법으로도 불복할 수 없다.

---

13) 형사소송법 제417조(동전) 검사 또는 사법경찰관의 구금, 압수 또는 압수물의 환부에 관한 처분과 제243조의2에 따른 변호인의 참여 등에 관한 처분에 대하여 불복이 있으면 그 직무집행지의 관할법원 또는 검사의 소속검찰청에 대응한 법원에 그 처분의 취소 또는 변경을 청구할 수 있다

# * 압수ㆍ수색영장의 '집행'과 관련된 주요 판례 *

**5 [대판 2023도8752]** [1] [수사기관이 압수ㆍ수색영장을 제시하고 집행에 착수하여 압수ㆍ수색을 실시하고 집행을 종료한 후 그 영장의 유효기간 내에 동일한 장소 또는 목적물에 대하여 다시 압수ㆍ수색할 필요가 있는 경우, 종전의 압수ㆍ수색영장을 제시하고 다시 압수ㆍ수색을 할 수 있는지 여부(소극)] 형사소송법 제215조에 따른 압수ㆍ수색영장은 수사기관의 압수ㆍ수색에 대한 허가장으로서 거기에 기재되는 유효기간은 집행에 착수할 수 있는 종기를 의미하는 것이므로, 수사기관이 압수ㆍ수색영장을 제시하고 집행에 착수하여 압수ㆍ수색을 실시하고 그 집행을 종료하였다면 **이미 그 영장은 목적을 달성하여 효력이 상실**되는 것이고, 동일한 장소 또는 목적물에 대하여 다시 압수ㆍ수색할 필요가 있는 경우라면 그 필요성을 소명하여 법원으로부터 새로운 압수ㆍ수색영장을 발부받아야 하는 것이지, 앞서 발부받은 압수ㆍ수색영장의 유효기간이 남아 있다고 하여 이를 제시하고 다시 압수ㆍ수색을 할 수 없다. [2] 수사기관은 하드카피나 이미징 등(이하 '복제본'이라 한다)에 담긴 전자정보를 탐색하여 혐의사실과 관련된 정보(이하 '유관정보'라 한다)를 선별하여 출력하거나 다른 저장매체에 저장하는 등으로 압수를 완료하면 혐의사실과 관련 없는 전자정보(이하 '무관정보'라 한다)를 삭제ㆍ폐기하여야 한다. 수사기관이 새로운 범죄 혐의의 수사를 위하여 무관정보가 남아 있는 복제본을 열람하는 것은 압수ㆍ수색영장으로 압수되지 않은 전자정보를 영장 없이 수색하는 것과 다르지 않다. 따라서 복제본은 더 이상 수사기관의 탐색, 복제 또는 출력 대상이 될 수 없으며, 수사기관은 새로운 범죄 혐의의 수사를 위하여 필요한 경우에도 기존 압수ㆍ수색 과정에서 출력하거나 복제한 유관정보의 결과물을 열람할 수 있을 뿐이다. [3] 수사기관이 압수 또는 수색을 할 때에는 처분을 받는 사람에게 반드시 적법한 절차에 따라 법관이 발부한 영장을 사전에 제시하여야 하고, 처분을 받는 자가 피의자인 경우에는 영장 사본을 교부하여야 하며(헌법 제12조 제3항 본문, 형사소송법 제219조 및 제118조), 피의자ㆍ피압수자 또는 변호인(이하 '피의자 등'이라 한다)은 압수ㆍ수색영장의 집행에 참여할 권리가 있으므로(형사소송법 제219조, 제121조) 수사기관이 압수ㆍ수색영장을 집행할 때에도 원칙적으로는 피의자 등에게 미리 집행의 일시와 장소를 통지하여야 하고(형사소송법 제219조, 제122조), 수사기관은 압수영장을 집행한 직후에 압수목록을 곧바로 작성하여 압수한 물건의 소유자ㆍ소지자ㆍ보관자 기타 이에 준하는 사람에게 교부하여야 한다(형사소송법 제219조, 제129조). 헌법과 형사소송법이 정한 절차와 관련 규정, 그 입법 취지 등을 충실히 구현하기 위하여, 수사기관은 압수ㆍ수색영장의 집행기관으로서 피압수자로 하여금 법관이 발부한 영장에 의한 압수ㆍ수색이라는 강제처분이 이루어진다는 사실을 확인할 수 있도록 형사소송법이 압수ㆍ수색영장에 필요적으로 기재하도록 정한 사항이나 그와 일체를 이루는 내용까지 구체적으로 충분히 인식할 수 있는 방법으로 압수ㆍ수색영장을 제시하고 피의자에게는 그 사본까지 교부하여야 하며, 증거인멸의 가능성이 최소화됨을 전제로 영장 집행 과정에 대한 참여권이 충실히 보장될 수 있도록 사전에 피의자 등에 대하여 집행 일시와 장소를 통지하여야 함은 물론 피의자 등의 참여권이 형해화되지 않도록 그 통지의무의 예외로 규정된 '피의자 등이 참여하지 아니한다는 의사를 명시한 때 또는 급속을 요하는 때'라는 사유를 엄격하게 해석하여야 한다.

**6 [대판 2018도6219]** [압수ㆍ수색의 방법으로 소변을 채취하는 경우] [1] 압수ㆍ수색의 방법으로 소변을 채취하는 경우 압수대상물인 피의자의 소변을 확보하기 위한 수사기관의 노력에도 불구하고, 피의자가 인근 병원 응급실 등 소변 채취에 적합한 장소로 이동하는 것에 동의하지 않거나 저항하는 등 임의동행을 기대할 수 없는 사정이 있는 때에는 수사기관으로서는 소변 채취에 적합한 장소로 피의자를 데려가기 위해서

**필요 최소한의 유형력을 행사하는 것이 허용된다.** 이는 형사소송법 제219조, 제120조 제1항에서 정한 '압수ㆍ수색영장의 집행에 필요한 처분'에 해당한다고 보아야 한다. 그렇지 않으면 피의자의 신체와 건강을 해칠 위험이 적고 피의자의 굴욕감을 최소화하기 위하여 마련된 절차에 따른 **강제 채뇨가 불가능하여 압수영장의 목적을 달성할 방법이 없기 때문이다.** [2] 피고인이 메트암페타민(일명 '필로폰')을 투약하였다는 「마약류 관리에 관한 법률」위반(향정) 혐의에 관하여, 피고인의 소변(30cc), 모발(약 80수), 마약류 불법사용 도구 등에 대한 압수ㆍ수색ㆍ검증영장을 발부받은 다음 경찰관이 피고인의 주거지를 수색하여 사용 흔적이 있는 주사기 4개를 압수하고, 위 영장에 따라 **3시간가량 소변과 모발을 제출하도록 설득하였음에도 피고인이 계속 거부하면서 자해를 하자** 이를 제압하고 수갑과 포승을 채운 뒤 강제로 병원 응급실로 데리고 가 응급구조사로 하여금 피고인의 신체에서 소변(30cc)을 채취하도록 하여 이를 압수한 사안에서, 피고인의 소변에 대한 압수영장 집행이 적법하다고 본 원심판단을 수긍한 사례.

**\*적법한 집행인지에 대한 판단여부\***

7-1 **[대판 2015도10648]** [형사소송법 등에서 정한 **절차에 따르지 않고 수집된 증거**를 유죄 인정의 증거로 삼을 수 있는지 여부(원칙적 소극)] [1] 압수물을 압수한 경우에는 목록을 작성하여 소유자, 소지자 등에게 교부하여야 한다(같은 법 제219조, 제129조). 이러한 형사소송법과 형사소송규칙의 절차 조항은 헌법에서 선언하고 있는 적법절차와 영장주의를 구현하기 위한 것으로서 그 규범력은 확고히 유지되어야 한다. 그러므로 형사소송법 등에서 정한 절차에 따르지 않고 수집된 증거는 기본적 인권 보장을 위해 마련된 적법한 절차에 따르지 않은 것으로서 원칙적으로 유죄 인정의 증거로 삼을 수 없다. [2] 수사기관이 갑 주식회사에서 압수수색영장을 집행하면서 갑 회사에 **팩스로 영장 사본을 송신**하기만 하고 영장 원본을 제시하거나 압수조서와 압수물 목록을 작성하여 피압수ㆍ수색 당사자에게 **교부하지도 않은 채** 피고인의 이메일을 압수한 후 이를 증거로 제출한 사안에서, 위와 같은 방법으로 압수된 이메일은 증거능력이 없다고 본 원심판단을 수긍한 사례.

7-2 **[비교판례] [대판 2021도11170]** [금융계좌추적용 압수ㆍ수색영장의 집행에서 수사기관이 금융기관으로부터 금융거래자료를 수신하기에 앞서 금융기관에 영장 원본을 사전에 제시하지 않은 경우, 적법한 집행 방법인지 여부(원칙적 소극) 및 이때 예외적으로 영장의 적법한 집행 방법에 해당한다고 볼 수 있는 경우] (가) 수사기관의 압수ㆍ수색은 법관이 발부한 압수ㆍ수색영장에 의하여야 하는 것이 원칙이고, **영장의 원본은 처분을 받는 자에게 반드시 제시되어야 하므로,** 금융계좌추적용 압수ㆍ수색영장의 집행에 있어서도 수사기관이 금융기관으로부터 금융거래자료를 수신하기에 앞서 금융기관에 영장 원본을 사전에 제시하지 않았다면 원칙적으로 적법한 집행 방법이라고 볼 수는 없다. (나) 다만 수사기관이 금융기관에 「금융실명거래 및 비밀보장에 관한 법률」(이하 '금융실명법'이라 한다) 제4조 제2항에 따라서 금융거래정보에 대하여 **영장 사본을 첨부하여 그 제공을 요구**한 결과 금융기관으로부터 회신받은 금융거래자료가 해당 영장의 집행 대상과 범위에 포함되어 있고, 이러한 모사전송 내지 전자적 송수신 방식의 금융거래정보 제공요구 및 자료 회신의 전 과정이 해당 금융기관의 자발적 협조의사에 따른 것이며, 그 자료 중 범죄혐의사실과 관련된 금융거래를 선별하는 절차를 거친 후 **최종적으로 영장 원본을 제시하고** 위와 같이 선별된 금융거래자료에 대한 압수절차가 집행된 경우로서, 그 과정이 금융실명법에서 정한 방식에 따라 이루어지고 달리 적법절차와 영장주의 원칙을 잠탈하기 위한 의도에서 이루어진 것이라고 볼 만한 사정이 없어, **이러한 일련의 과정을 전체적으로 '하나의 영장에 기하여 적시에 원본을 제시하고 이를 토대로 압수ㆍ수색하는 것'으로 평가할 수 있는 경우에 한하여, 예외적으로** 영장의 적법한 집행 방법에 해당한다고 볼 수 있다.

**\*압수 · 수색영장의 제시 범위 및 방법\***

8-1 [대판 2015도12400] [1] (가) 압수 · 수색영장을 집행하는 수사기관은 피압수자로 하여금 법관이 발부한 영장에 의한 압수 · 수색이라는 사실을 확인함과 동시에 형사소송법이 압수 · 수색영장에 필요적으로 기재하도록 정한 사항이나 그와 일체를 이루는 사항을 충분히 알 수 있도록 압수 · 수색영장을 제시하여야 한다. (나) 나아가 압수 · 수색영장은 현장에서 피압수자가 여러 명일 경우에는 그들 모두에게 '개별적'으로 영장을 제시해야 하는 것이 원칙이다. 수사기관이 압수 · 수색에 착수하면서 그 장소의 '관리책임자'에게 영장을 제시하였더라도, 물건을 '소지하고 있는 다른 사람'으로부터 이를 압수하고자 하는 때에는 그 사람에게 따로 영장을 제시하여야 한다. [2] 형사소송법이 압수 · 수색영장을 집행하는 경우에 피압수자에게 반드시 압수 · 수색영장을 제시하도록 규정한 것은 (가) 법관이 발부한 영장 없이 압수 · 수색을 하는 것을 방지하여 영장주의 원칙을 절차적으로 보장하고, (나) 압수 · 수색영장에 기재된 물건, 장소, 신체에 대해서만 압수 · 수색을 하도록 하여 개인의 사생활과 재산권의 침해를 최소화하는 한편, (다) 준항고 등 피압수자의 불복신청의 기회를 실질적으로 보장하기 위한 것이다. [3] 충북지방경찰청 소속 사법경찰관이 이 사건 영장의 피압수자인 X에게 이 사건 영장을 제시하면서 표지에 해당하는 첫 페이지와 X의 혐의사실이 기재된 부분만을 보여 주고, 이 사건 영장의 내용 중 압수 · 수색 · 검증할 물건, 압수 · 수색 · 검증할 장소, 압수 · 수색 · 검증을 필요로 하는 사유, 압수 대상 및 방법의 제한 등 필요적 기재 사항 및 그와 일체를 이루는 부분을 확인하지 못하게 한 것은 이 사건 영장을 집행할 때 피압수자인 X가 그 내용을 충분히 알 수 있도록 제시한 것으로 보기 어렵다. 따라서 사법경찰관의 X에 대한 이 사건 영장 제시는 형사소송법 제219조, 제118조에 따른 적법한 압수 · 수색영장의 제시라고 볼 수 없다.

8-2 [대결 2019모3526] 수사기관이 재항고인의 휴대전화 등을 압수할 당시 재항고인에게 압수 · 수색영장을 제시하였는데 재항고인이 영장의 구체적인 확인을 요구하였으나 수사기관이 영장의 범죄사실 기재 부분을 보여주지 않았고, 그 후 재항고인의 변호인이 재항고인에 대한 조사에 참여하면서 영장을 확인한 사안에서, 수사기관이 위 압수처분 당시 재항고인으로부터 영장 내용의 구체적인 확인을 요구받았음에도 압수 · 수색영장의 내용을 보여주지 않았던 것으로 보이므로 형사소송법 제219조, 제118조에 따른 적법한 압수 · 수색영장의 제시라고 인정하기 어렵다.

9 [대판 2014도10978 전원합의체] [압수 · 수색영장의 '제시'가 현실적으로 불가능한 경우, 영장제시 없이 이루어진 압수 · 수색의 적법 여부(적극)] ●사실● 수사관들이 피고인 X의 주소지와 거소지에 대한 압수 · 수색을 하였으나 당시 X는 현장에 없었다. 또한 피고인 Y와 관련한 ○○평생교육원에 대한 압수 · 수색 당시 평생교육원 원장 W도 현장에 없었고 이사장 Z도 수사관들에게 자신의 신분을 밝히지 않은 채 건물 밖에서 지켜보기만 하였다. 이러한 상황에서 수사관들은 위 장소에 대한 각 압수 · 수색 당시 X와 W, Z 등에 대한 영장의 제시 없이 압수 · 수색을 집행하였다. ●판지● 형사소송법 제219조가 준용하는 제118조는 "압수 · 수색영장은 처분을 받는 자에게 반드시 제시하여야 한다."고 규정하고 있으나, 이는 영장제시가 현실적으로 가능한 상황을 전제로 한 규정으로 보아야 하고, 피처분자가 ㉠ 현장에 없거나 ㉡ 현장에서 그를 발견할 수 없는 경우 등 영장제시가 현실적으로 불가능한 경우에는 영장을 제시하지 아니한 채 압수 · 수색을 하더라도 위법하다고 볼 수 없다.

10 [대판 2013도11233] [검사 또는 사법경찰관이 영장 발부 사유로 된 범죄 혐의사실과 무관한 별개의 증거를 압수한 경우, 유죄 인정의 증거로 사용할 수 있는지 여부(원칙적 소극)/ 수사기관이 별개의 증거를 '환부'

하고 후에 '임의제출'받아 다시 압수한 경우, 제출에 임의성이 있다는 점에 관한 증명책임 소재(=검사)와 증명 정도 및 임의로 제출된 것이라고 볼 수 없는 경우 증거능력을 인정할 수 있는지 여부(소극)] 검사 또는 사법경찰관은 범죄수사에 필요한 때에는 피의자가 죄를 범하였다고 의심할 만한 정황이 있는 경우에 판사로부터 발부받은 영장에 의하여 압수·수색을 할 수 있으나, 압수·수색은 영장 발부의 사유로 된 범죄 혐의사실과 관련된 증거에 한하여 할 수 있으므로, 영장 발부의 사유로 된 범죄 혐의사실과 **무관한 별개의 증거를 압수하였을 경우 이는 원칙적으로 유죄 인정의 증거로 사용할 수 없다.** 다만 수사기관이 별개의 증거를 피압수자 등에게 환부하고 후에 임의제출받아 다시 압수하였다면 증거를 압수한 최초의 절차 위반행위와 최종적인 증거수집 사이의 **인과관계가 단절**되었다고 평가할 수 있으나, 환부 후 다시 제출하는 과정에서 **수사기관의 우월적 지위**에 의하여 임의제출 명목으로 실질적으로 강제적인 압수가 행하여질 수 있으므로, 제출에 임의성이 있다는 점에 관하여는 검사가 합리적 의심을 배제할 수 있을 정도로 증명하여야 하고, 임의로 제출된 것이라고 볼 수 없는 경우에는 증거능력을 인정할 수 없다.

11 [대판 2008도10914] [**별건압수금지**] 음란물 유포의 **범죄혐의**를 이유로 압수수색영장을 발부받은 사법경찰관이 피고인의 주거지를 수색하는 과정에서 대마를 발견하자, 피고인을 마약류관리에 관한 법률 위반죄의 현행범으로 체포하면서 **대마를 압수**하였으나 그 다음날 피고인을 석방하고도 사후 압수수색영장을 발부받지 않은 사안에서, 위 압수물과 압수조서는 형사소송법상 영장주의를 위반하여 수집한 증거로서 증거능력이 부정된다고 한 사례.

12 [대판 2003도705] [몰수대상물건이 압수되어 있는지 및 적법한 절차에 의하여 압수되었는지 여부가 형법상 몰수의 요건인지 여부(소극)] [1] 범죄행위에 제공하려고 한 물건은 범인 이외의 자의 소유에 속하지 아니하거나 범죄 후 범인 이외의 자가 정을 알면서 취득한 경우 이를 몰수할 수 있고, 한편 법원이나 수사기관은 필요한 때에는 증거물 또는 몰수할 것으로 사료하는 물건을 압수할 수 있으나, 몰수는 반드시 압수되어 있는 물건에 대하여서만 하는 것이 아니므로, 몰수대상물건이 압수되어 있는가 하는 점 및 적법한 절차에 의하여 압수되었는가 하는 점은 몰수의 요건이 아니다. [2] 이미 그 집행을 종료함으로써 효력을 상실한 압수·수색영장에 기하여 다시 압수·수색을 실시하면서 몰수대상물건을 압수한 경우, **압수 자체가 위법하게 됨은 별론으로 하더라도 그것이 위 물건의 몰수의 효력에는 영향을 미칠 수 없다**고 한 사례.

### *동일영장재집행금지*
13 [대결 99모161] 형사소송법 제215조에 의한 압수·수색영장은 (가) 수사기관의 압수·수색에 대한 '**허가장**'으로서 거기에 기재되는 **유효기간은 집행에 착수할 수 있는 종기(終期)를 의미**하는 것일 뿐이므로, (나) 수사기관이 압수·수색영장을 제시하고 집행에 착수하여 압수·수색을 실시하고 그 집행을 종료하였다면 이미 **그 영장은 목적을 달성하여 효력이 상실**되는 것이고, (다) 동일한 장소 또는 목적물에 대하여 다시 압수·수색할 필요가 있는 경우라면 그 필요성을 소명하여 법원으로부터 새로운 압수·수색영장을 발부 받아야 하는 것이지, 앞서 발부 받은 압수·수색영장의 **유효기간이 남아있다고 하여 이를 제시하고 다시 압수·수색을 할 수는 없다.**

14 [대결 96모34] [압수물에 대한 몰수의 선고가 없어 **압수가 해제된 것으로 간주된 상태**에서 공범자에 대한 범죄수사를 위하여 그 **압수해제된 물품을 재압수**할 수 있는지 여부(적극)] 형사소송법 제215조, 제219조,

제106조 제1항의 규정을 종합하여 보면, 검사는 범죄수사에 필요한 때에는 증거물 또는 몰수할 것으로 사료하는 물건을 법원으로부터 영장을 발부받아서 압수할 수 있는 것이고, 합리적인 의심의 여지가 없을 정도로 범죄사실이 인정되는 경우에만 압수할 수 있는 것은 아니라 할 것이며, 한편 범인으로부터 압수한 물품에 대하여 몰수의 선고가 없어 그 압수가 해제된 것으로 간주된다고 하더라도 공범자에 대한 범죄수사를 위하여 여전히 그 물품의 압수가 필요하다거나 공범자에 대한 재판에서 그 물품이 몰수될 가능성이 있다면 검사는 그 압수해제된 물품을 다시 압수할 수도 있다.

## * 당사자 · 책임자 등의 '참여권'보장과 관련된 판례 *

15 [대판 2020도10729] [형사소송법 제219조, 제121조에서 규정한 변호인의 참여권이 피압수자의 보호를 위하여 변호인에게 주어진 고유권인지 여부(적극)] 형사소송법 제219조, 제121조가 규정한 **변호인의 참여권**은 피압수자의 보호를 위하여 **변호인에게 주어진 '고유권'**이다. 따라서 설령 피압수자가 수사기관에 압수 · 수색영장의 집행에 참여하지 않는다는 의사를 명시하였다고 하더라도, **특별한 사정이 없는 한 그 변호인에게는 형사소송법 제219조, 제122조에 따라 미리 집행의 일시와 장소를 통지하는 등으로 압수 · 수색영장의 집행에 참여할 기회를 별도로 보장**하여야 한다.

16 [대결 2016모587] 수사기관이 **준항고인을 피의자로 하여 발부받은 압수 · 수색영장**에 기하여 인터넷서비스업체인 갑 주식회사를 상대로 갑 회사의 본사 서버에 저장되어 있는 준항고인의 전자정보인 카카오톡 대화내용 등에 대하여 압수 · 수색을 실시하였는데, 준항고인은 수사기관이 압수 · 수색 과정에서 참여권을 보장하지 않는 등의 위법이 있다는 이유로 압수 · 수색의 취소를 청구한 사안에서, (가) 수사기관이 압수 · 수색영장을 집행할 때 **처분의 상대방인 갑 회사에 영장을 팩스로 송부하였을 뿐 영장 원본을 제시하지 않은 점**, (나) 갑 회사는 서버에서 일정 기간의 준항고인의 카카오톡 대화내용을 모두 추출한 다음 그중에서 압수 · 수색영장의 범죄사실과 관련된 정보만을 분리하여 추출할 수 없어 **그 기간의 모든 대화내용을** 수사기관에 이메일로 전달하였는데, 여기에는 준항고인이 자신의 부모, 친구 등과 나눈 일상적 대화 등 혐의사실과 관련 없는 내용이 포함되어 있는 점, (다) 수사기관은 압수 · 수색 과정에서 준항고인에게 **미리 집행의 일시와 장소를 통지하지 않았고**, (라) 갑 회사로부터 준항고인의 카카오톡 대화내용을 취득한 뒤 전자정보를 탐색 · 출력하는 과정에서도 준항고인에게 **참여 기회를 부여하지 않았으며**, (마) 혐의사실과 관련된 부분을 **선별하지 않고 그 일체를 출력하여 증거물로 압수**하였고, (바) 압수 · 수색영장 집행 이후 갑 회사와 준항고인에게 **압수한 전자정보 목록을 교부하지 않은 점** 등 제반 사정에 비추어 볼 때, 원심이 갑 회사의 본사 서버에 보관된 준항고인의 카카오톡 대화내용에 대한 압수 · 수색영장의 집행에 의하여 전자정보를 취득하는 것이 참여권자에게 통지하지 않을 수 있는 형사소송법 제122조 단서의 '급속을 요하는 때'에 해당하지 않는다고 판단한 것은 잘못이나, 그 과정에서 압수 · 수색영장의 원본을 제시하지 않은 위법, 수사기관이 갑 회사로부터 입수한 전자정보에서 범죄 혐의사실과 관련된 부분의 선별 없이 그 일체를 출력하여 증거물로 압수한 위법, 그 과정에서 서비스이용자로서 **실질적 피압수자이자 피의자인** 준항고인에게 참여권을 보장하지 않은 위법과 압수한 전자정보 목록을 교부하지 않은 위법을 종합하면, 압수 · 수색에서 나타난 위법이 압수 · 수색절차 전체를 위법하게 할 정도로 중대하다고 보아 압수 · 수색을 취소한 원심의 결론을 수긍할 수 있다.

17 [대판 2012도7455] [압수 · 수색영장을 집행할 때 피의자 등에 대한 **사전통지를 생략**할 수 있는 예외를

규정한 형사소송법 제122조 단서에서 '급속을 요하는 때'의 의미 및 위 규정이 명확성 원칙 등에 반하여 위헌인지 여부(소극)] 피의자 또는 변호인은 압수·수색영장의 집행에 참여할 수 있고(형사소송법 제219조, 제121조), 압수·수색영장을 집행함에는 원칙적으로 미리 집행의 일시와 장소를 피의자 등에게 **통지하여야 하나**(형사소송법 제122조 본문), '급속을 요하는 때'에는 위와 같은 통지를 생략할 수 있다(형사소송법 제122조 단서). 여기서 **'급속을 요하는 때'**라고 함은 압수·수색영장 집행 사실을 미리 알려주면 **증거물을 은닉할 염려** 등이 있어 압수·수색의 실효를 거두기 어려울 경우라고 해석함이 옳고, 그와 같이 합리적인 해석이 가능하므로 형사소송법 제122조 단서가 명확성의 원칙 등에 반하여 위헌이라고 볼 수 없다.

## \* 압수목록의 교부와 관련된 판례 \*

**18 [대결 2021모1586]** 파기환송. 수사기관이 압수·수색영장에 기재된 범죄 혐의사실과의 관련성에 대한 구분 없이 임의로 전체의 전자정보를 복제·출력하여 이를 보관하여 두고, 그와 같  이 선별되지 않은 전자정보에 대해 구체적인 개별 파일 명세를 특정하여 상세목록을 작성하지 않고 '….zip'과 같이 그 내용을 파악할 수 없도록 되어 있는 **포괄적인 압축파일**만을 기재한 후 이를 전자정보 **상세목록**이라고 하면서 피압수자 등에게 교부함으로써 범죄 혐의사실과 관련성 없는 정보에 대한 삭제·폐기·반환 등의 조치도 취하지 아니하였다면, 이는 결국 (가) 수사기관이 압수·수색영장에 기재된 범죄 혐의사실과 관련된 정보 외에 범죄 혐의사실과 관련이 없어 압수의 대상이 아닌 정보까지 영장 없이 취득하는 것일 뿐만 아니라, (나) 범죄혐의와 관련 있는 압수 정보에 대한 상세목록 작성·교부의무와 범죄혐의와 관련 없는 정보에 대한 삭제·폐기·반환의무를 **사실상 형해화**하는 결과가 되는 것이어서 **영장주의와 적법절차의 원칙을 중대하게 위반**한 것으로 봄이 타당하다(만약 수사기관이 혐의사실과 관련 있는 정보만을 선별하였으나 기술적인 문제로 정보 전체를 1개의 파일 등으로 복제하여 저장할 수밖에 없다고 하더라도 적어도 압수목록이나 전자정보 상세목록에 압수의 대상이 되는 전자정보 부분을 구체적으로 특정하고, 위와 같이 파일 전체를 보관할 수밖에 없는 사정을 부기하는 등의 방법을 취할 수 있을 것으로 보인다). 따라서 이와 같은 경우에는 영장 기재 범죄 혐의사실과의 관련성 유무와 상관없이 수사기관이 임의로 전자정보를 복제·출력하여 취득한 정보 전체에 대해 그 압수는 위법한 것으로 취소되어야 한다고 봄이 타당하고, **사후에 법원으로부터** 그와 같이 수사기관이 취득하여 보관하고 있는 전자정보 자체에 대해 **다시 압수·수색영장이 발부되었다고 하여 달리 볼 수 없다.** [2] 법원은 압수·수색영장의 집행에 관하여 범죄 혐의사실과 관련 있는 전자정보의 탐색·복제·출력이 완료된 때에는 지체 없이 영장 기재 범죄 **혐의사실과 관련이 없는 나머지 전자정보에 대해 삭제·폐기 또는 피압수자 등에게 반환할 것을 정할 수 있다.** 수사기관이 범죄 혐의사실과 관련 있는 정보를 선별하여 압수한 후에도 그와 관련이 없는 나머지 정보를 삭제·폐기·반환하지 아니한 채 그대로 보관하고 있다면 범죄 혐의사실과 관련이 없는 부분에 대하여는 압수의 대상이 되는 전자정보의 범위를 넘어서는 전자정보를 영장 없이 압수·수색하여 취득한 것이어서 위법하고, 사후에 법원으로부터 압수·수색영장이 발부되었다거나 피고인이나 변호인이 이를 증거로 함에 동의하였다고 하여 그 위법성이 치유된다고 볼 수 없다.

**19 [대결 2021모385]** [압수목록의 작성·교부 시기(=원칙적으로 압수 직후) 및 작성 방법 / 이  는 임의제출에 따른 압수의 경우에도 마찬가지인지 여부(적극) / 압수목록 작성·교부 시기의 예외를 인정하기 위한 요건 / 압수물과 혐의사실과의 관련성 여부에 관한 평가 및 그에 필요한 추

가 수사를 이유로 압수목록 작성·교부의무를 해태·거부할 수 있는지 여부(소극)] (가) 수사기관은 압수를 한 경우 압수경위를 기재한 압수조서와 압수물의 특징을 구체적으로 기재한 압수목록을 작성하고, 압수목록은 압수물의 소유자·소지자·보관자 기타 이에 준하는 사람에게 교부하여야 한다[형사소송법 제219조, 제129조, 구 검사의 사법경찰관리에 대한 수사지휘 및 사법경찰관리의 수사준칙에 관한 규정(2020. 10. 7. 대통령령 제31089호 검사와 사법경찰관의 상호협력과 일반적 수사준칙에 관한 규정 부칙 제2조로 폐지) 제44조]. 압수조서에는 작성연월일과 함께 품종, 외형상의 특징과 수량을 기재하여야 하고(형사소송법 제49조 제3항, 제57조 제1항), 그 내용은 객관적 사실에 부합하여야 하므로, 압수목록 역시 압수물의 특징을 객관적 사실에 맞게 구체적으로 기재하여야 하는데, 압수방법·장소·대상자별로 명확히 구분한 후 압수물의 품종·종류·명칭·수량·외형상 특징 등을 최대한 구체적이고 정확하게 특정하여 기재하여야 한다. 이는 수사기관의 압수 처분에 대한 사후적 통제수단임과 동시에 피압수자 등이 압수물에 대한 환부·가환부 청구를 하거나 부당한 압수처분에 대한 준항고를 하는 등 권리행사절차를 밟는 데 가장 기초적인 자료가 되므로, 이러한 권리행사에 지장이 없도록 압수 직후 현장에서 바로 작성하여 교부하는 것이 원칙이다. (나) 한편 임의제출에 따른 압수(형사소송법 제218조)의 경우에도 압수물에 대한 수사기관의 점유 취득이 제출자의 의사에 따라 이루어진다는 점에서만 차이가 있을 뿐 범죄혐의를 전제로 한 수사 목적이나 압수의 효력은 영장에 의한 압수의 경우와 동일하므로, 헌법상 기본권에 관한 수사기관의 부당한 침해로부터 신속하게 권리를 구제받을 수 있도록 수사기관은 영장에 의한 압수와 마찬가지로 객관적·구체적인 압수목록을 신속하게 작성·교부할 의무를 부담한다. (다) 다만 적법하게 발부된 영장의 기재는 그 집행의 적법성 판단의 우선적인 기준이 되어야 하므로, 예외적으로 압수물의 수량·종류·특성 기타의 사정상 압수 직후 현장에서 압수목록을 작성·교부하지 않을 수 있다는 취지가 영장에 명시되어 있고, 이와 같은 특수한 사정이 실제로 존재하는 경우에는 압수영장을 집행한 후 일정한 기간이 경과하고서 압수목록을 작성·교부할 수도 있으나, 압수목록 작성·교부 시기의 예외에 관한 영장의 기재는 피의자·피압수자 등의 압수 처분에 대한 권리구제절차 또는 불복절차가 형해화되지 않도록 그 취지에 맞게 엄격히 해석되어야 하고, 나아가 예외적 적용의 전제가 되는 특수한 사정의 존재 여부는 수사기관이 이를 증명하여야 하며, 그 기간 역시 필요 최소한에 그쳐야 한다. (라) 또한 영장에 의한 압수 및 그 대상물에 대한 확인조치가 끝나면 그것으로 압수절차는 종료되고, 압수물과 혐의사실과의 관련성 여부에 관한 평가 및 그에 필요한 추가 수사는 압수절차 종료 이후의 사정에 불과하므로 이를 이유로 압수 직후 이루어져야 하는 압수목록 작성·교부의무를 해태·거부할 수는 없다.

20 [대판 2020도12157] 피고인이 대표로 있는 회사가 수하인으로 기재된 위조품 메모리카드가 세관 휴대품검사관에 의해 적발되어 피고인이 타인의 등록상표가 표시된 지정상품과 유사한 상품을 인도하기 위하여 소지하였다는 이유로 상표법 위반으로 기소되었는데, 세관 소속 특별사법경찰관이 관할 법원 판사가 피고인을 피의자로 하여 상표법 위반을 혐의사실로 발부한 위 메모리카드 및 피고인의 휴대전화 등에 대한 사전 압수·수색영장에 의해 세관 유치품보관창고에서 유치창고 담당자를 피압수자로 하여 위 메모리카드를 압수하였고, 피고인이 대표로 있는 회사 소재지 관할 지방검찰청 검사장에 대하여 별도의 보고절차를 밟지 않고 위 회사에 대한 압수·수색을 실시하여 피고인의 휴대전화를 압수한 다음 문자메시지 등을 탐색·복원·출력한 사안에서, ① 특별사법경찰관이 피고인의 휴대전화 압수·수색 과정에서 압수조서 및 전자정보 파일명세가 특정된 압수목록을 작성·교부하지는 않았지만, 그에 갈음하여 압수의 취지가 상세히 기재된 '조사보고(압수·수색검증영장 집행결과 보고)'를 작성하였으므로, 조사

보고의 작성 경위 및 복원된 전자정보의 내용을 감안하면 **적법절차의 실질적인 내용을 침해하였다고 보기는 어려운 점**, 구 특별사법경찰관리 집무규칙(2021. 1. 1. 법무부령 제995호로 폐지되기 전의 것) 제4조는 내부적 보고의무 규정에 불과하므로, 특별사법경찰관리가 위 규정에서 정한 보고를 하지 않은 채 관할구역 외에서 수사를 하였다고 하여 **적법절차의 실질적인 내용을 침해**하는 경우에 해당한다고 볼 수 없는 점에 비추어 피고인의 휴대전화 압수·수색 과정에서 피고인에 대한 절차 참여를 보장한 취지가 실질적으로 침해되어 압수·수색이 위법하다고 볼 수 없고, ② 특별사법경찰관은 당초 수하인인 피고인으로부터 위 메모리카드를 임의제출받으려 하였으나, 피고인이 "자신은 메모리카드와는 아무런 관련이 없다."라는 취지로 주장하면서 자필 진술서까지 제출하자, 부득이하게 영장을 발부받아 세관 유치창고 담당자를 피압수자로 하여 압수집행을 한 것으로 보이는 점, 특별사법경찰관은 세관 유치창고 담당자에게 영장을 제시하면서 위 메모리카드를 압수하여 압수조서를 작성하였고, 위 유치창고 담당자에게 압수목록을 교부한 점에 비추어, 피고인은 위 메모리카드 압수 집행과정에서 절차 참여를 보장받아야 하는 사람에 해당한다고 단정할 수 없거나, 압수 집행과정에서 피고인에 대한 절차 참여를 보장한 취지가 실질적으로 침해되었다고 보기 어려워 압수가 위법하다고 볼 수 없으므로, 위 휴대전화 및 메모리카드에 관한 증거들의 증거능력을 부정한 원심판결에 법리오해 등의 잘못이 있다고 한 사례.

21 [대판 2017도13263] [압수된 정보의 상세목록에 **정보의 파일 명세가 특정되어 있어야 하는지 여부**(적극) 및 **압수된 정보 상세목록의 교부 방식**] 압수물 목록은 피압수자 등이 압수처분에 대한 준항고를 하는 등 권리행사절차를 밟는 가장 기초적인 자료가 되므로, 수사기관은 이러한 권리행사에 지장이 없도록 **압수 '직후 현장'에서 압수물 목록을 바로 작성하여 교부해야 하는 것이 원칙**이다. 이러한 압수물 목록 교부 취지에 비추어 볼 때, (가) 압수된 정보의 상세목록에는 **정보의 파일 명세가 특정되어 있어야 하고**, (나) 수사기관은 이를 ㉠ 출력한 **서면을 교부**하거나 ㉡ **전자파일 형태로 복사**해 주거나 ㉢ **이메일을 전송**하는 등의 방식으로도 할 수 있다.

## * 기타 압수·수색에서 주요 판례 *

22 [대결 2022모1566] 형사소송법은 수사기관의 압수·수색영장 집행에 대한 사후적 통제수단 및 피압수자의 신속한 구제절차로 **준항고 절차**를 마련하여 검사 또는 사법경찰관의 압수 등에 관한 처분에 대하여 불복이 있으면 처분의 취소 또는 변경을 구할 수 있도록 규정하고 있다(제417조). 피압수자는 준항고인의 지위에서 불복의 대상이 되는 압수 등에 관한 처분을 특정하고 준항고취지를 명확히 하여 청구의 내용을 서면으로 기재한 다음 관할법원에 제출하여야 한다(형사소송법 제418조). 다만 준항고인이 불복의 대상이 되는 압수 등에 관한 처분을 **구체적으로 특정하기 어려운 사정이 있는 경우에는 법원은 석명권 행사** 등을 통해 준항고인에게 불복하는 압수 등에 관한 처분을 특정할 수 있는 기회를 부여하여야 한다.

23 [대판 2017도13458] [영장 발부의 사유로 된 범죄 혐의사실과 무관한 별개의 증거를 압수하였을 경우, 이를 유죄 인정의 증거로 사용할 수 있는지 여부(원칙적 소극) / '압수·수색영장의 범죄 혐의사실과 관계있는 범죄'의 의미 및 범위] [1] 형사소송법 제215조 제1항은 "검사는 범죄수사에 필요한 때에는 피의자가 죄를 범하였다고 의심할 만한 정황이 있고 해당 사건과 관계가 있다고 인정할 수 있는 것에 한정하여 지방법원판사에게 청구하여 발부받은 영장에 의하여 압수, 수색 또는 검증을 할 수 있다."라고 정하고 있

다. 따라서 영장 발부의 사유로 된 범죄 혐의사실과 무관한 별개의 증거를 압수하였을 경우 이는 원칙적으로 유죄 인정의 증거로 사용할 수 없다. 그러나 ㉠ 압수·수색의 목적이 된 범죄나 ㉡ 이와 관련된 범죄의 경우에는 그 압수·수색의 결과를 유죄의 증거로 사용할 수 있다. [2] 공직선거법 제230조 제1항 제4호, 제135조 제3항 위반죄는 선거운동과 관련하여 금품 기타 이익의 제공 또는 그 제공의 의사를 표시하거나 그 제공을 약속하는 행위를 처벌대상으로 하는 것으로서, 그 처벌대상은 위 법이 정한 선거운동기간 중의 금품제공 등에 한정되지 않는다. 같은 법 제135조 제3항에서 정한 '선거운동과 관련하여'는 '선거운동에 즈음하여, 선거운동에 관한 사항을 동기로 하여'라는 의미로서 '선거운동을 위하여'보다 넓은 개념이다. 이것은 선거운동의 목적 또는 선거에 영향을 미치게 할 목적이 없더라도 그 행위 자체가 선거의 자유·공정을 침해할 우려가 높은 행위를 규제할 필요가 있어 사용된 표현으로, 반드시 금품 제공이 선거운동의 대가일 필요는 없으며, 선거운동 관련 정보제공의 대가, 선거사무관계자 스카우트 비용 등과 같이 선거운동과 관련된 것이면 무엇이든 이에 포함된다.

**24 [대판 2011도12918]** 범죄의 **피해자인 검사가 그 사건의 수사에 관여**하거나, 압수·수색영장의 **집행에 참여한 검사가 다시 수사에 관여**하였다는 이유만으로 바로 그 수사가 위법하다거나 그에 따른 참고인이나 피의자의 진술에 임의성이 없다고 볼 수는 없다.

**25 [대판 2003도705]** [몰수대상물건이 압수되어 있는지 및 적법한 절차에 의하여 압수되었는지 여부가 형법상 몰수의 요건인지 여부(소극)] [1] 범죄행위에 제공하려고 한 물건은 범인 이외의 자의 소유에 속하지 아니하거나 범죄 후 범인 이외의 자가 정을 알면서 취득한 경우 이를 몰수할 수 있고, 한편 법원이나 수사기관은 필요한 때에는 증거물 또는 몰수할 것으로 사료하는 물건을 압수할 수 있으나, 몰수는 반드시 압수되어 있는 물건에 대하여서만 하는 것이 아니므로, 몰수대상물건이 압수되어 있는가 하는 점 및 적법한 절차에 의하여 압수되었는가 하는 점은 몰수의 요건이 아니다. [2] 이미 그 집행을 종료함으로써 효력을 상실한 압수·수색영장에 기하여 다시 압수·수색을 실시하면서 몰수대상물건을 압수한 경우, 압수 자체가 위법하게 됨은 별론으로 하더라도 그것이 위 물건의 몰수의 효력에는 영향을 미칠 수 없다고 한 사례.

**26 [대판 97다54482]** [주취운전을 적발한 경찰관이 **주취운전의 계속을 막기 위하여 취할 수 있는 조치** 내용] [1] 주취 상태에서의 운전은 도로교통법 제41조의 규정에 의하여 금지되어 있는 범죄행위임이 명백하고 그로 인하여 자기 또는 타인의 생명이나 신체에 위해를 미칠 위험이 큰 점을 감안하면, 주취운전을 적발한 경찰관이 주취운전의 계속을 막기 위하여 취할 수 있는 조치로는, 단순히 주취운전의 계속을 금지하는 명령 이외에 다른 사람으로 하여금 대신하여 운전하게 하거나 당해 주취운전자가 임의로 제출한 차량열쇠를 일시 보관하면서 가족에게 연락하여 주취운전자와 자동차를 인수하게 하거나 또는 주취 상태에서 벗어난 후 다시 운전하게 하며 그 주취 정도가 심한 경우에 경찰관서에 일시 보호하는 것 등을 들 수 있고, 한편 주취운전이라는 범죄행위로 당해 음주운전자를 구속·체포하지 아니한 경우에도 필요하다면 그 **차량열쇠는 범행 중 또는 범행 직후의 범죄장소에서의 압수로서 형사소송법 제216조 제3항에 의하여 영장 없이 이를 압수할 수 있다.** [2] 음주운전으로 적발된 주취운전자가 도로 밖으로 차량을 이동하겠다며 단속경찰관으로부터 보관 중이던 차량열쇠를 반환받아 몰래 차량을 운전하여 가던 중 사고를 일으킨 경우, **국가배상책임을 인정**한 사례.

# 22 전자정보의 압수 · 수색 – '관련성'과 '참여권' –

* 대법원 2015. 7. 16.자 2011모1839 전원합의체 결정
* 참조조문: 형사소송법 제106조,[1] 제215조,[2] 형사소송규칙 제137조의7[3]

---

## 전자정보에 대한 압수

●**사실**● 수원지검 강력부 검사 P1은 2011.4.25. 준항고인 X의 **배임 혐의**와 관련하여 압수 · 수색영장 (제1영장)을 발부받아 **종근당 빌딩** 내 회장 X의 사무실을 압수 · 수색을 하였다. (1) P1은 현장 압수 당시 제1영장에 기재된 이 사건 저장매체에 혐의사실과 관련된 정보와 관련되지 않은 **전자정보가 혼재**된 것으로 판단하여 **X의 동의**를 받아 저장매체 자체를 자신의 **사무실로 반출**하였다. 이후 (2) P1은 2011.4.26.경 이 저장매체를 대검찰청 디지털포렌식센터에 인계하여 그곳에서 저장매체에 저장되어 있는 전자정보파일 전부를 '이미징'의 방법으로 다른 **저장매체로 복제**(제1처분)하도록 하였는데, 당시 X 측은 검사의 통보에 따라 2011.4.27. 위 저장매체의 봉인이 해제되고 전자정보파일이 대검찰청 디지털포렌식센터의 원격 디지털공조시스템에 **복제되는 과정을 참관**하다가 임의로 그곳에서 퇴거하였다. (3) P1은 제1처분이 완료된 후 이 저장매체를 종근당에게 반환한 다음, 이미징한 복제본을 2011.5.3.부터 같은 달 6.까지 자신이 소지한 **외장 하드디스크에 재복제**(제2처분)하고, 같은 달 9.부터 같은 달 20.까지 외장 하드디스크를 통하여 제1영장 기재 범죄혐의와 관련된 전자정보를 탐색하였는데, 그 과정에서 준항고인 종근당의 약사법 위반(의약품 관련 리베이트 제공 등), 조세범처벌법 위반 혐의와 관련된 전자정보 등 **제1영장에 기재된 혐의사실과 '무관한' 정보**(별건정보)들도 함께 출력(제3처분)하였다(제2처분과 제3처분 당시 준항고인측은 절차에 참여할 기회를 부여받지 못하였고, 실제로 참여하지도 않았다). P1은 이렇게 알게 된 내용을 수원지검 특수부에 통보하였고, 특수부의 검사 P2는 2011.5.26.경 위 별건 정보를 소명자료로 압수 · 수색영장을 청구하여 압수 · 수색영장(제2영장)을 발부받아 P1의 외장하드에 보관 중인 별건정보를 탐색 · 출력하였다. 제2 · 3 처분 및 제2영장 집행 당시 X 측은 그 절차에 **참여할 기회를 부여받지 못하였고**, 실제로 참여하지도 않았다. 압수한 전자정보의 목록도 교부받지 못했다. 원심은 X 측의 참여가 이루어지지 아니한 채 제1영장의 혐의사실과 무관한 전자 정보에 대하여까지 압수 · 수색이 이루어졌다는 등의 이유로 **제1 · 2 · 3처분을**

---

1) 형사소송법 제106조(**압수**) ③ 법원은 압수의 목적물이 **컴퓨터용디스크**, 그 밖에 이와 비슷한 **정보저장매체**(이하 이 항에서 "정보저장매체등"이라 한다)인 경우에는 기억된 **정보의 범위를 정하여 출력**하거나 **복제**하여 제출받아야 한다. 다만, 범위를 정하여 출력 또는 복제하는 방법이 불가능하거나 압수의 목적을 달성하기에 **현저히 곤란**하다고 인정되는 때에는 **정보저장매체** 등을 **압수**할 수 있다. ④ 법원은 제3항에 따라 정보를 제공받은 경우 「개인정보보호법」 제2조제3호에 따른 정보주체에게 해당 사실을 **지체 없이 알려야 한다**.

2) 형사소송법 제215조(**압수, 수색, 검증**) ① 검사는 범죄수사에 필요한 때에는 피의자가 죄를 범하였다고 의심할 만한 정황이 있고 **해당 사건과 관계가 있다고 인정할 수 있는 것에 한정하여** 지방법원판사에게 청구하여 발부받은 영장에 의하여 압수, 수색 또는 검증을 할 수 있다. ② 사법경찰관이 범죄수사에 필요한 때에는 피의자가 죄를 범하였다고 의심할 만한 정황이 있고 **해당 사건과 관계가 있다고 인정할 수 있는 것에 한정하여** 검사에게 신청하여 검사의 청구로 지방법원판사가 발부한 영장에 의하여 압수, 수색 또는 검증을 할 수 있다.

3) 형사소송규칙 제134조의7(**컴퓨터용디스크 등에 기억된 문자정보 등에 대한 증거조사**) ① 컴퓨터용디스크 그 밖에 이와 비슷한 정보저장매체(다음부터 이 조문 안에서 이 모두를 "컴퓨터디스크 등"이라 한다)에 기억된 문자정보를 증거자료로 하는 경우에는 읽을 수 있도록 **출력하여 인증한 등본을 낼 수 있다**. ② 컴퓨터디스크 등에 기억된 문자정보를 증거로 하는 경우에 증거조사를 신청한 당사자는 법원이 명하거나 상대방이 요구한 때에는 컴퓨터디스크 등에 입력한 사람과 입력한 일시, 출력한 사람과 출력한 일시를 밝혀야 한다. ③ 컴퓨터디스크 등에 **기억된 정보**가 도면 · 사진 등에 관한 것인 때에는 제1항과 제2항의 규정을 준용한다.

**모두를 취소**하였다. 이에 검사가 재항고하였다.

●**판지**● 재항고 기각. 「[1] [전자정보에 대한 압수·수색이 저장매체 또는 복제본을 수사기관 사무실 등 외부로 반출하는 방식으로 허용되는 예외적인 경우 및 수사기관 사무실 등으로 반출된 저장매체 또는 복제본에서 **혐의사실 관련성에 대한 구분 없이 임의로 저장된 전자정보를 문서로 출력하거나 파일로 복제하는 행위**가 영장주의 원칙에 반하는 위법한 압수인지 여부(원칙적 적극)] (가) 수사기관의 전자정보에 대한 압수·수색은 원칙적으로 영장 발부의 사유로 된 범죄 **혐의사실과 '관련된 부분'만을** ⑤ 문서 출력물로 수집하거나 ⑥ 수사기관이 휴대한 저장매체에 해당 파일을 복제하는 방식으로 이루어져야 하고, (나) 저장매체 자체를 직접 반출하거나 저장매체에 들어 있는 전자파일 전부를 하드카피나 이미징 등 형태(이하 '복제본')로 수사기관 사무실 등 외부로 **반출**하는 방식으로 압수·수색하는 것은 현장의 사정이나 전자정보의 대량성으로 관련 정보 획득에 긴 시간이 소요되거나 전문 인력에 의한 기술적 조치가 필요한 경우 등 **범위를 정하여** 출력 또는 복제하는 방법이 **불가능하거나** 압수의 목적을 달성하기에 **현저히 곤란하다고** 인정되는 때에 한하여 **예외적으로 허용**될 수 있을 뿐이다. (다) 이처럼 저장매체 자체 또는 적법하게 획득한 복제본을 탐색하여 혐의사실과 관련된 전자정보를 문서로 출력하거나 파일로 복제하는 **일련의 과정 역시 전체적으로 하나의 영장에 기한 압수·수색의 일환에 해당**하므로, (라) 그러한 경우의 문서출력 또는 파일복제의 대상 역시 저장매체 소재지에서의 압수·수색과 마찬가지로 **혐의사실과 관련된 부분으로 한정**되어야 함은 헌법 제12조 제1항, 제3항과 형사소송법 제114조, 제215조의 적법절차 및 영장주의 원칙이나 비례의 원칙에 비추어 당연하다. (마) 따라서 수사기관 사무실 등으로 반출된 저장매체 또는 복제본에서 **혐의사실 관련성에 대한 구분 없이 임의로** 저장된 전자정보를 문서로 출력하거나 파일로 복제하는 행위는 **원칙적으로 영장주의 원칙에 반하는 위법한 압수**가 된다.

[2] [피압수자의 '참여권'에 대한 판단] 저장매체에 대한 압수·수색 과정에서 범위를 정하여 출력 또는 복제하는 방법이 불가능하거나 압수의 목적을 달성하기에 현저히 곤란한 예외적인 사정이 인정되어 전자정보가 담긴 저장매체 또는 하드카피나 이미징 등 형태(이하 '복제본'이라 한다)를 **수사기관 사무실 등으로 옮겨 복제·탐색·출력하는 경우에도**, (가) 그와 같은 일련의 과정에서 형사소송법 제219조, 제121조에서 규정하는 피압수·수색 당사자(이하 '피압수자'라 한다)나 변호인에게 **'참여의 기회'를 보장**하고 **혐의사실과 무관한** 전자정보의 임의적인 복제 등을 막기 위한 **적절한 조치**를 취하는 등 영장주의 원칙과 적법절차를 준수하여야 한다. 만약 (나) 그러한 조치가 취해지지 않았다면 피압수자 측이 참여하지 아니한다는 의사를 명시적으로 표시하였거나 절차 위반행위가 이루어진 과정의 성질과 내용 등에 비추어 피압수자 측에 절차 참여를 보장한 취지가 실질적으로 침해되었다고 볼 수 없을 정도에 해당한다는 등의 **특별한 사정이 없는 이상 압수·수색이 적법하다고 평가할 수 없고**, 비록 수사기관이 저장매체 또는 복제본에서 혐의사실과 관련된 전자정보만을 복제·출력하였다 하더라도 달리 볼 것은 아니다.

[3] [동일 영장에 기한 여러 단계의 압수·수색과 개별처분의 취소 여부] 전자정보에 대한 압수·수색 과정에서 이루어진 현장에서의 저장매체 압수·이미징·탐색·복제 및 출력행위 등 **수사기관의 처분은 '하나의 영장'에 의한 압수·수색 과정**에서 이루어진다. 그러한 일련의 행위가 모두 진행되어 압수·수색이 **종료된 이후에는** 특정단계의 처분만을 취소하더라도 그 이후의 압수·수색을 저지한다는 것을 상정할 수 없고 수사기관에게 압수·수색의 결과물을 보유하도록 할 것인지가 문제 될 뿐이다. 그러므로 이 경우에는 준항고인이 전체 압수·수색 과정을 단계적·개별적으로 구분하여 각 단계의 개별 처분의 취소를 구하더라도 준항고법원은 특별한 사정이 없는 한 구분된 개별 처분의 위법이나 취소

여부를 판단할 것이 아니라 **당해 압수·수색 과정 전체를 '하나의 절차'로 파악**하여 그 과정에서 나타난 위법이 압수·수색 절차 전체를 위법하게 할 정도로 중대한지 여부에 따라 **전체적으로 압수·수색 처분을 취소할 것인지를 가려야 한다.** 여기서 위법의 중대성은 ㉠ 위반한 절차조항의 취지, ㉡ 전체과정 중에서 위반행위가 발생한 과정의 중요도, ㉢ 위반사항에 의한 법익침해 가능성의 경중 등을 종합하여 판단하여야 한다.

[4] 검사가 압수·수색영장을 발부받아 갑 주식회사 빌딩 내 을의 사무실을 압수·수색하였는데, 저장매체에 범죄혐의와 관련된 정보**(유관정보)**와 범죄혐의와 무관한 정보**(무관정보)**가 혼재된 것으로 판단하여 갑 회사의 동의를 받아 저장매체를 수사기관 사무실로 반출한 다음 을 측의 **참여하에** 저장매체에 저장된 전자정보파일 전부를 '이미징'의 방법으로 **다른 저장매체로 복제(제1처분)**하고, 을 측의 **참여 없이** 이미징한 복제본을 외장 하드디스크에 **재복제(제2처분)**하였으며, **을 측의 참여 없이** 하드디스크에서 유관정보를 탐색하는 과정에서 갑 회사의 별건 범죄혐의와 관련된 전자정보 등 **'무관정보'도 함께 출력(제3처분)**한 사안에서, 제1처분은 위법하다고 볼 수 없으나, 제2·3 처분은 제1처분 후 피압수·수색 당사자에게 계속적인 참여권을 보장하는 등의 조치가 이루어지지 아니한 채 유관정보는 물론 무관정보까지 재복제·출력한 것으로서 영장이 허용한 범위를 벗어나고 적법절차를 위반한 **위법한 처분**이며, 제2·3 처분에 해당하는 전자정보의 복제·출력 과정은 증거물을 획득하는 행위로서 압수·수색의 목적에 해당하는 중요한 과정인 점 등 위법의 중대성에 비추어 위 영장에 기한 **압수·수색이 전체적으로 취소되어야 한다.**

[5] **[저장매체 탐색 중 우연히 발견한 '별도의 범죄혐의'와 관련된 전자정보에 대한 판단]** 전자정보에 대한 압수·수색에 있어 저장매체 자체를 외부로 반출하거나 하드카피·이미징 등의 형태로 복제본을 만들어 외부에서 저장매체나 복제본에 대하여 압수·수색이 허용되는 예외적인 경우에도 혐의사실과 관련된 전자정보 이외에 이와 무관한 전자정보를 탐색·복제·출력하는 것은 원칙적으로 위법한 압수·수색에 해당하므로 허용될 수 없다. 그러나 (가) 전자정보에 대한 **압수·수색이 종료되기 전에** (나) 혐의사실과 **관련된 전자정보를 적법하게 탐색하는 과정**에서 (다) 별도의 범죄혐의와 관련된 전자정보를 **우연히 발견한** 경우라면, (라) 수사기관은 더 이상의 추가 탐색을 중단하고 (마) 법원에서 **별도의 범죄혐의에 대한 압수·수색영장을 발부받은 경우에 한하여** 그러한 정보에 대하여도 적법하게 압수·수색을 할 수 있다. (바) 나아가 이러한 경우에도 별도의 압수·수색 절차는 최초의 압수·수색 절차와 구별되는 **별개의 절차**이고, 별도 범죄혐의와 관련된 전자정보는 최초의 압수·수색영장에 의한 압수·수색의 대상이 아니어서 저장매체의 원래 소재지에서 별도의 압수·수색영장에 기해 압수·수색을 진행하는 경우와 마찬가지로 피압수·수색 당사자(이하 '피압수자'라 한다)는 최초의 압수·수색 이전부터 해당 전자정보를 관리하고 있던 자라 할 것이므로, 특별한 사정이 없는 한 피압수자에게 형사소송법 제219조, 제121조, 제129조에 따라 참여권을 보장하고 압수한 전자정보 목록을 교부하는 등 **피압수자의 이익을 보호하기 위한 적절한 조치**가 이루어져야 한다.

[6] 검사가 압수·수색영장**(제1영장)**을 발부받아 갑 주식회사 빌딩 내 을의 사무실을 압수·수색하였는데, 저장매체에 범죄혐의와 관련된 정보**(유관정보)**와 범죄혐의와 무관한 정보**(무관정보)**가 혼재된 것으로 판단하여 갑 회사의 동의를 받아 저장매체를 수사기관 사무실로 반출한 다음 을 측의 참여하에 저장매체에 저장된 전자정보파일 **전부를 '이미징'**의 방법으로 다른 저장매체로 복제하고, 을 측의 참여 없이 이미징한 복제본을 외장 하드디스크에 **재복제**하였으며, 을 측의 참여 없이 하드디스크에서 **유관정보를 탐색하던 중 우연히 을 등의 별건 범죄혐의와 관련된 전자정보(별건정보)를 발견하고 문서로 출력**하였고, 그 후 을 측에 참여권 등을 보장하지 않은 채 다른 검사가 별건 정보를 소명자료로 제출하면서 압수·수색영장**(제2영장)**을 발부받아 외장 하드디스크에서 별건 정보를 탐색·출력한 사안에서, 제2영장 청구 당시 압수할 물건으로 삼은 정보는 그 자체가 위법한 압수물이어서 별건 정보에 대

한 영장청구 요건을 충족하지 못하였고, 제2영장에 기한 압수·수색 당시 을 측에 압수·수색 과정에 참여할 기회를 보장하지 않았으므로, **제2영장에 기한 압수·수색은 '전체적으로 위법'하다고 한 사례」**

●**해설**● **1 대상결정의 쟁점**      대상결정은 2011년 결정(대법원 2011.5.26.자 2009모1190, Ref 7. 대법원은 전교조 사무실 압수·수색 사건에서 '유·무관정보의 선별과정에 피압수·수색 당사자를 참여시키지 않는 경우 위법한 압수·수색이다'라는 법리를 이미 세웠다)을 준거로 하여 전자정보의 압수절차에 대한 법리를 보다 구체적이고 정교하게 만든 판결이라는 점에서 의의가 크다. 특히 **우연히 발견된 '별건범죄'의 증거능력**에 대한 판단(이 경우 즉시 탐색을 중단하고 새로 영장을 받아 압수해야만 증거로서 사용할 수 있다)[4]을 밝힌 결정이라는 점에서 그 의의가 매우 크다. 쟁점으로는 먼저 ① 전자정보에 대한 압수·수색이 현장에서의 저장매체의 압수, 이미징복제, 탐색·복제·출력 등 일련의 과정을 거쳐 이루어지는 경우 피압수자 측의 **'참여권'이 어느 범위에서 보장**되어야 하는지 여부(판지2) 그리고 ② 하나의 압수·수색 영장에 기한 압수·수색이 여러 단계를 거쳐 이루어지는 경우 **단계적으로 이루어진 개별 처분을 취소할 수 있는지 여부**(판지3·4), ③ 혐의사실과 관련된 전자정보를 탐색하는 과정에서 **우연히 별도의 범죄혐의**와 관련된 전자정보를 발견한 경우 수사기관이 이를 적법하게 압수할 수 있는 요건은 무엇인지 여부이다(판지5). 그리고 ④ 대상판결은 복제본에서 관련성 있는 전자정보를 탐색하는 **절차의 법적 성질**에서 대해서도 판시하고 있다(판지1).

     **2** 오늘날 컴퓨터 및 정보통신기술이 급격하게 발달함에 따라 이러한 기기를 통해 저장된 정보에 대한 수사나 재판의 증거사용이 문제된다. 압수물의 대상은 **'유체물'(증거물이나 몰수물)**이다. 그러나 전자'정보'는 유체물이 아니므로 정보저장매체에 저장되어 보관된다. 여기서 정보저장매체는 증거방법이고 증거자료는 '정보' 자체가 된다. 문제는 **전자정보가 가지는 특수성**[5]으로 인해 압수·수색의 대상을 직접 확인하기 어렵고 사적인 정보가 디지털 증거에 다량으로 포함되어 있을 가능성이 높다. 이러한 전자정보의 특수성은 헌법상 정보의 자기결정권 및 프라이버시의 보호, 통신의 비밀

---

4) 이와 같이, 대법원은 우연히 발견된 '별건범죄'에 대해 엄격하다. 반면 미국의 연방대법원은 일찍이 **'플레인 뷰 원칙(plain view doctrine)'**을 확립, 발전시켜 왔다. 플레인 뷰 법리란 "미국 연방대법원에 의하여 인정된 영장주의 예외의 하나로서, 수사기관이 적법하게 어느 장소에 들어간 때에 그곳에서 눈으로 보아, 범죄의 증거 또는 금제품임을 즉각 인식할 수 있는(immediately recognizable) 물건이라면 영장 없이 압수할 수 있다는 법리를 말한다." "위법수집증거배제법칙이 명문화되고 그에 따라 대법원이 압수물에 대한 증거능력을 폭넓게 제한함으로써, 현재 압수·수색 절차에서 법집행의 효율성과 기본권 보호의 균형점은 급격하게 일방으로 기울어진 상황이라고 할 수 있다. 따라서 앞서 살핀 바와 같이 수사 효율성에 대한 현실적 고려, 적법한 압수·수색 과정에서 발견된 다른 범죄의 증거 등에 대한 압수·수색의 허용과 영장주의의 본질적인 면에 대한 법리적 고찰, 입법적으로 플레인 뷰 원칙을 수용한 영국, 독일 등의 입법례 등을 감안할 때 우리도 합리적인 범위 내에서 미 연방대법원에서 판례를 통하여 확립된 플레인 뷰 원칙을 입법화하는 방안을 조심스럽게 검토할 시점에 이르렀다고 생각된다."(민만기, 현행 압수·수색 절차상 plain view 원칙의 적용 가능성과 입법론적 검토, 성균관법학 제25권 제2호(2013), 136면, 167면).

5) "디지털 정보는, 디지털형태로 저장되어 육안으로 식별하기 어렵고(**비가시성**), 정보의 메모리나 네트워크 상에 일시적으로 존재하는 경우가 많아 지속적이지 않으며(**휘발성**), 정보의 양이 일반 문서 등에 비해 비교할 수 없을 정도로 많고(**대량성**), 정보가 오류에 의해 손상되거나 의도적으로 변조되기 쉽고 또한 그 사실을 확인하기 곤란하며(**취약성**), 매체와는 별개로 원본과 동일한 내용을 복제하기 쉽고 원본과 복사본의 구별이 어려우며(**복제용이성**), 정보의 수집과 분석 그리고 그 압수와 분석에 전문가에 의한 도움이 필수적인 경우가 적지 않다(**전문성**)." 신양균/조기영, 형사소송법(제2판), 198면.

등과 밀접하게 관련되어 있어 더욱 중요하고도 민감한 문제를 야기한다.[6] 디지털 증거의 경우, 압수의 대상은 일정한 범위의 **'특정한 정보'**에 한정되어야 한다.

**3 「수사준칙」 제41조 전자정보의 압수·수색·검증 방법**　　「수사준칙」에 따르면 수사기관이 '전자정보'를 압수할 경우에 아래 ① 선별(원칙) → ② 복제(예외1) → ③ 원본(예외2)의 방법으로 진행시킬 수 있다. 즉 「① 해당 정보저장매체 등의 소재지에서 수색 또는 검증한 후 **'범죄사실과 관련된'** 전자정보의 **범위를 정하여** '출력'하거나 '복제'하는 방법으로 하고, ② 이상의 방법으로는 압수의 목적을 달성하는 것이 **현저히 곤란한 경우**에는 압수·수색 또는 검증 현장에서 정보저장매체 등에 들어 있는 전자정보 **전부를 복제**하여 그 복제본을 정보저장매체 등의 소재지 외의 장소로 **'반출'**할 수 있다. ③ ①과 ②의 방법에도 불구하고 압수의 목적을 달성하는 것이 **현저히 곤란한 경우**에는 피압수자 등이 **'참여'한 상태**에서 정보저장매체 등의 **원본을 '봉인'**하여 정보저장매체 등의 소재지 외의 장소로 **'반출'**할 수 있다」(준칙41).[7] 특히 탐색을 통해 이루어지는 압수(출력과 복제)는 그 대상이 '관련정보에 한정' 된다(선별압수의 원칙).

**4 「수사준칙」 제41조 전자정보의 압수·수색·검증 시 유의사항**　　「수사준칙」에 따른 전자정보의 압수·수색 또는 검증 시 '유의사항'으로는 「① 검사 또는 사법경찰관은 전자정보의 **탐색·복제·출력**을 완료한 경우에는 **지체 없이** 피압수자 등에게 압수한 **전자정보의 '목록'**을 교부해야 한다.[8] ② 검사 또는 사법경찰관은 제1항의 **목록에 포함되지 않은 전자정보가 있는 경우**에는 해당 전자정보를 **지체 없이 삭제** 또는 **폐기**하거나 반환해야 한다. 이 경우 삭제·폐기 또는 반환확인서를 작성하여 피압수자 등에게 **교부**해야 한다. ③ 검사 또는 사법경찰관은 전자정보의 복제본을 취득하거나 전자정보를 복제할 때에는 **해시값**(파일의 고유값으로서 일종의 '전자지문'을 말한다)을 확인하거나 압수·수색 또는 검증의 과정을 촬영하는 등 전자적 증거의 **동일성과 무결성(無缺性)**을 보장할 수 있는 적절한 방법과 조치를 취해야 한다. ④ 검사 또는 사법경찰관은 압수·수색 또는 검증의 전 과정에 걸쳐 피압수자

---

6) 전자정보의 경우도 당연히 '일반영장금지'의 원칙은 엄격히 고수되어야 한다. 문제는 전자정보의 특수성으로 인해 영장청구 시에 압수의 **대상을 특정하기가 곤란**하다는 점에 있다. 이런 이유로 영장기재에 있어 다소 포괄적이고 일반적인 용어로 기재될 수밖에 없는 측면이 있다. 더욱이 파일을 열어보아야 내용을 알 수 있는 전자정보의 특수성으로 인해 문제는 더 가중된다.

7) 실무상 이루어지고 있는 전자정보에 대한 압수수색의 주요절차는 "① 정보저장매체에서 압수수색현장에서 정보저장매체의 확보하여 전자정보의 이미징 또는 정보저장매체의 외부 반출(예외적 압수)하는 단계 → ② 원본을 압수할 경우 정보저장매체의 봉인하여 수사기관 사무실로 옮기는 단계(디지털 포렌식 센터) → ③ 정보저장매체의 봉인의 해제와 이미징을 하는 단계 → ④ 이미징한 자료의 업로드 저장하는 단계(검찰의 경우에는 대검찰청 디지털 포렌식 센터에서 증거사본 보관시스템에 업로드) → ⑤ 정보저장매체의 피압수자 등에게 환부 또는 가환부하는 단계 → ⑥ 디지털 포렌식 담당 수사관이 보관 시스템에 접근한 후 저장된 증거사본에 대한 파일 검색, 탐색, 분석, 파일 추출하는 단계) → ⑦ 분석이 완료된 자료는 디지털 포렌식 센터의 원격 디지털 공조시스템에 업로드를 하는 단계 → ⑧ 디지털 공조시스템에서 전자정보의 검색하는 단계 → ⑨ 해당사건과 관련성 있는 전자정보의 복사 또는 출력하는 단계 → ⑩ 사건이 종결된 후 데이터 삭제(폐기)하는 단계로 진행된다."(조광훈, 전자정보의 압수수색절차에서 참여권의 범위와 한계 ─ 대법원 2015. 7. 16.자 2011모1839 전원합의체 결정을 중심으로 ─, 법조(Vol. 711), 2015, 303─304면).

8) 압수물 목록의 교부 취지는 다음과 같다. 「압수물 목록은 피압수자 등이 압수처분에 대한 준항고를 하는 등 권리행사절차를 밟는 가장 기초적인 자료가 되므로, 수사기관은 이러한 권리행사에 지장이 없도록 압수 직후 현장에서 압수물 목록을 바로 작성하여 교부해야 하는 것이 원칙이다. 이러한 압수물 목록 교부 취지에 비추어 볼 때, 압수된 정보의 상세목록에는 정보의 파일 명세가 특정되어 있어야 한다」(대결 2021모1586).

등이나 변호인의 '참여권을 보장'해야 하며, 피압수자등과 변호인이 **참여를 거부하는 경우**에는 신뢰성과 전문성을 담보할 수 있는 **상당한 방법**으로 압수·수색 또는 검증을 해야 한다. 삭제된 파일을 복구하고 암호화된 파일을 **복호화하는 과정**에서도 원칙적으로 **참여권은 보장**되어야 한다(대판 2014도10978 전원합의체, Ref 6). ⑤ 검사 또는 사법경찰관은 제4항에 따라 참여한 피압수자등이나 변호인이 압수 대상 전자정보와 사건의 관련성에 관하여 의견을 제시한 때에는 이를 **조서에 적어야 한다**」(준칙42). 특히 피의자나 변호인의 참여권이 침해된 경우는 **중대한 절차적 위법**으로 평가될 수 있으며, 이러한 절차를 통하여 취득된 무관정보는 **위법수집증거**로서 증거능력이 부정된다.

### 5 (경찰청) 디지털 증거의 처리 등에 관한 규칙(시행 2023. 7. 4.)

---

**제14조(전자정보 압수·수색·검증의 집행)** ① 경찰관은 압수·수색·검증 현장에서 전자정보를 압수하는 경우에는 범죄 혐의사실과 관련된 전자정보에 한하여 문서로 출력하거나 휴대한 정보저장매체에 해당 전자정보만을 복제하는 방식(이하 **"선별압수"**라 한다)으로 하여야 한다. 이 경우 **해시값 확인** 등 디지털 증거의 동일성, 무결성을 담보할 수 있는 적절한 방법과 조치를 취하여야 한다.

② 압수가 완료된 경우 경찰관은 별지 제1호서식의 전자정보 확인서를 작성하여 피압수자 등의 확인·서명을 받아야 한다. 이 경우 피압수자 등의 확인·서명을 받기 곤란한 경우에는 그 사유를 해당 확인서에 기재하고 기록에 편철한다.

③ 경찰관은 별지 제1호서식의 전자정보 확인서 및 상세목록을 피압수자에게 교부한 경우 「경찰수사규칙」 제64조제2항의 압수목록교부서 및 「형사소송법」 제129조 압수목록의 교부에 갈음할 수 있다.

④ 경찰관은 압수한 전자정보의 상세목록을 피압수자 등에게 교부하는 때에는 출력한 서면을 교부하거나 전자파일 형태로 복사해 주거나 이메일을 전송하는 등의 방식으로 할 수 있다.

⑤ 그 외 압수·수색·검증과 관련된 서류의 작성은 「범죄수사규칙」(경찰청훈령)의 규정을 준용한다.

**제15조(복제본의 획득·반출)** ① 경찰관은 다음 각 호의 사유로 인해 압수·수색·검증 현장에서 제14조제1항 전단에 따라 선별압수 하는 방법이 불가능하거나 압수의 목적을 달성하기에 현저히 곤란한 경우에는 **복제본을 획득하여 외부로 반출**한 후 전자정보의 압수·수색·검증을 진행할 수 있다.

  1. 피압수자 등이 협조하지 않거나, 협조를 기대할 수 없는 경우
  2. 혐의사실과 관련될 개연성이 있는 전자정보가 삭제·폐기된 정황이 발견되는 경우
  3. 출력·복제에 의한 집행이 피압수자 등의 영업활동이나 사생활의 평온을 침해한다는 이유로 피압수자 등이 요청하는 경우
  4. 그 밖에 위 각 호에 준하는 경우

② 경찰관은 제1항에 따라 획득한 복제본을 반출하는 경우에는 복제본의 해시값을 확인하고 피압수자 등에게 전자정보 탐색 및 출력·복제과정에 참여할 수 있음을 고지한 후 별지 제3호서식의 복제본 반출(획득) 확인서를 작성하여 피압수자 등의 확인·서명을 받아야 한다. 이 경우, 피압수자 등의 확인·서명을 받기 곤란한 경우에는 그 사유를 해당 확인서에 기재하고 기록에 편철한다.

**제16조(정보저장매체등 원본 반출)** ① 경찰관은 압수·수색·검증현장에서 다음 각 호의 사유로 인해 제15조제1항에 따라 복제본을 획득·반출하는 방법이 불가능하거나 압수의 목적을 달성하기에 현저히 곤란한 경우에는 정보저장매체등 원본을 외부로 반출한 후 전자정보의 압수·수색·검증을 진행할

---

수 있다.

1. 영장 집행현장에서 하드카피·이미징 등 복제본 획득이 물리적·기술적으로 불가능하거나 극히 곤란한 경우
2. 하드카피·이미징에 의한 집행이 피압수자 등의 영업활동이나 사생활의 평온을 침해한다는 이유로 피압수자 등이 요청하는 경우
3. 그 밖에 위 각 호에 준하는 경우

② 경찰관은 제1항에 따라 정보저장매체등 원본을 반출하는 경우에는 피압수자 등의 참여를 보장한 상태에서 정보저장매체등 원본을 봉인하고 봉인해제 및 복제본의 획득과정 등에 참여할 수 있음을 고지한 후 별지 제4호서식의 정보저장매체 원본 반출 확인서 또는 별지 제5호서식의 정보저장매체 원본 반출 확인서(모바일기기)를 작성하여 피압수자 등의 확인·서명을 받아야 한다. 이 경우, 피압수자 등의 확인·서명을 받기 곤란한 경우에는 그 사유를 해당 확인서에 기재하고 기록에 편철한다.

**제20조(별건 혐의와 관련된 전자정보의 압수)** 경찰관은 제14조부터 제17조, 제19조까지의 규정에 따라 혐의사실과 관련된 전자정보를 탐색하는 과정에서 별도의 범죄 혐의(이하 "별건 혐의"라 한다)를 발견한 경우 별건 혐의와 관련된 **추가 탐색을 중단**하여야 한다. 다만, 별건 혐의에 대해 별도 수사가 필요한 경우에는 압수·수색·검증영장을 **별도로 신청·집행**하여야 한다.

**제21조(정보저장매체 자체의 압수·수색·검증 종료 후 전자정보 압수)** 경찰관은 저장된 전자정보와의 관련성 없이 범행의 도구로 사용 또는 제공된 정보저장매체 자체를 압수한 이후에 전자정보에 대한 압수·수색·검증이 필요한 경우 해당 전자정보에 대해 압수·수색·검증영장을 **별도로 신청·집행**하여야 한다.

**6 대상결정의 정리**　　　　대상결정은 현장 압수 및 제1처분은 위법하지 아니하나, 제2·3처분은 제1처분 후 피압수자에게 계속적인 참여권을 보장하는 등의 조치가 이루어지지 아니한 채 제1영장 기재 혐의사실과 관련된 정보는 물론 **그와 무관한 정보까지 재복제·출력**한 것으로서 영장이 허용한 범위를 벗어나고 적법절차를 위반하여 위법하다고 판단하였다. 특히 제2영장 청구 당시 압수할 물건으로 삼은 정보는 제1영장의 피압수자에게 참여의 기회를 부여하지 않은 상태에서 임의로 재복제한 외장하드디스크에 저장된 정보로서 **그 자체가 위법한 압수물**이어서 앞서 본 별건 정보에 대한 영장청구 요건을 충족하지 못한 것이므로, 비록 제2영장이 발부되었다고 하더라도 그 압수·수색은 영장주의의 원칙에 반하는 것으로서 위법하다고 보았다. 나아가 제2영장에 기한 압수·수색 당시 준항고인 등에게 압수·수색 과정에 참여할 기회를 전혀 보장하지 않았으므로 이점에 비추어 보더라도 제2영장에 기한 압수·수색은 **전체적으로 위법하다**고 판단하였다.

*Reference*

## * '정보저장매체' 등의 압수와 증거능력 '부정' 사례 *

1 [대판 2022도2960] 수원지방법원 판사는 2021.4.2.경 피고인에 대하여 「성매매알선 등 행위의 처벌에 관한 법률」위반(성매매알선등) 혐의로 체포영장을 발부하면서, 피고인이 사용·보관중인 휴대전화(성매매여성 등 정보가 보관되어 있는 저장장치 포함) 등에 대한 사전 압수·수색영장을 함께 발부하였다. 경기남부지

방경찰청 소속 경찰관은 2021.4.15. 13:25경 피고인을 체포하면서 피고인 소유의 휴대전화를 압수하였다. 피고인은 당일 21:36분경 입감 되었다. 경찰관은 2021.4.16. 09:00경 이 사건 휴대전화를 탐색하던 중 성매매영업 매출액 등이 기재된 엑셀파일을 발견하였고, 이를 별도의 저장매체에 복제하여 출력한 후 이 사건 수사기록에 편철하였다. 그러나 이 사건 휴대전화 탐색 당시까지도 피고인은 경찰서 유치장에 입감된 상태였던 것으로 보인다(피고인에 대한 수사과정 확인서에 의하면 피고인은 당일 12:38경에야 수사 장소에 도착하여 조사를 진행한 것으로 되어 있다). 경찰관은 2021.4.17.경 이 사건 엑셀파일 등에 대하여 사후 압수·수색영장을 발부받았다. 그러나 이 사건 휴대폰 내 전자정보 탐색·복제·출력과 관련하여 (가) 사전에 그 **일시·장소를 통지**하거나 (나) 피고인에게 **참여의 기회**를 보장하거나, (다) 압수한 전자정보 **목록을 교부**하거나 또는 (라) 피고인이 그 과정에 참여하지 아니할 의사를 가지고 있는지 여부를 확인할 수 있는 어떤 객관적인 자료도 존재하지 않는다. 위와 같은 사실관계를 앞서 본 법리에 비추어 살펴보면, 압수된 이 사건 휴대전화에서 탐색된 이 사건 엑셀파일을 출력한 출력물 및 위 엑셀파일을 복사한 시디(검사는 이를 증거로 제출하였다)는 경찰이 피압수자인 피고인에게 참여의 기회를 부여하지 않은 상태에서 임의로 탐색·복제·출력한 전자정보로서, 피고인에게 압수한 전자정보목록을 교부하거나 피고인이 그 과정에 참여하지 아니할 의사를 가지고 있는지 여부를 확인한 바가 없으므로, 이는 위법하게 수집된 증거로서 증거능력이 없고, **사후에 압수·수색영장을 발부받아 압수절차가 진행되었더라도 위법성이 치유되지 않는다.**

2 [대결 2021모1586] [1] [범죄 **혐의사실 관련성에 대한 구분 없이** 임의로 저장된 전자정보를 문서로 출력하거나 파일로 복제하는 행위가 위법한 압수인지 여부(원칙적 적극)] 저장매체의 소재지에서 압수·수색이 이루어지는 경우는 물론 예외적으로 저장매체에 들어 있는 전자파일 전부를 하드카피나 이미징(imaging) 등의 형태(이하 '복제본'이라 한다)로 수사기관 사무실 등으로 반출한 경우에도 반출한 저장매체 또는 복제본에서 혐의사실 관련성에 대한 구분 없이 임의로 저장된 전자정보를 문서로 출력하거나 파일로 복제하는 행위는 원칙적으로 영장주의 원칙에 반하는 위법한 압수가 된다. [2] [수사기관이 범죄 혐의사실과 관련 있는 정보를 선별하여 압수한 후에도 그와 관련이 없는 나머지 정보를 **삭제·폐기·반환하지 아니한 채 그대로 보관하고 있는 경우**, 범죄 혐의사실과 관련이 없는 부분에 대한 압수가 위법한지 여부(적극) 및 사후에 법원으로부터 압수·수색영장이 발부되었거나 피고인이나 변호인이 이를 증거로 함에 동의한 경우 그 위법성이 치유되는지 여부(소극)] 법원은 압수·수색영장의 집행에 관하여 범죄 혐의사실과 관련 있는 전자정보의 탐색·복제·출력이 완료된 때에는 지체 없이 영장 기재 범죄 혐의사실과 관련이 없는 나머지 전자정보에 대해 삭제·폐기 또는 피압수자 등에게 반환할 것을 정할 수 있다. 수사기관이 범죄 혐의사실과 관련 있는 정보를 선별하여 압수한 후에도 그와 관련이 없는 나머지 정보를 삭제·폐기·반환하지 아니한 채 그대로 보관하고 있다면 범죄 혐의사실과 관련이 없는 부분에 대하여는 압수의 대상이 되는 전자정보의 범위를 넘어서는 전자정보를 영장 없이 압수·수색하여 취득한 것이어서 위법하고, **사후에 법원으로부터 압수·수색영장이 발부되었다거나 피고인이나 변호인이 이를 증거로 함에 동의하였다고 하여 그 위법성이 치유된다고 볼 수 없다.** [3] 수사기관이 압수·수색영장에 기재된 범죄 혐의사실과의 관련성에 대한 구분 없이 임의로 전체의 전자정보를 복제·출력하여 이를 보관하여 두고, 그와 같이 선별되지 않은 전자정보에 대해 구체적인 개별 파일 명세를 특정하여 상세목록을 작성하지 않고 '….zip'과 같이 그 내용을 파악할 수 없도록 되어 있는 포괄적인 압축파일만을 기재한 후 이를 전자정보 상세목록이라고 하면서 피압수자 등에게 교부함으로써 범죄 혐의사실과 관련성 없는 정보에 대한 삭제·폐기·반환 등의 조치도 취하지 아니하였다면, 이는 결국 수사기관이 압수·수색영장에 기재된 범죄 혐의사실과 관련된 정보 외에 범죄 혐의사실과 관련

이 없어 압수의 대상이 아닌 정보까지 영장 없이 취득하는 것일 뿐만 아니라, 범죄혐의와 관련 있는 압수정보에 대한 상세목록 작성·교부의무와 범죄혐의와 관련 없는 정보에 대한 삭제·폐기·반환의무를 사실상 형해화하는 결과가 되는 것이어서 **영장주의와 적법절차의 원칙을 중대하게 위반**한 것으로 봄이 타당하다 (만약 수사기관이 혐의사실과 관련 있는 정보만을 선별하였으나 기술적인 문제로 정보 전체를 1개의 파일 등으로 복제하여 저장할 수밖에 없다고 하더라도 적어도 압수목록이나 전자정보 상세목록에 압수의 대상이 되는 전자정보 부분을 구체적으로 특정하고, 위와 같이 파일 전체를 보관할 수밖에 없는 사정을 부기하는 등의 방법을 취할 수 있을 것으로 보인다). 따라서 이와 같은 경우에는 영장 기재 범죄 혐의사실과의 관련성 유무와 상관없이 수사기관이 임의로 전자정보를 복제·출력하여 취득한 정보 전체에 대해 그 압수는 위법한 것으로 취소되어야 한다고 봄이 타당하고, 사후에 법원으로부터 그와 같이 수사기관이 취득하여 보관하고 있는 전자정보 자체에 대해 다시 압수·수색영장이 발부되었다고 하여 달리 볼 수 없다.

**3 [대판 2018도19782]** [1] 수사기관은 하드카피나 이미징 등 형태(이하 '복제본'이라 한다)에 담긴 전자정보를 탐색하여 혐의사실과 관련된 정보(이하 '유관정보'라 한다)를 선별하여 출력하거나 다른 저장매체에 저장하는 등으로 압수를 완료하면 혐의사실과 관련 없는 전자정보(이하 '무관정보'라 한다)를 삭제·폐기하여야 한다. 수사기관이 새로운 범죄 혐의의 수사를 위하여 무관정보가 남아 있는 복제본을 열람하는 것은 압수·수색영장으로 압수되지 않은 전자정보를 영장 없이 수색하는 것과 다르지 않다. 따라서 복제본은 더 이상 수사기관의 탐색, 복제 또는 출력 대상이 될 수 없으며, 수사기관은 새로운 범죄 혐의의 수사를 위하여 필요한 경우에도 유관정보만을 출력하거나 복제한 기존 압수·수색의 결과물을 열람할 수 있을 뿐이다. [2] 기무사는 1차 탐색 당시 제1 영장 기재 혐의사실과 관련된 정보와 무관정보가 뒤섞여 있는 이미징 사본을 탐색의 대상으로 삼았다. 무관정보는 제1영장으로 적법하게 압수되었다고 보기 어려우므로, 참여권 보장 여부와 관계없이 이미징 사본의 내용을 탐색하거나 출력한 행위는 위법하다. 따라서 이를 바탕으로 수집한 전자정보 등 2차적 증거는 위법수집증거에 해당하여 유죄의 증거로 사용할 수 없다. 공소외 1이 선행사건 수사 당시 이미징 사본에 관한 소유권을 포기하였다거나, 제2영장을 발부받았다는 등 군검사가 상고이유로 주장하는 사유만으로는 위법수집증거라도 유죄의 증거로 사용할 수 있는 예외적인 경우에 해당한다고 보기 어렵다.

## * '정보저장매체' 등의 압수와 증거능력 '인정' 사례 *

**4 [대판 2019도7342]** [수사기관이 임의제출받은 정보저장매체가 기능과 속성상 임의제출에 따른 적법한 압수의 대상이 되는 전자정보와 그렇지 않은 전자정보가 **혼재될 여지가 거의 없어** 사실상 대부분 압수의 대상이 되는 전자정보만이 저장되어 있는 경우, 소지·보관자의 임의제출에 따른 통상의 압수절차 외에 피압수자에게 참여의 기회를 보장하지 않고 전자정보 압수목록을 작성·교부하지 않았다는 점만으로 곧바로 증거능력을 부정할 수 있는지 여부(소극)] ●**사실** 피고인은 2018. 9. 21. 22:00경 갑이 운영하는 강원 ○○군 소재 ○○모텔에 손님인 것처럼 들어가 투숙한 후, 갑이 점유하는 각 방실에 각 침입하여 총 8개의 위장형 카메라를 설치하고 그때부터 같은 날 13:00경까지 205·306·308·507에서 나체와 성관계 모습 등을 각각 촬영하였다. 이로써 피고인은 카메라를 이용하여 성적 욕망을 유발할 수 있는 다른 사람의 신체를 그 의사에 반하여 촬영하였다. ●**판지**● (가) 피의자가 소유·관리하는 정보저장매체를 **피의자 아닌 제3자가 임의제출하는 경우**에 그 임의제출 및 그에 따른 수사기관의 압수가 적법하더라도 임의제출의 동기가 된 범죄

혐의사실과 구체적·개별적 연관관계가 있는 전자정보에 한하여 압수의 대상이 되는 것으로 **더욱 제한적으로 해석하여야** 하는 것은, 정보저장매체에는 그의 사생활의 비밀과 자유, 정보에 대한 자기결정권 등 인격적 법익에 관한 모든 것이 저장되어 있어, 임의제출의 주체가 소유자 아닌 소지자·보관자에 불과함에도 아무런 제한 없이 압수·수색이 허용되면 피의자의 인격적 법익이 현저히 침해될 우려가 있음을 고려하여, 그 제출행위로 소유자의 사생활의 비밀 기타 인격적 법익이 현저히 침해될 우려가 있는 경우에는 임의제출에 따른 압수·수색의 필요성과 함께 임의제출에 동의하지 않은 소유자의 법익에 대한 특별한 배려도 필요하기 때문이다. 반면, (나) 임의제출된 이 사건 각 **위장형 카메라 및 그 메모리카드에 저장된 전자정보처럼** '오직 불법촬영을 목적'으로 방실 내 나체나 성행위 모습을 촬영할 수 있는 벽 등에 은밀히 설치되고, 촬영대상 목표물의 동작이 감지될 때에만 카메라가 작동하여 촬영이 이루어지는 등, 그 설치 목적과 장소, 방법, 기능, 작동원리상 소유자의 사생활의 비밀 기타 인격적 법익의 관점에서 그 소지·보관자의 임의제출에 따른 적법한 압수의 대상이 되는 전자정보와 구별되는 **별도의 보호 가치 있는 전자정보의 혼재 가능성을 상정하기 어려운 경우**에는 위 소지·보관자의 임의제출에 따른 통상의 압수절차 외에 별도의 조치가 따로 요구된다고 보기는 어렵다. 따라서 피고인 내지 변호인에게 **참여의 기회를 보장하지 않고 전자정보 압수목록을 작성·교부하지 않았다는** 점만으로 곧바로 증거능력을 부정할 것은 아니다.

5 [대판 2017도13263] [수사기관이 정보저장매체에 기억된 정보 중에서 **범죄 혐의사실과 관련 있는 정보를 선별한 다음** 이미지 파일을 제출받아 압수한 경우, 수사기관 사무실에서 위와 같이 압수된 이미지 파일을 탐색·복제·출력하는 과정에서도 피의자 등에게 참여의 기회를 보장하여야 하는지 여부(소극)] 수사기관이 정보저장매체에 기억된 정보 중에서 키워드 또는 확장자 검색 등을 통해 범죄 혐의사실과 관련 있는 정보를 선별한 다음 정보저장매체와 동일하게 **비트열 방식으로** 복제하여 생성한 파일(이하 '이미지 파일'이라 한다)을 제출받아 압수하였다면 이로써 압수의 목적물에 대한 압수·수색 절차는 **'종료'**된 것이므로, 수사기관이 **수사기관 사무실에서** 위와 같이 압수된 이미지 파일을 탐색·복제·출력하는 과정에서도 피의자 등에게 **참여의 기회를 보장하여야 하는 것은 아니다.**

6 [대판 2014도10978 전원합의체] [이석기 내란 선동 사건(소위 'RO사건')[9]] [전자정보의 **복호화 과정 등에** 대해 참여권이 보장되어야 하는지 여부] 원심은, (가) 수사관들이 압수한 디지털 저장매체 원본이나 복제본을 국가정보원 사무실 등으로 옮긴 후 범죄혐의와 관련된 전자정보를 수집하거나 확보하기 위하여 **삭제된 파일을 복구**하고 암호화된 파일을 **복호화**하는 과정도 전체적으로 압수·수색과정의 일환에 포함되므로 그 과정에서 피고인들과 변호인에게 압수·수색 일시와 장소를 통지하지 아니한 것은 형사소송법 제219조, 제122조 본문, 제121조에 위배되나, (나) 피고인들은 일부 현장 압수·수색과정에는 직접 참여하기도 하였고, 직접 참여하지 아니한 압수·수색절차에도 피고인과 관련된 참여인들의 참여가 있었던 점, (다) 현장에서 압수된 디지털 저장매체들은 **제3자의 서명 하에 봉인**되고 그 **해쉬(Hash)값도 보존**되어 있어 복호화 과정

---

9) **이석기 내란 선동 사건**은 "통합진보당의 국회의원 이석기가 통합진보당 경기도당 모임에서 '한반도 전쟁에 대비해 국가 기간시설의 파괴를 위한 준비를 하자'는 등의 발언을 했다"고 국가정보원이 언론에 발표하고 검찰이 "내란을 음모했다"는 혐의로 고발한 사건이다. 최초에 국가정보원은 통합진보당 국회의원이었던 이석기를 이석기 의원 주도의 지하혁명 조직(Revolutionary Organization, RO)이 대한민국 체제전복을 목적으로 합법/비합법, 폭력/비폭력적인 모든 수단을 동원하여 이른바 '남한 좌익 혁명'을 도모했다는 혐의로 고발하였다. 최종적으로 내란 음모에 대해 무죄, 내란 선동과 국가보안법 위반에 대해서 유죄를 선고받았다. 이 사건의 여파로 2014년 12월 19일 통합진보당이 헌법재판소의 위헌정당해산심판 결정에 따라 강제해산되었다.

등에 대한 사전통지 누락이 증거수집에 영향을 미쳤다고 보이지 않는 점 등 그 판시와 같은 사정을 들어, 위 압수·수색과정에서 수집된 디지털 관련 증거들은 유죄 인정의 증거로 사용할 수 있는 **예외적인 경우에 해당한다는 이유로 위 증거들의 증거능력을 인정하였다.** 원심판결 이유를 위 법리와 기록에 비추어 살펴보면, 원심의 위와 같은 판단은 정당한 것으로 수긍할 수 있고, 거기에 상고이유 주장과 같이 전자정보의 복호화 과정 등에 대한 참여권과 위법수집증거 배제법칙의 예외에 관한 법리를 오해하는 등의 위법이 없다.

7 [대결 2009모1190] [전교조 사무실 압수·수색 사건] [전자정보에 대한 압수·수색영장을 집행할 때 **저 장매체 자체를 수사기관 사무실 등 외부로 반출할 수 있는 예외적인 경우 및 위 영장 집행이 적법성을 갖추 기 위한 요건**] ●**사실**● 전국교직원노동조합(전교조) 소속 교원 17,000여 명이 2009.6.18.경 미디어법 중단과 한반도 대운하 추진의혹 해소 등을 요구하는 내용의 시국선언을 하자 교육과학기술부는 전교조 간부 41명 을 국가공무원법 위반으로 고발하였다. 이에 담당검사는 압수·수색영장을 발부받아 영장을 집행하였다. 당시 수사기관은 저장매체에 저장된 파일을 카피하기 위하여 하드 복사기 2대를 준비하여 갔으나 전교조 본부 사무실에 설치된 컴퓨터 50여 대 중 대부분의 컴퓨터에서 하드디스크가 제거된 상태였고, 컴퓨터와 서버의 전원공급은 차단된 상태여서 저장매체에 저장된 내용을 확인할 수도 없는 상태였다. 이에 수사기관 은 저장매체가 포함된 컴퓨터 3대 및 서버 컴퓨터 10대를 영장 기재 장소에서 수사기관 사무실(영등포경찰 서)로 가지고 갔다. 이 저장매체에는 2009.5.1. 이후 열람된 문서파일만 8,000여 개가 있었다. 영등포경찰서 에서 사법경찰관은 전교조 직원들 및 변호인이 **참관**하고 있는 가운데 파일들을 해쉬값 교환 등을 통하여 무결성을 확보하는 방식으로 방대한 **전자정보를 카피**하였다. 당시 전교조 직원들과 변호인은 카피의 범위 가 너무 넓다는 이유로 이의를 제기하였으나 그대로 시행되었다. 이에 위 조합 등이 준항고를 제기한 하였 으나 원심은 준항고를 기각하였다. 전교조는 다시 재항고를 하였다. ●**판지**● 재항고기각. [1] [전자정보에 대한 **압수·수색영장을 집행**할 때 저장매체 자체를 수사기관 사무실 등 외부로 반출할 수 있는 예외적인 경 우 및 위 영장 집행이 적법성을 갖추기 위한 요건] 전자정보에 대한 압수·수색영장을 집행할 때에는 (가) **원칙적으로** 영장 발부의 사유인 **혐의사실과 '관련된 부분'만을** ㉠ 문서 **출력물**로 수집하거나 ㉡ 수사기관이 휴대한 저장매체에 해당 파일을 **복사**하는 방식으로 이루어져야 하고, (나) 집행현장 사정상 위와 같은 방식 에 의한 집행이 불가능하거나 현저히 곤란한 부득이한 사정이 존재하더라도 **저장매체 자체를 직접 혹은 하 드카피나 이미징** 등 형태로 수사기관 사무실 등 **외부로 반출**하여 해당 파일을 압수·수색할 수 있도록 ㉠ 영장에 '기재'되어 있고 ㉡ 실제 그와 같은 사정이 '발생'한 때에 한하여 위 방법이 **예외적으로 허용**될 수 있을 뿐이다. 나아가 (다) 이처럼 저장매체 자체를 수사기관 사무실 등으로 옮긴 후 영장에 기재된 범죄 혐 의 관련 전자정보를 탐색하여 해당 전자정보를 문서로 '출력'하거나 파일을 '복사'하는 과정 역시 **전체적으 로 압수·수색영장 집행의 일환에 포함**된다고 보아야 한다. (라) 따라서 그러한 경우 문서출력 또는 파일복 사 대상 역시 **혐의사실과 관련된 부분으로 한정**되어야 하는 것은 헌법 제12조 제1항, 제3항, 형사소송법 제 114조, 제215조의 적법절차 및 영장주의 원칙상 당연하다. (마) 그러므로 수사기관 사무실 등으로 옮긴 저 장매체에서 **범죄 혐의 관련성에 대한 구분 없이** 저장된 전자정보 중 임의로 문서출력 혹은 파일복사를 하는 행위는 특별한 사정이 없는 한 **영장주의 등 원칙에 반하는 위법**한 집행이다. 한편 (바) 검사나 사법경찰관이 압수·수색영장을 집행할 때에는 자물쇠를 열거나 개봉 기타 필요한 처분을 할 수 있지만 그와 아울러 압 수물의 상실 또는 파손 등의 방지를 위하여 **상당한 조치**를 하여야 하므로(형사소송법 제219조, 제120조, 제 131조 등), (사) 혐의사실과 관련된 정보는 물론 그와 무관한 다양하고 방대한 내용의 사생활 정보가 들어 있는 저장매체에 대한 압수·수색영장을 집행할 때 영장이 명시적으로 규정한 위 예외적인 사정이 인정되

어 전자정보가 담긴 저장매체 자체를 수사기관 사무실 등으로 옮겨 이를 열람 혹은 복사하게 되는 경우에도, ㉠ 전체 과정을 통하여 피압수·수색 당사자나 변호인의 **계속적인 참여권 보장**, ㉡ 피압수·수색 당사자가 배제된 상태의 저장매체에 대한 **열람·복사 금지**, ㉢ 복사대상 전자정보 **목록의 작성·교부** 등 압수·수색 대상인 저장매체 내 전자정보의 왜곡이나 훼손과 오·남용 및 임의적인 복제나 복사 등을 막기 위한 **적절한 조치**가 이루어져야만 집행절차가 적법하게 된다.

[2] 수사기관이 전국교직원노동조합 본부 사무실에 대한 압수·수색영장을 집행하면서 방대한 전자정보가 담긴 저장매체 자체를 영장 기재 집행장소에서 수사기관 사무실로 가져가 그곳에서 저장매체 내 전자정보파일을 다른 저장매체로 복사하자, 이에 대하여 위 조합 등이 준항고를 제기한 사안에서, (가) 수사기관이 저장매체 자체를 수사기관 사무실로 옮긴 것은 영장이 예외적으로 허용한 **부득이한 사유**의 발생에 따른 것으로 볼 수 있고, 나아가 (나) 당사자 측의 참여권 보장 등 압수·수색 대상 물건의 훼손이나 임의적 열람 등을 막기 위해 법령상 요구되는 **상당한 조치가 이루어진** 것으로 볼 수 있으므로 이 점에서 절차상 위법이 있다고는 할 수 없으나, (다) 다만 영장의 명시적 근거 없이 수사기관이 임의로 정한 시점 이후의 접근파일 일체를 복사하는 방식으로 8,000여 개나 되는 파일을 복사한 영장집행은 원칙적으로 압수·수색영장이 **허용한 범위를 벗어난** 것으로서 위법하다고 볼 여지가 있는데, (라) **위 압수·수색 전 과정에 비추어 볼 때**, 수사기관이 영장에 기재된 혐의사실 일시로부터 소급하여 일정 시점 이후의 파일들만 복사한 것은 나름대로 대상을 제한하려고 노력한 것으로 보이고, 당사자 측도 그 적합성에 대하여 묵시적으로 동의한 것으로 보는 것이 타당하므로, **위 영장 집행이 위법하다고 볼 수는 없다**는 이유로, 같은 취지에서 준항고를 기각한 원심의 조치를 수긍한 사례.  cf) 대상판결은 '전자정보'에 대한 압수절차의 위법성에 관한 **최초의 판결**이라는 점에서 의의가 크다(대상사건은 압수·수색에 대해 재항고 결정을 통하여 디지털 데이터 압수 절차에 대한 법원의 입장이 정립되는, 증거에 있어서 그간 아날로그 증거 위주에서 디지털 증거로의 무게중심이 옮겨가는 중요한 사건이다). 대상판결에서 설시한 전자정보의 압수·수색영장 집행의 원칙은 **이후 판결에 준거가 되어** 이 원칙을 지키지 않고 취득한 전자정보의 증거능력은 부정되었다. 이 판결을 계기로 법원이나 검찰에서도 전자정보의 압수절차를 정비하게 된다. 그리고 이 판결이 선고된 이후 얼마 되지 않은 2011.7.18.에 형사소송법 **제106조 제3항과 제4항이 신설**되어 전자정보의 압수절차를 규정하게 된다. 즉 (1) 압수의 목적물이 컴퓨터용디스크, 그 밖에 이와 비슷한 정보저장매체인 경우에는 기억된 '**정보의 범위를 정하여**' 출력하거나 복제하여 제출받아야 한다(**원칙**)(법106③전문). (2) 다만, 범위를 정하여 출력 또는 복제하는 방법이 불가능하거나 압수의 목적을 달성하기에 '**현저히 곤란**'하다고 인정되는 때에는 **정보저장매체 등을 압수**할 수 있다(**예외**)(법106③단서).

8 [대판 2007도7257] ['일심회' 사건[10]] [디지털 저장매체로부터 출력한 문건의 증거능력] ●사실● 2006년 10월 24일 중국에서 북한 공작원과 접촉한 혐의(회합·통신 등)로 전 민주노동당 중앙위원 X 등이 체포되었다. 검찰과 국가정보원은 X가 2006년 3월 재야인사 2명과 함께 중국으로 출국해 현지에서 대남공작활동을 해 온 북한인과 만나 지령을 수수한 혐의로 기소하였다. 2007년 12월 13일 대법원은 "북조선이 국가보안법

---

10) **일심회(一心會) 사건**이란, 2006년 10월 서울중앙지검이 일심회라는 '단체'를 조선민주주의인민공화국 공작원과 접촉한 혐의로 적발한 사건이다. 동 판결에서 가장 중요한 쟁점은 '일심회'가 이적단체에 해당하는지 여부였다. 대법원은 '일심회'에 대하여, 「반국가단체인 북한의 활동을 찬양·고무·선전하거나 동조하는 행위를 목적으로 하는 결합체로서 이적성이 인정되나, 그 구성원의 수, 조직결성의 태양, 활동방식과 활동내역에 비추어 단체의 내부질서를 유지하고 단체를 주도하기 위한 체계를 갖추는 등 조직적 결합체에는 이르지 못하였다고 보아, 국가보안법상 이적단체에 해당하지 않는다」고 판시하였다.

상 반국가단체에 해당한다고 한 원심의 조치는 정당하고 국가의 안전과 국민의 생존 및 자유 확보를 목적으로 하는 국가보안법을 위헌으로 볼 수 없다"며 "이를 전제로 피고인들에 유죄를 선고한 원심은 정당하다"고 판시하였다. ●판지● 압수물인 디지털 저장매체로부터 출력한 문건을 증거로 사용하기 위해서는 (가) 디지털 저장매체 원본에 저장된 내용과 출력한 문건의 **동일성이 인정**되어야 하고, 이를 위해서는 (나) 디지털 저장매체 원본이 압수시부터 문건 출력시까지 **변경되지 않았음**이 담보되어야 한다. 특히 (다) 디지털 저장매체 원본을 대신하여 저장매체에 저장된 자료를 '하드카피' 또는 '이미징'한 매체로부터 출력한 문건의 경우에는 디지털 저장매체 원본과 '하드카피' 또는 '이미징'한 매체 사이에 자료의 동일성도 인정되어야 할 뿐만 아니라, 이를 확인하는 과정에서 이용한 컴퓨터의 기계적 정확성, 프로그램의 신뢰성, 입력·처리·출력의 각 단계에서 조작자의 전문적인 기술능력과 정확성이 담보되어야 한다. 그리고 (라) 압수된 디지털 저장매체로부터 출력한 문건을 진술증거로 사용하는 경우, 그 기재 내용의 진실성에 관하여는 전문법칙이 적용되므로 형사소송법 제313조 제1항에 따라 그 작성자 또는 진술자의 진술에 의하여 그 성립의 진정함이 증명된 때에 한하여 이를 증거로 사용할 수 있다.

# 23 전자정보 압수·수색과 참여권
## - '실질적 피압수자'의 법리 -

* 대법원 2023. 9. 18. 선고 2022도7453 전원합의체 판결
* 참조조문: 형사소송법 제121조, 제123조

> 정보저장매체를 임의제출한 피압수자에 더하여 **임의제출자 아닌 피의자**에게도 참여권이 보장되어야 하는가?

●**사실**● OO법무법인 변호사인 피의자 Y가 허위의 인턴십 확인서를 작성한 후 Z의 자녀 대학원 입시에 활용하는 방법으로 Z 등과 공모하여 위계로써 대학원 입학사정업무를 방해하였다는 피의사실과 관련하여, 검찰의 수사가 본격화되자 Y는 혐의사실과 관련된 전자정보가 저장된 컴퓨터 등을 은닉하고자, 2019.8.31.경 자산관리인 X에게 서재의 컴퓨터에서 떼어낸 정보저장매체 2개 중 1개(HDD 1개), 아들의 컴퓨터에서 떼어낸 정보저장매체 2개(HDD 1개, SSD 1개) 등 3개의 정보저장매체를 건네주면서 "수사가 끝날 때까지 숨겨놓으라."라는 취지로 지시하였다. X는 이 하드디스크들을 자신이 다니는 헬스장 개인 보관함 등에 숨겨두었다(하드디스크에는 Y가 은닉하고자 했던 증거들, 즉 자녀들의 대학·대학원 입시에 활용한 인턴십 확인서 및 관련자들의 문자메시지 등이 저장되어 있었다). 수사기관은 2019.9.10.경 X를 **증거은닉혐의의 피의자로 입건**하자 X는 수사기관에 **하드디스크를 임의제출**하였다. 수사기관은 하드디스크 임의제출 및 그에 저장된 전자정보에 관한 탐색·복제·출력 과정에서 X와 그 변호인에게 참여 의사를 확인하고 참여 기회를 부여하는 등 참여권을 보장하였는데 X 측은 탐색·복제·출력 과정에 참여하지 않겠다는 의사를 밝혔다. 하지만 당시 수사기관은 Y 등에게는 위와 같은 참여 의사를 확인하거나 참여 기회를 부여하지는 않았다. 이에 **Y는 참여권 침해로 인한 증거능력을 다투었다.** 제1심과 원심은 증거은닉범행의 피의자로서 이 사건 하드디스크를 임의제출한 X에 더하여 임의 제출자가 아닌 Y 등에게도 참여권이 보장되어야 한다고 볼 수 없고, 따라서 이 사건 하드디스크에 저장된 전자정보의 증거능력은 인정된다고 판시하였다. 이에 X가 상고하였다.

●**판지**● 상고기각. 「[1] [피의자나 그 밖의 제3자가 과거 그 정보저장매체의 이용 내지 개별 전자정보의 생성·이용 등에 관여한 사실이 있다거나 그 과정에서 생성된 전자정보에 의해 식별되는 정보주체에 해당한다는 사정만으로 그들을 **실질적 피압수자**로 취급하여야 하는지 여부(소극)] [다수의견] 정보저장매체 내의 전자정보가 가지는 중요성은 헌법과 형사소송법이 구현하고자 하는 적법절차, 영장주의, 비례의 원칙과 함께 사생활의 비밀과 자유, 정보에 대한 자기결정권 등의 관점에서 유래된다. 압수의 대상이 되는 전자정보와 그렇지 않은 전자정보가 혼재된 정보저장매체나 그 복제본을 임의제출받은 수사기관이 그 정보저장매체 등을 수사기관 사무실 등으로 옮겨 이를 탐색·복제·출력하는 경우, …… 이와 같이 정보저장매체를 **임의제출한 피압수자에 더하여 임의제출자 아닌 피의자에게도 참여권**이 보장되어야 하는 '피의자의 소유·관리에 속하는 정보저장매체'란, (가) 피의자가 압수·수색 당시 또는 이와 시간적으로 근접한 시기까지 해당 정보저장매체를 **현실적으로 지배·관리**하면서 (나) 그 정보저장매체 내 전자정보 전반에 관한 **전속적인 관리처분권**을 보유·행사하고, (다) 달리 이를 자신의 의사에 따라 **제3자에게 양도하거나 포기하지 아니한** 경우로서, (라) 피의자를 그 정보저장매체에 저장된 전자정보 전반에 대한 **실질적인 압수·수색 당사자**로 평가할 수 있는 경우를 말하는 것이다. (마) 이에 해당하는지 여부는 민사법상 권리의 귀속에 따른 법률적·사후적 판단이 아니라 압수·수색 당시 외형적·객관적으로 인식 가능한 **'사실상의 상태'를 기준으**

로 판단하여야 한다. (바) 이러한 정보저장매체의 외형적·객관적 지배·관리 등 상태와 별도로 단지 피의자나 그 밖의 제3자가 과거 그 정보저장매체의 이용 내지 개별 전자정보의 생성·이용 등에 관여한 사실이 있다거나 그 과정에서 생성된 전자정보에 의해 식별되는 정보주체에 해당한다는 사정만으로 그들을 실질적으로 압수·수색을 받는 당사자로 취급하여야 하는 것은 아니다.

[2] 피고인이 허위의 인턴십 확인서를 작성한 후 갑의 자녀 대학원 입시에 활용하도록 하는 방법으로 갑 등과 공모하여 대학원 입학담당자들의 입학사정업무를 방해하였다는 공소사실과 관련하여, 갑 등이 주거지에서 사용하던 컴퓨터 내 정보저장매체(이하 '하드디스크'라 한다)에 인턴십 확인서 등 증거들이 저장되어 있고, 갑은 자신 등의 혐의에 대한 수사가 본격화되자 을에게 지시하여 하드디스크를 은닉하였는데, 이후 수사기관이 을을 증거은닉혐의 피의자로 입건하자 을이 이를 임의제출하였고, 수사기관은 하드디스크 임의제출 및 그에 저장된 전자정보에 관한 탐색·복제·출력 과정에서 **을 측에 참여권을 보장한 반면 갑 등에게는 참여 기회를 부여하지 않아 그 증거능력이 문제 된 사안**에서, (가) 을은 임의제출의 원인된 범죄혐의사실인 증거은닉범행의 피의자로서 자신에 대한 수사 과정에서 하드디스크를 임의제출하였는데, 하드디스크 및 그에 저장된 전자정보는 본범인 갑 등의 혐의사실에 관한 증거이기도 하지만 동시에 은닉행위의 직접적인 목적물에 해당하여 을의 증거은닉 혐의사실에 관한 증거이기도 하므로, 을은 하드디스크와 그에 저장된 전자정보에 관하여 **'실질적 이해관계가 있는 자'에 해당**하고, 하드디스크 자체의 임의제출을 비롯하여 증거은닉 혐의사실 관련 전자정보의 탐색·복제·출력 과정 전체에 걸쳐 을은 참여의 이익이 있는 점, (나) 하드디스크의 은닉과 임의제출 경위, 그 과정에서 을과 갑 등의 개입 정도 등에 비추어 압수·수색 당시 또는 이에 근접한 시기에 하드디스크를 **'현실적으로 점유'한 사람은 을**이라고 할 것이며, (다) 나아가 을이 그 무렵 위와 같은 경위로 하드디스크를 현실적으로 점유한 이상 다른 특별한 사정이 없는 한 저장된 **전자정보에 관한 관리처분권을 '사실상 보유·행사'할 수 있는 지위**에 있는 사람도 을이라고 볼 수 있는 점, (라) 갑은 임의제출의 원인된 범죄혐의사실인 증거은닉 범행의 피의자가 아닐 뿐만 아니라 하드디스크의 존재 자체를 은폐할 목적으로 막연히 '자신에 대한 수사가 끝날 때까지' 은닉할 것을 부탁하며 하드디스크를 을에게 교부하였는데, 이는 자신과 하드디스크 및 그에 저장된 전자정보 사이의 외형적 연관성을 은폐·단절하겠다는 목적 하에 그 목적 달성에 필요하다면 '수사 종료'라는 불확정 기한까지 하드디스크에 관한 **전속적인 지배·관리권을 포기하거나 을에게 전적으로 양도한다는 의사를 표명**한 것으로 볼 수 있는 점 등을 종합하면, (마) 증거은닉범행의 피의자로서 하드디스크를 임의제출한 을에 더하여 임의제출자가 아닌 갑 등에게도 참여권이 보장되어야 한다고 볼 수 없다는 이유로, 같은 취지에서 하드디스크에 저장된 전자정보의 증거능력을 인정한 원심의 판단이 정당하다고 한 사례.

[3] [반대의견] 다수의견은 현대사회에서 정보저장매체 내의 전자정보가 갖는 중요성과 헌법 및 형사소송법이 구현하고자 하는 적법절차, 영장주의 원칙과 함께 사생활의 비밀과 자유, 정보에 대한 자기결정권 등의 보호를 강조하면서도, 참여권을 보장받는 주체인 '실질적 피압수자'의 의미를 압수·수색의 원인이 된 범죄혐의사실의 피의자를 중심으로 **매우 좁게 해석하는 모순된 태도**를 취하고 있다. 이로써 다수의견은 그간 선례가 전자정보에 관한 수사기관의 강제처분에서 참여권 보장의 법리를 선언하고 그 귀속 주체의 범위를 확장하는 등 적법절차와 영장주의 원칙을 구현해야 하는 헌법적 요청에 부응하여 이룩한 성과를 상당 부분 무력화하였다. 그 결과 전자정보의 압수·수색 절차에서 대법원이 피압수자 또는 실질적 피압수자의 기본권 보장을 위해 열었던 참여권이라는 절차적 권리의 문은 절반쯤 다시 닫히게 되었다. 강제처분의 직접적, 형식적 당사자인 피의자는 무관정보의 임의적인 탐색 등을 막을 별다른 이해관계를 가지고 있지 않음에도 그에게 참여권을 보장하는 것만으로 충분하고 정보저장매체의 소유·관리자에게까지 참여권을 보장할 필요가 없다고 하는 것은, 정보저장매체의 압수·수색에서 '관련성 원칙'을 관철하기 위한 적절한 조치가 될 수 없어 정보저장매체의 소유·관리자

에게 발생할 수 있는 무관정보에 관한 인격적 법익의 침해에 대하여 적법절차와 영장주의의 보호를 포기하는 것이나 마찬가지이다. …… 수사기관의 강제처분의 직접적 대상이 된 형식적 피압수자인 정보저장매체의 **현실적 소지·보관자 외에 그 소유·관리자가 별도로 존재**하는 경우, 후자를 **실질적 피압수자로 보아 그에게도 참여권을 보장할 필요**가 있다. 기술의 발달에 따라 정보저장매체의 휴대성과 이동성이 증대되면서 정보저장매체의 현실적인 소지·보관자 외에 소유·관리자가 별도로 존재하는 경우가 흔히 발생하게 되었다. 먼저 정보저장매체가 소유·관리자의 의사와 무관하게 그에게서 이탈하여 제3자의 소지·보관 상태에 놓이게 되는 경우가 있다. 소유·관리자가 정보저장매체를 분실하거나 절도·점유이탈물횡령 등 범죄행위의 대상이 된 경우, 제3자가 소유·관리자의 승낙 없이 정보저장매체를 임의로 가져가는 경우 등이 이에 해당한다. 한편, 소유·관리자의 의사에 따라 형성된 점유매개관계를 기초로 정보저장매체가 제3자의 소지·보관 상태에 놓이게 되는 경우도 있다. 소유·관리자가 전문수리점에 정보저장매체의 수리를 의뢰하거나 이를 은행 등의 유료금고에 임치하는 경우, 자녀가 부모의 휴대전화기를 일시적으로 빌려서 사용하는 경우, 소유·관리자가 자신의 정보저장매체를 동거하지 않는 가족이나 지인 등에게 맡겨 보관시키는 경우 등일 것이다. 본범이 혐의사실에 대한 증거를 은닉하고자 자신이 소유·관리하던 정보저장매체를 증거은닉범에게 교부하는 경우도 소유·관리자인 본범의 의사에 따라 형성된 점유매개관계를 기초로 한다는 점에서 후자에 해당할 수 있다. …… 이 사건 하드디스크는 Y 등이 주거지에서 장기간 개인적으로 사용하여 온 컴퓨터의 정보저장매체로서 Y 등에 대한 본범 피의사실과 관련된 증거 외에도 Y와 그 가족구성원의 다양한 개인정보가 저장되어 있는 것이다. 이 사건 하드디스크가 개인정보로서 갖는 주관적 가치에 비추어 볼 때 Y가 X에게 이 사건 하드디스크를 건네준 것은 향후 검찰 수사를 대비하여 이를 숨겨 놓으라고 한 것이지 이를 없애려는 것은 아니었다고 보인다. X는 수사기관에 이 사건 하드디스크를 임의제출하기 직전까지도 Y의 은닉지시에 따라 이를 헬스장 개인 보관함 등에 보관·관리하고 있었고, 이 사건 하드디스크와 함께 은닉하고 있던 별도의 동양대 교수실 개인용 컴퓨터를 Y의 요구에 따라 반환하기도 하였다. 이와 같이 이 사건 하드디스크를 교부받음으로써 형성된 특수한 형태의 점유매개관계 아래 X는 Y의 지시가 있을 경우 언제든 이를 Y에게 반환하는 등 지시취지에 따른 처분에 나아갈 의사로 이 사건 하드디스크를 보관하여 은닉행위를 실행하였는바, 이 사건 하드디스크의 임의제출 당시 Y 등이 이 사건 하드디스크에 대한 관리처분권이나 소유·지배를 완전히 상실하였다고 보기 어렵다. …… 따라서 수사기관이 압수한 이 사건 하드디스크 내 전자정보는 위법수집증거에 해당하고 이를 유죄의 증거로 사용할 수 없다. 달리 그 예외를 인정할 특별한 사정도 발견하기 어렵다. 수사기관이 그 위법수집증거에 터 잡아 수집한 관련자들의 진술 등도 위법수집증거에 기한 2차적 증거에 해당하여 역시 유죄 인정의 증거로 삼을 수 없다」.

●**해설**● 1 대상판결의 의의 : '실질적 피압수자'의 법리    대상판결이 나오기 전 대법원은 제3자가 피의자의 소유·관리에 속하는 정보저장매체를 영장에 의하지 않고 임의제출한 경우에는 '**실질적 피압수자**'인 피의자에게 참여권을 보장하고 압수한 전자정보 목록을 교부하는 등 피의자의 절차적 권리를 보장하기 위한 적절한 조치가 이루어져야 할 것을 요구하여 '실질적 피압수자'란 새로운 법리를 세웠다(대판 2016도348 전원합의체, Ref 4)(대법원은 다수의 판결을 통해 피의자라는 명칭 대신 '피압수자' 내지 '실질적 피압수자'를 집행에 참여하는 자로 판시해 오고 있다). 그러나 대상판결은 위의 법리와는 다른 입장을 보이고 있다. 대상판결의 다수의견은 「정보저장매체의 외형적·객관적 지배·관리 등 상태와 별도로 단지 피의자나 그 밖의 제3자가 과거 그 정보저장매체의 이용 내지 개별 전자정보의 생성·이용 등에 관여한 사실이 있다거나 그 과정에서 생성된 전자정보에 의해 식별되는 정보주체에 해당한다는 사정만으로

그들을 실질적으로 압수·수색을 받는 당사자로 취급하여야 하는 것은 아니다」라고 하여 **실질적 피압수자의 개념을 제한**하고 있다(이러한 대법원의 견해는 2021도11170에서도 같다).

### 2 전자정보 압수·수색에서 참여권 보장의 의의 및 근거

전자정보에 대한 압수수색이 일반화되기 전까지는 압수수색 절차에서 참여권이 크게 문제되거나 쟁점이 되지는 않았다. 하지만 전자정보에 대한 압수수색이 일반화되고 있는 지금은 압수수색절차에서 피압수자 등의 참여권의 중요성이 계속 강조되며 주요 판례도 계속 이어지고 있다. '참여권'은 영장집행절차의 **적정성을 담보**하려는 데 그 목적이 있다.[1] 형사소송법상 참여권에 대한 규정으로는 법 제121조(영장집행과 당사자의 참여),[2] 제122조(영장집행과 참여권자에의 통지),[3] 제123조(영장의 집행과 책임자의 참여)[4] 및 제219조(수사기관의 압수·수색·검증에 준용)[5]가 있으며, 대통령령인 「검사와 사법경찰관의 상호협력과 일반적 수사준칙에 관한 규정」에 '피압수자'의 참여권에 대한 규정을 두고 있다(제41조 제3항).[6] 그러나 형사소송법과 수사준칙에는 **'피압수자'**에 대한 정의 규정은 없다. 다만, '압수할 물건'의 소유자, 소지자, 보관자를 일반적으로 '피압수자'로 본다.

---

1) 만약 피압수자 측의 참여권이 보장되지 않을 경우 「수사기관으로서는 내부적으로 무관정보까지 임의로 탐색·복제·출력하고도 법원에는 유관정보만 증거로 제출하면 그만이고, 실제로 그와 같은 행위가 수사기관 내부에서 발생하는지 여부를 확인할 방법이 없으므로, **피압수자 측에게** 압수·수색에 참여할 권리를 부여하여, 이들로 하여금 수사기관이 전자정보에 대한 압수·수색을 함에 있어 영장에서 허용된 범위를 넘어 무관정보를 임의로 복제 또는 출력하는지를 감시할 수 있도록 함으로써, 범죄혐의와 관계가 있다고 인정할 수 있는 것에 **한정하여 압수를 허용**하는 형사소송법 제219조, 제215조, 제106조 제1항의 **규범력을 실효적으로 확보**하고자 하는 **절차적 보장** 규정이 바로 형사소송법 제219조, 제121조가 규정하고 있는 피의자나 변호인의 참여권이다. 그러므로 무관정보의 복제 또는 출력 과정에서 피의자나 변호인의 참여권이 박탈된 것은 **중대한 절차적 위법**이라고 평가할 수 있으며, 이러한 절차를 통하여 취득된 무관정보는 이 점에서도 **위법수집증거**로서 증거능력이 부정될 수 있고, 따라서 무관증거를 복제 또는 출력한 행위 자체가 준항고 절차에서 취소될 수 있다」(대결 2011모1839 전원합의체).
2) 형사소송법 제121조(**영장집행과 당사자의 참여**) 검사, 피고인 또는 변호인은 압수·수색영장의 집행에 참여할 수 있다.
3) 형사소송법 제122조(**영장집행과 참여권자에의 통지**) 압수·수색영장을 집행함에는 미리 집행의 일시와 장소를 전조에 규정한 자에게 **통지**하여야 한다. 단, 전조에 규정한 자가 참여하지 아니한다는 의사를 명시한 때 또는 **급속을 요하는 때**에는 예외로 한다.
4) 형사소송법 제123조(**영장의 집행과 책임자의 참여**) ① 공무소, 군사용 항공기 또는 선박·차량 안에서 압수·수색영장을 집행하려면 그 책임자에게 참여할 것을 **통지**하여야 한다. ② 제1항에 규정한 장소 외에 타인의 주거, 간수자 있는 가옥, 건조물, 항공기 또는 선박·차량 안에서 압수·수색영장을 집행할 때에는 주거주(住居主), 간수자 또는 이에 준하는 사람을 **참여**하게 하여야 한다. ③ 제2항의 사람을 참여하게 하지 못할 때에는 이웃 사람 또는 지방공공단체의 직원을 참여하게 하여야 한다.
5) 형사소송법 제219조(**준용규정**) 제106조, 제107조, 제109조 내지 제112조, 제114조, 제115조제1항 본문, 제2항, 제118조부터 제132조까지, 제134조, 제135조, 제140조, 제141조, 제333조제2항, 제486조의 규정은 검사 또는 사법경찰관의 본장의 규정에 의한 압수, 수색 또는 검증에 준용한다. 단, 사법경찰관이 제130조, 제132조 및 제134조에 따른 처분을 함에는 검사의 지휘를 받아야 한다.
6) 「수사준칙」 제41조(**전자정보의 압수·수색 또는 검증 방법**) ③ 제1항 및 제2항에도 불구하고 제1항 및 제2항에 따른 압수 방법의 실행이 불가능하거나 그 방법으로는 압수의 목적을 달성하는 것이 현저히 곤란한 경우에는 피압수자 또는 법 제123조에 따라 압수·수색영장을 집행할 때 참여하게 해야 하는 사람(이하 "피압수자등"이라 한다)이 참여한 상태에서 정보저장매체등의 **원본을 봉인(封印)하여** 정보저장매체등의 소재지 외의 장소로 반출할 수 있다.

3 오늘날 개인 또는 기업의 업무는 「컴퓨터나 서버, 저장매체가 탑재된 정보처리장치 없이 유지되기 어려운데, 전자정보가 저장된 각종 저장매체('정보저장매체')는 대부분 대용량이어서 수사의 대상이 된 **범죄혐의와 관련이 없는** 개인의 일상생활이나 기업경영에 관한 정보가 **광범위하게 포함**되어 있다. 이러한 전자정보에 대한 수사기관의 압수·수색은 사생활의 비밀과 자유, 정보에 대한 자기결정권, 재산권 등을 침해할 우려가 크므로 **포괄적으로 이루어져서는 안 되고, 비례의 원칙에 따라 수사의 목적상 필요한 최소한의** 범위 내에서 이루어져야 한다」(대판 2016도348 전원합의체, Ref 4).

### 4 (경찰청) 디지털 증거의 처리 등에 관한 규칙(시행 2023. 7. 4.)

**제13조(압수·수색·검증 시 참여 보장)** ① 전자정보를 압수·수색·검증할 경우에는 피의자 또는 변호인, 소유자, 소지자, 보관자의 참여를 보장하여야 한다. 이 경우, 압수·수색·검증 장소가 「형사소송법」 제123조제1항, 제2항에 정한 장소에 해당하는 경우에는 「형사소송법」 제123조에 정한 참여인의 참여를 함께 보장하여야 한다.

② 경찰관은 제1항에 따른 피의자 또는 변호인의 참여를 압수·수색·검증의 전 과정에서 보장하고, 미리 집행의 일시와 장소를 통지하여야 한다. 다만, 위 통지는 참여하지 아니한다는 의사를 명시한 때 또는 참여가 불가능하거나 급속을 요하는 때에는 예외로 한다.

③ 제1항에 따른 참여의 경우 경찰관은 참여인과 압수정보와의 관련성, 전자정보의 내용, 개인정보보호 필요성의 정도에 따라 압수·수색·검증 시 참여인 및 참여 범위를 고려하여야 한다.

④ 피의자 또는 변호인, 소유자, 소지자, 보관자, 「형사소송법」 제123조에 정한 참여인(이하 "피압수자 등"이라 한다)이 참여를 거부하는 경우 전자정보의 고유 식별값(이하 "해시값"이라 한다)의 동일성을 확인하거나 압수·수색·검증과정에 대한 사진 또는 동영상 촬영 등 신뢰성과 전문성을 담보할 수 있는 상당한 방법으로 압수하여야 한다.

⑤ 경찰관은 피압수자 등이 전자정보의 압수·수색·검증절차 참여과정에서 알게 된 사건관계인의 개인정보와 수사비밀 등을 누설하지 않도록 피압수자 등에게 협조를 요청할 수 있다.

**제17조(현장 외 압수 시 참여 보장절차)** ① 경찰관은 제15조 또는 제16조에 따라 복제본 또는 정보저장매체등 원본을 반출하여 현장 이외의 장소에서 전자정보의 압수·수색·검증을 계속하는 경우(이하 "현장 외 압수"라고 한다) 피압수자 등에게 현장 외 압수 일시와 장소를 통지하여야 한다. 다만, 제15조제2항 또는 제16조제2항에 따라 참여할 수 있음을 고지받은 자가 참여하지 아니한다는 의사를 명시한 때 또는 참여가 불가능하거나 급속을 요하는 때에는 예외로 한다.

② 피압수자 등의 참여 없이 현장 외 압수를 하는 경우에는 해시값의 동일성을 확인하거나 압수·수색·검증과정에 대한 사진 또는 동영상 촬영 등 신뢰성과 전문성을 담보할 수 있는 상당한 방법으로 압수하여야 한다.

③ 제1항 전단에 따른 통지를 받은 피압수자 등은 현장 외 압수 일시의 변경을 요청할 수 있다.

④ 제3항의 변경 요청을 받은 경찰관은 범죄수사 및 디지털 증거분석에 지장이 없는 범위 내에서 현장 외 압수 일시를 변경할 수 있다. 이 경우 경찰관은 피압수자 등에게 변경된 일시를 통지하여야 하고, 변경하지 않은 경우에는 변경하지 않은 이유를 통지하여야 한다.

⑤ 제1항, 제4항에 따라 통지한 현장 외 압수 일시에 피압수자 등이 출석하지 않은 경우 경찰관은 일시를 다시 정한 후 이를 피압수자 등에게 통지하여야 한다. 다만, 피압수자 등이 다음 각호의 사유

로 불출석하는 경우에는 제2항의 절차를 거쳐 현장 외 압수를 진행할 수 있다.

　　1. 피압수자 등의 소재를 확인할 수 없거나 불명인 경우

　　2. 피압수자 등이 도망하였거나 도망한 것으로 볼 수 있는 경우

　　3. 피압수자 등이 증거인멸 또는 수사지연, 수사방해 등을 목적으로 출석하지 않은 경우

　　4. 그 밖에 위의 사유에 준하는 경우

⑥ 경찰관 또는 증거분석관은 현장 외 압수를 진행함에 있어 다음 각 호의 어느 하나에 해당하는 경우 별지 제6호서식의 참여 (철회) 확인서를 작성하고 피압수자 등의 확인·서명을 받아야 한다. 피압수자 등의 확인·서명을 받기 곤란한 경우에는 그 사유를 해당 확인서에 기재하고 기록에 편철한다.

　　1. 현장 외 압수에 참여 의사를 명시한 피압수자 등이 참여를 철회하는 때. 이 경우 제2항의 절차를 거쳐야 한다.

　　2. 현장 외 압수에 불참 의사를 명시한 피압수자등이 다시 참여 의사를 명시하는 때

**제18조(현장 외 압수절차의 설명)** ① 경찰관은 현장 외 압수에 참여하여 동석한 피압수자 등에게 현장 외 압수절차를 설명하고 그 사실을 기록에 편철한다. 이 경우 증거분석관이 현장 외 압수를 지원하는 경우에는 전단의 설명을 보조할 수 있다.

　② 경찰관 및 증거분석관은 별지 제7호서식의 현장 외 압수절차 참여인을 위한 안내서를 피압수자 등에게 교부하여 전항의 설명을 갈음할 수 있다.

---

## *Reference*

　1 [대판 2021도11170] [동양대 PC사건7)] [피해자 등 제3자가 피의자의 소유·관리에 속하는 정보저장매체를 영장에 의하지 않고 임의제출한 경우, **실질적 피압수자인 피의자에게 참여권을 보장**하는 등 피의자의 절차적 권리를 보장하기 위한 적절한 조치가 이루어져야 하는지 여부(적극) 및 이때 정보저장매체를 임의제출한 피압수자에 더하여 **임의제출자 아닌 피의자에게도 참여권**이 보장되어야 하는 '피의자의 소유·관리에 속하는 정보저장매체'의 의미 및 이에 해당하는지 판단하는 기준] ●**사실**● 피고인 X는 자녀의 의학전문대학원 입시에 활용할 목적으로 자신이 재직 중인 대학의 표창장을 위조하였다는 혐의(사문서위조)로 받았다. 검찰수사관은 관련혐의에 대한 압수·수색영장을 발부받아 X의 연구실 등을 압수·수색하였다. 검찰수사관은 대학 측의 협조 하에 강사휴게실의 PC도 탐색하려 하였으나 전원이 꺼지는 바람에 강사휴게실을 담당하던 조교 A와 동대학의 물품을 총괄하는 행정지원처장 B의 동의를 받아(임의제출) PC를 반출하였다. 반출 당시 수사관은 이상의 경위로 이 사건 각 PC를 임의로 제출한다는 취지의 내용과 그 하단에 임의제출목록으로 이 사건 각 PC가 기재되어 있는 '임의제출동의서'에 자신들의 인적사항을 기재하고 서명 및 무인을 하였다. 당시 검찰수사관은 A와 B에게 PC의 이미징 및 탐색, 전자정보 추출 등 과정에 참관할 의사가 있는지 확인하였으나, **A와 B는 참관하지 않겠다고 대답**하였다. 이후 검찰은 반출한 PC에서 표창장에 관한 사문서위조의 범행이 이루어진 정황이 발견되었다. X는 압수·수색시 참여권 침해 등을 이유로 증거능력을 다투었다. ●**판지**● [1] 피해자 등 제3자가 피의자의 소유·관리에 속하는 정보저장매체를 영장에 의하지 않고 임의제출한 경우에는 실질적 피압수·수색 당사자(이하 '피압수자'라 한다)인 피의자가 수사기관으

---

7) 수사기관이 동양대 강사휴게실에 있던 PC를 임의제출한 조교에게는 참여의사를 확인했으나 피의자에게는 별도로 참여권을 보장하지 않은 경우로 피의자의 참여권 침해여부가 다투어진 사안이다.

로 하여금 그 전자정보 전부를 무제한 탐색하는 데 동의한 것으로 보기 어려울 뿐만 아니라 피의자 스스로 임의제출한 경우 피의자의 참여권 등이 보장되어야 하는 것과 견주어 보더라도 특별한 사정이 없는 한 형사소송법 제219조, 제121조, 제129조에 따라 피의자에게 참여권을 보장하고 압수한 전자정보 목록을 교부하는 등 피의자의 절차적 권리를 보장하기 위한 적절한 조치가 이루어져야 한다. 이와 같이 정보저장매체를 임의제출한 피압수자에 더하여 임의제출자 아닌 피의자에게도 참여권이 보장되어야 하는 '**피의자의 소유·관리에 속하는 정보저장매체**'란, (가) 피의자가 압수·수색 당시 또는 이와 시간적으로 근접한 시기까지 해당 정보저장매체를 현실적으로 지배·관리하면서 그 정보저장매체 내 전자정보 전반에 관한 전속적인 관리처분권을 보유·행사하고, 달리 이를 자신의 의사에 따라 제3자에게 양도하거나 포기하지 아니한 경우로써, 피의자를 그 정보저장매체에 저장된 전자정보에 대하여 '**실질적인 피압수자**'로 평가할 수 있는 경우를 말하는 것이다. 이에 해당하는지 여부는 (나) **민사법상 권리의 귀속에 따른 법률적·사후적 판단이 아니라 압수·수색 당시 외형적·객관적으로 인식 가능한 사실상의 상태를 기준으로 판단**하여야 한다. (다) 이러한 정보저장매체의 외형적·객관적 지배·관리 등 상태와 별도로 단지 피의자나 그 밖의 제3자가 과거 그 정보저장매체의 이용 내지 개별 전자정보의 생성·이용 등에 관여한 사실이 있다거나 그 과정에서 생성된 전자정보에 의해 식별되는 정보주체에 해당한다는 사정만으로 그들을 **실질적으로 압수·수색을 받는 당사자로 취급하여야 하는 것은 아니다.** [2] 앞서 본 법리를 토대로 위 인정사실을 살펴보면, (가) 이 사건 각 PC의 임의제출에 따른 압수·수색 당시 외형적·객관적으로 인식 가능한 사실상의 상태를 기준으로 볼 때, 이 사건 각 PC나 거기에 저장된 전자정보가 피고인의 소유·관리에 속한 경우에 해당한다고 인정되지 않는다. 오히려 OO대 측이 이 사건 각 PC를 2016. 12.경 이후 3년 가까이 강사휴게실 내에 보관하면서 현실적으로 지배·관리하는 한편, 이를 공용PC로 사용하거나 임의처리 등의 조치를 할 수 있었던 것으로 보이는 등의 객관적인 사정에 비추어 이 사건 각 PC에 저장된 전자정보 전반에 관하여 **당시 OO대 측이 포괄적인 관리처분권을 사실상 보유·행사하고 있는 상태에 있었다고 인정**된다. (나) 피고인이 2016. 12.경 이전에 이 사건 각 PC를 피고인의 주거지 등으로 가져가 전속적으로 이용한 바 있다거나, 2016. 12.경 이후 이 사건 각 PC가 보관된 장소인 강사휴게실이 피고인의 교수연구실 주변에 있었다는 점 등 피고인이 주장하는 모든 사정들을 고려해 보더라도, 피고인의 이 사건 각 PC에 대한 현실적 지배·관리 상태와 이에 저장된 전자정보 전반에 관한 관리처분권이 이 사건 압수·수색 당시까지 유지되고 있었다고 볼 수 없으므로, 피고인을 이 사건 압수·수색에 관하여 실질적인 피압수자로 평가할 수 있는 경우에 해당하지 아니한다. 따라서 이 사건 각 PC에 저장된 전자정보의 압수·색은 위 대법원 2016도348 전원합의체 판결이 설시한 법리에 따르더라도 피의자에게 참여권을 보장하여야 하는 경우에는 해당하지 아니한다. (다) 한편 피고인은 이 사건 각 PC에 저장된 전자정보의 압수·수색 과정에서 피고인 측을 전자정보의 '정보주체'라고 하면서 이를 근거로 피고인 측에게 참여권이 보장되었어야 한다는 취지의 주장도 한다. 앞서 본 바와 같이, 피의자의 관여 없이 임의제출된 정보저장매체 내의 전자정보 탐색 등 과정에서 피의자가 참여권을 주장하기 위해서는 정보저장매체에 대한 현실적인 지배·관리 상태와 그 내부 전자정보 전반에 관한 전속적인 관리처분권의 보유가 전제되어야 한다. 따라서 이러한 지배·관리 등의 상태와 무관하게 개별 전자정보의 생성·이용 등에 관여한 자들 혹은 그 과정에서 생성된 전자정보에 의해 식별되는 사람으로서 그 정보의 주체가 되는 사람들에게까지 모두 참여권을 인정하는 취지가 아니므로, 위 주장은 받아들이기 어렵다. (라) **결국 이 사건 각 PC에 저장된 전자정보에 대한 탐색 및 추출 등 과정에서 피압수자 측에게는 참여권이 보장되었고, 이에 더하여 피고인 측의 참여권까지 보장되어야 하는 경우에는 해당하지 아니한다.** **cf)** 대상판결에서 대법원은 「정보저장매체의 외형적·객관적 지배·관리 등 상태와 별도로 단지 피의자나 그 밖의 제3자가 과거 그 정보저장매체의 이용 내지 개별전자정보의 생성·이용 등에 관여한 사실이 있다거나 그 과정에서 생성된 전자정보에 의해 식별되는 정보주체에 해당한다는 사정만으로 그들을 실질적으로 압수·수색을 받는 당사자로 취급하여야 하는 것은 아니다」라고 하여 **실질적 피압수자의 개념을 제한**하였다(대법원은 압수수색 당시 이 사건 PC에 대한 현실적인 지배·보관 및 관리처분권은 ○○대 측에 있었다고 판단함으로써 실질적 피압수자는 피의자가 아니라 ○○대라고 판단하고 **○○대의 참여권이 보장된 이상 '적법한 집행'**으로 보았다).

2 [대판 2020도1669] [피해자 등 **제3자가 피의자의 소유·관리에 속하는 정보저장매체를 임의제출한 경우**, 실질적 피압수자인 피의자에게 참여권을 보장하고 압수한 전자정보 목록을 교부하는 등 피의자의 절차적 권리를 보장하기 위한 적절한 조치가 이루어져야 하는지 여부(원칙적 적극) / 이때 정보저장매체를 임의제출한 피압수자에 더하여 임의제출자 아닌 피의자에게도 참여권이 보장되어야 하는 '피의자의 소유·관리에 속하는 정보저장매체'의 의미 및 이에 해당하는지 판단하는 기준] 피해자 등 제3자가 피의자의 소유·관리에 속하는 정보저장매체를 임의제출한 경우에는 실질적 피압수자인 피의자가 수사기관으로 하여금 그 전자정보 전부를 무제한 탐색하는 데 동의한 것으로 보기 어려울 뿐만 아니라 피의자 스스로 임의제출한 경우 피의자의 참여권 등이 보장되어야 하는 것과 견주어 보더라도 특별한 사정이 없는 한 피의자에게 참여권을 보장하고 압수한 전자정보 목록을 교부하는 등 피의자의 절차적 권리를 보장하기 위한 적절한 조치가 이루어져야 한다. 이와 같이 정보저장매체를 임의제출한 피압수자에 더하여 임의제출자 아닌 **피의자에게도 참여권이 보장되어야 하는 '피의자의 소유·관리에 속하는 정보저장매체'**란, (가) 피의자가 압수·수색 당시 또는 이와 시간적으로 근접한 시기까지 해당 정보저장매체를 현실적으로 지배·관리하면서 그 정보저장매체 내 전자정보 전반에 관한 전속적인 관리처분권을 보유·행사하고, (나) 달리 이를 자신의 의사에 따라 제3자에게 양도하거나 포기하지 아니한 경우로서, (다) 피의자를 그 정보저장매체에 저장된 전자정보 전반에 대한 실질적인 압수·수색 당사자로 평가할 수 있는 경우를 말하는 것이다. 이에 해당하는지 여부는 **민사법상 권리의 귀속에 따른 법률적·사후적 판단이 아니라 압수·수색 당시 외형적·객관적으로 인식 가능한 사실상의 상태를 기준으로 판단**하여야 한다.

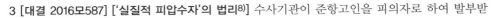

3 [대결 2016모587] [**'실질적 피압수자'의 법리**[8]] 수사기관이 준항고인을 피의자로 하여 발부받

---

8) 대상판결은 피압수자가 아닌 피의자에게도 압수수색 과정에서 참여권 보장을 인정하고 있다. 대상판결에 대한 다음의 평결이 있다. "대법원은 동 사건에서 "실질적 피압수자이자 피의자인 준항고인에게 참여권을 보장하지 않은[것은] 위법"이라고 판단하였다. 주목할 것인 원심 결정에는 없던 **실질적 피압수자**라는 문구를 추가한 것으로, 단순 피의자를 넘어 실질적 피압수자라는 요건을 갖춘 피의자인 경우에 참여권을 인정하려는 취지라고 볼 수 있다. '실질적 피압수자'라는 용어는 상당히 최근에 사용되기 시작한 표현이다. 대법원은 2021년 11월 판결에서 제3자가 제출한 임의제출물에 대한 압수수색 과정에서 피의자의 참여권을 인정하면서 '실질적 피압수자'인 피의자에게도 참여권이 인정되어야 한다고 판시한 바 있다(2021. 11. 18. 선고 2016도348 전원합의체 판결). 그 이유로, 사안의 사실관계에서 "피의자가 수사기관으로 하여금 그 전자정보 전부를 무제한 탐색하는 데 동의한 것으로 보기 어려울 뿐만 아니라 피의자 스스로 임의제출한 경우 피의자의 참여권 등이 보장되어야 하는 것과 견주어 보더라도 … [수사기관은] 피의자에게 참여권을 보장하고 압수한 전자정보 목록을 교부하는 등 피의자의 절차적 권리를 보장"해야 한다고 설명하였다. 피의자가 해당 물건을 직·간접적으로 관리해 온 것으로 볼 수 있다면, 압수수색 과정에서의 참여권이 인정되어야 한다는 취지이다. 대법원은 임의제출 사안에서 처음 사용한 '실질적 피압수자'라는 개념을 영장에 의한 압수수색 사안에서도 동일하게 적용함으로써 참여권이 보장되는 피의자의 범위를 제한하였다. …… 이와 같은 변화는 대법원이 앞서 지적한 현실적인 문제 — 피압수자 아닌 피의자에게 참여권을 인정할 경우에 야기되는 — 들을 고려하여 원심 결정의 이유를 일부 수정한 것으로 보인다. 우선 피의자의 압수수색 참여권을 원칙적으로 확대함으로써, 수사기관의 압수수색 집행의

은 압수·수색영장에 기하여 인터넷서비스업체인 갑 주식회사를 상대로 갑 회사의 본사 서버에 저장되어 있는 준항고인의 전자정보인 **카카오톡 대화내용 등에 대하여 압수·수색**을 실시하였는  데, 준항고인은 수사기관이 압수·수색 과정에서 참여권을 보장하지 않는 등의 위법이 있다는 이유로 압수·수색의 취소를 청구한 사안에서, ① 수사기관이 압수·수색영장을 집행할 때 처분의 상대방인 갑 회사에 영장을 팩스로 송부하였을 뿐 영장 원본을 제시하지 않은 점, ② 갑 회사는 서버에서 일정 기간의 준항고인의 카카오톡 대화내용을 모두 추출한 다음 그중에서 압수·수색영장의 범죄사실과 관련된 정보만을 분리하여 추출할 수 없어 그 기간의 모든 대화내용을 수사기관에 이메일로 전달하였는데, 여기에는 준항고인이 자신의 부모, 친구 등과 나눈 일상적 대화 등 혐의사실과 관련 없는 내용이 포함되어 있는 점, ③ 수사기관은 압수·수색 과정에서 준항고인에게 미리 집행의 일시와 장소를 통지하지 않았고, ④ 갑 회사로부터 준항고인의 카카오톡 대화내용을 취득한 뒤 전자정보를 탐색·출력하는 과정에서도 준항고인에게 참여 기회를 부여하지 않았으며, ⑤ 혐의사실과 관련된 부분을 선별하지 않고 그 일체를 출력하여 증거물로 압수하였고, ⑥ 압수·수색영장 집행 이후 갑 회사와 준항고인에게 압수한 전자정보 목록을 교부하지 않은 점 등 제반 사정에 비추어 볼 때, 원심이 갑 회사의 본사 서버에 보관된 준항고인의 카카오톡 대화 내용에 대한 압수·수색영장의 집행에 의하여 전자정보를 취득하는 것이 참여권자에게 통지하지 않을 수 있는 형사소송법 제122조 단서9)의 '급속을 요하는 때'에 해당하지 않는다고 판단한 것은 잘못이나, 그 과정에서 압수·수색영장의 원본을 제시하지 않은 위법, 수사기관이 갑 회사로부터 입수한 전자정보에서 범죄 혐의사실과 관련된 부분의 선별 없이 그 일체를 출력하여 증거물로 압수한 위법, 그 과정에서 서비스이용자로서 **'실질적 피압수자'이자 피의자인** 준항고인에게 **참여권을 보장하지 않은 위법**과 압수한 전자정보 목록을 교부하지 않은 위법을 종합하면, **압수·수색에서 나타난 위법이 압수·수색절차 전체를 위법하게 할 정도로 중대하다**고 보아 압수·수색을 취소한 원심의 결론을 수긍할 수 있다고 한 사례. **cf)** 대법원은 대상판결에서 ㈜카카오 본사 서버에 보관된 전자정보에 대한 압수·수색영장 집행에 있어, **실질적 피압수자(카카오 서비스이용자)인 피의자에게 참여권을 보장하지 않은 위법**이 있다고 판시하였다.

**4 [대판 2016도348 전원합의체]** [피해자 등 제3자가 피의자의 소유·관리에 속하는 정보저장매체를 영장에 의하지 않고 임의제출한 경우, 피의자에게 참여권을 보장하고 압수한 전자정보 목록을 교부하는 등 피의자의 절차적 권리를 보장하기 위한 적절한 조치가 이루어져야 하는지 여부(적극)] 피해자 등 제3자가 피의자의 소유·관리에 속하는 정보저장매체를 영장에 의하지 않고 임의제출한 경우에는 **실질적 피압수자인 피의자**가 수사기관으로 하여금 그 전자정보 전부를 무제한 탐색하는 데 동의한 것으로 보기 어려울 뿐만 아니라 피의자 스스로 임의제출한 경우 피의자의 참여권 등이 보장되어야 하는 것과 견주어 보더라도 특별한 사정이 없는 한 형사소송법 제219조, 제121조, 제129조에 따라 피의자에게 참여권을 보장하고 압수한 전자정보 목록을 교부하는 등 피의자의 절차적 권리를 보장하기 위한 적절한 조치가 이루어져야 한다.

---

적정성을 보장하기 위해 노력해온 그간의 경향을 지속하였다. 그러나 참여권 보장의 대상이 되는 피의자를 실질적으로 보호가 필요한 소위 '실질적 피압수자이자 피의자'로 범위를 제한하였고, 급속을 요하는 사유도 폭넓게 인정함으로써 수사의 밀행성도 일정부분 존중해주려는 시도로 읽힌다."(김면기, 제3자 보관정보 압수·수색 참여권에 대한 비판적 고찰 — 대법원 2022. 5. 31.자 2016모587 결정 등 참여권 관련 최근 국내외 판례 —, 형사판례연구[31], 2023, 371—373면.

9) 형사소송법 제122조(**영장집행과 참여권자에의 통지**) 압수·수색영장을 집행함에는 미리 집행의 일시와 장소를 전조에 규정한 자에게 통지하여야 한다. 단, 전조에 규정한 자가 참여하지 아니한다는 의사를 명시한 때 또는 **급속을 요하는 때에는 예외**로 한다.

* 대법원 2021. 11. 18. 선고 2016도348 전원합의체 판결
* 참조조문: 형사소송법 제215조,[1] 제218조[2]

> 임의제출된 정보저장매체에서 압수의 대상이 되는 전자정보의 범위를 넘어서는 전자정보에 대해 수사기관이 영장 없이 압수·수색하여 취득한 증거가 위법수집증거에 해당하는가?

●**사실**● 피고인 X는 2014.12.11. 23:16경 자신의 집에서 피해자 A의 의사에 반해 성기를 촬영한 범행('2014년 범행')을 저질렀다(X는 자신의 오피스텔에서, 제자인 A(남, 24세)가 다른 대학교 대학원에 진학하려고 하자 A를 질책하며 함께 술을 마신 후, 옷을 벗은 채 술에 취해 침대 위에 누워있던 A의 성기를 자신의 휴대전화 카메라를 이용하여 촬영하였다). A는 당일 23:33경 바로 피해 사실을 경찰에 신고하면서, X의 집에서 가지고 나온 X 소유의 휴대전화 2대(아이폰 및 삼성휴대폰)에 X가 촬영한 동영상과 사진이 저장되어 있다는 취지로 말하고 이를 **범행의 증거물로 임의제출**하였다. 경찰관들은 위 휴대전화 2대를 영장 없이 압수하면서, A에게 이 휴대전화에 저장된 동영상과 사진 등 전자정보 전부를 제출하는 취지인지 등 제출 범위에 관한 **의사를 따로 확인하지는 않았다**. X는 2014. 12. 19. 경찰에 휴대전화 1개(아이폰)에 대한 비밀번호를 제공하고 그 파일 이미징 과정에 **참여한 반면**, 다른 휴대전화 1개(삼성휴대폰)에 대해서는 사실상 비밀번호 제공을 거부하고, 저장된 동영상 파일의 복원·추출 과정에 **참여하지 않았다**. 경찰은 **아이폰**에 저장된 동영상 파일을 통해 A에 대한 2014년 범행을 확인한 다음, **삼성휴대폰**에서 2014년 범행의 증거 영상을 추가로 찾던 중, **A가 아닌 다른 남성 2인**이 침대 위에서 잠든 모습, 누군가가 손으로 그들의 성기를 잡고 있는 모습 등이 촬영된 동영상 30개와 사진 등을 발견하고, 그 내용을 확인한 후 이를 CD에 복제하였다. 경찰은 A를 소환하여 위 동영상에 등장하는 남성 2인의 인적 사항 등에 대해 조사하여 그들이 피해자 B, C라는 사실을 알게 되고, 추가 수사를 통해 X가 2013. 12.경 B, C가 술에 취해 잠든 사이 성기를 만지고 이 동영상을 촬영한 범행('2013년 범행')을 저지른 사실을 인지하였다(B, C도 X의 제자로 당시 함께 송년회를 한 후 술에 만취한 이들을 촬영하였다). **이후 경찰은 압수·수색영장을 발부받아** 2013년 범행 영상의 전자정보를 복제한 시디를 증거물로 압수하였다. 제1심은 경찰이 제출한 증거를 받아들여 X의 2013년 범행을 유죄로 판단하였으나 원심은 무죄를 선고였다. 이에 검사가 상고하였다.

●**판지**● 상고기각. 「[1] [임의제출에 따른 전자정보 압수의 대상과 범위] (가) 수사기관이 제출자의 의사를 쉽게 확인할 수 있음에도 **이를 확인하지 않은 채** 특정 범죄혐의사실과 관련된 전자정보와 그렇지 않은 전자정보가 '혼재된' 정보저장매체를 임의제출받은 경우, 그 정보저장매체에 저장된 전자정보 **전부가 임의제출되어 압수된 것으로 취급할 수는 없다**. (나) 전자정보를 압수하고자 하는 수사기관이 정보저장매체와 거기에 저장된 전자정보를 임의제출의 방식으로 압수할 때, 제출자의 구체적인 제출

---

1) 형사소송법 제215조(**압수, 수색, 검증**) ① 검사는 범죄수사에 필요한 때에는 피의자가 죄를 범하였다고 의심할 만한 정황이 있고 **해당 사건과 관계가 있다고 인정할 수 있는 것에 한정하여** 지방법원판사에게 청구하여 발부받은 영장에 의하여 압수, 수색 또는 검증을 할 수 있다. ② 사법경찰관이 범죄수사에 필요한 때에는 피의자가 죄를 범하였다고 의심할 만한 정황이 있고 **해당 사건과 관계가 있다고 인정할 수 있는 것에 한정하여** 검사에게 신청하여 검사의 청구로 지방법원판사가 발부한 영장에 의하여 압수, 수색 또는 검증을 할 수 있다.

2) 형사소송법 제218조(**영장에 의하지 아니한 압수**) 검사, 사법경찰관은 피의자 기타인의 유류한 물건이나 소유자, 소지자 또는 보관자가 **임의로 제출한 물건을 영장없이 압수할 수 있다.**

범위에 관한 의사를 제대로 확인하지 않는 등의 사유로 인해 임의제출자의 의사에 따른 전자정보 **압수의 대상과 범위가 명확하지 않거나 이를 알 수 없는 경우**에는 임의제출에 따른 압수의 동기가 된 범죄혐의사실과 관련되고 이를 증명할 수 있는 **최소한의 가치가 있는 전자정보에 한하여 압수의 대상**이 된다. 이때 범죄혐의사실과 관련된 전자정보에는 범죄혐의사실 그 자체 또는 그와 기본적 사실관계가 동일한 범행과 직접 관련되어 있는 것은 물론 범행 동기와 경위, 범행 수단과 방법, 범행 시간과 장소 등을 증명하기 위한 **간접증거나 정황증거** 등으로 사용될 수 있는 것도 포함될 수 있다. 다만 그 **관련성**은 임의제출에 따른 압수의 동기가 된 범죄혐의사실의 내용과 수사의 대상, 수사의 경위, 임의제출의 과정 등을 종합하여 **'구체적·개별적 연관관계'가 있는 경우에만 인정되고, 범죄혐의사실과 단순히 동종 또는 유사 범행이라는 사유만으로 관련성이 있다고 할 것은 아니다.** (다) 범죄혐의사실과 관련된 전자정보인지를 판단할 때는 범죄혐의사실의 내용과 성격, 임의제출의 과정 등을 토대로 구체적·개별적 연관관계를 살펴볼 필요가 있다. 특히 카메라의 기능과 정보저장매체의 기능을 함께 갖춘 휴대전화인 스마트폰을 이용한 불법촬영 범죄와 같이 **범죄의 속성상 해당 범행의 상습성이 의심되거나 성적 기호 내지 경향성**의 발현에 따른 일련의 범행의 일환으로 이루어진 것으로 의심되고, 범행의 직접증거가 스마트폰 안에 이미지 파일이나 동영상 파일의 형태로 남아 있을 개연성이 있는 경우에는 그 안에 저장되어 있는 같은 유형의 전자정보에서 그와 관련한 유력한 간접증거나 정황증거가 발견될 가능성이 높다는 점에서 **이러한 간접증거나 정황증거는 범죄혐의사실과 구체적·개별적 연관관계를 인정**할 수 있다. (라) 이처럼 범죄의 대상이 된 피해자의 인격권을 현저히 침해하는 성격의 전자정보를 담고 있는 불법촬영물은 범죄행위로 인해 생성된 것으로서 몰수의 대상이기도 하므로 임의제출된 휴대전화에서 해당 전자정보를 신속히 압수·수색하여 불법촬영물의 유통 가능성을 적시에 차단함으로써 **피해자를 보호할 필요성이 크다.** (마) 나아가 이와 같은 경우에는 간접증거나 정황증거이면서 몰수의 대상이자 압수·수색의 대상인 전자정보의 유형이 이미지 파일 내지 동영상 파일 등으로 비교적 명확하게 특정되어 그와 무관한 사적 전자정보 전반의 압수·수색으로 이어질 가능성이 적어 상대적으로 폭넓게 관련성을 인정할 여지가 많다는 점에서도 그러하다. (바) 피의자가 소유·관리하는 정보저장매체를 **피의자 아닌 피해자 등 '제3자가 임의제출'하는 경우**에는, 그 임의제출 및 그에 따른 수사기관의 압수가 적법하더라도 임의제출의 동기가 된 범죄혐의사실과 구체적·개별적 연관관계가 있는 전자정보에 한하여 압수의 대상이 되는 것으로 **더욱 제한적으로 해석하여야 한다.** 피의자 개인이 소유·관리하는 정보저장매체에는 그의 사생활의 비밀과 자유, 정보에 대한 자기결정권 등 인격적 법익에 관한 모든 것이 저장되어 있어 제한 없이 압수·수색이 허용될 경우 피의자의 인격적 법익이 현저히 침해될 우려가 있기 때문이다.

**[2] [임의제출된 정보저장매체 탐색 과정에서 무관정보 발견 시 필요한 조치·절차]**

임의제출된 정보저장매체에서 (가) 압수의 대상이 되는 전자정보의 범위를 초과하여 수사기관이 임의로 전자정보를 탐색·복제·출력하는 것은 **원칙적으로 위법한 압수·수색**에 해당하므로 허용될 수 없다. (나) 만약 전자정보에 대한 압수·수색이 종료되기 전에 범죄혐의사실과 관련된 전자정보를 적법하게 탐색하는 과정에서 별도의 범죄혐의와 관련된 전자정보를 우연히 발견한 경우라면, **수사기관은 더 이상의 추가 탐색을 중단하고 법원으로부터 별도의 범죄혐의에 대한 압수·수색영장을 발부받은 경우에 한하여 그러한 정보에 대하여도 적법하게 압수·수색을 할 수 있다.** (다) 따라서 임의제출된 정보저장매체에서 압수의 대상이 되는 전자정보의 범위를 넘어서는 전자정보에 대해 수사기관이 영장 없이 압수·수색하여 취득한 증거는 **위법수집증거에 해당**하고, 사후에 법원으로부터 영장이 발부되었다거나 피고인이나 변호인이 이를 증거로 함에 **'동의하였다고 하여'** 그 위법성이 치유되는 것도 아니다.

[3] 피해자 A는 경찰에 피고인의 휴대전화를 증거물로 제출할 당시 그 안에 수록된 **전자정보의 제출 범위를 명확히 밝히지 않았고**, 담당 경찰관들도 제출자로부터 그에 관한 확인절차를 거치지 않은

이상 위 휴대전화에 담긴 전자정보의 제출 범위에 관한 제출자의 의사가 명확하지 않거나 이를 알 수 없는 경우에 해당한다. 따라서 위 휴대전화에 담긴 전자정보 중 임의제출을 통해 적법하게 압수된 범위는 **임의제출 및 압수의 동기가 된 피고인의 2014년 범행 자체와 구체적·개별적 연관관계가 있는 전자정보로 제한적으로 해석하는 것이 타당**하다. 이에 비추어 볼 때 (가) 범죄발생 시점 사이에 상당한 간격이 있고 (나) 피해자 및 범행에 이용한 휴대전화도 전혀 다른 피고인의 2013년 범행에 관한 동영상은 앞서 살펴본 간접증거와 정황증거를 포함하는 구체적·개별적 연관관계 있는 관련 증거의 법리에 의하더라도 임의제출에 따른 압수의 동기가 된 범죄혐의사실(2014년 범행)과 **구체적·개별적 연관관계 있는 전자정보로 보기 어려우므로** 수사기관이 사전 영장 없이 이를 취득한 이상 증거능력이 없고, (다) 사후에 압수·수색영장을 받아 압수절차가 진행되었더라도 달리 볼 수 없다. 원심의 판결이유에 다소 적절하지 않은 부분이 있으나, **2013년 범행과 관련하여 발견된 동영상이 '위법수집증거'**로서 설령 사후에 압수·수색영장을 발부받아 이를 압수하였더라도 2013년 범행의 증거로서는 증거능력이 없고 이를 기초로 한 2차 증거 역시 증거능력이 없다는 등의 이유로, 2013년 범행을 유죄로 인정한 제1심을 파기하고 무죄로 판단한 원심의 결론은 수긍할 수 있다.

●**해설**● **1 대상판결의 의의** 압수·수색영장에 의하여 압수할 수 있는 증거는 당해 범죄사실과 **관련성이 있는 증거**이어야 한다. 그런데 전자정보가 저장된 저장매체는 그 용량이 상당하여 관련성 있는 증거 이외에 사생활이나 기업 정보 등이 광범위하게 포함되어 있는 경우가 많다. 대상판결은 이에 대한 **집행의 한계**를 보여준다. 대상판결은 수사기관이 제출자의 의사를 쉽게 확인할 수 있었음에도 이를 확인하지 않은 채 특정 범죄혐의사실과 관련된 전자정보와 그렇지 않은 전자정보가 혼재된 정보저장매체(휴대전화)를 임의제출받은 경우, 그 정보저장매체에 저장된 전자정보 전부가 임의제출되어 압수된 것으로 취급할 수 없다는 취지의 중요한 판결이다(대상판결은 '**제3자가 임의제출**'한 피의자의 휴대전화에 저장된 범죄증거를 탐색·복제·출력하는 방법과 절차에 관하여 판시한 최초의 판결로서 중요한 의미를 갖는다. 주요 쟁점은 ㉠ 2013년 범행에 대한 증거자료를 별도 영장 없이 압수한 것이 별건압수로 위법하지 않은지가 다투어졌고, 이에 대해 대법원은 위법하다고 판단하였다. ㉡ 또한 대상판례는 정보저장매체의 임의제출의 경우에도 선별적 압수 원칙이 적용된다고 판시함으로써 그간의 혼선이 있었던 법원의 태도를 명확히 정리하였다. ㉢ 참여권과 관련하여서도 대상판례는 임의제출에 의한 압수의 경우도 피압수자의 참여권을 보장해 주어야 한다는 법리를 분명히 하였다는 점에서 의의가 크다).

**2 전자정보에 대한 압수·수색의 절차 및 대상** 전자정보에 대한 수사기관의 압수·수색은 사생활의 비밀과 자유, 정보에 대한 자기결정권, 재산권 등을 침해할 우려가 크므로 포괄적으로 이루어져서는 안 되고, 비례의 원칙에 따라 수사의 목적상 필요한 최소한의 범위 내에서 이루어져야 한다. 따라서 (1) 수사기관의 전자정보에 대한 압수·수색은 「(가) 원칙적으로 영장 발부의 사유로 된 범죄혐의사실과 관련된 부분만을 **문서 출력물로 수집**하거나 수사기관이 휴대한 정보저장매체에 해당 **파일을 복제**하는 방식으로 이루어져야 하고, (나) 정보저장매체 자체를 직접 반출하거나 저장매체에 들어 있는 전자파일 전부를 하드카피나 이미징 등 형태로 수사기관 사무실 등 **외부로 반출**하는 방식으로 압수·수색하는 것은 현장의 사정이나 전자정보의 대량성으로 인하여 관련 정보 획득에 긴 시간이 소요되거나 전문인력에 의한 기술적 조치가 필요한 경우 등 범위를 정하여 출력 또는 복제하는 방법이 불가능하거나 압수의 목적을 달성하기에 현저히 곤란하다고 인정되는 때에 한하여 **예외적으로 허용**될 수 있을 뿐이다. 위와 같은 법리는 정보저장매체에 해당하는 '**임의제출물의 압수**'(형사소송법 제218조)에도 마찬가지로 적

용된다」(대상판결). (2) 또한 판례는 '임의제출물의 압수'의 경우도 해당사건과의 **관련성 여부**를 판단함에 있어서 범죄혐의사실과 단순히 동종 또는 유사 범행이라는 사유만으로 관련성이 있다고 판단해서는 안되고 **구체적·개별적 연관관계가 있는 경우에만 관련성이 인정된다**는 입장을 취한다('관련성'이라는 용어 자체가 추상적이고 포괄적이기 때문에 그 의미를 한정하기에는 어려움이 있지만, 학설과 판례는 영장에 기재된 범죄사실에 국한하지는 않는 것으로 본다).[3] 대상판결에서 대법원은 두 개의 휴대폰에 촬영된 동영상은 그 촬영시점 사이에 상당한 간격이 있고, 두 범행 간에는 **구체적·개별적 '연관관계 없다'**고 보았다(2013년 범행은 2014년 범행과 **상당한 간격**이 있고 피해자 및 범행에 사용한 **휴대폰도 전혀 다른 점** 등을 고려할 때 구체적, 개별적 연관관계가 있다고 보기 어렵다고 판단하였다). 따라서 수사기관이 사전영장 없이 이를 취득한 이상 증거능력이 없고, 사후에 압수·수색영장을 받아 압수절차가 진행되었더라도 달리 볼 수 없다는 이유로, **피고인의 2013년 범행을 무죄로 판단한 원심의 결론이 정당**하다고 본 것이다.

3 종래 대법원의 2015.7.16.자 2011모1839 전원합의체 결정 등은 수사기관의 전자정보에 대한 압수·수색 시 전자정보의 관련성, 참여권 보장, 전자 정보 압수목록 교부의무 등에 대한 법리를 제시하였다 (【22】참조)(영장에 의한 압수의 경우, 2011년 형사소송법 제106조가 개정되고, 대법원 2011모1839 전원합의체 결정 등의 법리가 선언되며, 영장실무상 탐색적 영장 청구를 불허하는 등의 수사기관에 대한 다양한 통제수단이 갖추어지고 있다). 대법원은 대상판결에서 전원일치 의견으로 **위 법리가 정보저장매체인 '임의제출물 압수'의 경우에도 적용**되고, 나아가 **피해자 등 '제3자'**가 피의자의 소유·관리에 속하는 정보저장매체를 영장에 의하지 않고 임의제출한 경우에도 전자정보의 임의제출 범위를 임의제출의 동기가 된 범죄혐의사실과 구체적·개별적 연관관계가 있는 전자정보에 한하여 제한적으로 해석하고, 피의자에게 참여권 보장 및 압수한 전자정보 목록 교부 등 피의자의 절차적 권리를 보장하기 위한 조치를 해야 한다고 판단하였다.

### *Reference*
## * 임의제출된 전자정보의 압수절차가 위법하지 않다고 판단한 사례 *

1 [대판 2020도2550] [임의제출과 임의성 증명] ●사실● 가. 피고인 X는 2018.9.21. 02:53경 오  산시 소재 ○○ 모텔에서, 피해자 A(여, 20세)과 성관계를 한 다음 휴대전화기의 동영상 기능을 실행하여 잠이 든 A의 음부를 **동의 없이 촬영**한 것을 비롯하여 그때부터 2019.1.13.경까지 총 7회 에 걸쳐 카메라나 그 밖에 이와 유사한 기능을 갖춘 기계장치를 이용하여 성적 욕망 또는 수치심을 유발할 수 있는 피해자 2명의 신체를 그 의사에 반하여 촬영하였다(이하 '쟁점 공소사실'이라 한다). 나. 피고인 X는

---

3) 판례의 관련성 판단과 다른 견해가 있다. "수사기관이 임의제출자의 의사를 확인하지 않아 제출범위에 대한 제출자의 의사가 명확하지 않은 경우에는 사회통념과 경험칙에 따라 **현재 수사 중인 범죄사실에 국한**하여 그에 관한 증거물에 한하여 제출하고자 하는 의사로 해석하여야지, 대상판례가 설시한 바와 같이 영장에 의한 압수와 동일하게 '관련성'의 개념을 이용하여 임의제출의 범위를 확장하는 것은 타당하지 않다고 생각한다. 특히 임의제출은 영장에 의한 압수와 달리 순전히 제출자의 자발적 의사에 기초하여 증거물을 수집하는 것이므로 **더욱 엄격하게 해석**되어야 한다. 뿐만 아니라 이와 같이 임의제출에 있어서 별건압수 여부를 판단하는 기준을 엄격히 함으로써 간접적으로 수사기관이 영장에 의한 압수를 더 선호하게 하여 영장 잠탈 목적의 임의제출을 받는 경향에 제동을 가하는 간접적 긍정효과를 기대할 수도 있다고 생각된다."(박정난, 임의제출된 휴대폰 내 전자정보의 압수범위 및 피압수자의 참여권 보장 − 대법원 2021. 11. 18. 선고 2016도348 판결 −, 법조 제71권 제2호(2022년), 386면).

2018.12.26. 05:29경 서울 서대문구 소재 △△호텔에서, 함께 투숙한 피해자 B(여, 20세)가 옷을 벗고 잠자는 사이에 이 사건 휴대전화기를 이용하여 이불 밖으로 나온 피해자의 다리를 포함한 침대 위의 피해자 사진을 찍음으로써, 성적 욕망 또는 수치심을 유발할 수 있는 타인의 신체를 의사에 반하여 촬영하였다. 다. 사법경찰관 P는 2019.1.25. 21:10경 서울서대문경찰서 수사사무실에서 피고인 X에 대한 **피의자신문조서를 작성**하였다. P는 X에게 이 사건 휴대전화를 보여줄 수 있는지 물어보았고, X는 휴대전화의 사진첩을 열어서 P에게 보여주었다. P는 X와 함께 이 사건 휴대전화의 사진첩을 확인하던 중 피해자 B에 대한 사진 외에 이 사건 동영상을 발견하였다. 이에 P는 X에게 이 사건 휴대전화를 제출할 것인지 물어보았는데, X는 자신의 업무를 이유로 휴대전화 제출을 거부하였다. 대신 휴대전화에 저장된 사진, 동영상 파일들을 제출하겠다고 하면서 이 사건 **동영상을 제출**하였다. P는 블루투스 방식으로 경찰관 업무용 휴대전화에 이 사건 동영상을 전송받아 복제하였고, 피의자신문조서에 '이때 피의자가 제출한 동영상 파일을 본건 기록에 수사보고 형식으로 첨부한다.'고 기재하였다. P는 2019.3.8. 수사보고(증거영상 임의제출 관련)를 작성하면서 이 사건 동영상별로 캡처한 사진을 출력하여 기록에 편철하였다. 원심은 이 사건 동영상 압수에 관한 **압수조서가 작성되었다고 볼 수 없고**, 피고인에게 파일 명세가 특정된 전자정보 압수목록이 교부되지도 않았으며, 피고인은 고소사건의 피의자로 조사받던 중 임의제출에 의한 압수의 효과에 대하여 고지 받지 못한 채 매우 위축된 상태에서 이 사건 동영상을 임의제출한 것으로 보이므로, 제출의 임의성에 대한 증명이 부족하다는 이유로 유죄를 선고한 제1심판결을 파기하고 무죄로 판단하였다. ●판지● 파기환송. [1] [**사법경찰관이 피의자신문조서에 압수의 취지를 기재하여 압수조서를 갈음한 조치가 위법한지 여부 및 전자정보 압수목록이 교부된 것으로 평가할 수 있는지 여부**] 형사소송법 제106조, 제218조, 제219조, 형사소송규칙 제62조, 제109조, 구 (경찰청) 범죄수사규칙(2021. 1. 8. 경찰청 훈령 제1001호로 개정되기 전의 것, 이하 '구 범죄수사규칙'이라 한다) 제119조 등 관련 규정들에 의하면, 사법경찰관이 임의제출된 증거물을 압수한 경우 압수경위 등을 구체적으로 기재한 압수조서를 작성하도록 하고 있다. 이는 사법경찰관으로 하여금 압수절차의 경위를 기록하도록 함으로써 사후적으로 압수절차의 적법성을 심사·통제하기 위한 것이다. **구 범죄수사규칙 제119조 제3항4)**에 따라 피의자신문조서 등에 압수의 취지를 기재하여 압수조서를 갈음할 수 있도록 하더라도, 압수절차의 적법성 심사·통제 기능에 차이가 없다. …… 사법경찰관은 피의자신문 시 이 사건 동영상을 재생하여 피고인에게 제시하였고, 피고인은 이 사건 동영상의 촬영 일시, 피해 여성들의 인적사항, 몰래 촬영하였는지 여부, 촬영 동기 등을 구체적으로 진술하였으며 별다른 이의를 제기하지 않았다. 따라서 이 사건 동영상의 압수 당시 실질적으로 피고인에게 해당 전자정보 압수목록이 교부된 것과 다름이 없다고 볼 수 있다. 비록 피고인에게 압수된 전자정보가 특정된 목록이 교부되지 않았더라도, 절차 위반행위가 이루어진 과정의 성질과 내용 등에 비추어 피고인의 절차상 권리가 실질적으로 침해되었다고 보기 어려우므로 이 사건 동영상에 관한 **압수는 적법하다고 평가할 수 있다.**5) [2] [**이 사건 동영상의 관련성 인정 여부**] 카메라의 기능과 정보

---

4) 현재 구 범죄수사규칙 제119조는 범죄수사규칙에서는 삭제되었고, 대통령령인 「검사와 사법경찰관의 상호협력과 일반적 수사준칙에 관한 규정」 제40조로 명맥을 유지하고 있다. 제40조(압수조서와 압수목록) 검사 또는 사법경찰관은 증거물 또는 몰수할 물건을 압수했을 때에는 압수의 일시·장소, 압수 경위 등을 적은 압수조서와 압수물건의 품종·수량 등을 적은 **압수목록을 작성**해야 한다. 다만, 피의자신문조서, 진술조서, 검증조서에 압수의 취지를 적은 경우에는 그렇지 않다.

5) 대상판결의 위 판시 부분에 대한 비판이 있다. "대상판결은 '사법경찰관이 이 사건 동영상을 재생하여 피고인에게 제시한 점, 피고인이 촬영 일시 피해 여성들의 인적사항 몰래 촬영하였는지 여부 촬영 동기 등을 구체적으로 진술하면서 이의를 제기하지 않은 점'을 근거로 이 사건 동영상의 압수 당시 실질적으로 피고인에게 해당 전자정보 **압수목록이 교부된 것과 다름이 없다**고 보았다. 이에 대해서는 찬성하기 어렵다. 피의자신문 과정에서 구체적인 진술을 하였다고 하더라도 그것은 그 상황에서 유효할 뿐 신문이 종료되고 난 후에도 피의자가

저장매체의 기능을 함께 갖춘 휴대전화기인 스마트폰을 이용한 불법촬영 범죄와 같이 범죄의 속성상 해당 범행의 상습성이 의심되거나 성적 기호 내지 경향성의 발현에 따른 일련의 범행의 일환으로 이루어진 것으로 의심되고, 범행의 직접증거가 스마트폰 안에 이미지 파일이나 동영상 파일의 형태로 남아 있을 개연성이 있는 경우에는 그 안에 저장되어 있는 같은 유형의 전자정보에서 그와 관련한 유력한 간접증거나 정황증거가 발견될 가능성이 높다는 점에서 이러한 간접증거나 정황증거는 범죄혐의사실과 구체적·개별적 연관관계를 인정할 수 있다. cf) 대상판결은 경찰청 훈령에 따라 피의자신문조서 등으로 압수조서에 갈음해 오던 수사관행에 대하여 압수조서의 작성 취지와 기능에 대한 고려를 통하여 위법여부를 판단한 점에서 의미가 있다.

2 [대판 2019도13290] 파기환송. [임의제출 받은 휴대전화기에 대한 '압수경위'란의 증거 인정 유무] [1] 피고인이 지하철역 에스컬레이터에서 휴대전화기의 카메라를 이용하여 성명불상 여성 피해자의 치마 속을 몰래 촬영하다가 현행범으로 체포되어 「성폭력범죄의 처벌 등에 관한 특례법」위반(카메라등이용촬영)으로 기소된 사안에서, 피고인은 공소사실에 대해 자백하고 검사가 제출한 모든 서류에 대하여 증거로 함에 동의하였는데, 그 서류들 중 체포 당시 임의제출 방식으로 압수된 피고인 소유 휴대전화기에 대한 압수조서의 '압수경위'란에 '지하철역 승강장 및 게이트 앞에서 경찰관이 지하철범죄 예방·검거를 위한 비노출 잠복근무 중 검정 재킷, 검정 바지, 흰색 운동화를 착용한 20대가량 남성이 짧은 치마를 입고 에스컬레이터를 올라가는 여성을 쫓아가 뒤에 밀착하여 치마 속으로 휴대폰을 집어넣는 등 해당 여성의 신체를 몰래 촬영하는 행동을 하였다'는 내용이 포함되어 있고, 그 하단에 피고인의 범행을 직접 목격하면서 위 압수조서를 작성한 사법경찰관 및 사법경찰리의 각 기명날인이 들어가 있으므로, 위 압수조서 중 '압수경위'란에 기재된 내용은 피고인이 범행을 저지르는 현장을 직접 목격한 사람의 진술이 담긴 것으로서 형사소송법 제312조 제5항에서 정한 '피고인이 아닌 자가 수사과정에서 작성한 진술서'에 준하는 것으로 볼 수 있고, 이에 따라 휴대전화기에 대한 임의제출절차가 적법하였는지에 영향을 받지 않는 별개의 독립적인 증거에 해당하여, 피고인이 증거로 함에 동의한 이상 유죄를 인정하기 위한 증거로 사용할 수 있을 뿐 아니라 피고인의 자백을 보강하는 증거가 된다고 볼 여지가 많다는 이유로, 이와 달리 피고인의 자백을 뒷받침할 보강증거가 없다고 보아 무죄를 선고한 원심판결에 자백의 보강증거 등에 관한 법리를 오해하거나 필요한 심리를 다하지 아니한 잘못이 있다. [2] 범죄를 실행 중이거나 실행 직후의 현행범인은 누구든지 영장 없이 체포할 수 있고(형사소송법 제212조), 검사 또는 사법경찰관은 피의자 등이 유류한 물건이나 소유자·소지자 또는 보관자가 임의로 제출한 물건은 영장 없이 압수할 수 있으므로(제218조), 현행범 체포현장이나 범죄 현장에서도 소지자 등이 임의로 제출하는 물건은 형사소송법 제218조에 의하여 영장 없이 압수하는 것이 허용되고, 이 경우 검사나 사법경찰관은 별도로 사후에 영장을 받을 필요가 없다.

3 [대판 2019도7342] 파기환송. ●사실● 가. 피고인 X는 2018.9.21. 22:00경 A가 운영하는 강원도 소재의

---

압수된 파일의 구체적인 내용을 정확하게 기억하고 있으리라고 단언할 수는 없다. 조사 직후에는 기억하고 있었다고 하더라도 수사절차와 공판과정을 거치면서 오랜 시간이 경과하도록 그 기억이 유지되리라고 보장할 수도 없다. 대법원이 강조하듯, 압수목록은 압수물에 대한 환부가환부신청을 하거나 압수처분에 대한 준항고를 하는 등 권리행사절차를 밟기 위한 가장 기초적인 자료가 되기에 피압수자의 동의나 인식정도에 상관없이 무조건 작성되고 교부되어야 한다. …… 다만, 압수목록 미교부만으로 적법절차의 실질적인 내용을 침해하였다고 보기는 어려우므로 이 사건 동영상 파일의 증거능력을 배제할 필요가 없다는 결론은 타당하다."(김미라, 압수조서 미작성과 전자정보 임의제출의 범위, 형사법의 신동향 통권 82호(2024년), 119−120면).

○○모텔에 손님인 것처럼 들어가 투숙한 후, 다음 날 08:30경부터 10:00경까지 사이에 위 모텔 종업원 B의 청소를 도와주는 것처럼 행세하면서 모텔 호실 내부에 위장형 소형 카메라를 설치하기 위해 위 모텔의 8개 호실에 임의로 들어가, A가 점유하는 각 방실에 각 침입하였다. 나. X는 2018.9.22. 08:30경~10:00경 이 사건 모텔 각 방실에 총 8개의 위장형 카메라를 설치하고 그때부터 같은 날 13:00경까지 205호실에서 불상의 젊은 남자의 나체를, 306호에서 남녀의 나체와 그들의 성관계 모습을, 308호에서 젊은 남녀의 나체와 그들의 성관계 모습을, 507호에서 남녀의 성관계 모습과 여성의 나체를 각각 촬영하였다. 이로써 피고인은 카메라를 이용하여 성적 욕망을 유발할 수 있는 다른 사람의 신체를 그 의사에 반하여 촬영하였다. ●판지● (가) 경찰이 범죄혐의사실과 관련된 전자정보와 그렇지 않은 전자정보가 **혼재되어 있는** 정보저장매체인 휴대전화를 **임의제출받는 경우 제출자의 의사를 확인**하여야 한다. 모텔 업주인 공소외 1은 총 8개의 위장형 카메라를 임의제출할 당시 이 사건 각 위장형 카메라 및 그 안에 저장된 전자정보의 제출 범위를 명확히 밝히지 않았으므로, 임의제출에 따른 압수의 동기가 된 범죄혐의사실과 관련되고 이를 증명할 수 있는 최소한의 가치가 있는 전자정보에 한하여 압수의 대상이 된다. 그런데 이 사건 각 위장형 카메라에 저장된 205, 308, 507호에서 촬영된 영상은 306호에서 촬영된 영상과 범행 일자가 동일하고, 모두 이 사건 모텔에서 촬영되었으며, 범죄의 속성상 해당 범행의 상습성이 의심되거나 피고인의 성적 기호 내지 경향성의 발현에 따른 일련의 범행의 일환으로 이루어진 것으로 의심되어, 범행의 동기와 경위, 범행 수단과 방법 등을 증명하기 위한 간접증거나 정황증거 등으로 사용될 수 있으므로, 306호 촬영에 관한 범죄 혐의사실과 구체적·개별적 연관관계를 인정할 수 있다. 결국 205, 308, 507호에서 촬영된 영상은 임의제출에 따른 압수의 동기가 된 306호 촬영에 관한 범죄혐의사실과 관련성이 있는 증거로서 **관련성이 인정**될 수 있다. (나) 피의자가 소유·관리하는 정보저장매체를 **피의자 아닌 제3자가 임의제출하는 경우**에 그 임의제출 및 그에 따른 수사기관의 압수가 적법하더라도 임의제출의 동기가 된 범죄혐의사실과 구체적·개별적 연관관계가 있는 전자정보에 한하여 압수의 대상이 되는 것으로 더욱 제한적으로 해석하여야 하는 것은, 정보저장매체에는 그의 사생활의 비밀과 자유, 정보에 대한 자기결정권 등 인격적 법익에 관한 모든 것이 저장되어 있어, 임의제출의 주체가 소유자 아닌 소지자·보관자에 불과함에도 아무런 제한 없이 압수·수색이 허용되면 피의자의 인격적 법익이 현저히 침해될 우려가 있음을 고려하여, 그 제출행위로 소유자의 사생활의 비밀 기타 인격적 법익이 현저히 침해될 우려가 있는 경우에는 임의제출에 따른 압수·수색의 필요성과 함께 임의제출에 동의하지 않은 소유자의 법익에 대한 특별한 배려도 필요하기 때문이다. (다) 반면, 임의제출된 이 사건 각 **위장형 카메라** 및 그 메모리카드에 저장된 전자정보처럼 **오직 불법촬영을 목적으로** 방실 내 나체나 성행위 모습을 촬영할 수 있는 벽 등에 은밀히 설치되고, **촬영대상 목표물의 동작이 감지될 때에만 카메라가 작동**하여 촬영이 이루어지는 등, 그 설치 목적과 장소, 방법, 기능, 작동원리상 소유자의 사생활의 비밀 기타 인격적 법익의 관점에서 그 소지·보관자의 임의제출에 따른 적법한 압수의 대상이 되는 전자정보와 구별되는 **별도의 보호 가치 있는 전자정보의 혼재 가능성을 상정하기 어려운 경우에는** 위 소지·보관자의 임의제출에 따른 통상의 압수절차 외에 별도의 조치가 따로 요구된다고 보기는 어렵다. **따라서 피고인 내지 변호인에게 참여의 기회를 보장하지 않고 전자정보 압수목록을 작성·교부하지 않았다는 점만으로 곧바로 증거능력을 부정할 것은 아니다.** 따라서 수사기관이 이 사건 각 위장형 카메라에 저장된 205호, 308호, 507호에서 각 촬영된 영상은 그 증거능력이 인정된다.

4 [대판 2019도6730] 파기환송. ●사실● 가. 피고인은 2018.2.15.부터 2018.4.25.까지 원심 판시 별지 범죄일람표 순번 제1 내지 47번 기재와 같이 총 47회에 걸쳐 피고인 소유의 아이폰7플러스 휴대전화기의 카

메라로 성적 수치심을 유발할 수 있는 성명불상 피해자들의 신체를 그 의사에 반하여 촬영하였다(이하 '순번 1~47번 범행'이라 한다). 나. 피고인은 2018.4.25. 16:00경 의정부시 평화로 525 의정부역 5번 출구 에스컬레이터에서 원심 판시 별지 범죄일람표 순번 제48번 기재와 같이, 짧은 청치마를 입고 올라가고 있는 피해자의 뒤에 서서 이 사건 휴대전화의 카메라로 치마 속을 몰래 촬영하려다 미수에 그쳤다(이하 '순번 48번 범행'이라 한다). ●판지● (가) 피고인이 이 사건 휴대전화를 **임의제출할 당시 그 안에 저장된 전자정보의 제출 범위를 명확히 밝히지 않았으므로, 임의제출에 따른 압수의 동기가 된 범죄혐의사실과 관련되고 이를 증명할 수 있는 최소한의 가치가 있는 전자정보에 한하여 압수의 대상이 된다.** 그런데 순번 1~47번 범행에 관한 동영상은 2018. 2. 15.부터 2018. 4. 25.까지 약 2개월에 걸쳐 촬영된 것으로 순번 48번 범행 일시인 2018. 4. 25.과 시간적으로 근접하고, 순번 48번 범행과 마찬가지로 카메라의 기능과 정보저장매체의 기능을 함께 갖춘 이 사건 휴대전화로 버스정류장, 지하철역사, 횡단보도 등 공공장소에서 촬영되었다. 따라서 순번 1~47번 범행은 범죄의 속성상 해당 범행의 상습성이 의심되거나 피고인의 성적 기호 내지 경향성의 발현에 따른 일련의 범행의 일환으로 이루어진 것으로 의심되어, 순번 48번 범행의 동기와 경위, 범행 수단과 방법 등을 증명하기 위한 간접증거나 정황증거 등으로 사용될 수 있어 순번 48번 범죄혐의사실과 **구체적·개별적 연관관계를 인정**할 수 있다. 결국 순번 1~47번 범행에 관한 동영상은 임의제출에 따른 압수의 동기가 된 순번 48번 범죄혐의사실과 관련성이 있는 증거로서 **관련성이 인정**될 수 있다. (나) 또한 경찰관은 피의자 신문 당시 임의제출받은 이 사건 **휴대전화를 피고인과 함께 탐색하는** 과정에서 발견된 순번 1~47번 범행에 관한 동영상을 피고인의 참여 아래 추출·복사하였고, 피고인은 직접 위 순번 1~47 범행에 관한 동영상을 토대로 '범죄일람표' 목록을 작성하였음을 알 수 있다. 따라서 피고인이 이 사건 휴대전화의 탐색 과정에 참여하였다고 보아야 하고, 순번 1~47번 범행에 관한 동영상을 특정하여 범죄일람표 목록을 작성·제출함으로써 실질적으로 피고인에게 전자정보 상세목록이 교부된 것과 다름이 없다고 볼 수 있다. (다) 그러므로 수사기관이 위 휴대전화에 담긴 내용을 조사하는 과정에서 순번 1~47번 범행의 동영상을 확인하고 이를 복제한 시디는 임의제출에 의해 적법하게 압수된 전자정보로서 그 증거능력이 인정됨에도 이와 달리 이 사건 공소사실 중 순번 1~47번 범행 부분을 무죄로 판단한 원심의 판단에는 정보저장매체에 담긴 전자정보의 임의제출 범위 등에 관한 법리를 오해하여 판결에 영향을 미친 잘못이 있다.

5 [대판 2016도9596] ●사실● 피고인 X는 2014. 8. 22.경 서울 강남구 소재의 안마시술소에서 자신의 휴대전화를 이용하여 여종업원의 음부, 가슴, 엉덩이 등 피해자 A의 신체를 몰래 촬영하였다('2014년 범행'). 그리고 피고인은 2015. 6. 7. 09:40경 영동고속도로 하행선 △△휴게소에서 이 휴대전화를 이용하여 의자에 앉아 있던 피해자 B(여, 24세)의 치마 밑 허벅지와 다리를 몰래 촬영하였다('2015년 범행'). 경찰은 당일 B의 남자친구의 신고를 받고 현장에 출동하여 X로 부터 휴대전화를 임의제출받아 이를 영장 없이 압수하였다. 경찰은 같은 날 13:15 X에 대한 1회 피의자신문을 진행하면서 X의 면전에서 휴대전화를 탐색하여 발견된 피해자의 영상 및 불특정 다수 여성의 영상을 제시하였다. 피고인은 이들 영상을 몰래 촬영하였음을 자백하였다. 경찰은 같은 날 이 사건 휴대전화에 저장된 2013. 9.경부터 2015. 6. 7.까지 촬영된 여성 사진 2,091장을 출력하여 '피의자 핸드폰에 저장된 여성 사진 분석'이라는 내사보고 형식으로 수사기록에 편철하였는데, 거기에 2015년 범행에 관한 사진 2장 및 2014년 범행에 관한 사진 5장('이 사건 사진'이라 한다)도 포함되었다. 경찰은 같은 날 16:45 X에 대한 2회 피의자신문에서, 다시 X에게 출력된 위 2,000여 장의 여성 사진을 제시하면서 그중 2014년 범행에 관한 영상의 촬영경위를 질문하였고, X는 강남구 소재의 안마시술소에서 여종업원의 나체를 몰래 촬영한 것이라고 자백하였다. 원심은 2014년 범행에 관한 영상은 2015년

범행과 관련성이 인정되지 않고 이 사건 휴대전화를 탐색하는 과정에서 피고인의 참여권이 보장되지 않았으며 압수한 전자정보 목록도 교부되지 않는 등, 2014년 범행에 관한 영상은 형사소송법상 영장주의를 위반하여 수집된 증거로서 위법수집증거에 해당하므로 증거능력이 없고, 그 밖에 달리 피고인의 자백을 보강할 만한 증거가 없다는 이유로 2014년 범행 부분에 대하여 유죄를 선고한 제1심판결을 파기하고 무죄를 선고하였다. ●판지● 파기환송. (가) 2014년 범행에 관한 영상은 임의제출에 의해 적법하게 압수된 전자정보로서 그 증거능력을 인정할 수 있다. 구체적인 이유는 다음과 같다. (나) 피고인이 이 사건 휴대전화를 임의제출할 당시 2015년 범행에 관한 영상에 대하여만 제출 의사를 밝혔는지, 아니면 2014년 범행에 관한 영상을 포함하여 제출 의사를 밝혔는지 명확하지 않다. 따라서 임의제출에 따른 압수의 동기가 된 범죄혐의사실인 2015년 범행에 관한 영상과 관련되고 이를 증명할 수 있는 최소한의 가치가 있는 전자정보에 한하여 압수의 대상이 된다. 그런데 2014년 범행에 관한 영상을 비롯한 이 사건 휴대전화에서 발견된 약 2,000개의 영상은 **2년여에 걸쳐 지속적으로** 카메라의 기능과 정보저장매체의 기능을 함께 갖춘 이 사건 휴대전화로 촬영된 것으로, 범죄의 속성상 해당 범행의 상습성이 의심되거나 피고인의 성적 기호 내지 경향성의 발현에 따른 일련의 범행의 일환으로 이루어진 것으로 의심되어, 2015년 범행의 동기와 경위, 범행 수단과 방법 등을 증명하기 위한 **간접증거나 정황증거** 등으로 사용될 수 있어 **2015년 범죄혐의사실과 구체적·개별적 연관관계를 인정할 수 있다.** 결국 2014년 범행에 관한 영상은 임의제출에 따른 압수의 동기가 된 2015년 범죄혐의사실과 관련성이 인정될 수 있다. (다) 경찰은 1차 피의자신문 시 이 사건 휴대전화를 피고인과 함께 탐색하는 과정에서 2014년 범행에 관한 영상을 발견하였으므로, 피고인은 이 사건 휴대전화의 탐색 과정에 참여하였다고 볼 수 있다. (라) 경찰은 같은 날 곧바로 진행된 2회 피의자신문에서 이 사건 사진을 피고인에게 제시하였고, 5장에 불과한 이 사건 사진은 모두 동일한 일시, 장소에서 촬영된 2014년 범행에 관한 영상을 출력한 것임을 육안으로 쉽게 알 수 있다. 따라서 비록 피고인에게 전자정보의 파일 명세가 **특정된 압수목록이 작성·교부되지 않았더라도** 절차 위반행위가 이루어진 과정의 성질과 내용 등에 비추어 **피고인의 절차상 권리가 실질적으로 침해되었다고 보기도 어렵다.** (마) 그러므로 2014년 범행에 관한 영상은 그 증거능력이 인정됨에도 이와 달리 이 사건 공소사실 중 2014년 범행 부분을 무죄로 판단한 원심의 판단에는 위법수집증거에 관한 법리를 오해하여 판결에 영향을 미친 잘못이 있다.

# 25 전자정보의 역외 압수 · 수색

* 대법원 2017. 11. 29. 선고 2017도9747 판결
* 참조조문: 형사소송법 제106조,[1] 제109조,[2] 제120조[3]

> 피의자의 이메일 계정에 대한 접근권한에 갈음하여 발부받은 압수·수색영장에 따라 **원격지의 저장매체**에 적법하게 접속하여 내려받거나 현출된 전자정보를 대상으로 하여 범죄 혐의사실과 관련된 부분에 대하여 압수·수색하는 것이 허용되는가? 나아가 원격지의 저장매체가 **국외에 있는 경우**라도 마찬가지로 적용되는가?

●**사실**● 국가정보원 수사관 P는 북한공작원으로부터 활동비와 지령을 받은 혐의 등으로 X를 수사하던 중 X 명의의 차량 안에서 이동형저장장치(USB)를 발견하였다. 그리고 이를 압수·수색한 결과 이 USB에 들어 있던 암호화된 파일을 복호화하여 시나닷컴(sina.com)에서 사용한 이메일 주소(ID)와 비번을 알게 되었다. X는 대북 보고문을 작성하여 암호화 파일을 생성한 후, 불상의 장소에서 중국의 인터넷 포털업체인 'sina.com'에 접속하여 로그인한 다음 위 생성한 파일을 발송하였다. 이에 따라 수사기관은 서울중앙지방법원에 ① **압수 · 수색 · 검증할 물건**으로 '시나닷컴(sina.com) 이메일 계정의 각종 편지함과 문서함 등에 저장된 이메일 내용과 동 내용을 출력한 출력물 등'을, ② **압수 · 수색 · 검증할 장소**로는 '서울시 송파구 소재 한국인터넷진흥원(KISA) 사무실에 설치된 인터넷용 PC'를 ③ **압수 · 수색 · 검증방법**으로는 '한국인터넷진흥원(KISA) 사무실에 설치된 인터넷용 PC에서 영상녹화 및 동 기관의 전문가, 일반인 포렌식 전문가가 입회한 가운데 중국 공소외 1, 2 회사의 이메일 홈페이지 로그인한 후 국가보안법위반 자료 출력물 및 동 자료를 선별하여 저장한 저장매체 봉인 · 압수'할 것으로 각 특정하여 **압수 · 수색 · 검증영장을 청구**하였다.

이에 법원은 피고인에게 압수·수색에 참여할 기회를 부여할 것을 부가조건으로 하여 압수·수색·검증영장을 발부하였다. 국가정보원 수사관 등은 X 및 변호인에게 이 사건 압수·수색영장이 발부된 사실을 설명하고 위 영장을 제시하며 참여의사를 물었으나, X는 대답하지 아니하였고 X의 변호인도 영장을 열람했을 뿐 참여의사를 밝히지 아니하였다. 이에 국가정보원 수사관 등은 KISA에서 압수·수색영장을 제시하고 KISA의 주임연구원이 참여하고 디지털 포렌식 전문가가 입회한 가운데 영장에 기재된 각 이메일 주소 및 비밀번호를 입력하여 총 15건의 이메일(헤더정보 포함) 및 그 첨부파일을 추출하여 출력 · 저장함으로써 압수하였다. 국가정보원 수사관은 노트북 바탕화면에 새로운 폴더를 임의로 생성하고, 그 폴

---

1) 형사소송법 제106조(**압수**) ① 법원은 필요한 때에는 피고사건과 **관계가 있다고 인정할 수 있는 것에 한정**하여 증거물 또는 몰수할 것으로 사료하는 물건을 압수할 수 있다. 단, 법률에 다른 규정이 있는 때에는 예외로 한다. ② 법원은 압수할 물건을 지정하여 소유자, 소지자 또는 보관자에게 제출을 명할 수 있다. ③ 법원은 **압수의 목적물**이 컴퓨터용디스크, 그 밖에 이와 비슷한 **정보저장매체**(이하 이 항에서 "정보저장매체등"이라 한다)인 경우에는 기억된 정보의 **범위를 정하여** 출력하거나 복제하여 제출받아야 한다. 다만, 범위를 정하여 출력 또는 복제하는 방법이 불가능하거나 압수의 목적을 달성하기에 현저히 곤란하다고 인정되는 때에는 **정보저장매체 등을 압수**할 수 있다. ④ 법원은 제3항에 따라 정보를 제공받은 경우 「개인정보보호법」 제2조제3호에 따른 정보주체에게 해당 사실을 **지체 없이 알려야 한다**.
2) 형사소송법 제109조(**수색**) ① 법원은 필요한 때에는 피고사건과 관계가 있다고 인정할 수 있는 것에 한정하여 피고인의 신체, 물건 또는 주거, 그 밖의 장소를 수색할 수 있다. ② 피고인 아닌 자의 신체, 물건, 주거 기타 장소에 관하여는 압수할 물건이 있음을 인정할 수 있는 경우에 한하여 수색할 수 있다.
3) 형사소송법 제120조(**집행과 필요한 처분**) ① 압수·수색영장의 집행에 있어서는 건정을 열거나 개봉 기타 필요한 처분을 할 수 있다. ② 전항의 처분은 압수물에 대하여도 할 수 있다.

더 안에 각각의 이메일 주소명을 이름으로 하는 하위 폴더를 생성한 후 그 안에 각각의 이메일 계정에서 선별한 자료를 저장하였다. 그리고 위 폴더 내의 자료들에 대해 디지털 포렌식 프로그램을 이용하여 각각의 파일에 대한 해쉬값을 생성한 후 전체 파일을 복사하여 USB 2개에 각각 저장하고 각각의 파일에 대한 해쉬값이 기록된 '전자상세정보목록'을 출력하여 원본파일과 사본파일 각각에 대한 해쉬값을 일일이 비교하여 해쉬값이 동일함을 확인한 뒤, 위 USB 2개 중 1개는 봉인하여 위 참여인과 입회인에게 각 서명하게 하였다. 검찰은 이러한 이메일 등을 증거로 하여 X를 국가보안법위반죄로 기소하였다.

제1심은 수사기관의 역외 압수·수색은 적법하다고 보았고 따라서 이를 통해 압수된 이메일의 증거능력도 인정된다고 보아 X에 대해 **유죄**를 인정하였다. 그러나 항소심은 디지털증거가 저장된 해외 서버를 압수·수색하는 것은 우리의 사법권이 미치지 않는 영역에서 이루어진 것으로 위법하고, 특히 해외 ISP의 참여권이 보장되지 않아 디지털증거의 원본성이나 무결성을 담보할 수 없음을 지적하며 제1심을 파기하고 **무죄**를 선고하였다. 이에 검사가 상고했다.

●**판지**● 상고기각. 「(가) 압수·수색은 대상물의 소유자 또는 소지자를 상대로 할 수 있고, 이는 해당 소유자 또는 소지자가 피고인이나 피의자인 경우에도 마찬가지이다(형사소송법 제106조 제1항, 제2항, 제107조 제1항, 제108조, 제109조 제1항, 제219조 참조). 또한 정보저장매체에 저장된 전자정보에 대한 압수·수색은 영장 발부의 사유로 된 범죄 혐의사실과 관련된 부분만을 출력하거나 복제하는 방법으로 하여야 하고, 다만 범위를 정하여 출력 또는 복제하는 방법이 불가능하거나 압수의 목적을 달성하기에 현저히 곤란하다고 인정되는 때에는 정보저장매체 자체를 압수할 수 있다(형사소송법 제106조 제3항, 제219조 참조).

(나) **인터넷서비스이용자**는 인터넷서비스제공자와 체결한 서비스이용계약에 따라 인터넷서비스를 이용하여 개설한 이메일 계정과 관련 서버에 대한 접속권한을 가지고, 해당 이메일 계정에서 생성한 이메일 등 전자정보에 관한 작성·수정·열람·관리 등의 처분권한을 가지며, 전자정보의 내용에 관하여 사생활의 비밀과 자유 등의 권리보호이익을 가지는 주체로서 해당 전자정보의 소유자 내지 소지자라고 할 수 있다. 또한 **인터넷서비스제공자**는 서비스이용약관에 따라 전자정보가 저장된 서버의 유지·관리책임을 부담하고, 해당 서버 접속을 위해 입력된 아이디와 비밀번호 등이 인터넷서비스이용자가 등록한 것과 일치하면 접속하려는 자가 인터넷서비스이용자인지를 확인하지 아니하고 접속을 허용하여 해당 전자정보를 정보통신망으로 연결되어 있는 컴퓨터 등 다른 정보처리장치로 이전, 복제 등을 할 수 있도록 하는 것이 일반적이다. 따라서 **수사기관이 인터넷서비스이용자인 피의자를 상대로 피의자의 컴퓨터 등 정보처리장치 내에 저장되어 있는 이메일 등 전자정보를 압수·수색**하는 것은 전자정보의 소유자 내지 소지자를 상대로 해당 전자정보를 압수·수색하는 대물적 강제처분으로 형사소송법의 해석상 허용된다.

(다) 나아가 압수·수색할 전자정보가 압수·수색영장에 기재된 수색장소에 있는 컴퓨터 등 정보처리장치 내에 있지 아니하고 그 정보처리장치와 정보통신망으로 연결되어 **제3자가 관리하는 원격지의 서버 등 저장매체에 저장되어 있는 경우**에도, 수사기관이 피의자의 이메일 계정에 대한 접근권한에 갈음하여 발부받은 영장에 따라 영장 기재 수색장소에 있는 컴퓨터 등 정보처리장치를 이용하여 적법하게 취득한 피의자의 이메일 계정 아이디와 비밀번호를 입력하는 등 피의자가 접근하는 통상적인 방법에 따라 원격지의 저장매체에 접속하고 그곳에 저장되어 있는 피의자의 이메일 관련 전자정보를 수색장소의 정보처리장치로 내려받거나 그 화면에 현출시키는 것 역시 **피의자의 소유에 속하거나 소지하는 전자정보를 대상으로 이루어지는 것**이므로 그 전자정보에 대한 압수·수색을 위와 달리 볼 필요가 없다. 비록 수사기관이 위와 같이 원격지의 저장매체에 접속하여 그 저장된 전자정보를 수색장소의 정

보처리장치로 내려받거나 그 화면에 현출시킨다 하더라도, **이는 인터넷서비스제공자가 허용한 피의자의 전자정보에 대한 접근 및 처분권한과 일반적 접속 절차에 기초한 것으로서, 특별한 사정이 없는 한 인터넷서비스제공자의 의사에 반하는 것이라고 단정할 수 없다.**

(라) 또한 형사소송법 제109조 제1항, 제114조 제1항에서 영장에 수색할 장소를 특정하도록 한 취지와 정보통신망으로 연결되어 있는 한 정보처리장치 또는 저장매체 간 이전, 복제가 용이한 전자정보의 특성 등에 비추어 보면, 수색장소에 있는 정보처리장치를 이용하여 정보통신망으로 연결된 원격지의 저장매체에 접속하는 것이 위와 같은 형사소송법의 규정에 위반하여 압수·수색영장에서 허용한 집행의 장소적 범위를 확대하는 것이라고 볼 수 없다. **수색행위**는 정보통신망을 통해 원격지의 저장매체에서 수색장소에 있는 정보처리장치로 내려받거나 현출된 전자정보에 대하여 위 정보처리장치를 이용하여 이루어지고, **압수행위**는 위 정보처리장치에 존재하는 전자정보를 대상으로 그 범위를 정하여 이를 출력 또는 복제하는 방법으로 이루어지므로, 수색에서 압수에 이르는 일련의 과정이 모두 압수·수색영장에 기재된 장소에서 행해지기 때문이다. 위와 같은 사정들을 종합하여 보면, 피의자의 이메일 계정에 대한 접근권한에 갈음하여 발부받은 압수·수색영장에 따라 원격지의 저장매체에 적법하게 접속하여 내려받거나 현출된 전자정보를 대상으로 하여 범죄 혐의사실과 관련된 부분에 대하여 압수·수색하는 것은, 압수·수색영장의 집행을 원활하고 적정하게 행하기 위하여 필요한 최소한도의 범위 내에서 이루어지며 그 **수단과 목적에 비추어 사회통념상 타당하다고 인정되는 대물적 강제처분 행위로서 허용**되며, 형사소송법 제120조 제1항에서 정한 압수·수색영장의 집행에 필요한 처분에 해당한다. 그리고 이러한 법리는 원격지의 저장매체가 국외에 있는 경우라 하더라도 그 사정만으로 달리 볼 것은 아니다」.

●**해설**● **1 대상판결의 의의**　　대상판결은 **원격 압수·수색**의 적법성을 판단한 최초의 사건이다. 압수·수색할 전자정보가 압수·수색영장에 기재된 수색장소에 있는 컴퓨터 등 정보처리장치 내에 있지 않고 그 정보처리장치와 정보통신망으로 연결되어 **제3자가 관리하는 원격지의 서버** 등에 저장되어 있는 경우에, 통상적인 방법에 따라 원격지의 저장매체에 접속하여 전자정보를 내려받거나 화면에 현출시켜 압수·수색할 수 있는지가 문제되었다(우리 형사소송법은 '원격 압수·수색'의 근거 규정을 따로 두고 있지 않다). 대상판결에서 대법원은 피의자의 소유에 속하거나 소지하는 전자정보를 대상으로 하는 것이라면, '피의자의 정보처리장치에 저장된 전자정보'를 압수·수색하는 것과 그 정보처리장치와 정보통신망으로 연결되어 '제3자가 관리하는 원격 저장매체에 저장된 전자정보'를 압수·수색하는 것을 다르게 취급할 이유가 없다고 보았다. 이와 같은, 원격 압수·수색의 문제는 해외에 서버가 있는 경우, 일명 '이메일 망명'의 경우에도 접속하는 PC에 영장집행이 가능한지의 문제로 확대된다. 특히 **역외 압수·수색**은 그 법률적 근거가 약하고 사생활의 침해, **국가 관할권** 등의 여러 문제점을 안고 있다. 역외 압수·수색은 저장된 정보를 압수한다는 점에서는 압수·수색의 일종이나 그 과정이 피압수자에게 공개되지 않는 점에서 인터넷 감청과 유사하다.

**2** 대상사안에서 **제1심**은 수사기관의 역외 압수·수색은 적법한 것으로 판단하고 있다. 즉 「형사소송법 제120조 제1항에서 "압수·수색영장의 집행에 있어서는 건정을 열거나 개봉 기타 필요한 처분을 할 수 있다"고 규정하고 있고, 이는 검증영장을 집행하는 경우에도 준용된다. 수사관이 적법하게 알아낸 **피고인의 이메일 아이디와 비밀번호를 입력하는 것도 이러한 '기타 필요한 처분'에 해당한다**고 봄이 상당하다」고 하면서, 「이메일은 전세계 어디서나 접속할 수 있으므로 이메일 서버 관리자의 의사는 정당한 권한을 가지고 아이디와 패스워드를 아는 자라면 어디서든지 접속할 수 있도록 하려는 것으로 추정할 수

있다. 국정원 수사관들이 법원의 영장에 기하여 위 이메일에 접근하는 정당한 권한을 가졌다는 점은 앞서 본 바와 같으므로 국정원 수사관이 **대한민국에서 이메일에 접근했다고 하더라도 어떠한 위법이 있다고 할 수 없고** 국제적인 관할권의 문제가 생긴다고 볼 수도 없다」(서울중앙지방법원 2016. 12. 15. 선고 2016고합538·558(병합) 판결)

3 반면 **항소심**은 수사기관의 역외 압수·수색을 위법한 것으로 본다. 「형사소송법에서 규정하고 있는 압수·수색은 대인적 강제처분이 아닌 대물적 강제처분으로, 특정 이메일 계정에 담긴 디지털 정보에 대한 통제권을 가지고 있는 이메일서비스이용자의 이메일 계정에 대하여 접근할 수 있는 수단을 확보하였음을 기화로 위와 같은 방법으로 그 디지털 정보가 저장되어 있는 **제3자의 장소인 해외 이메일서비스제공자의 해외 서버**에 대하여까지 위 압수·수색의 범위를 확장하는 것은 대물적 강제처분인 압수·수색의 효력을 **아무런 근거 없이 확장하는 것**이라 할 것이다」.「외국에 위치한 서버에서 해당 디지털 정보 자체를 보관하고 있는 이메일서비스제공자에 대한 강제처분이 아닌 그 밖의 방법에 의하여 해당 이메일 계정에 접근하여 관련 전기통신 등에 관한 자료를 확보하는 것은 형사소송법이 상정하고 있는 압수·수색의 방법은 아닌 것으로 보인다. **이메일서비스제공자가 외국 기업으로 서버가 해외에 존재하는 경우 대한민국의 사법관할권이 적용되지 아니하므로** 수사기관이 정보저장매체에 물리적으로 접근할 수 있는 방법이 없고, 따라서 현재로서는 형사사법공조절차를 거치거나 개별 이메일서비스 제공자의 협조를 얻어 디지털 정보를 제공받아야 할 것으로 보이고, **궁극적으로는 관련 법령의 개정이나 관련 외국과의 조약 체결의 방법으로 해결할 문제**라 할 것이다」(서울고등법원 2017. 6. 13. 선고 2017노23 판결).

4 대법원은 제1심 판단과 같은 선상에서 「수사기관이 적법하게 취득한 이메일 계정 아이디와 비밀번호를 입력하는 등 피의자가 접근하는 통상적인 방법에 따라 원격지의 저장매체에 접속하고 그곳에 저장되어 있는 피의자의 이메일 관련 전자정보를 수색장소의 정보처리장치로 내려받거나 그 화면에 현출시키는 것은 **인터넷서비스제공자가 허용한 전자정보에 대한 접근 및 처분권과 일반적 접속 절차에 기초한 것으로서**, 특별한 사정이 없는 한 인터넷서비스제공자의 의사에 반하는 것이라고 단정할 수 없다」고 판단하여 수사기관의 역외 압수·수색을 적법한 것으로 보았다.

5 항소심과 대법원 판단의 가장 큰 차이는 피압수자에 대한 서로 다른 시각이다. 항소심은 해외에 물리적으로 위치한 **서버 내의 데이터**를 피압수대상으로 판단하고 있고, 대법원은 해당 **전자정보의 소지자를 피압수자로 판단**하여 해석하고 있다. 이는 네트워크 환경의 특수성에서 기인한 것으로, 물리적 위치를 한정 지을 수 있는 오프라인 환경과는 달리 온라인 네트워크 환경에서는 국내와 해외의 구분이 사실상 무의미하므로 이러한 해석상의 차이가 발생하게 된 것으로 보인다. 대법원의 대상판결 이후로 일관되게 역외 압수·수색의 방법을 긍정(대판 2020도14654, Ref 2)하고 있으나, 최근 판례에서는 역외 압수·수색의 방법을 보다 엄격하게 해석하고 있다(대판 2022도1452, Ref 1). 현재 대검찰청의 예규는 「디지털증거의 수집·분석 및 관리규정」 제31조는 "압수·수색·검증의 대상인 정보저장매체와 정보통신망으로 연결되어 있고 압수 대상인 전자정보를 저장하고 있다고 인정되는 **원격지의 정보저장매체**에 대하여는 압수·수색·검증 대상인 정보저장매체의 시스템을 통해 접속하여 압수·수색·검증을 할 수 있다. 이 경우 피압수자 등이 정보통신망으로 정보저장매체에 접속하여 기억된 정보를 임의로 삭제할 우려가 있을 경우에는 정보통신망 연결을 차단할 수 있다."고 규정하고 있다(대검찰청예규 제1285호, 2022. 5. 18 일부개정, 2021. 1.

1. 시행).4)

*Reference*

1 [대판 2022도1452] 파기환송. [수사기관이 압수·수색영장에 적힌 '수색할 장소'에 있는 컴퓨터 등 정보처리장치에 저장된 전자정보 외에 원격지 서버에 저장된 전자정보를 압수·수색하기 위해서는 압수·수색영장에 적힌 '압수할 물건'에 **별도로 원격지 서버 저장 전자정보가 특정**되어 있어야 하는지 여부(적극)/ 압수·수색영장에 적힌 '압수할 물건'에 컴퓨터 등 정보처리장치 저장 전자정보만 기재되어 있는 경우, 컴퓨터 등 정보처리장치를 이용하여 원격지 서버 저장 전자정보를 압수할 수 있는지 여부(소극)] ●**사실**● 경찰은 2020.12.23. 피해자 A에 대한 **사기 혐의**로 피고인 X를 조사하면서 X의 동의를 받아 X의 휴대전화로 은행 거래내역과 통화내역, 채무와 관련된 메시지, 휴대전화 메신저 대화내역을 확인하였다. (1) 경찰은 X가 휴식시간에 휴대전화 메신저 대화내역을 삭제하자, X에게 요청하여 휴대전화를 임의제출 받았다. 경찰은 임의제출 받은 휴대전화를 검색하던 중 카메라 등 폴더에서 **불법 촬영물**로 의심되는 사진, 동영상을 발견하였고, 피해자로 추정되는 여성들에게 연락하여 위 사진, 동영상 촬영에 동의하지 않았다는 사실을 확인하였다('**임의제출 관련 증거**'). (2) 경찰은 2021.2.18. 인천지방법원으로부터 '**압수할 물건**'을 '여성의 신체를 몰래 촬영한 것으로 판단되는 사진, 동영상 파일이 저장된 컴퓨터 하드디스크 및 외부저장매체'로, '**수색할 장소**'를 피고인의 주거지인 '인천 연수구(주소 생략)'으로, '**범죄사실**'을 '성폭력범죄처벌법 위반(카메라등이용촬영·반포등) 등'으로 한 압수·수색영장을 발부받았다. (3) 경찰은 2021.2.21. X의 주거지에서 임의제출 받은 휴대전화와는 별개의 휴대전화(이하 '이 사건 휴대전화')를 발견하여 압수하고, 이 사건 휴대전화가 구글계정에 로그인되어 있는 상태를 이용하여 구글클라우드에서 피해자 B에 대한 불법촬영물을 확인한 후 선별한 파일을 다운로드 받는 방식으로 범행과 관련된 동영상 4개와 사진 3개를 압수하였다('**구글클라우드 증거**'). (4) 경찰은 위 압수물에 대한 압수조서 및 전자정보 상세목록을 작성하고, 이 사건 **휴대전화와 연동된 구글클라우드를 수색**한 결과 불법촬영물이 발견되었다는 내용을 기재한 수사보고서를 작성하였다. 경찰 및 검찰주사보는 그 이후 촬영에 동의하지 않았다고 진술하는 피해자들과의 통화 내용을 기재한 각 수사보고를 작성하였다. 이후 피고인이 임의제출 관련 증거에 대하여 이의를 제기하자, 경찰은 2021.4.12. 뒤늦게 법원으로부터 임의제출 관련 증거에 대한 영장을 발부받아 압수하였다. 본 사안에서는 ① 사기죄로 조사받은 피고인으로부터 휴대전화를 임의제출하여 사기죄 뿐만 아니라 성폭력처벌법 위반 관련 증거를 발견하여 확보한 경우 각 증거의 증거능력이 있는지 유무와 ② 압수한 휴대전화가 구글계정에 연동되어 있음을 기화로, **휴대전화에 대한 압수수색영장에 기하여 클라우드에 접속**하여 다운로드받는 방식으로 압수 한 **구글클라우드 자료의 증거능력** 유무가 다투어 졌다. 원심은 이 사건 압수·수색영장 집행이 적법함을 전제로 위

---

4) "우리 대법원도 2020도14654 판결과 2022도1452판결 등을 통하여 역외 압수·수색의 법리를 발전시켜가고 있으나, 형사소송법 제120조의 확대해석만으로는 점차 다양해질 전자정보증거의 수집에 법적 정당성을 확보하기 어려운 순간이 도래할 것이다. 이러한 문제점을 해결하기 위해서는 역외 압수·수색 요건의 구체화를 통해 **절차규정을 명문화**하는 과정이 필요하다. 압수·수색은 사인의 기본권을 제한하는 강제처분의 성질을 가지는 절차이니 만큼, 그 절차와 요건이 법률로써 명문화되는 것이 형사소송법 제120조를 확대해석하여 적용하는 것보다 적법절차의 원칙과 강제처분법정주의 혹은 유추해석금지의 원칙 등 형법의 일반원칙에 반하지 않는 결과가 될 것이라고 생각된다. 우리 대법원은 판결을 통해 피압수자를 보호하는 법리 역시 확립하고 있는 만큼 이러한 법리 등을 명문화하여 피압수자의 기본권이 지나치게 침해되지 않도록 보호할 필요가 있다."(이수용·임규철, 전자정보 역외 압수·수색의 입법 개선 방향에 대한 소고, 원광법학 제39권 제1호(2023), 114면).

집행으로 취득한 증거에 대하여 증거능력이 인정된다고 보아 공소사실을 유죄로 판단하였다. ●판지● [1] [피해자 A에 대한 **사기혐의에 대해서는 유죄**를 인정] 피고인은 다른 피해자에 대한 사기 범행과 관련된 정보에 관하여 휴대전화를 임의제출한 것으로 판단되고, 담당경찰관이 휴대전화로부터 취득한 피해자 A에 대한 사기 범행의 증거는 X의 휴대전화를 임의제출하게 된 범죄사실과 관련 있는 전자정보이다. [2] ['**임의제출 관련 증거**'(성폭력처벌법 위반) 부분에 대해서는 무죄를 선고] 경찰이 사기 혐의로 조사를 받던 피고인으로부터 임의제출 받은 휴대전화에서 임의제출의 동기가 된 사기 범행과 **구체적 · 개별적 연관관계가 없는 불법촬영 범행**에 관한 사진, 동영상을 탐색 · 복제 · 출력한 것은 영장주의와 적법절차의 원칙을 위반한 위법한 압수 · 수색에 해당한다고 판단하였다. [3] ['**구글클라우드 증거**'(성폭력처벌법 위반) 부분에 대해서는 **원심의 판단과 달리 무죄를 선고**] 이 사건 압수 · 수색영장을 집행하면서 이 사건 휴대전화를 이용하여 구글클라우드에 저장된 불법촬영사진, 동영상을 압수 · 수색한 것은 위법하고, 위 증거는 증거능력이 없다. 그 구체적인 이유는 다음과 같다. 이 사건 압수 · 수색영장에 적힌 '압수할 물건'에는 '여성의 신체를 몰래 촬영한 것으로 판단되는 사진, 동영상 파일이 저장된 컴퓨터 하드디스크 및 외부저장매체'가, '수색할 장소'에는 피고인의 주거지가 기재되어 있다. 이 사건 압수 · 수색영장에 적힌 '**압수할 물건**'에 원격지 서버 저장 전자정보가 기재되어 있지 않은 이상 이 사건 압수 · 수색영장에 적힌 '**압수할 물건**'은 피고인의 주거지에 있는 컴퓨터 하드디스크 및 외부저장매체에 저장된 전자정보에 한정된다. 그럼에도 경찰은 이 사건 휴대전화가 구글계정에 로그인되어 있는 상태를 이용하여 원격지 서버에 해당하는 구글클라우드에 접속하여 구글클라우드에서 발견한 불법촬영물을 압수하였다. 결국 경찰의 압수는 이 사건 압수 · 수색영장에서 허용한 압수의 범위를 넘어선 것으로 적법절차 및 영장주의의 원칙에 반하여 위법하다. ●해설● 대상판결은 휴대전화나 컴퓨터 내 보관된 전자정보 등을 압수 · 수색의 대상으로 한 영장에 기하여 **그와 연동된 서버에 보관된 전자정보** 등을 압수할 수 있는지에 관한 대법원의 최초의 판단이다. 법관이 압수 · 수색영장을 발부하면서 '압수할 물건'을 특정하기 위하여 **기재한 문언은 엄격하게 해석**하여야 하여야 한다는 원칙(대법원 2009.3.12. 선고 2008도763 판결)을 재확인하고, 원격지 서버 저장 전자정보를 압수하기 위해서는 '압수할 물건'에 그 부분이 포함되어 법관의 사전심사를 거친 압수 · 수색영장을 받아야 한다는 점을 명확히 하였다는 점에서 이 판결의 의의가 있다. scourt.go.kr

2 [대판 2020도14654] [피의자의 이메일 계정에 대한 접근권한에 갈음하여 발부받은 압수 · 수색영장에 따라 원격지의 저장매체에 적법하게 접속하여 내려받거나 현출된 전자정보를 대상으로 하여 범죄 혐의사실과 관련된 부분에 대하여 압수 · 수색하는 것이 허용되는지 여부(적극)/ 피의자가 휴대전화를 임의제출하면서 원격지에 저장되어 있는 전자정보를 수사기관에 제출한다는 의사로 수사기관에게 클라우드 등에 접속하기 위한 아이디와 비밀번호를 임의로 제공한 경우 위 클라우드 등에 저장된 전자정보를 임의제출 하는 것으로 볼 수 있는지 여부(적극)] 수사기관이 인터넷서비스이용자인 피의자를 상대로 피의자의 컴퓨터 등 정보처리장치 내에 저장되어 있는 이메일 등 전자정보를 압수 · 수색하는 것은 전자정보의 소유자 내지 소지자를 상대로 해당 전자정보를 압수 · 수색하는 대물적 강제처분으로 형사소송법의 해석상 허용된다. 압수 · 수색할 전자정보가 압수 · 수색영장에 기재된 수색장소에 있는 컴퓨터 등 정보처리장치 내에 있지 아니하고 그 정보처리장치와 정보통신망으로 연결되어 **제3자가 관리하는 원격지의 서버 등 저장매체에 저장되어 있는 경우에도**, 수사기관이 피의자의 이메일 계정에 대한 접근권한에 갈음하여 발부받은 영장에 따라 영장 기재 수색장소에 있는 컴퓨터 등 정보처리장치를 이용하여 적법하게 취득한 피의자의 이메일 계정 아이디와 비밀번호를 입력하는 등 피의자가 접근하는 통상적인 방법에 따라 그 원격지의 저장매체에 접속하고 그

곳에 저장되어 있는 피의자의 이메일 관련 전자정보를 수색장소의 정보처리장치로 내려 받거나 그 화면에 현출시키는 것 역시 **피의자의 소유에 속하거나 소지하는 전자정보를 대상으로 이루어지는 것이므로 그 전자정보에 대한 압수·수색을 위와 달리 볼 필요가 없다.** 피의자가 휴대전화를 임의제출하면서 휴대전화에 저장된 전자정보가 아닌 클라우드 등 제3자가 관리하는 원격지에 저장되어 있는 전자정보를 수사기관에 제출한다는 의사로 수사기관에게 클라우드 등에 접속하기 위한 아이디와 비밀번호를 임의로 제공하였다면 위 클라우드 등에 저장된 전자정보를 임의제출하는 것으로 볼 수 있다.

3 [대결 2020모735] [수사기관이 압수·수색영장에 적힌 '**수색할 장소**'에 있는 컴퓨터 등 정보처리장치에 저장된 전자정보 외에 원격지 서버에 저장된 전자정보를 압수·수색하기 위해서는 압수·수색영장에 적힌 '**압수할 물건**'에 별도로 **원격지 서버 저장 전자정보가 특정**되어 있어야 하는지 여부(적극)/ 압수·수색영장에 적힌 '압수할 물건'에 컴퓨터 등 정보처리장치 저장 전자정보만 기재되어 있는 경우, 컴퓨터 등 정보처리장치를 이용하여 원격지 서버 저장 전자정보를 압수할 수 있는지 여부(소극)] (가) 헌법과 형사소송법이 구현하고자 하는 적법절차와 영장주의의 정신에 비추어 볼 때, 법관이 압수·수색영장을 발부하면서 '압수할 물건'을 특정하기 위하여 기재한 문언은 엄격하게 해석해야 하고, 함부로 피압수자 등에게 불리한 내용으로 확장해석 또는 유추해석을 하는 것은 허용될 수 없다. (나) 압수할 전자정보가 저장된 저장매체로서 압수·수색영장에 기재된 수색장소에 있는 컴퓨터, 하드디스크, 휴대전화와 같은 컴퓨터 등 정보처리장치와 수색장소에 있지는 않으나 컴퓨터 등 정보처리장치와 정보통신망으로 연결된 원격지의 서버 등 저장매체(이하 '원격지 서버'라 한다)는 소재지, 관리자, 저장 공간의 용량 측면에서 서로 구별된다. 원격지 서버에 저장된 전자정보를 압수·수색하기 위해서는 컴퓨터 등 정보처리장치를 이용하여 정보통신망을 통해 원격지 서버에 접속하고 그곳에 저장되어 있는 전자정보를 컴퓨터 등 정보처리장치로 내려 받거나 화면에 현출시키는 절차가 필요하므로, 컴퓨터 등 정보처리장치 자체에 저장된 전자정보와 비교하여 압수·수색의 방식에 차이가 있다. 원격지 서버에 저장되어 있는 전자정보와 컴퓨터 등 정보처리장치에 저장되어 있는 전자정보는 그 내용이나 질이 다르므로 압수·수색으로 얻을 수 있는 전자정보의 범위와 그로 인한 기본권 침해 정도도 다르다. (다) 따라서 수사기관이 압수·수색영장에 적힌 '수색할 장소'에 있는 컴퓨터 등 정보처리장치에 저장된 전자정보 외에 원격지 서버에 저장된 전자정보를 압수·수색하기 위해서는 압수·수색영장에 적힌 '압수할 물건'에 별도로 원격지 서버 저장 전자정보가 특정되어 있어야 한다. 압수·수색영장에 적힌 '압수할 물건'에 컴퓨터 등 정보처리장치 저장 전자정보만 기재되어 있다면 컴퓨터 등 정보처리장치를 이용하여 원격지 서버 저장 전자정보를 압수할 수는 없다.

# 26 압수물의 처리 − 보관·폐기·환부·가환부 −

* 대법원 1996. 8. 16.자 94모51 전원합의체 결정
* 참조조문: 형사소송법 제133조 제1항,[1] 제486조[2]

> 수사 도중에 피의자가 수사관에게 **소유권포기** 각서를 제출한 경우 수사기관의 압수물 환부의무가 면제되는가? 피의자의 압수물 환부청구권도 소멸하는가?

●**사실**● 재항고인 X는 다이아몬드를 매도하려다가 경찰에 적발되어 관련자들과 함께 **관세법위반 혐의**로 조사를 받았고 다이아몬드는 압수 되었다. 검사 P는 사건을 수사한 결과 위 다이아몬드의 최초 매매알선 의뢰인인 Y의 소재가 불분명하여 이 사건 다이아몬드가 밀수품인지 여부를 알 수 없었다. 이로 인해 P는 X를 포함한 피의자들을 **기소중지 처분**하면서 다이아몬드에 대하여는 **계속 보관할 것을 결정**하였다. P는 보관 결정전에 수사과정에서 X로부터 다이아몬드에 대해서는 어떠한 권리 주장도 하지 않겠다는 의사표시를 받았다. 그러나 X는 이후 위 다이아몬드에 대하여 압수를 계속할 필요성이 없어졌음을 이유로 **보관결정 취소**를 구하는 소를 제기 하였다. 원심은 항고인이 수사과정에서 위 다이아몬드에 대하여 소유권 기타 어떠한 권리도 주장하지 않겠다는 의사표시를 하였으므로 그 의사표시가 착오나 사기, 강박 등을 원인으로 하여 취소 또는 철회되었다는 등의 특별한 사정이 없는 한 재항고인은 위 압수물에 관하여 환부 기타 어떠한 처분도 구할 수 없어 검사의 계속보관 처분의 취소를 구할 아무런 법률상, 사실상 이익이 없다는 이유로 이를 배척하였다. 이에 X는 재항고하였다.

●**판지**● 파기환송. 「[1] [다수의견] (가) 피압수자 등 환부를 받을 자가 압수 후 그 소유권을 포기하는 등에 의하여 실체법상의 권리를 상실하더라도 그 때문에 압수물을 환부하여야 하는 수사기관의 의무에 어떠한 영향을 미칠 수 없고, 또한 수사기관에 대하여 형사소송법상의 **환부청구권을 포기한다는 의사표시를 하더라도 그 효력이 없어** 그에 의하여 수사기관의 필요적 환부의무가 면제된다고 볼 수는 없으므로, 압수물의 소유권이나 그 환부청구권을 포기하는 의사표시로 인하여 위 환부의무에 대응하는 압수물에 대한 **환부청구권이 소멸하는 것은 아니다.** (나) 압수물의 환부는 환부를 받는 자에게 환부된 물건에 대한 **소유권 기타 실체법상의 권리를 부여하거나 그러한 권리를 확정하는 것이 아니라** 단지 압수를 해제하여 압수 이전의 상태로 환원시키는 것뿐으로서, 이는 실체법상의 권리와 관계없이 **압수 당시의 '소지인'**에 대하여 행하는 것이므로, 실체법인 민법(사법)상 권리의 유무나 변동이 압수물의 환부를 받을 자의 절차법인 형사소송법(공법)상 지위에 어떠한 영향을 미친다고는 할 수 없다. …… 그에 대응하는 **압수물의 환부를 청구할 수 있는 절차법상의 권리가 소멸하는 것은 아니다.** (다) 형사소송법 제133조 제1항, 제219조, 제486조 각 규정의 취지를 종합하여 보면, 압수물에 대하여 더 이상 압수를 계속할 필요가 없어진 때에는 수사기관은 환부가 불가능하여 국고에 귀속시키는 경우를 제외하고는 **반드시 그 압수물을 환부**하여야 하고, 환부를 받을 자로 하여금 그 환부청구권을 포기하게 하는 등

---

1) 형사소송법 제133조(**압수물의 환부, 가환부**) ① 압수를 계속할 필요가 없다고 인정되는 압수물은 **피고사건 종결 전이라도 '결정'**으로 환부하여야 하고, '증거에 공할' 압수물은 소유자, 소지자, 보관자 또는 제출인의 **청구**에 의하여 가환부**할 수 있다.** ② '증거에만 공할' 목적으로 압수한 물건으로서 그 소유자 또는 소지자가 계속 사용하여야 할 물건은 사진촬영 기타 원형보존의 조치를 취하고 **신속히 가환부하여야 한다.**

2) 형사소송법 제486조(**환부불능과 공고**) ① 압수물의 환부를 받을 자의 소재가 불명하거나 기타 사유로 인하여 환부를 할 수 없는 경우에는 검사는 그 사유를 관보에 공고하여야 한다. ② 공고한 후 **3월 이내**에 환부의 청구가 없는 때에는 그 물건은 **국고에 귀속한다.** ③ 전항의 기간 내에도 가치 없는 물건은 폐기할 수 있고 보관하기 어려운 물건은 공매하여 그 **대가를 보관**할 수 있다.

의 방법으로 **압수물의 환부의무를 면할 수는 없다**. …… (라) 따라서 피압수자 등 압수물을 환부받을 자가 수사기관에 대하여 형사소송법상의 환부청구권을 포기한다는 의사표시를 한 경우에 있어서도, 그 **효력이 없어** 그에 의하여 수사기관의 필요적 환부의무가 면제된다고 볼 수는 없으므로, 그 환부의무에 대응하는 **압수물의 환부를 청구할 수 있는 '절차법상의 권리'가 소멸하는 것은 아니다**.

[2] [관세포탈된 물건인지 불명하여 **기소중지 처분**을 한 경우 그 압수물에 대한 국고귀속 처분의 가부(불가) 및 압수 계속의 필요성 여부(소극)] 외국산 물품을 관세장물의 혐의가 있다고 보아 압수하였다 하더라도 그것이 언제, 누구에 의하여 관세포탈된 물건인지 알 수 없어 **'기소중지 처분'을 한 경우**에는 그 압수물은 관세장물이라고 단정할 수 없어 이를 국고에 귀속시킬 수 없을 뿐만 아니라 **압수를 더 이상 계속할 필요도 없다**」.

●**해설●** **1 압수물의 처리**    압수한 물건을 처리하는 방법으로는 ① 자청보관, ② 위탁보관, ③ 폐기처분, ④ 대가보관(환가처분), ⑤ 환부, ⑥ 가환부가 있다. 이 중 먼저 (1) 압수물은 압수한 기관의 청사에 보관하는 **'자청보관'**이 원칙이다. 그러나 (2) **운반** 또는 **보관**에 불편한 압수물에 관하여는 간수자를 두거나 소유자 또는 적당한 자의 승낙을 얻어 **'위탁보관'하게 할 수 있다**(법130① · 219).3)4) 사법경찰관이 압수물을 위탁보관 하려면 검사의 지휘를 받아야 한다(법219단서). (3) 그리고 **'폐기처분'**의 대상으로 먼저 ㉠ **위험발생의 염려**(폭발물 등)가 있는 압수물은 소유자의 **'동의 없이'** 폐기할 수 있으며(법130② · 219), ㉡ 법령상 생산 · 제조 · 소지 · 소유 또는 유통이 **금지된 압수물**(짝퉁 · 음란물 등)로서 부패의 염려가 있거나 보관하기 어려운 압수물은 소유자 등 권한 있는 자의 **'동의를 받아'** 폐기처분할 수 있다(법130③ · 219). 이 경우도 사법경찰관이 압수물을 폐기처분 하려면 검사의 지휘를 받아야 한다(법219단서).

**2 대가보관**    (1) '대가보관'할 경우로는 ㉠ **'몰수'하여야** 할 압수물로서 멸실 · 파손 · 부패 또는 현저한 가치 감소의 염려가 있거나 보관하기 어려운 압수물이거나(법132①) ㉡ **'환부'하여야** 할 압수물 중 환부를 받을 자가 누구인지 알 수 없거나 그 소재가 불명한 경우로서 그 압수물의 멸실 · 파손 · 부패 또는 현저한 가치 감소의 염려가 있거나 보관하기 어려운 압수물은 **매각하여 대가를 보관할 수 있다**(법132②).5) (2) 그러나 압수의 목적물이 **'증거물'**인 경우에는 그 **'존재 자체가 중요'**하므로 환가처분이 허용되지 않는다. (3) 대가처분을 함에는 검사 · 피해자 · 피고인 또는 변호인에게 **미리 '통지'하여야 한다**(법135 · 219). (4) 대가보관은 몰수와의 관계에서 압수물과 동일성이 인정된다. 따라서 매각하여 그 대가를 보관하는 경우, 법원은 그 대가보관금을 압수물로 몰수할 수 있다(대판 96도2477). (5) 사법경찰관이 대가보관 처분을 하려면 **검사의 지휘**를 받아야 한다(법219).6)

---

3) 형사소송법 제130조(**압수물의 보관과 폐기**) ① 운반 또는 보관에 **불편한** 압수물에 관하여는 간수자를 두거나 소유자 또는 적당한 자의 승낙을 얻어 **보관**하게 할 수 있다. ② 위험발생의 염려가 있는 압수물은 **폐기**할 수 있다. ③ 법령상 생산 · 제조 · 소지 · 소유 또는 유통이 금지된 압수물로서 부패의 염려가 있거나 보관하기 어려운 압수물은 소유자 등 권한 있는 자의 **동의를 받아 폐기**할 수 있다.

4) 대법원은 위탁보관의 경우 특별한 약정이 없으면 수사기관은 보관자에게 임치료를 지급해야 **의무가 없다**고 판시한 적이 있다(대판 68다285).

5) 형사소송법 제132조(**압수물의 대가보관**) ① **몰수하여야** 할 압수물로서 멸실 · 파손 · 부패 또는 현저한 가치 감소의 염려가 있거나 보관하기 어려운 압수물은 매각하여 대가를 보관할 수 있다. ② **환부하여야** 할 압수물 중 환부를 받을 자가 누구인지 알 수 없거나 그 소재가 불명한 경우로서 그 압수물의 멸실 · 파손 · 부패 또는 현저한 가치 감소의 염려가 있거나 보관하기 어려운 압수물은 매각하여 대가를 보관할 수 있다.

6) 형사소송법 제219조에 따르면 "단, 사법경찰관이 제130조(압수물의 보관과 폐기), 제132조(압수물의 대가보관) 및 제134조(압수장물의 피해자환부)에 따른 처분을 함에는 **검사의 지휘**를 받아야 한다."고 규정되어 있다.

**3 압수물의 '환부'**　　　　　압수물의 '환부'는 압수물을 **종국적으로** 소유자 또는 제출인에게 반환하는 법원·수사기관의 처분을 말한다(압수효력상실). (1) ('증거물'이나 '몰수물'이 아니어서) '압수를 계속할 필요가 없다'고 인정되는 압수물은 피고사건 '**종결 전**'이라도 '**결정**'으로 환부하여야 한다(**필요적 환부**이므로 소유자 등의 '청구'는 요하지 않는다)(법133①). 따라서 몰수의 대상이 되는 압수물을 환부하는 것은 위법하며, 증거에 공할 압수물도 가환부의 대상은 될 수 있어도 환부의 대상은 될 수 없다. 대상판결에서와 같이 '**기소중지**'도 '압수를 계속할 필요가 없는' 대표적인 경우에 해당된다(그 외에 '혐의 없음', '죄가 안 됨', '공소권 없음' 등도 여기에 해당된다). (2) 대상판결에서와 같이 피압수자가 '**소유권을 포기**'한 경우에도 **법원은 환부결정을 '하여야**' 한다. 환부청구권은 '주관적 공권'으로 이해되기 때문이다.[7] (3) 압수물의 환부는 압수의 효력을 해제하여 '**압수 이전의 상태**'로 환원시키는 효력만 있을 뿐이므로 환부를 받은 자에게 소유권 기타 실체법상 권리를 확인하거나 창설하는 효력은 없다. 따라서 이해관계인은 민사소송절차에 의하여 그 권리를 주장할 수 있다(법333④)(대판 2000다27725, Ref 3). (4) 같은 맥락에서, 압수한 압수물을 환부할 경우 **원칙적으로 '제출인'에게 환부**하여야 한다(제출인환부원칙). 다만 압수한 '장물'은 '**피해자**'에게 환부할 이유가 '**명백한**' 때(소유권의 다툼이 없을 때)에는 피고사건의 '종결 전'이라도 '**결정**'으로 '피해자'에게 환부할 수 있다(피해자환부·임의적 환부)(법134·219). 따라서 인도청구권에 관하여 사실상, 법률상 **다소라도 의문**이 있는 경우에는 환부할 명백한 이유가 있는 경우라고는 할 수 없다(대결 84모38, Ref 7). (5) 압수물에 대하여 법원이 환부결정을 함에는 검사, **피해자**, 피고인 또는 변호인에게 **미리 '통지**'하여야 한다(법135·219). (6) 형법상 몰수는 압수물에 대해서만 하는 것이 아니므로 **위법한 압수물이라 하여도 몰수할 수 있다**(대판 2003도705 Ref 2). (7) 압수물에 대한 몰수의 선고가 없어 압수가 해제된 것으로 간주된 상태에서 **공범자에 대한 범죄수사**를 위하여 그 압수해제된 물품을 재압수할 수 있다(대판 96모34, Ref 4). (8) 피고사건에 대한 심리가 종결된 경우에는 **판결로써** 피해자에게 환부하는 선고를 하여야 한다(법333①).[8] (9) 검사 또는 사법경찰관은 '**사본을 확보한 경우**' 등 압수를 계속할 필요가 없다고 인정되는 압수물 및 증거에 사용할 압수물에 대하여 **공소제기 전이라도** 소유자, 소지자, 보관자 또는 제출인의 **청구**가 있는 때에는 환부 또는 가환부**하여야 한다**(법218의2①④[9])(대결 2017모236, Ref 11). (10) 압수한 서류 또는 물품에 대하여 **몰수의 선고가 없는 때에는 압수를 '해제**'한 것으로 간주한다(법332). (11) 압수물의 환부를 받을 자의 소재가 불명하거나 기타 사유로 인하여 환부를 할 수 없는 경우에는 검사는 그 사유를 **관보에 공고**하

---

7) 환부청구권과 같이 '공법상의 권리'로 포기가 인정되지 않는 권리가 있다. 예를 들어, **고소권**(대판 67도471)이나 **진술거부권, 상소권** 등이 그러하다. 환부청구권의 포기를 인정하지 않는 대상판결은 소유권포기제도를 통하여 몰수효과를 거두려는 수사기관의 행정편의주의적인 업무처리를 과감히 개선하려고 하였다는 점에서 의의가 크다.

8) 형사소송법 제333조(**압수장물의 환부**) ① 압수한 장물로서 **피해자에게 환부할 이유가 명백**한 것은 판결로써 피해자에게 환부하는 선고를 하여야 한다. ② 전항의 경우에 장물을 처분하였을 때에는 판결로써 그 대가로 취득한 것을 피해자에게 **교부**하는 선고를 하여야 한다. ③ 가환부한 장물에 대하여 별단의 선고가 없는 때에는 환부의 선고가 있는 것으로 간주한다. ④ 전3항의 규정은 이해관계인이 민사소송절차에 의하여 그 권리를 주장함에 영향을 미치지 아니한다.

9) 형사소송법 제218조의2(**압수물의 환부, 가환부**) ① 검사는 **사본을 확보**한 경우 등 압수를 계속할 필요가 없다고 인정되는 압수물 및 증거에 사용할 압수물에 대하여 '**공소제기 전**'이라도 소유자, 소지자, 보관자 또는 제출인의 '**청구**'가 있는 때에는 환부 또는 가환부**하여야 한다.** ② 제1항의 청구에 대하여 검사가 이를 거부하는 경우에는 신청인은 해당 검사의 소속 검찰청에 대응한 법원에 압수물의 환부 또는 가환부 결정을 청구할 수 있다. ③ 제2항의 청구에 대하여 법원이 환부 또는 가환부를 결정하면 검사는 신청인에게 압수물을 환부 또는 가환부**하여야 한다.** ④ 사법경찰관의 환부 또는 가환부 처분에 관하여는 제1항부터 제3항까지의 규정을 준용한다. 이 경우 사법경찰관은 **검사의 지휘**를 받아야 한다.

여야 한다. 공고한 후 **3월 이내**에 환부의 청구가 없는 때에는 그 물건은 **국고에 귀속**한다(법486). 또한 (12) 그 물품이 몰수될 가능성이 있다면 검사는 그 압수해제된 물품을 다시 압수할 수도 있다(대결 96모 34, Ref 4). (13) 검사 또는 사법경찰관의 압수물의 환부에 관한 처분에 대하여 불복이 있으면 그 직무집행지의 관할법원 또는 검사의 소속검찰청에 대응한 법원에 그 처분의 취소 또는 변경을 청구할 수 있다 **(준항고)**(법417)(대결 2017모236, Ref 11).10) 수소법원의 압수나 압수물의 환부에 관한 결정에 대해서는 **보통항고**를 할 수 있다(법403③)11)

**4 압수물의 '가환부'**          (1) 압수물의 '가환부'란 **압수효력을 '존속'**시키면서(압수의 필요성이 계속 인정되는 상황) 목적물의 경제적 이용을 위하여 소유자·소지자·보관자 등에게 **잠정적으로** 돌려주는 제도로 **'임의적'** 가환부가 원칙이다. 즉 "**증거에 공할** 압수물은 소유자, 소지자, 보관자 또는 제출인의 '**청구**'에 의하여 **가환부할 수 있다**"(법133①).12)13) (2) 그러나 **예외적으로 '필요적'** 가환부도 인정하고 있다. 즉 공판단계에서의 필요적 가환부는 그 대상이 "**증거에만 공할** 목적으로 압수한 물건으로서 그 소유자 또는 소지자가 **계속 사용하여야 할 물건**은 사진촬영 기타 '**원형보존의 조치**'를 취하고 신속히 **가환부하여야 한다**"(법133② · 219). (3) 판례는 '임의적 몰수'의 대상물에 대해서는 (임의적) 가환부가 가능하다는 입장이다(대판 97모25, Ref 12). (4) 법원 또는 수사기관이 가환부의 결정을 함에는 검사, **피해자**, 피고인 또는 변호인에게 **미리 '통지'**하여야 한다(법135). 따라서 피고인에 대한 통지 없이(피고인에게 의견을 진술을 기회를 주지 아니한 채) 한 가환부결정은 위법하다(대결 80모3, Ref 14). (5) 가환부는 압수의 효력을 존속시킨 상태에서 잠정적으로 돌려주는 제도이므로 가환부를 받는 자는 압수물에 대한 **보관의무**를 지며, 이를 임의로 처분하지 못하며, 법원 또는 수사기관의 요구가 있는 때에는 이를 **제출**하여야 한다(대결 94모42).

*Reference*

## * '환부'와 관련된 판례 *

1 [대판 2013도11233] [수사기관이 별개의 증거를 환부하고 후에 임의제출받아 다시 압수한 경우, 제출에 임의성이 있다는 점에 관한 증명책임 소재(＝검사)와 증명 정도 및 임의로 제출된 것이라고 볼 수 없는 경우 증거능력을 인정할 수 있는지 여부(소극)] (가) 수사기관이 별개의 증거를 피압수자 등에게 **환부하고 후에 임의제출받아 다시 압수**하였다면 증거를 압수한 최초의 절차 위반행위와 최종적인 증거수집 사이의 **인과관계가 단절**되었다고 평가할 수 있으나, (나) 환부 후 다시 제출하는 과정에서 수사기관의 우월적 지위에 의하여 임의제출 명목으로 실질적으로 강제적인 압수가 행하여질 수 있으므로, 제출에 임의성이 있다는 점

---

10) 형사소송법 제417조(동전) 검사 또는 사법경찰관의 구금, **압수 또는 압수물의 환부에 관한 처분**과 제243조의2에 따른 변호인의 참여 등에 관한 처분에 대하여 불복이 있으면 그 직무집행지의 관할법원 또는 검사의 소속검찰청에 대응한 법원에 그 처분의 취소 또는 변경을 청구할 수 있다.

11) 형사소송법 제403조(**판결 전의 결정에 대한 항고**) ① 법원의 관할 또는 판결 전의 소송절차에 관한 결정에 대하여는 특히 즉시항고를 할 수 있는 경우 외에는 항고하지 못한다. ② 전항의 규정은 구금, 보석, **압수나 압수물의 환부에 관한 결정** 또는 감정하기 위한 피고인의 유치에 관한 결정에 적용하지 아니한다.

12) 여기서 '**증거에 공할 압수물**'에는 '증거물로서의 성격'과 '몰수할 것으로 사료되는 물건으로서의 성격'을 가진 압수물이 포함되어 있다고 해석함이 상당하다(대결 97모25, Ref 12).

13) 수사기관은 「증거에 사용할 압수물에 대하여 가환부의 청구가 있는 경우 가환부를 거부할 수 있는 특별한 사정이 없는 한 가환부에 응하여야 한다」(대결 2017모236, Ref 11).

에 관하여는 **검사가** 합리적 의심을 배제할 수 있을 정도로 **증명하여야** 하고, 임의로 제출된 것이라고 볼 수 없는 경우에는 증거능력을 인정할 수 없다.

  2 [대판 2003도705] [몰수대상물건이 압수되어 있는지 및 적법한 절차에 의하여 압수되었는지 여부가 형법상 몰수의 요건인지 여부(소극)] [1] 범죄행위에 제공하려고 한 물건은 범인 이외의 자의 소유에 속하지 아니하거나 범죄 후 범인 이외의 자가 정을 알면서 취득한 경우 이를 몰수할 수 있고, 한편 법원이나 수사기관은 필요한 때에는 증거물 또는 몰수할 것으로 사료하는 물건을 압수할 수 있으나, **몰수는 반드시 압수되어 있는 물건에 대하여서만 하는 것이 아니므로, 몰수대상물건이 압수되어 있는가 하는 점 및 적법한 절차에 의하여 압수되었는가 하는 점은 몰수의 요건이 아니다.** 따라서 이미 그 집행을 종료함으로써 **효력을 상실한 압수·수색영장에 기하여** 다시 압수·수색을 실시하면서 몰수대상물건을 압수한 경우, 압수 자체가 위법하게 됨은 별론으로 하더라도 그것이 위 물건의 몰수의 효력에는 영향을 미칠 수 없다. [2] 검찰이 2002. 3. 23.자 압수·수색영장에 의하여 2002. 3. 25. 피고인의 주거에 대한 압수·수색을 실시하여 그 집행을 종료함으로써 **위 압수·수색영장이 효력을 상실하였음에도** 2002. 3. 28. 위 압수·수색영장에 기하여 다시 피고인의 주거에 대한 압수·수색을 실시하여 현금 6,000만 원(증 제1호)을 압수하였다고 하더라도 **압수 자체가 위법하게 됨은 별론으로 하고, 그것이 현금 6,000만 원(증 제1호)의 몰수의 효력에 영향을 미칠 수 없다**고 판단한 것은 앞서 본 법리에 따른 것으로서 정당하다.

  3 [대판 2000다27725] 수사단계에서 소유권을 포기한 압수물에 대하여 형사재판에서 몰수형이 선고되지 않은 경우, 피압수자는 국가에 대하여 **민사소송으로 그 반환을 청구할 수 있다**고 본 원심의 판단을 수긍한 사례.

  4 [대판 96모34] [압수물에 대한 몰수의 선고가 없어 압수가 해제된 것으로 간주된 상태에서 **공범자에 대한 범죄수사**를 위하여 그 압수해제된 물품을 재압수할 수 있는지 여부(적극)] 형사소송법 제215조, 제219조, 제106조 제1항의 규정을 종합하여 보면, 검사는 범죄수사에 필요한 때에는 증거물 또는 몰수할 것으로 사료하는 물건을 법원으로부터 영장을 발부받아서 압수할 수 있는 것이고, 합리적인 의심의 여지가 없을 정도로 범죄사실이 인정되는 경우에만 압수할 수 있는 것은 아니라 할 것이며, 한편 범인으로부터 압수한 물품에 대하여 몰수의 선고가 없어 그 압수가 해제된 것으로 간주된다고 하더라도 **공범자에 대한 범죄수사를 위하여 여전히 그 물품의 압수가 필요하다거나 공범자에 대한 재판에서 그 물품이 몰수될 가능성이 있다면** 검사는 그 압수해제된 물품을 다시 압수할 수도 있다.

  5 [대결 88모55] [관세장물인지 여부가 불분명하여 검사가 사건을 **'기소중지'처분**하면서 한 그 압수물에 대한 국고귀속처분의 적부] 세관이 시계행상이 소지하고 있던 외국산시계를 관세장물의 혐의가 있다고 하여 압수하였던 것을 검사가 그것이 관세포탈품인지를 확인할 수 없어 그 사건을 기소중지처분하였다면 위 압수물은 관세장물이라고 단정할 수 없으므로 국고에 귀속시킬 수 없음은 물론 **압수를 더 이상 단속할 필요도 없다.**

  6 [대결 84모43] [**'위조문서'인 약속어음**을 환부 또는 가환부할 수 있는지 여부(소극)] 형사소송법 제133조의 규정에 의하면, 압수를 계속할 필요가 없다고 인정되는 압수물 또는 증거에 공할 압수물은 환부 또는

가환부할 수 있도록 되어 있는 바, **본건 약속어음은 범죄행위로 인하여 생긴 위조문서**로서 아무도 이를 소유하는 것이 허용되지 않는 물건이므로 **몰수가 될 뿐 환부나 가환부할 수 없고**, 다만 검사는 몰수의 선고가 있은 뒤에 형사소송법 제485조에 의하여 '**위조의 표시**'를 하여 환부할 수 있다.

7 [대결 84모38] [형사소송법 제134조[14] 소정의 "환부 할 이유가 명백한 때"의 의미] [1] 형사소송법 제134조 소정의 "환부할 이유가 명백한 때"라 함은 **사법상 피해자**가 그 압수된 물건의 인도를 청구할 수 있는 권리가 있음이 명백한 경우를 의미하고 위 인도청구권에 관하여 **사실상, 법률상 다소라도 의문이 있는 경우에는 환부할 명백한 이유가 있는 경우라고는 할 수 없다.** [2] 매수인이 피해자로 부터 물건을 매수함에 있어 사기행위로써 취득하였다 하더라도 피해자가 매수인에게 사기로 인한 매매의 의사표시를 취소한 여부가 분명하지 않고, 위 매수인으로 부터 위탁을 받은 (갑)이 위 물건을 인도받아 재항고인의 창고에 임치하여 재항고인이 보관하게 되었고 달리 재항고인이 위 물건이 **장물이라는 정을 알았다고 확단할 자료가 없다면**, 재항고인은 정당한 점유자라 할 것이고 이를 보관시킨 매수인에 대해서는 임치료 청구권이 있고 그 채권에 의하여 위 물건에 대한 유치권이 있다고 보여지므로 피해자는 재항고인에 대하여 위 물건의 반환 청구권이 있음이 명백하다고 보기는 어렵다 할 것이므로 **이를 피해자에게 환부할 것이 아니라 민사소송에 의하여 해결함이 마땅하다.**

8 [대판 76도4001] [압수되었다가 피고인에게 환부된 물건의 몰수가부] 몰수는 압수되어 있는 물건에 대해서만 하는 것이 아니므로 판결선고전 검찰에 의하여 **압수된 후 피고인에게 환부된 물건에 대하여도 피고인으로 부터 몰수할 수 있다.**

9 [대판 68도1672] 장물을 처분하여 그 대가로 취득한 압수물은 몰수할 것이 아니라 형사소송법 제333조 제2항의 규정에 의하여 **피해자에게 교부**하여야 할 것이다.

10 [대판 68다824] [검사가 사건을 불기소 처분하는 경우에 당해 사건에 관하여 압수한 압수물은 피해자에게 환부할 이유가 명백한 경유를 제외하고는 **피압수자나 제출인 이외의 누구에게도 환부할 수 없다**] 검사가 수사를 계속하다가 사건을 불기소 처분으로 종결하는 경우에는 (가) 당해 사건에 관하여 압수한 압수물은 피압수자나 제출인에게 환부하는 것을 원칙으로 할 것이고 (나) 피해자에게 환부할 이유가 명백한 경우를 제외하고는 피압수자나 제출인 외의 누구에게도 이를 환부할 수 없다고 할 것인 바, 본건에 있어서 원심이 확정한 사실에 의하면 소외 1은 1963.8.23 원고를 상대로 동대문경찰서에 사기죄로 고소를 제기하여 그 다음날인 같은 달 24 원고는 위 경찰서에서 신문을 받던 중 본건 약속어음 3매 (총액면금금 2,500,000원)를 증거물로 임의제출하여 압수되었고 같은 달 30 위 사건이 서울지방검찰청으로 송치되어 위 검찰청 소속 검사 소외 2가 사건을 담당 수사하게 되고 그경 원고는 압수물 가환부신청을 하였으나 검사는 이를 받아주지 않고 수사를 계속하다가 같은 해 9.11 **범죄혐의 없다는 이유로 불기소 결정을 하면서 본건 약속어음 3매를 소유자에게 환부**한다 하여 고소인인 소외 1에게 환부하였으므로 원고는 검사의 위 환부처분에 불복하여 서울형사지방법원에 준항고신청을 하게 되었고 위 법원은 같은 해 12.9 검사의 위 환부처분의 취소결정을 하게 되어 위 검찰청은 같은 달 16 위 취소결정에 기하여 다시 위 압수물에 대하여 제출인 환부결정을

---

14) 형사소송법 제134조(**압수장물의 피해자환부**) 압수한 장물은 피해자에게 **환부할 이유가 명백한 때**에는 피고사건의 종결 전이라도 결정으로 피해자에게 **환부할 수 있다.**

하고 소외 1로 부터 위 약속어음을 회수하여 원고에게 환부하려 하였으나 그때는 이미 소외 1이 본건 약속어음 3매를 타인에게 전부 배서양도 한 후 이었으므로 위 환부처분은 집행불능이 되었다는 것이다. 그렇다면 위와 같은 경우 검사 소외 2는 원고에게 사기의 혐의없다 하여 불기소결정을 하는 이상 압수물인 본건 약속어음 3매는 제출인인 원고에게 환부하였어야 할 것이었음에도 불구하고 고소인인 소외 1에게 이를 환부하였음은 위법한 처분임이 명백하다.

## * '가환부'와 관련된 판례 *

**11 [대결 2017모236]** [1] [검사는 증거에 사용할 압수물에 대하여 가환부의 청구가 있는 경우 가환부에 응하여야 하는지 여부(원칙적 적극) 및 가환부를 거부할 수 있는 특별한 사정이 있는지 판단하는 기준] (가) 형사소송법 제218조의2 제1항은 '검사는 **사본을 확보**한 경우 등 압수를 계속할 필요가 없다고 인정되는 압수물 및 증거에 사용할 압수물에 대하여 공소제기 전이라도 소유자, 소지자, 보관자 또는 제출인의 청구가 있는 때에는 환부 또는 가환부하여야 한다'고 규정하고 있다. (나) 따라서 검사는 증거에 사용할 압수물에 대하여 가환부의 청구가 있는 경우 가환부를 거부할 수 있는 특별한 사정이 없는 한 **가환부에 응하여야 한다.** (다) 그리고 그러한 특별한 사정이 있는지는 범죄의 태양, 경중, 몰수 대상인지 여부, 압수물의 증거로서의 가치, 압수물의 은닉·인멸·훼손될 위험, 수사나 공판수행상의 지장 유무, 압수에 의하여 받는 피압수자 등의 불이익의 정도 등 여러 사정을 검토하여 **종합적으로 판단**하여야 한다. [2] 피의자들이 밀수출하기 위해 허위의 수출신고 후 선적하려다 미수에 그친 수출물품으로서 갑 주식회사 소유의 렌트차량인 **자동차**를 세관의 특별사법경찰관이 압수수색검증영장에 기해 압수하였는데, 갑 회사와 밀수출범죄 사이에 **아무런 관련성이 발견되지 않음**에도 검사가 갑 회사의 압수물 가환부 청구를 거부하자 갑 회사가 준항고를 제기하여 원심에서 준항고가 인용된 사안에서, 자동차는 범인이 간접으로 점유하는 물품으로서 필요적 몰수의 대상인데 밀수출범죄와 무관한 갑 회사의 소유이어서 범인에 대한 몰수는 범인으로 하여금 소지를 못하게 함에 그치는 점 및 밀수출범죄의 태양이나 경중, 자동차의 증거로서의 가치, 은닉·인멸·훼손될 위험과 그로 인한 수사나 공판수행상의 지장 유무, 압수에 의하여 받는 갑 회사의 불이익 정도 등 여러 사정을 아울러 감안하면, 검사에게 갑 회사의 가환부 청구를 거부할 수 있는 특별한 사정이 있는 경우라고 보기 어려우므로, …… 원심이 준항고를 받아들인 것은 결론적으로 정당하다.

**12 [대결 97모25]** [1] [형사소송법 제133조 제1항 소정의 '**증거에 공할 압수물**'의 의미] 형사소송법 제133조 제1항 후단이, 제2항의 '증거**에만** 공할' 목적으로 압수할 물건과는 따로이, '증거에 공할' 압수물에 대하여 법원의 재량에 의하여 가환부할 수 있도록 규정한 것을 보면, '**증거에 공할 압수물**'에는 증거물로서의 성격과 몰수할 것으로 사료되는 물건으로서의 성격을 가진 압수물이 포함되어 있다고 해석함이 상당하다. [2] [형법 제48조에 해당하는 물건을 피고본안사건에 관한 **종국판결 전에 가환부**할 수 있는지 여부(적극)] 몰수할 것이라고 사료되어 압수한 물건 중 ㉠ 법률의 특별한 규정에 의하여 **필요적으로 몰수**할 것에 해당하거나 누구의 소유도 허용되지 아니하여 몰수할 것에 해당하는 물건에 대한 압수는 몰수재판의 집행을 보전하기 위하여 한 것이라는 의미도 포함된 것이므로 그와 같은 압수 물건은 가환부의 대상이 되지 않지만, ㉡ **그 밖의 형법 제48조[15]에 해당하는 물건**에 대하여는 이를 몰수할 것인지는 **법원의 재량**에 맡겨진 것이므

---

15) 형법 제48조 (**몰수의 대상과 추징**) ① 범인이외의 자의 소유에 속하지 아니하거나 범죄 후 범인이외의 자가 정을 알면서 취득한 다음 기재의 물건은 전부 또는 일부를 **몰수할 수 있다.** 1. 범죄행위에 제공하였거나 제공

로 특별한 사정이 없다면 수소법원이 피고본안사건에 관한 종국판결에 앞서 이를 가환부함에 법률상의 지장이 없는 것으로 보아야 한다. [3] [압수물을 환부받을 자가 압수 후 소유권을 포기한 경우 수사기관의 압수물 환부의무의 소멸 여부(소극) 및 수사기관에 대한 환부청구권 포기의 효력(무효)] 피압수자 등 환부를 받을 자가 압수 후 그 소유권을 포기하더라도 그 때문에 압수물을 환부하여야 하는 수사기관의 의무에 어떠한 영향을 미칠 수 없고, 또 수사기관에 대하여 형사소송법상의 환부청구권을 포기한다는 의사표시를 하더라도 그 효력이 없다.

13 [대결 94모42] [증거에 공할 압수물의 가환부 여부의 판단기준] 형사소송법 제219조에 의하여 준용되는 같은 법 제133조 제1항에서 규정하고 있는 증거에 공할 압수물을 가환부할 것인지의 여부는 범죄의 태양, 경중, 압수물의 증거로서의 가치, 압수물의 은닉, 인멸, 훼손될 위험, 수사나 공판수행상의 지장 유무, 압수에 의하여 받는 피압수자 등의 불이익의 정도 등 여러 사정을 검토하여 종합적으로 판단하여야 할 것이다. …… 이 사건 압수물은 타인의 등록상표를 위조하여 부착한 운동화 11,675족이어서 재항고인이 이를 계속 사용하여야 할 필요가 있다고 보기 어렵고, 가환부의 결정이 있는 경우에도 압수의 효력은 지속되므로 가환부를 받은 자는 법원의 요구가 있으면 즉시 압수물을 제출할 의무가 있고 그 압수물에 대하여 보관의무를 부담하며 소유자라 하더라도 그 압수물을 처분할 수는 없는 것이므로, 이를 수사기관의 보관 하에 둔다고 하더라도 그에 의하여 재항고인이 어떠한 불이익을 받게 된다고도 보여지지 아니할 뿐더러, 기록에 편철된 압수조서의 기재내용에 의하면 재항고인은 범칙물건으로 보이는 위 운동화 15,648족을 관세장물인 줄 모르고 선의로 매수, 취득하였음을 이유로 그 중 이 사건 압수물을 제외한 운동화 3,973족을 그 압수 전에 타에 처분한 것으로 보여져 이 사건 압수물을 재항고인에게 가환부할 경우 그 재제출이 불가능해 질 위험성도 배제할 수는 없어 보이는 바, 원심이 같은 취지에서 위와 같은 사정을 고려하여 이 사건 압수물을 가환부할 필요가 없다고 보아 재항고인의 준항고를 기각한 것은 정당하다. (임의적 가환부)

14 [대결 80모3] 파기환송. 법원이 압수물의 가환부결정을 함에는 미리 검사 피해자 피고인 또는 변호인에 통지를 한 연후에 하도록 형사소송법 제135조에 규정하고 있는 바, 이는 그들로 하여금 압수물의 가환부에 대한 의견을 진술할 기회를 주기 위한 조치라 할 것이다. 도리켜 본건에 관하여 살피건대, 신청인 김○옥의 본건 압수물가환부신청에 대하여 원심은 검사에게는 그에 대한 의견요청을 하였으나 피고인에 대하여는 통지를 하여 의견진술의 기회를 준 흔적을 찾아볼 수 없다. 그렇다면 원심이 피고인(재항고인)에게 의견을 진술할 기회를 부여하지 아니한 채 가환부결정을 하였음은 위 법조에 위배하여 위법하다 아니할 수 없고 이의 위법은 재판의 결과에 영향을 미쳤다 할 것이다.

---

하려고 한 물건. 2. 범죄행위로 인하여 생하였거나 이로 인하여 취득한 물건. 3. 전2호의 대가로 취득한 물건. ② 전항에 기재한 물건을 몰수하기 불능한 때에는 그 가액을 추징한다. ③ 문서, 도화, 전자기록 등 특수매체기록 또는 유가증권의 일부가 몰수에 해당하는 때에는 그 부분을 폐기한다.

---

### 체포 · 구속현장에서의 압수 · 수색 · 검증에 있어서 장소적 접착성

●**사실**● 구치소에서 형기를 마친 피고인 X는 2008.12.12. 03:00경 서울 관악구에 소재한 식당에서, 피해자 A(여 45세)에게 "너와 B가 작업하여 나를 구속시켜 놓고 함께 영업하면서 잘 먹고 잘 살면 되는냐. B와 헤어져라. 내가 B를 죽여 버리겠다."라고 말하며 소지하고 있던 흉기인 등산용 칼(칼날길이 15.5cm)을 꺼내 A에게 겨눈 다음, 식탁에 있던 소주병을 집어 들어 A의 머리를 1회 내리치고 발로 턱을 1회 걸어찼다. 이에 신고를 받고 출동한 경찰은 **X의 집에서 20m 상당 떨어진 곳에서 X를 체포**하여 수갑을 채운 후, **X의 집으로 가서 집 안을 수색**하여(7명 상당의 경찰) **칼과 합의서를 압수**하였으나 압수수색영장을 청구하여 발부받지는 않았다. 원심은 위 칼과 합의서는 위법하게 압수된 것으로서 증거능력이 없고, 이를 기초로 한 2차 증거인 '**임의제출동의서**', '압수조서 및 목록', '압수품 사진' 역시 증거능력이 없다고 판단하였다. 이에 검사가 상고하였다.

●**판지**● 상고기각. 「[1] 기본적 인권 보장을 위하여 압수 · 수색에 관한 적법절차와 영장주의의 근간을 선언한 헌법과 이를 이어받아 실체적 진실 규명과 개인의 권리보호 이념을 조화롭게 실현할 수 있도록 압수 · 수색절차에 관한 구체적 기준을 마련하고 있는 형사소송법의 규범력은 확고히 유지되어야 하므로, 헌법과 형사소송법이 정한 절차에 따르지 아니하고 수집한 증거는 물론이거니와 이를 기초로 하여 획득한 2차적 증거 또한 기본적 인권 보장을 위해 마련된 적법한 절차에 따르지 않은 것으로서 원칙적으로 유죄 인정의 증거로 삼을 수 없고, 다만 수사기관의 절차 위반행위가 적법절차의 실질적인 내용을 침해하는 경우에 해당하지 아니하고, 그 증거의 증거능력을 배제하는 것이 오히려 헌법과 형사소송법이 적법절차의 원칙과 실체적 진실 규명의 조화를 통하여 형사 사법 정의를 실현하려고 한 취지에 반하는 결과를 초래하는 것으로 평가되는 **예외적인 경우에 한하여** 그 증거를 유죄 인정

---

1) 형사소송법 제216조(**영장에 의하지 아니한 강제처분**) ① 검사 또는 사법경찰관은 제200조의2 · 제200조의3 · 제201조 또는 제212조의 규정에 의하여 피의자를 체포 또는 구속하는 경우에 **필요한 때에는 영장없이** 다음 처분을 할 수 있다. 1. 타인의 주거나 타인이 간수하는 가옥, 건조물, 항공기, 선차 내에서의 **피의자 수색**. 다만, 제200조의2 또는 제201조에 따라 피의자를 체포 또는 구속하는 경우의 피의자 수색은 미리 수색영장을 발부받기 어려운 **긴급한 사정**이 있는 때에 한정한다. 2. '**체포현장**'에서의 압수, 수색, 검증 ② 전항 제2호의 규정은 검사 또는 사법경찰관이 피고인에 대한 구속영장의 집행의 경우에 준용한다 ③ **범행 중 또는 범행직후의 '범죄 장소'**에서 '긴급을 요하여' 법원판사의 영장을 받을 수 없는 때에는 영장없이 압수, 수색 또는 검증을 할 수 있다. 이 경우에는 **사후에 지체없이** 영장을 '**받아야**' 한다.
2) 형사소송법 제217조(**영장에 의하지 아니하는 강제처분**) ① 검사 또는 사법경찰관은 제200조의3에 따라 체포된 자가 소유 · 소지 또는 보관하는 물건에 대하여 **긴급히 압수할 필요**가 있는 경우에는 체포한 때부터 **24시간 이내**에 한하여 영장 없이 압수 · 수색 또는 검증을 할 수 있다. ② 검사 또는 사법경찰관은 제1항 또는 제216조제1항제2호에 따라 압수한 물건을 계속 압수할 필요가 있는 경우에는 **지체 없이 압수수색영장을 청구**하여야 한다. 이 경우 압수수색영장의 청구는 **체포한 때부터 48시간 이내**에 하여야 한다. ③ 검사 또는 사법경찰관은 제2항에 따라 청구한 압수수색영장을 발부받지 못한 때에는 압수한 물건을 **즉시 반환**하여야 한다.
3) 형사소송법 제218조(**영장에 의하지 아니한 압수**) 검사, 사법경찰관은 피의자 기타인의 유류한 물건이나 소유자, 소지자 또는 보관자가 임의로 제출한 물건을 영장없이 압수할 수 있다.

의 증거로 사용할 수 있을 뿐이다.

[2] 경찰이 ㉠ 피고인의 **집에서 20m 떨어진** 곳에서 피고인을 체포한 후 피고인의 집안을 수색하여 칼과 합의서를 압수하였을 뿐만 아니라 ㉡ 적법한 시간 내에 압수수색영장을 청구하여 발부받지도 않은 사안에서, 위 칼과 합의서는 위법하게 압수된 것으로서 **증거능력이 없고, 이를 기초로 한 2차 증거**인 '임의제출동의서', '압수조서 및 목록', '압수품 사진' 역시 증거능력이 없다고 하며, 같은 취지의 원심판단을 수긍한 사례」.

●**해설**● 1 대물적 강제수사에서는 압수·수색의 **긴급성을 고려**하여 일정한 경우에 **예외적으로 영장에 의하지 않는** 압수·수색 및 검증을 허용하고 있다. 그 예외로는 ① 체포·구속 목적의 피의자수색(법216①ⅰ), ② 체포현장에서의 압수·수색·검증(법216①ⅱ), ③ 피고인 구속현장에서의 압수·수색·검증(법216②), ④ 범죄 장소에서의 압수·수색·검증(법216③), ⑤ 긴급체포 시의 압수·수색·검증(법217①), ⑥ 임의제출한 물건 및 유류한 물건의 압수(법108·218)(【28】참조), ⑦ 변사자에 대한 긴급검증 등이 있다.

2 **체포·구속 '목적'의 피의자·피고인의 수색**(법216①ⅰ·137)    (1) 검사 또는 사법경찰관은 영장체포(법200의2), 긴급체포(법200의3), 현행범체포(법212) 또는 구속영장에 의하여 피의자나 피고인을 체포·구속하는 경우에 (피의자의 발견을 위하여) **필요한 때에는 영장없이** 타인의 주거나 타인이 간수하는 가옥, 건조물, 항공기, 선차 내에서의 피의자·피고인을 수색할 수 있다. 이는 피의자·피고인의 신병을 조속히 확보함으로써 국가 형벌권을 적정히 실현하기 위함이다. (2) **다만, 이 경우도 영장체포**(법200의2)나 **구속**(법201)에 따라 체포 또는 구속하는 경우의 피의자 수색은 미리 수색영장을 발부받기 어려운 '**긴급한 사정**'이 있는 때에 한정됨에 주의를 요한다.[4] (3) 본 규정의 '수색'에는 사후영장이 필요 없다. 요급처분은 적용된다(법220).[5]

3 **체포·구속 '현장'에서의 압수·수색·검증**(법216①ⅱ)    검사 또는 사법경찰관은 피의자를 체포·구속하는 경우에 필요한 때에는 **영장 없이 '체포현장'**에서 압수·수색·검증을 할 수 있다(예를 들어, 사기 도박 현장에서 피의자들을 체포하면서 필요한 때에는 범행에 사용된 카메라나 모니터, 도박 판돈 등을 영장 없이 압수 할 수 있다). 피고인을 구속하는 경우에도 준용된다(법216②). (1) 이는 체포·구속하는 자의 안전을 위하여 무기를 빼앗고 피의자가 증거를 파괴·은닉하는 것을 예방하기 위함이다(**긴급행위설**).[6] (2) 체포·

---

4) 이 단서 조항은 영장을 받을 시간적 여유가 있는 체포영장 집행의 경우에도 영장주의의 예외를 인정하는 것은 **과잉금지원칙을 위배**된다는 헌법재판소의 불합치결정(헌재 2015헌바370, 2016헌가7(병합), Ref 1-1)에 따라 2019.12.31. 개정되어 추가된 내용이다. 헌법재판소는 "별도로 영장을 발부받기 어려운 **긴급한 사정**이 있는지 여부를 구별하지 않은 채 피의자가 (건물 안에) 있을 개연성이 있으면 영장 없이 타인의 주거 등을 수색할 수 있도록 한 것은 영장주의 예외 요건을 벗어난다."고 판시하였다. 이에 따라, ㉠ 체포영장에 의한 체포(법200의2)와 ㉡ 구속영장에 의한 구속(법201)의 경우에는 "미리 수색영장을 발부받기 어려운 **긴급한 사정**이 있는 때"에 한정하여 영장 없이 피의자 발견을 위한 수색을 할 수 있다.

5) 형사소송법 제220조(**요급처분**) 제216조의 규정에 의한 처분을 하는 경우에 급속을 요하는 때에는 제123조제2항, 제125조의 규정에 의함을 요하지 아니한다.  cf) 제123조(**영장의 집행과 책임자의 참여**) ② 제1항에 규정한 장소 외에 타인의 주거, 간수자 있는 가옥, 건조물, 항공기 또는 선박·차량 안에서 압수·수색영장을 집행할 때에는 주거주(住居主), 간수자 또는 이에 준하는 사람을 참여하게 하여야 한다. 제125조(**야간집행의 제한**) 일출 전, 일몰 후에는 압수·수색영장에 야간집행을 할 수 있는 기재가 없으면 그 영장을 집행하기 위하여 타인의 주거, 간수자 있는 가옥, 건조물, 항공기 또는 선차 내에 들어가지 못한다.

6) 본 호의 예외를 인정하는 이유와 관련하여 a) 체포·구속으로 인해 기본권인 자유권이 침해될 경우, 이에 수

구속할 피의자가 있는 장소에서 압수·수색·검증한 이상 체포·구속의 전후나 그 성공 여부는 불문한다(어떠한 경우에 '체포현장'이 인정되는지를 둘러싸고 근접설, 착수설, 현장설, 체포설, 체포상황설 등의 다양한 견해들이 제시되고 있다. 다만 적어도 체포현장에는 피의자가 '**현장에 있고**' 현실적으로 '**체포에 착수**'하였을 것을 요한다(대판 2014도16080). (3) 그리고 여기서 '**체포현장**'이란 체포와 압수·수색·검증 사이에 '**시간적·장소적 접착성**'이 있어야 함을 의미한다. 대상판결은 경찰이 피고인의 **집에서 20m 상당 떨어진** 곳에서 피고인을 체포한 뒤, 피고인의 **집으로 가서** 집 안을 수색하여 칼과 합의서를 압수한 행위를 **위법**한 것으로 판단하고 있다. 이와 같이, 체포현장에서의 압수·수색·검증의 대상은 원칙적으로 피체포자의 신체 및 그가 '**직접 지배**'하는 장소에 제한된다. 따라서 수사기관이 피고인의 집을 수색해서 증거물을 압수하기 위해서는 그곳에 대한 압수·수색영장을 별도로 발부 받았어야 한다. 또한 (4) 압수의 대상은 범죄 혐의 사실과 '**관련된 증거**'에 한정된다. 범죄 혐의사실과 무관한 별개의 증거를 압수하였을 경우 이는 원칙적으로 유죄 인정의 증거로 사용할 수 없다(대판 2013도11233). (5) 압수한 물건을 계속 압수할 필요가 있는 경우에는 '**지체 없이**' 압수·수색영장을 '**청구**'하여야 한다. 이 경우 압수·수색영장의 **청구**는 구속영장과는 별도로 '**체포**'한 때부터 '**48시간**' 이내에 하여야 한다(법217②)(대판 2008도10914, Ref 2). 만약 청구한 압수·수색영장을 발부받지 못한 때에는 검사 또는 사법경찰관은 압수한 물건을 **즉시 반환**하여야 한다(법217③). (6) 본 호의 경우도 요급처분이 적용된다(따라서 급속을 요할 때에는 '주거주 등의 참여 없이'도 가능하며, '야간집행'도 할 수 있다)(법220). (7) 일반 사인의 경우에는 체포현장에서의 압수·수색·검증이 허용되지 않는다.

**4 범죄 '장소'에서의 압수·수색·검증**(법216③)　　　　검사 또는 사법경찰관은 **범행 중** 또는 **범행직후**의 **범죄 장소**에서 '**긴급을 요하여**' 법원판사의 영장을 받을 수 없는 때에는 영장없이 압수·수색 또는 검증을 할 수 있다(**범죄장소+긴급성**). (1) 이는 현행범체포에 실패한 경우 등 긴급한 상황에 대처하기 위한 것으로 범죄현장에서의 증거물의 은닉과 산일(散逸)을 방지하기 위함이다. (2) 본 호는 피의자의 **체포나 구속을 전제하지 않는 점**에서 다른 영장주의 예외들과는 차이가 있다. 따라서 본 호의 경우는 피의자가 체포될 필요도 없고(대판 97다54482, Ref 4-2), 피의자가 범죄 장소에 **현존할 필요도 없다**.[7] (3) 판례는 범행 중 또는 범행직후의 '**범죄 장소**'(범죄 장소에는 범죄를 예비 또는 음모한 장소, 실행에 착수한 장소, 기수

---

반되는 보다 경한 소유권의 침해는 영장 없이 가능하다고 보는 **부수처분설**과 b) **긴급행위설**이 대립한다. **긴급행위설**에 의할 경우에는 체포자에게 위해를 줄 수 있는 **무기·흉기**나 피의자가 인멸할 만한 피의사건과 **관련성 있는 증거물**에 한한다(목적 범위 내에서 제한적으로만 허용된다). 따라서 우연히 발견된 **별건의 증거물**에 대해서는 ㉠ 임의제출을 구하거나 ㉡ 영장에 의하여 압수해야 하며, 본 호의 압수는 불가하다. 예를 들어, 무면허운전으로 현행범체포된 피의자에 대하여 절도 범행이 의심된다고 하여 차량의 문을 열고 수색하여 절도의 증거물인 현금 등을 압수할 수 없으며, 절도죄의 현행범으로 체포하면서 우연히 발견한 마약의 경우도 그러하다. 이런 경우에는 임의제출을 구하거나 영장에 의한 압수를 하여야 하며, 이런 절차를 거치지 않고 입수한 증거물을 위법수집증거로서 증거능력이 없다.

7) 형사소송법 제216조 제3항에 대한 해석이다. "형사소송법 제216조 제3항을 해석해 보면, 수사기관은 영장없이 범죄 장소에 들어가서 그 장소를 수색할 수 있고, 적법한 체포에 근거한 적법한 영장없는 압수·수색 도중 소지자체가 불법인 물건을 발견하면 압수할 수 있으며, 적법한 압수수색영장에 근거하여 수색을 하던 도중 소지자체가 불법인 물건이 발견되고 피의자가 현장에 존재하지 아니하여 피의자에 대한 체포를 선행한 후 그에 기한 압수·수색을 할 수 없는 경우에도 압수대상물을 압수할 수 있다. 이와 관련하여 미국에서는 경찰관이 사전영장을 발부받을 때까지 임시적으로 수색장소에 대한 출입을 통제할 수 있는데 우리나라에도 도입을 고려할 필요가 있지 않은가 생각된다."(민영성·김형규, 형사소송법 제216조 제3항의 적용 가능 범위에 대한 검토 — 대법원 2017. 11. 29. 선고 2014도16080 판결을 중심으로 —, 부산대학교 법학연구 제59권 제2호(2018), 110면).

에 이른 장소, 범죄가 종료된 장소, 범죄의 결과가 발생한 장소 등이 포함될 수 있을 것이다)와 관련하여 「음주운전 중 교통사고를 내고 의식불명 상태에 빠져 **병원으로 후송**된 운전자에 대하여 수사기관이 영장 없이 강제채혈을 할 수 있다」고 하여, 교통사고 발생 시각으로부터 사회통념상 범행 직후라고 볼 수 있는 시간 내라면, 피의자의 생명·신체를 구조하기 위하여 곧바로 후송된 **병원응급실 등의 장소도 '범죄 장소'에 준한 것**으로 보아 피의자로부터 채취한 혈액을 영장 없이 압수할 수 있다고 판시하고 있다(대판 2011도 15258, Ref 4-1). (4) 본 호는 특히 **'긴급을 요하여'** 법원판사의 영장을 받을 수 없는 때에 한한다(**긴급성**). 따라서 이 요건을 갖추지 못하면 사후영장을 받아도 위법하다(대판 2009도14884, Ref 3-2). (5) 본 호의 경우에는 (기간을 정하기 곤란한 상황이 많기 때문에 기간의 정함이 없이) **사후에 '지체 없이' 압수영장을 '받아야'** 한다(법216③단서). (6) 제216조 제3항의 요건 중 어느 하나라도 갖추지 못한 경우에 그러한 압수·수색 또는 검증은 **위법**하며, 이에 대하여 「사후에 법원으로부터 영장을 발부받았다고 하여 그 위법성이 치유되지 아니한다」(대판 2014도16080, Ref 3-1). (7) 이 경우도 요급처분은 적용된다(따라서 급속을 요하는 때에는 '주거주 등의 참여 없이' 가능하며, '야간집행'도 할 수 있다. 법220).

5 **'긴급체포 후'의 압수·수색·검증**(법217①)    검사 또는 사법경찰관은 제200조의3에 따라 **체포된 자가 소유·소지** 또는 **보관**하는 물건에 대하여 긴급히 압수할 필요가 있는 경우에는 **'체포한 때'**부터 **'24시간'** 이내에 한하여 영장 없이 압수·수색 또는 검증을 할 수 있다. (1) 이는 「수사기관이 피의자를 긴급체포한 상황에서 피의자가 체포되었다는 사실이 공범이나 관련자들에게 알려짐으로써 관련자들이 증거를 파괴하거나 은닉하는 것을 방지하고, 범죄사실과 관련된 증거물을 신속히 확보할 수 있도록 하기 위한 것이다」(대판 2017도10309, Ref 6). 체포현장에서의 압수·수색·검증(법216① ii)의 **보충규정**이다. (2) 긴급체포된 자가 소유·소지 또는 보관하는 물건이라면 **체포현장이 아닌 장소라 하더라도** 압수·수색 또는 검증을 할 수 있으며(대판 2017도10309, Ref 6). 이 경우 적법하게 압수할 수 있는 대상물은 **당해 범죄와 '관련된' 물건에 한정된다**(예를 들어, '상해죄를 범한' 피의자를 긴급체포한 직후 그의 집을 수색하여 '장물'로 의심되는 보석을 압수하였다면 그 압수된 보석은 위법수집증거로서 증거능력이 없다)(대판 2008도2245, Ref 7). (3) 그리고 이 경우 압수한 물건을 계속 압수할 필요가 있을 때에는 **지체 없이** 압수·수색영장을 청구하여야 한다. 이때 압수·수색영장의 청구는 **'체포'**한 때부터 **'48시간'** 이내에 하여야 한다(법217②). 압수영장을 발부받지 못한 때에는 **즉시 반환**하여야 한다(법217③). 즉시 반환하지 아니한 경우, 위 압수물은 유죄 인정의 증거로 사용할 수 없으며, 피고인이나 변호인이 이를 증거로 함에 동의하더라도 증거로 사용할 수 없다(대판 2009도11401). (4) 본 호의 경우에는 **'요급처분 특칙'(법220)이 적용되지 않는다.** 따라서 이 경우는 주거주, 간수자 등을 참여하게 하여야 하고(법123③), '야간집행의 제한' 즉 일출 전, 일몰 후에는 타인의 주거 등에 들어가지 못한다(법125)(이와 관련하여, 근래 논란이 되는 판결이 있다. 2017도10309는 체포한 때부터 24시간 이내의 압수라면 그 시점이 야간(20:24)일지라고 그 압수는 적법하다고 판단하고 있다. (대판 2017도10309, Ref 6).[8]

---

8) "이와 관련하여 실무에서는 수사기관이 야간에 제217조 제1항에 따른 처분을 한 후 사후영장을 신청하더라도 법적 근거가 없다는 이유로 검사가 영장을 불청구하는 경우가 있는가 하면, 검사가 청구를 하고 법원도 영장을 발부하는 경우가 있어서 동 처분의 허용 여부에 대한 혼란이 발생하고 있었다. 현재 실체적 진실발견을 위한 수사의 필요성을 추구하는 실무는 법률에 요급처분을 할 수 없다는 규정이 없고, 법원 또한 사후영장을 발부하는 경향으로 인해 점차 제220조를 적용한 동 처분을 수사상 허용되는 것으로 여기는 분위기다. 그러나 적법성이 의심받고 관행화되는 동 처분과 이에 대한 영장 발부 사무는 기본권 침해가 우려되고, ─일반 국민들은 영장 없는 압수·수색에 대해 잘 알지 못하므로─ 피처분자의 저항을 유발하여 공무집행방해죄의 전과자로

**6 사전영장 없는 압수·수색·검증의 비교(영장체포·긴급체포·현행범체포·피의자구속 시)**

| | 영장체포 | 긴급체포 | 현행범체포 | 피의자 구속 |
|---|---|---|---|---|
| 사전영장 없는<br>압수·수색·검증 | • 피의자 발견을<br>위한 수색<br>• 체포현장에서의<br>압수·수색·검증 | • 피의자 발견을<br>위한 수색<br>• 체포현장에서의<br>압수·수색·검증<br>• 긴급체포된 자의<br>물건에 대한<br>압수·수색·검증 | • 피의자 발견을<br>위한 수색<br>• 체포현장에서의<br>압수·수색·검증 | • 피의자 발견을<br>위한 수색<br>• 체포현장에서의<br>압수·수색·검증 |

*Reference*

## (1) 체포·구속 목적의 피의자수색 및 구속 목적의 피고인 수색(법216① ⅰ)

**1-1 [헌재 2015헌바370, 2016헌가7(병합)]** 체포영장에 의한 체포의 경우에 관하여 본다. 피의자에 대하여 체포영장이 발부된 경우 수사기관으로서는 헌법 제16조, 형사소송법 제215조에 따라 법원으로부터 사전에 수색영장을 발부받는 것이 원칙이다. 그러나 앞서 본 바와 같이 체포영장에 의한 체포의 경우에도 수색영장 없이 피의자 수색을 하여야 할 긴급한 상황은 충분히 발생할 수 있는 점, 이러한 경우에도 별도의 수색영장을 발부받아야 한다면, 검사가 영장을 신청하고 법관이 영장을 발부하는 데에 통상적으로 소요되는 시간 등에 비추어 체포영장의 집행 자체가 사실상 불가능할 수도 있는 점, 수색영장을 발부받을 수 있는 시간적 여유가 있는 경우에도 영장 없이 타인의 주거 등에 대한 수색을 허용한다면, 수색장소의 특정 및 이에 대한 법관의 심사절차가 생략되므로, 일반영장에 의한 포괄적 강제수사를 허용하는 셈이 되는 점 등을 종합하면, **체포영장에 의한 체포의 경우**에는 (가) 체포영장이 발부된 피의자가 타인의 주거 등에 **소재할 개연성**이 소명되고, (나) 그 장소를 수색하기에 앞서 별도로 수색영장을 발부받기 어려운 **긴급한 사정**이 있는 경우에 한하여 현행범인 체포, 긴급체포의 경우와 마찬가지로 영장주의의 예외를 인정할 수 있다고 보아야 한다.

**1-2 [대판 2018도13458]** [입법자가 위 헌법불합치결정에 따라 구법 조항을 개정하면서 부칙에 '개정 조항'의 소급적용에 관한 경과조치를 두고 있지 않은 경우, 위 헌법불합치결정을 하게 된 당해 사건 및 위 헌법불합치결정 당시 구법 조항의 위헌 여부가 쟁점이 되어 법원에 계속 중인 사건에 대하여 위 **헌법불합치결정의 소급효가 미치는지 여부(적극)** 및 이들 사건에 대하여는 위헌성이 제거된 개정 조항을 적용하여야 하는지 여부(적극)] 헌법불합치결정에 따라 개정된 형사소송법은 제216조 제1항 제1호 중 '피의자 수사'를 '피의자 수색'으로 개정하면서 단서에 "제200조의2 또는 제201조에 따라 피의자를 체포 또는 구속하는 경우의 피의자 수색은 미리 수색영장을 발부받기 어려운 **긴급한 사정이 있는 때에 한정**한다."라는 부분을 추

---

만들 가능성이 있으며, 이후 법원의 태도 변화로 동 처분을 위법하다고 판단한다면 압수한 증거의 증거능력 부정으로 국가형벌권의 실현에 장애가 될 수 있다. 나아가 수사기관의 위법한 공권력 행사로 인한 손해배상 책임에 대한 공방으로 국가와 국민 모두에게 불필요한 법적 분쟁에 휘말리게 할 수 있다. 따라서 제시된 수사 사례의 적법성 여부에 대한 검토가 필요하다."(김호, 형사소송법 제220조의 개정 필요성에 대한 고찰 — 제217조 제1항에 따른 압수·수색을 중심으로 —, 경찰학연구 제19권 제3호(2019), 207-208면).

가하였으나, **부칙은 소급적용에 관하여 아무런 규정을 두고 있지 않다.** 어떤 법률조항에 대하여 헌법재판소가 헌법불합치결정을 하여 입법자에게 그 법률조항을 합헌적으로 개정 또는 폐지하는 임무를 입법자의 형성 재량에 맡긴 이상, 개선입법의 소급적용 여부와 소급적용 범위는 원칙적으로 **입법자의 재량**에 달린 것이다. 그러나 구법 조항에 대한 헌법불합치결정의 취지나 위헌심판의 구체적 규범통제 실효성 보장이라는 측면을 고려할 때, 적어도 헌법불합치결정을 하게 된 **당해 사건** 및 헌법불합치결정 당시에 구법 조항의 위헌 여부가 쟁점이 되어 **법원에 계속 중인 사건에 대하여는 헌법불합치결정의 '소급효가 미친다'고 해야 하므로,** 비록 현행 형사소송법 부칙에 소급적용에 관한 경과조치를 두고 있지 않더라도 이들 사건에 대하여는 구법 조항을 그대로 적용할 수는 없고, **위헌성이 제거된 '현행 형사소송법의 규정'을 적용하여야 한다.** …… 이 사건 체포영장을 집행하기 위하여 이 사건 건조물을 수색하기에 앞서 수색영장을 발부받기 어려운 **긴급한 사정**이 있었다고 볼 수 없으므로, 경찰관들이 수색영장 없이 이 사건 건조물을 수색한 행위는 적법한 공무집행에 해당하지 않는다는 이유로 이 사건 공소사실을 무죄로 판단하였다.

## (2) 체포 · 구속 '현장'에서의 압수 · 수색 · 검증(법216①ii)

2 [대판 2008도10914] 음란물 유포의 범죄혐의를 이유로 압수수색영장을 발부받은 사법경찰관이 피고인의 주거지를 수색하는 과정에서 **대마를 발견하자,** 피고인을 마약류관리에 관한 법률 위반죄의 **현행범으로 체포**하면서 **대마를 압수**하였으나 그 다음날 피고인을 석방하고도 **사후 압수수색영장을 발부받지 않은 사안**에서, 위 압수물과 압수조서는 형사소송법상 영장주의를 위반하여 수집한 증거로서 증거능력이 부정된다고 한 사례. cf) 사안에서 수사기관은 대마를 계속 압수하기 위해서는 **지체 없이(48시간 이내) 압수 · 수색영장을 청구**했어야 했다(법217②).

## (3) 범죄 장소에서의 압수 · 수색 · 검증(법216③)

**\*긴급성 요건과 긴급성 판단\***

3-1 [대판 2014도16080] [1] 범행 중 또는 범행직후의 범죄 장소에서 **'긴급을 요하여'** 법원 판사의 영장을 받을 수 없는 때에는 영장 없이 압수 · 수색 또는 검증을 할 수 있으나, **사후에 지체없이 영장을 받아야 한다**(형사소송법 제216조 제3항). 형사소송법 제216조 제3항의 요건 중 어느 하나라도 갖추지 못한 경우에 그러한 압수 · 수색 또는 검증은 **위법**하며, 이에 대하여 **사후에 법원으로부터 영장을 발부받았다고 하여 그 위법성이 치유되지 아니한다.** [2] 이 사건 현장에서 단속 업무를 행한 경찰관 H의 진술에 의하면, 이 사건 발생일로부터 **15일 전에도** 이 사건 노래연습장에서 도우미 이용 및 주류 판매 영업이 이루어진다는 신고를 받고 이 사건 노래연습장에 출동하였으나 현장 적발에 실패하였다는 것으로서, 이 사건 노래연습장에서 그와 같이 **반복적으로** 도우미 이용 및 주류 판매 영업이 이루어지고 있었다면 이는 오히려 사전에 혐의를 소명할 자료를 수집하여 압수 · 수색 · 검증 **영장을 신청할 시간적 여유가 있었다는 점을 뒷받침하는 사정이 되는 점** …… 등을 종합하여 보면, 이 사건 당시 경찰관들의 직무집행은 형사소송법 제216조 제3항이 정하는 '긴급을 요하여 법원 판사의 영장을 받을 수 없는 때'의 요건을 충족하지 못한 것으로 봄이 타당하다.

3-2 [대판 2009도14884] 경찰관들은 2008.9.8. 차량을 타고 리스트에 기재된 업소들을 돌아보던 중 같은 날 17:00경 이 사건 게임장이 있는 건물을 지나다가, 남자들이 이 사건 게임장 안으로 들어가는 것을 보고 뒤따라 들어가, 게임장 내부를 수색하여, 등급분류를 받지 아니한 바다이야기 게임기 47대가 보관되

어 있는 것을 확인 후, 같은 날 18:30경위 게임기 등을 모두 압수한 사례에서, (가) 불법 게임장 영업은 **그 성질상 상당한 기간** 동안 계속적으로 이루어지고 (나) 불법 게임기는 **상당한 부피 및 무게**가 나가는 것들로 서 은폐나 은닉이 쉽지 아니한 점 등 그 판시와 같은 사정들에 비추어 보면, 위 경찰관들의 압수수색은 형 사소송법 제216조 제3항 소정의 '긴급성' 요건을 충족시키지 못한 것으로 위법하다고 판단하였다.

### *'범죄장소'의 판단*

**4-1 [대판 2011도15258] [사고현장으로부터 곧바로 후송된 '병원 응급실' 등의 장소]** [1] [음주운전 중 교통 사고를 내고 **의식불명** 상태에 빠져 병원으로 후송된 운전자에 대하여 수사기관이 영장 없이 **강제채혈**을 할 수 있는지 여부(한정 적극) 및 이 경우 **사후 압수영장**을 받아야 하는지 여부(적극)] 음주운전 중 교통사고를 야기한 후 피의자가 의식불명 상태에 빠져 있는 등으로 도로교통법이 음주운전의 제1차적 수사방법으로 규정한 호흡조사에 의한 음주측정이 불가능하고 혈액 채취에 대한 동의를 받을 수도 없을 뿐만 아니라 법 원으로부터 혈액 채취에 대한 감정처분허가장이나 사전 압수영장을 발부받을 시간적 여유도 없는 긴급한 상황이 생길 수 있다. 이러한 경우 피의자의 신체 내지 의복류에 주로 인한 냄새가 강하게 나는 등 형사소송법 제211조 제2항 제3호가 정하는 **범죄의 증적이 현저한 준현행범인**의 요건이 갖추어져 있고 교통사고 발생 시각으로부터 **사회통념상 범행 직후라고 볼 수 있는 시간 내라면**, 피의자의 생명·신체를 구조하기 위 하여 사고현장으로부터 곧바로 **후송된 병원 응급실 등의 장소는 형사소송법 제216조 제3항의 '범죄 장소'에 준한다 할 것**이므로, 검사 또는 사법경찰관은 피의자의 혈중알코올농도 등 증거의 수집을 위하여 의료법상 의료인의 자격이 있는 자로 하여금 의료용 기구로 의학적인 방법에 따라 필요최소한의 한도 내에서 피의자 의 혈액을 채취하게 한 후 **그 혈액을 영장 없이 압수할 수 있다.** 다만 이 경우에도 형사소송법 제216조 제3 항 단서, 형사소송규칙 제58조, 제107조 제1항 제3호에 따라 **사후에 지체 없이 강제채혈에 의한 압수의 사 유 등을 기재한** 영장청구서에 의하여 법원으로부터 압수영장을 받아야 한다. [2] 수사기관이 법원으로부터 **영장 또는 감정처분허가장을 발부받지 아니한 채** 피의자의 동의 없이 피의자의 신체로부터 혈액을 채취하고 **사후에도 지체 없이 영장을 발부받지 아니한 채** 혈액 중 알코올농도에 관한 감정을 의뢰하였다면, 이러한 과 정을 거쳐 얻은 감정의뢰회보 등은 형사소송법상 영장주의 원칙을 위반하여 수집하거나 그에 기초하여 획 득한 증거로서, 원칙적으로 절차위반행위가 적법절차의 실질적인 내용을 침해하여 피고인이나 변호인의 동의가 있더라도 **유죄의 증거로 사용할 수 없다.** cf) 본 판결에 대한 비판적 평석이 있다. "(대상판결은) 의 식불명의 음주운전자에 대해 강제채혈한 후 그 혈액을 '영장 없이 압수'할 수 있다는 것이다. 이는 범죄 직 후의 시간적·장소적 접착성을 다소 완화하고 현행성 또한 완화한 극히 이례적인 경우인데(시간상 사전영 장을 받을 수도 없고, 의식불명상태이므로 체포현장에서의 압수수색이나 긴급압수수색도 불가능하며, 운전자 본인 의 동의를 얻어 채혈할 수도 없다), 채혈의 적법성을 인정하기 위한 고육지책에서 나온 확장해석이므로 일반 화하는 것은 매우 곤란하다."[9]

**4-2 [대판 97다54482] [주취운전을 적발한 경찰관이 주취운전의 계속을 막기 위하여 취할 수 있는 조치 내 용]** 주취 상태에서의 운전은 도로교통법 제41조의 규정에 의하여 금지되어 있는 범죄행위임이 명백하고 그 로 인하여 자기 또는 타인의 생명이나 신체에 위해를 미칠 위험이 큰 점을 감안하면, 주취운전을 적발한 경찰관이 주취운전의 계속을 막기 위하여 취할 수 있는 조치로는, 단순히 주취운전의 계속을 금지하는 명 령 이외에 다른 사람으로 하여금 대신하여 운전하게 하거나 당해 주취운전자가 임의로 제출한 차량열쇠를 일시 보관하면서 가족에게 연락하여 주취운전자와 자동차를 인수하게 하거나 또는 주취 상태에서 벗어난

---

9) 이주원, 형사소송법(제5판), 222면.

후 다시 운전하게 하며 그 주취 정도가 심한 경우에 경찰관서에 일시 보호하는 것 등을 들 수 있고, 한편 주취운전이라는 범죄행위로 당해 **음주운전자를 구속 · 체포하지 아니한 경우에도 필요하다면** 그 차량열쇠는 범행 중 또는 범행 직후의 **범죄장소에서의 압수**로서 형사소송법 제216조 제3항에 의하여 영장 없이 이를 압수할 수 있다.

**\*사후영장\***

5-1 [대판 90도1263] 사법경찰관 작성의 검증조서의 작성이 범죄현장에서 급속을 요한다는 이유로 압수수색 영장 없이 행하여졌는데 그 후 법원의 **사후 영장을 받은 흔적이 없다면** 유죄의 증거로 쓸 수 없다.

5-2 [대판 88도1399] **사법경찰관 사무취급이 작성한 실황조서**가 사고발생 직후 사고장소에서 긴급을 요하여 판사의 영장없이 시행된 것으로서 형사소송법 제216조 제3항에 의한 검증에 따라 작성된 것이라면 **사후영장을 받지 않는 한 유죄의 증거로 삼을 수 없다.**

5-3 [대판 83도3006] 사법경찰관 사무취급이 행한 검증이 사건발생 후 범행장소에서 긴급을 요하여 판사의 영장 없이 시행된 것이라면 이는 형사소송법 제216조 제3항에 의한 검증이라 할 것임에도 불구하고 기록상 **사후영장을 받은 흔적이 없다면** 이러한 검증조서는 유죄의 증거로 할 수 없다.

## (4) 긴급체포 시의 압수 · 수색 · 검증(법217①)

6 [대판 2017도10309] [긴급체포된 자가 소유 · 소지 또는 보관하는 물건에 대한 긴급 압수 · 수색 또는 검증을 규정한 형사소송법 제217조 제1항의 취지] [1] 형사소송법 제217조 제1항은 수사기관이 피의자를 긴급체포한 상황에서 (가) 피의자가 체포되었다는 사실이 공범이나 관련자들에게 알려짐으로써 관련자들이 증거를 파괴하거나 은닉하는 것을 방지하고, (나) 범죄사실과 관련된 증거물을 신속히 확보할 수 있도록 하기 위한 것이다. 이 규정에 따른 압수 · 수색 또는 검증은 체포현장에서의 압수 · 수색 또는 검증을 규정하고 있는 형사소송법 제216조 제1항 제2호와 달리, **체포현장이 아닌 장소에서도 긴급체포된 자가 소유 · 소지 또는 보관하는 물건을 대상으로 할 수 있다.** [2] (1) 서울지방경찰서 소속 경찰관들은 2016.10.5. 20:00 경기 광주시 앞 도로에서 위장거래자와 만나서 마약류 거래를 하고 있는 피고인을 긴급체포한 뒤 현장에서 피고인이 위장거래자에게 건네준 메트암페타민 약 9.50g이 들어 있는 비닐팩 1개(증제1호)를 압수하였다. (2) 위 경찰관들은 같은 날 '**20:24경**' 영장 없이 체포 현장에서 약 **2km 떨어진** 경기 광주시에 있는 피고인의 주거지에 대한 수색을 실시해서 작은 방 서랍장 등에서 메트암페타민 약 4.82g이 들어 있는 비닐팩 1개(증제2호) 등을 추가로 찾아내어 이를 압수하였다. (3) 이후 사법경찰관은 압수한 위 메트암페타민 약 4.82g이 들어 있는 비닐팩 1개(증제2호)에 대하여 감정의뢰 등 계속 압수의 필요성을 이유로 검사에게 사후 압수수색영장 청구를 신청하였고, 검사의 청구로 서울지방법원 영장전담판사로부터 2016.10.7. **사후 압수수색영장을 발부**받았다. (4) 위와 같은 피고인에 대한 긴급체포 사유, 압수 · 수색의 시각과 경위, 사후영장의 발부 내역 등에 비추어 보면, 수사기관이 피고인의 주거지에서 긴급 압수한 메트암페타민 4.82g은 긴급체포의 사유가 된 범죄사실 수사에 필요한 범위 내의 것으로서 형사소송법 제217조에 따라 **적법하게 압수되었다고 할 것이다.** cf) 본 판결에 대해서는 비판이 있다. 제217조 제1항에 의한 긴급체포의 경우에는 요급처분에 관한 규정이 적용되지 않는다. 따라서 압수 · 수색을 할 경우에는 주거주, 간수자 등을 참여하게 하여야 하고(법123②), 일출 전, 일몰 후에는 타인의 주거 등에 들어가지 못한다(법125). 그런데 본 사안의 경우 '**20:24경**'에 압수가 이루어졌음에도 적법하다고 판결하고 있다. 법원은 대상판결의 경우, 비록

요급처분에 대한 규정 위반은 존재하지만 사후영장이 발부되었고 야간집행의 제한은 절대적 금지가 아니라 '상대적 제한'에 불과한 점 등을 감안한 것으로 보여진다.

7 [대판 2008도2245] [긴급체포시 적법하게 압수할 수 있는 대상물인지 여부의 판단 기준] [1] 구 형사소송법(2007.6.1.법률 제8496호로 개정되기 전의 것) 제217조 제1항 등에 의하면 검사 또는 사법경찰관은 피의자를 긴급체포한 경우 체포한 때부터 48시간 이내에 한하여 영장 없이, 긴급체포의 사유가 된 범죄사실 수사에 필요한 최소한의 범위 내에서 당해 범죄사실과 관련된 증거물 또는 몰수할 것으로 판단되는 피의자의 소유, 소지 또는 보관하는 물건을 압수할 수 있다. 이때, 어떤 물건이 긴급체포의 사유가 된 범죄사실 수사에 필요한 최소한의 범위 내의 것으로서 압수의 대상이 되는 것인지는 당해 범죄사실의 구체적인 내용과 성질, 압수하고자 하는 물건의 형상·성질, 당해 범죄사실과의 관련 정도와 증거가치, 인멸의 우려는 물론 압수로 인하여 발생하는 불이익의 정도 등 압수 당시의 여러 사정을 종합적으로 고려하여 객관적으로 판단하여야 한다. [2] 경찰관이 이른바 **전화사기죄** 범행(보이스피싱)의 혐의자를 **긴급체포하면서 그가 보관하고 있던 다른 사람의 주민등록증, 운전면허증 등을 압수**한 사안에서, 이는 구 형사소송법 제217조 제1항에서 규정한 해당 범죄사실의 **수사에 필요한 범위 내의 압수로서 적법**하므로, 이를 위 혐의자의 **점유이탈물횡령죄** 범행에 대한 증거로 인정한 사례.

# 28 압수·수색·검증과 영장주의의 예외(2)
## ― 임의제출한 물건의 '영치' ―

* 대법원 2016. 2. 18. 선고 2015도13726 판결
* 참조조문: 형사소송법 제108조,[1] 제218조,[2] 제212조[3]

현행범 체포 현장이나 범죄 장소에서 소지자 등이 **임의로 제출**하는 물건을 형사소송법 제218조에 따라 영장 없이 압수할 수 있는가? 그리고 이 경우 검사나 사법경찰관이 사후에 영장을 받아야 하는가?

●**사실●** 피고인 X는 Y의 제안을 받고 2014.5.29.경 중국 영선항에서 비닐봉지 7개에 나누어 담은 필로폰 약 6.1kg을 자신의 몸에 은닉한 채 바지선에 승선하여 같은 해 6.1.16:15경 거제시 고현항에 입항하여 필로폰을 밀수입하였다. 당시 이 사건을 제보 받은 검찰수사관은 6.1. 16:15경 고현항에 도착한 바지선을 수색하였다. 검찰수사관 P1는 수색 도중 선용품창고 선반 위에 숨어 있던 X를 발견하고 천천히 내려오게 한 후 필로폰을 둔 장소를 물었으나 대답을 듣지 못하였고, 때마침 바지선 내 다른 장소를 수색하던 다른 검찰수사관 P2가 "물건이 여기 있다, 찾았다."라고 외치자, 16:30경 X를 필로폰 밀수입 및 밀입국 등의 **현행범으로 체포**하였다. P1는 곧바로 X에게 발견된 필로폰 약 6.1kg을 제시하고 "필로폰을 임의제출하면 영장 없이 압수할 수 있고 압수될 경우 임의로 돌려받지 못하며, 임의제출하지 않으면 영장을 발부받아서 압수하여야 한다."라고 설명하면서 필로폰을 임의로 제출할 의사가 있는지를 물었고, X로부터 "그 정도는 저도 압니다."라는 말과 함께 **승낙을 받아 필로폰을 압수**하였다. 그리고 같은 날 검찰청에서 임의제출확인서를 작성하여 X로부터 서명·날인을 받았다. 검사는 압수한 필로폰에 관하여 **사후 압수영장을 발부받지는 않고** 현재까지 보관하고 있다. 제1심과 원심은 피고인의 필로폰 제출에 대해 '임의성을 부인'하거나 '적법한 현행범 체포가 아니다'는 이유로 밀수입에 대해 무죄를 선고하였다. 이에 검사가 상고하였다.

●**판지●** 파기환송. 「검사 또는 사법경찰관은 (가) 형사소송법 제212조의 규정에 의하여 피의자를 현행범 체포하는 경우에 필요한 때에는 **체포 현장에서 영장 없이** 압수·수색·검증을 할 수 있으나, 이와 같이 압수한 물건을 계속 압수할 필요가 있는 경우에는 체포한 때부터 48시간 이내에 지체 없이 압수영장을 청구하여야 한다(제216조 제1항 제2호, 제217조 제2항). 그리고 (나) 검사 또는 사법경찰관이 **범행 중 또는 범행 직후의 범죄 장소**에서 긴급을 요하여 판사의 영장을 받을 수 없는 때에는 영장 없이 압수·수색 또는 검증을 할 수 있으나, 이 경우에는 사후에 지체 없이 영장을 받아야 한다(제216조 제3항). (다) 다만 형사소송법 제218조에 의하면 검사 또는 사법경찰관은 피의자 등이 유류한 물건이나 **소유자·소지자 또는 보관자가 임의로 제출한 물건은 영장 없이 압수할 수 있으므로**, 현행범 체포 현장이나 범죄 장소에서도 소지자 등이 임의로 제출하는 물건은 위 조항에 의하여 영장 없이 압수할 수 있고, 이 경우에는 검사나 사법경찰관이 **사후에 영장을 받을 필요가 없다**」.

●**해설●** **1 대상판결의 쟁점**  대물적 강제수사의 경우, 압수·수색의 긴급성을 고려하여 일정한

---

1) 형사소송법 제108조(**임의 제출물 등의 압수**) 소유자, 소지자 또는 **보관자**가 임의로 제출한 물건 또는 유류한 물건은 영장 없이 압수할 수 있다.
2) 형사소송법 제218조(**영장에 의하지 아니한 압수**) 검사, 사법경찰관은 피의자 기타인의 유류한 물건이나 소유자, 소지자 또는 보관자가 임의로 제출한 물건을 영장 없이 압수할 수 있다.
3) 형사소송법 제212조(**현행범인의 체포**) 현행범인은 누구든지 영장 없이 체포할 수 있다.

경우에 **예외적으로 영장에 의하지 않는** 압수·수색 및 검증을 허용하고 있다. 그 예외로는 ① 체포·구속 목적의 피의자수색(법216① i ), ② 체포현장에서의 압수·수색·검증(법216① ii ), ③ 피고인 구속현장에서의 압수·수색·검증(법216②), ④ 범죄 장소에서의 압수·수색·검증(법216③), ⑤ 긴급체포 시의 압수·수색·검증(법217①), ⑥ 임의제출한 물건 및 유류한 물건의 압수(법108·218) ⑦ 변사자에 대한 긴급 검증 등이 있다. 대상판결은 임의제출한 물건의 압수와 관련된다. 대상판결에서 다투어진 점은 수사기관의 피고인 체포가 현행범인 체포의 요건과 필요성을 충족하는 적법한 체포인지 여부와 체포된 피의자를 상대로 필로폰을 제출받은 것을 임의제출물의 압수로 볼 수 있는지 여부 그리고 체포현장에서 체포된 자를 상대로 임의제출을 받은 경우 사후에 압수수색영장을 발부받아야 하는지가 다투어졌다.

**2 유류물 또는 임의제출물의 압수**(법218·108)　　　　　검사, 사법경찰관은 피의자 기타인의 '**유류한 물건**'이나 소유자, 소지자 또는 보관자가 '**임의로 제출한 물건**'을 영장 없이 압수할 수 있다(강학상 압수가 아니라 '**영치(領置)**'라고도 불린다). (1) 이 경우는 (상대방의 의사에 반하지 않으므로) **사후에도 영장이 요구되지 않아** 실무에서 가장 많이 활용되고 있다. (2) 영치가 이루어지는 '시기'나 '장소'에는 제한이 없다. 따라서 내사 단계에서도 영치는 가능하며, **현행범 체포현장이나 범죄 현장**에서도 임의로 제출한 물건은 영장 없이 압수가 가능하고, 이 경우 검사나 사법경찰관은 별도로 사후에 영장을 받을 필요가 없다(대판 2019도17142, Ref 1-2).[4] (3) 임의제출물의 영치는 점유취득과정에서는 강제력의 행사가 없었지만, 일단 영치된 이후에는 제출자가 임의로 취거할 수 없다는 점에서 '**강제처분**'의 성격을 지닌다. (4) 임의제출물을 압수한 경우에는 목록을 작성하여 소유자, 소지자, 보관자 기타 이에 준할 자에게 교부하여야 한다(법129). (5) 근래 휴대폰의 임의제출과 관련하여 주요한 법리(㉠ 임의제출에 따른 전자정보 압수의 대상과 범위, ㉡ 임의제출된 정보저장매체 탐색 과정에서 무관정보 발견 시 필요한 조치·절차 등)들을 대법원은 제시하고 있다 (대판 2016도348 전원합의체).

---

4) 체포현장에서의 임의제출물의 압수에 대해 형소법 제216조 제1항 제2호를 적용하지 않고 제218조를 적용하는 것에 대한 비판이 있다(특히 휴대전화기 등 정보저장매체의 임의제출에 대한 압수). "피의자를 체포하는 현장에서 압수한 물건이 피의자가 임의로 제출했다는 이유로 피의사건과의 관련성, 긴급성 그리고 사후영장도 요구하지 아니하는 형소법 제218조를 적용하게 되면 결국 헌법이 규정하고 있는 **적법절차의 원칙과 영장주의를 형해화**시키는 결과를 초래하기 때문이다. [판례 2](의정부지방법원 2019.8.22. 선고 2018노2757 판결)가 적절히 지적하고 있듯이 체포현장에서 피의자 등이 임의제출한 물건에 대하여 형소법 제216조 제1항 제2호를 적용한다고 해서 체포현장에서의 수사가 불가능하거나 현저히 곤란해지는 것도 아니다. 그럼에도 불구하고 체포현장에서의 임의제출물에 대한 압수에 대하여 사후영장을 요구하지 않게 된다면 수사기관은 피의사건과 관련성이나 긴급성이 요구되지 않는 증거물에 대해서까지 영장없이 압수할 수 있고 나아가 사후적으로 사법부의 통제도 피할 수 있게 되어, 결국 형소법이 무분별한 압수·수색을 방지하기 위해 둔 각종 규정을 무력화시키는 결과가 된다. 휴대전화기 등 정보저장매체의 무분별한 압수·수색에 따른 수사권의 남용과 개인의 인권침해를 방지하고 피의사건과의 관련성과 긴급성을 명시한 형소법의 입법취지를 관철시키기 위해서는, 결국 [판례 2]에서와 같이 체포현장에서의 임의제출물의 압수에 대해서는 형소법 제218조가 아니라 형소법 제216조 제1항 제2호 및 제217조 제2항을 적용하여야 한다고 본다.""대법원은 피의자의 체포현장이나 범죄 장소에서도 소지자 등이 임의로 제출하는 물건은 형소법 제218조에 의하여 영장 없이 압수할 수 있으며, 이 경우에는 검사나 사법경찰관이 사후에 영장을 받을 필요가 없다는 입장을 여러 차례 밝힌 바 있지만, [판례 2]에서 볼 수 있듯이 하급심은 대법원의 입장을 반박하며 사후영장 발부와 피의자·변호인의 참여, 압수목록 교부 등의 적법절차의 준수를 요구하고 있다. 이러한 하급심 판례는 대법원의 입장에는 적지 않은 문제가 있음을 보여주는 것이고 나아가 대법원의 입장에 변화가 있을 수 있음을 예고하는 것이라고 본다. 앞으로 대법원의 입장에 전향적인 변화가 있기를 기대한다."(김태명, 체포현장에서 피의자가 임의제출한 휴대전화기의 압수와 휴대전화기에 저장된 정보의 탐색·수집, 경찰법연구 제19권 제1호(2021) 50면, 60면).

**3 임의제출자**(소유자 · 소지자 · 보관자)    임의제출자의 경우, 그 물건에 대하여 **소유자** 기타의 (적법한) 권한이 있는 자임을 요하지 않는다. (1) 따라서 **소지자나 보관자**가 임의로 제출한 물건이나 유류한 물건도 영장 없이 압수할 수 있다(이 경우 소지자나 보관자는 소유자의 동의를 받을 필요가 없으며 심지어 소유자 의사에 반하여도 적법성에는 영향이 없다). 판례는 ① 경찰관이 간호사로부터 진료 목적으로 채혈된 피고인의 **혈액 중 일부**를 주취운전 여부에 대한 감정을 목적으로 제출받아 압수한 경우라든지(대판 98도968, Ref 1−6), ② 검사가 교도관으로부터 **보관 중이던 재소자의 비망록**을 증거자료로 임의로 제출받아 이를 압수한 경우(대판 2008도1097, Ref 1−5)에도 적법절차를 위반한 위법이 없다고 판단하였다. (2) '소유자 · 소지자 · 보관자'가 아닌 자로부터 제출받은 물건을 영장 없이 압수하였다면 이를 유죄의 증거로 사용할 수 없다(대판 2009도10092, Ref 1−10).

**4 임의제출자의 '임의성' 판단**    임의제출 형식을 취하더라도 (1) 그 제출이 자발적 · 임의적이지 못하고 수사기관의 우월적 지위에 의해 의하여 제출되었다면 증거로 사용할 수 없다(영장주의 잠탈의 방지). 즉「**수사기관이 별개의 증거를 피압수자 등에게 환부하고 후에 임의제출받아 다시 압수하였다면** 증거를 압수한 최초의 절차 위반행위와 최종적인 증거수집 사이의 인과관계가 단절되었다고 평가할 수 있으나 환부 후 다시 제출하는 과정에서 수사기관의 **우월적 지위**에 의하여 임의제출 명목으로 실질적으로 강제적인 압수가 행하여질 수 있으므로, **제출에 임의성**이 있다는 점에 관하여는 검사가 합리적 의심을 배제할 수 있을 정도로 증명하여야 하고, 임의로 제출된 것이라고 볼 수 없는 경우에는 증거능력을 인정할 수 없다」(대판 2013도11233, Ref 1−3). (2) 특히 문제는 **위법한 압수가 있은 직후**에 임의제출이 이루어지는 경우이다. 판례는 위법한 압수가 있은 직후에 피고인으로부터 작성받은 그 압수물에 대한 임의제출동의서도 특별한 사정이 없는 한, 유죄인정의 증거로 사용할 수 없다고 본다(대판 2009도14376, Ref 1−9). 그리고 같은 선상에서 **수사기관의 요구**에 의하여 의사 등이 채혈한 혈액이나 금융기관이 제출한 고객의 금융정보(대판 2012도13607, Ref 1−7)는 임의성이 없어 임의제출물로 볼 수 없다.

**5** 대상판결에서 제1심과 원심은 검찰수사관이 피고인을 현행범으로 체포한 것은 위법하고, 압수한 필로폰 또한 적법한 임의제출 물건은 아닌 것으로 판단하였다. 즉「설령 현행범 체포로서 적법하다 하더라도 수사기관이 **필로폰을 압수하고 사후 압수수색영장을 발부받지도 않음으로써 적법절차를 위반**하였고, 피고인이 스스로 필로폰이 있는 곳을 알려주지 않았고 숨어 있던 바로 그 장소에서 필로폰이 발견된 것도 아니므로, 비록 수사기관이 현행범 체포로 이미 제압당한 피고인으로부터 필로폰을 **임의제출받는 형식을 취하였다고 하더라도** 이를 적법한 임의제출 물건으로 볼 수도 없으므로, 압수된 필로폰 및 그에 기초하여 수집된 감정서 등 이 사건 2차적 증거들은 위법수집증거이거나 위법수집증거의 2차적 증거로서 증거능력이 없다」고 보았다.

**6** 그러나 대법원은「피고인이 바지선에 승선하여 밀입국하면서 필로폰을 밀수입하는 범행을 실행 중이거나 실행한 직후에 검찰수사관이 바지선 내 피고인을 발견한 장소 근처에서 필로폰이 발견되자 곧바로 피고인을 체포하였으므로 이는 **현행범 체포로서 적법**하고,[5] …… 그리고 (가) 검찰수사관이 필로폰을

---

5) 당시 현행범체포가 적법하다고 보는 입장에서의 평석이 있다. "이 사건은 수사기관이 필로폰 밀수 등으로 재판 중 도망한 피고인이 다시 국내로 필로폰을 반입하려고 한다는 제보자의 진술을 듣고 서울에서 거제도까지 내려가 이 사건 바지선 b호를 수색한 것인 점, 바지선 b호 수색을 시작한 시점과 필로폰 발견 및 피고인 체포까지의 일련의 과정이 약 15분 정도 밖에 걸리지 않았던 점, 검찰수사관이 바지선 b호에서 필로폰을 발견한

압수하기 전에 피고인에게 임의제출의 의미, 효과 등에 관하여 고지하였던 점, (나) 피고인도 필로폰 매매 등 동종 범행으로 여러 차례 형사처벌을 받은 전력이 있어 피압수물인 필로폰을 임의제출할 경우 압수되어 돌려받지 못한다는 사정 등을 충분히 알았을 것으로 보이는 점, (다) 피고인이 체포될 당시 필로폰 관련 범행을 부인하였다고 볼 자료가 없고, (라) 검찰수사관이 필로폰을 임의로 제출받기 위하여 피고인을 기망하거나 협박하였다고 볼 아무런 사정이 없는 점 등에 비추어 보면, 피고인은 **필로폰의 소지인으로서 이를 임의로 제출하였다고 할 것**이므로 그 **필로폰의 압수도 적법**하다」고 판단하였다.

7 한편 **유류물(遺留物)의 경우**, 영장 없이 압수하더라도 영장주의를 위반한 잘못이 있다 할 수 없다. 유류한 물건은 '유실물보다 넓은 개념'으로 범죄현장에서 발견된 범인이 버리고 간 흉기나 혈흔, 지문, 족적 등이다. 판례도 술을 마신 테이블 위에 놓여 있던 맥주컵의 **지문**(대판 2008도7471, Ref 2-2)이나 차량이 도로 옆의 대전차 방호벽을 들이 받은 살인사건에서 위 방호벽 안쪽 벽면에 설치된 철제구조물에 끼어 있다 발견된 차량의 **강판조각**(대판 2011도1902, Ref 2-1), 자동차 사고현장에서 유출된 차량의 **엔진오일**(헌재 97헌마21, Ref 2-3) 등은 여기에 해당된다고 보았다.

## *Reference 1*
## *임의제출물 압수가 적법하다고 판단한 사례*

1 [대판 2020도14654] 피의자가 휴대전화를 임의제출하면서 휴대전화에 저장된 전자정보가 아닌 클라우드 등 제3자가 관리하는 원격지에 저장되어 있는 전자정보를 수사기관에 제출한다는 의사로 수사기관에게 **클라우드 등에 접속하기 위한 아이디와 비밀번호를 임의로 제공**하였다면 위 클라우드 등에 저장된 전자정보를 임의제출하는 것으로 볼 수 있다.

2 [대판 2019도17142] 파기환송. 범죄를 실행 중이거나 실행 직후의 현행범인은 누구든지 영장 없이 체포할 수 있고(형사소송법 제212조), 검사 또는 사법경찰관은 피의자 등이 유류한 물건이나 소유자·소지자 또는 보관자가 임의로 제출한 물건을 영장 없이 압수할 수 있으므로(제218조), 현행범 체포현장이나 범죄현장에서도 소지자 등이 **임의로 제출**하는 물건을 형사소송법 제218조에 의하여 영장 없이 압수하는 것이 허용되고, 이 경우 검사나 사법경찰관은 별도로 **사후에 영장을 받을 필요가 없다.** **cf)** 원심은 대법원이 체포현장에서 임의제출 형식에 의한 압수수색을 위와 같이 허용함으로써, 일선 실무에서는 피의자 임의제출에 의한 압수가 광범위하게 이루어지는 반면에, 긴급압수수색절차 및 압수물에 대한 사후영장 절차는 거의 없음을 지적하고, 수사기관은 현행범 체포된 피의자에게 절대적으로 우월한 지위를 갖기 때문에 임의제출을 거절하는 피의자를 예상하기 어려워, 체포된 피의자가 소지하던 긴급압수물에 대한 사후영장제도는 형해화될 가능성이 큼을 지적하며, 형사소송법 제218조에 따른 영장 없는 압수수색은 현행범 체포현장에서는 허용되어서는 안 된다고 보았다.

---

후 함께 있던 검찰수사관이 피고인을 체포한 것으로 당시 피고인은 필로폰 밀수범임이 명백하고, 필로폰 밀수 중 또는 그 직후에 체포한 것으로 시간적, 장소적 접착성이 인정되며, 피고인은 도망의 우려가 커서 체포의 필요성 또한 인정되는바, 피고인에 대한 현행범인 체포는 적법하다."(이순옥, 현행범인 체포 및 임의제출물 압수와 관련한 대법원의 태도에 대한 연구, 중앙법학 제18집 제4호, 2016, 367면).

3 [대판 2013도11233] [**수사기관이 별개의 증거를 피압수자 등에게 환부하고 후에 임의제출받아 다시 압수한 경우**] 검사 또는 사법경찰관은 범죄수사에 필요한 때에는 피의자가 죄를 범하였다고 의심할 만한 정황이 있는 경우에 판사로부터 발부받은 영장에 의하여 압수·수색을 할 수 있으나, (가) 압수·수색은 영장 발부의 사유로 된 범죄 **혐의사실과 관련된 증거**에 한하여 할 수 있으므로, 영장 발부의 사유로 된 범죄 **혐의사실과 무관한 별개의 증거**를 압수하였을 경우 이는 원칙적으로 유죄 인정의 증거로 사용할 수 없다. (나) 다만 **수사기관이 별개의 증거를 피압수자 등에게 환부하고 후에 임의제출받아 다시 압수하였다면** 증거를 압수한 최초의 절차 위반행위와 최종적인 증거수집 사이의 인과관계가 단절되었다고 평가할 수 있으나, (다) 환부 후 다시 제출하는 과정에서 수사기관의 **우월적 지위에 의하여** 임의제출 명목으로 실질적으로 강제적인 압수가 행하여질 수 있으므로, 제출에 임의성이 있다는 점에 관하여는 검사가 합리적 의심을 배제할 수 있을 정도로 증명하여야 하고, 임의로 제출된 것이라고 볼 수 없는 경우에는 증거능력을 인정할 수 없다.

4 [대판 2013도7718] [**우편물 통관검사절차에서 압수·수색영장 없이 진행된 우편물의 개봉, 시료채취, 성분분석 등 검사의 적법 여부(원칙적 적극)**] 관세법 제246조 제1항, 제2항, …… 등에 비추어 보면, 우편물 통관검사절차에서 이루어지는 우편물의 개봉, 시료채취, 성분분석 등의 검사는 수출입물품에 대한 적정한 통관 등을 목적으로 한 **행정조사의 성격을 가지는 것으로서 수사기관의 강제처분이라고 할 수 없으므로**, 압수·수색영장 없이 우편물의 개봉, 시료채취, 성분분석 등 검사가 진행되었다 하더라도 특별한 사정이 없는 한 위법하다고 볼 수 없다. …… **세관공무원이 통관검사를 위하여 직무상 소지 또는 보관하는** 우편물을 수사기관에 **임의로 제출한 경우**에는 비록 소유자의 동의를 받지 않았다 하더라도 수사기관이 강제로 점유를 취득하지 않은 이상 해당 우편물을 압수하였다고 할 수 없다.

5 [대판 2008도1097] [**검사가 교도관으로부터 '보관' 중이던 '재소자의 비망록'을 증거자료로 임의로 제출받아 이를 압수한 경우**, 적법절차의 위반 여부(원칙적 소극)] 형사소송법 제218조는 '검사 또는 사법경찰관은 피의자, 기타인의 유류한 물건이나 소유자, 소지자 또는 **보관자**가 임의로 제출한 물건을 영장 없이 압수할 수 있다'라고 규정하고 있고, 같은 법 제219조에 의하여 준용되는 제111조 제1항은 '공무원 또는 공무원이었던 자가 소지 또는 보관하는 물건에 관하여는 본인 또는 그 해당공무소가 직무상의 비밀에 관한 것임을 신고한 때에는 그 소속공무소 또는 당해감독관공서의 승낙 없이는 압수하지 못한다'고 규정하고 있으며, 같은 조 제2항은 '소속공무소 또는 당해감독관공서는 국가의 중대한 이익을 해하는 경우를 제외하고는 승낙을 거부하지 못한다'고 규정하고 있을 뿐이고, 달리 형사소송법 및 기타 법령상 교도관이 그 직무상 위탁을 받아 소지 또는 보관하는 물건으로서 재소자가 작성한 비망록을 수사기관이 수사 목적으로 압수하는 절차에 관하여 특별한 절차적 제한을 두고 있지 않으므로, **교도관이 재소자가 맡긴 비망록을 수사기관에 임의로 제출하였다면** 그 비망록의 증거사용에 대하여도 재소자의 사생활의 비밀 기타 인격적 법익이 침해되는 등의 특별한 사정이 없는 한 반드시 그 재소자의 동의를 받아야 하는 것은 아니다. 따라서 검사가 교도관으로부터 그가 보관하고 있던 피고인의 비망록을 **뇌물수수 등의 증거자료**로 임의로 제출받아 이를 압수한 경우, 그 압수절차가 피고인의 승낙 및 영장 없이 행하여졌다고 하더라도 이에 적법절차를 위반한 위법이 있다고 할 수 없다.

6 [대판 98도968] [경찰관이 **간호사로부터 진료 목적으로 '이미 채혈'**된 피고인의 혈액 중 일부를 주취운전 여부에 대한 감정을 목적으로 제출받아 압수한 경우, 적법절차의 위반 여부(소극)] 형사소송법 제218조

는 "검사 또는 사법경찰관은 피의자, 기타인의 유류한 물건이나 소유자, 소지자 또는 보관자가 임의로 제출한 물건을 영장 없이 압수할 수 있다."라고 규정하고 있고, 같은 법 제219조에 의하여 준용되는 제112조 본문은 "변호사, 변리사, 공증인, 공인회계사, 세무사, 대서업자, 의사, 한의사, 치과의사, 약사, 약종상, 조산사, 간호사, 종교의 직에 있는 자 또는 이러한 직에 있던 자가 그 업무상 위탁을 받아 **소지 또는 보관하는 물건**으로 타인의 비밀에 관한 것은 압수를 거부할 수 있다."라고 규정하고 있을 뿐이고, 달리 형사소송법 및 기타 법령상 의료인이 진료 목적으로 채혈한 혈액을 수사기관이 수사 목적으로 압수하는 절차에 관하여 특별한 절차적 제한을 두고 있지 않으므로, (가) 의료인이 진료 목적으로 채혈한 환자의 혈액을 수사기관에 임의로 제출하였다면 그 혈액의 증거사용에 대하여도 환자의 사생활의 비밀 기타 인격적 법익이 침해되는 등의 **특별한 사정이 없는 한 반드시 그 환자의 동의를 받아야 하는 것이 아니고**, (나) 따라서 경찰관이 간호사로부터 진료 목적으로 **이미 채혈되어 있던** 피고인의 혈액 중 일부를 주취운전 여부에 대한 감정을 목적으로 임의로 제출 받아 이를 압수한 경우, (다) 당시 간호사가 위 혈액의 **소지자 겸 보관자인** 병원 또는 담당의사를 대리하여 혈액을 경찰관에게 임의로 제출할 수 있는 권한이 없었다고 볼 특별한 사정이 없는 이상, 그 압수절차가 피고인 또는 피고인의 가족의 동의 및 영장 없이 행하여졌다고 하더라도 이에 **적법절차를 위반한 위법이 있다고 할 수 없다.** cf) 아래 2011도15258와 비교.

## * 임의제출물 압수가 위법한 것으로 본 사례 *

7 [대판 2012도13607] [수사기관이 법관의 영장에 의하지 아니하고 금융회사 등으로부터 신용카드 매출전표의 거래명의자에 관한 정보를 획득한 경우, 그와 같이 수집된 증거의 증거능력 유무(원칙적 소극)] 수사기관이 범죄 수사를 목적으로 금융실명거래 및 비밀보장에 관한 법률(이하 '금융실명법'이라 한다) 제4조 제1항에 정한 '거래정보 등'을 획득하기 위해서는 법관의 영장이 필요하고, 신용카드에 의하여 물품을 거래할 때 '금융회사 등'이 발행하는 매출전표의 거래명의자에 관한 정보 또한 금융실명법에서 정하는 '거래정보 등'에 해당하므로, 수사기관이 금융회사 등에 그와 같은 정보를 요구하는 경우에도 법관이 발부한 영장에 의하여야 한다. 그럼에도 수사기관이 영장에 의하지 아니하고 매출전표의 거래명의자에 관한 정보를 획득하였다면, 그와 같이 수집된 증거는 원칙적으로 형사소송법 제308조의2에서 정하는 '적법한 절차에 따르지 아니하고 수집한 증거'에 해당하여 유죄의 증거로 삼을 수 없다.

8-1 [대판 2011도15258] [음주운전 중 교통사고를 내고 **의식불명 상태**에 빠져 병원으로 후송된 운전자에 대하여 수사기관이 영장 없이 강제채혈을 할 수 있는지 여부(한정 적극) 및 이 경우 사후 압수영장을 받아야 하는지 여부(적극)] [1] 피고인이 2011.3.5. 23:45경 판시 장소에서 오토바이를 운전하여 가다가 선행 차량의 뒷부분을 들이받는 교통사고를 야기한 후 의식을 잃은 채 119 구급차량에 의하여 **병원 응급실로 후송된 사실**, 사고 시각으로부터 약 1시간 후인 2011.3.6. 00:50경 사고신고를 받고 병원 응급실로 출동한 경찰관은 법원으로부터 압수·수색 또는 검증 영장을 발부받지 아니한 채 **피고인의 아들로부터 동의를 받아 간호사로 하여금 의식을 잃고 응급실에 누워 있는 피고인으로부터 채혈을 하도록** 한 사실 등을 인정하였다. 그리고 나아가 이 사건 채혈은 법관으로부터 영장을 발부받지 않은 상태에서 이루어졌고 **사후에 영장을 발부받지도 아니하였으므로** 피고인의 혈중알코올농도에 대한 국립과학수사연구소의 감정의뢰회보 및 이에 기초한 주취운전자 적발보고서, 주취운전자 정황보고서 등의 증거는 위법수집증거로서 증거능력이 없으므로, 피고인의 자백 외에 달리 이를 보강할 만한 증거가 없다는 이유로 이 사건

공소사실을 무죄로 판단하였다. [2] 음주운전 중 교통사고를 야기한 후 피의자가 의식불명 상태에 빠져 있는 등으로 도로교통법이 음주운전의 제1차적 수사방법으로 규정한 호흡조사에 의한 음주측정이 불가능하고 혈액 채취에 대한 동의를 받을 수도 없을 뿐만 아니라 법원으로부터 혈액 채취에 대한 감정처분허가장이나 사전 압수영장을 발부받을 시간적 여유도 없는 긴급한 상황이 생길 수 있다. 이러한 경우 피의자의 신체 내지 의복류에 주취로 인한 냄새가 강하게 나는 등 형사소송법 제211조 제2항 제3호가 정하는 범죄의 증적이 현저한 준현행범인의 요건이 갖추어져 있고 교통사고 발생 시각으로부터 사회통념상 범행 직후라고 볼 수 있는 시간 내라면, 피의자의 생명·신체를 구조하기 위하여 사고현장으로부터 곧바로 후송된 병원 응급실 등의 장소는 **형사소송법 제216조 제3항의 범죄 장소에 준한다 할 것**이므로, 검사 또는 사법경찰관은 피의자의 혈중알코올농도 등 증거의 수집을 위하여 의료법상 의료인의 자격이 있는 자로 하여금 의료용 기구로 의학적인 방법에 따라 필요최소한의 한도 내에서 피의자의 혈액을 채취하게 한 후 그 혈액을 영장 없이 압수할 수 있다. 다만 이 경우에도 형사소송법 제216조 제3항 단서, 형사소송규칙 제58조, 제107조 제1항 제3호에 따라 사후에 지체 없이 강제채혈에 의한 압수의 사유 등을 기재한 영장청구서에 의하여 법원으로부터 압수영장을 받아야 한다.

8-2 [대판 2009도2109] [**피고인의 동의 또는 영장 없이 채취한 혈액**을 이용한 감정결과보고서 등의 증거능력 유무(소극)] 피고인이 운전 중 교통사고를 내고 의식을 잃은 채 병원 응급실로 호송되자, 출동한 경찰관이 법원으로부터 **압수·수색 또는 검증 영장을 발부받지 아니한 채 피고인의 동서로부터 채혈동의를 받고 의사로 하여금 채혈을 하도록 한** 사안에서, 원심이 적법한 절차에 따르지 아니하고 수집된 피고인의 혈액을 이용한 혈중알콜농도에 관한 국립과학수사연구소 감정서 및 이에 기초한 주취운전자적발보고서의 증거능력을 부정한 것은 정당하고, 음주운전자에 대한 채혈에 관하여 영장주의를 요구할 경우 증거가치가 없게 될 위험성이 있다거나 음주운전 중 교통사고를 야기하고 의식불명 상태에 빠져 병원에 후송된 자에 대해 수사기관이 수사의 목적으로 의료진에게 요청하여 혈액을 채취한 사정이 있다고 하더라도 이러한 증거의 증거능력을 배제하는 것이 형사사법 정의를 실현하려고 한 취지에 반하는 결과를 초래하는 예외적인 경우에 해당한다고 볼 수 없다는 이유로, 피고인에 대한 구 도로교통법 위반(음주운전)의 공소사실을 무죄로 판단한 원심판결을 수긍한 사례.

9 [대판 2009도14376] [사법경찰관이 형사소송법 제215조 제2항을 위반하여 영장없이 물건을 압수한 직후 피고인으로부터 작성받은 그 압수물에 대한 '임의제출동의서'의 증거능력 유무(원칙적 소극)] [1] 형사소송법 제215조 제2항은 "사법경찰관이 범죄수사에 필요한 때에는 검사에게 신청하여 검사의 청구로 지방법원 판사가 발부한 영장에 의하여 압수, 수색 또는 검증을 할 수 있다."고 규정하고 있는바, 사법경찰관이 위 규정을 위반하여 영장없이 물건을 압수한 경우 그 압수물은 물론 이를 기초로 하여 획득한 2차적 증거 역시 유죄 인정의 증거로 사용할 수 없는 것이고, 이와 같은 법리는 헌법과 형사소송법이 선언한 영장주의의 중요성에 비추어 볼 때 **위법한 압수가 있은 직후에 피고인으로부터 작성받은 그 압수물에 대한 임의제출 동의서도 특별한 사정이 없는 한 마찬가지라고 할 것**이다. [2] 경찰이 피고인의 집에서 20m 떨어진 곳에서 피고인을 체포하여 수갑을 채운 후 피고인의 집으로 가서 집안을 수색하여 칼과 합의서를 압수하였을 뿐만 아니라 적법한 시간 내에 압수수색영장을 청구하여 발부받지도 않았음을 알 수 있는바, 이를 위 법리에 비추어 보면 위 칼과 합의서는 임의제출물이 아니라 영장없이 위법하게 압수된 것으로서 증거능력이 없고, 따라서 이를 기초로 한 2차 증거인 임의제출동의서, 압수조서 및 목록, 압수품 사진 역시 증거능력이 없다고 할 것이다.

10 [대판 2009도10092] [형사소송법 제218조를 위반하여 소유자, 소지자 또는 보관자가 아닌 자로부터 제출받은 물건을 영장없이 압수한 경우, 그 '압수물' 및 '압수물을 찍은 사진'의 증거능력 유무(소극)] [1] 형사소송법 제218조는 "사법경찰관은 소유자, 소지자 또는 보관자가 임의로 제출한 물건을 영장 없이 압수할 수 있다"고 규정하고 있는바, 위 규정을 위반하여 소유자, 소지자 또는 보관자가 아닌 자로부터 제출받은 물건을 영장없이 압수한 경우 그 '압수물' 및 '압수물을 찍은 사진'은 이를 유죄 인정의 증거로 사용할 수 없는 것이고, 헌법과 형사소송법이 선언한 영장주의의 중요성에 비추어 볼 때 피고인이나 변호인이 이를 증거로 함에 동의하였다고 하더라도 달리 볼 것은 아니다. [2] 충청남도 금산경찰서 소속 경사 A는 피고인 소유의 쇠파이프를 피고인의 주거지 앞마당에서 발견하였으면서도 그 소유자, 소지자 또는 보관자가 아닌 '피해자' B로부터 임의로 제출받는 형식으로 위 쇠파이프를 압수하였고, 그 후 압수물의 사진을 찍은 사실, 공판조서의 일부인 제1심 증거목록상 피고인이 위 사진(증 제4호의 일부)을 증거로 하는 데 동의한 것으로 기재되어 있는 사실을 알 수 있는바, 앞서 본 법리에 비추어 보면, 이 사건 압수물과 그 사진은 형사소송법상 영장주의 원칙을 위반하여 수집하거나 그에 기초한 증거로서 그 절차 위반행위가 적법절차의 실질적인 내용을 침해하는 정도에 해당한다고 할 것이므로, 피고인의 증거동의에도 불구하고 위 사진은 이 사건 범죄사실을 유죄로 인정하는 증거로 사용할 수 없다고 할 것이다.

## Reference 2

### * 유류물의 압수 *

1 [대판 2011도1902] [피고인이 자신의 처(妻)를 교통사고를 가장하여 살해하기로 마음먹고, 도로 옆에 설치된 대전차 방호벽의 안쪽 벽면을 차량의 우측 부분으로 들이받은 후, 재차 차량 앞범퍼 부분으로 위 방호벽 중 돌출된 부분의 모서리를 들이받아 그를 살해하였다는 내용으로 기소되었는데, 피고인이 범행을 강력히 부인하고 있고 달리 그에 관한 직접증거가 없는 사안에서, 피고인에게 살인죄를 인정한 원심판결에 증거의 증명력에 관한 법리오해 또는 논리와 경험법칙을 위반한 위법이 있다고 한 사례] [1] 피고인이 자신의 처(妻)인 피해자를 승용차 조수석에 태우고 운전하던 중 교통사고를 가장하여 살해하기로 마음먹고, 도로 옆에 설치된 대전차 방호벽의 안쪽 벽면을 차량 우측 부분으로 들이받아 피해자가 차에서 탈출하거나 저항할 수 없는 상태가 되자(1차 사고), 사고 장소로 되돌아와 다시 차량 앞범퍼 부분으로 위 방호벽 중 진행방향 오른쪽에 돌출된 부분의 모서리를 들이받아('2차 사고') 피해자를 살해하였다는 내용으로 기소되었다. [2] 이 사건 사고일인 2008.11.11.부터 3개월 가까이 경과한 2009.2.2. 이 사건 사고가 발생한 대전차 방호벽의 안쪽 벽면에 부착된 철제구조물에서 발견된 강판조각, 국립과학수사연구소 소속 감정인 공소외 1의 감정 과정에서 이 사건 사고 차량인 그랜저TG 승용차 우측 앞 펜더에서 탈출된 보강용 강판 및 이 사건 차량에서 채취된 페인트의 증거능력에 대하여 살펴본다. 원심 및 제1심의 각 판결이유와 그 채택 증거들 및 법령의 규정에 의하면, (1) 이 사건 강판조각은 형사소송법 제218조에 규정된 '유류물'에, (2) 이 사건 차량에서 탈거 또는 채취된 이 사건 보강용 강판과 페인트는 위 차량의 보관자가 감정을 위하여 '임의로 제출한 물건'에 각 해당함을 알 수 있다. 따라서 이 사건 강판조각과 보강용 강판 및 차량에서 채취된 페인트는 형사소송법 제218조에 의하여 영장 없이 압수할 수 있으므로 위 각 증거의 수집 과정에 영장주의를 위반한 잘못이 있다 할 수 없고, 나아가 이 사건 공소사실과 위 각 증거와의 관련성 및 그 내용 기타 이 사건 수사의 개시 및 진행 과정 등에 비추어, 비록 상고이유의 주장처럼 위 각 증거의 압수 후 압수조서의 작성 및 압수목록의 작성·교부 절차가 제대로 이행되지 아니한 잘못이 있다 하더라도, 그것이 적법절차의 실질적인 내

용을 침해하는 경우에 해당한다거나 앞서 본 위법수집증거의 배제법칙에 비추어 그 증거능력의 배제가 요구되는 경우에 해당한다고 볼 수는 없다.

2 [대판 2008도7471] [수사기관이 적법절차를 위반하여 지문채취 대상물을 압수한 경우, 그전에 **이미 범행 현장에서 위 대상물에서 채취한 지문**이 위법수집증거에 해당하는지 여부(소극)] 피해자의 신고를 받고 현장에 출동한 인천남동경찰서 과학수사팀 소속 경장 P는 피해자가 범인과 함께 술을 마신 테이블 위에 놓여 있던 맥주컵에서 지문 6점을, 물컵에서 지문 8점을, 맥주병에서 지문 2점을 각각 현장에서 직접 채취하였음을 알 수 있는바, 이와 같이 범행 현장에서 지문채취 대상물에 대한 지문채취가 먼저 이루어진 이상, 수사기관이 그 이후에 지문채취 대상물을 적법한 절차에 의하지 아니한 채 압수하였다고 하더라도(한편, 이 사건 지문채취 대상물인 맥주컵, 물컵, 맥주병 등은 피해자가 운영하는 주점 내에 있던 피해자의 소유로서 이를 수거한 행위가 피해자의 의사에 반한 것이라고 볼 수 없으므로, 이를 가리켜 위법한 압수라고 보기도 어렵다), 위와 같이 채취된 지문은 위법하게 압수한 지문채취 대상물로부터 획득한 2차적 증거에 해당하지 아니함이 분명하여, 이를 가리켜 위법수집증거라고 할 수 없다.

3 [헌재 97헌마21] 사고현장에는 중앙선에서 약 40㎝ 정도 떨어진 위 덤프트럭 진행차로 안에서부터 시작하여 중앙선을 가로질러 베스타 차량의 진행차로에 이르기까지 비스듬히 엔진오일로 추정되는 기름유출 흔적이 약 1m 정도 남아 있고, 위 베스타 차량의 차체 밑 지면에는 **엔진오일로 보이는 기름이 흘려져 있었고** 위 덤프트럭이 최종 정차한 지점에는 기름흔적이 전혀 없는 점에 비추어, 피청구인은 위 기름이 사고 당시 위 베스타 차량에서 흘려진 것으로 보고 그 흔적이 위 덤프트럭의 진행차로에까지 남아 있는 점을 위 베스타 차량이 중앙선을 침범한 사실의 근거로 삼고 있다. (유류물 등의 현장상황 판시 내용 중에서)

# 29 수사상 검증 - 강제채뇨와 강제채혈 -

* 대법원 2018. 7. 12. 선고 2018도6219 판결
* 참조조문: 형사소송법 제215조,[1] 제308조의2,[2] 경찰관직무집행법 제10조,[3] 제10조의2[4]

---

수사기관이 범죄 증거를 수집할 목적으로 하는 **강제채뇨**가 허용되기 위한 요건 및 채뇨의 방법

---

●**사실**● 부산지방검찰청 소속 검사는 부산지방경찰청 소속 경찰관의 신청에 따라 피고인 X가 2017.8. 초순 메트암페타민(이하 '필로폰')을 투약했다는 제보를 바탕으로 부산지방법원에 **압수·수색·검증영장**을 청구하여 2017.8.10. 영장담당판사로부터「마약류 관리에 관한 법률」위반 혐의에 관하여 압수·수색·검증영장을 발부받았다. 이 영장의 압수할 **'물건'란**에는 '피의자의 **소변 30cc, 모발 약 80수,** 마약류 불법사용에 대한 도구' 등이, 수색·검증할 **'장소'란**에는 '피의자의 실제 주거지[부산 해운대구 모처 ○○4층]' 등이 포함되어 있었다. X는 필로폰 투약으로 인한「마약류 관리에 관한 법률」위반(향정)죄로 수차례 처벌받은 전력이 있다. 경찰관은 2017.8.28. 11:10경 부산 해운대구 모처 4층에서 X에게 영장을 제시하고 주거지를 수색하여 사용 흔적이 있는 주사기 4개를 증거물로 압수하였다. 경찰관이 영장에 따라 X에게 소변과 모발을 제출하도록 요구하였으나, X는 **욕설을 하며 완강하게 거부**하였다. 경찰관은 X를 3시간가량 설득하였으나, X가 계속 거부하면서 **자해를 하자 이를 제압하고** X에게 수갑과 포승을 채운 뒤 강제로 ○○의료원 응급실로 데리고 갔다. 하지만 X가 의료원 응급실에서도 소변의 임의제출을 거부하자, 경찰관은 같은 날 15:30경 **응급구조사**로 하여금 X의 신체에서 **소변 30cc를 채취**하도록 하여 이를 압수하였다. 압수한 소변을 간이시약(MET)으로 검사한 결과 필로폰 양성반응이 나왔다. X는 제1심에서 징역 1년을 선고받자 자신의 소변에 대한 압수수색검증영장 집행이 위법하다고 항소하였다. 이에 원심은 피고인에 대한 압수수색검증영장의 집행은 압수수색검증을 하는 사유, 압수수색검증과의 관련성, 긴급성 등 제반사정을 종합하여 볼 때 영장 집행을 위한 필요한 처분으로서 영장의 집행을 위한 범위 내에서 상당한 방법으로 이루어진 것이므로 적법하다고 판단하여 X의 항소를 기각하였다. X는 다시 상고하였다.

---

●**판지**● 상고기각.「[1] [수사기관이 범죄 증거를 수집할 목적으로 하는 강제 채뇨가 허용되기 위한 요건 및 채뇨의 방법] 강제 채뇨는 피의자가 임의로 소변을 제출하지 않는 경우 피의자에 대하여 강제력을 사용해서 도뇨관(catheter)을 요도를 통하여 방광에 삽입한 뒤 체내에 있는 소변을 배출시켜 소변을 취득·보관하는 행위이다. 수사기관이 범죄 증거를 수집할 목적으로 하는 강제 채뇨는 피의자의

---

1) 형사소송법 제215조(**압수, 수색, 검증**) ① 검사는 범죄수사에 필요한 때에는 피의자가 죄를 범하였다고 의심할 만한 정황이 있고 해당 사건과 관계가 있다고 인정할 수 있는 것에 한정하여 지방법원판사에게 청구하여 발부받은 영장에 의하여 압수, 수색 또는 검증을 할 수 있다. ② 사법경찰관이 범죄수사에 필요한 때에는 피의자가 죄를 범하였다고 의심할 만한 정황이 있고 해당 사건과 관계가 있다고 인정할 수 있는 것에 한정하여 검사에게 신청하여 검사의 청구로 지방법원판사가 발부한 영장에 의하여 압수, 수색 또는 검증을 할 수 있다.
2) 형사소송법 제308조의2(**위법수집증거의 배제**) 적법한 절차에 따르지 아니하고 수집한 증거는 증거로 할 수 없다.
3) 경찰관 직무집행법 제10조(**경찰장비의 사용 등**) ① 경찰관은 직무수행 중 경찰장비를 사용할 수 있다. 다만, 사람의 생명이나 신체에 위해를 끼칠 수 있는 경찰장비를 사용할 때에는 필요한 안전교육과 안전검사를 받은 후 사용하여야 한다.
4) 경찰관 직무집행법 제10조의2(**경찰장구의 사용**) ① 경찰관은 다음 각 호의 직무를 수행하기 위하여 필요하다고 인정되는 상당한 이유가 있을 때에는 그 사태를 합리적으로 판단하여 **필요한 한도에서 경찰장구를 사용**할 수 있다. 1. 현행범이나 사형·무기 또는 장기 3년 이상의 징역이나 금고에 해당하는 죄를 범한 범인의 체포 또는 도주 방지 2. **자신이나 다른 사람의 생명·신체의 방어 및 보호** 3. 공무집행에 대한 항거 제지

신체에 직접적인 작용을 수반할 뿐만 아니라 피의자에게 신체적 고통이나 장애를 초래하거나 **수치심이나 굴욕감**을 줄 수 있다. 따라서 피의자에게 범죄 혐의가 있고 그 범죄가 중대한지, 소변성분 분석을 통해서 범죄 혐의를 밝힐 수 있는지, 범죄 증거를 수집하기 위하여 피의자의 신체에서 소변을 확보하는 것이 필요한 것인지, 채뇨가 아닌 다른 수단으로는 증명이 곤란한지 등을 고려하여 범죄 수사를 위해서 **강제 채뇨가 부득이하다고 인정되는 경우에 최후의 수단으로 적법한 절차에 따라 허용된다**고 보아야 한다. 이때 의사, 간호사, 그 밖의 숙련된 의료인 등으로 하여금 소변 채취에 적합한 의료장비와 시설을 갖춘 곳에서 피의자의 신체와 건강을 해칠 위험이 적고 피의자의 굴욕감 등을 최소화하는 방법으로 소변을 채취하여야 한다.

[2] [수사기관이 범죄 증거를 수집할 목적으로 피의자의 동의 없이 피의자의 **소변을 채취**하는 것을 '감정에 필요한 처분'으로 할 수 있는지 여부(적극) 및 이를 압수·수색의 방법으로도 할 수 있는지 여부(적극)] (가) 수사기관이 범죄 증거를 수집할 목적으로 피의자의 동의 없이 피의자의 소변을 채취하는 것은 ① **법원으로부터 '감정허가장'을 받아** 형사소송법 제221조의4 제1항[5], 제173조 제1항[6]에서 정한 **감정에 필요한 처분**으로 할 수 있지만(피의자를 병원 등에 유치할 필요가 있는 경우에는 형사소송법 제221조의3[7]에 따라 법원으로부터 감정유치장을 받아야 한다), ② 형사소송법 제219조, 제106조 제1항, 제109조에 따른 **'압수·수색의 방법'으로도 할 수 있다.** 이러한 압수·수색의 경우에도 수사기관은 원칙적으로 형사소송법 제215조에 따라 판사로부터 압수·수색영장을 적법하게 발부받아 집행해야 한다. (나) 압수·수색의 방법으로 소변을 채취하는 경우 압수대상물인 피의자의 소변을 확보하기 위한 수사기관의 노력에도 불구하고, 피의자가 인근 병원 응급실 등 소변 채취에 적합한 장소로 이동하는 것에 동의하지 않거나 저항하는 등 **임의동행을 기대할 수 없는 사정이 있는 때에는 수사기관으로서는 소변 채취에 적합한 장소로 피의자를 데려가기 위해서 '필요 최소한의 유형력'을 행사하는 것이 허용된다.** 이는 형사소송법 제219조, 제120조 제1항에서 정한 '압수·수색영장의 집행에 필요한 처분'에 해당한다고 보아야 한다. 그렇지 않으면 피의자의 신체와 건강을 해칠 위험이 적고 피의자의 굴욕감을 최소화하기 위하여 마련된 절차에 따른 강제 채뇨가 불가능하여 **압수영장의 목적을 달성할 방법이 없기 때문이다.**

[3] 사안에서 (가) 피고인에 대한 피의사실이 중대하고 객관적 사실에 근거한 **명백한 범죄 혐의**가 있었다고 보이고, (나) 경찰관의 장시간에 걸친 설득에도 피고인이 소변의 임의 제출을 거부하면서 판사가 적법하게 발부한 압수영장의 집행에 저항하자 경찰관이 다른 방법으로 수사 목적을 달성하기 곤란하다고 판단하여 강제로 피고인을 소변 채취에 적합한 장소인 인근 병원 응급실로 데리고 가 의사의 지시를 받은 응급구조사로 하여금 피고인의 신체에서 소변을 채취하도록 하였으며, (다) 그 과정에서 피고인에 대한 **강제력의 행사가 필요 최소한도를 벗어나지 않았으므로**, 경찰관의 조치는 형사소송법 제219조, 제120조 제1항에서 정한 '압수영장의 집행에 필요한 처분'으로서 허용되고, 한편 (라) 경찰관이 압수영장을 집행하기 위하여 피고인을 병원 응급실로 데리고 가는 과정에서 공무집행에 항거하는 피고인을 제지하고 **자해 위험을 방지하기 위해 수갑과 포승을 사용**한 것은 경찰관 직무집행법에 따라 허용되는 **경찰장구**의 사용으로서 적법하다는 이유로, 같은 취지에서 피고인의 소변에 대한 압수영장

---

5) 형사소송법 제221조의4(**감정에 필요한 처분, 허가장**) ① 제221조의 규정에 의하여 감정의 위촉을 받은 자는 판사의 허가를 얻어 제173조 제1항에 규정된 처분을 할 수 있다.

6) 형사소송법 제173조(**감정에 필요한 처분**) ① 감정인은 감정에 관하여 필요한 때에는 법원의 허가를 얻어 타인의 주거, 간수자 있는 가옥, 건조물, 항공기, 선차 내에 들어 갈 수 있고 신체의 검사, 사체의 해부, 분묘 발굴, 물건의 파괴를 할 수 있다.

7) 형사소송법 제221조의3(**감정의 위촉과 감정유치의 청구**) ① 검사는 제221조의 규정에 의하여 감정을 위촉하는 경우에 제172조 제3항의 유치처분이 필요할 때에는 판사에게 이를 청구하여야 한다.

집행이 적법하다고 본 원심판단을 수긍한 사례」.

**●해설●** **1 대상판결의 의의**　　　대상판결은 강제채뇨에 관한 대법원의 최초의 판결로 그 의의가 크다. 본 판결은 ① 강제채뇨의 허용성, ② 강제채뇨와 영장주의 ③ 강제채뇨를 위한 필요 최소한의 유형력의 행사 가능여부 등 강제채뇨와 관련된 중요한 법리들을 상세히 밝히고 있어 향후 수사실무에 중요한 시사점을 제공하고 있다. 특히 대상판결은 강제채뇨에 대하여 그에 필요한 영장의 종류(감정처분허가장 또는 압수영장)를 명시함으로써 **강제채뇨가 강제처분으로서 허용된다**는 점을 명확히 하였다.

**2 검증(檢證)의 의의**　　　검증이란 **오관(五官)**을 통하여 사람, 장소, 물건의 성질·형상을 인식하는 강제처분을 말한다(교통사고·화재사고의 현장검증 등). (1) 원래 검증은 **수소법원**이 행하는 '증거조사' 방법의 하나로 영장이 필요 없다(법139·184).[8] 이에 반해 **수사기관의 검증**은 증거를 수집·보전하기 위한 '강제처분'에 속하기 때문에 원칙적으로 법관의 '영장'에 의하지 않으면 안 된다(법215). 반면 승낙검증·수색은 '임의수사'이다(대판 2014도16051, Ref 1). (2) **실황조사**도 원칙적으로 검증에 준하는 강제수사이다(법제216조 제3항 범죄 장소에서의 긴급검증). 따라서 실황조사 후 지체 없이 사후검증영장을 **받아야 한다**(대판 88도1399, Ref 5-1). (3) 검증을 함에는 신체의 검사, 사체의 해부, 분묘의 발굴, 물건의 파괴 기타 **필요한 처분**을 할 수 있다(법140·219). 시체의 해부 또는 분묘의 발굴을 하는 때에는 예(禮)에 어긋나지 아니하도록 주의하고 미리 유족에게 **통지**하여야 한다(법141④·219).[9] (4) 검증에 관하여는 '조서'를 작성하여야 하며, **검증조서**에는 검증목적물의 현장을 명확하게 하기 위하여 **도화나 사진을 첨부**할 수 있다(법49). '수사기관의 검증조서'는 제312조 제6항에 따라 "적법한 절차와 방식에 따라 작성된 것으로서 공판준비 또는 공판기일에서의 작성자의 진술에 따라 그 성립의 진정함이 증명된 때"에는 증거로 할 수 있다(적법절차 + 성립의 진정). (5) **검증의 대상**에는 제한이 없다. 물건이나 장소는 물론, 사람의 신체도 그 대상이된다. 특히 문제되는 것은 **체내 신체검사**(강제채혈과 강제채뇨 등)이다. 이는 다른 검증과는 달리 인간의 존엄성과 인격권을 침해할 위험이 매우 높기 때문이다.

**3 강제채뇨**　　　특히 강제채뇨는 강제채혈과는 달리 피의자에게 신체적 고통이나 장애를 초래하거나 수치심이나 굴욕감을 심하게 주기 때문에 과잉금지원칙이나 **보충성의 원칙에 반한다**는 주장이 많다. 실제 강제채뇨는 피의자가 임의로 소변을 제출하지 않는 경우 피의자에 대하여 강제력을 사용해서 **도뇨관(catheter)**을 요도를 통하여 방광에 삽입한 뒤 체내에 있는 소변을 배출시켜 소변을 취득·보관하는 행위로 상대방에게 심한 수치심이나 굴욕감을 줄 수 있다. 이에 대상판결은 강제채뇨에 대한 그 허용의 요건을 **엄격히 제시**하고 있다. 즉 「(가) 피의자에게 범죄 혐의가 있고 그 범죄가 중대한지, (나) 소변성분 분석을 통해서 범죄 혐의를 밝힐 수 있는지, (다) 범죄 증거를 수집하기 위하여 피의자의 신체에서 소변을 확보하는 것이 필요한 것인지, (라) 채뇨가 아닌 다른 수단으로는 증명이 곤란한지 등을 고려하여 범죄

---

8) 형사소송법 제139조(**검증**) 법원은 사실을 발견함에 필요한 때에는 검증을 할 수 있다.

9) 형사소송법 제141조(**신체검사에 관한 주의**) ① 신체의 검사에 관하여는 검사를 받는 사람의 성별, 나이, 건강상태, 그 밖의 사정을 고려하여 그 사람의 건강과 명예를 해하지 아니하도록 주의하여야 한다. ② 피고인 아닌 사람의 신체검사는 **증거가 될 만한 흔적**을 확인할 수 있는 **현저한 사유가 있는 경우에만** 할 수 있다. ③ 여자의 신체를 '검사'하는 경우에는 **의사나 성년 여자**를 참여하게 하여야 한다. ④ 시체의 해부 또는 분묘의 발굴을 하는 때에는 예(禮)에 어긋나지 아니하도록 주의하고 미리 유족에게 **통지**하여야 한다. cf) ③과 관련하여 여자의 신체를 '**수색**'할 경우에는 "성년의 여자를 참여하게 하여야" 한다(법124).

수사를 위해서 강제 채뇨가 부득이하다고 인정되는 경우에 **최후의 수단으로 적법한 절차**에 따라 허용된다고 보아야 한다」. 그리고 이에 덧붙여 강제채뇨시 「의사, 간호사, 그 밖의 숙련된 의료인 등으로 하여금 **소변 채취에 적합한 의료장비와 시설을 갖춘** 곳에서 피의자의 신체와 건강을 해칠 위험이 적고 피의자의 굴욕감 등을 최소화하는 방법으로 소변을 채취하여야 한다」고 판시하였다(대상판결).

**4 대상판결의 정리**    이상의 법리에 비추어 (1) 대법원은 X에 대한 피의사실이 중대하고 객관적 사실에 근거한 **명백한 범죄 혐의**가 있었다고 보았다. 그리고 (2) 당시 상황도 경찰관의 3시간에 걸친 설득에도 불구하고 X는 소변의 임의 제출을 거부하면서 압수영장의 집행에 저항하였고 이런 상황 하에서 경찰관은 다른 방법으로 수사 목적을 달성하기 곤란하다고 판단하여 압수대상물인 X의 소변을 채취하기 위하여 강제로 인근 병원 응급실로 데리고 가 의사의 지시를 받은 응급구조사로 하여금 X의 신체에서 소변을 채취하도록 하였다. (3) 법원은 그 과정에서 X에 대한 경찰관의 '**강제력의 행사**'가 필요 최소한도를 벗어나지 않은 것으로 판단하였다. 또한 경찰관 직무집행법 제10조 제1항, 제10조의2 제1항 제2호, 제3호, 제2항 등에 따르면, 경찰관은 직무수행 중 자신이나 다른 사람의 생명·신체의 방어와 보호, 공무집행에 대한 항거 제지를 위하여 필요하다고 인정되는 상당한 이유가 있을 때에는 그 사태를 합리적으로 판단하여 **필요한 한도에서 수갑, 포승, 경찰봉, 방패 등 경찰장구를 사용**할 수 있다. 이에 법원은 경찰관이 공무집행에 항거하는 X를 제지하고 자해 위험을 방지하기 위해 수갑과 포승을 사용한 것은 경찰관 직무집행법에 따라 허용되는 경찰 장구의 사용으로서 적법하다고 보았다.[10]

**5 강제채혈**    강제채혈과 관련하여, 당사자의 **동의 없는** 강제채혈은 강제수사의 일종이며 영장 없이 이루어지면 위법하다고 보는 것이 대법원의 입장이다(대판 2009도2109 Ref 2−2 · 대판 2009도10871 Ref 2−3). 따라서 이러한 채혈을 위해서는 감정처분허가장이나 압수영장이 필요하다. 그러나 대법원은 **의식 없는** 자에 대한 채혈이 ① **범행 직후**에 ② **범죄 장소**에 준하는 곳에서 이루어졌고 ③ **긴급성**이 인정된다면 형사소송법 제216조 제3항에 따라 예외적으로 영장 없이 가능하다고 해석하고 있다(대판 2011도15258, Ref 2−1).

**6 체내물의 강제채취에 필요한 영장**    강제채혈과 강제채뇨시 필요한 영장이 무엇인가에 대해 법원은 「모두 **감정처분허가장**을 받아 '감정에 필요한 처분'으로 할 수 있지만, 압수·수색의 방법으로도 할 수 있다. 이때 수사기관은 원칙적으로 **압수·수색영장**을 발부받아 집행해야 한다」(대판 2011도15258(채혈); 2108도6219(채뇨))고 하여, 수사기관이 범죄 증거를 수집할 목적으로 피의자의 동의 없이 피의자의 소변이나 혈액을 채취할 경우, ㉠ 법원으로부터 **감정허가장을 받아 '감정에 필요한 처분'**으로 할 수 있지만 ㉡ 판사로부터 **압수·수색영장을 받아** 압수·수색의 방법으로도 할 수 있다(**택일설**). 반면, 다수학설은 검증영장 및 감정처분허가장 모두 필요하다는 **병용설**의 입장에 있다.

**7 수사상 감정(鑑定)**    (1) **감정**이란 특별한 전문지식과 경험을 가진 제3자가 그 지식이나 경험을 적용하여 사실판단을 보고하는 것을 말한다. 검사 또는 사법경찰관은 수사에 필요한 때에는 감정을 위촉

---

10) 그러나 이러한 대법원의 입장에 대해 "형사소송법은 '강제채뇨'라는 강제처분을 예정하고 있지 않음에도 불구하고, 판례가 영장주의라는 우회로를 통해 '강제채뇨영장'이라는 법형성적 기능을 담당한 것은 아닌가"라는 문제제기가 있다(조기영, 강제채뇨의 허용성에 관한 고찰, 비교형사법연구, 제20권 제4호(2019.01.), 93면).

할 수 있다(수사상 감정위촉)(법221②). (2) 수사상 '감정위촉'은 임의수사의 일종으로 법원의 증거조사의 일종인 감정(법169·184)과 구별된다. 수사상 감정위촉 받은 자를 '감정수탁자'라 하고, 법원으로부터 감정의 명을 받은 자를 '감정인'이라 칭한다.11) (3) **감정유치(鑑定留置)**란 감정을 위하여 일정기간 동안 병원 기타 적당한 장소에 '피의자'를 유치하는 강제처분을 말한다(법172③). (4) 피의자가 아닌 제3자는 감정유치의 대상이 될 수 없으며, 감정유치기간은 '재정(裁定)기간'으로서 법률상 **제한이 없다**. (5) 감정유치기간은 **구속기간**에는 산입하지 않지만 **미결구금일수**로는 모두 산입된다.

### *Reference*

#### *승낙에 의한 혈액채취*

1 [대판 2014도16051] [음주운전에 대한 수사 과정에서 **음주운전 혐의**가 있는 운전자에 대해 구 도로교통법 제44조 제2항에 따른 호흡측정이 이루어졌으나 호흡측정 결과에 오류가 있다고 인정할 만한 객관적이고 합리적인 사정이 있는 경우, 혈액 채취에 의한 측정 방법으로 다시 음주측정을 하는 것이 허용되는지 여부(한정 적극) 및 이때 **혈액 채취에 의한 측정의 적법성이 인정되는 경우**] 음주운전에 대한 수사 과정에서 음주운전 혐의가 있는 운전자에 대하여 구 도로교통법(2014.12.30. 법률 제12917호로 개정되기 전의 것) 제44조 제2항에 따른 호흡측정이 이루어진 경우에는 그에 따라 과학적이고 중립적인 호흡측정 수치가 도출된 이상 다시 음주측정을 할 필요성은 사라졌으므로 운전자의 불복이 없는 한 다시 음주측정을 하는 것은 원칙적으로 허용되지 아니한다. 그러나 운전자의 태도와 외관, 운전 행태 등에서 드러나는 주취 정도, 운전자가 마신 술의 종류와 양, 운전자가 사고를 야기하였다면 경위와 피해 정도, 목격자들의 진술 등 호흡측정 당시의 구체적 상황에 비추어 호흡측정기의 오작동 등으로 인하여 호흡측정 결과에 오류가 있다고 인정할 만한 객관적이고 합리적인 사정이 있는 경우라면 그러한 호흡측정 수치를 얻은 것만으로는 수사의 목적을 달성하였다고 할 수 없어 추가로 음주측정을 할 필요성이 있으므로, 경찰관이 음주운전 혐의를 제대로 밝히기 위하여 운전자의 '자발적인' 동의를 얻어 '혈액 채취'에 의한 측정의 방법으로 다시 음주측정을 하는 것을 위법하다고 볼 수는 없다. 이 경우 운전자가 일단 호흡측정에 응한 이상 재차 음주측정에 응할 의무까지 당연히 있다고 할 수는 없으므로, 운전자의 혈액 채취에 대한 동의의 임의성을 담보하기 위하여는 경찰관이 미리 운전자에게 혈액 채취를 거부할 수 있음을 알려주었거나 운전자가 언제든지 자유로이 혈액 채취에 응하지 아니할 수 있었음이 인정되는 등 운전자의 **자발적인 의사**에 의하여 혈액 채취가 이루어졌다는 것이 객관적인 사정에 의하여 명백한 경우에 한하여 혈액 채취에 의한 측정의 적법성이 인정된다.

#### *의식을 상실한 음주운전 피의자에 대한 채혈과 증거능력*

2-1 [대판 2011도15258] [1] [영장이나 감정처분허가장 없이 채취한 혈액을 이용한 혈중알코올농도 감정 결과의 증거능력 유무(원칙적 소극) 및 피고인 등의 동의가 있더라도 마찬가지인지 여부(적극)] 수사기관이 법원으로부터 영장 또는 감정처분허가장을 발부받지 아니한 채 피의자의 동의 없이 피의자의 신체로부터 혈액을 채취하고 사후에도 지체 없이 영장을 발부받지 아니한 채 혈액 중 알코올농도에 관한 감정을 의뢰하였다면, 이러한 과정을 거쳐 얻은 감정의뢰회보 등은 형사소송법상 **영장주의 원칙을 위반**하여 수집하거나 그에 기초하여 획득한 증거로서, 원칙적으로 절차위반행위가 적법절차의 실질적

---

11) '감정수탁자'는 '감정인'과는 달리, ㉠ 선서의무가 없고, ㉡ 허위감정죄(형법154)의 적용을 받지 않으며, ㉢ 소송관계인의 반대신문도 허용되지 않는다.

인 내용을 침해하여 **피고인이나 변호인의 동의가 있더라도 유죄의 증거로 사용할 수 없다.** [2] 음주운전 중 교통사고를 야기한 후 **피의자가 의식불명 상태**에 빠져 있는 등으로 도로교통법이 음주운전의 제1차적 수사방법으로 규정한 호흡조사에 의한 음주측정이 불가능하고 혈액 채취에 대한 동의를 받을 수도 없을 뿐만 아니라 법원으로부터 혈액 채취에 대한 감정처분허가장이나 사전 압수영장을 발부받을 시간적 여유도 없는 긴급한 상황이 생길 수 있다. 이러한 경우 (가) 피의자의 신체 내지 의복류에 주취로 인한 냄새가 강하게 나는 등 형사소송법 제211조 제2항 제3호가 정하는 **범죄의 증적이 현저한 '준현행범인'**의 요건이 갖추어져 있고 (나) 교통사고 발생 시각으로부터 사회통념상 **'범행 직후'라고 볼 수 있는 시간 내**라면, (다) 피의자의 생명·신체를 구조하기 위하여 사고현장으로부터 곧바로 후송된 병원 응급실 등의 장소는 형사소송법 제216조 제3항의 **'범죄 장소'에 준한다** 할 것이므로, (라) 검사 또는 사법경찰관은 피의자의 혈중알코올농도 등 증거의 수집을 위하여 의료법상 의료인의 자격이 있는 자로 하여금 의료용 기구로 의학적인 방법에 따라 **필요최소한의 한도** 내에서 피의자의 혈액을 채취하게 한 후 그 **혈액을 영장 없이 압수할 수 있다.** 다만 이 경우에도 형사소송법 제216조 제3항 단서, 형사소송규칙 제58조, 제107조 제1항 제3호에 따라 **사후에 지체** 없이 강제채혈에 의한 압수의 사유 등을 기재한 영장청구서에 의하여 법원으로부터 **압수영장을 받아야 한다.**

2-2 [비교판례] [대판 2009도2109] 피고인이 운전 중 교통사고를 내고 의식을 잃은 채 병원 응급실로 호송되자, 출동한 경찰관이 법원으로부터 **압수·수색 또는 검증 영장을 발부받지 아니한 채 피고인의 '동서'로부터 채혈동의**를 받고 의사로 하여금 채혈을 하도록 한 사안에서, 원심이 적법한 절차에 따르지 아니하고 수집된 피고인의 혈액을 이용한 혈중알콜농도에 관한 국립과학수사연구소 감정서 및 이에 기초한 주취운전자적발보고서의 **증거능력을 부정한 것은 정당**하다.

2-3 [비교판례] [대판 2009도10871] [1] 피고인이 음주운전 중에 교통사고를 당하여 **의식불명 상태**에서 병원 응급실로 호송되었는데, **출동한 경찰관이 영장 없이** (피고인의 처로부터 채혈동의를 받고서) **간호사로 하여금 채혈을 하도록 한 사안**에서, 위 혈액을 이용한 혈중알코올농도에 관한 감정서 등의 증거능력을 부정하고 증거부족을 이유로 피고인에 대한 구 도로교통법 위반(음주운전)의 주위적 공소사실을 무죄로 인정한 원심판단을 수긍한 사례.

2-4 [비교판례] [대판 2013도1228] [1] 음주운전과 관련한 도로교통법 위반죄의 범죄수사를 위하여 **미성년자인 피의자의 혈액채취가 필요한 경우**에도 (가) 피의자에게 의사능력이 있다면 **피의자 본인만이 혈액채취**에 관한 유효한 동의를 할 수 있고, (나) 피의자에게 의사능력이 **없는 경우에도** 명문의 규정이 없는 이상 법정대리인이 피의자를 대리하여 동의할 수는 없다. [2] 원심은, 피고인이 2011. 2. 24. 02:30경 오토바이를 운전하여 가다가 교통사고를 일으키고 의식을 잃은 채 병원 응급실로 후송된 사실, 병원 응급실로 출동한 경찰관은 사고 시각으로부터 약 1시간 20분 후인 2011. 2. 24. 03:50경 법원으로부터 압수·수색 또는 검증 영장이나 감정처분허가장을 발부받지 아니한 채 피고인의 아버지의 동의만 받고서 응급실에 의식을 잃고 누워 있는 피고인으로부터 채혈한 사실 등을 인정한 후, **위 채혈에 관하여 사후적으로라도 영장을 발부받지 아니하였으므로** 피고인의 혈중 알코올농도에 대한 국립과학수사연구소의 감정의뢰회보와 이에 기초한 다른 증거는 위법수집증거로서 증거능력이 없고, 피고인의 자백 외에 달리 이를 보강할 만한 증거가 없다는 이유로 이 부분 공소사실을 무죄로 판단하였다. 원심판결 이유와 증거에 의하면, 당시 피고인은 의식불명 상태여서 혈액채취에 대한 피고인 본인의 동의를 기대할 수는 없었던 상황으로 보이고, 이 사건 범죄는 형사소송법 제26조에 의하여 예외적으로 그 법정대리인이 소송행위를 대리할 수 있는 경우에도 해당하지 않으며, 달리 법정대리인에 의한 채혈동의를 허용하는 명문 규정이 없는 이상, **피고인이 아닌 피고인의 아버**

지의 동의만으로는 혈액채취에 관한 유효한 동의가 있었다고 볼 수 없다. 같은 취지에서 원심이 법원으로부터 영장 또는 감정처분허가장을 발부받지 아니한 채 피고인의 동의 없이 피고인으로부터 혈액을 채취하고 사후에도 영장을 발부받지 아니하였다는 이유로 감정의뢰회보 등의 증거능력을 부정한 후 이 부분 공소사실에 관하여 무죄를 선고한 것은 옳고, 거기에 위법수집증거 배제원칙에 관한 법리오해의 위법이 없다.

### *피의자의 요구에 의해 이루어진 혈액채취와 증거능력*

3 [대판 2010도2094] ●사실● 피고인이 2008.12.12. 22:00경 승용차를 운행하던 중 피해 차량의 후사경을 부딪쳤다는 이유로 피해 차량의 운전자, 동승자들과 시비가 벌어졌고 피해 차량 측의 신고에 의해 경찰관들이 현장에 출동한 사실, 경찰관들이 피고인의 음주운전을 의심하여 음주측정을 위해서 지구대로 동행할 것을 요구하자 피고인은 '술을 마시지 않았고 사고도 내지 않았다'는 취지로 주장하면서 계속해서 순찰차에 타기를 거부하였고 이에 4명의 경찰관이 **피고인의 팔다리를 잡아 강제로 순찰차에 태워 지구대로 데려갔으며**, 그 과정에서 경찰관들은 피고인에게 형사소송법 제200조의5에 정한 사항을 **고지하는 등의 절차를 전혀 지키지 않은** 사실, 피고인은 지구대로 연행된 후 경찰관들로부터 호흡조사 방법에 의한 음주측정에 응할 것을 요구받았으나 이를 거부하다가 계속 음주측정에 불응할 경우 구속된다는 말을 듣고 호흡측정에 응하였고 그 결과 음주운전으로 처벌받는 수치가 나온 사실, 이에 담당 경찰관은 피고인에게 이제 다 끝났으니 집으로 가라는 취지로 수차 말하였으나 피고인은 운전을 한 당시에는 음주를 한 상태가 아니었고 또 위 호흡측정 결과도 받아들일 수 없다는 취지로 항의하면서 **혈액측정을 요구**하였고 이에 경찰관이 피고인과 인근 **병원에 동행하여 채혈**을 하게 되었다. ●판지● 위법한 강제연행 상태에서 호흡측정 방법에 의한 음주측정을 한 다음 강제연행 상태로부터 시간적·장소적으로 단절되었다고 볼 수도 없고 피의자의 심적 상태 또한 강제연행 상태로부터 완전히 벗어났다고 볼 수 없는 상황에서 피의자가 호흡측정 결과에 대한 탄핵을 하기 위하여 **스스로 혈액채취 방법에 의한 측정을 할 것을 요구하여 혈액채취가 이루어졌다고 하더라도** 그 사이에 위법한 체포 상태에 의한 영향이 완전하게 배제되고 피의자의 의사결정의 자유가 확실하게 보장되었다고 볼 만한 다른 사정이 개입되지 않은 이상 **불법체포와 증거수집 사이의 인과관계가 단절된 것으로 볼 수는 없다.** 따라서 그러한 혈액채취에 의한 측정 결과 역시 유죄 인정의 증거로 쓸 수 없다고 보아야 한다. 그리고 이는 수사기관이 위법한 체포 상태를 이용하여 증거를 수집하는 등의 행위를 효과적으로 억지하기 위한 것이므로, 피고인이나 변호인이 이를 증거로 함에 동의하였다고 하여도 달리 볼 것은 아니다.

### *강제채뇨와 증거능력*

4 [대판 2012도13611] 마약 투약 혐의를 받고 있던 피고인이 (가) **임의동행을 거부하겠다는 의사를 표시하였는데도 경찰관들이 피고인을 영장 없이 강제로 연행**한 상태에서 마약 투약 여부의 확인을 위한 **1차 채뇨**절차가 이루어졌는데, **그 후 피고인의 소변 등 채취에 관한 압수영장에 기하여 2차 채뇨절차가 이루어지고** 그 결과를 분석한 소변 감정서 등이 증거로 제출된 사안에서, 피고인을 강제로 연행한 조치는 위법한 체포에 해당하고, 위법한 체포상태에서 이루어진 채뇨 요구 또한 위법하므로 그에 의하여 수집된 '소변검사시인서'는 유죄 인정의 증거로 삼을 수 없으나, 한편 (나) 연행 당시 피고인이 마약을 투약한 것이거나 자살할지도 모른다는 취지의 구체적 제보가 있었던 데다가, 피고인이 경찰관 앞에서 바지와 팬티를 내리는 등 비상식적인 행동을 하였던 사정 등에 비추어 피고인에 대한 긴급한 구호의 필요성이 전혀 없었다고 볼 수 없는 점, 경찰관들은 임의동행시점으로부터 얼마 지나지 아니하여 체포의 이유와 변호인 선임권 등을 고지하면서 피고인에 대한 긴급체포의 절차를 밟는 등 절차의 잘못을 시정하려고 한 바 있어, 경찰관들의 위와 같

은 임의동행조치는 단지 수사의 순서를 잘못 선택한 것이라고 할 수 있지만 관련 법규정으로부터의 실질적 일탈 정도가 헌법에 규정된 영장주의 원칙을 현저히 침해할 정도에 이르렀다고 보기 어려운 점 등에 비추어 볼 때, 위와 같은 2차적 증거 수집이 위법한 체포·구금절차에 의하여 형성된 상태를 직접 이용하여 행하여진 것으로는 쉽사리 평가할 수 없으므로, 이와 같은 사정은 체포과정에서의 절차적 위법과 2차적 증거 수집 사이의 인과관계를 희석하게 할 만한 정황에 속하고, 메스암페타민 투약 범행의 중대성도 아울러 참작될 필요가 있는 점 등 제반 사정을 고려할 때 2차적 증거인 소변 감정서 등은 증거능력이 인정된다.

## *실황조사*

5-1 [대판 88도1399] [수사기관이 긴급처분으로서 시행하고 사후 영장을 발부받지 아니한 채 작성한 실황조서의 증거능력] 사법경찰관 사무취급이 작성한 실황조서는 이 사건 **사고가 발생**한 1985.10.26. 19:30 **직후**인 1985.10.27. 10:00에 **사고장소**에서 긴급을 요하여 판사의 영장없이 시행된 것이므로 이는 형사소송법 제216조 제3항[12])에 의한 **검증에 해당**한다 할 것이고 기록상 사후영장을 받은 흔적이 없으므로 이 실황조서는 유죄의 증거로 삼을 수 없다.

5-2 [대판 2000도2933] [**수사보고서**[13])에 검증의 결과에 해당하는 기재가 있는 경우, 그 기재부분의 증거능력 유무(소극)] 수사보고서에 검증의 결과에 해당하는 기재가 있는 경우, 그 기재 부분은 검찰사건사무규칙 제17조에 의하여 검사가 범죄의 현장 기타 장소에서 실황조사를 한 후 작성하는 실황조서 또는 사법경찰관리집무규칙 제49조 제1항, 제2항에 의하여 사법경찰관이 수사상 필요하다고 인정하여 범죄현장 또는 기타 장소에 임하여 실황을 조사할 때 작성하는 실황조사서에 해당하지 아니하며, **단지 수사의 경위 및 결과를 내부적으로 보고하기 위하여 작성된 서류에 불과**하므로 그 안에 검증의 결과에 해당하는 기재가 있다고 하여 이를 형사소송법 제312조 제1항의 '검사 또는 사법경찰관이 검증의 결과를 기재한 조서'라고 할 수 없을 뿐만 아니라 이를 같은 법 제313조 제1항의 '피고인 또는 피고인이 아닌 자가 작성한 진술서나 그 진술을 기재한 서류'라고 할 수도 없고, 같은 법 제311조, 제315조, 제316조의 적용대상이 되지 아니함이 분명하므로 그 기재 부분은 증거로 할 수 없다.

---

12) 형사소송법 제216조(**영장에 의하지 아니한 강제처분**) ③ **범행 중 또는 범행직후의 범죄** 장소에서 긴급을 요하여 법원판사의 영장을 받을 수 없는 때에는 영장없이 압수, 수색 또는 검증을 할 수 있다. 이 경우에는 사후에 지체없이 영장을 받아야 한다.

13) "수사보고서는 수사행위와 관련된 사항을 기록한 수사서류를 말한다. 수사보고서의 법적근거는 법률에는 규정을 두고 있지 않고, 다만 몇 개의 규칙과 시행령에는 관련 규정을 두고 있다. 수사보고서는 법정서식이 마련되어 있지 않아 수사행위를 적절하게 기록으로 현출하는 과정에서 필요하다. 그 종류는 작성주체에 따라 사법경찰관리 작성의 수사보고서와 검사 작성의 수사보고서, 그리고 작성내용에 따라 사실 보고적 수사보고서, 가치판단의 수사보고서, 사실과 가치판단이 혼합된 수사보고서로 나눌 수 있다. 수사보고서는 수사 감독자에 대한 보고적 기능, 수사행위의 현출기능, 수사실무자의 의견 제시 기능, 실체적 진실발견 기능, 수사서류의 윤활유 기능, 수사절차의 적정화 내지는 적법성의 담보하는 기능이 있다. 각 유형별 수사보고서의 증거능력은 우선 피의자 또는 참고인의 진술을 수사보고서로 작성한 경우, 수사기관이 사실상의 검증조서를 수사보고서로 작성한 경우, 당연히 증거능력이 있는 서류를 수사보고서에 첨부한 경우, 수사기관이 입수한 첨부자료의 내용들을 요약·정리한 후 그 내용을 수사보고서로 작성한 경우, 수사기관이 직접 체험한 사실을 수사보고서로 작성한 경우, 수사기관의 단순한 의사표시에 불과한 경우로 나누어 볼 수 있다. 판례는 이를 일률적으로 판단하지 않고 각 사안별로 개별적으로 판단하고 있다."(조광훈, 각 유형별 수사보고서의 증거능력에 관한 검토, 형사법의 신동향 통권 제47호(2015), 103면).

> 통신비밀보호법에서 보호하는 타인 간의 '대화'에 사물에서 발생하는 음향('우당탕' 이나 '악' 소리 등)이 포함되는가?

**●사실●** 피고인 X는 2014. 4. 17. 01:30경 A(피해자)와 사업상 대화를 나누다 몸싸움이 있었다. X는 자신의 집에서 A가 레스토랑의 대표이사 변경 문제로 인감도장을 달라고 하면서 자신의 가방에 있는 인감도장을 꺼내려 하자, A의 손을 잡아 비틀고 벽에 부딪치게 하여 A에게 약 2주간의 치료를 요하는 손가락 염좌 등의 **상해**를 가하였다는 혐의를 받았다. 검사는 상해죄 성립의 증거로 **A와 통화를 나눈 B의 진술**을 제출하였다. 진술 내용은 당시 B는 A와 휴대전화 통화를 마친 상태였지만 전화가 끊기지 않은 상태에서 1~2분간 몸싸움을 연상시키는 **'악' 하는 소리와 '우당탕' 소리**를 들었다고 진술하였다. 재판에서는 이러한 소리를 녹음하거나 청취하여 형사절차에서 증거로 사용할 수 있는지 여부가 다투어 졌다.

제1심은 피고인에 대한 상해의 점에 대한 공소사실에 대하여 유죄를 인정하였다. 이에 X는 이 사건 당시 휴대폰 너머로 '악'소리와 '우당탕' 소리 등을 들었다는 B의 진술은 통신비밀보호법 제14조 제1항에서 금지하는 '공개되지 아니한 타인 간의 대화를 전자장치 또는 기계적 수단을 이용하여 청취'한 것이어서 같은 법 제14조 제2항과 제4조가 규정하고 있는 위법수집증거에 해당하여 증거능력이 없다는 주장을 했다. 하지만 원심은 이 사건 범행 당시의 발생한 음향이나 소리 등은 통신비밀보호법에서 보호하는 공개되지 아니한 **타인 간의 '대화'에 포함되지 않는 '단순한 소리'에 불과하다**고 보아 위법수집증거에 해당하지 않는다고 보아 그 증거능력을 인정하였다. 이에 X가 상고하였다.

**●판지●** 상고기각. 「통신비밀보호법에서 보호하는 **(가) 타인 간의 '대화'는 원칙적으로 현장에 있는 당사자들이 '육성'으로 말을 주고받는 '의사소통행위'**를 가리킨다. 따라서 사람의 육성이 아닌 사물에서 발생하는 음향은 타인 간의 '대화'에 해당하지 않는다. 또한 **(나) 사람의 목소리라고 하더라도 상대방에게 의사를 전달하는 말이 아닌 단순한 '비명소리'나 '탄식'** 등은 타인과 의사소통을 하기 위한 것이 아니라면 특별한 사정이 없는 한 **타인 간의 '대화'에 해당한다고 볼 수 없다.**

한편 **(다) 국민의 인간으로서의 존엄과 가치를 보장하는 것은 국가기관의 기본적인 의무에 속하고** 이는 형사절차에서도 구현되어야 한다. 위와 같은 소리가 비록 통신비밀보호법에서 말하는 타인 간의 '대화'에는 해당하지 않더라도, 형사절차에서 그러한 증거를 사용할 수 있는지는 개별적인 사안에서 효과적인 형사소추와 형사절차상 **진실발견이라는 공익과 개인의 인격적 이익 등의 보호이익을 '비교형**

---

1) 통신비밀보호법의 입법은 1992년 대통령선거와 관련된다. 1992년 당시 대통령선거를 1주일 앞둔 12월 11일 오전 7시 부산직할시의 초원복국에서 정부 기관장들이 모여서 민주자유당 후보였던 김영삼을 당선시키기 위해 지역감정을 부추기고, 정주영(통일국민당), 김대중(민주당) 후보 등 야당 후보들을 비방하는 내용을 유포시키자는 등 관권 선거와 관련된 대화를 나눈 것이 통일국민당 관계자들에 의해 도청되어 폭로되었다(초원복집사건). 당시 주류 언론은 관권선거의 심각성보다 도청의 문제점을 더 부각시키면서 경상도 지역의 지역감정을 더욱 자극하여 통일국민당이 오히려 여론의 역풍을 맞게 되었고, 김영삼 후보에 대한 영남 지지층이 결집하는 결과를 낳게 되었다. 김영삼은 제14대 대통령에 당선되었다. 이 사건 당시에는 도청행위를 처벌하는 규정이 없었으나 이 사건 이후 도청의 피해자임을 강조하며 집권한 김영삼 정부에 의해 도청행위를 처벌하는 **통신비밀보호법**이 입법되게 된다.

량'하여 결정하여야 한다. (라) 대화에 속하지 않는 사람의 목소리를 녹음하거나 청취하는 행위가 개인의 사생활의 비밀과 자유 또는 인격권을 중대하게 침해하여 사회통념상 허용되는 한도를 벗어난 것이라면, 단지 형사소추에 필요한 증거라는 사정만을 들어 곧바로 형사소송에서 진실발견이라는 공익이 개인의 인격적 이익 등 보호이익보다 우월한 것으로 섣불리 단정해서는 안 된다. (라) **그러나 그러한 한도를 벗어난 것이 아니라면 위와 같은 목소리를 들었다는 진술을 형사절차에서 증거로 사용할 수 있다.** …… 기록에 의하면, 공소외인은 평소 친분이 있던 피해자와 휴대전화로 통화를 마친 후 전 화가 끊기지 않은 상태에서 1~2분간 위와 같은 소리를 들었다고 진술하였음을 알 수 있고, 통화를 마칠 무렵 몸싸움을 연상시키는 소리가 들려 전화를 끊지 않았던 것으로 보인다. 위에서 본 법리에 비추어 보면, (가) 공소외인이 들었다는 **'우당탕' 소리는 사물에서 발생 하는 음향일 뿐 사람의 목소리가 아니므로** 통신비밀보호법에서 말하는 타인 간의 '대화'에 해당하지 않는다. (나) **'악' 소리도 사람의 목소리이기는 하나 단순한 '비명소리'에 지나지 않아** 그것만으로 상대방에게 의사를 전달하는 말이라고 보기는 어려워 특별한 사정이 없는 한 타인 간의 '대화'에 해당한다고 볼 수 없다. (다) 나아가 위와 같은 소리는 막연히 몸싸움이 있었다는 것 외에 사생활에 관한 다른 정보는 제공하지 않는 점, 공소외인이 소리를 들은 시간이 길지 않은 점, 소리를 듣게 된 동기와 상황, 공소외인과 피해자의 관계 등 기록에 나타난 여러 사정에 비추어 볼 때, 통신비밀보호법에서 보호하는 타인 간의 '대화'에 준하는 것으로 보아 증거능력을 부정할 만한 특별한 사정이 있다고 보기도 어렵다. (라) 그리고 공소 외인의 청취행위가 피해자 등의 사생활의 영역에 관계된 것이라 하더라도, 위와 같은 청취 내용과 시간, 경위 등에 비추어 **개인의 인격적 이익 등을 형사절차상의 공익과 비교형량**하여 보면, 공소외인의 위 진술을 상해 부분에 관한 증거로 사용하는 것이 피해자 등의 사생활의 비밀과 자유 또는 인격권을 위법하게 침해한다고 볼 수 없어 **그 증거의 제출은 허용된다**고 판단된다」.

●**해설**● **1 대상판결에서의 쟁점**　　사안에서 B는 평소 친분이 있던 피해자 A와 휴대전화로 통화를 하였고 통화를 마칠 무렵 **몸싸움을 연상시키는 소리**가 들려 전화를 끊지 않은 상태에서 1~2분간 위와 같은 소리를 들었다고 진술하였다. 대상판결에서는 피고인의 상해죄를 인정함에 있어서 B의 진술을 증거로 채택할 수 있는지 여부가 다투어 졌다(대상판결은 종래 판결에서 주로 다투어진 '대화 당사자의 범위'가 아니라 **'대화 자체의 범위'**가 다투어진 점에 특징이 있다). 피고인 측은 B의 진술은 통신비밀보호법 제14조 제1항에서 금지하는 '공개되지 아니한 타인 간의 대화를 전자장치 또는 기계적 수단을 이용하여 청취'한 것이어서 위법수집증거에 해당하여 증거능력 없음을 주장하였다. 이에 (1) 대법원은 B가 들은 ① **'우당탕'소리**는 사물에서 발생하는 음향일 뿐 사람의 목소리가 아니므로 통신비밀보호법에서 말하는 타인 간의 '대화'에 해당하지 않으며, ② **'악'소리**도 사람의 목소리이기는 하나 단순한 비명소리에 지나지 않아 그것만으로 상대방에게 의사를 전달하는 말이라고 보기는 어려워 특별한 사정이 없는 한 타인 간의 **'대화'에 해당한다고 볼 수 없다**고 판시하였다(대화(對話)란 한자 뜻 그대로 "마주 대하여 이야기를 주고받음"으로 정의되기에 대법원도 '대화'란 모든 소리를 포함하는 것이 아니라 '의사소통을 위한 사람의 육성'에 한정되는 것으로 이해하였다. 즉 대상판결은 통비법상 대화의 범위를 법문에 충실하게 **엄격하게 문리적**으로 이해하여 해석하였다). (2) 나아가 사인에 의한 위법수집증거배제법칙의 적용과 관련하여서는 개인의 이익과 공익 비교형량에 따라 증인의 청취와 진술이 피해자의 사생활의 비밀이나 자유 또는 인격권을 위법하게 침해한다고도 볼 수 없어 그 **증거의 제출은 허용된다**고 판단하였다(**이익형량설**)(결국 대법원은 B의 행위는 사회통념상 허용되는 한도를 벗어난 행위라고 볼 수 없다고 판단하여 그 증거능력을 인정하였다).[2]

---

2) 대상판결에 대해서는 다음의 비판이 있다. "대상판결은 제3자가 전화발신자가 우연히 또는 실수로 끄지 않은

**2 통신비밀의 보장**　　　　(1) 헌법 제18조는 "모든 국민은 통신의 비밀을 침해받지 아니한다."라고 규정하여 통신의 비밀을 **기본권**으로 보장하고 있다. (2) 그리고 헌법 제18조의 취지를 구체적으로 실현하기 위한 법률이 통신비밀보호법이고, 통신비밀보호법의 보호대상은 당연히 **통신**(우편물과 전기통신)이다. 그러나 통신비밀보호법은 '**대화**'까지도 보호대상으로 규정하고 있다. 이에 따라 「통신비밀보호법」은 공개되지 않은 타인 간의 '대화'에 관하여 다음과 같이 규정하고 있다. 먼저 제3조 제1항에서는 "누구든지 이 법과 형사소송법 또는 군사법원법의 규정에 의하지 아니하고는 우편물의 검열 · **전기통신의 감청** 또는 통신사실확인자료의 제공을 하거나 **공개되지 아니한 타인간의 대화**를 녹음 또는 청취하지 못한다." 또한 이 법 제14조 제1항은 "누구든지 공개되지 아니한 타인간의 대화를 **녹음하거나 전자장치 또는 기계적 수단**을 이용하여 청취할 수 없다."고 규정하고 있다.3) (3) 그러나 「통신비밀보호법」은 일정한 요건 아래 **법원의 허가**를 얻은 경우, ① 우편물의 검열 또는 전기통신의 감청(통신제한조치)(법5~7)을 할 수 있고, ② 통신사실 확인자료(법2)의 제공을 요청할 수 있으며(법13 · 13의4), ③ 공개되지 아니한 타인 간의 대화를 녹음 또는 청취할 수 있다(법14).

**3 전기통신 '감청'의 의의**　　　　통신비밀보호법에서 '**통신**'이라 함은 '우편물' 및 '전기통신'을 말하며(법2 ⅰ), 우편물의 '검열'이나 전기통신의 '감청'을 '**통신제한조치**'라 한다(법3②).4) (1) 여기서 **전기통신의 '감청'**이란 전기통신(전화 · 전자우편 · 회원제정보서비스 · 모사전송 · 무선호출 등과 같이 유선 · 무선 · 광선 및 기타의 전자적 방식에 의하여 모든 종류의 음향 · 문언 · 부호 또는 영상을 송신하거나 수신하는 것을 말한다. 법2)에 대하여 당사자의 동의 없이 전자장치 · 기계장치 등을 사용하여 통신의 음향 · 문언 · 부호 · 영상을 **청취 · 공독**하여 그 내용을 **지득** 또는 **채록**하거나 전기통신의 송 · 수신을 **방해**하는 것을 말한다(법2ⅶ)(따라서 수사기관이 타인의 전기통신상 대화를 본인의 부지 중에 청취하는 행위도 이에 해당하며 이를 '도청'이라고도 한다). (2) 통신비밀보호법에서는 '전기통신상 대화'와 '일반적인 대화'를 구별하여, ㉠ 불법적인 '전기통신'의 감청은 '**통신**'비밀침해죄로5) ㉡ 불법적인 방법으로 타인 간의 일반적인 '대

---

전화너머의 '소리'를 듣게 되고 그 내용이 녹음되어 법원에 유죄의 증거로 제출되더라도 아무런 제한 없이 증거로 쓰일 수 있다는 신호를 일반인들에게 던져주고 있다. 끊어지지 않은 전화너머로 들리는 '소리'는 그것이 비록 통비법상 청취와 녹음이 금지되는 '대화'에 속하지 않을지는 모르나, 사생활의 비밀을 심각하게 훼손하게 되는 문을 열어두게 되는 부작용을 수반하게 될 것이다. 그런 의미에서 대상판결은 향후 좀 더 깊은 철학적 성찰과 헌법사상으로 재검토될 필요가 있다."(송시섭, 통신비밀보호법상의 '대화' – 대법원 2017. 3. 15. 선고 2016도19843 판결을 중심으로 –, 법학논총 제35집 제4호(2018), 한양대학교 법학연구소 109면).

3) 통신비밀보호법은 감청의 대상으로서의 '대화'를 규정하고 있으나, '대화'의 의미에 대해서는 정의하고 있지 않다. 이와 같이, 통비법상 '대화'에 대한 정의가 없다보니 이에 대한 정의는 판례에 따르고 있다. 대상판결에서와 같이 판례는 "통신비밀보호법에서 보호하는 타인 간의 '대화'는 원칙적으로 현장에 있는 당사자들이 **육성으로 말을 주고받는 의사소통행위**를 가리킨다고 판단하고 있다. 따라서 사람의 육성이 아닌 사물에서 발생하는 음향은 타인 간의 '대화'에 해당하지 않는다. 또한 사람의 목소리라고 하더라도 상대방에게 의사를 전달하는 말이 아닌 **단순한 비명소리나 탄식** 등은 타인과 의사소통을 하기 위한 것이 아니라면 특별한 사정이 없는 한 타인 간의 '대화'에 해당한다고 볼 수 없다."고 정하고 있다.

4) 휴대전화나 전자우편 등의 전기통신을 대상으로 하는 강제처분으로는 ㉠ 형사소송법상의 압수 · 수색과 ㉡ 통신비밀보호법상의 통신제한조치 그리고 ㉢ 통신비밀보호법상 통신사실 확인자료의 제공요청이 있다.

5) 통신비밀보호법 제3조(**통신 및 대화비밀의 보호**) ① 누구든지 이 법과 형사소송법 또는 군사법원법의 규정에 의하지 아니하고는 우편물의 검열 · 전기통신의 감청 또는 통신사실확인자료의 제공을 하거나 **공개되지 아니한 타인간의 대화**를 녹음 또는 청취하지 못한다. 다만, 다음 각호의 경우에는 당해 법률이 정하는 바에 의한다. .......

화'를 녹취한 경우는 '대화'비밀침해죄로[6] 나누어 규율하고 있다(대판 2001도6213, Ref 4). (3) 하지만 **자신이 '당사자로 참여'**하는 대화나 통신의 내용을 녹음하는 행위는 위 통신비밀침해죄나 대화비밀침해죄를 구성하지는 않는다(대판 2002도123, Ref 3). (4) 불법감청에 의하여 지득 또는 채록된 전기통신의 내용은 **'재판'** 또는 **'징계절차'에서 증거로 사용할 수 없다**(법4). 따라서 통신비밀보호법을 위반하여 수집한 전기통신의 내용은 위법수집증거로서 피고인이나 변호인이 이를 증거로 함에 동의하더라도 증거능력이 부정된다(대판 2010도9016).

**4 전기통신 감청의 객체**　　(1) 감청은 현재 **'실시간'**으로 이루어지고 있는 전기통신의 내용을 대상으로 한다. 이점과 관련하여 ('사이버망명' 사태로까지 발전된 수사기관에 의한 '카카오톡 감청'사건에서) 판례는 「'전기통신의 감청'은 **현재 이루어지고 있는** 전기통신의 내용을 지득·채록하는 경우와 통신의 송·수신을 **직접적으로** 방해하는 경우를 의미하는 것이지 전자우편이 송신되어 수신인이 이를 확인하는 등으로 **이미 수신이 '완료된'** 전기통신에 관하여 남아 있는 기록이나 내용을 열어보는 등의 행위는 포함하지 않는다」고 판시하고 있다(대판 2016도8137, Ref 1-1). 따라서 이 경우 남아 있는 기록이나 내용을 입수하기 위해서는 **'압수·수색영장'**에 의하여야 한다(법9의2). (나) 인터넷 통신망을 통하여 흐르는 전기신호 형태의 패킷(packet)을 중간에 확보하여 그 내용을 지득하는 **'패킷감청'도 허용**된다.[7] 다만, 수사기관이 인터넷 회선을 통하여 송·수신하는 전기통신에 대한 통신제한조치로 취득한 자료에 대해서 집행 종료 후 범죄수사나 소추 등에 사용하거나 사용을 위하여 **'보관하고자 할 때'**에는 보관 등이 필요한 전기통신을 **'선별'**하여 법원으로부터 보관 등의 **'승인'**을 받도록 하여 법원에 의한 사후 통제가 가능하도록 하고 있다(법12의2).[8] (다) 형법상 내란죄, 약취·유인죄, 강간죄, 절도죄, 강도죄, 공갈죄, 경매입찰방해죄 등은 통

---

6) 통신비밀보호법 제14조(**타인의 대화비밀 침해금지**) ① 누구든지 **공개되지 아니한 타인간의 대화**를 녹음하거나 전자장치 또는 기계적 수단을 이용하여 청취할 수 없다.

7) **패킷**이란 일정한 콘텐츠나 파일을 하나의 인터넷 접속기기에서 다른 인터넷 접속기기로 효율적으로 전송할 수 있도록 최적·최소화한 데이터를 말한다. 문제는 이러한 패킷을 감청할 경우, 기술적 한계상 범죄혐의자에 대한 모든 패킷 데이터를 망라하여 수집하게 되고 나아가 특정한 인터넷회선을 이용하는 무고한 제3자의 패킷 데이터도 수집하게 되어 사전검열금지나 과잉금지, 포괄영장금지에 반한다는 점이다. 이러한 지적에 대해 헌법재판소도 **헌법불합치 결정**(헌법재판소 2018.8.30, 2016헌마263, Ref 2)을 내렸고, 이후 통신비밀보호법이 개정(2020.3.24.)되어 패킷감청으로 취득한 자료보관시 **법원의 승인**을 받도록 하고 있다(법12의2 신설).

8) 통신비밀보호법 제12조의2(**범죄수사를 위하여 '인터넷 회선에 대한 통신제한조치'로 취득한 자료의 관리**) ① 검사는 인터넷 회선을 통하여 송신·수신하는 전기통신을 대상으로 제6조 또는 제8조(제5조제1항의 요건에 해당하는 사람에 대한 긴급통신제한조치에 한정한다)에 따른 통신제한조치를 집행한 경우 그 전기통신을 제12조제1호에 따라 **사용하거나 사용을 위하여 보관**(이하 이 조에서 "보관등"이라 한다)하고자 하는 때에는 집행종료일부터 **'14일 이내'**에 보관 등이 필요한 전기통신을 **선별**하여 통신제한조치를 허가한 법원에 **보관 등의 승인을 청구하여야 한다.** ② **사법경찰관**은 인터넷 회선을 통하여 송신·수신하는 전기통신을 대상으로 제6조 또는 제8조(제5조제1항의 요건에 해당하는 사람에 대한 긴급통신제한조치에 한정한다)에 따른 통신제한조치를 집행한 경우 그 **전기통신의 보관** 등을 하고자 하는 때에는 집행종료일부터 **14일 이내**에 보관 등이 필요한 전기통신을 **'선별'**하여 **검사에게 보관 등의 승인을 신청**하고, **검사는** 신청일부터 **7일 이내**에 통신제한조치를 허가한 법원에 그 승인을 **청구할 수 있다.** ③·④(생략) ⑤ **검사 또는 사법경찰관**은 제1항에 따른 청구나 제2항에 따른 신청을 하지 아니하는 경우에는 집행종료일부터 **14일**(검사가 사법경찰관의 신청을 기각한 경우에는 그 날부터 7일) 이내에 통신제한조치로 취득한 전기통신을 **폐기하여야** 하고, 법원에 승인청구를 한 경우(취득한 전기통신의 일부에 대해서만 청구한 경우를 포함한다)에는 제4항에 따라 법원으로부터 승인서를 발부받거나 청구기각의 통지를 받은 날부터 **7일 이내**에 승인을 받지 못한 전기통신을 **폐기하여야 한다.** ⑥ 검사 또는 사법경찰관은 제5항에 따라 통신제한조치로 취득한 전기통신을 폐기한 때에는 폐기의 이유와 범위 및 일시 등을 기재한 폐

신제한조치 대상범죄에 해당된다(법5①ⅰ). 그러나 사기죄, 권리행사방해죄, 강요죄는 대상범죄에 포함되지 않는다. (라) 대상범죄의 경우 '범죄를 계획'하고 있는 경우도 포함되므로 실행의 착수 이전의 예비·음모단계에 있는 사건에 대해서도 통신제한조치를 할 수 있다(법5①).

**5 통신제한조치의 요건 및 허가** 통신제한조치는 ㉠ '범죄수사'를 목적으로 이루어지는 경우와 ㉡ '국가안보'를 목적으로 행해지는 경우가 있다. 먼저 (1) **'범죄수사 목적'**의 통신제한조치는 (중대한) 범죄를 계획 또는 실행하고 있거나 실행하였다고 의심할만한 충분한 이유가 있고**(혐의의 상당성)**, 다른 방법으로는 그 범죄의 실행을 저지하거나 범인의 체포 또는 증거의 수집이 어려운 경우에 한하여**(보충성)** 허가할 수 있다(법5①). (2) **검사**는 통신비밀보호법 제5조의 주요범죄의 경우에 법원에 대하여 **각 피의자별 또는 각 피내사자별**로 통신제한조치를 허가하여 줄 것을 **청구**할 수 있으며(법6①), **사법경찰관**은 허가 요건이 구비된 경우에는 검사에 대하여 '각 피의자별' 또는 '각 피내사자별'로 통신제한조치에 대한 허가를 **신청**하고, 검사는 법원에 대하여 그 허가를 **청구**할 수 있다(법6②). (3) **'국가안보 목적'**의 통신제한조치의 경우, ㉠ 통신의 일방 또는 쌍방당사자가 '내국인'인 때에는 **고등법원 수석판사의 '허가'**를 받아야 하고(법7①ⅰ), ㉡ 대한민국에 적대하는 국가 등의 구성원의 통신인 때에는 서면으로 **대통령의 '승인'**을 얻어야 한다(법7①ⅱ).

**6 통신제한조치의 기간** (1) '범죄수사'를 위한 통신제한조치의 기간은 **'2개월'을 초과하지 못하고**, 그 기간 중 통신제한조치의 목적이 달성되었을 경우에는 **즉시 종료**하여야 한다. 다만, 허가요건이 존속하는 경우에는 소명자료를 첨부하여 **2개월의 범위에서 통신제한조치기간의 연장을 청구**할 수 있다(법6⑦). 하지만 이 경우에도 **총 연장기간은 '1년'을 초과할 수 없다.** 다만 예외적으로 내란죄·외환죄 등 '국가안보와 관련된 범죄' 등에 대해서는 총 연장기간을 **'3년'을 초과할 수 없도록** 하였다)(법6⑧).[9] (2) '국가안보 목적'의 통신제한조치의 기간은 **4월을 초과하지 못하고**, 그 기간 중 통신제한조치의 목적이 달성되었을 경우에는 즉시 종료하여야 하되, 다만 허가·승인 요건이 존속하는 경우에는 소명자료를 첨부하여 고등법원 수석판사의 허가 또는 대통령의 승인을 얻어 **4월의 범위 이내**에서 통신제한조치의 기간을 연장할 수 있다(법7②).

---

**기결과보고서**를 작성하여 피의자의 수사기록 또는 피내사자의 내사사건기록에 첨부하고, **폐기일부터 7일 이내**에 통신제한조치를 허가한 **'법원'**에 **송부**하여야 한다.

9) 통신비밀보호법 제6조(**'범죄수사'를 위한 통신제한조치의 허가절차**) ⑦ 통신제한조치의 기간은 **2개월을 초과**하지 못하고, 그 기간 중 통신제한조치의 목적이 달성되었을 경우에는 **즉시 종료**하여야 한다. 다만, 제5조제1항의 허가요건이 존속하는 경우에는 소명자료를 첨부하여 제1항 또는 제2항에 따라 **2개월의 범위에서** 통신제한조치기간의 연장을 청구할 수 있다. ⑧ 검사 또는 사법경찰관이 제7항 단서에 따라 통신제한조치의 연장을 청구하는 경우에 통신제한조치의 **총 연장기간은 1년을 초과할 수 없다.** 다만, 다음 각 호의 어느 하나에 해당하는 범죄의 경우에는 통신제한조치의 총 연장기간이 **3년을 초과할 수 없다.** 1.「형법」제2편 중 제1장 내란의 죄, 제2장 외환의 죄 중 제92조부터 제101조까지의 죄, 제4장 국교에 관한 죄 중 제107조, 제108조, 제111조부터 제113조까지의 죄, 제5장 공안을 해하는 죄 중 제114조, 제115조의 죄 및 제6장 폭발물에 관한 죄 2.「군형법」제2편 중 제1장 반란의 죄, 제2장 이적의 죄, 제11장 군용물에 관한 죄 및 제12장 위령의 죄 중 제78조·제80조·제81조의 죄 3.「국가보안법」에 규정된 죄 4.「군사기밀보호법」에 규정된 죄 5.「군사기지 및 군사시설보호법」에 규정된 죄 ⑨ 법원은 제1항·제2항 및 제7항 단서에 따른 청구가 이유없다고 인정하는 경우에는 청구를 기각하고 이를 청구인에게 통지한다.

**7 긴급통신제한조치**　　　수사기관은 '긴급통신제한조치(긴급감청)'가 가능하다. 즉 (1) 검사, 사법경찰관 또는 정보수사기관의 장은 ① **국가안보를 위협**하는 음모행위, ② 직접적인 **사망이나 심각한 상해**의 위험을 야기할 수 있는 범죄 또는 ③ **조직범죄 등 중대한 범죄**의 계획이나 실행 등 긴박한 상황에 있는 때에는 **법원의 허가 없이** 통신제한조치를 할 수 있다(법8①).[10] (2) 그리고 검사 또는 사법경찰관은 긴급통신제한조치의 집행에 착수한 후 **지체 없이** 법원에 허가청구를 하여야 하고, 긴급통신제한조치를 한 때부터 **'36시간'** 이내에 법원의 허가를 **'받지 못한'** 때에는 즉시 이를 **중지**하고 해당 조치로부터 취득한 자료를 '폐기하여야' 한다(법8⑤).

**8 통신제한조치의 집행과 통지**　　　(1) 통신제한조치는 청구한 검사나 신청한 사법경찰관이 집행하거나 통신기관 등에 **그 집행을 위탁할 수 있다**(법9①). 그리고 이러한 위탁이나 협조를 요청하는 자는 통신기관 등에 '통신제한조치허가서'나 '긴급감청서' 등의 **표지의 사본을 교부**하여야 한다(법9②). (2) 나아가 집행주체가 「**제3자의 도움**을 받지 않고서는 '대화의 녹음·청취'가 사실상 불가능하거나 곤란한 사정이 있는 경우에는 비례의 원칙에 위배되지 않는 한 **제3자에게** 집행을 위탁하거나 그로부터 협조를 받아 '대화의 녹음·청취'를 할 수 있다」. 다만 이 경우는 **대장**을 작성하여 비치할 의무가 없다(대판 2014도 10978 전원합의체, Ref 7). (3) 또한 수사기관이 통신기관 등에 통신제한조치의 집행을 위탁하는 경우에는 집행에 필요한 **설비를 제공**하여야 한다(동법 시행법21③). (4) 수사기관은 통신제한조치의 **집행사실을 '통지하여야'** 한다. 즉 **검사**는 규정에 따라 통신제한조치를 집행한 사건에 관하여 공소를 제기하거나 공소의 제기 또는 입건을 하지 아니하는 처분(기소중지결정, 참고인중지결정은 제외한다)을 한 때에는 **그 처분을 한 날부터 '30일 이내'**에 수사대상이 된 가입자에게 압수·수색·검증을 집행한 사실을 **서면으로 통지하여야 한다**(법9의2①). (5) 그러나 예외적으로 ㉠ 통신제한조치를 통지할 경우 국가의 **안전보장**·공공의 안녕질서를 위태롭게 할 현저한 우려가 있는 경우나 ㉡ 통신제한조치를 통지할 경우 **사람의 생명**·신체에 중대한 위험을 초래할 염려가 현저한 때에는 그 사유가 해소될 때까지 **통지를 유예**할 수 있다(법9의2④). 이 경우 검사 또는 사법경찰관은 소명자료를 첨부하여 미리 관할지방검찰청검사장의 승인을 받아야 한다(법9의2⑤).

---

10) 통신비밀보호법 제8조(**긴급통신제한조치**) ① 검사, 사법경찰관 또는 정보수사기관의 장은 국가안보를 위협하는 음모행위, 직접적인 사망이나 심각한 상해의 위험을 야기할 수 있는 범죄 또는 조직범죄등 중대한 범죄의 계획이나 실행 등 긴박한 상황에 있고 제5조제1항 또는 제7조제1항제1호의 규정에 의한 요건을 구비한 자에 대하여 제6조 또는 제7조제1항 및 제3항의 규정에 의한 절차를 거칠 수 없는 **긴급한 사유**가 있는 때에는 **법원의 허가없이** 통신제한조치를 할 수 있다. ② 검사, 사법경찰관 또는 정보수사기관의 장은 제1항에 따른 통신제한조치(이하 "**긴급통신제한조치**"라 한다)의 집행에 착수한 후 지체 없이 제6조(제7조제3항에서 준용하는 경우를 포함한다)에 따라 **법원에 허가청구**를 하여야 한다. ③ 사법경찰관이 긴급통신제한조치를 할 경우에는 **미리 검사의 지휘**를 받아야 한다. 다만, 특히 급속을 요하여 미리 지휘를 받을 수 없는 사유가 있는 경우에는 긴급통신제한조치의 집행착수후 **지체없이 검사의 승인**을 얻어야 한다. ④ 검사, 사법경찰관 또는 정보수사기관의 장이 긴급통신제한조치를 하고자 하는 경우에는 반드시 긴급검열서 또는 긴급감청서(이하 "긴급감청서 등"이라 한다)에 의하여야 하며 소속기관에 **긴급통신제한조치대장을 비치**하여야 한다. ⑤ 검사, 사법경찰관 또는 정보수사기관의 장은 긴급통신제한조치의 집행에 착수한 때부터 **36시간 이내에 법원의 허가를 받지 못한 경우**에는 해당 조치를 즉시 중지하고 해당 조치로 취득한 자료를 **폐기하여야 한다.** ⑥ 검사, 사법경찰관 또는 정보수사기관의 장은 제5항에 따라 긴급통신제한조치로 취득한 자료를 폐기한 경우 폐기이유·폐기범위·폐기일시 등을 기재한 **자료폐기결과보고서를 작성하여 폐기일부터 7일 이내에** 제2항에 따라 허가청구를 한 법원에 송부하고, 그 **부본(副本)**을 피의자의 수사기록 또는 피내사자의 내사사건기록에 첨부하여야 한다.

**9 통신사실 확인자료제공 요청**　　　검사 또는 사법경찰관은 (1) 수사 또는 형의 집행을 위하여 **필요한 경우** 전기통신사업법에 의한 전기통신사업자에게 통신사실 확인자료의 열람이나 제출(**통신사실 확인자료**[11]제공)을 요청할 수 있다(법13①). 이 경우 요청하는 범죄의 대상은 통신제한조치와 달리 특정범죄에 한정되지는 않는다. (2) 그러나 통신사실 확인자료 중 제2조 제11호 바목·사목 중 ㉠ **실시간 (위치)추적자료**와 ㉡ **특정한 기지국에 대한 통신사실확인자료**에 해당할 경우에는 필요성 요건에 더하여 다른 방법으로는 범죄의 실행을 저지하기 어렵거나 범인의 발견·확보 또는 증거의 수집·보전이 어려운 경우에만 전기통신사업자에게 해당 자료의 열람이나 제출을 요청할 수 있다(**'필요성'과 '보충성'요건도 요구**). (3) 그러나 이 경우에도 통신제한조치 대상 범죄(법5①)나 전기통신을 수단으로 하는 범죄(보이스피싱)에 대한 통신사실확인자료가 필요한 경우에는 **필요성만으로도** 열람이나 제출을 요청할 수 있다(법13②).

## *Reference*

### * 전기통신 '감청'과 관련된 주요 판례 *

1-1 [대판 2016도8137] [카카오톡 감청 사건] [통신비밀보호법에 규정된 통신제한조치 중 '전기통신의 감청'의 의미 및 **이미 '수신이 완료된' 전기통신에 관하여 남아 있는 기록이나 내용을 열어보는 등의 행위**가 이에 포함되는지 여부(소극)] ●**사실**● 수사기관은 법원으로부터 갑, 을, 병을 대상으로 하는 전기통신의 '감청'에 관한 '통신제한조치허가서'를 발부받아 주식회사 '카카오'에 허가서 사본을 교부하고 이들에 대한 통신제한조치를 위탁하였다. 하지만 당시 '카카오'는 카카오톡 대화를 **실시간 감청할 수 있는 설비가 없었고**, 단지 송수신자의 대화내용이 전자정보 형태로 서버에 저장되었다가 3~7일 후에 삭제되는 방식으로 운영되었다. 이에 '카카오'는 위 통신제한조치허가서에 기재된 기간 동안 3~7일마다 정기적으로 서버에 저장된 전자정보 중 대상자들의 대화내용 부분을 추출한 다음 이를 보안 이메일에 첨부하거나 저장매체에 담아 수사기관에 제공하였다. ●**판지**● 통신비밀보호법에 규정된 **'통신제한조치'**는 '우편물의 검열 또는 전기통신의 감청'을 말하는 것으로(제3조 제2항), 여기서 **'전기통신'**은 전화·전자우편·모사전송 등과 같이 유선·무선·광선 및 기타의 전자적 방식에 의하여 모든 종류의 음향·문언·부호 또는 영상을 송신하거나 수신하는 것을 말하고(제2조 제3호), **'감청'**은 전기통신에 대하여 당사자의 동의 없이 전자장치·기계장치 등을 사용하여 통신의 음향·문언·부호·영상을 청취·공독하여 그 내용을 지득 또는 채록하거나 전기통신의 송·수신을 방해하는 것을 말한다고 규정되어 있다(제2조 제7호). 따라서 **'전기통신의 감청'**은 '감청'의 개념 규정에 비추어 전기통신이 이루어지고 있는 상황에서 **'실시간으로'** 전기통신의 내용을 지득·채록하는 경우와 통신의 송·수신을 **'직접적으로'** 방해하는 경우를 의미하는 것이지, 이미 수신이 **완료된** 전기통신에 관하여 남아 있는 기록이나 내용을 열어보는 등의 행위는 포함하지 않는다. …… 이러한 카카오의 집행은 **'동시성'** 또는 **'현재성'** 요건을 충족하지 못해 통신비밀보호법이 정한 감청이라고 볼 수 없으므로 이 사건 통신제한조치허가서에 기재된 방식을 따르지 않은 것으로서 위법하다고 할 것이다. 따라서 이 사건 카카오톡 대화내용은 적법절차의 실질적 내용을 침해하는 것으로 위법하게 수집된 증거라 할 것이므로 유죄 인정의 증거로 삼을

---

11) 통신비밀법 제2조 제11항 **"통신사실확인자료"**라 함은 다음 각목의 어느 하나에 해당하는 전기통신사실에 관한 자료를 말한다. 가. 가입자의 전기통신일시 나. 전기통신개시·종료시간 다. 발·착신 통신번호 등 상대방의 가입자번호 라. 사용도수 마. 컴퓨터통신 또는 인터넷의 사용자가 전기통신역무를 이용한 사실에 관한 컴퓨터통신 또는 인터넷의 로그기록자료 바. 정보통신망에 접속된 정보통신기기의 위치를 확인할 수 있는 발신기지국의 위치추적자료 사. 컴퓨터통신 또는 인터넷의 사용자가 정보통신망에 접속하기 위하여 사용하는 정보통신기기의 위치를 확인할 수 있는 접속지의 추적자료

수 없다.

1-2 [대판 2010도12244] 이 사건 증거물로 제출된 전자우편은 **이미** 수신자인 ○○시장이 **그 수신을 완료한 후에 수집된** 것임을 알 수 있으므로, 이 사건 전자우편의 수집행위가 통신비밀보호법이 금지하는 '전기통신의 감청'에 해당한다고 볼 수 없고, 따라서 이 사건 전자우편이 통신비밀보호법 제4조에 의하여 **증거능력이 배제되는 증거**라고 할 수 없다. **cf)** 사안은 ○○시 △△동장 직무대리의 지위에 있던 피고인이 ○○시장 Y에게 시청 전자문서시스템을 통하여 △△통장인 Z 등에게 시장 Y를 도와 달라고 부탁하였다는 등의 내용을 담고 있는 전자우편을 보냈는데 시청 소속 공무원인 A가 권한 없이 전자우편에 대한 비밀 보호조치를 해제하는 방법을 통하여 이 사건 전자우편을 수집하여 경찰에 제출하였다. 이에 경찰은 Z 등을 참고인으로 소환하여 참고인진술조서를 작성하였는데, 대상판결에서는 A가 몰래 수집한 전자우편이 통신비밀보호법이 금지하는 '전기통신감청'의 객체에 해당하는지 여부가 다투어 졌다.

2 [헌재 2016헌마263] [인터넷회선을 통하여 송·수신하는 전기통신의 감청('**인터넷회선 감청**')을 대상으로 하는 법원의 통신제한조치 허가에 대한 헌법소원 심판청구의 적법 여부(소극)] 인터넷회선 감청은 인터넷회선을 통하여 흐르는 전기신호 형태의 '패킷'을 중간에 확보한 다음 재조합 기술을 거쳐 그 내용을 파악하는 이른바 '**패킷감청**'의 방식으로 이루어진다. 따라서 이를 통해 개인의 통신뿐만 아니라 사생활의 비밀과 자유가 제한된다. …… '패킷감청'의 방식으로 이루어지는 인터넷회선 감청은 수사기관이 실제 감청 집행을 하는 단계에서는 해당 인터넷회선을 통하여 흐르는 **불특정 다수인의 모든 정보가 패킷 형태로 수집**되어 일단 수사기관에 그대로 전송되므로, 다른 통신제한조치에 비하여 감청 집행을 통해 수사기관이 취득하는 자료가 비교할 수 없을 정도로 매우 방대하다는 점에 주목할 필요가 있다. 불특정 다수가 하나의 인터넷회선을 공유하여 사용하는 경우가 대부분이므로, 실제 집행 단계에서는 법원이 허가한 범위를 넘어 피의자 내지 피내사자의 통신자료뿐만 아니라 동일한 인터넷회선을 이용하는 불특정 다수인의 통신자료까지 수사기관에 모두 수집·저장된다. 따라서 인터넷회선 감청을 통해 수사기관이 취득하는 개인의 통신자료의 양을 전화감청 등 다른 통신제한조치와 비교할 바는 아니다. 따라서 인터넷회선 감청은 집행 및 그 이후에 제3자의 정보나 범죄수사와 무관한 정보까지 수사기관에 의해 수집·보관되고 있지는 않는지, 수사기관이 원래 허가받은 목적, 범위 내에서 자료를 이용·처리하고 있는지 등을 감독 내지 통제할 법적 장치가 강하게 요구된다. …… 이러한 여건 하에서 인터넷회선의 감청을 허용하는 것은 개인의 통신 및 사생활의 비밀과 자유에 심각한 위협을 초래하게 되므로 이 사건 법률조항으로 인하여 달성하려는 공익과 제한되는 사익 사이의 법익 균형성도 인정되지 아니한다. 그러므로 이 사건 법률조항은 과잉금지원칙에 위반하는 것으로 **청구인의 기본권을 침해**한다.

3 [대판 2002도123] [제3자가 전화통화자 중 일방만의 동의를 얻어 통화내용을 녹음한 경우] ●**사실**● 피고인 X는 A를 고발할 목적으로 B로 하여금 A에게 전화를 걸어 고발 관련 내용으로 통화를 하게 하고 그 내용을 녹음한 것으로 공소제기 되었다(X는 1999.6.18. 11:00경 천안시 소재 아파트 상가내 자신이 경영하는 이용원에서 경쟁업체를 공중위생법위반죄로 고발하는 데 사용할 목적으로 B로 하여금 같은 상가내 미용실의 A에게 전화를 걸어 "귓불을 뚫어 주느냐"는 용건으로 통화하게 한 다음 그 내용을 녹음하였다). 검사는 피고인이 '공개되지 아니한 타인간의 대화를 녹음'하였다고 주장하였다. ●**판지**● (가) 전기통신에 해당하는 **전화통화 당사자의 일방이 상대방 모르게 통화내용을 녹음**(위 법에는 '채록'이라고 규정한다)하는 것은 여기의 감청에 해당하지 아니하지만(따라서 전화통화 당사자의 일방이 상대방 몰래 통화내용을 녹음하더라도, 대화 당사자 일방이 상대방

모르게 그 대화내용을 녹음한 경우와 마찬가지로 동법 제3조 제1항 위반이 되지 아니한다), (나) **제3자의 경우는 설령 전화통화 당사자 일방의 동의를 받고 그 통화내용을 녹음하였다** 하더라도 그 상대방의 동의가 없었던 이상, 사생활 및 통신의 불가침을 국민의 기본권의 하나로 선언하고 있는 헌법규정과 통신비밀의 보호와 통신의 자유신장을 목적으로 제정된 통신비밀보호법의 취지에 비추어 이는 동법 제3조 제1항 위반이 된다고 해석하여야 할 것이다(이 점은 제3자가 공개되지 아니한 타인간의 대화를 녹음한 경우에도 마찬가지이다).

### *전기통신과 '대화'의 구별*

4 [대판 2001도6213] [무전기와 같은 무선전화기를 이용한 통화가 통신비밀보호법 제3조 제1항 소정의 '타인간의 대화'에 포함되는지 여부(소극)] [1] 통신비밀보호법에서는 그 규율의 대상을 '통신'과 '대화'로 분류하고 그 중 통신을 다시 우편물과 전기통신으로 나눈 다음, 그 제2조 제3호로 "전기통신"이라 함은 유선·무선·광선 및 기타의 전자적 방식에 의하여 모든 종류의 음향·문언·부호 또는 영상을 송신하거나 수신하는 것을 말한다고 규정하고 있는바, **무전기와 같은 무선전화기를 이용한 통화가 위 법에서 규정하고 있는 전기통신에 해당**함은 전화통화의 성질 및 위 규정 내용에 비추어 명백하므로 이를 같은 법 제3조 제1항 소정의 '타인간의 대화'에 포함된다고 할 수 없다. [2] 렉카 회사가 무전기를 이용하여 한국도로공사의 상황실과 순찰차간의 무선전화통화를 청취한 경우 무전기를 설치함에 있어 한국도로공사의 정당한 계통을 밟은 결재가 있었던 것이 아닌 이상 '전기통신'의 당사자인 한국도로공사의 동의가 있었다고는 볼 수 없으므로 **통신비밀보호법상의 '감청'에 해당한다**고 한 사례.

5 [대판 99도2317] [통신제한조치에 대한 기간연장결정이 원 허가의 대상과 범위를 초과할 수 있는지 여부(소극)] 통신제한조치에 대한 기간연장결정은 원 허가의 내용에 대하여 단지 기간을 연장하는 것일 뿐 원 허가의 대상과 범위를 초과할 수 없다 할 것이므로 통신제한조치허가서에 의하여 허가된 통신제한조치가 '전기통신 감청 및 우편물 검열'뿐인 경우 그 후 연장결정서에 당초 허가 내용에 없던 '대화녹음'이 기재되어 있다 하더라도 이는 대화녹음의 적법한 근거가 되지 못한다.

## * 통신제한조치의 집행 *

6 [대판 2016도8137] [카카오톡 감청 사건] [수사기관 또는 수사기관으로부터 집행을 위탁받은 통신기관 등이 통신제한조치를 집행할 때 준수하여야 할 사항 및 허가된 통신제한조치의 종류가 전기통신의 '감청'인 경우, 집행의 방식/수사기관으로부터 집행을 위탁받은 통신기관 등이 통신제한조치허가서에 기재된 사항을 준수하지 아니하고 통신제한조치를 집행하여 취득한 전기통신의 내용 등은 위법수집증거로서 증거능력이 부정되는지 여부(적극)] 통신제한조치허가서에는 통신제한조치의 종류·목적·대상·범위·기간 및 집행장소와 방법을 특정하여 기재하여야 하고(통신비밀보호법 제6조 제6항), 수사기관은 허가서에 기재된 허가의 내용과 범위 및 집행방법 등을 준수하여 통신제한조치를 집행하여야 한다. 이때 (가) 수사기관은 통신기관 등에 통신제한조치허가서의 사본을 교부하고 **집행을 위탁할 수 있으나**(통신비밀보호법 제9조 제1항, 제2항), 그 경우에도 집행의 위탁을 받은 통신기관 등은 수사기관이 직접 집행할 경우와 마찬가지로 **허가서에 기재된 집행방법** 등을 준수하여야 함은 당연하다. 따라서 허가된 통신제한조치의 종류가 전기통신의 '감청'인 경우, 수사기관 또는 수사기관으로부터 통신제한조치의 집행을 위탁받은 통신기관 등은 통신비밀보호법이 정한 감청의 방식으로 집행하여야 하고 그와 다른 방식으로 집행하여서는 아니 된다. 한편 (나)

수사기관이 통신기관 등에 통신제한조치의 집행을 위탁하는 경우에는 집행에 **필요한 설비를 제공하여야 한다**(통신비밀보호법 시행령 제21조 제3항). 그러므로 수사기관으로부터 통신제한조치의 집행을 위탁받은 통신기관 등이 **집행에 필요한 설비가 없을 때에는 수사기관에 설비의 제공을 요청하여야 하고**, 그러한 요청 없이 통신제한조치허가서에 기재된 사항을 준수하지 아니한 채 통신제한조치를 집행하였다면, 그러한 집행으로 취득한 전기통신의 내용 등은 헌법과 통신비밀보호법이 국민의 기본권인 통신의 비밀을 보장하기 위해 마련한 적법한 절차를 따르지 아니하고 수집한 증거에 해당하므로(형사소송법 제308조의2), 이는 **유죄 인정의 증거로 할 수 없다.**

7 [대판 2014도10978 전원합의체] [통신비밀보호법 제9조 제1항[12] 후문 등에서 통신기관 등에 대한 집행위탁이나 협조요청 및 대장 비치의무 등을 규정하고 있는 취지/ '대화의 녹음 · 청취'를 집행주체가 **제3자에게 집행을 위탁하거나 그로부터 협조를 받아 할 수 있는 경우** 및 이때 통신기관 등이 아닌 **일반 사인(私人)에게 대장을 작성하여 비치할 의무가 있는지 여부**(소극)] 통신비밀보호법 제9조 제1항 후문 등에서 체신관서 기타 관련기관 등에 대한 집행위탁이나 협조요청 및 대장 비치의무 등을 규정하고 있는 것은 우편물의 검열 또는 전기통신의 감청의 경우 해당 우편이나 전기통신의 역무를 담당하는 통신기관 등의 협조가 없이는 사실상 집행이 불가능하다는 점 등을 고려하여 검사 · 사법경찰관 또는 정보수사기관의 장이 통신기관 등에 집행을 위탁하거나 집행에 관한 협조를 요청할 수 있음을 명확히 하는 한편 통신기관 등으로 하여금 대장을 작성하여 비치하도록 함으로써 **사후 통제**를 할 수 있도록 한 취지이다. '대화의 녹음 · 청취'에 관하여 통신비밀보호법 제14조 제2항은 통신비밀보호법 제9조 제1항 전문을 적용하여 집행주체가 집행한다고 규정하면서도, 통신기관 등에 대한 집행위탁이나 협조요청에 관한 같은 법 제9조 제1항 후문을 적용하지 않고 있으나, 이는 '대화의 녹음 · 청취'의 경우 통신제한조치와 달리 통신기관의 업무와 관련이 적다는 점을 고려한 것일 뿐이므로, 반드시 집행주체가 '대화의 녹음 · 청취'를 직접 수행하여야 하는 것은 아니다. 따라서 집행주체가 **제3자의 도움**을 받지 않고서는 '대화의 녹음 · 청취'가 사실상 불가능하거나 곤란한 사정이 있는 경우에는 비례의 원칙에 위배되지 않는 한 제3자에게 집행을 위탁하거나 그로부터 협조를 받아 '대화의 녹음 · 청취'를 할 수 있다고 봄이 타당하고, 그 경우 통신기관 등이 아닌 **일반 사인에게 대장을 작성하여 비치할 의무가 있다고 볼 것은 아니다.**

---

12) 통신비밀보호법 제9조(**통신제한조치의 집행**) ① 제6조 내지 제8조의 통신제한조치는 이를 청구 또는 신청한 검사 · 사법경찰관 또는 정보수사기관의 장이 집행한다. 이 경우 체신관서 기타 관련기관등(이하 "통신기관 등"이라 한다)에 그 집행을 **위탁**하거나 집행에 관한 협조를 요청할 수 있다.

대화에 원래부터 참여하지 않는 제3자가 일반 공중이 알 수 있도록 공개되지 않은 타인 간의 발언을 녹음하거나 전자장치 또는 기계적 수단을 이용하여 청취하는 것이 통신비밀보호법 제3조 제1항에 위반되는가?

●**사실**● 피고인 X는 2017. 9. 말 부산에 소재한 교회 사무실에서 D, E, F(이하 'D 등'이라 한다)이 돈내기 게임을 진행하면서 한 대화 내용을 휴대전화로 녹음하여 교회 장로 G에게 카카오톡으로 전송하였다. 이로써 공개되지 않은 타인간의 대화를 녹음하고, 위와 같은 방법으로 알게 된 대화의 내용을 누설하였다는 혐의로 기소되었다.

제1심은 X가 D 등으로부터 가청 거리에 있다가 휴대전화기로 녹음한 D 등의 대화는 X를 포함하여 교역자실에 있던 다른 이들도 충분히 들을 수 있었고 D 등은 이러한 사정을 알 수 있었으므로, 통신비밀보호법 제3조 제1항 본문이 규정한 '공개되지 아니한 타인간의 대화'에 해당한다고 볼 수 없다고 판단하여 무죄를 선고하였다. 그러나 원심은 위 대화가 통신비밀보호법상 공개되지 않은 타인간의 대화에 해당한다는 이유로 이 사건 공소사실을 유죄로 인정하였다. 이에 X가 상고하였다.

●**판지**● 「(가) 통신비밀보호법은 공개되지 않은 타인 간의 대화에 관하여 다음과 같이 정하고 있다. 누구든지 이 법과 형사소송법 또는 군사법원법의 규정에 의하지 않고는 공개되지 않은 타인 간의 대화를 녹음하거나 청취하지 못하고(제3조 제1항), 위와 같이 금지하는 청취행위는 전자장치 또는 기계적 수단을 이용한 경우로 제한된다(제14조 제1항). 그리고 제3조의 규정을 위반하여 공개되지 않은 타인 간의 대화를 **녹음 또는 청취**한 자(제1호)와 제1호에 의하여 지득한 대화의 내용을 **공개하거나 누설**한 자(제2호)는 제16조 제1항에 따라 처벌받는다. (나) 위와 같은 통신비밀보호법의 내용과 형식, 통신비밀보호법이 공개되지 않은 타인 간의 대화에 관한 녹음 또는 청취에 대하여 제3조 제1항에서 일반적으로 이를 금지하고 있는데도 제14조 제1항에서 구체화하여 금지되는 행위를 제한하고 있는 입법 취지와 체계 등에 비추어 보면, 통신비밀보호법 제14조 제1항의 금지를 위반하는 행위는 통신비밀보호법과 형사소송법 또는 군사법원법의 규정에 따른 것이라는 등의 특별한 사정이 없는 한, 제3조 제1항 위반행위에 해당하여 제16조 제1항 제1호의 처벌대상이 된다고 해석해야 한다. (다) 통신비밀보호법 제3조 제1항이 공개되지 않은 타인 간의 대화를 녹음 또는 청취하지 못하도록 한 것은, 대화에 원래부터 참여하지 않는 제3자가 대화를 하는 타인 간의 발언을 녹음하거나 청취해서는 안 된다는 취지

---

1) 통신비밀보호법 제3조(**통신 및 대화비밀의 보호**) ① 누구든지 이 법과 형사소송법 또는 군사법원법의 규정에 의하지 아니하고는 우편물의 검열·전기통신의 감청 또는 통신사실확인자료의 제공을 하거나 **공개되지 아니한 타인간의 대화**를 녹음 또는 청취하지 못한다. 다만, 다음 각 호의 경우에는 당해 법률이 정하는 바에 의한다.

2) 통신비밀보호법 제14조(**타인의 대화비밀 침해금지**) ① 누구든지 공개되지 아니한 타인간의 대화를 녹음하거나 전자장치 또는 기계적 수단을 이용하여 청취할 수 없다.

3) 통신비밀보호법 제16조(벌칙) ① 다음 각 호의 어느 하나에 해당하는 자는 1년 이상 10년 이하의 징역과 5년 이하의 자격정지에 처한다. 1. 제3조의 규정에 위반하여 우편물의 검열 또는 전기통신의 감청을 하거나 공개되지 아니한 타인간의 대화를 **녹음 또는 청취**한 자 2. 제1호에 따라 알게 된 통신 또는 대화의 내용을 **공개하거나 누설**한 자

이다. 따라서 **대화에 원래부터 참여하지 않는 제3자**가 일반 공중이 알 수 있도록 공개되지 않은 타인 간의 발언을 녹음하거나 전자장치 또는 기계적 수단을 이용하여 청취하는 것은 특별한 사정이 없는 한 제3조 제1항에 위반된다. (라) **'공개되지 않았다.'**는 것은 **반드시 비밀과 동일한 의미는 아니고**, 구체적으로 공개된 것인지는 발언자의 의사와 기대, 대화의 내용과 목적, 상대방의 수, 장소의 성격과 규모, 출입의 통제 정도, 청중의 자격 제한 등 객관적인 상황을 종합적으로 고려하여 판단해야 한다」.

●해설● 1「통신비밀보호법」은 제3조 제1항에서 누구든지 이 법과 형사소송법 또는 군사법원법의 규정에 의하지 아니하고는 공개되지 아니한 타인간의 대화를 녹음 또는 청취하지 못하도록 규정하고, 제14조 제1항에서 위와 같이 금지하는 청취행위를 전자장치 또는 기계적 수단을 이용한 경우로 제한하는 한편, 제16조 제1항에서 위 제3조의 규정에 위반하여 공개되지 아니한 타인간의 대화를 녹음 또는 청취한 자(제1호)와 제1호에 의하여 알게된 대화의 내용을 공개하거나 누설한 자(제2호)를 처벌하고 있다. 위와 같은 통신비밀보호법의 내용 및 형식, 통신비밀보호법이 공개되지 아니한 타인간의 대화에 관한 녹음 또는 청취에 대하여 제3조 제1항에서 일반적으로 이를 금지하고 있음에도 제14조 제1항에서 구체화하여 금지되는 행위를 제한하고 있는 입법 취지와 체계 등에 비추어 보면, 통신비밀보호법 제14조 제1항의 금지를 위반하는 행위는, 통신비밀보호법과 형사소송법 또는 군사법원법의 규정에 의한 것이라는 등의 특별한 사정이 없는 한, 같은 법 제3조 제1항 위반행위에 해당하여 같은 법 제16조 제1항 제1호의 처벌대상이 된다고 해석하여야 한다. 그리고 통신비밀보호법 제3조 제1항이 공개되지 아니한 타인간의 대화를 녹음 또는 청취하지 못하도록 한 것은, **대화에 원래부터 참여하지 않는 제3자가 그 대화를 하는 타인간의 발언을 녹음 또는 청취해서는 아니 된다**는 취지이다.

**2 이 사건 대화가 '공개되지 아니한 대화'인지 여부**　　　　통신비밀보호법은 「대화 중 '공개되지 아니한' 타인간의 대화만을 보호대상으로 하고, 그 '공개' 여부의 판단기준은 '일반 공중'이다. 이 사건 대화의 내용은 D, E, F가 동전던지기 게임을 하면서 나눈 것으로 지극히 사적인 내용에 해당하고, D, E, F가 이 사건 대화가 피고인 등이 단순히 '청취'하고 있는 것을 넘어서 피고인에 의하여 녹음되고 있다는 사실을 전혀 예상할 수 없었다. 비록 이 사건 대화가 이루어진 C교회 교역자실은 직원들이 일하는 사무실로, 위 교회의 신도들은 언제든 드나들 수 있는 장소로 보이고, 당시 교역자실에는 이 사건 대화에 참여한 D, E, F 외에 피고인, H 등 9명이 있어서 이 사건 대화 내용을 들었다고 하더라도, 이 사건 대화의 내용, 성질 및 대화 당사자들의 의도 등에 비추어 볼 때 **위 대화의 성격이 '일반 공중'이 알도록 되어 있지 아니한 이상 그 '비공개성'을 부정할 수는 없다**」(부산고법 2019노472). 따라서 원심과 대법원은 **대화에 원래부터 참여하지 않는 제3자**가 일반 공중이 알 수 있도록 공개되지 않은 타인 간의 발언을 녹음하거나 전자장치 또는 기계적 수단을 이용하여 청취하는 것은 특별한 사정이 없는 한 「통신비밀보호법」 제3조 제1항에 위배되어, 제16조 제1항 제1호의 처벌대상이 된다.

**3 형법 제20조에 따른 위법성 조각 여부**　　　　대상판결에서 다투어진 또 하나의 논점은 피고인의 누설행위가 공익을 위한 행위로서 형법 제20조의 사회상규에 위배되지 않은 행위인지 여부였다. 이에 대해서도 원심과 대법원은 「① 피고인은 고의로 공개되지 아니한 이 사건 대화를 녹음하여 불법적인 자료를 취득한 점, ② 불법 녹음된 대화 내용을 실명과 함께 그대로 공개하여야 할 만큼 위 대화 내용이 공익에 대한 중대한 침해가 발생할 가능성이 현저한 경우로서 비상한 공적 관심의 대상이 되는 경우에 해당한다고 보기는 어려운 점 등을 종합하여 보면, 이 사건 대화 내용의 '누설' 행위 역시 정당행위에 해당

한다고 보기 어렵다」고 판단하였다.

**4 대화 당사자의 비밀녹음**　　　(1) **대화 당사자 중 1인이 몰래 녹음하는 행위**는 '타인 간의 대화'에 해당되지 않는다. 따라서 자기와의 통화를 녹음하거나 3인 간의 대화에 있어서 그 중 한 사람이 그 대화를 몰래 녹음하는 것은 통비법위반이 아니다(대판 2013도16404, Ref 2). (2) 그러나 **대화에 참여하지 않은 제3자**가 전화통화자 중 일방만의 동의를 얻어 통화내용을 녹음하였다면 통신비밀침해죄를 구성한다. 따라서 이 경우의 감청자료는 증거능력이 부정된다(대판 2013도15616, Ref 8).

*Reference*

## * '대화 당사자의 녹음'에 해당되는 경우(증거능력인정) *

　　1 [대판 2022도9877] [**인터넷방송과 불법감청**] ●사실● 피고인 X는 2021. 5. 28.부터 2021. 7. 13.까지 인터넷 방송 사이트인 'F'에서 'AO'이라는 닉네임을 사용하여 인터넷 개인 방송을 진행하였다. 이는 성인콘텐츠 방송으로, 서비스제공자인 F는 성인콘텐츠 방송의 경우 본인인증이 완료된 회원만이 시청 가능한 것으로 규정하고 있고, 본인인증을 거쳐 아이디를 등록 한 회원은 그 아이디로 접속하여 누구나 무료로 성인콘텐츠를 시청할 수 있었다. X는 위 기간 동안 피해자 A의 아이디인 'AP'을 블랙리스트에 등록하여 A가 자신의 방송에 접속하는 것을 차단하였다. 이에 A는 자신의 아이디로 인터넷 방송에 접속하는 것이 불가능해지자 자신의 아이디로 로그인하지 않고 '게스트'로 X의 인터넷 방송에 접속하여 X의 발언을 녹화하였고, 그 녹화파일을 경찰에 제출하였다. X는 법정에서 "방송하는 사람 좌측 상단에 방송에 들어온 모든 아이디를 확인할 수 있고, 로그인 하지 않고 들어온 사람은 게스트 1, 게스트 2 등으로 표시됩니다.", "게스트 접속은 원래 없는 것으로 알고 있는데 그것이 어떻게 가능한지 모르겠습니다."라고 진술하였고, 2021.6.17. 23:17경에는 다른 아이디 접속자에 대하여 하는 것과 동일하게 게스트인 A를 상대로 직접 육성으로 말을 건네기도 하였다. 재판에서는 A의 녹화행위가 통신비밀보호법 제3조 제1항 본문에서 규정하는 **전기통신의 감청**에 해당하는지 여부, 즉 X가 인터넷 방송 시청자들을 상대로 한 발언이 위 조항에서 규정하는 타인간의 '대화'에 해당하는지 여부가 다투어졌다. 원심은 타인간의 '대화'에 해당하지 않는다고 판시하였다. 이에 X가 상고하였다. ●판지● 방송자가 인터넷을 도관 삼아 인터넷서비스제공업체 또는 온라인서비스제공자인 인터넷개인방송 플랫폼업체의 서버를 이용하여 실시간 또는 녹화된 형태로 음성, 영상물을 방송함으로써 불특정 혹은 다수인이 이를 수신·시청할 수 있게 하는 **인터넷개인방송**은 그 성격이나 통신비밀보호법 제2조 제3호, 제7호, 제3조 제1항, 제4조에 비추어 **전기통신에 해당함은 명백**하다. (가) 인터넷개인방송의 방송자가 비밀번호를 설정하는 등 그 수신 범위를 한정하는 **비공개 조치를 취하지 않고** 방송을 송출하는 경우, 누구든지 시청하는 것을 포괄적으로 허용하는 의사라고 볼 수 있으므로, 그 시청자는 인터넷개인방송의 당사자인 수신인에 해당하고, 이러한 시청자가 방송 내용을 지득·채록하는 것은 통신비밀보호법에서 정한 감청에 해당하지 않는다. 그러나 (나) 인터넷개인방송의 방송자가 **비밀번호를 설정하는 등으로 '비공개 조치'**를 취한 후 방송을 송출하는 경우에는, 방송자로부터 허가를 받지 못한 사람은 당해 인터넷개인방송의 당사자가 아닌 '제3자'에 해당하고, 이러한 제3자가 비공개 조치가 된 인터넷개인방송을 비정상적인 방법으로 시청·녹화하는 것은 통신비밀보호법상의 **감청에 해당할 수 있다.** (다) 다만 방송자가 이와 같은 제3자의 시청·녹화 사실을 알거나 알 수 있었음에도 방송을 중단하거나 **그 제3자를 배제하지 않은 채** 방송을 계속 진행하는 등 허가받지 아니한 제3자의 시청·녹화를 **사실상 승낙·용인한 것**

으로 볼 수 있는 경우에는 불특정인 혹은 다수인을 직간접적인 대상으로 하는 인터넷개인방송의 일반적 특성상 그 제3자 역시 인터넷개인방송의 당사자에 포함될 수 있으므로, 이러한 제3자가 방송 내용을 지득·채록하는 것은 **통신비밀보호법에서 정한 감청에 해당하지 않는다.**

2 [대판 2013도16404] ['3인 간의 대화'에서 그 중 한 사람이 그 대화를 녹음 또는 청취하는 행위] 통신비밀보호법 제3조 제1항은 법률이 정하는 경우를 제외하고는 **공개되지 아니한 타인 간의 대화를 녹음 또는 청취하지 못하도록 정하고 있고,** …… 이와 같이 공개되지 아니한 타인 간의 대화를 녹음 또는 청취하지 못하도록 한 것은, 대화에 원래부터 참여하지 않는 제3자가 그 대화를 하는 타인들 간의 발언을 녹음 또는 청취해서는 아니 된다는 취지이다. 따라서 **3인 간의 대화에서 '그중 한 사람'이** 그 대화를 녹음 또는 청취하는 경우에 다른 두 사람의 발언은 그 녹음자 또는 청취자에 대한 관계에서 통신비밀보호법 제3조 제1항에서 정한 **'타인 간의 대화'라고 할 수 없으므로,** 이러한 녹음 또는 청취하는 행위 및 그 내용을 공개하거나 누설하는 행위가 **통신비밀보호법 제16조 제1항에 해당한다고 볼 수 없다.**

3 [대판 2008도1237] [1] 통신비밀보호법 제3조 제1항이 금지하고 있는 '전기통신의 감청'이란 전기통신에 대하여 그 당사자인 송신인과 수신인이 아닌 제3자가 당사자의 동의를 받지 않고 전자장치 등을 이용하여 통신의 음향·문언·부호·영상을 청취·공독하여 그 내용을 지득 또는 채록하는 등의 행위를 하는 것을 의미하므로, 전기통신에 해당하는 전화통화의 당사자 일방이 상대방과의 통화내용을 녹음하는 것은 위 법조에 정한 '감청' 자체에 해당하지 아니한다. [2] 이 사건 녹취시스템은 강원랜드가 자신의 업무인 골프장의 운영을 위해 자신의 예약전용 전화선에 설치·운영한 것으로서, 결국 **강원랜드는 이 사건 전화통화와 무관한 제3자가 아니라 이 사건 전화통화의 당사자라고 봄이 상당**하므로, 결국 이 사건 공소사실은 전화통화의 당사자 일방이 상대방 모르게 대화내용을 녹음한 경우에 해당하여 통신비밀보호법 제3조 제1항에 위반되지 아니한다.

4 [대판 2002도123] 전기통신에 해당하는 **전화통화 '당사자의 일방'이 상대방 모르게 통화내용을 녹음**(위법에는 '채록'이라고 규정한다)하는 것은 여기의 감청에 해당하지 아니한다. 따라서 전화통화 당사자의 일방이 상대방 몰래 통화내용을 녹음하더라도, 대화 당사자 일방이 상대방 모르게 그 대화내용을 녹음한 경우와 마찬가지로 동법 제3조 제1항 위반이 되지 아니한다.

5 [대판 97도240] 피고인이 범행 후 피해자에게 전화를 걸어오자 **피해자가 증거를 수집하려고 그 전화내용을 녹음한 경우,** 그 녹음테이프가 피고인 모르게 녹음된 것이라 하여 이를 위법하게 수집된 증거라고 할 수 없다.

## * '공개되지 않은 타인 간의 대화'(제3자 녹음)에 해당되는 경우(증거능력부정) *

6 [대판 2020도1538] **파기환송.** [피해아동의 담임교사인 피고인이 피해아동에게 수회에 걸쳐 아동의 정신건강 및 발달에 해를 끼치는 정서적 학대행위를 하였다는 이유로 아동학대범죄의 처벌 등에 관한 특례법 위반(아동복지시설종사자등의아동학대가중처벌)으로 기소된 사안에서, 피해아동의 부모가 피해아동의 **가방에 녹음기를 넣어** 수업시간 중 교실에서 피고인이 한 발언을 녹음한 녹음파

일, 녹취록 등은 공개되지 아니한 타인 간의 대화를 녹음한 것이므로 통신비밀보호법 제14조 제2항 및 제4조에 따라 증거능력이 부정된다고 한 사례] 피해아동의 담임교사인 피고인이 피해아동에게 "학교 안 다니다 온 애 같아. 저쪽에서 학교 다닌 거 맞아, 1, 2학년 다녔어, 공부시간에 책 넘기는 것도 안 배웠어, 학습훈련이 전혀 안 되어 있어, 1, 2학년 때 공부 안 하고 왔다갔다만 했나봐."라는 말을 하는 등 수회에 걸쳐 아동의 정신건강 및 발달에 해를 끼치는 정서적 학대행위를 하였다는 이유로 아동학대범죄의 처벌 등에 관한 특례법 위반(아동복지시설종사자등의아동학대가중처벌)으로 기소된 사안에서, (가) 초등학교 담임교사가 교실에서 수업시간 중 한 발언은 통상적으로 **교실 내 학생들만을 대상**으로 하는 것으로서 교실 내 학생들에게만 공개된 것일 뿐, 일반 공중이나 불특정 다수에게 공개된 것이 아니므로, 대화자 내지 청취자가 다수였다는 사정만으로 '공개된 대화'로 평가할 수는 없어, 피해아동의 부모가 몰래 녹음한 **피고인의 수업시간 중 발언은 '공개되지 않은 대화'에 해당**하는 점, (나) 피해아동의 부모는 피고인의 수업시간 중 발언의 상대방에 해당하지 않으므로, 위 발언은 '타인 간의 대화'에 해당하는 점을 종합하면, 피해아동의 부모가 피해아동의 가방에 녹음기를 넣어 수업시간 중 교실에서 피고인이 한 발언을 녹음한 녹음파일, 녹취록 등은 통신비밀보호법 제14조 제1항을 위반하여 공개되지 아니한 타인 간의 대화를 녹음한 것이므로 통신비밀보호법 제14조 제2항 및 제4조에 따라 증거능력이 부정된다는 이유로, 이와 달리 본 원심판단에 법리오해의 잘못이 있다고 한 사례. **cf)** 대상판결은 '공개되지 아니한'의 의미와 그 판단 방법에 관한 기존 법리를 재확인하면서, 특히, 대화당사자가 다수이거나 대화 내용이 공적인 성격을 갖고 발언자가 공적 인물이더라도, 발언자의 의도, 기대, 발언 장소, 청중의 폐쇄성 등에 비추어 일반 공중, 불특정 다수에게 공개되는 발언으로 평가되지 않는 이상 '공개되지 아니한' 대화에 해당한다는 점을 명확히 하였다는 점에 의의가 있다.

7 [대판 2015도1900] C와 D가 피고인 A와의 통화내용을 녹음하기로 합의한 후 C가 스피커폰으로 피고인 A와 통화하고 D가 옆에서 이를 녹음하였다면, 피고인 A와 C 사이에 이루어진 것이므로 **전화통화의 당사자는 피고인 A와 C이고, D는 위 전화통화에 있어서 제3자에 해당**한다. 따라서 D가 전화통화 당사자 일방인 C의 동의를 받고 그 통화 내용을 녹음하였다고 하더라도 전화통화 상대방인 피고인 A의 동의가 없었던 이상 D가 이들 간의 전화통화 내용을 녹음한 행위는 통신비밀보호법 제3조 제1항에 위반한 '전기통신의 감청'에 해당하여 제4조에 의하여 그 녹음파일은 재판절차에서 증거로 사용할 수 없다. 피고인 A이 제1심에서 위 녹음파일 및 이를 채록한 녹취록에 대하여 증거동의를 하였다 하더라도 마찬가지이다.

8 [대판 2013도15616] [대화에 원래부터 참여하지 않는 제3자가 공개되지 아니한 타인간의 발언을 녹음한 경우 구 통신비밀보호법 제3조 제1항에 위반되는지 여부(원칙적 적극)] [1] 피고인(피고인은 탐사·취재·보도를 업으로 하는 기자였다)이 ○○신문사 빌딩에서 휴대폰의 **녹음기능을 작동시킨 상태**로 A 재단법인의 이사장실에서 집무 중이던 재단법인 이사장인 B의 휴대폰으로 전화를 걸어 B와 약 8분간의 전화통화를 마친 후 **상대방에 대한 예우차원에서 바로 전화통화를 끊지 않고 B가 전화를 먼저 끊기를 기다리던 중**, 평소 친분이 있는 △△방송 기획홍보본부장 C가 B와 인사를 나누면서 △△방송 전략기획부장 D를 소개하는 목소리가 피고인의 휴대폰을 통해 들려오고, **때마침 B가 실수로 휴대폰의 통화종료 버튼을 누르지 아니한 채** 이를 이사장실 내의 탁자 위에 놓아두자, B의 휴대폰과 통화연결 상태에 있는 자신의 휴대폰 수신 및 녹음기능을 이용하여 이 사건 대화를 몰래 청취하면서 녹음한 사실을 인정한 다음, **피고인은 이 사건 대화에 원래부터 참여하지 아니한 제3자이므로**, 통화연결 상태에 있는 휴대폰을 이용하여 이 사건 대화를 청취·녹음하는 행위는 작위에 의한 구 통신비밀보호법 제3조의 위반행위로서 같은 법 제16조 제1항 제1호에 의하여 처벌된

다. [2] 구 통신비밀보호법(2014. 1. 14. 법률 제12229호로 개정되기 전의 것) 제3조 제1항이 공개되지 아니한 타인간의 대화를 녹음 또는 청취하지 못하도록 한 것은, 대화에 원래부터 참여하지 않는 제3자가 그 대화를 하는 타인간의 발언을 녹음 또는 청취해서는 아니 된다는 취지이다. 따라서 **대화에 원래부터 참여하지 않는 제3자**가 일반 공중이 알 수 있도록 공개되지 아니한 타인간의 발언을 녹음하거나 전자장치 또는 기계적 수단을 이용하여 청취하는 것은 특별한 사정이 없는 한 같은 법 제3조 제1항에 위반된다.[4]

9 [대판 2010도9016] [제3자가 전화통화자 중 '**일방만의 동의**'를 얻어 **통화 내용을 녹음**한 경우] 수사기관이 甲으로부터 피고인의「마약류관리에 관한 법률」위반(향정) 범행에 대한 진술을 듣고 추가적인 증거를 확보할 목적으로, **구속수감되어 있던 甲에게 그의 압수된 휴대전화를 제공하여 피고인과 통화하고 위 범행에 관한 통화 내용을 녹음**하게 한 행위는 수사기관 스스로가 주체가 되어 구속수감된 자의 동의만을 받고 상대방인 피고인의 동의가 없는 상태에서 그들의 통화 내용을 녹음한 것으로서 범죄수사를 위한 통신제한조치의 허가 등을 받지 아니한 **불법감청에 해당**하므로, 그 녹음 자체는 물론 이를 근거로 작성된 녹취록 첨부 수사보고는 피고인의 증거동의에 상관없이 그 증거능력이 없다.

---

4) 대상판결에 대해서는 다음의 비판이 있다. "대상판결은 기자가 우연히 비밀대화를 듣게 된 경우 자발적으로 그 행위를 즉각 중단하도록 하고, 중단하지 않으면 형사처벌한다는 점을 판시하고 있어 여러 면에서 아쉬운 측면이 없지 않다. 특히 이러한 판단으로 인하여 **'작위범' 개념이 무한으로 확장**되고, 보다 쉽게 피고인을 처벌하는 도구로 사용되는 것은 매우 경계되어야 할 것이다."대상판결의 피고인은 최초에는 통신비밀보호법이 금지하지 아니하는 대화당사자간 녹음을 하고 있었다. 대화당사자간의 비밀녹음은 대화 상대방이 비밀녹음을 인식하거나 이에 동의하지 아니하였어도 통신비밀보호법 위반이 아니므로, 피고인은 최초로 녹음기를 작동시킬 시점에서는 아무런 범죄행위를 저지르지 아니한 것인데, 이와 같은 불가벌적인 행위가 진행되는 도중에 우연히 '공개되지 아니한' 대화 상황에 놓여 이후 녹음을 계속하는 행위가 가벌적이라면, 그 근거가 무엇인지 문제된다. 대상판결에서 2심 법원과 대법원이 피고인의 '우연한 비밀녹음'이 당연히 작위범이라고 판단한 것은 수긍하기 어렵다. 피고인의 입장에서 볼 때 그는 최초에 적법한 녹음을 한 것이었다. 그러나 녹음이 계속되는 도중에 우연히 주변 상황의 변동으로 인하여 '비밀녹음' 상태로 돌입한 경우 최초의 합법적 녹음이 갑작스레 범죄행위로 돌입할 수 있는지는 의문이다."(이용식, 우연한 비밀청취 및 녹음행위의 죄책 － 대법원 2016. 5. 12. 선고 2013도15616 판결 －, 법조 통권719호(2016), 672면, 650면).

# 32 수사상 증거보전·증인신문

* 대법원 1988. 11. 8. 선고 86도1646 판결
* 참조조문: 형사소송법 제184조,[1] 제185조,[2] 제221조[3]

---

### 증거보전절차로 증인신문을 하는 경우에 당사자의 참여권

●**판지**● 「원심공동피고인 과 피고인이 뇌물을 주고받은 사이로 필요적 공범관계에 있다고 하더라도, 검사는 수사단계에서 피고인에 대한 증거를 미리 보전하기 위하여 필요한 경우에는 판사에게 원심공동피고인을 증인으로 신문할 것을 청구할 수 있는 것인바, 기록에 의하면 서울형사지방법원 판사가 피고인에 대한 증거를 미리 보전하기 위하여 원심공동피고인을 증인으로 신문할 필요가 있다고 판단하여 검사의 청구에 따라 원심공동피고인을 증인으로 신문한 것은 정당한 것으로 수긍이 간다. 다만 판사가 형사소송법 제184조에 의한 증거보전절차로 증인신문을 하는 경우에는 같은 법 제221조의2에 의한 증인신문의 경우와는 달라 같은 법 제163조에 따라 검사, 피의자 또는 변호인에게 증인신문의 시일과 장소를 미리 통지하여 증인신문에 참여할 수 있는 기회를 주지 않으면 안된다고 보아야 할 터인데, 기록에 의하면 서울형사지방법원 판사가 원심공동피고인을 증인으로 신문함에 있어서 **피고인에게 증인신문에 참여할 기회를 주지 아니하였음은 피고인이 주장하는 바와 같지만**, 피고인과 변호인이 제1심공판정(제4회 공판기일)에서 원심공동피고인에 대한 위 증인신문조서를 증거로 할 수 있음에 **동의하여 별다른 이의없이 적법하게 증거조사를 거쳤음이 분명**하므로, 위 증인신문조서는 증인신문절차가 위법하였는지의 여부에 관계없이 증거능력이 부여되었다고 할 것이다. 결국 위 증인신문조서가 증거능력이 없는 것이라는 취지의 논지는 이유가 없다」.

●**해설**● **1 수사상 증거보전의 의의**　　(1) 수사상의 증거보전이란 장차 공판에 있어서 사용하여야 할 증거가 멸실되거나 또는 그 사용하기 곤란한 사정이 있을 경우에 **당사자의 청구**에 의하여 **판사가 증거조사 또는 증인신문**을 하여 **공판 전에 '미리'** 그 증거를 수집·보전하여 두는 제도를 의미이다. 이에는 증거보전제도(법184)와 참고인에 대한 증인신문제도(221의2)가 있다. (2) 특히 '증거보전' 제도는 강제처분권이 없는 피의자와 피고인의 입장에서 그 의미가 크다. 피의자나 피고인은 이 제도를 통해 판사의 힘을 빌려 **압수·수색·검증·증인신문·감정**을 할 수 있게 된다(수사절차에서 **무기평등의 원칙** 추구). (3) 증거보전절차에서 작성된 조서는 법원·법관의 조서로서 원칙적으로 **당연히 증거능력**이 인정된다(법311).

**2 수사상 증거보전의 요건**　　(1) 증거보전은 미리 증거를 보전하지 않으면 그 증거를 사용하기 곤란한 사정이 있는 때에만 인정된다(**필요성**). 예컨대, 증거물의 멸실·훼손·은닉, 증인의 사망·장기해외체류뿐만 아니라 증언불능이나 진술변경의 경우도 여기에 해당된다.

---

1) 형사소송법 제184조(**증거보전의 청구와 그 절차**) ① **검사, 피고인, 피의자 또는 변호인**은 미리 증거를 보전하지 아니하면 그 증거를 사용하기 곤란한 사정이 있는 때에는 **제1회 공판기일 전**이라도 판사에게 압수, 수색, 검증, 증인신문 또는 감정을 청구할 수 있다. ② 전항의 청구를 받은 판사는 그 처분에 관하여 법원 또는 재판장과 동일한 권한이 있다. ③ 제1항의 청구를 함에는 **서면**으로 그 사유를 **소명**하여야 한다. ④ 제1항의 청구를 기각하는 결정에 대하여는 **3일 이내**에 항고할 수 있다.

2) 형사소송법 제185조(**서류의 열람 등**) 검사, 피고인, 피의자 또는 변호인은 판사의 **허가를 얻어** 전조의 처분에 관한 서류와 증거물을 **열람 또는 등사**할 수 있다.

3) 형사소송법 제221조(**제3자의 출석요구 등**) ① 검사 또는 사법경찰관은 수사에 필요한 때에는 피의자가 아닌 자의 출석을 요구하여 진술을 들을 수 있다. 이 경우 그의 동의를 받아 영상녹화할 수 있다.

(2) 증거보전은 수사를 개시한 후 **'제1회 공판기일 전'에 한하여** 허용된다(제1회 공판기일 후에는 수소법원에서 직접 증거조사가 가능하므로 증거보전의 필요가 없어진다). 제1회 공판기일 전인 이상 **공소제기의 전·후는 불문한다**(여기서 제1회 공판기일이란 수소법원에서 증거조사가 가능한 단계를 의미하므로 **'모두절차가 끝난 때까지'**를 뜻한다. 제1회 공판기일 이전의 '피고인'도 증거보전의 주체가 될 수 있다). 따라서 (3) 증거보전은 형사 입건 이전의 **내사단계**(대판 79도792, Ref 1−4)나 항소심, 파기환송 후의 절차나 **재심청구사건**(대결 84모15, Ref 1−3)에서는 허용되지 아니한다.

**3 증거보전의 절차**  (1) 증거보전의 **청구권자**는 피의자, 피고인, 변호인 또는 검사이다(청소년성보호법,[4] 성폭력처벌법[5]상 증거보전의 '특례'가 있다. 성폭력범죄의 피해자나 그 법정대리인 또는 경찰은 일정한 경우 검사에게 증거보전청구를 요청할 수 있다). '변호인'의 청구권은 **독립대리권**에 속한다(따라서 피의자·피고인의 의사에 반해서도 청구할 수 있다). (2) 증거보전의 청구는 관할 '지방법원판사**(수임판사)**'에 하여야 한다.[6] 공소제기 후에도 수소법원에 하는 것이 아니라 반드시 **판사**에게 해야 한다(규칙91). (3) 증거보전을 청구함에는 **'서면'**으로 그 사유를 **'소명'**하여야 한다(법184③)(**소명**이란 법관이 확신에 이르지 않아도 사실일 것이라는 일응의 심증형성이나 추측으로도 충분한 경우를 말한다). (4) 증거보전을 청구할 수 있는 것은 ㉠ 압수·수색·검증, ㉡ 증인신문 또는 ㉢ 감정에 한정되므로 증거보전절차에서 **피의자나 피고인의 신문을 청구할 수는 없다**. 하지만 공동피고인과 피고인이 뇌물을 주고받은 사이로 **필요적 공범관계에 있을 경우에 검사는 수사단계에서 피고인에 대한 증거를 미리 보전하기 위하여 판사에게 '공동피고인'을 증인으로 신문할 것을 청구할 수 있다**(대판 86도1646, Ref 1.2−1). '공범자'나 '공동피고인'은 피의자·피고인에 대한 관계에서는 제3자(당해피고인 아닌 자)에 해당하므로 그에 대한 증인신문이 가능하다. (5) 청구를 받은 판사는 청구가 부적법하거나 필요 없다고 인정되면 청구기각의 결정을 할 수 있으며, 기각결정에 대하여는 **'3일 이내'**에 항고할 수 있다(법184④).

**4 증거보전 후의 절차**  증거보전의 처분을 한 후에 (1) 그 처분에 관한 서류 및 증거물은 처분을

---

4) 아동·청소년의 성보호에 관한 법률 제27조(**증거보전의 특례**) ① 아동·청소년대상 **성범죄의 피해자, 그 법정대리인 또는 경찰**은 피해자가 공판기일에 출석하여 증언하는 것에 현저히 곤란한 사정이 있을 때에는 그 사유를 소명하여 제26조에 따라 촬영된 영상물 또는 그 밖의 다른 증거물에 대하여 해당 성범죄를 수사하는 **검사에게** 「형사소송법」 제184조제1항에 따른 **증거보전의 청구를 할 것을 요청할 수 있다.** ② 제1항의 요청을 받은 검사는 그 요청이 상당한 이유가 있다고 인정하는 때에는 **증거보전의 청구를 하여야 한다.**

5) 성폭력범죄의 처벌 등에 관한 특례법 제41조(**증거보전의 특례**) ① 피해자나 그 법정대리인 또는 **사법경찰관**은 피해자가 공판기일에 출석하여 증언하는 것에 현저히 곤란한 사정이 있을 때에는 그 사유를 소명하여 제30조에 따라 영상녹화된 영상녹화물 또는 그 밖의 다른 증거에 대하여 해당 성폭력범죄를 수사하는 **검사에게** 「형사소송법」 제184조(증거보전의 청구와 그 절차)제1항에 따른 **증거보전의 청구를 할 것을 요청할 수 있다.** 이 경우 **피해자가 19세미만 피해자등인 경우**에는 공판기일에 출석하여 증언하는 것에 현저히 곤란한 사정이 있는 것으로 본다. <개정 2023.7.11.> ② 제1항의 요청을 받은 **검사는** 그 요청이 타당하다고 인정할 때에는 증거보전의 청구를 할 수 있다. 다만, **19세미만 피해자등이나 그 법정대리인**이 제1항의 요청을 하는 경우에는 특별한 사정이 없는 한 「형사소송법」 제184조제1항에 따라 관할 지방법원판사에게 **증거보전을 청구하여야 한다.** <개정 2023.7.11.>

6) 증거보전은 '수소법원'에 대하여 청구하는 것이 아니라 다음 지역을 관할하는 **지방법원판사**에게 하여야 한다(증거보전처분을 하여야 할 법관). 1. 압수에 관하여는 압수할 **물건의 소재지** 2. 수색 또는 검증에 관하여는 수색 또는 검증할 **장소, 신체 또는 물건의 소재지** 3. 증인신문에 관하여는 증인의 **주거지 또는 현재지** 4. 감정에 관하여는 감정대상의 소재지 또는 현재지(형사소송규칙 제91조).

한 판사가 소속하는 '법원'에 보관한다. (2) 검사, 피고인, 피의자 또는 변호인은 '판사'의 허가를 얻어 증거보전에 관한 서류와 증거물을 **열람 또는 등사**할 수 있다(법185). (3) 증거보전절차에서 작성된 조서는 법관의 면전조서로서 **당연히 증거능력**이 인정된다(절대적 증거능력)(법311).

**5 대상판결의 의의 : 당사자의 참여권 보장과 참여권배제조서의 증거능력**　　판사가 형사소송법 제184조에 의한 증거보전절차로 **증인신문을 하는 경우**에는 동법 제221조의2에 의한 증인신문의 경우와는 달라 동법 제163조[7])에 따라 검사, 피의자 또는 변호인에게 증인신문의 시일과 장소를 '미리 통지'하여 증인신문에 **참여할 수 있는 기회**를 주어야 한다. 따라서 증거보전절차로서 증인신문을 하면서 그 일시와 장소를 피의자 및 변호인에게 '미리 통지'하지 아니하였고 변호인이 후에 이에 대하여 이의신청한 경우에는 위 증인신문조서의 **증거능력은 없다**(대판 91도2337, Ref 1-1). 그러나 대상판결은 '**참여의 기회**'를 주지 아니한 경우이어도 「피고인과 변호인이 증인신문조서를 증거로 할 수 있음에 **동의하여 '별다른 이의 없이'** 적법하게 증거조사를 거친 경우에는 위 증인신문조서는 증인신문절차가 위법하였는지의 여부에 관계없이 **증거능력이 부여된다**」고 판시하고 있다(하자의 치유). 원칙적으로 **위법수집증거**의 경우는 피고인과 변호인이 **증거동의**를 하더라도 증거능력이 부여되지 않는다. 하지만 대상판결의 경우(참여권배제조서)는 예외적으로 법원이 증거능력을 부여하고 있음에 주의를 요한다.[8])

**6 수사상 증인신문청구(법221의2)**[9])　　(1) 수사상 증인신문의 청구란 범죄수사에 없어서는 아니 될 사실을 안다고 명백히 인정되는 중요참고인이 **출석 또는 진술을 거부**[10])하는 경우에 제1회 공판기일 전까지 **검사의 청구**에 의하여 판사가 그를 증인으로 신문하는 진술증거의 수집과 보전을 위한 대인적 강제처분을 말한다. (2) 이는 **실체적 진실발견**을 위해 일정한 요건 아래 **참고인의 출석과 진술을 강제**하는 제도이다. 특히 '내부자증언'이 필요한 조직범죄·뇌물범죄에서 의미가 있다. (3) 증인신문은 **검사만**이 청구할 수 있으며(법221의2①), 검사는 청구를 함에 있어 '**서면**'으로 그 사유를 '**소명**'하여야 한다(법221의2③). (4) **공범자**나 **공동피의자**도 다른 피의자에 대한 관계에서 증인이 될 수 있으므로, 증인신문이 가능하다. (5) 증거보전절차와는 달리 수사상 증인신문 청구기각결정에 대해서는 **불복할 수 없다.** (6) 판사는 증인신문의 청구에 따라 증인신문기일을 정한 때에는 피고인·피의자 또는 변호인에게 이를 '통지'하여

---

7) 형사소송법 제163조(**당사자의 참여권, 신문권**) ① 검사, 피고인 또는 변호인은 증인신문에 참여할 수 있다. ② 증인신문의 시일과 장소는 전항의 규정에 의하여 참여할 수 있는 자에게 **미리 통지**하여야 한다. 단, 참여하지 아니한다는 의사를 명시한 때에는 예외로 한다.

8) 이와 같이, 위법수집증거임에도 증거동의의 대상이 된다고 보는 **예외적인 경우**가 또 있다. 판례는 공판정에서 진술을 번복시킨 참고인진술조서(**증언번복조서**)도 위법하게 수집한 증거이나 증거동의의 대상으로 본다(대판 99도1108 전원합의체).

9) 형사소송법 제221조의2(**증인신문의 청구**) ① 범죄의 수사에 없어서는 아니 될 사실을 안다고 명백히 인정되는 자가 전조의 규정에 의한 출석 또는 진술을 **거부**한 경우에는 **검사는 제1회 공판기일 전에 한하여** 판사에게 그에 대한 증인신문을 청구할 수 있다. ② 삭제 ③ 제1항의 청구를 함에는 **서면으로 그 사유를 소명**하여야 한다. ④ 제1항의 청구를 받은 판사는 증인신문에 관하여 **법원 또는 재판장과 동일한 권한**이 있다. ⑤ 판사는 제1항의 청구에 따라 증인신문기일을 정한 때에는 피고인·피의자 또는 변호인에게 이를 통지하여 **증인신문에 참여할 수 있도록 하여야 한다.** ⑥ 판사는 제1항의 청구에 의한 증인신문을 한 때에는 지체 없이 이에 관한 **서류를 검사에게 송부**하여야 한다.

10) 진술거부는 '일부거부·전부거부'를 불문하며, 진술을 하였으나 진술조서에 '서명·날인을 거부'하는 경우도 진술거부에 해당한다.

증인신문에 **참여할 수 있도록 하여야 한다**(법221의2⑤). 따라서 특별히 수사에 지장이 있다고 인정될지라도 참여권을 제한할 수 없다. (7) 증인신문을 한 판사는 **지체 없이** 이에 관한 서류를 **검사에게 송부**하여야 한다(법221의2⑥). (8) 서류를 **검사가 보관**하고 있기 때문에 피고인·피의자 또는 변호인은 증인신문에 관한 **열람·등사권이 없다.** (9) 증인신문조서는 법관의 면전조서로서 당연히 **증거능력**이 인정된다(절대적 증거능력)(법311).

## 7 수사상 증거보전과 수사상 증인신문[11]

| 구분 | 증거보전청구(법184) | 증인신문청구(법221의2) |
|---|---|---|
| 청구권자 | 피의자·피고인, 변호인, '검사' | 검사 |
| 요건·내용 | 미리 증거를 보전하지 아니하면 그 증거를 사용하기 곤란한 사정이 있을 경우(압수·수색·검증·증인신문·감정을 청구) | 범죄의 수사에 없어서는 아니 될 사실을 안다고 명백히 인정되는 자가 **출석** 또는 **진술**을 거부한 경우(증인신문을 청구) |
| 불복방법 | 항고(3일 내) | 불복 불가 |
| 증거보관과 열람·등사권 | • 증거보전을 한 판사 소속 **'법원'**에 보관<br>• 당사자에게 열람·등사권 인정 | • **검사**에게 증인신문조서 송부('검사'보관)<br>• 피고인 등의 열람·등사권 없음 |
| 신청기한 | 제1회 공판기일 전까지 ||
| 판사의권한 | 수소법원 또는 재판장과 동일한 권한 ||

---

11) "증거보전제도와 증인신문제도가 기소 전에 법관이 형사절차에 직접 관여한다는 점이나 증거보전의 구체적 방법 중 하나가 증인신문인 점 등에서 외형상 매우 비슷한 것은 사실이다. 그러나 **증거보전**은 증거훼손 우려로 인하여 수소법원이 정상적인 증거조사기일에는 증거조사를 하기 어려운 상황에 대비하여 증거방법이나 증거가치를 확보하기 위해 미리 증거조사를 준비하거나 곧바로 증거조사(이하 '증거조사'라고 통칭하기로 한다)하는 제도인 반면, **증인신문**은 중요 참고인에 대한 조사에 있어 법원이 강제력을 수반하여 직접 수행하는 제도로서 본질적으로 다른 제도이다. 증인신문의 본질이 현재의 증거를 수집하는 절차, 즉 **수사절차의 일종**이라면 증거보전의 본질은 장래를 위한 증거조사절차, 즉 **재판절차의 일종**이다. …… 증거보전은 본질이 재판절차이므로 법원이나 판사가 진행함이 당연하지만, 증인신문은 수사절차이므로 판사가 진행하는 것이 특례이다. 증거보전은 시기만 좀 앞 당겨졌을 뿐 어차피 법원이 할 일을 판사가 하였다는 점에서 그리 특별한 일이 아니다. 그러나 증인신문은 수사기관이 하여야 할 일을 판사가 대신 하였다는 점에서 매우 특별한 일이다. 원칙적으로 증거보전에는 재판에 관한 법리가 적용되어야 하는 반면, 증인신문에는 수사에 관한 법리가 적용되어야 한다. 각 청구 사유의 문제, 참여권 허부의 문제, 기록 보관과 열람 등사의 문제, 조서의 증거능력의 문제 등에 있어 그와 같은 증거보전과 증인신문의 본질적 차이가 반드시 고려되어야 한다. 증인신문할 내용은 기본적으로 검사가 증인신문 청구서에서 요청한 내용이 중심이 되어야 하나, 증거보전할 내용은 판사가 적절히 판단하여야 하는 것도 마찬가지 이유이다."(김정한, 제1회 공판기일 전 증인신문제도에 대한 실무적 고찰, 법학논고 제47집(경북대학교 법학연구원·2014), 287-288면).

## * 수사상 증거보전절차 *

1 [대판 91도2337] [증거보전절차로서 증인신문을 하면서 그 **일시와 장소를 피의자 및 변호인에게 미리 통지하지 아니하였고** 변호인이 후에 이에 대하여 이의신청한 경우 위 증인신문조서의 증거능력 유무(소극)] 제1회 공판기일 전에 형사소송법 제184조에 의한 증거보전절차에서 증인신문을 하면서, 위 증인신문의 일시와 장소를 피의자 및 변호인에게 **미리 통지하지 아니하여** 증인신문에 참여할 수 있는 기회를 주지 아니하였고, 또 변호인이 제1심 공판기일에 위 증인신문조서의 증거조사에 관하여 이의신청을 하였다면, 위 **증인신문조서는 증거능력이 없다** 할 것이고, 그 증인이 후에 법정에서 그 조서의 진정성립을 인정한다 하여 다시 그 증거능력을 취득한다고 볼 수도 없다

### *수사상 증거보전절차에서의 공범자 · 공동피고인에 대한 증인신문*

2-1 [대판 86도1646] 공동피고인과 피고인이 뇌물을 주고받은 사이로 **필요적 공범관계**에 있다고 하더라도 검사는 수사단계에서 피고인에 대한 증거를 미리 보전하기 위하여 필요한 경우에는 판사에게 **공동피고인을 증인**으로 신문할 것을 청구할 수 있다.

2-2 [대판 66도276] 피고인이 수사단계에서 **다른 공동피고인**에 대한 증거보전을 위하여 증인으로서 증언한 증인신문조서는 그 다른 공동피고인에 대하여 증거능력이 있다.

3 [대결 84모15] [재심청구사건에서 증거보전절차의 허부(소극)] 증거보전이란 장차 공판에 있어서 사용하여야 할 증거가 멸실되거나 또는 그 사용하기 곤란한 사정이 있을 경우에 당사자의 청구에 의하여 공판 전에 미리 그 증거를 수집보전하여 두는 제도로서 **제1심 제1회 공판기일 전에 한하여 허용**되는 것이므로 '재심청구사건'에서는 증거보전절차는 허용되지 아니한다.

4 [대판 79도792] [형사 증거보전청구를 할 수 있는 시기 및 피의자신문에 해당하는 사항에 대한 증거보전청구의 가부] 형사소송법 184조에 의한 증거보전은 피고인 또는 피의자가 **형사입건도 되기 전에 청구할 수는 없고 또 피의자신문에 해당하는 사항**을 증거보전의 방법으로 청구할 수 없다. …… 이는 피의자를 그 스스로의 피의 사실에 대한 증인으로 바로 신문한 것으로 위법하여 같은 피고인에 대한 증거능력이 없음은 물론 그 신문내용 가운데 다른 공범에 관한 부분의 진술이 있다 하더라도 그 공범이 또한 **그 신문당시 형사입건되어 있지 않았다면** 그 공범에 관한 증거보전의 효력도 인정할 수 없는 것이다.

## * 수사상 증인신문절차 *

1 [대판 2020도2623] [형사소송법이 증인의 법정 출석을 강제할 수 있는 권한을 법원에 부여한 취지] (가) 형사소송법이 **증인의 법정 출석을 강제할 수 있는 권한**을 법원에 부여한 취지는, 다른 증거나 증인의 진술에 비추어 굳이 추가 증인신문을 할 필요가 없다는 등 특별한 사정이 없는 한 사건의 실체를 규명하는 데 가장 직접적이고 핵심적인 증인으로 하여금 공개된 법정에 출석하여 선서 후 증언하도록 하고, 법원은 출석한 증인의 진술을 토대로 형성된 유죄 · 무죄의 심증에 따라 사건의 실체를 규명하도록 하기 위함이다.

(나) 따라서 다른 증거나 증인의 진술에 비추어 굳이 추가 증거조사를 할 필요가 없다는 등 특별한 사정이 없고, 소재탐지나 구인장 발부가 불가능한 것이 아님에도 불구하고, 불출석한 핵심 증인에 대하여 소재탐지나 구인장 발부 없이 증인채택 결정을 취소하는 것은 법원의 재량을 벗어나는 것으로서 위법하다.

2 [대판 2014도18006] [형사소송법 제165조의2 제3호[12]의 요건이 충족될 경우, 피고인 외에 검사, 변호인, 방청인 등에 대하여도 차폐시설 등을 설치하는 방식으로 증인신문을 할 수 있는지 여부(적극) 및 이는 형사소송규칙 제84조의9에서 '피고인'과 증인 사이의 차폐시설 설치만을 규정하고 있더라도 마찬가지인지 여부(적극) / '변호인'에 대한 차폐시설의 설치가 예외적으로 허용되는 경우] (가) 형사소송법 제165조의2 제3호에 의하면, 법원은 범죄의 성질, 증인의 연령, 피고인과의 관계, 그 밖의 사정으로 인하여 '피고인 등'과 대면하여 진술하면 심리적인 부담으로 정신의 평온을 현저하게 잃을 우려가 있다고 인정되는 사람을 증인으로 신문하는 경우 상당하다고 인정되는 때에는 검사와 피고인 또는 변호인의 의견을 들어 **차폐시설** 등을 설치하고 신문할 수 있다. (나) 증인이 대면하여 진술함에 있어 심리적인 부담으로 정신의 평온을 현저하게 잃을 우려가 있는 상대방은 피고인인 경우가 대부분일 것이지만, 증인이나 피고인과의 관계에 따라서는 방청인 등 다른 사람도 상대방이 될 수 있다. 이에 따라 형사소송법 제165조의2 제3호도 대상을 '피고인 등'이라고 규정하고 있으므로, 법원은 형사소송법 제165조의2 제3호의 요건이 충족될 경우 피고인뿐만 아니라 검사, 변호인, 방청인 등에 대하여도 차폐시설 등을 설치하는 방식으로 증인신문을 할 수 있으며, 이는 형사소송규칙 제84조의9에서 피고인과 증인 사이의 차폐시설 설치만을 규정하고 있다고 하여 달리 볼 것이 아니다. (다) 다만 증인이 **변호인을 대면**하여 진술함에 있어 심리적인 부담으로 정신의 평온을 현저하게 잃을 우려가 있다고 인정되는 경우는 일반적으로 쉽게 상정할 수 없고, 피고인뿐만 아니라 변호인에 대해서까지 차폐시설을 설치하는 방식으로 **증인신문이 이루어지는 경우** 피고인과 변호인 모두 증인이 증언하는 모습이나 태도 등을 관찰할 수 없게 되어 그 한도에서 반대신문권이 제한될 수 있으므로, **변호인에 대한 차폐시설의 설치**는, 특정범죄신고자 등 보호법 제7조에 따라 범죄신고자 등이나 친족 등이 보복을 당할 우려가 있다고 인정되어 조서 등에 인적사항을 기재하지 아니한 범죄신고자 등을 증인으로 신문하는 경우와 같이, 이미 인적사항에 관하여 비밀조치가 취해진 증인이 변호인을 대면하여 진술함으로써 자신의 신분이 노출되는 것에 대하여 심한 심리적인 부담을 느끼는 등의 특별한 사정이 있는 경우에 **예외적으로 허용**될 수 있을 뿐이다.

3 [대판 2000도3265] [법원이 공판기일에 증인을 채택하여 다음 공판기일에 증인신문을 하기로 피고인에게 고지하였으나 **피고인이 정당한 사유 없이 출석하지 아니한 경우**, 이미 출석하여 있는 증인에 대하여 공판기일 외의 신문으로서 증인신문을 하고 다음 공판기일에 그 증인신문조서에 대한 서증조사를 하는 것이 증거조사절차로서 적법한지 여부(적극)] 법원이 공판기일에 증인을 채택하여 다음 공판기일에 증인신문을

---

12) 형사소송법 제165조의2(비디오 등 중계장치 등에 의한 증인신문) ① 법원은 다음 각 호의 어느 하나에 해당하는 사람을 증인으로 신문하는 경우 상당하다고 인정할 때에는 검사와 피고인 또는 변호인의 의견을 들어 비디오 등 중계장치에 의한 중계시설을 통하여 신문하거나 가림 시설 등을 설치하고 신문할 수 있다. <2021. 8. 17.> 1.「아동복지법」제71조제1항제1호ㆍ제1호의2ㆍ제2호ㆍ제3호에 해당하는 죄의 피해자 2.「아동ㆍ청소년의 성보호에 관한 법률」제7조, 제8조, 제11조부터 제15조까지 및 제17조제1항의 규정에 해당하는 죄의 대상이 되는 아동ㆍ청소년 또는 피해자 3. 범죄의 성질, 증인의 나이, 심신의 상태, 피고인과의 관계, 그 밖의 사정으로 인하여 피고인 등과 대면하여 진술할 경우 심리적인 부담으로 정신의 평온을 현저하게 잃을 우려가 있다고 인정되는 사람.

하기로 피고인에게 고지하였는데 그 다음 공판기일에 증인은 출석하였으나 피고인이 정당한 사유 없이 출석하지 아니한 경우, 그 사건이 형사소송법 제277조 본문에 규정된 다액 100만 원 이하의 벌금 또는 과료에 해당하거나 공소기각 또는 면소의 재판을 할 것이 명백한 사건이 아니어서 같은 법 제276조의 규정에 의하여 공판기일을 연기할 수밖에 없더라도, 이미 출석하여 있는 증인에 대하여 공판기일 외의 신문으로서 증인신문을 하고 다음 공판기일에 그 증인신문조서에 대한 서증조사를 하는 것은 증거조사절차로서 적법하다.

4 [대판 97도2249] [제1회 공판기일 전 증인신문제도를 규정한 형사소송법 제221조의2 제2항에 대한 헌법재판소의 위헌결정의 효력과 형사소송법 제221조의2 제2항의 규정에 의하여 작성된 증인신문조서의 증거능력] 헌법재판소가 1996. 12. 26. 선고 94헌바1 사건의 결정에서 제1회 공판기일 전 증인신문제도를 규정한 형사소송법 제221조의2 제2항 및 제5항 중 같은 조 제2항에 관한 부분이 위헌이라는 결정을 선고하였고 이러한 위헌결정의 효력은 그 결정 당시 법원에 계속 중이던 사건에도 미치고, 또 각 공판기일 전 증인신문절차마다 피고인이 피의자로서 참석하였으나 그에게 공격·방어할 수 있는 기회가 충분히 보장되었다고 보기 어려운 사정이 있었다면, 검사가 증인들의 진술번복을 우려하여 제1회 공판기일 전 증인신문을 청구하여 작성된 증인신문조서는 비록 그 신문이 법관의 면전에서 행하여졌지만 결과적으로 헌법 제27조가 보장하는 공정하고 신속한 공개재판을 받을 권리를 침해하여 수집된 증거로서 증거능력이 없다.

5 [대판 89도648] [형사소송법 제221조의2 제2항의 증인신문청구와 피의사실의 존재] 형사소송법 제221조의2 제2항에 의한 검사의 증인신문청구는 수사단계에서의 피의자 이외의 자의 진술이 범죄의 증명에 없어서는 안 될 것으로 인정되는 경우에 공소유지를 위하여 이를 보전하려는데 그 목적이 있으므로 이 증인신문청구를 하려면 증인의 진술로서 증명할 대상인 **피의사실이 존재하여야 하고**, 피의사실은 수사기관이 어떤 자에 대하여 내심으로 혐의를 품고 있는 정도의 상태만으로는 존재한다고 할 수 없고 고소, 고발 또는 자수를 받거나 또는 수사기관 스스로 범죄의 혐의가 있다고 보아 수사를 개시하는 범죄의 인지 등 수사의 대상으로 삼고 있음을 외부적으로 표현한 때에 비로소 그 존재를 인정할 수 있다.

# 수사의 종결과 불기소처분에 대한 불복

## 형사소송법

[시행 2025. 1. 17.] [법률 제20460호, 2024. 10. 16., 일부개정]

### 제1편 총칙
### 제2편 제1심
### 제1장 수사

**제195조(검사와 사법경찰관의 관계 등)** ① 검사와 사법경찰관은 수사, 공소제기 및 공소유지에 관하여 **서로 협력하**여야 한다. ② 제1항에 따른 수사를 위하여 준수하여야 하는 일반적 수사준칙에 관한 사항은 대통령령으로 정한다.

**제196조(검사의 수사)** ① 검사는 범죄의 혐의가 있다고 사료하는 때에는 범인, 범죄사실과 증거를 수사한다. 〈개정 2022. 5. 9.〉

② 검사는 제197조의3제6항, 제198조의2제2항 및 제245조의7제2항에 따라 사법경찰관으로부터 송치받은 사건에 관하여는 해당 사건과 **동일성**을 해치지 아니하는 범위 내에서 수사할 수 있다. 〈신설 2022. 5. 9.〉

**제197조(사법경찰관리)** ① 경무관, 총경, 경정, 경감, 경위는 사법경찰관으로서 범죄의 혐의가 있다고 사료하는 때에는 범인, 범죄사실과 증거를 수사한다.

② 경사, 경장, 순경은 사법경찰리로서 수사의 보조를 하여야 한다.

### 【수사의 종결】

**제197조의2(보완수사요구)** ① 검사는 다음 각 호의 어느 하나에 해당하는 경우에 사법경찰관에게 **보완수사를 요구**할 수 있다.

1. **송치사건**의 공소제기 여부 결정 또는 공소의 유지에 관하여 필요한 경우

2. 사법경찰관이 신청한 영장의 청구 여부 결정에 관하여 필요한 경우

② 사법경찰관은 제1항의 요구가 있는 때에는 **정당한 이유가 없는 한 지체 없이** 이를 이행하고, 그 결과를 검사에게 통보하여야 한다.

③ 검찰총장 또는 각급 검찰청 검사장은 사법경찰관이 정당한 이유 없이 제1항의 요구에 따르지 아니하는 때에는 권한 있는 사람에게 해당 사법경찰관의 **직무배제** 또는 **징계를 요구**할 수 있고, 그 징계 절차는 「공무원 징계령」 또는 「경찰공무원 징계령」에 따른다.

※ 【준칙】 제59조(보완수사요구의 대상과 범위)와 제60조(보완수사요구의 방법과 절차), 제61조(직무배제 또는 징

계 요구의 방법과 절차) 참조

**제197조의3(시정조치요구 등)** ① 검사는 사법경찰관리의 수사과정에서 **법령위반, 인권침해** 또는 **현저한 수사권 남용**이 의심되는 사실의 신고가 있거나 그러한 사실을 인식하게 된 경우에는 사법경찰관에게 사건기록 등본의 송부를 요구할 수 있다.

② 제1항의 송부 요구를 받은 사법경찰관은 지체 없이 검사에게 사건기록 등본을 송부하여야 한다.

③ 제2항의 송부를 받은 검사는 필요하다고 인정되는 경우에는 사법경찰관에게 **시정조치**를 요구할 수 있다.

④ 사법경찰관은 제3항의 시정조치 요구가 있는 때에는 정당한 이유가 없으면 지체 없이 이를 이행하고, 그 결과를 검사에게 통보하여야 한다.

⑤ 제4항의 통보를 받은 검사는 제3항에 따른 시정조치 요구가 정당한 이유 없이 이행되지 않았다고 인정되는 경우에는 사법경찰관에게 사건을 **송치할 것을 요구**할 수 있다.

⑥ 제5항의 송치 요구를 받은 사법경찰관은 검사에게 사건을 **송치하여야 한다.**

⑦ 검찰총장 또는 각급 검찰청 검사장은 사법경찰관리의 수사과정에서 법령위반, 인권침해 또는 현저한 수사권 남용이 있었던 때에는 권한 있는 사람에게 해당 사법경찰관리의 **징계를 요구**할 수 있고, 그 징계 절차는 「공무원 징계령」 또는 「경찰공무원 징계령」에 따른다.

⑧ 사법경찰관은 피의자를 신문하기 전에 수사과정에서 법령위반, 인권침해 또는 현저한 수사권 남용이 있는 경우 검사에게 구제를 신청할 수 있음을 피의자에게 알려주어야 한다.

### 【사법경찰관의 수사종결처분】

**제245조의5(사법경찰관의 사건송치 등)** 사법경찰관은 고소·고발 사건을 포함하여 범죄를 수사한 때에는 다음 각 호의 구분에 따른다.

1. 범죄의 **혐의가 있다고** 인정되는 경우에는 지체 없이 검사에게 사건을 **송치**하고, 관계 서류와 증거물을 검사에게 **송부**하여야 한다.

2. **그 밖의 경우**에는 그 이유를 명시한 서면과 함께 관계 서류와 증거물을 지체 없이 검사에게 **송부**하여야 한다. 이 경우 검사는 송부받은 날부터 **90일 이내**에 사법경찰관에게 **반환**하여야 한다.

※ 【준칙】 제58조(사법경찰관의 사건송치) 참조

제245조의6(고소인 등에 대한 송부통지) 사법경찰관은 제245조의5제2호의 경우에는 그 **송부한 날부터 7일 이내에 서면으로 고소인·고발인·피해자** 또는 그 **법정대리인**(피해자가 사망한 경우에는 그 배우자·직계친족·형제자매를 포함한다)에게 사건을 검사에게 송치하지 아니하는 취지와 그 이유를 **통지하여야 한다.**

※【준칙】제53조(수사 결과의 통지) 참조

제245조의7(고소인 등의 이의신청) ① 제245조의6의 통지를 받은 사람(**'고발인'**을 제외한다)은 해당 사법경찰관의 **'소속 관서의 장'**에게 이의를 신청할 수 있다.[1]

② 사법경찰관은 제1항의 신청이 있는 때에는 **지체 없이 검사에게 사건을 송치**하고 관계 서류와 증거물을 **송부**하여야 하며, 처리결과와 그 이유를 제1항의 **신청인에게 통지**하여야 한다.

제245조의8(재수사요청 등) ① 검사는 제245조의5제2호의 경우에 사법경찰관이 사건을 송치하지 아니한 것이 **위법** 또는 **부당**한 때에는 그 이유를 **문서**로 명시하여 사법경찰관에게 **재수사**를 요청할 수 있다.

② 사법경찰관은 제1항의 요청이 있는 때에는 사건을 **재수사**하여야 한다.

※【준칙】제63조(재수사요청의 절차 등) 및 제64조(재수사 결과의 처리) 그리고 제65조(재수사 중의 이의신청) 참조.

.

.

제256조(타관송치) 검사는 사건이 그 소속검찰청에 대응한 법원의 관할에 속하지 아니한 때에는 사건을 서류와 증거물과 함께 관할법원에 대응한 검찰청검사에게 송치하여야 한다.

제256조의2(군검사에의 사건송치) 검사는 사건이 군사법원의 재판권에 속하는 때에는 사건을 서류와 증거물과 함께 재판권을 가진 관할 군검찰부 군검사에게 송치하여야 한다. 이 경우에 송치전에 행한 소송행위는 송치 후에도 그 효력에 영향이 없다.

제257조(고소등에 의한 사건의 처리) 검사가 고소 또는 고발에 의하여 범죄를 수사할 때에는 고소 또는 고발을 수리한 날로부터 **3월 이내**에 수사를 완료하여 공소제기여부를 결정하여야 한다.

제258조(고소인등에의 처분고지) ① **검사**는 고소 또는 고발 있는 사건에 관하여 공소를 제기하거나 제기하지 아니하는 처분, 공소의 취소 또는 제256조의 송치를 한 때에는 그 처분한 날로부터 **7일 이내에 서면으로 고소인 또는**

고발인에게 그 취지를 **통지**하여야 한다.

② 검사는 **불기소** 또는 **제256조의 처분**을 한 때에는 **피의자**에게 즉시 그 취지를 통지하여야 한다.

제259조(고소인 등에의 공소불제기이유고지) 검사는 고소 또는 고발있는 사건에 관하여 공소를 제기하지 아니하는 처분을 한 경우에 **고소인 또는 고발인의 청구**가 있는 때에는 **7일 이내**에 고소인 또는 고발인에게 그 **이유를 서면으로 설명**하여야 한다.

제259조의2(피해자 등에 대한 통지) 검사는 범죄로 인한 **피해자** 또는 그 법정대리인(피해자가 사망한 경우에는 그 배우자·직계친족·형제자매를 포함한다)의 **'신청'이 있는 때**에는 당해 사건의 공소제기여부, 공판의 일시·장소, 재판결과, 피의자·피고인의 구속·석방 등 구금에 관한 사실 등을 **신속하게 통지**하여야 한다.

## 【불기소처분에 대한 불복(1) : 재정신청】

제260조(재정신청) ① 고소권자로서 고소를 한 자(「형법」 제123조부터 제126조까지의 죄[2]에 대하여는 **고발을 한 자**를 포함한다. 이하 이 조에서 같다)는 검사로부터 공소를 제기하지 아니한다는 통지를 받은 때에는 그 검사 소속의 지방검찰청 소재지를 관할하는 **고등법원**(이하 "관할 고등법원"이라 한다)에 그 당부에 관한 재정을 신청할 수 있다. 다만, 「형법」 제126조의 죄에 대하여는 피공표자의 명시한 의사에 반하여 재정을 신청할 수 없다.

② 제1항에 따른 재정신청을 하려면 「검찰청법」 제10조에 따른 **항고를 거쳐야 한다.**[3] 다만, 다음 각 호의 어느 하나에 해당하는 경우에는 그러하지 아니하다.

1. 항고 이후 재기수사가 이루어진 다음에 **다시 공소를** 제기하지 아니한다는 통지를 받은 경우

2. 항고 신청 후 항고에 대한 처분이 행하여지지 아니하고 **3개월**이 경과한 경우

3. 검사가 **공소시효 만료일 30일 전**까지 공소를 제기하지 아니하는 경우

③ 제1항에 따른 재정신청을 하려는 자는 항고기각 결정을 통지받은 날 또는 제2항 각 호의 사유가 발생한 날부터 **10일 이내**에 지방검찰청검사장 또는 지청장에게 재정신청서를 제출하여야 한다. 다만, 제2항제3호의 경우에는 **공소시효 만료일 전날까지** 재정신청서를 제출할 수 있다.

④ 재정신청서에는 재정신청의 대상이 되는 사건의 범죄사실 및 증거 등 재정신청을 이유있게 하는 사유를 기재하여야 한다.

---

1) 고소인 등의 **이의신청의 기간**에 대해서는 형사소송법상 제한이 없기 때문에 사법경찰관의 사건종결에 대한 강한 견제가 된다.

2) 형법 제123조(직권남용), 제124조(불법체포·감금), 제125조(폭행·가혹행위), 제126조(피의사실공표죄).

3) 검찰항고전치주의(檢察抗告前置主義).

제261조(지방검찰청검사장 등의 처리) 제260조제3항에 따라 재정신청서를 제출받은 지방검찰청검사장 또는 지청장은 재정신청서를 제출받은 날부터 **7일 이내**에 재정신청서 · 의견서 · 수사 관계 서류 및 증거물을 관할 **고등검찰청을 경유**하여 관할 고등법원에 송부하여야 한다. 다만, 제260조제2항 각 호의 어느 하나에 해당하는 경우에는 지방검찰청검사장 또는 지청장은 다음의 구분에 따른다.

1. 신청이 이유 있는 것으로 인정하는 때에는 즉시 공소를 제기하고 그 취지를 관할 고등법원과 재정신청인에게 통지한다.

2. 신청이 이유 없는 것으로 인정하는 때에는 **30일 이내**에 관할 고등법원에 송부한다.

제262조(심리와 결정) ① 법원은 재정신청서를 송부받은 때에는 송부받은 날부터 **10일 이내**에 피의자에게 그 사실을 통지하여야 한다.

② 법원은 **재정신청서를 송부받은 날부터 3개월 이내**에 항고의 절차에 준하여 다음 각 호의 구분에 따라 결정한다. 이 경우 필요한 때에는 증거를 조사할 수 있다.

1. 신청이 법률상의 방식에 위배되거나 이유 없는 때에는 **신청을 기각**한다.

2. 신청이 이유 있는 때에는 사건에 대한 **공소제기를 결정**한다.

③ 재정신청사건의 심리는 특별한 사정이 없는 한 **공개하지 아니한다**.

④ 제2항제1호의 결정에 대하여는 제415조에 따른 **즉시항고**를 할 수 있고, 제2항제2호의 결정에 대하여는 **불복할 수 없다**. 제2항제1호의 결정이 확정된 사건에 대하여는 다른 중요한 증거를 발견한 경우를 제외하고는 **소추할 수 없다**.

⑤ 법원은 제2항의 결정을 한 때에는 즉시 그 정본을 **재정신청인 · 피의자와 관할 지방검찰청검사장 또는 지청장**에게 송부하여야 한다. 이 경우 제2항제2호의 결정을 한 때에는 관할 지방검찰청검사장 또는 지청장에게 사건기록을 함께 송부하여야 한다.

⑥ 제2항제2호의 결정에 따른 재정결정서를 송부받은 관할 지방검찰청 검사장 또는 지청장은 지체 없이 담당 검사를 지정하고 지정받은 검사는 공소를 **제기하여야 한다**.

제262조의2(재정신청사건 기록의 열람 · 등사 제한) 재정신청사건의 심리 중에는 관련 서류 및 증거물을 열람 또는 등사할 수 없다. 다만, 법원은 제262조제2항 후단의 증거조사과정에서 작성된 서류의 전부 또는 일부의 열람 또는 등사를 허가할 수 있다.

제262조의3(비용부담 등) ① 법원은 제262조제2항제1호의 결정 또는 제264조제2항의 취소가 있는 경우에는 결정으로 재정신청인에게 신청절차에 의하여 생긴 비용의 전부 또는 일부를 부담하게 **할 수 있다**.

② 법원은 직권 또는 피의자의 신청에 따라 재정신청인에게 피의자가 재정신청절차에서 부담하였거나 부담할 변호인선임료 등 비용의 전부 또는 일부의 **지급을 명할 수 있다**.

③ 제1항 및 제2항의 결정에 대하여는 **즉시항고**를 할 수 있다.

④ 제1항 및 제2항에 따른 비용의 지급범위와 절차 등에 대하여는 대법원규칙으로 정한다.

제262조의4(공소시효의 정지 등) ① 제260조에 따른 재정신청이 있으면 제262조에 따른 재정결정이 **확정될 때까지 공소시효의 진행이 정지된다**.

② 제262조제2항제2호의 결정이 있는 때에는 공소시효에 관하여 그 결정이 있는 날에 공소가 제기된 것으로 **본다**.

제263조 삭제

제264조(대리인에 의한 신청과 1인의 신청의 효력, 취소) ① 재정신청은 **대리인**에 의하여 할 수 있으며 공동신청권자 중 1인의 신청은 그 전원을 위하여 효력을 발생한다.

② 재정신청은 제262조제2항의 결정이 있을 때까지 취소할 수 있다. 취소한 자는 다시 재정신청을 할 수 없다.

③ 전항의 **취소**는 다른 공동신청권자에게 효력을 미치지 아니한다.

제264조의2(공소취소의 제한) 검사는 제262조제2항제2호의 결정에 따라 공소를 제기한 때에는 이를 취소할 수 없다.

제265조 삭제

## 【공수처법상 재정신청에 대한 특례】
## 고위공직자범죄수사처 설치 및 운영에 관한 법률

[시행 2022. 9. 10.] [법률 제18861호, 2022. 5. 9., 타법개정]

제29조(재정신청에 대한 특례) ① 고소 · 고발인은 수사처검사로부터 공소를 제기하지 아니한다는 통지를 받은 때에는 **서울고등법원**에 그 당부에 관한 재정을 신청할 수 있다.

② 제1항에 따른 재정신청을 하려는 사람은 공소를 제기하지 아니한다는 통지를 받은 날부터 **30일 이내에 처장에게** 재정신청서를 제출하여야 한다.

③ 재정신청서에는 재정신청의 대상이 되는 사건의 범죄사실 및 증거 등 재정신청을 이유 있게 하는 사유를 기재하여야 한다.

④ 제2항에 따라 재정신청서를 제출받은 처장은 재정신청서를 제출받은 날부터 **7일 이내**에 재정신청서, 의견서, 수사 관계 서류 및 증거물을 **서울고등법원에 송부**하여야 한다. 다만, 신청이 이유 있는 것으로 인정하는 때에는 **즉시 공소**를 제기하고 그 취지를 서울고등법원과 재정신청인에게 통지한다.

⑤ 이 법에서 정한 사항 외에 재정신청에 관하여는 「형사소송법」 제262조 및 제262조의2부터 제262조의4까지의 규정을 준용한다. 이 경우 관할법원은 서울고등법원으로 하고, "지방검찰청검사장 또는 지청장"은 "처장", "검사"는 "수사처검사"로 본다.

## 【불기소처분에 대한 불복(2) : 검찰항고 · 재항고】

### 검찰청법

[시행 2022. 9. 10.] [법률 제18861호, 2022. 5. 9., 일부개정]

**제10조(항고 및 재항고)** ① 검사의 불기소처분에 불복하는 고소인이나 고발인은 그 검사가 속한 지방검찰청 또는 지청을 거쳐 **서면**으로 관할 **고등검찰청 검사장**에게 항고할 수 있다. 이 경우 해당 지방검찰청 또는 지청의 검사는 항고가 이유 있다고 인정하면 그 처분을 **경정(更正)**하여야 한다.

② 고등검찰청 검사장은 제1항의 항고가 이유 있다고 인정하면 소속 검사로 하여금 지방검찰청 또는 지청 검사의 불기소처분을 **직접 경정**하게 할 수 있다. 이 경우 고등검찰청 검사는 지방검찰청 또는 지청의 검사로서 직무를 수행하는 것으로 본다.

③ 제1항에 따라 항고를 한 자[「형사소송법」 제260조에 따라 재정신청(裁定申請)을 할 수 있는 자는 제외한다. 이하 이 조에서 같다]는 그 항고를 기각하는 처분에 불복하거나 항고를 한 날부터 항고에 대한 처분이 이루어지지 아니하고 **3개월**이 지났을 때에는 그 검사가 속한 **고등검찰청을 거쳐 서면으로 검찰총장**에게 **재항고**할 수 있다. 이 경우 해당 고등검찰청의 검사는 재항고가 이유 있다고 인정하면 그 처분을 경정하여야 한다.

④ 제1항의 항고는 「형사소송법」 제258조제1항에 따른 통지를 받은 날부터 **30일 이내**에 하여야 한다.

⑤ 제3항의 재항고는 항고기각 결정을 통지받은 날 또는 항고 후 항고에 대한 처분이 이루어지지 아니하고 **3개월이 지난 날부터 30일 이내**에 하여야 한다.

⑥ 제4항과 제5항의 경우 항고 또는 재항고를 한 자가 자신에게 책임이 없는 사유로 정하여진 기간 이내에 항고 또는 재항고를 하지 못한 것을 소명하면 그 항고 또는 재항고 기간은 그 사유가 해소된 때부터 기산한다.

⑦ 제4항 및 제5항의 기간이 지난 후 접수된 항고 또는 재항고는 기각하여야 한다. 다만, 중요한 증거가 새로 발견된 경우 고소인이나 고발인이 그 사유를 소명하였을 때에는 그러하지 아니하다.

## 【불기소처분에 대한 불복(3) : 헌법소원】

### 헌법재판소법

[시행 2022. 2. 3.] [법률 제18836호, 2022. 2. 3., 일부개정]

**제5절 헌법소원심판**

**제68조(청구 사유)** ① 공권력의 **행사** 또는 **불행사(不行使)**로 인하여 헌법상 보장된 기본권을 침해받은 자는 법원의 재판을 제외하고는 헌법재판소에 헌법소원심판을 청구할 수 있다. 다만, 다른 법률에 구제절차가 있는 경우에는 그 절차를 **모두 거친 후에 청구**할 수 있다.

② 제41조제1항에 따른 법률의 위헌 여부 심판의 제청신청이 기각된 때에는 그 신청을 한 당사자는 헌법재판소에 헌법소원심판을 청구할 수 있다. 이 경우 그 당사자는 당해 사건의 소송절차에서 동일한 사유를 이유로 다시 위헌 여부 심판의 제청을 신청할 수 없다.

# 검사와 사법경찰관의 상호협력과 일반적 수사준칙에 관한 규정

[시행 2023. 11. 1.] [대통령령 제33808호, 2023. 10. 17., 일부개정]

## 제4장 사건송치와 수사종결

### 제1절 통칙

**제51조(사법경찰관의 결정)** ① 사법경찰관은 사건을 수사한 경우에는 다음 각 호의 구분에 따라 결정해야 한다.

1. 법원송치[4]

2. **검찰송치**

3. **불송치**

　가. 혐의없음

　　1) 범죄인정안됨

　　2) 증거불충분

　나. 죄가안됨

　다. 공소권없음

　라. 각하

4. 수사중지

　가. 피의자중지

　나. 참고인중지

5. 이송

② 사법경찰관은 하나의 사건 중 피의자가 여러 사람이거나 피의사실이 여러 개인 경우로서 분리하여 결정할 필요가 있는 경우 **그중 일부**에 대해 제1항 각 호의 결정을 할 수 있다.

③ 사법경찰관은 **제1항제3호 나목** 또는 **다목**에 해당하는 사건이 다음 각 호의 어느 하나에 해당하는 경우에는 **해당 사건을 검사에게 이송한다.** 〈개정 2023. 10. 17.〉

1. 「형법」 제10조제1항에 따라 벌할 수 없는 경우

2. 기소되어 사실심 계속 중인 사건과 포괄일죄를 구성하는 관계에 있거나 「형법」 제40조에 따른 상상적 경합 관계에 있는 경우

④ 사법경찰관은 제1항 제4호에 따른 **수사중지 결정**을 한 경우 **7일 이내**에 사건기록을 검사에게 **송부**해야 한다. 이 경우 검사는 사건기록을 송부받은 날부터 **30일 이내에 반환**해야 하며, 그 기간 내에 법 제197조의3에 따라 **시정조치요구**를 할 수 있다.

⑤ 사법경찰관은 제4항 전단에 따라 검사에게 사건기록을 송부한 후 피의자 등의 소재를 발견한 경우에는 소재발견 및 수사 재개 사실을 검사에게 통보해야 한다. 이 경우 통보를 받은 검사는 **지체 없이** 사법경찰관에게 사건기록을 반환해야 한다.

**제52조(검사의 결정)** ① 검사는 사법경찰관으로부터 사건을 송치받거나 직접 수사한 경우에는 다음 각 호의 구분에 따라 결정해야 한다.

1. **공소제기**

2. **불기소**

　가. 기소유예

　나. 혐의없음

　　1) 범죄인정안됨

　　2) 증거불충분

　다. 죄가안됨

　라. 공소권없음

　마. 각하

3. 기소중지

4. 참고인중지

5. **보완수사요구**

6. **공소보류**

7. 이송

8. 소년보호사건 송치

9. 가정보호사건 송치

10. 성매매보호사건 송치

11. 아동보호사건 송치

② 검사는 하나의 사건 중 피의자가 여러 사람이거나 피의사실이 여러 개인 경우로서 분리하여 결정할 필요가 있는 경우 그중 일부에 대해 제1항 각 호의 결정을 할 수 있다.

**제53조(수사 결과의 통지)** ① **검사 또는 사법경찰관**은 제51조 또는 제52조에 따른 결정을 한 경우에는 그 내용을 **고소인·고발인·피해자** 또는 그 **법정대리인**(피해자가 사망한 경우에는 그 배우자·직계친족·형제자매를 포함한다. 이하 "고소인등"이라 한다)과 **피의자에게 통지**해야 한다. 다만, 다음 각 호의 어느 하나에 해당하는 경우에는 고소인등에게만 통지한다. 〈개정 2023. 10. 17.〉

1. 제51조제1항제4호가목에 따른 피의자중지 결정 또는 제52조제1항제3호에 따른 기소중지 결정을 한 경우

---

4) **법원송치**는 소년법 제4조1항2호(촉법소년) 및 3호(우범소년)에 해당하는 소년이 있을 때에 **경찰서장**이 직접 관할 소년부에 송치하는 것을 말한다.

2. 제51조제1항제5호 또는 제52조제1항제7호에 따른 이송(법 제256조에 따른 송치는 제외한다) 결정을 한 경우로서 검사 또는 사법경찰관이 해당 피의자에 대해 출석요구 또는 제16조제1항 각 호의 어느 하나에 해당하는 행위를 하지 않은 경우

② 고소인등은 법 제245조의6에 따른 통지를 받지 못한 경우 사법경찰관에게 불송치 통지서로 통지해 줄 것을 요구할 수 있다.

③ 제1항에 따른 통지의 구체적인 방법·절차 등은 법무부장관, 경찰청장 또는 해양경찰청장이 정한다.

**제54조(수사중지 결정에 대한 이의제기 등)** ① 제53조에 따라 **사법경찰관으로부터** 제51조제1항제4호에 따른 **수사중지 결정**의 통지를 받은 사람은 해당 사법경찰관이 소속된 바로 위 **상급경찰서의 장**에게 이의를 제기할 수 있다.

② 제1항에 따른 이의제기의 절차·방법 및 처리 등에 관하여 필요한 사항은 경찰청장 또는 해양경찰청장이 정한다.

③ 제1항에 따른 통지를 받은 사람은 해당 수사중지 결정이 법령위반, 인권침해 또는 현저한 수사권 남용이라고 의심되는 경우 **검사에게** 법 제197조의3제1항에 따른 **신고를 할 수 있다.**

④ 사법경찰관은 제53조에 따라 고소인등에게 제51조제1항제4호에 따른 수사중지 결정의 통지를 할 때에는 제3항에 따라 신고할 수 있다는 사실을 함께 **고지해야 한다.**

**제55조(소재수사에 관한 협력 등)** ① 검사와 사법경찰관은 소재불명인 피의자나 참고인을 발견한 때에는 해당 사실을 통보하는 등 서로 협력해야 한다.

② 검사는 법 제245조의5제1호 또는 법 제245조의7제2항에 따라 송치된 사건의 피의자나 참고인의 소재 확인이 필요하다고 판단하는 경우 피의자나 참고인의 주소지 또는 거소지 등을 관할하는 경찰서의 사법경찰관에게 소재수사를 요청할 수 있다. 이 경우 요청을 받은 사법경찰관은 이에 협력해야 한다.

③ 검사 또는 사법경찰관은 제51조제1항제4호 또는 제52조제1항제3호·제4호에 따라 수사중지 또는 기소중지·참고인중지된 사건의 피의자 또는 참고인을 발견하는 등 수사중지 결정 또는 기소중지·참고인중지 결정의 사유가 해소된 경우에는 즉시 수사를 진행해야 한다.

**제56조(사건기록의 등본)** ① 검사 또는 사법경찰관은 사건 관계 서류와 증거물을 분리하여 송부하거나 반환할 필요가 있으나 해당 서류와 증거물의 분리가 불가능하거나 현저히 곤란한 경우에는 그 서류와 증거물을 등사하여 송부하거나 반환할 수 있다.

② 검사 또는 사법경찰관은 제45조제1항, 이 조 제1항 등에 따라 사건기록 등본을 송부받은 경우 이를 다른 목적으로 사용할 수 없으며, 다른 법령에 특별한 규정이 있는 경우를 제외하고는 그 사용 목적을 위한 기간이 경과한 때에 즉시 이를 반환하거나 폐기해야 한다.

**제57조(송치사건 관련 자료 제공)** 검사는 사법경찰관이 송치한 사건에 대해 검사의 공소장, 불기소결정서, 송치결정서 및 법원의 판결문을 제공할 것을 요청하는 경우 이를 사법경찰관에게 지체 없이 제공해야 한다.

## 제2절 사건송치와 보완수사요구

**제58조(사법경찰관의 사건송치)** ① 사법경찰관은 관계 법령에 따라 검사에게 사건을 송치할 때에는 송치의 이유와 범위를 적은 송치 결정서와 압수물 총목록, 기록목록, 범죄경력 조회 회보서, 수사경력 조회 회보서 등 관계 서류와 증거물을 함께 송부해야 한다.

② 사법경찰관은 피의자 또는 참고인에 대한 **조사과정을 영상녹화**한 경우에는 해당 영상녹화물을 봉인한 후 검사에게 사건을 송치할 때 봉인된 영상녹화물의 종류와 개수를 표시하여 사건기록과 **함께 송부**해야 한다.

③ 사법경찰관은 사건을 송치한 후에 **새로운 증거물**, 서류 및 그 밖의 자료를 추가로 송부할 때에는 이전에 송치한 사건명, 송치 연월일, 피의자의 성명과 추가로 송부하는 서류 및 증거물 등을 적은 **추가송부서를 첨부**해야 한다.

**제59조(보완수사요구의 대상과 범위)** ① 검사는 사법경찰관으로부터 송치받은 사건에 대해 보완수사가 필요하다고 인정하는 경우에는 **직접 보완수사를 하거나** 법 제197조의2제1항제1호에 따라 사법경찰관에게 **보완수사를 요구할 수 있다.** 다만, 송치사건의 공소제기 여부 결정에 필요한 경우로서 다음 각 호의 어느 하나에 해당하는 경우에는 특별히 사법경찰관에게 보완수사를 요구할 필요가 있다고 인정되는 경우를 제외하고는 **검사가 직접 보완수사를 하는 것을 원칙으로 한다.** 〈개정 2023. 10. 17.〉

1. 사건을 수리한 날(이미 보완수사요구가 있었던 사건의 경우 보완수사 이행 결과를 통보받은 날을 말한다)부터 **1개월이 경과**한 경우

2. 사건이 송치된 이후 검사가 해당 피의자 및 피의사실에 대해 상당한 정도의 보완수사를 한 경우

3. 법 제197조의3제5항, 제197조의4제1항 또는 제198조의2제2항에 따라 사법경찰관으로부터 사건을 송치받은 경우

4. 제7조 또는 제8조에 따라 검사와 사법경찰관이 사건 송치 전에 수사할 사항, 증거수집의 대상 및 법령의 적용 등에 대해 **협의**를 마치고 송치한 경우

② 검사는 법 제197조의2제1항에 따른 보완수사요구 여부를 판단하는 경우 필요한 보완수사의 정도, 수사 진행 기간, 구체적 사건의 성격에 따른 수사 주체의 적합성 및 검사와 사법경찰관의 상호 존중과 협력의 취지 등을 종합적으로 고려한다. 〈신설 2023. 10. 17.〉

③ 검사는 법 제197조의2제1항제1호에 따라 사법경찰관에게 송치사건 및 관련사건(법 제11조에 따른 관련사건 및 법 제208조제2항에 따라 간주되는 동일한 범죄사실에 관한 사건을 말한다. 다만, 법 제11조제1호의 경우에는 수사기록에 명백히 현출(現出)되어 있는 사건으로 한정한다)에 대해 다음 각 호의 사항에 관한 보완수사를 요구할 수 있다. 〈개정 2023. 10. 17.〉

1. 범인에 관한 사항

2. 증거 또는 범죄사실 증명에 관한 사항

3. 소송조건 또는 처벌조건에 관한 사항

4. 양형 자료에 관한 사항

5. 죄명 및 범죄사실의 구성에 관한 사항

6. 그 밖에 송치받은 사건의 공소제기 여부를 결정하는 데 필요하거나 공소유지와 관련해 필요한 사항

④ 검사는 사법경찰관이 신청한 영장(「통신비밀보호법」 제6조 및 제8조에 따른 통신제한조치허가서 및 같은 법 제13조에 따른 통신사실 확인자료 제공 요청 허가서를 포함한다. 이하 이 항에서 같다)의 청구 여부를 결정하기 위해 필요한 경우 법 제197조의2제1항제2호에 따라 사법경찰관에게 보완수사를 요구할 수 있다. 이 경우 보완수사를 요구할 수 있는 범위는 다음 각 호와 같다. 〈개정 2023. 10. 17.〉

1. 범인에 관한 사항

2. 증거 또는 범죄사실 소명에 관한 사항

3. 소송조건 또는 처벌조건에 관한 사항

4. 해당 영장이 필요한 사유에 관한 사항

5. 죄명 및 범죄사실의 구성에 관한 사항

6. 법 제11조(법 제11조제1호의 경우는 수사기록에 명백히 현출되어 있는 사건으로 한정한다)와 관련된 사항

7. 그 밖에 사법경찰관이 신청한 영장의 청구 여부를 결정하기 위해 필요한 사항

제60조(보완수사요구의 방법과 절차) ① 검사는 법 제197조의2제1항에 따라 보완수사를 요구할 때에는 그 이유와 내용 등을 구체적으로 적은 서면과 관계 서류 및 증거물을 사법경찰관에게 함께 송부해야 한다. 다만, 보완수사 대상의 성질, 사안의 긴급성 등을 고려하여 관계 서류와 증거물을 송부할 필요가 없거나 송부하는 것이 적절하지 않다고 판단하는 경우에는 해당 관계 서류와 증거물을 송부하지 않을 수 있다.

② 보완수사를 요구받은 사법경찰관은 제1항 단서에 따라 송부받지 못한 관계 서류와 증거물이 보완수사를 위해 필요하다고 판단하면 해당 서류와 증거물을 대출하거나 그 전부 또는 일부를 등사할 수 있다.

③ 사법경찰관은 법 제197조의2제1항에 따른 보완수사요구가 접수된 날부터 3개월 이내에 보완수사를 마쳐야 한다. 〈신설 2023. 10. 17.〉

④ 사법경찰관은 법 제197조의2제2항에 따라 보완수사를 이행한 경우에는 그 이행 결과를 검사에게 서면으로 통보해야 하며, 제1항 본문에 따라 관계 서류와 증거물을 송부받은 경우에는 그 서류와 증거물을 함께 반환해야 한다. 다만, 관계 서류와 증거물을 반환할 필요가 없는 경우에는 보완수사의 이행 결과만을 검사에게 통보할 수 있다. 〈개정 2023. 10. 17.〉

⑤ 사법경찰관은 법 제197조의2제1항제1호에 따라 보완수사를 이행한 결과 법 제245조의5제1호에 해당하지 않는다고 판단한 경우에는 제51조제1항제3호에 따라 사건을 불송치하거나 같은 항 제4호에 따라 수사중지할 수 있다. 〈개정 2023. 10. 17.〉

제61조(직무배제 또는 징계 요구의 방법과 절차) ① 검찰총장 또는 각급 검찰청 검사장은 법 제197조의2제3항에 따라 사법경찰관의 직무배제 또는 징계를 요구할 때에는 그 이유를 구체적으로 적은 서면에 이를 증명할 수 있는 관계 자료를 첨부하여 해당 사법경찰관이 소속된 경찰관서장에게 통보해야 한다.

② 제1항의 직무배제 요구를 통보받은 경찰관서장은 정당한 이유가 있는 경우를 제외하고는 그 요구를 받은 날부터 20일 이내에 해당 사법경찰관을 직무에서 배제해야 한다.

③ 경찰관서장은 제1항에 따른 요구의 처리 결과와 그 이유를 직무배제 또는 징계를 요구한 검찰총장 또는 각급 검찰청 검사장에게 통보해야 한다.

## 제3절 사건불송치와 재수사요청

제62조(사법경찰관의 사건불송치) ① 사법경찰관은 법 제245조의5제2호 및 이 영 제51조제1항제3호에 따라 불송치 결정을 하는 경우 불송치의 이유를 적은 불송치 결정서와 함께 압수물 총목록, 기록목록 등 관계 서류와 증거물을 검사에게 송부해야 한다.

② 제1항의 경우 영상녹화물의 송부 및 새로운 증거물 등의 추가 송부에 관하여는 제58조제2항 및 제3항을 준용한다.

**제63조(재수사요청의 절차 등)** ① 검사는 법 제245조의8에 따라 사법경찰관에게 재수사를 요청하려는 경우에는 법 제245조의5제2호에 따라 관계 서류와 증거물을 송부받은 날부터 **90일 이내**에 해야 한다. 다만, 다음 각 호의 어느 하나에 해당하는 경우에는 관계 서류와 증거물을 송부받은 날부터 **90일이 지난 후에도** 재수사를 요청할 수 있다.

1. 불송치 결정에 영향을 줄 수 있는 명백히 새로운 증거 또는 사실이 발견된 경우

2. 증거 등의 허위, 위조 또는 변조를 인정할 만한 상당한 정황이 있는 경우

② 검사는 제1항에 따라 재수사를 요청할 때에는 그 내용과 이유를 구체적으로 적은 **서면으로** 해야 한다. 이 경우 법 제245조의5제2호에 따라 송부받은 관계 서류와 증거물을 사법경찰관에게 반환해야 한다.

③ 검사는 법 제245조의8에 따라 재수사를 요청한 경우 그 사실을 **고소인등에게 통지**해야 한다.

④ 사법경찰관은 법 제245조의8제1항에 따른 재수사의 요청이 접수된 날부터 **3개월 이내**에 재수사를 마쳐야 한다. 〈신설 2023. 10. 17.〉

**제64조(재수사 결과의 처리)** ① 사법경찰관은 법 제245조의8제2항에 따라 재수사를 한 경우 다음 각 호의 구분에 따라 처리한다.

1. **범죄의 혐의가 있다고 인정되는 경우:** 법 제245조의5제1호에 따라 검사에게 사건을 송치하고 관계 서류와 증거물을 송부

2. **기존의 불송치 결정을 유지하는 경우:** 재수사 결과서에 그 내용과 이유를 구체적으로 적어 검사에게 통보

② 검사는 사법경찰관이 제1항제2호에 따라 **재수사 결과를 통보한 사건에 대해서 다시 재수사를 요청하거나 송치**

**요구를 할 수 없다.** 다만, 검사는 사법경찰관이 사건을 송치하지 않은 **위법 또는 부당이 시정되지 않아** 사건을 송치받아 수사할 필요가 있는 다음 각 호의 경우에는 법 제197조의3에 따라 **사건송치를 요구할 수 있다.** 〈개정 2023. 10. 17.〉

1. 관련 법령 또는 법리에 위반된 경우

2. 범죄 혐의의 유무를 명확히 하기 위해 **재수사를 요청한 사항에 관하여 그 이행이 이루어지지 않은 경우.** 다만, 불송치 결정의 유지에 영향을 미치지 않음이 명백한 경우는 제외한다.

3. 송부받은 관계 서류 및 증거물과 재수사 결과만으로도 범죄의 혐의가 명백히 인정되는 경우

4. 공소시효 또는 형사소추의 요건을 판단하는 데 오류가 있는 경우

③ 검사는 제2항 각 호 외의 부분 단서에 따른 사건송치 요구 여부를 판단하기 위해 필요한 경우에는 사법경찰관에게 관계 서류와 증거물의 송부를 요청할 수 있다. 이 경우 요청을 받은 사법경찰관은 이에 협력해야 한다. 〈신설 2023. 10. 17.〉

④ 검사는 재수사 결과를 통보받은 날(제3항에 따라 관계 서류와 증거물의 송부를 요청한 경우에는 관계 서류와 증거물을 송부받은 날을 말한다)부터 30일 이내에 제2항 각 호 외의 부분 단서에 따른 사건송치 요구를 해야 하고, 그 기간 내에 사건송치 요구를 하지 않을 경우에는 송부받은 관계 서류와 증거물을 사법경찰관에게 반환해야 한다. 〈신설 2023. 10. 17.〉

**제65조(재수사 중의 이의신청)** 사법경찰관은 법 제245조의8제2항에 따라 재수사 중인 사건에 대해 법 제245조의7제1항에 따른 이의신청이 있는 경우에는 재수사를 **중단**해야 하며, 같은 조 제2항에 따라 해당 사건을 지체 없이 **검사에게 송치**하고 관계 서류와 증거물을 송부해야 한다.

# 검찰사건사무규칙

[시행 2024. 1. 25.] [법무부령 제1071호, 2024. 1. 12., 일부 개정]

## 제1편 총칙
## 제2편 지방검찰청 및 지청에서의 절차
## 제3장 사건의 처리 등
## 제3절 불기소

**제115조(불기소결정)** ① 검사가 사건을 불기소결정하는 경우에는 불기소 사건기록 및 불기소 결정서에 부수처분과 압수물처분을 기재하고, 불기소 결정서에 피의사실의 요지와 수사의 결과 및 공소를 제기하지 않는 이유를 적어야 한다. 다만, 간단하거나 정형적인 사건의 경우에는 불기소 사건기록 및 불기소 결정서(간이) 양식을 사용할 수 있다.

② 제1항의 불기소 사건기록 및 불기소 결정서를 작성하는 경우에는 다음 각 호의 방법으로 표시하되, 법정형이 중한 순으로 표시한다.

1. 피의자: 1, 2, 3의 순

2. 죄명: 가, 나, 다의 순

③ 불기소결정의 주문은 다음과 같이 한다. 〈개정 2022. 2. 7.〉

1. **기소유예:** 피의사실이 인정되나 「형법」 제51조[5] 각 호의 사항을 참작하여 소추할 필요가 없는 경우

2. **혐의없음**

   가. 혐의없음(범죄인정안됨): 피의사실이 범죄를 구성하지 않거나 피의사실이 인정되지 않는 경우

   나. 혐의없음(증거불충분) : 피의사실을 인정할 만한 충분한 증거가 없는 경우

3. **죄가안됨:** 피의사실이 범죄구성요건에는 해당하지만 법률상 범죄의 성립을 조각하는 사유가 있어 범죄를 구성하지 않는 경우

4. **공소권없음:** 다음 각 목의 어느 해당에 해당하는 경우

   가. 확정판결이 있는 경우

   나. 통고처분이 이행된 경우

   다. 「소년법」·가정폭력처벌법·성매매처벌법 또는 아동학대처벌법에 따른 보호처분이 확정된 경우(보호처분이 취소되어 검찰에 송치된 경우는 제외한다)

라. 사면이 있는 경우

마. 공소의 시효가 완성된 경우

바. 범죄 후 **법령의 개정이나 폐지**로 형이 폐지된 경우

사. 법률에 따라 **형이 면제**된 경우

아. 피의자에 관하여 재판권이 없는 경우

자. 같은 사건에 관하여 이미 공소가 제기된 경우(공소를 취소한 경우를 포함한다. 다만, 공소를 취소한 후에 다른 중요한 증거를 발견한 경우는 포함되지 않는다)

차. 친고죄 및 공무원의 고발이 있어야 논할 수 있는 죄의 경우에 고소 또는 고발이 없거나 그 고소 또는 고발이 무효 또는 취소된 경우

카. 반의사불벌죄의 경우 처벌을 희망하지 않는 의사표시가 있거나 처벌을 희망하는 의사표시가 철회된 경우

타. **피의자가 사망**하거나 피의자인 법인이 존속하지 않게 된 경우

5. **각하**

   가. 고소 또는 고발이 있는 사건에 관하여 고소인 또는 고발인의 진술이나 고소장 또는 고발장에 의하여 제2호부터 제4호까지의 규정에 따른 사유에 해당함이 명백한 경우

   나. 법 제224조, 제232조제2항 또는 제235조에 위반한 고소·고발의 경우

   다. **같은 사건에 관하여 검사의 불기소결정이 있는 경우**(새로이 중요한 증거가 발견되어 고소인, 고발인 또는 피해자가 그 사유를 소명한 경우는 제외한다)

   라. 법 제223조, 제225조부터 제228조까지의 규정에 따른 고소권자가 아닌 자가 고소한 경우

   마. 고소인 또는 고발인이 고소·고발장을 제출한 후 출석요구나 자료제출 등 혐의 확인을 위한 수사기관의 요청에 불응하거나 소재불명이 되는 등 고소·고발사실에 대한 수사를 개시·진행할 자료가 없는 경우

   바. 고발이 진위 여부가 불분명한 언론 보도나 인터넷 등 정보통신망의 게시물, 익명의 제보, 고발 내용과 직접적인 관련이 없는 제3자로부터의 전문(傳聞)이나 풍문 또는 고발인의 추측만을 근거로 한 경우 등으로서 수사를 개시할만한 구체적인 사유나 정황이 충분하지 않은 경우

---

5) 형법 제51조(양형의 조건) 형을 정함에 있어서는 다음 사항을 참작하여야 한다. 1. 범인의 연령, 성행, 지능과 환경 2. 피해자에 대한 관계 3. 범행의 동기, 수단과 결과 4. 범행 후의 정황

사. 고소·고발 사건(진정 또는 신고를 단서로 수사개시된 사건을 포함한다)의 사안의 경중 및 경위, 피해회복 및 처벌의사 여부, 고소인·고발인·피해자와 피고소인·피고발인·피의자와의 관계, 분쟁의 종국적 해결 여부 등을 고려할 때 수사 또는 소추에 관한 공공의 이익이 없거나 극히 적은 경우로서 수사를 개시·진행할 필요성이 인정되지 않는 경우

·
·

**제120조(기소중지의 결정)** 검사가 피의자의 소재불명 또는 제121조에 규정된 사유가 아닌 사유로 수사를 종결할 수 없는 경우에는 그 사유가 해소될 때까지 불기소 사건기록 및 불기소 결정서, 불기소 사건기록 및 불기소 결정서(간이)에 따라 기소중지의 결정을 할 수 있다.

**제121조(참고인중지의 결정)** 검사가 참고인·고소인·고발인 또는 같은 사건 피의자의 소재불명으로 수사를 종결할 수 없는 경우에는 그 사유가 해소될 때까지 불기소 사건기록 및 불기소 결정서, 불기소 사건기록 및 불기소 결정서(간이)에 따라 참고인중지의 결정을 할 수 있다.

# 33 검사의 불기소처분에 대한 불복 – 재정신청(裁定申請) –

* 대법원 2018. 12. 28. 선고 2014도17182 판결
* 참조조문: 형사소송법 제260조,[1] 제262조 제4항[2]

형사소송법 제262조 제4항 후문에서 말하는 '다른 중요한 증거를 발견한 경우'의 의미

●**사실**● 고소인(피해자 A)은 2007. 4.경 피고인 X가 A 소유의 아파트 10세대에 관한 매매계약에서 정한 잔금지급의무 등을 이행할 의사나 능력이 없었음에도 A를 기망하여 위 아파트를 매수한 후 소유권이전등기를 마침으로써 잔금 등 합계 총 45억 6,230만 원 상당의 재산상 이익을 취득하였다는 (사기)피의사실로 X를 검찰에 고소하였다. 검찰은 2007. 10. 31. 편취범의를 인정하기 어렵다는 이유로 혐의 없음의 **불기소처분**을 하였고, 이후 A가 제기한 항고를 기각하였다. 이에 A는 **서울고등법원에 재정신청**을 하였으나 서울고등법원은 2008. 4. 4. 재정신청을 기각하는 결정을 하였고, 위 결정은 그 무렵 **확정**되었다. A는 2012. 3.경 X 등을 위 기재 피의사실을 포함한 내용으로 **다시 고소**하였고, 검사는 위 피의사실 부분은 새로 중요한 증거가 발견되었다고 보기 어렵다는 이유로 각하하고, 나머지의 부분은 혐의 없음의 불기소처분을 하였다. 그러나 검사는 서울고등검찰청의 2012. 11.경 **재기수사명령**이 있자 이에 따라 추가 조사한 다음 2013. 4. 8. 피고인에 대하여 위 피의사실을 공소사실로 삼아 특정경제범죄가중처벌등에관한법률위반(사기) 죄로 공소제기하였다. 이후 소송에서는 이 사건 재정신청 기각결정 이후 제출된 증거가 형사소송법 제262조 제4항 후문에서 말하는 '**다른 중요한 증거를 발견한 경우**'에 해당하는지 여부가 다투어졌다.

---

1) 형사소송법 제260조(**재정신청**) ① 고소권자로서 고소를 한 자(「형법」 제123조부터 제126조까지의 죄에 대하여는 고발을 한 자를 포함한다. 이하 이 조에서 같다)는 검사로부터 공소를 제기하지 아니한다는 통지를 받은 때에는 그 검사 소속의 지방검찰청 소재지를 관할하는 **고등법원**(이하 "관할 고등법원"이라 한다)에 그 당부에 관한 **재정을 신청**할 수 있다. 다만, 「형법」 제126조의 죄에 대하여는 피공표자의 명시한 의사에 반하여 재정을 신청할 수 없다. ② 제1항에 따른 재정신청을 하려면 「검찰청법」 제10조에 따른 항고를 거쳐야 한다. 다만, 다음 각 호의 어느 하나에 해당하는 경우에는 그러하지 아니하다. 1. 항고 이후 재기수사가 이루어진 다음에 다시 공소를 제기하지 아니한다는 통지를 받은 경우 2. 항고 신청 후 항고에 대한 처분이 행하여지지 아니하고 3개월이 경과한 경우 3. 검사가 공소시효 만료일 30일 전까지 공소를 제기하지 아니하는 경우 ③ 제1항에 따른 재정신청을 하려는 자는 항고기각 결정을 통지받은 날 또는 제2항 각 호의 사유가 발생한 날부터 **10일 이내**에 지방검찰청검사장 또는 지청장에게 재정신청서를 제출하여야 한다. 다만, 제2항제3호의 경우에는 공소시효 만료일 전날까지 재정신청서를 제출할 수 있다. ④ 재정신청서에는 재정신청의 대상이 되는 사건의 범죄사실 및 증거 등 재정신청을 이유있게 하는 사유를 기재하여야 한다.

2) 형사소송법 제262조(**심리와 결정**) ① 법원은 재정신청서를 송부받은 때에는 송부받은 날부터 **10일 이내**에 피의자에게 그 사실을 통지하여야 한다. ② 법원은 재정신청서를 송부받은 날부터 **3개월 이내**에 항고의 절차에 준하여 다음 각 호의 구분에 따라 결정한다. 이 경우 필요한 때에는 증거를 조사할 수 있다. 1. 신청이 법률상의 방식에 위배되거나 이유 없는 때에는 신청을 기각한다. 2. 신청이 이유 있는 때에는 사건에 대한 공소제기를 결정한다. ③ 재정신청사건의 심리는 특별한 사정이 없는 한 공개하지 아니한다. ④ 제2항제1호의 결정에 대하여는 제415조에 따른 즉시항고를 할 수 있고, 제2항제2호의 결정에 대하여는 불복할 수 없다. 제2항제1호의 결정이 확정된 사건에 대하여는 **다른 중요한 증거를 발견한 경우**를 제외하고는 소추할 수 없다. ⑤ 법원은 제2항의 결정을 한 때에는 즉시 그 정본을 재정신청인·피의자와 관할 지방검찰청검사장 또는 지청장에게 송부하여야 한다. 이 경우 제2항제2호의 결정을 한 때에는 관할 지방검찰청검사장 또는 지청장에게 사건기록을 함께 송부하여야 한다. ⑥ 제2항제2호의 결정에 따른 재정결정서를 송부받은 관할 지방검찰청 검사장 또는 지청장은 지체 없이 담당 검사를 지정하고 지정받은 검사는 공소를 제기하여야 한다.

●**판지**● **파기자판.** 「형사소송법 제262조 제4항 후문은 재정신청 기각결정이 확정된 사건에 대하여는 다른 중요한 증거를 발견한 경우를 제외하고는 소추할 수 없다고 규정하고 있다. 여기에서 **'다른 중요한 증거를 발견한 경우'**란 (가) 재정신청 기각결정 당시에 제출된 증거에 새로 발견된 증거를 추가하면 충분히 **유죄의 확신**을 가지게 될 정도의 증거가 있는 경우를 말하고, (나) 단순히 재정신청 기각결정의 정당성에 의문이 제기되거나 범죄피해자의 권리를 보호하기 위하여 형사재판절차를 진행할 필요가 있는 정도의 증거가 있는 경우는 여기에 해당하지 않는다. (다) 그리고 관련 민사판결에서의 사실인정 및 판단은, 그러한 사실인정 및 판단의 근거가 된 증거자료가 새로 발견된 증거에 해당할 수 있음은 별론으로 하고, 그 자체가 새로 발견된 증거라고 할 수는 없다」.

●**해설**● **1 재정신청**    검사는 범죄의 혐의가 인정되더라도 여러 요소 등을 참작하여 공소를 제기하지 않을 수 있는 **기소유예권**을 가진다(법247). 기소유예권은 검사의 핵심적 권한이다. 이러한 검사의 불기소처분에 대한 고소인 또는 고발인의 불복수단으로는 ① 재정신청(형사소송법 제260조 이하)과 ② 검찰청법에 의한 항고·재항고(검찰청법 제10조) ③ 헌법소원심판(헌법재판소법 제68조 이하)[3]이 있다. 이 중 **'재정신청(裁定申請)'**이란 검사의 불기소처분에 대하여 **관할 고등법원**이 **그 위법·부당** 여부를 심리하여 공소제기를 결정하는 절차를 말한다. 다시 말해, 이 제도는 「검사의 불기소처분이 자의적인 경우 형사피해자의 **재판절차진술권을 보장**하기 위해 마련된 별개의 사법절차로서, 이 역시 불기소처분의 당부를 심사하는 법원의 '재판절차'이고 형사피해자는 재정신청이라는 재판청구를 할 수 있다」(헌재 2008헌마578, 2009헌마41,98(병합)). 이와 같이 재정신청은 검사의 불기소처분에 대한 **통제장치**이고(형사소송법을 제정할 때 재정신청 제도를 도입했던 가장 큰 이유 중 하나도 검찰이 기소권한을 불공평하게 행사할 가능성이 있다고 보았기 때문이다), 신청이 이유가 있을 때에는 고등법원은 공소제기를 결정하여야 하므로 **기소강제절차**라고도 한다.

**2 신청권자**    재정신청권자는 검사로부터 불기소처분을 통지받은 **고소인** 또는 (형법 제123조~제126조의 공무원 독직범죄에 관한) **고발인**이다. **대리인**을 통한 재정신청도 가능하며, 공동신청권자 중 1인의 신청은 그 전원을 위하여 효력을 발생한다(법264①). 고소권자가 되는 **'피해자'**에는 대상판결의 판시와 같이 「보호법익의 주체에 한하지 않고 문제된 범죄행위로 말미암아 **법률상 불이익을 받게 되는 자도 포함**」된다(대결 2008모1220).

**3 신청대상**    재정신청의 대상은 검사의 '불기소처분'이다.[4] 검사의 불기소처분에는 협의의 불기소처분(혐의 없음, 죄가 안 됨, 공소권 없음, 각하)과 **기소유예**가 있다(대결 86모58, Ref 1-8). **내사종결처리**는 불기소처분으로 볼 수 없어 재정신청의 대상이 되지 못하며(대결 91모68), 공소취소 또한 불기소처분이 아니므로 재정신청의 대상이 되지 못한다. 재정신청의 **대상범죄**는 ㉠ 고소사건의 경우에는 **모든 범죄**이고, ㉡ 고발사건의 경우는 직권남용(형법123), 불법체포·감금(형법124), 폭행·가혹행위(형법125), 피의사

---

3) 헌법재판소에 헌법소원을 하기 위해서는 **'보충성'**과 **'자기관련성'** 요건을 충족시켜야 한다. 모든 사건에 대해서 재정신청이 가능한 **고소인**의 경우는 보충성을 충족시키지 못하고, **고발인**의 경우는 자신의 기본권 침해가 아니므로 헌법소원을 제기할 수 없다. 따라서 검사의 불기소처분에 의하여 자기의 '재판절차진술권(기본권)'이 침해된 **'고소하지 않은'** 피해자의 경우에는 헌법소원이 가능하다(헌재 2008헌마387). 또한 **기소유예처분을 받은 피의자**의 경우도 평등권 및 행복추구권 침해를 다투며 헌법소원을 제기할 수 있다(헌재 2008헌마257).

4) 재정신청은 검사의 불기소처분에 대해서만 가능하므로 사법경찰관의 불송치결정에 따라 기록반환된 사건 등에 대해서는 검찰항고나 재정신청이 불가능하다.

실공표(형법126)의 범죄에 한정된다.5) 다만 피의사실공표죄는 피공표자의 명시한 의사에 반하지 않아야 한다(법260①).

**4 검찰항고 전치주의(前置主義)**　　　재정신청을 하려면 검찰청법 제10조에 따라 '항고'를 먼저 거쳐야 한다. 이는 검사에게도 **'자체 시정'의 기회**를 갖도록 하기 위함이다(그러나 항고제도는 검찰내부의 자체통제라는 점에 근본적인 한계가 있으며, 실제로 검찰항고는 헌법소원심판을 청구하기 위해 거쳐야 되는 선행으로 운용되는 것이 현실이다). 이에 따라 고소인이나 고발인은 그 검사가 속한 지방검찰청 또는 지청을 거쳐 서면으로 **관할 고등검찰청 검사장**에게 항고할 수 있다. 다만 **예외적으로** 신청권자의 **불이익을 방지**하기 위하여 「⊙ 항고 이후 재기수사가 이루어진 다음에 다시 공소를 제기하지 아니한다는 통지를 받은 경우, ⓛ 항고 신청 후 항고에 대한 처분이 행하여지지 아니하고 **3개월이 경과**한 경우, ⓒ 검사가 **공소시효 만료일 30일 전**까지 공소를 제기하지 아니하는 경우」에는 검찰항고를 거치지 아니하고 곧바로 재청신청을 할 수 있다(법260②단서)**(검찰항고전치주의의 예외)**.

**5 재정신청의 기간과 방식**　　　(1) 재정신청을 하려는 자는 항고기각 결정을 통지받은 날로부터 **'10일' 이내**에 지방검찰청검사장 또는 지청장에게 재정신청서를 제출하여야 한다. 다만, 공소시효 임박을 이유로 하는 재정신청의 경우에는 **공소시효 만료일 전날까지** 재정신청서를 제출할 수 있다(법260③). (2) 이 '10일'의 제출기간은 **'불변기간'**으로 변경이 허용되지 않고, '도달주의'에 따라 기간 내에 검사장 또는 지청장에게 도달하여야 하고(재정신청의 경우 **'재소자특칙'**이 적용되지 않음에 주의를 요한다),6) 기간이 지난 뒤에 도달하면 법률상 방식 위반으로 기각사유가 된다(대결 98모127, Ref 6−1). (3) 재정신청이 있으면 재정결정이 확정될 때까지 **공소시효의 진행이 정지**된다(법262의4). (4) 재정신청은 고등법원의 재정결정이 있을 때까지 취소할 수 있다. 다만, 취소한 자는 다시 재정신청을 할 수 없다(법264②). 신청권자 중 **1인의 취소**는 다른 공동신청권자에게 효력을 미치지 아니한다(법264③). (5) 재정신청서를 제출받은 지방검찰청검사장 또는 지청장은 재정신청서를 제출받은 날부터 **7일 이내**에 재정신청서·의견서·수사관계 서류 및 증거물을 관할 **고등검찰청을 경유**하여 관할 **고등법원**에 송부하여야 한다(법261).

**6 고등법원의 심리**　　　(1) 법원은 재정신청서를 송부받은 때에는 송부받은 날부터 **10일 이내**에 '피

---

5) 이러한 한정에 대해, 고소인은 물론 고발인에게까지 재정신청자격을 부여해서 **피해자가 드러나지 않는 범죄**에 대한 검찰의 불기소처분에 대응한 사법적 통제의 가능성을 강조하는 견해가 강하다. "피해자가 존재하지 않거나 피해자가 있더라도 명확하게 드러나지 않는 범죄들이 상당수 존재한다. 특히 직무유기, 공무상비밀누설, 수뢰, 권력형 부패 및 비리 사건, 환경범죄, 보건범죄 등과 같은 **국가적·사회적 법익을 침해**하는 범죄의 경우 구체적인 피해자를 특정할 수 없거나, 피해자가 너무 광범위하여 피해자가 누구인지 불명확한 경우가 많다. ‥‥‥ 이러한 범죄들은 **언론보도나 일반시민·내부자·시민단체의 고발**에 의해 범죄수사가 개시될 확률이 높다. ‥‥‥ 고소권자인 피해자에게만 재정신청자격을 부여하면 이러한 범죄에 대한 검사의 (불)기소권한 남용을 방지할 방법이 검찰 내부적 통제수단 이외에는 없게 된다. 그러나 이러한 범죄에 대해서는 검사의 공소권 남용에 대한 **외부적 통제**가 오히려 더 필요하다."(한영수, 재정신청제도의 문제점과 개선방안 − 재정신청제도 개선을 위한 형사소송법 일부 개정 법률안을 중심으로 −, 인권과 정의 통권 461호(2016), 113면).

6) 상소는 상소장이 상소기간 내에 제출처인 원심법원에 도달하여야만 효력이 발생한다. 그러나 형사소송법은 재소자에 대해서는 이 '도달주의원칙'에 대한 특칙을 두고 있다. 제344조(**재소자에 대한 특칙**) ① 교도소 또는 구치소에 있는 피고인이 상소의 제기기간 내에 상소장을 교도소장 또는 구치소장 또는 그 직무를 대리하는 자에게 **제출한 때**에는 상소의 제기기간 내에 상소한 것으로 간주한다.

의자'에게 그 사실을 **통지**하여야 하며(법262①), (2) 법원은 재정신청서를 송부받은 날부터 **'3개월'** 이내에 **항고 절차에 준하여** 결정을 하여야 한다(법262②). (3) 기소강제절차는 수사절차가 아닌 **재판절차**로서 형사항고에 유사한 재판절차이지만 **밀행성 원칙**과 직권주의가 지배하는 특수한 소송절차이다. 따라서 심리는 특별한 사정이 없는 한 **비공개**로 하며(법262③), 심리 중에는 관련 서류 및 증거물을 **열람 또는 등사할 수 없다**(법262의2). (4) 하지만 재판절차이므로 법원은 필요할 때에는 증거조사를 할 수 있으며(법262②), 그 증거조사 과정에서 작성된 서류의 전부 또는 일부의 열람 또는 등사를 허가할 수 있다(법262의2 단서).[7]

**7 고등법원의 결정**　　(1) 법원은 재정신청이 법률상의 방식에 위배되거나 **이유 없는 때에는 신청을 기각**한다(법262② i ). 검사의 무혐의 불기소처분이 위법하더라도 법원이 기소유예를 할 만한 사건이라고 인정하는 경우에는 재정신청을 기각할 수 있다(대결 85모16). **기각결정**에 대하여는 법령위반을 이유로 대법원에 **'즉시항고'**를 할 수 있다(법262④). 그리고 기각결정이 확정된 사건에 대하여는 **다른 중요한 증거**를 발견한 경우를 제외하고는 검사는 **소추할 수 없다**(법262④후문)(이는 피의자의 법적 안정성 보호와 사법인력의 낭비 방지를 위한 것이다. 대판 2012도14755, Ref 1–1). 대상판결은 '다른 중요한 증거를 발견한 경우'의 의미를 명시적으로 판시한 판결이라는 점에서 그 의의가 있다. (2) 법원은 재정신청이 **'이유가 있는 때'**에는 **공소제기결정**을 한다(법262② ii ). 공소제기결정에 대하여는 **불복할 수 없다**(법262④). 검사는 물론 공소제기결정을 받은 **피의자도 불복할 수 없다**. 따라서 설령 공소제기결정에 잘못이 있는 경우이더라도 본안사건의 절차가 개시된 이후에는 피고인이 본안사건에서 그 잘못을 다툴 수는 없다(대판 2009도224, Ref 2–1). (3) 법원은 재정신청의 기각결정이나 취소가 있는 경우, 결정으로 재정신청인에게 신청절차에 의하여 생긴 비용의 전부 또는 일부를 부담하게 할 수 있다. 법원의 이러한 결정에 대하여는 즉시항고를 할 수 있다(법262의3①③).

**8 검사의 공소제기와 공소유지**　　(1) 재정결정서를 송부받은 관할 지방검찰청 검사장 또는 지청장은 지체 없이 담당 검사를 지정하고 지정받은 검사는 공소를 **'제기하여야'** 한다**(기소강제절차)**(법262⑥). (2) 공소제기 결정에 따라 공소를 제기한 때에는 이를 **취소할 수 없다**(법264의2). 이는 공소제기결정에 대한 취지가 몰각될 수 있기 때문이다. (3) 공소시효와 관련하여서는 공소제기 결정이 있는 날에 공소가 제기된 것으로 본다. 따라서 이날부터 **공소시효의 진행이 정지**된다. (4) 한편 **공수처법**상 재정신청에 대한 특례가 있다(공수처법29).

## Reference

### * 재정신청과 관련된 주요 판례 *

**1–1 [대판 2012도14755]** [형사소송법 제262조 제4항 후문에서 재정신청 기각결정이 확정된 사건에 대하여 **다른 '중요한 증거'를 발견한 경우를 제외하고는 소추할 수 없도록 규정**하고 있는 취지] [1] 형사소송법 제262조 제4항 후문에서 재정신청 기각결정이 확정된 사건에 대하여 다른 중요한 증거를 발견한 경우를 제

---

7) 형사소송법 제262조의2(**재정신청사건 기록의 열람 · 등사 제한**) 재정신청사건의 심리 중에는 관련 서류 및 증거물을 열람 또는 등사할 수 없다. 다만, 법원은 제262조제2항 후단의 증거조사과정에서 작성된 서류의 전부 또는 는 일부의 열람 또는 등사를 허가할 수 있다.

외하고는 소추할 수 없도록 규정하고 있는 것은, 한편으로 법원의 판단에 의하여 재정신청 기각결정이 확정되었음에도 불구하고 검사의 공소제기를 제한 없이 허용할 경우 피의자를 지나치게 장기간 불안정한 상태에 두게 되고 유죄판결이 선고될 가능성이 낮은 사건에 사법인력과 예산을 낭비하게 되는 결과로 이어질 수 있음을 감안하여 재정신청 기각결정이 확정된 사건에 대한 검사의 공소제기를 제한하면서, 다른 한편으로 재정신청사건에 대한 법원의 결정에는 일사부재리의 효력이 인정되지 않는 만큼 피의사실을 유죄로 인정할 명백한 증거가 발견된 경우에도 재정신청 기각결정이 확정되었다는 이유만으로 검사의 공소제기를 전적으로 금지하는 것은 사법정의에 반하는 결과가 된다는 점을 고려한 것이다. [2] 형사소송법 제262조 제2항, 제4항과 형사소송법 제262조 제4항 후문의 입법 취지 등에 비추어 보면, 형사소송법 제262조 제4항 후문에서 말하는 '제2항 제1호의 결정이 확정된 사건'은 재정신청사건을 담당하는 법원에서 공소제기의 가능성과 필요성 등에 관한 심리와 판단이 현실적으로 이루어져 재정신청 기각결정의 대상이 된 사건만을 의미한다. 따라서 재정신청 기각결정의 대상이 되지 않은 사건은 형사소송법 제262조 제4항 후문에서 말하는 '제2항 제1호의 결정이 확정된 사건'이라고 할 수 없고, 재정신청 기각결정의 대상이 되지 않은 사건이 고소인의 고소내용에 포함되어 있었다 하더라도 이와 달리 볼 수 없다.

**1-2 [대판 2014도17182]** 형사소송법 제262조 제4항 후문은 재정신청 기각결정이 확정된 사건에 대하여는 다른 중요한 증거를 발견한 경우를 제외하고는 소추할 수 없다고 규정하고 있다. 여기에서 '다른 중요한 증거를 발견한 경우'란 재정신청 기각결정 당시에 제출된 증거에 새로 발견된 증거를 추가하면 충분히 유죄의 확신을 가지게 될 정도의 증거가 있는 경우를 말하고, 단순히 재정신청 기각결정의 정당성에 의문이 제기되거나 범죄피해자의 권리를 보호하기 위하여 형사재판절차를 진행할 필요가 있는 정도의 증거가 있는 경우는 여기에 해당하지 않는다. 그리고 관련 민사판결에서의 사실인정 및 판단은, 그러한 사실인정 및 판단의 근거가 된 증거자료가 새로 발견된 증거에 해당할 수 있음은 별론으로 하고, 그 자체가 새로 발견된 증거라고 할 수는 없다.

**2-1 [대판 2009도224]** [재정신청서 기재요건을 위반한 재정신청을 인용한 공소제기결정의 잘못을 그 본안사건에서 다툴 수 있는지 여부(원칙적 소극)] [1] 법원이 재정신청서에 재정신청을 이유 있게 하는 사유가 기재되어 있지 않음에도 이를 간과한 채 형사소송법 제262조 제2항 제2호 소정의 공소제기결정을 한 관계로 그에 따른 공소가 제기되어 본안사건의 절차가 개시된 후에는, 다른 특별한 사정이 없는 한 이제 그 본안사건에서 위와 같은 잘못을 다툴 수 없다. 그렇지 아니하고 위와 같은 잘못을 본안사건에서 다툴 수 있다고 한다면 이는 재정신청에 대한 결정에 대하여 그것이 기각결정이든 인용결정이든 불복할 수 없도록 한 같은 법 제262조 제4항의 규정취지에 위배하여 형사소송절차의 안정성을 해칠 우려가 있기 때문이다. 또한 위와 같은 잘못은 본안사건에서 공소사실 자체에 대하여 무죄, 면소, 공소기각 등을 할 사유에 해당하는지를 살펴 무죄 등의 판결을 함으로써 그 잘못을 바로잡을 수 있다. 뿐만 아니라 본안사건에서 심리한 결과 범죄사실이 유죄로 인정되는 때에는 이를 처벌하는 것이 오히려 형사소송의 이념인 실체적 정의를 구현하는 데 보다 충실하다는 점도 고려하여야 한다. [2] 재정신청서에 형사소송법 제260조 제4항에 정한 사항의 기재가 없어서 법원으로서는 그 재정신청이 법률상의 방식에 위배된 것으로서 이를 기각하여야 함에도, 공소사실에 대한 실체판단에 나아간 제1심판결을 유지한 원심의 조치를 정당하다고 한 사례.

**2-2 [대판 2013도16162]** 법원이 재정신청서를 송부받았음에도 송부받은 날부터 형사소송법 제262조 제1항에서 정한 기간 안에 피의자에게 그 사실을 통지하지 아니한 채 형사소송법 제262조 제2항 제2호에서 정한 공소제기결정을 하였더라도, 그에 따른 공소가 제기되어 본안사건의 절차가 개시된 후에는 다른 특별한

사정이 없는 한 본안사건에서 위와 같은 잘못을 다툴 수 없다.

3 [대결 2008모1220] 파기환송. 원심은, 재항고인은 피의사실인 공문서변조, 동행사의 **피해자라고 할 수 없어** 형사소송법상 고소권자가 아니므로 이 사건 재정신청은 신청권이 없는 자에 의한 것이어서 부적법하다는 이유로, 이 사건 재정신청을 기각하였다. 그런데 **피해자는 보호법익의 주체에 한하지 않고 문제된 범죄행위로 말미암아 법률상 불이익을 받게 되는 자도 포함한다**고 할 것인바, 재항고인의 고소장 기재에 의하면 이 사건 근무상황부는 원래 피의자가 사유를 기재하고 재항고인이 최종적으로 결재한 것으로서 기재된 사유 부분이 재항고인의 형사재판에서 재항고인의 변소에 부합하는 것이었으나 피의자가 이를 변조하여 행사함으로써 재항고인의 형사재판에 불이익을 미쳤다는 것이므로, 위와 같은 불이익을 주장하는 재항고인은 **피해자로서 적법한 고소권자라고 할 것**이다. 그럼에도 불구하고 원심은 피해자 또는 고소권자에 관한 법리를 오해하여 이 사건 재정신청이 법률상의 방식에 위배되었다는 형식적인 사유로 이 사건 재정신청을 기각함으로써 더 나아가 그 신청이유에 대한 실체 판단을 하지 아니한 잘못을 저질렀고, 이러한 원심결정에는 적법한 재정신청에 대하여 법이 정하는 바에 따른 재판을 하지 아니한 위법이 있다.

4 [헌재 2008헌마716] [1] [피해자의 고소가 아닌 수사기관의 인지 등에 의하여 수사가 개시된 피의사건에서 검사의 불기소처분이 이루어진 경우 그 불기소처분의 취소를 구하기 위해 별도의 고소 없이 곧바로 제기된 피해자의 헌법소원이 보충성원칙의 예외에 해당하여 적법한지 여부(적극)] 피해자의 고소가 아닌 수사기관의 인지 등에 의해 수사가 개시된 피의사건에서 검사의 불기소처분이 이루어진 경우, 고소하지 아니한 피해자로 하여금 별도의 고소 및 이에 수반되는 권리구제절차를 거치게 하는 방법으로는 종래의 불기소처분 자체의 취소를 구할 수 없고 당해 수사처분 자체의 위법성도 치유될 수 없다는 점에서 이를 본래 의미의 사전 권리구제절차라고 볼 수 없고, **고소하지 아니한 피해자는 검사의 불기소처분을 다툴 수 있는 통상의 권리구제수단도 경유할 수 없으므로**, 그 불기소처분의 취소를 구하는 헌법소원의 사전 권리구제절차라는 것은 형식적·실질적 측면에서 모두 존재하지 않을 뿐만 아니라, 별도의 고소 등은 그에 수반되는 비용과 권리구제가능성 등 현실적인 측면에서 볼 때에도 불필요한 우회절차를 강요함으로써 피해자에게 지나치게 가혹할 수 있으므로, 고소하지 아니한 피해자는 예외적으로 불기소처분의 취소를 구하는 헌법소원심판을 곧바로 청구할 수 있다. [2] [기소유예처분을 받은 피의자가 그 처분의 취소를 구하는 헌법소원심판을 청구하는 경우 보충성원칙의 예외에 해당하여 적법한지 여부(적극)] 검사의 불기소처분에 대한 검찰청법 소정의 항고 및 재항고는 그 피의사건의 고소인 또는 고발인만이 할 수 있을 뿐, **기소유예처분을 받은 피의자가 범죄혐의를 부인하면서 무고함을 주장하는 경우**에는 검찰청법이나 다른 법률에 이에 대한 권리구제절차가 마련되어 있지 아니하므로, 검사의 기소유예처분의 취소를 구하는 헌법소원심판을 청구하는 경우에는 보충성원칙의 예외에 해당한다.

5 [헌재 2008헌마578, 2009헌마41, 98(병합)] 법 제262조 제3항이 재정신청사건의 심리를 비공개원칙으로 하고 법 제262조의 2 본문이 재정신청사건의 심리 중 관련 서류 및 증거물의 열람 또는 등사를 불허하는 것은 피의자의 사생활 침해, 수사의 비밀 저해 및 민사사건에 악용하기 위한 재정신청의 남발 등을 막기 위한 것으로 그 입법목적의 합리성이 인정되고, 법 제262조 제3항은 특별한 사정이 있는 경우 심리를 공개할 수 있도록 하고 있고 법 제262조의2 단서는 재정신청사건을 심리하는 법원이 그 증거조사과정에서 작성된 서류의 전부 또는 일부의 열람 또는 등사를 허가할 수 있도록 규정하고 있는바, 법 제262조 제3항

과 제262조의2 본문은 입법재량 행사의 합리성이 인정되므로 재정신청인인 청구인들의 재판청구권을 침해한다고 볼 수 없다.

6-1 [대결 98모127] 재정신청서에 대하여는 **형사소송법에 제344조 제1항8)과 같은 특례규정이 없으므로** 재정신청서는 같은 법 제260조 제2항이 정하는 기간 안에 불기소 처분을 한 검사가 소속한 지방검찰청의 검사장 또는 지청장에게 도달하여야 하고, 설령 구금중인 고소인이 재정신청서를 그 기간 안에 **교도소장 또는 그 직무를 대리하는 사람에게 제출하였다 하더라도** 재정신청서가 위의 기간 안에 불기소 처분을 한 검사가 소속한 지방검찰청의 검사장 또는 지청장에게 도달하지 아니한 이상 이를 적법한 재정신청서의 제출이라고 할 수 없다.

6-2 [대결 2013모2347 전원합의체] [다수의견] 형사소송절차에서 법원에 제출하는 서류는 **법원에 도달하여야 제출의 효과가 발생**하며, 각종 서류의 제출에 관하여 법정기간의 준수 여부를 판단할 때에도 당연히 해당 서류가 **법원에 도달한 시점을 기준으로** 하여야 한다. …… 위와 같이 법정기간 준수에 대하여 도달주의 원칙을 정하고 재소자 피고인 특칙의 예외를 개별적으로 인정한 형사소송법의 규정 내용과 입법 취지, 재정신청절차가 형사재판절차와 구별되는 특수성, 법정기간 내의 도달주의를 보완할 수 있는 여러 형사소송법상 제도 및 신속한 특급우편제도의 이용 가능성 등을 종합하여 보면, 재정신청 기각결정에 대한 재항고나 그 재항고 기각결정에 대한 즉시항고로서의 재항고에 대한 법정기간의 준수 여부는 **도달주의 원칙에** 따라 재항고장이나 즉시항고장이 법원에 도달한 시점을 기준으로 판단하여야 하고, 거기에 재소자 피고인 특칙은 준용되지 아니한다.

7 [대결 97모30] [1] [**재정신청 제기기간 후에 재정신청 대상을 추가할 수 있는지 여부(소극)**] 재정신청 제기기간이 경과된 후에 재정신청보충서를 제출하면서 원래의 재정신청에 재정신청 대상으로 포함되어 있지 않은 고발사실을 재정신청의 대상으로 추가한 경우, 그 재정신청보충서에서 추가한 부분에 관한 재정신청은 **법률상 방식에 어긋난 것으로서 부적법하다.** [2] [**검사의 무혐의 불기소처분이 위법하다 하더라도 기소유예를 할 만한 사건이라고 인정되는 경우, 재정신청의 기각 가부(적극)**] 공소를 제기하지 아니하는 검사의 처분의 당부에 관한 재정신청이 있는 경우에 법원이 검사의 무혐의 불기소처분이 위법하다 하더라도 기록에 나타난 여러 가지 사정을 고려하여 기소유예의 불기소처분을 할 만한 사건이라고 인정되는 경우에는 **재정신청을 기각할 수 있다.** [3] 후보자가 기부행위 제한기간 중에 정가 금 5,000원인 책자를 권당 금 1,000원에 판매한 행위는 공직선거및선거부정방지법이 금지하는 기부행위에 해당하므로 검사가 그 점에 대하여 무혐의 불기소처분을 한 것은 잘못이나, 후보자의 홍보부장이 선거관리위원회에 질의한 결과 위 책자를 무료로 배포하면 문제의 소지가 있다는 회답을 듣고 이를 유료로 판매하기만 하면 되는 것으로 오해하여 그와 같은 행위에 이르게 된 것이라는 점을 참작하면 기소유예를 할 만한 사안이라고 보아 재정신청을 기각한 원심결정을 수긍한 사례.

8 [대결 86모58] [**부천경찰서 성고문사건9)**] [**검사의 부당한 '기소유예처분'에 대한 재정신청**] [1] 기소편의

---

8) 형사소송법 제344조(**재소자에 대한 특칙**) ① 교도소 또는 구치소에 있는 피고인이 상소의 제기기간 내에 상소장을 교도소장 또는 구치소장 또는 그 직무를 대리하는 자에게 제출한 때에는 상소의 제기기간 내에 상소한 것으로 간주한다.

9) **부천서 성고문 사건**(1986년)은 당시 부천경찰서의 경장이던 문귀동이 조사과정에서 대학생(22세) 권인숙을 성

주의를 채택하고 있는 우리 법제 하에서, 검사는 범죄의 혐의가 충분하고 소송조건이 구비되어 있는 경우에도 개개의 구체적 사안에 따라 형법 제51조에 정한 사항을 참작하여 **불기소처분(기소유예)을 할 수 있는 재량**을 갖고 있기는 하나 그 재량에도 스스로 합리적 한계가 있는 것으로서  이 한계를 초월하여 기소를 하여야 할 극히 상당한 이유가 있는 사안을 불기소처분한 경우 이는 기소편의 주의의 법리에 어긋나는 부당한 조처라 하지 않을 수 없고 이러한 부당한 처분을 시정하기 위한 방법의 하나로 우리 형사소송법은 **재정신청제도**를 두고 있다. [2] 인간의 존엄과 행복추구권을 규정한 헌법 제9조 형사절차에서의 인권보장을 규정한 헌법 제11조 제2항의 정신에 비추어 볼 때에 경찰관이 그 직무를 행함에 당하여 형사피의자에 대하여 폭행 및 가혹행위를 하고 특히 여성으로서의 성적 수치심을 자극하는 방법으로 신체적, 정신적 고통을 가하는 것과 같은 **인권침해행위**는 용납할 수 없는 범죄행위로서 여러 정상을 참작한다 하더라도 그 기소를 유예할 사안으로는 볼 수 없다.

## 재정신청을 기각한 사례

9 [**대결 96모1**] [검사의 **무혐의 처분이 위법하다 하더라도** 기소유예를 할 만한 사건이라고 인정되는 경우 **재정신청을 기각할 수 있는지 여부**(적극)] 검사의 공소를 제기하지 아니하는 처분의 당부에 관한 재정신청에 당하는 법원은 검사의 무혐의 불기소처분이 위법하다 하더라도 기록에 나타난 제반 사정을 고려하여 기소유예의 불기소처분을 할 만한 사건이라고 인정되는 경우에는 재정신청을 기각할 수 있다.

10 [**대결 90모34**] 검사의 불기소처분 당시에 **공사시효가 완성**되어 공소권이 없는 경우에는 위 불기소처분에 대한 재정신청은 허용되지 않는다.

---

적으로 추행한 사건이다. 피해자 권인숙의 고소와 조영래를 비롯한 9명의 변호사가 이 사건을 고발하였으나 인천지방검찰 검사는 강제추행(형법298) 혐의에 대하여는 증거불충분을 이유로 '무혐의'판단을 하고, 독직·가혹행위(형법125)) 혐의는 인정하면서도 '**기소유예처분**'을 하였다. 이에 고소인과 고발인은 서울고등법원에 **재정신청**을 하였으나 기소유예처분은 타당하다고 판단하여 **기각**되었다. 재정신청인은 다시 대법원에 재항고하였다. 결국 1987년 6월 항쟁 이후인 1988년 2월 9일이 되어서야 대법원은 재정신청을 받아들였고, 문귀동은 징역 5년, 자격정지 3년을 선고받게 된다.

# 34 공소제기 이후의 수사

* 대법원 2000. 6. 15. 선고 99도1108 전원합의체 판결
* 참조조문: 형사소송법 제312조, 제313조, 제318조

공판준비 또는 공판기일에서 이미 증언을 마친 증인을 검사가 소환한 후, 피고인에게 유리한 그 증언 내용을 추궁하여 이를 일방적으로 **번복시키는 방식**으로 작성한 진술조서의 증거능력을 인정할 수 있는가?

●**사실**● 검사가 참고인 X에 대하여 작성한 1998.10.9.자 **진술조서**는 X가 1998.8.25. 제1심의 제4회 공판기일에 증인으로 출석하여 검사의 주신문과 피고인 측의 반대신문을 거쳐 **피고인의 변소 내용에 일부 부합**하는 취지의 증언을 마친 다음 검사의 소환에 따라 검찰청에 다시 출두하여 작성된 것이다. 이 진술조서는 X의 담당검사가 X를 별도의 위증 사건 피의자로 입건하여 신문하는 절차 없이 단순히 법정에서의 증언 내용을 다시 추궁하여 X로부터 그 증언 내용 중 피고인의 변소에 일부 부합하는 부분이 진실이 아니라는 취지의 **번복 진술을 받아낸 것**이었다. 이후 검사가 이 진술조서를 유죄의 증거로 제출하자 **피고인은 이를 증거로 할 수 있음에 동의하지 아니하였고**, 그 후 검사의 신청으로 출석한 증인 X는 1998.10.27. 제1심의 제8회 공판기일에 다시 증언을 하면서 이 사건 진술조서의 성립의 진정함을 인정하고 피고인 측의 반대신문이 이루어졌다. 제1심과 원심은 이 사건 진술조서의 증거능력을 인정하여 유죄 증거의 하나로 명시하였다. 이에 피고인은 상고하였다.

●**판지**● 상고기각[1]. 「[다수의견] 공판준비 또는 공판기일에서 **이미 증언을 마친 증인**을 검사가 소환한 후 피고인에게 유리한 그 증언 내용을 추궁하여 이를 **일방적으로 번복시키는 방식**으로 작성한 진술조서를 유죄의 증거로 삼는 것은 (가) 당사자주의·공판중심주의·직접주의를 지향하는 현행 형사소송법의 소송구조에 어긋나는 것일 뿐만 아니라, (나) 헌법 제27조가 보장하는 기본권, 즉 법관의 면전에서 모든 증거자료가 조사·진술되고 이에 대하여 피고인이 공격·방어할 수 있는 기회가 실질적으로 부여되는 재판을 받을 권리를 침해하는 것이므로, **이러한 진술조서는 '피고인'이 증거로 할 수 있음에 동의하지 아니하는 한 그 증거능력이 없다**고 하여야 할 것이고, 그 후 원진술자인 종전 증인이 다시 법정에 출석하여 증언을 하면서 그 진술조서의 성립의 진정함을 인정하고 피고인 측에 반대신문의 기회가 부여되었다고 하더라도 그 증언 자체를 유죄의 증거로 할 수 있음은 별론으로 하고 위와 같은 진술조서의 증거능력이 없다는 결론은 달리할 것이 아니다」.

●**해설**● **1 공소제기의 효과**　검사의 공소제기로 몇 가지 소송법상의 효과가 발생한다. 먼저 (1) 검사의 공소제기에 의하여 사건은 법원에 계속된다(訴訟繫屬). 이에 따라 피의자는 '**피고인**'의 지위(당사자의 지위)를 가지게 되고 사건은 법원의 지배로 옮겨지게 된다. (2) 특히 피고인에 대한 '**강제처분권**'이 **법원에 귀속**됨으로서 이제부터는 검사가 피고인을 구속하거나 구속된 피고인을 석방할 수는 없게 된다. (3) 그리고 검사의 공소제기에 의하여 **공소시효의 진행이 정지**된다("시효는 공소의 제기로 진행이 정지되고 공소기각 또는 관할위반의 재판이 확정된 때로부터 진행한다." 법253①). (4) 법원은 검사가 공소를 제기한 사건에 대해서만 심판할 수 있다(不告不理의 原則). 그 심판의 범위는 공소장에 기재된 피고인과 공소사실

---

1) 대법원은 이 사건 진술조서의 증거능력을 인정하여 유죄 증거의 하나로 삼은 원심판결에는 판시한 바와 같이 증언 번복 진술조서의 증거능력에 관한 법리를 오해한 위법이 있다고 보았지만, 이 사건의 경우 위 진술조서를 제외한 나머지 증거들 만에 의하더라도 피고인을 유죄로 인정하는 데에 아무런 지장이 없다고 판단하여 피고인의 상고를 기각하였다.

과 단일성 및 동일성이 인정되는 사실에 미친다(**공소불가분의 원칙**).

**2 공소제기 이후 수사의 허용범위**　　　공소제기 후에도 검사가 **공소 유지**를 위해서 또는 공소유지여부를 결정하기 위해서 **수사의 필요성은 여전히 존재**한다. 하지만 수사를 할 수 있다고 하여 공소제기 후의 수사가 공소제기 전과 같이 무제한 허용됨을 의미하지는 않는다. 여기서 공소제기 이후의 **수사의 허용범위**(① 공소제기 후의 강제수사, ② 공소제기 후의 임의수사)가 문제된다. 대상사안은 ②와 관련된 사안이다.

**3 공소제기 이후, 수사기관의 '강제수사'**　　　공소제기 이후, 수사기관의 '강제수사'는 **원칙적으로 허용되지 않는다.** (1) 공판절차에서 피고인은 검사와 대등한 지위를 가지는 당사자가 되므로 공소제기 후에 수사기관의 강제수사는 허용되지 않는다. 특히 공소제기 이후의 피고인 '구속'은 **수소법원의 권한**이므로 수사기관은 피고인을 구속하거나 압수·수색·검증할 수 없다(헌법상 보장된 적법절차의 원칙과 재판받을 권리, 공판중심주의·당사자주의·직접주의의 지향). 헌법재판소도「법원에 공소가 제기된 이후 피고인의 구속에 관한 권한은 **오직 법관**에게 있을 뿐 검사에게는 피의자를 구속하기 위한 검사의 구속영장청구권과 유사한 권한마저도 없다」고 판시한다(헌재 96헌마256, Ref 2-2). (2) 따라서 검사가 공소제기 후 피고사건에 관하여 **수소법원 이외의 지방법원 판사**에게 청구하여 발부받은 영장에 의하여 압수·수색을 하여 수집한 증거는 적법한 절차에 따르지 않은 것으로서 원칙적으로 유죄의 증거로 삼을 수 없다(대판 2009도10412, Ref 2-1). (3) 그러나 ① 피고인에 대한 구속영장을 집행하는 경우(법216②)나 ② **임의제출물의 압수**의 경우(법218)[2]는 강제수사이지만 공소제기 후에도 허용된다.

**4 공소제기 이후, 수사기관의 '임의수사'**　　　공소제기 이후의 '임의수사'는 **원칙적으로 허용된다.**[3] (1) 판례도「검사의 '피고인'에 대한 **진술조서**(당해 공소사실에 관한 것임)가 기소 후에 작성된 것이라는 이유만으로 곧 그 증거능력이 없는 것이라고 할 수 없다」(대판 82도754)고 판시하여 **공소제기 이후 피고인신문을 허용**하는 입장이다. (2) 그러나 대상판결에서와 같이 공판준비 또는 공판기일에서 **이미 증언을 마친 증인**을 검사가 소환한 후 피고인에게 유리한 그 증언 내용을 추궁하여 이를 **일방적으로 '번복시키는'** 방식으로 작성한 진술조서의 증거능력은 부정된다(**공판중심주의의 침해**. 이 경우 원진술자가 '성립의 진정'을 확인하거나 '반대신문의 기회'가 보장되더라도 증거능력은 부정된다). 나아가 (3) 판례는 공소제기 후 작성된 **'증인예정자의 진술조서'**의 경우에도 같은 법리가 적용된다고 판시하고 있다(대판 2013도6825, Ref 1-2). 하지만 (4) 이 경우도 판례는 당사자인 **'피고인'**이 그 진술조서(증언번복조서)를 증거로 **'동의'**하면 증거능력을 인정함에 주의를 요한다(대상판결. 위법수집증거는 동의의 대상이 되지 못하나 예외적으로 판례는 '증언번복조서'의 경우, 동의하면 증거능력을 인정한다).[4]

---

2) 형사소송법 제218조(**영장에 의하지 아니한 압수**) 검사, 사법경찰관은 피의자 기타인의 유류한 물건이나 소유자, 소지자 또는 보관자가 임의로 제출한 물건을 영장없이 압수할 수 있다.

3) 따라서 참고인조사(법221), 통역·번역의 위촉(법221②), 공무소 등에의 조회(법199②)는 공소제기 이후에도 제1회 공판기일의 전후를 불문하고 허용된다.

4) 대상판결에 대해서는 다음의 비판이 있다. "공정한 재판을 받을 권리에 대한 침해는 적법절차의 실질적 내용을 침해하는 것으로서 이를 통해 수집된 증거는 원칙적으로 위법수집증거로서(제308조의2) 증거동의 유무에 관계없이 증거능력이 부정되어야 하지만, 기존의 판례는 피고인의 방어권에 대한 침해에 경중을 두어서 진술거부권이나 변호인의 조력을 받을 권리 등을 침해한 경우에는 증거동의 유무를 불문하고 증거능력을 배제하지만, 반대신문권을 침해한 경우는 증거동의에 의해 증거능력이 인정된다고 보고 있다. 이는 반대신문권이 헌법에 명시된 권리가 아니므로 반대신문권 침해가 곧바로 적법절차의 실질에 대한 본질적 침해가 되지 않는다

# * 증언번복조서의 증거능력 *

1 [대판 2017도1660] 공판준비 또는 공판기일에서 이미 증언을 마친 증인을 검사가 소환한 후 피고인에게 유리한 그 증언 내용을 추궁하여 이를 일방적으로 번복시키는 방식으로 작성한 진술조서 또는 그 증인을 상대로 위증의 혐의를 조사한 내용을 담은 **피의자신문조서**는 피고인이 증거로 할 수 있음에 동의하지 아니하는 한 그 증거능력이 없다고 할 것이나, 그 후 원진술자인 종전 증인이 다시 법정에 출석하여 증언을 하였다면 그 증언 자체는 유죄의 증거로 할 수 있다.

2 [대판 2013도6825] [항소심의 증인으로 소환된 사람을 미리 수사기관에서 조사한 진술조서의 증거능력과 법정 증언의 증명력] [1] 헌법은 제12조 제1항 후문에서 적법절차의 원칙을 천명하고, 제27조에서 재판받을 권리를 보장하고 있다. 형사소송법은 이를 실질적으로 구현하기 위하여, 피고사건에 대한 실체심리가 공개된 법정에서 검사와 피고인 양 당사자의 공격 · 방어활동에 의하여 행해져야 한다는 **당사자주의**와 **공판중심주의 원칙**, 공소사실의 인정은 법관의 면전에서 직접 조사한 증거만을 기초로 해야 한다는 **직접심리주의와 증거재판주의 원칙**을 기본원칙으로 채택하고 있다. 이에 따라 공소가 제기된 후에는 그 사건에 관한 형사절차의 모든 권한이 사건을 주재하는 수소법원에 속하게 되며, 수사의 대상이던 피의자는 검사와 대등한 당사자인 피고인의 지위에서 방어권을 행사하게 된다. 형사소송법상 법관의 면전에서 당사자의 모든 주장과 증거조사가 실질적으로 이루어지는 제1심법정에서의 절차가 실질적 직접심리주의와 공판중심주의를 구현하는 원칙적인 것이지만, 제1심의 공판절차에 관한 규정은 특별한 규정이 없으면 항소심의 심판절차에도 준용되는 만큼 항소심도 제한적인 범위 내에서 이러한 원칙에 따른 절차로 볼 수 있다. [2] 이러한 형사소송법의 기본원칙에 따라 살펴보면, 제1심에서 피고인에 대하여 무죄판결이 선고되어 검사가 항소한 후, 수사기관이 항소심 공판기일에 증인으로 신청하여 신문할 수 있는 사람을 특별한 사정없이 미리 수사기관에 소환하여 작성한 진술조서는 피고인이 증거로 할 수 있음에 동의하지 않는 한 증거능력이 없다. 검사가 공소를 제기한 후 참고인을 소환하여 피고인에게 불리한 진술을 기재한 진술조서를 작성하여 이를 공판절차에 증거로 제출할 수 있게 한다면, 피고인과 대등한 당사자의 지위에 있는 검사가 수사기관으로서의 권한을 이용하여 일방적으로 법정 밖에서 유리한 증거를 만들 수 있게 하는 것이므로 당사자주의 · 공판중심주의 · 직접심리주의에 반하고 피고인의 공정한 재판을 받을 권리를 침해하기 때문이다. [3] 위 참고인이 나중에 법정에 증인으로 출석하여 위 진술조서의 성립의 진정을 인정하고 피고인 측에 반대신문의 기회가 부여된다 하더라도 위 진술조서의 증거능력을 인정할 수 없음은 마찬가지이다.

3 [대판 2012도534] 공판준비 또는 공판기일에서 이미 증언을 마친 증인을 검사가 소환한 후 피고인에게 유리한 증언 내용을 추궁하여 이를 **일방적으로 번복시키는 방식**으로 작성한 진술조서를 유죄의 증거로

---

고 보고 있기 때문인 것으로 보인다. 이러한 법리적 구조에서 증언번복조서판결이 증언번복조서에 대하여 증거동의가 있으면 증거능력이 인정된다고 판시한 취지를 이해할 수 있다. 하지만, 피고인의 방어권의 핵심을 이루는 **반대신문권의 법적 지위**를 이처럼 '상대적'인 것으로 간주해 헌법상 보장되는 진술거부권이나 변호인의 조력을 받을 권리와 차별적으로 취급하는 판례의 태도에는 합리적 근거가 부족하고, 대면권 내지 반대신문권을 형사절차에서 피고인의 기본권으로 승인하는 국제규범에 비추어 볼 때 이에 대한 침해는 **적법절차의 실질적 내용을 침해**하는 것으로 보아야 할 것이다."(안성조, 증언번복진술조서의 증거능력과 증거동의의 효력, 법조 제72권 제1호(2023), 186면).

삼는 것은 당사자주의 · 공판중심주의 · 직접주의를 지향하는 현행 형사소송법의 소송구조에 어긋나는 것일 뿐만 아니라, 헌법 제27조가 보장하는 기본권, 즉 법관의 면전에서 모든 증거자료가 조사 · 진술되고 이에 대하여 피고인이 공격 · 방어할 수 있는 기회가 실질적으로 부여되는 재판을 받을 권리를 침해하는 것이므로, **이러한 진술조서는 피고인이 증거로 할 수 있음에 '동의하지 아니하는 한' 증거능력이 없다고 할 것**이고, 이러한 법리는 검사가 공판준비기일 또는 공판기일에서 이미 증언을 마친 증인을 소환하여 피고인에게 유리한 증언 내용을 추궁한 다음 진술조서를 작성하는 대신 그로 하여금 본인의 증언 내용을 번복하는 내용의 **'진술서'**를 작성하도록 하여 법원에 제출한 경우에도 마찬가지로 적용된다.

### *Reference 2*

1 [대판 2009도10412] [검사가 **'공소제기 후'** 형사소송법 제215조[5])에 따라 **수소법원 이외의 지방법원 판사로부터 발부받은 압수 · 수색 영장에 의해 수집한 증거의 증거능력 유무(원칙적 소극)**] [1] 형사소송법은 제215조에서 검사가 압수 · 수색 영장을 청구할 수 있는 시기를 공소제기 전으로 명시적으로 한정하고 있지는 아니하나, 헌법상 보장된 적법절차의 원칙과 재판받을 권리, 공판중심주의 · 당사자주의 · 직접주의를 지향하는 현행 형사소송법의 소송구조, 관련 법규의 체계, 문언 형식, 내용 등을 종합하여 보면, **일단 공소가 제기된 후에는 피고사건에 관하여 검사로서는 형사소송법 제215조에 의하여 압수 · 수색을 할 수 없다고 보아야**하며, 그럼에도 검사가 공소제기 후 형사소송법 제215조에 따라 **수소법원 이외의 지방법원 판사에게 청구하여 발부받은 영장에 의하여 압수 · 수색을 하였다면**, 그와 같이 수집된 증거는 기본적 인권 보장을 위해 마련된 적법한 절차에 따르지 않은 것으로서 **원칙적으로 유죄의 증거로 삼을 수 없다.** [2] 공정거래위원회 소속 공무원인 피고인 甲이 乙로부터 뇌물을 수수하였다고 하여 기소된 사안에서, 검사 제출의 증거들은 **모두 공소제기 후 적법한 절차에 따르지 아니하고 수집**한 것이거나 이를 기초로 획득한 2차적 증거에 불과하여 유죄 인정의 증거로 사용할 수 없다는 이유로, 피고인 甲에게 무죄를 선고한 원심판단을 수긍한 사례.

2 [헌재 96헌마256] [검사의 불구속 공소제기에 대한 헌법소원의 적법성 여부] **법원에 공소가 제기된 이후 피고인의 구속에 관한 권한은 오직 법관에게 있을 뿐** 검사에게는 피의자를 구속하기 위한 검사의 구속영장청구권과 유사한 권한마저도 없으며, 법원의 재판절차에 흡수되어 구속 불구속심리의 구체적인 사법적 심사를 받게 되므로, 검사의 불구속 공소제기는 헌법소원심사의 대상이 될 수 없다.

3 [대판 84도1646] [공소제기 후 검사가 작성한 **피고인**에 대한 진술조서의 증거능력] 검사작성의 피고인에 대한 진술조서가 공소제기 후에 작성된 것이라는 이유만으로는 곧 그 증거능력이 없다고 할 수 없다.

---

5) 형사소송법 제215조(**압수, 수색, 검증**) ① 검사는 범죄수사에 필요한 때에는 피의자가 죄를 범하였다고 의심할 만한 정황이 있고 해당 사건과 관계가 있다고 인정할 수 있는 것에 한정하여 지방법원판사에게 청구하여 발부받은 영장에 의하여 압수, 수색 또는 검증을 할 수 있다. ② 사법경찰관이 범죄수사에 필요한 때에는 피의자가 죄를 범하였다고 의심할 만한 정황이 있고 해당 사건과 관계가 있다고 인정할 수 있는 것에 한정하여 검사에게 신청하여 검사의 청구로 지방법원판사가 발부한 영장에 의하여 압수, 수색 또는 검증을 할 수 있다.

# 형사소송법
[시행 2025. 1. 17.] [법률 제20460호, 2024. 10. 16., 일부개정]

## 제1편 총칙
## 제3장 공판
### 제1절 공판준비와 공판절차
### 제2절 증거

**제307조(증거재판주의)** ① 사실의 인정은 증거에 의하여야 한다.

② 범죄사실의 인정은 합리적인 의심이 없는 정도의 증명에 이르러야 한다.

**제308조(자유심증주의)** 증거의 증명력은 법관의 자유판단에 의한다.

**제308조의2(위법수집증거의 배제)** 적법한 절차에 따르지 아니하고 수집한 증거는 증거로 할 수 없다.

**제309조(강제등 자백의 증거능력)** 피고인의 자백이 고문, 폭행, 협박, 신체구속의 부당한 장기화 또는 기망 기타의 방법으로 임의로 진술한 것이 아니라고 의심할 만한 이유가 있는 때에는 이를 유죄의 증거로 하지 못한다.

**제310조(불이익한 자백의 증거능력)** 피고인의 자백이 그 피고인에게 불이익한 유일의 증거인 때에는 이를 유죄의 증거로 하지 못한다.

**제310조의2(전문증거와 증거능력의 제한)** 제311조 내지 제316조에 규정한 것 이외에는 공판준비 또는 공판기일에서의 진술에 대신하여 진술을 기재한 **서류**나 공판준비 또는 공판기일 외에서의 타인의 진술을 내용으로 하는 **진술**은 이를 증거로 할 수 없다.

**제311조(법원 또는 법관의 조서)** 공판준비 또는 공판기일에 피고인이나 피고인 아닌 자의 진술을 기재한 조서와 법원 또는 법관의 검증의 결과를 기재한 조서는 증거로 할 수 있다. 제184조 및 제221조의2의 규정에 의하여 작성한 조서도 또한 같다.

**제312조(검사 또는 사법경찰관의 조서 등)** ① 검사가 작성한 피의자신문조서는 적법한 절차와 방식에 따라 작성된 것으로서 공판준비, 공판기일에 그 피의자였던 피고인 또는 변호인이 그 내용을 인정할 때에 한정하여 증거로 할 수 있다.

② 삭제 〈2020. 2. 4.〉

③ 검사 이외의 수사기관이 작성한 피의자신문조서는 적법한 절차와 방식에 따라 작성된 것으로서 공판준비 또는 공판기일에 그 피의자였던 피고인 또는 변호인이 그 내용을 인정할 때에 한하여 증거로 할 수 있다.

④ 검사 또는 사법경찰관이 피고인이 아닌 자의 진술을 기재한 조서는 적법한 절차와 방식에 따라 작성된 것으로서 그 조서가 검사 또는 사법경찰관 앞에서 진술한 내용과 동일하게 기재되어 있음이 원진술자의 공판준비 또는 공판기일에서의 진술이나 영상녹화물 또는 그 밖의 객관적인 방법에 의하여 증명되고, 피고인 또는 변호인이 공판준비 또는 공판기일에 그 기재 내용에 관하여 원진술자를 신문할 수 있었던 때에는 증거로 할 수 있다. 다만, 그 조서에 기재된 진술이 특히 신빙할 수 있는 상태하에서 행하여졌음이 증명된 때에 한한다.

⑤ 제1항부터 제4항까지의 규정은 피고인 또는 피고인이 아닌 자가 수사과정에서 작성한 진술서에 관하여 준용한다.

⑥ 검사 또는 사법경찰관이 검증의 결과를 기재한 조서는 적법한 절차와 방식에 따라 작성된 것으로서 공판준비 또는 공판기일에서의 작성자의 진술에 따라 그 성립의 진정함이 증명된 때에는 증거로 할 수 있다.

**제313조(진술서등)** ① 전2조의 규정 이외에 피고인 또는 피고인이 아닌 자가 작성한 진술서나 그 진술을 기재한 서류로서 그 작성자 또는 진술자의 자필이거나 그 서명 또는 날인이 있는 것(피고인 또는 피고인 아닌 자가 작성하였거나 진술한 내용이 포함된 문자·사진·영상 등의 정보로서 컴퓨터용디스크, 그 밖에 이와 비슷한 정보저장매체에 저장된 것을 포함한다. 이하 이 조에서 같다)은 공판준비나 공판기일에서의 그 작성자 또는 진술자의 진술에 의하여 그 성립의 진정함이 증명된 때에는 증거로 할 수 있다. 단, 피고인의 진술을 기재한 서류는 공판준비 또는 공판기일에서의 그 작성자의 진술에 의하여 그 성립의 진정함이 증명되고 그 진술이 특히 신빙할 수 있는 상태 하에서 행하여 진 때에 한하여 피고인의 공판준비 또는 공판기일에서의 진술에 불구하고 증거로 할 수 있다.

② 제1항 본문에도 불구하고 진술서의 작성자가 공판준비나 공판기일에서 그 성립의 진정을 부인하는 경우에는 과학적 분석결과에 기초한 디지털포렌식 자료, 감정 등 객관적 방법으로 성립의 진정함이 증명되는 때에는 증거로 할 수 있다. 다만, 피고인 아닌 자가 작성한 진술서는 피고인 또는 변호인이 공판준비 또는 공판기일에 그 기재 내용에 관하여 작성자를 신문할 수 있었을 것을 요한다.

③ 감정의 경과와 결과를 기재한 서류도 제1항 및 제2항과 같다.

제314조(증거능력에 대한 예외) 제312조 또는 제313조의 경우에 공판준비 또는 공판기일에 진술을 요하는 자가 사망·질병·외국거주·소재불명 그 밖에 이에 준하는 사유로 인하여 진술할 수 없는 때에는 그 조서 및 그 밖의 서류(피고인 또는 피고인 아닌 자가 작성하였거나 진술한 내용이 포함된 문자·사진·영상 등의 정보로서 컴퓨터용디스크, 그 밖에 이와 비슷한 정보저장매체에 저장된 것을 포함한다)를 증거로 할 수 있다. 다만, 그 진술 또는 작성이 특히 신빙할 수 있는 상태 하에서 행하여졌음이 증명된 때에 한한다.

제315조(당연히 증거능력이 있는 서류) 다음에 게기한 서류는 증거로 할 수 있다.

1. 가족관계기록사항에 관한 증명서, 공정증서등본 기타 공무원 또는 외국공무원의 직무상 증명할 수 있는 사항에 관하여 작성한 문서

2. 상업장부, 항해일지 기타 업무상 필요로 작성한 통상문서

3. 기타 특히 신용할 만한 정황에 의하여 작성된 문서

제316조(전문의 진술) ① 피고인이 아닌 자(공소제기 전에 피고인을 피의자로 조사하였거나 그 조사에 참여하였던 자를 포함한다. 이하 이 조에서 같다)의 공판준비 또는 공판기일에서의 진술이 피고인의 진술을 그 내용으로 하는 것인 때에는 그 진술이 특히 신빙할 수 있는 상태 하에서 행하여졌음이 증명된 때에 한하여 이를 증거로 할 수 있다.

② 피고인 아닌 자의 공판준비 또는 공판기일에서의 진술이 피고인 아닌 타인의 진술을 그 내용으로 하는 것인 때에는 원진술자가 사망, 질병, 외국거주, 소재불명 그 밖에 이에 준하는 사유로 인하여 진술할 수 없고, 그 진술이 특히 신빙할 수 있는 상태하에서 행하여졌음이 증명된 때에 한하여 이를 증거로 할 수 있다.

제317조(진술의 임의성) ① 피고인 또는 피고인 아닌 자의 진술이 임의로 된 것이 아닌 것은 증거로 할 수 없다.

② 전항의 서류는 그 작성 또는 내용인 진술이 임의로 되었다는 것이 증명된 것이 아니면 증거로 할 수 없다.

③ 검증조서의 일부가 피고인 또는 피고인 아닌 자의 진술을 기재한 것인 때에는 그 부분에 한하여 전2항의 예에 의한다.

제318조(당사자의 동의와 증거능력) ① 검사와 피고인이 증거로 할 수 있음을 동의한 서류 또는 물건은 진정한 것으로 인정한 때에는 증거로 할 수 있다.

② 피고인의 출정없이 증거조사를 할 수 있는 경우에 피고인이 출정하지 아니한 때에는 전항의 동의가 있는 것으로 간주한다. 단, 대리인 또는 변호인이 출정한 때에는 예외로 한다.

제318조의2(증명력을 다투기 위한 증거) ① 제312조부터 제316조까지의 규정에 따라 증거로 할 수 없는 서류나 진술이라도 공판준비 또는 공판기일에서의 피고인 또는 피고인이 아닌 자(공소제기 전에 피고인을 피의자로 조사하였거나 그 조사에 참여하였던 자를 포함한다. 이하 이 조에서 같다)의 진술의 증명력을 다투기 위하여 증거로 할 수 있다.

②제1항에도 불구하고 피고인 또는 피고인이 아닌 자의 진술을 내용으로 하는 영상녹화물은 공판준비 또는 공판기일에 피고인 또는 피고인이 아닌 자가 진술함에 있어서 기억이 명백하지 아니한 사항에 관하여 기억을 환기시켜야 할 필요가 있다고 인정되는 때에 한하여 피고인 또는 피고인이 아닌 자에게 재생하여 시청하게 할 수 있다.

제318조의3(간이공판절차에서의 증거능력에 관한 특례) 제286조의2의 결정이 있는 사건의 증거에 관하여는 제310조의2, 제312조 내지 제314조 및 제316조의 규정에 의한 증거에 대하여 제318조제1항의 동의가 있는 것으로 간주한다. 단, 검사, 피고인 또는 변호인이 증거로 함에 이의가 있는 때에는 그러하지 아니하다.

# 형사소송규칙

[시행 2022. 1. 1.] [대법원규칙 제3016호, 2021. 12. 31., 일부개정]

## 제1편 총칙
## 제2편 제1심
## 제3장 공판

### 제1절 공판준비와 공판절차

**제134조(증거결정의 절차)** ① 법원은 증거결정을 함에 있어서 필요하다고 인정할 때에는 그 증거에 대한 검사, 피고인 또는 변호인의 의견을 들을 수 있다.

② 법원은 서류 또는 물건이 증거로 제출된 경우에 이에 관한 증거결정을 함에 있어서는 제출한 자로 하여금 그 서류 또는 물건을 상대방에게 제시하게 하여 상대방으로 하여금 그 서류 또는 물건의 증거능력 유무에 관한 의견을 진술하게 하여야 한다. 다만, 법 제318조의3의 규정에 의하여 동의가 있는 것으로 간주되는 경우에는 그러하지 아니하다.

③ 삭제

④ 법원은 증거신청을 기각·각하하거나, 증거신청에 대한 결정을 보류하는 경우, 증거신청인으로부터 당해 증거서류 또는 증거물을 제출받아서는 아니 된다.

**제134조의2(영상녹화물의 조사 신청)** ① 검사는 **피고인이 아닌 피의자의 진술**을 영상녹화한 사건에서 피고인이 아닌 피의자가 그 조서에 기재된 내용이 자신이 진술한 내용과 동일하게 기재되어 있음을 인정하지 아니하는 경우 그 부분의 성립의 진정을 증명하기 위하여 영상녹화물의 조사를 신청할 수 있다.

② 삭제

③ 제1항의 영상녹화물은 조사가 개시된 시점부터 조사가 종료되어 피의자가 조서에 기명날인 또는 서명을 마치는 시점까지 전과정이 영상녹화된 것으로, 다음 각 호의 내용을 포함하는 것이어야 한다.

1. 피의자의 신문이 영상녹화되고 있다는 취지의 고지
2. 영상녹화를 시작하고 마친 시각 및 장소의 고지
3. 신문하는 검사와 참여한 자의 성명과 직급의 고지
4. 진술거부권·변호인의 참여를 요청할 수 있다는 점 등의 고지
5. 조사를 중단·재개하는 경우 중단 이유와 중단 시각, 중단 후 재개하는 시각
6. 조사를 종료하는 시각

④ 제1항의 영상녹화물은 조사가 행해지는 동안 조사실 전체를 확인할 수 있도록 녹화된 것으로 진술자의 얼굴을 식별할 수 있는 것이어야 한다.

⑤ 제1항의 영상녹화물의 재생 화면에는 녹화 당시의 날짜와 시간이 실시간으로 표시되어야 한다.

⑥ 삭제

**제134조의3(제3자의 진술과 영상녹화물)** ① 검사는 **피의자가 아닌 자가** 공판준비 또는 공판기일에서 조서가 자신이 검사 또는 사법경찰관 앞에서 진술한 내용과 동일하게 기재되어 있음을 인정하지 아니하는 경우 그 부분의 성립의 진정을 증명하기 위하여 영상녹화물의 조사를 신청할 수 있다.

② 검사는 제1항에 따라 영상녹화물의 조사를 신청하는 때에는 피의자가 아닌 자가 영상녹화에 동의하였다는 취지로 기재하고 기명날인 또는 서명한 서면을 첨부하여야 한다.

③ 제134조의2제3항제1호부터 제3호, 제5호, 제6호, 제4항, 제5항은 검사가 피의자가 아닌 자에 대한 영상녹화물의 조사를 신청하는 경우에 준용한다.

**제134조의4(영상녹화물의 조사)** ① 법원은 검사가 영상녹화물의 조사를 신청한 경우 이에 관한 결정을 함에 있어 **원진술자와 함께** 피고인 또는 변호인으로 하여금 그 영상녹화물이 적법한 절차와 방식에 따라 작성되어 봉인된 것인지 여부에 관한 의견을 진술하게 하여야 한다.

② 삭제

③ 법원은 공판준비 또는 공판기일에서 봉인을 해체하고 영상녹화물의 전부 또는 일부를 재생하는 방법으로 조사하여야 한다. 이 때 영상녹화물은 그 재생과 조사에 필요한 전자적 설비를 갖춘 법정 외의 장소에서 이를 재생할 수 있다.

④ 재판장은 조사를 마친 후 지체 없이 법원사무관 등으로 하여금 다시 원본을 봉인하도록 하고, 원진술자와 함께 피고인 또는 변호인에게 기명날인 또는 서명하도록 하여 검사에게 반환한다. 다만, 피고인의 출석 없이 개정하는 사건에서 변호인이 없는 때에는 피고인 또는 변호인의 기명날인 또는 서명을 요하지 아니한다.

**제134조의5(기억 환기를 위한 영상녹화물의 조사)** ① 법 제318조의2제2항에 따른 영상녹화물의 재생은 **검사의 신청이 있는 경우에 한하고**, 기억의 환기가 필요한 **피고인 또는 피고인 아닌 자에게만** 이를 재생하여 시청하게 하여야 한다.

② 제134조의2제3항부터 제5항까지와 제134조의4는 검사가 법 제318조의2제2항에 의하여 영상녹화물의 재생을 신청하는 경우에 준용한다.

제134조의6(증거서류에 대한 조사방법) ① 법 제292조제3항에 따른 증거서류 내용의 고지는 그 요지를 고지하는 방법으로 한다.

② 재판장은 필요하다고 인정하는 때에는 법 제292조제1항·제2항·제4항의 낭독에 갈음하여 그 요지를 진술하게 할 수 있다.

제134조의7(컴퓨터용디스크 등에 기억된 문자정보 등에 대한 증거조사) ① 컴퓨터용디스크 그 밖에 이와 비슷한 정보저장매체(다음부터 이 조문 안에서 이 모두를 "컴퓨터디스크 등"이라 한다)에 기억된 문자정보를 증거자료로 하는 경우에는 읽을 수 있도록 출력하여 인증한 등본을 낼 수 있다.

② 컴퓨터디스크 등에 기억된 문자정보를 증거로 하는 경우에 증거조사를 신청한 당사자는 법원이 명하거나 상대방이 요구한 때에는 컴퓨터디스크 등에 입력한 사람과 입력한 일시, 출력한 사람과 출력한 일시를 밝혀야 한다.

③ 컴퓨터디스크 등에 기억된 정보가 도면·사진 등에 관한 것인 때에는 제1항과 제2항의 규정을 준용한다.

제134조의8(음성·영상자료 등에 대한 증거조사) ① 녹음·녹화테이프, 컴퓨터용디스크, 그 밖에 이와 비슷한 방법으로 음성이나 영상을 녹음 또는 녹화(다음부터 이 조문 안에서 "녹음·녹화 등"이라 한다)하여 재생할 수 있는 매체(다음부터 이 조문 안에서 "녹음·녹화매체 등"이라 한다)에 대한 증거조사를 신청하는 때에는 음성이나 영상이 녹음·녹화 등이 된 사람, 녹음·녹화 등을 한 사람 및 녹음·녹화 등을 한 일시 · 장소를 밝혀야 한다.

② 녹음·녹화매체 등에 대한 증거조사를 신청한 당사자는 법원이 명하거나 상대방이 요구한 때에는 녹음·녹음매체 등의 녹취서, 그 밖에 그 내용을 설명하는 서면을 제출하여야 한다.

③ 녹음·녹화매체 등에 대한 증거조사는 녹음·녹화매체 등을 재생하여 청취 또는 시청하는 방법으로 한다.

제134조의9(준용규정) 도면·사진 그 밖에 정보를 담기 위하여 만들어진 물건으로서 문서가 아닌 증거의 조사에 관하여는 특별한 규정이 없으면 법 제292조, 법 제292조의2의 규정을 준용한다.

제134조의10(피해자등의 의견진술) ① 법원은 필요하다고 인정하는 경우에는 직권으로 또는 법 제294조의2제1항에 정한 피해자등(이하 이 조 및 제134조의11에서 '피해자등'이라 한다)의 신청에 따라 피해자등을 공판기일에 출석하게 하여 법 제294조의2제2항에 정한 사항으로서 범죄사실의 인정에 해당하지 않는 사항에 관하여 증인신문에 의하지 아니하고 의견을 진술하게 할 수 있다.

② 재판장은 재판의 진행상황 등을 고려하여 피해자등의 의견진술에 관한 사항과 그 시간을 미리 정할 수 있다.

③ 재판장은 피해자등의 의견진술에 대하여 그 취지를 명확하게 하기 위하여 피해자등에게 질문할 수 있고, 설명을 촉구할 수 있다.

④ 합의부원은 재판장에게 알리고 제3항의 행위를 할 수 있다.

⑤ 검사, 피고인 또는 변호인은 피해자등이 의견을 진술한 후 그 취지를 명확하게 하기 위하여 재판장의 허가를 받아 피해자등에게 질문할 수 있다.

⑥ 재판장은 다음 각 호의 어느 하나에 해당하는 경우에는 피해자등의 의견진술이나 검사, 피고인 또는 변호인의 피해자등에 대한 질문을 제한할 수 있다.

1. 피해자등이나 피해자 변호사가 이미 해당 사건에 관하여 충분히 진술하여 다시 진술할 필요가 없다고 인정되는 경우

2. 의견진술 또는 질문으로 인하여 공판절차가 현저하게 지연될 우려가 있다고 인정되는 경우

3. 의견진술과 질문이 해당 사건과 관계없는 사항에 해당된다고 인정되는 경우

4. 범죄사실의 인정에 관한 것이거나, 그 밖의 사유로 피해자등의 의견진술로서 상당하지 아니하다고 인정되는 경우

⑦ 제1항의 경우 법 제163조의2제1항, 제3항 및 제84조의3을 준용한다.

제134조의11(의견진술에 갈음한 서면의 제출) ① 재판장은 재판의 진행상황, 그 밖의 사정을 고려하여 피해자등에게 제134조의10제1항의 의견진술에 갈음하여 의견을 기재한 서면을 제출하게 할 수 있다.

② 피해자등의 의견진술에 갈음하는 서면이 법원에 제출된 때에는 검사 및 피고인 또는 변호인에게 그 취지를 통지하여야 한다.

③ 제1항에 따라 서면이 제출된 경우 재판장은 공판기일에서 의견진술에 갈음하는 서면의 취지를 명확하게 하여야 한다. 이 경우 재판장은 상당하다고 인정하는 때에는 그 서면을 낭독하거나 요지를 고지할 수 있다.

④ 제2항의 통지는 서면, 전화, 전자우편, 모사전송, 휴대전화 문자전송 그 밖에 적당한 방법으로 할 수 있다.

제134조의12(의견진술·의견진술에 갈음한 서면) 제134조의10제1항에 따른 진술과 제134조의11제1항에 따른 서면은 범죄사실의 인정을 위한 증거로 할 수 없다.

# 35 엄격한 증명과 자유로운 증명 – 증명의 기본원칙 –

* 대법원 1986. 11. 25. 선고 83도1718 판결
* 참조조문: 형사소송법 제307조,1) 제308조2)

---

**진술의 임의성 유무의 판단방법**

●**사실**● 피고인 X는 검사로부터 신문받을 당시 처음에는 수사경찰관이 동석하였으나 검사가 수사경찰관을 밖으로 내보낸 뒤 다시 진술의 임의성 여부를 묻고 진술을 확인하자 조서에 서명날인 하였다. 하지만 이후 X는 검찰송치 전 경찰에서 부당하게 장기간 구금당하였을 뿐만 아니라 모진 고문과 폭행을 당하였으며, 당시 경찰관으로부터 만일 검찰에서 자백을 번복할 경우 또 다시 고문을 가할 것이며, 중형을 구형받게 될 것이라는 협박을 당하여 **부득이 검사에게도 자백**한 것으로 검찰에서의 그 자백은 **임의성 없는 자백이라 주장**하며 상고하였다. 재판에서는 임의성 없는 자백의 증거능력 인정 여부와 증명의 방법이 다투어 졌다.

●**판지**● 상고기각. 「[1] 설사 경찰에서 부당한 신체구속을 당하였다 하더라도 위에서 본바와 같이 **검사 앞에서의 피고인의 진술에 임의성이 인정되는 터이므로** 그와 같은 부당한 신체구속이 있었다는 사유만으로 검사가 작성한 피의자신문조서의 증거능력이 상실된다고도 할 수 없다
[2] 검사작성의 피의자신문조서에 기재된 **피의자의 진술에 관하여 공판정에서 그 임의성 유무가 다투어지는 경우**에는 법원은 구체적인 사건에 따라 증거조사의 방법이나 증거능력의 제한을 받지 아니하고 제반사정을 종합 참작하여 적당하다고 인정되는 방법에 의하여 **자유로운 증명으로 그 임의성 유무를 판단**하면 된다」.

●**해설**● **1 증거재판주의**　　"사실의 인정은 증거에 의하여야 한다."(법307①)는 증거재판주의는 근대 형사소송법에 있어서 자명한 원리이다('**사실의 확정**'은 형사소송에서 가장 중요한 의미를 가진다. 따라서 사실의 인정은 특히 신중을 기하여야 한다). 여기서 '**사실**'은 범죄될 사실을 의미하고, 그러한 '사실'의 인정은 ㉠ **증거능력**이 있고3) ㉡ **적법한 증거조사**를 거친 증거에 의하여야 함을 의미한다.4) 증거재판주의는 규범적 의미에서 범죄될 사실은 **엄격한 증명**을 요한다는 특수한 의미를 가지게 된다(제307조가 규정한 증거재판주의는 엄격한 증명의 법리를 천명한 것이다). 증거재판주의에 위반하여 사실을 인정하는 것은 판결에 영향을 미친 법률위반(채증법칙 위반)으로서 상대적 항소이유 및 상대적 상고이유가 된다.

---

1) 형사소송법 제307조(**증거재판주의**) ① 사실의 인정은 **증거**에 의하여야 한다. ② 범죄사실의 인정은 합리적인 의심이 없는 정도의 **증명**에 이르러야 한다.
2) 형사소송법 제308조(**자유심증주의**) 증거의 증명력은 법관의 자유판단에 의한다.
3) **증거능력**은 어떤 증거가 유죄인정의 자료로 사용될 수 있는 **법률상의 자격**(증거조사를 받을 수 있는 자격)을 말한다. 따라서 증거능력은 법률에 미리 '형식적'으로 규정되어 있다(위법수집증거배제법칙(법308의2), 자백배제법칙(법309), 전문법칙(법310의2)). 증거능력은 증거의 '**허용성(admissibility)**'에 관한 문제이고, 증명력은 증거의 '**실질적 가치**'를 말한다. 증명의 정도는 합리적인 의심이 없는 정도의 **증명**에 이르러야 하며(법307②), 증명력은 법관의 '자유심증'에 맡겨져 있다(법308). 따라서 증거능력 있는 증거라 할지라도 증명력이 부족할 수가 있다.
4) 형사소송법상 증거조사절차는 증거신청(제294조) → 증거결정(제295조) → 협의의 증거조사(제291조, 제292조, 제292조의2, 제292조의3) → 의견진술(제293조)의 순서로 진행된다. 이 증거조사절차 중에서 증거결정 단계에서는 증거의 '증거능력'을 판단하며, 협의의 증거조사 단계에서는 증거의 '증명력'을 판단한다.

**2 증명의 유형(엄격한 증명과 자유로운 증명)**  　　　　증명이란 '사실의 인정' 즉 법관이 어떤 사실의 존부에 관하여 **심증을 형성**하는 것을 말한다(즉, '증명'이란 증거에 의하여 '사실관계가 확인'되는 과정을 의미한다). 증명의 유형으로는 엄격한 증명과 자유로운 증명이 있다. (1) **'엄격한 증명'**이란 법률상 증거능력이 있고 적법한 증거조사를 거친 증거에 의한 증명을 말하며, **'자유로운 증명'**이란 증거능력이나 적법한 증거조사를 요하지 않는 증거에 의한 증명을 말한다. 자유로운 증명의 경우에는 어떤 방법으로 증거조사를 하여야 하는가가 법원의 재량에 속한다. (2) 양자는 증거능력의 유무와 증거조사의 방법에 차이가 있을 뿐이고, **심증의 정도에 차이가 있는 것은 아니다.** 즉 양자 모두 '**합리적 의심**의 여지가 없는 증명' 또는 '**확신**'을 요한다는 점에서 같다는 점에 주의를 요한다.[5]

**3 합리적 의심(reasonable doubt)[6]**  　　　　형사소송법 제307조 제2항은 "범죄사실의 인정은 합리적인 의심이 없는 정도의 증명에 이르러야 한다."고 규정하고 있다. 여기서 '합리적 의심'이란 「(가) 모든 의문, 불신을 포함하는 것이 아니라 논리와 경험칙에 기하여 **요증사실**[7]**과 양립할 수 없는** 사실의 개연성에 대한 합리성 있는 의문을 의미하는 것으로서, (나) **피고인에게 유리한 정황**을 사실인정과 관련하여 파악한 이성적 추론에 그 근거를 두어야 하는 것이므로 (다) 단순히 관념적인 의심이나 추상적인 가능성에 기초한 의심은 합리적 의심에 포함된다고 할 수 없다」(대판 2004도2221, Ref 3.2-2). 즉 제307조 제2항은 범죄사실의 인정에 관해서 우월한 증명력을 가진 정도로는 충분하지 않고 법관으로 하여금 **합리적 의심의 여지가 없을 정도(beyond a reasonable doubt)**의 '**확신**'까지 가지게 하는 것을 말한다. 하지만 '모든 가능한 의심을 배제할 정도'에 이를 것 까지는 요구하지 않는다(대판 2008도8486). 그리고 증거의 **증명력**은 법관의 자유판단에 맡기고 있다(자유심증주의)(법308).

**4 엄격한 증명의 대상**  　　　　엄격한 증명의 대상은 **형벌권의 '존부'와 '범위'**에 관한 사실(주요사실)이다. 즉 공소범죄사실인 ① **구성요건해당**사실은 객관적 구성요건요소(주체·객체·결과·인과관계·교사범에 있어서 교사 등)나 주관적 구성요건요소(고의·목적·불법영득의사·공모 등), ② **위법성과 책임**에 관한 사실(다만, 판례는 **명예훼손죄**에 있어서의 위법성조각사유인 사실증명(대판 95도1473, Ref 2-4)과 책임능력과 관련된 **심신장애**의 유무 및 정도는 '**자유로운 증명**'으로 족하다고 본다(대판 2007도8333, Ref 2.2-1). ③ **처벌조건**(친족상도례에서 일정한 친족관계의 부존재, 사전수뢰죄에서 행위자가 공무원 또는 중재인이 된 사실, 파산

---

5) 이와 같이 **증명**이란 '합리적 의심의 여지가 없는 확신(고도의 개연성)'을 말한다. 다시 말해, 법관이 증거에 의하여 요증사실의 존재에 대한 '확신을 얻은 상태'를 증명이라 한다. 이에 반해 **소명(疏明)**'이란 법관이 대략 납득하거나 수긍할 정도의 입증을 말한다. 다시 말해, 사실의 존부를 **추측**'할 수 있게 하는 정도의 심증을 갖게 하는 것을 말한다(다만, **구체적 자료**는 제시되어야 한다). 소명을 통해 법관은 요증사실 존재나 부존재가 **개연적**이라는 판단을 내린다. 형사소송법상 '소명의 대상'이 되는 것으로는 기피사유(법19②), 증언거부사유(법150), **증거보전청구사유**(법184③), **증인신문청구사유**(법221의2③), 상소권회복청구사유(법346②), 정식재판청구권회복청구사유(법458), 국선변호인청구사유(규칙17의2), 체포영장갱신사유(규칙96의4)가 있다.

6) '합리적 의심'의 의미를 명징하게 보여주는 법정 영화로 《12명의 성난 사람들(12 Angry Men)》(1957·시드니 루멧 감독)이 있다. 영화는 살인사건 피고인 소년을 두고 12명의 배심원이 격렬한 토론을 통해 합의해 나가는 과정을 그리고 있다. 배심원 중 한명인 헨리 폰다는 끊임없이 '합리적 의심'을 제기하며 동료 배심원들의 편견을 깬다.

7) 형사절차에서 증명하고자 하는 사실을 **요증사실**이라 하고, 증거와 증거를 통해 증명하고자 하는 사실과의 관계를 **입증취지**라고 한다(규칙132①)(요증사실＝주요사실＝구성요건해당사실).

범죄에서 파산선고의 확정), ④ **형의 가중 · 감면**사실(상습범에서의 상습성, 누범전과, 중지미수에서의 자의성 등)은 엄격한 증명의 대상이 된다(대판 2016도9027, Ref 1.5−2). 이외에도 ⑤ 주요사실의 존부를 간접적으로 추인하게 하는 **간접사실**(알리바이 부존재의 증명),8) ⑥ 증명력을 보강하는 **보강사실**(자백의 보강증거), ⑦ **과학적 연구결과**나 **특별한 경험법칙**(일반적 경험법칙은 불요증사실에 해당)(대판 2009도2338, Ref 1.6−1) ⑧ **외국법규**(대판 2011도6507, Ref 1.4−1)나 **관습법** 등과 같이 법규내용이 명백하지 않은 경우에는 엄격한 증명의 대상이 된다.

**5 자유로운 증명의 대상**    자유로운 증명의 대상으로는 ① **양형**의 기초가 되는 피고인의 경력, 성격, 환경, 범죄후의 정황 등의 **정상(情狀)관계사실**(대판 2010도750, Ref 2−1),9) ② **소송법적 사실**로 **친고죄**에서의 '고소 유무'에 대한 사실(대판 98도2074, Ref 2.6−1), **반의사불벌죄**에서 '처벌불원의 의사표시'(대판 2010도5610, Ref 2.1−2), 대상판결과 같은 **자백의 임의성**이나 진술서의 진정성립, 전문증거의 **특신상태**(대판 2000도1743, Ref 2.1−4) 등 증거의 증거능력을 인정하기 위한 기초사실 그리고 ③ **몰수나 추징의 대상**이 되는지 여부나 **추징액**의 인정(몰수나 추징은 형벌의 성격을 가지고 있으나 법원은 엄격한 증명이 아닌 자유로운 증명만으로도 족하다고 보고 있다(대판 91도3346, Ref 2−5). 다만, **뇌물죄에서 수뢰액과 횡령죄에서 횡령액은 그 다과에 따라 범죄구성요건**이 되므로 엄격한 증명의 대상이 된다(대판 2009도2453, Ref 1.5−1). ④ 증명력을 감쇄시키는 **탄핵증거**(대판 97도1770, Ref 2.6−5) 등이 있다.

**6** 대상판결에서와 같이 **자백의 임의성 유무**는 자유로운 증명의 대상이다. 따라서 법원이 구체적인 사건에 따라 제반사정을 종합 참작하여 적당하다고 인정되는 방법에 의하여 자유로운 증명으로 그 임의성 유무를 판단하면 된다. 그러나「그 **임의성에 다툼이 있을 때**에는 그 임의성을 의심할 만한 합리적이고 구체적인 사실을 피고인이 증명할 것이 아니고 **검사가 그 임의성의 의문점을 없애는 증명**을 하여야 할 것이고, 검사가 그 임의성의 의문점을 없애는 증명을 하지 못한 경우에는 그 진술증거는 증거능력이 부정된다」고 판시하고 있어 증명을 강화하고 있다(대판 2004도7900).

**7 엄격한 증명과 자유로운 증명의 대상 비교**

| 엄격한 증명의 대상 | 자유로운 증명의 대상 |
|---|---|
| • 공소범죄사실(주관적 · 객관적 구성요건해당사실)<br>• 공소범죄사실(위법성, 책임의 기초사실)<br>• 처벌조건(친족상도례에서 친족관계의 존재)<br>• 법률상 형의 가중 · 감면의 이유되는 사실<br>• 보강증거 | • 양형의 기초가 되는 **정상(情狀)관계사실**<br>• 소송법적 사실<br>• **명예훼손죄**에서의 위법성조각사유인 사실증명10)<br>• **심신장애**(심신상실 · 심신미약)의 유무 및 정도<br>• **몰수나 추징의 대상**이 되는지 여부 |

---

8) 간접사실은 주요사실의 존부를 간접적으로 추인하게 하는 사실을 말하는데, 주요사실이 엄격한 증명을 요한다면 간접사실도 엄격한 증명의 대상이 된다. 피고인은 자유로운 증명으로 알리바이(현장부재)를 주장할 수 있으나 이에 대한 **검사의 알리바이 부존재의 증명**은 범죄의 구성요건해당사실을 증명하는 것이므로 엄격한 증명의 대상이 된다.

9) 피고인의 경력, 성격, 환경, 범죄후의 정황 등의 **정상관계사실**은 양형의 자료가 되어 형벌권의 범위와 관련되기는 하지만 너무나 복잡하고 비유형적이어서 소송경제의 관점에서도 엄격한 증명의 대상으로 하기에 적합하지 않으며, 양형은 그 성질상 법관의 재량사항이기도 하여 자유로운 증명으로 족하다.

| • 간접사실 · (특별한)경험법칙 · 법규 | • 탄핵증거 |

# * 엄격한 증명의 대상 *

1 [대판 2014도2121] 형사재판에서 **범죄사실의 인정**은 법관으로 하여금 합리적인 의심을 할 여지가 없을 정도의 확신을 가지게 하는 증명력을 가진 엄격한 증거에 의하여야 하므로, 검사의 증명이 이러한 확신을 가지게 하는 정도에 충분히 이르지 못한 경우에는 비록 유죄의 의심이 가더라도 피고인의 이익으로 판단하여야 한다.

## *구성요건해당사실(주관적 구성요건요소)*

2-1 [대판 2014도10978 전원합의체] [이석기 내란 선동 사건[11]] 국헌문란의 '**목적**'은 범죄 성립을 위하여 고의 외에 요구되는 초과주관적 위법요소로서 엄격한 증명사항에 속하나, 확정적 인식임을 요하지 아니하며, 다만 미필적 인식이 있으면 족하다. 그리고 국헌문란의 목적이 있었는지 여부는 피고인들이 이를 자백하지 않는 이상 외부적으로 드러난 피고인들의 행위와 그 행위에 이르게 된 경위 등 사물의 성질상 그와 관련성 있는 간접사실 또는 정황사실을 종합하여 판단하면 되고, 선동자의 표현 자체에 공격대상인 국가기관과 그를 통해 달성하고자 하는 목표, 실현방법과 계획이 구체적으로 나타나 있어야만 인정되는 것은 아니다.

2-2 [대판 88도1114] **공모나 모의**는 공모공동정범에 있어서의 "범죄될 사실"이라 할 것이므로 이를 인정하기 위하여는 엄격한 증명에 의하지 않으면 아니 되고 그 증거는 판결에 표시되어야 하며, 공모의 판시는 그 구체적 내용을 상세하게 판시할 필요는 없다 하겠으나 위에서 본 취지대로 성립된 것이 밝혀져야만 한다.

2-3 [대판 2000도637] 횡령죄에 있어 '**불법영득의사**'를 **실현하는 행위**로서의 횡령행위가 있다는 점은 검사가 입증하여야 하는 것으로서 그 입증은 법관으로 하여금 합리적인 의심을 할 여지가 없을 정도의 확신을 생기게 하는 증명력을 가진 엄격한 증거에 의하여야 하고, 이와 같은 증거가 없다면 설령 피고인에게 유죄의 의심이 간다 하더라도 피고인의 이익으로 판단할 수밖에 없다고 할 것이다.

2-4 [대판 2001도2064] 알선수재죄는 (가) '공무원의 직무에 속한 사항을 알선한다는 명목'으로 '금품 등을 수수'함으로써 성립하고 (나) '공무원의 직무에 속한 사항을 알선한다는 명목'으로 수수하였다는 '**범의**'는 **범죄사실을 구성**하는 것으로서 이를 인정하기 위해서는 엄격한 증명이 요구되지만, (다) 피고인이 '금품 등

---

10) 형법 제310조는 명예에 관한 죄에 대하여 「제307조제1항의 행위가 진실한 사실로서 오로지 공공의 이익에 관한 때에는 처벌하지 아니한다」고 규정하고 있다. 여기서 공연히 사실을 적시하여 사람의 명예를 훼손한 행위가 「형법 제310조의 규정에 따라서 **위법성이 조각되어 처벌대상이 되지 않기 위하여는** 그것이 진실한 사실로서 오로지 공공의 이익에 관한 때에 해당된다는 점을 **행위자가 증명**」할 것을 우리 법원은 요구한다. 그리고 그 증명의 정도는 검사와 달리 자유로운 증명만으로 족하다고 본다(대판 95도1473).

11) **이석기 내란 선동 사건**은 "통합진보당의 국회의원 이석기가 통합진보당 경기도당 모임에서 '한반도 전쟁에 대비해 국가 기간시설의 파괴를 위한 준비를 하자'는 등의 발언을 했다"고 국가정보원이 언론에 발표하고 검찰이 "내란을 음모했다"는 혐의로 고발한 사건이다. 최종적으로 내란 음모에 대해 무죄, 내란 선동과 국가보안법 위반에 대해서 유죄를 선고받았으며, 이로 인해 통합진보당이 헌법재판소의 위헌정당해산심판 결정에 따라 강제해산되는 등의 정치적 파장이 일었다. ko.wikipedia.org

을 수수'한 사실을 인정하면서도 범의를 부인하는 경우에는, 이러한 주관적 요소로 되는 사실은 사물의 성질상 범의와 상당한 관련성이 있는 **간접 사실을 증명**하는 방법에 의하여 이를 입증할 수밖에 없고, (라) 무엇이 상당한 관련성이 있는 간접 사실에 해당할 것인가는 정상적인 경험칙에 바탕을 두고 치밀한 관찰력이나 분석력에 의하여 사실의 연결상태를 합리적으로 판단하는 방법에 의하여야 한다.

2-5 [대판 2014도9030] 형사재판에서 공소가 제기된 범죄의 구성요건을 이루는 사실에 대한 증명책임은 검사에게 있으므로「특정범죄 가중처벌 등에 관한 법률」제5조의9 제1항12) 위반의 죄의 행위자에게 **보복의 '목적'**이 있었다는 점 또한 검사가 증명하여야 하고 그러한 증명은 법관으로 하여금 합리적인 의심을 할 여지가 없을 정도의 확신을 생기게 하는 엄격한 증명에 의하여야 하며 이와 같은 증명이 없다면 피고인의 이익으로 판단할 수밖에 없다.

2-6 [대판 2015도5355] 공동정범이 성립한다고 판단하기 위해서는 범죄 실현의 전 과정을 통하여 행위자들 각자의 지위와 역할, 다른 행위자에 대한 권유 내용 등을 구체적으로 검토하고 이를 종합하여 **'공동가공의 의사'**에 기한 상호 이용의 관계가 합리적인 의심을 할 여지가 없을 정도로 증명되어야 한다.

2-7 [대판 2017도14322 전원합의체] [공동정범에서 공모관계의 성립요건과 **'공모관계'를 인정하기 위한 증명 정도(=엄격한 증명)** 및 피고인이 공모관계를 부인하는 경우, 그 증명 방법] (가) 2인 이상이 범죄에 공동가공하는 공범관계에서 공모는 법률상 어떤 정형을 요구하는 것이 아니고 2인 이상이 공모하여 범죄에 공동 가공하여 범죄를 실현하려는 의사의 결합만 있으면 충분하다. (나) 비록 전체의 모의과정이 없더라도 여러 사람 사이에 순차적으로 또는 암묵적으로 의사의 결합이 이루어지면 공모관계가 성립한다. (다) 이러한 **공모관계를 인정하기 위해서는 엄격한 증명이 요구**되지만, (라) 피고인이 범죄의 주관적 요소인 공모관계를 부인하는 경우에는 사물의 성질상 이와 상당한 관련성이 있는 간접사실 또는 정황사실을 증명하는 방법으로 이를 증명할 수밖에 없다.

## *구성요건해당사실(객관적 범죄구성요건사실)*

3-1 [대판 2013도8121] 목적과 용도를 정하여 위탁한 금전을 수탁자가 임의로 소비하면 횡령죄를 구성할 수 있으나, 이 경우 **피해자 등이 목적과 용도를 정하여 금전을 '위탁한 사실'** 및 그 **'목적과 용도'**가 무엇인지는 엄격한 증명의 대상이라고 보아야 한다.

3-2 [대판 99도1252] **교사범에 있어서의 '교사사실'**은 범죄사실을 구성하는 것으로서 이를 인정하기 위하여는 엄격한 증명이 요구되지만, 피고인이 교사사실을 부인하고 있는 경우에는 사물의 성질상 그와 상당한 관련성이 있는 간접사실을 증명하는 방법에 의하여 이를 입증할 수도 있고, 이러한 경우 무엇이 상당한 관련성이 있는 간접사실에 해당할 것인가는 정상적인 경험칙에 바탕을 두고 치밀한 관찰력이나 분석력에 의하여 사실의 연결 상태를 합리적으로 판단하는 방법에 의하여야 한다.

3-3 [대판 2000도1743] 불법영득의사를 **실현하는 행위로서의 '횡령행위'**가 있다는 점은 검사가 입증하여야 하는 것으로서, 그 입증은 법관으로 하여금 합리적인 의심을 할 여지가 없을 정도의 확신을 생기게 하

---

12) 특정범죄 가중처벌 등에 관한 법률 제5조의9(보복범죄의 가중처벌 등) ① 자기 또는 타인의 형사사건의 수사 또는 재판과 관련하여 고소·고발 등 수사단서의 제공, 진술, 증언 또는 자료제출에 대한 **보복의 목적**으로 「형법」제250조제1항의 죄를 범한 사람은 사형, 무기 또는 10년 이상의 징역에 처한다. 고소·고발 등 수사단서의 제공, 진술, 증언 또는 자료제출을 하지 못하게 하거나 고소·고발을 취소하게 하거나 거짓으로 진술·증언·자료제출을 하게 할 목적인 경우에도 또한 같다.

는 증명력을 가진 엄격한 증거에 의하여야 하는 것이고 이와 같은 증거가 없다면 설령 피고인에게 유죄의 의심이 간다고 하더라도 피고인의 이익으로 판단할 수밖에 없지만, 피고인이 자신이 위탁받아 보관하고 있던 돈이 없어졌는데도 그 행방이나 사용처를 제대로 설명하지 못한다면 일단 피고인이 이를 임의소비하여 횡령한 것이라고 추단할 수 있다.

3-4 [대판 2004도7212] 단속공무원이 직접적으로 적재량 측정요구를 하는 경우뿐 아니라, 관리청이 도로에 설치한 시설에 의하여 측정유도를 하는 경우에도 담당공무원에 의한 직접적인 측정요구에 준할 정도로 특정한 차량의 운전자에 대하여 구체적이고 현실적인 적재량 측정요구가 있었다고 할 수 있는 경우라면 도로법 제54조 제2항 소정의 **적재량 측정요구**가 있었다고 볼 수 있을 것이나, 물적 설비에 의한 측정유도를 담당공무원에 의한 직접적인 측정요구에 준할 정도로 구체적이고 현실적인 측정요구라고 볼 수 있으려면, 그 측정유도가 도로의 구조를 보전하고 운행의 위험을 방지하기 위한 필요성에 따라 자신의 차량에 대하여 이루어지는 것임을 그 길을 통행하는 화물차량의 운전자가 명확하게 알 수 있었다는 점이 전제가 되어야 할 것이고, **그러한 '측정요구가 있었다'는 점은 범죄사실을 구성하는 중요부분으로서 이를 인정하기 위하여는 엄격한 증명**이 요구된다.

3-5 [대판 2005도3857] **범죄단체의 구성 · 가입행위** 자체는 엄격한 증명을 요하는 범죄의 구성요건이다. (구 폭력행위 등 처벌에 관한 법률 제4조에 정한 단체 등의 구성죄에서)

3-6 [대판 2010도14487] 엄격한 증명의 대상에는 검사가 공소장에 기재한 구체적 범죄사실이 모두 포함되고, 특히 공소사실에 특정된 **'범죄의 일시'는 피고인의 방어권 행사의 주된 대상**이 되므로 엄격한 증명을 통해 그 특정한 대로 범죄사실이 인정되어야 하며, 그러한 증명이 부족한데도 다른 시기에 범행을 하였을 개연성이 있다는 이유로 범죄사실에 대한 증명이 있다고 인정하여서는 아니 된다.

3-7 [대판 2016도2982] 불법이득의사를 **실현하는 행위로서의 '배임행위'**가 있었다는 사정은 검사가 법관으로 하여금 합리적인 의심을 할 여지가 없을 정도의 확신을 생기게 하는 증명력을 가진 엄격한 증거에 의하여 증명하여야 한다.

### *외국법규의 존재*

4-1 [대판 2011도6507] [형법 제6조 단서[13])에서 정한 '외국법규의 존재'에 대한 증명의 정도(=엄격한 증명)와 증명책임의 소재(=검사)] [1] 형법 제6조 본문에 의하여 외국인이 대한민국 영역 외에서 대한민국 국민에 대하여 범죄를 저지른 경우 우리 형법이 적용되지만, 같은 조 단서에 의하여 행위지 법률에 의하여 범죄를 구성하지 아니하거나 소추 또는 형의 집행을 면제할 경우에는 우리 형법을 적용하여 처벌할 수 없고, **이 경우 행위지 법률에 의하여 범죄를 구성하는지는 엄격한 증명에 의하여 검사가 이를 증명**하여야 한다. [2] 캐나다 시민권자인 피고인이 피해자들을 기망하여 투자금 명목의 돈을 편취하였다는 내용으로 기소된 사안에서, 공소사실 중 '피고인이 대한민국 국민을 기망하여 캐나다에서 투자금을 수령한 부분'이 행위지인 캐나다 법률에 의하여 범죄를 구성하는지 등에 관하여 아무런 증명이 없는 상황에서 공소사실 전부를 유죄로 인정한 원심판결에 법리오해 및 심리미진의 위법이 있다고 한 사례.

4-2 [대판 2008도4085] [외국의 시민권을 취득한 대한민국의 국민이 국적을 상실하는 시기 및 형법 제

---

13) 형법 제6조(**대한민국과 대한민국국민에 대한 국외범**) 본법은 대한민국영역외에서 대한민국 또는 대한민국국민에 대하여 전조에 기재한 이외의 죄를 범한 외국인에게 적용한다. 단 **행위지의 법률**에 의하여 범죄를 구성하지 아니하거나 소추 또는 형의 집행을 면제할 경우에는 예외로 한다.

6조의 외국법규의 존재에 대한 증명의 정도와 증명책임 부담자] 대한민국의 국민이 뉴질랜드의 시민권을 취득하면 국적법(2008.3.14. 법률 제8892호로 개정되기 전의 것, 이하 같다) 제15조 제1항에 정한 '자진하여 외국 국적을 취득한 자'에 해당하여 우리나라의 국적을 상실하게 되는 것이지 대한민국과 뉴질랜드의 '이중국적자'가 되어 국적법 제14조 제1항의 규정에 따라 법무부장관에게 대한민국의 국적을 이탈한다는 뜻을 신고하여야 비로소 대한민국의 국적을 상실하게 되는 것은 아니며, 한편 (가) 형법 제6조 본문에 의하여 외국인이 대한민국 영역 외에서 대한민국 국민에 대하여 범죄를 저지른 경우에도 우리 형법이 적용되지만, (나) 같은 조 단서에 의하여 행위지의 법률에 의하여 범죄를 구성하지 아니하거나 소추 또는 형의 집행을 면제할 경우에는 우리 형법을 적용하여 처벌할 수 없다고 할 것이고, (다) 이 경우 행위지의 법률에 의하여 범죄를 구성하는지 여부에 대해서는 엄격한 증명에 의하여 검사가 이를 입증하여야 할 것이다.

## *형의 가중·감면 사유(뇌물죄에서 수뢰액과 횡령죄에서의 횡령액)*

5-1 [대판 2009도2453] 뇌물죄에서 '수뢰액'은 다과에 따라 '범죄구성요건'이 되므로 엄격한 증명의 대상이 되고, 「특정범죄 가중처벌 등에 관한 법률」에서 정한 범죄구성요건이 되지 않는 단순 뇌물죄의 경우에도 몰수·추징의 대상이 되는 까닭에 역시 증거에 의하여 인정되어야 하며, 수뢰액을 특정할 수 없는 경우에는 가액을 추징할 수 없다.

5-2 [대판 2016도9027] [횡령한 재물의 가액이 「특정경제범죄 가중처벌 등에 관한 법률」의 적용 기준이 되는 하한 금액을 초과한다는 점에 대하여 필요한 증명의 정도] 횡령으로 인한 특정경제범죄법 위반죄는 횡령한 재물의 가액이 5억 원 이상 또는 50억 원 이상일 것이 범죄구성요건의 일부로 되어 있고 그 가액에 따라 그 죄에 대한 형벌도 가중되어 있다. …… 횡령한 재물의 가액이 특정경제범죄법의 적용 기준이 되는 하한 금액을 초과한다는 점도 다른 구성요건 요소와 마찬가지로 엄격한 증거에 의하여 증명되어야 한다.

## *과학적 연구 결과나 필연법칙적 경험칙*

6-1 [대판 2009도2338] 범죄구성요건에 해당하는 사실을 증명하기 위한 근거가 되는 과학적인 연구 결과는 적법한 증거조사를 거친 증거능력 있는 증거에 의하여 엄격한 증명으로 증명되어야 한다.

6-2 [대판 99도128] [위드마크(Widmark)공식[14]을 사용하여 주취정도를 계산함에 있어 그 전제사실을 인정하기 위한 입증 정도] 범행 직후에 행위자의 혈액이나 호흡으로 혈중 알코올농도를 측정할 수 있는 경우가 아니라면 위드마크 공식을 사용하여 그 계산결과로 특정 시점의 혈중 알코올농도를 추정할 수도 있으나, 범죄구성요건사실의 존부를 알아내기 위해 과학 공식 등의 경험칙을 이용하는 경우에는 그 법칙 적용의 전제가 되는 '개별적이고 구체적인 사실'에 대하여는 엄격한 증명을 요한다 할 것이고, 위드마크 공식의 경우 그 적용을 위한 자료로는 음주량, 음주시각, 체중, 평소의 음주정도 등이 필요하므로 그런 전제사실을 인정하기 위해서는 엄격한 증명이 필요하다.

6-3 [대판 2008도5531] 범죄구성요건사실의 존부를 알아내기 위해 과학공식 등의 경험칙을 이용하는 경우에 그 법칙 적용의 전제가 되는 개별적이고 구체적인 사실에 대하여는 엄격한 증명을 요하는바, 위드마크 공식의 경우 그 적용을 위한 자료로 섭취한 알코올의 양, 음주 시각, 체중 등이 필요하므로 그런 전제사

---

14) 위드마크공식은 음주 운전시 사고가 난 후 시간이 많이 경과되어 운전자가 술이 깨어버렸거나 한계 수치 이하인 경우 등에 음주운전 당시의 혈중 알코올 농도를 계산하는 방법이다. $c = A/(p*r)$ c: 혈중알코올농도, A: 섭취한 알코올의 양(음주량*술의농도(%)*0.7894), p: 당사자의 체중(kg), r: 성별에 따른 계수(남자 0.52~0.86(평균치 0.68), 여자 0.47~0.64(평균치 0.55)).

실에 대한 엄격한 증명이 요구된다.

**7 [대판 2006도6356]** [증거능력 없는 증거를 구성요건 사실을 추인하게 하는 **간접사실**이나 구성요건 사실을 입증하는 직접증거의 증명력을 보강하는 **보조사실의 인정자료**로 사용할 수 있는지 여부(소극)] 구성요건에 해당하는 사실은 엄격한 증명에 의하여 이를 인정하여야 하고, **증거능력이 없는 증거**는 (가) 구성요건 사실을 추인하게 하는 **간접사실**이나 (나) 구성요건 사실을 입증하는 직접증거의 증명력을 **보강하는 보조사실**의 인정자료로도 사용할 수 없다.   cf) 보조사실은 증거의 증명력에 영향을 미치는 사실을 말한다. 보조사실은 유죄 증거의 증명력을 '**감쇄**'시키는 경우와 유죄 증거의 증명력을 '**증강**'시키는 두 경우로 나누어 볼 수 있다. 전자의 경우는 엄격한 증명을 요하지 않고 자유로운 증명으로도 족하다(대판 97도1770). 하지만 보조사실이 적극적으로 유죄의 증명력을 '**보강**'하는 후자의 경우는 피고인보호를 위하여 본 판결에서와 같이 엄격한 증명의 대상이 된다.

**8 [대판 70도1936]** 민간인이 군에 입대하여 **군인신분을 취득하였는가의 여부**를 판단함에는 엄격한 증명을 요한다.   cf) 재판권의 존부 문제는 소송조건이나 현실적으로 중요한 문제임을 고려하여 엄격한 증명의 대상으로 판시한 사례이다.

*Reference 2*

## * 자유로운 증명의 대상 *

---

**\*정상관계사실\***
**1 [대판 2010도750]** 양형의 조건에 관하여 규정한 형법 제51조의 사항은 널리 **형의 양정에 관한 법원의 재량사항에 속한다**고 해석되므로, 법원은 범죄의 구성요건이나 법률상 규정된 형의 가중 · 감면의 사유가 되는 경우를 제외하고는, 법률이 규정한 증거로서의 자격이나 증거조사방식에 **구애됨이 없이 상당한 방법으로 조사**하여 양형의 조건이 되는 사항을 인정할 수 있다.

**\*심신장애의 유무 및 정도\***
**2-1 [대판 2007도8333]** 형법 제10조에 규정된 **심신장애의 유무 및 정도의 판단**은 법률적 판단으로서 반드시 전문감정인의 의견에 기속되어야 하는 것은 아니고, 정신질환의 종류와 정도, 범행의 동기, 경위, 수단과 태양, 범행 전후의 피고인의 행동, 반성의 정도 등 여러 사정을 종합하여 **법원이 독자적으로 판단**할 수 있다.

**2-2 [대판 4294형상590]** 범인의 범행 당시의 정신상태가 **심신상실**이었느냐 **심신미약**이었느냐는 자유로운 증명으로서 족하나 일반적으로 전문가의 감정에 의뢰하는 것이 타당하다.

**3 [대판 2006도4322]** [교통사고처리특례법 제3조 제2항 단서의 각 호에서 규정한 예외사유가 같은 법 제3조 제1항 위반죄의 구성요건 요소인지, 아니면 그 공소제기의 조건에 관한 사유인지 여부(=공소제기의 조건에 관한 사유)] 교통사고로 인하여 업무상과실치상죄 또는 중과실치상죄를 범한 운전자에 대하여 피해자의 명시한 의사에 반하여 공소를 제기할 수 있도록 하고 있는 교통사고처리특례법 제3조 제2항 단서의 각 호에서 규정한 신호위반 등의 **예외사유는 같은 법 제3조 제1항 위반죄의 구성요건 요소가 아니라 그 공**

소제기의 조건에 관한 사유이다.

4 [대판 95도1473] [**명예훼손죄의 위법성조각사유에 대한 거증책임** 및 형사소송법 제310조의2의 적용여부 (소극)] 공연히 사실을 적시하여 사람의 명예를 훼손한 행위가 형법 제310조의 규정에 따라서 위법성이 조 각되어 처벌대상이 되지 않기 위하여는 그것이 **진실한 사실**로서 오로지 공공의 이익에 관한 때에 해당된다 는 점을 **행위자가 증명**하여야 하는 것이나, 그 증명은 유죄의 인정에 있어 요구되는 것과 같이 법관으로 하 여금 의심할 여지가 없을 정도의 확신을 가지게 하는 증명력을 가진 **엄격한 증거에 의하여야 하는 것은 아니 므로**, 이 때에는 전문증거에 대한 증거능력의 제한을 규정한 형사소송법 제310조의2는 적용될 여지가 없 다. **cf)** 판례는 명예훼손죄의 위법성조각사유에 대한 거증책임이 검사에게 있는 것이 아니라 피고인에게 있으며(**거증책임의 전환**), 다만 증명의 정도는 엄격한 증명이 아니라 **자유로운 증명**만으로도 족하다는 입장 이다.

5 [대판 91도3346] **몰수, 추징의 대상**이 되는지 여부나 추징액의 인정은 엄격한 증명을 필요로 하지 아니 한다. **cf)** 학계의 통설은 몰수·추징은 부가형으로서 형벌의 성질을 가지고 있으므로 엄격한 증명의 대상 으로 본다.

## *소송법적 사실*
6-1 [대판 98도2074] **친고죄에서의 고소 유무**에 대한 사실은 자유로운 증명의 대상이 된다.

6-2 [대판 2010도5610] **반의사불벌죄**에서 피고인 또는 피의자의 처벌을 희망하지 않는다는 의사표시 또 는 처벌희망 의사표시 철회의 유무나 그 효력 여부에 관한 사실은 엄격한 증명의 대상이 아니라 증거능력 이 없는 증거나 법률이 규정한 증거조사방법을 거치지 아니한 증거에 의한 증명, 이른바 자유로운 증명의 대상이다.

6-3 [대판 2021도404] **출입국사범 사건**에서 지방출입국·외국인관서의 장의 **적법한 고발**이 있었는지 여 부가 문제 되는 경우에 법원은 증거조사의 방법이나 증거능력의 제한을 받지 아니하고 제반 사정을 종합하 여 적당하다고 인정되는 방법에 의하여 자유로운 증명으로 그 고발 유무를 판단하면 된다.

6-4 [대판 2000도1743] **피고인의 자필로 작성된 진술서**의 경우에는 서류의 작성자가 동시에 진술자이므 로 진정하게 성립된 것으로 인정되어 형사소송법 제313조 단서에 의하여 그 진술이 특히 신빙할 수 있는 상태 하에서 행하여진 때에는 증거능력이 있고, 이러한 **특신상태**는 증거능력의 요건에 해당하므로 검사가 그 존재에 대하여 구체적으로 주장·입증하여야 하는 것이지만, 이는 소송상의 사실에 관한 것이므로, 엄 격한 증명을 요하지 아니하고 자유로운 증명으로 족하다.

6-5 [대판 97도1770] **탄핵증거**는 범죄사실을 인정하는 증거가 아니므로 엄격한 증거조사를 거쳐야 할 필 요가 없음은 형사소송법 제318조의2의 규정에 따라 명백하다고 할 것이나, 법정에서 이에 대한 탄핵증거로 서의 증거조사는 필요하다. **cf)** 그러나 주요사실을 인정하는 증거의 증명력을 **보강하는 자료가 되는 사실**은 그 주요사실이 엄격한 증명의 대상인 이상 이 또한 엄격한 증명을 요한다(대판 2006도6356).

6-5-1 [대판 83도3228] [**피고인의 진술의 임의성에 관한 검사의 입증요부**] 피고인이 진술의 임의성을 다 투는 경우 법원은 적당하다고 인정하는 방법에 의하여 조사한 결과 그 임의성에 관하여 심증을 얻게 되면 이를 증거로 할 수 있는 것이고 반드시 검사로 하여금 그 임의성에 관한 입증을 하게 하여야 하는 것은 아

니다.

6-5-2 [대판 97도1720] **진술의 임의성**에 관하여는 당해 조서의 형식, 내용(진술거부권을 고지하고 진술을 녹취하고 작성 완료 후 그 내용을 읽어 주어 진술자가 오기나 증감 변경할 것이 없다는 확인을 한 다음 서명날인 하는 등), 진술자의 신분, 사회적 지위, 학력, 지능정도 그 밖의 여러 가지 사정을 참작하여 법원이 **자유롭게 판정**하면 된다.

6-5-3 [대판 2010도3029] [1] 피고인이 피의자신문조서에 기재된 피고인의 진술 및 공판기일에서의 피고인의 **진술의 임의성을 다투면서 그것이 허위자백이라고 다투는 경우**, 법원은 구체적인 사건에 따라 피고인의 학력, 경력, 직업, 사회적 지위, 지능 정도, 진술의 내용, 피의자신문조서의 경우 그 조서의 형식 등 제반 사정을 참작하여 **자유로운 심증**으로 위 진술이 임의로 된 것인지의 여부를 판단하면 된다. [2] 그 **임의성**에 **다툼**이 있을 때에는 그 임의성을 의심할 만한 합리적이고 구체적인 사실을 피고인이 증명할 것이 아니고 **검사가 그 임의성의 의문점을 없애는 증명**을 하여야 하며, 검사가 그 임의성의 의문점을 없애는 증명을 하지 못한 경우에는 그 진술증거는 증거능력이 부정된다.

## *Reference 3*

## * 형사재판에 있어서 심증 형성의 정도 *

1 [대판 2022도11245] [형사재판에서 유죄를 인정하기 위한 증거의 증명력 정도] [1] 공소사실에 부합하는 진술 중 주요한 부분을 그대로 믿을 수 없는 객관적 사정이 밝혀진 경우에는 진술 전체의 신빙성이 전체적으로 상당히 약해졌다고 보아야 할 것이므로, 나머지 진술 부분의 신빙성을 인정할 수 있으려면 신빙성이 인정되지 않는 진술 부분과 달리 나머지 부분 진술만 신뢰할 수 있는 충분한 근거나 그 진술을 보강하는 다른 증거가 제시되는 등과 같이 합리적 의심을 배제할 만한 사정이 있어야 한다. [2] 피고인이 **범행 당시 살인의 고의는 없었고 단지 상해 또는 폭행의 고의만 있었을 뿐이라고 다투는 경우**에, 피고인에게 범행 당시 살인의 고의가 있었는지는 피고인이 범행에 이르게 된 경위, 범행의 동기, 준비된 흉기의 유무·종류·용법, 공격 부위와 반복성, 사망의 결과 발생 가능성 정도, 범행 후 결과 회피 행동의 유무 등 범행 전후의 객관적 사정을 종합하여 판단해야 한다. [3] 형법 제30조의 공동정범은 2인 이상이 공동하여 죄를 범하는 것으로서, (가) 공동정범이 성립하기 위해서는 주관적 요건으로서 공동가공의 의사와 객관적 요건으로서 공동의사에 기한 기능적 행위 지배를 통한 범죄의 실행사실이 필요하다. (나) 공동가공의 의사는 타인의 범행을 인식하면서도 이를 제지하지 아니하고 용인하는 것만으로는 부족하고, 공동의 의사로 특정한 범죄행위를 하기 위해 일체가 되어 서로 다른 사람의 행위를 이용하여 자기 의사를 실행에 옮기는 것을 내용으로 하는 것이어야 한다. (다) 따라서 공동정범이 성립한다고 판단하기 위해서는 범죄 실현의 전 과정을 통하여 행위자들 각자의 지위와 역할, 다른 행위자에 대한 권유 내용 등을 구체적으로 검토하고 이를 종합하여 위와 같은 **공동가공의 의사에 기한 '상호 이용의 관계'가 합리적인 의심을 할 여지가 없을 정도로 증명**되어야 한다.

## *'합리적 의심'의 의미 및 자유심증주의*

2-1 [대판 2016도15526] [이태원 햄버거가게 살인사건15)] [1] 형사재판에서 유죄의 인정은 법관으로 하여

금 합리적인 의심을 할 여지가 없을 정도로 공소사실이 진실한 것이라는 확신을 갖도록 할 수 있는 증명력을 가진 증거에 의하여야 한다. 여기에서 말하는 **합리적 의심이란 (가) 모든 의문이나 불신을 말하는 것이 아니라 (나) 논리와 경험법칙에 기하여 증명이 필요한 사실과 양립할 수 없는 사실의 개연성에 대한 합리적인 의문을 의미한다.** 따라서 단순히 관념적인 의심이나 추상적인 가능성에 기초한 의심은 합리적 의심에 포함되지 않는다. **법관은 반드시 직접증거로만 범죄사실에 대한 증명이 있는지를 판단하는 것은 아니고,** 직접증거와 간접증거를 종합적으로 고찰하여 논리와 경험의 법칙에 따라 범죄사실에 대한 증명이 있는 것으로 판단할 수 있다. [2] 피고인이 '1997.4.3. 21:50경 서울 용산구 이태원동에 있는 햄버거 가게 화장실에서 피해자 갑을 칼로 찔러 을과 공모하여 갑을 살해하였다'는 내용으로 기소된 사안에서, 갑은 피고인과 을만 있던 화장실에서 칼에 찔려 사망하였고, 피고인과 을은 서로 상대방이 갑을 칼로 찔렀고 자신은 우연히 그 장면을 목격하였을 뿐이라고 주장하나, **범행 현장에 남아 있던 혈흔 등에 비추어 을의 주장에는 특별한 모순이 발견되지 않은 반면 피고인의 주장에는 쉽사리 해소하기 힘든 논리적 모순이 발생하는 점**, 범행 이후의 정황에 나타난 여러 사정들 역시 피고인이 갑을 칼로 찌르는 것을 목격하였다는 을의 진술의 신빙성을 뒷받침하는 점 등 제반 사정을 종합하면, 피고인이 갑을 칼로 찔러 살해하였음이 **합리적인 의심을 할 여지가 없을 정도로 충분히 증명되었다고 본 원심판단이 정당하다**고 한 사례.

2-2 [대판 2004도2221] [형사재판에 있어서 자유심증주의의 한계 및 유죄로 인정하기 위한 심증형성의 정도에 있어 합리적 의심의 의미] ●**사실**● 피고인은 자동차운전면허를 받지 아니하고, 2002.11.6. 승합차량을 운전하여 익산시 어양동 소재 레포츠 공원 앞 교차로에 이르러 전방주시의무를 게을리 한 과실로 신호대기로 정지하고 있던 피해자 운전의 승용차 뒤 범퍼 부분을 들이받아 피해자로 하여금 2주간의 치료를 요하는 뇌진탕상 등을 입게 함과 동시에 피해차량 뒤 범퍼 등을 3,166,702원 상당의 수리비가 들도록 손괴하고도 피해자를 구호하는 등의 조치를 취하지 아니하고 도주하였다는 혐의로 기소되었다. 제1심과 원심은 피고인에 대하여 무죄를 선고하였다. ●**판지**● 파기환송. [1] 형사재판에 있어 심증형성은 반드시 직접증거에 의하여 형성되어야만 하는 것은 아니고 **간접증거에 의할 수도 있는 것이며,** 간접증거는 이를 개별적·고립적으로 평가하여서는 아니 되고 모든 관점에서 빠짐없이 상호 관련시켜 종합적으로 평가하고, 치밀하고 모순 없는 논증을 거쳐야 한다. [2] **증거의 증명력**은 (가) 법관의 자유판단에 맡겨져 있으나 그 판단은 논리와 경험칙에 합치하여야 하고, (나) 형사재판에 있어서 유죄로 인정하기 위한 심증형성의 정도는 합리적인 의심을 할 여지가 없을 정도여야 하나, 이는 모든 가능한 의심을 배제할 정도에 이를 것까지 요구하는 것은 아니며, (다) 증명력이 있는 것으로 인정되는 증거를 합리적인 근거가 없는 의심을 일으켜 이를 배척하는 것은 자유심증주의의 한계를 벗어나는 것으로 허용될 수 없다 할 것인바, 여기에서 말하는 (라) **합리적 의심이라 함은** 모든 의문, 불신을 포함하는 것이 아니라 논리와 경험칙에 기하여 요증사실과 양립할 수 없는 사실의 개연성에 대한 합리성 있는 의문을 의미하는 것으로서, (마) **피고인에게 유리한 정황을 사실인정**

---

15) 대상사건은 1997년 4월 3일 햄버거 가게 버거킹 이태원점에서 홍익대학교 학생인 조중필(당시 23세)이 살해당한 사건이다. 유력한 용의자로 미국인 아서 패터슨(당시 만 17세)과 에드워드 리(당시 만 18세)가 검거되어 재판을 받았으나, 용의자 두 명 중 적어도 한 명은 범인이 확실함에도 불구하고 두 명 모두 살인죄로 처벌하지 못해 10년 이상 논란이 되었다. 특히, 대한민국 검사의 실수로 용의자에 대한 출국금지 연장 조치가 취해지지 않아 용의자 중 한 명인 패터슨이 미국으로 도주하여 국민적 지탄을 받았다. 패터슨은 2011년 6월 미국 경찰에 체포된 뒤 2015년 9월 23일 대한민국으로 송환되었고, 2016년 1월 29일 제1심에서 살인죄로 징역 20년을 선고받고 같은 해 9월 13일 항소심에서 제1심 판결이 유지되었으며, 2017년 1월 25일 대법원에서 징역 20년의 형이 확정되었다. 이 사건은 영화《이태원 살인사건》으로도 만들어졌다. ko.wikipedia.org

과 관련하여 파악한 이성적 추론에 그 근거를 두어야 하는 것이므로 단순히 관념적인 의심이나 추상적인 가능성에 기초한 의심은 합리적 의심에 포함된다고 할 수 없다. [3] 원심판결에, 공판에서 획득된 인식과 조사된 증거를 남김없이 고려하지 아니하였고, 이를 모든 관점에서 상호 관련시켜 종합적으로 평가하지 아니하였을 뿐만 아니라 치밀한 논증을 거치지 아니하였으며, 증거의 증명력을 판단함에 있어 경험칙과 논리법칙에 어긋나는 판단을 함으로써, 자유심증주의에 관한 법리 및 간접증거의 증명력 평가에 관한 법리를 오해한 위법이 있다고 한 사례. (【37】【38】 참조)

2-3 [대판 2021도1833] [의사에게 의료행위로 인한 업무상과실치사상죄를 인정하기 위한 요건 중 '업무상과실과 상해·사망 등 결과 발생 사이에 인과관계가 있음'에 대한 증명책임 소재(=검사) 및 증명 정도(=합리적인 의심의 여지가 없을 정도) / 형사재판에서의 인과관계에 관한 판단이 동일 사안의 민사재판과 달라질 수 있는지 여부(적극)] [1] 의사에게 의료행위로 인한 업무상과실치사상죄를 인정하기 위해서는, 의료행위 과정에서 공소사실에 기재된 업무상과실의 존재는 물론 그러한 업무상과실로 인하여 환자에게 상해·사망 등 결과가 발생한 점에 대하여도 엄격한 증거에 따라 합리적 의심의 여지가 없을 정도로 증명이 이루어져야 한다. 따라서 검사는 공소사실에 기재한 업무상과실과 상해·사망 등 결과 발생 사이에 인과관계가 있음을 합리적인 의심의 여지가 없을 정도로 증명하여야 하고, 의사의 업무상과실이 증명되었다는 사정만으로 인과관계가 추정되거나 증명 정도가 경감되는 것은 아니다. 이처럼 형사재판에서는 인과관계 증명에 있어서 '합리적인 의심이 없을 정도'의 증명을 요하므로 그에 관한 판단이 동일 사안의 민사재판과 달라질 수 있다. [2] 마취통증의학과 의사인 피고인이 수술실에서 환자인 피해자 갑(73세)에게 마취시술을 시행한 다음 간호사 을에게 환자의 감시를 맡기고 수술실을 이탈하였는데, 이후 갑에게 저혈압이 발생하고 혈압 회복과 저하가 반복됨에 따라 을이 피고인을 수회 호출하자, 피고인은 수술실에 복귀하여 갑이 심정지 상태임을 확인하고 마취해독제 투여, 심폐소생술 등의 조치를 취하였으나, 갑이 심정지 등으로 사망에 이르게 된 사안에서, 피고인에게 업무상과실치사죄를 인정한 원심판단에 의사의 업무상과실과 피해자의 사망 사이의 인과관계 증명 등에 관한 법리오해의 잘못이 있다고 한 사례.

3 [대판 2015도17869] 범죄의 유무 등을 판단하기 위한 논리적 논증을 하는 데 반드시 필요한 사항에 대한 심리를 다하지도 아니한 채 합리적 의심이 없는 증명의 정도에 이르렀는지에 대한 판단에 섣불리 나아가는 것 역시 실체적 진실발견과 적정한 재판이 이루어지도록 하려는 형사소송법의 근본이념에 배치되는 것으로서 위법하다. 그러므로 사실심 법원으로서는, 형사소송법이 사실의 오인을 항소이유로는 하면서도 상고이유로 삼을 수 있는 사유로는 규정하지 아니한 데에 담긴 의미가 올바르게 실현될 수 있도록 주장과 증거에 대하여 신중하고 충실한 심리를 하여야 하고, 그에 이르지 못하여 자유심증주의의 한계를 벗어나거나 필요한 심리를 다하지 아니하는 등으로 판결 결과에 영향을 미친 때에는, 사실인정을 사실심 법원의 전권으로 인정한 전제가 충족되지 아니하므로 당연히 상고심의 심판대상에 해당한다.

4 [대판 2012도3722] [공소사실의 내용 자체로 전후 연속되거나 견련되어 있는 여러 범죄사실 중 일부를 무죄로 판단하면서도 나머지를 유죄로 인정하기 위한 요건] 공소사실의 내용 자체로 전후 연속되거나 견련되어 있는 여러 범죄사실에 대하여 그 중 일부는 무죄로 판단하면서도 나머지는 유죄로 인정하려면, 그와 같이 무죄로 본 근거가 되는 사정들이 나머지 부분의 유죄 인정에 방해가 되지 않는다는 점이 합리적으로 설명될 수 있어야 한다.

5 [대판 2012도231] [형사재판에서 범죄사실을 인정하기 위한 증거의 증명력 정도] [1] 형사재판에서 범죄사실의 인정은 법관으로 하여금 합리적인 의심을 할 여지가 없을 정도의 확신을 가지게 하는 증명력을 가진 **엄격한 증거**에 의하여야 하므로, 검사의 증명이 위와 같은 확신을 가지게 하는 정도에 충분히 이르지 못한 경우에는 비록 피고인의 주장이나 변명이 모순되거나 석연치 않은 면이 있는 등 유죄의 의심이 간다고 하더라도 **피고인의 이익으로 판단**하여야 한다. [2] 부검은 사망 이전의 질병 경과나 사망을 초래한 직접 혹은 간접적 요인들을 자세한 관찰 및 검사를 통하여 규명하는 것으로서, 사망원인의 인정 내지 추정을 위하여는 단편적인 개별 소견을 종합하여 최종 사인에 관한 판단에 이르는 추론의 과정을 거쳐야 한다. 따라서 부검의(剖檢醫)가 사체에 대한 부검을 실시한 후 어떤 것을 유력한 사망원인으로 지시한다고 하여 그 밖의 다른 사인이 존재할 가능성을 가볍게 배제하여서는 아니 되고, 특히 형사재판에서 부검의의 소견에 주로 의지하여 유죄의 인정을 하기 위해서는 다른 가능한 사망원인을 모두 배제하기 위한 치밀한 논증의 과정을 거치지 않으면 아니 된다. 더구나 사체에 대한 부검이 사망으로부터 상당한 시간이 경과한 후에 실시되고 그 과정에서 사체의 이동·보관에 따른 훼손·변화 가능성이 있는 경우에는 그 판단에 오류가 포함될 가능성을 전적으로 배제할 수 없다. [3] 대학 부속병원 전공의인 피고인이 자신의 집에서 배우자 甲의 목을 졸라 살해하였다는 내용으로 기소된 사안에서, 사건의 쟁점인 甲의 사망원인이 손에 의한 목눌림 질식사(액사, 縊死)인지와 피고인이 사건 당일 오전 집을 나서기 전에 甲을 살해하였다고 볼 수 있는 정황이나 증거가 존재하는지에 관하여 치밀한 검증 없이 여러 의문점이 있는 부검소견이나 자료에만 의존하여 공소사실이 합리적 의심을 배제할 정도로 증명되었다고 보아 유죄를 인정한 원심판결에 형사재판에서 요구되는 증명의 정도에 관한 법리를 오해하여 필요한 심리를 다하지 아니하는 등 위법이 있다.

## 36 거증책임

* 대법원 2004. 5. 28. 선고 2004도1497 판결
* 참조조문: 형법 제310조,[1) 형법 제307조 제1항[2)

> 명예훼손죄의 위법성조각사유에 대한 거증책임은 누구에게 있는가?

●**사실**● 피고인 X는 A 제약회사를 비방하는 취지가 내용의 주를 이루고 있는 글을 작성하여 국회의원이나 언론사, 다른 제약회사 등 11곳의 홈페이지에 게재하였다. "주식회사 A는 밀실정책의 대표 회사이고, 인간의 최소한의 양심과 도덕성은 하수구에 처박아 넣은 지 오래되었으며, 지켜야 할 법도 저버리면서까지 같이 살아가야 하는 공생의 법칙도 어기고 A 주식회사만의 이익을 위해서 상대방을 배려하는 모습은 어디에도 찾을 수 없다."라는 내용이었다. 원심은 X에 대해 명예훼손죄를 인정하였다. X는 자신의 게재 행위는 형법 제310조 "오로지 공공의 이익을 위한" 것으로 위법성조각을 주장하며 상고하였다. 이 부분에 대한 거증책임이 누구에게 있는지 여부가 다투어 졌다.

●**판지**● **상고기각.** 「[1] 형법 제310조에서 '오로지 공공의 이익에 관한 때'라 함은 적시된 사실이 객관적으로 볼 때 공공의 이익에 관한 것으로서 행위자도 주관적으로 공공의 이익을 위하여 그 사실을 적시한 것이어야 하는 것인데, 여기의 공공의 이익에 관한 것에는 널리 국가·사회 기타 일반 다수인의 이익에 관한 것뿐만 아니라 특정한 사회집단이나 그 구성원 전체의 관심과 이익에 관한 것도 포함되고, 적시된 사실이 공공의 이익에 관한 것인지 여부는 당해 적시 사실의 내용과 성질, 당해 사실의 공표가 이루어진 상대방의 범위, 그 표현의 방법 등 그 표현 자체에 관한 제반 사정을 감안함과 동시에 그 표현에 의하여 훼손되거나 훼손될 수 있는 명예의 침해 정도 등을 비교·고려하여 결정하여야 하는 것이다.

[2] 공연히 사실을 적시하여 사람의 명예를 훼손한 행위가 형법 제310조의 규정에 따라서 위법성이 조각되어 처벌 대상이 되지 않기 위하여는 **그것이 '진실한 사실'로서 오로지 '공공의 이익'에 관한 때에 해당된다는 점을 행위자가 증명하여야 하는 것**이고, 법원이 적법하게 증거를 채택하여 조사한 다음 형법 제310조 소정의 위법성조각사유의 요건이 입증되지 않는다면 그 불이익은 **피고인이 부담**하는 것이다.

[3] 특정 제약회사를 비방하는 취지가 내용의 주조를 이루고 있는 글을 작성하여 국회의원이나 언론사, 다른 제약회사 등의 홈페이지에 게재한 행위가 형법 제310조 및 제20조에 해당하지 아니한다」.

●**해설**● 1 **거증책임**이란 요증사실의 존부에 대하여 증명이 불충분한 경우에 불이익을 받을 당사자의 법적 지위를 말한다. 즉 재판이 끝에 가서도 법원이 확신을 갖지 못할 경우, 재판 불능 상태를 방지하기 위해서는 일방 당사자에게 불이익을 줄 수밖에 없는데 그 **위험부담을 거증책임(증명책임)**이라 한다. 형사소송에서는 그 위험부담을 원칙적으로 검사가 부담한다(**실질적 증명책임**[3)). 이는 "in dubio pro reo"(의심

---

1) 형법 제310조(**위법성의 조각**) 제307조제1항의 행위가 **진실한 사실로서 오로지 공공의 이익**에 관한 때에는 처벌하지 아니한다.

2) 형법 제307조(**명예훼손**) ① 공연히 사실을 적시하여 사람의 명예를 훼손한 자는 2년 이하의 징역이나 금고 또는 500만원 이하의 벌금에 처한다.

3) 반면 **형식적 증명책임**이란 공판의 진행과정에 따라 어느 사실이 증명되지 않으면 현실적으로 불리한 판단을 받을 염려가 있는 당사자가 그 불이익을 면하기 위해 당해 사실을 증명해야 할 부담을 말한다. **입증의 부담**이라고도 한다.

스러울 땐 피고인의 이익으로) 원칙이 지배하는 형사소송에서 원칙적으로 검사가 거증책임을 부담함을 의미한다. 이러한 거증책임은 처음부터 **고정되어 있는 지위**이어서 소송의 진행에 따라 변동되지 않는다.

**2 본증과 반증**　　거증책임을 지는 당사자가 제출하는 증거가 **본증**(本證)이고, 본증에 의하여 증명하려고 하는 사실의 존재를 부인하기 위하여 제출하는 증거가 **반증**(反證)이다. 형사소송에 있어서 증명책임은 원칙적으로 검사에게 있다는 점에서 검사가 제출하는 증거가 '본증'이고, 피고인이 제출하는 증거를 '반증'이라고 말할 수 있다. 그러나 피고인에게 거증책임이 있는 경우에는 피고인이 제출하는 증거도 본증에 해당한다. 본증과 반증은 증명의 정도가 다르다. 본증은 법관이 요증사실의 존재에 관하여 확신 상태에 이르러야 성공하지만 반증은 이에 미치지 못한 진위불명상태가 되더라도 성공한다.

**3 검사의 거증책임(원칙)**　　　　범죄의 성립과 형벌권의 발생에 영향을 미치는 **모든 사실**에 대하여 검사가 거증책임을 지는 것이 원칙이다. 따라서 검사는 ① 공소가 제기된 **범죄사실**에 대한 증명책임이 있다. 따라서 **알리바이**(Alibi 현장부재증명)의 부존재(현장존재)에 대하여도 검사에게 증명책임이 있다(대판 82도1789, Ref 10). ② 형벌권에 영향을 미치는 사실도 검사에게 거증책임이 있다. 따라서 형의 **가중사유**(누범전과사실 등)나 형의 **감면사유**(심신미약·자수 등)는 검사가 입증하여야 한다. ③ **처벌조건**인 사실(인적 처벌조각사유나 객관적 처벌조건)도 검사에게 증명책임이 있다. ④ 검사는 **소송조건**(친고죄에서의 고소, 반의사불벌죄에서 처벌불원의사, 공소시효의 완성 등)에 대해서도 증명책임이 있다.[4] ⑤ **증거능력의 전제되는 사실**(진술이나 조서 작성의 **임의성** 내지 **특신상태**)에 대한 거증책임도 검사에게 있다(대판 2004도7900, Ref 6-1). 따라서 피고인이 자백의 임의성에 이의 제기를 할 경우에도 피고인이 이를 증명하는 것이 아니라 검사가 그 임의성의 의문점을 해소하는 입증을 하여야 한다. ⑥ **양형의 기초가 되는 사실**에 대해서도 검사에게 증명책임이 있다.

**4 거증책임의 전환(예외)**　　거증책임이 '피고인'에게 귀속하게 되는 예외적인 경우를 '**거증책임의 전환**'이라 부른다. '거증책임의 전환'이라고 하기 위해서는 ① 전환에 대한 명문 규정이 있어야 하며 ② 거증책임의 예외를 뒷받침할 만한 합리적 근거가 있어야 한다. '거증책임의 전환'이 문제되는 규정으로는 ㉠ 상해죄의 동시범 특례를 규정한 **형법 제263조**와 ㉡ 명예훼손죄에 있어서 위법성조각의 증명을 규정한 **형법 제310조**가 있다.

**5 '상해죄'의 동시범 특례(형법263)**　　　　먼저 형법 제263조는 상해죄에 대하여 **동시범 특례**를 규정하고 있다. 즉 "독립행위가 경합하여 상해의 결과를 발생하게 한 경우에 있어서 원인된 행위가 판명되지 아니한 때에는 공동정범의 예에 의한다." **동시범(독립행위의 경합)**이란 의사연락이 없는 여러 사람의 행위가 결과발생에 영향을 준 경우를 말한다. 동시범은 상호 의사연락이 없기 때문에 공동정범은 될 수 없고, 각자가 별개의 직접정범이 된다. 따라서 독립행위로 인하여 결과가 발생한 경우 그 결과발생의 원인된 행위가 판명되지 아니한 때에는 **각 행위를 미수범**으로 처벌하는 것이 원칙이다(형법19).[5] 그러나 형법

---

4) 소송조건은 증명의 정도에 있어서는 자유로운 증명의 대상이나 거증책임의 분배에 있어서는 공소제기의 적법·유효요건이 되므로 검사에게 거증책임이 있다.

5) 형법 제19조**(독립행위의 경합)** 동시 또는 이시의 **독립행위가 경합**한 경우에 그 **결과발생의 원인된 행위가 판명되지 아니한 때에는 각 행위를 미수범으로 처벌**한다.

은 **상해죄의 경우에는 특례**를 두어 예외적으로 원인된 행위가 판명되지 아니한 때에도 **공동정범**으로 처리한다(형법263).

**6 '명예훼손죄'의 위법성조각사유(형법310)** 형법은 명예훼손죄와 관련해 특별한 위법성조각사유를 마련하고 있다. 형법 제310조는 **"진실한 사실로서 오로지 공공의 이익"**을 위하여 타인의 명예를 훼손한 경우는 위법성을 조각시키고 있다. 제310조의 적용과 관련해 사실의 **'진실성'**과 **'공익성'**에 대한 **거증책임**이 검사와 피고인 중 누구에게 있는지가 문제된다. (a) 사안에서와 같이 판례는 이에 대한 **거증책임이 피고인에게 있다고 판단한다(거증책임전환설)**. 그리고 그 증명도 **'자유로운 증명'**으로 족하다는 입장이다(대판 95도1473, Ref 11). 반면 (b) 다수설은 형사소송법상의 일반원칙에 따라 검사에게 거증책임이 있다고 본다.

**7 증명과 거증책임**

| | 엄격한 증명/자유로운 증명 | 거증책임 |
|---|---|---|
| 고의 | 엄격한 증명 | 검사 |
| 진술의 임의성 | 자유로운 증명 | 검사 |
| 상해죄 동시범 특례(형법263) | 엄격한 증명 | 피고인 |
| 명예훼손죄위법성조각사유(형법310) | 자유로운 증명 | 피고인 |

*Reference*

## * 거증책임 *

**1 [대판 2018도13696][그림 대작(代作) 사건6)] [법률상 고지의무의 근거가 되는 거래의 내용이나 거래관행 등 거래실정에 관한 사실을 주장·증명할 책임의 소재(=검사)]** [1] 사기죄의 요건으로서의 기망은 널리 재산상의 거래관계에서 서로 지켜야 할 신의와 성실의 의무를 저버리는 모든 적극적 또는 소극적 행위를 말하고, 이러한 소극적 행위로서의 부작위에 의한 기망은 법률상 고지의무 있는 자가 일정한 사실에 관하여 상대방이 착오에 빠져 있음을 알면서도 이를 고지하지 않는 것을 말한다. 여기에서 법률상 고지의무는 법령, 계약, 관습, 조리 등에 의하여 인정되는 것으로서 문제가 되는 구체적인 사례에 즉응하여 거래실정과 신의성실의 원칙에 의하여 결정되어야 한다. 그리고 법률상 고지의무를 인정할 것인지는 법률문제로서 상고심의 심판대상이 되지만 그 근거가 되는 **거래의 내용이나 거래관행 등 거래실정에 관한 사실을 주장·증명할 책임은 검사에게 있다.** [2] 피고인이 화가 갑에게 돈을 주고 자신의 기존 콜라주 작품을 회화로 그려오게 하거나, 자신이 추상적인 아이디어만 제공하고 이를 갑이 임의대로 회화로 표현하게 하는 등의 작업을 지시한 다음 갑으로부터 완성된 그림을 건네받아 경미한 작업만 추가하고 자신의 서명을 하였음에도, 위와 같은 방법으로 그림을 완성한다는 사실을 고지하지 아니하고 사실상 갑 등이 그린 그림을 마치 자신이 직접 그

---

6) 가수 조영남은 1973년 첫 개인전 이후 40회 남짓 전시회를 열며 스스로 '화수(화가 겸 가수)'라 표현하며 오래 전부터 화투 그림에 천착해 왔다. **'그림 대작(代作)' 사건**은 2009년 그가 알고 지내던 뉴욕 출신 무명 직업화가 송씨에게 자신의 콜라주 작품을 회화로 다시 그려보라고 제안하면서 시작되었다. 완성품이 마음에 든 조영남은 그때부터 작품을 직접 만드는 대신 송씨로부터 200점 이상 화투 그림을 받아 덧칠 등만 한 뒤 자신의 이름을 걸고 전시했다. 제1심에서 사기 혐의로 유죄 선고를 받았으나 항소심과 대법원에서는 무죄가 확정되었다.

린 친작인 것처럼 전시하여 피해자들에게 그림(미술작품)을 판매하고 대금 상당의 돈을 편취하였다는 내용으로 기소된 사안에서, 피해자들이 위 미술작품을 피고인의 친작으로 착오한 상태에서 구매한 것이라고 단정하기 어렵다고 보아 피고인에게 무죄를 선고한 원심판단을 수긍한 사례.

2 [대판 2018도10447] [공직선거에서 후보자의 비리 등에 관한 의혹 제기와 허위사실 공표로 인한 형사책임 범위/ **공직선거법 제250조 제2항[7])의 허위사실공표죄에서 공표사실의 '허위성'을 증명하는 방법**] 민주주의정치제도 하에서 언론의 자유는 가장 기초적인 기본권이고 선거과정에서도 충분히 보장되어야 한다. 그리고 공직선거에서 후보자의 공직담당적격을 검증하는 것은 필요하고도 중요한 일이므로, 그 적격검증을 위한 언론의 자유도 보장되어야 한다. 이를 위하여 후보자에게 위법이나 부도덕함을 의심케 하는 사정이 있는 경우에는 이에 대한 문제 제기가 허용되어야 하고, 공적 판단이 내려지기 전이라 하여 그에 대한 의혹의 제기가 쉽게 봉쇄되어서는 안 된다. 그러나 한편 근거가 박약한 의혹의 제기를 광범위하게 허용할 경우, 비록 나중에 그 의혹이 사실무근으로 밝혀지더라도 잠시나마 후보자의 명예가 훼손됨은 물론, 임박한 선거에서 유권자들의 선택을 오도하는 중대한 결과가 야기되고, 이는 오히려 공익에 현저히 반하는 결과가 된다. 그러므로 후보자의 비리 등에 관한 의혹의 제기는, 비록 그것이 공직적격 여부의 검증을 위한 것이라 하더라도 무제한 허용될 수는 없고, 그러한 의혹이 진실인 것으로 믿을 만한 상당한 이유가 있는 경우에 한하여 허용되어야 한다. 그리고 이때 의혹사실의 존재를 적극적으로 주장하는 자는 그러한 사실의 존재를 수긍할 만한 소명자료를 제시할 부담을 지고, 그러한 소명자료를 제시하지 못한다면 달리 그 의혹사실의 존재를 인정할 증거가 없는 한 **허위사실 공표의 책임을 져야 하며**, 제시된 소명자료 등에 의하여 그러한 의혹이 진실인 것으로 믿을 만한 상당한 이유가 있는 경우에는 비록 사후에 그 의혹이 진실이 아닌 것으로 밝혀지더라도 표현의 자유 보장을 위하여 이를 벌할 수 없다. 그리고 허위사실공표죄에서 의혹을 받을 일을 한 사실이 없다고 주장하는 사람에 대하여, 의혹을 받을 사실이 존재한다고 적극적으로 주장하는 자는, 그러한 사실의 존재를 수긍할 만한 소명자료를 제시할 부담을 지고, **검사는 제시된 그 자료의 신빙성을 탄핵하는 방법으로 허위성의 증명을 할 수 있다.** 이때 제시하여야 할 소명자료는 위 법리에 비추어 단순히 소문을 제시하는 것만으로는 부족하고, 적어도 허위성에 관한 검사의 증명활동이 현실적으로 가능할 정도의 구체성은 갖추어야 하며, 이러한 소명자료의 제시가 없거나 제시된 소명자료의 신빙성이 탄핵된 때에는 허위사실 공표의 책임을 져야 한다.

3 [대판 2015도3483] [형사소송에서 범죄사실에 관한 증명책임 소재(=검사) 및 피고인에게 유죄를 인정하기 위한 증명의 정도] 형사소송에서는 범죄사실이 있다는 증거를 검사가 제시하여야 한다. **피고인의 변소가 불합리하여 거짓말 같다고 하여도 그것 때문에 피고인을 불리하게 할 수 없다.** 범죄사실의 증명은 법관으로 하여금 합리적인 의심의 여지가 없을 정도로 고도의 개연성을 인정할 수 있는 심증을 갖게 하여야 한다. 이러한 정도의 심증을 형성하는 증거가 없다면 설령 피고인에게 유죄의 의심이 간다 하더라도 피고인의 이익으로 판단하여야 한다.

4 [대판 2014도3163] [**형사재판에서 유죄 인정을 위한 증거의 증명력 정도** 및 선행차량에 이어 피고인 운

---

7) 공직선거법 제250조(**허위사실공표죄**) 당선되지 못하게 할 목적으로 연설·방송·신문·통신·잡지·벽보·선전문서 기타의 방법으로 후보자에게 불리하도록 후보자, 그의 배우자 또는 직계존·비속이나 형제자매에 관하여 **허위의 사실을 공표**하거나 공표하게 한 자와 **허위의 사실을 게재**한 선전문서를 배포할 목적으로 소지한 자는 7년 이하의 징역 또는 500만원 이상 3천만원 이하의 벌금에 처한다.

전 차량이 피해자를 연속하여 역과하는 과정에서 피해자가 사망한 경우 같은 법리가 적용되는지 여부(적극)] [1] (가) 형사재판에서 공소가 제기된 범죄사실에 대한 **증명책임은 검사에게 있고,** (나) 유죄의 인정은 법관으로 하여금 합리적인 의심을 할 여지가 없을 정도로 공소사실이 진실한 것이라는 확신을 가지게 하는 증명력을 가진 엄격한 증거에 의하여야 하며, (다) 이러한 법리는 선행차량에 이어 피고인 운전 차량이 피해자를 연속하여 역과하는 과정에서 피해자가 사망한 경우에도 마찬가지로 적용되므로, **피고인이 일으킨 후행 교통사고 당시에 피해자가 생존해 있었다는 증거가 없다면** 설령 피고인에게 유죄의 의심이 있다고 하더라도 피고인의 이익으로 판단할 수밖에 없다. [2] 자동차 운전자인 피고인이, 甲이 운전하는 선행차량에 충격되어 도로에 쓰러져 있던 피해자 乙을 다시 역과함으로써 사망에 이르게 하고도 필요한 조치를 취하지 않고 도주하였다고 하여 「특정범죄 가중처벌 등에 관한 법률」위반(도주차량)으로 기소된 사안에서, 제출된 증거들만으로는 피고인 운전 차량이 2차로 乙을 역과할 당시 아직 乙이 생존해 있었다고 단정하기 어렵다는 이유로, 이와 달리 보아 피고인에게 유죄를 인정한 원심판결에 선행 교통사고와 후행 교통사고가 경합하여 피해자가 사망한 경우 후행 교통사고와 피해자의 사망 사이의 인과관계 증명책임에 관한 법리오해 등의 위법이 있다고 한 사례.

5 [대판 2013도11233] [검사 또는 사법경찰관이 영장 발부 사유로 된 범죄 혐의사실과 무관한 별개의 증거를 압수한 경우, 유죄 인정의 증거로 사용할 수 있는지 여부(원칙적 소극)/ 수사기관이 별개의 증거를 환부하고 후에 임의제출받아 다시 압수한 경우, 제출에 임의성이 있다는 점에 관한 증명책임 소재(＝검사)와 증명 정도 및 임의로 제출된 것이라고 볼 수 없는 경우 증거능력을 인정할 수 있는지 여부(소극)] 검사 또는 사법경찰관은 범죄수사에 필요한 때에는 피의자가 죄를 범하였다고 의심할 만한 정황이 있는 경우에 판사로부터 발부받은 영장에 의하여 압수·수색을 할 수 있으나, 압수·수색은 영장 발부의 사유로 된 범죄 혐의사실과 관련된 증거에 한하여 할 수 있으므로, 영장 발부의 사유로 된 범죄 혐의사실과 무관한 별개의 증거를 압수하였을 경우 이는 원칙적으로 유죄 인정의 증거로 사용할 수 없다. 다만 수사기관이 별개의 증거를 피압수자 등에게 환부하고 **후에 임의제출받아 다시 압수하였다면** 증거를 압수한 최초의 절차 위반행위와 최종적인 증거수집 사이의 인과관계가 단절되었다고 평가할 수 있으나, 환부 후 다시 제출하는 과정에서 수사기관의 우월적 지위에 의하여 임의제출 명목으로 실질적으로 강제적인 압수가 행하여질 수 있으므로, **제출에 임의성이 있다는 점에 관하여는 검사가 합리적 의심을 배제할 수 있을 정도로 증명**하여야 하고, 임의로 제출된 것이라고 볼 수 없는 경우에는 증거능력을 인정할 수 없다.

## *임의성 없는 진술에 대한 거증책임*
6-1 [대판 2004도7900] [임의성 없는 진술의 증거능력을 부정하는 취지 및 그 임의성에 대한 증명책임의 소재(=검사)] [1] 임의성 없는 진술의 증거능력을 부정하는 취지는, 허위진술을 유발 또는 강요할 위험성이 있는 상태 하에서 행하여진 진술은 그 자체가 실체적 진실에 부합하지 아니하여 오판을 일으킬 소지가 있을 뿐만 아니라 그 진위를 떠나서 진술자의 기본적 인권을 침해하는 위법 부당한 압박이 가하여지는 것을 사전에 막기 위한 것이므로, **그 임의성에 다툼이 있을 때에는** 그 임의성을 의심할 만한 합리적이고 구체적인 사실을 피고인이 증명할 것이 아니고 **검사가 그 임의성의 의문점을 없애는 증명**을 하여야 할 것이고, **검사가 그 임의성의 의문점을 없애는 증명을 하지 못한 경우에는** 그 진술증거는 증거능력이 부정된다. [2] 기록상 진술증거의 임의성에 관하여 의심할 만한 사정이 나타나 있는 경우에는 **법원은 직권으로 그 임의성 여부에 관하여 조사를 하여야 하고,** 임의성이 인정되지 아니하여 증거능력이 없는 진술증거는 피고인이 증거로 함

에 동의하더라도 증거로 삼을 수 없다. [3] 기록에 의하면 참고인에 대한 검찰 진술조서가 강압상태 내지 강압수사로 인한 **정신적 강압상태가 계속된 상태**에서 작성된 것으로 의심되어 그 임의성을 의심할 만한 사정이 있는데도, 검사가 그 임의성의 의문점을 없애는 증명을 하지 못하였으므로 증거능력이 없다고 한 사례.

6-2 [대판 2007도7760] [피고인 또는 변호인이 검사가 작성한 피의자 신문조서에 대하여 **임의성을 인정하였다가 증거조사 완료 후 이를 다투는 경우**, 임의성의 증명책임 부담자(=검사) 및 법원이 취해야 할 조치] 검사 작성의 당해 피고인에 대한 피의자신문조서에 기재된 진술의 임의성에 다툼이 있을 때에는 그 임의성을 의심할 만한 합리적이고 구체적인 사실을 피고인이 증명할 것이 아니라 검사가 그 임의성의 의문점을 없애는 증명을 하여야 하고, 검사가 그 임의성의 의문점을 없애는 증명을 하지 못한 경우에는 그 조서는 유죄 인정의 증거로 사용할 수 없는데, 이러한 법리는 피고인이나 그 변호인이 검사 작성의 당해 피고인에 대한 피의자신문조서의 임의성을 인정하는 진술을 하였다가 이를 번복하는 경우에도 마찬가지로 적용되어야 한다. 따라서 증거조사를 마친 조서의 임의성을 다투는 주장이 받아들여지게 되면, 그 조서는 구 형사소송규칙(2007.10.29. 대법원규칙 제2106호로 개정되기 전의 것) 제139조 제4항의 증거배제결정을 통하여 유죄 인정의 자료에서 제외하여야 한다.

7 [대판 2006도7228] [증인에 대한 구인장 집행불능 상황을 형사소송법 제314조의 '기타 사유로 인하여 진술할 수 없는 때'에 해당한다고 인정할 수 있는 요건] 직접주의와 전문법칙의 예외를 정한 형사소송법 제314조의 요건 충족 여부는 엄격히 심사하여야 하고 전문증거의 증거능력을 갖추기 위한 요건에 관한 입증책임은 검사에게 있는 것이므로, 법원이 증인에 대한 구인장 집행불능 상황을 형사소송법 제314조의 '기타 사유로 인하여 진술할 수 없는 때'에 해당한다고 인정할 수 있으려면, 형식적으로 구인장 집행이 불가능하다는 취지의 서면이 제출되었다는 것만으로는 부족하고, 증인에 대한 구인장의 강제력에 기하여 증인의 법정 출석을 위한 가능하고도 충분한 노력을 다하였음에도 불구하고, 부득이 증인의 법정 출석이 불가능하게 되었다는 사정을 **검사가 입증한 경우여야 한다.**

8 [대판 2003도5255] [형사재판에 있어서 공소사실에 대한 거증책임 및 증명력의 정도와 민사재판상의 입증책임과의 관계] 형사재판에 있어서 공소가 제기된 범죄사실에 대한 입증책임은 검사에 있고, 유죄의 인정은 법관으로 하여금 합리적인 의심을 할 여지가 없을 정도로 공소사실이 진실한 것이라는 확신을 가지게 하는 증명력을 가진 증거에 의하여야 하므로, 그와 같은 증거가 없다면 설령 피고인에게 유죄의 의심이 간다 하더라도 피고인의 이익으로 판단할 수밖에 없으며, **민사재판이었더라면 입증책임을 지게 되었을 피고인이** 그 쟁점이 된 사항에 대하여 자신에게 유리한 입증을 하지 못하고 있다 하여 위와 같은 원칙이 달리 적용되는 것은 아니다. **cf)** 동일사건의 민사재판이었더라면 그 쟁점사항에 대해 피고인이 증명책임을 지는 것이라도, 형사재판에서는 그것이 공소범죄사실인 한 검사가 증명책임을 진다.

9 [대판 95도3081] [형사재판에 있어서 공소사실에 대한 거증책임 및 증명력의 정도와 민사재판상의 입증책임과의 관계] 피고인이 금원을 횡령하였다는 사실은 어디까지나 검사가 이를 입증하여야 하는 것으로서 원심이 **민사재판에 있어서의 입증책임분배의 원칙**을 유죄 인정의 근거의 하나로 내세워 피고인이 그가 보관하던 대여금 총액 중에서 피해자를 위하여 사용하였거나 피해자에게 반환하였음을 입증하지 못한 차액 상당의 금원을 횡령한 것이라고 판단한 것은, 형사재판에 있어서의 거증책임의 원칙과 증명력에 관한 법리를 오해한 위법을 저지른 것이라는 비난을 면할 수 없고 원심이 인용한 증거들로써는 위 차액 상당의 금원을

횡령한 것이라고 인정하기가 부족하다는 이유로 원심판결을 파기한 사례.

**10 [대판 82도1789]** [사실인정에 배치되는 증거판단을 반드시 판결이유에 기재하여야 하는지 여부(소극)] 사실인정에 배치되는 증거에 대한 판단을 반드시 판결이유에 기재하여야 하는 것은 아니므로 피고인이 **알리바이**를 내세우는 증인들의 증언에 관한 판단을 하지 아니하였다 하여 위법이라 할 수 없다. **cf)** 대법원의 판시는 알리바이의 부존재에 대하여 검사에게 증명책임이 있음을 전제로 한 것으로 볼 수 있다.

## * 거증책임의 전환 *

**11 [대판 95도1473]** [명예훼손죄의 위법성조각사유에 대한 거증책임 및 형사소송법 제310조의2의 적용 여부(소극)] 공연히 사실을 적시하여 사람의 명예를 훼손한 행위가 형법 제310조의 규정에 따라서 위법성이 조각되어 처벌대상이 되지 않기 위하여는 그것이 진실한 사실로서 오로지 공공의 이익에 관한 때에 해당된다는 점을 **행위자가 증명**하여야 하는 것이나, 그 증명은 유죄의 인정에 있어 요구되는 것과 같이 법관으로 하여금 의심할 여지가 없을 정도의 확신을 가지게 하는 증명력을 가진 **엄격한 증거에 의하여야 하는 것은 아니므로,** 이 때에는 전문증거에 대한 증거능력의 제한을 규정한 형사소송법 제310조의2는 적용될 여지가 없다.

---

형사재판에 있어서 자유심증주의의 한계

●**사실**● 피고인 X(외과의사)는 처인 A(30세)가 독단적인 성격으로 자신을 무시하고 집안의 금전관리를 도맡아 하면서 가정 일을 마음대로 처리하고 자신의 부모형제와 심한 불화를 빚어 온데다가 C와 불륜관계를 맺어온 것을 눈치 채고 혹시 A가 출산한 피해자 B(여, 1세)가 자신의 딸이 아닐지도 모른다고 의심하게 되었다. 이런 상황에서 A에 대한 감정이 극도로 악화되어 있던 중, 1995.6.11.23:30경부터 다음날인 6.12. 06:30경 사이에 X는 A·B와 함께 거주하여 오던 서울 소재 아파트에서 자신의 누나를 개원 예정으로 있던 외과병원의 직원으로 채용하는 문제와 관련하여 A와 심하게 다투다가 누적된 감정이 폭발하여, 아파트 베란다에 설치된 커텐줄을 잘라서 A를 목졸라 살해하고, 이어 B도 종류 미상의 줄로 목을 졸라 살해한 후, 수사에 혼선을 주게 할 목적으로 피해자들의 시체를 욕조에 넣고 더운 물을 그 욕조 안에 채워 넣고, 한편 안방 장롱 안의 옷에 불을 붙여 안방 천정 등으로 타들어 가게 함으로서 주거로 사용하는 아파트를 소훼하였다는 혐의로 공소가 제기 되었다.

제1심은 X에게 사형을 선고하였으나 원심은 피고인의 유죄가 합리적인 의심의 여지가 없이 증명되었다고 볼 수 없다는 이유로 제1심을 파기하고 무죄를 선고하였다. 이에 검사가 상고하였다.

●**판지**● 파기환송. 「[1] 형사재판에 있어서도 (가) 증거의 **증명력은 법관의 자유판단**에 맡겨져 있으나 그 판단은 **논리와 경험칙에 합치**하여야 하고, (나) 형사재판에 있어서 유죄로 인정하기 위한 심증형성의 정도는 **합리적인 의심을 할 여지가 없을 정도**이어야 하나 합리성이 없는 모든 가능한 의심을 배제할 정도에 이를 것까지 요구하는 것은 아니며, (다) 증명력이 있는 것으로 인정되는 증거를 합리적인 근거가 없이 의심하여 이를 배척하는 것은 자유심증주의의 한계를 벗어나는 것으로 허용되지 아니하고, 또한 (라) 범죄사실의 증명은 반드시 직접증거만으로 이루어져야 하는 것은 아니고 **논리와 경험칙에 합치되는 한 '간접증거'로도 할 수 있으며**, (마) 간접증거가 개별적으로는 범죄사실에 대한 완전한 증명력을 가지지 못하더라도 전체 증거를 상호 관련 하에 종합적으로 고찰할 경우 그 단독으로는 가지지 못하는 **종합적 증명력**이 있는 것으로 판단되면 그에 의하여도 범죄사실을 인정할 수가 있다. [2] 사망시간의 추정을 위한 **시반·시강**[3] **및 위(胃) 내용물**의 감정이 갖는 개별적 의문점에 기하여

---

1) 대상사건은 서울에서 한 치과의사 여성과 그 미성년 딸이 살해당한 사건이다. 살인 혐의를 받은 자는 외과의사인 남편으로 7년 8개월 동안, 사형(1심, 1996.2.) → 무죄(2심, 1996.9.) → 유죄 취지로 파기 환송(대법원 상고심, 1998.11.) → 무죄(고법 파기환송심, 2001.2.) → 무죄(대법원 재상고심, 2003.2.) 등으로 여러 차례 판결이 뒤집어지는 상황을 겪었다. 이 사건은 사건 초기 법의학적인 증거수집이 미흡하여 미해결 상태에 빠진 사례로 유명하다. 특히 경찰은 사건을 해결하기 위한 여러 단서들을 수집하는 **초동 수사에 있어 많은 허점**을 보였다. 일례로 발견 당시 사체와 욕조 물의 온도를 재는 기본적인 조사조차 시행하지 않아, 살해 시점을 추정할 수 있는 결정적인 증거를 놓치기도 했다. ko.wikipedia.org

2) 형사소송법 제308조(**자유심증주의**) 증거의 **증명력**은 법관의 자유판단에 의한다.

3) **시반(屍斑, livor mortis)**은 시체에 나타나는 얼룩으로 사망 후 혈액침하로 발생한다. 시반의 형성 과정과 형태에 따라서 사망 추정 시각과 사망 당시의 자세 등을 확인할 수 있다. 시반 형성 시간은 빠르면 30분 정도에 형성되고, 일반적으로는 2−3시간에 적색, 자색의 점상 모양이었다가 서로 융합된다. 4−5시간이 경과하면 암적색이 되고 12−14시간이 경과하면 전신에 나타난다. **시강(屍剛, rigor mortis)**이란 시체의 경직으로 사망 후

그 전체가 갖는 종합적 증명력을 부인하고, 제3자의 범행가능성을 배제할 수 있는 정황증거 및 유죄에 관한 다른 간접증거들의 증명력을 모두 배척한 채 무죄를 선고한 원심판결을 심리미진 또는 채증법칙 위반을 이유로 파기한 사례」.

●**해설●** **1 대상판결의 의의**  대상판결은 한국판 'O.J. 심슨사건[4]'으로 불리며 8여 년간의 법적 공방이 이루어진 가운데, 결국 피고인에게 무죄가 확정되었다. 법원은 '의심스러울 때에는 피고인의 이익으로(in dubio pro reo)'의 형사법원칙을 분명히 했다. 특히 이 사건은 사망 시간 등에 대한 국내 법의학자들의 감정 결과와 '추정'만 가능한 정황증거의 신뢰성을 두고 법의학, 검시제도, 수사관행 등에 대한 논란으로 이어졌고 반성의 계기가 되었다.

**2 자유심증주의에서 '자유판단'의 의미**  자유심증주의(自由心證主義)는 증거의 **증명력**은 법관의 **자유판단**에 의한다는 원칙이다(증거평가자유의 원칙)(법308). 여기서 '자유판단'이란 법관이 증거의 증명력을 판단함에 있어서 **법률적 제한을 받지 않음**을 의미이다. 따라서 증거의 취사선택은 법관의 자유판단에 맡겨지며, 모순되는 증거 가운데 어떤 것을 믿을 것인가도 법관이 자유롭게 결정할 수 있다. 즉 「증거의 취사와 이를 근거로 한 사실의 인정은 그것이 경험칙에 위배된다는 등의 특단의 사정이 없는 한 **사실심법원의 전권**에 속한다」(대판 87도2709). 하지만 법관의 자유심증은 자의적 심증을 의미하는 것은 아니다. 법관의 증명력 판단은 '**논리법칙**'과 '**경험법칙**'을 벗어나서는 아니 된다(대판 2010도12728), 나아가 판례는 「법원이 성폭력 사건을 심리할 때에는 그 사건이 발생한 맥락에서 성차별 문제를 이해하고 양성 평등을 실현할 수 있도록 "성인지 감수성"을 잃지 않도록 유의하여 신중하게 판단」할 것을 요구한다(대판 2018도7709). (【40】 참조).

**3 자유판단의 기준**  자유심증주의라 하더라도 법관으로 하여금 자의적인 판단을 하지 못하도록 합리성을 담보할 수 있는 기준이 있어야 한다(자유심증주의의 **내재적 한계**). 이러한 기준이 바로 **논리법칙과 경험법칙**이다. 따라서 「충분한 증명력이 있는 증거를 합리적인 근거 없이 배척하거나 반대로 객관적인 사실에 명백히 반하는 증거를 아무런 합리적인 근거 없이 채택·사용하는 등으로 **논리와 경험의 법칙**에 어긋나는 것이 아닌 이상, 법관은 자유심증으로 증거를 채택하여 사실을 인정할 수 있다」(대판 2018도16002 전원합의체). ㉠ 혈액 감정에 의한 친자관계의 확인, ㉡ 위드마크공식에 의한 음주운전판단, ㉢ DNA분석을 통한 유전자검사에 의한 동일인 판단 등은 **필연법칙적 경험칙**에 해당한다. 이와 관련하여, 판례는 「특히 '유전자검사'나 '혈액형검사' 등 과학적 증거방법은 그 전제로 하는 사실이 모두 진실임이 입증되고 그 추론의 방법이 과학적으로 정당하여 오류의 가능성이 전무하거나 무시할 정도로 극소한

---

에 시체가 뻣뻣해지는 과정을 말한다. 시체 경직은 시체의 온도에 영향을 받는다. 시체의 온도가 높을수록 젖산(lactic acid)이 더 많이 생산되고, 시체 경직은 더 빨리 일어난다. 대상사건의 경우, 피해자들의 사체가 따뜻한 물이 채워진 욕조에 담겨져 있었기 때문에 시강을 통한 사망 시간에 혼선이 초래되었다.

4) O. J. Simpson(1947~2024)은 미국의 전직 유명 미식축구 선수이며 살인 사건의 피의자이다. 1985년 미식축구 명예의 전당에 헌액되었다. 1995년 심슨은 오랜 형사재판 끝에 니콜 심슨(전부인)과 론 골드만(니콜의 남자친구)의 살해에 대해 무죄 판결을 받았다. 검찰 측이 제시한 피 묻은 장갑 등 각종의 물증에 대해 '**합리적 의심**'을 제기한 변호인측의 대응이 성공하여 무죄판결을 받게 되었다. 미국은 1심에서 무죄 선고를 받으면 검찰이 항소를 할 수가 없기 때문에 이 재판은 제1심에서 심슨 무죄로 확정되었다. 그러나 이후 1997년 민사재판의 배심원들은 심슨이 이들의 살해에 책임이 있다는 평결을 내렸다. ko.wikipedia.org

것으로 인정되는 경우에는 법관이 사실인정을 함에 있어 **상당한 정도로 구속력**을 가지므로, 비록 사실의 인정이 사실심의 전권이라 하더라도 아무런 합리적 근거 없이 **함부로 이를 배척하는 것은 자유심증주의의 한계를 벗어나는** 것으로서 허용될 수 없다」고 판시한다(대판 2007도1950).

**4 자유판단의 구체적 고찰**　　　　　　**자유판단의 유형**은 매우 다양하다. 먼저 (1) 증인의 **성년·미성년, 책임능력, 선서의 유무를 불문**하고 증언의 증명력에는 법적 차이가 없다. 따라서 법관은 유아의 증언으로도 사실을 인정할 수 있고(대판 2005도9561, Ref 11−1). 선서하지 않은 증인의 증언을 믿고 선서한 증인의 증언을 배척할 수도 있다. 또한 (2) 증인이 법정에서 수사기관에서의 **진술을 번복**한 경우, 수사기관에서의 진술의 신빙성은 그 자체로서 판단하여야 하며 이를 번복하였다는 이유만으로 신빙성이 부정되지는 않는다(대판 2013도11650 전원합의체, Ref 5−3). (3) 법관은 감정인의 **감정의견에 구속되지 않으며**(대판 94도3163, Ref 14−1), 따라서 감정의견이 상충되는 경우에는 소수의견을 따를 수도 있고, 여러 의견 가운데 각각 일부분만을 채용할 수도 있다(대판 75도2068, Ref 14−2). 나아가 감정의견에 반하는 사실도 인정할 수 있다. 또한 (4) 법관은 피고인의 **자백**과 다른 사실을 인정할 수도 있으며(대판 92도2656, Ref 15), (5) 법관은 반드시 공판정에서의 증언에 따라야 한다는 법칙이 없으므로 공판정의 진술보다 전문증거에 보다 높은 증명력을 부여할 수도 있다(대판 87도691·87감도63, Ref 18−1). 그리고 (6) 법관은 **하나의 증거의 일부에 대해서만** 증명력을 인정할 수도 있다. 즉 「진술조서의 기재 중 일부분을 믿고 다른 부분을 믿지 아니한다고 하여도 그것이 곧 부당하다고 할 수 없다」(대판 80도145). 반면 (7) 단독으로는 증명력이 없는 여러 증거가 결합하여 증명력을 가지는 경우, 즉 **'종합증거'에 의한 사실인정**도 가능하다. (8) 서증(書證)도 인적 증거와 같이 그 증명력은 자유판단의 대상이다. (9) **공동피고인 중의 1인**이 다른 공동피고인들과 공동하여 범행을 하였다고 자백한 경우, 자백한 피고인 자신의 범행에 관한 부분만을 취신하고, 다른 공동피고인들이 범행에 관여하였다는 부분을 배척할 수도 있다(대판 95도2043, Ref 13). (10) 범죄사실의 증명은 반드시 **직접증거**만으로 하여야 하는 것은 아니고 논리와 경험칙에 들어맞는 한 **간접증거**로도 할 수 있다.[5] 직접증거와 간접증거 간에 증명력의 우열은 없다. 특히 자유심증주의를 취하는 우리 형사소송법 하에서는 직접증거와 간접증거는 증명력 자체에 우열이 있지는 않다. 오히려 과학적 채증의 발달로 간접증거의 중요성은 더욱 커지고 있다. (【38】참조) (11) 형사재판에서 이와 관련된 다른 형사사건의 확정판결에서 인정된 사실은 특별한 사정이 없는 한 유력한 증거자료가 되는 것이나, 당해 형사재판에서 제출된 다른 증거 내용에 비추어 관련 형사사건의 확정판결에서의 사실판단을 그대로 채택하기 어렵다고 인정될 경우에는 이를 배척할 수도 있다(대판 2014도1200).

**5 자유심증주의의 예외와 위반의 효과**　　　　　　자유심증주의에는 다음의 예외가 있다. (1) 자백의 경우, 그 자백에 대한 보강증거가 없으면 자백에 의해 유죄의 심증을 강하게 얻어도 유죄를 선고할 수 없다(**자백의 보강법칙**)(법310). (2) 공판기일의 소송절차로서 공판조서에 기재된 것은 그 조서만으로써 증명한다 (**공판조서의 배타적 증명력**)(법56). 따라서 공판조서에 기재된 것은 법관의 심증 여하를 불문하고 공판조서에 기재된 대로 인정하여야 한다.[6] (3) 법관은 피고인의 **진술거부권**이나 증인의 **증언거부권** 행사를 당사

---

5) 「간접증거가 개별적으로는 범죄사실에 대한 완전한 증명력을 가지지 못하더라도 **전체 증거를 종합적으로 검토할 경우** 그 단독으로는 가지지 못하는 증명력이 있는 것으로 판단되면 그에 의하여도 범죄사실을 인정할 수 있다」(대판 2001도4392). (【38】참조).

6) 따라서 제반 소송절차에 관하여는 「공판조서에 기재된 대로 공판절차가 진행된 것으로 증명되고, 다른 자료에 의한 **반증은 허용되지 않는다**」(대판 93도2505). 하지만 공판조서의 기재가 **명백한 오기**인 경우(대판 95도110)이

자 일방에게 **불리한 심증형성**의 자료로 삼아서는 아니 된다. (4) 그리고 법관이 자유심증주의를 남용하여 증거의 증명력을 합리적으로 판단하지 못하였을 경우에는 **상소에 의한 구제**가 가능하다.

*Reference*

## * 자유판단의 유형 *

1 [대판 2022도14645] [피고인이 범행한 것이라고 보기에 **의심스러운 사정이 병존**하고 증거관계 및 경험법칙상 의심스러운 정황을 확실하게 배제할 수 없는 경우, 유죄로 인정할 수 있는지 여부(소극)] (가) 형사재판에서 범죄사실의 인정은 법관으로 하여금 합리적인 의심을 할 여지가 없을 정도의 확신을 가지게 하는 증명력을 가진 엄격한 증거에 의하여야 하므로, (나) 검사의 증명이 그만한 확신을 가지게 하는 정도에 이르지 못한 경우에는 설령 피고인의 주장이나 변명이 모순되거나 석연치 않은 면이 있어 유죄의 의심이 가는 등의 사정이 있다고 하더라도 피고인의 이익으로 판단하여야 한다. 그러므로 (다) 유죄의 인정은 범행동기, 범행수단의 선택, 범행에 이르는 과정, 범행 전후 피고인의 태도 등 여러 간접사실로 보아 피고인이 범행한 것으로 보기에 충분할 만큼 **압도적으로 우월한 증명**이 있어야 하고, (라) 피고인이 범행한 것이라고 보기에 의심스러운 사정이 병존하고 증거관계 및 경험법칙상 위와 같이 의심스러운 정황을 확실하게 배제할 수 없다면 유죄로 인정할 수 없다. (마) 피고인은 무죄로 추정된다는 것이 헌법상의 원칙이고, 그 추정의 번복은 직접증거가 존재할 경우에 버금가는 정도가 되어야 한다.

2 [대판 2020도15891] [검사가 공판기일에 증인으로 신청하여 신문할 사람을 특별한 사정없이 미리 수사기관에 소환하여 면담하는 절차를 거친 후 증인이 법정에서 피고인에게 불리한 내용의 진술을 한 경우, 증인신문 전 면담 과정에서 증인에 대한 회유나 압박, 답변 유도나 암시 등으로 증인의 법정진술에 **영향을 미치지 않았다는 점이 담보되어야 증인의 법정진술을 신빙할 수 있는지 여부(적극)** 및 이때 증인에 대한 회유나 압박 등이 없었다는 사정에 대한 **증명책임 소재(=검사)**와 증명 방법] 헌법은 제12조 제1항 후문에서 적법절차의 원칙을 천명하고, 제27조에서 재판받을 권리를 보장하고 있다. 형사소송법은 이를 실질적으로 구현하기 위하여, 피고사건에 대한 실체심리가 공개된 법정에서 검사와 피고인 양 당사자의 공격·방어활동에 의하여 행해져야 한다는 당사자주의와 공판중심주의, 공소사실의 인정은 법관의 면전에서 직접 조사한 증거만을 기초로 해야 한다는 직접심리주의와 증거재판주의를 기본원칙으로 채택하고 있다. **이에 따라 공소가 제기된 후에는** 그 사건에 관한 형사절차의 모든 권한이 사건을 주재하는 수소법원에 속하게 되며, 수사의 대상이던 피의자는 검사와 대등한 당사자인 피고인의 지위에서 방어권을 행사하게 된다. 이러한 형사소송법의 기본원칙에 비추어 보면, (가) 검사가 공판기일에 증인으로 신청하여 신문할 사람을 특별한 사정없이 미리 수사기관에 소환하여 면담하는 절차를 거친 후 증인이 법정에서 피고인에게 불리한 내용의 진술을 한 경우, (나) 검사가 증인신문 전 면담 과정에서 증인에 대한 회유나 압박, 답변 유도나 암시 등으로 증인의 법정진술에 영향을 미치지 않았다는 점이 **담보되어야 증인의 법정진술을 신빙할 수 있다고 할 것이다.** (다) 검사가 증인신문 준비 등 필요에 따라 증인을 사전 면담할 수 있다고 하더라도 법원이나 피고인의 관여 없이 일방적으로 사전 면담하는 과정에서 증인이 훈련되거나 유도되어 법정에서 **왜곡된 진술을 할 가능성도 배제할 수 없기 때문**이다. (라) 증인에 대한 회유나 압박 등이 없었다는 사정은 **검사가** 증인의 법정진

거나 동일한 사항에 관하여 두 개의 **서로 다른 내용이 기재된 공판조서가 병존**하는 경우에는 그 중 어느 것을 택할 것인지는 법관의 자유로운 심증에 따를 수밖에 없다(대판 86도1646, Ref 19).

술이나 면담 과정을 기록한 자료 등으로 사전면담 시점, 이유와 방법, 구체적 내용 등을 밝힘으로써 **증명하여야 한다.**

3 [대판 2018도19472] [**인접한 시기에 같은 피해자를 상대로 저질러진 동종 범죄**에 대해서도 각각의 범죄에 따라 피해자 진술의 신빙성이나 그 신빙성 유무를 기초로 한 범죄 성립 여부를 **달리 판단할 수 있는지** 여부(적극)] (가) 사실인정의 전제로 이루어지는 증거의 취사선택과 증명력에 대한 판단은 자유심증주의의 한계를 벗어나지 않는 한 **사실심 법원의 재량**에 속한다(형사소송법 제308조). (나) 인접한 시기에 같은 피해자를 상대로 저질러진 동종 범죄라도 각각의 범죄에 따라 범행의 구체적인 경위, 피해자와 피고인 사이의 관계, 피해자를 비롯한 관련 당사자의 진술 등이 다를 수 있다. (다) 따라서 사실심 법원은 인접한 시기에 같은 피해자를 상대로 저질러진 동종 범죄에 대해서도 각각의 범죄에 따라 피해자 진술의 신빙성이나 그 신빙성 유무를 기초로 한 범죄 성립 여부를 달리 판단할 수 있고, 이것이 실체적 진실발견과 인권보장이라는 형사소송의 이념에 부합한다.

4 [대판 2018도7709] [**피해자 진술의 신빙성이 인정되는 경우**/ 형사재판에서 유죄로 인정하기 위한 심증 형성의 정도] (가) 증거의 증명력은 법관의 자유판단에 맡겨져 있으나 그 판단은 논리와 경험칙에 합치하여야 하고, (나) 형사재판에 있어서 유죄로 인정하기 위한 심증형성의 정도는 합리적인 의심을 할 여지가 없을 정도여야 하나, (다) 이는 모든 가능한 의심을 배제할 정도에 이를 것까지 요구하는 것은 아니며, (라) 증명력이 있는 것으로 인정되는 증거를 합리적인 근거가 없는 의심을 일으켜 이를 배척하는 것은 자유심증주의의 한계를 벗어나는 것으로 허용될 수 없다. (마) **피해자 등의 진술은 그 진술 내용의 주요한 부분이** 일관되며, 경험칙에 비추어 비합리적이거나 진술 자체로 모순되는 부분이 없고, 또한 허위로 피고인에게 불리한 진술을 할 만한 동기나 이유가 분명하게 드러나지 않는 이상, **그 진술의 신빙성을 특별한 이유 없이 함부로 배척해서는 아니 된다.** cf) 성인지감수성과 자유심증주의 【40】 참조

## *자백의 신빙성 유무의 판단(특히 어느 공판기일부터 갑자기 '자백을 번복'할 경우)*
5-1 [대판 2015도17869] (가) 자백의 신빙성 유무를 판단할 때에는 자백 진술의 내용 자체가 객관적으로 합리성이 있는지, 자백의 동기나 이유는 무엇이며, 자백에 이르게 된 경위는 어떠한지, 그리고 자백 외의 정황증거 중 자백과 저촉되거나 모순되는 것은 없는지 등 제반 사정을 고려하여 판단하여야 한다. (나) 나아가 피고인이 수사기관에서부터 공판기일에 이르기까지 일관되게 범행을 자백하다가 **어느 공판기일부터 갑자기 자백을 번복한 경우**에는, 자백 진술의 신빙성 유무를 살피는 외에도 자백을 번복하게 된 동기나 이유 및 경위 등과 함께 수사기관 이래의 진술 경과와 진술의 내용 등에 비추어 번복 진술이 납득할 만한 것이고 이를 뒷받침할 증거가 있는지 등을 살펴보아야 한다.

5-2 [대판 88도740] 증거의 취사와 사실인정은 채증법칙에 위반되지 아니하면 사실심의 전권사항에 속하는 것이고 같은 사람의 검찰에서의 진술과 법정에서의 증언이 다를 경우 반드시 후자를 믿어야 된다는 법칙은 없다고 할 것이므로 같은 사람의 법정에서의 증언과 다른 검찰에서의 진술을 믿고서 범죄사실을 인정하더라도 그것이 위법하게 진술된 것이 아닌 이상 **자유심증에 속한다.**

5-3 [대판 2013도11650 전원합의체] [**한명숙 전 총리사건**[7]] [**다수의견**] 국회의원인 피고인이 갑 주식회사

---
7) **한명숙**(1944년~ )은 대한민국의 제37대 국무총리로 대한민국 최초이자 현재까지 유일한 여성 국무총리이다. 정계 입문 이전에는 여성운동가로 활동하였고 정계 입문 이후에는 제8대 환경부 장관, 초대 여성부 장관을 역

대표이사 을에게서 3차례에 걸쳐 약 9억 원의 불법정치자금을 수수하였다는 내용으로 기소되었는데, 을이 검찰의 소환 조사에서는 자금을 조성하여 피고인에게 정치자금으로 제공하였다고 진술하였다가, 제1심 법정에서는 이를 번복하여 자금 조성 사실은 시인하면서도 피고인에게 정치자금으로 제공한 사실을 부인하고 자금의 사용처를 달리 진술한 사안에서, 공판중심주의와 실질적 직접심리주의 등 형사소송의 기본원칙상 검찰진술보다 법정진술에 더 무게를 두어야 한다는 점을 감안하더라도, 을의 법정진술을 믿을 수 없는 사정 아래에서 을이 법정에서 검찰진술을 번복하였다는 이유만으로 조성 자금을 피고인에게 정치자금으로 공여하였다는 검찰진술의 신빙성이 부정될 수는 없고, 진술 내용 자체의 합리성, 객관적 상당성, 전후의 일관성, 이해관계 유무 등과 함께 다른 객관적인 증거나 정황사실에 의하여 진술의 신빙성이 보강될 수 있는지, 반대로 공소사실과 배치되는 사정이 존재하는지 두루 살펴 판단할 때 자금 사용처에 관한 을의 검찰진술의 신빙성이 인정되므로, 을의 검찰진술 등을 종합하여 공소사실을 모두 유죄로 인정한 원심판단에 자유심증주의의 한계를 벗어나는 등의 잘못이 없다. [반대의견] 공판중심주의 원칙과 전문법칙의 취지에 비추어 보면, 피고인 아닌 사람이 공판기일에 선서를 하고 증언하면서 수사기관에서 한 진술과 다른 진술을 하는 경우에, 공개된 법정에서 교호신문을 거치고 위증죄의 부담을 지면서 이루어진 자유로운 진술의 신빙성을 부정하고 수사기관에서 한 진술을 증거로 삼으려면 이를 뒷받침할 객관적인 자료가 있어야 한다. 이때 단순히 추상적인 신빙성의 판단에 그쳐서는 아니 되고, 진술이 달라진 데 관하여 그럴 만한 뚜렷한 사유가 나타나 있지 않다면 위증죄의 부담을 지면서까지 한 법정에서의 자유로운 진술에 더 무게를 두어야 함이 원칙이다.

5-4 [대판 2020도15891] 검사가 공판기일에 증인으로 신청하여 신문할 사람을 특별한 사정 없이 미리 수사기관에 소환하여 면담하는 절차를 거친 후 증인이 법정에서 피고인에게 불리한 내용의 진술을 한 경우, 검사가 증인신문 전 면담 과정에서 증인에 대한 회유나 압박, 답변 유도나 암시 등으로 증인의 법정진술에 영향을 미치지 않았다는 점이 담보되어야 증인의 법정진술을 신빙할 수 있다고 할 것이다. 검사가 증인신문 준비 등 필요에 따라 증인을 사전 면담할 수 있다고 하더라도 법원이나 피고인의 관여 없이 일방적으로 사전 면담하는 과정에서 증인이 훈련되거나 유도되어 법정에서 왜곡된 진술을 할 가능성도 배제할 수 없기 때문이다. 증인에 대한 회유나 압박 등이 없었다는 사정은 검사가 증인의 법정진술이나 면담 과정을 기록한 자료 등으로 사전면담 시점, 이유와 방법, 구체적 내용 등을 밝힘으로써 증명하여야 한다.

6 [대판 2012도231] [만삭의사부인살인사건[8)] 파기환송. [사망원인에 관한 '부검의(剖檢醫) 소견'의 증명력 및 형사재판에서 부검의 소견에 주로 의지하여 유죄를 인정하기 위한 요건] [1] 대학부속병원 전공의인 피고인이 자신의 집에서 배우자 甲의 목을 졸라 살해하였다는 내용으로 기소된 사안에서, 사건의 쟁점인 甲의 사망원인이 손에 의한 목눌림 질식사(액사, 縊死)인지와 피고인이 사건 당일 오전 집을 나서기 전에 甲을 살해하였다고 볼 수 있는 정황이나 증거가 존재하는지에 관하

---

임하였다. 한명숙은 2007년 3~8월 세 차례에 걸쳐 한만호 전 한신건영 대표에게서 불법 정치자금 9억여 원을 받은 혐의로 2010년 7월 불구속 기소됐다. 2011년 10월 31일, 제1심에서 무죄를 선고받았으나, 검찰이 항소하여 2심에서는 징역 2년과 추징금 8억 8천여만원을 선고받았다. 2015년 8월 20일 대법원 전원합의체는 9억여 원의 불법정치자금을 받은 혐의로 재판에 넘겨진 한명숙에게 징역 2년과 추징금 8억 8천만 원을 선고한 원심을 확정했다. 대법원은 한 전 대표가 '검찰 조사' 당시 한 진술을 믿을 수 있다고 본 원심이 정당하다고 봤다. ko.wikipedia.org

8) 만삭의 부인을 목졸라 숨지게 한 혐의로 기소된 피고인 의사 X는 제1심과 제2심에서는 징역 20년 형을 선고받았으나 대법원에서는 파기환송되었다(대상판결). 그러나 파기환송심에서는 원심과 같이 징역 20년 형을 선고받았고 이어 다시 대법원의 재상고심에서 징역 20년 형이 확정되었다.

여 치밀한 검증 없이 여러 의문점이 있는 부검소견이나 자료에만 의존하여 공소사실이 합리적 의심을 배제할 정도로 증명되었다고 보아 유죄를 인정한 원심판결에 형사재판에서 요구되는 증명의 정도에 관한 법리를 오해하여 필요한 심리를 다하지 아니하는 등 위법이 있다. [2] 형사재판에서 범죄사실의 인정은 법관으로 하여금 합리적인 의심을 할 여지가 없을 정도의 확신을 가지게 하는 증명력을 가진 엄격한 증거에 의하여야 하므로, **검사의 증명이 위와 같은 확신을 가지게 하는 정도에 충분히 이르지 못한 경우에는 비록 피고인의 주장이나 변명이 모순되거나 석연치 않은 면이 있는 등 유죄의 의심이 간다고 하더라도 피고인의 이익으로 판단하여야 한다.** [3] 부검은 사망 이전의 질병 경과나 사망을 초래한 직접 혹은 간접적 요인들을 자세한 관찰 및 검사를 통하여 규명하는 것으로서, 사망원인의 인정 내지 추정을 위하여는 단편적인 개별 소견을 종합하여 최종 사인에 관한 판단에 이르는 추론의 과정을 거쳐야 한다. 따라서 부검의가 사체에 대한 부검을 실시한 후 어떤 것을 유력한 사망원인으로 지시한다고 하여 그 밖의 다른 사인이 존재할 가능성을 가볍게 배제하여서는 아니 되고, **특히 형사재판에서 부검의의 소견에 주로 의지하여 유죄의 인정을 하기 위해서는** 다른 가능한 사망원인을 모두 배제하기 위한 치밀한 논증의 과정을 거치지 않으면 아니 된다. **더구나 사체에 대한 부검이 사망으로부터 상당한 시간이 경과한 후에 실시되고 그 과정에서 사체의 이동·보관에 따른 훼손·변화 가능성이 있는 경우에는 그 판단에 오류가 포함될 가능성을 전적으로 배제할 수 없다.** cf) 이 사건은 파기환송되었지만 다시 검사의 보강증거를 거쳐 최종적으로는 남편에 대해 유죄확정이 되었다.

7 [대판 2011도15653] [형사재판에서 관련 형사사건 확정판결에서 인정된 사실의 증명력] 형사재판에서 이와 관련된 다른 형사사건의 확정판결에서 인정된 사실은 특별한 사정이 없는 한 유력한 증거자료가 되는 것이나, 당해 형사재판에서 제출된 다른 증거 내용에 비추어 관련 형사사건 확정판결의 사실판단을 그대로 채택하기 어렵다고 인정될 경우에는 이를 배척할 수 있다. cf) 법관은 피고인이 자백한 때에도 피고인의 검찰 자백과 다른 사실을 인정할 수 있고, 피고인이 부인한 때에도 피고인의 검찰 자백을 믿을 수 있다.

8 [대판 2009도14065] [항소심이 제1심 증인이 한 진술의 신빙성에 관한 제1심의 판단을 뒤집을 수 있는지 여부(원칙적 소극)] [1] 제1심 증인의 진술에 대한 제1심과 항소심의 신빙성 평가 방법의 차이에, 우리 형사소송법이 채택하고 있는 실질적 직접심리주의의 취지 및 정신을 함께 고려해 보면, 제1심판결 내용과 제1심에서 적법하게 증거조사를 거친 증거들에 비추어 (가) 제1심 증인이 한 진술의 신빙성 유무에 대한 **제1심의 판단이 명백히 잘못되었다고 볼 특별한 사정**이 있거나, (나) 제1심의 증거조사 결과와 항소심 변론종결시까지 추가로 이루어진 증거조사 결과를 종합하면 제1심 증인이 한 진술의 신빙성 유무에 대한 **제1심의 판단을 그대로 유지하는 것이 현저히 부당하다고 인정되는 등의 예외적인 경우**가 아니라면, 항소심으로서는 제1심 증인이 한 진술의 신빙성 유무에 대한 제1심의 판단이 항소심의 판단과 다르다는 이유를 들어 **제1심의 판단을 함부로 뒤집어서는 아니된다.** [2] **국민참여재판**으로 진행된 제1심에서 배심원이 만장일치로 한 평결 결과를 받아들여 강도상해의 공소사실을 무죄로 판단하였으나, 항소심에서는 피해자에 대하여만 증인신문을 추가로 실시한 다음 제1심의 판단을 뒤집어 이를 유죄로 인정한 사안에서, 항소심 판단에 공판중심주의와 실질적 직접심리주의 원칙의 위반 및 증거재판주의에 관한 법리오해의 위법이 있다.

9 [대판 2009도1151] [자백의 신빙성 유무에 관한 판단기준] [1] 검찰에서의 피고인의 자백이 법정진술과 다르다거나 피고인에게 지나치게 불리한 내용이라는 사유만으로는 그 자백의 신빙성이 의심스럽다고 할

수는 없는 것이고, 자백의 신빙성 유무를 판단할 때에는 (가) 자백의 진술 내용 자체가 객관적으로 합리성을 띠고 있는지, (나) 자백의 동기나 이유가 무엇이며, 자백에 이르게 된 경위는 어떠한지 그리고 (다) 자백 이외의 정황증거 중 자백과 저촉되거나 모순되는 것이 없는지 하는 점 등을 고려하여 피고인의 자백에 형사소송법 제309조에 정한 사유 또는 자백의 동기나 과정에 합리적인 의심을 갖게 할 상황이 있었는지를 판단하여야 한다. [2] 피고인들이 제1심 공판 이후 일관되게 범행을 부인하고 있고, 수사과정에서 다른 피고인들이 이미 범행을 자백한 것으로 오인하거나, 검사가 선처받을 수도 있다고 말하여 자백한 것으로 보이는 점 등 여러 정황에 비추어 피고인들의 검찰에서의 각 자백진술은 그 신빙성이 의심스럽다고 하면서 피고인들에 대한 상해치사의 공소사실에 대하여 무죄를 선고한 원심판단을 수긍한 사례.

10 [대판 2005도9730] [원진술자의 법정 출석과 피고인에 의한 반대신문이 이루어지지 못한 경우, 수사기관이 원진술자의 진술을 기재한 조서의 증거가치] 수사기관이 원진술자의 진술을 기재한 조서는 원본 증거인 원진술자의 진술에 비하여 본질적으로 낮은 정도의 증명력을 가질 수밖에 없다는 한계를 지니는 것이고, 특히 원진술자의 법정 출석 및 **반대신문이 이루어지지 못한 경우**에는 그 진술이 기재된 조서는 법관의 올바른 심증 형성의 기초가 될 만한 진정한 증거가치를 가진 것으로 인정받을 수 없는 것이 원칙이다. 따라서 피고인이 공소사실 및 이를 뒷받침하는 수사기관이 원진술자의 진술을 기재한 조서 내용을 부인하였음에도 불구하고, 원진술자의 법정 출석과 피고인에 의한 반대신문이 이루어지지 못하였다면, 그 조서에 기재된 진술이 직접 경험한 사실을 구체적인 경위와 정황의 세세한 부분까지 정확하고 상세하게 묘사하고 있어 구태여 반대신문을 거치지 않더라도 진술의 정확한 취지를 명확히 인식할 수 있고 그 내용이 경험칙에 부합하는 등 신빙성에 의문이 없어 조서의 형식과 내용에 비추어 강한 증명력을 인정할 만한 특별한 사정이 있거나, 그 조서에 기재된 진술의 신빙성과 증명력을 뒷받침할 만한 다른 유력한 증거가 따로 존재하는 등의 예외적인 경우가 아닌 이상, 그 조서는 진정한 증거가치를 가진 것으로 인정받을 수 없는 것이어서 이를 주된 증거로 하여 공소사실을 인정하는 것은 원칙적으로 허용될 수 없다. 이는 원진술자의 사망이나 질병 등으로 인하여 원진술자의 법정 출석 및 반대신문이 이루어지지 못한 경우는 물론 수사기관의 조서를 증거로 함에 **피고인이 동의한 경우에도 마찬가지이다.**

### *인적 증거와 자유판단*
11-1 [대판 2005도9561] 사고 당시 만 3세 3개월 내지 만 3세 7개월가량이던 피해자인 여아의 증언능력 및 그 진술의 신빙성을 인정한 사례.

11-2 [대판 91도579] 사고 당시는 만 3년 3월 남짓, 증언 당시는 만 3년 6월 남짓된 강간치상죄의 피해자인 여아가 피해상황에 관하여 비록 구체적이지는 못하지만 개괄적으로 물어 본 검사의 질문에 이를 이해하고 고개를 끄덕이는 형식으로 답변함에 대하여 증언능력이 있다고 인정한 사례.

11-3 [대판 99도3786] [사건 당시 만 4세 6개월, 제1심 증언 당시 만 6세 11개월 된 피해자인 유아의 증언능력을 인정한 사례] 증인의 증언능력은 증인 자신이 과거에 경험한 사실을 그 기억에 따라 공술할 수 있는 정신적인 능력이라 할 것이므로, 유아의 증언능력에 관해서도 그 유무는 단지 공술자의 연령만에 의할 것이 아니라 그의 지적수준에 따라 개별적이고 구체적으로 결정되어야 함은 물론 공술의 태도 및 내용 등을 구체적으로 검토하고, 경험한 과거의 사실이 공술자의 이해, 판단력 등에 의하여 변식될 수 있는 범위 내에 속하는가의 여부도 충분히 고려하여 판단하여야 한다.

**12-1 [대판 96도2461]** **[제1심이 채용한 유죄의 증거에 대하여 항소심이 그 신빙성에 의문을 가질 경우, 아무런 추가 심리 없이도 그 증거를 배척할 수 있는지 여부(소극)]** 형사재판에서 항소심은 사후심 겸 속심의 구조이므로, 제1심이 채용한 증거에 대하여 그 신빙성에 의문은 가지만 그렇다고 직접 증거조사를 한 제1심의 자유심증이 명백히 잘못되었다고 볼 만한 합리적인 사유도 나타나 있지 아니한 경우에는, (가) 비록 동일한 증거라고 하더라도 다시 한번 증거조사를 하여 항소심이 느끼고 있는 의문점이 과연 그 증거의 신빙성을 부정할 정도의 것인지 알아보거나, (나) 그 증거의 신빙성에 대하여 입증의 필요성을 느끼지 못하고 있는 검사에 대하여 항소심이 가지고 있는 의문점에 관하여 **입증을 촉구**하는 등의 방법으로 그 증거의 신빙성에 대하여 더 심리하여 본 후 그 채부를 판단하여야 하고, (다) 그 증거의 신빙성에 의문이 간다는 사유만으로 더 이상 아무런 심리를 함이 없이 그 증거를 곧바로 배척하여서는 아니된다.

**12-2 [대판 91도1672]** [1] 항소심이 항소이유가 있다고 인정하는 경우에는 제1심이 조사한 증인을 다시 심문하지 아니하고 그 조서의 기재만으로 그 증언의 신빙성 유무를 판단할 수 있는 것이 원칙이지만 제1심의 피해자에 대한 증인신문조서 기재 자체에 의하여 피해자의 진술을 믿기 어려운 사정이 보이는 경우에 항소심이 그 증인을 다시 신문하여 보지도 아니하고 제1심의 증인신문조서의 기재만에 의하여 직접 증인을 신문한 제1심과 다르게 그 증언을 믿을 수 있다고 판단한 것은 심히 부당하다. [2] 피고인에게 강간을 당하고 팔뚝을 물려 상처가 난 바로 다음날 피고인의 처와 함께 옷을 사러 양품점에 들어갔다고 하는 등 신빙성 없는 피해자의 제1심에서의 증언을 원심이 다시 신문함이 없이 제1심과 달리 믿을 수 있다고 하여 강간치상죄를 유죄로 인정함으로써 증거판단을 잘못하거나 또는 심리를 미진한 위법을 저질렀다고 하여 원심판결을 파기한 사례.

**13 [대판 95도2043]** **공동피고인 중의 1인이 다른 공동피고인들과 공동하여 범행을 하였다고 자백한 경우,** 반드시 그 자백을 전부 믿어 공동피고인들 전부에 대하여 유죄를 인정하거나 그 전부를 배척하여야 하는 것은 아니고, 자유심증주의의 원칙상 법원으로서는 자백한 피고인 자신의 범행에 관한 부분만을 취신하고, 다른 공동피고인들이 범행에 관여하였다는 부분을 배척할 수 있다.

### *감정의견의 판단과 채부*

**14-1 [대판 94도3163]** 형법 제10조 소정의 심신장애의 유무는 법원이 형벌제도의 목적 등에 비추어 판단하여야 할 **법률문제**로서, 그 판단에 있어서는 전문감정인의 정신감정 결과가 중요한 참고자료가 되기는 하나, 법원으로서는 **반드시 그 의견에 기속을 받는 것은 아니고,** 그러한 감정 결과뿐만 아니라 범행의 경위, 수단, 범행 전후의 피고인의 행동 등 기록에 나타난 제반 자료 등을 종합하여 단독적으로 심신장애의 유무를 판단하여야 한다.

**14-2 [대판 75도2068]** 감정의견의 판단과 그 채부여부는 법원의 자유심증에 따르며 법원이 감정결과를 전문적으로 비판할 능력을 가지지 못하는 경우에는 그 결과가 사실상 존중되는 수가 많게 된다해도 감정의견은 법원이 가지고 있지 못한 경험칙 등을 보태준다는 이유로 항상 따라야 하는 것도 아니고 감정의견이 상충된 경우 **다수 의견을 안따르고 소수 의견을 채용해도 되고 여러 의견 중에서 그 일부씩을 채용하여도 무방**하며 여러 개의 감정의견이 일치되어 있어도 이를 배척하려면 특별한 이유를 밝히거나 또는 반대감정의견을 구하여야 된다는 법리도 없다.

**15 [대판 92도2656]** **[임의성 있는 자백의 증명력에 대한 판단방법]** [1] 피고인의 자백이 임의로 진술한

것이어서 **증거능력이 인정된다고 하여** 자백의 진실성과 신빙성까지도 당연히 인정되는 것은 아니므로, 법원은 진술의 내용이 논리와 경험의 법칙에 비추어 볼 때 합리적인 것으로 인정되는지의 여부나 자백 이외의 정황증거들 중에 자백과 저촉되거나 모순되는 것이 없는지의 여부 등을 두루 참작하여 자유심증으로 자백이 신빙할 수 있는 것인지의 여부를 판단하여야 한다. [2] 피고인의 검찰관 앞에서의 자백이 논리와 경험의 법칙에 반하거나 범행현장의 객관적 상황에 부합하는 정황증거들과 상치되어 믿을 수 없다.

16 [대판 90도1562] 파기환송. [**형사재판에 있어서의 유죄의 증거의 증명력의 정도**/ 폭행에 의하여 강간당하였다는 피해자의 진술이 경험칙 상 납득할 수 없다고 하여 증명력을 배척한 사례] [1] 피해자는 이 사건 제1공소사실인 1989.7.13.01:00경 ○○여관 202호실에서의 강간에 대하여, 당시 공소장 기재와 같이 피고인의 피해자의 손목을 비트는 등 강제로 여관에 끌고 들어가서 강간을 하였다고 진술하고 당시 여관주인이 방을 안내하였지만 창피해서 구조를 요청하지 아니하였다는 것인 바, 대학4학년인 피해자가 강간의 위험을 느끼면서도 손쉬운 구조요청의 기회를 이용하지 아니하였다는 것은 우리의 경험칙 상 쉽게 납득이 가지 아니하는 것이다. 또 피해자는 이 사건 제2공소사실인 7.18. 22:00경 피고인의 하숙방에서의 강간에 대하여, 그 날 피고인이 전화로 만나자고 해서 다방에 나갔더니 강제로 하숙방에 끌고 가 강간을 하였다고 진술하였으나, 수일 전에 자기를 강간한 피고인을 만나지 않으면 아니 될 특별한 사정도 없이 간단히 만났다는 점에서부터 다방을 거쳐 하숙방까지 끌려갔다는 점과 피고인의 하숙집 주인에게 구조를 요청하지 아니하였다는 점에 이르기까지 강간행위로 인정하는 데는 어느 것이나 쉽게 수긍이 가지 않는 사항들이다. [2] 형사재판에 있어서 유죄의 증거는 단지 우월한 증명력을 가진 정도로는 부족하고 법관으로 하여금 합리적인 의심을 할 여지가 없을 정도의 확신을 생기게 할 수 있는 증명력을 가진 것이어야 하는바, 원심이 유지한 제1심판결은위와 같이 신빙성이 의심스러운 피해자 의 진술과 동인으로부터 전해들은 내용을 기초로 한 강○애의 진술만으로 피고인이 피해자를 강간하여 상처를 입혔다는 사실을 인정하였는바, 이는 채증법칙을 그르친 위법이 있다고 할 것이다.

17 [대판 87도795] 범죄사실에 대한 **뚜렷한 확증 없이 단지** 정황증거 내지 간첩증거들 만으로 공소사실을 유죄로 인정하였다 하여 채증법칙위배를 이유로 원심판결을 파기한 사례.

18-1 [대판 87도691 · 87감도63] [**경찰에서의 진술과 같은 사람의 공판정에서의 진술이 상반되는 경우의 채증방법**] 경찰에서의 진술조서의 기재와 당해사건의 공판정에서의 같은 사람의 증인으로서의 진술이 상반되는 경우 **반드시 공판정에서의 증언에 따라야 한다는 법칙은 없고** 그중 어느 것을 채용하여 사실인정의 자료로 할 것인가는 오로지 사실심법원의 자유심증에 속한다.

18-2 [대판 86도1547] [**동일인의 경찰, 검찰 및 법정에서의 진술이 서로 다를 경우**의 채증방법] 경찰에서의 자술서, 검사작성의 각 피의자신문조서, 다른 형사사건의 공판조서의 기재와 당해 사건의 공판정에서의 같은 사람의 증인으로서의 진술이 상반되는 경우 반드시 공판정에서의 증언은 믿어야 된다는 법칙은 없고, 상반된 증언, 감정 중에 그 어느 것을 사실인정의 자료로 인용할 것인가는 **오로지 사실심법원의 자유심증**에 속한다.   cf) 본 판례와 같이 피고인의 법정진술이 채증에 있어서 절대적인 것이 아님을 알 수 있다.

19 [대판 86도1646] [**기재내용이 서로 다른 공판조서에 대한 증명력**] 동일한 사항에 관하여 두개의 서로 다른 내용이 기재된 공판조서가 병존하는 경우 양자는 동일한 증명력을 가지는 것으로서 그 증명력에 우열

이 있을 수 없다고 보아야 할 것이므로 **그 중 어느 쪽이 진실한 것으로 볼 것인지는 공판조서의 증명력을 판단하는 문제로서** 법관의 자유로운 심증에 따를 수밖에 없다.

20 **[대판 86도1547] [동일인의 경찰, 검찰 및 법정에서의 진술이 서로 다를 경우의 채증방법]**  경찰에서의 자술서, 검사작성의 각 피의자신문조서, 다른 형사사건의 공판조서의 기재와 당해 사건의 공판정에서의 같은 사람의 증인으로서의 **진술이 상반되는 경우 반드시 공판정에서의 증언은 믿어야 된다는 법칙은 없고,** 상반된 증언, 감정 중에 그 어느 것을 사실인정의 자료로 인용할 것인가는 오로지 사실심법원의 자유심증에 속한다.

21 **[대판 79도2125] 증거보전 절차에서의 진술**이 법원의 관여 하에 행하여지는 것으로서 수사기관에서의 진술보다 임의성이 더 보장되는 것이기는 하나 보전된 증거가 항상 진실이라고 단정지을 수는 없는 것이므로 **법원이 그것을 믿지 않을만한 사유가 있어서 믿지 않는 것에 자유심증주의의 남용이 있다고 볼 수 없다.**

22 **[대판 74도1519] 남녀 간의 정사를 내용**으로 하는 강간 간통 강제추행 업무상 위력 등에 의한 간음 등의 범죄에 있어서는 행위의 성질상 당사자 간에서 극비리에 또는 외부에서 알기 어려운 상태 하에서 감행되는 것이 보통이고 그 피해자 외에는 이에 대한 물적 증거나 직접적 목격증인 등의 증언을 기대하기가 어려운 사정이 있는 것이라 할 것이니 이런 범죄는 피해자의 피해전말에 관한 증언을 토대로 하여 범행의 전후사정에 관한 제반증거를 종합하여 우리의 경험법칙에 비추어서 범행이 있었다고 인정될 수 있는 경우에는 이를 유죄로 인정할 수 있는 것이다.

# 38 '간접증거'에 의한 증명과 자유심증주의

* 대법원 2017. 5. 30. 선고 2017도1549 판결
* 참조조문: 형사소송법 제307조,[1] 제308조[2]

살인죄와 같이 법정형이 무거운 범죄의 경우에도 직접증거 없이 **간접증거만으로 유죄를** 인정할 수 있는가?

●**사실**● 피고인 X는 피해자 A와 혼인한 후 피보험자를 A, 수익자를 자신으로 하는 다수의 생명보험에 가입하였다가, 경제적 상황이 어려워지자 거액의 보험금을 지급받을 목적으로 자신의 승합차 조수석에 A를 태우고 고속도로를 주행하던 중 갓길 우측에 정차되어 있던 화물차량의 후미 좌측 부분에 자신의 승합차의 전면 우측 부분을 고의로 추돌시키는 방법으로 교통사고를 위장하여 A를 살해하였다는 내용으로 기소되었지만, 살인의 직접적 증거는 발견하지 못한 상황이다. 피고인 또한 졸음운전으로 인한 사고임을 주장하고 있다. 원심은 피고인이 고의로 A를 살해하였다는 점이 합리적 의심을 배제할 정도로 증명되었다고 보아 **유죄를 인정**하였다. 이에 X가 상고하였다.

●**판지**● 파기환송. 「[1] 형사재판에서 범죄사실의 인정은 법관으로 하여금 합리적인 의심을 할 여지가 없을 정도의 확신을 가지게 하는 증명력을 가진 엄격한 증거에 의하여야 하므로, 검사의 증명이 그만한 확신을 가지게 하는 정도에 이르지 못한 경우에는 설령 피고인의 주장이나 변명이 모순되거나 석연치 않은 면이 있어 유죄의 의심이 가는 등의 사정이 있더라도 피고인의 이익으로 판단하여야 한다. 한편 (가) **살인죄와 같이 법정형이 무거운 범죄의 경우에도 직접증거 없이 '간접증거'만으로도 유죄를 인정할 수 있으나,** (나) 그 경우에도 주요사실의 전제가 되는 간접사실의 인정은 합리적 의심을 허용하지 않을 정도의 증명이 있어야 하고, (다) 그 하나하나의 **간접사실이 상호 모순, 저촉이 없어야** 함은 물론 논리와 경험칙, 과학법칙에 의하여 뒷받침되어야 한다. 그러므로 (라) 유죄의 인정은 범행 동기, 범행수단의 선택, 범행에 이르는 과정, 범행 전후 피고인의 태도 등 여러 간접사실로 보아 피고인이 범행한 것으로 보기에 충분할 만큼 **압도적으로 우월한 증명**이 있어야 하고, (마) 피고인이 고의적으로 범행한 것이라고 보기에 의심스러운 사정이 병존하고 증거관계 및 경험법칙상 **고의적 범행이 아닐 여지를 확실하게 배제할 수 없다면 유죄로 인정할 수 없다.** 피고인은 무죄로 추정된다는 것이 헌법상의 원칙이고, **그 추정의 번복은 '직접증거'가 존재할 경우에 버금가는 정도**가 되어야 한다.

[2] 일반적으로 금전적 이득의 기회가 살인 범행의 중요한 동기가 될 수 있음은 부인할 수 없다. 특히 행위자가 얻을 수 있는 이익이 클수록 더욱 강한 동기로 작용하여 부도덕하고 반사회적인 범죄행위를 감행하는 유인이 될 수 있다는 점은 경험칙상으로도 충분히 수긍이 된다. 그러나 **거액의 보험금 수령이 예상된다는 금전적** 이유만으로 살해 동기를 인정할 수 있는지는 다른 간접사실들의 증명 정도와 함께 더욱 면밀히 살펴볼 필요가 있다. 한편 금전적 이득만이 살인의 범행 동기가 되는 것은, 범인이 매우 절박한 경제적 곤란이나 궁박 상태에 몰려 있어 살인이라는 극단적 방법을 통해서라도 이를 모면하려고 시도할 정도라거나 범인의 인성이 원래부터 탐욕적이고 인명을 가벼이 여기는 범죄적 악성과 잔혹함이 있는 경우 등이 대부분이다. 그렇지 않은 경우는 증오 등 인간관계의 갈등이나 치정 등 피해자를 살해할 금전 외적인 이유가 있어서 금전적 이득은 오히려 부차적이거나 적어도 금전 외적인 이유가 금전적 이득에 버금갈 정도라고 인정될 만한 사정이 있어야 살인의 동기로서 수긍할 정도가

---

1) 형사소송법 제307조(증거재판주의) ① 사실의 인정은 증거에 의하여야 한다. ② 범죄사실의 인정은 **합리적인 의심이 없는 정도의 증명**에 이르러야 한다.
2) 형사소송법 제308조(자유심증주의) 증거의 증명력은 **법관의 자유판단**에 의한다.

된다. 더구나 **계획적인 범행이고 범행 상대가 배우자 등 가족인 경우에는** 범행이 단순히 인륜에 반하는 데에서 나아가 범인 자신의 생활기반인 가족관계와 혈연관계까지 파괴되므로 가정생활의 기반이 무너지는 것을 감내하고라도 **살인을 감행할 만큼 강렬한 범행유발 동기가 존재**하는 것이 보통이다.

[3] 피고인이 피해자 갑과 혼인한 후 피보험자를 갑, 수익자를 피고인으로 하는 다수의 생명보험에 가입하였다가, 경제적 상황이 어려워지자 거액의 보험금을 지급받을 목적으로 자신의 승합차 조수석에 갑을 태우고 고속도로를 주행하던 중 갓길 우측에 정차되어 있던 화물차량의 후미 좌측 부분에 피고인 승합차의 전면 우측 부분을 고의로 추돌시키는 방법으로 교통사고를 위장하여 갑을 살해하였다는 내용으로 주위적으로 기소된 사안에서, **졸음운전인지 고의사고인지 단언할 수 있는 객관적 증거가 없으므로,** 충분히 가능성이 있는 여러 의문을 떨쳐내고 고의사고라고 확신할 수 있을 만큼 간접증거나 정황증거가 충분하다거나 그러한 증거들만으로 살인의 공소사실을 인정할 수 있을 정도의 종합적 증명력을 가진다고 보기에는 더 세밀하게 심리하고 확인해야 할 부분이 많은데도, (가) 피고인에게 충분히 수긍할 만한 살인의 동기가 존재하였는지, (나) 범행방법의 선택과 관련하여 제기될 수 있는 의문점을 해소할 만한 특별한 사정이 있는지, (다) 사고 당시의 상황이 **고의로 유발되었다는 과학적 근거가 충분한지 등에 대한 치밀하고도 철저한 검증 없이,** 피고인이 고의로 갑을 살해하였다는 점이 합리적 의심을 배제할 정도로 증명되었다고 보아 유죄를 인정한 원심판결에 형사재판에서 요구되는 증명의 정도에 관한 법리를 오해하여 필요한 심리를 다하지 아니하거나 **논리와 경험의 법칙에 반하여 자유심증주의의 한계를 벗어난 잘못이 있다」.**

●**해설**● 1 간접증거란 우리가 일반적으로 '정황증거'라 부르는 것으로 요증사실을 간접적으로 추인케 하는 간접사실을 증명하는 증거를 말한다(범행 현장에서 채취된 피고인의 **지문**이나 상해사건의 **진단서**). 이에 반해 **직접증거**란 직접 요증사실의 증명에 이용되는 증거를 말한다(피고인의 **자백**이나 범행현장을 직접 목격한 증인의 **증언**).[3] 실제 사건에서 직접증거는 상당히 제한적이기 때문에 수사는 간접증거의 수집에 집중된다. 때로는 간법증거가 직접증거보다 강력한 증명력을 갖기도 한다. 따라서 간접증거에 의한 간접사실의 증명은 형사재판에 있어서 중요한 의미를 지닌다. 그러나 간접증거 즉 정황증거는 직접증거와 달리 **추론 내지 추정**을 기초로 하여 주요사실을 인정하게 된다는 점에서, 직접증거와는 그 입증요건을 달리한다는 점에 유의하여야 한다(요컨대 직접증거란 추론이나 추정을 하지 않고 그 자체 요증사실을 입증하는 증거를 말하며, 정황증거란 요증사실의 존재나 부존재를 추론할 수 있는 증거를 말한다).

2 자유심증주의를 취하는 우리 형사소송법 하에서는 직접증거와 간접증거는 **증명력 자체에 우열이 있지는 않다.** 따라서 법관의 심증이 반드시 직접증거에 의하여 형성되어야만 하는 것은 아니고 경험칙과 논리법칙에 위반되지 아니하는 한 간접증거에 의하여 형성되어도 무방하다(대판 2013도4172, Ref 4). 때문에 살인죄와 같이 법정형이 무거운 범죄의 경우에도 직접증거 없이 간접증거만으로도 유죄를 선고할 수 있다. 나아가 「피해자의 시체가 발견되지 아니하였더라도 간접증거를 상호 관련 하에 종합적으로 고찰하면 살인죄의 공소사실을 인정할 수 있다」(대판 99도3273). 다만 「범죄사실에 대한 **뚜렷한 '확증 없이'** 단지 정황증거 내지 간접증거들 만으로 공소사실을 유죄로 인정하는 것은 채증법칙을 위배하여 판결결과

---

3) **증거의 종류**로는 위와 같이 ① 직접증거와 간접증거로 구별될 수도 있고, ② 증거방법의 물리적 성질에 따라 인적 증거(증인의 증언, 피고인의 진술)와 물적 증거(범행에 사용된 흉기), 서증(증거서류, 증거물인 서면)으로 나뉘고, ③ 증명의 방식에 따라 본증(거증책임 당사자가 제출하는 증거)과 반증으로 구별되며, ④ 증거의 내용에 따라 진술증거와 비진술증거로 ⑤ 증거의 기능에 따라 실질증거(요증사실의 존부를 직·간접으로 증명하기 위하여 사용되는 증거)와 보조증거(증강증거, 탄핵증거)로 나누어진다.

에 영향을 미친 사실오인의 위법이 있다」(대판 87도795).

3 이와 같이 법관의 심증이 반드시 직접증거에 의하여 형성되어야만 하는 것은 아니고 **경험칙과 논리법칙에 위반되지 아니하는 한** 간접증거에 의하여 형성되어도 되는 것이며, 「간접증거가 개별적으로는 범죄사실에 대한 완전한 증명력을 가지지 못하더라도 **전체 증거를 상호 관련 하에 종합적으로 고찰**할 경우 그 단독으로는 가지지 못하는 '종합적 증명력'이 있는 것으로 판단되면 그에 의하여도 범죄사실을 인정할 수가 있다」(대판 2015도119). 이와 같이, 「간접증거는 이를 개별적·고립적으로 평가하여서는 아니 되고 모든 관점에서 빠짐없이 **상호 관련시켜 종합적**으로 평가하고, 치밀하고 모순 없는 논증을 거쳐야 한다」(대판 2004도2221).

4 대상판결에서 대법원은 유죄를 선고한 원심의 판단에 대해 「(가) 형사재판에서 범죄사실의 인정은 법관으로 하여금 합리적인 의심을 할 여지가 없을 정도의 확신을 가지게 하는 증명력을 가진 '엄격한 증거'에 의하여야 하고, (나) 피고인이 고의적으로 범행한 것이라고 보기에 의심스러운 사정이 병존하고 증거관계 및 경험법칙상 **고의적 범행이 아닐 여지를 확실하게 배제할 수 없다면 유죄로 인정할 수 없다**」는 법리를 천명하며 원심을 파기환송하였다.

5 한편 범행에 관한 「**간접증거만이 존재**하고 더구나 그 간접증거의 증명력에 한계가 있는 경우, 범인으로 지목되고 있는 자에게 범행을 저지를 만한 동기가 발견되지 않는다면, 만연히 무엇인가 동기가 분명히 있는데도 이를 범인이 숨기고 있다고 단정할 것이 아니라 **반대로 간접증거의 증명력이 그만큼 떨어진다고 평가**하는 것이 형사 증거법의 이념에 부합하는 것이라 할 것이다」(대판 2005도8675, Ref 7). 또한 「(가) 공소사실을 인정할 수 있는 직접증거가 없고, (나) 공소사실을 뒷받침할 수 있는 가장 중요한 간접증거의 증명력이 환송 뒤 원심에서 새로 현출된 증거에 의하여 크게 줄어들었으며, (다) 그 밖에 나머지 간접증거를 모두 종합하여 보더라도 공소사실을 뒷받침할 수 있는 증명력이 부족한 경우, (라) 피고인의 진술에 신빙성이 부족하다는 점을 더하여 보아도 제출된 증거만으로는 합리적인 의심의 여지 없이 공소사실을 유죄로 판단할 수 없다」(대판 2001도1314, Ref 12).

6 **과학적 경험법칙 및 과학적 증거에 의한 증명력**　　　　과학적 경험법칙은 학문적으로 확립된 과학적 법칙으로서 정확한 감정을 위한 전제조건이 갖추어져 있는 한 법관의 심증형성을 구속한다. 예를 들어, DNA 검사를 통한 동일성 확인, 혈중 알코올농도 측정에 의한 음주운전의 판단, 혈액감정을 통한 친자관계의 확인, 계기에 의한 속도위반의 측정 등이 그러하다. 법원은 수질유해물질의 배출이 문제된 사안에서 「폐수 수질검사와 같은 **과학적 증거방법이 사실인정에 있어서 상당한 정도로 구속력**을 갖기 위해서는 (가) 감정인이 전문적인 지식·기술·경험을 가지고 공인된 표준 검사기법으로 분석을 거쳐 법원에 제출하였다는 것만으로는 부족하고, (나) 시료의 채취·보관·분석 등 모든 과정에서 시료의 동일성이 인정되고 (다) 인위적인 조작·훼손·첨가가 없었음이 담보되어야 하며, (라) 각 단계에서 시료에 대한 정확한 인수·인계 절차를 확인할 수 있는 기록이 유지되어야 한다」(대판 2009도14772)는 기준을 제시하고 있다.

# * 간접증거에 의한 증명 *

1 [대판 2022도2236] 파기환송. [구미 세 살 여아 살인사건4)] [증명력에 한계가 있는 간접증거만이 존재하고, 범인으로 지목되고 있는 자에게 범행을 저지를 만한 동기가 발견되지 않는 경우의 증거평가방법] [1] (가) 법정형이 무거운 범죄의 경우에도 직접증거 없이 **간접증거만으로 유죄를 인정로 인해 진술할 수 없는 경우인지 여부**할 수 있으나, (나) 그러한 유죄 인정에는 공소사실에 대한 관련성이 깊은 간접증거들에 의하여 신중한 판단이 요구되므로, (다) 간접증거에 의하여 주요사실의 전제가 되는 간접사실을 인정할 때에는 증명이 합리적인 의심을 허용하지 않을 정도에 이르러야 하고, (라) 하나하나의 간접사실 사이에 모순, 저촉이 없어야 하는 것은 물론 간접사실이 논리와 경험칙, 과학법칙에 의하여 뒷받침되어야 한다. (마) 그러므로 유죄의 인정은 범행 동기, 범행수단의 선택, 범행에 이르는 과정, 범행 전후 피고인의 태도 등 여러 간접사실로 보아 피고인이 범행한 것으로 보기에 충분할 만큼 **압도적으로 우월한 증명**이 있어야 한다. (바) 피고인은 무죄로 추정된다는 것이 헌법상의 원칙이고, 그 추정의 번복은 직접증거가 존재할 경우에 버금가는 정도가 되어야 한다. (사) 그리고 **범행에 관한 간접증거만이 존재하고 더구나 그 간접증거의 증명력에 한계가 있는 경우, 범인으로 지목되고 있는 자에게 범행을 저지를 만한 동기가 발견되지 않는다면, 만연히 무엇인가 동기가 분명히 있는데도 이를 범인이 숨기고 있다고 단정할 것이 아니라 반대로 간접증거의 증명력이 그만큼 떨어진다고 평가하는 것이 형사증거법의 이념에 부합**하는 것이다. [2] 피고인이 자신이 낳은 이 사건 여아를 데리고 산부인과의원으로 가서 신생아실에 있던 자신의 외손녀인 피해자의 자리에 이 사건 여아를 놓아두고, 그 자리에 있던 피해자를 몰래 데리고 가 약취하였다는 것이다. 증거에 의하면 범행 전까지 이 사건 여아의 존재에 대하여 아는 사람이 피고인 외에 아무도 없었고, 범행 이후 피해자의 생존 여부에 대하여 아는 사람은 아무도 없다. 공소사실에 기재된 범행의 방법은 추측에 의한 것이고, 수긍할 만한 범행의 동기나 목적은 확인되지 않는다. 유죄 인정의 결정적 증거는 유전자 감정 결과이다. 이에 따르면 이 사건 여아는 피고인의 딸 B와는 친자관계가 없고, 피고인과 친자관계가 있다. 이를 전제로 보면 피고인이 자신이 낳은 이 사건 여아를 피해자와 바꿔치기하였다고 보는 데에 별다른 무리가 없다고 보이기는 한다. 그러나 이 사건과 같이 유례를 찾아보기 어려운 사건에 관하여 유전자 감정 결과에도 불구하고 쟁점 공소사실에 대하여 유죄로 확신하는 것을 주저하게 하는 의문점들이 남아 있고, 그에 대하여 추가적으로 심리하는 것이 가능하다고 보이는 이상 추가 심리 없이 원심의 결론을 그대로 유지하기는 어렵다.

## *상해진단서의 증명력*

2-1 [대판 2016도15018] [상해진단서가 주로 통증이 있다는 피해자의 주관적인 호소 등에 의존하여 의학

---

4) **구미 3세 여아 살인사건**은 40대여성 석모씨가 남편이 아닌 남자의 아이를 임신한 뒤 비슷한 시기에 임신한 20대 여성인 딸 김모가 낳은 자식과 아이가 누군가에 의해 바뀌는 바람에 이 아이가 사위 홍모씨와 딸 김모의 아이로 '홍보람'이라는 이름으로 길러지게 되었는데, '엄마'(실제로는 이부 언니) 김모씨가 이혼 후 '딸'(실제로는 이부 동생)과 함께 살다가 이사가면서 원래 집에 아이를 방치하고 떠나 3세 여아가 사망한 아동학대살인사건이다. 검찰은 석씨가 아이를 바꾼 것으로 보고 약취죄로 기소하였으나, 석씨가 무단으로 바꿨다는 증거가 불충분해 무죄가 나오고, 김모씨는 실제 딸로 길러오던 이부 동생을 방치해 사망하게 한 것에 대해 살인죄의 처벌을 받았다. 사망한 피해자의 친부와, 바꿔치기 당한 아동(김씨의 친딸)의 소재는 파악되지 않고 있다. ko.wikipedia.org

적인 가능성만으로 발급된 경우, 그 증명력을 판단하는 방법] 형사사건에서 상해진단서는 **피해자의 진술과 함께** 피고인의 범죄사실을 증명하는 **유력한 증거**가 될 수 있다. 그러나 상해 사실의 존재 및 인과관계 역시 합리적인 의심이 없는 정도의 증명에 이르러야 인정할 수 있으므로, 상해진단서의 객관성과 신빙성을 의심할 만한 사정이 있는 때에는 증명력을 판단하는 데 **매우 신중하여야 한다.** 특히 상해진단서가 주로 통증이 있다는 피해자의 주관적인 호소 등에 의존하여 의학적인 가능성만으로 발급된 때에는 (가) 진단 일자 및 진단서 작성일자가 상해 발생 시점과 시간상으로 근접하고 상해진단서 발급 경위에 특별히 신빙성을 의심할 만한 사정은 없는지, (나) 상해진단서에 기재된 상해 부위 및 정도가 피해자가 주장하는 상해의 원인 내지 경위와 일치하는지, (다) 피해자가 호소하는 불편이 기왕에 존재하던 신체 이상과 무관한 새로운 원인으로 생겼다고 단정할 수 있는지, (라) 의사가 상해진단서를 발급한 근거 등을 두루 살피는 외에도 (마) 피해자가 상해 사건 이후 진료를 받은 시점, 진료를 받게 된 동기와 경위, 그 이후의 진료 경과 등을 면밀히 살펴 논리와 경험법칙에 따라 증명력을 판단하여야 한다.

2-2 [비교판례] [대판 2010도12728] [상해의 피해자가 제출하는 '상해진단서'의 증명력] [1] 상해죄의 피해자가 제출하는 상해진단서는 일반적으로 의사가 당해 피해자의 진술을 토대로 상해의 원인을 파악한 후 의학적 전문지식을 동원하여 관찰·판단한 상해의 부위와 정도 등을 기재한 것으로서 **거기에 기재된 상해가 곧 피고인의 범죄행위로 인하여 발생한 것이라는 사실을 직접 증명하는 증거가 되기에 부족한 것이지만,** (가) 그 상해에 대한 진단일자 및 상해진단서 작성일자가 상해 발생시점과 시간상으로 근접하고 상해진단서 발급 경위에 특별히 신빙성을 의심할 만한 사정이 없으며 (나) 거기에 기재된 상해 부위와 정도가 피해자가 주장하는 상해의 원인 내지 경위와 일치하는 경우에는, 그 무렵 피해자가 제3자로부터 폭행을 당하는 등으로 달리 상해를 입을 만한 정황이 발견되거나 의사가 허위로 진단서를 작성한 사실이 밝혀지는 등의 특별한 사정이 없는 한, **그 상해진단서는 피해자의 진술과 더불어 피고인의 상해 사실에 대한 유력한 증거가 되고, 합리적인 근거 없이 그 증명력을 함부로 배척할 수 없다.** [2] '피고인이 주점에서 깨진 유리컵 조각을 들고 甲의 왼쪽 팔 부위를 찔러 甲에게 상해를 가하였다'는 주위적 공소사실 및 '피고인이 유리컵을 甲을 향해 집어던져 깨진 유리조각이 甲의 왼쪽 팔 부위에 부딪히게 하여 상해를 가하였다'는 예비적 공소사실에 대하여, 피고인의 행위로 인하여 甲이 상해를 입게 된 것이라는 위 폭력행위 등 처벌에 관한 법률 위반의 공소사실을 인정할 여지가 충분한데도, 이에 부합하는 甲의 경찰 진술이나 원심 법정 증언은 믿기 어렵고, **상해진단서,** 합의서, 의무기록 사본 등의 각 증거들만으로는 이를 인정하기에 부족하다는 이유를 들어 무죄로 판단한 원심판결에 **자유심증주의에 관한 법리오해의 위법이 있다**고 한 사례.

3 [대판 2013도4381] ●**사실**● 피고인 X는 2010년 4월 인천에서 여자 친구인 A(당시 21세)를 모텔에서 살해한 뒤 **낙지를 같이 먹다 질식사**한 것처럼 꾸며 거액의 보험금을 타낸 혐의로 기소되었다(피고인은 2008. 3.경부터 애인 A와, 2009. 2.경부터 이 사건 피해자와, 2010. 2.경부터 또 다른 애인 B와 교제하는 등 다수의 여성과 교제하는 관계를 맺고 있었다. 피고인은 A·B의 가족과 만남을 가진 것은 물론 A에게 2회 이상 임신중절을 하게 하였고, B와도 둘이 여행을 다니고 모텔에 투숙하는 등 깊은 관계를 맺어오고 있었다. 피고인은 사건 당시 신용불량자로 일정한 직업이나 소득이 없었고, 연인관계였던 A·B 및 지인들로부터 수천만 원의 금원을 차용하여 채무 변제를 독촉받는 등 금전적으로 궁핍한 상태에 있었음에도 불구하고, 고급 수입 승용차를 구입하는 등 형편에 비하여 과다한 금전소비를 하고 있었다. 피고인은 2010. 3. 중순경 피해자 명의로 2억원의 생명보험에 가입하였고, 2010. 4. 초순경 보험수익자를 법정상속인에서 피고인으로 변경하였다. 피고인은 2010. 4. 18. 저녁 피해자와 술을 마시고 만취한 피해자와 함께 모텔에 투숙하였는데, 모텔에 들어가서 술을 더

마시기로 하고 술과 함께 안주로 산낙지 4마리를 구입하여 2마리는 통으로, 2마리는 잘라 포장하여 가지고 갔다. 피고인은 2010. 4. 19. 04:20경 모텔 프런트에 "여자친구가 낙지를 먹다가 숨을 쉬지 않는다."라며 119에 신고해 줄 것을 요청하였고, 모텔 종업원이 신고 후 뛰어내려와 도움을 요청하는 피고인과 함께 현장에 와서 피해자를 확인하자, 피해자를 업고 뛰어 인근 병원으로 후송하였다. 모텔 종업원은 사건 현장은 흐트러짐이 없었고 피해자는 잠을 자듯 반듯하게 누워 있었으며, 피고인이 피해자의 입에서 낙지를 꺼내는 등의 행위를 보지 못하였다고 일관되게 진술하였다. 그러나 피고인은 피해자가 먹은 것이 통낙지였는지 낙지다리였는지, 피해자의 입에서 낙지를 빼냈는지 의료진이 빼내는 것을 보았는지에 대해 사람에 따라 진술을 달리하거나 번복하는 등 일관성 없는 모습을 보였다. 피고인은 피해자가 뇌사상태로 입원중인 2010. 5. 2.에도 B를 계속 만나고 B의 가족과 산행을 하였으며, 2010. 5. 5. 피해자가 사망하자 위 생명보험의 보험금을 청구하여 2010. 7. 23. 위 계좌로 보험금 2억 51만 원을 송금받았다. 피고인은 보험금을 지급받자 피해자의 가족과 일체의 연락을 끊었고, 지급받은 보험금으로 채무를 변제하고 지인에게 별다른 이유 없이 금원을 지급하거나 애인 B에게 승용차를 사 주기도 하는 등으로 상당히 짧은 시간 내에 대부분의 보험금을 소비하였다.[5] 제1심은 X에 대해 무기징역을 선고했으나 제2심과 대법원은 **직접 증거가 없는 상황에서 간접증거에 비추어** 볼 때 X의 혐의가 명백히 증명되지 않는다고 보아 무죄를 선고하였다. ●**판지**● 상고기각. 형사재판에서 범죄사실을 인정하려면 합리적인 의심을 할 여지가 없을 정도로 공소사실이 진실하다는 확신을 법관에게 주는 증명력 있는 엄격한 증거에 의하여야 하므로, 검사의 **증명 정도가 위와 같은 확신을 충분히 주기에 이르지 못한 경우**에는 비록 피고인의 주장이나 변명에 석연치 않은 점이 있는 등 의심이 간다 하더라도 **피고인의 이익으로 판단할 수밖에 없다.** 한편 살인죄와 같이 법정형이 무거운 범죄도 직접증거 없이 간접증거로만 유죄를 인정할 수 있으나, 이러한 방식에 의한 유죄 인정을 위해서는 공소사실과 관련이 깊은 간접증거에 대하여 신중한 판단이 필요하므로, 간접증거에 의하여 주요사실의 전제가 되는 **간접사실을 인정할 때에는 그 증명이 합리적인 의심을 허용하지 않을 정도**에 이르러야 하며, 간접사실 하나하나 사이에 모순, 저촉이 없어야 함은 물론 간접사실이 논리와 경험의 법칙, 과학법칙으로 뒷받침되어야 한다.

4 [대판 2013도4172] [형사재판에서 유죄를 인정하기 위한 심증 형성의 정도 및 간접증거의 증명력] (가) 형사재판에 있어서 유죄의 인정은 법관으로 하여금 합리적인 의심을 할 여지가 없을 정도로 공소사실이 진실한 것이라는 확신을 가지게 할 수 있는 증명력을 가진 증거에 의하여야 하고 이러한 정도의 심증을 형성하는 증거가 없다면 설령 피고인에게 유죄의 의심이 간다 하더라도 피고인의 이익으로 판단할 수밖에 없다. 다만 (나) **그와 같은 심증이 반드시 직접증거에 의하여 형성되어야만 하는 것은 아니고** 경험칙과 논리법칙에 위반되지 아니하는 한 간접증거에 의하여 형성되어도 되는 것이며, (다) 간접증거가 개별적으로는 범죄사실에 대한 완전한 증명력을 가지지 못하더라도 전체 증거를 상호 관련 하에 종합적으로 고찰할 경우 그 단독으로는 가지지 못하는 종합적 증명력이 있는 것으로 판단되면 그에 의하여도 범죄사실을 인정할 수가 있다. 여기서 (라) 합리적 의심이라 함은 모든 의문, 불신을 포함하는 것이 아니라 논리와 경험칙에 기하여 요증사실과 양립할 수 없는 사실의 개연성에 대한 합리적 의문을 의미하는 것으로서, (마) 피고인에게 유리한 정황을 사실인정과 관련하여 파악한 이성적 추론에 그 근거를 두어야 하는 것이므로, 단순히 관념적인 의심이나 추상적인 가능성에 기초한 의심은 합리적 의심에 포함된다고 할 수 없다.

5 [대판 2010도10895] [살인죄 등 법정형이 무거운 범죄의 형사재판에서 간접증거의 증명력 및 간접사실의

---

5) 황태정, 자유심증주의의 범위와 한계, 刑事判例研究[27], 462−463면 사실관계 인용.

증명 정도] [1] 살인죄 등과 같이 법정형이 무거운 범죄의 경우에도 직접증거 없이 간접증거만에 의하여 유죄를 인정할 수 있으나, 그러한 유죄 인정에 있어서는 공소사실에 대한 관련성이 깊은 간접증거들에 의하여 **신중한 판단**이 요구된다. 특히 (가) 간접증거에 의한 간접사실의 인정에 있어서도 그 증명은 합리적인 의심을 허용하지 않을 정도에 이르러야 하고, (나) 그 하나하나의 간접사실은 그 사이에 모순, 저촉이 없어야 함은 물론 논리와 경험칙, 과학법칙에 의하여 뒷받침되어야 할 것이다. [2] 피고인이 자신의 처(妻) 甲이 마시는 음용수에 청산가리를 녹여놓아 甲을 사망하게 하고, 乙과 丙의 집 앞에도 마치 등산객이나 지인이 놓고 간 피로회복제인 것처럼 위장하여 청산가리가 든 캡슐을 올려놓아 이들을 사망하게 하였다는 각 살인의 공소사실에 관하여, 청산가리의 입수 경위, 청산가리가 독극물로서 효능을 유지하고 있었는지 여부 및 乙, 丙의 사망과 관련한 간접증거와 간접사실만으로는 위 각 살인 범행이 합리적인 의심을 할 여지가 없을 정도로 증명되었다고 보기 어렵다고 한 사례.

6 [대판 2007도10754] 살인죄 등과 같이 법정형이 무거운 범죄의 경우에도 직접증거 없이 간접증거만에 의하여 유죄를 인정할 수 있고 **피해자의 시체가 발견되지 아니하였더라도** 간접증거를 상호 관련 하에서 종합적으로 고찰하여 살인죄의 공소사실을 인정할 수 있다 할 것이나, 그러한 유죄 인정에 있어서는 공소사실에 대한 관련성이 깊은 간접증거들에 의하여 신중한 판단이 요구된다. 또한, **시체가 발견되지 아니한 상황에서 범행 전체를 부인하는** 피고인에 대하여 살인죄의 죄책을 인정하기 위해서는 (가) 피해자의 사망사실이 추가적·선결적으로 증명되어야 함을 물론, (나) 그러한 피해자의 사망이 살해의사를 가진 피고인의 행위로 인한 것임이 합리적인 의심의 여지가 없을 정도로 증명되어야 한다.

7 [대판 2005도8675] 파기환송. [증명력에 한계가 있는 간접증거만이 존재하고, 범인으로 지목되고 있는 자에게 범행을 저지를 만한 동기가 발견되지 않는 경우의 증거평가방법] ●**사실**● 피고인 X는 이 사건 범행 일시경인 2003.11.30. 낮에 피해자 A가 금 4,000,000원을 저녁에 변제하겠으니 빌려달라고 하여 빌려주었고, 같은 날 20:00경부터 24:00경까지 사이에 C의 집에서 C와 술을 마시며 A의 전화를 기다렸으나 연락이 되지 아니하여 그 후 집에 들어가 잠을 자고, 다음 날 11:20경 평소 A의 집을 잘 알지 못하여 C, D와 함께 A의 집을 찾아갔다가 이미 살해당한 A를 발견하고 경찰서에 신고하게 된 것일 뿐, 자신은 A를 살해한 사실이 없고, 오히려 제3자가 A를 살해한 후 자신을 범인으로 지목되게 하기 위하여 자신의 타액이 묻은 75㎖ 컨디션병을 청산염이 든 100㎖ 컨디션병과 함께 비닐봉지에 담아 버리고, A의 신용카드 등을 자신의 집 옆 담 사이에 버려 자신이 A를 살해한 것처럼 조작한 것이라고 항변하였다. 그러나 원심은 X에 대해 유죄를 인정하였다. 이에 X가 상고하였다. ●**판지**● [1] 범행에 관한 간접증거만이 존재하고 더구나 그 간접증거의 증명력에 한계가 있는 경우, 범인으로 지목되고 있는 자에게 **범행을 저지를 만한 동기가 발견되지 않는다면, 만연히 무엇인가 동기가 분명히 있는데도 이를 범인이 숨기고 있다고 단정할 것이 아니라 반대로 간접증거의 증명력이 그만큼 떨어진다고** 평가하는 것이 형사 증거법의 이념에 부합하는 것이라 할 것이다. [2] 형사재판에서 유죄의 인정은 법관으로 하여금 합리적인 의심을 할 여지가 없을 정도로 공소사실이 진실한 것이라는 확신을 가지게 하는 증명력을 가진 증거에 의하여야 하므로, 그와 같은 증거가 없다면 설령 피고인에게 유죄의 의심이 간다 하더라도 피고인의 이익으로 판단할 수밖에 없다. [3] (가) 여러 가지 **간접증거가 피고인에게 살인 범행에 대한 혐의를 두기에는 충분하나,** (나) 우발적이거나 금품을 노린 단순 살인사건이 아니라 치정이나 원한 기타 특수한 동기에서 유발되고 사전에 계획된 보복 범행으로 추단됨에도 범행 동기에 관하여 전혀 밝혀진 바가 없고, (다) 피고인의 흔적이 남아 있는 물품이 발견이 쉬운 상태로 허술하

게 유기되어 있어 누군가에 의해 의도적으로 연출된 것이 아닌가 하는 의심을 갖게 하며, (라) 사망 시각 즈음의 피고인과 피해자의 행적을 추적하여 보면 피고인과 피해자가 함께 있을 시간이 없거나 매우 짧아서 피고인이 피해자를 살해하는 것은 거의 불가능한 것으로 보이는 점 등의 **여러 사정에 비추어 간접증거들만 으로는 합리적인 의심의 여지없이 피고인의 범행이 증명되었다고 보기 어렵다**는 이유로, 간접증거만에 의하여 유죄로 인정한 원심판결을 파기한 사례.

8 [대판 2005도8645] [피고인이 공모 및 범의를 부인하는 경우, 그 증명방법] (가) 2인 이상이 공동으로 가공하여 범죄를 행하는 공동정범에 있어서 공모나 모의는 반드시 직접, 명시적으로 이루어질 필요는 없고 순차적, 암묵적으로 상통하여 이루어질 수도 있으나 어느 경우에도 범죄에 공동 가공하여 이를 공동으로 실현하려는 의사의 결합이 있어야 할 것이고, (나) 피고인이 공모의 점과 함께 범의를 부인하는 경우에는, 이러한 주관적 요소로 되는 사실은 사물의 성질상 범의와 상당한 관련성이 있는 간접사실 또는 정황사실을 증명하는 방법에 의하여 이를 입증할 수밖에 없으며, (다) 이 때 **무엇이 상당한 관련성이 있는 간접사실에 해당할 것인가**는 정상적인 경험칙에 바탕을 두고 치밀한 관찰력이나 분석력에 의하여 사실의 연결상태를 합리적으로 판단하는 방법에 의하여야 한다.

9 [대판 2005도2014] [**공모관계의 인정 방법**] 2인 이상이 공모하여 범죄에 공동 가공하는 공범관계의 경 우 공모는 법률상 어떤 정형을 요구하는 것이 아니고 공범자 상호간에 직접 또는 간접으로 범죄의 공동실 행에 관한 암묵적인 의사연락이 있으면 족하고, 이에 대한 직접증거가 없더라도 정황사실과 경험법칙에 의 하여 이를 인정할 수 있다.

10 [대판 2004도2221] [간접증거의 증명력 평가방법] 형사재판에 있어 심증형성은 반드시 직접증거에 의하여 형성되어야만 하는 것은 아니고 간접증거에 의할 수도 있는 것이며, **간접증거는 이를 개별적 · 고립 적으로 평가하여서는 아니 되고** 모든 관점에서 빠짐 없이 상호 관련시켜 종합적으로 평가하고, 치밀하고 모 순 없는 논증을 거쳐야 한다.

## *간접증거 및 종합증거와 자유판단*

11 [대판 2001도4392] [**형사재판에 있어 유죄의 인정을 위한 증거의 증명력 정도 및 간접증거의 증명력**] [1] 형사재판에 있어 유죄의 인정은 법관으로 하여금 합리적인 의심을 할 여지가 없을 정도로 공소사실이 진실 한 것이라는 확신을 가지게 할 수 있는 증명력을 가진 증거에 의하여야 하고, 이러한 정도의 심증을 형성하 는 증거가 없다면 피고인이 유죄라는 의심이 간다 하더라도 피고인의 이익으로 판단할 수밖에 없으나, (가) 그와 같은 심증이 반드시 직접증거에 의하여 형성되어야만 하는 것은 아니고 경험칙과 논리법칙에 위 반되지 아니하는 한 간접증거에 의하여 형성되어도 되는 것이며, (나) 간접증거가 개별적으로는 범죄사실 에 대한 완전한 증명력을 가지지 못하더라도 **전체 증거를 상호관련 하에 종합적으로 고찰**할 경우 그 단독으 로는 가지지 못하는 **종합적 증명력**이 있는 것으로 판단되면 그에 의하여도 범죄사실을 인정할 수 있다. [2] 피고인이 **교통사고를 가장**하여 피해자들을 살해하고 보험금을 수령하여 자신의 경제적 곤란을 해결하고 신 변을 정리하는 한편, 그 범행을 은폐할 목적으로 피해자들을 승용차에 태운 후에 고의로 승용차를 저수지 에 추락시켜 피해자들을 사망하게 한 것으로서 살인의 범의가 인정된다.

**12 [대판 2001도1314]** [치과모녀살해사건] [간접증거를 모두 종합하더라도 공소사실을 인정하기 부족하다는 이유로 무죄를 선고한 원심의 판단을 수긍한 사례] [1] 공소사실을 인정할 수 있는 직접증거가 없고, 공소사실을 뒷받침할 수 있는 가장 중요한 간접증거의 증명력이 환송 뒤 원심에서 새로 현출된 증거에 의하여 크게 줄어들었으며, 그 밖에 **나머지 간접증거를 모두 종합하여 보더라도 공소사실을 뒷받침할 수 있는 증명력이 부족한 경우,** 피고인의 진술에 신빙성이 부족하다는 점을 더하여 보아도 제출된 증거만으로는 합리적인 의심의 여지없이 공소사실을 유죄로 판단할 수 없다 하여 무죄를 선고한 원심의 판단을 수긍한 사례. [2] 이 사건에서 보면, (가) 공소사실을 인정할 수 있는 직접증거가 없고, (나) 공소사실을 뒷받침할 수 있는 가장 중요한 간접증거인 망 A와 망 B의 사망시각에 관한 여러 증거의 증명력이 환송 뒤 원심에서 새로 조사된 스위스 법의학자의 증언이나 화재재현실험결과 등에 의하여 크게 줄어들었으며, (다) 그 밖에 사건 직후 피고인의 팔에 남아 있던 손톱자국이나 피고인의 집에서 발견된 망 B를 위한 우유병과 1회용 분유통의 상태 또는 식기세척기 등 식탁 주변의 상황, 피고인과 망 A의 갈등관계 등 나머지 간접증거를 모두 종합하여 보더라도 **공소사실을 뒷받침할 수 있는 증명력이 있다고 볼 수 없으므로,** (라) 여기에 피고인에 대한 거짓말탐지기 검사결과 등 피고인의 진술에 신빙성이 부족하다는 점을 더하여 보아도 이 사건에 제출된 증거만으로는 합리적인 의심의 여지없이 공소사실을 유죄로 판단할 수 없다. (【37】참조)

**13 [대판 87도795]** 원심이 **뚜렷한 확증도 없이** 단지 정황증거 내지 간접증거들만으로서 이 사건 공소사실을 유죄로 인정한 것은 **채증법칙을 위배**하여 판결결과에 영향을 미친 사실오인의 위법을 범하였다 할 것이다.

**14 [대판 83도3067]** [압수물의 현존사실과 유죄의 증거] [1] **압수물(피해품)은 피고인에 대한 범죄의 증명이 없게 된 경우에는 압수물의 존재만으로 그 유죄의 증거가 될 수 없다.** [2] 승객인 피고인이 운전사가 가스를 주입하기 위해 운전석을 잠시 비운 틈에 운전석옆 돈주머니에 있던 돈 7,000원중 3,000원만을 꺼내 훔치고, 훔친 돈을 운전사가 돌아 올 때까지 손에 들고 있었다는 증언내용은 경험칙에 비추어 수긍하기 어렵다.

**15 [대판 74도1519]** [남녀 간의 정사를 내용으로 하는 강간 간통 강제추행 업무상위력 등에 의한 간음 등의 범죄에 있어서의 채증방법] 남녀 간의 정사를 내용으로 하는 강간 간통 강제추행 업무상 위력 등에 의한 간음 등의 범죄에 있어서는 행위의 성질상 당사자 간에서 극비리에 또는 외부에서 알기 어려운 상태 하에서 감행되는 것이 보통이고 그 피해자 외에는 이에 대한 물적 증거나 직접적 목격증인 등의 증언을 기대하기가 어려운 사정이 있는 것이라 할 것이니 **이런 범죄는 피해자의 피해전말에 관한 증언을 토대**로 하여 **범행의 전후사정에 관한 제반증거를 종합하여 우리의 경험법칙에 비추어서 범행이 있었다고 인정될 수 있는 경우에는 이를 유죄로 인정할 수 있는 것이다.**

# 39 자유심증주의의 한계
## – 범인식별절차와 과학적 증거방법의 증명력 –

* 대법원 2007. 5. 10. 선고 2007도1950 판결
* 참조조문: 형사소송법 제308조[1]

---

범인식별절차와 DNA분석을 통한 유전자검사

●**사실**● 피고인 X는 피해자 A에 대해서는 특수강간미수 및 특수강도, 피해자 B에 대해서는 강도치상의 범행을 하였다고 공소제기 되었다. 당시 수사기관은 피해자 A, B와 피고인 간에 범인식별절차를 걸쳤다. ① A는 사건이 발생한 직후 범인의 인상착의에 대하여 20대나 30대의 남자로서 키는 180㎝ 정도이고, 얼굴을 둥근형이라고 진술하였다. 하지만 ② B는 범인의 인상착의에 대하여 사건이 발생한 직후에는 10대 후반 정도로 보이고, 키는 167㎝ 정도이며, 착한 얼굴이라는 느낌을 받았다고 진술하였고, X와 대면하기 직전에는 범인이 잘 생기고 매우 착하면서도 깔끔한 인상이라고 진술하였다. 그리고 ③ A의 경우에는 먼저 X만의 사진을 제시한 채 범인인지를 물어본 다음, 인상착의가 비슷한 **다른 비교대상자 없이** X만을 직접 대면하게 하여 X가 범인인지 여부를 확인하게 한 반면, B의 경우에는 범인이 검거되었으니 경찰서에 출석하라고 연락한 다음, X만의 사진을 제시한 채 범인인지를 물어 범인일 가능성이 70~80% 정도라는 대답을 들은 후, X와 또 다른 한 사람만을 직접 대면하도록 한 상태에서 X가 범인인지 여부를 확인하도록 하였다. ④ A의 경우에는 사건 발생일로부터 5개월 이상 경과한 후에, B의 경우에는 3개월 가량 경과한 후에 위와 같은 범인식별절차가 이루었다. ⑤ B는 제1심법정에서 X가 범인이라고 확신하는 정도가 70~80% 가량이라고 진술하였다. 제1심과 원심은 위 피해자들의 진술과 검사의 증명을 그대로 받아들여 X에 대해 모두 유죄를 인정하였다. 이에 X가 상고하였다.

●**판지**● **파기환송.** 「[1] 용의자의 인상착의 등에 의한 범인식별 절차에 있어 **용의자 한 사람을 단독으로 목격자와 대질시키거나 용의자의 사진 한 장만을 목격자에게 제시**하여 범인 여부를 확인하게 하는 것은 사람의 기억력의 한계 및 부정확성과 구체적인 상황 하에서 용의자나 그 사진상의 인물이 범인으로 의심받고 있다는 무의식적 암시를 목격자에게 줄 수 있는 가능성으로 인하여, 그러한 방식에 의한 범인식별 절차에서의 목격자의 진술은, 그 용의자가 종전에 피해자와 안면이 있는 사람이라든가 피해자의 진술 외에도 그 용의자를 범인으로 의심할 만한 다른 정황이 존재한다든가 하는 등의 **부가적인 사정이 없는 한 그 '신빙성이 낮다'**고 보아야 한다.

이와 같은 점에서 볼 때, 범인식별 절차에 있어 **목격자의 진술의 신빙성을 높게 평가할 수 있게 하려면**, (가) 범인의 인상착의 등에 관한 목격자의 진술 내지 묘사를 사전에 상세히 기록화한 다음, (나) 용의자를 포함하여 그와 인상착의가 비슷한 여러 사람을 동시에 목격자와 대면시켜 범인을 지목하도록 하여야 하고, (다) 용의자와 목격자 및 비교대상자들이 상호 사전에 접촉하지 못하도록 하여야 하며, (라) 사후에 증거가치를 평가할 수 있도록 대질 과정과 결과를 문자와 사진 등으로 서면화하는 등의 조치를 취하여야 할 것이고, **사진제시에 의한 범인식별 절차**에 있어서도 기본적으로 이러한 원칙에 따라야 한다.

[2] **DNA분석을 통한 유전자검사** 결과는, 충분한 전문적인 지식과 경험을 지닌 감정인이 적절하게 관리·보존된 감정자료에 대하여 일반적으로 확립된 표준적인 검사기법을 활용하여 감정을 실행하고 그 결과의 분석이 적정한 절차를 통하여 수행되었음이 인정되는 이상 **높은 신뢰성을 지닌다** 할 것이

---

1) 형사소송법 제308조(자유심증주의) 증거의 증명력은 법관의 자유판단에 의한다.

고, 특히 유전자형이 다르면 동일인이 아니라고 확신할 수 있다는 유전자감정 분야에서 일반적으로 승인된 전문지식에 비추어 볼 때, 피고인의 유전자형이 범인의 그것과 **상이하다는 감정결과**는 피고인의 무죄를 입증할 수 있는 유력한 증거에 해당한다.

[3] (가) **범인식별절차**에 있어서 신빙성을 높이기 위하여 준수하여야 할 절차를 충족하지 못하였을 뿐 아니라, (나) 피고인의 **유전자검사** 결과가 범인의 것과 상이하다는 국립과학수사연구소의 **감정결과가 제출되었음에도 불구하고** 피고인의 유죄를 인정한 원심판결을 파기한 사례」.

●**해설**● **1 자유심증주의**　　자유심증주의는 증거의 증명력을 적극적 또는 소극적으로 법률로 정하지 아니하고 이를 **오로지 법관**의 자유로운 판단에 맡기는 원칙을 말한다(자유심증주의는 인간 이성에 대한 신뢰에 바탕을 두고 있다. 법정증거주의가 법관을 불신하는 사상에서 생겨난 것에 반하여 자유심증주의는 법관을 전폭적으로 신뢰하는 생각에서 출발한 것이다).[2] 다만 형사재판에서 범죄사실의 인정은「법관으로 하여금 **합리적인 의심을 할 여지가 없을 정도의 확신**을 가지게 하는 증명력을 가진 엄격한 증거에 의하여야 하므로, 검사의 증명이 위와 같은 확신을 가지게 하는 정도에 충분히 이르지 못한 경우에는 비록 피고인의 주장이나 변명이 모순되거나 석연치 않은 면이 있는 등 유죄의 의심이 간다고 하더라도 피고인의 이익으로 판단하여야 한다」(대판 2012도231). 즉 '**의심스러울 때에는 피고인의 이익으로**(in dubio pro reo)'의 원칙을 따른다.

**2 범인식별절차**　　범인식별절차는 인간의 기억에만 의존한다는 점에서 인간의 인식과 기억의 한계와 왜곡과 오류의 가능성을 안고 있다. 더욱이 절차진행 과정에서 수사기관에 의한 암시나 불공정이 개재될 수도 있다. 때문에 판례도 비교적 엄격한 절차조건을 제시하고 있다. 특히 **용의자 한 사람을 단독으로** 목격자와 대질시키거나 용의자의 사진 한 장만을 목격자에게 제시하여 범인 여부를 확인하는 경우(Showup),[3] 목격자 진술의 신빙성은 낮다고 본다(대판 2003도7033, Ref 1-3). 대법원은 대상판결에서 쇼업의 암시성으로 인한 식별의 정확성 저하를 보완하기 위한 라인업을 권고한다.

**3 대상판결의 정리**　　대상판결에서 대법원은 먼저 수사기관이 범인식별절차에 있어서 신빙성을 높이기 위하여 준수하여야 할 절차를 충족하지 못하였음을 지적한다. 즉 ① 피해자 A의 경우에는 먼저 X만의 사진을 제시한 채 범인인지를 물어본 다음, 인상착의가 비슷한 다른 비교대상자 없이 X만을 직접 대면하게 하여 X가 범인인지 여부를 확인하게 하였고, ② 피해자 B의 경우에는 범인이 검거되었으니 경

---

2) 형사소송법 제308조는 '자유심증주의'라는 표제 하에 "증거의 증명력은 법관의 자유판단에 의한다."고 규정하고 있는데, 민사소송법 제202조도 '자유심증주의'라는 표제 하에 "법원은 **변론 전체의 취지와 증거조사의 결과를 참작하여** 자유로운 심증으로 사회정의와 형평의 이념에 입각하여 논리와 경험의 법칙에 따라 사실주장이 진실한지 아닌지를 판단한다"고 규정되어 있다. 양자의 중요한 차이는 형사소송의 경우는 증거조사의 결과만이 사실 인정의 자료가 되지만 민사소송의 경우에는 증거조사의 결과뿐만 아니라 변론을 통해 나타난 증거조사 이외에 일체의 상황도 사실 인정의 자료가 될 수 있다는 점이다. 이와 같이 형사소송은 민사소송보다 **훨씬 더 엄격**하게 증거에만 의존하여 사실을 인정하여야 한다. 형사소송법 제307조(증거재판주의)는 다음과 같이 규정되어 있다. "① 사실의 인정은 **증거**에 의하여야 한다. ② 범죄사실의 인정은 합리적인 의심이 없는 정도의 증명에 이르러야 한다."

3) 범인 식별 방법의 하나로 **쇼업(Showup)**은 목격자와 용의자를 1대 1로 직접 대면하게 하여 목격자로 하여금 범인인지 여부를 식별('yes or no' 방식)하게 한다. 이 방법은 목격자에게 암시를 주어 오지목의 가능성을 증가시키거나 목격자에게 심리적 부담감을 주어 부득이한 사유가 없는 한 가급적 회피되어야 하는 식별방법으로 평가된다.

찰서에 출석하라고 연락한 다음, X만의 사진을 제시한 채 범인인지를 물어 범인일 가능성이 70~80% 정도라는 대답을 들은 후, X와 또 다른 한 사람만을 직접 대면하도록 한 상태에서 X가 범인인지 여부를 확인하도록 하여, 수사기관이 범인식별절차에 있어서 신빙성을 높이기 위하여 준수하여야 할 절차를 충족하지 못하였을 뿐 아니라, 그 과정에서 사진 상의 인물인 X가 위 각 사건의 범인일 가능성이 있다는 암시가 주어졌을 개연성이 있다고 판단하였다.

4 또 하나 원심파기의 주된 이유로 거시하는 것이 경찰은 A에 대한 범행이 있은 직후 A로부터 범인의 정액이 묻어있는 옷을 제출받아 국립과학수사연구소에 유전자감정을 의뢰하고 X의 모발 및 타액에 대하여도 유전자감정을 의뢰하였는데, DNA분석 결과 X의 유전자형이 범인의 그것과 상이하다는 감정 결과는 X의 무죄를 입증할 수 있는 유력한 증거에 해당된다고 보았다. 특히「**과학적 증거방법**은 전제로 하는 사실이 모두 진실인 것이 입증되고 추론의 방법이 과학적으로 정당하여 오류 가능성이 전혀 없거나 무시할 정도로 극소한 것으로 인정되는 경우라야 **법관이 사실인정을 하는 데 상당한 정도로 구속력**을 가진다」(대판 2011도1902). 그럼에도 불구하고, 원심이 피해자들의 진술을 그대로 받아들여 피고인에 대한 공소사실 모두에 증명이 있다고 보아 피고인에게 유죄를 선고한 것은, 증거의 증명력을 판단함에 있어 **경험칙과 논리법칙에 어긋나는 판단**을 함으로써 **자유심증주의에 관한 법리를 오해**하거나 심리미진 또는 채증법칙 위배로 인하여 판결 결과에 영향을 미친 위법이 있다고 본 것이다.

**5 자유심증주의의 한계**        형소법이 자유심증주의를 취한 것은 그것이 실체적 진실발견에 적합하기 때문이지 법관의 자의적인 판단을 인용함은 아니다. 비록 사실의 인정이 사실심의 전권이라 하더라도 아무런 합리적 근거 없이 함부로 이를 배척하는 것은 자유심증주의의 한계를 벗어나는 것으로서 허용될 수 없다. 때문에 자유심증주의에도 한계가 있다(내재적 한계와 법률상 한계). 먼저 (1) **내재적 한계**로는 '심리미진'과 '채증법칙의 위반'이 있다. 먼저 ① **심리미진**이란 법원이 증거자료를 최대로 활용하지 않아 편파적으로 심증이 형성되거나 심리에 합리성이 결여된 경우를 말한다. 그리고 ② 법관의 심증은 논리법칙과 모순되지 않는 논증에 의하여 지지되어야 하는데 개념의 혼동, 판결이유의 모순, 논리의 착오 등에 의한 심증은 **채증법칙에 위반**된다. 대상판결은 하급심이 DNA분석을 통한 유전자검사 결과라는 과학적 신뢰성 높은 증거를 경시한 것은 자유심증주의 한계를 벗어난 것으로 보았다. (2) **법률상의 한계**로는 '자백의 보강법칙'과 '공판조서의 증명력'이 있다. ① **자백의 보강법칙**이란 "피고인의 자백이 그 피고인에게 불이익한 유일의 증거인 때에는 이를 유죄의 증거로 하지 못한다"(법310). 이는 법관이 자백을 신뢰했다 하더라도 유죄인정을 위해서는 추가적 증거를 요구하는 것으로서 자유심증주의의 예외가 된다. ② **공판조서의 증명력**도 "공판기일의 소송절차로서 공판조서에 기재된 것은 그 조서만으로써 증명한다"(법56)고 하여 법관은 심증에 관계없이 그 기재된 내용대로 인정해야 한다. 소송경제의 관점에서 마련된 특칙으로, 자유심증주의의 예외가 된다. (3) 한편, 법관은 피고인의 진술거부권(법289)과 증인의 증언거부권(법148, 149)의 실효성을 확보하기 위해서 그들의 **진술 및 증언거부권 행사**를 당사자 일방에게 불리한 심증형성의 자료로 삼아서는 안 된다.

# * 범인식별절차와 목격자의 확인 *

1 [대판 2008도12111] [용의자의 인상착의 등에 의한 범인식별 절차에서, 범인 여부를 확인하는 목격자 진술의 '신빙성'을 높이기 위한 절차적 요건 및 용의자와 목격자의 **일대일 대면이 허용되는 경우**] [1] 일반적으로 용의자의 인상착의 등에 의한 범인식별 절차에서 용의자 한 사람을 단독으로 목격자와 대질시키거나 용의자의 사진 한 장만을 목격자에게 제시하여 범인 여부를 확인하게 하는 것은, 사람의 **기억력의 한계 및 부정확성**과 구체적인 상황 하에서 용의자나 그 사진상의 인물이 범인으로 의심받고 있다는 무의식적 암시를 목격자에게 줄 수 있는 가능성으로 인하여, 그러한 방식에 의한 범인식별 절차에서의 목격자의 진술은, (1) 그 용의자가 종전에 피해자와 **안면이 있는 사람**이라든가 (2) 피해자의 진술 외에도 그 용의자를 범인으로 의심할 만한 **다른 정황이 존재**한다든가 하는 등의 부가적인 사정이 없는 한 그 **신빙성이 낮다**고 보아야 한다. 따라서 **범인식별 절차에서 목격자의 진술의 신빙성을 높게 평가할 수 있게 하려면**, (가) 범인의 인상착의 등에 관한 목격자의 진술 내지 묘사를 사전에 상세히 기록화한 다음, (나) 용의자를 포함하여 그와 인상착의가 비슷한 여러 사람을 **동시에 목격자와 대면**시켜 범인을 지목하도록 하여야 하고, (다) 용의자와 목격자 및 비교대상자들이 상호 사전에 접촉하지 못하도록 하여야 하며, (라) 사후에 증거가치를 평가할 수 있도록 대질 과정과 결과를 문자와 사진 등으로 서면화하는 등의 조치를 취하여야 한다. (3) 그러나 **범죄 발생 직후 목격자의 기억이 생생하게 살아있는 상황**에서 현장이나 그 부근에서 범인식별 절차를 실시하는 경우에는, 목격자에 의한 생생하고 정확한 식별의 가능성이 열려 있고 범죄의 신속한 해결을 위한 즉각적인 대면의 필요성도 인정할 수 있으므로, **용의자와 목격자의 일대일 대면도 허용**된다. [2] [피해자가 경찰관과 함께 범행 현장에서 범인을 추적하다 **골목길에서 범인을 놓친 직후** 골목길에 면한 집을 탐문하여 용의자를 확정한 경우, 그 현장에서 용의자와 피해자의 **일대일 대면이 허용된다**고 한 사례] 피해자가 2007.11.4. 04:30경 부산 남구에 있는 집으로 귀가하기 위하여 ○○동 소재 ○○동 주민자치센터 앞길을 혼자 걸어가고 있던 중, 뒤편에서 범인이 피해자의 겨드랑이 사이로 두 손을 넣어 가슴을 움켜쥐었다가 피해자가 놀라 비명을 지르자 피해자를 밀쳐 땅바닥에 넘어뜨리고 몸 위에 올라타 피해자의 어깨와 가슴 부위를 주먹으로 2회 정도 때린 뒤 일어나 태연히 걸어간 사실, **피해자는 범인을 뒤쫓아 가다가** 때마침 순찰활동 중이던 경찰차에 탑승하여 경찰관들과 함께 범인을 추적하게 된 사실, 경찰관들은 곧바로 도주하는 범인을 발견하고 경찰차로 추격하였는데, 범인이 오른쪽으로 나 있는 작은 골목길 쪽으로 사라지는 바람에 약 20m의 거리를 두고 시야에서 놓쳐 버렸으며, 그로부터 약 3초 만에 위 골목길 입구에 이르러 경찰차에서 내린 다음 골목길 주변을 둘러보았으나 범인은 발견되지 않은 사실, 위 골목길은 입구에서 우측으로 두 채, 좌측으로 한 채의 주택이 면하여 있는 길로서, 끝 부분에는 약 1.5m 높이의 담장이 가로막고 있고 그 위로는 쇠창살이 설치되어 있는 사실, 경찰관들은 위 골목길에 면해 있는 주택을 탐문하여 우측 입구 주택 2층에 부부가 젊은 아들 및 딸과 함께 거주한다는 내용의 진술을 들은 사실, 경찰관은 위 주택 2층에 거주한다는 젊은 남자가 범인인지 여부를 확인하기 위하여 피고인의 아버지 승낙을 받아 위 주택 2층의 피고인 방에 들어가게 된 사실, **경찰관들은 집 앞에서 기다리고 있던 피해자를 데려와 피고인과 대면을 시킨 다음 범인이 맞는지 물어보아 맞다는 대답을 듣고는, 피고인을 체포한 사실**을 알 수 있다. 앞서 본 법리에 비추어 보면, 이 사건과 같이 피해자가 경찰관과 함께 범행 현장에서 **범인을 추적하다 골목길에서 범인을 놓친 직후** 골목길에 면한 집을 탐문하여 용의자를 확정한 경우에는 그 현장에서 용의자와 피해자의 **일대일 대면이 허용된다**고 할 것이다.

2 [대판 2007도5201] [용의자의 인상착의 등에 의한 범인식별 절차에서 범인 여부를 확인하는 목격자 진술의 신빙성을 높이기 위한 절차적 요건 및 그 적용 범위] [1] 용의자의 인상착의 등에 의한 범인식별 절차에서 용의자 한 사람을 단독으로 목격자와 대질시키거나 용의자의 사진 한 장만을 목격자에게 제시하여 범인 여부를 확인하게 하는 것은 사람의 기억력의 한계 및 부정확성과 구체적인 상황 하에서 용의자나 그 사진 상의 인물이 **범인으로 의심받고 있다는 무의식적 암시**를 목격자에게 줄 수 있는 가능성으로 인하여, 그러한 방식에 의한 범인식별 절차에서의 목격자의 진술은, 그 용의자가 종전에 피해자와 안면이 있는 사람이라든가 피해자의 진술 외에도 그 용의자를 범인으로 의심할 만한 다른 정황이 존재한다든가 하는 등의 부가적인 사정이 없는 한 그 **신빙성이 낮다**고 보아야 하므로, 범인식별 절차에 있어 목격자의 진술의 신빙성을 높게 평가할 수 있게 하려면, (가) 범인의 인상착의 등에 관한 목격자의 진술 내지 묘사를 사전에 상세히 기록화한 다음, (나) 용의자를 포함하여 그와 **인상착의가 비슷한 여러 사람을 동시에 목격자와 대면**시켜 범인을 지목하도록 하여야 하고, (다) 용의자와 목격자 및 비교대상자들이 상호 사전에 접촉하지 못하도록 하여야 하며, (라) 사후에 증거가치를 평가할 수 있도록 대질 과정과 결과를 문자와 사진 등으로 서면화하는 등의 조치를 취하여야 하고, (마) 사진제시에 의한 범인식별 절차에 있어서도 기본적으로 이러한 원칙에 따라야 한다. 그리고 이러한 원칙은 **동영상제시·가두식별** 등에 의한 범인식별 절차와 사진제시에 의한 범인식별 절차에서 목격자가 용의자를 범인으로 지목한 후에 이루어지는 동영상제시·가두식별·대면 등에 의한 범인식별 절차에도 적용되어야 한다. [2] 강간 피해자가 수사기관이 제시한 **47명의 사진** 속에서 피고인을 범인으로 지목하자 이어진 범인식별 절차에서 **수사기관이 피해자에게 피고인 한 사람만을 촬영한 동영상을 보여주거나 피고인 한 사람만을 직접 보여주어** 피해자로부터 범인이 맞다는 진술을 받고, 다시 피고인을 포함한 3명을 동시에 피해자에게 대면시켜 피고인이 범인이라는 확인을 받은 사안에서, 위 피해자의 진술은 범인식별 절차에서 목격자 진술의 신빙성을 높이기 위하여 준수하여야 할 절차를 지키지 않은 상태에서 얻어진 것으로서 범인의 인상착의에 관한 피해자의 최초 진술과 피고인의 그것이 불일치하는 점이 많아 신빙성이 낮다고 본 사례.

3 [대판 2003도7033] [범인식별 절차에 있어 목격자 진술의 신빙성을 높이기 위한 절차적 요건] [1] 범인식별 절차에 있어 목격자의 진술의 **신빙성을 높게 평가**할 수 있게 하려면, (가) 범인의 인상착의 등에 관한 목격자의 진술 내지 묘사를 **사전에 상세히 기록**한 다음, (나) 용의자를 포함하여 그와 인상착의가 비슷한 **여러 사람을 동시에 목격자와 대면**시켜 범인을 지목하도록 하여야 하고, (다) 용의자와 목격자 및 비교대상자들이 상호 **사전에 접촉하지 못하도록** 하여야 하며, (라) 사후에 증거가치를 평가할 수 있도록 대질 과정과 결과를 문자와 사진 등으로 **서면화**하는 등의 조치를 취하여야 할 것이고, 사진제시에 의한 범인식별 절차에 있어서도 기본적으로 이러한 원칙에 따라야 한다.[4] [2] [단수대면의 경우, 목격자 진술의 신빙성 정도] 용의자의 인상착의 등에 의한 범인식별 절차에 있어 용의자 한 사람을 단독으로 목격자와 대질시키거나 용의자의 사진 한 장만을 목격자에게 제시하여 범인 여부를 확인하게 하는 것은 사람의 기억력의 한계 및 부정확성과 구체적인 상황 하에서 용의자나 그 사진 상의 인물이 범인으로 의심받고 있다는 **무의식적 암시**를 목격자에게 줄 수 있는 가능성으로 인하여, 그러한 방식에 의한 범인식별 절차에서의 목격자의 진술은, 그 용의자가 종전에 피해자와 안면이 있는 사람이라든가 피해자의 진술 외에도 그 용의자를 범인으로 의심할 만한 다른 정황이 존재한다든가 하는 등의 부가적인 사정이 없는 한 그 **신빙성이 낮다**고 보아야 한다. [3]

---

4) 이상에서와 같이 판례가 제시하는 범인식별절차의 기준으로는 ㉠ 사전기록, ㉡ 복수대면, ㉢ 사전접촉금지, ㉣ 과정결과의 기록이다.

사진제시에 의하여 이루어진 범인식별에 관한 목격자의 검찰 진술이 그 절차상의 하자에도 불구하고 높은 정도의 신빙성을 인정할 수 있다는 이유로 피고인을 범인으로 인정한 사례.  **cf)** 대상판결은 범인식별절차 결과의 증거능력 및 증명력을 인정하기 위한 보다 **구체적인 요건들**을 제시하였다는 점에서 의의가 있다.

4 [대판 2000도4946] 야간에 짧은 시간 동안 강도의 범행을 당한 피해자가 어떤 용의자의 인상착의 등에 의하여 그를 범인으로 진술하는 경우에, 그 용의자가 종전에 피해자와 안면이 있는 사람이라든가 피해자의 진술 외에도 그 용의자를 범인으로 의심할 만한 다른 정황이 존재한다든가 아니면 피해자가 아무런 선입견이 없는 상태에서 그 용의자를 포함하여 인상착의가 비슷한 여러 사람을 동시에 대면하고 그 중에서 범인을 식별하였다든가 하는 부가적인 사정이 있다면, 직접 목격자인 피해자의 진술은 특별히 허위진술을 할 동기나 이유가 없는 한 그 증명력이 상당히 높은 것이라 하겠으나, (가) 피해자가 범행 전에 용의자를 한번도 본 일이 없고 (나) 피해자의 진술 외에는 그 용의자를 범인으로 의심할 만한 객관적인 사정이 존재하지 않는 상태에서, (다) 수사기관이 잘못된 단서에 의하여 **범인으로 지목하고 신병을 확보한 용의자를 일대일로 대면**하고 그가 범인임을 확인하였을 뿐이라면, 사람의 기억력의 한계 및 부정확성과 위와 같은 상황에서 피해자에게 주어질 수 있는 무의식적인 암시의 가능성에 비추어 그 피해자의 진술에 높은 정도의 **신빙성을 부여하기는 곤란**하다.  **cf)** 이 판결은 범인식별절차 결과의 증거능력에 대한 대법원의 최초의 판결로, 대법원은 피해자의 진술에 높은 신빙성을 부여하기 곤란하다는 판결을 내렸다(피해자가 용의자와 안면이 없고 용의자를 범인으로 의심할만한 객관적 사정이 존재하지 않는 상태에서 수사기관의 잘못된 단서에 의해 체포된 용의자를 일대 일 대면하여 식별하였다는 이유를 들고 있다).

## *Reference 2*

## * 자유심증주의의 내재적 한계 *

1 [대판 2022도2236] 파기환송. [구미 세 살 여아 살인사건] **유전자검사나 혈액형검사 등 과학적 증거방법**은 전제로 하는 사실이 모두 진실임이 증명되고 추론의 방법이 과학적으로 정당하여 오류의 가능성이 없거나 무시할 정도로 극소하다고 인정되는 경우에는 법관이 사실인정을 할 때 **상당한 정도로 구속력을 가진다**. 그러나 이 경우 법관은 과학적 증거방법이 증명하는 대상이 무엇인지, 즉 증거방법과 쟁점이 어떠한 관련성을 갖는지를 면밀히 살펴 신중하게 사실인정을 하여야 한다. [2] 피고인이 자신이 낳은 이 사건 여아를 데리고 산부인과의원으로 가서 신생아실에 있던 자신의 외손녀인 피해자의 자리에 이 사건 여아를 놓아두고, 그 자리에 있던 피해자를 몰래 데리고 가 약취하였다는 것이다. 증거에 의하면 범행 전까지 이 사건 여아의 존재에 대하여 아는 사람이 피고인 외에 아무도 없었고, 범행 이후 피해자의 생존 여부에 대하여 아는 사람은 아무도 없다. 공소사실에 기재된 범행의 방법은 추측에 의한 것이고, 수긍할 만한 범행의 동기나 목적은 확인되지 않는다. **유죄 인정의 결정적 증거는 유전자 감정 결과**이다. 이에 따르면 이 사건 여아는 피고인의 딸 B와는 친자관계가 없고, 피고인과 친자관계가 있다. 이를 전제로 보면 피고인이 자신이 낳은 이 사건 여아를 피해자와 바꿔치기하였다고 보는 데에 별다른 무리가 없다고 보이기는 한다. 그러나 이 사건과 같이 유례를 찾아보기 어려운 사건에 관하여 유전자 감정 결과에도 불구하고 쟁점 공소사실에 대하여 유죄로 확신하는 것을 주저하게 하는 의문점들이 남아 있고, 그에 대하여 추가적으로 심리하는 것이 가능하다고 보이는 이상 추가 심리 없이 원심의 결론(유죄)을 그대로 유지하기는 어렵다. **●해설●** 원심은 유전자검사 결과를 설명하는 다른 가능성이 없다는 점을 중요하게 고려하여 쟁점 공소사실을 유죄로 판단하였

으나, 대법원은 유전자검사 결과가 증명하는 사실이 무엇인지, 즉 증거방법과 쟁점이 어떠한 관련성을 갖는지를 면밀히 살펴 신중하게 사실인정을 해야 한다는 법리를 설시하면서, 유전자검사 결과가 쟁점 공소사실(피고인이 이 사건 여아와 피해자를 바꿔치기하여 약취했다는 사실)을 직접 증명하는 것이 아니고, 공소사실에 부합하는 직접증거도 없는 이상, 간접증거에 따른 공소사실 입증에 관한 형사증거법상의 원칙에 비추어 볼 때, 추가적인 심리 없이 쟁점 공소사실 이 입증되었다고 보기는 어렵다고 판단하였다. 이 판결은, 유전자검사 결과의 증명력을 그 증명 대상을 넘어선 사실관계 에까지 적용하지 않도록 주의해야 한다는 점을 강조하면서, 유전자검사 결과가 직접 증명하지 않는 별도의 사실관계인 쟁점 공소사실을 인정하기 위해서는 형사증거법의 일반적인 법리에 따라 합리적 의심이 없을 정도의 증명이 필요하다는 점을 확인하였다는 데 그 의의가 있다. scourt.go.kr

2 [대판 2016도2889] 금품수수 여부가 쟁점이 된 사건에서 금품을 제공하였다는 사람의 진술에 대하여 제1심이 증인신문 절차 등을 거친 후에 합리적인 의심을 배제할 만한 신빙성이 없다고 보아 공소사실을 무죄로 판단한 경우에, 항소심이 제1심 증인 등을 다시 신문하는 등의 추가 증거조사를 거쳐 그 신빙성을 심사하여 본 결과 제1심이 들고 있는 의심과 일부 어긋날 수 있는 사실의 개연성이 드러남으로써 제1심의 판단에 의문이 생긴다 하더라도, 제1심이 제기한 의심이 금품 제공과 양립할 수 없거나 그 진술의 신빙성 인정에 장애가 되는 사실의 개연성에 대한 합리성 있는 근거에 기초하고 있고 제1심의 증거조사 결과와 항소심의 추가 증거조사 결과에 의하여도 제1심이 일으킨 이러한 합리적인 의심을 충분히 해소할 수 있을 정도에까지 이르지 아니한다면, 그와 같은 일부 반대되는 사실에 관한 개연성 또는 의문만으로 그 진술의 신빙성 및 범죄의 증명이 부족하다는 제1심의 판단에 사실오인의 위법이 있다고 단정하여 공소사실을 유죄로 인정하여서는 아니 된다. 특히 항소심에서도 그 진술 중의 일부에 대하여 신빙성을 부정함으로써 그에 관한 제1심의 판단을 수긍하는 경우라면, 나머지 진술 부분에 대하여 신빙성을 부정한 제1심의 판단이 위법하다고 인정하기 위해서는 그 부분 진술만은 신뢰할 수 있는 확실한 근거가 제시되는 등의 특별한 사정이 있는지에 관하여 더욱 신중히 판단하여야 한다.

3 [대판 2017도14222] [과학적 증거방법이 사실인정에서 상당한 정도의 구속력을 갖기 위한 요건] [1] 과학적 증거방법이 사실인정에 있어서 상당한 정도로 구속력을 갖기 위해서는 (가) 감정인이 전문적인 지식·기술·경험을 가지고 공인된 표준 검사기법으로 분석한 후 법원에 제출하였다는 것만으로는 부족하고, (나) 시료의 채취·보관·분석 등 모든 과정에서 시료의 동일성이 인정되고 인위적인 조작·훼손·첨가가 없었음이 담보되어야 하며 (다) 각 단계에서 시료에 대한 정확한 인수·인계 절차를 확인할 수 있는 기록이 유지되어야 한다. [2] 피고인이 메트암페타민을 투약하였다고 하여 「마약류 관리에 관한 법률」위반(향정)으로 기소되었는데, 공소사실을 부인하고 있고, 투약의 일시, 장소, 방법 등이 명확하지 못하며, 투약 사실에 대한 직접적인 증거로는 피고인의 소변과 머리카락에서 메트암페타민 성분이 검출되었다는 국립과학수사연구원의 감정 결과만 있는 사안에서, 피고인은 경찰서에 출석하여 조사받으면서 투약혐의를 부인하고 소변과 머리카락을 임의로 제출하였는데, 경찰관이 조사실에서 아퀴사인(AccuSign) 시약으로 피고인의 소변에 메트암페타민 성분이 있는지를 검사하였으나 결과가 음성이었던 점, 경찰관은 그 직후 피고인의 소변을 증거물 병에 담고 머리카락도 뽑은 후 별다른 봉인 조처 없이 조사실 밖으로 가지고 나간 점, 피고인의 눈앞에서 소변과 머리카락이 봉인되지 않은 채 반출되었음에도 그 후 조작·훼손·첨가를 막기 위하여 어떠한 조처가 행해졌고 누구의 손을 거쳐 국립과학수사연구원에 전달되었는지 확인할 수 없는 점, 감정물인

머리카락과 소변에 포함된 세포의 디엔에이(DNA) 분석 등 피고인의 것임을 과학적 검사로 확인한 자료가 없는 점 등 피고인으로부터 소변과 머리카락을 채취해 감정하기까지의 여러 사정을 종합하면, 국립과학수사연구원의 감정물이 피고인으로부터 채취한 것과 동일하다고 단정하기 어려워 **그 감정 결과의 증명력은 피고인의 투약 사실을 인정하기에 충분하지 않은데도**, 이와 달리 보아 공소사실을 유죄로 판단한 원심판결에 객관적·과학적인 분석을 필요로 하는 증거의 증명력에 관한 법리오해 등의 잘못이 있다.

4 [대판 2017도44] 마약류 투약사실을 밝히기 위한 모발감정은 검사 조건 등 외부적 요인에 의한 변수가 작용할 수 있고, 그 결과에 터 잡아 투약가능기간을 추정하는 방법은 모발의 성장속도가 일정하다는 것을 전제로 하고 있으나 실제로는 개인에 따라 적지 않은 차이가 있고, 동일인이라도 모발의 채취 부위, 건강상태 등에 따라 편차가 있으며, 채취된 모발에도 성장기, 휴지기, 퇴행기 단계의 모발이 혼재함으로 인해 정확성을 신뢰하기 어려운 문제가 있다. 또한 모발감정결과에 기초한 투약가능기간의 추정은 수십 일에서 수개월에 걸쳐 있는 경우가 많은데, 마약류 투약범죄의 특성상 그 기간 동안 여러 번의 투약가능성을 부정하기 어려운 점에 비추어 볼 때, 그와 같은 방법으로 추정한 투약가능기간을 공소제기된 범죄의 범행시기로 인정하는 것은, 피고인의 방어권 행사에 현저한 지장을 초래할 수 있고, 매 투약 시마다 별개의 범죄를 구성하는 마약류 투약범죄의 성격상 이중기소 여부나 일사부재리의 효력이 미치는 범위를 판단하는 데에도 곤란한 문제가 생길 수 있다. 그러므로 모발감정결과만을 토대로 마약류 투약기간을 추정하고 유죄로 판단하는 것은 신중하여야 한다.

5 [대판 2013도9605] [과학적 분석기법을 사용하여 제출된 것으로서 공소사실을 뒷받침하는 1차적 증거방법 자체에 오류가 발생할 가능성이 내포되어 있고, 그와 동일한 분석기법에 의하여 제출된 2차적 증거방법이 공소사실과 배치되는 소극적 사실을 뒷받침하고 있는 경우, 각 증거방법의 증명력을 판단하는 방법] 어떠한 과학적 분석기법을 사용하여 제출된 것으로서 공소사실을 뒷받침하는 1차적 증거방법 자체에 오류가 발생할 가능성이 내포되어 있고, 그와 동일한 분석기법에 의하여 제출된 2차적 증거방법이 공소사실과 배치되는 소극적 사실을 뒷받침하고 있는 경우, 법원은 각 증거방법에 따른 분석 대상물과 분석 주체, 분석 절차와 방법 등의 동일 여부, 내포된 오류가능성의 정도, 달라진 분석결과가 일정한 방향성을 가지는지 여부, 상반된 분석결과가 나타난 이유의 합리성 유무 등에 관하여 면밀한 심리를 거쳐 각 증거방법의 증명력을 판단하여야 한다. 이때 (가) 각 분석결과 사이의 차이점이 합리적인 의심 없이 해명될 수 있고 (나) 1차적 증거방법에 따른 결과의 오류가능성이 무시할 정도로 극소하다는 점이 검증된다면 공소사실을 뒷받침하는 1차적 증거방법만을 취신하더라도 그것이 자유심증주의의 한계를 벗어났다고 할 수는 없을 것이나, 그에 이르지 못한 경우라면 그 중 공소사실을 뒷받침하는 증거방법만을 섣불리 취신하거나 이와 상반되는 증거방법의 증명력을 가볍게 배척하여서는 아니 된다.

6 [대판 2011도1902] [**과학적 증거방법이 사실인정에서 상당한 정도의 구속력을 갖기 위한 요건**] [1] 공소사실을 뒷받침하는 과학적 증거방법은 전제로 하는 사실이 모두 진실인 것이 입증되고 추론의 방법이 과학적으로 정당하여 오류 가능성이 전혀 없거나 무시할 정도로 극소한 것으로 인정되는 경우라야 법관이 사실인정을 하는 데 상당한 정도로 구속력을 가진다 할 것인데, 이를 위해서는 (가) 그 증거방법이 전문적인 지식·기술·경험을 가진 **감정인**에 의하여 (나) 공인된 **표준 검사기법**으로 분석을 거쳐 법원에 제출된 것이어야 할 뿐만 아니라, (다) 채취·보관·분석 등 모든 과정에서 자료의 동일성이 인정되고 인위적인 **조작·훼**

손·첨가가 **없었다**는 것이 담보되어야 한다. [2] 피고인이 자신의 처(妻)인 피해자를 승용차 조수석에 태우고 운전하던 중 교통사고를 가장하여 살해하기로 마음먹고, 도로 옆에 설치된 대전차 방호벽의 안쪽 벽면을 차량 우측 부분으로 들이받아 피해자가 차에서 탈출하거나 저항할 수 없는 상태가 되자(1차 사고), 사고 장소로 되돌아와 다시 차량 앞범퍼 부분으로 위 방호벽 중 진행방향 오른쪽에 돌출된 부분의 모서리를 들이받아(2차 사고) 피해자를 살해하였다는 내용으로 기소되었는데, **피고인이 범행을 강력히 부인하고 있고 달리 그에 관한 직접증거가 없는** 사안에서, 제1심과 원심이 들고 있는 간접증거와 그에 기초한 인정 사실만으로는 위 공소사실 인정의 전제가 되는 **'살인의 범의에 기한 1차 사고'의 존재가 합리적인 의심을 할 여지가 없을 정도로 증명되었다고 보기 어려운데도**, 피고인에게 살인죄를 인정한 원심판결에 객관적·과학적인 분석을 필요로 하는 증거의 증명력에 관한 법리를 오해하거나 논리와 경험법칙을 위반한 위법이 있다고 한 사례.

7 **[대판 2008도8486]** [과학적 증거방법의 증명력 및 과학적 증거방법이 당해 범죄에 관한 적극적 사실과 이에 반하는 소극적 사실 모두에 존재하는 경우 증거판단 방법] [1] 형사재판에 있어 (가) 심증형성은 반드시 직접증거에 의하여 형성되어야만 하는 것은 아니고 간접증거에 의할 수도 있는 것이며, (나) **간접증거**는 이를 개별적·고립적으로 평가하여서는 아니 되고 모든 관점에서 빠짐없이 상호 관련시켜 종합적으로 평가하고, 치밀하고 모순 없는 논증을 거쳐야 한다. 그리고 (다) **증거의 증명력은 법관의 자유판단**에 맡겨져 있으나 그 판단은 논리와 경험칙에 합치하여야 하고, 형사재판에 있어서 유죄로 인정하기 위한 심증형성의 정도는 합리적인 의심을 할 여지가 없을 정도여야 하나, 이는 (라) **모든 가능한 의심을 배제할 정도에 이를 것까지 요구하는 것은 아니며**, 증명력이 있는 것으로 인정되는 증거를 합리적인 근거가 없는 의심을 일으켜 이를 배척하는 것은 자유심증주의의 한계를 벗어나는 것으로 허용될 수 없다 할 것인바, 여기에서 말하는 (마) **'합리적 의심'이라 함은** 모든 의문, 불신을 포함하는 것이 아니라 논리와 경험칙에 기하여 요증사실과 양립할 수 없는 사실의 개연성에 대한 합리성 있는 의문을 의미하는 것으로서, **피고인에게 유리한 정황을 사실인정과 관련**하여 파악한 이성적 추론에 그 근거를 두어야 하는 것이므로 단순히 관념적인 의심이나 추상적인 가능성에 기초한 의심은 합리적 의심에 포함된다고 할 수 없다. (바) 특히, **유전자검사나 혈액형검사 등 과학적 증거방법은 그 전제로 하는 사실이 모두 진실임이 입증되고** 그 추론의 방법이 과학적으로 정당하여 오류의 가능성이 전무하거나 무시할 정도로 극소한 것으로 인정되는 경우에는 법관이 사실인정을 함에 있어 상당한 정도로 구속력을 가지므로, (사) **비록 사실의 인정이 사실심의 전권이라 하더라도 아무런 합리적 근거 없이 함부로 이를 배척하는 것은 자유심증주의의 한계를 벗어나는 것으로서 허용될 수 없는바**, (아) 과학적 증거방법이 당해 범죄에 관한 적극적 사실과 이에 반하는 소극적 사실 모두에 존재하는 경우에는 각 증거방법에 의한 분석 결과에 발생할 수 있는 오류가능성 및 그 정도, 그 증거방법에 의하여 증명되는 사실의 내용 등을 종합적으로 고려하여 범죄의 유무 등을 판단하여야 하고, (자) 여러 가지 변수로 인하여 반증의 여지가 있는 소극적 사실에 관한 증거로써 **과학적 증거방법에 의하여 증명되는 적극적 사실을 쉽사리 뒤집어서는 안 될 것**이다. [2] 유전자검사 결과 **주사기에서 마약성분과 함께 피고인의 혈흔이 확인**됨으로써 피고인이 필로폰을 투약한 사정이 적극적으로 증명되는 경우, 반증의 여지가 있는 소변 및 모발검사에서 마약성분이 검출되지 않았다는 소극적 사정에 관한 증거만으로 이를 쉽사리 뒤집을 수 없다고 한 사례.

8 [대판 2007도10937] [피고인의 모발에서 메스암페타민 성분이 검출되었는지 여부에 관한 국립

과학수사연구소장의 감정의뢰회보의 증명력] (가) 마약류관리에 관한 법률 위반사건의 피고인 모발에서 메스암페타민 **성분이 검출되었다**는 국립과학수사연구소장의 감정의뢰회보가 있는 경우, 그 회보의 기초가 된 감정에 있어서 실험물인 모발이 바뀌었다거나 착오나 오류가 있었다는 등의 구체적인 사정이 없는 한 피고인으로부터 채취한 모발에서 메스암페타민 성분이 검출되었다고 인정하여야 하고, 따라서 논리와 경험의 법칙상 피고인은 감정의 대상이 된 모발을 채취하기 이전 언젠가에 메스암페타민을 투약한 사실이 있다고 인정하여야 한다. 그러나 (나) 피고인 모발에서 메스암페타민 **성분이 검출되지 않았다**는 국립과학수사연구소장의 감정의뢰회보가 있는 경우, 개인의 연령, 성별, 인종, 영양상태, 개체차 등에 따라 차이가 있으나 모발이 평균적으로 **한 달에 1㎝ 정도** 자란다고 볼 때 감정의뢰된 모발의 길이에 따라 필로폰 투약시기를 대략적으로 추정할 수 있으므로, 위 감정의뢰회보는 적어도 피고인은 모발채취일로부터 위 모발이 자라는 통상적 기간 내에는 필로폰을 투약하지 않았다는 유력한 증거에 해당한다. 따라서 법원은 위 검사를 시행함에 있어 감정인이 충분한 자격을 갖추지 못하였다거나, 감정자료의 관리·보존상태 또는 검사방법이 적절하지 못하다거나, 그 결론 도출과정이 합리적이지 못하다거나 혹은 감정 결과 자체에 모순점이 있다는 등으로 그 감정 결과의 신뢰성을 의심할 만한 다른 사정이 있는지에 관하여 심리하여 본 다음 피고인의 범행 여부를 판단하여야 한다.

9 [대판 2007도1950] [DNA분석을 통한 유전자검사 결과의 증명력] DNA분석을 통한 유전자검사 결과는, 충분한 전문적인 지식과 경험을 지닌 감정인이 적절하게 관리·보존된 감정자료에 대하여 일반적으로 확립된 표준적인 검사기법을 활용하여 감정을 실행하고 그 결과의 분석이 적정한 절차를 통하여 수행되었음이 인정되는 이상 **높은 신뢰성**을 지닌다 할 것이고, 특히 유전자형이 다르면 동일인이 아니라고 확신할 수 있다는 유전자감정 분야에서 일반적으로 승인된 전문지식에 비추어 볼 때, 피고인의 유전자형이 범인의 그것과 상이하다는 감정결과는 피고인의 무죄를 입증할 수 있는 **유력한 증거에 해당**한다.

### *알코올농도 측정*
10-1 [대판 2004도8387] [**위드마크 공식**에 의하여 운전시점의 혈중 알코올농도를 추정함에 있어서 **피고인에게 가장 유리한 시간당 감소치를 적용하여 산출**된 결과의 증명력] 음주운전에 있어서 운전 직후에 운전자의 혈액이나 호흡 등 표본을 검사하여 혈중 알코올농도를 측정할 수 있는 경우가 아니라면 소위 위드마크 공식을 사용하여 수학적 방법에 따른 결과로 운전 당시의 혈중 알코올농도를 추정할 수 있고, 이 때 위드마크 공식에 의한 역추산 방식을 이용하여 특정 운전시점으로부터 일정한 시간이 지난 후에 측정한 혈중 알코올농도를 기초로 하고 여기에 시간당 혈중 알코올의 분해소멸에 따른 감소치에 따라 계산된 운전시점 이후의 혈중 알코올분해량을 가산하여 운전시점의 혈중 알코올농도를 추정함에 있어서는, 피검사자의 평소 음주정도, 체질, 음주속도, 음주 후 신체활동의 정도 등 다양한 요소들이 시간당 혈중 알코올의 감소치에 영향을 미칠 수 있으나 그 시간당 감소치는 대체로 0.03%에서 0.008% 사이라는 것은 이미 알려진 신빙성 있는 통계자료에 의하여 인정되는바, 위와 같은 역추산 방식에 의하여 운전시점 이후의 혈중 알코올분해량을 가산함에 있어서 시간당 0.008%는 피고인에게 가장 유리한 수치이므로 특별한 사정이 없는 한 이 수치를 적용하여 산출된 결과는 운전 당시의 혈중 알코올농도를 증명하는 자료로서 증명력이 충분하다.

10-2 [대판 2003도6905] [**호흡측정기에 의한 음주측정치와 혈액검사에 의한 음주측정치가 불일치한 경우, 증거취사선택의 방법**] 호흡측정기에 의한 측정의 경우 그 측정기의 상태, 측정방법, 상대방의 협조정도 등

에 의하여 그 측정결과의 정확성과 신뢰성에 문제가 있을 수 있다는 사정을 고려하면, 혈액의 채취 또는 검사과정에서 인위적인 조작이나 관계자의 잘못이 개입되는 등 혈액채취에 의한 검사결과를 믿지 못할 특별한 사정이 없는 한, 혈액검사에 의한 음주측정치가 호흡측정기에 의한 음주측정치보다 측정 당시의 혈중알콜농도에 더 근접한 음주측정치라고 보는 것이 경험칙에 부합한다.

11 [대판 96도2461] [제1심이 채용한 유죄의 증거에 대하여 항소심이 그 신빙성에 의문을 가질 경우, 아무런 추가 심리 없이도 그 증거를 배척할 수 있는지 여부(소극)] 형사재판에서 항소심은 사후심 겸 속심의 구조이므로, 제1심이 채용한 증거에 대하여 그 신빙성에 의문은 가지만 그렇다고 직접 증거조사를 한 제1심의 자유심증이 명백히 잘못되었다고 볼 만한 합리적인 사유도 나타나 있지 아니한 경우에는, 비록 동일한 증거라고 하더라도 다시 한번 증거조사를 하여 항소심이 느끼고 있는 의문점이 과연 그 증거의 신빙성을 부정할 정도의 것인지 알아보거나, 그 증거의 신빙성에 대하여 입증의 필요성을 느끼지 못하고 있는 검사에 대하여 항소심이 가지고 있는 의문점에 관하여 입증을 촉구하는 등의 방법으로 그 증거의 신빙성에 대하여 더 심리하여 본 후 그 채부를 판단하여야 하고, 그 증거의 신빙성에 의문이 간다는 사유만으로 더 이상 아무런 심리를 함이 없이 그 증거를 곧바로 배척하여서는 아니된다.

# 40 성인지감수성과 자유심증주의

* 대법원 2018. 10. 25. 선고 2018도7709 판결
* 참조조문: 형사소송법 제308조,[1] 형법 제297조,[2] 양성평등기본법 제5조 제1항[3]

법원이 성폭행이나 성희롱 사건의 심리를 할 때 유의하여야 할 사항 및 성폭행 등의 피해자 진술의 증명력(신빙성)을 판단하는 방법

●**사실**● 피고인 X는 2017.4.14. 23:43경부터 다음 날 01:06경 사이에 계룡시 소재 무인모텔에서 A(여, 32세)에게 자신의 말을 듣지 않으면 남편과 자녀들에게 위해를 가할 것처럼 A를 협박하여 이에 겁을 먹은 A를 강간하기로 마음먹고, A를 강제로 침대에 눕힌 후 왼손으로 A의 쇄골 부위를 눌러 반항을 억압한 다음 오른손으로 A의 바지와 속옷을 벗기고 1회 강간하였다는 혐의로 기소되었다. 이 사건 강간에 대한 직접증거는 **A의 진술이 유일**하며, X는 A와는 2017.4.10. 이후 남녀관계로 발전해 서로 합의 하에 가진 성관계였을 뿐 공소사실과 같이 그녀를 강간한 사실은 없다고 주장하였다.

　제1심과 원심은 피해자의 진술만으로는 공소사실이 합리적인 의심을 배제할 정도로 증명되었다고 할 수 없고 또한 공소사실을 인정할 증거가 없다는 이유로, **무죄로 판단**하였다. 원심의 구체적 판단근거는 A가 X로부터 폭행을 당한 다음 날 X와 식사를 하고, 그 무렵부터 네 번 정도 더 X를 만나 자신의 일상에 관한 이야기를 하였다는 점, A가 모텔에서 X와 성관계를 가진 후 X에게 '템포'라는 상호의 생리대에 관하여 이야기하였고, 화장실에서 샤워하고 나와 X와 담배를 피우며 남편 등 가정 관련 대화를 10여 분 하다가 모텔에서 나온 점, 남편과 X가 어렸을 때부터 친구였고 조직폭력단체 내에서의 위상도 비슷하거나 남편이 더 높아, 피해자가 남편에게 피해사실을 얘기할 경우 X에게 어떠한 조치를 가할 수 있을 것으로 보임에도 즉시 얘기하지 않은 점 등을 들고 있다. 검사가 상고하였다.

●**판지**● 파기환송. 「[1] 증거의 증명력은 법관의 자유판단에 맡겨져 있으나 그 판단은 논리와 경험칙에 합치하여야 하고, 형사재판에 있어서 유죄로 인정하기 위한 심증형성의 정도는 합리적인 의심을 할 여지가 없을 정도여야 하나, 이는 모든 가능한 의심을 배제할 정도에 이를 것까지 요구하는 것은 아니며, 증명력이 있는 것으로 인정되는 증거를 합리적인 근거가 없는 의심을 일으켜 이를 배척하는 것은 자유심증주의의 한계를 벗어나는 것으로 허용될 수 없다. **피해자 등의 진술**은 (가) 그 진술 내용의 주요한 부분이 일관되며, (나) 경험칙에 비추어 비합리적이거나 진술 자체로 모순되는 부분이 없고, 또한 (다) 허위로 피고인에게 불리한 진술을 할 만한 동기나 이유가 분명하게 드러나지 않는 이상, **그 진술의 신빙성을 특별한 이유 없이 함부로 배척해서는 아니 된다.**

　[2] 법원이 성폭행이나 성희롱 사건의 심리를 할 때에는 그 사건이 발생한 맥락에서 성차별 문제를 이해하고 양성평등을 실현할 수 있도록 '**성인지 감수성**'을 잃지 않도록 유의하여야 한다(양성평등기본법 제5조 제1항 참조). 우리 사회의 가해자 중심의 문화와 인식, 구조 등으로 인하여 성폭행이나 성희롱 피해자가 피해사실을 알리고 문제를 삼는 과정에서 오히려 피해자가 부정적인 여론이나 불이익한 처우 및 신분 노출의 피해 등을 입기도 하여 온 점 등에 비추어 보면, **성폭행 피해자의 대처 양상은 '피해자의 성정'이나 '가해자와의 관계' 및 '구체적인 상황'에 따라 다르게 나타날 수밖에 없다.** 따라서 개별

---

1) 형사소송법 제308조(자유심증주의) 증거의 증명력은 법관의 자유판단에 의한다.
2) 형법 제297조(강간) 폭행 또는 협박으로 사람을 강간한 자는 3년 이상의 유기징역에 처한다.
3) 양성평등기본법 제5조(국가 등의 책무) ① 국가기관 등은 **양성평등 실현**을 위하여 노력하여야 한다. ② 국가와 지방자치단체는 양성평등 실현을 위하여 법적·제도적 장치를 마련하고 이에 필요한 재원을 마련할 책무를 진다.

적, 구체적인 사건에서 성폭행 등의 피해자가 처하여 있는 특별한 사정을 충분히 고려하지 않은 채 피해자 진술의 증명력을 가볍게 배척하는 것은 정의와 형평의 이념에 입각하여 논리와 경험의 법칙에 따른 증거판단이라고 볼 수 없다.

[3] 강간죄에서 공소사실을 인정할 증거로 **사실상 피해자의 진술이 유일한 경우**에 피고인의 진술이 경험칙상 합리성이 없고 그 자체로 모순되어 믿을 수 없다고 하여 그것이 공소사실을 인정하는 직접증거가 되는 것은 아니지만, 이러한 사정은 법관의 자유판단에 따라 피해자 진술의 신빙성을 뒷받침하거나 직접증거인 피해자 진술과 결합하여 공소사실을 뒷받침하는 **간접정황**이 될 수 있다.

[4] 강간죄가 성립하기 위한 가해자의 폭행·협박이 있었는지 여부는 그 폭행·협박의 내용과 정도는 물론 유형력을 행사하게 된 경위, 피해자와의 관계, 성교 당시와 그 후의 정황 등 모든 사정을 종합하여 피해자가 성교 당시 처하였던 구체적인 상황을 기준으로 판단하여야 하며, **사후적으로 보아 피해자가 성교 이전에 범행 현장을 벗어날 수 있었다거나 피해자가 사력을 다하여 반항하지 않았다는 사정만으로 가해자의 폭행·협박이 피해자의 항거를 현저히 곤란하게 할 정도에 이르지 않았다고 섣불리 단정하여서는 아니 된다**」.

●**해설**● 1 사안에서 대법원은 법관이 성폭행이나 성희롱 사건의 심리를 할 때 **특별히 '성인지감수성'을 잃지 말 것을 요청**하고 있다. 성인지 감수성에 기초하여 피해자의 특수한 사정을 감안하여 피해자 진술의 증명력을 함부로 배척하지 말 것을 주문하고 있다. 이러한 대법원의 입장은 향후 성폭력범죄에 대한 판단 특히 **권력형 성폭력 범죄 피해자**의 특수한 사정의 해석에 있어서 영향을 줄 것으로 보인다.[4]

2 **성인지 감수성**이란 일반적으로 성과 관련된 이슈를 감지하는 능력이다. 성차별로 인해 일어나는 문제, 그 차이들이 미치는 영향 등을 인지하는 즉 성차별과 **성의 불평등을 인지**하는 광범위한 능력을 말한다.[5] 성인지 감수성의 핵심은 성별에 따른 차이를 인정하되, 그러한 차이가 차별로 이어지지 않도록 적극적인 노력과 행동을 취하는 것을 말한다. 여기에서 '성'은 생물학적 측면에서의 성(sex)이 아니라 사회문화적으로 형성된 성(gender)를 의미한다.[6]

3 은밀히 이루어지는 성폭력범죄의 특성상 피해자 이외에는 이에 대한 물적 증거나 직접적으로 목격한 증인의 증언을 기대하기는 어렵다. 성폭력범죄에서 대부분의 증거는 주로 피고인과 피해자의 진술이다. 어느 쪽을 신뢰하느냐에 따라 유·무죄가 갈리게 된다. 사안에서 대법원은 피해자의 진술과 관련하여 「피해자 등의 진술은 그 진술 내용의 주요한 부분이 일관되며, 경험칙에 비추어 비합리적이거나 진술 자체로 모순되는 부분이 없고, 또한 허위로 피고인에게 불리한 진술을 할 만한 동기나 이유가 분명하게 드러나지 않는 이상, **그 진술의 신빙성을 특별한 이유 없이 함부로 배척해서는 아니 된다**」고 보고 있다.

4 대법원이 대상판결에서 '법원이 성폭력 사건을 심리할 때에는 그 사건이 발생한 맥락에서 성차별

---

4) 실제 대법원은 대상판결 1년 후, 안희정 충남도지사의 수행비서에 대한 성폭력처벌법위반죄(업무상 위력 등에 의한 추행)의 재판에서 **'성인지감수성'**을 중요한 판단기준으로 제시하였다. 이 사건은 제1심은 무죄를 선고하였으나 제2심과 대법원은 **지위나 권세를 이용한 위력의 개념을 인정**하여 피고인에게 유죄를 선고하였다.

5) 성폭력 범죄에 있어서 **'피해자다움'**에 대한 통념과 편견 그리고 성인지 감수성에 대한 이해의 필요성을 보여주는 실화 드라마(8부작·넷플릭스)로《믿을 수 없는 이야기(Unbelievable)》가 있다.

6) 권희경, 성인지 감수성 높은 교육을 위한 교사의 성인지 역량 강화 방안, 한국가정과교육학회 학술대회 자료집, 한국가정과교육학회, 2018, 94-95면.

문제를 이해하고 양성 평등을 실현할 수 있도록 "성인지 감수성"을 잃지 않도록 유의하여야 한다'는 등의 판시를 한 이후 그 판시의 취지에 대하여 '성폭력 피해자의 진술만 유독 신빙성을 더 쉽게 인정해야 한다'는 의미라고 받아들여 무죄추정의 원칙이나 자유심증주의 원칙을 제약하는 법리라는 비판이 있어 왔다. 그러나 위 판시는 무죄추정의 원칙이나 자유심증주의 원칙을 제약하는 특별한 법리를 선언하는 취지가 아니고, 무죄추정의 원칙의 기준인 '합리적 의심', 자유심증주의 원칙의 내재적 한계인 '경험칙'이 무엇인지와 관련하여, 성폭력 사건의 심리와 판단에서 종래 통용되어 오던 **기존의 잘못된 통념을 극복**하고 합리성과 경험칙의 내용을 재구성해야 하고, 그를 위해서는 보다 사려 깊은 관점과 자세를 갖추어야 한다는 의미이다.

### *Reference*

## * 성인지 감수성 및 성폭행 등의 피해자 진술의 증명력 판단 *

1 [대판 2023도13081] [법원이 성범죄 사건을 심리할 때 유지해야 하는 '성인지적 관점'의 의미 및 성범죄 피해자 진술의 증명력을 배척 내지 인정하는 방법] [법원이 성범죄 사건을 심리할 때 유지해야 하는 '성인지적 관점'의 의미 및 성범죄 피해자 진술의 증명력을 배척 내지 인정하는 방법] ●**사실**● 피고인은 자폐성 장애 등으로 사물을 변별할 능력이나 의사를 결정할 능력이 미약한 상태의 자로 2021. 6. 24. 23:15경 부산도시철도 1호선 서면역에서 다대포 해수욕장역으로 운행 중인 전동차에서, 피해자(여, 19세)의 옆 자리에 앉아 피해자의 왼팔 상박 맨살에 자신의 오른팔 상박 맨살을 비비고, 피해자가 이를 피해 옆 좌석으로 이동하자 재차 피해자의 옆 자리로 이동하여 위와 같은 방법으로 대중교통수단인 전동차에서 피해자를 추행하였다는 혐의로 기소되었다. 원심은 유죄를 인정하였다. ●**판지**● 파기환송. 성범죄 사건을 심리할 때에는 사건이 발생한 맥락에서 성차별 문제를 이해하고 양성평등을 실현할 수 있도록 '성인지적 관점'을 유지하여야 하므로, 개별적·구체적 사건에서 성범죄 피해자가 처하여 있는 특별한 사정을 충분히 고려하지 않은 채 피해자 진술의 증명력을 가볍게 배척하는 것은 정의와 형평의 이념에 입각하여 논리와 경험의 법칙에 따른 증거판단이라고 볼 수 없지만, **이는 성범죄 피해자 진술의 증명력을 제한 없이 인정하여야 한다거나 그에 따라 해당 공소사실을 무조건 유죄로 판단해야 한다는 의미는 아니다.** ① 성범죄 피해자 진술에 대하여 성인지적 관점을 유지하여 보더라도, 진술 내용 자체의 합리성·타당성뿐만 아니라 객관적 정황, 다른 경험칙 등에 비추어 증명력을 인정할 수 없는 경우가 있을 수 있다. ② 또한 피고인은 물론 피해자도 하나의 객관적 사실 중 서로 다른 측면에서 자신이 경험한 부분에 한정하여 진술하게 되고, 여기에는 자신의 주관적 평가나 의견까지 어느 정도 포함될 수밖에 없으므로, 하나의 객관적 사실에 대하여 피고인과 피해자 모두 자신이 직접 경험한 사실만을 진술하더라도 **그 내용이 일치하지 않을 가능성이 항시 존재**한다. (가) 즉, 피고인이 일관되게 공소사실 자체를 부인하는 상황에서 공소사실을 인정할 직접적 증거가 없거나, 피고인이 공소사실의 객관적 행위를 한 사실은 인정하면서도 고의와 같은 주관적 구성요건만을 부인하는 경우 등과 같이 사실상 피해자의 진술만이 유죄의 증거가 되는 경우에는, (나) 피해자 진술의 신빙성을 인정하더라도 피고인의 주장은 물론 피고인이 제출한 증거, 피해자 진술 내용의 합리성·타당성, 객관적 정황과 다양한 경험칙 등에 비추어 피해자의 진술만으로 피고인의 주장을 배척하기에 충분할 정도에 이르지 않아 법관으로 하여금 합리적인 의심을 할 여지가 없을 정도로 공소사실이 진실한 것이라는 확신을 가질 수 없게 되었다면, 피고인의 이익으로 판단해야 한다.

2 [대판 2021도3451] 채팅 어플을 통해 채팅을 주고받다가 피해자를 만나게 된 피고인이 피해자에게 중요하게 할 얘기가 있다며 피해자를 모텔에 데리고 들어가 저항하는 피해자의 옷을 벗긴 후 강제로 추행하였다는 공소사실로 기소된 사안에서, 피해자의 진술은 그 진술 내용의 주요한 부분이 일관되고 구체적이며, 진술 자체로 모순되는 부분이 없는 점, 피해자는 최초 진술 당시부터 자신에게 불리할 수 있는 내용들까지 모두 숨김없이 진술하였고 사건 전후에 피해자가 피고인 및 친구와 주고받은 메시지의 내용 등 객관적인 정황들도 피해자의 진술에 부합하는 점, 사건 당시 피고인의 신체에 대한 피해자의 진술은 그 진술 자체로 다분히 주관적이고 감정적인 것임을 알 수 있고 법원의 검증 결과를 토대로 피해자 진술의 증명력을 배척하는 것은 합리적이라고 보기 어려운 점, 원심이 '강제추행을 당한 피해자라고 하기에는 수긍하기 어려운 측면'이라고 판단한 피해자의 태도는 여러 사정을 고려할 때 충분히 납득할 만하고, 이러한 사정을 들어 피해자 진술의 신빙성을 배척하는 것은 **잘못된 통념에 따라 통상의 성폭력 피해자라면 마땅히 보여야 할 반응을 상정해 두고** 이에 어긋나는 행동을 하였다는 이유로 피해자 진술의 합리성을 부정한 것으로 정의와 형평의 이념에 입각하여 논리와 경험의 법칙에 따른 증거판단이라고 볼 수 없는 점 등을 종합하면, **피해자 진술의 신빙성을 인정할 수 있음에도, 이와 달리 본** 원심판결에 진술의 신빙성 판단의 기준이 되는 경험법칙과 증거법칙을 위반하여 자유심증주의의 한계를 벗어남으로써 판결에 영향을 미친 잘못이 있다.

3 [대판 2021도230] 범행 후 피해자의 태도 중 '마땅히 그러한 반응을 보여야만 하는 피해자'로 보이지 않는 사정이 존재한다는 이유만으로 피해자 진술의 신빙성을 함부로 배척할 수 없다. …… 범죄 피해자가 적극적으로 범행 관련 증거를 확보하고, 언론사에 관련 제보를 하거나 가해자에게 합의금을 요구하는 등 자신의 피해를 변상받기 위해 적극적으로 행동하는 것은 범죄 피해자로서 충분히 예상되는 행동이고 그 과정에서 **통상적인 수준을 넘는 액수의 합의금을 요구하였다**는 사정만으로 피해자 진술의 신빙성을 배척할 수는 없다.

4 [대판 2020도8016] 피해자가 피고인으로부터 강간을 당한 후 다음 날 **혼자서 다시 피고인의 집을 찾아간 것**이 일반적인 평균인의 경험칙이나 통념에 비추어 범죄 피해자로서는 취하지 않았을 특이하고 이례적인 행태로 보인다고 하더라도, 그로 인하여 곧바로 피해자의 진술에 신빙성이 없다고 단정할 수는 없다. **범죄를 경험한 후 피해자가 보이는 반응과 피해자가 선택하는 대응 방법은 천차만별인바**, 강간을 당한 피해자가 반드시 가해자나 가해현장을 무서워하며 피하는 것이 마땅하다고는 볼 수 없고, 경우에 따라서는 가해자를 별로 무서워하지 않거나 피하지 않고 나아가 가해자를 먼저 찾아가는 것도 불가능하다고 볼 수는 없다. 피해자와 피고인의 나이 차이, 범행 이전의 우호적인 관계 등에 비추어 보면, 피해자로서는 사귀는 사이인 것으로 알았던 피고인이 자신을 상대로 느닷없이 강간 범행을 한 것에 대해서 의구심을 가지고 그 해명을 듣고 싶어 하는 마음을 가졌던 것으로 보이고, 피해자의 그러한 심리가 성폭력을 당한 여성으로서는 전혀 보일 수 없을 정도로 이례적이고 납득 불가능한 것이라고 할 수는 없다. 따라서 피해자가 2018.1.26.자 강간을 당한 후 그 다음 날 스스로 피고인의 집에 찾아갔다고 하더라도, 그러한 피해자의 행위가 피해자 진술의 신빙성을 배척할 사정이 되지는 못한다는 것이다. 앞서 본 법리와 적법하게 채택한 증거에 비추어 살펴보면, 원심이 위와 같이 판단하여, 범행 후 피해자의 일부 언행을 문제 삼아 **피해자다움이 결여되었다는 등의 이유로 피해자 진술 전체의 신빙성을 다투는 피고인의 주장을 배척**하고 이 부분 공소사실을 유죄로 판단한 제1심판결을 그대로 유지한 것은 정당하고, 거기에 논리와 경험의 법칙을 위반하여 자유심증주의의 한계를 벗어난 잘못이 없다.

5 [대판 2020도7869] 성추행 피해자가 **'추행 즉시 행위자에게 항의하지 않은 사정'**이나 '피해 신고 시 성폭력이 아닌 **다른 피해사실을 먼저 진술한 사정'**만으로 곧바로 피해자 진술의 신빙성을 부정할 것이 아니고, 가해자와의 관계와 피해자의 구체적 상황을 모두 살펴 판단하여야 한다는 취지로서, 거기에 논리와 경험의 법칙을 위반하여 자유심증주의의 한계를 벗어나거나 강제추행죄의 성립 등에 관한 법리를 오해한 잘못이 없다.

6 [대판 2020도6965 · 2020전도74(병합)] **성폭행 피해자의 대처 양상**은 피해자의 성정이나 가해자와의 관계 및 구체적인 상황에 따라 다르게 나타날 수밖에 없다. 따라서 개별적, 구체적인 사건에서 성폭행 등의 피해자가 처하여 있는 특별한 사정을 충분히 고려하지 않은 채 피해자 진술의 증명력을 가볍게 배척하는 것은 정의와 형평의 이념에 입각하여 논리와 경험의 법칙에 따른 증거판단이라고 볼 수 없다. 피고인의 친딸로 가족관계에 있던 피해자가 **'마땅히 그러한 반응을 보여야만 하는 피해자'**로 보이지 않는다는 이유만으로 피해자 진술의 신빙성을 함부로 배척할 수 없다. 그리고 친족관계에 의한 성범죄를 당하였다는 피해자의 진술은 피고인에 대한 이중적인 감정, 가족들의 계속되는 회유와 압박 등으로 인하여 번복되거나 불분명해질 수 있는 특수성이 있다는 점을 고려해야 한다.

7 [대판 2020도2433] 미성년자인 피해자가 자신을 보호 · 감독하는 지위에 있는 친족으로부터 강간이나 강제추행 등 성범죄를 당하였다고 진술하는 경우에 그 진술의 신빙성을 판단함에 있어서, 피해자가 자신의 진술 이외에는 달리 물적 증거 또는 직접 목격자가 없음을 알면서도 보호자의 형사처벌을 무릅쓰고 스스로 수치스러운 피해 사실을 밝히고 있고, 허위로 그와 같은 진술을 할 만한 동기나 이유가 분명하게 드러나지 않을 뿐만 아니라, 진술 내용이 사실적 · 구체적이고, 주요 부분이 일관되며, 경험칙에 비추어 비합리적이거나 진술 자체로 모순되는 부분이 없다면, 그 진술의 신빙성을 함부로 배척해서는 안 된다. **특히 친족관계에 의한 성범죄를 당하였다는 미성년자 피해자의 진술**은 피고인에 대한 이중적인 감정, 가족들의 계속되는 회유와 압박 등으로 인하여 번복되거나 불분명해질 수 있는 특수성을 갖고 있으므로, 피해자가 법정에서 수사기관에서의 진술을 번복하는 경우, 수사기관에서 한 진술 내용 자체의 신빙성 인정 여부와 함께 법정에서 진술을 번복하게 된 동기나 이유, 경위 등을 충분히 심리하여 어느 진술에 신빙성이 있는지를 신중하게 판단하여야 한다.

8 [비교판례] [대판 2010도9633] [피해자의 일련의 강간 피해 주장 중 그에 부합하는 진술의 신빙성을 대부분 부정할 경우, 일부 사실에 대하여만 피해자의 진술을 믿어 유죄를 인정하기 위한 요건] [1] 일정 기간 동안에 발생한 일련의 피해자의 강간 피해 주장에 대하여 이미 대부분의 피해 주장에 대하여는 그에 부합하는 피해자 진술의 신빙성을 부정하여 강간죄의 성립을 부정할 경우에 원심의 판단처럼 그 중 일부의 강간 피해 사실에 대하여만 피해자의 진술을 믿어 강간죄의 성립을 긍정하려면, 그와 같이 피해자 진술의 신빙성을 달리 볼 수 있는 특별한 사정이 인정되어야 할 것이다. 그런데 앞서 본 바에 의하면, (가) 피해자는 2009.10.24. 이후부터 2009.10.31.까지도 그 이전과 같이 피고인을 계속 만나면서 일상적인 연락을 취하였고, (나) 피해자가 피고인으로부터 강간을 당하였다고 주장한 직후에 피고인이 운전하는 승용차에 동승함과 아울러 피고인이 구입한 고속버스 승차권을 이용하는 등, (다) 강간이라는 범행을 한 자와 그 피해자 사이에서는 쉽게 발생하기 어려운 행동을 취한 사정 등에 비추어 볼 때, 원심 판시와 같은 사정만으로는 위 2009. 10. 28.자와 2009. 10. 29.자 피고인과 피해자 사이의 성관계만은 강간죄가 성립한다고 판단할 만한

특별한 사정이 있다고 보기는 어렵다고 할 것이다. [2] 피고인에 대한 일부 강간의 공소사실이 합리적인 의심이 없을 정도로 증명되었다고 단정하기 어려운데도, 피해자의 진술 등을 근거로 이를 유죄로 인정한 원심판결에 법리오해 및 심리미진의 위법이 있다고 한 사례.

# 41 자백배제법칙 – '임의성' 없는 자백 –

* 대법원 1983. 9. 13. 선고 83도712 판결
* 참조조문: 형사소송법 제309조,[1] 제317조[2]

---

일정한 증거 등이 발견되면 자백하기로 한 **약속** 하에 된 자백의 임의성

---

●**사실**● 피고인 X는(대학 3년생) 살인 혐의로 체포되어 수사를 받던 중 자백을 하였으나 공판정에서 허위 자백임을 주장하며 다투었다. 허위자백을 하게 된 동기로써 "제가 A가 실종된 후의 행적에 대하여 계속 추궁을 당하고 조사하는 측에서 제가 범인인 것으로 생각하는 것을 볼 때 제가 더 이상 버틸 수도 없었고 자백을 하게 되면 우선 조사과정에서 밝혀질 것으로 생각하여 제가 범인인 것처럼 꾸며서 A를 죽였다고 자백한 것입니다", "저는 9.18 밤의 행적에 대하여 밤 9시경 집에서 잠을 잤다고 주장하였는데 제가 9.18 밤 9시 이후에 A를 만나는 것을 본 사람이 있는 경우에는 범행일체를 자백하기로 하였고, 두 번째 죽은 A나 나의 주변에서 A의 소지품이나 머리카락, 피 등이 나온다면 범행일체를 자백하기로 하였다"고 진술하였다. 그리고 제1심법정 및 원심법정에서도 거짓말탐지 검사시 3번째 옷으로부터 4번째 옷(A가 살해 당시 입고 있었던 옷) 검사로 넘어갈 때 떨린다고 한 것이 사실로 밝혀지거나 자신의 몸 또는 주위에서 A의 소지품 기타 A와 관계된 자료 등이 발견되었을 때 또 A의 몸이나 주위에서 자신의 소지품이나 흔적이 남아 있을 경우에는 **범행을 자백하겠다는 약속**을 하였는데, 비디오를 보니까 3번째와 4번째 사이에서 떨린다고 나오기에 이제는 도리가 없다고 생각하여 허위자백을 하게 되었다는 취지로 진술하였다. X는 자신의 자백이 **임의성 없는 자백임을 주장**하며 다투었다.

원심과 제1심은 X가 검사 앞에서 공소내용과 같은 범죄사실을 시인하는 자백을 한데 대하여 이 자백은 임의성 없는 상태에서 이루어진 것이라고는 볼 수 없으나 그 진술내용이 최초의 자백 이후 일관되지 못하고 수차 변경되었을 뿐 아니라 다른 증거와도 부합하지 않는 부분이 허다함으로 신빙성을 인정할 수 없다는 취지로 판단하여 그 **증명력을 배척**하였다. 이에 검사가 상고하였다.

●**판지**● 상고기각. 「[1] **자백의 임의성**이 인정된다고 하더라도 이것은 그 자백이 엄격한 증명의 자료로서 사용될 자격 즉 증거능력이 있다는 것에 지나지 않고 그 **자백의 진실성과 신빙성** 즉 증명력까지도 당연히 인정되어야 하는 것은 아니다.

[2] **자백의 신빙성** 유무를 판단함에 있어서는 첫째로 자백의 진술내용 자체가 객관적인 합리성을 띠고 있는가, 둘째로 자백의 동기나 이유 및 자백에 이르게 된 경위가 어떠한가, 셋째로 자백외의 정황증거 중 자백과 저촉되거나 모순되는 것이 없는가 하는 점 등을 고려하여 판단하여야 한다.

[3] 피고인의 자백진술의 수차에 걸친 변경이 당초에 의도적으로 숨겼던 사실을 밝히거나 부정확한 기억을 되살린 것이라기보다는 피고인이 허위로 자백한 내용 중 객관적 상황에 맞지 않는 부분을 그 후 객관적 상황에 맞추어 수정한 것으로 보여지는 경우, 이와 같은 자백은 그 진술내용 자체가 객관적

---

1) 형사소송법 제309조(**강제 등 자백의 증거능력**) 피고인의 자백이 고문, 폭행, 협박, 신체구속의 부당한 장기화 또는 기망 기타의 방법으로 **임의로 진술한 것이 아니라고 의심할 만한 이유가 있는 때**에는 이를 유죄의 증거로 하지 못한다.

2) 형사소송법 제317조(**진술의 임의성**) ① 피고인 또는 피고인 아닌 자의 진술이 임의로 된 것이 아닌 것은 증거로 할 수 없다. ② 전항의 서류는 그 작성 또는 내용인 진술이 임의로 되었다는 것이 증명된 것이 아니면 증거로 할 수 없다. ③ 검증조서의 일부가 피고인 또는 피고인 아닌 자의 진술을 기재한 것인 때에는 그 부분에 한하여 전2항의 예에 의한다.

인 합리성이 결여된 것으로 신빙성이 없다.

[4] **일정한 증거가 발견되면 피의자가 자백하겠다고 한 약속이** 검사의 강요나 위계에 의하여 이루어 졌다던가 또는 불기소나 경한 죄의 소추 등 이익과 교환조건으로 된 것으로 인정되지 않는다면 위와 같은 자백의 약속 하에 된 자백이라 하여 **곧 임의성 없는 자백이라고 단정할 수는 없다.**

[5] **거짓말탐지기의 검사결과에 대하여 증거능력을 인정할 수 있으려면** 첫째로 거짓말을 하면 반드 시 일정한 심리상태의 변동이 일어나고, 둘째로 그 심리상태의 변동은 반드시 일정한 생리적 반응을 일으키며, 셋째로 그 생리적 반응에 의하여 피검사자의 말이 거짓인지 여부가 정확히 판정될 수 있다 는 전제요건이 충족되어야 하며 특히 생리적 반응에 대한 거짓여부의 판정은 거짓말탐지기가 위 생리 적 반응을 정확히 측정할 수 있는 장치이어야 하고 검사자가 탐지기의 측정내용을 객관성 있고 정확 하게 판독할 능력을 갖춘 경우라야 그 정확성을 확보할 수 있어 증거능력을 부여할 것이다」.

●**해설**● **1 대상판결의 의의**　　　대상판결은 자백의 임의성 판단과 신빙성 판단을 분리하여 판단하 고 있는 점에서 주목된다. (1) **자백의 임의성**은 '증거능력'의 판단 대상인 반면에 **자백의 신빙성**은 '증명 력'의 판단 대상이다. (2) **자백배제법칙**은 임의성이 의심되는 자백은 '증거능력을 배제'하는 원칙이다. 헌 법은 이 법칙을 **헌법상의 원칙**(헌법12⑦3))으로 선언하고 있으며, 형사소송법 제309조는 이를 구체화하여 규정하고 있다. (3) 임의성이 의심되는 자백은 ㉠ 피고인이 증거로 함에 동의하더라도 증거능력이 없으 며(대판 2004도7900, Ref 1−3), ㉡ 탄핵증거로도 사용할 수 없다(대판 2005도2617, Ref 1−2)(**증거능력의 절대 적 부정**). (4) 자백의 임의성에 대한 **거증책임**은 검사에게 있고 그 증명의 정도는 '**자유로운 증명**'으로 족 하다(【35】참조). (5) 자백에 대한 제309조는 제317조의 특별규정으로 이해되며, 이에 의하면 자백의 임 의성이 인정되지 않으면 제309조에 의하여, 자백 이외의 진술의 임의성이 인정되지 않으면 제317조에 의하여 증거능력이 부정된다.

**2 이론적 근거**　　　(1) 임의성에 의심이 있는 자백은 증거로 사용할 수 없다는 자백배제법칙의 이 론적 근거와 관련하여 (a) '임의성 없는 자백은 허위일 위험성이 많고 진실의 발견을 저해할 가능성이 큰 까닭에 증거능력을 배제하여야 한다'는 **허위배제설**과 (b) '진술의 자유 또는 진술거부권을 포함한 헌 법상의 기본적 인권을 침해하기에 이른 위법·부당한 압박을 배제함으로써 인권옹호를 도모하기 위하여 임의성 없는 자백은 배척되어야 한다'는 **인권옹호설**, (c) 자백획득 과정에서의 적법절차를 담보하는 방법 으로서 자백획득의 방법·과정의 위법을 이유로 자백으로 배제한다는 **위법배제설** 그리고 (d) 이상의 것 을 절충한 **절충설** 등이 제시되고 있다. 판례는 「임의성 없는 진술의 증거능력을 부정하는 취지는, (가) **허위진술**을 유발 또는 강요할 위험성이 있는 상태 하에서 행하여진 진술은 그 자체가 실체적 진실에 부 합하지 아니하여 오판을 일으킬 소지가 있을 뿐만 아니라 그 진위를 떠나서 (나) 진술자의 **기본적 인권 을 침해**하는 (다) **위법·부당한 압박**이 가하여지는 것을 사전에 막기 위한 것」(대판 2010도3029)으로 허위 배제와 인권옹호를 함께 판시하고 있다(**종합설**). (2) 그리고 이러한 학설의 차이는 '자백의 임의성에 영향 을 미치는 사유'와 '자백' 사이의 '**인과관계**'가 필요한지에 영향을 준다(인과관계의 요부). (a) 허위배제설과 인권옹호설은 인과관계가 필요하다는 입장(**필요설**)이고 (b) 다수설인 위법배제설은 위법한 수단이 사용 되었다면 인과관계와 관계없이 증거능력은 부정되어야 한다는 입장이다(**불요설**). **판례는 필요설**의 취하고

---

3) 헌법 제12조 ⑦ 피고인의 자백이 고문·폭행·협박·구속의 부당한 장기화 또는 기망 기타의 방법에 의하여 **자의로 진술된 것이 아니라고 인정될 때** 또는 정식재판에 있어서 피고인의 자백이 그에게 불리한 유일한 증거 일 때에는 이를 유죄의 증거로 삼거나 이를 이유로 처벌할 수 없다.

있다(대판 84도2252, Ref 1−5). 따라서 판례에 따르면 임의성 의심사유와 자백 사이에 인과관계가 존재하지 않는 것이 명백한 때에는 자백의 임의성을 인정한다.

**3 자백의 범위**　　　　　'**자백**'이란 피의자 또는 피고인이 자신의 범죄사실의 전부 또는 일부를 인정하는 진술을 말한다. (1) 자백을 **어떠한 지위**에서 했는지는 묻지 않는다. 따라서 피고인·피의자·참고인·증인 나아가 '일반인'의 지위에서 행한 진술이더라도 여기의 자백에 해당한다. (2) 자백은 진술의 **형식이나 상대방**을 묻지 않는다. 따라서 구두나 서면에 의한 진술 모두 자백에 해당하며, 수사기관이나 법원에서의 자백뿐만 아니라 일기장이나 정보저장매체에 범죄사실을 기록한 상대방 없는 자백도 가능하다. 하지만 판례는 피고인 자신이 범죄사실을 업무상 필요에 의하여 작성하는 **통상문서**(상업장부·진료일지·금전출납부 등)에 기재한 경우는 이를 자백으로 보지 않는다(대판 94도2865 전원합의체, Ref 1−4). 또한 (3) 자백은 범죄사실을 인정하는 진술이면 족하고 형사책임까지 인정하는 진술임을 요하지 않는다. 따라서 구성요건에 해당하는 사실을 긍정하면서 위법성조각사유나 책임조각사유를 주장하는 경우에도 자백에 해당한다.[4] (4) 모두절차에서 피고인이 공소사실을 시인하는 답변을 하더라도 전후의 진술을 종합하여 자백여부를 판단하여야 한다(대판 83도2692, Ref 1.6−4).

**4 자백배제법칙의 적용**　　　　　(1) 자백배제법칙이 적용되는 예로는 ① 고문·폭행·협박으로 인한 자백(특히 '임의성 없는' 심리상태의 계속과 자백)(대판 2009도1603, Ref 2.1−1). ② 신체구속의 부당한 장기화로 인한 자백, ③ 기망에 의한 자백(공범자가 이미 자백했다고 거짓말하거나 물증이 발견되었다고 거짓말을 하는 경우)[5](대판 85도2182, Ref 2.2−1), ④ 자백의 대가로 일정한 이익 제공의 약속에 의한 자백(대판 83도2782, Ref 2.2−3),[6] ⑤ 위법한 신문방법에 의한 자백(철야신문, 정신적 압박 등)(대판 95도1964, Ref 2.3−1) 등이 있다. (2) **반면 다수설과는 달리 판례**는 ① 진술거부권을 고지하지 않거나 ② 변호인의 조력을 침해하여 자백을 받은 경우는 자백배제법칙이 아니라 **위법수집증거배제법칙에 근거**하여 증거능력을 부정한다. 즉「수사기관이 피의자를 신문함에 있어서 피의자에게 미리 진술거부권을 고지하지 않은 때에는 그 피의자의 진술은 위법하게 수집된 증거로서 **진술의 임의성이 인정되는 경우라도** 증거능력이 부인되어야 한다」(대판 92도682).[7] (3) 한편 피고인의 자백이 임의성이 없다고 의심할 만한 사유가 있으나 **그 사유와 자백 간에 '인과관계'가 없는 경우**, 그 자백은 임의성이 있는 것으로 인정된다(대판 84도2252, Ref 1−5).

---

4) 반면, **간이공판절차**의 개시요건으로서의 '자백'은 구성요건해당성, 위법성, 책임을 모두 인정하는 것을 요건으로 한다.

5) 이 경우, 기망이라고 하기 위해서는 단순히 상대방의 착오를 이용하는 것만으로는 부족하고, 국가기관의 신문방법으로서는 정당하지 않을 정도의 **적극적 사술**이 사용될 것을 요한다.

6) 미국의 형사소송제도는 이를 인정하는 **plea bargain**(사전형량조정제도)을 가지고 있다. plea bargain은 검찰이 수사 편의상 관련자나 피의자에 대해 유죄를 인정하거나 증언을 하는 대가로 형량을 낮추거나 조정하는 협상제도로 미국에서는 광범위하게 쓰이고 있다. 미국의 90% 이상의 형사 사건이 이 제도를 통해 끝나고 나머지 10% 이하의 형사 사건만이 재판으로 간다는 통계가 있다. 재판을 해야 하는 사건의 수를 줄일 수 있으나 당사자들의 흥정으로 진실추구와 거리가 멀다는 비판이 있다.

7) 다만, **변호인 아닌 자와의 접견이 금지**된 상태에서 피의자 신문조서가 작성되었다는 사실만으로는 임의성이 부정되지 않는다. 즉「검사의 접견금지 결정으로 피고인들의 접견이 제한된 상황 하에서 피의자 신문조서가 작성되었다는 사실만으로 바로 그 조서가 임의성이 없는 것이라고는 볼 수 없다」(대판 84도846).

## *Reference 1*

## * 자백배제법칙의 주요 판례 *

1 [대판 2007도7760] [피고인 또는 변호인이 검사가 작성한 피의자 신문조서에 대하여 임의성을 인정하였다가 증거조사 완료 후 이를 다투는 경우, **임의성의 증명책임 부담자(=검사)** 및 법원이 취해야 할 조치] 검사 작성의 당해 피고인에 대한 피의자신문조서에 기재된 진술의 임의성에 다툼이 있을 때에는 (가) 그 임의성을 의심할 만한 합리적이고 구체적인 사실을 피고인이 증명할 것이 아니라 검사가 그 임의성의 의문점을 없애는 증명을 하여야 하고, (나) 검사가 그 임의성의 의문점을 없애는 증명을 하지 못한 경우에는 그 조서는 유죄 인정의 증거로 사용할 수 없는데, 이러한 법리는 피고인이나 그 변호인이 검사 작성의 당해 피고인에 대한 피의자신문조서의 **임의성을 인정하는 진술을 하였다가 이를 번복하는 경우**에도 마찬가지로 적용되어야 한다. 따라서 증거조사를 마친 조서의 임의성을 다투는 주장이 받아들여지게 되면, 그 조서는 구 형사소송규칙(2007. 10. 29. 대법원규칙 제2106호로 개정되기 전의 것) 제139조 제4항의 증거배제결정을 통하여 유죄 인정의 자료에서 제외하여야 한다.

2 [대판 2005도2617] 검사가 유죄의 자료로 제출한 사법경찰리 작성의 피고인에 대한 피의자신문조서는 피고인이 그 내용을 부인하는 이상 증거능력이 없으나, **그것이 임의로 작성된 것이 아니라고 의심할 만한 사정이 없는 한** 피고인의 법정에서의 진술을 탄핵하기 위한 반대증거로 사용할 수 있다. cf) 따라서 **임의로 작성된 것이 아니라고 의심할 만한 사정이 있으면** 피고인의 법정에서의 진술을 탄핵하기 위한 반대증거로 사용할 수 없다.

3 [대판 2004도7900] [기록상 진술증거의 임의성에 관하여 의심할 만한 사정이 나타나 있는 경우에 법원이 취하여야 할 조치] [1] 기록상 진술증거의 임의성에 관하여 의심할 만한 사정이 나타나 있는 경우에는 **법원은 직권으로 그 임의성 여부에 관하여 조사를 하여야 하고**, 임의성이 인정되지 아니하여 증거능력이 없는 진술증거는 피고인이 증거로 함에 동의하더라도 증거로 삼을 수 없다. [2] 기록에 의하면 참고인에 대한 검찰 진술조서가 강압상태 내지 강압수사로 인한 정신적 강압상태가 계속된 상태에서 작성된 것으로 의심되어 그 임의성을 의심할 만한 사정이 있는데도, 검사가 그 임의성의 의문점을 없애는 증명을 하지 못하였으므로 증거능력이 없다고 한 사례.

4 [대판 94도2865 전원합의체] [1] [상업장부·항해일지·진료일지·금전출납부 등 사무 내역을 기재한 문서의 증거력 및 그 기재 내용 중 공소사실에 부합되는 부분이 자백문서에 해당하는지 여부(소극)] [다수의견] 상업장부나 항해일지, 진료일지 또는 이와 유사한 금전출납부 등과 같이 범죄사실의 인정 여부와는 관계없이 자기에게 맡겨진 사무를 처리한 **사무 내역을 그때그때 계속적, 기계적으로 기재한 문서** 등의 경우는 사무처리 내역을 증명하기 위하여 존재하는 문서로서 그 존재 자체 및 기재가 그러한 내용의 사무가 처리되었음의 여부를 판단할 수 있는 별개의 **독립된 증거자료**이고, 설사 그 문서가 우연히 피고인이 작성하였고 그 문서의 내용 중 피고인의 범죄사실의 존재를 추론해 낼 수 있는, 즉 공소사실에 일부 부합되는 사실의 기재가 있다고 하더라도, 이를 일컬어 **피고인이 범죄사실을 자백하는 문서라고 볼 수는 없다.** [2] [피고인이 업무추진 과정에서 지출한 자금 내역을 기록한 수첩의 기재 내용이 자백에 대한 '**독립적인 보강증거**'가 될 수 있는지 여부(적극)] [다수의견] 피고인이 뇌물공여 혐의를 받기 전에 이와는 관계없이 준설공사에 필

요한 각종 인·허가 등의 업무를 위임받아 이를 추진하는 과정에서 그 업무수행에 필요한 자금을 지출하면서, 스스로 그 지출한 자금내역을 자료로 남겨두기 위하여 뇌물자금과 기타 자금을 구별하지 아니하고 그 지출 일시, 금액, 상대방 등 내역을 그때그때 계속적, 기계적으로 기입한 수첩의 기재 내용은, 피고인이 자신의 범죄사실을 시인하는 자백이라고 볼 수 없으므로, 증거능력이 있는 한 피고인의 금전출납을 증명할 수 있는 별개의 증거라고 할 것인즉, 피고인의 검찰에서의 자백에 대한 **보강증거가 될 수 있다.** cf) 대상판결에서와 같이 뇌물사건에서 수뢰자는 부인하고 증뢰자는 자백할 경우, 만약 증뢰자가 업무처리 중 작성한 상업장부(뇌물을 공여한 일시나 액수, 상대방 등을 소상히 기재)를 자백의 문서로 보게 되면, 부인하는 수뢰자는 유죄가 선고되지만 자백하는 증뢰자의 경우에는 무죄가 선고 되게 된다. 다수의견은 이러한 불공평과 불합리를 피하기 위한 것으로 보인다.

5 [대판 84도2252] [임의성이 없다고 의심할 만한 사유가 있으나 그 사유와 자백 간에 '인과관계'가 없는 경우, 자백의 임의성 여부(적극)] [1] 피고인의 자백이 임의성이 없다고 의심할 만한 사유가 있는 때에 해당한다 할지라도 그 임의성이 없다고 의심하게 된 사유들과 피고인의 자백과의 사이에 인과관계가 존재하지 않은 것이 명백한 때에는 그 자백은 임의성이 있는 것으로 인정된다. [2] 제309조의 취지는 피고인의 자백이 고문, 폭행, 협박, 신체구속의 부당한 장기화 또는 기망, 기타의 방법으로 임의로 진술한 것이 아닌지의 여부를 밝히기가 매우 어려운 점을 고려하여 자백이 동조 소정의 사유로 임의성이 없다고 의심할 만한 이유가 있는 한 그 자백과 위 사유와 사이에 인과관계가 있음이 밝혀지지 않더라도 그 자백은 증거능력을 가지지 못하는 것이나 반면 피고인의 자백이 동조 소정의 사유로 임의성이 없다고 의심할 만한 이유가 있는 경우라도 그 자백과 임의성이 없다고 의심하게 된 사유와 사이에 인과관계가 존재하지 않는 것이 명백하여 그 자백이 임의성있는 것임이 인정되는 때에는 그 자백은 증거능력을 가진다 할 것이지만 (가) 이와 같이 임의성이 없다고 의심할 만한 이유가 있는 자백은 그 **인과관계의 존재가 추정되는 것이므로** (나) 이를 유죄의 증거로 하려면 적극적으로 그 인과관계가 존재하지 아니하는 것이 인정되어야 할 것이다. cf) 판례는 **인과관계필요설**의 입장에 있음을 보여준다.

### *피고인이 범죄사실을 자백한 것으로 볼 수 없다고 판단한 사례*

6-1 [대판 84도141] [피고인의 공소사실에 대한 "예, 있읍니다", "예, 그렇습니다"라는 답변과 범행사실의 자백] 검사가 피고인에게 공소장기재를 낭독하다시피 공소사실 그대로의 사실유무를 묻자 "예, 있읍니다", "예, 그렇습니다"라고 대답한 것으로 되어 있어 피고인이 상피고인과 공모하여 이 사건 사기범죄사실을 저지른 것으로 자백한 것처럼 보이나 계속되는 검사와 변호인의 물음에서나 그 이후의 공판정에서는 피고인이 상피고인의 부동산전매업을 도와주는 모집책이 아니고 단순한 고객일 뿐이라고 진술하고 있다면 위 상피고인이 피고인들과 공모하여 기망 내지 편취한 점까지 **자백한 것이라고는 볼 수 없다.**

6-2 [대판 81도790] 검사는 피고인들에게 공소장 기재를 낭독하다시피 공소사실 그대로의 사실유무를 한꺼번에 물은바, 피고인들은 동시에 「예, 그런 사실이 있읍니다」라고 답한 것으로 되어 있어, 얼핏 보면 피고인들이 본건 범죄사실을 자백한 것 같이 보이나, 피고인들의 수사기관 및 원심법정에서의 진술과 대비하여 보면, 위 법정진술은 본건 연립주택 건축에 관한 약정을 한 점과 그에 따른 공사착수금 등을 수령한 사실을 시인한 것 뿐이지 기망 내지 편취의 점까지 자백하였다고는 볼 수 없다.

6-3 [대판 82도214] 검사가 피고인들에게 공소장기재를 낭독하다시피 공소사실 그대로의 사실유무를 물은 즉 피고인들이 동시에 "예, 그랬읍니다" 하고 답한 것은 얼핏 보면 피고인들이 범죄사실을 자백한 것처

럼 보이나, **계속되는 검사와 변호인 및 재판장의 물음에서는 다시 범행을 부인**하는 취지의 답을 한 점으로 미루어 보면 공소사실의 경과일부를 시인한 것 뿐이지 피고인들이 공모하여 기망 내지 편취하였다는 내용까지 자백한 것이라고는 볼 수 없다.

6-4 [대판 83도2692] [피고인이 검사의 신문에 대하여 **"예, 같습니다"** 라고 대답하면서도 그 전후의 피의자 신문조서에서는 범행을 부인한 경우 자백의 성립여부] 검사의 피고인에 대한 제1회 피의자신문시 검사가 사법경찰관작성의 의견서기재 무고피의사실을 읽어주자 피고인이 "예", 같습니다" 라고 대답하면서도 유리한 증거가 있느냐는 물음에 대하여는 "본인이 여러 차례에 걸쳐서 진정한 것은 너무나 억울하여 한 것이다"라고 말하고 그 전에 수사관이 작성한 피의자신문조서와 검사작성의 제2회 피의자신문조서에서는 모두 그 범행을 부인하고 있다면 검사의 제1회 피의자신문조서의 내용은 진실한 자백으로 인정되지 아니한다.

6-5 [대판 99도3341] 피고인이 제출한 항소이유서에 '피고인은 돈이 급해 지어서는 안 될 **죄를 지었습니다.**', '**진심으로 뉘우치고 있습니다.**'라고 기재되어 있고 피고인은 항소심 제2회 공판기일에 위 항소이유서를 진술하였으나, 곧 이어서 있는 검사와 재판장 및 변호인의 각 심문에 대하여 피고인은 **범죄사실을 '부인'**하였고, 수사단계에서도 일관되게 그와 같이 범죄사실을 부인하여 온 점에 비추어 볼 때, 위와 같이 추상적인 항소이유서의 기재만을 가지고 범죄사실을 자백한 것으로 볼 수 없다.

7 [대판 82도3248] [1] [**수사기관에서 수집된 증거의 진술의 '임의성'의 추정**] 진술의 임의성이라는 것은 고문, 폭행, 협박, 신체구속의 부당한 장기화 또는 기망 기타 진술의 임의성을 잃게 하는 사정이 있다는 것 즉 증거의 수집과정에 위법성이 없다는 것인데 진술의 임의성을 잃게 하는 그와 같은 사정은 헌법이나 형사소송법의 규정에 비추어 볼 때 이례에 속한다고 할 것이므로 진술의 임의성은 추정된다고 볼 것이다. [2] [**진술의 임의성 유무의 판단방법**] 진술의 임의성에 관하여는 당해 조서의 형식, 내용(진술거부권을 고지하고 진술을 녹취하고 작성완료 후 그 내용을 읽어 주어 진술자가 오기나 증감변경할 것이 없다는 확인을 한 다음 서명 날인하는 등), 진술자의 신분, 사회적 지위, 학력, 지능정도, 진술자가 피고인이 아닌 경우에는 그 관계 기타 여러 가지 사정을 참작하여 **법원이 자유롭게 판정하면 되고** 피고인 또는 검사에게 진술의 임의성에 관한 주장. 입증책임이 분배되는 것은 아니라고 할 것이고, 이는 진술이 특히 신빙할 수 있는 상태 하에서 행하여진 때 즉 특신상태에 관하여서도 동일하다.  cf) 대상판결에서와 같이 진술의 임의성 유무 판단은 '**자유로운 증명**'으로 족하다.

### *자백의 신빙성에 대한 판단기준*

8-1 [대판 82도2413] [1] 형사소송법 제309조는 "피고인의 자백이 고문, 폭행, 협박, 신체구속의 부당한 장기화 또는 기망 **기타의 방법**으로 임의로 진술한 것이 아니라고 의심할 만한 이유가 있을 때에는 이를 유죄의 증거로 하지 못한다" 고 규정하고 있는 바, 위 법조에서 규정된 피고인의 진술의 자유를 침해하는 위법사유는 원칙적으로 **예시사유**로 보아야 한다. [2] [**자백의 신빙성 유무에 대한 판단기준**] 자백의 신빙성 유무를 판단함에 있어서는 첫째로, 자백의 진술내용자체가 객관적으로 합리성을 띠고 있는가 둘째로, 자백의 동기나 이유 및 자백에 이르게 된 경위가 어떠한가 셋째로, 자백외의 정황증거 중 자백과 저촉되거나 모순되는 것이 없는가 하는 여러 점 등을 심사숙고하여 판단하여야 한다.

8-2 [대판 2012도14295] 금품수수 여부가 쟁점이 된 사건에서 금품수수자로 지목된 피고인이 수수사실을 부인하고 있고 이를 뒷받침할 금융자료 등 객관적 물증이 없는 경우 금품을 제공하였다는 사람의 진술만으로 유죄를 인정하기 위해서는 그 진술이 증거능력이 있어야 하는 것은 물론 **합리적인 의심을 배제할 만**

한 '신빙성이 있어야' 하고, (가) 신빙성이 있는지 여부를 판단할 때에는 진술 내용 자체의 합리성, 객관적 상당성, 전후의 일관성뿐만 아니라 (나) 그의 인간됨, 그 진술로 얻게 되는 이해관계 유무 등도 아울러 살펴보아야 한다. 그리고 (다) 이러한 이치는 피고인의 금품제공 여부가 쟁점이 된 사건에서 금품제공자로 지목된 피고인이 제공사실을 부인하고 있고 이를 뒷받침할 금융자료 등 객관적 물증이 없는 경우 금품을 제공받았다는 사람의 진술만으로 유죄를 인정하는 경우에도 마찬가지로 적용된다.

8-3 [대판 2014도1779] 마약류 매매 여부가 쟁점이 된 사건에서 매도인으로 지목된 피고인이 수수사실을 부인하고 있고 이를 뒷받침할 금융자료 등 객관적 물증이 없는 경우, **마약류를 매수하였다는 사람의 진술만으로 유죄를 인정하기 위해서는** 그 사람의 진술이 증거능력이 있어야 함은 물론 합리적인 의심을 배제할 만한 신빙성이 있어야 한다. (가) '신빙성 유무'를 판단할 때에는 진술 내용 자체의 합리성, 객관적 상당성, 전후의 일관성뿐만 아니라 그의 인간됨, 진술로 얻게 되는 이해관계 유무 등을 아울러 살펴보아야 한다. (나) 특히, 그에게 어떤 범죄의 혐의가 있고 그 혐의에 대하여 수사가 개시될 가능성이 있거나 수사가 진행 중인 경우에는, 이를 이용한 협박이나 회유 등의 의심이 있어 그 진술의 증거능력이 부정되는 정도에까지 이르지 않는 경우에도, 그로 인한 궁박한 처지에서 벗어나려는 노력이 진술에 영향을 미칠 수 있는지 여부 등을 살펴보아야 한다.

8-4 [대판 2015도17869] [자백의 신빙성 유무를 판단하는 기준 및 피고인이 수사기관에서부터 공판기일에 이르기까지 일관되게 범행을 자백하다가 **어느 공판기일부터 갑자기 자백을 번복한 경우**, 자백 진술의 신빙성 유무를 판단할 때 고려하여야 할 사항] 자백의 신빙성 유무를 판단할 때에는 자백 진술의 내용 자체가 객관적으로 합리성이 있는지, 자백의 동기나 이유는 무엇이며, 자백에 이르게 된 경위는 어떠한지, 그리고 자백 외의 정황증거 중 자백과 저촉되거나 모순되는 것은 없는지 등 제반 사정을 고려하여 판단하여야 한다. 나아가 피고인이 수사기관에서부터 공판기일에 이르기까지 일관되게 범행을 자백하다가 어느 공판기일부터 갑자기 자백을 번복한 경우에는, 자백 진술의 신빙성 유무를 살피는 외에도 자백을 번복하게 된 동기나 이유 및 경위 등과 함께 수사기관 이래의 진술 경과와 진술의 내용 등에 비추어 번복 진술이 납득할 만한 것이고 이를 뒷받침할 증거가 있는지 등을 살펴보아야 한다.

## *Reference 2*
## * 자백배제법칙이 적용된 사례 *

### *고문·폭행·협박으로 인한 자백과 연쇄효과(임의성에 영향을 준 경우)*

1-1 [대판 2009도1603] [1] 피고인이 **검사 이전 수사기관에서 고문 등 가혹행위로 인하여 임의성 없는 자백을 하고 그 후 검사 조사단계에서도 '임의성 없는 심리상태'가 계속되어** 동일한 내용의 자백을 하였다면, 검사 조사단계에서 고문 등 자백 강요행위가 없었다고 하여도 검사 앞에서의 자백도 임의성 없는 자백이라고 보아야 한다. [2] 피고인의 초등학생(여, 10세) 강간치사 공소사실을 유죄로 인정한 재심대상판결에 대하여 재심이 개시된 사안에서, 피고인이 검찰에서 피의자신문을 받을 당시 공소사실에 대하여 자백을 하였으나, 자백에 이르게 된 경위와 검찰 자백의 내용 등 제반 사정을 모두 종합할 때, 피고인은 경찰 조사단계에서 고문 등 가혹행위로 인하여 임의성 없는 자백을 하고 그 후 검사 조사단계에서도 **임의성 없는 심리상태가 계속되어** 동일한 내용의 자백을 한 것으로 보아야 한다.

1-2 [대판 2010도3029] 피고인이 수사기관에서 가혹행위 등으로 인하여 임의성 없는 자백을 하고 그 후

법정에서도 임의성 없는 심리상태가 계속되어 동일한 내용의 자백을 하였다면 법정에서의 자백도 임의성 없는 자백이라고 보아야 한다.

1-3 [대판 77도463] 피고인이 **직접 고문을 당하지 않더라도** 가족이나 다른 피고인이 고문당하는 것을 보고 자백한 경우도 여기에 해당한다.

### *자백이 기망이나 일정한 이익제공에 의한 경우*

2-1 [대판 85도2182] 피고인의 자백이 심문에 참여한 검찰주사가 피의사실을 자백하면 피의사실부분은 **가볍게 처리하고 보호감호의 청구를 하지 않겠다**는 각서를 작성하여 주면서 자백을 유도한 것에 기인한 것이라면 위 자백은 기망에 의하여 임의로 진술한 것이 아니라고 의심할 만한 이유가 있는 때에 해당하여 형사소송법 제309조 및 제312조 제1항의 규정에 따라 증거로 할 수 없다.

2-2 [대판 87도317] 피고인이 검사가 공소장을 변경하여 **벌금형이 선고될 수 있게 해주겠다는 제의**와 검사가 신청한 증인들의 증언 등에 의하여 무거운 처벌을 받게될지도 모른다는 두려움 때문에 공판기일에서 허위자백한 것이라고 변소하고 있고 그 자백내용자체가 객관적 합리성이 없으며 자백에 이르게 된 경위가 타증거에 비추어 모순되어 신빙성이 없으므로 이를 유죄의 증거로 할 수 없다.

2-3 [대판 83도2782] [가벼운 형으로 처벌받도록 유도한 결과 얻어진 자백의 임의성 내지 신뢰성] 피고인이 처음 검찰조사시에 범행을 부인하다가 뒤에 자백을 하는 과정에서 금 200만원을 뇌물로 받은 것으로 하면 「특정범죄가중처벌 등에 관한 법률」 위반으로 중형을 받게 되니 금 200만원 중 금 30만원을 술값을 갚은 것으로 조서를 허위작성한 것이라면 이는 단순 수뢰죄의 **가벼운 형으로 처벌되도록 하겠다고 약속하고 자백을 유도**한 것으로 위와 같은 상황 하에서 한 자백은 그 임의성에 의심이 간다.

### * 기타 위법한 신문방법에 의한 자백*

3-1 [대판 95도1964] [잠을 재우지 아니한 상태에서 이루어진 자백에 대하여 임의성이 없다고 본 사례] 피고인의 검찰에서의 자백은 피고인이 검찰에 연행된 때로부터 **약 30시간 동안** 잠을 재우지 아니한 채 검사 2명이 교대로 신문을 하면서 회유한 끝에 받아낸 것으로 임의로 진술한 것이 아니라고 의심할 만한 이유가 있는 때에 해당한다고 보아, 형사소송법 제309조의 규정에 의하여 그 피의자신문조서는 증거능력이 없다고 본 사례.

3-2 [대판 2001도3931] 알선수재 사건의 공여자 등이 **별건으로 구속된 상태**에서 10여 일 내지 **수십여 일 동안 거의 매일 검사실로 소환되어 밤늦게까지 조사**를 받았다면 이들은 과도한 육체적 피로, 수면부족, 심리적 압박감 속에서 진술을 한 것으로 보여지므로 이들에 대한 진술조서는 그 임의성을 의심할 만한 사정이 있고, 검사가 그 임의성의 의문점을 해소하는 입증을 하지 못하면 위 진술조서는 증거능력이 없다고 한 사례.

3-3 [대판 2004도517] 별건으로 수감 중인 자를 **약 1년 3개월의 기간 동안 무려 270회나 검찰청으로 소환하여 밤늦은 시각 또는 그 다음날 새벽까지 조사**를 하였다면 그는 과도한 육체적 피로, 수면부족, 심리적 압박감 속에서 진술을 한 것으로 보이고, 미국 영주권을 신청해 놓았을 뿐 아니라 가족들도 미국에 체류 중이어서 반드시 미국으로 출국하여야 하는 상황에 놓여있는 자를 **구속 또는 출국금지조치**의 지속 등을 수단으로 삼아 회유하거나 압박하여 조사를 하였을 가능성이 충분하다면 그는 **심리적 압박감이나 정신적 강압상태** 하에서 진술을 한 것으로 의심되므로 이들에 대한 진술조서는 그 임의성을 의심할 만한 사정이 있는데, 검사가 그 임의성의 의문점을 해소하는 증명을 하지 못하였으므로 위 각 진술조서는 증거능력이 없다.

**\*불법구속 상태 하에서의 자백\***

**4-1 [대판 82도2413]** [구속영장 없이 **13일간 불법구속**] 위 피고인의 진술의 자유를 침해하는 위법사유는 개별 독립적이던 2개 이상 경합적이던 간에 임의로 진술한 것이 아니라고 의심할 만한 이유가 있을 때에는 이를 유죄의 증거로 하지 못할 것임은 분명하다. 따라서 이 건을 일건 기록에 비추어 개관하면 **피고인이 1981.8.4부터 적법한 절차에 따른 법관의 구속영장이 발부 집행된 1981.8.17까지 불법적으로 신체구속이 장기화된** 사실을 인정하기에 충분하므로 1심 판결에서 언급한 이건 수사경찰관의 피고인에 대한 고문이나 잠을 재우지 않는 등 경합된 진술의 자유를 침해하는 위법사유를 아울러 고려한다면 피고인의 경찰에서의 이건 공소사실에 부합하는 자백진술은 피고인 이 증거로 함에 동의 유무를 불구하고 유죄의 증거로 할 수 없음은 헌법 제11조, 형사소송법제309조 등의 법이념상 당연한 해석귀결이다.

**4-2 [비교판례] [대판 83도1718]** [경찰에서의 부당한 신체구속과 검찰에서의 진술의 임의성] 설사 경찰에서 부당한 신체구속을 당하였다 하더라도 검사 앞에서의 피고인의 진술에 임의성이 인정된다면 **그와 같은 부당한 신체구속이 있었다는 사유만으로 검사가 작성한 피의자 신문조서의 증거능력이 상실된다고 할 수 없다.**

**4-3 [비교판례] [대판 84도1846]** [수사기관에 **영장없이 연행되어 약 40일간 조사**를 받아오다가 구속 송치된 후 검사 앞에서 한 자백이지만 특히 신빙할 수 있는 상태에서 행해진 임의성있는 진술이라고 본 사례] 피고인이 국가보안법위반 등의 혐의를 받고 수사기관에 영장없이 연행되어 약 40일간 조사를 받다가 구속 영장에 의하여 구속되고 검찰에 송치된 후 약 1개월간에 걸쳐 검사로부터 4회 신문을 받으면서 범죄사실을 자백한 경우라도, 피고인이 1,2심 법정에서 검사로부터 폭행·협박등 부당한 대우를 받음이 없이 자유스러운 분위기에서 신문을 받았다고 진술하고 있고 검찰에 송치된 후 4차의 신문을 받으면서 범행의 동기와 경위에 관하여 소상하게 진술을 하고 있고 일부 신문에 대하여는 부인하고 변명한 부분도 있으며 그 자백내용이 원심인용의 다른 증거들에서 나타난 객관적 사실과도 일치하고 있다면 피고인들의 연령, 학력 등 기록에 나타난 **제반사정에 비추어 피고인의 검사 앞에서의 자백은 특히 신빙할 수 있는 상태 하에서 행하여진 임의성 있는 진술이라고 볼 수 있다.**

# 42 위법수집증거배제법칙(1)
## — 위법하게 수집한 '비진술증거물'에 대한 증거능력 —

* 대법원 2007. 11. 15. 선고 2007도3061 전원합의체 판결
* 참조조문: 헌법 제12조 제1항,[1] 형사소송법 제308조의2[2]

> 헌법과 형사소송법이 정한 절차를 위반하여 수집한 압수물과 이를 기초로 획득한 2차적 증거의 증거능력 유무 및 그 판단 기준

●**사실**● 제주지사 선거와 관련하여 제주도청 소속 공무원들과 현직 도지사 및 선거운동본부 책임자 X는 공모하여 방송사 토론회 대담자료를 작성하고 예행연습을 하는 등 선거운동에 참여하였다는 공직선거법 위반의 내용으로 기소되었다. 검사는 도지사실 및 도지사 정책특보가 사용하던 사무실을 수색하는 과정에서 **그곳을 방문한** 도지사 비서관이 소지한 서류뭉치를 압수하고 그 안에 있는 관련 서류들을 주요 증거로 제시하였다. X 등은 검사의 압수·수색은 영장의 효력이 미치는 범위나 영장의 제시 및 집행에 관한 사전통지와 참여, 압수목록의 작성·교부 등에 관한 적법절차를 따르지 않은 위법한 것으로 이를 통해 수집된 2차 증거도 증거능력이 없다고 주장하였다(당시 수사관이 받은 영장에 기재된 압수 대상물은 비서실장의 사무실 내 '보관 중'인 자료에 한정되었고, 수사관들은 사무실에 있던 비서실장에게는 압수·수색영장을 제시하였지만 사무실로 이 사건 압수물을 들고 온 비서관에 대해서는 압수하면서 따로 압수·수색영장을 제시하지 않았었다. 그리고 압수한 압수물의 목록은 작성월일이 누락된 채 일부 사실에 부합하지 않는 내용으로 작성되어 압수·수색이 종료된 지 5개월이 지난 뒤에 교부되었다.【21】참조). 하지만 원심은 종래의 법원의 입장에 따라 **압수절차가 위법하더라도 압수물의 증거능력은 인정된다**는 이유를 들어 피고인들에 대한 공소사실 대부분을 유죄로 판단하였다. 이에 X 등이 상고하였다.

●**판지**● 파기환송. 「[1] [다수의견] (가) 기본적 인권 보장을 위하여 압수수색에 관한 적법절차와 영장주의의 근간을 선언한 헌법과 이를 이어받아 실체적 진실 규명과 개인의 권리보호 이념을 조화롭게 실현할 수 있도록 압수수색절차에 관한 구체적 기준을 마련하고 있는 형사소송법의 규범력은 확고히 유지되어야 한다. 그러므로 **헌법과 형사소송법이 정한 절차**에 따르지 아니하고 수집한 증거는 기본적 인권 보장을 위해 마련된 **'적법한 절차'**에 따르지 않은 것으로서 **원칙적으로 유죄 인정의 증거로 삼을 수 없다.** 수사기관의 위법한 압수수색을 억제하고 재발을 방지하는 가장 효과적이고 확실한 대응책은 이를 통하여 수집한 증거는 물론 이를 기초로 하여 획득한 **2차적 증거를 유죄 인정의 증거로 삼을 수 없도록** 하는 것이다.

다만, (나) 법이 정한 절차에 따르지 아니하고 수집한 압수물의 증거능력 인정 여부를 최종적으로 판단함에 있어서는, **실체적 진실 규명을 통한 정당한 형벌권의 실현도** 헌법과 형사소송법이 형사소송 절차를 통하여 달성하려는 중요한 목표이자 이념이므로, **형식적으로 보아** 정해진 절차에 따르지 아니하고 수집한 증거라는 이유만을 내세워 **획일적으로 그 증거의 증거능력을 부정**하는 것 역시 헌법과 형사소송법이 형사소송에 관한 절차 조항을 마련한 취지에 맞는다고 볼 수 없다. (다) 따라서 수사기관의 증거 수집 과정에서 이루어진 절차 위반행위와 관련된 **모든 사정** 즉, 절차 조항의 취지와 그 위반

---

1) 헌법 제12조 ① 모든 국민은 신체의 자유를 가진다. 누구든지 법률에 의하지 아니하고는 체포·구속·압수·수색 또는 심문을 받지 아니하며, **법률과 적법한 절차에 의하지 아니하고는** 처벌·보안처분 또는 강제노역을 받지 아니한다.

2) 형사소송법 제308조의2(위법수집증거의 배제) **적법한 절차에 따르지 아니하고** 수집한 증거는 증거로 할 수 없다. [본조신설 2007.6.1.]

의 내용 및 정도, 구체적인 위반 경위와 회피가능성, 절차 조항이 보호하고자 하는 권리 또는 법익의 성질과 침해 정도 및 피고인과의 관련성, 절차 위반행위와 증거수집 사이의 인과관계 등 관련성의 정도, 수사기관의 인식과 의도 등을 **전체적·종합적으로** 살펴 볼 때, (라) 수사기관의 절차 위반행위가 적법절차의 실질적인 내용을 침해하는 경우에 해당하지 아니하고, **오히려 그 증거의 증거능력을 배제하는 것이** 헌법과 형사소송법이 형사소송에 관한 절차 조항을 마련하여 적법절차의 원칙과 실체적 진실 규명의 조화를 도모하고 이를 통하여 **형사 사법 정의를 실현하려 한 취지에 반하는 결과를 초래하는 것으로 평가되는 예외적인 경우라면, 법원은 그 증거를 유죄 인정의 증거로 사용할 수 있다고 보아야 한다.** (마) 이는 적법한 절차에 따르지 아니하고 수집한 증거를 기초로 하여 획득한 2차적 증거의 경우에도 마찬가지여서, 절차에 따르지 아니한 증거 수집과 2차적 증거 수집 사이 **인과관계의 희석 또는 단절 여부**를 중심으로 2차적 증거 수집과 관련된 모든 사정을 전체적·종합적으로 고려하여 **예외적인 경우에는 유죄 인정의 증거로 사용할 수 있다.**

[2] 피고인 측에서 검사가 제주지사실에 대한 압수수색 결과 수집한 증거물이 적법절차를 위반하여 수집한 것으로 증거능력이 없다고 다투고 있음에도 불구하고, 주장된 위법사유 중 영장에 압수할 물건으로 기재되지 않은 물건의 압수, 영장 제시 절차의 누락, 압수목록 작성·교부 절차의 현저한 지연 등으로 적법절차의 실질적인 내용을 침해하였는지 여부 등에 관하여 충분히 심리하지 아니한 채 **압수 절차가 위법하더라도 압수물의 증거능력은 인정된다는 이유만으로 압수물의 증거능력을 인정한 것은 위법하다」.**

●**해설●** 1 대상판결의 의의　　　　　　　 대상판결은 한국 위법수집증거배제법칙의 지평을 변화시킨 판결로 유명하다. 이후 형사소송법은 2008년 발효된 개정 형사소송법상 제308조의 2를 통해 위법수집증거배제법칙을 명문으로 인정하였다. **위법수집증거배제법칙**(exclusionary rule)은 미국 증거법 원칙 중 대표적인 것으로 그 도입에 의미가 크다. 대상판결은 이 규정이 신설되어 2008년 1월 시행되기 직전에 나와 많은 주목을 받았었다. 종래 법원은 **진술증거**에 대해서는 일찍부터 위법수집증거배제법칙을 받아들여 왔으나(대판 92도682, Ref 2.11−1)(【10】참조), '비진술증거'의 경우에는 그러하지 못했다. 즉 판례는 기존의 「압수물은 압수절차가 **위법하더라도 물건 자체의 성질, 형상에 변경을 가져오는 것은 아니어서** 형상 등에 관한 증거가치에는 변함이 없다」(대판 2004도4731)[3)]고 하여 '**비진술증거**'에 대해서는 일관되게 증거능력을 인정하여 왔었다(**성질·형상불변론**). (1) 그러나 대법원은 대상판결에서 입장을 변경하여 **비진술증거인 '압수물'**의 경우에도 위법한 절차에 따라 수집한 경우에는 **증거능력을 부정**한 것이다(위법수사의 억제 측면에서 본 판결은 상당한 의미를 가지며, 이후 제308조의2라는 실정법적 근거가 들어오게 된다). (2) 또한 대상판결에서는 위법수집증거의 파생증거의 증거능력도 부정되어야 하는 '**독수과실의 원리**'도 수용하고 있다. 특히 다수의견은 '독수과실' 배제의 판단은 위법수집증거와 파생증거 사이의 "인과관계 희석 또는 단절 여부"를 중심으로 이루어져야 함을 밝히고 있다(미국 연방대법원이 확립한 독수과실의 원리와 그 예외를 우리 대법원이 명시적으로 수용했다).

2 이와 같이 (1) 대법원은 「**헌법과 형사소송법이 정한 절차**에 따르지 아니하고 수집한 증거는 기본적

---

3) 이 판결에서 법원은 「군산경찰서 방범과 소속 경찰관들이 2002.5.2. 주류 판매여부를 확인하기 위하여 무단으로 피고인의 노래연습장을 검색하면서 적법한 압수절차를 거치지 아니하고 플라스틱 통에 들어 있던 음료를 취거한 사실은 인정되나, 압수물은 압수절차가 위법하다 하더라도 그 물건자체의 성질, 형태에 변경을 가져오는 것은 아니어서 그 **형태, 성질 등에 관한 증거가치에는 변함이 없어 증거능력이 있다」**고 판단하였다(대판 2004도4731).

인권 보장을 위해 마련된 **적법한 절차**에 따르지 않은 것으로서 **원칙적으로 유죄 인정의 증거로 삼을 수 없다**고 하여 위법수집증거의 '원칙적 배제'를 선언하고 있다. 하지만 (2) 위법의 정도가 **경미한 경우**까지 증거능력을 부정하는 것은 실체적 진실 발견이라는 형사소송의 이념에 비추어 부당하다. 따라서 「절차에 따르지 아니한 증거 수집과 2차적 증거 수집 사이 인과관계의 **희석 또는 단절** 여부를 중심으로 2차적 증거 수집과 관련된 모든 사정을 전체적 · 종합적으로 고려하여 **예외적인 경우에는 유죄 인정의 증거로 사용할 수 있다**」고 판시하여 예외적 증거능력 부여 가능성을 인정한다. 이는 적법절차에 위배되는 행위의 영향이 차단되거나 소멸된 상태에서 수집한 증거는 그 증거능력을 인정하더라고 **적법절차의 실질적 내용**에 대한 침해는 아니라고 본 것이다. 이와 같이 위법수집증거배제법칙은 증거수집의 절차에 '**중대한 위법**'이 있는 경우에 한하여 적용된다('예외적 허용').

**3 위법수집증거배제법칙의 근거**    위법수집증거배제법칙이란 위법한 절차에 의하여 수집된 증거의 증거능력을 부정하는 증거법칙이다(위법수집증거배제 법리는 수사기관의 행위를 형사절차에서 증거배제라는 특별한 수단으로 제어하고자 하는 것을 핵심적 내용으로 하고 있다). 이 법칙의 근거는 ㉠ **적법절차의 보장**을 통한 사법의 염결성(廉潔性 · judicial integrity)과 재판의 공정 그리고 ㉡ **위법수사의 억제**(deterrence)에 있다고 본다. 형사소송법의 이념인 실체진실의 발견도 적법절차에 의하여 행하여질 것을 요구한다(헌법재판소는 「적법절차의 원칙은 법치주의의 구체적 실현원리로서 국민의 기본권을 제한함에 있어 그 절차는 법률로 정하여져야 할 뿐만 아니라 그 법률의 내용 역시 합리성과 정당성을 갖추어야 함을 의미한다」고 설시한다(헌재 2007헌바105). 헌법재판소는 적법절차의 내용 중 중요한 것으로 '고지'의무와 '청문'권을 들고 있으며, 구체적 내용 및 정도와 관련하여서는 여러 가지 사정을 형량하는 '비례성의 원칙'을 적용하고 있다). 하지만 위법수집증거배제법칙에 대한 비판도 크다. 무엇보다 신용성 있는 증거를 잃게 되어 실체적 진실이 가려질 수 있다는 점과 명백히 유죄인 범죄인을 풀어주는 것은 일반인의 법감정과 거리가 멀다는 점이다.[4]

**4 '중대한 위법'의 유형 및 대상판결**        앞서 설명한 바와 같이, 위법수집증거배제법칙은 증거수집의 절차에 **'중대한 위법'**이 있는 경우에 **'한정'**된다. 중대한 위법이 이루어진 대표적 예로는 ① 영장주의를 위반하여 수집한 증거(Ref 1), ② 변호인과의 '접견교통권'을 침해하여 수집한 증거(대판 2010도3359, Ref 2.6−1), ③ '진술거부권'을 고지하지 않고 작성된 피의자신문조서(Ref 2−11) 등이 있다. ④ 그러나 **'사소한 절차위반'**은 그 증거능력에 영향을 미치지 않는다(Ref 3). 대상판결에서 피고인들은 검사가 실시한 압수수색은 절차적으로 중대한 위법이 있었고 따라서 이를 통해 수집된 이 사건 압수물을 유죄 인정의 증거로 삼아서는 안 된다고 주장하였다. 이점이 이 사건의 가장 핵심적 쟁점이 되었다. 성상불변론에 근거하여 비진술증거에 대해서 증거능력을 인정하여 왔던 대법원이 대상판결에서 기존의 입장을 바꾸어 비진술증거인 **'압수물'**의 경우에도 위법하게 증거를 수집하였다면 **증거능력이 부정된다**고 판시한 것이다

**5 위법수집증거와 증거동의 및 탄핵증거**        (1) 위법하게 수집된 증거가 **동의에 의하여 증거능력**이

---

4) 이와 관련된 미연방 대법원 판사 카도조의 말이 있다. "경찰관이 실수했다는 이유로 법죄인은 풀려나게 된다. 방은 불법적으로 수색되었고, 사체는 발견되었다. …… 프라이버시는 침해되었고, 살인자는 풀려난다."(People v. Defore, 150 N.E. 585, 587−588(N.Y. 1926) (Cardozo, J.)

인정될 수 있는지가 문제되나 판례는 이를 부정한다. 「형사소송법 제217조 제2항, 제3항에 위반하여 압수수색영장을 청구하여 이를 발부받지 아니하고도 즉시 반환하지 아니한 압수물은 이를 유죄 인정의 증거로 사용할 수 없는 것이고, 헌법과 형사소송법이 선언한 영장주의의 중요성에 비추어 볼 때 피고인이나 변호인이 **이를 증거로 함에 동의하였다고 하더라도 달리 볼 것은 아니다**」(대판 2009도11401).5) (2) 또한 증거능력 없는 위법수집증거는 **탄핵증거**로도 사용은 허용되지 않는다.

## Reference 1
### *'영장주의'를 위반하여 수집한 증거의 증거능력*

**1-1 [대판 2017도13458]** [영장 발부의 사유로 된 범죄 **혐의사실과 무관한 별개의 증거를 압수**하였을 경우, 이를 유죄 인정의 증거로 사용할 수 있는지 여부(원칙적 소극)] (가) 형사소송법 제215조 제1항은 "검사는 범죄수사에 필요한 때에는 피의자가 죄를 범하였다고 의심할 만한 정황이 있고 해당 사건과 관계가 있다고 인정할 수 있는 것에 한정하여 지방법원판사에게 청구하여 발부받은 영장에 의하여 압수, 수색 또는 검증을 할 수 있다."라고 정하고 있다. 따라서 영장 발부의 사유로 된 범죄 **혐의사실과 무관한 별개의 증거를 압수하였을 경우** 이는 원칙적으로 유죄 인정의 증거로 사용할 수 없다. 그러나 압수·수색의 목적이 된 범죄나 이와 관련된 범죄의 경우에는 그 압수·수색의 결과를 유죄의 증거로 사용할 수 있다.

**1-2 [대판 2013도11233]** (가) 압수·수색은 영장 발부의 사유로 된 범죄 혐의사실과 관련된 증거에 한하여 할 수 있으므로, 영장 발부의 사유로 된 범죄 혐의사실과 무관한 **별개의 증거**를 압수하였을 경우 이는 **원칙적으로 유죄 인정의 증거로 사용할 수 없다.** (나) 다만 수사기관이 별개의 증거를 피압수자 등에게 **환부하고** 후에 임의제출받아 **다시 압수**하였다면 증거를 압수한 최초의 절차 위반행위와 최종적인 증거수집 사이의 **인과관계가 단절**되었다고 평가할 수 있으나, (다) 환부 후 다시 제출하는 과정에서 **수사기관의 우월적 지위**에 의하여 임의제출 명목으로 실질적으로 강제적인 압수가 행하여질 수 있으므로, 제출에 임의성이 있다는 점에 관하여는 검사가 합리적 의심을 배제할 수 있을 정도로 증명하여야 하고, 임의로 제출된 것이라고 볼 수 없는 경우에는 증거능력을 인정할 수 없다.

**2-1 [대판 2016도8137]** [카카오톡 감청사건] [수사기관으로부터 집행을 위탁받은 통신기관 등이 **통신제한조치허가서에 기재된 사항을 준수하지 아니하고** 통신제한조치를 집행하여 취득한 전기통신의 내용 등은 위법수집증거로서 증거능력이 부정되는지 여부(적극)] (가) 통신제한조치허가서에는 통신제한조치의 종류·목적·대상·범위·기간 및 집행 장소와 방법을 특정하여 기재하여야 하고(통신비밀보호법 제6조 제6항), 수사기관은 허가서에 기재된 허가의 내용과 범위 및 집행방법 등을 준수하여 통신제한조치를 집행하여야 한다. 이때 수사기관은 통신기관 등에 통신제한조치허가서의 사본을 교부하고 집행을 위탁할 수 있으나(통신비밀보호법 제9조 제1항, 제2항), 그 경우에도 집행의 위탁을 받은 통신기관 등은 수사기관이 직접 집행할 경우와 마찬가지로 허가서에 기재된 집행방법 등을 준수하여야 함은 당연하다. 따라서 허가된 통신제한조치의 종류가 전기통신의 '감청'인 경우, 수사기관 또는 수사기관으로부터 통신제한조치의 집행을 위탁받은

---

5) 이와 같이, 위법수집증거는 증거동의의 대상이 될 수 없으나 판례는 **예외적으로** ㉠ 공판정에서 이미 증언을 마친 증인을 검사가 소환하여 이를 번복시킨 **증언번복진술조서**(대판 99도1108, 【34】참조)나 ㉡ 증거보전절차에서 피의자·변호인에게 증인신문에 참여기회를 주지 아니한 **증인신문조서**(대판 86도1646)의 경우에 증거동의를 하면 **증거능력을 인정**하고 있다.

통신기관 등은 통신비밀보호법이 정한 감청의 방식으로 집행하여야 하고 그와 다른 방식으로 집행하여서는 아니 된다. 한편 수사기관이 통신기관 등에 통신제한조치의 **집행을 위탁하는** 경우에는 집행에 필요한 설비를 제공하여야 한다(통신비밀보호법 시행령 제21조 제3항). (나) 그러므로 수사기관으로부터 통신제한조치의 집행을 위탁받은 통신기관 등이 집행에 필요한 설비가 없을 때에는 수사기관에 설비의 제공을 요청하여야 하고, **그러한 요청 없이 통신제한조치허가서에 기재된 사항을 준수하지 아니한 채 통신제한조치를 집행하였다면**, 그러한 집행으로 취득한 전기통신의 내용 등은 헌법과 통신비밀보호법이 국민의 기본권인 통신의 비밀을 보장하기 위해 마련한 **적법한 절차를 따르지 아니하고 수집한 증거에 해당**하므로(형사소송법 제308조의2), 이는 유죄 인정의 증거로 할 수 없다.

2-2 [대판 2010도9016] 수사기관이 공소외인으로부터 피고인의 이 사건 공소사실 범행에 대한 진술을 들은 다음 추가적인 증거를 확보할 목적으로 **구속 수감되어 있던 공소외인에게 그의 압수된 휴대전화를 제공**하여 그로 하여금 피고인과 통화하고 피고인의 이 사건 공소사실 범행에 관한 통화 내용을 녹음하게 한 것이라 할 것이고, 이와 같이 수사기관이 구속 수감된 자로 하여금 피고인의 범행에 관한 통화 내용을 녹음하게 한 행위는 수사기관 스스로가 주체가 되어 **구속 수감된 자의 동의만을 받고 상대방인 피고인의 동의가 없는 상태**에서 그들의 통화 내용을 녹음한 것으로서 범죄수사를 위한 통신제한조치의 허가 등을 받지 아니한 **불법감청에 해당**한다고 보아야 할 것이므로, 그 녹음 자체는 물론이고 이를 근거로 작성된 이 사건 수사보고의 기재 내용과 첨부 녹취록 및 첨부 mp3파일도 모두 피고인과 변호인의 증거동의에 상관없이 증거능력이 없다고 할 것이다.

3 [대판 2015도10648] [형사소송법 등에서 정한 **절차에 따르지 않고 수집된 증거**를 유죄 인정의 증거로 삼을 수 있는지 여부(원칙적 소극)] 수사기관이 갑 주식회사에서 압수수색영장을 집행하면서 갑 회사에 **팩스로 영장 사본을 송신**하기만 하고 영장 원본을 제시하거나 압수조서와 압수물 목록을 작성하여 피압수·수색 **당사자에게 교부하지도 않은 채** 피고인의 이메일을 압수한 후 이를 증거로 제출한 사안에서, 위와 같은 방법으로 압수된 이메일은 증거능력이 없다고 본 원심판단을 수긍한 사례.

4 [대판 2014도8719] [수출입물품을 검사하는 과정에서 **마약류가 감추어져** 있다고 밝혀지거나 그러한 의심이 드는 경우, 「마약류 불법거래 방지에 관한 특례법」 제4조 제1항에 따라 검사의 요청으로 세관장이 행하는 조치에 **영장주의 원칙**이 적용되는지 여부(한정 적극)] (가) 수사기관에 의한 압수·수색의 경우 헌법과 형사소송법이 정한 적법절차와 영장주의 원칙은 법률에 따라 허용된 예외사유에 해당하지 않는 한 관철되어야 한다. (나) 세관공무원이 수출입물품을 검사하는 과정에서 마약류가 감추어져 있다고 밝혀지거나 그러한 의심이 드는 경우, 검사는 마약류의 분산을 방지하기 위하여 충분한 감시체제를 확보하고 있어 수사를 위하여 이를 외국으로 반출하거나 대한민국으로 반입할 필요가 있다는 요청을 세관장에게 할 수 있고, 세관장은 그 요청에 응하기 위하여 필요한 조치를 할 수 있다(「마약류 불법거래 방지에 관한 특례법」 제4조 제1항). (다) 그러나 이러한 조치가 수사기관에 의한 압수·수색에 해당하는 경우에는 영장주의 원칙이 적용된다. (라) 물론 수출입물품 통관검사절차에서 이루어지는 물품의 개봉, 시료채취, 성분분석 등의 검사는 수출입물품에 대한 적정한 통관 등을 목적으로 조사를 하는 것으로서 이를 수사기관의 강제처분이라고 할 수 없으므로, 세관공무원은 압수·수색영장 없이 이러한 검사를 진행할 수 있다. (마) 세관공무원이 통관검사를 위하여 직무상 소지하거나 보관하는 물품을 수사기관에 임의로 제출한 경우에는 비록 소유자의 동의를 받지 않았더라도 수사기관이 강제로 점유를 취득하지 않은 이상 해당 물품을 압수하였다고 할 수 없다.

(바) 그러나 「마약류 불법거래 방지에 관한 특례법」 제4조 제1항에 따른 조치의 일환으로 특정한 수출입물품을 개봉하여 검사하고 그 내용물의 점유를 취득한 행위는 위에서 본 수출입물품에 대한 적정한 통관 등을 목적으로 조사를 하는 경우와는 달리, **범죄수사인 압수 또는 수색에 해당하여 사전 또는 사후에 영장을 받아야 한다.**

5 [대판 2013도7718] [우편물 통관검사절차에서 압수·수색영장 없이 진행된 우편물의 개봉, 시료채취, 성분분석 등 검사의 적법 여부(원칙적 적극)] 관세법이 관세의 부과·징수와 아울러 수출입물품의 통관을 적정하게 함을 목적으로 한다는 점(관세법 제1조)에 비추어 보면, 우편물 통관검사절차에서 이루어지는 우편물의 개봉, 시료채취, 성분분석 등의 검사는 수출입물품에 대한 적정한 통관 등을 목적으로 한 **'행정조사'의 성격을 가지는 것으로서 수사기관의 강제처분이라고 할 수 없으므로,** 압수·수색영장 없이 우편물의 개봉, 시료채취, 성분분석 등 검사가 진행되었다 하더라도 특별한 사정이 없는 한 위법하다고 볼 수 없다.

6 [대판 2013도7101] [수사기관이 **피의자 甲의 공직선거법 위반** 범행을 영장 범죄사실로 하여 발부받은 압수·수색영장의 집행 과정에서 혐의사실과 무관한 乙, 丙 **사이의 대화가 녹음된 녹음파일**을 압수하여 乙, 丙의 공직선거법 위반 혐의사실을 발견한 사안에서, **별도의 압수·수색영장을 발부받지 않고 압수**한 위 녹음파일은 위법수집증거로서 증거능력이 없다.

7 [대판 2011도15258] [**영장이나 감정처분허가장 없이 채취한 혈액**을 이용한 혈중알코올농도 감정 결과의 증거능력 유무(원칙적 소극) 및 피고인 등의 동의가 있더라도 마찬가지인지 여부(적극)] 수사기관이 법원으로부터 영장 또는 감정처분허가장을 발부받지 아니한 채 피의자의 동의 없이 피의자의 신체로부터 혈액을 채취하고 사후에도 지체 없이 영장을 발부받지 아니한 채 혈액 중 알코올농도에 관한 감정을 의뢰하였다면, 이러한 과정을 거쳐 얻은 감정의뢰회보 등은 형사소송법상 영장주의 원칙을 위반하여 수집하거나 그에 기초하여 획득한 증거로서, 원칙적으로 절차위반행위가 적법절차의 실질적인 내용을 침해하여 피고인이나 변호인의 동의가 있더라도 유죄의 증거로 사용할 수 없다.

8 [대판 2009도11401] [**긴급체포 시 압수한 물건**에 관하여 형사소송법 제217조 제2항, 제3항의 규정에 의한 압수수색영장을 발부받지 않고도 즉시 반환하지 않은 경우, 그 증거능력 유무 및 증거동의에 의하여 증거능력이 인정되는지 여부(소극)] (가) 형사소송법 제216조 제1항 제2호, 제217조 제2항, 제3항은 사법경찰관은 형사소송법 제200조의3(긴급체포)의 규정에 의하여 피의자를 체포하는 경우에 필요한 때에는 영장 없이 체포현장에서 압수·수색을 할 수 있고, (나) 압수한 물건을 계속 압수할 필요가 있는 경우에는 **지체 없이 압수수색영장을 청구**하여야 하며, (다) 청구한 압수수색영장을 발부받지 못한 때에는 **압수한 물건을 즉시 반환**하여야 한다고 규정하고 있는바, (라) 형사소송법 제217조 제2항, 제3항에 위반하여 압수수색영장을 청구하여 이를 발부받지 아니하고도 즉시 반환하지 아니한 압수물은 이를 유죄 인정의 증거로 사용할 수 없는 것이고, (마) 헌법과 형사소송법이 선언한 영장주의의 중요성에 비추어 볼 때 **피고인이나 변호인이 이를 증거로 함에 동의하였다고 하더라도 달리 볼 것은 아니다.

9 [대판 2009도10412] [검사가 **'공소제기 후'** 형사소송법 제215조에 따라 **수소법원 이외의 지방법원 판사로부터** 발부받은 압수·수색 영장에 의해 수집한 증거의 증거능력 유무(원칙적 소극)] 형사소송법은 제215

조에서 검사가 압수·수색 영장을 청구할 수 있는 시기를 공소제기 전으로 명시적으로 한정하고 있지는 아니하나, 헌법상 보장된 적법절차의 원칙과 재판받을 권리, 공판중심주의·당사자주의·직접주의를 지향하는 현행 형사소송법의 소송구조, 관련 법규의 체계, 문언 형식, 내용 등을 종합하여 보면, 일단 공소가 제기된 후에는 피고사건에 관하여 검사로서는 형사소송법 제215조에 의하여 압수·수색을 할 수 없다고 보아야 하며, 그럼에도 검사가 공소제기 후 형사소송법 제215조에 따라 **수소법원 이외의 지방법원 판사**에게 청구하여 발부받은 영장에 의하여 압수·수색을 하였다면, 그와 같이 수집된 증거는 기본적 인권 보장을 위해 마련된 적법한 절차에 따르지 않은 것으로서 원칙적으로 유죄의 증거로 삼을 수 없다.

### *임의제출물과 영장주의*

10 [대판 2009도10092] [형사소송법 제218조를 위반하여 소유자, 소지자 또는 보관자가 **아닌 자로부터 제출받은 물건**을 영장없이 압수한 경우] [1] 형사소송법 제218조는 '사법경찰관은 소유자, 소지자 또는 보관자가 임의로 제출한 물건을 영장없이 압수할 수 있다'고 규정하고 있는바, 위 규정을 위반하여 소유자, 소지자 또는 보관자가 아닌 자로부터 제출받은 물건을 영장없이 압수한 경우 그 압수물 및 압수물을 찍은 사진은 이를 유죄 인정의 증거로 사용할 수 없는 것이고, 헌법과 형사소송법이 선언한 영장주의의 중요성에 비추어 볼 때 피고인이나 변호인이 이를 증거로 함에 동의하였다고 하더라도 달리 볼 것은 아니다. [2] 충청남도 금산경찰서 소속 경사 공소외 1은 피고인 소유의 쇠파이프를 피고인의 주거지 앞마당에서 발견하였으면서도 **그 소유자, 소지자 또는 보관자가 아닌 피해자 A로부터 임의로 제출받는 형식**으로 위 쇠파이프를 압수하였고, 그 후 압수물의 사진을 찍은 사실, 공판조서의 일부인 제1심 증거목록상 피고인이 위 사진(증 제4호의 일부)을 증거로 하는 데 동의한 것으로 기재되어 있는 사실을 알 수 있는바, 앞서 본 법리에 비추어 보면, 이 사건 압수물과 그 사진은 형사소송법상 영장주의 원칙을 위반하여 수집하거나 그에 기초한 증거로서 그 절차 위반행위가 적법절차의 실질적인 내용을 침해하는 정도에 해당한다고 할 것이므로, **피고인의 증거동의에도 불구하고 위 사진은 이 사건 범죄사실을 유죄로 인정하는 증거로 사용할 수 없다**고 할 것이다.

11 [대판 2008도763] 압수·수색영장은 처분을 받는 자에게 반드시 제시하여야 하는바, 현장에서 압수·수색을 당하는 사람이 여러 명일 경우에는 그 사람들 모두에게 개별적으로 영장을 제시해야 하는 것이 원칙이다. 수사기관이 압수·수색에 착수하면서 그 장소의 관리책임자에게 영장을 제시하였다고 하더라도, 물건을 소지하고 있는 다른 사람으로부터 이를 압수하고자 하는 때에는 그 사람에게 **따로 영장을 제시하여야** 한다. cf) 하지만 피처분자가 현장에 없거나 현장에서 그를 발견할 수 없는 경우 등 **영장제시가 현실적으로 불가능한 경우**에는 영장을 제시하지 아니한 채 압수·수색을 하더라도 위법하다고 볼 수 없다(대판 2014도10978 전원합의체).

### *사후영장을 받지 않은 경우*

12-1 [대판 2008도10914] 음란물 유포의 범죄혐의를 이유로 압수수색영장을 발부받은 사법경찰관이 피고인의 주거지를 수색하는 과정에서 **대마를 발견하자**, 피고인을 마약류관리에 관한 법률 위반죄의 **현행범으로 체포하면서 대마를 압수하였으나 그 다음날 피고인을 석방하고도 사후 압수수색영장을 발부받지 않은 사안**에서, 위 압수물과 압수조서는 형사소송법상 영장주의를 위반하여 수집한 증거로서 증거능력이 부정된다.

12-2 [대판 90도1263] 사법경찰관 작성의 검증조서의 작성이 범죄현장에서 급속을 요한다는 이유로 압수수색 영장없이 행하여졌는데 그 후 법원의 **사후 영장을 받은 흔적이 없다면** 유죄의 증거로 쓸 수 없다.

13 [대판 2000도5701] [긴급체포가 요건을 갖추지 못하여 위법한 체포에 해당하는 경우 및 위법한 체포에 의한 유치 중에 작성된 피의자신문조서의 증거능력 유무(소극)] 긴급체포는 영장주의원칙에 대한 예외인 만큼 형사소송법 제200조의3 제1항의 요건을 모두 갖춘 경우에 한하여 예외적으로 허용되어야 하고, 요건을 갖추지 못한 긴급체포는 법적 근거에 의하지 아니한 영장 없는 체포로서 위법한 체포에 해당하는 것이고, 여기서 긴급체포의 요건을 갖추었는지 여부는 사후에 밝혀진 사정을 기초로 판단하는 것이 아니라 **체포 당시의 상황을 기초로 판단**하여야 하고, 이에 관한 검사나 사법경찰관 등 수사주체의 판단에는 상당한 재량의 여지가 있다고 할 것이나, 긴급체포 당시의 상황으로 보아서도 그 요건의 충족 여부에 관한 검사나 사법경찰관의 판단이 경험칙에 비추어 현저히 합리성을 잃은 경우에는 그 체포는 위법한 체포라 할 것이고, 이러한 위법은 영장주의에 위배되는 중대한 것이니 그 체포에 의한 유치 중에 작성된 피의자신문조서는 위법하게 수집된 증거로서 특별한 사정이 없는 한 이를 유죄의 증거로 할 수 없다.

14 [대결 99모161] 형사소송법 제215조에 의한 압수·수색영장은 수사기관의 압수·수색에 대한 허가장으로서 거기에 기재되는 유효기간은 집행에 착수할 수 있는 종기(終期)를 의미하는 것일 뿐이므로, 수사기관이 압수·수색영장을 제시하고 집행에 착수하여 압수·수색을 실시하고 그 집행을 종료하였다면 **이미 그 영장은 목적을 달성하여 효력이 상실**되는 것이고, 동일한 장소 또는 목적물에 대하여 다시 압수·수색할 필요가 있는 경우라면 그 필요성을 소명하여 법원으로부터 새로운 압수·수색영장을 발부 받아야 하는 것이지, 앞서 발부 받은 압수·수색영장의 유효기간이 남아있다고 하여 이를 제시하고 다시 압수·수색을 할 수는 없다.

## Reference 2
## *'적법절차'에 의하지 않고 수집한 증거의 증거능력*

1 [대판 2022도2960] 압수의 대상이 되는 전자정보와 그렇지 않은 전자정보가 혼재된 정보저장매체나 그 복제본을 압수·수색한 수사기관이 정보저장매체 등을 수사기관 사무실 등으로 옮겨 이를 탐색·복제·출력하는 경우, (가) 그와 같은 일련의 과정에서 형사소송법 제219조, 제121조에서 규정하는 피압수·수색 당사자(이하 '피압수자'라 한다)나 변호인에게 **참여의 기회를 보장**하고 압수된 전자정보의 파일 명세가 **특정된 압수목록을 작성·교부**하여야 하며 범죄혐의사실과 무관한 전자정보의 임의적인 복제 등을 막기 위한 적절한 조치를 취하는 등 **영장주의 원칙과 적법절차**를 준수하여야 한다. (나) 만약 그러한 조치가 취해지지 않았다면 피압수자 측이 참여하지 아니한다는 의사를 명시적으로 표시하였거나 절차 위반행위가 이루어진 과정의 성질과 내용 등에 비추어 피압수자 측에 절차 참여를 보장한 취지가 실질적으로 침해되었다고 볼 수 없을 정도에 해당한다는 등의 특별한 사정이 없는 이상 압수·수색이 적법하다고 평가할 수 없고, (다) 비록 수사기관이 정보저장매체 또는 복제본에서 범죄혐의사실과 관련된 전자정보만을 복제·출력하였다 하더라도 달리 볼 것은 아니다. (라) 따라서 수사기관이 피압수자 측에 참여의 기회를 보장하거나 압수한 전자정보 목록을 교부하지 않는 등 **영장주의 원칙과 적법절차를 준수하지 않은 위법한 압수·수색 과정**을 통하여 취득한 증거는 위법수집증거에 해당하고, (마) 사후에 법원으로부터 영장이 발부되었다거나 피고인이나 변호인이 이를 증거로 함에 동의하였다고 하여 위법성이 치유되는 것도 아니다.

2 [대판 2016도17054] 형사재판에서 증거는 법관의 면전에서 진술·심리되어야 한다는 직접주의와 피고인에게 불리한 증거에 대하여 반대신문할 수 있는 권리를 원칙적으로 보장하고 있는데, 이러한 **반대신문권의 보장**은 피고인에게 불리한 주된 증거의 증명력을 탄핵할 수 있는 기회 가 보장되어야 한다는 점에서 형식적·절차적인 것이 아니라 실질적·효과적인 것이어야 한다. 따라서 피고인에게 불리한 증거인 증인이 주신문의 경우와 달리 **반대신문에 대하여는 답변을 하지 아니하는 등** 진술내용의 모순이나 불합리를 그 증인신문 과정에서 드러내어 이를 탄핵하는 것이 사실상 곤란하였고, 그것이 피고인 또는 변호인에게 책임 있는 사유에 기인한 것이 아닌 경우라면, 관계 법령의 규정 혹은 증인의 특성 기타 공판절차의 특수성에 비추어 이를 정당화할 수 있는 특별한 사정이 존재하지 아니하는 이상, 이와 같이 **실질적 반대신문권의 기회가 부여되지 아니한 채** 이루어진 증인의 법정진술은 위법한 증거로서 증거능력을 인정하기 어렵다. 이 경우 피고인의 책문권 포기로 그 하자가 치유될 수 있으나, 책문권 포기의 의사는 명시적인 것이어야 한다.

3 [대판 2013도3790] [**조사과정의 누락**] 피고인이 아닌 자가 수사과정에서 진술서를 작성하였으나 수사기관이 그에 대한 **조사과정을 기록하지 아니하여** 형사소송법 제244조의4 제3항, 제1항에서 정한 절차6)를 위반한 경우, 특별한 사정이 없는 한 '적법한 절차와 방식'에 따라 수사과정에서 진술서가 작성되었다 할 수 없으므로 증거능력을 인정할 수 없다.

4 [대판 2013도2511] [**공개금지사유가 없음에도 '공개금지결정'에 따라 비공개로 진행**된 증인신문절차에 의하여 이루어진 증언의 증거능력 유무(소극)**] 헌법 제27조 제3항 후문, 제109조와 법원조직법 제57조 제1항, 제2항의 취지에 비추어 보면, 헌법 제109조, 법원조직법 제57조 제1항에서 정한 공개금지사유가 없음에도 불구하고 재판의 심리에 관한 공개를 금지하기로 결정하였다면 그러한 공개금지결정은 피고인의 공개재판을 받을 권리를 침해한 것으로서 그 절차에 의하여 이루어진 증인의 증언은 증거능력이 없고, **변호인의 반대신문권이 보장되었더라도 달리 볼 수 없으며**, 이러한 법리는 공개금지결정의 선고가 없는 등으로 공개금지결정의 사유를 알 수 없는 경우에도 마찬가지이다.

5 [대판 2013도1228] [**음주운전과 관련한 도로교통법 위반죄의 범죄수사를 위하여 미성년자인 피의자의 혈액채취가 필요한 경우, 법정대리인이 의사능력 없는 피의자를 대리하여 채혈에 관한 동의를 할 수 있는지 여부(원칙적 소극)**] 형사소송법상 소송능력이란 소송당사자가 유효하게 소송행위를 할 수 있는 능력, 즉 피고인 또는 피의자가 자기의 소송상의 지위와 이해관계를 이해하고 이에 따라 방어행위를 할 수 있는 의사능력을 의미하는데, 피의자에게 의사능력이 있으면 직접 소송행위를 하는 것이 원칙이고, 피의자에게 의사능력이 없는 경우에는 형법 제9조 내지 제11조의 규정의 적용을 받지 아니하는 범죄사건에 한하여 예외적으로 법정대리인이 소송행위를 대리할 수 있다(형사소송법 제26조). 따라서 음주운전과 관련한 도로교통법 위반죄의 범죄수사를 위하여 미성년자인 피의자의 혈액채취가 필요한 경우에도 피의자에게 의사능력이 있다면 **피의자 본인만이 혈액채취에 관한 유효한 동의를 할 수 있고**, 피의자에게 의사능력이 없는 경우에도 명문의 규정이 없는 이상 법정대리인이 피의자를 대리하여 동의할 수는 없다.

---

6) 형사소송법 제244조의4(**수사과정의 기록**) ① 검사 또는 사법경찰관은 피의자가 조사장소에 도착한 시각, 조사를 시작하고 마친 시각, 그 밖에 조사과정의 진행경과를 확인하기 위하여 필요한 사항을 피의자신문조서에 기록하거나 별도의 서면에 기록한 후 수사기록에 편철하여야 한다. ② 제244조제2항 및 제3항은 제1항의 조서 또는 서면에 관하여 준용한다. ③제1항 및 제2항은 피의자가 아닌 자를 조사하는 경우에 준용한다.

**\*변호인과의 '접견교통권을 침해'하여 작성된 피의자신문조서의 증거능력\***

6-1 [대판 2010도3359] 헌법 제12조 제1항, 제4항 본문, 형사소송법 제243조의2 제1항7) 및 그 입법 목적 등에 비추어 보면, 피의자가 변호인의 참여를 원한다는 의사를 명백하게 표시하였음에도 수사기관이 정당한 사유 없이 **변호인을 참여하게 하지 아니한 채 피의자를 신문하여 작성한 피의자신문조서**는 (가) 형사소송법 제312조에 정한 '적법한 절차와 방식'에 위반된 증거일 뿐만 아니라, (나) 형사소송법 제308조의2에서 정한 '적법한 절차에 따르지 아니하고 수집한 증거'에 해당하므로 이를 증거로 할 수 없다.

6-2 [대판 90도1586] [**위법한 변호인접견불허** 기간 중에 작성된 검사 작성의 피의자신문 조서의 증거능력 유무(소극)] 헌법상 보장된 변호인과의 접견교통권이 위법하게 제한된 상태에서 얻어진 피의자의 자백은 그 증거능력을 부인하는 유죄의 증거에서 실질적이고 완전하게 배제하여야 하는 것인바, 피고인이 구속되어 국가안전기획부에서 조사를 받다가 변호인의 접견신청이 불허되어 이에 대한 준항고를 제기 중에 검찰로 송치되어 검사가 피고인을 신문하여 제1회 피의자신문조서를 작성한 후 준항고절차에서 위 접견불허처분이 취소되어 접견이 허용된 경우에는 검사의 피고인에 대한 위 제1회 피의자신문은 변호인의 접견교통을 금지한 위법상태가 계속된 상황에서 시행된 것으로 보아야 할 것이므로 그 피의자신문조서는 증거능력이 없다.

6-3 [대판 2013도16162] [**변호인이 되려는 의사를 표시한 자**가 객관적으로 변호인이 될 가능성이 있는 경우, 신체구속을 당한 피고인 또는 피의자와 접견하지 못하도록 제한할 수 있는지 여부(소극)] 형사소송법 제34조는 "변호인 또는 변호인이 되려는 자는 신체구속을 당한 피고인 또는 피의자와 접견하고 서류 또는 물건을 수수할 수 있으며 의사로 하여금 진료하게 할 수 있다."라고 규정하고 있으므로, 변호인이 되려는 의사를 표시한 자가 객관적으로 변호인이 될 가능성이 있다고 인정되는데도, 형사소송법 제34조에서 정한 '변호인 또는 변호인이 되려는 자'가 아니라고 보아 신체구속을 당한 피고인 또는 피의자와 접견하지 못하도록 제한하여서는 아니 된다.

6-4 [비교판례] [대판 84도846] ['비변호인'과의 접견이 금지된 상태에서 작성된 피의자신문조서의 임의성 유무] 검사의 접견금지 결정으로 (비변호인과) 피고인들의 접견이 제한된 상황 하에서 피의자 신문조서가 작성되었다는 사실만으로 바로 그 조서가 **임의성이 없는 것이라고는 볼 수 없다. cf)** 판례는 **변호인이 아닌 비변호인**과의 접견이 제한된 상황에서 작성된 피의자신문조서는 위법한 절차에서 작성된 것은 아닌 것으로 판단하고 있다.

7 [대판 2005도6810] [**임의동행의 적법요건**] 수사관이 수사과정에서 당사자의 동의를 받는 형식으로 피의자를 수사관서 등에 동행하는 것은, 상대방의 신체의 자유가 현실적으로 제한되어 실질적으로 체포와 유사한 상태에 놓이게 됨에도, 영장에 의하지 아니하고 그 밖에 강제성을 띤 동행을 억제할 방법도 없어서 제도적으로는 물론 현실적으로도 임의성이 보장되지 않을 뿐만 아니라, 아직 정식의 체포·구속단계 이전이라는 이유로 상대방에게 헌법 및 형사소송법이 체포·구속된 피의자에게 부여하는 각종의 권리보장 장치가 제공되지 않는 등 형사소송법의 원리에 반하는 결과를 초래할 가능성이 크므로, 수사관이 동행에 앞서 피의자에게 동행을 거부할 수 있음을 알려 주었거나 동행한 피의자가 언제든지 자유로이 동행과정에서 이탈 또는 동행장소로부터 퇴거할 수 있었음이 인정되는 등 오로지 피의자의 자발적인 의사에 의하여 수사

---

7) 형사소송법 제243조의2(**변호인의 참여 등**) ① 검사 또는 사법경찰관은 피의자 또는 그 변호인·법정대리인·배우자·직계친족·형제자매의 신청에 따라 변호인을 피의자와 접견하게 하거나 정당한 사유가 없는 한 피의자에 대한 신문에 참여하게 하여야 한다.

관서 등에의 동행이 이루어졌음이 객관적인 사정에 의하여 명백하게 입증된 경우에 한하여, 그 적법성이 인정되는 것으로 봄이 상당하다. 형사소송법 제200조 제1항에 의하여 검사 또는 사법경찰관이 피의자에 대하여 임의적 출석을 요구할 수는 있겠으나, 그 경우에도 수사관이 단순히 출석을 요구함에 그치지 않고 일정 장소로의 동행을 요구하여 실행한다면 위에서 본 법리가 적용되어야 하고, 한편 행정경찰 목적의 경찰활동으로 행하여지는 경찰관직무집행법 제3조 제2항 소정의 질문을 위한 동행요구도 형사소송법의 규율을 받는 수사로 이어지는 경우에는 역시 위에서 본 법리가 적용되어야 한다.

8 [대판 2005도5854] [원심의 증인신문절차의 **공개금지결정**이 피고인의 공개재판을 받을 권리를 침해한 것으로서 그 절차에 의하여 이루어진 증인의 증언은 증거능력이 없다고 한 사례] 원심이 증인신문절차의 공개금지사유로 삼은 사정이 '국가의 안녕질서를 방해할 우려가 있는 때'에 해당하지 아니하고, 달리 헌법 제109조, 법원조직법 제57조 제1항[8]이 정한 **공개금지사유를 찾아볼 수도 없어**, 원심의 공개금지결정은 피고인의 공개재판을 받을 권리를 침해한 것으로서 그 절차에 의하여 이루어진 증인의 증언은 증거능력이 없다.

9 [대판 2004도8404] [음주측정과 영장주의] 위법한 체포 상태에서 음주측정요구가 이루어진 경우, 음주측정요구를 위한 위법한 체포와 그에 이은 음주측정요구는 주취운전이라는 범죄행위에 대한 증거 수집을 위하여 연속하여 이루어진 것으로서 **개별적으로 그 적법 여부를 평가하는 것은 적절하지 않으므로 그 일련의 과정을 전체적으로 보아 위법한 음주측정요구가 있었던 것으로 볼 수밖에 없고**, 운전자가 주취운전을 하였다고 인정할 만한 상당한 이유가 있다 하더라도 그 운전자에게 경찰공무원의 이와 같은 위법한 음주측정요구에 대해서까지 그에 응할 의무가 있다고 보아 이를 강제하는 것은 부당하므로 그에 불응하였다고 하여 음주측정거부에 관한 도로교통법 위반죄로 처벌할 수 없다.

10 [대판 99도1108 전원합의체] 공판준비 또는 공판기일에서 이미 증언을 마친 증인을 검사가 소환한 후 피고인에게 유리한 그 증언 내용을 추궁하여 이를 **일방적으로 번복시키는** 방식으로 작성한 진술조서를 유죄의 증거로 삼는 것은 당사자주의 · 공판중심주의 · 직접주의를 지향하는 현행 형사소송법의 소송구조에 어긋나는 것일 뿐만 아니라, 헌법 제27조가 보장하는 기본권, 즉 법관의 면전에서 모든 증거자료가 조사 · 진술되고 이에 대하여 피고인이 공격 · 방어할 수 있는 기회가 실질적으로 부여되는 재판을 받을 권리를 침해하는 것이므로, 이러한 진술조서는 피고인이 증거로 할 수 있음에 동의하지 아니하는 한 그 증거능력이 없다고 하여야 할 것이고, 그 후 원진술자인 종전 증인이 다시 법정에 출석하여 증언을 하면서 그 진술조서의 성립의 진정함을 인정하고 피고인 측에 반대신문의 기회가 부여되었다고 하더라도 그 증언 자체를 유죄의 증거로 할 수 있음은 별론으로 하고 위와 같은 진술조서의 증거능력이 없다는 결론은 달리할 것이 아니다.

### *'진술거부권의 불고지'와 조서의 증거능력*
11-1 [대판 92도682] 공범으로서 별도로 공소제기된 **다른 사건의 피고인 갑**에 대한 수사과정에서 담당 검사가 피의자인 갑과 그 사건에 관하여 대화하는 내용과 장면을 녹화한 비디오테이프에 대한 법원의 검증조서는 이러한 비디오테이프의 녹화내용이 피의자의 진술을 기재한 **피의자신문조서와 실질적으로 같다고 볼**

---

8) 법원조직법 제57조 ① 재판의 심리와 판결은 공개한다. 다만, 심리는 **국가의 안전보장 · 안녕질서** 또는 **선량한 풍속**을 해할 우려가 있는 때에는 결정으로 이를 공개하지 아니할 수 있다

**것이므로** 피의자신문조서에 준하여 그 증거능력을 가려야 한다. 검사가 위 상황의 녹화 당시 위 갑의 진술을 들음에 있어 **동인에게 미리 진술거부권이 있음을 고지한 사실을 인정할 자료가 없으므로** 위 녹화내용은 위법하게 수집된 증거로서 증거능력이 없는 것으로 볼 수밖에 없고, 따라서 이러한 녹화내용에 대한 법원의 검증조서 기재는 유죄증거로 삼을 수 없다.

**11-2 [대판 2008도8213]** [**수사기관의 피의자에 대한 조사 과정에서 작성된 '진술조서'나 '진술서' 등의 취급 및 진술거부권을 고지하지 않은 상태**에서 행해진 피의자 진술의 증거능력] 피의자의 진술을 녹취 내지 기재한 서류 또는 문서가 수사기관에서의 조사 과정에서 작성된 것이라면, 그것이 '**진술조서, 진술서, 자술서**'라는 형식을 취하였다고 하더라도 피의자신문조서와 달리 볼 수 없다. 형사소송법이 보장하는 피의자의 진술거부권은 헌법이 보장하는 형사상 자기에게 불리한 진술을 강요당하지 않는 자기부죄거부의 권리에 터 잡은 것이므로, 수사기관이 피의자를 신문함에 있어서 피의자에게 미리 진술거부권을 고지하지 않은 때에는 그 피의자의 진술은 위법하게 수집된 증거로서 **진술의 임의성이 인정되는 경우라도 증거능력이 부인되어**야 한다.

**11-3 [대판 2011도3509]** 공직선거법 제272조의2 제6항은 선거관리위원회 위원·직원이 **선거범죄와 관련하여** 질문·조사하거나 자료의 제출을 요구하는 경우에는 관계인에게 그 신분을 표시하는 증표를 제시하고 소속과 성명을 밝히고 그 목적과 이유를 설명하여야 한다고 **규정하고 있는데**, 이는 **선거범죄 조사와 관련**하여 조사를 받는 관계인의 사생활의 비밀과 자유 내지 자신에 대한 정보를 결정할 자유, 재산권 등이 침해되지 않도록 하기 위한 절차적 규정이므로, 선거관리위원회 직원이 관계인에게 사전에 설명할 '**조사의 목적과 이유**'에는 조사할 선거범죄혐의의 요지, 관계인에 대한 조사가 필요한 이유뿐만 아니라 관계인의 진술을 기록 또는 녹음·녹화한다는 점도 포함된다. 따라서 선거관리위원회 위원·직원이 관계인에게 진술이 녹음된다는 사실을 미리 알려 주지 아니한 채 진술을 녹음하였다면, 그와 같은 조사절차에 의하여 수집한 녹음파일 내지 그에 터 잡아 작성된 **녹취록**은 형사소송법 제308조의2에서 정하는 '적법한 절차에 따르지 아니하고 수집한 증거'에 해당하여 원칙적으로 유죄의 증거로 쓸 수 없다.

**11-4 [비교판례] [대판 2014도1779]** 비록 사법경찰관이 피의자에게 진술거부권을 행사할 수 있음을 **알려 주고 그 행사 여부를 질문하였다 하더라도**, 형사소송법 제244조의3 제2항에 규정한 방식에 위반하여 진술거부권 행사 여부에 대한 피의자의 답변이 자필로 기재되어 있지 아니하거나 그 답변 부분에 피의자의 기명날인 또는 서명이 되어 있지 아니한 사법경찰관 작성의 피의자신문조서는 특별한 사정이 없는 한 형사소송법 제312조 제3항에서 정한 '적법한 절차와 방식'에 따라 작성된 조서라 할 수 없으므로 그 증거능력을 인정할 수 없다.

**11-5 [비교판례] [대판 2011도8125]** [**'피의자 지위에 있지 아니한 자'에게 진술거부권이 고지되지 아니한 경우**] 피의자에 대한 진술거부권 고지는 피의자의 진술거부권을 실효적으로 보장하여 진술이 강요되는 것을 막기 위해 인정되는 것인데, 이러한 진술거부권 고지에 관한 형사소송법 규정내용 및 진술거부권 고지가 갖는 실질적인 의미를 고려하면 수사기관에 의한 진술거부권 고지 대상이 되는 피의자 지위는 수사기관이 조사대상자에 대한 범죄혐의를 인정하여 수사를 개시하는 행위를 한 때 인정되는 것으로 보아야 한다. 따라서 이러한 피의자 지위에 있지 아니한 자에 대하여는 진술거부권이 고지되지 아니하였더라도 진술의 증거능력을 부정할 것은 아니다.   **cf)** 따라서 참고인으로 조사를 받으면서 수사기관으로부터 진술거부권을 고지 받지 않았다 하더라도 진술의 증거능력을 부정할 것은 아니다(대판 2012도725).

**11-6 [비교판례] [대판 2013도5441]** 피조사자에 대한 **진술거부권 고지 규정이 신설되기 전의 구 공직선거법**

시행 당시 선거관리위원회 위원·직원이 선거범죄 조사와 관련하여 관계자에게 질문을 하면서 미리 진술거부권을 고지하지 않은 경우, …… 구 공직선거법은 제272조의2에서 선거범죄 조사와 관련하여 선거관리위원회 위원·직원이 관계자에게 질문·조사를 할 수 있다고 규정하면서도 **진술거부권의 고지에 관하여는 별도의 규정을 두지 않았고**, 수사기관의 피의자에 대한 진술거부권 고지를 규정한 형사소송법 제244조의3 제1항이 구 공직선거법상 선거관리위원회 위원·직원의 조사절차에 당연히 **유추적용된다고 볼 수도 없다**. …… 결국 구 공직선거법 시행 당시 선거관리위원회 위원·직원이 선거범죄 조사와 관련하여 관계자에게 질문을 하면서 미리 진술거부권을 고지하지 않았다고 하여 단지 그러한 이유만으로 그 조사절차가 위법하다거나 그 과정에서 작성·수집된 선거관리위원회 **문답서의 증거능력이 당연히 부정된다고 할 수는 없다.** **cf)** 위의 11−3 [대판 2011도3509]과 비교.

**12** [대판 78도1031] [각각 다른 범죄사실로서 기소된 공동피고인의 공판정에서의 선서없이 한 진술은 다른 피고인의 범죄사실에 대한 증거능력이 없다] 피고인과는 **별개의 범죄사실로 기소**되고 다만 병합심리된 것뿐인 공동피고인은 **피고인에 대한 관계에서는 증인의 지위**에 있음에 불과하므로 **선서없이** 한 그 공동피고인의 피고인으로서 한 공판정에서의 진술을 피고인에 대한 공소범죄 사실을 인정하는 증거로 쓸 수 없다.

## *Reference 3*

## * 중대한 위법에 해당하지 않거나 적법절차에 반하지 않다고 본 판례 *

### *영사통보권의 불고지*

**1−1** [대판 2021도17103] [적법한 절차에 따르지 아니하고 수집한 증거를 유죄 인정의 증거로 사용할 수 있는 예외적인 경우 및 이에 해당하는지 판단하는 기준] [1] 적법한 절차에 따르지 아니하고 수집한 증거는 증거로 할 수 없다(형사소송법 제308조의2). 다만 수사기관의 절차 위반행위가 적법절차의 실질적인 내용을 침해하는 경우에 해당하지 않고, 오히려 그 증거의 증거능력을 배제하는 것이 헌법과 형사소송법이 형사소송에 관한 절차 조항을 마련하여 적법절차의 원칙과 실체적 진실 규명의 조화를 도모하고 이를 통하여 형사 사법 정의를 실현하려고 한 취지에 반하는 결과를 초래하는 것으로 평가되는 예외적인 경우라면 법원은 그 증거를 유죄 인정의 증거로 사용할 수 있다. [2] 사법경찰관이 인도네시아 국적의 외국인 피고인을 출입국관리법 위반의 현행범인으로 체포하면서 소변과 모발을 임의제출 받아 압수하였고, 소변검사 결과에서 향정신성의약품인 MDMA(일명 엑스터시) 양성반응이 나오자 피고인은 출입국관리법 위반과 마약류 관리에 관한 법률 위반(향정) 범행을 모두 자백한 후 구속되었는데, 피고인이 검찰 수사 단계에서 자신의 구금 사실을 자국 영사관에 통보할 수 있음을 알게 되었음에도 수사기관에 영사기관 통보를 요구하지 않은 사안에서, **사법경찰관이 체포 당시 피고인에게 영사통보권 등을 지체 없이 고지하지 않았으므로** 체포나 구속 절차에 영사관계에 관한 비엔나협약(Vienna Convention on Consular Relations, 1977. 4. 6. 대한민국에 대하여 발효된 조약 제594호) **제36조 제1항 (b)호를 위반한 위법이 있으나, 제반 사정을 종합하면** (가) 피고인이 영사통보권 등을 고지받았더라도 영사의 조력을 구하였으리라고 보기 어렵고, (나) 수사기관이 피고인에게 영사통보권 등을 고지하지 않았더라도 그로 인해 피고인에게 실질적인 불이익이 초래되었다고 볼 수 없어 피고인에게 영사통보권 등을 고지하지 않은 사정이 수사기관의 증거 수집이나 이후 공판절차에 상당한 영향을 미쳤다고 보기 어려우므로, 절차 위반의 내용과 정도가 중대하거나 절차 조항이 보호하고자 하는 외국인 피고인의 권리나 법익을 본질적으로 침해하였다고 볼 수 없어 **체포나 구속**

이후 수집된 증거와 이에 기초한 증거들은 유죄 인정의 증거로 사용할 수 있다.

1-2 [대판 2011도3809] 검찰관이 피고인을 뇌물수수 혐의로 기소한 후, **형사사법공조절차를 거치지 아니한 채** 과테말라공화국에 현지출장하여 그곳 호텔에서 뇌물공여자 甲을 상대로 참고인 진술조서를 작성한 사안에서, 검찰관의 甲에 대한 참고인조사가 증거수집을 위한 수사행위에 해당하고 그 조사 장소가 우리나라가 아닌 과테말라공화국의 영역에 속하기는 하나, 조사의 상대방이 우리나라 국민이고 그가 조사에 스스로 응함으로써 조사의 방식이나 절차에 강제력이나 위력은 물론 어떠한 비자발적 요소도 개입될 여지가 없었음이 기록상 분명한 이상, 이는 서로 상대방 국민의 여행과 거주를 허용하는 우호국 사이에서 당연히 용인되는 우호국 국가기관과 그 국민 사이의 자유로운 의사연락의 한 형태에 지나지 않으므로 어떠한 영토주권 침해의 문제가 생겨날 수 없고, 더욱이 이는 우리나라와 과테말라공화국 사이의 국제법적 문제로서 피고인은 그 일방인 과테말라공화국과 국제법상 관할의 원인이 될 만한 아무런 연관성도 갖지 아니하므로, 피고인에 대한 국내 형사소송절차에서 위와 같은 사유로 인하여 **위법수집증거배제법칙이 적용된다고 볼 수 없다.** cf) 이와 같이 대법원은 검찰관의 수사행위가 위법한 증거수집은 아니라고 했지만, 甲의 진술조서는 특별히 신빙할 수 있는 상태에서 이루어졌다고는 볼 수 없다고 판단하여 유죄의 증거로는 부족하다고 판시하였다. 「검찰관이 피고인을 뇌물수수 혐의로 기소한 후, 형사사법공조절차를 거치지 아니한 채 과테말라공화국에 현지출장하여 그곳 호텔에서 뇌물공여자 甲을 상대로 참고인 진술조서를 작성한 사안에서, 甲이 자유스러운 분위기에서 임의수사 형태로 조사에 응하였고 조서에 직접 서명·무인하였다는 사정만으로 **특신상태를 인정하기에 부족할 뿐만 아니라**, 검찰관이 군사법원의 증거조사절차 외에서, 그것도 형사사법공조절차나 과테말라공화국 주재 우리나라 영사를 통한 조사 등의 방법을 택하지 않고 직접 현지에 가서 조사를 실시한 것은 수사의 정형적 형태를 벗어난 것이라고 볼 수 있는 점 등 제반 사정에 비추어 볼 때, 진술이 특별히 신빙할 수 있는 상태에서 이루어졌다는 점에 관한 증명이 있다고 보기 어려워 甲의 진술조서는 증거능력이 인정되지 아니하므로, 이를 유죄의 증거로 삼을 수 없다」.

2 [대판 2011도12918] (가) 범죄의 **피해자인 검사가 그 사건의 수사에 관여**하거나, (나) 압수·수색영장의 집행에 **참여한 검사가 다시 수사에 관여**하였다는 이유만으로 바로 그 수사가 위법하다거나 그에 따른 참고인이나 피의자의 진술에 임의성이 없다고 볼 수는 없다. 원심이 유지한 제1심은, 이 사건 압수·수색영장의 집행과정에서 폭행 등의 피해를 당한 검사 등이 수사에 관여하였다는 이유만으로 그 검사 등이 작성한 참고인 진술조서 등의 증거능력이 부정될 수 없다고 판단하였다.

3 [대판 2011도6035] X가 2009.11.2. 22:00경 긴급체포되어 조사를 받고 구속영장이 청구되지 아니하여 2009.11.4. 20:10경 석방되었음에도 '검사'가 그로부터 **30일 이내**에 법 제200조의4에 따른 석방통지를 법원에 하지 아니한 사실을 알 수 있으나, (가) X에 대한 긴급체포 당시의 상황과 경위, 긴급체포 후 조사 과정 등에 특별한 위법이 있다고 볼 수 없는 이상, (나) **단지 사후에 석방통지가 법에 따라 이루어지지 않았다는 사정만으로** 그 긴급체포에 의한 유치 중에 작성된 X에 대한 피의자신문조서들의 작성이 소급하여 위법하게 된다고 볼 수는 없다.

4 [대판 2011도1902] 증거의 압수 후 압수조서의 작성 및 **압수목록의 작성·교부 절차가 제대로 이행되지 아니한 잘못**이 있다 하더라도, 그것이 적법절차의 실질적인 내용을 침해하는 경우에 해당한다거나 앞서 본 위법수집증거의 배제법칙에 비추어 그 증거능력의 배제가 요구되는 경우에 해당한다고 볼 수는 없다.

5 [대판 2000도2968] [**범죄인지서를 작성하여 사건수리 절차를 밟기 전**의 수사과정에서 작성된 피의자신문조서나 진술조서의 증거능력 유무(한정 적극)] 검찰사건사무규칙 제2조 내지 제4조에 의하면, 검사가 범죄를 인지하는 경우에는 범죄인지서를 작성하여 사건을 수리하는 절차를 거치도록 되어 있으므로, 특별한 사정이 없는 한 수사기관이 그와 같은 절차를 거친 때에 범죄인지가 된 것으로 볼 것이나, 범죄의 인지는 실질적인 개념이고, 이 규칙의 규정은 검찰행정의 편의를 위한 사무처리절차 규정이므로, 검사가 그와 같은 절차를 거치기 전에 범죄의 혐의가 있다고 보아 수사를 개시하는 행위를 한 때에는 이 때에 범죄를 인지한 것으로 보아야 하고, 그 뒤 범죄인지서를 작성하여 사건수리 절차를 밟은 때에 비로소 범죄를 인지하였다고 볼 것이 아니며, 이러한 인지절차를 밟기 전에 수사를 하였다고 하더라도, 그 수사가 장차 인지의 가능성이 전혀 없는 상태 하에서 행해졌다는 등의 특별한 사정이 없는 한, 인지절차가 이루어지기 전에 수사를 하였다는 이유만으로 그 수사가 위법하다고 볼 수는 없고, 따라서 그 수사과정에서 작성된 피의자신문조서나 진술조서 등의 증거능력도 이를 부인할 수 없다.

6 [대판 86도1646] [증거보전절차로 증인신문을 하는 경우에 당사자의 참여권] 판사가 형사소송법 제184조에 의한 증거보전절차로 증인신문을 하는 경우에는 동법 제221조의2에 의한 증인신문의 경우와는 달리 동법 제163조에 따라 검사, 피의자 또는 변호인에게 증인신문의 시일과 장소를 미리 통지하여 증인신문에 참여할 수 있는 기회를 주어야 하나 참여의 기회를 주지 아니한 경우라도 피고인과 변호인이 증인신문조서를 증거로 할 수 있음에 동의하여 별다른 이의없이 적법하게 증거조사를 거친 경우에는 위 증인신문조서는 증인신문절차가 위법하였는지의 여부에 관계없이 증거능력이 부여된다.

7 [대판 84도1646] 검사작성의 피고인에 대한 진술조서가 **공소제기 후에 작성**된 것이라는 이유만으로는 곧 그 증거능력이 없다고 할 수 없다.

* 대법원 1997. 9. 30. 선고 97도1230 판결
* 참조조문: 형사소송법 제318조 제1항[1]

> 제3자가 공갈목적을 숨기고 피고인의 동의하에 나체사진을 찍은 경우, 피고인에 대한 간통죄에 있어 위법수집증거로서 증거능력이 배제되는가?

●**사실**● Y는 유부녀인 피고인 X와 성관계를 가진 후, 공갈목적을 숨기고 X의 동의하에 나체사진을 찍었다. 이후 X는 **간통죄로 기소**되었고 법정에서는 이 사진이 사인(私人)에 의한 위법수집증거로서 증거능력이 있는지 여부가 다투어졌다.

원심은 국가기관이 아닌 사인에 의한 사진촬영이라 하더라도 상대방의 명시한 의사에 반한 임의성 없는 촬영의 경우나 상대방이 범죄행위에 사용된다는 사실을 모르는 상태에서 촬영된 경우와 같이 헌법상 보장된 인격권이나 초상권 등의 기본권을 중대하게 침해하는 경우에는 증거능력이 부인되는 것인데, 이 사건의 경우 Y는 X로부터 금원을 갈취하기 위한 목적으로 사진을 촬영한 것이고, X는 이를 모르고 촬영에 이용당한 것으로 임의성이 배제된 상태에서의 촬영이고, 인격의 불가침의 핵심적인 부분을 침해한 것으로서 증거능력을 부정하였다. 나아가 X가 제1심에서 이 사진에 대하여 증거동의를 하였으나 위법수집증거는 처음부터 증거동의의 대상에서 배제되는 것이므로, 증거동의의 대상이 될 수도 없다고 판단하여 이 사건 사진은 공소사실을 인정할 증거로 삼을 수 없다고 판단하였다. 이에 검사가 상고하였다.

●**판지**● 파기환송. 「[1] 모든 국민의 인간으로서의 존엄과 가치를 보장하는 것은 국가기관의 기본적인 의무에 속하는 것이고, 이는 형사절차에서도 당연히 구현되어야 하는 것이기는 하나 그렇다고 하여 (가) 국민의 사생활 영역에 관계된 모든 증거의 제출이 곧바로 금지되는 것으로 볼 수는 없고, (나) 법원으로서는 효과적인 형사소추 및 형사소송에서의 **진실발견이라는 공익과 개인의 사생활의 보호이익을 '비교형량'**하여 그 허용 여부를 결정하고, 적절한 증거조사의 방법을 선택함으로써 국민의 인간으로서의 존엄성에 대한 침해를 피할 수 있다고 보아야 할 것이므로, (다) **피고인의 동의하에 촬영된** 나체사진의 존재만으로 피고인의 인격권과 초상권을 침해하는 것으로 볼 수 없고, (라) 가사 사진을 촬영한 제3자가 그 사진을 이용하여 피고인을 공갈할 의도였다고 하더라도 사진의 촬영이 임의성이 배제된 상태에서 이루어진 것이라고 할 수는 없으며, (마) 그 사진은 **범죄현장의 사진**으로서 피고인에 대한 형사소추를 위하여 반드시 필요한 증거로 보이므로, **공익의 실현**을 위하여는 그 사진을 범죄의 증거로 제출하는 것이 허용되어야 하고, (바) 이로 말미암아 피고인의 사생활의 비밀을 침해하는 결과를 초래한다 하더라도 이는 **피고인이 수인하여야** 할 기본권의 제한에 해당된다.

[2] 피고인이 제1심에서 증거동의의 의사표시를 한 후, 항소심에 이르러 증거동의를 철회하였다고 하더라도 증거조사를 마친 후의 증거에 대하여는 동의의 철회로 인하여 적법하게 부여된 증거능력이 상실되는 것이 아니다」.

●**해설**● 1 대상판결의 의의    위법수집증거배제법칙(exclusionary rules)이란 위법한 절차에 의해 수집된 증거와 그 증거를 통해 얻은 부수적인 증거에 대해 증거능력을 부정하는 법칙을 말한다(형사소송법은 제308조의2에 '적법한 절차에 따르지 아니하고 수집한 증거'에 대하여는 이를 증거로 사용할 수 없도록 함으로써

---

1) 형사소송법 제318조(당사자의 동의와 증거능력) ① 검사와 피고인이 증거로 할 수 있음을 동의한 서류 또는 물건은 진정한 것으로 인정한 때에는 증거로 할 수 있다.

이 원칙을 포괄적으로 규정하고 있다). 헌법과 형사소송법이 정한 절차에 따르지 아니하고 수집된 증거는 기본적 인권보장을 위해 마련된 **적법한 절차**에 따르지 않은 것으로서 원칙적으로 유죄인정의 증거로 삼을 수 없음을 의미한다. 증거수집방법을 문제 삼아 증거를 배제하는 위법수집증거배제법칙은 현대 증거법의 역사에 있어서 가장 중요한 발전으로 평가되고 있다. 이와 같은 위법수집증거배제법칙은 ㉠ 사법의 염결성과 ㉡ 수사기관의 **위법한 수사를 사전에 방지**하기 위한 것이다.[2] 통상 위법수집이 문제되는 경우는 수사기관의 위법 절차로 수집된 증거를 말하지만, 대상판결에서와 같이 **사인이 위법하게 수집**한 증거의 증거능력이 문제되기도 한다. 기본권의 대사인적(對私人的) 효력이 중시되면서 사인이 기본권을 침해하는 수법으로 수집한 증거물이나 진술증거를 유죄의 증거로 사용할 수 있는지가 문제된다. 특히 대상판결은 "형사소송에서의 진실발견이라는 공익과 개인의 사생활의 보호이익을 비교형량하여 그 허용 여부를 결정"한다는 **이익형량의 법리**를 처음으로 제시한 판결이었다는 점에서 의미가 있다.

**2 권리범위설과 이익형량설**　　사인이 위법하게 증거를 수집한 경우에 이를 증거로 인정할 수 있는지 여부와 관련하여 권리범위설과 이익형량설이 대립한다. (a) **권리범위설**은 사인의 위법수집증거로 침해되는 권리가 기본권의 핵심적 영역을 침해할 경우에는 위법수집증거배제법칙을 적용해야 한다는 견해이고 (b) **이익형량설**은 피고인의 개인적 이익과 효과적인 형사소추의 이익을 교량하여 사인의 증거수집행위에 대하여 위법수집증거배제법칙을 적용하자는 견해로 사안에서와 같이 **판례의 입장**이다.[3] 즉「법원으로서는 효과적인 형사소추 및 형사소송에서의 **진실발견이라는 공익과 개인의 사생활의 보호이익을 비교형량**하여 그 허용 여부를 결정」(대상판결)하여야 한다고 보았다. 그리고 이러한 법원의 견지에서 종래 대부분 판례는 형사소추라는 공익의 실현이 개인적 이익보다 우월한 것으로 판단하여 증거능력을 인정해오고 있다(대판 2010도12244, Ref 2; 대판 2008도3990, Ref 3; 대판 2008도1584, Ref 4).

**3** 하지만 근래 대법원은「법원이 그 비교형량을 함에 있어서는 증거수집 절차와 관련된 모든 사정 즉, 사생활 내지 인격적 이익을 보호하여야 할 필요성 여부 및 정도, 증거수집 과정에서 사생활 기타 인격적 이익을 침해하게 된 경위와 침해의 내용 및 정도, 형사소추의 대상이 되는 범죄의 경중 및 성격, 피고인의 증거동의 여부 등을 전체적·종합적으로 고려하여야 하고, 단지 형사소추에 필요한 증거라는 사정만을 들어 곧바로 형사소송에서 진실발견이라는 공익이 개인의 인격적 이익 등 **보호이익보다 우월한 것으로 섣불리 단정하여서는 아니 된다**」고 판시하여 비교형량의 의미를 환기시키고 있다(대판 2010도12244, Ref 2).

---

2) 브랜다이스 대법관의 주장이다. "범죄인을 풀어주어야 한다면 그렇게 하여야 한다. 그러나 그를 풀어주는 것은 바로 법이다. …… 형사사법행정에서 목적이 수단을 정당화하다고 선언한다면, 즉 정부가 범죄인의 유죄평결을 확보하기 위하여 범죄를 범할 수 있다고 선언한다면, 이는 끔찍한 응보를 불러올 것이다."(Olmstead, 277 U.S. at 485(Brandeis, J., dissenting).

3) 대상판결에 대해서는 다음의 비판이 있다. "대상 판결과 같이 범죄행위로 인해 수집된 증거는 증거수집 주체가 사인이라도 증거능력을 부정해야 할 것이다. 「형사소송법」 제308조의2의 적법절차 원리는 국가작용에만 적용되는 헌법상 원리라기보다는 형사절차에 관여하는 **국가기관 뿐 아니라 사인도 준수하여야 할 '형사소송법상 기본원리'**라 해야 할 것이기 때문이다."(김종구, 사인이 범죄행위로 수집한 위법증거의 증거능력 ─ 대법원 2010. 9. 9. 선고 2008도3990 판결 ─, 법학논총 제17권 제3호(2010), 397면).

**4** 사인이 위법하게 증거를 수집한 경우와 관련하여, **통신비밀보호법 제14조**는 "누구든지 공개되지 아니한 타인간의 대화를 녹음하거나 전자장치 또는 기계적 수단을 이용하여 청취할 수 없다."고 규정하고 있다. 따라서 이에 위반하여 녹음된 내용은 재판의 증거로 사용할 수 없으며, 비밀녹음한 자는 형사처벌을 받게 된다(동법16① i ). 공개되지 아니한 전화통화를 녹음한 경우도 마찬가지이다. 그러나 대화당사자의 일방이 상대방과의 대화내용을 몰래 녹음한 경우는 통신비밀보호법 제3조 제1항의 '타인간의 대화'에 포함되지 않으므로 위법하게 수집된 증거에 해당하지 않는다. 따라서 원진술자의 진술에 의하여 그 녹음테이프에 녹음된 진술내용이 자신이 진술한 대로 녹음된 것이라는 점이 인정되면 증거능력이 인정된다(대판 2004도6323).

### *Reference*

**1 [대판 2016도19843]** [1] 대화에 속하지 않는 사람의 목소리('악')를 녹음하거나 청취하는 행위가 개인의 사생활의 비밀과 자유 또는 인격권을 중대하게 침해하여 사회통념상 허용되는 한도를 벗어난 것이라면, 단지 형사소추에 필요한 증거라는 사정만을 들어 곧바로 형사소송에서 진실발견이라는 공익이 개인의 인격적 이익 등 보호이익보다 우월한 것으로 섣불리 단정해서는 안 된다. 그러나 그러한 한도를 벗어난 것이 아니라면 위와 같은 목소리를 들었다는 진술을 형사절차에서 증거로 사용할 수 있다. [2] 공소외인의 청취행위가 피해자 등의 사생활의 영역에 관계된 것이라 하더라도, 위와 같은 청취 내용과 시간, 경위 등에 비추어 개인의 인격적 이익 등을 **형사절차상의 공익과 비교형량**하여 보면, 공소외인의 위 진술을 상해 부분에 관한 증거로 사용하는 것이 피해자 등의 사생활의 비밀과 자유 또는 인격권을 위법하게 침해한다고 볼 수 없어 그 증거의 제출은 허용된다고 판단된다. (【30】 참조)

**2 [대판 2010도12244]** ●사실● ○○시 △△동장 직무대리의 지위에 있던 피고인 X는 시청 전자문서시스템을 통하여 Y 등에게 시장인 Z의 선거를 도와 달라고 부탁하는 내용의 전자우편을 보냈다. 그런데 **시청 공무원 A가 권한 없이** 전자우편에 대한 비밀 보호조치를 해제하고 이 사건 전자우편을 수집하였다. 그리고 이렇게 수집된 전자우편과 이를 기초로 수집된 참고인 진술조서가 X의 **공직선거법위반죄에 대한 재판의 증거**로 제출되었다. 이에 X는 이들 증거는 위법하게 수집된 증거로서 증거능력이 부정되어야 함을 주장한다. ●판지● 이 사건 전자우편을 수집한 행위는 「정보통신망 이용촉진 및 정보보호 등에 관한 법률」 제71조 제11호, 제49조 소정의 '정보통신망에 의하여 처리·보관 또는 전송되는 타인의 비밀을 침해 또는 누설하는 행위'로서 형사처벌되는 범죄행위에 해당할 수 있을 뿐만 아니라, 이 사건 전자우편을 발송한 피고인의 사생활의 비밀 내지 통신의 자유 등의 기본권을 침해하는 행위에 해당한다는 점에서 일응 그 증거능력을 부인하여야 할 측면도 있어 보인다. 그러나 이 사건 전자우편은 ○○시청의 업무상 필요에 의하여 설치된 전자관리시스템에 의하여 전송·보관되는 것으로서 그 공공적 성격을 완전히 배제할 수는 없다고 할 것이다. 또한 이 사건 형사소추의 대상이 된 행위는 구 공직선거법(2010. 1. 25. 법률 제9974호로 개정되기 전의 것, 이하 '구 공직선거법'이라 한다) 제255조 제3항, 제85조 제1항에 의하여 처벌되는 공무원의 지위를 이용한 선거운동행위로서 공무원의 정치적 중립의무를 정면으로 위반하고 이른바 관권선거를 조장할 우려가 있는 중대한 범죄에 해당한다. 여기에 피고인이 제1심에서 이 사건 전자우편을 이 사건 공소사실에 대한 증거로 함에 동의한 점 등을 종합하면, 이 사건 전자우편을 이 사건 공소사실에 대한 증거로 제출하는 것은 허용되어야 할 것이고, 이로 말미암아 피고인의 사생활의 비밀이나 통신의 자유가 일정 정도 침해되는 결과를 초

래한다 하더라도 이는 피고인이 수인하여야 할 기본권의 제한에 해당한다고 보아야 할 것이다.

3 [대판 2008도3990] 피고인 甲, 乙의 간통 범행을 고소한 甲의 남편 丙이 **甲의 주거에 침입하여 수집한** 후 수사기관에 제출한 **혈흔이 묻은 휴지들 및 침대시트**를 목적물로 하여 이루어진 감정의뢰회보에 대하여, 丙이 甲의 주거에 침입한 시점은 甲이 그 주거에서의 실제상 거주를 종료한 이후이고, 위 회보는 피고인들에 대한 형사소추를 위하여 반드시 필요한 증거이므로 공익의 실현을 위해서 증거로 제출하는 것이 허용되어야 하고, 이로 말미암아 **甲의 주거의 자유나 사생활의 비밀이 일정 정도 침해되는 결과를 초래하더라도** 이는 **甲이 수인하여야 할 기본권의 제한에 해당**된다는 이유로, 위 회보의 증거능력을 인정한 원심판단을 수긍한 사례.

4 [대판 2008도1584] [**소송사기의 피해자가 제3자로부터 대가를 지급하고 취득한, 절취된 업무일지를 사기 죄에 대한 증거로 사용할 수 있는지 여부(적극)**] 사문서위조 · 위조사문서행사 및 소송사기로 이어지는 일련의 범행에 대하여 피고인을 형사소추하기 위해서는 이 사건 **업무일지**가 반드시 필요한 증거로 보이므로, **설령 그것이 제3자에 의하여 절취된 것으로서** 위 소송사기 등의 피해자측이 이를 수사기관에 증거자료로 제출하기 위하여 대가를 지급하였다 하더라도, **공익의 실현을 위하여는 이 사건 '업무일지'를 범죄의 증거로 제출하는 것이 허용되어야 하고**, 이로 말미암아 피고인의 사생활 영역을 침해하는 결과가 초래된다 하더라도 이는 피고인이 수인하여야 할 기본권의 제한에 해당된다.

5-1 [대판 2004도6323] [사인(私人)이 피고인 아닌 자의 대화내용을 비밀녹음한 녹음테이프의 증거능력] 수사기관이 아닌 사인이 피고인 아닌 사람과의 대화내용을 녹음한 녹음테이프는 형사소송법 제311조, 제312조 규정 이외의 피고인 아닌 자의 진술을 기재한 서류와 다를 바 없으므로, 피고인이 그 녹음테이프를 증거로 할 수 있음에 동의하지 아니하는 이상 그 증거능력을 부여하기 위하여는 첫째, 녹음테이프가 원본이거나 원본으로부터 복사한 사본일 경우(녹음디스크에 복사할 경우에도 동일하다)에는 복사과정에서 편집되는 등의 인위적 개작 없이 원본의 내용 그대로 복사된 사본일 것, 둘째 형사소송법 제313조 제1항에 따라 공판준비나 공판기일에서 원진술자의 진술에 의하여 그 녹음테이프에 녹음된 각자의 진술내용이 자신이 진술한 대로 녹음된 것이라는 점이 인정되어야 할 것이다.

5-2 [대판 97도240] 피고인이 범행 후 피해자에게 전화를 걸어오자 피해자가 증거를 수집하려고 그 전화내용을 녹음한 경우, 그 녹음테이프가 피고인 모르게 녹음된 것이라 하여 이를 위법하게 수집된 증거라고 할 수 없다.

6 [대판 2002도123] [**제3자가 전화통화자 중 일방만의 동의를 얻어 통화내용을 녹음한 경우**] 전기통신에 해당하는 (가) **전화통화 당사자의 일방**이 상대방 모르게 통화내용을 녹음(위 법에는 '채록'이라고 규정한다)하는 것은 여기의 감청에 해당하지 아니하지만(따라서 전화통화 당사자의 일방이 상대방 몰래 통화내용을 녹음하더라도, 대화 당사자 일방이 상대방 모르게 그 대화내용을 녹음한 경우와 마찬가지로 동법 제3조 제1항 위반이 되지 아니한다), (나) **제3자의 경우는 설령 전화통화 당사자 일방의 동의를 받고 그 통화내용을 녹음하였다 하더라도 그 상대방의 동의가 없었던 이상**, 사생활 및 통신의 불가침을 국민의 기본권의 하나로 선언하고 있는 헌법규정과 통신비밀의 보호와 통신의 자유신장을 목적으로 제정된 통신비밀보호법의 취지에 비추어 이는 동법 제3조 제1항 위반이 된다고 해석하여야 할 것이다(이 점은 제3자가 공개되지 아니한 타인간의 대화를 녹

음한 경우에도 마찬가지이다).

7 [대판 97도240] 피고인이 범행 후 **피해자에게 전화**를 걸어오자 피해자가 증거를 수집하려고 그 전화내용을 녹음한 경우, 그 녹음테이프가 피고인 모르게 녹음된 것이라 하여 이를 위법하게 수집된 증거라고 할 수 없다.

# 44 위법수집증거배제법칙(3)
## – 위법하게 수집한 증거와 이를 기초로 획득한 2차 증거의 증거능력 –

* 대법원 2013. 3. 14. 선고 2010도2094 판결
* 참조조문: 형사소송법 제308조의2[1]

> 위법한 강제연행 상태에서 호흡측정 방법에 의한 **음주측정**이 이루어진 후 강제연행 상태로부터 시간적
> ·장소적으로 단절되었다고 볼 수 없는 상황에서 피의자의 요구에 의하여 이루어진 **혈액채취** 방법에 의
> 한 음주측정 결과를 증거로 사용할 수 있는가?

●**사실**● 피고인 X는 2008.12.12. 22:00경 승용차를 운행하던 중 피해 차량의 후사경을 부딪쳤다는 이
유로 피해 차량의 운전자, 동승자들과 시비가 벌어졌고 피해 차량 측의 신고에 의해 경찰관들이 현장에
출동하였다. 당시 경찰관들은 X의 **음주운전을 의심**하여 음주측정을 위해서 지구대로 동행할 것을 요구하
였으나 X는 '술을 마시지 않았고 사고도 내지 않았다'는 취지로 주장하면서 계속해서 순찰차에 타기를
거부하였고 이에 4명의 경찰관이 X의 팔다리를 잡아 **강제로 순찰차에 태워** 지구대로 데려갔다. 그 과정
에서 경찰관들은 X에게 형사소송법 제200조의5에 정한 사항을 고지하는 등의 **절차를 전혀 지키지 않았
다**. X는 지구대로 연행된 후 경찰관들로부터 호흡조사 방법에 의한 음주측정에 응할 것을 요구받았으나
이를 거부하다가 계속 음주측정에 불응할 경우 구속된다는 말을 듣고 호흡측정에 응하였고 그 결과 음
주운전으로 처벌받는 수치가 나왔다. 이에 담당 경찰관이 X에게 이제 다 끝났으니 집으로 가라는 취지
로 수차 말하였으나 X는 운전을 한 당시에는 음주를 한 상태가 아니었고 또 위 호흡측정 결과도 받아들
일 수 없다는 취지로 항의하면서 **혈액측정을 요구**하였고 이에 경찰관이 X와 인근 병원에 동행하여 채혈
을 하였다.

원심은, 비록 X를 이 사건 현장에서 지구대로 데리고 간 경찰관들의 행위가 임의동행이 아닌 강제력
에 의한 체포에 해당하고, 그 체포 당시 형사소송법 제200조의5에 정한 절차가 이행되지 않았다고 하더
라도, **피고인의 자발적인 의사에 기하여 이루어진 채혈**을 바탕으로 이루어진 혈중알코올농도 감정서와 주
취운전자 적발보고서는 **증거능력이 있다**고 보아 X를 유죄로 판단하였다. 이에 X가 상고하였다.

●**판지**● 파기환송. 「[1] (가) 적법한 절차에 따르지 아니한 위법행위를 기초로 하여 증거가 수집된
경우에는 당해 증거뿐 아니라 그에 터 잡아 획득한 2차적 증거에 대해서도 증거능력은 부정되어야 한
다. (나) 다만 위와 같은 위법수집증거 배제의 원칙은 수사과정의 위법행위를 억지함으로써 국민의 기
본적 인권을 보장하기 위한 것이므로 적법절차에 위배되는 행위의 영향이 **차단되거나 소멸**되었다고
볼 수 있는 상태에서 수집한 증거는 그 증거능력을 인정하더라도 적법절차의 실질적 내용에 대한 침
해가 일어나지는 않는다 할 것이니 그 증거능력을 부정할 이유는 없다. (다) 따라서 증거수집 과정에
서 이루어진 적법절차 위반행위의 내용과 경위 및 그 관련 사정을 종합하여 볼 때 당초의 적법절차
위반행위와 증거수집 행위의 중간에 그 행위의 위법 요소가 제거 내지 배제되었다고 볼 만한 다른 사
정이 개입됨으로써 **인과관계가 단절**된 것으로 평가할 수 있는 예외적인 경우에는 이를 유죄 인정의 증
거로 사용할 수 있다.

[2] (가) 위법한 강제연행 상태에서 호흡측정 방법에 의한 음주측정을 한 다음 강제연행 상태로부
터 **시간적·장소적으로 단절되었다고 볼 수도 없고**, 피의자의 심적 상태 또한 강제연행 상태로부터 완
전히 벗어났다고 볼 수 없는 상황에서 (나) 피의자가 호흡측정 결과에 대한 탄핵을 하기 위하여 스스

---

1) 형사소송법 제308조의2(**위법수집증거의 배제**) **적법한 절차**에 따르지 아니하고 수집한 증거는 증거로 할 수 없다.

로 혈액채취 방법에 의한 측정을 할 것을 요구하여 혈액채취가 이루어졌다고 하더라도 그 사이에 위법한 체포 상태에 의한 영향이 완전하게 배제되고 피의자의 의사결정의 자유가 확실하게 보장되었다고 볼 만한 다른 사정이 개입되지 않은 이상 **불법체포와 증거수집 사이의 인과관계가 단절된 것으로 볼 수는 없다.** 따라서 그러한 혈액채취에 의한 측정 결과 역시 유죄 인정의 증거로 쓸 수 없다고 보아야 한다. (다) 그리고 이는 수사기관이 위법한 체포 상태를 이용하여 증거를 수집하는 등의 행위를 효과적으로 억지하기 위한 것이므로, **피고인이나 변호인이 이를 증거로 함에 동의하였다고 하여도 달리 볼 것은 아니다**」.

●**해설**● 1 대상판결은 우리 법원이 독수과실(毒樹果實·fruits of the poisonous tree)의 이론을 수용하고 있음을 보여준다. **독수과실이론**이란 위법하게 수집된 제1차 증거(독나무)에 의해 발견된 제2차 증거(열매)의 증거능력을 배제하려는 이론을 말한다. 대법원은 이 법리를 수용한다. 다만 위법한 수사로 인하여 취득한 모든 증거의 증거능력을 부정하게 되면 **실체적 진실발견에 저해**가 될 수 있기 때문에 위법하게 수집된 1차 증거일지라도 예외를 인정하고 있다(수사기관의 절차위반행위가 적법절차의 실질적 내용을 침해하는 경우가 아니라면, 법원은 **예외적으로** 위법하게 수집된 증거를 유죄 인정의 증거로 사용할 수 있다). '실체진실의 발견'과 '적법절차의 준수'는 형사소송에 있어서 양대 이념이다. 이 양대 이념이 충돌하는 가장 대표적 영역이 위법수집증거배제법칙의 적용 여부이다.

2 대상판결에서 대법원은 유죄의 원심 판단과는 달리 ① 경찰관들이 X를 지구대로 강제연행한 행위는 위법한 체포에 해당하므로 그 상태에서 한 음주측정요구는 위법한 수사라고 볼 수밖에 없고, 그러한 요구에 따른 음주측정 결과 또한 적법한 절차에 따르지 아니하고 수집한 증거로서 그 증거능력을 인정할 수 없다고 판단하였다. 또한 ② 강제연행과 호흡측정 및 채혈에 이르기까지의 장소적 연계와 시간적 근접성 등 연결된 상황에 비추어 볼 때, 당시 불법적인 호흡측정을 마친 경찰관이 피고인에게 귀가를 권유하였음에도 불구하고 피고인 스스로 채혈을 요구하였다는 등 원심이 든 사정만으로는 그 채혈이 위법한 체포 상태에 의한 영향이 완전하게 배제되고 피의자의 자유로운 의사결정이 확실하게 보장된 상태에서 이루어진 것으로서 불법체포와 증거수집 사이의 **인과관계가 단절**되었다고 평가할 만한 객관적 사유가 개입되어 위법수집증거 배제의 원칙이 적용되지 않는다고 할 **예외적 사유에 해당한다고 보기는 어렵다**고 판단하였다.

3 이와 같이 체포의 이유와 변호인 선임권의 고지 등 **적법한 절차를 무시한 채 이루어진 강제연행**은 '전형적인 위법한 체포'에 해당한다. 그리고 이러한 위법한 체포 상태에서 이루어진 음주측정요구는 주취운전의 범죄행위에 대한 증거수집을 목적으로 한 일련의 과정에서 이루어진 것이므로, 그 측정 결과는 형사소송법 제308조의2에 규정된 '적법한 절차에 따르지 아니하고 수집한 증거'에 해당하여 증거능력을 인정할 수 없다(대판 2007도3061 전원합의체). 나아가 적법한 절차에 따르지 아니한 위법행위를 기초로 하여 증거가 수집된 경우에는 당해 증거뿐 아니라 그에 터 잡아 획득한 **2차적 증거에 대해서도 증거능력은 부정**된다(독수독과의 원칙).

4 형사소송법 제308조의2는 '위법수집증거의 배제'라는 제목으로 "적법한 절차에 따르지 아니하고 수집한 증거는 증거로 할 수 없다."라고 정하고 있다. 이는 위법한 압수·수색을 비롯한 수사과정의 위법행위를 억제하고 재발을 방지함으로써 국민의 기본적 인권 보장이라는 헌법 이념을 실현하고자 위법수

집중거 배제 원칙을 명시한 것이다(**원칙적 배제**). 하지만 형식적으로 보아 정해진 절차에 따르지 아니하고 수집한 증거라는 이유만으로 획일적으로 그 증거의 증거능력을 부정할 수는 없다. 위법수집증거배제의 원칙은 수사과정의 위법행위를 억지함으로써 국민의 기본적 인권을 보장하기 위한 것이므로 적법절차에 위배되는 행위의 **영향이 차단되거나 소멸되었다**고 볼 수 있는 상태에서 수집한 증거는 그 증거능력을 인정하더라도 적법절차의 실질적 내용에 대한 침해가 일어나지는 않는다 할 것이니 그 증거능력을 부정할 이유는 없다(**예외적 허용**).

5 따라서 증거수집 과정에서 이루어진 적법절차 위반행위의 내용과 경위 및 그 관련 사정을 종합하여 볼 때 당초의 적법절차 위반행위와 증거수집 행위의 중간에 그 행위의 위법 요소가 제거 내지 배제되었다고 볼 만한 다른 사정이 개입됨으로써 '**인과관계가 단절**'된 것으로 평가할 수 있는 예외적인 경우에는 이를 유죄 인정의 증거로 사용할 수 있다(희석이론, 불가피한 발견이론, 독립된 증거원이론, 선의이론). 그리고 「수사기관의 절차 위반행위에도 불구하고 이를 유죄 인정의 증거로 사용할 수 있는 예외적인 경우에 해당한다고 볼 수 있으려면, 그러한 **예외적인 경우에 해당**한다고 볼 만한 구체적이고 특별한 사정이 존재한다는 것을 **검사가 증명**하여야 한다」(대판 2009도10412).

6 법원이 2차적 증거의 증거능력 인정 여부를 최종적으로 판단할 때에는 「먼저 절차에 따르지 아니한 1차적 증거수집과 관련된 모든 사정들, 즉 절차 조항의 취지와 그 위반의 내용 및 정도, 구체적인 위반 경위와 회피가능성, 절차 조항이 보호하고자 하는 권리 또는 법익의 성질과 침해 정도 및 피고인과의 관련성, 절차위반 행위와 증거수집 사이의 인과관계 등 관련성의 정도, 수사기관의 인식과 의도 등을 살피는 것은 물론, 나아가 1차적 증거를 기초로 하여 다시 2차적 증거를 수집하는 과정에서 추가로 발생한 모든 사정들까지 구체적인 사안에 따라 **주로 인과관계 희석 또는 단절 여부를 중심으로 전체적·종합적으로 고려**하여야 한다」(대판 2015도12400).

**7 위법증거의 하자 치유**    형사소송법은 제161조의2에서 피고인의 반대신문권을 포함한 교호신문제도를 규정하는 한편, 제310조의2에서 법관의 면전에서 진술되지 아니하고 피고인에 의한 반대신문의 기회가 부여되지 아니한 진술에 대하여는 원칙적으로 그 증거능력을 부여하지 아니함으로써, 형사재판에서 증거는 법관의 면전에서 진술·심리되어야 한다는 직접주의와 피고인에게 불리한 증거에 대하여 반대신문할 수 있는 권리를 원칙적으로 보장하고 있는데, 이러한 반대신문권의 보장은 피고인에게 불리한 주된 증거의 증명력을 탄핵할 수 있는 기회가 보장되어야 한다는 점에서 형식적·절차적인 것이 아니라 **실질적·효과적**인 것이어야 한다. 따라서 「피고인에게 불리한 증거인 증인이 주신문의 경우와 달리 반대신문에 대하여는 답변을 하지 아니하는 등 진술 내용의 모순이나 불합리를 그 증인신문 과정에서 드러내어 이를 탄핵하는 것이 사실상 곤란하였고, 그것이 피고인 또는 변호인에게 책임 있는 사유에 기인한 것이 아닌 경우라면, 관계 법령의 규정 혹은 증인의 특성 기타 공판절차의 특수성에 비추어 이를 정당화할 수 있는 특별한 사정이 존재하지 아니하는 이상, 이와 같이 **실질적 반대신문권의 기회가 부여되지 아니한 채 이루어진 증인의 법정진술은 위법한 증거로서 증거능력을 인정하기 어렵다**. 이 경우 피고인의 책문권 포기로 그 '하자가 치유'될 수 있으나, 책문권 포기의 의사는 명시적인 것이어야 한다」(대판 2016도17054).

# * 독수과실의 원칙 (원칙적 배제) *

1 [대판 2013도11233] [1] 검사 또는 사법경찰관은 범죄수사에 필요한 때에는 피의자가 죄를 범하였다고 의심할 만한 정황이 있는 경우에 판사로부터 발부받은 영장에 의하여 압수·수색을 할 수 있으나, 압수·수색은 영장 발부의 사유로 된 범죄 혐의사실과 관련된 증거에 한하여 할 수 있으므로, 영장 발부의 사유로 된 범죄 혐의사실과 무관한 **별개의 증거를 압수**하였을 경우 이는 원칙적으로 유죄 인정의 증거로 사용할 수 없다. [2] 다만 수사기관이 별개의 증거를 피압수자 등에게 환부하고 후에 임의제출받아 다시 압수하였다면 증거를 압수한 최초의 절차 위반행위와 최종적인 증거수집 사이의 **인과관계가 단절**되었다고 평가할 수 있으나, 환부 후 다시 제출하는 과정에서 수사기관의 우월적 지위에 의하여 임의제출 명목으로 실질적으로 강제적인 압수가 행하여질 수 있으므로, (가) 제출에 임의성이 있다는 점에 관하여는 검사가 합리적 의심을 배제할 수 있을 정도로 증명하여야 하고, (나) **임의로 제출된 것이라고 볼 수 없는 경우에는 증거능력을 인정할 수 없다.**

2 [대판 2009도14376] 형사소송법 제215조 제2항은 "사법경찰관이 범죄수사에 필요한 때에는 검사에게 신청하여 검사의 청구로 지방법원 판사가 발부한 영장에 의하여 압수, 수색 또는 검증을 할 수 있다."고 규정하고 있는바, 사법경찰관이 위 규정을 위반하여 영장없이 물건을 압수한 경우 그 압수물은 물론 이를 기초로 하여 획득한 2차적 증거 역시 유죄 인정의 증거로 사용할 수 없는 것이고, 이와 같은 법리는 헌법과 형사소송법이 선언한 영장주의의 중요성에 비추어 볼 때 위법한 압수가 있은 직후에 피고인으로부터 작성받은 그 압수물에 대한 임의제출동의서도 특별한 사정이 없는 한 마찬가지라고 할 것이다. 기록에 의하면, 경찰이 피고인의 **집에서 20m 떨어진 곳에서** 피고인을 체포하여 수갑을 채운 후 피고인의 집으로 가서 집 안을 수색하여 **칼과 합의서를 압수**하였을 뿐만 아니라 적법한 시간 내에 압수수색영장을 청구하여 발부받지도 않았음을 알 수 있는바, 이를 위 법리에 비추어 보면 위 칼과 합의서는 임의제출물이 아니라 영장없이 위법하게 압수된 것으로서 증거능력이 없고, 따라서 **이를 기초로 한 2차 증거인** 임의제출동의서, 압수조서 및 목록, 압수품 사진 역시 증거능력이 없다고 할 것이다. cf) 위법하게 압수한 후 추후에 피의자로부터 그 압수물에 대한 임의제출동의서를 받았다 하더라도 위법하다. (【27】 참조)

3 [대판 2009도6717] [수사기관이 '피고인 아닌 자'를 상대로 위법하게 수집한 증거를 '피고인'에 대한 유죄 인정의 증거로 삼을 수 있는지 여부(원칙적 소극)] [1] 형사소송법 제308조의2는 "적법한 절차에 따르지 아니하고 수집한 증거는 증거로 할 수 없다."고 규정하고 있는데, 수사기관이 헌법과 형사소송법이 정한 절차에 따르지 아니하고 수집한 증거는 유죄 인정의 증거로 삼을 수 없는 것이 원칙이므로, 수사기관이 피고인 아닌 자를 상대로 적법한 절차에 따르지 아니하고 수집한 증거는 원칙적으로 피고인에 대한 유죄 인정의 증거로 삼을 수 없다. [2] 유흥주점 업주와 종업원인 피고인들이 영업장을 벗어나 시간적 소요의 대가로 금품을 받아서는 아니되는데도, 이른바 **'티켓영업'** 형태로 성매매를 하면서 금품을 수수하였다고 하여 구 식품위생법(2007.12.21. 법률 제8779호로 개정되기 전의 것) 위반으로 기소된 사안에서, 경찰이 **피고인 아닌 甲, 乙을 사실상 강제 연행하여 불법체포한 상태**에서 甲, 乙 간의 성매매행위나 피고인들의 유흥업소 영업행위를 처벌하기 위하여 甲, 乙에게서 자술서를 받고 甲, 乙에 대한 진술조서를 작성한 경우, 위 각 자술서와 진술조서는 헌법과 형사소송법이 규정한 체포·구속에 관한 영장주의 원칙에 위배하여 수집된 것으

로서 수사기관이 피고인 아닌 자를 상대로 적법한 절차에 따르지 아니하고 수집한 증거에 해당하여 형사소송법 제308조의2에 따라 증거능력이 부정된다는 이유로, 이를 '피고인들'에 대한 유죄 인정의 증거로 삼을 수 없다. (절대적 대인효)

**4** [대판 2009도2109] [피고인의 동의나 영장 없이 채취한 혈액을 이용한 감정결과보고서 등의 증거능력 유무(소극)] [1] 형사소송법 제215조 제2항, 제216조 제3항, 제221조, 제221조의4, 제173조 제1항의 규정을 위반하여 수사기관이 법원으로부터 영장 또는 감정처분허가장을 발부받지 아니한 채 피의자의 동의 없이 피의자의 신체로부터 혈액을 채취하고 사후적으로도 지체 없이 이에 대한 영장을 발부받지도 아니한 채 강제 채혈한 피의자의 혈액 중 알콜농도에 관한 감정이 이루어졌다면, 이러한 **감정결과보고서** 등은 형사소송법상 영장주의 원칙을 위반하여 수집되거나 그에 기초한 증거로서 그 절차 위반행위가 적법절차의 실질적인 내용을 침해하는 정도에 해당하고, 이러한 증거는 피고인이나 변호인의 **증거동의가 있다고 하더라도** 유죄의 증거로 사용할 수 없다. [2] 피고인이 운전 중 교통사고를 내고 의식을 잃은 채 병원 응급실로 호송되자, 출동한 경찰관이 법원으로부터 압수·수색 또는 검증 **영장을 발부받지 아니한 채** 피고인의 **동서로부터 채혈 동의를 받고** 의사로 하여금 채혈을 하도록 한 사안에서, 원심이 적법한 절차에 따르지 아니하고 수집된 피고인의 혈액을 이용한 혈중알콜농도에 관한 국립과학수사연구소 감정서 및 이에 기초한 주취운전자적발보고서의 증거능력을 부정한 것은 정당하고, 음주운전자에 대한 채혈에 관하여 영장주의를 요구할 경우 증거가치가 없게 될 위험성이 있다거나 음주운전 중 교통사고를 야기하고 의식불명 상태에 빠져 병원에 후송된 자에 대해 수사기관이 수사의 목적으로 의료진에게 요청하여 혈액을 채취한 사정이 있다고 하더라도 이러한 증거의 증거능력을 배제하는 것이 형사사법 정의를 실현하려고 한 취지에 반하는 결과를 초래하는 예외적인 경우에 해당한다고 볼 수 없다는 이유로, 피고인에 대한 구 도로교통법(2009. 4. 1. 법률 제9580호로 개정되기 전의 것) 위반(음주운전)의 공소사실을 무죄로 판단한 원심판결을 수긍한 사례.

*Reference 2*

## * 독수과실원칙의 예외(예외적 허용) *

**1** [대판 2020도10729] ●**사실**● 피고인은 2019년 이하 불상경 의정부시 (주소 생략)에 있는 'OO노래연습장'의 화장실에서 그곳 용변 칸 안에 있는 쓰레기통 바깥쪽에 테이프를 이용하여 비닐로 감싼 소형 카메라를 부착하고, 위 카메라에 연결된 보조배터리를 쓰레기통 안쪽에 부착한 다음 녹화 버튼을 누르는 방법으로, 위 화장실에서 용변을 보는 성명 불상 여성의 엉덩이와 음부를 촬영한 것을 비롯하여 2013년경부터 2019년경까지 원심 판시 범죄일람표 순번 1 내지 296 기재와 같이 총 296회에 걸쳐 피해자들이 화장실에서 용변을 보는 모습을 촬영하였다. 제1심은 유죄로 판결하였으나 원심은 수사기관이 피고인의 국선변호인에게 미리 집행의 일시와 장소를 통지하지 않은 채 2019. 10. 30. 수사기관 사무실에서 저장매체를 탐색·복제·출력하는 방식으로 압수·수색영장을 집행하여 적법절차를 위반하였다는 이유로 제1심을 파기하고 무죄로 판단하였다. ●**판지**● (가) 형사소송법 제308조의2는 '적법한 절차에 따르지 아니하고 수집한 증거는 증거로 할 수 없다'고 정하고 있다. 이는 위법한 압수·수색을 비롯한 수사 과정의 위법행위를 억제하고 재발을 방지함으로써 국민의 기본적 인권 보장이라는 헌법 이념을 실현하고자 위법수집증거 배제 원칙을 명시한 것이다. 헌법 제12조는 기본적 인권을 보장하기 위하여 압수·수색에 관한 적법절차와 영장주의 원칙을 선언하고 있고, 형사소송법은 이를 이어받아 실체적 진실 규명과 개인의

권리보호 이념을 조화롭게 실현할 수 있도록 압수·수색절차에 관한 구체적 기준을 마련하고 있다. 이러한 헌법과 형사소송법의 규범력을 확고하게 유지하고 수사과정의 위법행위를 억제할 필요가 있으므로, 적법한 절차에 따르지 않고 수집한 증거는 물론 이를 기초로 하여 획득한 2차적 증거 또한 기본적 인권 보장을 위해 마련된 적법한 절차에 따르지 않고 확보한 것으로서 원칙적으로 유죄 인정의 증거로 삼을 수 없다고 보아야 한다. (나) **그러나 법률에 정해진 절차에 따르지 않고 수집한 증거라는 이유만을 내세워 획일적으로 증거능력을 부정하는 것은 헌법과 형사소송법의 목적에 맞지 않는다.** 실체적 진실 규명을 통한 정당한 형벌권의 실현도 헌법과 형사소송법이 형사소송 절차를 통하여 달성하려는 중요한 목표이자 이념이기 때문이다. 수사기관의 절차 위반행위가 적법절차의 실질적인 내용을 침해하는 경우에 해당하지 않고, 오히려 증거능력을 배제하는 것이 헌법과 형사소송법이 형사소송에 관한 절차 조항을 마련하여 적법절차의 원칙과 실체적 진실 규명의 조화를 도모하고 이를 통하여 형사 사법 정의를 실현하려 한 취지에 반하는 결과를 초래하는 것으로 평가되는 예외적인 경우라면, 법원은 그 증거를 유죄 인정의 증거로 사용할 수 있다고 보아야 한다. 이에 해당하는지는 수사기관의 증거 수집 과정에서 이루어진 절차 위반행위와 관련된 모든 사정, 즉 절차 조항의 취지, 위반 내용과 정도, 구체적인 위반 경위와 회피가능성, 절차 조항이 보호하고자 하는 권리나 법익의 성질과 침해 정도, 이러한 권리나 법익과 피고인 사이의 관련성, 절차 위반행위와 증거 수집 사이의 관련성, 수사기관의 인식과 의도 등을 전체적·종합적으로 고찰하여 판단해야 한다. 이러한 법리는 적법한 절차에 따르지 않고 수집한 증거를 기초로 하여 획득한 2차적 증거에 대해서도 마찬가지로 적용되므로, 절차에 따르지 않은 증거 수집과 2차적 증거 수집 사이 인과관계의 희석이나 단절 여부를 중심으로 2차적 증거 수집과 관련된 모든 사정을 전체적·종합적으로 고려하여 **예외적인 경우에는 유죄 인정의 증거로 사용할 수 있다.** …… 다음과 같은 사정을 모두 종합하여 보면, 수사기관의 위와 같은 절차 위반행위가 적법절차의 실질적인 내용을 침해하는 경우에 해당하지 않고, 오히려 이 사건 영장의 집행을 통해 수집된 증거의 증거능력을 배제하는 것이 헌법과 형사소송법이 형사소송에 관한 절차 조항을 마련하여 적법절차의 원칙과 실체적 진실 규명의 조화를 도모하고 이를 통하여 형사 사법 정의를 실현하려 한 취지에 반하는 결과를 초래하는 것으로 평가되는 예외적인 경우에 해당한다고 볼 여지가 충분하다.

2 **[대판 2018도20504]** [위법수집증거를 기초로 하여 획득한 2차적 증거의 증거능력을 예외적으로 인정할 수 있는 경우] (가) 압수·수색영장에는 피의자의 성명, 죄명, 압수할 물건, 수색할 장소, 신체, 물건, 발부 연월일, 유효기간과 그 기간을 경과하면 집행에 착수하지 못하며 영장을 반환하여야 한다는 취지 그 밖에 대법원규칙으로 정한 사항을 기재하고 영장을 발부하는 법관이 서명날인하여야 한다(형사소송법 제219조, 제114조 제1항 본문). 이 사건 영장은 **법관의 서명날인란에 '서명'만 있고 '날인'이 없으므로**, 형사소송법이 정한 요건을 갖추지 못하여 적법하게 발부되었다고 볼 수 없다. 그러나 (나) 이 사건 영장에는 야간집행을 허가하는 판사의 수기와 날인, 그 아래 서명날인란에 판사 서명, 영장 앞면과 별지 사이에 판사의 간인이 있으므로, 판사의 의사에 기초하여 진정하게 영장이 발부되었다는 점은 외관상 분명하다. 당시 수사기관으로서는 영장이 적법하게 발부되었다고 신뢰할 만한 합리적인 근거가 있었고, 의도적으로 적법 절차의 실질적인 내용을 침해한다거나 영장주의를 회피할 의도를 가지고 이 사건 영장에 따른 압수·수색을 하였다고 보기 어렵다. (다) 수사기관이 위법한 압수·수색을 통하여 수집한 증거와 이를 기초로 하여 획득한 2차적 증거의 증거능력을 부정하는 것은 그것이 수사기관의 위법한 압수·수색을 억제하고 권한남용과 재발을 방지하기 위한 가장 효과적이고 확실한 대응책이기 때문이다. 그런데 이 사건 영장의 내용과 형식, 발부 경위와 수사기관의 압수·수색 경위 등에 비추어 보면, 수사기관이 이 사건 영장을 발부받아 그에 기초

하여 이 사건 파일 출력물을 압수한 것이 위법수집증거의 증거능력을 부정함으로써 달성하려는 목적을 실질적으로 침해한다고 보기도 어렵다. …… (라) 이 사건 파일 출력물의 취득 과정에서 절차 조항 위반의 내용과 정도가 중대하지 않고 절차 조항이 보호하고자 하는 권리나 법익을 본질적으로 침해하였다고 볼 수 없다. 오히려 이러한 경우에까지 공소사실과 관련성이 높은 이 사건 파일 출력물의 증거능력을 배제하는 것은 적법절차의 원칙과 실체적 진실 규명의 조화를 도모하고 이를 통하여 형사 사법 정의를 실현하려는 취지에 반하는 결과를 초래할 수 있다. (마) 요컨대, 이 사건 영장이 형사소송법이 정한 요건을 갖추지 못하여 적법하게 발부되지 못하였다고 하더라도, 그 영장에 따라 수집한 이 사건 파일 출력물의 증거능력을 인정할 수 있다. 이에 기초하여 획득한 2차적 증거인 위 각 증거 역시 증거능력을 인정할 수 있다.

3 [대판 2013도11233] [검사 또는 사법경찰관이 **영장 발부 사유로 된 범죄 혐의사실과 무관한 별개의 증거를 압수한 경우**, 유죄 인정의 증거로 사용할 수 있는지 여부] (가) 검사 또는 사법경찰관은 범죄수사에 필요한 때에는 피의자가 죄를 범하였다고 의심할 만한 정황이 있는 경우에 판사로부터 발부받은 영장에 의하여 압수 · 수색을 할 수 있으나, (나) 압수 · 수색은 영장 발부의 사유로 된 범죄 혐의사실과 관련된 증거에 한하여 할 수 있으므로, 영장 발부의 사유로 된 범죄 혐의사실과 **무관한 별개의 증거를 압수**하였을 경우 이는 원칙적으로 유죄 인정의 증거로 사용할 수 없다. (다) 다만 수사기관이 별개의 증거를 피압수자 등에게 환부하고 후에 임의제출받아 다시 압수하였다면 증거를 압수한 최초의 절차 위반행위와 최종적인 증거수집 사이의 **인과관계가 단절**되었다고 평가할 수 있으나, (라) 환부 후 다시 제출하는 과정에서 수사기관의 우월적 지위에 의하여 임의제출 명목으로 실질적으로 강제적인 압수가 행하여질 수 있으므로, 제출에 임의성이 있다는 점에 관하여는 검사가 합리적 의심을 배제할 수 있을 정도로 증명하여야 하고, 임의로 제출된 것이라고 볼 수 없는 경우에는 증거능력을 인정할 수 없다.

4 [대판 2012도13611] [1] 마약 투약 혐의를 받고 있던 피고인이 임의동행을 거부하겠다는 의사를 표시하였는데도 경찰관들이 피고인을 '**영장 없이**' 강제로 연행한 상태에서 마약 투약 여부의 확인을 위한 **1차 채뇨**절차가 이루어졌는데, 그 후 피고인의 소변 등 채취에 관한 '**압수영장에 기하여**' 2차 채뇨절차가 이루어지고 그 결과를 분석한 소변 감정서 등이 증거로 제출된 사안에서, (가) 피고인을 강제로 연행한 조치는 위법한 체포에 해당하고, **위법한 체포상태에서 이루어진 채뇨 요구 또한 위법하므로 그에 의하여 수집된 '소변검사 시인서'는 유죄 인정의 증거로 삼을 수 없으나,** 한편 (나) 연행 당시 피고인이 마약을 투약한 것이거나 **자살할지도 모른다는 취지의 구체적 제보**가 있었던 데다가, 피고인이 경찰관 앞에서 바지와 팬티를 내리는 등 비상식적인 행동을 하였던 사정 등에 비추어 피고인에 대한 긴급한 구호의 필요성이 전혀 없었다고 볼 수 없는 점, (다) 경찰관들은 임의동행시점으로부터 얼마 지나지 아니하여 체포의 이유와 변호인 선임권 등을 고지하면서 피고인에 대한 **긴급체포의 절차**를 밟는 등 절차의 잘못을 시정하려고 한 바 있어, (라) 경찰관들의 위와 같은 임의동행조치는 단지 수사의 순서를 잘못 선택한 것이라고 할 수 있지만 관련 법규정으로부터의 **실질적 일탈 정도가 헌법에 규정된 영장주의 원칙을 현저히 침해할 정도**에 이르렀다고 보기 어려운 점 등에 비추어 볼 때, (마) 위와 같은 2차적 증거 수집이 위법한 체포 · 구금절차에 의하여 형성된 상태를 직접 이용하여 행하여진 것으로는 쉽사리 평가할 수 없으므로, (바) 이와 같은 사정은 체포과정에서의 절차적 위법과 2차적 증거 수집 사이의 **인과관계를 희석**하게 할 만한 정황에 속하고, 메스암페타민 투약 범행의 중대성도 아울러 참작될 필요가 있는 점 등 제반 사정을 고려할 때 **2차적 증거인 '소변 감정서' 등은 증거능력이 인정된다.** [2] (가) 연행 당시 피고인이 정신분열증 비슷한 행동을 하는 것으로 보아 마약을 투약한 것

이거나 자살할지도 모른다는 취지의 구체적 제보가 있었던 데다가, 피고인이 모텔 방안에서 운동화를 신고 안절부절 못하면서 술 냄새가 나지 아니함에도 불구하고 경찰관 앞에서 바지와 팬티를 내리는 등 비상식적인 행동을 하였고, 경찰서로 연행된 이후에도 피고인은 계속하여 자신의 바지와 팬티를 내린다거나, 휴지에 물을 적셔 이를 화장실 벽면에 계속하여 붙이는 등의 비정상적 행동을 거듭하였던 사실을 알 수 있다. 그렇다면 경찰관들이 적법하지 아니한 임의동행 절차에 의하여 피고인을 연행하는 위법을 범하기는 하였으나, **당시 상황에 비추어 피고인에 대한 긴급한 구호의 필요성이 전혀 없었다고 볼 수 없다.** (나) 나아가 위와 같은 상황에서는 피고인을 마약 투약 혐의로 긴급체포하는 것도 고려할 수 있었다고 할 것이고, 실제로 경찰관들은 그 임의동행시점으로부터 얼마 지나지 아니하여 체포의 이유와 변호인 선임권 등을 고지하면서 피고인에 대한 긴급체포의 절차를 밟는 등 절차의 잘못을 시정하려고 한 바 있으므로, 경찰관들의 위와 같은 임의동행조치는 단지 그 수사의 순서를 잘못 선택한 것이라고 할 수 있지만 관련 법규정으로부터의 실질적 일탈 정도가 헌법에 규정된 영장주의 원칙을 현저히 침해할 정도에 이르렀다고 보기 어렵다. …… (다) 그렇다면 설령 수사기관의 연행이 위법한 체포에 해당하고 그에 이은 제1차 채뇨에 의한 증거 수집이 위법하다고 하더라도, 피고인은 이후 법관이 발부한 구속영장에 의하여 적법하게 구금되었고 법관이 발부한 압수영장에 의하여 2차 채뇨 및 채모 절차가 적법하게 이루어진 이상, 그와 같은 2차적 증거 수집이 위법한 체포·구금절차에 의하여 형성된 상태를 직접 이용하여 행하여진 것으로는 쉽사리 평가할 수 없으므로, 이와 같은 사정은 **체포과정에서의 절차적 위법과 2차적 증거 수집 사이의 인과관계를 희석**하게 할 만한 정황에 속한다고 할 것이다.

5 [대판 2012도13607] [수사기관이 법관의 **영장에 의하지 아니하고** 매출전표의 거래명의자에 관한 정보를 획득한 경우, 이에 근거하여 수집한 피의자의 자백이나 범죄 피해에 대한 제3자의 진술 등 **2차적 증거의 증거능력을 예외적으로 인정할 만한 정황**] [1] 수사기관이 범죄 수사를 목적으로 「금융실명거래 및 비밀보장에 관한 법률」제4조 제1항에 정한 '거래정보 등'을 획득하기 위해서는 법관의 영장이 필요하고, 신용카드에 의하여 물품을 거래할 때 '금융회사 등'이 발행하는 매출전표의 거래명의자에 관한 정보 또한 금융실명법에서 정하는 '거래정보 등'에 해당하므로, 수사기관이 금융회사 등에 그와 같은 정보를 요구하는 경우에도 법관이 발부한 영장에 의하여야 한다. 그럼에도 수사기관이 **영장에 의하지 아니하고** 매출전표의 거래명의자에 관한 정보를 획득하였다면, 그와 같이 수집된 증거는 원칙적으로 형사소송법 제308조의2에서 정하는 '적법한 절차에 따르지 아니하고 수집한 증거'에 해당하여 유죄의 증거로 삼을 수 없다. [2] 수사기관이 법관의 영장에 의하지 아니하고 매출전표의 거래명의자에 관한 정보를 획득한 경우, 이에 터 잡아 수집한 2차적 증거들, 예컨대 '피의자의 자백'이나 '범죄 피해에 대한 제3자의 진술' 등이 유죄 인정의 증거로 사용될 수 있는지를 판단할 때, (가) 수사기관이 의도적으로 영장주의의 정신을 회피하는 방법으로 증거를 확보한 것이 아니라고 볼 만한 사정, (나) 위와 같은 정보에 기초하여 범인으로 특정되어 체포되었던 피의자가 석방된 후 상당한 시간이 경과하였음에도 **다시 동일한 내용의 자백**을 하였다거나 그 범행의 피해품을 수사기관에 임의로 제출하였다는 사정, (다) 2차적 증거 수집이 체포 상태에서 이루어진 자백 등으로부터 **독립된 제3자의 진술에 의하여 이루어진 사정** 등은 통상 2차적 증거의 증거능력을 인정할 만한 정황에 속한다고 볼 수 있다. cf) 대상판결에서 대법원은 특히 피고인이 구속영장이 기각되어 석방된 이후에 진행된 제3회 경찰 피의자신문 당시에도 제3범행에 관하여 자백하였고, 이 사건 범행 전부에 대한 제1심 법정 자백은 최초 자백 이후 약 3개월이 지난 시점에 **공개된 법정에서 적법한 절차를 통하여 임의로 이루어진 것**이라는 점 등을 전체적·종합적으로 고려하여 유죄 인정의 증거로 사용할 수 있는 경우에 해당한다고 보았다.

6 [대판 2009도526] [구속영장의 집행 당시 구속영장이 제시되지는 않았으나, 그 구속 중 수집한 피고인의 진술증거가 유죄 인정의 증거로 삼을 수 있는 예외적인 경우에 해당한다고 한 사례] 사전에 **구속영장을 제시하지 아니한 채 구속영장을 집행**하고, 그 구속 중 수집한 피고인의 진술증거 중 피고인의 제1심 법정진술은, (가) 피고인이 구속집행절차의 위법성을 주장하면서 청구한 **구속적부심사의 심문 당시 구속영장을 제시받은 바 있어 그 이후에는 구속영장에 기재된 범죄사실에 대하여 숙지하고 있었던** 것으로 보이고, (나) 구속 이후 원심에 이르기까지 구속적부심사와 보석의 청구를 통하여 구속집행절차의 위법성만을 다투었을 뿐, 그 구속 중 이루어진 진술증거의 임의성이나 신빙성에 대하여는 전혀 다투지 않았을 뿐만 아니라, (다) 변호인과의 충분한 상의를 거친 후 공소사실 전부에 대하여 자백한 것이라면, 유죄 인정의 증거로 삼을 수 있는 예외적인 경우에 해당한다.

7 [대판 2008도11437] [2차적 증거의 증거능력을 인정할 만한 구체적 정황례] [1] 구체적인 사안에서 2차적 증거들의 증거능력 인정 여부는 제반 사정을 전체적·종합적으로 고려하여 판단하여야 한다. 예컨대 (가) **진술거부권을 고지하지 않은 것이 단지 수사기관의 실수일 뿐** 피의자의 자백을 이끌어내기 위한 의도적이고 기술적인 증거확보의 방법으로 이용되지 않았고, 그 이후 이루어진 신문에서는 진술거부권을 고지하여 잘못이 시정되는 등 수사 절차가 적법하게 진행되었다는 사정, (나) 최초 자백 이후 구금되었던 피고인이 석방되었다거나 변호인으로부터 충분한 조력을 받은 가운데 상당한 시간이 경과하였음에도 다시 자발적으로 계속하여 동일한 내용의 자백을 하였다는 사정, (다) 최초 자백 외에도 **다른 독립된 제3자의 행위나 자료** 등도 물적 증거나 증인의 증언 등 2차적 증거 수집의 기초가 되었다는 사정, (라) 증인이 그의 독립적인 판단에 의해 형사소송법이 정한 절차에 따라 소환을 받고 임의로 출석하여 증언하였다는 사정 등은 **통상 2차적 증거의 증거능력을 인정할만한 정황**에 속한다. [2] 강도 현행범으로 체포된 피고인에게 진술거부권을 고지하지 아니한 채 강도범행에 대한 자백을 받고, 이를 기초로 여죄에 대한 진술과 증거물을 확보한 후 진술거부권을 고지하여 피고인의 임의자백 및 피해자의 피해사실에 대한 진술을 수집한 사안에서, (가) **제1심 법정에서의 피고인의 자백은 진술거부권을 고지받지 않은 상태에서 이루어진 최초 자백 이후 40여 일이 지난 후에 변호인의 충분한 조력을 받으면서 공개된 법정에서 임의로 이루어진** 것이고, (나) 피해자의 진술은 법원의 적법한 소환에 따라 자발적으로 출석하여 위증의 벌을 경고받고 선서한 후 **공개된 법정에서 임의로 이루어진 것이어서, 예외적으로 유죄 인정의 증거로 사용할 수 있는 2차적 증거에 해당**한다. **cf)** 진술거부권을 고지하지 않은 위법한 행위가 이후 일련의 정황들로 인해 그 위법성이 희석된 것으로 법원은 판단하고 있다(희석이론).

8 [비교판례] [대판 2008도7471] [수사기관이 적법절차를 위반하여 지문채취 대상물을 압수한 경우, 그전에 이미 범행 현장에서 위 대상물에서 채취한 지문이 위법수집증거에 해당하는지 여부(소극)] 피해자 A의 신고를 받고 현장에 출동한 인천남동경찰서 과학수사팀 소속 경장 공소외 2는 피해자 A가 범인과 함께 술을 마신 테이블 위에 놓여 있던 맥주컵에서 지문 6점을, 물컵에서 지문 8점을, 맥주병에서 지문 2점을 각각 현장에서 직접 채취하였음을 알 수 있는바, 이와 같이 **범행 현장에서 지문채취 대상물에 대한 지문채취가 먼저 이루어진 이상**, 수사기관이 그 이후에 지문채취 대상물을 적법한 절차에 의하지 아니한 채 압수하였다고 하더라도(한편, 이 사건 지문채취 대상물인 맥주컵, 물컵, 맥주병 등은 피해자 A가 운영하는 주점 내에 있던 피해자 공소외 1의 소유로서 이를 수거한 행위가 피해자 A의 의사에 반한 것이라고 볼 수 없으므로, 이를 가리켜 위법한 압수라고 보기도 어렵다), 위와 같이 **채취된 지문은 위법하게 압수한 지문채취 대상물로부터 획득한 2차적 증거에 해당하지 아니함이 분명**하여, 이를 가리켜 **위법수집증거라고 할 수 없으므로**, 원심이 이를 증거로 채택한 것이 위법하다고 할 수 없다.

# 45 전문증거의 의의 — 전문증거와 본래증거의 구별 —

* 대법원 2008. 11. 13. 선고 2008도8007 판결
* 참조조문: 형사소송법 제310조의2[1]

> 타인의 진술을 내용으로 하는 진술이 '본래증거'인지 '전문증거'인지 판단하는 기준

●**사실**● A는 「특정범죄가중처벌 등에 관한 법률」위반(**알선수재**) 혐의로 기소된 피고인 X로부터 전화를 통하여 2005.8.경 건축허가 담당 공무원이 외국연수를 가므로 사례비를 주어야 한다는 말과 2006.2.경 건축허가 담당 공무원이 4,000만 원을 요구하는데 사례비로 2,000만 원을 주어야 한다는 **말을 들었다**는 취지로 수사기관 및 제1심 및 원심 법정에서 진술하였다.

원심은 A의 경찰, 검찰 제1심 및 원심 법정 진술 중 X로부터 들은 내용에 관한 부분이 전문증거임을 전제로 하여, 그 진술이 이루어진 전후 사정, 그 과정과 내용 등 기록에 나타난 여러 사정에 비추어 볼 때, 그 진술 내용이나 조서의 작성에 허위개입의 여지가 거의 없고 진술내용의 신빙성이나 임의성도 인정되므로, **X의 부동의에도 불구하고 증거능력이 있다**고 판단하였다. 이에 X는 A의 진술은 전문증거로 증거능력이 없다고 다투며 상고하였다.

> ●**판지**● 상고기각. 「타인의 진술을 내용으로 하는 진술이 전문증거인지 여부는 **요증사실과의 관계**에서 정하여지는바, (가) 원진술의 '**내용인 사실**'이 요증사실인 경우에는 **전문증거**이나, (나) 원진술의 '**존재 자체**'가 요증사실인 경우에는 **본래증거이지 전문증거가 아니다.** …… A는 전화를 통하여 피고인 X로부터 2005.8.경 건축허가 담당 공무원이 외국연수를 가므로 사례비를 주어야 한다는 말과 2006.2.경 건축허가 담당 공무원이 4,000만 원을 요구하는데 사례비로 2,000만 원을 주어야 한다는 말을 들었다는 취지로 수사기관, 제1심 및 원심 법정에서 진술하였음을 알 수 있는데, **X의 위와 같은 원진술의 '존재 자체'가 이 사건 알선수재죄에 있어서의 요증사실**이므로, 이를 직접 경험한 A가 피고인으로부터 위와 같은 말들을 들었다고 하는 진술들은 **전문증거가 아니라 본래증거에 해당**된다. 그럼에도 원심이 위 증거들이 전문증거에 해당됨을 전제로 위와 같이 판단한 것은 적절하지 않다」.

●**해설**● **1 전문증거 배제법칙**   전문증거(傳聞證據)는 '전해(傳) 들은(聞) 증거'를 말한다. 이 '전해들은 증거'는 증거로서 가치가 없어 증거능력이 없다는 것이 **전문(증거배제)법칙**이다(hearsay is no evidence). 전문법칙은 영미의 증거법에서 유래한 제도로 영미의 배심제도와 더불어 세계의 소송법체계에서 가장 위대한 공헌을 한 원칙으로 평가받고 있다. 좀 더 구체적으로 '**전문증거**'란 사실인정의 기초가 되는 경험적 사실(요증사실)을 경험자 자신이 직접 법원에 진술하지 않고, 다른 형태(타인의 '진술'이나 '서면·녹음테이프')로 간접적으로 법원에 보고하는 것을 말한다.[2] 형사소송법 **제310조의2**는 "제311조 내지 제316조에

---

1) 형사소송법 제310조의2(**전문증거와 증거능력의 제한**) 제311조 내지 제316조에 규정한 것 이외에는 공판준비 또는 공판기일에서의 **진술**에 대신하여 진술을 기재한 서류나 공판준비 또는 공판기일 외에서의 **타인의 진술**을 내용으로 하는 진술은 이를 증거로 할 수 없다.

2) 따라서 '경험자 자신'이 직접 법원에 진술하는 **원본(본래)증거**와는 구별된다. 전문법칙에 의할 때 이러한 원본 증거만이 증거능력을 갖게 된다. **전문증거**로는 '전문진술'과 '전문서류'가 있다. ① **전문진술**은 사실을 직접 경험한 자의 진술을 들은 제3자가 그 내용을 법원에서 구두로 진술하는 것을 말한다. ② **전문서류**는 다시 진술서와 진술녹취서로 나뉜다. ㉠ **진술서**는 사실을 직접 경험한 자가 자신이 경험한 내용을 서면에 기재한 후 그 서면을 법원에 제출하는 것을 말한다(자술서, 감정서, 진단서 등). ㉡ **진술녹취서**(진술기재서)란 사실을 직접 경험한 자의 진술을 청취한 제3자가 그 진술의 내용을 서면에 기재한 후 법원에 제출하는 것을 말한다(피의자신

규정한 것 이외에는 공판준비 또는 공판기일에서의 진술에 대신하여 진술을 기재한 서류나 공판준비 또는 공판기일 외에서의 타인의 진술을 내용으로 하는 진술은 이를 증거로 할 수 없다."고 규정하여 **전문법칙을 선언**하고 있다. 전문증거는 ㉠ 사실인정의 자료로 사용할 수 없을 뿐만 아니라 ㉡ 그에 대한 증거조사 자체도 허용되지 않는다. 전문법칙은 될 수 있는 대로 원본증거 또는 원본에 가까운 형태 그대로 전달되어야 한다는 요청을 담고 있다(**최량증거법칙**).

**2 전문법칙의 이론적 근거**　　전문법칙의 근거와 관련해 법원은 반대신문권의 보장과 함께 직접심리주의(대륙법)[3]도 전문법칙의 근거로 보는 **이원설**의 입장에 있다. 즉「형사소송법 제310조의2는 ······ 전문증거의 증거능력을 원칙적으로 부인하고 있다. 이는 공개법정의 법관의 면전에서 진술되지 아니하고, 피고인에게 반대신문의 기회를 부여하지 않은 전문증거의 증거능력을 배척함으로써 ① 피고인의 **반대신문기회를 보장**하고, ② **직접심리주의**에서 공판중심주의를 철저히 함으로써, 피고인의 공정한 재판을 받을 권리를 보장하기 위한 것이다」(헌재 2004헌바450). 이는 법정에서 법관은 당사자의 반대신문을 통해 직접 상대방의 태도와 진술에 대한 신빙성을 가장 잘 관찰하고 검증할 수 있다는 전제에서 시작된다(법원은 피고인의 진술 태도를 **직접 관찰**할 수 있고, 그 진술의 공백이나 허점이 보이는 경우에는 **추가 질문**을 통해 보완할 수 있으며, 필요한 경우에는 공동피고인 및 다른 증인들 간에 **대질신문**을 통해 증명력 판단에 필요한 심증을 형성할 수 있다. 특히 반대신문이야말로 진실을 밝히는 데에 있어 가장 효과적인 수단으로 여겨진다). 이와 같이, '**반대신문권의 보장**'이야말로 전문법칙의 가장 중요한 이론적 근거이다. 더불어 전문증거의 경우, 전달과정에서의 왜곡이나 와전가능성으로 인한 ③ **신용성이 결여**도 전문법칙을 인정하는 한 축이 된다.

**3 전문증거: 요증사실과의 관련성**　　타인의 진술을 내용으로 하는 진술이 **전문증거인지 여부**는 '**요증사실과의 관계**'에서 정하여진다. 즉 ① 원진술자의 진술내용의 **사실여부(진실성여부)**가 요증사실인 경우에만 전문증가가 되고, ② 원진술의 **존재 자체**가 요증사실인 경우에는 '본래증거'로 전문법칙이 적용되지 않는다(대판 2012도2937, Ref 1-4). 따라서 "X가 절도하는 것을 목격했다"라는 A의 말을 들은 B가 그 사실을 증언한 경우, '**X의 절도사건**'에 대해서는 전문증거이지만('간접청취'), '**A의 명예훼손사건**'에 대해서는 원본증거이지 전문증거가 아니다('직접청취').[4] 이와 같이 전문증거는 **요증사실과의 관계**에 의하여 결정되는 **상대적 개념**임을 주의해야 한다.

**4** 대상판결에서 대법원은 피고인의 위와 같은 **원진술의 '존재' 자체가 이 사건 알선수재죄에 있어서의 요증사실**이므로, 이를 직접 경험한 A가 피고인으로부터 위와 같은 말들을 들었다고 하는 진술들은 전문증거가 아니라 **본래증거에 해당**되는 것으로 판단하였다. 즉 진술내용이 요증사실의 구성요소를 이루는 경우의 진술에는 전문법칙이 적용되지 않는다.

**5 전문법칙의 적용범위**　　(1) 전문증거는 요증사실을 직접 지각한 자의 '**진술**'을 내용으로 하는

---

문조서, 참고인진술조서).

3) 특히 '피의자신문조서'의 경우는 반대신문권의 결여로는 설명할 수 없다. 피고인의 진술에 대한 피고인의 반대신문은 논리모순이기 때문이다. 따라서 이 경우에는 '**실질적 직접주의**'에 대한 **위반**이 그 근거가 될 수 있다.

4) 이와 같이, ① 원진술자의 **진술내용**의 '**진실성 여부**'가 요증사실인 경우에는 전문증거이지만, ② 말 내용의 진실성과 관계없이 **그런 말을 한** '**사실 자체**'가 요증사실인(말 자체가 **요증사실의 일부**를 이루는) 경우에는 본래증거가 된다.

'진술증거'를 의미하므로(따라서 전문법칙은 '진술증거'에 대해서만 적용된다. 이는 진술에 대하여만 당사자의 반대신문이 가능하기 때문이다) 증거물과 같은 **비진술증거**(흉기나 위조문서)에는 전문법칙의 적용이 없다. 비진술증거의 경우는 반대신문이 불가능하며 전문증거의 신용성이 문제될 여지가 없기 때문이다. 따라서 상해부위를 촬영한 **'사진'** 등은 '비진술증거'로서 전문법칙이 적용되지 않는다(대판 2007도3906, Ref 2.1−2). (2) 현장의 사진이나 녹음, 컴퓨터의 로그기록, 전자출입증에 의한 출입상황 기록 등 **기계적 기록**은 진술증거가 아니다. (3) 외관상 진술증거처럼 보이지만 **원진술자의 심리적 · 정신적 상태**와 같은 간접사실을 증명하기 위한 **정황증거**로 사용되는 경우에도 전문법칙은 적용되지 않는다(대판 99도1252, Ref 2.2−1).5) 이 경우는 진술 자체가 정황증거가 될 뿐이므로 전문증거가 아니며 전문법칙이 적용되지 않는다. (4) **언어적 행동**(verbal act)과 같이 원진술자의 '행동의 의미'를 설명하기 위하여 원진술자의 말을 옮기는 경우에는 진술이지만 전문법칙이 적용되지 않는다.6) (5) **약식절차**에서는 전문법칙이 적용되지 않는다. 약식절차는 '서면심리'에 의하므로 전문법칙은 적용되지 않는다. 또한 증거동의가 의제되는 **간이공판절차**에서도 전문법칙은 적용되지 않는다(법318의3). (6) 전문증거라도 당사자가 **증거동의**한 경우에는 전문법칙이 적용되지 않는다(법318). (7) 전문증거일지라도 증인의 신용성을 탄핵하기 위한 **탄핵증거**로 제출하는 경우에는 전문법칙이 적용되지 않는다(법318의2).

### *Reference 1*
## * 전문증거인지 본래증거인지 판단하는 기준 : 요증사실과의 관련성 *

1-1 [대판 2018도13792 전원합의체] [다른 사람의 진술을 내용으로 하는 진술이 전문증거인지 본래증거인지 판단하는 기준] (가) 어떤 진술이 기재된 서류가 그 **내용의 진실성**이 범죄사실에 대한 직접증거로 사용될 때는 전문증거가 되지만, (나) 그와 같은 진술을 하였다는 것 자체 또는 진술의 진실성과 관계없는 간접사실에 대한 정황증거로 사용될 때는 반드시 전문증거가 되는 것이 아니다. (다) 그러나 어떠한 내용의 진술을 하였다는 사실 자체에 대한 정황증거로 사용될 것이라는 이유로 서류의 증거능력을 인정한 다음 그 사실을 다시 진술 내용이나 그 진실성을 증명하는 **간접사실로 사용하는 경우에 그 서류는 전문증거에 해당**한다. 서류가 그곳에 기재된 원진술의 내용인 사실을 증명하는 데 사용되어 원진술의 내용인 사실이 요증사실이 되기 때문이다. 이러한 경우 형사소송법 제311조부터 제316조까지 정한 요건을 충족하지 못한다면 증거능력이 없다.7)

---

5) 예를 들어, 살인 피의자 X가 사람을 목 졸라 죽인 직후, "나는 오렌지를 짰어!"라고 말하는 것을 들은 A의 진술은 X의 심신상태를 증명하는 정황증거일 뿐 전문증거는 될 수 없다.

6) 예를 들면, 범행 현장을 목격한 증인이 "피고인이 피해자를 세게 껴안고 흔들면서 '죽여 버리겠어!'라고 말했다"고 진술한 경우, 그 진술내용은 포옹이 우정의 표현이 아니라 '폭행의 일환'이었음을 증명하는 것이므로, 전문진술이 아니라 '정황증거'에 불과하다.

7) 대상판결은 "재벌 기업의 부회장인 피고인이 전직 대통령에게 재벌 그룹의 승계 작업을 위한 지배구조 개편을 도와달라는 부정한 청탁을 하고 그 대가로 전직 대통령과 공모관계에 있는 제3자에게 뇌물을 공여하였다는 내용으로 공소제기된 사안이다. 전직 대통령이 당시 대통령 비서관에게 피고인과의 대화내용 및 지시사항을 불러주었고, 그 비서관이 업무수첩에 전직 대통령이 불러준 내용을 기재하였는데, 재판 과정에서 그 전직 대통령의 대화 내용과 지시사항의 증거능력 여부가 전문증거의 개념과 관련하여 쟁점이 되었다. 대법원은 업무수첩에 기재된 내용이 대통령이 비서관에게 어떠한 지시를 하였다는 사실을 증명하기 위한 증거라면 이는 요증사실과의 관계에 비추어 볼 때 그 진술 내용의 진실성이 문제 되는 것이 아니므로 전문증거가 아니라고 하여야 하나, 그 수첩에 대통령과 피고인인 재벌 총수 사이에 있었던 대화 내용의 기재 부분은 **원진술의 존재 자체가**

1-2 [대판 2020도17109] [1] 원심은, 증인 갑의 제1심 법정진술 중 "피해자로부터 '피고인이 추행했다'는 취지의 말을 들었다."는 부분은 '피고인이 피해자를 추행한 사실의 존부'에 대한 증거로 사용되는 경우에는 전문증거에 해당하나 피해자가 공소외인에게 위와 같은 진술을 하였다  는 것 자체에 대한 증거로 사용되는 경우에는 갑이 경험한 사실에 관한 진술에 해당하여 전문법칙이 적용되지 않고, 나아가 위 갑의 진술도 피해자의 진술에 부합한다고 판단하였다. [2] (가) 다른 사람의 진술을 내용으로 하는 진술이 전문증거인지는 요증사실이 무엇인지에 따라 정해진다. (나) 다른 사람의 진술, 즉 원진술의 내용인 **'사실'**이 요증사실인 경우에는 전문증거이지만, 원진술의 **'존재 자체'**가 요증사실인 경우에는 본래증거이지 전문증거가 아니다. (다) 어떤 진술 내용의 진실성이 범죄사실에 대한 직접증거로 사용될 때는 전문증거가 되지만, 그와 같은 진술을 하였다는 것 자체 또는 진술의 진실성과 관계없는 간접사실에 대한 **정황증거**로 사용될 때는 반드시 전문증거가 되는 것이 아니다. (라) 그러나 어떠한 내용의 진술을 하였다는 사실 자체에 대한 정황증거로 사용될 것이라는 이유로 진술의 증거능력을 인정한 다음 그 사실을 다시 진술 내용이나 그 진실성을 증명하는 **간접사실**로 사용하는 경우에 그 진술은 전문증거에 해당한다. 그 진술에 포함된 원진술의 내용인 사실을 증명하는 데 사용되어 원진술의 내용인 사실이 요증사실이 되기 때문이다. 이러한 경우 형사소송법 제311조부터 제316조까지 정한 요건을 충족하지 못한다면 증거능력이 없다. [3] 원심의 이 부분 판단은, 피해자가 갑에게 '피고인이 추행했다'는 진술을 하였다는 것 자체에 대한 증거로 사용된다는 이유로 증거능력을 인정한 것이나, 원심은 위와 같이 판단한 다음 갑의 위 진술이 피해자의 진술에 부합한다고 보아 갑의 위 진술을 피해자의 진술 내용의 진실성을 증명하는 간접사실로 사용하였다. 따라서 위 갑의 진술은 전문증거에 해당하고, 형사소송법 제310조의2, 제316조 제2항의 요건을 갖추지 못하므로 증거능력이 없다. 이 부분 원심판단에는 전문증거에 관한 법리를 오해한 잘못이 있으나 피해자 진술의 신빙성을 인정한 앞서 본 원심판단에 잘못이 없으므로 판결결과에 영향이 없다.

## *요증사실과의 관계에서 '전문증거'가 아니라고 판단한 사례 *

2 [대판 2017도19499] [타인의 진술을 내용으로 하는 진술이 전문증거 또는 본래증거에 해당하는지 판단하는 기준] **(위력에 의한 업무방해죄에 있어서)** 위력에 의하여 면접위원들의 업무가 방해되었는지에 관한 피고인 A, C의 상고이유에 대하여 W, X 진술의 증거능력에 관한 피고인 C의 상고이유에 대하여 타인의 진술을 내용으로 하는 진술이 전문증거인지 여부는 요증사실과의 관계에서 정해진다. 원진술의 내용인 사실이 요증사실인 경우에는 전문증거이나, 원진술의 존재자체가 요증사실인 경우에는 본래증거이지 전문증거가 아니다. 기록에 의하면 V대 입학부처장 W과 면접위원 X는 제1심법정에서 "면접 당일 면접 위원들에 대한 오리엔테이션 장소에서 피고인 A가 '이번에 Y게임 금메달리스트가 지원하였다. 총장님께 보고를 드렸더니 **총장님이 무조건 뽑으라고 한다'고 말하는 것을 들었다.**"라는 취지로 진술한 사실을 알 수 있다. 위와 같은 W, X의 각 진술이 피고인 A의 진술을 내용으로 하는 진술이기는 하다. 그러나 피고인 A가 위력을 행사하였는지와 관련하여서는 원진술의 내용인 사실 즉 '피고인 C가 뽑으라는 말을 하였는지'가 아니라, 원진술의 **'존재 자체'** 즉 피고인 A가 위와 같은 말을 하였는지가 요증사실이므로, 이를 직접 경험한 W, X의 위 **각 진술은 전문증거가 아니라 본래증거에 해당**한다. **cf)** 대법원은 업무방해 사건에서 피고인의 '총장이 뽑으라

아니라 그 내용의 진실성이 요증사실인 경우에 해당하므로 전문증거에 해당하여 전문법칙의 예외 요건(제316조 제2항)을 충족하지 못하는 이상 증거로 사용할 수 없다고 한 것이다."(이창온, 전문증거의 개념에 관한 인식론적, 비교법적 소고, 형사법의 신동향 제78호(2023·봄), 165-166면).

고 했다'는 진술은 총장의 진술을 내용으로 하는 것이기는 하나, 그 원진술이라고 할 수 있는 총장의 진술 내용의 진실성이 아니라 그 진술의 존재 자체가 피고인과 총장 사이의 업무방해죄의 공모관계에 관한 증거가 되는 것이므로 피고인의 위와 같은 진술은 전문증거가 아니라 본래증거라고 판시하였다.

3 [대판 2013도2511] [전문법칙의 적용에 대하여] [1] (가) 피고인 또는 피고인 아닌 사람이 정보저장매체에 입력하여 기억된 문자정보 또는 그 출력물을 증거로 사용하는 경우, 이는 실질에 있어서 피고인 또는 피고인 아닌 사람이 작성한 진술서나 그 진술을 기재한 서류와 크게 다를 바 없고, 압수 후의 보관 및 출력과정에 조작의 가능성이 있으며, 기본적으로 반대신문의 기회가 보장되지 않는 점 등에 비추어 **그 내용의 진실성에 관하여는 전문법칙이 적용**되고, 따라서 원칙적으로 형사소송법 제313조 제1항에 의하여 그 작성자 또는 진술자의 진술에 의하여 성립의 진정함이 증명된 때에 한하여 이를 증거로 사용할 수 있다. (나) 다만 정보저장매체에 기억된 문자정보의 내용의 진실성이 아닌 **그와 같은 내용의 문자정보가 존재하는 것 자체가 증거로 되는 경우**에는 전문법칙이 적용되지 아니한다. (다) 나아가 어떤 진술을 범죄사실에 대한 직접증거로 사용할 때에는 그 진술이 전문증거가 된다고 하더라도 그와 같은 진술을 하였다는 것 자체 또는 그 진술의 진실성과 관계없는 간접사실에 대한 정황증거로 사용할 때에는 반드시 전문증거가 되는 것은 아니다. [2] 원심은 반국가단체의 구성원과 문건을 주고받는 방법으로 통신을 한 경우, 반국가단체로부터 지령을 받고 국가기밀을 탐지·수집하였다는 공소사실과 관련하여 수령한 지령 및 탐지·수집하여 취득한 국가기밀이 **문건의 형태로 존재하는 경우**나 편의제공의 목적물이 문건인 경우 등에는, **문건 내용의 진실성이 문제되는 것이 아니라 그러한 내용의 문건이 '존재하는 것 자체'가 증거가 되는 것**으로서, 위와 같은 공소사실에 대하여는 전문법칙이 적용되지 않는다고 보아 해당 부분의 공소사실에 관한 증거로 제출된 출력 문건들의 증거능력이 인정된다.

4 [대판 2012도2937] [타인의 진술을 내용으로 하는 진술이 본래증거 또는 전문증거인지 판단하는 기준] [1] 타인의 진술을 내용으로 하는 진술이 전문증거인지 여부는 **요증사실과의 관계**에서 정하여지는바, 원진술의 '내용인 사실'이 요증사실인 경우에는 전문증거이나 원진술의 '존재 자체'가 요증사실인 경우에는 본래증거이지 전문증거가 아니다. [2] 기록에 의하면, 갑은 제1심 법정에서 '피고인이 88체육관 부지를 공시지가로 매입하게 해 주고 KBS와의 시설이주 협의도 2개월 내로 완료하겠다고 말하였다'고 진술하였고, 공소외 2도 피고인의 진술을 내용으로 한 진술을 하였음을 알 수 있는데, 피고인의 위와 같은 **원진술의 '존재 자체'가 이 부분 각 사기죄 또는 변호사법 위반죄에 있어서의 요증사실이므로**, 이를 직접 경험한 갑 등이 피고인으로부터 위와 같은 말을 들었다고 하는 진술은 전문증거가 아니라 **본래증거에 해당한다고** 할 것이다.

## * 요증사실과의 관계에서 '전문증거'에 해당된다고 본 사례 *

5 [대판 2010도8735] [피해자가 피고인으로부터 당한 공갈 등 피해 내용을 담아 남동생에게 보낸 문자메시지를 촬영한 사진은 형사소송법 제313조에 규정된 '피해자의 진술서'에 준하는 것인데, 제반 사정에 비추어 그 진정성립이 인정되어 증거로 할 수 있다고 한 사례] 이 사건 문자메시지는 피해자가 피고인으로부터 풀려난 당일에 남동생에게 도움을 요청하면서 피고인이 협박한 말을 포함하여 공갈 등 피고인으로부터 피해를 입은 내용을 문자메시지로 보낸 것이므로, **이 사건 문자메시지의 내용을 촬영한 사진은 증거서류 중 피해자의 진술서에 준하는 것으로 취급함이 상당할 것인바**, 진술서에 관한 형사소송법 **제313조에 따라** 이 사건

문자메시지의 작성자인 피해자 갑이 제1심 법정에 출석하여 자신이 이 사건 문자메시지를 작성하여 동생에게 보낸 것과 같음을 확인하고, 동생인 을도 제1심 법정에 출석하여 피해자 갑이 보낸 이 사건 문자메시지를 촬영한 사진이 맞다고 확인한 이상, 이 사건 문자메시지를 촬영한 사진은 그 성립의 진정함이 증명되었다고 볼 수 있으므로 이를 증거로 할 수 있다.

*Reference 2*

## * 전문증거로 볼 수 없는 경우 *

### *비진술증거로 전문법칙이 적용되지 않는 경우*

1-1 [대판 2015도2275] [부정수표단속법위반 공소사실을 증명하기 위하여 제출되는 **수표**에 대하여 형사소송법 제310조의2의 전문법칙이 적용되는지 여부(소극)] 피고인이 수표를 발행하였으나 예금부족 또는 거래정지처분으로 지급되지 아니하게 하였다는 **부정수표단속법위반**의 공소사실을 증명하기 위하여 제출되는 **수표는 그 서류의 존재 또는 상태 자체가 증거가 되는** 것이어서 **증거물인 서면에 해당**하고 어떠한 사실을 직접 경험한 사람의 진술에 갈음하는 대체물이 아니므로, 증거능력은 증거물의 예에 의하여 판단하여야 하고, 이에 대하여는 형사소송법 제310조의2에서 정한 **전문법칙이 적용될 여지가 없다.**

1-2 [대판 2007도3906] '공소외인의 **상해부위를 촬영한 사진**'은 비진술증거로서 전문법칙이 적용되지 않으므로, 위 사진이 진술증거임을 전제로 전문법칙이 적용되어야 한다는 취지의 상고이유의 주장 또한 받아들일 수 없다.

1-3 [대판 2006도2556] [휴대전화기에 저장된 **문자정보(협박문자)**가 증거로 제출된 경우, 형사소송법 제310조의2의 전문법칙이 적용되는지 여부(소극)] 형사소송법 제310조의2는 사실을 직접 경험한 사람의 진술이 법정에 직접 제출되어야 하고 이에 갈음하는 대체물인 진술 또는 서류가 제출되어서는 안 된다는 이른바 전문법칙을 선언한 것이다. 그런데 정보통신망을 통하여 공포심이나 불안감을 유발하는 글을 반복적으로 상대방에게 도달하게 하는 행위를 하였다는 공소사실에 대하여 휴대전화기에 저장된 문자정보가 그 증거가 되는 경우, 그 문자정보는 범행의 직접적인 수단이고 경험자의 진술에 갈음하는 대체물에 해당하지 않으므로, 형사소송법 제310조의2에서 정한 **전문법칙이 적용되지 않는다.** cf) 대상판결에서의 문자정보(협박문자)는 협박죄에서 협박편지와 같이 '증거물인 서면'에 준하는 것이므로 '비진술증거'로서 전문법칙이 적용되지 않는다.

### *간접사실에 대한 정황증거*

2-1 [대판 99도1252] 어떤 진술이 범죄사실에 대한 직접증거로 사용함에 있어서는 전문증거가 된다고 하더라도 그와 같은 진술을 하였다는 것 자체 또는 그 진술의 **진실성과 관계없는 간접사실에 대한 정황증거**로 사용함에 있어서는 반드시 전문증거가 되는 것은 아니다.

2-2 [대판 2013도2511] [1] 피고인이 (가) 북한 공작원들과 그 일시경 실제로 회합하였음을 증명하려고 하는 경우에는 문건 내용이 진실한지가 문제 되므로 전문법칙이 적용된다고 할 것이지만, (나) 그와 같은 내용이 담긴 **파일이 피고인의 컴퓨터에 저장되어 있다는 사실 자체**는 그 기재 내용의 진실성과 관계없는 것으로서 이 부분 공소사실을 입증하기 위한 간접사실에 해당한다고 할 것이므로, 이러한 경우까지 전문법칙이 적용된다고 할 수 없다. [2] 반국가단체의 구성원과 문건을 주고받는 방법으로 통신을 한 경우, 반국가

단체로부터 지령을 받고 **국가기밀을 탐지·수집하였다는 공소사실**과 관련하여 수령한 지령 및 탐지·수집하여 취득한 국가기밀이 문건의 형태로 존재하는 경우나 편의제공의 목적물이 문건인 경우 등에는, 문건 내용의 진실성이 문제 되는 것이 아니라 그러한 내용의 문건이 존재하는 것 자체가 증거가 되는 것으로서, 위와 같은 공소사실에 대하여는 전문법칙이 적용되지 않는다고 보아 해당 부분의 공소사실에 관한 증거로 제출된 출력 문건들의 증거능력이 인정된다고 판단하였다. 원심판결 이유를 앞서 본 법리와 기록에 비추어 살펴보면, 이 부분 공소사실에 대한 증거로 제출된 출력 문건들의 내용 대부분은 그 요증사실과의 관계에서 문건 기재 내용이 진실한지가 문제 되는 것이 아니라 **그러한 내용의 문자정보가 존재하는 것 자체가 증거가 되는 경우에 해당**하는 것이므로, 원심의 위와 같은 판단은 그 범위 내에서 정당한 것으로 수긍할 수 있다.

# 46 법원 또는 법관 면전조서의 증거능력(제311조)

* 대법원 2003. 10. 10. 선고 2003도3282 판결
* 참조조문: 형사소송법 제311조[1]

---

공판조서의 증명력

**●판지●** 「공판조서의 기재가 명백한 오기인 경우를 제외하고는 공판기일의 소송절차로서 공판조서에 기재된 것은 조서만으로써 증명하여야 하고, 그 증명력은 공판조서 이외의 자료에 의한 반증이 허용되지 않는 **절대적**인 것이다」.

**●해설●** **1 전문법칙의 예외**　　전문증거는 피고인이나 증인 등 사안을 실제 경험한 자(원진술자)가 구두로 사안에 대해서 진술하지 않고 다른 형태(타인의 '진술'이나 '서면·녹음테이프')로 제출된 진술증거를 말한다. 전문증거는 전문법칙에 의해 증거능력이 부정된다. 그러나 형사소송법은 제311조에서 제316조에 걸쳐 전문법칙의 예외를 규정하여 전문증거이지만 증거능력을 부여하고 있다(제311조부터 제314조까지 조서규정을 두고, 제315조에 당연히 증거능력 있는 서류 규정, 제316조에 전문진술에 대한 증거능력 규정을 두고 있다. 나아가 제318조에서 당사자의 동의에 의한 전문법칙의 적용배제를 규정하고, 제318조의3에서 간이공판절차에서의 특례를 인정하고 있다). 이는 전문법칙을 너무 엄격하게 적용할 경우, **진실발견을 저해할 우려**가 있기 때문이다. 따라서 전문증거이지만 ① **필요성**과 ② **신용성의 정황적 보장**이 있을 경우에는 증거능력이 인정된다. 그리고 이 양자는 **상호보완관계** 내지 **반비례관계**에 선다. 전문증거를 **예외**적으로 받아들이는 경우로는 ① 제311조~제316조의 경우와 ② 당사자의 증거동의(법318)가 있다.

**2 전문법칙 예외 인정의 기준**　　전문법칙의 예외 인정의 기준으로 먼저 ① **필요성**이란 원진술자가 '사망하거나 질병·외국거주·소재불명 등'과 같이 원진술자의 공판정에서의 '출석·진술'이 불가능하거나 현저하게 곤란'한 경우를 말한다. ② **신용성의 정황적 보장**(circumstantial guarantee of trustworthiness)이란 공판정 밖에서의 원진술 당시의 여러 정황에 비추어 그 원진술의 '진실성이 고도로 담보'될 수 있는 경우를 말한다. 판례는 그러한 구체적 정황의 예를 다음과 같이 든다. 「"부지불각 중에 한말" "사람이 죽음에 임해서 하는 말" "어떠한 자극에 의해서 반사적으로 한 말" "경험상 앞뒤가 맞고 이론정연한 말" 또는 "범행에 접착하여 범증은폐를 할 시간적 여유가 없을 때 한 말" "범행직후 자기의 소행에 충격을 받고 깊이 뉘우치는 상태에서 한 말"등이 특히 '신용성의 정황적 보장'이 강하다고 설명되는 경우이다」 (대판 82도3248, Ref 4).

**3 법원 또는 법관의 면전조서**　　형사소송법 제311조는 법원 또는 법관의 면전에서의 진술을 기재한 **'조서'**에 대하여 **무조건 증거능력을 인정**하고 있다. 이는 법정에서 법관의 면전에서 이루어진 진술은 그 성립이 진정하고 신용성의 정황적 보장이 매우 높기 때문이다. 따라서 「피고인이나 피고인 아닌 자의 진술을 기재한 **'당해사건'**의 공판조서는 법 제311조 전문의 규정에 의하여 당연히 증거능력이 있다」(대판 2003도3282). 여기서 '공판조서'는 **당해 사건**의 공판조서이므로 '다른 사건의 공판조서'(구속전피의자심문조

---

1) 형사소송법 제311조(**법원 또는 법관의 조서**) 공판준비 또는 공판기일에 피고인이나 피고인 아닌 자의 진술을 기재한 조서와 법원 또는 법관의 검증의 결과를 기재한 조서는 증거로 할 수 있다. 제184조 및 제221조의2의 규정에 의하여 작성한 조서도 또한 같다

서, 구속적부심문조서 등)는 제311조가 아니라 **제315조 제3호**(기타 특히 신용할 만한 정황에 의하여 작성된 문서)에 의하여 증거능력이 인정된다[2](대판 2004도4428, Ref 2).

**4 절대적 증거능력이 인정되는 제311조의 조서들**　　　형사소송법 제311조에 따라 **절대적 증거능력이 인정**되는 조서는 다음의 다섯 가지이다. ① 공판**준비기일**에 피고인이나 피고인 아닌 자의 진술을 기재한 조서, ② 공판**기일**에 피고인이나 피고인 아닌 자의 진술을 기재한 조서, ③ 법원·법관의 검증조서, ④ 수사상 증거보전절차(법184)에서 작성한 조서,[3] ⑤ 수사상 증인신문청구(법221의2)에 의하여 작성한 조서이다.[4] 이 중 (1) **법원·법관의 검증조서**는 수사기관의 검증조서(법312⑥)와 달리 무조건 증거능력이 인정된다. 또한 (2) **증거보전절차**(법184)에서 작성한 조서와 검사의 **증인신문청구**(법221의2)에 의하여 작성한 조서도 수소법원과 같은 강한 신용성이 인정되므로 공판조서와 같이 증거능력이 인정된다. 특히, 피고인이 수사단계에서 다른 공동피고인에 대한 증거보전을 위하여 증인으로서 증언한 증인신문조서는 **그 다른 공동피고인에 대하여 증거능력이 있다**(대판 66도276, Ref 5). **공범자**나 **공동피의자**도 다른 피의자에 대한 관계에서 증인이 될 수 있으므로, 증인신문이 가능하다. (3) 그러나 증거보전을 청구할 수 있는 것은 압수, 수색, 검증, 증인신문 또는 감정에 한정되므로 **증거보전절차에서 피의자 또는 피고인의 신문은 금지된다**(대판 84도508, Ref 3).

## *Reference*

　1 [**대판 2007도10755**] [사인(私人)이 피고인 아닌 자의 대화를 비밀녹음한 녹음테이프와 관련하여 녹음된 진술자의 상태 등을 확인하기 위하여 **법원이 테이프에 대한 검증을 실시한 경우**, 그 검증조서의 증거능력] 녹음테이프에 대한 검증의 내용이 그 진술 당시 진술자의 상태 등을 확인하기 위한 것인 경우에는, 녹음테이프에 대한 검증조서의 기재 중 진술내용을 증거로 사용하는 경우에 관한 위 법리는 적용되지 아니하고, 따라서 **위 검증조서는 법원의 검증의 결과를 기재한 조서**로서 형사소송법 제311조에 의하여 당연히 증거로 할 수 있다.

　2 [**대판 2004도4428**] [**다른 피고인에 대한 형사사건의 공판조서** 중 일부인 증인신문조서의 증거능력 유무(적극)] 다른 피고인에 대한 형사사건의 공판조서는 형사소송법 제315조 제3호에 정한 서류로서 당연히 증거능력이 있는바, 공판조서 중 일부인 증인신문조서 역시 형사소송법 **제315조 제3호**에 정한 서류로서 당연히 증거능력이 있다고 보아야 할 것이다.

---

2) 형사소송법 제315조(**당연히 증거능력이 있는 서류**) 다음에 게기한 서류는 증거로 할 수 있다. 1. 가족관계기록사항에 관한 증명서, 공정증서등본 기타 공무원 또는 외국공무원의 직무상 증명할 수 있는 사항에 관하여 작성한 문서 2. 상업장부, 항해일지 기타 업무상 필요로 작성한 통상문서 3. 기타 특히 신용할 만한 정황에 의하여 작성된 문서
3) 형사소송법 제184조(**증거보전의 청구와 그 절차**) ① 검사, 피고인, 피의자 또는 변호인은 미리 증거를 보전하지 아니하면 그 증거를 사용하기 곤란한 사정이 있는 때에는 제1회 공판기일 전이라도 판사에게 압수, 수색, 검증, 증인신문 또는 감정을 청구할 수 있다.
4) 형사소송법 제221조의2(**증인신문의 청구**) ① 범죄의 수사에 없어서는 아니될 사실을 안다고 명백히 인정되는 자가 전조의 규정에 의한 출석 또는 진술을 거부한 경우에는 검사는 제1회 공판기일 전에 한하여 판사에게 그에 대한 증인신문을 청구할 수 있다.

3 **[대판 84도508]** [**증거보전 절차에서 작성된 증인신문조서** 중 증인에 대한 반대신문과정에서 피의자가 진술한 내용을 기재한 부분의 증거능력] 증인신문조서가 증거보전절차에서 피고인이 증인으로서 증언한 내용을 기재한 것이 아니라 증인(갑)의 증언내용을 기재한 것이고 다만 피의자였던 피고인이 당사자로 참여하여 자신의 범행사실을 시인하는 전제하에 위 증인에게 반대신문한 내용이 기재되어 있을 뿐이라면, (가) 위 조서는 공판준비 또는 공판기일에 피고인 등의 진술을 기재한 조서도 아니고, (나) 반대신문과정에서 피의자가 한 진술에 관한 한 형사소송법 제184조에 의한 증인신문조서도 아니므로 위 조서 중 **피의자의 진술기재부분**에 대하여는 형사소송법 제311조에 의한 증거능력을 인정할 수 없다.

4 **[대판 82도3248]** [이른바 '**신용성의 정황적 보장**'의 존재 및 강약에 대한 판단기준] 이른바 신용성의 정황적 보장이란 사실의 승인 즉 자기에게 불이익한 사실의 승인이나 자백은 재현을 기대하기 어렵고 진실성이 강하다는데 근거를 둔 것으로서 때때로 특신상태라는 표현으로 잘못 이해되는 경우가 많은 것은 우리 형사소송법 체계상으로는 아직 생소한 개념이며 어떠한 것이 이에 해당하는 것인가를 정형화하기 어려움에 기인하는 것이라고 생각되나 일반적으로 자기에게 유리한 진술은 그 신빙성이 약하나 반대로 자기에게 불이익한 사실의 승인은 진실성이나 신빙성이 강하다는 관점에서 "부지 불각 중에 한말" "사람이 죽음에 임해서 하는 말" "어떠한 자극에 의해서 반사적으로 한 말" "경험상 앞뒤가 맞고 이론정연한 말" 또는 "범행에 접착하여 범증 은폐를 할 시간적 여유가 없을 때 한 말" "범행직후 자기의 소행에 충격을 받고 깊이 뉘우치는 상태에서 한 말"등이 **특히 신용성의 정황적 보장이 강하다고 설명되는** 경우이다. 따라서 반드시 공소제기 후 법관 면전에서 한 진술이 가장 믿을 수 있고 그 앞의 수사기관에서의 진술은 상대적으로 신빙성, 진실성이 약한 것이라고 일률적으로 단정할 수 없을 뿐만 아니라 오히려 수사기관에 검거된 후 제일 먼저 작성한 청취서의 진술기재가 범행사실을 숨김없이 승인한 것이었는데 그 후의 수사과정과 공판과정에서 외부와의 접촉, 시간의 경과에 따른 자신의 장래와 가족에 대한 걱정 등이 늘어감에 따라 점차 그 진술이 진실로부터 멀어져가는 사례는 흔히 있는 것이어서 이러한 신용성의 정황적 보장의 존재 및 그 강약에 관하여서는 구체적 사안에 따라 이를 가릴 수밖에 없는 것이다.

5 **[대판 66도276]** [피고인이 다른 공동피고인의 증거보존을 위하여, 수사단계에서 증언한, 증인 신문조서의 증거능력] 피고인이 수사단계에서 다른 공동피고인에 대한 증거보전을 위하여 증인으로서 증언한 증인신문조서는 **그 다른 공동피고인에 대하여 증거능력이 있다.**

# 47 검사 작성의 피의자신문조서의 증거능력 (제312조 제1항)

* 대법원 2023. 6. 1. 선고 2023도3741 판결
* 참조조문: 형사소송법 제312조[1]

> 형사소송법 제312조 제1항에서 정한 '검사가 작성한 피의자신문조서'에 당해 피고인과 공범관계에 있는 다른 피고인이나 피의자에 대하여 검사가 작성한 피의자신문조서도 포함되는가?

●**사실**● 피고인 X는 Y에게 필로폰을 판매한 혐의로 기소되었다. 하지만 X는 Y와 함께 필로폰을 투약한 사실은 있지만, Y에게 필로폰을 판매하거나 교부한 사실은 없다고 다투었다. X는 필로폰을 매수하였다는 Y에 대한 검사 작성 피의자신문조서에 대하여 **'부동의' 의견**을 밝혔으나 원심은 Y에 대한 검사 작성 피의자신문조서를 유죄인정의 증거로 하여 X에 대해 유죄를 인정하였다.

●**판지**● 「[1] [피고인이 자신과 공범관계에 있는 다른 피고인이나 피의자에 대하여 검사가 작성한 피의자신문조서의 내용을 부인하는 경우, 형사소송법 제312조 제1항에 따라 유죄의 증거로 쓸 수 있는지 여부(소극)] 형사소송법 제312조 제1항에서 정한 **'검사가 작성한 피의자신문조서'**란 당해 피고인에 대한 피의자신문조서만이 아니라 **당해 피고인과 공범관계에 있는** 다른 피고인이나 피의자에 대하여 검사가 작성한 피의자신문조서도 포함되고, 여기서 말하는 '공범'에는 형법 총칙의 공범 이외에도 서로 대향된 행위의 존재를 필요로 할 뿐 각자의 구성요건을 실현하고 별도의 형벌 규정에 따라 처벌되는 강학상 **필요적 공범 또는 대향범까지 포함**한다. 따라서 피고인이 자신과 '공범관계'에 있는 다른 피고인이나 피의자에 대하여 검사가 작성한 피의자신문조서의 내용을 부인하는 경우에는 형사소송법 제312조 제1항에 따라 유죄의 증거로 쓸 수 없다.

[2] 2020.2.4. 법률 제16924호로 개정되어 **2022.1.1.부터 시행**된 형사소송법 제312조 제1항은 검사가 작성한 피의자신문조서의 증거능력에 대하여 '적법한 절차와 방식에 따라 작성된 것으로서 공판준비, 공판기일에 그 피의자였던 피고인 또는 변호인이 그 내용을 인정할 때에 한정하여 증거로 할 수 있다.'고 규정하였다. 여기서 **'그 내용을 인정할 때'**라 함은 피의자신문조서의 기재 내용이 진술 내용대로 기재되어 있다는 의미가 아니고 그와 같이 **진술한 내용이 실제 사실과 부합한다**는 것을 의미한다」.

---

1) 형사소송법 제312조(**검사 또는 사법경찰관의 조서 등**) ① **검사가 작성**한 피의자신문조서는 적법한 절차와 방식에 따라 작성된 것으로서 공판준비, 공판기일에 그 **피의자였던 피고인 또는 변호인이** 그 내용을 인정할 때에 한정하여 증거로 할 수 있다. ② 삭제 ③ 검사 이외의 수사기관이 작성한 피의자신문조서는 적법한 절차와 방식에 따라 작성된 것으로서 공판준비 또는 공판기일에 그 **피의자였던 피고인 또는 변호인이 그 내용을 인정할 때**에 한하여 증거로 할 수 있다. ④ 검사 또는 사법경찰관이 피고인이 아닌 자의 진술을 기재한 조서는 적법한 절차와 방식에 따라 작성된 것으로서 그 조서가 검사 또는 사법경찰관 앞에서 **진술한 내용과 동일하게 기재**되어 있음이 원진술자의 공판준비 또는 공판기일에서의 진술이나 **영상녹화물** 또는 그 밖의 객관적인 방법에 의하여 증명되고, 피고인 또는 변호인이 공판준비 또는 공판기일에 그 기재 내용에 관하여 **원진술자를 신문할 수 있었던 때**에는 증거로 할 수 있다. 다만, 그 조서에 기재된 진술이 특히 신빙할 수 있는 상태 하에서 행하여졌음이 증명된 때에 한한다. ⑤ 제1항부터 제4항까지의 규정은 피고인 또는 피고인이 아닌 자가 **수사과정에서 작성한 진술서**에 관하여 준용한다. ⑥ 검사 또는 사법경찰관이 검증의 결과를 기재한 조서는 적법한 절차와 방식에 따라 작성된 것으로서 공판준비 또는 공판기일에서의 작성자의 진술에 따라 그 성립의 진정함이 증명된 때에는 증거로 할 수 있다. cf) (1) 수사기관의 피의자신문조서(①·③)는 적법절차 + 내용인정, (2) 진술조서(④)는 적법절차 + 성립진정 혹은 대체증명 + 반대신문 + 특신상태, (3) 검증조서(⑥)는 적법절차 + 성립진정, (4) 수사과정에서 작성된 진술서(⑤)는 본조의 제1항부터 제4항까지의 규정을 준용한다.

●**해설**● 1 형사소송법은 전문증거의 증거능력을 원칙적으로 부인한다(법310의2). 그러나 전문법칙을 너무 엄격하게 적용하게 되면 사실인정의 자료가 지나치게 제한되어 실체적 진실발견에 어려움을 겪게 된다. 따라서 형사소송법은 제311조에서 제316조에 이르기 까지 전문법칙의 예외를 규정해 두고 있으며, 나아가 당사자의 동의를 통해 전문법칙에 의해 증거능력이 없는 증거일지라도 증거로 한다(법318①)

2 **제312조 제1항 개정의 의의**　　　형사소송법 제312조는 **수사기관**이 작성한 '조서'에 관한 규정이다. 이 경우는 제311조의 법관 면전 작성 조서에 비하여 신용성이 낮은 전문증거이므로 제312조의 엄격한 예외요건을 갖춘 경우에만 증거능력을 인정하는 전문법칙의 예외규정이다.[2] 특히 최근 **형사소송법의 개정으로**(2020.2.4.)으로 검사가 작성한 피의자신문조서도 경찰이 작성한 피의자신문조서와 같이 "**적법한 절차와 방식**에 따라 작성된 것으로서 공판준비, 공판기일에 그 피의자였던 피고인 또는 변호인이 **그 내용을 인정할 때에 한정**하여 증거로 할 수 있다."고 개정하여 증거능력 인정요건을 강화하였다(법312①). 이는 **2020년 개정에서 가장 큰 변화** 중에 하나이다. 이와 같이 검사 작성 피의자신문조서의 증거능력을 약화시킨 것은, '실질적인 공판중심주의'의 구현과 피고인의 '방어권을 보다 보장'하려는 데 그 취지가 있다. 따라서 이제는 검·경 구분 없이 수사기관이 작성한 조서에 대해서 피고인(또는 변호인)이 그 **'내용을 인정'**해야만 그 조서가 증거능력을 가질 수 있게 된다. 이에 따라, 검찰에서 자백했던 피고인이 법정에서 내용부인을 할 경우, 그 진술을 법정에 현출시킬 수 있는 방법은 **조사자 증언**(법316①)과 **피고인신문**(법292의2)만이 가능하다(개정 형사소송법에 따라 종전과 같은 방식으로 피의자신문조서를 증거로 사용하기 어려워지게 되면서, 검사 측에서는 피고인의 진술과 객관적 증거 사이의 **모순점**을 공판정에 직접 현출하기 위하여 피고인신문을 더욱 적극적으로 활용(피고인의 공판정에서의 부인진술에 대한 탄핵증거로서 검사 작성 피의자신문조서를 활용)할 가능성이 커졌다).

3 **제312조 제1항의 증거능력 인정요건(적법절차 + 내용인정)**　　　형사소송법 제312조 제1항은 검사 작성 피의자신문조서의 증거능력에 대해 규정하고 있다.[3] 검사작성 피의자신문조서(법312①)의 증거능력 인정요건은 적법한 절차와 내용의 인정이다. 먼저 (1) **'적법한 절차와 방식'**이라 함은 「피의자 또는 제3자에 대한 조서 작성 과정에서 지켜야 할 진술거부권의 고지 등 형사소송법이 정한 **제반 절차를 준수하고 조서의 작성방식에도 어긋남이 없어야 한다**」는 것을 의미한다(대판 2011도7757).[4] 따라서 피의자신문

---

2) "역사적으로 보면, 우리 법은 증거법칙의 하나로 제정법부터 독일법 상 직접주의를 도입해서 사용하고 있었다. 다만 한 가지 특이한 점은, 독일에서는 직접주의의 예외로 법관의 조서만 인정되고 수사기관의 조서에 증거능력을 부여하는 규정은 없는 데 반해, 우리는 **수사기관의 조서도 직접주의의 예외로 증거능력을 인정**하고 있다는 점이다. 일제강점기 때 법관의 조서 외에 검사나 경찰의 조서에 대해서도 증거능력을 인정하던 것을 제정법에서도 계속 수용한 결과라고 알고 있다. 그런데 이렇게 해서는 피고인의 방어권 보장에 문제가 될 수 있기 때문에 우리 법은 일종의 추가요건을 부과하였는데, 그것이 바로 '성립의 진정'이다."(김희균, 전문진술을 기재한 조서의 증거능력, 가천법학 제12권 제1호(2019), 186면).

3) **피의자신문조서**란 수사기관이 피의자를 신문하여 그 진술을 기재한 조서를 말한다. 피의자신문조서는 '**자술서**'와는 달리 수사기관이 조사 과정에서 원진술인 피의자의 진술을 그대로 녹취한 것이 아니라 진술을 발췌, 요약하고, 법적으로 평가한 결과를 정리한 것이어서 언제나 그 '진정성'이 문제된다. 판례는 **수사기관이 조사과정에서 작성**된 것이라면 그것이 '진술조서·진술서·자술서'라는 형식을 취하였다 하더라도 모두 피의자신문조서에 해당한다고 판시하였다(대판 92도442). 한편, 형사소송법 제312조 제5항은 "제1항부터 제4항까지의 규정은 피고인 또는 피고인이 아닌 자가 **수사과정에서 작성한 진술서**에 관하여 준용한다."고 규정하고 있다.

4) '**적법한 절차와 방식**'은 구법상 조서의 '형식적 진정성립' 보다는 넓은 개념이다. 2007년 개정법에 의해 형식적 진정성립은 '적법한 절차와 방식'의 요건으로 보다 강화되었고, 성립의 진정은 '실질적 진정성립'의 의미로 파

시 참여자가 있어야 하고(법243), 변호인을 참여시켜야 하며(법243의2)(대판 2010도3359), 장애인 등에 대한 신뢰관계 있는 자를 동석할 수 있게 하여야 한다(법244의5). 또한 조서작성 시에는 미리 진술거부권을 고지하여야 하고(법244의3)(대판 2014도5939, Ref 1-6), 수사과정을 기록하여야 하며(법244의4), 조서작성 후에는 열람하거나 읽어주어야 할 뿐만 아니라 조서에 '간인' 후 기명날인 또는 서명 등이 이루어져야 한다(법244)(대판 87도2716, Ref 1-10)(대판 99도237, Ref 1.4-1). (2) 그리고 **'내용의 인정'**이라 함은 「피의자신문조서의 기재 내용이 진술 내용대로 기재되어 있다는 의미가 아니고 그와 같이 **진술한 내용이 '실제 사실'과 부합**한다는 것을 의미한다」(대상판결). 즉 조서의 기재내용이 객관적 진실(실제 사실)과 부합함을 의미한다. 적극적으로 내용을 인정하지 않는 이상 묵비한 경우에도 경찰 피의자신문조서는 증거능력이 없다. 피의자신문**조서 중 일부에 관하여만** 원진술자가 실질적 진정성립을 인정하는 것도 가능하다(대판 2005도1849, Ref 1-8).

**4 제312조 제1항의 적용범위** 　　　검사가 작성한 피의자신문조서와 관련하여 (1) **'공범자 아닌 공동피고인'**에 대한 피의자신문조서에 대해서는 그것이 검사 작성이든 사법경찰관 작성이든 제312조 제4항의 진술조서 조항이 적용된다(따라서 이 경우의 진술조서는 적법절차 + 성립진정 혹은 대체증명 + 반대신문 + 특신상태가 인정되어야 증거능력이 인정된다. 대판 2005도7601, Ref 2-1). 다음으로 (2) **공범자에 대한 피의자신문조서**이다. 공범자에 대한 검사 작성의 피의자신문조서에 대해서는 종래 학설의 대립(제312조 제1항 적용설과 제312조 제4항 적용설)이 있었으나 최근에 대상판결이 나와 법원의 입장이 정리되었다. 대상판결에서 대법원은 '검사가 작성한 피의자신문조서'란 당해 피고인에 대한 피의자신문조서만이 아니라 **당해 피고인과 '공범관계'에 있는** 다른 피고인이나 피의자에 대하여 검사가 작성한 피의자신문조서도 포함된다고 판시하였다(제312조 제1항 적용). 따라서 해당 조서의 진술자인 공범자가 실질적 진정성립을 인정한다고 하여도 **당해 피고인**이 그 내용을 부인하면 증거능력을 인정받을 수 없게 된다.

**5 제312조의 전문법칙 예외**

| 조서의 종류 | 증거능력 인정의 요건 |
|---|---|
| • 제1항 (검사 작성) 피의자신문조서　––––––– | 적법절차 + 내용인정 |
| • 제3항 (사법경찰관 작성) 피의자신문조서 ––––– | 적법절차 + 내용인정 |
| • 제4항 (검사/사경 작성) 진술조서 –––––––– | 적법절차 + 실질적 진정성립(또는 대체증명) + 반대신문 + 특신상태 |
| • 제5항 (수사과정 중 작성) 사인진술서 | |
| • 제6항 (검사/사경 작성) 검증조서　––––––– | 적법절차 + 성립의 진정 |

악되고 있다.

## *Reference 1*

# * 적법한 절차 · 방식과 작성주체(검사) *

1-1 [대판 2002도4372] **외관상 검사가 작성**한 것으로 되어 있는 피고인에 대한 피의자신문조서가 **검찰주사와 검찰주사보가 담당 검사가 임석하지 아니한 상태**에서 피의자였던 피고인을 번갈아가며 신문한 끝에 작성된 것으로, 담당 검사는 검찰주사 등이 피고인에 대한 조사를 끝마치고 자백하는 취지의 진술을 기재한 피의자신문조서를 작성하여 가져오자 이를 살펴본 후 비로소 피고인이 조사를 받고 있던 방으로 와서 피의자신문조서를 손에 든 채 그에게 "이것이 모두 사실이냐"는 취지로 **개괄적으로 질문한 사실이 있을 뿐, 피의사실에 관하여 위 피고인을 직접 · 개별적으로 신문한 바 없는 경우**, 위 피의자신문조서를 형사소송법 제312조 제1항 소정의 '검사가 피의자나 피의자 아닌 자의 진술을 기재한 조서'로 볼 수 없으므로 그 증거능력 유무는 검사 이외의 수사기관이 작성한 피의자신문조서와 마찬가지 기준에 의하여 결정되어야 할 것이어서, **결국 위 피의자신문조서는 피고인이 그 내용을 부인하는 이상 유죄의 증거로 삼을 수 없다**고 한 원심의 판단을 정당하다.

1-2 [대판 90도1483] 검찰주사가 검사의 지시에 따라 **검사가 참석하지 않은 상태**에서 피의자였던 피고인을 신문하여 작성하고 검사는 검찰주사의 조사 직후 피고인에게 **개괄적으로 질문한 사실이 있을 뿐**인데도 검사가 작성한 것으로 되어 있는 피고인에 대한 피의자신문조서와 검찰주사가 참고인의 주거지에서 그의 진술을 받아 작성한 것인데도 검사가 작성한 것으로 되어 있는 참고인에 대한 진술조서는 검사의 서명 · 날인이 되어 있다고 하더라도 **검사가 작성한 것이라고는 볼 수 없으므로**, 형사소송법 제312조 제1항 소정의 "검사가 피의자나 피의자아닌 자의 진술을 기재한 조서"에 해당하지 않는 것임이 명백하다.

### *인지절차 전 검사 수사 중 작성한 피의자신문조서의 증거능력*

2 [대판 2000도2968] [범죄인지서를 작성하여 사건수리 절차를 밟기 전의 수사과정에서 작성된 피의자신문조서나 진술조서의 증거능력 유무(한정 적극)] 검찰사건사무규칙 제2조 내지 제4조에 의하면, 검사가 범죄를 인지하는 경우에는 범죄인지서를 작성하여 사건을 수리하는 절차를 거치도록 되어 있으므로, 특별한 사정이 없는 한 수사기관이 그와 같은 절차를 거친 때에 범죄인지가 된 것으로 볼 것이나, **범죄의 인지는 '실질적'인 개념**이고, 이 규칙의 규정은 검찰행정의 편의를 위한 사무처리절차 규정이므로, **검사가 그와 같은 절차를 거치기 전에 범죄의 혐의가 있다고 보아 수사를 개시하는 행위를 한 때에는** 이 때에 범죄를 인지한 것으로 보아야 하고, 그 뒤 범죄인지서를 작성하여 사건수리 절차를 밟은 때에 비로소 범죄를 인지하였다고 볼 것이 아니며, **이러한 인지절차를 밟기 전에 수사를 하였다고 하더라도**, 그 수사가 장차 인지의 가능성이 전혀 없는 상태 하에서 행해졌다는 등의 특별한 사정이 없는 한, **인지절차가 이루어지기 전에 수사를 하였다는 이유만으로 그 수사가 위법하다고 볼 수는 없고**, 따라서 그 수사과정에서 작성된 피의자신문조서나 진술조서 등의 증거능력도 이를 부인할 수 없다.

3 [대판 94도1228] [검찰송치전 구속피의자로부터 받은 검사 작성의 피의자신문조서의 증거능력] 검찰에 '송치되기 전'에 구속피의자로부터 받은 검사 작성의 피의자신문조서는 극히 이례에 속하는 것으로, 그와 같은 상태에서 작성된 피의자신문조서는 내용만 부인하면 증거능력을 상실하게 되는 사법경찰관 작성의 피의자신문조서상의 자백 등을 부당하게 유지하려는 수단으로 악용될 가능성이 있어, 그렇게 했어야 할 특별한 사정이 보이지 않는 한 **송치 후에 작성**된 피의자신문조서와 마찬가지로 취급하기는 어렵다.

# * 적법한 절차 · 방식과 '기명날인 또는 서명' *

## *피의자의 간인이나 기명날인 또는 서명이 누락된 경우*

4-1 [대판 99도237] [서명만이 있고 날인이나 간인이 없는 검사 작성의 피고인에 대한 피의자신문조서의 증거능력 유무(소극)] 조서말미에 피고인의 서명만이 있고, 그 날인(무인 포함)이나 간인이 없는 검사 작성의 피고인에 대한 피의자신문조서는 증거능력이 없다고 할 것이고, 그 날인이나 간인이 없는 것이 피고인이 그 날인이나 간인을 거부하였기 때문이어서 그러한 취지가 조서말미에 기재되었다거나, 피고인이 법정에서 그 피의자신문조서의 임의성을 인정하였다고 하여 달리 볼 것은 아니다.

4-2 [대판 81도1370] 피고인의 기명만이 있고, 그 날인이나 무인이 없는, 검사 작성의 피고인에 대한 피의자 신문조서는 증거능력이 없다.

4-3 [대판 92도954] 피고인의 서명, 날인 및 간인이 없는 검사작성의 피의자신문조서의 증거능력이 없다.

4-4 [대판 2011도7757] [수사기관이 피고인 아닌 자에 대한 진술조서를 작성하면서 진술자의 성명을 가명 (假名)으로 기재한 경우, 위 진술조서의 증거능력] 형사소송법은 조서에 진술자의 실명 등 인적 사항을 확인하여 이를 그대로 밝혀 기재할 것을 요구하는 규정을 따로 두고 있지는 아니하다. 따라서 「특정범죄신고자 등 보호법」 등에서처럼 명시적으로 진술자의 인적 사항의 전부 또는 일부의 기재를 생략할 수 있도록 한 경우가 아니라 하더라도, 진술자와 피고인의 관계, 범죄의 종류, 진술자 보호의 필요성 등 여러 사정으로 볼 때 상당한 이유가 있는 경우에는 수사기관이 진술자의 성명을 가명으로 기재하여 조서를 작성하였다고 해서 그 이유만으로 그 조서가 '적법한 절차와 방식'에 따라 작성되지 않았다고 할 것은 아니다. 그러한 조서라도 (가) 공판기일 등에 원진술자가 출석하여 자신의 진술을 기재한 조서임을 확인함과 아울러 (나) 그 조서의 실질적 진정성립을 인정하고 나아가 (다) 그에 대한 반대신문이 이루어지는 등 형사소송법 제312조 제4항에서 규정한 조서의 증거능력 인정에 관한 다른 요건이 모두 갖추어진 이상 그 증거능력을 부정할 것은 아니라고 할 것이다.

## *검사의 기명날인 또는 서명이 누락된 경우*

5 [대판 2001도4091] [검사 작성의 피의자신문조서에 작성자인 검사의 '서명날인'이 누락된 경우, 그 피의자신문조서의 증거능력 유무(소극)] 형사소송법 제57조 제1항은 공무원이 작성하는 서류에는 법률에 다른 규정이 없는 때에는 작성년월일과 소속공무소를 기재하고 서명날인하여야 한다고 규정하고 있는바,[5] 그 서명날인은 공무원이 작성하는 서류에 관하여 그 기재 내용의 정확성과 완전성을 담보하는 것이므로 검사 작성의 피의자신문조서에 작성자인 검사의 서명날인이 되어 있지 아니한 경우 그 피의자신문조서는 공무원이 작성하는 서류로서의 요건을 갖추지 못한 것으로서 위 법규정에 위반되어 무효이고 따라서 이에 대하여 증거능력을 인정할 수 없다고 보아야 할 것이며, 그 피의자신문조서에 진술자인 피고인의 서명날인이 되어 있다거나, 피고인이 법정에서 그 피의자신문조서에 대하여 진정성립과 임의성을 인정하였다고 하여 달리 볼 것은 아니다.

---

5) 형사소송법 제57조(공무원의 서류) ① 공무원이 작성하는 서류에는 법률에 다른 규정이 없는 때에는 **작성 년월일과 소속공무소를** 기재하고 서명날인하여야 한다. ② 서류에는 **간인**하거나 이에 준하는 조치를 하여야 한다. ③ 제1항의 서명날인은 대법원규칙이 정하는 바에 따라 **기명날인**으로 갈음할 수 있다.

6 [대판 2014도5939] [피의자의 지위가 인정되는 시기와 진술거부권의 고지] (가) 피의자의 진술을 기재한 서류 또는 문서가 수사기관에서의 조사 과정에서 작성된 것이라면, 그것이 '진술조서, 진술서, 자술서'라는 형식을 취하였다고 하더라도 피의자신문조서와 달리 볼 수 없고, (나) 수사기관에 의한 진술거부권 고지의 대상이 되는 피의자의 지위는 수사기관이 범죄인지서를 작성하는 등의 형식적인 사건수리 절차를 거치기 전이라도 조사대상자에 대하여 범죄의 혐의가 있다고 보아 실질적으로 수사를 개시하는 행위를 한 때에 인정된다. (다) 특히 조사대상자의 진술 내용이 단순히 제3자의 범죄에 관한 경우가 아니라 자신과 제3자에게 공동으로 관련된 범죄에 관한 것이거나 제3자의 피의사실뿐만 아니라 자신의 피의사실에 관한 것이기도 하여 실질이 피의자신문조서의 성격을 가지는 경우에 수사기관은 진술을 듣기 전에 미리 진술거부권을 고지하여야 한다.

7 [대판 2010도3359] [피의자가 변호인 참여를 원하는 의사를 표시하였는데도 수사기관이 정당한 사유 없이 변호인을 참여하게 하지 아니한 채 피의자를 신문하여 작성한 피의자신문조서의 증거능력 유무(소극)] 헌법 제12조 제1항, 제4항 본문, 형사소송법 제243조의2 제1항 및 그 입법 목적 등에 비추어 보면, 피의자가 변호인의 참여를 원한다는 의사를 명백하게 표시하였음에도 수사기관이 정당한 사유 없이 변호인을 참여하게 하지 아니한 채 피의자를 신문하여 작성한 피의자신문조서는 (가) 형사소송법 제312조에 정한 '적법한 절차와 방식'에 위반된 증거일 뿐만 아니라, (나) 형사소송법 제308조의2에서 정한 '적법한 절차에 따르지 아니하고 수집한 증거'에 해당하므로 이를 증거로 할 수 없다.

8 [대판 2005도1849] [검사 작성의 피의자신문조서 또는 진술조서 중 일부에 관하여만 원진술자가 공판준비 또는 공판기일에서 실질적 진정성립을 인정하는 경우, 법원이 취할 조치] [1] 수사기관이 작성한 조서의 내용이 원진술자가 진술한 대로 기재된 것이라 함은 조서 작성 당시 원진술자의 진술대로 기재되었는지의 여부만을 의미하는 것으로, 그와 같이 진술하게 된 연유나 그 진술의 신빙성 여부는 고려할 것이 아니며, 한편 검사가 피의자나 피의자 아닌 자의 진술을 기재한 조서 중 일부에 관하여만 원진술자가 공판준비 또는 공판기일에서 실질적 진정성립을 인정하는 경우에는 법원은 당해 조서 중 어느 부분이 원진술자가 진술한 대로 기재되어 있고 어느 부분이 달리 기재되어 있는지 여부를 구체적으로 심리한 다음 진술한 대로 기재되어 있다고 하는 부분에 한하여 증거능력을 인정하여야 하고, 그 밖에 실질적 진정성립이 부정되는 부분에 대해서는 증거능력을 부정하여야 한다. [2] 원심이 원진술자의 법정진술에 의하여 실질적 진정성립이 인정되지 않는다는 이유로 조서 전체의 증거능력을 배척한 검사 작성의 피의자신문조서 또는 진술조서에 대하여 그 실질적 진정성립이 인정되는 부분과 인정되지 않는 부분을 구체적으로 심리하여 그 조서의 증거능력을 판단하여야 한다.

9 [대판 2000도5461] [검사 작성의 피의자신문조서의 일부를 발췌한 초본의 증거능력 유무(한정 적극)] 피고인에 대한 검사 작성의 피의자신문조서가 그 내용 중 일부를 가린 채 복사를 한 다음 원본과 상위없다는 인증을 하여 초본의 형식으로 제출된 경우에, 위와 같은 피의자신문조서초본은 피의자신문조서원본 중 가려진 부분의 내용이 가려지지 않은 부분과 분리 가능하고 당해 공소사실과 관련성이 없는 경우에만, (가) 그 피의자신문조서의 원본이 존재하거나 존재하였을 것, (나) 피의자신문조서의 원본 제출이 불능 또는 곤

란한 사정이 있을 것, (다) 원본을 정확하게 전사하였을 것 등 3가지 요건을 전제로 피고인에 대한 검사 작성의 피의자신문조서원본과 동일하게 취급할 수 있다.

10 [비교판례] [대판 87도2716] [피의자에게 **열람하게 하거나 읽어 들려지지 않은 피의자신문조서의 증거능력**] 형사소송법 제244조의 규정에 비추어 수사기관이 피의자신문조서를 작성함에 있어서는 그것을 열람하게 하거나 읽어 들려야 하는 것이나 **그 절차가 비록 행해지지 안했다 하더라도 그것만으로** 그 피의자신문조서가 **증거능력이 없게 된다고는 할 수 없고** 같은 법 제312조 소정의 요건을 갖추게 되면 그것을 증거로 할 수 있다. cf) 본 판례는 2007년 형사소송법 개정 전에 나온 판례로 주의를 요한다. 개정법에서는 수사기관 작성 진술조서에 대하여 적법한 절차를 요구하므로 지금의 시각에서는 유지되기 어려운 판례이다.[6]

*Reference 2*

---

## * 공범자 아닌 공동피고인에 대한 피의자신문조서의 증거능력 인정요건 *

---

1 [대판 2005도7601] [**절도범과 장물범이 함께 기소**된 경우, 검사 작성의 공동피고인에 대한 피의자신문조서가 증거능력을 갖기 위한 요건] 공동피고인인 절도범과 그 장물범은 서로 다른 공동피고인의 범죄사실에 관하여는 증인의 지위에 있다 할 것이므로, 피고인이 증거로 함에 동의한 바 없는 공동피고인에 대한 피의자신문조서는 공동피고인의 증언에 의하여 그 성립의 진정이 인정되지 아니하는 한 피고인의 공소 범죄사실을 인정하는 증거로 할 수 없다. 공동피고인에 대한 경찰 및 검찰 피의자신문조서 중 공동피고인이 그가 절취한 각 수표를 피고인 2를 통하여 교환한 사실이 있다는 진술기재 부분은 원심 공동피고인의 제1심 법정에서의 증언에 의하여 실질적 진정성립이 인정되지 아니하여 증거능력이 없다.

---

6) 형사소송법 제244조(**피의자신문조서의 작성**) ① 피의자의 진술은 **조서에 기재**하여야 한다. ② 제1항의 조서는 피의자에게 **열람하게 하거나 읽어 들려주어야 하며**, 진술한 대로 기재되지 아니하였거나 사실과 다른 부분의 유무를 물어 피의자가 증감 또는 변경의 청구 등 이의를 제기하거나 의견을 진술한 때에는 이를 조서에 추가로 기재하여야 한다. 이 경우 피의자가 이의를 제기하였던 부분은 읽을 수 있도록 남겨두어야 한다. ③ 피의자가 조서에 대하여 이의나 의견이 없음을 진술한 때에는 피의자로 하여금 그 취지를 자필로 기재하게 하고 조서에 **간인한 후 기명날인 또는 서명**하게 한다.

# 48 검사 이외의 수사기관이 작성한 피의자신문조서의 증거능력(제312조 제3항)

## – 공범인 공동피고인에 대한 사법경찰관 작성 피의자신문조서의 증거능력 –

* 대법원 2020. 6. 11. 선고 2016도9367 판결
* 참조조문: 형사소송법 제312조 제3항,[1] 제314조[2]

> 피고인과 **공범관계가 있는 다른 피의자**에 대하여 검사 이외의 수사기관이 작성한 피의자신문조서는 형사소송법 제312조 제3항이 적용되는가 아니면 제314조가 적용되는가?

●**사실**● 피고인 X가 경영하는 병원의 사무국장으로 근무하던 Y는 2011.8.23.부터 2012.2.21.까지 총 43회에 걸쳐 합계 23,490,000원을 환자 소개의 대가 명목으로 교부함으로써 영리를 목적으로 환자를 소개·알선·유인하는 행위를 하였다. 검사는 X를 양벌규정인 의료법 제91조를 적용하여 의료법위반으로 기소하였다. 이후 X는 제1심 제3회 공판기일에서 검사가 증거로 제출한 **사법경찰관 작성의 Y에 대한 범행인정의 피의자신문조서**를 증거로 함에 동의하지 않고 그 **내용을 부인**하였다. 그럼에도 제1심과 원심은 위 피의자신문조서는 형사소송법 제312조 제3항이 적용되는 '검사 이외의 수사기관이 작성한 피의자신문조서'가 아니라 같은 조 제4항의 '사법경찰관이 피고인이 아닌 자의 진술을 기재한 조서'에 해당한다고 보아, 공소외인이 이미 사망하였으므로 공판기일에 출석하여 진술을 할 수 없는 경우에 해당하고 그의 경찰에서의 진술은 특히 신빙할 수 있는 상태 하에서 행하여졌음이 인정되므로 형사소송법 제314조에 의하여 증거능력을 인정할 수 있다고 판단하여 피고인에 대한 공소사실을 **유죄로 인정**하였다. 이에 X가 상고하였다.

●**판지**● 파기환송. 「(가) 형사소송법 제312조 제3항은 검사 이외의 수사기관이 작성한 해당 피고인에 대한 피의자신문조서를 유죄의 증거로 하는 경우뿐만 아니라 검사 이외의 수사기관이 작성한 **해당 피고인과 공범관계에 있는 다른 피고인이나 피의자에 대한 피의자신문조서를 해당 피고인에 대한 유죄의 증거로 채택할 경우에도 적용된다.** 따라서 해당 피고인과 공범관계가 있는 다른 피의자에 대하여 검사 이외의 수사기관이 작성한 피의자신문조서는 그 피의자의 법정진술에 의하여 성립의 진정이 인정되는 등 **형사소송법 제312조 제4항의 요건을 갖춘 경우라도 해당 피고인이 공판기일에서 그 조서의 내용을 부인한 이상 이를 유죄 인정의 증거로 사용할 수 없고,** 그 당연한 결과로 위 피의자신문조서에 대하여는 사망 등 사유로 인하여 법정에서 진술할 수 없는 때에 예외적으로 증거능력을 인정하는 규정인 형사소송법 제314조가 적용되지 아니한다. 그리고 이러한 법리는 공동정범이나 교사범, 방조범 등 공범관계에 있는 자들 사이에서뿐만 아니라, 법인의 대표자나 법인 또는 개인의 대리인, 사용인, 그 밖의 종업원 등 행위자의 위반행위에 대하여 행위자가 아닌 법인 또는 개인이 양벌규정에 따라 기소된 경우, 이러한 법인 또는 개인과 행위자 사이의 관계에서도 마찬가지로 적용된다고 보아야 한다. 구체적

---

1) 형사소송법 제312조(**검사 또는 사법경찰관의 조서 등**) ③ **검사 이외의 수사기관이 작성**한 피의자신문조서는 적법한 절차와 방식에 따라 작성된 것으로서 공판준비 또는 공판기일에 그 **피의자였던 피고인 또는 변호인**이 그 **내용을 인정**할 때에 한하여 증거로 할 수 있다.

2) 형사소송법 제314조(**증거능력에 대한 예외**) 제312조 또는 제313조의 경우에 공판준비 또는 공판기일에 진술을 요하는 자가 사망·질병·외국거주·소재불명 그 밖에 이에 준하는 사유로 인하여 진술할 수 없는 때에는 그 조서 및 그 밖의 서류(피고인 또는 피고인 아닌 자가 작성하였거나 진술한 내용이 포함된 문자·사진·영상 등의 정보로서 컴퓨터용디스크, 그 밖에 이와 비슷한 정보저장매체에 저장된 것을 포함한다)를 증거로 할 수 있다. 다만, 그 진술 또는 작성이 특히 신빙할 수 있는 상태 하에서 행하여졌음이 증명된 때에 한한다.

이유는 다음과 같다.

(나) 대법원은 형사소송법 제312조 제3항의 규정이 검사 이외의 수사기관이 작성한 해당 피고인과 공범관계에 있는 다른 피고인이나 피의자에 대한 피의자신문조서에 대해서까지 적용된다는 입장을 확고하게 취하고 있다. 이는 하나의 범죄사실에 대하여 여러 명이 관여한 경우 서로 자신의 책임을 다른 사람에게 미루려는 것이 일반적인 인간심리이므로, 만일 위와 같은 경우에 형사소송법 제312조 제3항을 해당 피고인 외의 자들에 대해서까지 적용하지 않는다면 인권보장을 위해 마련된 위 규정의 취지를 제대로 살리지 못하여 부당하고 불합리한 결과에 이를 수 있기 때문이다. 나아가 대법원은 형사소송법 제312조 제3항이 형법 총칙의 공범 이외에도, 서로 대향된 행위의 존재를 필요로 할 뿐 각자의 구성요건을 실현하고 별도의 형벌 규정에 따라 처벌되는 강학 상 **필요적 공범 내지 대향범 관계에 있는 자들 사이에서도 적용**된다는 판시를 하기도 하였다. 이는 필요적 공범 내지 대향범의 경우 형법 총칙의 공범관계와 마찬가지로 어느 한 피고인이 자기의 범죄에 대하여 한 진술이 나머지 대향적 관계에 있는 자가 저지른 범죄에도 **내용상 불가분적으로 관련**되어 있어 목격자, 피해자 등 제3자의 진술과는 본질적으로 다른 속성을 지니고 있음을 중시한 것으로 볼 수 있다.

(다) 무릇 **양벌규정**은 법인의 대표자나 법인 또는 개인의 대리인, 사용인, 그 밖의 종업원 등 행위자가 법규위반행위를 저지른 경우, 일정 요건 하에 이를 행위자가 아닌 법인 또는 개인이 직접 법규위반행위를 저지른 것으로 평가하여 행위자와 같이 처벌하도록 규정한 것으로서, 이때의 법인 또는 개인의 처벌은 행위자의 처벌에 종속되는 것이 아니라 **법인 또는 개인의 직접책임 내지 자기책임에 기초**하는 것이기는 하다. 그러나 양벌규정에 따라 처벌되는 행위자와 행위자가 아닌 법인 또는 개인 간의 관계는, 행위자가 저지른 법규위반행위가 사업주의 법규위반행위와 사실관계가 동일하거나 적어도 중요 부분을 공유한다는 점에서 **내용상 불가분적 관련성**을 지닌다고 보아야 하고, 따라서 형법 총칙의 공범관계 등과 마찬가지로 인권보장적인 요청에 따라 **형사소송법 제312조 제3항이 이들 사이에서도 적용된다**고 보는 것이 타당하다」.

●**해설●** 1 대상판결의 의의　　　　　"형사소송법 제312조 제3항의 적용대상은 '검사 이외의 수사기관이 작성한 피의자신문조서', 즉 사경 피신조서이다. 그동안 대법원은 문언해석상 대상이 되기 어려운 공범에 대한 사경 피신조서에도 이를 확대 적용하여 왔다. 종전 대법원판결 태도에 따르면 확대 적용의 기준은 오로지 공범관계의 범주 내에 속하는지에 달려있었다. 대향범관계도 그 범주 내로 취급되었다. 대상판결은 새로운 기준틀을 제시하였다. 범죄사실 간 내용상 불가분적 관련성이 인정될 경우 해당 피고인의 인권보장을 위해 적용을 확대하는 것이다. 그리고 범죄사실 간 중요 부분의 공유로 불가분성을 인정한다. 대상판결은 새로운 기준틀에 따라 공범관계의 범주를 넘어서는 양벌규정상 관계도 확대 적용의 대상으로 삼았다. 해당 피고인이 된 사용자 측의 내용부인만으로 행위자에 대한 사경 피신조서를 증거로 쓸 수 없도록 만들었다. 대상판결은 **공범관계가 없음에도 불구하고 확대 적용을 인정**한 최초의 대법원판결이라는 점에서 의의를 갖는다."[3)]

2 제312조 제3항의 증거능력 인정요건(적법절차 + 내용인정)　　　　　형사소송법 제312조 제3항은 검사 이외의 수사기관 작성의 피의자신문조서의 증거능력에 관한 것이다. 이 경우도 검사작성 피의자신문조서(법312①)와 동일하게 **적법절차와 내용인정**을 증거능력의 인정요건으로 한다(피의자의 수사상 진술은 진정성이나 신용성 등의 측면에서 여러 위험성을 갖고 있으나 그 진술이 가지는 증거가치는 결코 무시할 수 없다. 특

---

3) 지은석, 형사소송법 제312조 제3항의 확대 적용 −대법원 2020. 6. 11. 선고 2016도9367 판결−, 형사법의 신동향 제69호(2020·겨울), 265면.

히 공판단계에서의 진술에 비해 사건 발생 시로부터 시간적으로 근접한 시기에 이루어진 피의자신문시의 진술이 더 정확할 가능성이 높다는 점에서 증거가치가 높다. 더욱이 피의자의 진술에 대해서는 피고인의 반대신문권 보장이 문제되지 않는다). (1) 따라서 **검사 이외의 수사기관이 작성한 피의자신문조서**는 '적법한 절차와 방식'에 따라 작성된 것으로서 공판준비 또는 공판기일에 그 피의자였던 피고인 또는 변호인이 그 '내용을 인정'할 때에 한하여 증거로 할 수 있다. 때문에 피고인 또는 변호인이 내용을 부인할 경우에는 조서의 기재내용을 들었다는 다른 증인이 있어도 증거능력을 인정할 수 없다(대판 94도1905, Ref 1-9). 나아가 **피고인을 조사하였던 경찰관이 법정에 나와 증언을 하여도** 증거능력은 인정되지 않는다(대판 97도2211, Ref 1-8). (2) 여기서 '**그 내용을 인정할 때**'의 의미란 피의자신문조서의 기재 내용이 진술 내용대로 기재되어 있다는 의미가 아니고 그와 같이 **진술한 내용이 '실제 사실'과 부합한다**는 것을 의미한다. 즉 조서의 기재내용이 **객관적 진실**(실제 사실)과 부합함을 의미한다(대판 2010도5040, Ref 1-5). 따라서 만약 피고인이 공판정에서 내용을 부인할 경우에는 다른 증거에 의하여도 증거능력을 인정받을 수는 없다(제312조 제3항은 일제 강점기를 거치며 경찰의 강압수사를 경험한 입법자들이 피고인의 인권을 보장하기 위해 고안한 우리나라 특별한 규정이다).

**3 제312조 제3항의 적용범위**　　(1) **공범에 대한** 사법경찰관 작성 피의자신문조서는 제312조 제3항이 적용된다. 따라서 **피고인과 공범관계**에 있는 다른 피의자에 대한 검사 이외의 수사기관 작성의 피의자신문조서가 형사소송법 제312조 제4항의 요건을 갖추었더라도 당해 피고인이 공판기일에 그 조서의 내용을 부인하는 경우에는 이를 유죄 인정의 증거로 사용할 수 없다(대판 2009도1889, Ref 2-1). 이 법리는 대법원의 확고한 입장이다. 대상판결도 이를 확인하고 있다. 그리고 여기에서의 '공범'에는 형법총칙상의 임의적 공범(공동정범, 교사범, 방조범)은 물론, 필요적 공범(대향범)도 포함된다(증뢰자와 수뢰자 사이, 대판 96도667; 마약 매도인과 매수인 사이, 대판 2009도6602; 새마을금고 이사장선거 관련 금품 제공자와 제공받은 자 사이, 대판 2019도11552). 이 또한 일방의 진술이 타인과의 사이에서 **내용상 불가분적으로** 관련되어 있어 목격자, 피해자 등 제3자의 진술과는 본질적으로 다른 속성을 지니고 있음을 중시한 것으로 볼 수 있다. 그리고 이러한 법리는 법인의 대표자나 법인 또는 개인의 대리인, 사용인, 그 밖의 종업원 등 행위자의 위반행위에 대하여 행위자가 아닌 법인 또는 개인이 **양벌규정**에 따라 기소된 경우, '**법인 또는 개인**'과 '**행위자**' **사이**의 관계에서도 마찬가지로 적용된다고 대상판결은 판단하였다. 이에 따라 대상판결에서 비록 사용인이 '사망하여' 진술할 수 없는 경우이더라도 제314조가 적용되지는 않는다고 보았다. 반면 (2) **공범자 아닌 공동피고인**에 대한 사법경찰관 작성 피의자신문조서는 제312조 제3항이 적용되는 것이 아니라 제312조 제4항이 적용된다(대판 2005도7601, Ref 2-3). (3) **다른 사건의 피의자신문조서**와 관련하여, 제312조 제3항은 **전혀 별개의 사건**에서 피의자였던 피고인에 대한 검사 이외의 수사기관 작성의 피의자신문조서에도 적용된다. 따라서 피고인이 그 내용을 부인하면 그 피의자신문조서의 증거능력은 부정된다(대판 94도2287, Ref 2-4). (4) 수사기관이 피의자를 신문하여 그 진술을 기재한 조서로 **수사기관이 조사과정에서 작성**된 것이라면 그것이 '진술조서·진술서·자술서'라는 형식을 취하였다 하더라도 모두 피의자신문조서에 해당한다(대판 92도442)(법312⑤).

## * '적법한 절차 · 방식'과 작성주체(검사 이외의 수사기관) *

1 [대판 2003도6548] [외국의 권한 있는 수사기관이 형사소송법 제312조 제2항에 정한 '검사 이외의 수사기관'에 포함되는지 여부(적극)] [1] 형사소송법 제312조 제2항은 검사 이외의 수사기관이 작성한 피의자신문조서는 그 피의자였던 피고인이나 변호인이 그 내용을 인정할 때에 한하여 증거로 할 수 있다고 규정하고 있는바, (가) 피고인이 검사 이외의 수사기관에서 범죄 혐의로 조사받는 과정에서 작성하여 제출한 **진술서**는 그 형식 여하를 불문하고 당해 수사기관이 작성한 피의자신문조서와 달리 볼 수 없고, (나) 피고인이 수사 과정에서 범행을 자백하였다는 검사 아닌 수사기관의 진술이나 같은 내용의 **수사보고서** 역시 피고인이 공판 과정에서 앞서의 자백의 내용을 부인하는 이상 마찬가지로 보아야 하며, **여기서 말하는 검사 이외의 수사기관에는 달리 특별한 사정이 없는 한 외국의 권한 있는 수사기관도 포함된다.** [2] 미국 범죄수사대(CID), 연방수사국(FBI)의 수사관들이 작성한 수사보고서 및 피고인이 위 수사관들에 의한 조사를 받는 과정에서 작성하여 제출한 진술서는 피고인이 그 내용을 부인하는 이상 증거로 쓸 수 없다고 한 원심의 조치를 정당하다.

2 [대판 81도1357] [**사법경찰관사무취급**이 작성한 조서가 권한없는 자에 의하여 작성된 조서인지의 여부(소극)] 사법경찰관사무취급이 작성한 피의자신문조서, 참고인 진술조서, 압수조서는 형사소송법 제196조 제2항, 사법경찰관리집무규칙 제2조에 의하여 사법경찰관리가 검사등의 지휘를 받고 조사사무를 보조하기 위하여 작성한 서류이므로 이를 권한없는 자가 작성한 조서라고 할 수 없다.

## * '적법한 절차 · 방식'과 기명날인 또는 서명 *

3 [대판 2014도1779] 파기환송. 비록 사법경찰관이 피의자에게 진술거부권을 행사할 수 있음을 알려 주고 그 행사 여부를 질문하였다 하더라도, **형사소송법 제244조의3 제2항[4]에 규정한 방식에 위반하여** 진술거부권 행사 여부에 대한 피의자의 답변이 자필로 기재되어 있지 아니하거나 그 답변 부분에 피의자의 기명날인 또는 서명이 되어 있지 아니한 사법경찰관 작성의 피의자신문조서는 특별한 사정이 없는 한 형사소송법 제312조 제3항에서 정한 '적법한 절차와 방식'에 따라 작성된 조서라 할 수 없으므로 **그 증거능력을 인정할 수 없다.** 기록에 의하면, 공소외 2에 대한 사법경찰관 작성의 피의자신문조서에는 "피의자는 진술거부권과 변호인의 조력을 받을 권리들이 있음을 고지받았는가요?"라는 질문에 "예, 고지를 받았습니다."라는 답변이, "피의자는 진술거부권을 행사할 것인가요?"라는 질문에 "행사하지 않겠습니다."라는 답변이 기재되어 있기는 하나 그 답변은 공소외 2의 **자필로 기재된 것이 아니고,** 각 답변란에 무인이 되어 있기는 하나

---

[4] 형사소송법 제244조의3(**진술거부권 등의 고지**) ① 검사 또는 사법경찰관은 피의자를 신문하기 전에 다음 각 호의 사항을 알려주어야 한다. 1. 일체의 진술을 하지 아니하거나 개개의 질문에 대하여 진술을 하지 아니할 수 있다는 것 2. 진술을 하지 아니하더라도 불이익을 받지 아니한다는 것 3. 진술을 거부할 권리를 포기하고 행한 진술은 법정에서 유죄의 증거로 사용될 수 있다는 것 4. 신문을 받을 때에는 변호인을 참여하게 하는 등 변호인의 조력을 받을 수 있다는 것 ② 검사 또는 사법경찰관은 제1항에 따라 알려 준 때에는 피의자가 진술을 거부할 권리와 변호인의 조력을 받을 권리를 행사할 것인지의 여부를 질문하고, 이에 대한 피의자의 **답변을 조서**에 기재하여야 한다. 이 경우 피의자의 답변은 피의자로 하여금 자필로 기재하게 하거나 검사 또는 사법경찰관이 피의자의 **답변을 기재한 부분에 기명날인 또는 서명**하게 하여야 한다.

조서 말미와 간인으로 되어 있는 공소외 2의 무인과 달리 흐릿하게 찍혀 있는 사실을 알 수 있다. 위 법리에 비추어 보면 공소외 2에 대한 사법경찰관 작성의 피의자신문조서는 형사소송법 제312조 제3항에서 정하는 '적법한 절차와 방식'에 따라 작성된 조서로 볼 수 없으므로 이를 증거로 쓸 수 없다고 할 것이다.

4 [대판 2010도3359] [진술거부권 행사 여부에 대한 피의자의 답변이 형사소송법 제244조의3 제2항에 규정한 방식에 위배된 경우, 사법경찰관 작성 피의자신문조서의 증거능력 유무(원칙적 소극)] 헌법 제12조 제2항, 형사소송법 제244조의3 제1항, 제2항, 제312조 제3항에 비추어 보면, 비록 사법경찰관이 피의자에게 진술거부권을 행사할 수 있음을 알려 주고 그 행사 여부를 질문하였다 하더라도, 형사소송법 제244조의3 제2항에 규정한 방식에 위반하여 진술거부권 행사 여부에 대한 **피의자의 답변이 자필로 기재되어 있지 아니하거나 그 답변 부분에 피의자의 기명날인 또는 서명이 되어 있지 아니한** 사법경찰관 작성의 피의자신문조서는 특별한 사정이 없는 한 형사소송법 제312조 제3항에서 정한 '적법한 절차와 방식'에 따라 작성된 조서라 할 수 없으므로 그 증거능력을 인정할 수 없다.

## * 사법경찰관 작성 피의자신문조서의 '내용의 인정' *

5 [대판 2010도5040] 파기환송. 피고인이 제1심 제4회 공판기일부터 공소사실을 **일관되게 부인**하여 경찰 작성 피의자신문조서의 진술 내용을 인정하지 않는 경우, 제1심 제4회 공판기일에 피고인이 위 서증의 내용을 인정한 것으로 공판조서에 기재된 것은 착오 기재 등으로 보아 위 피의자신문조서의 증거능력을 부정하여야 한다.

6 [대판 2005도5831] 피고인을 검거한 경찰관의, 검거 당시 또는 조사 당시 피고인이 범행사실을 순순히 자백하였다는 취지의 법정증언이나 위 경찰관의 진술을 기재한 서류는, 피고인이 그 경찰관 앞에서의 진술과는 달리 **범행을 부인하는 이상** 형사소송법 제312조 제2항(현 제312조 제3항)의 취지에 비추어 증거능력이 없다고 보아야 한다.

7 [대판 98도159] [피고인이 사법경찰관 작성의 **검증조서 중 자신의 진술 또는 범행재연 사진 부분을 부인하는 경우**, 그 부분의 증거능력 유무(소극) 및 그 경우 검증조서 전부를 유죄의 증거로 인용한 조치의 적부(소극)] 사법경찰관 작성의 검증조서에 대하여 피고인이 증거로 함에 동의만 하였을 뿐 공판정에서 검증조서에 기재된 진술내용 및 범행을 재연한 부분에 대하여 그 성립의 진정 및 **내용을 인정한 흔적을 찾아 볼 수 없고 오히려 이를 부인하고 있는 경우**에는 그 증거능력을 인정할 수 없으므로, 위 검증조서 중 범행에 부합되는 피고인의 진술을 기재한 부분과 범행을 재연한 부분을 제외한 나머지 부분만을 증거로 채용하여야 함에도 이를 구분하지 아니한 채 그 전부를 유죄의 증거로 인용한 항소심의 조치는 위법하다. **cf)** 형사소송법 제312조 제6항은 **수사기관의 검증조서**에 대해 규정하고 있다. "검사 또는 사법경찰관이 검증의 결과를 기재한 조서는 적법한 절차와 방식에 따라 작성된 것으로서 공판준비 또는 공판기일에서의 작성자의 진술에 따라 그 성립의 진정함이 증명된 때에는 증거로 할 수 있다."(적법절차와 성립의 진정을 증거능력인정의 요건으로 규정하고 있다). 하지만 대상판결에서 대법원은 사법경찰관이 작성된 검증조서에 기재된 피고인의 진술 부분에 대하여는 성립의 진정뿐만 아니라 내용을 인정할 때에만 증거능력을 가질 수 있다고 판단하고 있다(제312조 제3항 적용).

8 **[대판 97도2211]** 피고인이 당해 **공소사실에 대하여 법정에서 부인한 경우**에는 사법경찰리 작성의 피의자신문조서의 내용을 인정하지 아니한 것이므로 그 피의자신문조서의 기재는 증거능력이 없고, 이러한 경우 **피고인을 조사하였던 경찰관이 법정에 나와** "피고인의 진술대로 조서가 작성되었고, 작성 후 피고인이 조서를 읽어보고 내용을 확인한 후 서명·무인하였으며, 피고인이 내용의 정정을 요구한 일은 없었다."고 증언하더라도 그 피의자신문조서가 증거능력을 가지게 되는 것은 아니다. **cf)** 다만, 이 경우 검사나 사법경찰관 등 조사자의 증언(**전문진술**)이 공판정에서 행하여진 경우, 피고인의 원진술의 **특신상태가 증명**되면 조사자 증언의 증거능력은 인정된다(법316①).

9 **[대판 94도1905]** 피고인이 경찰에서 조사받는 도중에 범행을 시인하였고 피해자 측에게도 용서를 구하는 것을 **직접 보고 들었다는 취지의 증인들의 각 증언** 및 그들에 대한 사법경찰리, 검사 작성의 각 진술조서 기재는 모두 피고인이 경찰에서 조사받을 때의 진술을 그 내용으로 하는 것에 다름이 아니어서, 피고인이 공판정에서 경찰에서의 위와 같은 진술내용을 부인하고 있는 이상, 위 증거들은 증거능력이 없다고 보아야 한다.

## *Reference 2*
### * 공범자인 공동피고인과 공범자 아닌 공동피고인에 대한 피의자신문조서 *

1 **[대판 2009도1889]** [당해 피고인과 공범관계에 있는 공동피고인이 법정에서 경찰수사 도중 피의자신문조서에 기재된 것과 동일한 내용을 진술하였다는 취지로 증언한 경우, 그 증언의 증거능력] (가) 형사소송법 제312조 제3항은 검사 이외의 수사기관이 작성한 당해 피고인에 대한 피의자신문조서를 유죄의 증거로 하는 경우뿐만 아니라, 검사 이외의 수사기관이 작성한 당해 피고인과 공범관계에 있는 다른 피고인이나 피의자에 대한 피의자신문조서를 당해 피고인에 대한 유죄의 증거로 채택할 경우에도 적용된다. (나) 따라서 당해 피고인과 공범관계에 있는 공동피고인에 대해 검사 이외의 수사기관이 작성한 피의자신문조서는 그 공동피고인의 법정진술에 의하여 성립의 진정이 인정되더라도 **당해 피고인이 공판기일에서 그 조서의 내용을 부인하면 증거능력이 부정된다.** (다) 그리고 이러한 경우 그 공동피고인이 법정에서 경찰수사 도중 피의자신문조서에 기재된 것과 같은 내용으로 진술하였다는 취지로 증언하였다고 하더라도, 이러한 증언은 원진술자인 공동피고인이 그 자신에 대한 경찰 작성의 피의자신문조서의 진정성립을 인정하는 취지에 불과하여 위 조서와 분리하여 독자적인 증거가치를 인정할 것은 아니므로, 앞서 본 바와 같은 이유로 위 조서의 증거능력이 부정되는 이상 위와 같은 '증언' 역시 이를 유죄 인정의 증거로 쓸 수 없다.

2-1 **[대판 2003도7185 전원합의체]** [피고인과 '공범관계'에 있는 다른 피의자에 대한 사법경찰관리 작성의 피의자신문조서의 증거능력과 형사소송법 제314조의 적용여부(소극)] 형사소송법 제312조 제2항은 검사 이외의 수사기관이 작성한 당해 피고인에 대한 피의자신문조서를 유죄의 증거로 하는 경우뿐만 아니라 검사 이외의 수사기관이 작성한 **당해 피고인과 공범관계에 있는 다른 피고인이나 피의자에 대한 피의자신문조서**를 당해 피고인에 대한 유죄의 증거로 채택할 경우에도 적용되는바, 당해 피고인과 공범관계가 있는 다른 피의자에 대한 검사 이외의 수사기관 작성의 피의자신문조서는 그 피의자의 법정진술에 의하여 그 성립의 진정이 인정되더라도 당해 피고인이 공판기일에서 그 조서의 내용을 부인하면 증거능력이 부정되므로 그 당연한 결과로 그 피의자신문조서에 대하여는 **사망 등 사유로 인하여** 법정에서 진술할 수 없는 때에 예외적으로

증거능력을 인정하는 규정인 형사소송법 제314조가 적용되지 아니한다.

2-2 [대판 86도1783] 당해 피고인과 **공범관계에 있는** 다른 공동피고인 또는 피의자에 대한 검사 이외의 수사기관이 작성한 피의자신문조서의 증거능력을 형사소송법 제312조 제2항의 규정에 의하여 피고인에 대한 그것과 마찬가지로 엄격히 제한하여야 할 이유는 (가) 그 **내용이 당해 피고인에 대한 피의자신문조서의 내용과 다름없기 때문**이므로, 그 증거능력은 진정성립이 인정되는 외에 당해 피고인 또는 변호인이 그 내용을 인정하여야만 부여할 수 있는 것이며, 원진술자인 피의자 또는 그의 변호인이 내용을 인정하였다 하여 증거능력을 부여할 수는 없는 것이라고 봄이 상당하다. 이와 같이 보지 아니하고 원진술자인 피의자가 피고인에 대한 형사 피고사건의 법정에 나와 그 내용을 인정하게 되면 증거능력이 부여된다고 보게 되면 (나) **형사재판이 각각 별도로 이루어진 경우** 자기에 대한 형사 피고사건에서는 법정에서 그 내용을 부인하여 유죄의 증거가 되지 아니한 피의자신문조서도 공범관계에 있는 다른 피고인에 대한 관계에 있어서는 유죄의 증거가 될 수 있는 불합리하고 **불공평한 결과**가 생길 수 있고, 또 (다) 그 피의자에 대한 형사 피고사건에서 피고인이 되었던 그 피의자 또는 변호인이 내용을 인정한 바 있다 하여 이를 다른 피고인에 대한 형사 피고사건의 증거로 할 수 있다고 본다면 **당해 피고인의 반대신문 기회도 없었던 진술만으로 증거능력을 인정하는 것이 될 것**이 아니라, 만일 그 피의자에 대한 형사사건에서 유죄의 증거로 되었던 이유가 그의 변호인이 피의자신문조서의 내용을 인정하였기 때문인 경우라면 당해 피고인으로서는 자기의 변호인도 아닌 사람의 소송행위로 불이익을 받는 결과가 되어 부당하기 때문이다.

**\*공범자 아닌 공동피고인에 대한 피의자신문조서의 증거능력 인정요건\***

3 [대판 2005도7601] [절도범과 장물범이 함께 기소된 경우, 검사 작성의 공동피고인에 대한 피의자신문조서가 증거능력을 갖기 위한 요건] 공동피고인인 절도범과 그 장물범은 서로 다른 공동피고인의 범죄사실에 관하여는 증인의 지위에 있다 할 것이므로, 피고인이 증거로 함에 동의한 바 없는 공동피고인에 대한 피의자신문조서는 공동피고인의 증언에 의하여 그 성립의 진정이 인정되지 아니하는 한 피고인의 공소 범죄사실을 인정하는 증거로 할 수 없다.

**\*다른 사건의 피의자신문조서\***

4 [대판 94도2287] [형사소송법 제312조 제2항(현 제3항)이 **전혀 별개의 사건에서** 피의자였던 피고인에 대한 검사 이외의 수사기관 작성의 피의자신문조서도 그 적용대상으로 하는지 여부] 형사소송법 제312조 제2항(현 제3항)은 검사 이외의 수사기관의 피의자신문은 이른바 신용성의 정황적 보장이 박약하다고 보아 피의자신문에 있어서 진정성립 및 임의성이 인정되더라도 공판 또는 그 준비절차에 있어 원진술자인 피고인이나 변호인이 그 내용을 인정하지 않는 한 그 증거능력을 부정하는 취지로 입법된 것으로, 그 입법취지와 법조의 문언에 비추어 볼 때 당해 사건에서 피의자였던 피고인에 대한 검사 이외의 수사기관 작성의 피의자신문조서에만 적용되는 것은 아니고 **전혀 별개의 사건에서 피의자였던 피고인에 대한 검사 이외의 수사기관 작성의 피의자신문조서도 그 적용대상으로** 하고 있는 것이라고 보아야 한다.

# 49 수사기관의 '피고인 아닌 자'에 대한 진술조서의 증거능력(제312조 제4항)

* 대법원 2006. 1. 12. 선고 2005도7601 판결
* 참조조문: 형사소송법 제312조 제4항[1]

절도범과 장물범이 함께 기소된 경우, 검사 작성의 공동피고인에 대한 피의자신문조서가 증거능력을 갖기 위한 요건

●판지●「공동피고인인 절도범과 그 장물범은 **서로 다른 공동피고인의 범죄사실에 관하여는 증인의 지위**에 있다 할 것이므로, 피고인이 증거로 함에 동의한 바 없는 공동피고인에 대한 피의자신문조서는 공동피고인의 증언에 의하여 그 성립의 진정이 인정되지 아니하는 한 피고인의 공소 범죄사실을 인정하는 증거로 할 수 없다」.

●해설● 1 검사 또는 사법경찰관은 수사에 필요한 때에는 '피의자가 아닌 자'의 출석을 요구하여 진술을 들을 수 있다(법221①). 이와 같이 수사기관이 '피의자 아닌 자'를 신문하여 그 진술을 기재한 조서를 '진술조서'라 한다(참고인이나 피해자 등의 진술을 기재한 조서로서 일반적으로 **'참고인진술조서'**라고 한다). 형사소송법 제312조 제4항은 이 진술조서의 증거능력에 대한 조문이다. 본 조항에서 피고인 아닌 자는 당해 사건의 피고인 자신 이외의 모든 자를 말하므로 **(공범 아닌) 공동피고인**에 대한 피의자신문조서도 제312조 제4항의 적용을 받는다. 대상판결에서도 대법원은 검사 작성의 (공범 아닌) 공동피고인에 대한 피의자신문조서에 대해서는 **제312조 제4항이 적용**되므로 원진술자의 진술(또는 영상녹화물 그 밖의 객관적 방법)에 의한 실질적 진정성립의 인정이 필요함을 판시하고 있다.

2 진술조서의 증거능력 인정요건(적법절차 + 실질적 진정성립(또는 대체증명) + 반대신문 + 특신상태)　형사소송법 제312조 제4항에 따라 수사기관이 피고인 아닌 자의 진술을 기재한 조서는 전문증거이지만 다음의 요건이 충족되면 증거능력이 인정된다. ① **적법한 절차**와 방식에 따라 작성된 것이어야 한다. ② 원진술자의 진술에 의하여 **실질적 진정성립**이 인정되어야 한다(영상녹화물 또는 그 밖의 객관적인 방법에 의한 대체 증명도 가능). ③ 피고인 또는 변호인이 공판준비 또는 공판기일에 그 기재 내용에 관하여 **반대신문의 기회가 보장**되어야 한다. 그리고 ④ 그 조서에 기재된 진술이 **특히 신빙할 수 있는 상태** 하에서 행하여졌음이 증명된 때에 한한다.

3 '적법한 절차'와 '실질적 진정성립'　여기서 (1) **적법한 절차와 방식**이라 함은 「피의자 또는 제3자에 대한 조서 작성 과정에서 지켜야 할 진술거부권의 고지 등 형사소송법이 정한 제반 절차를 준수하고 조서의 작성방식에도 어긋남이 없어야 한다는 것을 의미한다. …… 수사기관이 **진술자의 성명을 '가명으로' 기재**하여 조서를 작성하였다고 해서 그 이유만으로 그 조서가 '적법한 절차와 방식'에 따라 작

---

1) 형사소송법 제312조**(검사 또는 사법경찰관의 조서 등)** ④ 검사 또는 사법경찰관이 **피고인이 아닌 자의 진술을 기재한 조서**는 적법한 절차와 방식에 따라 작성된 것으로서 그 조서가 검사 또는 사법경찰관 앞에서 **진술한 내용과 동일하게 기재**되어 있음이 원진술자의 공판준비 또는 공판기일에서의 진술이나 **영상녹화물 또는 그 밖의 객관적인 방법**에 의하여 증명되고, 피고인 또는 변호인이 공판준비 또는 공판기일에 그 기재 내용에 관하여 **원진술자를 신문할 수 있었던 때**에는 증거로 할 수 있다. 다만, 그 조서에 기재된 진술이 **특히 신빙할 수 있는 상태** 하에서 행하여졌음이 증명된 때에 한한다.

성되지 않았다고 할 것은 아니다」(대판 2011도7757, Ref 2−3). (2) 그리고 **실질적 진정의 성립**이란 조서의 기재내용이 원진술자가 진술한 내용과 **'동일하게 기재'**되어 있음을 말한다(실질적 진정성립의 인정은 공판준비·공판기일에서 원진술자가 행한 명백하고 명시적인 진술에 의한다. 대판 2011도8325 Ref 2.8−1). 만일 ㉠ 원진술자가 그 조서의 **성립의 진정을 부인하는 경우**에는 그 조서에 기재된 진술이 원진술자가 진술한 내용과 동일하게 기재되어 있음이 **영상녹화물 또는 그 밖의 '객관적인' 방법**에 의하여 **대체 증명**되면 된다[2](【50】참조). 그리고 ㉡ 원진술자가 실질적 진정성립을 **인정하게 되면** 이후 그 내용을 부인하거나 그 조서내용과 다른 공판정 진술을 하여도 진술조서의 증거능력은 인정된다(대판 2001도1550, Ref 2−12)(이와 같이 '실질적 진정성립'은 진술의 내용이 진실하다는 '내용의 인정'과는 구별되는 개념이다). ㉢ 진술조서 중 **'일부'**에 관하여만 실질적 진정성립을 인정하는 것도 가능하며(대판 2005도1849, Ref 2−10), ㉣ 실질적 진정성립을 인정하는 진술을 하였다 하더라도 증거조사가 **'완료되기 전'**에는 이를 **번복**할 수 있다(대판 2007도7760, Ref 2.9−1).

**4 '반대신문의 보장'과 '특신상태'**　　　　　　　진술조서의 경우, (1) 개정 형사소송법에서는 적법한 절차와 방식, 실질적 진정성립 이외에 원진술자에 대한 **반대신문의 기회가 보장**된 때, 진술조서의 증거능력을 인정할 수 있다고 규정하여 반대증인에 대한 반대신문의 기회보장이라는 피고인의 가장 중요한 권리를 보장하고 있다(반대신문권의 보장은 형식적·절차적인 것이 아니라 **실질적·효과적인** 것이어야 한다. 대판 2001도1550, Ref 2−12). 다만 이 경우, 피고인 또는 변호인에게 반대신문의 **기회가 보장되면 족하고**, 반드시 반대신문이 실제로 이루어져야 하는 것은 아니다. 마지막으로 (2) 제312조 제4항에서 **'특히 신빙할 수 있는 상태'**란 「(가) 진술 내용이나 조서 작성에 **허위개입의 여지가 거의 없고**, 진술 내용의 신빙성이나 임의성을 담보할 구체적이고 **외부적인 정황**이 있는 것을 말한다. 그리고 (나) 이러한 '특히 신빙할 수 있는 상태'는 증거능력의 요건에 해당하므로 **검사가** 그 존재에 대하여 구체적으로 주장·증명하여야 하지만, (다) 이는 소송상의 사실에 관한 것이므로 엄격한 증명을 요하지 아니하고 **자유로운 증명**으로 족하다」(대판 2012도2937). 그리고 특신상태의 **'증명'**은 개연성 정도로는 부족하고 '합리적 의심의 여지를 배제할 정도'에 이르러야 한다(대판 2013도12652)

*Reference 1*

## * 제312조 제4항의 진술조서와 관련된 주요판례 *

1 [대판 2019도13290] 파기환송. [압수조서 중 '압수경위'란에 기재된 내용] 피고인이 지하철역 에스컬레이터에서 휴대전화기의 카메라를 이용하여 성명불상 여성 피해자의 치마 속을 몰래 촬영하다가 현행범으로 체포되어 성폭력범죄의 처벌 등에 관한 특례법 위반(카메라등이용촬영)으로 기소된 사안에서, 피고인은 공소사실에 대해 자백하고 검사가 제출한 모든 서류에 대하여 증거로 함에 동의하였는데, 그 서류들 중 체포 당시 임의제출 방식으로 압수된 피고인 소유 휴대전화기에 대한 **압수조서의 '압수경위'란**에 '지하철역 승강장 및 게이트 앞에서 경찰관이 지하철범죄 예방·검거를 위한 비노출 잠복근무 중 검정 재킷, 검정 바지, 흰색 운동화를 착용한 20대 가량 남성이 짧은 치마를 입고 에스컬레이터를 올라가는 여성을 쫓아가 뒤에 밀착하여 치마 속으로 휴대폰을 집어넣는 등 해당 여성의 신체를 몰래 촬영하는 행동을 하였다'는 내용이

---

2) 영상녹화와 관련하여, 피의자신문에 있어서 **피의자의 진술**은 미리 영상녹화사실을 **'알려주면'** 영상녹화할 수 있고(법244의2), 참고인조사의 경우는 **참고인의 '동의'**를 받으면 영상녹화할 수 있다(법221①).

포함되어 있고, 그 하단에 피고인의 범행을 직접 목격하면서 **위 압수조서를 작성한 사법경찰관 및 사법경찰리의 각 기명날인이 들어가** 있으므로, 위 압수조서 중 '압수경위'란에 기재된 내용은 피고인이 범행을 저지르는 현장을 직접 목격한 사람의 진술이 담긴 것으로서 형사소송법 제312조 제5항에서 정한 '**피고인이 아닌 자가 수사과정에서 작성한 진술서**'에 준하는 것으로 볼 수 있고, 이에 따라 휴대전화기에 대한 **임의제출절차가 적법하였는지에 영향을 받지 않는 별개의 '독립적인 증거'에 해당**하여, 피고인이 증거로 함에 동의한 이상 유죄를 인정하기 위한 증거로 사용할 수 있을 뿐 아니라 피고인의 자백을 보강하는 증거가 된다고 볼 여지가 많다는 이유로, 이와 달리 피고인의 자백을 뒷받침할 보강증거가 없다고 보아 무죄를 선고한 원심판결에 **자백의 보강증거** 등에 관한 법리를 오해하거나 필요한 심리를 다하지 아니한 잘못이 있다.

2 [대판 99도3273] 사법경찰리가 작성한 피고인 아닌 자에 대한 **진술조서, 압수조서, 검증조서 및 감정서** 등도 피고인이 공소사실의 증거로 하는 데 동의하였다면 이들은 모두 증거능력이 있다.

### *공소제기 후 증인에 대한 진술조서*

3-1 [대판 99도1108 전원합의체] [공판준비 또는 공판기일에서 **이미 '증언을 마친' 증인을 검사가 소환**한 후 피고인에게 유리한 그 증언 내용을 추궁하여 이를 **일방적으로 번복**시키는 방식으로 작성한 진술조서의 증거능력을 인정할 수 있는지 여부(소극)] [다수의견] 공판준비 또는 공판기일에서 이미 증언을 마친 증인을 검사가 소환한 후 피고인에게 유리한 그 증언 내용을 추궁하여 이를 일방적으로 번복시키는 방식으로 작성한 진술조서를 유죄의 증거로 삼는 것은 **당사자주의·공판중심주의·직접주의를 지향하는 현행 형사소송법의 소송구조에 어긋나는 것**일 뿐만 아니라, 헌법 제27조가 보장하는 기본권, 즉 법관의 면전에서 모든 증거자료가 조사·진술되고 이에 대하여 피고인이 공격·방어할 수 있는 기회가 실질적으로 부여되는 재판을 받을 권리를 침해하는 것이므로, (가) 이러한 진술조서는 **피고인이 증거로 할 수 있음에 동의하지 아니하는 한** 그 증거능력이 없다고 하여야 할 것이고, (나) 그 후 원진술자인 종전 증인이 다시 법정에 출석하여 증언을 하면서 그 진술조서의 성립의 진정함을 인정하고 피고인측에 반대신문의 기회가 부여되었다고 하더라도 그 **증언 자체**를 유죄의 증거로 할 수 있음은 별론으로 하고 위와 같은 **진술조서의 증거능력이 없다**는 결론은 달리 할 것이 아니다. **cf)** 이상의 법리는 「검사가 공판준비 또는 공판기일에서 이미 증언을 마친 증인에게 수사기관에 출석할 것을 요구하여 그 증인을 상대로 위증의 혐의를 조사한 내용을 담은 **피의자신문조서**의 경우도 마찬가지이다(대판 2012도13665).

3-2 [대판 2013도6825] 제1심에서 피고인에 대하여 무죄판결이 선고되어 검사가 항소한 후, (가) 수사기관이 항소심 공판기일에 증인으로 신청하여 신문할 수 있는 사람을 **특별한 사정 없이 미리 수사기관에 소환하여 작성한 진술조서**는 피고인이 증거로 할 수 있음에 동의하지 않는 한 증거능력이 없다. 검사가 공소를 제기한 후 참고인을 소환하여 피고인에게 불리한 진술을 기재한 진술조서를 작성하여 이를 공판절차에 증거로 제출할 수 있게 한다면, 피고인과 대등한 당사자의 지위에 있는 검사가 수사기관으로서의 권한을 이용하여 일방적으로 법정 밖에서 유리한 증거를 만들 수 있게 하는 것이므로 당사자주의·공판중심주의·직접심리주의에 반하고 피고인의 공정한 재판을 받을 권리를 침해하기 때문이다. (나) 위 참고인이 나중에 법정에 증인으로 출석하여 위 진술조서의 성립의 진정을 인정하고 피고인 측에 반대신문의 기회가 부여된다 하더라도 위 진술조서의 증거능력을 인정할 수 없음은 마찬가지이다.

3-3 [참고판례] [대판 2020도15891] 검사가 공판기일에 증인으로 신청하여 신문할 사람을 특별한 사정없이 **미리 수사기관에 소환하여 면담하는 절차를 거친 후 증인이 법정에서 피고인에게 불리한 내용의 진술을 한**

경우, **검사가 증인신문 전 면담 과정에서 증인에 대한 회유나 압박, 답변 유도나 암시 등으로 증인의 법정 진술에 영향을 미치지 않았다는 점이 담보되어야 증인의 법정진술을 신빙할 수 있다고 할 것이다.** 검사가 증인신문 준비 등 필요에 따라 증인을 사전 면담할 수 있다고 하더라도 법원이나 피고인의 관여 없이 일방 적으로 사전 면담하는 과정에서 증인이 훈련되거나 유도되어 법정에서 왜곡된 진술을 할 가능성도 배제할 수 없기 때문이다. 증인에 대한 회유나 압박 등이 없었다는 사정은 검사가 증인의 법정진술이나 면담 과정 을 기록한 자료 등으로 사전면담 시점, 이유와 방법, 구체적 내용 등을 밝힘으로써 증명하여야 한다.

3-4 [비교판례] [대판 82도754] [기소 후 검사가 작성한 '피고인'에 대한 진술조서의 증거능력] 검사의 피 고인에 대한 진술조서(당해 공소사실에 관한 것임)가 기소 후에 작성된 것이라는 이유만으로 곧 그 증거능력 이 없는 것이라고 할 수 없다.

## *Reference 2*

# 진술조서의 증거능력 인정 요건

### * (1) 적법한 절차와 방식 *

1 [대판 2022도9510] [검사 또는 사법경찰관이 피고인이 아닌 자의 진술을 기재한 조서의 증거능력이 인 정되려면 '적법한 절차와 방식에 따라 작성된 것'이어야 한다는 법리는 피고인이 아닌 자가 수사과정에서 작성한 진술서의 증거능력에 관하여도 적용되는지 여부(적극)] 형사소송법 제312조 제5항은 피고인 또는 피고인이 아닌 자가 수사과정에서 작성한 진술서의 증거능력에 관하여 형사소송법 제312조 제1항부터 제4 항까지 준용하도록 규정하고 있으므로, 검사 또는 사법경찰관이 피고인이 아닌 자의 진술을 기재한 조서의 증거능력이 인정되려면 **'적법한 절차와 방식에 따라 작성된 것'이어야 한다는 법리가 피고인이 아닌 자가 수사과정에서 작성한 진술서의 증거능력에 관하여도 적용된다.** 한편 검사 또는 사법경찰관이 피의자가 아 닌 자의 출석을 요구하여 조사하는 경우에는 피의자를 조사하는 경우와 마찬가지로 조사장소에 도착한 시 각, 조사를 시작하고 마친 시각, 그 밖에 조사과정의 진행경과를 확인하기 위하여 필요한 사항을 조서에 기 록하거나 별도의 서면에 기록한 후 수사기록에 편철하도록 하는 등 조사과정을 기록하게 한 형사소송법 제 221조 제1항, 제244조의4 제1항, 제3항의 취지는 수사기관이 조사과정에서 피조사자로부터 진술증거를 취 득하는 과정을 투명하게 함으로써 그 과정에서의 절차적 적법성을 제도적으로 보장하려는 것이다. **따라서 수사기관이 수사에 필요하여 피의자가 아닌 자로부터 진술서를 작성·제출받는 경우에도 그 절차는 준수** 되어야 하므로, 피고인이 아닌 자가 수사과정에서 진술서를 작성하였지만 수사기관이 조사과정의 진행경 과를 확인하기 위하여 필요한 사항을 그 진술서에 기록하거나 별도의 서면에 기록한 후 수사기록에 편철하 는 등 적절한 조치를 취하지 아니하여 형사소송법 제244조의4 제1항, 제3항에서 정한 절차를 위반한 경우 에는, 그 진술증거 취득과정의 절차적 적법성의 제도적 보장이 침해되지 않았다고 볼 만한 특별한 사정이 없는 한 '적법한 절차와 방식'에 따라 수사과정에서 진술서가 작성되었다고 할 수 없어 증거능력을 인정할 수 없다.

2 [대판 2013도3790] 피고인이 아닌 자가 수사과정에서 진술서를 작성하였지만 **수사기관이 그에 대한 조사과정을 기록하지 아니하여** 형사소송법 제244조의4 제3항, 제1항[3])에서 정한 절차를 위반한 경우에는, 특

---

3) 형사소송법 제244조의4(**수사과정의 기록**) ① 검사 또는 사법경찰관은 피의자가 조사장소에 도착한 시각, 조사 를 시작하고 마친 시각, 그 밖에 조사과정의 진행경과를 확인하기 위하여 필요한 사항을 피의자신문조서에 기

별한 사정이 없는 한 '적법한 절차와 방식'에 따라 수사과정에서 진술서가 작성되었다 할 수 없으므로 그 증거능력을 인정할 수 없다.

3 [대판 2011도7757] [수사기관이 '진술조서'를 작성하면서 진술자의 성명을 '가명(假名)'으로 기재한 경우에 진술조서의 증거능력] 형사소송법은 조서에 진술자의 실명 등 인적 사항을 확인하여 이를 그대로 밝혀 기재할 것을 요구하는 규정을 따로 두고 있지는 아니하다. 따라서 「특정범죄신고자 등 보호법」 등에서처럼 명시적으로 진술자의 인적 사항의 전부 또는 일부의 기재를 생략할 수 있도록 한 경우가 아니라 하더라도, 진술자와 피고인의 관계, 범죄의 종류, 진술자 보호의 필요성 등 여러 사정으로 볼 때 상당한 이유가 있는 경우에는 수사기관이 진술자의 성명을 가명으로 기재하여 조서를 작성하였다고 해서 그 이유만으로 그 조서가 '적법한 절차와 방식'에 따라 작성되지 않았다고 할 것은 아니다. 그러한 조서라도 공판기일 등에 원진술자가 출석하여 자신의 진술을 기재한 조서임을 확인함과 아울러 그 조서의 실질적 진정성립을 인정하고 나아가 그에 대한 반대신문이 이루어지는 등 형사소송법 제312조 제4항에서 규정한 조서의 증거능력 인정에 관한 다른 요건이 모두 갖추어진 이상 그 증거능력을 부정할 것은 아니라고 할 것이다.

4 [대판 98도2742] [외국에 거주하는 참고인과의 전화 대화내용을 문답형식으로 기재한 검찰주사보 작성의 '수사보고서'의 증거능력] 외국에 거주하는 참고인과의 전화 대화내용을 문답형식으로 기재한 검찰주사보 작성의 수사보고서는 전문증거로서 형사소송법 제310조의2에 의하여 제311조 내지 제316조에 규정된 것 이외에는 이를 증거로 삼을 수 없는 것인데, 위 수사보고서는 제311조, 제312조, 제315조, 제316조의 적용대상이 되지 아니함이 분명하므로, 결국 제313조의 진술을 기재한 서류에 해당하여야만 제314조의 적용 여부가 문제될 것인바, 제313조가 적용되기 위하여는 그 진술을 기재한 서류에 그 진술자의 서명 또는 날인이 있어야 한다.

5 [대판 96도2865] 사법경찰리 작성의 피해자에 대한 진술조서가 피해자의 화상으로 인한 서명불능을 이유로 입회하고 있던 피해자의 동생에게 대신 읽어 주고 그 동생으로 하여금 서명날인하게 하는 방법으로 작성된 경우, 이는 형사소송법 제313조 제1항 소정의 형식적 요건을 결여한 서류로서 증거로 사용할 수 없다.

6 [대판 94도1384] [원진술자가 수사기관에서 사실대로 진술하였다는 취지의 증언만을 한 경우 그 진술조서가 증거능력이 있는지 여부] 검사 작성의 피해자 진술조서를 피고인이 증거로 함에 부동의하였고, 원진술자가 공판기일에 증인으로 나와 진술기재 내용을 열람하거나 고지받지 못한 채 단지 검사의 신문에 대하여 수사기관에서 사실대로 진술하였다는 취지의 증언만을 한 경우 그 진술조서는 증거능력이 없다.

7 [대판 92도2908] 말미에 서명 또는 기명날인이 되어 있지 아니한 피고인에 대한 진술조서는 증거능력을 인정할 수 없다.

\* (2) 실질적 진정 성립의 내용 \*
8-1 [대판 2011도8325] [원진술자의 실질적 진정성립의 인정 방법] (원진술자가) 진술한 것과 동일하게 기

---

록하거나 별도의 서면에 기록한 후 수사기록에 편철하여야 한다. ② 제244조 제2항 및 제3항은 제1항의 조서 또는 서면에 관하여 준용한다. ③ 제1항 및 제2항은 피의자가 아닌 자를 조사하는 경우에 준용한다.

재되어 있다는 점, 즉 실질적 진정성립이 인정되어야 증거로 사용할 수 있다. 여기서 기재 내용이 동일하다는 것은 적극적으로 진술한 내용이 그 진술대로 기재되어 있어야 한다는 것뿐 아니라 진술하지 아니한 내용이 진술한 것처럼 기재되어 있지 아니할 것을 포함하는 의미이다. 그리고 형사소송법이 조서 작성절차와 방식의 **적법성과 실질적 진정성립**을 분명하게 구분하여 규정하고 있고, 또 (원진술자가) 조서의 실질적 진정성립을 부인하는 경우에는 영상녹화물 등 객관적인 방법에 의하여 (원진술자가) 진술한 내용과 동일하게 기재되어 있음을 증명할 수 있는 방법을 마련해 두고 있는 이상, (원진술자) 본인의 진술에 의한 실질적 진정성립의 인정은 공판준비 또는 공판기일에서 한 **'명시적인 진술'**에 의하여야 하고, 단지 (원진술자가) 실질적 진정성립에 대하여 **이의하지 않았다거나** 조서 작성절차와 방식의 적법성을 인정하였다는 것만으로 실질적 진정성립까지 인정한 것으로 보아서는 아니 된다. 또한 특별한 사정이 없는 한 이른바 **'입증취지 부인'**이라고 진술한 것만으로 이를 조서의 진정성립을 인정하는 전제에서 그 증명력만을 다투는 것이라고 가볍게 단정해서도 안 된다.4)

8-2 [대판 2012도13665] 갑은 제1심에서 증인으로 출석하여 검사로부터 위 진술조서를 제시받고 검사의 신문에 대하여 **'수사기관에서 사실대로 진술하고 진술한 대로 기재되어 있는지 확인하고 서명무인하였다'**는 취지로 증언하였을 뿐이어서 그 진술이 위 진술조서의 진정성립을 인정하는 취지인지 분명하지 아니하고, 오히려 '피고인이 훔쳤다'는 내용으로 기재되어 있는 부분은 자신이 진술한 사실이 없음에도 잘못 기재되었다는 취지로 증언하였으며, 원심에서도 증인으로 출석하였으나 위 진술조서의 진정성립을 인정하는 내용의 증언을 하지는 아니하였음을 알 수 있다. 따라서 갑의 제1심 및 원심에서의 진술만으로는 그에 대한 경찰 진술조서 중 적어도 피고인이 이 사건 지게차를 훔쳤다는 진술 기재 부분의 진정성립을 인정하기에 부족하다고 할 것이다.

8-3 [대판 96도1301] [원진술자가 법정에서 한 **"수사기관에서 사실대로 진술하고 서명날인하였다."**는 취지의 진술만으로 그에 대한 진술조서의 진정성립을 인정하기에 부족하다고 본 사례] 피해자가 제1심의 제5회 공판기일에 증인으로 출석하여 검사의 신문에 대하여 수사기관에서 사실대로 진술하고 그 내용을 확인한 후 서명날인하였다는 취지로 증언하고 있을 뿐이어서, 과연 **그 진술이 조서의 진정성립을 인정하는 취지인지 분명하지 아니하므로** 그 진술만으로는 조서의 진정성립을 인정하기에 부족하다고 본 사례. **cf)** '조서에 기재된 내용이 진술한 내용과 틀림없다'는 것까지 진술되어야 한다(실질적 진정성립). 그리고 그러한 확인이 과거가 아닌 현재 공판에서 확인하고 인정되어야 한다.

9-1 [대판 2007도7760] [피고인 또는 변호인이 **성립의 진정을 인정하였다가 증거조사 완료 후 이를 번복한 경우,** 이미 인정된 증거능력이 당연히 상실되는지 여부(원칙적 소극) 및 법원이 취해야 할 조치] (가) 피고인이나 그 변호인이 검사 작성의 당해 피고인에 대한 피의자신문조서의 성립의 진정함을 인정하는 진술을 하였다 하더라도, 그 피의자신문조서에 대하여 구 형사소송법(2007.6.1. 법률 제8496호로 개정되기 전의 것) 제292조에서 정한 **증거조사가 '완료되기 전'**에는 최초의 진술을 번복함으로써 그 피의자신문조서를 유죄 인정의 자료로 사용할 수 없도록 할 수 있으나, (나) 그 피의자신문조서에 대하여 위의 **증거조사가 '완료된 뒤'**에는 그와 같은 번복의 의사표시에 의하여 **이미 인정된 조서의 증거능력이 당연히 상실되는 것은 아니다.**

---

4) 본 판례는 형사소송법 제312조 제1항이 개정되기 전의 '피고인의 진술을 기재한 검사 작성 피의자신문조서의 증거능력을 인정하기 위한 요건'에 대한 판결요지이다. 하지만 이제는 법이 개정되어 실질적 진정성립 여부가 중요한 요건이 되는 것은 형사소송법 제312조 제4항에서의 진술조서에서이다. 따라서 필자는 이해의 편의상 본 판결 원문의 '피고인'을 '(원진술자)'로 바꾸어 명기하였다.

(다) **다만**, 적법절차 보장의 정신에 비추어 성립의 진정함을 인정한 최초의 진술에 그 효력을 그대로 유지하기 어려운 **중대한 하자**가 있고 그에 관하여 진술인에게 **귀책사유가 없는** 경우에 한하여 예외적으로 증거조사 절차가 완료된 뒤에도 그 진술을 취소할 수 있고, 그 취소 주장이 이유 있는 것으로 받아들여지게 되면 법원은 구 형사소송규칙(2007.10.29. 대법원규칙 제2106호로 개정되기 전의 것) 제139조 제4항의 증거배제결정을 통하여 그 조서를 유죄 인정의 자료에서 제외하여야 한다.  **cf)** 구법 제312조 제1항에 대한 판례로 "성립의 진정을 인정하였다가 증거조사 완료 후 이를 번복한 경우"에 대한 해석에 주의를 요한다.

　　**9-2 [비교판례] [대판 2005도3045]** [검사 작성의 피의자신문조서의 **성립의 진정과 임의성을 인정하였다가 이를 번복한 경우**, 그 피의자신문조서의 증거능력] 피고인, 공동피고인이나 그 변호인들이 검사 작성의 피고인, 공동피고인에 대한 피의자신문조서의 성립의 진정과 임의성을 인정하였다가 그 뒤 이를 부인하는 진술을 하거나 서면을 제출한 경우 그 조서의 증거능력이 언제나 없다고 할 수는 없고, 법원이 그 조서의 기재 내용, 형식 등과 피고인, 공동피고인의 법정에서의 범행에 관련한 진술 등 제반 사정에 비추어 성립의 진정과 임의성을 인정한 **최초의 진술이 신빙성이 있다고 보아**, 그 성립의 진정을 인정하고 그 임의성에 관하여 심증을 얻은 때에는 그 피의자신문조서는 증거능력이 인정된다.

　　**10 [대판 2005도1849]** [진술조서 중 **일부에 관하여만** 원진술자가 공판준비 또는 공판기일에서 **실질적 진정성립을 인정하는 경우**, 법원이 취할 조치] 수사기관이 작성한 조서의 내용이 원진술자가 진술한 대로 기재된 것이라 함은 조서 작성 당시 원진술자의 진술대로 기재되었는지의 여부만을 의미하는 것으로, 그와 같이 진술하게 된 연유나 그 진술의 신빙성 여부는 고려할 것이 아니며, 한편 검사가 피의자나 피의자 아닌 자의 진술을 기재한 조서 중 일부에 관하여만 원진술자가 공판준비 또는 공판기일에서 실질적 진정성립을 인정하는 경우에는 법원은 당해 조서 중 어느 부분이 원진술자가 진술한 대로 기재되어 있고 어느 부분이 달리 기재되어 있는지 여부를 구체적으로 심리한 다음 진술한 대로 기재되어 있다고 하는 **부분에 한하여 증거능력을 인정**하여야 하고, 그 밖에 실질적 진정성립이 부정되는 부분에 대해서는 증거능력을 부정하여야 한다.

　　**11 [대판 2002도537 전원합의체]** 검사가 피의자나 피의자 아닌 자의 진술을 기재한 조서는 공판준비 또는 공판기일에서 원진술자의 진술에 의하여 형식적 진정성립뿐만 아니라 실질적 진정성립까지 인정된 때에 한하여 비로소 그 성립의 진정함이 인정되어 증거로 사용할 수 있다고 보아야 한다.

　　**12 [대판 2001도1550]** 검사가 피의자 아닌 자의 진술을 기재한 조서는 원진술자의 공판준비 또는 공판기일에서의 진술에 의하여 그 성립의 진정함이 인정되면 증거로 할 수 있고, 여기에서 성립의 진정이라 함은 간인, 서명, 날인 등 조서의 형식적인 진정과 그 조서의 내용이 진술자의 진술내용대로 기재되었다는 실질적인 진정을 뜻하는 것이므로, 검사가 피의자 아닌 자의 진술을 기재한 조서에 대하여 그 원진술자가 공판기일에서 **그 성립의 진정을 인정하면 그 조서는 증거능력이 있는 것이고**, 원진술자가 공판기일에서 그 조서의 내용과 다른 진술을 하거나 변호인 또는 피고인의 반대신문에 대하여 아무런 답변을 하지 아니하였다 하여 곧 증거능력 자체를 부정할 사유가 되지는 아니한다.

　　**13 [대판 99도3063]** [공범이나 제3자에 대한 검사 작성의 피의자신문조서등본의 증거능력] 공범이나 제3자에 대한 검사 작성의 피의자신문조서등본이 증거로 제출된 경우 피고인이 위 공범 등에 대한 피의자신

문조서를 증거로 함에 동의하지 않는 이상, 원진술자인 공범이나 제3자가 각기 자신에 대한 공판절차나 **다른 공범에 대한 형사공판의 증인신문절차**에서 위 수사서류의 진정성립을 인정해 놓은 것만으로는 증거능력을 부여할 수 없고, 반드시 공범이나 제3자가 현재의 사건에 증인으로 출석하여 그 서류의 성립의 진정을 인정하여야 증거능력이 인정된다. **cf)** 이 판결은 검사 작성 공범자인 공동피고인에 대한 피의자신문조서에 대하여 제312조 제4항이 적용된다는 구법 하에서 나온 판결이다. 따라서 여기서 '공범'은 '공범범자 아닌 자'로 바꾸어 이해하여야 한다.

**14-1 [대판 94도343]** [증거로 함에 **부동의**한 피의자신문조서·진술조서 등의 원진술자가 증인으로 나와 진술기재의 내용을 **열람하거나 고지받지 못한 채 단지 수사기관에서 사실대로 진술하였다는 취지의 증언만을 하고 있는 경우**, 그 피의자신문조서·진술조서의 증거능력] (가) 피고인이 사법경찰리 작성의 공소외인에 대한 피의자신문조서, 진술조서 및 검사 작성의 피고인에 대한 피의자신문조서 중 위 공소외인의 진술기재 부분을 증거로 함에 부동의하였고, (나) 원진술자인 위 공소외인이 제1심 및 항소심에서 증인으로 나와 그 진술기재의 내용을 열람하거나 고지받지 못한 채 (다) 단지 검사나 재판장의 신문에 대하여 수사기관에서 사실대로 진술하였다는 취지의 증언만을 하고 있을 뿐이라면, 그 피의자신문조서와 **진술조서는 증거능력이 없어** 이를 유죄의 증거로 삼을 수 없다.

**14-2 [대판 96도1301]** 원진술자가 법정에서 한 "수사기관에서 사실대로 진술하고 서명날인하였다."는 취지의 진술만으로 그에 대한 진술조서의 진정성립을 인정하기에 부족하다고 본 사례. **cf)** 대상판결은 "수사기관에서 사실대로 진술하고 서명날인하였다."는 '형식성립'만으로는 과연 그 진술이 조서의 진정성립을 인정하는 취지인지 분명하지 아니하므로 그 진술만으로는 조서의 진정성립을 인정하기에 부족하다고 본 판례이다. 실질적 성립의 진정이 인정되기 위해서는 공판정에서 진술한 시점에서 원진술자가 이를 확인하여야 한다.

**15 [대판 83도196]** 피의자 아닌 자의 진술을 기재한 조서는 공판정에서 **'원 진술자'의 진술에 의하여 그 성립의 진정함이 인정된 것이 아니면** 설사 공판정에서 '피고인'이 그 성립을 인정하여도 이를 증거로 할 수 있음에 동의한 것이 아닌 이상 증거로 할 수 없다.

**16 [대판 76도3962]** [**검찰 또는 경찰에서 진술한 내용이 틀림없다**는 취지의 증언으로 동인에 대한 진술조서의 진정성립이 인정되는지 여부] 증인이 법정에서 이 건으로 검찰, 경찰에서 진술한 내용이 틀림없다는 증언을 하고 있을 뿐인 경우에는 위 진술만으로는 동인에 대한 검찰 또는 경찰에서 작성한 진술조서의 **진정성립을 인정하기 부족**하다.

## * (3) 반대신문의 기회 보장 *

**17 [대판 2009도1322]** [형사소송법 제244조의5에서 정한 '**피의자 신문시 동석제도**'의 취지 및 동석자가 한 진술의 성격과 그 진술의 증거능력을 인정하기 위한 요건] 형사소송법 제244조의5는, 검사 또는 사법경찰관은 피의자를 신문하는 경우 피의자가 신체적 또는 정신적 장애로 사물을 변별하거나 의사를 결정·전달할 능력이 미약한 때나 피의자의 연령·성별·국적 등의 사정을 고려하여 그 심리적 안정의 도모와 원활한 의사소통을 위하여 필요한 경우에는, 직권 또는 피의자·법정대리인의 신청에 따라 피의자와 신뢰관계에 있는 자를 **동석하게 할 수 있도록** 규정하고 있다. 구체적인 사안에서 위와 같은 동석을 허락할 것인지는 원

칙적으로 검사 또는 사법경찰관이 피의자의 건강 상태 등 여러 사정을 고려하여 재량에 따라 판단하여야 할 것이나, (가) 이를 허락하는 경우에도 **동석한 사람으로 하여금 피의자를 대신하여 진술하도록 하여서는 안 된다.** (나) 만약 동석한 사람이 피의자를 대신하여 진술한 부분이 조서에 기재되어 있다면 그 부분은 피의자의 진술을 기재한 것이 아니라 동석한 사람의 진술을 기재한 조서에 해당하므로, **그 사람에 대한 '진술조서'**로서의 증거능력을 취득하기 위한 요건을 충족하지 못하는 한 이를 유죄 인정의 증거로 사용할 수 없다.

**18-1 [대판 2005도9730]** [원진술자의 법정 출석과 피고인에 의한 반대신문이 이루어지지 못한 경우, 수사기관이 원진술자의 진술을 기재한 조서의 증거가치] (가) 수사기관이 원진술자의 진술을 기재한 조서는 원본 증거인 원진술자의 진술에 비하여 본질적으로 낮은 정도의 증명력을 가질 수밖에 없다는 한계를 지니는 것이고, 특히 원진술자의 법정 출석 및 **반대신문이 이루어지지 못한 경우에는** 그 진술이 기재된 조서는 법관의 올바른 심증 형성의 기초가 될 만한 진정한 증거가치를 가진 것으로 **인정받을 수 없는 것이 원칙이다.** (나) 따라서 피고인이 공소사실 및 이를 뒷받침하는 수사기관이 원진술자의 진술을 기재한 조서 내용을 부인하였음에도 불구하고, 원진술자의 법정 출석과 피고인에 의한 반대신문이 이루어지지 못하였다면, ㉠ 그 조서에 기재된 진술이 직접 경험한 사실을 구체적인 경위와 정황의 세세한 부분까지 정확하고 상세하게 묘사하고 있어 구태여 반대신문을 거치지 않더라도 진술의 정확한 취지를 명확히 인식할 수 있고 ㉡ 그 내용이 경험칙에 부합하는 등 신빙성에 의문이 없어 조서의 형식과 내용에 비추어 **강한 증명력을 인정할 만한 특별한 사정이** 있거나, ㉢ 그 조서에 기재된 진술의 신빙성과 증명력을 뒷받침할 만한 다른 **유력한 증거가 따로** 존재하는 등의 예외적인 경우가 아닌 이상, 그 조서는 진정한 증거가치를 가진 것으로 인정받을 수 없는 것이어서 이를 주된 증거로 하여 공소사실을 인정하는 것은 원칙적으로 허용될 수 없다. (다) 이는 원진술자의 사망이나 질병 등으로 인하여 원진술자의 법정 출석 및 반대신문이 이루어지지 못한 경우는 물론 **수사기관의 조서를 증거로 함에 피고인이 동의한 경우에도 마찬가지**이다.

**18-2 [대판 2001도1550]** [증인이 반대신문에 대하여 묵비함으로써 진술내용의 모순이나 불합리를 드러내는 것이 사실상 불가능한 경우, 그 증인의 진술증거의 증명력 유무(한정 소극)] 형사소송법은 제161조의2에서 피고인의 반대신문권을 포함한 교호신문제도를 규정함과 동시에, 제310조의2에서 법관의 면전에서 진술되지 아니하고 피고인에 의한 반대신문의 기회가 부여되지 아니한 진술에 대하여는 원칙적으로 증거능력을 부여하지 아니함으로써, 형사재판에 있어서 모든 증거는 법관의 면전에서 진술·심리되어야 한다는 직접주의와 피고인에게 불리한 증거에 대하여는 반대신문할 수 있는 권리를 원칙적으로 보장하고 있는 바, **반대신문권의 보장은 형식적·절차적인 것이 아니라 실질적·효과적인 것이어야 하므로,** 증인이 반대신문에 대하여 답변을 하지 아니함으로써 진술내용의 모순이나 불합리를 드러내는 것이 사실상 불가능하였다면, 그 사유가 피고인이나 변호인에게 책임 있는 것이 아닌 한 그 진술증거는 법관의 올바른 심증형성의 기초가 될 만한 진정한 증거가치를 가진다고 보기 어렵다 할 것이고, 따라서 이러한 증거를 채용하여 공소사실을 인정함에 있어서는 신중을 기하여야 한다.

### * (4) 특히 신빙할 수 있는 상태 *

**19 [대판 2012도2937]** [형사소송법 제312조 제4항에서 정한 '특히 신빙할 수 있는 상태'의 의미 및 그 증명책임 소재(=검사)와 증명의 정도(=자유로운 증명)] 형사소송법 제312조 제4항에서 '특히 신빙할 수 있는 상태'란 진술 내용이나 조서 작성에 허위개입의 여지가 거의 없고, 진술 내용의 신빙성이나 임의성을 담보할 구체적이고 외부적인 정황이 있는 것을 말한다. 그리고 이러한 '특히 신빙할 수 있는 상태'는 증거능력

의 요건에 해당하므로 검사가 그 존재에 대하여 구체적으로 주장·증명하여야 하지만, 이는 소송상의 사실에 관한 것이므로 엄격한 증명을 요하지 아니하고 자유로운 증명으로 족하다.

20 [대판 2011도3809] 검찰관이 피고인을 뇌물수수 혐의로 기소한 후, 형사사법공조절차를 거치지 아니한 채 **과테말라공화국에 현지출장**하여 그곳 호텔에서 뇌물공여자 甲을 상대로 참고인 진술조서를 작성한 사안에서, 甲이 자유스러운 분위기에서 임의수사 형태로 조사에 응하였고 조서에 직접 서명·무인하였다는 사정만으로 **특신상태를 인정하기에 부족**할 뿐만 아니라, 검찰관이 군사법원의 증거조사절차 외에서, 그것도 형사사법공조절차나 과테말라공화국 주재 우리나라 영사를 통한 조사 등의 방법을 택하지 않고 직접 현지에 가서 조사를 실시한 것은 수사의 정형적 형태를 벗어난 것이라고 볼 수 있는 점 등 제반 사정에 비추어 볼 때, 진술이 특별히 신빙할 수 있는 상태에서 이루어졌다는 점에 관한 증명이 있다고 보기 어려워 甲의 진술조서는 증거능력이 인정되지 아니하므로, 이를 유죄의 증거로 삼을 수 없다고 한 사례. cf) 법원은 본 사안에서 형사사법공조절차를 거치지 아니한 채 외국에 현지출장하여 그곳에서 뇌물공여자 甲을 상대로 작성한 참고인 진술조서가 경미한 위법으로 **위법수집증거에는 해당하지 않는다**고 보았다.

### *신용성의 정황적 보장의 존재 및 강약에 대한 판단기준*

21 [대판 82도3248] 이른바 **신용성의 정황적 보장**이란 사실의 승인 즉 자기에게 불이익한 사실의 승인이나 자백은 재현을 기대하기 어렵고 진실성이 강하다는데 근거를 둔 것으로서 때때로 **특신상태**라는 표현으로 잘못 이해되는 경우가 많은 것은 우리 형사소송법 체계상으로는 아직 생소한 개념이며 어떠한 것이 이에 해당하는 것인가를 정형화하기 어려움에 기인하는 것이라고 생각되나 일반적으로 자기에게 유리한 진술은 그 신빙성이 약하나 반대로 자기에게 불이익한 사실의 승인은 진실성이나 신빙성이 강하다는 관점에서 "부지불각 중에 한말" "사람이 죽음에 임해서 하는 말" "어떠한 자극에 의해서 반사적으로 한 말" "경험상 앞뒤가 맞고 이론정연한 말" 또는 "범행에 접착하여 범증은폐를 할 시간적 여유가 없을 때 한 말" "범행 직후 자기의 소행에 충격을 받고 깊이 뉘우치는 상태에서 한 말" 등이 **특히 신용성의 정황적 보장이 강하다고 설명**되는 경우이다. 따라서 반드시 공소제기후 법관 면전에서 한 진술이 가장 믿을 수 있고 그 앞의 수사기관에서의 진술은 상대적으로 신빙성, 진실성이 약한 것이라고 일률적으로 단정할 수 없을 뿐만 아니라 오히려 수사기관에 검거된 후 제일 먼저 작성한 청취서의 진술기재가 범행사실을 숨김없이 승인한 것이었는데 그 후의 수사과정과 공판과정에서 외부와의 접촉, 시간의 경과에 따른 자신의 장래와 가족에 대한 걱정 등이 늘어감에 따라 점차 그 진술이 진실로부터 멀어져가는 사례는 흔히 있는 것이어서 이러한 신용성의 정황적 보장의 존재 및 그 강약에 관하여서는 구체적 사안에 따라 이를 가릴 수밖에 없는 것이다.

# 50 영상녹화에 의한 '실질적 진정성립'의 증명

* 대법원 2022. 7. 14. 선고 2020도13957 판결
* 참조조문: 형사소송법 제244조의2 제2항,[1] 형사소송규칙 제134조의4[2]

---

진술조서의 실질적 진정성립 증명을 위한 영상녹화물의 요건

●**사실**● 피고인 X에 대한 검찰의 제2회 피의자신문조서에 관한 영상녹화 CD(이하 영상녹화물)가 형사소송법 제244조의2 제2항을 위반하여 **봉인되지 않은 상태**로 증거로 제출되어 그 증거능력의 유무가 다투어졌다. 원심은 영상녹화물이 봉인되어 있지 않았음을 인정하면서도 이 사건 영상녹화물에 부착된 라벨지 및 이를 담은 봉투에 있는 '조사자 검사 A의 날인'과 '피조사자 피고인 X의 서명 및 무인', 그리고 이 영상녹화물에 부착된 라벨지에 표시된 해시 값 등을 통하여 이 영상녹화물이 변개, 교환, 훼손 등 인위적 개작이 없었음이 증명되었다고 보았다. 이에 따라 수사기관이 **형사소송법이 정한 봉인절차를 위반하였더라도** 이는 적법절차의 실질적인 내용을 침해하는 경우에 해당하지 않고, 이 사건 영상녹화물의 활용을 배제하는 것이 오히려 적법절차의 원칙과 실체적 진실 규명의 조화를 통하여 형사사법 정의를 실현하고자 하는 헌법과 형사소송법의 취지에 반하는 것으로 보았다. 이에 따라 이 사건 영상녹화물에 의하면 이 사건 피의자신문조서에 기재된 진술이 피고인이 진술한 내용과 동일하게 기재되어 있음이 증명되므로 피의자신문조서는 증거능력이 있다고 판시하였다. 이에 X가 상고하였다.

●**판지**● 상고기각. 「[1] [검사가 작성한 피고인이 된 피의자의 진술을 기재한 조서의 **실질적 진정성립을 증명하려면 '봉인'**되어 피의자가 기명날인 또는 서명한 영상녹화물을 조사하는 방법으로 하여야 하는지 여부(원칙적 적극) 및 **예외적으로** 영상녹화물을 법정 등에서 재생·시청하는 방법으로 조사하여 영상녹화물의 조작 여부를 확인함과 동시에 위 조서에 대한 실질적 진정성립의 인정 여부를 판단할 수 있는 경우] (가) 형사소송법은 제244조의2 제2항에서 "영상녹화가 완료된 때에는 피의자 또는 변호인 앞에서 지체 없이 **그 원본을 봉인**하고 피의자로 하여금 기명날인 또는 서명하게 하여야 한다."라고 규정한다. 형사소송규칙은 제134조의4에서 "법원은 검사가 영상녹화물의 조사를 신청한 경우 이에 관한 결정을 함에 있어 피고인 또는 변호인으로 하여금 그 영상녹화물이 적법한 절차와 방식에 따라 작성되어 **봉인된 것인지에 관한 의견을 진술**하게 하여야 하고(제1항)", "공판준비 또는 공판기일에서 봉인을 해체하고 영상녹화물의 전부 또는 일부를 재생하는 방법으로 조사하여야 하며(제3항 전문)",

---

1) 형사소송법 제244조의2(**피의자진술의 영상녹화**) ① 피의자의 진술은 영상녹화할 수 있다. 이 경우 미리 영상녹화사실을 **알려주어야** 하며, 조사의 **개시부터 종료까지의 전 과정** 및 객관적 정황을 영상녹화하여야 한다. ② 제1항에 따른 영상녹화가 완료된 때에는 피의자 또는 변호인 앞에서 지체 없이 그 **원본을 봉인하고 피의자로 하여금 기명날인 또는 서명**하게 하여야 한다. ③ 제2항의 경우에 피의자 또는 변호인의 요구가 있는 때에는 영상녹화물을 재생하여 시청하게 하여야 한다. 이 경우 그 내용에 대하여 이의를 진술하는 때에는 그 취지를 기재한 **서면을 첨부**하여야 한다.

2) 형사소송규칙 제134조의4(**영상녹화물의 조사**) ① 법원은 검사가 영상녹화물의 조사를 신청한 경우 이에 관한 결정을 함에 있어 **원진술자와 함께** 피고인 또는 변호인으로 하여금 그 영상녹화물이 적법한 절차와 방식에 따라 작성되어 봉인된 것인지 여부에 관한 의견을 진술하게 하여야 한다. ② 삭제 ③ 법원은 공판준비 또는 공판기일에서 봉인을 해체하고 영상녹화물의 전부 또는 일부를 재생하는 방법으로 조사하여야 한다. 이 때 영상녹화물은 그 재생과 조사에 필요한 전자적 설비를 갖춘 법정 외의 장소에서 이를 재생할 수 있다. ④ 재판장은 조사를 마친 후 지체 없이 법원사무관 등으로 하여금 다시 원본을 봉인하도록 하고, **원진술자와 함께 피고인 또는 변호인에게 기명날인 또는 서명**하도록 하여 검사에게 반환한다. 다만, 피고인의 출석 없이 개정하는 사건에서 변호인이 없는 때에는 피고인 또는 변호인의 기명날인 또는 서명을 요하지 아니한다.

"재판장은 조사를 마친 후 지체 없이 법원사무관 등으로 하여금 다시 원본을 봉인하도록 하고, 원진술자와 함께 피고인 또는 변호인에게 기명날인 또는 서명하도록 하여 검사에게 반환한다(제4항 본문)."라고 규정한다. (나) 형사소송법 및 형사소송규칙에서 **영상녹화물에 대한 '봉인절차'를 둔 취지**는 영상녹화물의 **조작가능성을 원천적으로 봉쇄**하여 영상녹화물 원본과의 동일성과 무결성을 담보하기 위한 것이다. 이러한 형사소송법 등의 규정 내용과 취지에 비추어 보면, 검사가 작성한 피고인이 된 피의자의 진술을 기재한 조서의 실질적 진정성립을 증명하려면 원칙적으로 봉인되어 피의자가 기명날인 또는 서명한 영상녹화물을 조사하는 방법으로 하여야 하고 **특별한 사정이 없는 한 봉인절차를 위반한 영상녹화물로는 이를 증명할 수 없다.** (다) 다만 형사소송법 등이 정한 봉인절차를 제대로 지키지 못했더라도 영상녹화물 자체에 원본으로서 동일성과 무결성을 담보할 수 있는 수단이나 장치가 있어 **조작가능성에 대한 합리적 의심을 배제할 수 있는 경우**에는 그 영상녹화물을 법정 등에서 재생·시청하는 방법으로 조사하여 영상녹화물의 조작 여부를 확인함과 동시에 위 조서에 대한 실질적 진정성립의 인정 여부를 판단할 수 있다고 보아야 한다. 그와 같은 '예외적인 경우'라면 형사소송법 등이 봉인절차를 마련하여 둔 취지와 구 형사소송법(2020.2.4. 법률 제16924호로 개정되기 전의 것) 제312조 제2항에서 '영상녹화물이나 그 밖의 객관적인 방법'에 의하여 실질적 진정성립을 증명할 수 있도록 한 취지에 부합하기 때문이다.

　[2] [피의자의 진술을 영상녹화하는 경우, 형사소송법 및 형사소송규칙에서 **조사 전 과정**이 영상녹화되는 것을 요구하는 취지/ 수회의 조사가 이루어진 경우, 최초의 조사부터 모든 조사 과정을 빠짐없이 영상녹화하여야 하는지 여부(소극) 및 같은 날 수회의 조사가 이루어진 경우, 조사 과정 전부를 영상녹화하여야 하는지 여부(원칙적 소극)] (가) 형사소송법은 제244조의2 제1항에서 피의자의 진술을 영상녹화하는 경우 **조사의 개시부터 종료까지의 전 과정 및 객관적 정황을 영상녹화**하여야 한다고 규정하고 있고, 형사소송규칙은 제134조의2 제3항에서 영상녹화물은 조사가 개시된 시점부터 조사가 종료되어 피의자가 조서에 기명날인 또는 서명을 마치는 시점까지 전 과정이 영상녹화된 것으로서 피의자의 신문이 영상녹화되고 있다는 취지의 고지, 영상녹화를 시작하고 마친 시각 및 장소의 고지, 신문하는 검사와 참여한 자의 성명과 직급의 고지, 진술거부권·변호인의 참여를 요청할 수 있다는 점 등의 고지, 조사를 중단·재개하는 경우 중단 이유와 중단 시각, 중단 후 재개하는 시각, 조사를 종료하는 시각의 내용을 포함하는 것이어야 한다고 규정한다. 형사소송법 등에서 조사가 개시된 시점부터 조사가 종료되어 조서에 기명날인 또는 서명을 마치는 시점까지 조사 전 과정이 영상녹화되는 것을 요구하는 취지는 **진술 과정에서 연출이나 조작을 방지**하고자 하는 데 있다. (나) 여기서 조사가 개시된 시점부터 조사가 종료되어 조서에 기명날인 또는 서명을 마치는 시점까지라 함은 기명날인 또는 서명의 대상인 조서가 작성된 **개별 조사에서의 시점**을 의미하므로 ㉠ **수회의 조사**가 이루어진 경우에도 최초의 조사부터 모든 조사 과정을 빠짐없이 영상녹화하여야 한다고 볼 수 없고, ㉡ **같은 날 이루어진 수회의 조사**라 하더라도 특별한 사정이 없는 한 조사 과정 전부를 영상녹화하여야 하는 것도 아니다」.

●**해설**● 1 진술조서의 증거능력　　　현행법상 수사과정에서의 피의자진술은 영상녹화할 수 있으며(법244의2), 참고인의 경우도 마찬가지로 참고인조사과정에서의 진술을 녹화할 수 있다(법221①). 이러한 과정을 통해 얻은 결과물인 영상녹화물은 진술증거로서 전문증거이다. 그러나 형사소송법 제312조 제4항에 따라 수사기관이 피고인 아닌 자의 진술을 기재한 조서는 전문증거이지만 다음의 요건이 충족되면 증거능력이 인정된다. ① **적법한 절차**와 방식에 따라 작성된 것이어야 한다. ② 원진술자의 진술에 의하여 **실질적 진정성립**이 인정되어야 한다(영상녹화물 또는 그 밖의 객관적인 방법에 의한 대체 증명도 가능). ③ 피고인 또는 변호인이 공판준비 또는 공판기일에 그 기재 내용에 관하여 **반대신문의 기회가 보장**되어야 한다. 그리고 ④ 그 조서에 기재된 진술이 **특히 신빙할 수 있는 상태** 하에서 행하여졌음이 증명된 때에

한한다. 특히 형사소송법 제312조 제4항은 수사기관이 작성한 피고인이 아닌 자에 대한 진술조서의 실질적 진정성립은 공판준비 또는 공판기일에서의 원진술자의 진술 외에 **"영상녹화물 또는 그 밖의 객관적인 방법에 의하여 인정"**할 수 있도록 하고 있다.

**2 대상판결의 쟁점**　　　　대상판결은 형사소송법과 형사소송규칙이 정한 절차를 위반하여 영상녹화한 영상녹화물에 의하여 수사기관이 작성한 조서의 실질적 진정성립을 증명할 수 있는지 여부에 관하여 판시하고 있다. 원칙적으로 봉인 및 기명날인 또는 서명의 절차를 위반한 영상녹화물로는 특별한 사정이 없는 한 이를 증명할 수 없지만, 예외적으로 영상녹화물 자체에 원본으로서 동일성과 무결성을 담보할 수 있는 수단이나 장치가 있어 조작가능성에 대한 합리적 의심을 배제할 수 있는 경우에는 그 영상녹화물을 법정 등에서 재생·시청하는 방법으로 조사하여 조서의 실질적 성립진정을 증명할 수 있다는 것이 판지이다. 영상녹화물에 대하여는 형사소송법 및 형사소송규칙에서 **영상녹화의 과정, 방식 및 절차** 등을 엄격하게 규정하고 있다(형사소송법 제221조 제1항 후문,3) 형사소송규칙 제134조의2,4) 제134조의35)). 따라서 형사소송법 제312조 제4항에 규정된 **'영상녹화물'이라 함은** 형사소송법 및 형사소송규칙에 규정된 방식과 절차에 따라 제작되어 조사 신청된 영상녹화물을 의미한다고 봄이 타당하다. 그리고 형사소송규칙에서 「피의자 아닌 자가 기명날인 또는 서명한 **'영상녹화 동의서'를 첨부**하도록 한 취지는 피의자 아닌 자의 영상녹화에 대한 진정한 동의를 받아 영상녹화를 시작했는지를 확인하기 위한 것이고, 조사가 개시된 시점부터 조사가 종료되어 조서에 기명날인 또는 서명을 마치는 시점까지 조사 전 과정이 영상녹화된 것을 요구하는 취지는 진술 과정에서 **연출이나 조작을 방지**하여야 할 필요성이 인정되기 때문이다. 이러한 형사소송법과 형사소송규칙의 규정 내용과 취지에 비추어 보면, 수사기관이 작성한 피고인이 아닌 자의 진술을 기재한 조서에 대하여 **실질적 진정성립을 증명**하기 위해 영상녹화물의 조사를 신청하려면 **영상녹화를 시작하기 전에 피고인 아닌 자의 동의를 받고** 그에 관해서 피고인 아닌 자가 기명날인 또는 서명한 영상녹화 동의서를 첨부하여야 하고, 조사가 개시된 시점부터 조사가 종료되어 참고인이 조

---

3) 형사소송법 제221조(**제3자의 출석요구 등**) ① 검사 또는 사법경찰관은 수사에 필요한 때에는 피의자가 아닌 자의 출석을 요구하여 진술을 들을 수 있다. 이 경우 그의 **동의를 받아** 영상녹화할 수 있다.

4) 형사소송규칙 제134조의2(**영상녹화물의 조사 신청**) ① 검사는 **피고인이 아닌 피의자의 진술**을 영상녹화한 사건에서 피고인이 아닌 피의자가 그 조서에 기재된 내용이 자신이 진술한 내용과 동일하게 기재되어 있음을 인정하지 아니하는 경우 그 부분의 **성립의 진정을 증명**하기 위하여 영상녹화물의 조사를 신청할 수 있다. ② 삭제 ③ 제1항의 영상녹화물은 조사가 개시된 시점부터 조사가 종료되어 피의자가 조서에 기명날인 또는 서명을 마치는 시점까지 **전과정이** 영상녹화된 것으로, 다음 각 호의 내용을 포함하는 것이어야 한다. 1. 피의자의 신문이 영상녹화되고 있다는 취지의 고지 2. 영상녹화를 시작하고 마친 시각 및 장소의 고지 3. 신문하는 검사와 참여한 자의 성명과 직급의 고지 4. 진술거부권·변호인의 참여를 요청할 수 있다는 점 등의 고지 5. 조사를 중단·재개하는 경우 중단 이유와 중단 시각, 중단 후 재개하는 시각 6. 조사를 종료하는 시각 ④ 제1항의 영상녹화물은 조사가 행해지는 동안 조사실 전체를 확인할 수 있도록 녹화된 것으로 진술자의 **얼굴을 식별할 수 있는 것이어야 한다.** ⑤ 제1항의 영상녹화물의 재생 화면에는 녹화 당시의 날짜와 시간이 실시간으로 표시되어야 한다. ⑥ 삭제

5) 형사소송규칙 제134조의3(**제3자의 진술과 영상녹화물**) ① 검사는 **피의자가 아닌 자가** 공판준비 또는 공판기일에서 조서가 자신이 검사 또는 사법경찰관 앞에서 진술한 내용과 동일하게 기재되어 있음을 인정하지 아니하는 경우 그 부분의 **성립의 진정을 증명**하기 위하여 영상녹화물의 조사를 신청할 수 있다. ② 검사는 제1항에 따라 영상녹화물의 조사를 신청하는 때에는 피의자가 아닌 자가 영상녹화에 동의하였다는 취지로 기재하고 기명날인 또는 서명한 서면을 첨부하여야 한다. ③ 제134조의2제3항제1호부터 제3호, 제5호, 제6호, 제4항, 제5항은 검사가 피의자가 아닌 자에 대한 영상녹화물의 조사를 신청하는 경우에 준용한다.

서에 기명날인 또는 서명을 마치는 시점까지 **'조사 전 과정'이 영상녹화**되어야 하므로 이를 위반한 영상녹화물에 의하여는 특별한 사정이 없는 한 피고인 아닌 자의 진술을 기재한 조서의 실질적 진정성립을 증명할 수 없다」(대판 2022도364).

**3 현행 영상녹화물의 용도 및 비판**　　　　　영상녹화물은 현재 다음의 두 가지 용도로만 사용된다.[6] 먼저 ㉠ 앞서 언급한 제312조 제4항의 진술조서의 **실질적 진정성립을 증명**하는 용도로 사용되고(이는 원진술자가 진술조서의 실질적 진정성립을 부인하는 경우에는 그 조서에 기재된 진술이 원진술자가 진술한 내용과 동일하게 기재되어 있음이 **영상녹화물 기타 객관적 방법**에 의하여 증명될 수 있도록 하는 **대체증명 방식**을 말한다),[7] 또 하나는 ㉡ 피고인 또는 피고인이 아닌 자가 진술함에 있어서 기억이 명백하지 아니한 사항에 관하여 기억을 환기시켜야 할 필요가 있다고 인정되는 때에 한하여 **기억 환기를 위한 보조수단**으로 사용된다(법318의2②)[8](기억환기를 위한 영상녹화물의 재생은 **'검사의 신청'이 있는 경우**에 한하고, 기억의 환기가 필요한 **피고인 또는 피고인 아닌 자에게만** 이를 재생하여 시청하게 하여야 한다(규칙134의5①)). 이와 같이 피의자 또는 참고인의 진술을 녹화한 수사기관의 영상녹화물은 진술조서의 **실질적 진정 성립을 위한 '대체수단'** 및 **진술자의 기억 환기를 위한 '보조수단'**으로서만 의미를 지닐 뿐이다. 따라서 수사기관이 참고인을 조사하는 과정에서 작성한 영상녹화물은 다른 법률에서 달리 규정(성폭법30)하고 있는 등의 특별한 사정이 없는 한, 공소사실을 직접 증명할 수 있는 **독립적인 증거로 사용될 수는 없다**(대판 2012도5041, Ref 4−1). 또한 수사기관의 영상녹화물은 **'본증'뿐만 아니라 '탄핵증거'**로도 사용될 수 없다.[9] 그러나 「성폭력범죄의

---

6) 현행 영상녹화제도에 대해서는 다음의 비판이 있다. "수사기관의 임의적 선택사항인 점, 일회적·선별적 영상녹화조사 방식인 점, 영상녹화에 대한 피의자의 동의요건을 조문화하지 않은 점, 그리고 폐쇄적 공간으로 이루어진 영상녹화조사실의 환경, 카메라의 특성상 조작·편집의 가능성 및 시각적 효과로 인한 과도한 편견 유발의 위험성 등 규정과 실무운영상 다양한 문제들을 가지고 있다. 이러한 문제들을 면밀히 검토 및 보완하지 않은 채 수사상 편의성·효율성을 이유로 영상녹화물의 사용을 주장하는 것은 공판중심주의 이념에 부합하지 않는 것으로 보인다."(전지는, 형사소송법 제312조 제1항의 개정과 현행 영상녹화제도에 대한 소고(小考), 아주법학 제18권 제1호(2024), 8−9면).

7) 형사소송법 제312조(**검사 또는 사법경찰관의 조서 등**) ④ 검사 또는 사법경찰관이 **피고인이 아닌 자의 진술을 기재한 조서**는 적법한 절차와 방식에 따라 작성된 것으로서 그 조서가 검사 또는 사법경찰관 앞에서 **진술한 내용과 동일하게 기재**되어 있음이 원진술자의 공판준비 또는 공판기일에서의 진술이나 **영상녹화물 또는 그 밖의 객관적인 방법**에 의하여 증명되고, 피고인 또는 변호인이 공판준비 또는 공판기일에 그 기재 내용에 관하여 **원진술자를 신문할 수 있었던 때**에는 증거로 할 수 있다. 다만, 그 조서에 기재된 진술이 특히 신빙할 수 있는 상태 하에서 행하여졌음이 증명된 때에 한한다.

8) 형사소송법 제318조의2(**증명력을 다투기 위한 증거**) ① 제312조부터 제316조까지의 규정에 따라 증거로 할 수 없는 서류나 진술이라도 공판준비 또는 공판기일에서의 피고인 또는 피고인이 아닌 자(공소제기 전에 피고인을 피의자로 조사하였거나 그 조사에 참여하였던 자를 포함한다. 이하 이 조에서 같다)의 진술의 증명력을 다투기 위하여 증거로 할 수 있다. ② **제1항에도 불구하고** 피고인 또는 피고인이 아닌 자의 진술을 내용으로 하는 **영상녹화물**은 공판준비 또는 공판기일에 피고인 또는 피고인이 아닌 자가 진술함에 있어서 기억이 명백하지 아니한 사항에 관하여 **'기억을 환기'시켜야 할 필요**가 있다고 인정되는 때에 한하여 피고인 또는 피고인이 아닌 자에게 재생하여 시청하게 할 수 있다.

9) 영상녹화의 적극적 활용 및 증거능력 인정을 주장하는 견해도 강하다. "개정 형사소송법 제312조에 의하면, 경찰 또는 검사 작성 피의자신문조서에 대하여 피고인이 법정에서 그 내용을 부인하는 경우 위 피의자신문조서는 증거의 세계에서 추방되고, 피고인이 수사기관에서 한 진술은 경찰 등 그 조사자가 법정에서 증언을 통해 현출하지 않는 이상 증거로 사용할 수 없다. 그러나 피고인이 수사기관에서 한 진술의 증거능력 인정여부를 피고인의 의사에 따라 좌우되도록 하고, 객관적 기록인 영상녹화물을 증거의 세계에서 사실상 추방한 것은 수사 및 공판절차의 불필요한 지연을 초래할 뿐만 아니라 실체진실의 발견을 목적으로 하는 형사소송법의

처벌 등에 관한 특례법」의 성폭력범죄 피해자 보호를 위한 영상녹화물의 경우에는 예외적으로 유죄의 증거로 인정하고 있다(성폭력처벌법30의2).

**4 성폭력범죄 피해자 보호를 위한 영상녹화물의 증거능력 특례**　　　　　(1) 검사 또는 사법경찰관은 19세미만피해자 등의 진술 내용과 조사 과정을 영상녹화장치로 녹화(녹음이 포함된 것을 말함)하고, 그 영상녹화물을 **보존하여야 한다**('**필수적**' 녹화·보존)(성폭력처벌법30①).[10] 하지만 19세미만피해자등 또는 그 법정대리인(법정대리인이 가해자이거나 가해자의 배우자인 경우는 제외한다)이 이를 원하지 아니하는 의사를 표시하는 경우에는 영상녹화를 하여서는 아니 된다(동법30③). 검사 또는 사법경찰관은 19세미만피해자 등이나 그 법정대리인이 신청하는 경우에는 영상녹화 과정에서 작성한 조서의 사본 또는 영상녹화물에 녹음된 내용을 옮겨 적은 녹취서의 사본을 신청인에게 발급하거나 영상녹화물을 재생하여 시청하게 하여야 한다(동법30⑦). (2) 본법은 **영상녹화물의 증거능력**과 관련하여 **제30조2 특례**를 신설하였다(2023.7.11. 신설).[11] 19세미만피해자등의 진술이 영상녹화된 영상녹화물로서 **적법한 절차와 방식**에 따라 영상녹화된 것으로서 다음 어느 하나의 경우에 해당되면 증거로 할 수 있다. ㉠ 증거보전기일, 공판준비기일 또는 공판기일에 그 내용에 대하여 피의자, 피고인 또는 변호인이 **피해자를 신문할 수 있었던 경우**(다만, 증거보전기일에서의 신문의 경우 법원이 피의자나 피고인의 방어권이 보장된 상태에서 피해자에 대한 반대신문이 충분히 이루어졌다고 인정하는 경우로 한정한다). ㉡ 19세미만피해자등이 다음 어느 하나에 해당하는(사망, 외국거주, 신체적·정신적 질병·장애, 소재불명, 그 밖에 이에 준하는 경우) 사유로 공판준비기일 또는 공판기일에 출석하여 진술할 수 없는 경우(다만, 영상녹화된 진술 및 영상녹화가 특별히 신빙할 수 있는 상태에서 이루어졌음이 증명된 경우로 한정한다)(동법30의2①).

---

※ **성폭력처벌법 제30조(19세미만피해자등 진술 내용 등의 영상녹화 및 보존 등)** ① 검사 또는 사법경찰관은 **19세미만피해자등**의 진술 내용과 조사 과정을 영상녹화장치로 녹화(녹음이 포함된 것을 말하며, 이하 "영상녹화"라 한다)하고, 그 영상녹화물을 **보존하여야** 한다. ② 검사 또는 사법경찰관은 19세미만피해자등을 조사하기 전에 다음 각 호의 사실을 피해자의 나이, 인지적 발달 단계, 심리 상태, 장애 정도 등을 고려한 적절한 방식으로 **피해자에게 설명하여야** 한다. 1. 조사 과정이 영상녹화된다는 사실 2. 영상녹화된 영상녹화물이 증거로 사용될 수 있다는 사실 ③ **제1항에도 불구하고** 19세미만 피해자등 또는 그 법정대리인(법정대리인이 가해자이거나 가해자의 배우자인 경우는 제외한다)이 이를 원하지 아니하는 의사를 표시하는 경우에는 영상녹화를 **하여서는 아니 된다**. ④ 검사 또는 사법경찰관은 제1항에 따

---

이념에도 부합하지 않는다. 또한, 피고인의 수사기관 진술을 법정에 현출하는 유일한 수단인 조사자 증언은 정확성의 측면에서 보았을 때, 영상녹화물보다 우월한 증거라고 볼 수 없고 위 제도의 인정으로 인하여 적법절차가 보장된다고 보기도 어려운바, 2022. 1. 1. 개정 형사소송법 제312조의 시행 이전에 위 규정에 대한 전면적 재검토가 필요하다."(이순옥, 형사법의 신동향 통권 제70호(2021·봄), 29면).

10) 「성폭력범죄의 처벌 등에 관한 특례법」[시행 2024.1.25.] [법률 제19743호, 2023.10.24., 타법개정]

11) 헌법재판소는 2021년 12월 23일 성폭력범죄의 처벌 등에 관한 특례법(2012.12.18. 법률 제11556호로 전부개정된 것) 제30조 제6항 중 '제1항에 따라 촬영한 영상물에 수록된 피해자의 진술은 공판준비기일 또는 공판기일에 조사 과정에 동석하였던 신뢰관계에 있는 사람 또는 진술조력인의 진술에 의하여 그 성립의 진정함이 인정된 경우에 증거로 할 수 있다' 부분 가운데 19세 미만 성폭력범죄 피해자에 관한 부분은 피고인의 **반대신문권을** 배제함으로서 피고인의 '**방어권을 과도하게 제한**'한다고 보아 위헌결정을 내렸다(헌재 2018헌바524). 이후 **제30조2가 신설**되었다.

른 영상녹화를 마쳤을 때에는 지체 없이 피해자 또는 변호사 앞에서 **봉인**하고 피해자로 하여금 **기명날인 또는 서명**하게 하여야 한다. ⑤ 검사 또는 사법경찰관은 제1항에 따른 영상녹화 과정의 진행 경과를 조서(별도의 서면을 포함한다. 이하 같다)에 기록한 후 **수사기록에 편철**하여야 한다. ⑥ 제5항에 따라 영상녹화 과정의 진행 경과를 기록할 때에는 다음 각 호의 사항을 구체적으로 적어야 한다. 1. 피해자가 영상녹화 장소에 도착한 시각 2. 영상녹화를 시작하고 마친 시각 3. 그 밖에 영상녹화 과정의 진행경과를 확인하기 위하여 필요한 사항 ⑦ 검사 또는 사법경찰관은 19세미만피해자등이나 그 법정대리인이 신청하는 경우에는 영상녹화 과정에서 작성한 조서의 사본 또는 영상녹화물에 녹음된 내용을 옮겨 적은 녹취서의 사본을 신청인에게 발급하거나 영상녹화물을 재생하여 시청하게 하여야 한다. ⑧ 누구든지 제1항에 따라 영상녹화한 영상녹화물을 수사 및 재판의 용도 외에 다른 목적으로 사용하여서는 아니 된다. ⑨ 제1항에 따른 영상녹화의 방법에 관하여는 「형사소송법」 제244조의2제1항 후단을 준용한다.

※ **성폭력처벌법 제30조의2(영상녹화물의 증거능력 특례)** ① 제30조제1항에 따라 19세미만피해자등의 진술이 영상녹화된 영상녹화물은 같은 조 제4항부터 제6항까지에서 정한 **절차와 방식에 따라 영상녹화**된 것으로서 다음 각 호의 어느 하나의 경우에 **증거로 할 수 있다.** 1. 증거보전기일, 공판준비기일 또는 공판기일에 그 내용에 대하여 **피의자, 피고인 또는 변호인이 '피해자'를 신문할 수 있었던 경우.** 다만, 증거보전기일에서의 신문의 경우 법원이 피의자나 피고인의 방어권이 보장된 상태에서 피해자에 대한 반대신문이 충분히 이루어졌다고 인정하는 경우로 한정한다. 2. 19세미만피해자등이 다음 각 목의 어느 하나에 해당하는 사유로 공판준비기일 또는 공판기일에 **출석하여 진술할 수 없는 경우.** 다만, 영상녹화된 진술 및 영상녹화가 **특별히 신빙**할 수 있는 상태에서 이루어졌음이 증명된 경우로 한정한다. 가. 사망 나. 외국 거주 다. 신체적, 정신적 질병·장애 라. 소재불명 마. 그 밖에 이에 준하는 경우 ② 법원은 제1항제2호에 따라 증거능력이 있는 영상녹화물을 유죄의 증거로 할지를 결정할 때에는 피고인과의 관계, 범행의 내용, 피해자의 나이, 심신의 상태, 피해자가 증언으로 인하여 겪을 수 있는 심리적 외상, 영상녹화물에 수록된 19세미만피해자등의 진술 내용 및 진술 태도 등을 고려하여야 한다. 이 경우 법원은 전문심리위원 또는 제33조에 따른 전문가의 의견을 들어야 한다. **cf)** 성폭력피해자의 영상녹화물은 ㉠ 적법절차 + 반대신문 또는 ㉡ 적법절차 + 필요성 + 특신상황의 요건이 구비되면 증거능력이 인정된다.

## Reference

### * 영상녹화에 의한 실질적 진정성립의 증명 *

1 [대판 2021도14530] [피고인이 위력으로써 13세 미만 미성년자인 피해자 갑(녀, 12세)에게 유사성행위와 추행을 하였다는 「성폭력범죄의 처벌 등에 관한 특례법」 위반의 공소사실에 대하여, 원심이 갑의 진술과 조사 과정을 촬영한 영상물과 속기록을 중요한 증거로 삼아 유죄로 인정하였는데, 피고인은 위 영상물과 속기록을 증거로 함에 동의하지 않았고, **조사 과정에 동석하였던 신뢰관계인에 대한 증인신문이 이루어졌을 뿐 원진술자인 갑에 대한 증인신문은 이루어지지 않은 사안**에서, 위 영상물과 속기록을 유죄의 증거로 삼은 원심판결에 법리오해 또는 심리미진의 잘못이 있다고 한 사례] 피고인이 위력으로써 13세 미만 미성년자인 피해자 갑(녀, 12세)에게 유사성행위와 추행을 하였다는 「성폭력범죄의 처벌 등에 관한 특례법」(이하 '성폭력처벌법'이라 한다) 위반의 공소사실에 대하여, 원심이 갑의 진술과 조사 과정을 촬영한 영상물과 속기

록을 중요한 증거로 삼아 유죄로 인정하였는데, 피고인은 위 영상물과 속기록을 증거로 함에 동의하지 않았고, 조사 과정에 동석하였던 신뢰관계인에 대한 증인신문이 이루어졌을 뿐 원진술자인 갑에 대한 증인신문은 이루어지지 않은 사안에서, 헌법재판소는 2021. 12. 23. 성폭력처벌법 제30조 제6항 중 19세 미만 성폭력범죄 피해자의 진술을 촬영한 영상물의 증거능력을 규정한 부분(이하 '위헌 법률 조항'이라 한다)에 대해 과잉금지 원칙 위반 등을 이유로 **위헌결정**을 하였는데, (가) 위 위헌결정의 효력은 결정 당시 법원에 **계속 중이던 사건에도 미치므로** 위헌 법률 조항은 위 영상물과 속기록의 증거능력을 인정하는 근거가 될 수 없고, 한편 (2) 피고인의 범행은 「아동·청소년의 성보호에 관한 법률」(이하 '청소년성보호법'이라 한다) 제26조 제1항의 아동·청소년대상 성범죄에 해당하므로 같은 법 제26조 제6항에 따라 영상물의 증거능력이 인정될 여지가 있으나, 청소년성보호법 제26조 제6항 중 위헌 법률 조항과 동일한 내용을 규정한 부분은 위헌결정의 심판대상이 되지 않았지만 위헌 법률 조항에 대한 위헌결정 이유와 마찬가지로 과잉금지 원칙에 위반될 수 있으므로, 청소년성보호법 제26조 제6항의 위헌 여부 또는 그 적용에 따른 위헌적 결과를 피하기 위하여 갑을 증인으로 소환하여 진술을 듣고 피고인에게 반대신문권을 행사할 기회를 부여할 필요가 있는지 여부 등에 관하여 심리·판단하였어야 한다는 이유로, 이와 같은 심리에 이르지 않은 채 위 영상물과 속기록을 유죄의 증거로 삼은 원심판결에 법리오해 또는 심리미진의 잘못이 있다고 한 사례.

2 [대판 2020도13957] [수회의 조사가 이루어진 경우, 최초의 조사부터 모든 조사 과정을 빠짐없이 영상녹화하여야 하는지 여부(소극) 및 같은 날 수회의 조사가 이루어진 경우, 조사 과정 전부를 영상녹화하여야 하는지 여부(원칙적 소극)] (가) 형사소송법은 제244조의2 제1항에서 피의자의 진술을 영상녹화하는 경우 조사의 개시부터 종료까지의 전 과정 및 객관적 정황을 영상녹화하여야 한다고 규정하고 있고, 형사소송규칙은 제134조의2 제3항에서 영상녹화물은 조사가 개시된 시점부터 조사가 종료되어 피의자가 조서에 기명날인 또는 서명을 마치는 시점까지 전 과정이 영상녹화된 것으로서 피의자의 신문이 영상녹화되고 있다는 취지의 고지, 영상녹화를 시작하고 마친 시각 및 장소의 고지, 신문하는 검사와 참여한 자의 성명과 직급의 고지, 진술거부권·변호인의 참여를 요청할 수 있다는 점 등의 고지, 조사를 중단·재개하는 경우 중단 이유와 중단 시각, 중단 후 재개하는 시각, 조사를 종료하는 시각의 내용을 포함하는 것이어야 한다고 규정한다. (나) 형사소송법 등에서 조사가 개시된 시점부터 조사가 종료되어 조서에 기명날인 또는 서명을 마치는 시점까지 **조사 전 과정이 영상녹화되는 것을 요구**하는 취지는 진술 과정에서 연출이나 조작을 방지하고자 하는 데 있다. (다) 여기서 조사가 개시된 시점부터 조사가 종료되어 조서에 기명날인 또는 서명을 마치는 시점까지라 함은 기명날인 또는 서명의 대상인 조서가 작성된 **개별 조사에서의 시점을 의미**하므로 수회의 조사가 이루어진 경우에도 최초의 조사부터 모든 조사 과정을 빠짐없이 영상녹화하여야 한다고 볼 수 없고, (라) 같은 날 이루어진 수회의 조사라 하더라도 특별한 사정이 없는 한 조사 과정 전부를 영상녹화하여야 하는 것도 아니다.

3 [대판 2015도16586] [형사소송법 제312조 제2항에 규정된 **'영상녹화물이나 그 밖의 객관적인 방법'의 의미** 및 조사관 또는 조사 과정에 참여한 **조사관이나 통역인 등의 증언**이 이에 해당하는지 여부(소극)] **실질적 진정성립을 증명할 수 있는 방법**으로서 형사소송법 제312조 제2항에 예시되어 있는 영상녹화물의 경우 형사소송법 및 형사소송규칙에 의하여 영상녹화의 과정, 방식 및 절차 등이 엄격하게 규정되어 있는데다(형사소송법 제244조의2, 형사소송규칙 제134조의2 제3항, 제4항, 제5항 등) 피의자의 진술을 비롯하여 검사의 신문 방식 및 피의자의 답변 태도 등 조사의 전 과정이 모두 담겨 있어 피고인이 된 피의자의 진술 내용

및 취지를 과학적·기계적으로 재현해 낼 수 있으므로 조서의 내용과 검사 앞에서의 진술 내용을 대조할 수 있는 수단으로서의 객관성이 보장되어 있다고 볼 수 있으나, 피고인을 피의자로 조사하였거나 조사에 참여하였던 자들의 증언은 오로지 증언자의 주관적 기억 능력에 의존할 수밖에 없어 객관성이 보장되어 있다고 보기 어렵다. 결국 검사 작성의 피의자신문조서에 대한 실질적 진정성립을 증명할 수 있는 수단으로서 형사소송법 제312조 제2항에 규정된 '**영상녹화물이나 그 밖의 객관적인 방법**'이란 형사소송법 및 형사소송규칙에 규정된 방식과 절차에 따라 제작된 영상녹화물 또는 그러한 영상녹화물에 준할 정도로 피고인의 진술을 과학적·기계적·객관적으로 재현해 낼 수 있는 방법만을 의미하고, 그 외에 조사관 또는 조사 과정에 참여한 통역인 등의 증언은 이에 해당한다고 볼 수 없다. **cf)** 본 판례는 원래 구법 제312조 제2항에 대한 판례였으나 2020.2.4. 개정법에 의해 동조 제4항에 규정되어 있는 '영상녹화물이나 그 밖의 객관적인 방법'에 적용될 수 있어 소개한다.

4-1 [대판 2012도5041] [수사기관이 참고인을 조사하는 과정에서 형사소송법 제221조 제1항에 따라 작성한 **영상녹화물**이 공소사실을 직접 증명할 수 있는 **독립적인 증거**로 사용될 수 있는지 여부(원칙적 소극)] 2007.6.1. 법률 제8496호로 개정되기 전의 형사소송법에는 없던 수사기관에 의한 피의자 아닌 자(이하 '참고인'이라 한다) 진술의 영상녹화를 새로 정하면서 그 용도를 '참고인에 대한 진술조서의 실질적 진정성립을 증명'하거나 '참고인의 기억을 환기'시키기 위한 것으로 한정하고 있는 현행 형사소송법의 규정 내용을 **영상물에 수록된 성범죄 피해자의 진술에 대하여 독립적인 증거능력을 인정**하고 있는 「성폭력범죄의 처벌 등에 관한 특례법」 제30조 제6항 또는 「아동·청소년의 성보호에 관한 법률」 제26조 제6항의 규정과 대비하여 보면, 수사기관이 참고인을 조사하는 과정에서 형사소송법 제221조 제1항에 따라 작성한 영상녹화물은, 다른 법률에서 달리 규정하고 있는 등의 특별한 사정이 없는 한, **공소사실을 직접 증명할 수 있는 독립적인 증거로 사용될 수는 없다고 해석함이 타당**하다. **cf)** 따라서 위 영상녹화물의 내용을 그대로 녹취한 **녹취록** 또한 증거로 사용할 수 없다(판결이유 중).

4-2 [비교판례] [헌재 2018헌바524] 「성폭력범죄의 처벌 등에 관한 특례법」(2012.12.18. 법률 제11556호로 전부개정된 것) 제30조 제6항 중 '제1항에 따라 촬영한 영상물에 수록된 피해자의 진술은 공판준비기일 또는 공판기일에 조사 과정에 동석하였던 신뢰관계에 있는 사람 또는 진술조력인의 진술에 의하여 그 성립의 진정함이 인정된 경우에 증거로 할 수 있다' 부분 가운데 **19세 미만 성폭력범죄 피해자에 관한 부분은 헌법에 위반**된다(헌법재판소 2021.12.23.선고). **cf)** 위헌대상이 된 본법 제30조는 다음과 같다. 법 제30조(**영상물의 촬영·보존 등**) ① 성폭력범죄의 **피해자가 19세 미만**이거나 신체적인 또는 정신적인 장애로 사물을 변별하거나 의사를 결정할 능력이 미약한 경우에는 피해자의 진술 내용과 조사 과정을 비디오녹화기 등 영상물 녹화장치로 촬영·보존하여야 한다. …… ⑥ 제1항에 따라 촬영한 영상물에 수록된 피해자의 진술은 공판준비기일 또는 공판기일에 피해자나 조사 과정에 동석하였던 신뢰관계에 있는 사람 또는 진술조력인의 진술에 의하여 그 성립의 진정함이 인정된 경우에 증거로 할 수 있다. 헌법재판소는 19세 미만의 성폭력 피해자의 진술에 대하여 동석한 신뢰관계인이나 진술조력인의 진술에 의하여 성립의 진정함이 인정된 경우에 증거로 할 수 있다는 부분에 대해, **피고인의 방어권을 과도하게 제한**한다고 판단하여 위헌결정을 내린 것이다. 이에 따라 새로 개정된 「**성폭력처벌법**」(시행 2023. 10. 12) 제30조와 제30조의2(신설)이다.

5 [대판 2009도12048] [성폭력범죄의 처벌 및 피해자보호 등에 관한 법률 제21조의3 제3항에 따라 촬영된 영상물에 수록된 피해자 진술의 증거능력을 인정하기 위한 요건 및 **증거능력이 인정되는 '진술'의 범위**]

「성폭력범죄의 처벌 및 피해자보호 등에 관한 법률」 제21조의3 제3항에 의해 촬영된 영상물에 수록된 '피해자의 진술'은 같은 조 제4항에 의해 공판준비 또는 공판기일에서 피해자 또는 조사과정에 동석하였던 신뢰관계에 있는 자의 진술에 의하여 그 성립의 진정함이 인정된 때에는 증거로 할 수 있다. 그리고 같은 조 제4항의 규정에 의하여 증거능력이 인정될 수 있는 것은 '같은 조 제3항에 의해 촬영된 영상물에 수록된 피해자의 진술' 그 자체일 뿐이고, '피해자에 대한 경찰 진술조서'나 '조사과정에 동석하였던 신뢰관계 있는 자의 공판기일에서의 진술'은 그 대상이 되지 아니한다.

# 51 '수사과정'에서 작성한 '진술서'의 증거능력(제312조 제5항)

* 대법원 1982. 9. 14. 선고 82도1479 전원합의체 판결
* 참조조문: 형사소송법 제312조 제5항[1]

사법경찰관에 의한 신문과정에서 피의자에 의하여 작성 제출된 진술서의 증거능력

●**사실**● 피고인 X는 1981.6.24경 발생한 살인 사건 용의자로서 1981.7.12.20:00경 충북 청원군 미원면 옥화리 공사장에서 이 사건 사고현장 부근인 전주시 효자동에 설치된 전주경찰서 수사본부로 연행되어 다음날인 13일 피고인 작성의 진술서에서 이 사건 살인범행을 부인하였고 그 다음날 14일 경범죄처벌법 위반죄로 구류 5일의 선고를 받아 구류형집행 중 그 다음날 15일 사법경찰관작성의 **피의자진술조서에서도 여전히 범행을 부인**하다가 그 다음날 16일 **피고인 작성의 '자술서'**에서 비로소 범행을 자백하기 시작하여 바로 그날 사법경찰관 작성의 제1회 피의자신문조서와 그 다음날 17 제2회 피의자신문조서에서도 범행을 자백하였다. 그리고 그 달 21:00:10경 구속영장에 의하여 구속되고 그날 전주경찰서에서 사법경찰관 작성의 제3회 피의자신문조서에도 범행을 자백하였다가 **검찰에 송치된 이후 원심법정에 이르기까지 이 사건 범행을 극구 부인**하고 제1심 공판기일에 이 사건 진술서를 증거로 함에 부동의하고 동 진술서는 피고인이 자필로 작성하고 무인하였으나 고문과 강요에 의하여 수사관이 부르는데로 작성한 것이라고 진술하였다.

제1심은 종래의 대법원의 입장과 달리 이 사건 진술서는 사법경찰관 작성의 피의자신문조서와 마찬가지로 피고인이 공판기일에 **그 내용을 인정하지 아니하므로** 증거로 할 수 없고 달리 살인의 증거가 없다고 하여 **무죄를 선고**하였다. 그러나 원심은 이 사건 진술서는 제1심 공판기일에 **피고인이 진정성립을 인정**하였고 동진술서가 고문이나 강요에 의하여 작성된 것이라고 보이지 아니하고 달리 피고인의 변소 이외에 위 진술서의 임의성을 배척할 자료를 찾아볼 수 없으니 증거로 할 수 있다는 전제 아래 위 진술서의 자백에 여타 증거를 보강증거로하여 살인공소사실에 대하여 **유죄의 선고**하였다. 이에 X가 상고하였다.

●**판지**● 파기환송. 「[다수의견] 증거능력의 부여에 있어서 검사이외의 수사기관 작성의 피의자 신문조서에 엄격한 요건을 요구한 취지는 그 신문에 있어서 있을지도 모르는 개인의 기본적 인권보장의 결여를 방지하려는 입법정책적 고려라고 할 것이고, 피의자가 작성한 진술서에 대하여 그 성립만 인정되면 증거로 할 수 있고 그 이외에 기재내용의 인정이나 신빙성을 그 요건으로 하지 아니한 취지는

---

1) 형사소송법 제312조(검사 또는 사법경찰관의 조서 등) ① 검사가 작성한 피의자신문조서는 적법한 절차와 방식에 따라 작성된 것으로서 공판준비, 공판기일에 그 **피의자였던 피고인 또는 변호인이 그 내용을 인정**할 때에 한정하여 증거로 할 수 있다. ② 삭제 ③ 검사 이외의 수사기관이 작성한 피의자신문조서는 적법한 절차와 방식에 따라 작성된 것으로서 공판준비 또는 공판기일에 그 **피의자였던 피고인 또는 변호인이 그 내용을 인정**할 때에 한하여 증거로 할 수 있다. ④ 검사 또는 사법경찰관이 피고인이 아닌 자의 진술을 기재한 조서는 적법한 절차와 방식에 따라 작성된 것으로서 그 조서가 검사 또는 사법경찰관 앞에서 **진술한 내용과 동일하게 기재**되어 있음이 원진술자의 공판준비 또는 공판기일에서의 진술이나 영상녹화물 또는 그 밖의 객관적인 방법에 의하여 증명되고, 피고인 또는 변호인이 공판준비 또는 공판기일에 그 기재 내용에 관하여 **원진술자를 신문할 수 있었던 때**에는 증거로 할 수 있다. 다만, 그 조서에 기재된 진술이 특히 신빙할 수 있는 상태 하에서 행하여졌음이 증명된 때에 한한다. ⑤ **제1항부터 제4항까지의 규정은 피고인 또는 피고인이 아닌 자가 수사과정에서 작성한 진술서에 관하여 준용한다.** ⑥ 검사 또는 사법경찰관이 검증의 결과를 기재한 조서는 적법한 절차와 방식에 따라 작성된 것으로서 공판준비 또는 공판기일에서의 **작성자의 진술**에 따라 그 성립의 진정함이 증명된 때에는 증거로 할 수 있다.

피고인의 자백이나 불이익한 사실의 승인은 재현불가능이 많고 또한 진술거부권이 있음에도 불구하고 자기에게 불이익한 사실을 진술하는 것은 진실성이 강하다는 데에 입법적 근거를 둔 것이다. 따라서 위와 같은 형사소송법 규정들의 입법취지 그리고 공익의 유지와 개인의 기본적 인권의 보장이라는 형사소송법의 기본이념들을 종합 고찰하여 볼 때, **사법경찰관이 피의자를 조사하는 과정**에서 형사소송법 제244조에 의하여 **피의자신문조서에 기재됨이 마땅한 피의자의 진술내용을 '진술서'의 형식으로 피의자로 하여금 기하여 제출케 한 경우**에는 그 진술성의 증거능력 유무는 검사이외의 수사기관이 작성한 피의자 신문조서와 마찬가지로 **형사소송법 제312조 제2항(현 제312조 제3항)에 따라 결정되어야 할 것이고 동법 제313조 제1항[2] 본문에 따라 결정할 것이 아니다**」.

●**해설**● 1 대상판결은 피의자의 인권보장과 경찰수사가 자백위주에 증거위주로 전환하는 계기를 마련한 한국의 형사증거법의 발전에 **획기적 기여**를 한 판결로 평가받고 있는 판결이다. 대상판결의 경우, 제1심에서는 무죄였으나 항소심에서 유죄가 인정된 뒤, 대법원의 판단을 기다리고 있던 도중에 진범이 잡혔다. 이런 상황에서 대법원은 제1심의 법리를 받아 들여 피고인에게 무죄를 선고하였다. 형사소송법 제312조 제5항은 피고인이나 참고인이 수사과정에서 작성한 '진술서'라 하더라도 피의자신문조서나 참고인진술조서와 같이 취급하여 증거능력을 부여하고 있다(즉 검사나 사법경찰관이 피의자나 참고인을 출석시켜 신문하면서 조서를 작성하는 대신 그들에게 **자필 진술서**를 작성하도록 하는 경우에도 모두 피의자신문조서나 진술조서의 증거능력의 요건과 같이 취급한다는 것이다).

2 형사소송법 제312조 제5항의 '진술서'는 수사과정에서 작성된 진술서를 말한다. 여기서 **진술서(陳述書)**란 피의자, 피고인, 참고인이 범죄사실이나 그 밖의 사항에 대해서 **자기 스스로** 기재한 서면을 말한다(진술서는 자술서, 시말서, 보고서 등 명칭을 불문한다. 진술서로 가장 대표적인 경우로는 피의자나 참고인이 수사기관에 출석하여 수사기관의 요구로 자필로 진술서를 작성하는 경우가 될 것이다. 제312조 제5항에서 말하는 진술서는 '수사과정에서 작성'된 진술서에 한정하고 그렇지 않다면 제313조 제1항이 적용된다). 작성주체가 피의자·피고인·참고인이라는 점에서 법원이나 수사기관이 작성하는 **진술조서**와 구별된다(한편 **진술기재서류**는 제3자가 진술자의 진술을 기재한 서류를 말한다). 진술서는 ㉠ '수사과정'에서 작성한 진술서(법312⑤)와 ㉡ '그 밖의 과정'에서 작성한 진술서(법313①)(【53】참조)으로 나누어 규정되어 있다(대판 2022도8824, Ref 2). 우선적으로 요건이 엄격한 ㉠을 먼저 적용하고 여기에 해당되지 않을 경우에 ㉡을 적용한다.

3 이 사건과 같이 사법경찰관이 피의자를 조사하는 과정에서 피의자신문조서에 기재됨이 마땅한 피의자의 진술내용을 **'진술서'의 형식**으로 **피의자로 하여금 기재하여 제출**하게 한 경우에 위 진술서의 증거능력 유무는 **그 실질에서** 검사 이외의 수사기관이 작성한 피의자신문조서와 마찬가지로 **'내용의 인정'을 요구**하였다. 그러하지 아니하고 이러한 경우에도 피의자가 작성한 진술서이므로 형사소송법 제313조 제1항 본문에 따라야 한다고 본다면 이 사건과 같이 사법경찰관이 피의자를 조사하는 과정에서 같은 날

---

2) 당시 형사소송법 제313조 제1항은 다음과 같다. "전2조의 규정 이외에 피고인 또는 피고인이 아닌 자가 작성한 진술서나 그 진술을 기재한 서류로서 그 작성자 또는 진술자의 자필이거나 그 서명 또는 날인이 있는 것은 공판준비나 공판기일에서의 그 작성자 또는 진술자의 진술에 의하여 **그 성립의 진정함이 증명된 때에는 증거로 할 수 있다.** 단, 피고인의 진술을 기재한 서류는 공판준비 또는 공판기일에서의 그 작성자의 진술에 의하여 그 성립의 진정함이 증명되고 그 진술이 특히 신빙할 수 있는 상태 하에서 행하여진 때에 한하여 피고인의 공판준비 또는 공판기일에서의 진술에 불구하고 증거로 할 수 있다."

같은 조건에서 같은 내용으로 작성된 사법경찰관의 피의자신문조서와 피의자의 진술서가 그 서류의 작성자와 명칭에 따라 전자는 형사소송법 제312조 제2항을 후자는 같은 법 제313조 제1항 본문을 적용하게 되어 엄격하여야 할 증거능력의 부여 여부가 사법경찰관의 자의에 의하여 좌우되는 수긍하기 어려운 결과에 이를 수도 있을 것이기 때문이다.

## *Reference*

1 [대판 2022도9510] [피고인이 아닌 자가 수사과정에서 '진술서를 작성'하였지만 수사기관이 조사과정의 진행경과를 확인하기 위하여 필요한 사항을 진술서에 기록하거나 별도의 서면에 기록한 후 수사기록에 편철하는 등 적절한 조치를 취하지 아니하여 형사소송법 제244조의4 제1항, 제3항에서 정한 절차를 위반한 경우, '적법한 절차와 방식'에 따라 수사과정에서 진술서가 작성되었다고 할 수 있는지 여부(원칙적 소극)] **형사소송법 제312조 제5항**은 피고인 또는 피고인이 아닌 자가 수사과정에서 작성한 진술서의 증거능력에 관하여 형사소송법 제312조 제1항부터 제4항까지 준용하도록 규정하고 있으므로, 검사 또는 사법경찰관이 피고인이 아닌 자의 진술을 기재한 조서의 증거능력이 인정되려면 **'적법한 절차와 방식에 따라 작성된 것'**이어야 한다는 법리가 피고인이 아닌 자가 수사과정에서 작성한 진술서의 증거능력에 관하여도 적용된다. 한편 검사 또는 사법경찰관이 피의자가 아닌 자의 출석을 요구하여 조사하는 경우에는 피의자를 조사하는 경우와 마찬가지로 조사장소에 도착한 시각, 조사를 시작하고 마친 시각, 그 밖에 조사과정의 진행경과를 확인하기 위하여 필요한 사항을 조서에 기록하거나 별도의 서면에 기록한 후 수사기록에 편철하도록 하는 등 조사과정을 기록하게 한 형사소송법 제221조 제1항, 제244조의4 제1항, 제3항의 취지는 수사기관이 조사과정에서 피조사자로부터 진술증거를 취득하는 과정을 투명하게 함으로써 그 과정에서의 절차적 적법성을 제도적으로 보장하려는 것이다. 따라서 수사기관이 수사에 필요하여 피의자가 아닌 자로부터 진술서를 작성·제출받는 경우에도 그 절차는 준수되어야 하므로, 피고인이 아닌 자가 수사과정에서 진술서를 작성하였지만 수사기관이 조사과정의 진행경과를 확인하기 위하여 필요한 사항을 그 진술서에 기록하거나 별도의 서면에 기록한 후 수사기록에 편철하는 등 적절한 조치를 취하지 아니하여 형사소송법 제244조의4 제1항, 제3항에서 정한 절차를 위반한 경우에는, 그 진술증거 취득과정의 절차적 적법성의 제도적 보장이 침해되지 않았다고 볼 만한 특별한 사정이 없는 한 **'적법한 절차와 방식'**에 따라 수사과정에서 진술서가 작성되었다고 할 수 없어 증거능력을 인정할 수 없다.

2 [대판 2022도8824] [**조세범칙조사를 담당하는 세무공무원**이 피고인이 된 혐의자 또는 참고인에 대하여 심문한 내용을 기재한 조서가 증거능력이 인정되는 경우] 조세범칙조사를 담당하는 세무공무원이 피고인이 된 혐의자 또는 참고인에 대하여 심문한 내용을 기재한 조서는 검사·사법경찰관 등 수사기관이 작성한 조서와 동일하게 볼 수 없으므로 **형사소송법 제312조에 따라 증거능력의 존부를 판단할 수는 없고**, 피고인 또는 피고인이 아닌 자가 작성한 진술서나 그 진술을 기재한 서류에 해당하므로 **형사소송법 제313조에 따라** 공판준비 또는 공판기일에서 작성자·진술자의 진술에 따라 성립의 진정함이 증명되고 나아가 그 진술이 특히 신빙할 수 있는 상태 아래에서 행하여진 때에 한하여 증거능력이 인정된다. cf) 대상판결에서 대법원은 사법경찰관리 또는 특별사법경찰관리에 대하여는 관련 법령에 따라 광범위한 기본권 제한조치를 할 수 있는 권한이 부여되어 있으므로 명문의 규정이 없는 한 함부로 수사업무와 유사한 업무를 담당하는 공무원(조세범칙조사를 담당하는 세무공무원)을 사법경찰관리 또는 특별사법경찰관리에 해당한다고 해석할 수 없다

고 판단하였다

3 [대판 2019도13290] 피고인이 지하철역 에스컬레이터에서 휴대전화기의 카메라를 이용하여 성명불상 여성 피해자의 치마 속을 몰래 촬영하다가 **현행범으로 체포**되어 「성폭력범죄의 처벌 등에 관한 특례법」위반(카메라등이용촬영)으로 기소된 사안에서, 피고인은 공소사실에 대해 자백하고 검사가 제출한 모든 서류에 대하여 **증거로 함에 동의**하였는데, 그 서류들 중 체포 당시 임의제출 방식으로 압수된 피고인 소유 휴대전화기에 대한 압수조서의 '**압수경위란**'에 '지하철역 승강장 및 게이트 앞에서 경찰관이 지하철범죄 예방·검거를 위한 비노출 잠복근무 중 검정 재킷, 검정 바지, 흰색 운동화를 착용한 20대가량 남성이 짧은 치마를 입고 에스컬레이터를 올라가는 여성을 쫓아가 뒤에 밀착하여 치마 속으로 휴대폰을 집어넣는 등 해당 여성의 신체를 몰래 촬영하는 행동을 하였다'는 내용이 포함되어 있고, 그 하단에 피고인의 범행을 직접 목격하면서 위 압수조서를 작성한 사법경찰관 및 사법경찰리의 각 기명날인이 들어가 있으므로, 위 압수조서 중 '**압수경위란**'에 **기재된 내용은 피고인이 범행을 저지르는 현장을 직접 목격한 사람의 진술이 담긴 것으로**서 형사소송법 제312조 제5항에서 정한 '피고인이 아닌 자가 수사과정에서 작성한 진술서'에 준하는 것으로 볼 수 있고, 이에 따라 휴대전화기에 대한 임의제출절차가 적법하였는지에 영향을 받지 않는 별개의 **독립적인 증거에 해당**하여, 피고인이 증거로 함에 동의한 이상 유죄를 인정하기 위한 증거로 사용할 수 있을 뿐 아니라 피고인의 **자백을 보강하는 증거**가 된다고 볼 여지가 많다는 이유로, 이와 달리 피고인의 자백을 뒷받침할 보강증거가 없다고 보아 무죄를 선고한 원심판결에 자백의 보강증거 등에 관한 법리를 오해하거나 필요한 심리를 다하지 아니한 잘못이 있다고 한 사례.

4 [대판 2014도5939] 피의자의 진술을 기재한 서류 또는 문서가 수사기관에서의 조사 과정에서 작성된 것이라면, 그것이 '진술조서, 진술서, 자술서'라는 형식을 취하였다고 하더라도 **피의자신문조서와 달리 볼 수 없고**, 수사기관에 의한 진술거부권 고지의 대상이 되는 피의자의 지위는 수사기관이 범죄인지서를 작성하는 등의 형식적인 사건수리 절차를 거치기 전이라도 조사대상자에 대하여 범죄의 혐의가 있다고 보아 실질적으로 수사를 개시하는 행위를 한 때에 인정된다. 특히 조사대상자의 진술 내용이 단순히 제3자의 범죄에 관한 경우가 아니라 자신과 제3자에게 공동으로 관련된 범죄에 관한 것이거나 제3자의 피의사실뿐만 아니라 자신의 피의사실에 관한 것이기도 하여 **실질이 피의자신문조서의 성격을 가지는 경우**에 수사기관은 진술을 듣기 전에 미리 진술거부권을 고지하여야 한다.

5 [대판 2013도3790] [피고인이 아닌 자가 수사과정에서 '진술서를 작성'하였으나 수사기관이 그에 대한 조사과정을 기록하지 아니하여 형사소송법 제244조의4 제3항, 제1항에서 정한 절차를 위반한 경우, 그 진술서의 증거능력 유무(원칙적 소극)] 형사소송법 제221조 제1항, 제244조의4 제1항, 제3항, 제312조 제4항, 제5항 및 그 입법 목적 등을 종합하여 보면, 피고인이 아닌 자가 수사과정에서 진술서를 작성하였지만 수사기관이 그에 대한 **조사과정을 기록하지 아니하여** 형사소송법 제244조의4 제3항, 제1항에서 정한 **절차를 위반한 경우**에는, 특별한 사정이 없는 한 '적법한 절차와 방식'에 따라 수사과정에서 진술서가 작성되었다 할 수 없으므로 증거능력을 인정할 수 없다.

6 [대판 2010도1755] [수사기관의 조사과정에서 피의자가 작성한 진술조서나 진술서 등의 증거능력] 피의자의 진술을 녹취 내지 기재한 서류 또는 문서가 수사기관에서의 조사과정에서 작성된 것이라면, 그것이

'진술조서, 진술서, 자술서'라는 형식을 취하였다고 하더라도 피의자신문조서와 달리 볼 수 없다.

7 [대판 2003도6548] 피고인이 검사 이외의 수사기관에서 범죄 혐의로 조사받는 과정에서 작성하여 제출한 **진술서**는 그 형식 여하를 불문하고 당해 수사기관이 작성한 피의자신문조서와 달리 볼 수 없고, 피고인이 수사 과정에서 범행을 자백하였다는 검사 아닌 수사기관의 진술이나 같은 내용의 수사보고서 역시 피고인이 공판 과정에서 앞서의 자백의 내용을 부인하는 이상 마찬가지로 보아야 하며, 여기서 말하는 검사 이외의 수사기관에는 달리 특별한 사정이 없는 한 외국의 권한 있는 수사기관도 포함된다.

# 52 수사기관 검증조서의 증거능력(제312조 제6항)

* 대법원 1998. 3. 13. 선고 98도159 판결
* 참조조문: 형사소송법 제312조 제6항[1]

피고인이 사법경찰관 작성의 검증조서 중 자신의 **진술 또는 범행재연 사진** 부분을 부인하는 경우, 그 부분의 증거능력 및 그 경우 검증조서 전부를 유죄의 증거로 할 수 있는가?

●**판지**● 「'사법경찰관이 작성한 검증조서'에는 이 사건 범행에 부합되는 **피의자이었던 피고인의 진술기재 부분이 포함**되어 있고 또한 범행을 재연하는 사진이 첨부되어 있으나, 기록에 의하면 피고인이 위 검증조서에 대하여 **증거로 함에 동의만 하였을 뿐** 공판정에서 검증조서에 기재된 진술내용 및 **범행을 재연**한 부분에 대하여 그 **성립의 진정 및 내용을 인정한 흔적을 찾아 볼 수 없고 오히려 이를 부인**하고 있으므로 그 증거능력을 인정할 수 없는바, 원심으로서는 위 검증조서 중 이 사건 범행에 부합되는 피고인의 진술을 기재한 부분과 범행을 재연한 부분을 제외한 나머지 부분만을 증거로 채용하여야 함에도 이를 구분하지 아니한 채 그 전부를 유죄의 증거로 인용한 조치는 위법하다고 할 것이다」.

●**해설**● 1 **검증**이란 오관(五官)의 작용에 의하여 사물의 존재와 상태를 직접 실험·인식하는 증거조사를 말한다(따라서 검증조서에는 중립적인 시각에서 객관적인 사실만을 적어야 한다). 검증은 법원에 의한 검증(법139)과 수사기관에 의한 영장을 요하는 검증(법215)이 있다(**법원에 의한 검증**은 당사자참여권이 보장되어 있다는 점과 법원 등이 제3자적 입장에 있어 객관성과 신용성이 담보될 수 있다는 점에서 증거능력이 당연히 인정된다). (1) **수사기관에 의해 작성된 검증조서**는 수사기관이 인식하고 판단한 사안에 관련된 정보를 문서를 통해서 전달하는 것이므로 전문증거이다. (2) 이 경우 ㉠ **적법한 절차와 방식**에 따라 작성된 것으로서 ㉡ 공판준비 또는 공판기일에서의 '작성자'(검증조서의 작성자는 검사 또는 사법경찰관이 된다)의 진술에 따라 그 **성립의 진정함이 증명**된 때에는 증거로 할 수 있다(**적법절차 + 성립진정**)(법312⑥). 법원의 검증조서(법311)에 비해 증거능력의 요건을 강화한 것은 수사기관의 검증에는 당사자의 참여권이 보장되지 않기 때문이다.

2 **수사기관의 검증조서에 기재된 검증참여자의 '진술'**　　대상판결에서 사법경찰관 작성의 검증조서 중 '피고인'의 진술기재 부분과 범행재연 사진 부분에 대한 법원의 입장을 보여주고 있다. 수사기관의 검증조서에 기재된 **검증참여자의 진술**이 기재되어 있는 경우, 참여자의 진술은 진술일 뿐 검증의 결과와는 구별된다는 점에서 대법원은 제312조 제3항을 적용하여 사법경찰관 작성의 피의자신문조서와 동일하게 **내용을 인정**해야만 증거능력이 있다는 입장이다(제312조 제6항이 아니라 제312조 제1·3항이 적용된다). 또한 검증 현장에서의 **범행재연은 '자백'**에 해당되므로 그 범행재연사진에 대해서는 검증의 주체가 검사 또는 사법경찰관인가에 따라서 제312조 제1항 또는 제3항이 적용되어야 한다(대판 84도378, Ref 5).

3 **실황조사서의 증거능력**　　'실황조사서'란 교통사고나 화재사고 등 사건사고 직후에 수사기관이 **사고현장의 상황**을 조사하여 그 결과를 기재한 서류를 말한다(검찰사건사무규칙51). (1) 실황조사서를 수

---

1) 형사소송법 제312조(**검사 또는 사법경찰관의 조서 등**) ⑥ 검사 또는 사법경찰관이 검증의 결과를 기재한 조서는 **적법한 절차와 방식**에 따라 작성된 것으로서 공판준비 또는 공판기일에서의 **작성자의 진술**에 따라 그 **성립의 진정함이 증명**된 때에는 증거로 할 수 있다.

사기관의 검증조서로 보아 제312조 제6항을 적용할 것인가에 대해서는 견해 대립이 있으나 '실황조사'는 범행 중 또는 범행 직후의 사고현장에서 행해지는 영장주의의 예외인 **긴급'검증'**에 해당한다('범죄 장소'에서의 압수·수색·검증(법216③)). (2) 그러므로 강제수사에 대한 영장주의원칙에 따라 '지체 없이' 사후검증영장을 **발부받아야** 그 적법성이 확보될 수 있고, 따라서 영장주의를 준수한 실황조사를 기재한 실황조사서에 한해서만 제312조 제6항에 따라 그 증거능력이 인정된다(긍정설). 판례도 실황조사가 검증에 따라 작성된 것이라면 사후영장을 받지 않는 한 유죄의 증거로 할 수 없다는 입장이다(대판 88도1399, Ref 4). (3) 하지만 **'수사보고서'**는 수사의 경위나 결과를 **내부적으로 보고**하기 위하여 작성된 서류에 불과하므로 제312조 제6항의 검증조서로는 볼 수 없다(대판 2000도2933, Ref 2).

## *Reference*

1 [대판 2009도8949] [1] 수소법원이 공판기일에 검증을 행한 경우에는 (가) 그 **검증결과** 즉 법원이 오관의 작용에 의하여 판단한 결과가 **바로 증거**가 되고, (나) 그 검증의 결과를 기재한 **검증조서**가 서증으로서 증거가 되는 것은 아니다. [2] 기록에 의하면, 원심이 2009. 1. 21.자로 실시한 CCTV 동영상에 대한 **검증**은 서울중앙지방법원 제370호 영상실에서 제6회 공판기일을 진행하면서 재판부 전원, 참여 사무관, 피고인, 검사, 피고인의 변호인, 송○국 대리인 등이 참석한 가운데 진행하였음을 알 수 있다. 따라서 위 검증은 검증결과가 바로 증거가 된다고 할 것이므로 설령 그 검증의 결과를 검증조서에 일부 기재하지 않았다고 하더라도 이에 관하여 원심에 심리미진의 위법이 있다고 할 수 없다.

2 [대판 2000도2933] ['수사보고서'에 검증의 결과에 해당하는 기재가 있는 경우, 그 기재부분의 증거능력 유무(소극)] 수사보고서에 검증의 결과에 해당하는 기재가 있는 경우, 그 기재 부분은 검찰사건사무규칙 제17조에 의하여 검사가 범죄의 현장 기타 장소에서 실황조사를 한 후 작성하는 실황조서 또는 사법경찰관리 집무규칙 제49조 제1항, 제2항에 의하여 사법경찰관이 수사상 필요하다고 인정하여 범죄현장 또는 기타 장소에 임하여 실황을 조사할 때 작성하는 실황조사서에 해당하지 아니하며, **단지 수사의 경위 및 결과를 '내부적으로 보고'하기 위하여 작성된 서류에 불과하므로** 그 안에 검증의 결과에 해당하는 기재가 있다고 하여 이를 형사소송법 제312조 제1항의 '검사 또는 사법경찰관이 검증의 결과를 기재한 조서'라고 할 수 없을 뿐만 아니라 이를 같은 법 제313조 제1항의 '피고인 또는 피고인이 아닌 자가 작성한 진술서나 그 진술을 기재한 서류'라고 할 수도 없고, 같은 법 제311조, 제315조, 제316조의 적용대상이 되지 아니함이 분명하므로 그 기재 부분은 증거로 할 수 없다.

3 [대판 98도159] ['피고인'이 사법경찰관 작성의 검증조서 중 **자신의 진술 또는 범행재연 사진 부분을 부인**하는 경우, 그 부분의 증거능력 유무(소극) 및 그 경우 검증조서 전부를 유죄의 증거로 인용한 조치의 적부(소극)] 사법경찰관 작성의 검증조서에 대하여 피고인이 증거로 함에 동의만 하였을 뿐 공판정에서 검증조서에 기재된 진술내용 및 범행을 재연한 부분에 대하여 그 성립의 진정 및 내용을 인정한 흔적을 찾아볼 수 없고 오히려 이를 부인하고 있는 경우에는 그 **증거능력을 인정할 수 없으므로**, 위 검증조서 중 범행에 부합되는 피고인의 진술을 기재한 부분과 범행을 재연한 부분을 제외한 나머지 부분만을 증거로 채용하여야 함에도 이를 구분하지 아니한 채 그 전부를 유죄의 증거로 인용한 항소심의 조치는 위법하다.

4 [대판 88도1399] 사법경찰관 사무취급이 작성한 **실황조서**가 사고발생 직후 사고장소에서 긴급을 요하여 판사의 영장없이 시행된 것으로서 형사소송법 **제216조 제3항에 의한 검증**에 따라 작성된 것이라면 **사후 영장을 받지 않는 한** 유죄의 증거로 삼을 수 없다.

5 [대판 84도378] [피고인의 자백진술과 이를 기초로 한 **범행재연상황을 기재한 실황조사서**와 피고인의 범행부인시의 그 증거능력] 사법경찰관이 작성한 실황조사서에 피의자이던 피고인이 사법경찰관의 면전에서 자백한 범행내용을 현장에 따라 진술, 재연하고 사법경찰관이 그 진술, 재연의 상황을 기재하거나 이를 사진으로 촬영한 것 외에 별다른 기재가 없는 경우에 있어서 피고인이 공판정에서 실황조사서에 기재된 진술내용 및 범행재연의 상황을 모두 부인하고 있다면 그 실황조사서는 증거능력이 없다 할 것이다.

# 53 '수사과정 외'에서 작성된 진술서와 진술기재서류의 증거능력(제313조)

* 대법원 2012. 9. 13. 선고 2012도7461 판결
* 참조조문: 형사소송법 제313조[1]

---

대화 내용을 녹음한 녹음테이프 및 파일 등 전자매체의 증거능력

●**사실**● Y는 자신의 사업이 OO구청으로부터 허가 등을 받지 못하는 등의 이유로 제대로 진행되지 않자 2010.12.14. 구청장실로 피고인 X를 찾아가게 되었는데, X에게 협조를 요청하는 과정에서 X로부터 부당한 요구를 받을지도 모른다는 생각에서 미리 디지털 녹음기를 준비하여 X와 대화를 나눌 때마다 그 대화내용을 모두 디지털 녹음기로 몰래 녹음하였다. 디지털 녹음기의 용량에 제한이 있었던 관계로 X와의 대화를 녹음한 이후 자신의 사무실로 바로 돌아와 디지털 녹음기에 저장된 녹음 원본파일을 컴퓨터에 복사하는 대신 디지털 녹음기의 원본파일은 삭제한 후, 다시 위 디지털 녹음기로 X와의 다음 대화를 녹음하는 과정을 반복하였는데, 이 사건으로 검찰에서 조사를 받는 과정에서 **컴퓨터에 복사된 위 녹음 음성파일의 사본 및 그 녹취록을 검찰에 제출**하였고, 검사는 이를 이 사건(특경법상 공갈)의 증거로 신청하였다. 제1심은 증거를 받아들여 X에 대해 유죄를 인정하였고, 원심도 녹음 음성파일 사본 및 녹취록 모두 증거능력이 있다고 판단하였다. 이에 X가 상고하였다.

●**판지**● 상고기각. 「피고인과 상대방 사이의 대화 내용에 관한 **녹취서**가 공소사실의 증거로 제출되어 녹취서의 기재 내용과 녹음테이프의 녹음 내용이 동일한지에 대하여 법원이 검증을 실시한 경우에, 증거자료가 되는 것은 녹음테이프에 녹음된 대화 내용 자체이고, 그 중 피고인의 진술 내용은 실질적으로 형사소송법 제311조, 제312조의 규정 이외에 피고인의 진술을 기재한 서류와 다름없어, 피고인이 녹음테이프를 증거로 할 수 있음에 동의하지 않은 이상 녹음테이프에 녹음된 피고인의 진술 내용을 증거로 사용하기 위해서는 형사소송법 **제313조 제1항 단서**에 따라 공판준비 또는 공판기일에서 작성자인 상대방의 진술에 의하여 녹음테이프에 녹음된 피고인의 진술 내용이 피고인이 진술한 대로 녹음된 것임이 증명되고 나아가 그 진술이 특히 신빙할 수 있는 상태 하에서 행하여진 것임이 인정되어야 한다. 또한 대화 내용을 녹음한 파일 등 전자매체는 성질상 작성자나 진술자의 서명 또는 날인이 없을 뿐만 아니라, 녹음자의 의도나 특정한 기술에 의하여 내용이 편집·조작될 위험성이 있음을 고려하여, 대화 내용을 녹음한 원본이거나 원본으로부터 복사한 사본일 경우에는 복사과정에서 편집되는 등의 인위적 개작 없이 원본의 내용 그대로 복사된 사본임이 증명되어야 한다」.

---

1) 형사소송법 제313조(**진술서등**) ① 전2조의 규정 이외에 피고인 또는 피고인이 아닌 자가 작성한 **진술서나 그 진술을 기재한 서류로서** 그 작성자 또는 진술자의 **자필이거나 그 서명 또는 날인**이 있는 것(피고인 또는 피고인 아닌 자가 작성하였거나 진술한 내용이 포함된 문자·사진·영상 등의 정보로서 컴퓨터용디스크, 그 밖에 이와 비슷한 정보저장매체에 저장된 것을 포함한다. 이하 이 조에서 같다)은 공판준비나 공판기일에서의 그 작성자 또는 진술자의 진술에 의하여 그 **성립의 진정함**이 증명된 때에는 증거로 할 수 있다. 단, **피고인의 진술을 기재한 서류**는 공판준비 또는 공판기일에서의 그 '**작성자**'의 진술에 의하여 그 **성립의 진정함이 증명**되고 그 진술이 **특히 신빙할 수 있는 상태** 하에서 행하여 진 때에 한하여 피고인의 공판준비 또는 공판기일에서의 **진술에 불구하고** 증거로 할 수 있다. ② 제1항 본문에도 불구하고 **진술서**의 작성자가 공판준비나 공판기일에서 그 성립의 진정을 부인하는 경우에는 과학적 분석결과에 기초한 디지털포렌식 자료, 감정 등 **객관적 방법**으로 성립의 진정함이 증명되는 때에는 증거로 할 수 있다. 다만, **피고인 아닌 자가 작성한 진술서**는 피고인 또는 변호인이 공판준비 또는 공판기일에 그 기재 내용에 관하여 작성자를 신문할 수 있었을 것을 요한다. ③ 감정의 경과와 결과를 기재한 서류도 제1항 및 제2항과 같다.

●**해설●** **1 제313조의 의의**[2]      제313조의 적용대상은 법원·법관(법311) 및 수사기관(법312)이 작성한 것 이외의 **일반 서류**인 진술서나 진술기재서류이다. 특히 제313조의 적용대상은 **'수사과정 이외의 단계'**에서 작성된 것에 한정된다('수사과정에서' 작성한 진술서는 제312조 제5항의 적용에 따라 다시 제312조 제1·3·4항으로 나뉘어 적용된다). 여기서 **'진술서'**란 진술자(피고인·피의자·참고인)가 스스로 자기의 진술을 기재한 서면을 말하며(진술자=작성자),[3] **'진술기재서류'**는 진술자의 진술을 제3자가 기재한 서류를 말한다(진술자≠작성자).[4] 진술서 및 진술기재 서류에는 피고인 등이 작성하였거나 진술한 내용이 포함된 문자·사진·영상 등의 정보로서 컴퓨터용디스크, 그 밖에 이와 비슷한 **정보저장매체에 저장된 것을 포함**된다(법313①). 제313조는 피의자나 참고인의 진술서 및 참고인의 진술기재 서류에 관하여는 내용의 인정을 요건으로 하고 있지 않는데, 이는 조서와 달리 수사기관이 진술을 기재하는 과정에서 왜곡할 염려가 없고, 피고인의 자백이나 불이익한 사실의 승인은 진실성이 강하다 점에 그 취지가 있다.

**2 제313조 서류의 증거능력 인정요건**      제313조의 서류를 분류하여 보면 ① 피고인의 진술서, ② 피고인 아닌 자의 진술서(감정서), ③ 피고인의 진술기재서류, ④ 피고인 아닌 자의 진술기재서류로 나누어진다. 이것들의 각 증거능력 인정요건을 정리하면, 아래와 같다.

| | |
|---|---|
| ① 피고인의 진술서<br>(자 + 성 + 특) | ㉠ 작성자의 자필이나 서명 또는 날인(디지털증거포함)<br>㉡ 작성자(=진술자)의 진술 또는 과학적 방법에 의한 성립의 진정<br>㉢ 특신상태(제1항 단서)(판례) |
| ② 피고인 아닌 자의 진술서<br>(자 + 성 + 반) | ㉠ 작성자의 자필이나 서명 또는 날인(디지털증거포함)<br>㉡ 작성자(=진술자)의 진술 또는 과학적 방법에 의한 성립의 진정<br>㉢ 반대신문권의 보장(제2항 단서) |
| ③ 피고인의 진술기재서류<br>(자 + 성 + 특) | ㉠ 작성자의 자필이나 서명 또는 날인(디지털증거포함)<br>㉡ **'작성자'**의 진술에 의한 성립의 진정 cf) 피고인의 진술에도 불구하고<br>㉢ 특신상태(제1항 단서) |
| ④ 피고인 아닌 자의<br>진술기재서류<br>(자 + 성) | ㉠ 자필이나 서명 또는 날인(디지털증거포함)<br>㉡ **'진술자'**의 진술에 의한 성립의 진정(제1항 본문) |

---

2) 2016년 5월에 형사소송법 일부가 개정되었는데 그 중 가장 중요한 개정이 제313조의 개정이다. 특히 사적으로 작성된 전자적 정보의 경우에도 종이문서와 같은 '성립의 진정'을 요구하다보니 대다수 귀중한 증거가 증거능력을 잃게 되는 상황에 대한 개선이 강력히 요구 되었다. 이에 개정 형사소송법 제313조 제1항은 이를 '서류'의 한 형식으로 규정하였다. 개정의 내용을 요약하면 ① 문자 등 정보가 서면이 아닌 정보저장매체에 저장되어 있는 경우에도 진술서 또는 진술기재 서류의 법리를 그대로 적용하는 것으로 **확장**하였고, ② 작성자의 진술에 의하여 그 성립의 진정함이 증명되지 아니한 경우에도 **객관적 방법**(과학적 분석결과에 기초한 디지털포렌식 자료나 감정 등)으로 성립의 진정함을 증명하는 것으로 대체할 수 있도록 하면서 ③ 일부 경우에는 피고인에게 **반대신문의 기회**를 부여(피고인 아닌 자의 진술서에 대한 피고인·변호인의 반대신문권의 보장)한 것으로 정리된다.

3) 범행의 경위를 기재한 일기장이나 메모, 의사의 진단서 등이 진술서에 해당하며, 판례는 '진술서'에 준하는 것으로 공갈 등의 피해 내용을 담아 보낸 문자메세지를 디지털진술서로 보았다(대판 2010도8735, Ref 3).

4) '진술기재서류'와 **'재전문서류'**는 구별된다. 양자 모두 진술자와 작성자가 일치하지 않는 점에서는 동일하나 진술기재서류는 '단순전문'이고 재전문서류는 '2중전문'이라는 점에서 차이가 있다.

3 ① **피고인의 진술서**의 경우,[5] 진술자의 자필이거나 그 서명 또는 날인이 있는 것으로서 공판준비나 공판기일에서의 그 진술자의 진술에 의하여 그 **성립의 진정함이 증명**된 때에는 증거로 할 수 있다. 여기에 더해 특신상태를 요한다. 또한 작성자가 성립의 진정을 부인하는 경우에는 과학적 방법에 의하여 성립의 진정함이 증명되는 때에는 증거로 할 수 있다. ② **피고인 아닌 자의 진술서**의 경우, 진술자의 자필이거나 그 서명 또는 날인이 있는 것으로서 공판준비나 공판기일에서의 그 진술자의 진술에 의하여 그 성립의 진정함이 증명된 때에는 증거로 할 수 있다. 여기에 피고인 또는 변호인이 공판준비 또는 공판기일에 그 기재 내용에 관하여 작성자를 신문할 수 있었을 것을 요한다(**반대신문권의 보장**). ③ **피고인의 진술을 기재한 서류**는 공판준비 또는 공판기일에서의 그 '**작성자**'의 진술에 의하여 그 **성립의 진정함이 증명**되고(이 서류의 '성립의 진정'은 작성자의 진술에 의하여 증명되면 족하고 원진술자인 피고인의 진정성립의 증명까지 요하지는 않는다(대판 2012도7461)) 그 진술이 특히 신빙할 수 있는 상태 하에서 행하여 진 때에 한하여 피고인의 공판준비 또는 공판기일에서의 진술에 불구하고 증거로 할 수 있다(제1항 단서). ④ **피고인 아닌 자의 진술기재서류**는 제3자가 피고인 아닌 자의 지술을 기재한 서류로서 원진술자의 서명 또는 날인이 있는 것이므로 진술자의 진술에 의하여 그 성립의 진정함이 증명되면 증거로 할 수 있다.

4 대상판결에서 법원은 ① 피고인도 검찰과 제1심 법정에서 이 사건 녹음파일 사본을 모두 들어본 뒤 일부 파일에 인사말 등이 녹음되지 않은 것 같다는 등의 지적을 한 것 외에는 녹음된 음성이 자신의 것이 맞을 뿐만 아니라 그 내용도 자신이 진술한 대로 녹음되어 있으며 이 녹음파일 사본의 내용대로 해당 녹취록에 기재되어 있다는 취지로 진술한 사실, ② 대검찰청 과학수사담당관실에서 이 사건 녹음파일 사본과 그 녹음에 사용된 디지털 녹음기에 대하여 국제적으로 널리 사용되는 다양한 분석방법을 통해 정밀감정한 결과 이 녹음파일 사본에 편집의 흔적을 발견할 수 없다는 사실 등을 근거로 이 녹음파일 사본은 그 복사 과정에서 편집되는 등의 인위적 개작 없이 원본의 내용 그대로 복사된 것으로 판단하여 그 진술이 특히 신빙할 수 있는 상태 하에서 행하여진 것으로 인정하였다.

5 **감정서**　　　감정서는 감정의 경과와 결과를 기재한 서류를 말한다. '**감정**'이란 특수한 지식이나 경험을 가진 제3자가 그 지식·경험에 의하여 알 수 있는 법칙을 적용하여 얻은 판단을 보고하는 것을 말한다. 감정은 형사사법기관이 하는 것이 아니기 때문에 **제313조 제3항**에 포함된다('피고인 아닌 자의 진술서'에 해당되어 (자 + 성 + 반)의 요건이 충족되면 증거능력이 인정된다). 법원의 명령에 의한 감정인이 제출하는 감정서(법171)뿐만 아니라 수사기관의 촉탁을 받은 감정수탁자가 작성한 감정서(법221의3)도 포함된다.

*Reference*

## (1) 수사과정 외에서 작성한 '피고인의 진술서'

1 [대판 2012도16001] ['**디지털 저장매체**'로부터 출력한 문건의 증거능력] 압수물인 디지털 저장매체로부터 출력한 문건을 증거로 사용하기 위해서는 (1) 디지털 저장매체 원본에 저장된 내용과 출력한 문건의 동일성이 인정되어야 하고, 이를 위해서는 디지털 저장매체 원본이 압수 시부터 문건 출력 시까지 변경되지 않

---

5) 피고인이 자필로 작성한 범행을 인정하는 내용의 메모지가 피고인의 집에서 발견되어 증거로 제출된 경우를 생각해 볼 수 있다.

앉음이 담보되어야 한다. 그리고 (2) 압수된 디지털 저장매체로부터 출력한 문건을 **진술증거**로 사용하는 경우, 그 기재 내용의 진실성에 관하여는 전문법칙이 적용되므로 **형사소송법 제313조 제1항에 따라** 공판준비나 공판기일에서의 그 작성자 또는 진술자의 진술에 의하여 그 성립의 진정함이 증명된 때에 한하여 이를 증거로 사용할 수 있다.

2 [대판 2000도1743] [피고인의 **'자필진술서'**의 증거능력의 요건과 그 입증 정도] 피고인의 자필로 작성된 진술서의 경우에는 서류의 작성자가 동시에 진술자이므로 진정하게 성립된 것으로 인정되어 **형사소송법 제313조 단서에 의하여** 그 진술이 **특히 신빙할 수 있는 상태** 하에서 행하여진 때에는 증거능력이 있고, 이러한 특신상태는 증거능력의 요건에 해당하므로 검사가 그 존재에 대하여 구체적으로 주장·입증하여야 하는 것이지만, 이는 소송상의 사실에 관한 것이므로, 엄격한 증명을 요하지 아니하고 자유로운 증명으로 족하다.

## (2) 수사과정 외에서 작성한 '피고인 아닌 자의 진술서'

3 [대판 2010도8735] 이 사건 문자메시지는 피해자가 피고인으로부터 풀려난 당일에 남동생에게 도움을 요청하면서 피고인이 협박한 말을 포함하여 공갈 등 피고인으로부터 피해를 입은 내용을 **문자메시지**로 보낸 것이므로, 이 사건 문자메시지의 내용을 촬영한 사진은 증거서류 중 **'피해자의 진술서'**에 준하는 것으로 취급함이 상당할 것인바, **진술서에 관한 형사소송법 제313조에 따라** 이 사건 문자메시지의 작성자인 피해자 갑이 제1심 법정에 출석하여 자신이 이 사건 문자메시지를 작성하여 동생에게 보낸 것과 같음을 확인하고, 동생인 을도 제1심 법정에 출석하여 피해자 갑이 보낸 이 사건 문자메시지를 촬영한 사진이 맞다고 확인한 이상, 이 사건 문자메시지를 촬영한 사진은 그 성립의 진정함이 증명되었다고 볼 수 있으므로 이를 증거로할 수 있다.

4 [대판 2009도6788 전원합의체] 甲 주식회사 및 그 직원인 피고인들이 정비사업전문관리업자의 임원에게 甲 회사가 주택재개발사업 시공사로 선정되게 해 달라는 청탁을 하면서 금원을 제공하였다고 하여 구 건설산업기본법(2011.5.24. 법률 제10719호로 개정되기 전의 것) 위반으로 기소되었는데, 변호사가 법률자문과정에 작성하여 甲 회사 측에 전송한 전자문서를 출력한 **'법률의견서'**에 대하여 피고인들이 증거로 함에 동의하지 아니하고, 변호사가 원심 공판기일에 증인으로 출석하였으나 증언할 내용이 甲 회사로부터 업무상 위탁을 받은 관계로 알게 된 타인의 비밀에 관한 것임을 소명한 후 증언을 거부한 사안에서, 위 법률의 견서는 압수된 디지털 저장매체로부터 출력한 문건으로서 실질에 있어서 형사소송법 제313조 제1항에 규정된 **'피고인 아닌 자가 작성한 진술서나 그 진술을 기재한 서류'**에 해당하는데, 공판준비 또는 공판기일에서 작성자 또는 진술자인 변호사의 진술에 의하여 성립의 진정함이 증명되지 아니하였으므로 위 규정에 의하여 증거능력을 인정할 수 없고, 나아가 원심 공판기일에 출석한 변호사가 그 진정성립 등에 관하여 진술하지 아니한 것은 형사소송법 제149조에서 정한 바에 따라 정당하게 증언거부권을 행사한 경우에 해당하므로 형사소송법 제314조에 의하여 증거능력을 인정할 수도 없다는 이유로, 원심이 이른바 변호인·의뢰인 특권에 근거하여 위 의견서의 증거능력을 부정한 것은 적절하다고 할 수 없으나, 위 의견서의 증거능력을 부정하고 나머지 증거들만으로 유죄를 인정하기 어렵다고 본 결론은 정당하다고 한 사례.

## (3) 수사과정 외에서 작성된 '피고인의 진술기재서류'

5 [대판 2018도3914] 피고인이 피고인의 진술을 기재한 서류를 증거로 할 수 있음에 동의하지 않은 이상 그 서류에 기재된 피고인의 진술 내용을 증거로 사용하려면 (가) 형사소송법 제313조 제1항 단서에 따라 공판준비 또는 공판기일에서 **작성자의 진술**에 의하여 그 서류에 기재된 피고인의 진술 내용이 피고인이 진술한 대로 기재된 것임이 증명되고 나아가 (나) 진술이 특히 신빙할 수 있는 상태 하에서 행하여진 것임이 인정되어야 한다.

6 [대판 2012도7461] [대화 내용을 녹음한 녹음테이프 및 파일 등 전자매체의 증거능력] **피고인과 상대방 사이의 대화 내용에 관한 녹취서**가 공소사실의 증거로 제출되어 녹취서의 기재 내용과 녹음테이프의 녹음 내용이 동일한지에 대하여 법원이 검증을 실시한 경우에, 증거자료가 되는 것은 녹음테이프에 녹음된 대화 내용 자체이고, 그 중 **피고인의 진술 내용은 실질적으로 형사소송법 제311조, 제312조의 규정 이외에 피고인의 진술을 기재한 서류와 다름없어,** 피고인이 녹음테이프를 증거로 할 수 있음에 동의하지 않은 이상 녹음테이프에 녹음된 피고인의 진술 내용을 증거로 사용하기 위해서는 (가) 형사소송법 제313조 제1항 단서에 따라 공판준비 또는 공판기일에서 **'작성자'**인 상대방의 진술에 의하여 녹음테이프에 녹음된 피고인의 진술 내용이 피고인이 진술한 대로 녹음된 것임이 증명되고 나아가 (나) 그 진술이 **특히 신빙**할 수 있는 상태 하에서 행하여진 것임이 인정되어야 한다. 또한 (다) 대화 내용을 녹음한 파일 등 전자매체는 성질상 작성자나 진술자의 서명 또는 날인이 없을 뿐만 아니라, 녹음자의 의도나 특정한 기술에 의하여 내용이 편집·조작될 위험성이 있음을 고려하여, 대화 내용을 녹음한 원본이거나 원본으로부터 복사한 사본일 경우에는 복사과정에서 편집되는 등의 인위적 개작 없이 원본의 내용 그대로 복사된 사본임이 증명되어야 한다.

## (4) 수사과정 외에서 작성된 '피고인 아닌 자의 진술기재서류'

7 [대판 96도2417] [사인(私人)이 피고인 아닌 자의 진술을 비밀녹음한 녹음테이프 및 그 검증조서의 증거능력] **피고인의 동료 교사가 학생들과의 사적인 대화 중에** 피고인이 수업시간에 학생들에게 북한을 찬양·고무하는 발언을 하였다는 사실에 대한 **학생들의 대화 내용을 학생들 모르게 녹음**한 녹음테이프에 대하여 실시한 검증의 내용은 녹음테이프에 녹음된 대화의 내용이 검증조서에 첨부된 녹취서에 기재된 내용과 같다는 것에 불과하여 증거자료가 되는 것은 여전히 녹음테이프에 녹음된 대화의 내용이라고 할 것인바, 그 중 위와 같은 내용의 학생들의 대화의 내용은 실질적으로 형사소송법 제311조, 제312조 규정 이외의 피고인 아닌 자의 진술을 기재한 서류와 다를 바 없으므로, 피고인이 그 녹음테이프를 증거로 할 수 있음에 동의하지 않은 이상 녹음테이프의 녹음내용 중 위와 같은 내용의 학생들의 진술 및 이에 관한 검증조서의 기재 중 학생들의 진술내용을 공소사실을 인정하기 위한 증거자료로 사용하기 위하여서는 **형사소송법 제313조 제1항에 따라** 공판준비나 공판기일에서 **원진술자인 학생들의 진술에 의하여** 이 사건 녹음테이프에 녹음된 각자의 진술내용이 자신이 진술한 대로 녹음된 것이라는 점이 인정되어야 한다.

# 54 전문법칙의 예외에 대한 예외(제314조)
## ─ 증언거부권과 전문법칙 ─

* 대법원 2012. 5. 17. 선고 2009도6788 전원합의체 판결
* 참조조문: 형사소송법 제314조[1]

> 증인이 형사소송법에서 정한 바에 따라 정당하게 **증언거부권을 행사**하여 증언을 거부한 경우가 형사소송법 제314조의 '그 밖에 이에 준하는 사유로 인하여 진술할 수 없는 때'에 해당하는가?

●**사실**● 주식회사 甲 및 그 직원인 피고인들은 정비사업전문관리업자의 임원에게 자신들의 회사가 주택재개발사업 시공사로 선정되게 해 달라는 청탁을 하면서 금원을 제공하였다는 혐의(구 건설산업기본법 위반)로 기소되었다. 당시, 수사기관은 변호사가 법률자문 과정에 작성하여 甲 회사 측에 전송한 전자문서를 발견하여 압수한 뒤, 출력한 '**법률의견서**'를 증거로 제출하였으나 피고인들은 이를 증거로 동의하지 아니하였다. 나아가 작성자인 변호사는 원심 공판기일에 증인으로 출석하였으나 증언할 내용이 甲 회사로부터 업무상 위탁을 받은 관계로 알게 된 **타인의 비밀**에 관한 것임을 소명한 후 **증언을 거부**하였다. 제1심과 원심은 **변호인-의뢰인 특권**[2]을 근거로 하여 이 사건 의견서 등의 증거능력을 부인하고 무죄를 선고하였다. 이에 검사가 상고하였다.

●**판지**● 상고기각 「[1] [다수의견] 형사소송법 제314조는 "제312조 또는 제313조의 경우에 공판준비 또는 공판기일에 진술을 요하는 자가 **사망·질병·외국거주·소재불명, 그 밖에 이에 준하는 사유**로 인하여 진술할 수 없는 때에는 그 조서 및 그 밖의 서류를 증거로 할 수 있다. 다만, 그 진술 또는 작성이 특히 신빙할 수 있는 상태 하에서 행하여졌음이 증명된 때에 한한다."라고 정함으로써, 원진술자 등의 진술에 의하여 진정성립이 증명되지 아니하는 전문증거에 대하여 예외적으로 증거능력이 인정될 수 있는 사유로 '사망·질병·외국거주·소재불명, 그 밖에 이에 준하는 사유로 인하여 진술할 수 없는 때'를 들고 있다. 위 증거능력에 대한 예외사유로 1995.12.29. 법률 제5054호로 개정되기 전의 구

---

1) 형사소송법 제314조(**증거능력에 대한 예외**) 제312조 또는 제313조의 경우에 공판준비 또는 공판기일에 진술을 요하는 자가 **사망·질병·외국거주·소재불명 그 밖에 이에 준하는 사유**로 인하여 진술할 수 없는 때에는 그 조서 및 그 밖의 서류(피고인 또는 피고인 아닌 자가 작성하였거나 진술한 내용이 포함된 문자·사진·영상 등의 정보로서 컴퓨터디스크, 그 밖에 이와 비슷한 정보저장매체에 저장된 것을 포함한다)를 증거로 할 수 있다. 다만, 그 진술 또는 작성이 **특히 신빙할 수 있는 상태** 하에서 행하여졌음이 증명된 때에 한한다. <개정 2016. 5. 29.>

2) **변호인-의뢰인 특권**(Attorney−Client Privilege 또는 Legal Professional Privilege)이란 우리 현행법상 명문의 규정은 없지만, 미국, 영국 등 영미법계 국가에서 변호인과 의뢰인 사이에서 의뢰인이 법률자문을 받을 목적으로 비밀리에 이루어진 의사 교환에 대하여 의뢰인이 공개를 거부할 수 있는 특권을 말한다. 대상판결의 하급심에서는 이 특권을 받아들여(헌법 제12조 제4항에서 인정되는 변호인의 조력을 받을 권리 중 하나로서) **압수절차의 위법 여부와 관계없이** 이 특권에 의하여 범죄사실을 인정할 증거로 사용할 수 없다고 판시하였다(서울고법 2008노2778). 그러나 대상판결에서 대법원은 **현행법상 변호인-의뢰인 특권이 인정될 수 없음**을 다음과 같이 밝히고 있다. 「아직 수사나 공판 등 형사절차가 개시되지 아니하여 피의자 또는 피고인에 해당한다고 볼 수 없는 사람이 일상적 생활관계에서 변호사와 상담한 법률자문에 대하여도 변호인의 조력을 받을 권리의 내용으로서 그 비밀의 공개를 거부할 수 있는 의뢰인의 특권을 도출할 수 있다거나, 위 특권에 의하여 의뢰인의 동의가 없는 관련 압수물은 압수절차의 위법 여부와 관계없이 형사재판의 증거로 사용할 수 없다는 견해는 받아들일 수 없다고 하겠다. 원심이 이 사건 법률의견서의 증거능력을 부정하는 이유를 설시함에 있어 위와 같은 이른바 변호인−의뢰인 특권을 근거로 내세운 것은 적절하다고 할 수 없다」.

형사소송법 제314조가 '사망, 질병 기타 사유로 인하여 진술할 수 없는 때', 2007.6.1. 법률 제8496호로 개정되기 전의 구 형사소송법 제314조가 '사망, 질병, 외국거주 기타 사유로 인하여 진술할 수 없는 때'라고 각 규정한 것에 비하여 **현행 형사소송법은 그 예외사유의 범위를 더욱 엄격하게 제한**하고 있는데, 이는 **직접심리주의와 공판중심주의의 요소를 강화**하려는 취지가 반영된 것이다.

한편 형사소송법은 누구든지 자기 또는 친족 등이 형사소추 또는 공소제기를 당하거나 유죄판결을 받을 사실이 발로될 염려가 있는 증언을 거부할 수 있도록 하고(제148조), 또한 변호사, 변리사, 공증인, 공인회계사, 세무사, 대서업자, 의사, 한의사, 치과의사, 약사, 약종상, 조산사, 간호사, 종교의 직에 있는 자 또는 이러한 직에 있던 사람은 그 업무상 위탁을 받은 관계로 알게 된 사실로서 **타인의 비밀에 관한 것은 증언을 거부**할 수 있도록 규정하여(제149조 본문), 증인에게 일정한 사유가 있는 경우 증언을 거부할 수 있는 권리를 보장하고 있다. 위와 같은 현행 형사소송법 제314조의 문언과 개정 취지, 증언거부권 관련 규정의 내용 등에 비추어 보면, 법정에 출석한 증인이 형사소송법 제148조, 제149조 등에서 정한 바에 따라 **정당하게 '증언거부권을 행사'하여 증언을 거부한 경우는 형사소송법 제314조의 '그 밖에 이에 준하는 사유로 인하여 진술할 수 없는 때'에 해당하지 아니한다**고 할 것이다. 이 사건 법률의견서는 압수된 디지털 저장매체로부터 출력한 문건으로서 그 실질에 있어서 **형사소송법 제313조 제1항**에 규정된 '피고인 아닌 자가 작성한 진술서나 그 진술을 기재한 서류'에 해당한다고 할 것인데, 공판준비 또는 공판기일에서 그 작성자 또는 진술자인 **위 변호사의 진술에 의하여 그 성립의 진정함이 증명되지 아니하였으므로** 위 규정에 의하여 이 사건 법률의견서의 증거능력을 인정할 수는 없다.」.

●해설● **1 대상판결의 쟁점 : 제314조의 엄격화 경향**　　　(1) 대상판결은 증인이 법정에 출석하여 증언거부권을 행사한 경우 제314조에(**"그 밖에 이에 준하는 사유"**) 의하여 예외적으로 증거능력이 인정될 수 있는지 여부가 다투어졌다. 형사소송법 제314조의 적용상의 문제는 그 적용대상을 둘러싸고 피고인의 '반대신문권의 보장'과 '실체진실의 발견' 간에 갈등이 발생한다는 점에 있다(제314조는 '실체적 진실발견'의 요청에는 긍정적인 요소로 작용하지만, 피고인의 '반대신문권 보장'에는 부정적인 요소로 작용한다). 특히 본조의 '그 밖에 이에 준하는 사유'라는 포괄적이고 추상적인 사유를 확장해석하게 되면 피고인의 반대신문권을 부당하게 제한하는 결과가 된다. 대상판결은 바로 이러한 형사소송법 제314조의 적용범위와 관련하여 원진술자의 진술 없이도 '변호사의 법률의견서'의 증거능력이 인정될 수 있는가 하는 것이다(즉 변호사의 증언거부권의 행사를 형사소송법 제314조의 진술불능 사유로 보아 제314조의 적용에 의하여 법률의견서의 증거능력을 인정할 수 있는지 여부가 다투어진 사안이다). 사안에서 검사는 증인의 '증언거부권 행사'는 제314조 사유 중 "그 밖에 이에 준하는 사유" 포함되어 증거능력이 인정된다고 주장하였으나 대법원은 대상판결에서 종래의 입장을 변경하여 **'정당한'** 증언거부권의 행사는 제314조에 포함되지 않는다고 보아 증거능력을 부정하였다(제314조의 적용배제). 이유로는 ① 현행 형사소송법이 **직접심리주의와 공판중심주의**의 요소를 강화하고자 제314조의 예외사유의 범위를 더욱 **엄격하게 제한**하는 방향으로 본법을 개정[3]해오고 있는 점과 ② 제314조의 적용을 인정하게 되면 증인의 **증언거부권을 무력화**하는 결과를 초래하기에 소극설의 입장에서 증언거부권의 행사는 제314조에 해당되지 않는다고 판시하였다. (2) 근래 대

---

3) 형사소송법 제314조의 개정과정을 보면, '사망, 질병 기타 사유로 인하여 진술할 수 없는 때'가 1995. 12. 29. 개정된 법률 제5054호에서는 '**외국거주**'가 추가되어 '사망, 질병, 외국거주 기타 사유로 인하여 진술할 수 없는 때'로, 2007. 6. 1. 법률 제8496호로 개정된 현행 형사소송법에서는 '**소재불명**'을 추가하고 구법에서 '기타 사유'라고 규정하고 있던 것을 '**그 밖에 이에 준하는 사유**'로 개정하였다. 이러한 개정은 진술불능사유를 보다 구체화하거나, 전단에 열거된 전형적인 진술불능사유와 후단의 사유를 동등하게 평가받을 수 있도록 **엄격하게 하려는** 입법자의 의도로 해석할 수 있다(대상판결의 다수의견).

법원은 여기서 더 나아가 「수사기관에서 진술한 참고인이 법정에서 증언을 거부하여 피고인이 반대신문을 하지 못한 경우에는 **정당하게 증언거부권을 행사한 것이 아니라도, 피고인이 증인의 증언거부 상황을 초래하였다는 등의 특별한 사정이 없는 한** 형사소송법 제314조의 '그 밖에 이에 준하는 사유로 인하여 진술할 수 없는 때'에 해당하지 않는다」고 판시하고 있다(대판 2018도13945 전원합의체, Ref 2–16).

**2 제314조의 의의**     형사소송법 제314조는 제312조의 조서나 제313조의 서류 등의 '원진술자의 진술불능'으로 진정성립 등의 요건을 충족할 수 없는 경우를 대비한 **보충규정**이다. 즉 제314조는 공판준비 또는 공판기일에 진술을 요하는 자가 **사망 · 질병 · 외국거주 · 소재불명 그 밖에 이에 준하는 사유**로 인하여 진술할 수 없는 때에는 그 조서 및 그 밖의 서류를 증거로 할 수 있도록 규정하고 있다(이는 애초부터 원진술자에 대한 **'반대신문권'을 행사할 수 없는** 부득이한 사정을 전제로 하고 있다. 그리고 이러한 원진술자의 '진술불능사유'가 원진술자에 의한 '진정 성립을 대체'하고 있는 것이다). 이는 전문법칙의 예외의 전형적인 경우를 규정한 것으로 **실체진실발견과 소송경제**를 고려한 것이다. 너무 엄격하게 제312조와 제313조의 원칙을 고수하게 되면 진실발견에 대한 우려가 있으므로 **필요성**과 **신용성의 정황적 보장**이 인정되면 원진술자가 법정에서 성립의 진정이나 내용의 인정을 할 수 없는 때에도 증거능력을 부여하고자 한 것이다. 즉 제312조와 제313조는 그 자체가 전문법칙의 예외를 규정한 것인데, 제314조는 여기서 더 나아가 완화된 요건으로서 예외를 인정하고 있다(**'예외에 대한 예외'**의 인정). 이는 전형적인 영미법상 전문법칙의 예외규정에 해당한다.

**3 제314조의 적용범위**        (1) 당해 피고인은 반대신문권의 주체이지 그 대상이 아니며 피고인의 출석 없이는 원칙적으로 공판이 개정되지 아니하므로, 제312조 제1항 · 제3항의 피의자신문조서 및 제313조 제1항의 피고인 진술서 · 진술기재서류에 대해서는 제314조가 적용되지 않는다. 따라서 사법경찰관 작성 **피의자신문조서**는 공범자(필요적 공범 및 양벌규정의 적용대상인 법인과 자연인 포함)에 대한 조서라 하더라도 제314조의 적용대상이 아니다(대판 2003도7185 전원합의체, Ref 1.1–1). (2) 다만 **공범자 아닌 공동피고인**에 대한 사법경찰관 작성 피의자신문조서는 제312조 제4항이 적용되므로 제314조의 적용대상이 된다. (3) **참고인진술조서 · 참고인진술서**는 제314조의 적용대상에 해당된다. (4) 외국 수사기관 작성 참고인진술조서도 제314조의 적용대상에 해당된다(대판 97도1351, Ref 1–3).

**4 제314조의 증거능력 인정요건(필요성 + 특신상태)**        형사소송법 제314조에 의하면, 제312조의 조서나 제313조의 서류 등을 증거로 하기 위해서는, 「첫째로 진술을 요할 자가 **사망, 질병, 외국거주 기타 사유**로 인하여 공판준비 또는 공판기일에 진술할 수 없는 경우이어야 하고(**필요성**), 둘째로 그 진술 또는 서류의 작성이 '특히 신빙할 수 있는 상태' 하에서 행하여진 것이어야 한다(**신용성의 정황적 보장)**」(대판 2004도3619, Ref 2–1). 즉 제314조는 원진술자가 공판정에 출석하여 성립의 진정을 할 수 없는 경우(진술불능사유)에 실체적 진실발견의 **필요성**을 고려하여 **특신상태**만 인정되면 증거능력을 부여하고 있다. 특히 제314조는 제312조와 제313조의 요건 중 **'반대신문의 기회'를 갖추지 못한 전문서류**의 경우에도 (반대신문에 대신할 만한 외부적 정황 하에서) 그 증거능력을 인정할 수 있도록 하였다. 여기서 **'특히 신빙할 수 있는 상태'** 하에서 행하여진 때라 함은 「그 진술내용이나 조서 또는 서류의 작성에 허위개입의 여지가 거의 없고 그 진술내용의 신빙성이나 임의성을 담보할 구체적이고 외부적인 정황이 있는 경우를 가리킨다」(대판 99도3786)('특신상태'는 증거능력과 관련된 개념이므로 '증명력'과는 구별됨에 주의를 요한다. '……작성에

허위 개입의 여지가 거의 없고 그 진술 내용의 신빙성이나 임의성을 담보할 구체적이고 외부적인 정황'에서의 신빙성은 객관적으로 판단할 수 있는 외부적인 정황을 가리키는 것이다. 요컨대 제3자의 시각으로 관찰하여 외부적으로 드러나 보이거나 느낄 수 있는 정황만으로 판단 가능한 자료가 외부적 정황이다. 따라서 유죄라는 심증을 형성케하는 신빙성, 다시 말해 증명력과는 다른 차원이다).

5 **제314조에서의 '필요성' 요건의 구체적 내용**　　　형사소송법 제314조는 전문법칙의 **'예외에 대한 예외'**를 인정한 경우이므로 판례는 이를 **'엄격'**하게 해석한다.[4] 따라서 '필요성의 요건'(공판준비 또는 공판기일에 진술을 요하는 자가 **사망 · 질병 · 외국거주 · 소재불명 그 밖에 이에 준하는 사유**로 인하여 진술할 수 없을 때)과 관련하여 「(가) **'질병'**에 대해서는 공판이 계속되는 기간 동안 임상신문이나 출장신문도 불가능할 정도의 **중병**임을 요한다고 하였고, (나) **'외국거주'**에 대해서는 원진술자가 외국에 있다는 사정만으로는 부족하고, 공판정에 출석시켜 진술하게 할 모든 수단을 강구하는 등 **가능하고 상당한 수단을 다하더라도** 진술을 요할 자를 법정에 출석하게 할 수 없는 사정이 있어야 하며, 해당 국가와 국제형사사법공조조약이 체결된 상태라면 우선 사법공조의 절차에 의하여 증인을 소환할 수 있는지를 검토해야 하고, 소환을 할 수 없는 경우라도 외국의 법원에 사법공조로 증인신문을 실시하도록 요청하는 등의 절차까지 거쳐야 한다고 보았다. 그리고 (다) **'소재불명'**에 해당하려면 소환장이 송달불능되었다는 것만으로는 부족하고, 소재탐지촉탁까지 하여 소재수사를 하였는데도 그 소재를 확인할 수 없어야 한다」고 하여 **엄격한 기준**을 제시하고 있다(대판 2009도6788 전원합의체). 그리고 「**'기타 사유'**는 (가) 사망 또는 질병에 준하여 증인으로 소환될 당시부터 **기억력이나 분별력의 상실 상태**에 있다거나 …… (나) 증인소환장을 송달받고 출석하지 아니하여 구인을 명하였으나 **끝내 구인의 집행이 되지 아니하는** 등으로 진술을 요할 자가 공판준비 또는 공판기일에 진술할 수 없는 예외적인 사유가 있어야 한다」(대판 2004도3619, Ref 2−1). 원진술자가 법정에 출석하여 진술할 수 없는 사유는 실제 사안에서는 다양하게 나타난다.

## Reference 1

### * 제314조의 적용범위 *

1−1 [대판 2003도7185 전원합의체] [**피고인과 '공범관계'에 있는 다른 피의자**에 대한 사법경찰관리 작성의 피의자신문조서의 증거능력 및 **형사소송법 제314조의 적용 여부(소극)**] 형사소송법 제312조 제2항은 검사 이외의 수사기관이 작성한 당해 피고인에 대한 피의자신문조서를 유죄의 증거로 하는 경우뿐만 아니라 검사 이외의 수사기관이 작성한 당해 피고인과 공범관계에 있는 다른 피고인이나 피의자에 대한 피의자신문조서를 당해 피고인에 대한 유죄의 증거로 채택할 경우에도 적용되는바, **당해 피고인과 공범관계가 있는 다른 피의자에 대한 검사 이외의 수사기관 작성의 피의자신문조서**는 그 피의자의 법정진술에 의하여 그 성립의 진정이 인정되더라도 당해 피고인이 공판기일에서 그 조서의 내용을 부인하면 증거능력이 부정되므로 그 당연한 결과로 그 피의자신문조서에 대하여는 사망 등 사유로 인하여 법정에서 진술할 수 없는 때에 예외적

---

4) 직접주의와 전문법칙의 예외를 정한 「형사소송법 제314조의 요건 충족 여부는 엄격히 심사하여야 하고, 전문증거의 증거능력을 갖추기 위한 요건에 관한 **증명책임은 검사**에게 있으므로, 법원이 증인이 소재불명이거나 그 밖에 이에 준하는 사유로 인하여 진술할 수 없는 때에 해당한다고 인정할 수 있으려면, 증인의 법정 출석을 위한 가능하고도 충분한 노력을 다하였음에도 불구하고 **부득이 증인의 법정 출석이 불가능하게 되었다는 사정을 검사가 증명**한 경우여야 한다」(대판 2013도1435).

으로 증거능력을 인정하는 규정인 **형사소송법 제314조가 적용되지 아니한다.**

　1-2 [대판 2016도9367] [양벌규정의 종업원과 사업주인 피고인 중에서 **망인인 종업원**에 대한 경찰 피의자신문조서에 대하여 법 제314에 기초하여 증거능력을 인정할 수 있는지 여부(소극)] [1] 해당 피고인과 공범관계가 있는 다른 피의자에 대하여 검사 이외의 수사기관이 작성한 피의자신문조서는 그 피의자의 법정진술에 의하여 성립의 진정이 인정되는 등 형사소송법 제312조 제4항의 요건을 갖춘 경우라도 해당 피고인이 공판기일에서 그 조서의 **내용을 부인한 이상 이를 유죄 인정의 증거로 사용할 수 없고,** 그 당연한 결과로 위 피의자신문조서에 대하여는 사망 등 사유로 인하여 법정에서 진술할 수 없는 때에 예외적으로 증거능력을 인정하는 규정인 형사소송법 제314조가 적용되지 아니한다. [2] 그리고 이러한 법리는 공동정범이나 교사범, 방조범 등 공범관계에 있는 자들 사이에서뿐만 아니라, 법인의 대표자나 법인 또는 개인의 대리인, 사용인, 그 밖의 종업원 등 행위자의 위반행위에 대하여 행위자가 아닌 법인 또는 개인이 양벌규정에 따라 기소된 경우, 이러한 법인 또는 개인과 행위자 사이의 관계에서도 마찬가지로 적용된다고 보아야 한다. …… 무릇 양벌규정은 법인의 대표자나 법인 또는 개인의 대리인, 사용인, 그 밖의 종업원 등 행위자가 법규위반행위를 저지른 경우, 일정 요건 하에 이를 행위자가 아닌 법인 또는 개인이 직접 법규위반행위를 저지른 것으로 평가하여 행위자와 같이 처벌하도록 규정한 것으로서, 이때의 법인 또는 개인의 처벌은 행위자의 처벌에 종속되는 것이 아니라 법인 또는 개인의 직접책임 내지 자기책임에 기초하는 것이기는 하다. 그러나 **양벌규정에 따라 처벌되는 행위자와 행위자가 아닌 법인 또는 개인 간의 관계는,** 행위자가 저지른 법규위반행위가 사업주의 법규위반행위와 사실관계가 동일하거나 적어도 중요 부분을 공유한다는 점에서 내용상 불가분적 관련성을 지닌다고 보아야 하고, 따라서 **형법 총칙의 '공범관계' 등과 마찬가지로** 인권보장적인 요청에 따라 **형사소송법 제312조 제3항이 이들 사이에서도 적용된다고** 보는 것이 타당하다.

　2 [대판 98도2742] [적법한 절차와 방식에 따라 작성된 조서가 아닌 경우와 제314조] 외국에 거주하는 참고인과의 전화 대화내용을 문답형식으로 기재한 검찰주사보 작성의 수사보고서는 전문증거로서 형사소송법 제310조의2에 의하여 제311조 내지 제316조에 규정된 것 이외에는 이를 증거로 삼을 수 없는 것인데, 위 수사보고서는 제311조, 제312조, 제315조, 제316조의 적용대상이 되지 아니함이 분명하므로, 결국 제313조의 진술을 기재한 서류에 해당하여야만 제314조의 적용 여부가 문제될 것인바, 제313조가 적용되기 위하여는 그 진술을 기재한 서류에 **그 진술자의 서명 또는 날인이 있어야 한다.**

　3 [대판 97도1351] [**외국의 권한 있는 수사기관 등이 작성한 조서나 서류의 증거능력**] [1] 형사소송법 제312조 소정의 조서나 같은 법 제313조 소정의 서류 등은 원진술자가 사망, 질병 기타 사유로 인하여 공판정에 출석하여 진술을 할 수 없고, 그 진술 또는 서류의 작성이 특히 신빙할 수 있는 상태 하에서 행하여진 경우에는 원진술자의 진술 없이도 형사소송법 제314조에 의하여 이를 유죄의 증거로 삼을 수 있는 것인바, 여기서 형사소송법 제312조 소정의 조서나 같은 법 **제313조 소정의 서류를 반드시 우리나라의 권한 있는 수사기관 등이 작성한 조서 및 서류에만 한정하여 볼 것은 아니고, 외국의 권한 있는 수사기관 등이 작성한 조서나 서류도 같은 법 제314조 소정의 요건을 모두 갖춘 것이라면 이를 유죄의 증거로 삼을 수 있다.** [2] 범행 직후 미합중국 주검찰 수사관이 작성한 피해자 및 공범에 대한 질문서(interrogatory)와 우리나라 법원의 형사사법공조요청에 따라 미합중국 법원의 지명을 받은 수명자(**미합중국 검사**)가 작성한 '**피해자 및 공범**'에 대한 **증언녹취서**(deposition)는 이를 형사소송법 제315조 소정의 당연히 증거능력이 인정되는 서류로는 볼 수 없다고 하더라도, 같은 법 제312조 또는 제313조에 해당하는 조서 또는 서류로서 그 원진술자가 공판기일

에서 진술을 할 수 없는 때에 해당하고, 그 각 진술 내용이나 조서 또는 서류의 작성에 허위 개입의 여지가 거의 없으며 그 진술 내용의 신빙성이나 임의성을 담보할 구체적이고 외부적인 정황이 있다고 할 것이어서 그 진술 또는 서류의 작성이 특히 신빙할 수 있는 상태 하에서 행하여진 것이라고 보기에 충분하므로, **형사소송법 제314조의 규정에 의하여 그 증거능력을 인정**할 수 있다.

## *Reference 2*

### * 제314조의 '필요성'요건 *

#### * (1) 제314조의 '질병'으로 인해 진술할 수 없는 경우인지 여부 *

1 [대판 2004도3619] [1] 형사소송법 제314조에 의하면, 같은 법 제312조 소정의 조서나 같은 법 제313조 소정의 서류 등을 증거로 하기 위해서는, 첫째로 진술을 요할 자가 사망, 질병, 외국거주 기타 사유로 인하여 공판준비 또는 공판기일에 진술할 수 없는 경우이어야 하고('**필요성의 요건**'), 둘째로 그 진술 또는 서류의 작성이 특히 신빙할 수 있는 상태 하에서 행하여진 것이어야 한다('**신용성 정황적 보장의 요건**'). 위 필요성의 요건 중 '질병'은 진술을 요할 자가 공판이 계속되는 동안 **임상신문이나 출장신문도 불가능할 정도의 '중병'임을 요한다**고 할 것이고, '**기타 사유**'는 사망 또는 질병에 준하여 증인으로 (가) **소환될 당시부터** 기억력이나 분별력의 **상실 상태에 있다거나** …… (나) **증인소환장을 송달받고 출석하지 아니하여 구인을 명하였으나 끝내 구인의 집행이 되지 아니하는** 등으로 진술을 요할 자가 공판준비 또는 공판기일에 진술할 수 없는 예외적인 사유가 있어야 한다. [2] 만 5세 무렵에 당한 성추행으로 인하여 '**외상 후 스트레스 증후군**'을 앓고 있다는 등의 이유로 공판정에 출석하지 아니한 **약 10세 남짓의 성추행 피해자**에 대한 진술조서가 형사소송법 제314조에 정한 **필요성의 요건과 신용성 정황적 보장의 요건을 모두 갖추지 못하여 증거능력이 없다고 본 원심의 판단을 수긍한** 사례.

2 [대판 99도202] 검사 및 사법경찰리가 작성한 X에 대한 각 진술조서의 증거능력에 관하여는 제1심법원이 그를 증인으로 채택, 수회에 걸쳐 소환장과 구인영장을 발부하여 그가 소환장을 직접 받은 적도 있었으나, (가) **중풍, 언어장애 등 장애등급 3급 5호의 장애**로 인하여 법정에 출석할 수 없었던 것이고, (나) 그 후 신병을 치료하기 위하여 속초로 간 후에는 그에 대한 **소재탐지가 불가능**하게 된 사실이 인정되므로, 이러한 경우에는 형사소송법 제314조 소정의 공판기일에 진술을 요할 자가 **질병 기타 사유로 인하여 진술할 수 없는 때에 해당한다.**

3 [대판 91도2281] 공판기일에 진술을 요하는 자가 **노인성 치매로 인한 기억력 장애** 등으로 진술할 수 없는 상태에 있어 형사소송법 제314조에 의하여 동인의 진술조서 등에 증거능력이 인정된 사례.

#### * (2) 제314조의 '외국거주'로 인해 진술할 수 없는 경우인지 여부 *

4-1 [대판 2015도17115] [형사소송법 제314조에 의하여 증거능력이 인정되기 위한 요건 중 '외국거주'의 의미/ 진술을 요하는 자가 외국에 거주하고 있어 공판정 출석을 거부하면서 출석할 수 없는 사정을 밝히고 있으나, **거주하는 외국의 주소나 연락처 등이 파악되고 해당 국가와 대한민국 간에 국제형사사법공조조약이 체결된 상태인 경우**, 형사소송법 제314조 적용을 위하여 법원이 취해야 할 절차] [1] **형사소송법 제314조에서**

'외국거주'란 (가) 진술을 요하는 자가 **외국에 있다는 것만으로는 부족하고,** (나) 수사 과정에서 수사기관이 진술을 청취하면서 진술자의 외국거주 여부와 장래 출국 가능성을 확인하고, 만일 진술자의 거주지가 외국이거나 그가 가까운 장래에 출국하여 장기간 외국에 체류하는 등의 사정으로 향후 공판정에 출석하여 진술을 할 수 없는 경우가 발생할 개연성이 있다면 진술자의 외국 연락처를, 일시 귀국할 예정이 있다면 귀국 시기와 귀국 시 체류 장소와 연락 방법 등을 사전에 미리 확인하고, 진술자에게 공판정 진술을 하기 전에는 출국을 미루거나, 출국한 후라도 공판 진행 상황에 따라 일시 귀국하여 공판정에 출석하여 진술하게끔 하는 방안을 확보하여 진술자가 공판정에 출석하여 진술할 기회를 충분히 제공하며, 그 밖에 그를 공판정에 출석시켜 진술하게 할 모든 수단을 강구하는 등 **가능하고 상당한 수단을 다하더라도** 진술을 요할 자를 법정에 출석하게 할 수 없는 사정이 있어야 **예외적으로 적용이 있다.** [2] 나아가 진술을 요하는 자가 외국에 거주하고 있어 공판정 출석을 거부하면서 공판정에 출석할 수 없는 사정을 밝히고 있더라도 (가) **증언 자체를 거부하는 의사가 분명한 경우가 아닌 한** (나) 거주하는 외국의 주소나 연락처 등이 파악되고, (다) 해당 국가와 대한민국 간에 **국제형사사법공조조약이 체결된 상태라면** 우선 (라) 사법공조의 절차에 의하여 증인을 소환할 수 있는지를 검토해 보아야 하고, (마) 소환을 할 수 없는 경우라도 외국의 법원에 사법공조로 증인신문을 실시하도록 요청하는 등의 **절차를 거쳐야** 하고, (바) 이러한 절차를 전혀 시도해 보지도 아니한 것은 가능하고 상당한 수단을 다하더라도 진술을 요하는 자를 법정에 출석하게 할 수 없는 사정이 있는 때에 해당한다고 보기 어렵다.

4-2 [대판 2007도10004] [구 형사소송법 제314조에 따라 예외적으로 증거능력을 인정하기 위한 요건 중 '외국거주'의 의미와 그 판단 방법] 구 형사소송법(2007. 6. 1. 법률 제8461호로 개정되기 전의 것) 제314조에 따라 같은 법 제312조의 조서나 같은 법 제313조의 진술서, 서류 등을 증거로 하기 위하여는 '진술을 요할 자가 사망·질병·외국거주 기타 사유로 인하여 공판정에 출석하여 진술을 할 수 없는 경우'이어야 하고, '그 진술 또는 서류의 작성이 특히 신빙할 수 있는 상태하에서 행하여진 것'이라야 한다는 두 가지 요건이 갖추어져야 할 것인바, 첫째 요건과 관련하여 '외국거주'라 함은 진술을 요할 자가 외국에 있다는 것만으로는 부족하고, 수사 과정에서 수사기관이 그 진술을 청취하면서 그 진술자의 외국거주 여부와 장래 출국 가능성을 확인하고 만일 그 진술자의 거주지가 외국이거나 그가 가까운 장래에 출국하여 장기간 외국에 체류하는 등의 사정으로 향후 공판정에 출석하여 진술을 할 수 없는 경우가 발생할 개연성이 있다면 그 진술자의 외국 연락처를, 일시 귀국할 예정이 있다면 그 귀국 시기와 귀국시 체류 장소와 연락 방법 등을 사전에 미리 확인하고 그 진술자에게 공판정 진술을 하기 전에는 출국을 미루거나, 출국한 후라도 공판 진행 상황에 따라 일시 귀국하여 공판정에 출석하여 진술하게끔 하는 방안을 확보하여 그 진술자로 하여금 공판정에 출석하여 진술할 기회를 충분히 제공하며, 그 밖에 그를 공판정에 출석시켜 진술하게 할 **모든 수단을 강구하는 등 가능하고 상당한 수단을 다하더라도** 그 진술을 요할 자를 법정에 출석하게 할 수 없는 사정이 있어야 예외적으로 그 요건이 충족된다.

5 [헌재 2004헌바45] [진술을 요할 자가 외국거주로 인하여 진술할 수 없는 경우에 예외적으로 전문증거의 증거능력을 인정하는 **형사소송법 제314조 중 '외국거주'에 관한 부분**이 명확성원칙에 위배되는지 여부(소극)] 이 사건 법률조항의 외국거주의 의미에 대하여 형사소송법에서 아무런 정의규정을 두고 있지 않다. 그러나 이 사건 법률조항의 외국거주의 의미는 일상적으로 많이 사용되는 언어로서 일반인도 그 의미를 쉽게 알 수 있을 뿐만 아니라 형사소송법 제314조의 취지와 규정에 비추어 보면 이 사건 법률조항의 외국거주는 외국거주가 장기화하여 공판이 계속되는 동안 귀국할 가망이 없는 경우만을 뜻한다는 것을 알 수 있

다. 또한 대법원도 이러한 취지에서 **"외국거주라고 함은 진술을 요할 자가 외국에 있다는 것만으로는 부족하고, 가능하고 상당한 수단을 다하더라도 그 진술을 요할 자를 법정에 출석하게 할 수 없는 사정이 있어야"**한다고 판시하고 있다. 따라서 이 사건 법률조항은 보통의 상식을 가진 일반인이라면 그 의미를 충분히 알 수 있고, 법관의 보충적인 가치판단을 통해서 그 의미내용을 확인할 수 있을 뿐만 아니라 그러한 보충적 해석이 해석자의 개인적인 취향에 따라 좌우될 가능성이 없으므로 **명확성의 원칙에 반하지 않는다.**

6 [대판 2004도5561] A를 증인으로 채택하여 (가) 국내의 주소지 등으로 소환하였으나 소환장이 송달불능되었고, (나) A가 2003.5.16. 미국으로 출국하여 그곳에 거주하고 있음이 밝혀지자 다시 미국 내 주소지로 증인소환장을 발송하였으나, A가 제1심법원에 **경위서를 제출하면서 장기간 귀국할 수 없음을 통보**하였는바, A에 대한 특별검사 및 검사 작성의 각 진술조서와 A가 작성한 각 진술서는 증인이 외국거주 등 사유로 인하여 **법정에서의 신문이 불가능한 상태의 경우에 해당된다**고 할 것이다.

7 [대판 2001도5666] [진술을 요할 자가 외국에 거주하고 있고 검찰이 그 소재를 확인하여 소환장을 발송하는 등의 절차를 거치지 않은 경우] [1] 형사소송법 제314조에 의하여 같은 법 제312조의 조서나 같은 법 제313조의 진술서, 서류 등을 증거로 하기 위하여는 진술을 요할 자가 사망, 질병, 외국거주 기타 사유로 인하여 공판정에 출석하여 진술을 할 수 없는 경우이어야 하고, 그 진술 또는 서류의 작성이 특히 신빙할 수 있는 상태 하에서 행하여진 것이라야 한다는 두 가지 요건이 갖추어져야 할 것인바, 첫째 요건과 관련하여 '외국거주'라고 함은 (가) 진술을 요할 자가 외국에 있다는 것만으로는 부족하고, (나) 가능하고 상당한 수단을 다하더라도 그 진술을 요할 자를 법정에 출석하게 할 수 없는 사정이 있어야 **예외적으로 그 적용이 있다고 할 것**인데, (다) 통상적으로 그 요건의 충족 여부는 소재의 확인, 소환장의 발송과 같은 절차를 거쳐 확정되는 것이기는 하지만 항상 그와 같은 절차를 거쳐야만 위 요건이 충족될 수 있는 것은 아니고, (라) **경우에 따라서는 비록 그와 같은 절차를 거치지 않더라도** 법원이 그 진술을 요할 자를 법정에서 신문할 것을 기대하기 어려운 사정이 있다고 인정할 수 있다면, 이로써 그 요건은 충족된다고 보아야 한다. [2] 갑은 차량공급업체 선정과 관련한 「특정범죄가중처벌 등에 관한 법률」위반(알선수재) **혐의로 수사를 받던 중 미국으로 '불법도피'하여 그 곳에 거주하고 있고, 이러한 갑에 대하여 그 소재를 확인하여 소환장을 발송한다고 하더라도 갑이 법정에 증인으로 출석할 것을 기대하기는 어렵다고 할 것이므로,** 갑이 미국에 거주하고 있는 사실이 확인된 후 검찰이 갑의 미국 내 소재를 확인하여 **증인소환장을 발송하는 등의 조치를 다하지 않았다고 하더라도** 위 첫 번째 요건은 충족이 되었다고 할 것이고, 또 기록을 살펴보면 갑의 검찰에서의 각 진술은 특히 신빙할 수 있는 상태 하에서 행하여진 것으로 인정되어 그 두 번째 요건도 충족이 되었다고 할 것이므로, 원심이 형사소송법 제314조에 의하여 검사가 작성한 갑에 대한 피의자신문조서 및 진술조서의 각 증거능력을 인정하여 이들 조서를 유죄의 증거로 채택하였음에 아무런 위법이 없다.

8 [대판 97도1351] [1] [**외국의 권한 있는 수사기관 등이 작성한 조서나 서류의 증거능력**] 형사소송법 제312조 소정의 조서나 같은 법 제313조 소정의 서류 등은 원진술자가 사망, 질병 기타 사유로 인하여 공판정에 출석하여 진술을 할 수 없고, 그 진술 또는 서류의 작성이 특히 신빙할 수 있는 상태 하에서 행하여진 경우에는 원진술자의 진술 없이도 형사소송법 제314조에 의하여 이를 유죄의 증거로 삼을 수 있는 것인바, 여기서 형사소송법 제312조 소정의 조서나 같은 법 제313조 소정의 서류를 반드시 우리나라의 권한 있는 수사기관 등이 작성한 조서 및 서류에만 한정하여 볼 것은 아니고, **외국의 권한 있는 수사기관 등이 작성한**

조서나 서류도 같은 법 제314조 소정의 요건을 모두 갖춘 것이라면 이를 유죄의 증거로 삼을 수 있다. [2] **[미합중국 주검찰 수사관이 작성한 질문서와 형사사법공조요청에 따라 미합중국 법원의 지명을 받은 수명자가 작성한 증언녹취서의 증거능력을 인정한 사례]** (가) 범행 직후 미합중국 주검찰 수사관이 작성한 피해자 및 공범에 대한 질문서(interrogatory)와 우리나라 법원의 형사사법공조요청에 따라 미합중국 법원의 지명을 받은 수명자(미합중국 검사)가 작성한 피해자 및 공범에 대한 증언녹취서(deposition)는 이를 형사소송법 제315조 소정의 당연히 증거능력이 인정되는 서류로는 볼 수 없다고 하더라도, **(나) 같은 법 제312조 또는 제313조에 해당하는 조서 또는 서류로서** 그 원진술자가 공판기일에서 진술을 할 수 없는 때에 해당하고, 그 각 진술 내용이나 조서 또는 서류의 작성에 허위 개입의 여지가 거의 없으며 그 진술 내용의 신빙성이나 임의성을 담보할 구체적이고 외부적인 정황이 있다고 할 것이어서 그 진술 또는 서류의 작성이 특히 신빙할 수 있는 상태 하에서 행하여진 것이라고 보기에 충분하므로, **형사소송법 제314조의 규정에 의하여 그 증거능력을 인정할 수 있다.**

## * (3) 제314조의 '소재불명'로 인해 진술할 수 없는 경우인지 여부 *

9 **[대판 2013도5001]** [형사소송법 제314조에 의한 증거능력 인정 요건 중 '증인이 **소재불명이거나 그 밖에 이에 준하는 사유**로 인하여 진술할 수 없는 때'에 해당한다고 인정하기 위한 요건] [1] 직접주의와 전문법칙의 예외를 정한 형사소송법 제314조의 요건 충족 여부는 엄격히 심사하여야 하고, **전문증거의 증거능력을 갖추기 위한 요건에 관한 입증책임은 검사에게 있는 것**이므로, 법원이 증인이 소재불명이거나 그 밖에 이에 준하는 사유로 인하여 진술할 수 없는 때에 해당한다고 인정할 수 있으려면 증인의 법정 출석을 위한 **가능하고도 충분한 노력**을 다하였음에도 부득이 증인의 법정 출석이 불가능하게 되었다는 사정을 '검사'가 입증한 경우이어야 한다. [2] 원심이 유지한 제1심은, 피고인이 갑의 고소장이나 그의 진술을 담은 수사기관에서의 조서들을 증거로 함에 동의하지 아니하자 갑을 증인으로 채택하였으나 그에 대한 **증인소환장이 송달되지 아니함에 따라** 검사의 **주소보정, 소재탐지촉탁** 등을 거쳐 제6회 공판기일에서 형사소송법 제314조를 근거로 위 고소장과 조서들을 증거로 채택·조사한 다음, 그 중 피고인에 대한 검찰 피의자신문조서 중 갑의 진술기재부분과 갑에 대한 경찰 진술조서 등을 증거로 삼아 이 사건 공소사실을 유죄로 인정하였음을 알 수 있다. 그러나 갑은 그에 대한 제1심법원의 증인소환장이 송달되지 아니하던 때인 제1심 제4회 공판기일의 며칠 전에 제1심법원에 전화를 걸어 공판기일을 통지받으면서 증인으로 **출석할 의사가 있음을 밝혔고** 그와 같은 내용의 전화통화결과보고가 제1심 소송기록에 편철되었으며 한편 갑의 휴대전화번호들이 수사기록에 기재되어 있었음에도, 이후 검사는 직접 또는 경찰을 통하여 수사기록에 나타난 갑의 휴대전화번호들로 갑에게 연락하여 법정 출석의사가 있는지를 확인하는 등의 방법으로 갑의 법정 출석을 위하여 상당한 노력을 기울였다는 자료는 보이지 아니한다. 이러한 사정을 앞서 본 법리에 비추어 보면 증인인 갑의 법정 출석을 위한 **가능하고도 충분한 노력을 다하였음에도 부득이 갑의 법정 출석이 불가능하게 되었다는 사정을 '검사'가 입증**한 경우라고 볼 수 없으므로, 갑의 고소장이나 그의 수사기관에서의 진술을 담은 조서들은 형사소송법 제314조의 요건을 갖추지 못하여 증거능력이 없다고 할 것이다.

10 **[대판 2013도1435]** 제1심법원이 증인 甲의 주소지에 송달한 증인소환장이 송달되지 아니하자 甲에 대한 소재탐지를 촉탁하여 소재탐지 불능 보고서를 제출받은 다음 甲이 '소재불명'인 경우에 해당한다고 보아 甲에 대한 경찰 및 검찰 진술조서를 증거로 채택한 사안에서, **검사가 제출한 증인신청서에 휴대전화번호가 기재되어 있고,** 수사기록 중 甲에 대한 **경찰 진술조서에는 집 전화번호도 기재되어 있으며,** 그 이후 작성

된 검찰 진술조서에는 위 휴대전화번호와 **다른 휴대전화번호가 기재**되어 있는데도, 검사가 **직접 또는 경찰을 통하여** 위 각 전화번호로 甲에게 연락하여 법정 출석의사가 있는지 확인하는 등의 방법으로 **甲의 법정 출석을 위하여 상당한 노력을 기울였다는 자료가 보이지 않는 사정에 비추어**, 甲의 법정 출석을 위한 가능하고도 충분한 노력을 다하였음에도 부득이 甲의 법정 출석이 불가능하게 되었다는 사정이 증명된 경우라고 볼 수 없어 형사소송법 제314조의 '소재불명 그 밖에 이에 준하는 사유로 인하여 진술할 수 없는 때'에 해당한다고 인정할 수 없다.

**11-1 [대판 2010도2602]** 형사소송법 제314조에 의하여 같은 법 제312조의 조서나 같은 법 제313조의 진술서, 서류 등을 증거로 하기 위하여는 (가) 공판기일에 진술을 요하는 자가 사망·질병·외국거주·소재불명, 그 밖에 이에 준하는 사유로 인하여 공판정에 출석하여 진술을 할 수 없는 경우이어야 하고, (나) 그 진술 또는 서류의 작성이 특히 신빙할 수 있는 상태 하에서 행하여진 것이어야 한다는 **두 가지 요건**을 갖추어야 한다. 여기서 '공판기일에 진술을 요하는 자가 소재불명, 그 밖에 이에 준하는 사유로 인하여 진술할 수 없는 때'라고 함은 소환장이 주소불명 등으로 송달불능이 되어 소재탐지촉탁까지 하여 **소재수사를 하였는데도 그 소재를 확인할 수 없는 경우**라야 이에 해당하고, **단지 소환장이 주소불명 등으로 송달불능되었다는 것만으로는** 이에 해당한다고 보기에 부족하다고 할 것이다.

**11-2 [비교판례] [대판 2005도2654]** 법원이 수회에 걸쳐 진술을 요할 자에 대한 (가) **증인소환장이 송달되지 아니하여 그 '소재탐지촉탁'까지** 하였으나 그 소재를 알지 못하게 된 경우 또는 (나) 진술을 요할 자가 일정한 주거를 가지고 있더라도 법원의 소환에 계속 불응하고 구인하여도 **구인장이 집행되지 아니하는** 등 법정에서의 신문이 불가능한 상태의 경우에는 형사소송법 제314조 소정의 "공판정에 출정하여 진술을 할 수 없는 때"에 해당한다고 할 것이다. **cf)** '송달불능'과 소재수사에 의한 '구인불능'까지 된 점에 위 판례(2010도2602)와 차이가 있다.

**12 [대판 2003도171]** [공판기일에 진술을 요할 자에 대한 소재수사 결과 그 소재를 확인할 수 없는 경우가 형사소송법 제314조가 규정하고 있는 '기타 사유로 인하여 진술할 수 없는 때'에 포함되는지 여부(적극)] 형사소송법 제314조에서 말하는 '공판준비 또는 공판기일에 진술을 요할 자가 사망, 질병 기타 사유로 인하여 진술할 수 없을 때'라고 함은 소환장이 주소불명 등으로 송달불능이 되어 **소재탐지촉탁**까지 하여 소재수사를 하였어도 그 소재를 확인할 수 없는 경우도 이에 포함된다고 할 것이다.

**13 [대판 98도1923]** 증인에 대한 소환장이 송달불능되어 수회에 걸쳐 그 소재탐지촉탁을 하였으나 그 소재를 알지 못하게 된 이상, 이는 형사소송법 제314조 소정의 '진술을 요할 자가 사망, 질병 기타 사유로 인하여 공판정에 출정하여 진술을 할 수가 없는 때'에 해당한다고 할 것이고, 증인 등이 **수사기관에서의 진술 당시 일정한 주거가 없이 거처를 자주 옮겨 다니는 형편**이었음에도 불구하고, 수사기관이 추후 공판정에서 증인의 진술을 요할 경우를 대비하여 그 소재를 알 수 있는 방법을 강구하지 않았거나, 진술조서에 실제 거주지가 아닌 주민등록지를 주소지로 기재하였다고 하더라도 달리 볼 것이 아니다.

**14 [대판 85도2788]** 법원이 증인으로 채택, 소환하였으나 계속 불출석하여 3회에 걸쳐 구인영장을 발부하였으나 가출하여 소재불명이라는 이유로 집행되지 아니하였다면 이러한 경우는 형사소송법 제314조의 공판기일에 진술을 요할 자가 기타 사유로 인하여 진술할 수 없는 때에 해당한다.

15-1 [대판 79도1002] 증인의 주소지가 아닌 곳으로 소환장을 보내 송달불능이 되자 그 곳을 중심한 소재탐지 끝에 소재불능회보를 받은 경우에는 형사소송법 제314조에서 말하는 원진술자가 공판정에서 진술할 수 없는 때라고 할 수 없다.

15-2 [대판 73도2124] 그저 1심에서의 소재탐지보고서에 경찰관파출소 관내에 없다는 성동구 금호동 4가 1290에 소환함에 그칠 것이 아니라 이 사건 약속어음에 그의 주소로 기재되고 또 그것이 기록상(수사기록 59면) 용이하게 알 수 있는 장소인 성북구 미아동 503의 12(상고 후에 안 것이지만 여기에 주민등록이 되어 있었으며 그 후 이사 간 곳도 알 수 있었다)에 소환 또는 소재탐지를 하였어야 하였거늘 이에 이르지 아니하였음은 심리를 다하지 못한 위법을 범하였다고 아니할 수 없다.

## * (4) 제314조의 "그 밖에 이에 준하는 사유"로 인해 진술할 수 없는 경우인지 여부 *

### *증언거부권의 행사와 제314조의 진술불능요건*

16 [대판 2018도13945 전원합의체] [수사기관에서 진술한 참고인이 법정에서 증언을 거부하여 피고인이 반대신문을 하지 못하였으나 정당하게 증언거부권을 행사한 것이 아닌 경우, 형사소송법 제314조의 '그 밖에 이에 준하는 사유로 인하여 진술할 수 없는 때'에 해당하는지 여부(원칙적 소극) 및 이때 수사기관에서 그 증인의 진술을 기재한 서류의 증거능력 유무(소극)] ●사실● 피고인 X는 2017.3.27. 19:10경 고양시 OO역 앞 노상에서 Y로부터 640만 원을 지급받기로 하고 Y에게 필로폰 약 41.5g을 교부하여 필로폰을 매도하였다는 혐의로 기소되었다. 사안에서는 검사의 Y에 대한 검사 작성 진술조서와 피의자신문조서의 증거능력이 문제되었다. Y는 제1심 제5회 및 제7회 공판기일에 증인으로 출석하였으나 선서 및 증언을 거부하였다. Y는 선서 및 증언거부의 사유로 현재 자신의 관련사건이 항소심 계속 중에 있다는 이유를 들었다. 제1심은 범죄의 증명이 없다는 이유로 피고인 X에게 무죄를 선고하였고, 검사가 항소하였다. 검사는 원심에서 다시 Y를 증인으로 신청하였으나 Y는 원심 제2회 공판기일에 출석하였지만 여전히 선서 및 증언을 거부하였다. 원심은 Y의 제1심에서의 증언거부는 형사소송법 제148조에 따라 정당하게 증언거부권을 행사한 것이므로 형사소송법 제314조의 '그 밖에 이에 준하는 사유로 인하여 진술할 수 없는 때'에 해당하지 않는다고 판단하였다. 이에 검사가 상고하였다. ●판지● 상고기각. [다수의견] [1] (가) 수사기관에서 진술한 참고인이 법정에서 증언을 거부하여 피고인이 반대신문을 하지 못한 경우에는 정당하게 증언거부권을 행사한 것이 아니라도, 피고인이 증인의 증언거부 상황을 초래하였다는 등의 특별한 사정이 없는 한 형사소송법 제314조의 '그 밖에 이에 준하는 사유로 인하여 진술할 수 없는 때'에 해당하지 않는다고 보아야 한다. 따라서 증인이 정당하게 증언거부권을 행사하여 증언을 거부한 경우와 마찬가지로 수사기관에서 그 증인의 진술을 기재한 서류는 증거능력이 없다. (나) 다만 피고인이 증인의 증언거부 상황을 초래하였다는 등의 특별한 사정이 있는 경우에는 형사소송법 제314조의 적용을 배제할 이유가 없다. 이러한 경우까지 형사소송법 제314조의 '그 밖에 이에 준하는 사유로 인하여 진술할 수 없는 때'에 해당하지 않는다고 보면 사건의 실체에 대한 심증 형성은 법관의 면전에서 본래증거에 대한 반대신문이 보장된 증거조사를 통하여 이루어져야 한다는 실질적 직접심리주의와 전문법칙에 대하여 예외를 정한 형사소송법 제314조의 취지에 반하고 정의의 관념에도 맞지 않기 때문이다. [2] 결국 검사의 주장과 같이 증언거부권의 정당한 행사에 해당하지 않는 증언거부가 있었다는 이유만으로 형사소송법 제314조가 적용된다고 본다면, 피고인으로부터 반대신문의 기회를 박탈하고 전문법칙 예외사유의 범위를 넓혀 실질적으로 피고인에게 불리한 결과를 용인하는 것이 된다. 이와 같이 형사소송법을 해석하는 것은 앞에서 본 바와 같이 실질적 직접심리주의와 전문법칙을 채택하고 이를

강화하여 공판중심주의를 확립하는 방향으로 발전되어 온 형사소송법의 취지 및 이에 따른 대법원 판례의 태도에 반한다. 대법원은 이미 2012. 5. 17. 선고한 2009도6788 전원합의체 판결에서 법정에 출석한 증인이 정당하게 증언거부권을 행사하여 증언을 거부한 경우 형사소송법 제314조의 '그 밖에 이에 준하는 사유로 인하여 진술할 수 없는 때'에 해당하지 않는다고 밝혔다. 증인이 **정당하게 증언거부권을 행사한 경우와 증언거부권의 정당한 행사가 아닌 경우**를 비교하면, 피고인의 반대신문권이 보장되지 않는다는 점에서 아무런 차이가 없다. 증인의 증언거부가 정당하게 증언거부권을 행사한 것인지 여부는 피고인과는 상관없는 증인의 영역에서 일어나는 문제이고, 피고인으로서는 증언거부권이 인정되는 증인이건 증언거부권이 인정되지 않는 증인이건 상관없이 형사소송법이 정한 반대신문권이 보장되어야 한다.

**17** [대판 2006도7228] 경찰이 증인과 가족의 **실거주지를 방문하지 않은 상태에서 전화상으로 증인의 모(母)**로부터 법정에 출석케 할 의사가 없다는 취지의 진술을 들었다는 내용의 구인장 집행불능 보고서를 제출하고 있을 뿐이고, 검사가 기록상 확인된 증인의 휴대전화번호로 연락하여 법정 출석의사가 있는지를 확인하는 등의 방법으로 **출석을 적극적으로 권유·독려하는 등** 증인의 법정 출석을 위하여 **상당한 노력을 기울이지 않은 경우**, 형사소송법 제314조의 **'기타 사유로 인하여 진술할 수 없는 때'에 해당하지 않는다**고 한 사례.

**18-1** [대판 99도3786] 증인의 증언능력은 증인 자신이 과거에 경험한 사실을 그 기억에 따라 공술할 수 있는 정신적인 능력이라 할 것이므로, 유아의 증언능력에 관해서도 그 유무는 단지 공술자의 연령만에 의할 것이 아니라 그의 지적수준에 따라 개별적이고 구체적으로 결정되어야 함은 물론 공술의 태도 및 내용 등을 구체적으로 검토하고, 경험한 과거의 사실이 공술자의 이해력, 판단력 등에 의하여 변식될 수 있는 범위 내에 속하는가의 여부도 충분히 고려하여 판단하여야 할 것인바, 기록에 나타난 자료들을 면밀히 검토하여 보면 원심이 위와 같은 입장에서 **이 사건 당시는 만 4세 6개월 남짓, 제1심에서의 증언 당시는 만 6세 11개월 남짓된 피해자 A의 증언능력을 인정한 조치는 정당**하다.

**18-2** [대판 2005도9561] 사고 당시 **만 3세 3개월 내지 만 3세 7개월** 가량이던 피해자인 여아의 증언능력 및 그 진술의 신빙성을 인정한 사례.

**19** [대판 99도915] 공판기일에 증인으로 소환받고도 **'출산'을 앞두고 있다는 이유로 출석하지 아니한 것은** 특별한 사정이 없는 한 사망, 질병, 외국거주 기타 사유로 인하여 진술을 할 수 없는 때에 해당한다고 할 수 없어 형사소송법 제314조에 의한 증거능력이 있다고 할 수 없다.

**20** [대판 95도523] 피고인이 이 사건 목격자 갑에 대한 경찰 진술조서를 증거로 함에 동의를 하지 아니하여 제1심 및 원심법원이 갑을 증인으로 채택하여 수차에 걸쳐 소환을 하였으나 갑은 **피고인의 '보복이 두렵다'는 이유로 주거를 옮기고 또 소환에도 응하지 아니하여** 결국 구인장을 발부하였지만 그 집행조차 되지 아니한 사실을 알 수 있으므로, 제314조의 첫번째 요건은 충족되었다고 볼 것이다.

**21** [대판 87도1446] **일본에 거주하는 사람**을 증인으로 채택하여 환문코자 하였으나 외무부로부터 현재 일본 측에서 형사사건에 대하여는 **양국 형법체계상의 상이함을 이유로** 송달에 응하지 않고 있어 그 송달이 불가능하다는 취지의 회신을 받고 위 증인을 취소하였다면 이러한 사유는 형사소송법 제314조 소정의 공판기일에서 진술을 요할 자가 기타 사유로 인하여 **진술할 수 없는 때에 해당**한다.

# *특신상태의 의의*

1 [대판 2013도12652] 형사소송법이 원진술자 또는 작성자(이하 '참고인'이라 한다)의 소재불명 등의 경우에 참고인이 진술하거나 작성한 진술조서나 진술서에 대하여 증거능력을 인정하는 것은, 형사소송법이 제312조 또는 제313조에서 참고인 진술조서 등 서면증거에 대하여 피고인 또는 변호인의 반대신문권이 보장되는 등 엄격한 요건이 충족될 경우에 한하여 증거능력을 인정할 수 있도록 함으로써 직접심리주의 등 기본원칙에 대한 예외를 인정한 데 대하여 다시 중대한 예외를 인정하여 원진술자 등에 대한 반대신문의 기회조차 없이 증거능력을 부여할 수 있도록 한 것이므로, 그 경우 참고인의 진술 또는 작성이 **'특히 신빙할 수 있는 상태 하에서 행하여졌음에 대한 증명'**은 단지 그러할 개연성이 있다는 정도로는 부족하고 합리적인 의심의 여지를 배제할 정도에 이르러야 한다.

2 [대판 2012도725] 형사소송법 제314조의 '특신상태'와 관련된 법리는 마찬가지로 원진술자의 소재불명 등을 전제로 하고 있는 형사소송법 제316조 제2항5)의 '특신상태'에 관한 해석에도 그대로 적용된다.

3 [대판 2011도6035] [형사소송법 제312조 제4항, 제314조의 규정 취지 및 형사소송법 제314조에 따라 증거능력을 인정하기 위한 요건] 형사소송법 제312조 제4항, 제314조는 형사소송에서 헌법이 요구하는 적법절차의 원칙을 구현하기 위하여 사건의 실체에 대한 심증 형성은 법관의 면전에서 본래 증거에 대한 반대신문이 보장된 증거조사를 통하여 이루어져야 한다는 실질적 직접심리주의와 전문법칙을 기본원리로서 채택하면서도, 원진술자의 사망 등으로 위 원칙을 관철할 수 없는 특별한 사정이 있는 경우에는 '그 진술 또는 작성이 **특히 신빙할 수 있는 상태**하에서 행하여졌음이 증명된 때', 즉 (가) 그 진술의 내용이나 조서 또는 서류의 작성에 **허위 개입의 여지가 거의 없고** (나) 그 진술 내용의 신빙성이나 임의성을 담보할 구체적이고 외부적인 정황이 증명된 때에 한하여 예외적으로 증거능력을 인정하고자 하는 취지이다. (다) 그러므로 법원이 법 제314조에 따라 증거능력을 인정하기 위하여는 단순히 그 진술이나 조서의 작성과정에 뚜렷한 절차적 위법이 보이지 않는다거나 진술의 임의성을 의심할 만한 구체적 사정이 없다는 것만으로는 부족하고, 이를 넘어 법정에서의 반대신문 등을 통한 검증을 굳이 거치지 않더라도 진술의 신빙성과 임의성을 충분히 담보할 수 있는 **구체적이고 외부적인 정황**이 있어 그에 기초하여 법원이 유죄의 심증을 형성하더라도 증거재판주의의 원칙에 어긋나지 않는다고 평가할 수 있는 정도에 이르러야 한다.

4 [대판 85도2788] [검사 등에 대한 진술이 특히 신빙할 수 있는 상태에서 행해진 것이라 볼 수 없다고 판단한 사례] 검사 및 사법경찰관작성의 증인에 대한 진술조서의 **진술내용이 '상치되어' 어느 진술이 진실인지 알 수 없을 뿐 아니라** 동인이 제1심법정에서 증인으로 채택되어 소환장을 두번이나 받고도 소환에 불응하고 주소지를 떠나 행방을 감춘 경우라면 동인의 **위 진술이 특히 신빙할 수 있는 상태에서 행하여진 것으로 볼 수 없다.**

---

5) 형사소송법 제316조(**전문의 진술**) ② 피고인 아닌 자의 공판준비 또는 공판기일에서의 진술이 피고인 아닌 타인의 진술을 그 내용으로 하는 것인 때에는 **원진술자가 사망, 질병, 외국거주, 소재불명 그 밖에 이에 준하는 사유**로 인하여 진술할 수 없고, 그 진술이 **특히 신빙할 수 있는 상태 하에서 행하여졌음이 증명된 때에 한하여** 이를 증거로 할 수 있다.

# 55 당연히 증거능력 있는 서류(제315조)
## - 국가정보원 여론 조작 사건[1] -

* 대법원 2015. 7. 16. 선고 2015도2625 전원합의체 판결
* 참조조문: 형사소송법 제315조[2]

425지논 파일 및 시큐리티 파일이 **형사소송법 제315조 제2호에서** 정한 '업무상 통상문서'에 해당하는가?

●**사실**● 국가정보원장 X 등은 국정원 심리전단 직원들로 하여금 제18대 대통령선거와 관련하여 특정 정당이나 정치인을 지지하거나 반대하는 게시글이나 댓글(이른바 '사이버 활동')을 달게 하여 국가정보원 법위반과 공직선거법 위반으로 기소되었다. 검사는 심리전단 직원인 Y의 이메일 계정에서 압수한 텍스트 파일 형식의 이 사건 '**425지논 파일**' 및 '**시큐리티 파일**'을 증거로 제출하였다. 원심은 위 두 파일은 형사소송법 제315조 제2호의 '기타 업무상 필요로 작성한 통상문서' 및 같은 조 제3호의 '기타 특히 신용할 만한 정황에 의하여 작성된 문서'에 해당하여 증거능력이 있다고 판단하였다.[3] 이에 X는 이 파일들에 대한 증거능력을 다투며 상고하였다.

●**판지**● 파기환송. 「[1] 상업장부나 항해일지, 진료일지 또는 이와 유사한 금전출납부 등과 같이 범죄사실의 인정 여부와는 관계없이 자기에게 맡겨진 **사무를 처리한 내역을 그때그때 계속적, 기계적으로 기재한 문서**는 사무처리 내역을 증명하기 위하여 존재하는 문서로서 형사소송법 제315조 제2호에 의하여 당연히 증거능력이 인정된다. 그리고 이러한 문서는 **업무의 기계적 반복성**으로 인하여 허위가 개입될 여지가 적고, 또 문서의 성질에 비추어 고도의 신용성이 인정되어 반대신문의 필요가 없거나 작

---

1) **국가정보원 여론 조작 사건**(또는 **대선 개입 사건**)은 2012년 대한민국 대통령 선거기간 중 국가정보원 심리정보국 소속 요원들이 국가정보원의 지시에 따라 인터넷에 댓글을 남김으로써 국가정보원이 대한민국 제18대 대통령 선거에 개입하였다는 사건을 일컫는다. 국가정보원 직원이 활동한 인터넷 사이트인 오늘의 유머에서 다른 정보원 직원의 활동한 흔적이 확인되고 당시 국가정보원장이었던 원세훈이 국정원 내부 인트라넷을 통해 직원들에게 수년 동안 정치에 개입하는 인터넷 활동을 지시한 내용이 확인되고, 15개 이상의 사이트에서 국가정보원 직원들이 게시글을 남긴 사실이 확인된 사건이었다. 2014년 서울중앙지법은 국가정보원법 위반과 공직선거법 위반 혐의로 기소된 원세훈 원장에 대해 징역 2년6월에 집행유예 4년, 자격정지 3년을 선고하였다. 재판부는 원 원장의 국정원법 위반은 인정하였으나, 공직선거법위반 혐의에 대해서는 무죄를 선고하였다. 이후 서울고등법원 형사6부는 2015년 2월 9일 항소심 선고 공판에서 공직선거법 위반 혐의도 유죄로 인정하여 징역 3년, 자격정지 3년을 선고하고 법정 구속하였다. 그러나 대법원 전원합의체는 2015년 7월 16일 **원심이 증거능력에 대한 법리를 오해**하고 사실관계를 잘못 판단한 오류가 있다며 사건을 파기환송하였다(대상판결). 하지만 파기환송심에서는 **다른 새로운 증거들을 인정**하여 원세훈에게 징역 4년 실형과 공직선거법 유죄를 인정하였고 2018년 4월 9일 확정되었다. ko.wikipedia.org

2) 형사소송법 제315조(**당연히 증거능력이 있는 서류**) 다음에 게기한 서류는 증거로 할 수 있다. 1. 가족관계기록사항에 관한 증명서, 공정증서등본 기타 공무원 또는 외국공무원의 직무상 증명할 수 있는 사항에 관하여 작성한 문서 2. 상업장부, 항해일지 기타 업무상 필요로 작성한 통상문서 3. **기타 특히 신용할 만한 정황에 의하여 작성된 문서**

3) 「…… 위 두 파일에 기재된 업무 관련 내용은 잘못 기재할 경우 업무수행에 지장을 초래하게 된다는 점에서 사실과 다른 내용을 굳이 기재할 동기나 이유를 쉽게 찾아보기 어렵고, 특히 시큐리티 파일의 경우에는 문장의 형태로 기재된 것이 드물고 **대부분 업무수행에 필요한 정보들만이 단편적으로 기재**되어 있는 등 관련 정보를 전자적으로 복사하여 문서로 만든 것으로 보여 그 자체로 공소외 4의 주관적 의사가 개입될 여지가 없어 보이므로, 위 두 파일은 형사소송법 제315조 제3호의 '기타 특히 신용할만한 정황에 의하여 작성된 문서'에도 해당한다」(서울고법 2014노2820).

성자를 소환해도 서면제출 이상의 의미가 없는 것들에 해당하기 때문에 당연히 증거능력이 인정된다는 것이 **형사소송법 제315조의 입법 취지**인 점과 아울러, 전문법칙과 관련된 형사소송법 규정들의 체계 및 규정 취지에 더하여 '기타'라는 문언에 의하여 형사소송법 제315조 제1호와 제2호의 문서들을 '특히 신용할 만한 정황에 의하여 작성된 문서'의 예시로 삼고 있는 형사소송법 제315조 제3호의 규정 형식을 종합하여 보면, **형사소송법 제315조 제3호에서 규정한 '기타 특히 신용할 만한 정황에 의하여 작성된 문서'**는 형사소송법 제315조 제1호와 제2호에서 열거된 공권적 증명문서 및 업무상 통상문서에 준하여 **'굳이 반대신문의 기회 부여 여부가 문제 되지 않을 정도로 고도의 신용성의 정황적 보장이 있는 문서'를 의미한다**고 할 것이다.

[2] 나아가 어떠한 문서가 형사소송법 제315조 제2호가 정하는 업무상 통상문서에 해당하는지를 구체적으로 판단함에 있어서는, 위와 같은 형사소송법 **제315조 제2호 및 제3호의 입법 취지**를 참작하여 (가) 당해 문서가 **정규적·규칙적**으로 이루어지는 업무활동으로부터 나온 것인지 여부, (나) 당해 문서를 작성하는 것이 **일상적인** 업무 관행 또는 직무상 강제되는 것인지 여부, (다) 당해 문서에 기재된 정보가 그 취득된 즉시 또는 그 직후에 이루어져 **정확성이 보장**될 수 있는 것인지 여부, (라) 당해 문서의 기록이 비교적 기계적으로 행하여지는 것이어서 그 기록 과정에 기록자의 **주관적 개입**의 여지가 거의 없다고 볼 수 있는지 여부, (마) 당해 문서가 공시성이 있는 등으로 사후적으로 내용의 정확성을 확인·검증할 기회가 있어 **신용성이 담보**되어 있는지 여부 등을 종합적으로 고려하여야 한다.

[3] (가) 425지논 파일의 내용 중 상당 부분은 그 출처를 명확히 알기도 어려운 매우 단편적이고 조악한 형태의 언론 기사 일부분과 트윗글 등으로 이루어져 있으며, 시큐리티 파일의 내용 중 심리전단 직원들이 사용한 것으로 추정된다는 트위터 계정은 그 정보의 근원, 기재 경위와 정황이 불분명하고 그 내용의 정확성·진실성을 확인할 마땅한 방법이 없을 뿐만 아니라, 위 두 파일에 포함되어 있는 이슈와 논지 및 트위터 계정에 관한 기재가 그 정보 취득 당시 또는 그 직후에 기계적으로 반복하여 작성된 것인지도 알 수 없다. (나) 위 두 파일이 그 작성자의 업무수행 과정에서 작성된 문서라고 하더라도, 위 두 파일에 포함되어 있는 업무 관련 내용이 실제로 업무수행 과정에서 어떻게 활용된 것인지를 알기도 어려울 뿐만 아니라 다른 심리전단 직원들의 이메일 계정에서는 위 두 파일과 같은 형태의 문서가 발견되지 않는다는 사정은 위 **두 파일이 심리전단의 업무 활동을 위하여 관행적 또는 통상적으로 작성되는 문서가 아님을 보여 준다.** (다) 나아가 업무수행을 위하여 작성되었다는 위 두 파일에는 업무와 무관하게 작성자의 개인적 필요로 수집하여 기재해 놓은 것으로 보이는 여행·상품·건강·경제·영어 공부·취업 관련 다양한 정보, 격언, 직원들로 보이는 사람들의 경조사 일정 등 신변잡기의 정보도 포함되어 있으며 그 기재가 극히 일부에 불과하다고 볼 수도 없어, 위 두 파일이 업무를 위한 목적으로만 작성된 것이라고 보기도 어렵다. …… 결국 위와 같은 여러 사정을 앞서 본 법리에 비추어 볼 때, 원심이 들고 있는 사유만으로는 **위 두 파일이 형사소송법 제315조 제2호 또는 제3호에 정한 문서에 해당하여 당연히 증거능력이 인정된다고 할 수 없다**」.

●**해설**● 1 형사소송법 제315조는 **당연히 증거능력**이 있는 서류들을 규정하고 있다. 본조가 규정하고 있는 서류로는 ① 공권적 증명문서(제1호) ② 업무상 통상문서(제2호) ③ 기타 특히 신용할 만한 정황에 의하여 작성된 문서(제3호)으로 나뉜다. 이들 서류는 특히 신용성의 정황적 보장이 고도로 인정되고 그 작성자를 증인으로 신문하는 것이 부적당하거나 실익이 없는 것들이다(대판 2015도2625 전원합의체, 입법취지 참조). 이들 서류는 원래 진술서 또는 진술기재서로서 제313조에 따라 증거능력 여부가 판단되어야 하지만 위의 입법취지로 당연히 증거능력을 부여하고 있다.

**2 공권적 증명문서**(제1호)로는 「가족관계기록사항에 관한 증명서, 공정증서등본(등기부등·초본) 기타 공무원 또는 외국공무원의 직무상 증명할 수 있는 사항에 관하여 작성한 문서」가 제1호에 규정되어 있다. (1) 그 이외에 **인감증명서, 전과조회회보, 신원증명서**, 세관공무원의 시가(市價) 감정서(대판 85도225, Ref 1−3), **외국공무원**이 직무상 작성한 문서(대판 83도3145, Ref 1−4), **군의관**이 작성한 진단서(대판 72도922, Ref 1−6)(사인인 의사의 '진단서'는 제313조 제1항이 적용), **국립과학수사연구소장** 작성의 감정의뢰회보서(대판 82도1504, Ref 1.5−1)(반면 '육군과학수사연구소'의 감정서는 증거능력을 부정한다. 대판 76도2960, Ref 1.5−2) 등이 여기에 해당된다. (2) 그러나 공적인 증명을 목적으로 하여야 하므로 단순히 **상급자 등에 대한 '보고'를 목적**으로 작성된 문서는 여기에 포함되지 않으며(대판 2007도7257, Ref 1−1), (3) 또한 공무원 중 '수사기관'이 작성한 문서(**공소장·진술조서**)도 여기에 해당하지 않는다(수사기관 작성 진술조서는 제312조에 해당된다). 외국수사기관의 수사결과도 그러하다(대판 79도1852). 이상의 공권적 증명문서의 경우, 공무원 등을 증인으로 출석시킨다고 하더라도 서면보다 높은 가치의 증언을 기대할 수 없음을 염두에 둔 것이다.

**3 업무상 통상문서**(제2호)로는 **상업장부, 항해일지, 출납부, 진료기록부**(진료일지),[4] **전표, 통계표**, 피고인이 업무추진 과정에서 지출한 자금 내역을 기록한 **수첩**(대판 94도2865, Ref 1−9),[5] 성매매업소에서 영업(본 호에서 말하는 '업무'는 반드시 적법한 업무임을 요하는 것은 아니다)에 참고하기 위하여 성매매 상대방의 정보를 입력하여 작성한 **메모리카드**의 내용(대판 2007도3219, Ref 1−8) 등이 여기에 해당된다. 이와 같이 일상 업무의 과정에서 작성되는 문서는 「**업무의 '기계적' '반복성'**으로 인하여 허위가 개입될 여지가 적고, 또 문서의 성질에 비추어 고도의 신용성이 인정되어 반대신문의 필요가 없거나 작성자를 소환해도 서면제출 이상의 의미가 없는 것들에 해당하기 때문에 당연히 증거능력이 인정된다」는 것이 형사소송법 제315조의 입법 취지이다.

**4 기타 특히 신용할 만한 정황에 의하여 작성된 문서**(제3호)는 제1호와 제2호에서 열거된 공권적 증명문서 및 업무상 통상문서에 준하여 '굳이 반대신문의 기회 부여 여부가 문제 되지 않을 정도로 **고도의 신용성의 정황적 보장이 있는 문서**'를 의미한다. 구체적 예로는 (1) 공공기록·보고서·스포츠기록·공무소작성의 각종 통계와 연감이나 **판결문사본**(대판 81도2591, Ref 1−16), **다른 피고인**에 대한 형사사건의 **공판조서**(대판 2004도4428, Ref 1.13−1),[6] **구속적부심문조서**(대판 2003도5693, Ref 1−14), **군법회의판결사본**(대

---

4) **병원의 '진료부'**는 형사소송법 제315조에 의하여 당연히 증거능력이 인정된다(대판 69도179). 그러나 병원의 진료부와는 달리 **사인인 의사의 '진단서'**는 실질적으로 감정서와 다름없다는 점에서 여기에 포함되지 않는다. '의사의 진단서'는 전문지식에 의하여 그때그때 개별적으로 작성되는 것이므로 반드시 신용할 수 있는 정황에 의하여 작성된 문서라고 볼 수 없다. 따라서 사인인 의사의 진단서는 제315조가 아니라 제313조 제1항의 의하여 증거능력이 판단된다.

5) 본 판결에서는 피고인이 업무 과정에서 지출한 자금 내역을 기록한 **수첩**이 피고인의 '자백'에 해당하는지, 나아가 피고인의 자백을 보강하는 증거로 사용될 수 있는지 여부가 다투어 졌다. 판례는 피고인의 수첩을 피고인의 자백에 대한 보강증거로 사용할 수 있다고 보았다(【61】참조).

6) 법원은 오래 전부터 제315조 제3호의 문서에 '**공범이 다른 사건에서 피고인으로서 한 진술**'을 기재한 공판조서가 포함된다고 해석하여 왔었다(판례는 다른 사건에서 공범자의 법정진술을 기재한 공판조서는 법관의 면전에서 법원에 의한 태도증거의 형성기회가 주어졌던 것이며, 그 신용성의 정황적 보장도 인정된다는 점에서 본 조에 따라 당연히 증거능력이 있는 서류로 보았다). 하지만 이러한 해석이 피고인의 '반대신문권을 침해'하는 위헌적 해석이 아닌가하는 위헌심판청구가 제기되었으나 헌법재판소는 2013년에 합헌결정을 내렸다(헌재

판 81도2591, Ref 1-16) 등이 여기에 해당한다. (2) 그러나 **건강보험심사평가원**의 입원진료 적정성 여부 의뢰에 대한 회신(대판 2017도12671, Ref 1-10)이나 **체포·구속인접견부**(대판 2011도5459, Ref 1-11), **주민들의 진정서** 사본(대판 83도2613, Ref 1-15), **육군과학수사연구소** 실험분석관이 작성한 감정서(대판 76도2960, Ref 1.5-2)는 여기에 해당하지 않는다. (3) **수사보고서**는 원칙적으로 여기에 해당하지 않지만, 특히 신용성이 담보되어 있는 경우는 증거능력이 있는 서류에 해당한다(대판 92도1211, Ref 2-6).

*Reference 1*

## * 공권적 증명문서(제315조 제1호) *

1 [대판 2007도7257] 대한민국 **주중국 대사관 영사가 작성한 사실확인서** 중 공인 부분을 제외한 나머지 부분이 비록 영사의 공무수행 과정 중 작성되었지만 **공적인 증명보다는 '상급자 등에 대한 보고를 목적'으로 하는 것인 경우**, 형사소송법 제315조 제1호의 '공무원의 직무상 증명할 수 있는 사항에 관하여 작성한 문서' 또는 제3호의 '기타 특히 신뢰할 만한 정황에 의하여 작성된 문서'라고 볼 수 없으므로 증거능력이 없다.

2 [대판 2003도6548] [**외국의 권한 있는 수사기관이 형사소송법 제312조 제2항에 정한 '검사 이외의 수사기관'에 포함되는지 여부(적극)**] [1] 형사소송법 제312조 제2항은 검사 이외의 수사기관이 작성한 피의자신문조서는 그 피의자였던 피고인이나 변호인이 그 내용을 인정할 때에 한하여 증거로 할 수 있다고 규정하고 있는바, 피고인이 검사 이외의 수사기관에서 범죄 혐의로 조사받는 과정에서 작성하여 제출한 진술서는 그 형식 여하를 불문하고 당해 수사기관이 작성한 피의자신문조서와 달리 볼 수 없고, 피고인이 수사 과정에서 범행을 자백하였다는 검사 아닌 수사기관의 진술이나 같은 내용의 수사보고서 역시 피고인이 공판 과정에서 앞서의 자백의 내용을 부인하는 이상 마찬가지로 보아야 하며, 여기서 말하는 검사 이외의 수사기관에는 달리 특별한 사정이 없는 한 외국의 권한 있는 수사기관도 포함된다. [2] 미국 범죄수사대(CID), 연방수사국(FBI)의 수사관들이 작성한 수사보고서 및 피고인이 위 수사관들에 의한 조사를 받는 과정에서 작성하여 제출한 진술서는 피고인이 그 내용을 부인하는 이상 증거로 쓸 수 없다고 한 원심의 조치를 정당하다.

3 [대판 85도225] [**세관공무원 작성문서의 증거능력 및 증명력**] 특별한 자격이 있지는 아니하나 범칙물자에 대한 시가감정업무에 4~5년 종사해온 세관공무원이 세관에 비치된 기준과 수입신고서에 기재된 가격을 참작하여 작성한 **감정서**는 공무원이 그 직무상 작성한 공문서라 할 것이므로 피고인의 동의여부에 불구하고 형사소송법 제315조 제1호에 의하여 당연히 증거능력이 있다고 할 것이며 또 그 증명력에 무슨 하자가 있다고도 할 수 없다.

4 [대판 83도3145] [**외국공무원 작성문서의 증거능력**] 외국공무원이 직무상 증명할 수 있는 사항에 관하여 작성한 문서는 이를 증거로 할 수 있으므로(형사소송법 제315조 제1호), 원심이 이 사건 **일본국 하관(下關) 세관서** 통괄심리관 작성의 필로폰에 대한 범칙물건감정서등본과 분석의뢰서 및 분석 회답서등본 등을 증거로 하였음은 적법하다.

5-1 [대판 82도1504] **국립과학수사연구소장 작성의 감정의뢰 회보서**는 공무원인 위 연구소장이 직무상 증

2011헌바79).

명할 수 있는 사항에 관하여 작성한 문서라고 할 것이므로 당연히 증거능력있는 서류라고 할 것이다.

　5-2 [비교판례] [대판 76도2960] 육군과학수사연구소 실험분석관이 작성한 **감정서**는 피고인들이 이를 증거로 함에 동의하지 아니하는 경우에는 유죄의 증거로 할 수 있는 **증거능력이 없다.**

　6 [대판 72도922] 군의관이 작성한 **진단서**는 공무원이 직무상 증명할 수 있는 사항에 관하여 작성한 문서이므로 그 증거조사를 거친 이상 당연히 증거능력이 있다.

## * 업무상 통상문서(제315조 제2호) *

　7 [대판 2015도2625 전원합의체] [문서가 형사소송법 제315조 제2호에서 정한 '업무상 통상문서'에 해당하는지 판단하는 기준] (가) 상업 장부나 항해일지, 진료일지 또는 이와 유사한 **금전출납부** 등과 같이 범죄사실의 인정 여부와는 관계없이 자기에게 맡겨진 사무를 처리한 내역을 그때그때 계속적, 기계적으로 기재한 문서는 사무처리 내역을 증명하기 위하여 존재하는 문서로서 형사소송법 제315조 제2호에 의하여 당연히 증거능력이 인정된다. 그리고 (나) 이러한 문서는 업무의 기계적 반복성으로 인하여 허위가 개입될 여지가 적고, 또 문서의 성질에 비추어 고도의 신용성이 인정되어 반대신문의 필요가 없거나 작성자를 소환해도 서면제출 이상의 의미가 없는 것들에 해당하기 때문에 당연히 증거능력이 인정된다는 것이 형사소송법 제315조의 입법 취지인 점과 아울러, …… (다) 어떠한 문서가 형사소송법 제315조 제2호가 정하는 **업무상 통상문서에 해당하는지를 구체적으로 판단함에 있어서는,** 형사소송법 제315조 제2호 및 제3호의 입법 취지를 참작하여 ㉠ 당해 문서가 정규적·규칙적으로 이루어지는 업무활동으로부터 나온 것인지 여부, ㉡ 당해 문서를 작성하는 것이 일상적인 업무 관행 또는 직무상 강제되는 것인지 여부, ㉢ 당해 문서에 기재된 정보가 취득된 즉시 또는 그 직후에 이루어져 정확성이 보장될 수 있는 것인지 여부, ㉣ 당해 문서의 기록이 비교적 기계적으로 행하여지는 것이어서 기록 과정에 기록자의 주관적 개입의 여지가 거의 없다고 볼 수 있는지 여부, ㉤ 당해 문서가 공시성이 있는 등으로 사후적으로 내용의 정확성을 확인·검증할 기회가 있어 신용성이 담보되어 있는지 여부 등을 종합적으로 고려하여야 한다.

　8 [대판 2007도3219] 성매매업소에 고용된 여성들이 성매매를 업으로 하면서 영업에 참고하기 위하여 **성매매 상대방의 아이디와 전화번호** 및 성매매방법 등을 메모지에 적어두었다가 직접 메모리카드에 입력하거나 업주가 고용한 다른 여직원이 그 내용을 입력한 사안에서, 위 메모리카드의 내용은 형사소송법 제315조 제2호의 '영업상 필요로 작성한 통상문서'로서 당연히 증거능력 있는 문서에 해당한다.

　9 [대판 94도2865] [피고인이 업무추진 과정에서 지출한 자금 내역을 기록한 수첩의 기재 내용이 자백에 대한 독립적인 보강증거가 될 수 있는지 여부(적극)] [다수의견] 피고인이 뇌물공여 혐의를 받기 전에 이와는 관계없이 준설공사에 필요한 각종 인·허가 등의 업무를 위임받아 이를 추진하는 과정에서 그 업무수행에 필요한 자금을 지출하면서, 스스로 그 지출한 자금내역을 자료로 남겨두기 위하여 뇌물자금과 기타 자금을 구별하지 아니하고 그 지출 일시, 금액, 상대방 등 내역을 그때그때 계속적, 기계적으로 기입한 수첩의 기재 내용은, 피고인이 자신의 범죄사실을 시인하는 자백이라고 볼 수 없으므로, 증거능력이 있는 한 피고인의 금전출납을 증명할 수 있는 별개의 증거라고 할 것인즉, 피고인의 검찰에서의 자백에 대한 보강증거가 될 수 있다. [반대의견] 수첩의 기재는 피고인이 경험한 사물에 대한 인식을 외부에 글로 표현한 내용

이 증거방법으로 사용된다는 점에서 이를 자백으로 봄이 합당하고, 이를 피고인의 자백과는 성질이 다른 독립된 증거라고 볼 수 없고, 따라서 물증 등 다른 증거에 비하면 거짓이나 조작이 개재될 여지가 많은 피고인의 자백만으로 유죄판단을 하지 못하도록 제한하려는 형사소송법 제310조의 입법취지에 비추어 이러한 수첩의 기재 내용만으로는 유죄의 판단을 할 수 없음은 물론 이는 자백에 대한 보강증거도 될 수 없다고 보아야 한다. 피고인이 작성한 수첩의 기재 내용이 형사소송법 제315조에 의하여 증거능력을 가지게 된다는 것과 자백만으로는 유죄판결을 할 수 없다는 형사소송법의 원칙과는 서로 차원을 달리하는 것이다.

## *기타 특히 신용할 만한 정황에 의하여 작성된 문서(제315조 제3호)*

10 [대판 2017도12671] 보험사기 사건에서 건강보험심사평가원이 수사기관의 의뢰에 따라 그 보내온 자료를 토대로 입원진료의 적정성에 대한 의견을 제시하는 내용의 '건강보험심사평가원의 입원진료 적정성 여부 등 검토의뢰에 대한 회신'은 형사소송법 제315조 제3호의 '기타 특히 신용할 만한 정황에 의하여 작성된 문서'에 해당하지 않는다. cf) 사무처리 내역을 계속적, 기계적으로 기재한 문서가 아니라 범죄사실의 인정 여부와 관련 있는 **어떠한 의견을 제시하는 내용을 담고 있는 문서**는 형사소송법 제315조 제3호의 당연히 증거능력이 있는 서류에 해당하지 않는다.

11 [대판 2011도5459] ['체포·구속인접견부'의 증거능력] 체포·구속인접견부는 유치된 피의자가 죄증을 인멸하거나 도주를 기도하는 등 유치장의 안전과 질서를 위태롭게 하는 것을 방지하기 위한 목적으로 작성되는 서류로 보일 뿐이어서 형사소송법 제315조 제2, 3호에 규정된 **당연히 증거능력이 있는 서류로 볼 수는 없다.** cf) 체포·구속인접견부는 유치장의 안전과 질서를 위태롭게 하는 것을 방지하기 위한 목적으로 작성되는 서류로 진술증거가 아니다. 따라서 전문증거가 아니기에 제315조의 서류로 볼 수 없다.

12 [대판 2007도7257] 대한민국 주중국 대사관 영사가 작성한 **사실확인서 중 공인 부분을 제외한 나머지 부분**이 비록 영사의 공무수행 과정 중 작성되었지만 공적인 증명보다는 상급자 등에 대한 보고를 목적으로 하는 것인 경우, 형사소송법 제315조 제1호의 '공무원의 직무상 증명할 수 있는 사항에 관하여 작성한 문서' 또는 제3호의 '기타 특히 신뢰할 만한 정황에 의하여 작성된 문서'라고 볼 수 없으므로 **증거능력이 없다**고 한 사례.

13-1 [대판 2004도4428] 다른 피고인에 대한 형사사건의 공판조서는 형사소송법 제315조 제3호에 정한 서류로서 당연히 증거능력이 있는바, **공판조서 중 일부인 증인신문조서** 역시 형사소송법 제315조 제3호에 정한 서류로서 당연히 증거능력이 있다고 보아야 할 것이다. cf) 예를 들어, X와 Y는 공동으로 강도를 한 후 도주하였는데, 검사는 먼저 체포된 X를 기소하여 유죄판결이 확정되었고, 그 후 체포된 Y도 기소하였다. 공판정에서 Y가 범행을 부인하자 검사는 X의 사건에서 X가 공판정에서 Y와 공모하여 강도한 사실을 **자백한 내용이 기재된 공판조서를 증거로 제출**하였다면, Y가 그 내용을 부인하여도 이 공판조서는 Y에 대하여 증거능력이 있다.

13-2 [참고판례] [헌재 2011헌바79] [형사소송법 제315조 제3호의 법률조항이 규정한 문서에 공범이 다른 사건에서 피고인으로서 한 진술을 기재한 공판조서가 포함된다고 보는 것이 피고인의 공정한 재판을 받을 권리를 침해하는지 여부(소극)] **공판조서**는 그 서면 자체의 성질과 작성과정에서 법정된 엄격한 절차적 보

장에 의하여 고도의 임의성과 기재의 정확성 및 절차적 적법성이 담보되어 있고, 우리 형사소송법이 채택하고 있는 대심적 구조 하에서 피고인의 진술은 공개된 법정에서 반대당사자의 지위에 있는 검사에 의하여 검증되고 탄핵되는 지위에 있어 이를 제3자가 일방적으로 한 진술과 같다고 평가할 수 없으므로, 법정진술에 해당하는 공판조서상의 진술과 다른 전문증거와 사이에는 문서의 신용성과 관련된 외부적 정황에 뚜렷한 차이가 있다. 또한 공판조서의 증거능력을 일률적으로 부정한다면, 공판조서보다 낮은 신용성의 보장을 가진 수사기관 작성의 조서에 관하여는 일정한 요건 하에 그 증거능력을 인정하면서도 그보다 우위의 임의성과 신용성의 보장을 가진 공판조서에 대하여는 증거능력을 부정하는 법체계상의 모순이 발생하게 되며, 공범의 진술을 기재한 공판조서가 증명력 있는 경우에도 이를 당해 사건의 심리과정에서 고려할 수조차 없게 되어 실체적 진실 발견에 중대한 지장을 초래하게 된다. 나아가 공판조서상의 진술이 피고인의 유무죄를 가르는 중요한 증거이고 피고인이 그 진술을 다투고 있음에도 불구하고 법원이 원진술자인 공범에 대한 증인신청을 거부할 이유가 없으므로, 실제 재판과정에서 이 사건 법률조항에 의하여 피고인의 방어권에 대한 현실적인 침해가 발생할 가능성도 거의 없다. 따라서 다른 사건에서 공범의 피고인으로서의 진술을 기재한 공판조서가 이 사건 법률조항에 포함되는 것으로 해석한다고 하여 피고인의 방어권에 지나친 제약을 가져와 피고인의 공정한 재판을 받을 권리를 침해한다고 볼 수 없다.

14 [대판 2003도5693] [구속적부심문조서의 증거능력 유무(적극)] 구속적부심은 구속된 피의자 또는 그 변호인 등의 청구로 수사기관과는 별개 독립의 기관인 법원에 의하여 행하여지는 것으로서 구속된 피의자에 대하여 피의사실과 구속사유 등을 알려 그에 대한 자유로운 변명의 기회를 주어 구속의 적부를 심사함으로써 피의자의 권리보호에 이바지하는 제도인바, 법원 또는 합의부원, 검사, 변호인, 청구인이 구속된 피의자를 심문하고 그에 대한 피의자의 진술 등을 기재한 구속적부심문조서는 형사소송법 제311조가 규정한 문서에는 해당하지 않는다 할 것이나, 특히 신용할 만한 정황에 의하여 작성된 문서라고 할 것이므로 특별한 사정이 없는 한, 피고인이 증거로 함에 부동의하더라도 형사소송법 제315조 제3호에 의하여 당연히 그 증거능력이 인정된다.

15 [대판 83도2613] [진정서 사본의 증거능력] 주민들의 진정서 사본은 피고인이 증거로 함에 동의하지 않고 기록상 원본의 존재나 그 진정성립을 인정할 아무런 자료도 없을 뿐 아니라 형사소송법 제315조 제3호의 규정사유도 없으므로 이를 증거로 할 수 없다.

16 [대판 81도2591] [판결사본의 증거능력] 군법회의판결사본(교도소장이 교도소에 보관 중인 판결등본을 사본한 것)은 특히 신용할 만한 정황에 의하여 작성된 문서라고 볼 여지가 있으므로 피고인이 증거로 함에 부동의하거나 그 진정성립의 증명이 없다는 이유로 그 증거능력을 부인할 수 없다.

## Reference 2
### * '수사보고서'의 증거능력 *

수사보고서는 수사행위와 관련된 사항을 기록한 수사서류를 말한다. 수사서류에는 피의자신문조서와 같은 법정서류(법령 등에서 정해진 서식에 따라 작성)가 있는가 하면, '수사보고서'와 같은 법정서류가 아닌 서류도 있다. 수사보고서의 증거능력은 그 내용에 따라 개별적으로 판단해야 한다(판례는 수사보고서를 일률적으로 판단하지 않고 각 사안별로 개별적으로 판단하고 있다). "1. 내용이 작성자의 단순한 의견을 기재한 것은 전문 이전의 문제로 증거가 되지 않는다(의견증거)(대법원 1983. 6. 28. 선고 83도948(실황조사서)) 2. 체포의 적법성, 처벌희망의사표시의 철회(대법원 2010. 10. 14. 선고 2010도5610, 2010전도31) 등과 같이 소송상의 사실을 증명하는 데 사용하는 경우는 증거능력의 제한이 없으므로 그대로 증거로 사용할 수 있다. 3 내용이 전문증거가 아닌 경우는 관련성과 진정성이 인정되면 증거능력이 있다(대법원 2013. 2. 15. 선고 2010도3504). 4. 내용이 전문증거인 경우는 제311조 내지 제316조에 의하여 증거능력을 판단한다(대법원 1999. 2. 26. 선고 98도2742). 5. 내용이 특히 신용할 만한 정황에 의하여 작성된 경우는 예외적으로 제315조에 의하여 당연히 증거능력이 인정된다(대법원 1992. 8. 14. 선고 92도1211)".[7] 6. 수사보고서에 검증의 결과에 해당하는 기재가 있는 경우, 그 기재 부분은 단지 수사의 경위 및 결과를 내부적으로 보고하기 위하여 작성된 서류에 불과하므로 그 기재부분은 증거로 할 수 없다(대판 2000도2933).

 1 [대판 83도948] [경찰 및 검사의 의견을 기재한 **실황조서의 증명력**] 경찰 및 검사가 작성한 실황조서의 기재는 사고현장을 설명하면서 **경찰이나 검사의 의견을 기재한 것에 불과**하여 이것만으로는 피고인이 이 건 사고를 일으켰다고 인정할 자료가 될 수 없다.

 2 [대판 2010도5610] 파기환송. [피고인의 증인신청을 불허하고 검사 작성의 각 수사보고서의 기재를 주요 근거로 삼아 피해자들의 처벌희망 의사표시의 철회를 무효로 판단한 원심판결에 법리오해 또는 심리미진의 위법이 있다고 한 사례] 피해자들의 처벌희망 의사표시의 철회를 무효라고 쉽사리 단정하기는 어렵다. 더구나 처벌희망 의사표시의 철회의 효력 여부는 형벌권의 존부를 심판하는 데 구비되어야 할 소송조건에 관한 것이어서 피고인이 증인신청 등의 방법으로 처벌희망 의사표시의 철회가 유효하다고 다투는 경우에는 원심으로서는 검사가 일방적으로 작성한 수사보고서의 기재만으로 그 철회가 효력이 없다고 섣불리 인정할 것이 아니라 직접 위 피해자들을 증인으로 심문하는 등의 방법을 통해 처벌희망 의사표시 철회의 효력 여부를 세밀하고 신중하게 조사 · 판단하여야 한다.

 3 [대판 2010도3504] …… 위 증거들 중 수사보고(기초교양자료집 및 감정서), 수사보고(CD; 현대조선역사, 조선로동당 4, 5차 대회, 주체사상 총서 등), 수사보고[CD; 공소외 1 – 북(조선)의 선군정치와 한(조선)반도의 정세 등], 수사보고(피고인 2 주거지에서 전국회의 관련 문건 입수)의 경우, 원심판결 이유 및 제1심이 적법하게 채택하고 원심이 유지한 증거에 의하면, 각 첨부 자료는 그 내용의 진실성을 요증사실로 하는 것이 아니라, 그 자료 자체가 이적표현물에 해당한다는 점 또는 수사기관이 피고인 2의 주거지에서 입수한 해당 첨부 자료가 전국회의 ○○지부 사무실 등에서 발견된 기존 증거와 동일한 것이라는 점을 증명하기 위한 것으로서, 그와 같은 내용을 담은 자료의 존재 자체가 요증사실인 증거에 해당하고, 위 각 수사보고의 작성자인 경찰관 공소외 2가 제1심 공판기일에 증인으로 출석하여 **그 성립의 진정에 관하여 진술한 사실이 인정**된다. 이를 앞서 본 증거능력에 관한 법리에 비추어 살펴보면, 위 각 첨부 자료는 전문법칙이 적용되는 증거라고 할 수 없고 달리 그 증거능력을 배척할 사유가 없으며, 위 각 수사보고는 이러한 첨부 자료의 입수경위와 내용 등을 요약 · 설명한 서류로서 그 작성자의 공판기일 진술에 의하여 그 성립의 진정함이 증명되었으므로, 형사소송법 제313조 제1항에 의하여 증거로 할 수 있다고 할 것이다. 따라서 원심이 위 **각 수사보고를 증거로 채택**한 제1심을 유지한 조치에 상고이유의 주장과 같은 증거법칙 위반의 잘못이 없다.

---

7) 이재상/조균석, 형사소송법(제12판), 639면.

4 [대판 2000도2933] [수사보고서에 검증의 결과에 해당하는 기재가 있는 경우, 그 기재부분의 증거능력 유무(소극)] (가) 수사보고서에 검증의 결과에 해당하는 기재가 있는 경우, 그 기재 부분은 검찰사건사무규칙 제17조에 의하여 검사가 범죄의 현장 기타 장소에서 실황조사를 한 후 작성하는 실황조서 또는 사법경찰관리집무규칙 제49조 제1항, 제2항에 의하여 사법경찰관이 수사상 필요하다고 인정하여 범죄현장 또는 기타 장소에 임하여 실황을 조사할 때 작성하는 실황조사서에 해당하지 아니하며, **단지 수사의 경위 및 결과를 내부적으로 보고하기 위하여 작성된 서류에 불과**하므로 그 안에 검증의 결과에 해당하는 기재가 있다고 하여 이를 형사소송법 제312조 제1항의 '검사 또는 사법경찰관이 검증의 결과를 기재한 조서'라고 할 수 없을 뿐만 아니라 (나) 이를 같은 법 제313조 제1항의 '피고인 또는 피고인이 아닌 자가 작성한 진술서나 그 진술을 기재한 서류'라고 할 수도 없고, (다) 같은 법 제311조, 제315조, 제316조의 적용대상이 되지 아니함이 분명하므로 그 기재 부분은 증거로 할 수 없다.

5 [대판 98도2742] [**외국에 거주하는 참고인과의 전화 대화내용을 문답형식으로 기재한 검찰주사보 작성의 수사보고서의 증거능력**] 외국에 거주하는 참고인과의 전화 대화내용을 문답형식으로 기재한 검찰주사보 작성의 수사보고서는 전문증거로서 형사소송법 제310조의2에 의하여 제311조 내지 제316조에 규정된 것 이외에는 이를 증거로 삼을 수 없는 것인데, 위 수사보고서는 제311조, 제312조, 제315조, 제316조의 적용대상이 되지 아니함이 분명하므로, 결국 제313조의 진술을 기재한 서류에 해당하여야만 제314조의 적용 여부가 문제될 것인바, 제313조가 적용되기 위하여는 그 진술을 기재한 서류에 그 진술자의 서명 또는 날인이 있어야 한다.

6 [대판 92도1211] [전국대학생대표자협의회("전대협")정책위원회사건[8]] [**사법경찰관 작성의 수사보고서가 형사소송법 제315조 제3호 소정의 문서에 해당되어 당연히 증거능력이 인정된다고 본 사례**] 사법경찰관 작성의 '새세대 16호'에 대한 수사보고서는 피고인이 검찰에서 소지 탐독사실을 인정하고 있는 새세대 16호라는 유인물의 내용을 분석하고, 이를 기계적으로 복사하여 그 말미에 그대로 첨부한 문서로서 그 신용성이 담보되어 있어 형사소송법 제315조 제3호 소정의 "기타 특히 신용할 만한정황에 의하여 작성된 문서"에 해당되는 문서로서 당연히 증거능력이 인정된다.

---

8) 이 판례는 **전국대학생대표자협의회("전대협")** 정책위원회를 이적단체로 판단하였다. 전국대학생대표자협의회는 1987년 건설된 전국 대학 총학생회 협의체로 그 기치는 "구국의 강철대오(나라를 구하기 위해 나선 강철과 같은 무리)"다. 1987년 6월 항쟁으로 민주화에 대한 열망이 최고조에 이른 가운데 결성된 최초의 전국 단위 학생 운동 조직이다. 시위 참여 중 최루탄을 맞고 사망한 이한열의 장례 절차를 논의하기 위해 1987년 7월 5일 연세대학교에서 전국 대학의 총학생회장들이 회의를 가졌는데, 이 자리에서 전국적인 대학생 대중조직의 건설을 결의하였다. 8월 19일 충남대학교에서 이인영을 의장으로 하여 1기 전대협 출범식을 가졌다. 1989년 3기 전대협은 민간 통일운동으로 임수경을 평양에서 열린 제13차 세계청년학생축전에 전대협 대표로 보냈다. 임수경은 제3국을 통해 방북하였으며 문규현 신부와 함께 군사분계선으로 내려왔으나 곧 구속되었다. 이 사건을 기획, 지원한 임종석 3기 의장도 임수경과 함께 국가보안법 위반으로 구속되었다. ko.wikipedia.org

# 56 전문진술의 증거능력(제316조)

* 대법원 2019. 11. 14. 선고 2019도11552 판결
* 참조조문: 형사소송법 제316조[1]

---

## 전문진술의 증거능력

●**사실 및 판지**● 파기환송.「피고인이 새마을금고 이사장 선거와 관련하여 대의원 갑에게 자신을 지지해 달라고 부탁하면서 현금 50만 원을 제공하였다고 하여 새마을금고법 위반으로 기소되었는데, 검사는 사법경찰관 작성의 **공범 갑**에 대한 피의자신문조서 및 진술조서를 증거로 제출하고, 검사가 신청한 **증인 을**은 법정에 출석하여 '**갑으로부터 피고인에게서 50만 원을 받았다는 취지의 말을 들었다**'고 증언한 사안에서, (가) 갑이 법정에 출석하여 위 피의자신문조서 및 진술조서의 성립의 진정을 인정하였더라도 피고인이 공판기일에서 그 조서의 내용을 모두 부인한 이상 이는 증거능력이 없고, 한편 (나) 제1심 및 원심 공동피고인인 갑은 원심에 이르기까지 일관되게 피고인으로부터 50만 원을 받았다는 취지의 공소사실을 부인한 사실에 비추어 원진술자 갑이 사망, 질병, 외국거주, 소재불명 그 밖에 이에 준하는 사유로 인하여 진술할 수 없는 때에 해당하지 아니하여 갑의 진술을 내용으로 하는 을의 법정증언은 전문증거로서 증거능력이 없으며, 나아가 (다) 피고인은 일관되게 갑에게 50만 원 자체를 교부한 적이 없다고 주장하면서 적극적으로 다툰 점, 이에 따라 사법경찰관 작성의 갑에 대한 피의자신문조서 및 진술조서의 내용을 모두 부인한 점, (라) 을의 법정증언이 전문증거로서 증거능력이 없다는 사정에 대하여 피고인 또는 변호인에게 의견을 묻는 등의 적절한 방법으로 고지가 이루어지지 않은 채 증인신문이 진행된 다음 증거조사 결과에 대한 의견진술이 이루어진 점, (마) 을이 위와 같이 증언하기에 앞서 원진술자 갑이 피고인으로부터 50만 원을 제공받은 적이 없다고 이미 진술한 점 등을 종합하면 (바) 피고인이 을의 법정증언을 증거로 삼는 데에 동의하였다고 볼 여지는 없고, 을의 증언에 따른 증거조사 결과에 대하여 별 의견이 없다고 진술하였더라도 달리 볼 수 없으므로, (사) 결국 사법경찰관 작성의 갑에 대한 피의자신문조서 및 진술조서와 을의 전문진술은 증거능력이 없다는 이유로, 위 각 증거의 증거능력을 인정하여 공소사실에 대한 유죄의 증거로 삼은 원심의 조치에 형사소송법 제312조, 제316조 등에서 정한 증거능력에 관한 법리 등을 오해한 잘못이 있다」.

●**해설**● 1 '**전문진술**'이라 함은 타인의 진술을 전해들은 또 다른 타인이 그 전문한 사실을 법원에 진술하는 것을 말한다. 형사소송법 제316조는 전문진술에 대한 전문법칙의 예외를 규정하고 있다. 즉 제316조는 피고인 아닌 자의 진술이 '피고인'의 진술 또는 '피고인 아닌 타인'의 진술을 내용으로 하는 경우에 예외적으로 그 전문진술의 증거능력을 인정하고 있다. 형사소송법은 전문법칙의 예외를 ① 전문'서류'의 경우와 ② 전문'진술'의 경우로 나누어 규정하고 있다. 먼저 **전문서류**에 대한 전문법칙의 예외를 제

---

1) 형사소송법 제316조(**전문의 진술**) ① 피고인이 아닌 자(공소제기 전에 피고인을 피의자로 조사하였거나 그 조사에 참여하였던 자를 포함한다. 이하 이 조에서 같다)의 공판준비 또는 공판기일에서의 진술이 '**피고인의 진술**'을 그 내용으로 하는 것인 때에는 그 진술이 **특히 신빙할 수 있는 상태** 하에서 행하여졌음이 증명된 때에 한하여 이를 증거로 할 수 있다. ② 피고인 아닌 자의 공판준비 또는 공판기일에서의 진술이 '**피고인 아닌 타인의 진술**'을 그 내용으로 하는 것인 때에는 원진술자가 사망, 질병, 외국거주, 소재불명 그 밖에 이에 준하는 사유로 인하여 진술할 수 없고, 그 진술이 특히 신빙할 수 있는 상태 하에서 행하여졌음이 증명된 때에 한하여 이를 증거로 할 수 있다.  cf) 즉 '피고인'의 진술을 전달한 경우(①)는 **특신상태**, '피고인 아닌 타인'의 진술을 전달한 경우(②)는 **필요성 + 특신상태**가 충족되면 증거능력이 인정된다.

311조~제315조에서 규정하고, **전문진술**에 대한 예외는 제316조에 규정하면서 법정에서의 전문진술이 ㉠ **피고인의 진술**을 내용으로 하는 경우[2]와 ② **피고인인 아닌 타인의 진술**을 내용으로 하는 경우[3]로 나누고 있다. 전문진술에 대한 전문법칙은 전문법칙의 핵심을 이룬다.

**2 '피고인'의 진술과 증거능력 인정요건(특신상태)**　　　　(1) '피고인의 진술'을 내용으로 하는 제3자의 진술(법316①)에 있어서 피고인은 **'당해 피고인'**만을 의미한다. 따라서 '공동피고인'이나 '공범자'는 여기의 피고인에 해당하지 않는다(대판 2011도7173, Ref 1-4). (2) '피고인의 진술'을 내용으로 하는 제3자의 전문진술이 증거능력이 인정되는 것은 피고인의 원진술이 **특히 신빙할 수 있는 상태** 하에서 행하여졌음이 증명된 때에 한한다. **'특신상태'**란 그 진술내용에 허위개입의 여지가 거의 없고 그 진술내용의 신빙성이나 임의성을 담보할 구체적이고 외부적인 정황이 있는 경우를 말한다(대판 2005도9561, Ref 1-6).

**3 '피고인 아닌 자'의 진술과 증거능력 인정요건(필요성 + 특신상태)**　　　　'피고인 아닌 자의 진술'을 내용으로 하는 제3자의 진술(법316②)에 있어서 원진술자인 '피고인 아닌 자'에는 제3자는 물론 공범자와 공동피고인(상피고인)도 모두 포함된다(대판 2011도7173, Ref 1-4). 이 경우 증거능력이 인정되기 위해서는 ① 원진술자가 사망, 질병, 외국거주, 소재불명 그 밖에 이에 준하는 사유로 인하여 진술할 수 없어야 하고(**필요성**), ② 그 진술이 특히 신빙할 수 있는 상태 하에서 행하여져야 한다(**특신상태**). 판례는 필요성 요건과 관련하여 판례는「사망, 질병 등 명시적으로 열거된 사유 외에도 원진술자가 공판정에서 진술을 한 경우라도 증인신문 당시 일정한 사항에 관하여 **기억이 나지 않는다는 취지로 진술하여 그 진술의 일부가 재현 불가능**하게 된 경우도 포함하고 있다」(대판 2005도9561, Ref 1-6). 또한 전문의 진술을 증거로 함에 있어서는 전문진술자가 원진술자로부터 진술을 들을 당시 **원진술자가 증언능력에 준하는 능력을 갖춘 상태**에 있어야 한다. 증인의 증언능력은 증인 자신이 과거에 경험한 사실을 그 기억에 따라 공술할 수 있는 정신적인 능력이기 때문이다(대판 2005도9561, Ref 1-6).

**4 조사자의 진술과 증거능력 인정요건**　　　　공소제기 전에 '피고인'을 피의자로 **조사하였거나 그 조사에 참여**하였던 자 또는 '피고인 아닌 자'를 **조사하였거나 그 조사에 참여**하였던 자의 공판준비 또는 공판기일에서의 진술이 피고인의 진술 또는 피고인 아닌 타인의 진술을 그 내용으로 하는 것인 때에도 제316조 제1항의 요건(**특신상태**) 또는 제2항의 요건(**필요성 + 특신상태**)을 갖춘 경우에는 증거능력이 인정된다(법316①).[4] 조사자증언은 2020년 형사소송법의 개정으로 인해 검사 작성의 피의자신문조서의 증거능

---

2) X가 A를 살해했다는 혐의로 기소되었고, 이때 만약 X의 친구 Y가 "X가 나에게 '내가 A를 죽여 버렸다'고 말한 적이 있다"라고 증언하였다면, X의 진술이 '특히 신방할 수 있는 상태' 하에서 행하여졌음이 증명된다면 Y의 진술을 증거로 할 수 있다.

3) X가 A를 강간한 직후 A는 친구 B에게 "X에게 강간당했다."고 말하였고, 그 후 A는 강간의 충격으로 심각한 정신장애를 일으켰는데, X가 강간죄로 기소된 후 법정에서 B는 "당시 A가 공포에 질린 모습으로 나를 찾아와 'X에게 강간당했다.'는 말을 하였다."고 진술하였다면, 이 경우는 피고인 아닌 자(B)의 공판기일에서의 진술이 피고인 아닌 타인(A)의 진술을 그 내용으로 하고 있으므로 제316조 제2항이 적용된다. 이 경우에 B의 법정증언이 증거능력이 인정되기 위해서는 '필요성'과 '특신상태'가 충족되어야 한다. A는 심각한 정신장애로 출석하기 어려워 필요성 요건이 충족될 수 있고, 또한 A가 B에게 한 진술이 특히 신빙할 수 있는 상태에서 행하여졌음이 인정된다면 B의 법정증언은 증거능력이 있게 된다.

4) X를 조사하였던 사법경찰관 P가 법정에서 "X가 수사과정에서 범행을 자백하였다."라고 진술하였을 경우, X의 진술이 특히 신빙할 수 있는 상태 하에서 행하여졌음이 증명되면, P의 법정진술을 X에 대한 유죄의 증거로 사

력이 약화된 상황에서 그 활용성이 더욱 요구되고 있다(그러나 조사자증언의 경우 조사자가 자신이 행한 조사에 오류가 있다고 인정하기 어려울 뿐만 아니라 조사자는 이미 **확증편향에 지배**되어 있을 가능성이 높으므로 그 증언이 객관적으로 이루어지길 기대하기 어렵다는 비판도 있다).

**5 재전문증거**　　　　　재전문(再傳聞)이란 전문증거의 진술내용이 타인의 전문진술을 내용으로 하는 경우를 말한다(2중의 전문 · double hearsay). (1) 전문증거의 경우, 원진술자를 반대신문함으로써 그 진실성을 음미할 수 있지만, 재전문증거는 진술자를 반대신문하더라도 원진술자의 존재나 진술정황 등이 확인 될 수 없다는 점에 특징이 있다. (2) 재전문증거의 경우, ㉠ 전문진술을 기재한 조서는 **재전문서류**라 하고, ㉡ 타인의 전문진술을 전해들었다는 진술은 **재전문진술**, ㉢ 타인의 전문진술을 전해들었다는 진술을 기재한 조서를 **재재전문서류**라 한다. (3) 형사소송법은 재전문진술이나 재전문진술을 기재한 조서에 대하여는 달리 그 증거능력을 인정하는 규정을 두고 있지 않으므로 원칙적으로 증거능력이 인정되지 않지만 이 경우도 **당사자의 동의**가 있으면 증거능력이 인정된다(대판 2010도5948, Ref 2-1). 다만 판례는 **예외적으로 재전문서류**는 일정한 요건 하에서 증거능력을 인정하고 있다. 즉 「**전문진술이 기재된 조서(재전문서류)**는 형사소송법 제312조 또는 제314조의 규정에 의하여 각 그 증거능력이 인정될 수 있는 경우에 해당하여야 함은 물론 나아가 형사소송법 제316조 제2항의 규정에 따른 위와 같은 요건을 갖추어야 예외적으로 증거능력이 있다」(대판 2001도2891, Ref 2.2-1).

## *Reference 1*

### * '피고인의 진술'을 내용으로 하는 제3자의 진술과 원진술의 특신상태(법316①) *

1 [대판 2011도5459] 피고인을 조사하였던 경찰관 공소외인의 원심 법정진술은 '피고인이 이 사건 공소사실 기재와 같은 범행을 저질렀다'는 피고인의 진술을 그 내용으로 하고 있는바, 이를 증거로 사용할 수 있기 위해서는 피고인의 위와 같은 진술이 특히 신빙할 수 있는 상태 하에서 행하여졌음이 증명되어야 하는데, (가) 피고인이 그 진술 경위나 과정에 관하여 치열하게 다투고 있는 점, (나) 위와 같은 진술이 체포된 상태에서 변호인의 동석 없이 이루어진 점 등을 고려해 보면, 피고인의 위와 같은 진술이 **특히 신빙할 수 있는 상태 하에서 행하여졌다는 점이 증명되었다고 보기 어려우므로**, 피고인의 위와 같은 진술을 내용으로 한 공소외인의 당심 법정에서의 진술은 증거능력이 없다고 판단하였다.

2 [대판 80도1289] [피고인이 경찰에서 작성한 자술서와 **수사경찰 아닌 경찰관의 증언**을 유죄의 증거로 할 수 없다고 한 사례] 피고인이 경찰에서 작성한 자술서가 진정성립을 인정할 자료가 없을 뿐만아니라 피고인이 경찰에서 엄문을 당하면서 작성한 것이라고 보여진다면 그 자술서에 임의성을 인정하기 어렵다 할 것이고 경찰관이 증인 갑의 증언내용이 피고인이 경찰에서 피의자로서 조사받을 때 담당수사경찰이 없는 자리에서 자기에게 자백진술을 하였다는 내용이라면 이는 전문증거라고 할 것이므로 원 진술자의 진술이 특히 신빙할 수 있는 상태에서 이루어진 것이라고 보기 어렵다면 이러한 증거들을 유죄의 증거로 삼을 수 없다.

용할 수 있다.

# '피고인 아닌 자의 진술'을 내용으로 하는 제3자의 진술(법316②)

3 [대판 2012도725] [1] 형사소송법 제314조의 **'특신상태'와 관련된 법리**는 마찬가지로 원진술자의 소재불명 등을 전제로 하고 있는 형사소송법 제316조 제2항의 '특신상태'에 관한 해석에도 그대로 적용된다. [2] 형사소송법 제314조, 제316조 제2항에서 말하는 '그 진술 또는 작성이 특히 신빙할 수 있는 상태 하에서 행하여진 때'라 함은 그 진술내용이나 조서 또는 서류의 작성에 허위개입의 여지가 거의 없고, 그 진술내용의 신빙성이나 임의성을 담보할 구체적이고 외부적인 정황이 있는 경우를 가리킨다.

4 [대판 2011도7173] [형소법 제316조 제2항에서 정한 '피고인 아닌 타인'의 의미] 형사소송법 제316조 제2항에 의하면, 피고인 아닌 자의 공판준비 또는 공판기일에서의 진술이 피고인 아닌 타인의 진술을 그 내용으로 하는 것인 때에는 원진술자가 사망, 질병, 외국거주, 소재불명 그 밖에 이에 준하는 사유로 인하여 진술할 수 없고 그 진술이 특히 신빙할 수 있는 상태하에서 행하여졌음이 증명된 때에 한하여 이를 증거로 할 수 있다고 규정하고 있고, 여기서 말하는 '피고인 아닌 자'라고 함은 **제3자는 말할 것도 없고 '공동피고인'이나 '공범자'를 모두 포함**한다고 해석된다.

5 [대판 2008도6985] [공소제기 전에 피고인 아닌 자를 조사한 자 등의 증언이 형사소송법 제316조 제2항에 따라 증거능력을 갖추기 위한 요건] 형사소송법 제316조 제2항은 "피고인 아닌 자의 공판준비 또는 공판기일에서의 진술이 피고인 아닌 타인의 진술을 그 내용으로 하는 것인 때에는 원진술자가 사망, 질병, 외국거주, 소재불명, 그 밖에 이에 준하는 사유로 인하여 진술할 수 없고, 그 진술이 특히 신빙할 수 있는 상태하에서 행하여졌음이 증명된 때에 한하여 이를 증거로 할 수 있다"고 규정하고 있고, 같은 조 제1항에 따르면 위 '피고인 아닌 자'에는 공소제기 전에 피고인 아닌 타인을 조사하였거나 그 조사에 참여하였던 자(이하 '조사자'라고 한다)도 포함된다. 따라서 **조사자의 증언에 증거능력이 인정되기 위해서는** (가) 원진술자가 사망, 질병, 외국거주, 소재불명, 그 밖에 이에 준하는 사유로 인하여 진술할 수 없어야 하는 것이라서, (나) 원진술자가 법정에 출석하여 수사기관에서 한 진술을 부인하는 취지로 증언한 이상 원진술자의 진술을 내용으로 하는 조사자의 증언은 증거능력이 없다.

6 [대판 2005도9561] [1] [형사소송법 제314조, **제316조 제2항**에서 말하는 '원진술자가 진술을 할 수 없는 때' 및 '특히 신빙할 수 있는 상태 하에서 행하여진 때'의 의미] 형사소송법 제314조, 제316조 제2항에서 말하는 **'원진술자가 진술을 할 수 없는 때'**에는 사망, 질병 등 명시적으로 열거된 사유 외에도 원진술자가 공판정에서 진술을 한 경우라도 증인신문 당시 일정한 사항에 관하여 **기억이 나지 않는다는 취지로 진술하여 그 진술의 일부가 재현 불가능하게 된 경우도 포함**하는 것이고, 위 규정들에서 '그 진술 또는 작성이 특히 신빙할 수 있는 상태하에서 행하여진 때'라 함은 그 진술내용이나 조서 또는 서류의 작성에 허위개입의 여지가 거의 없고, 그 진술내용의 신빙성이나 임의성을 담보할 구체적이고 외부적인 정황이 있는 경우를 가리킨다. [2] 수사기관에서 진술한 피해자인 유아가 공판정에서 진술을 하였더라도 증인신문 당시 일정한 사항에 관하여 기억이 나지 않는다는 취지로 진술하여 그 진술의 일부가 재현 불가능하게 된 경우, 형사소송법 제314조, 제316조 제2항에서 말하는 '원진술자가 진술을 할 수 없는 때'에 해당한다고 한 사례. [3] **전문의 진술을 증거로 함에 있어서는 전문진술자가 원진술자로부터 진술을 들을 당시 원진술자가 증언능력에 준하는 능력을 갖춘 상태**에 있어야 할 것인데, 증인의 증언능력은 증인 자신이 과거에 경험한 사실을 그 기억

에 따라 공술할 수 있는 정신적인 능력이라 할 것이므로, 유아의 증언능력에 관해서도 그 유무는 단지 공술자의 연령만에 의할 것이 아니라 그의 지적수준에 따라 개별적이고 구체적으로 결정되어야 함은 물론 공술의 태도 및 내용 등을 구체적으로 검토하고, 경험한 과거의 사실이 공술자의 이해력, 판단력 등에 의하여 변식될 수 있는 범위 내에 속하는가의 여부도 충분히 고려하여 판단하여야 한다. [4] **사고 당시 만 3세 3개월 내지 만 3세 7개월 가량**이던 피해자인 여아의 증언능력 및 그 진술의 신빙성을 인정한 사례.

### *법316②와 특신상태*

7 [대판 82도1957] [전문진술의 원진술자가 특정되어 있지 않고 또 원진술이 신빙할 수 있는 상태에서 행해진 것이라고 볼 수 없어 유죄의 증거로 삼을 수 없다고 한 사례] 증인 (갑)의 경찰 이래 제1심 법정에 이르기까지의 진술은 요컨대 사고지점 부근에서 놀다가 펑하는 소리를 듣고 현장에 가보았더니 피해자와 오토바이가 길 위에 쓰러져 있었는데 **행인들이** 지금 지나간 뻐스에 부딪쳐 사고가 났다고 이야기하는 것을 들었다는 취지로 요약할 수 있어 결국 전문의 진술에 불과한 바 (가) 원진술자도 특정된 것이 아닐 뿐만 아니라 (나) 그 원진술자의 진술이 특히 신빙할 수 있는 상태에서 행하여진 것이라고도 볼 수 없으니 피고인에 대한 유죄의 증거로 삼을 수 없는 것이다.

## *Reference 2*
## * 재전문증거의 증거능력 *

1 [대판 2010도5948] [피고인이 증거로 하는 데 **동의하지 아니한 재전문진술** 또는 재전문진술을 기재한 조서의 증거능력 유무(소극)] [1] 형사소송법은 전문진술에 대하여 제316조에서 실질상 단순한 전문의 형태를 취하는 경우에 한하여 예외적으로 그 증거능력을 인정하는 규정을 두고 있을 뿐, **재전문진술이나 재전문진술을 기재한 조서**에 대하여는 달리 그 증거능력을 인정하는 규정을 두고 있지 아니하고 있으므로, 피고인이 증거로 하는 데 '동의하지 아니하는 한' 형사소송법 제310조의2의 규정에 의하여 이를 증거로 할 수 없다. [2] '피고인이 2009. 7. 20. 05:00경 대전 동구 대동에 있는 피고인과 피해자의 주거지 빌라 2층 계단에서 피해자를 계단 아래쪽으로 밀쳐 피해자로 하여금 2층에서 1층으로 내려가는 중간의 계단 바닥으로 떨어져 머리 부위가 계단 바닥에 부딪히게 함으로써 피해자로 하여금 2009. 7. 22. 01:37경 사망하게 하였다'는 폭행치사의 점에 대하여, 피고인으로부터 "하도 때려서 내가 밀었어."라는 말을 들었다는 A의 법정진술이나 수사기관 진술을 기재한 조서는 …… B, C, D의 제1심 법정진술과 수사기관에서의 진술을 기재한 조서 중 '피고인이 피해자를 계단에서 밀었다'는 부분은 **A가 피고인으로부터 들은 말을 순차로 전해 들었다는 것으로서, 이른바 재전문진술이나 재전문진술을 기재한 조서에 해당**하므로, 이에 대하여 피고인이 증거로 하는 데 동의하지 아니하는 한 증거로 사용할 수 없다고 할 것이다.

### *전문진술이 기재된 수사기관 작성의 조서에 대한 증거능력*

2-1 [대판 2001도2891] [사고 당시 만 4세 6개월 남짓된 여아 진술의 증언능력 및 신빙성을 인정한 사례] [1] (가) 전문진술이나 전문진술을 기재한 조서는 형사소송법 제310조의2의 규정에 의하여 원칙적으로 증거능력이 없는 것인데, (나) 다만 **전문진술**은 형사소송법 제316조 제2항의 규정에 따라 원진술자가 사망, 질병, 외국거주 기타 사유로 인하여 진술할 수 없고 그 진술이 특히 신빙할 수 있는 상태 하에서 행하여진 때에 한하여 예외적으로 증거능력이 있다고 할 것이고, (다) **전문진술이 기재된 조서**는 형사소송법 제312조

또는 제314조의 규정에 의하여 각 그 증거능력이 인정될 수 있는 경우에 해당하여야 함은 물론 나아가 형사소송법 제316조 제2항의 규정에 따른 위와 같은 요건을 갖추어야 예외적으로 증거능력이 있다. [2] 원심이 인용한 제1심은 이 사건 범죄사실에 대한 유죄의 증거로서, 피해자와 공소외인의 제1심법정에서의 각 진술과 검사 작성의 피해자에 대한 진술조서, 사법경찰리 작성의 피고인에 대한 피의자신문조서 중 피해자 진술부분, 사법경찰리 작성의 피해자, 공소외인에 대한 각 진술조서 및 검사 작성의 피고인에 대한 피의자신문조서 중 일부 진술기재 등을 들고 있는데, (1) 피고인은 경찰이래 원심법정에 이르기까지 **이 사건 범행사실을 부인**하고 있으므로 검사 작성의 피고인에 대한 피의자신문조서는 이를 유죄의 직접적인 증거로 삼을 수 없고, (2) 공소외인(피해자의 어머니)의 제1심법정에서의 진술과 사법경찰리 작성의 공소외인에 대한 진술조서의 기재 내용은 모두 피고인의 피해자에 대한 추행사실에 관한 피해자의 진술을 내용으로 하는 것으로서, 위 공소외인의 제1심법정에서의 진술은 형사소송법 제310조의2 소정의 공판준비 또는 공판기일 외에서의 타인의 진술을 내용으로 하는 **이른바 전문진술**이라 할 것이고, 공소외인의 수사기관에서의 진술을 기재한 조서는 그와 같은 전문진술이 기재된 조서로서 이른바 **재전문증거**라고 할 것인바, 이와 같은 **전문진술이나 전문진술을 기재한 조서**는 형사소송법 제310조의2의 규정에 의하여 원칙적으로 증거능력이 없는 것인데, 다만 전문진술은 형사소송법 제316조 제2항의 규정에 따라 원진술자가 사망, 질병, 외국거주 기타 사유로 인하여 진술할 수 없고 그 진술이 특히 신빙할 수 있는 상태하에서 행하여진 때에 한하여 예외적으로 증거능력이 있다고 할 것이고, 전문진술이 기재된 조서는 형사소송법 제312조 또는 제314조의 규정에 의하여 각 그 증거능력이 인정될 수 있는 경우에 해당하여야 함은 물론 나아가 형사소송법 제316조 제2항의 규정에 따른 위와 같은 요건을 갖추어야 예외적으로 증거능력이 있다고 할 것이므로, **원진술자인 피해자가 진술을 할 수 없는 상태가 아님이 분명**한 이 사건에서 위와 같이 예외적으로 증거능력을 갖추었다고 볼 수 없는 위 공소외인의 진술과 그 진술내용이 기재된 조서를 유죄의 증거로 삼은 원심의 조치는 잘못이라 할 것이다.

**2-2 [대판 99도4814]** [피고인 아닌 자의 공판준비, 공판기일에서의 진술 또는 그 진술을 기재한 조서가 **피고인의 진술을 그 내용**으로 하는 경우, 증거능력을 인정하기 위한 요건] [1] 전문진술이나 전문진술을 기재한 조서는 형사소송법 제310조의2의 규정에 의하여 원칙적으로 증거능력이 없으나, 다만 피고인 아닌 자의 공판준비 또는 공판기일에서의 진술이 피고인의 진술을 그 내용으로 하는 것인 때에는 형사소송법 제316조 제1항의 규정에 따라 그 진술이 특히 신빙할 수 있는 상태 하에서 행하여진 때에 한하여 이를 증거로 할 수 있고, 그 전문진술이 기재된 조서는 형사소송법 제312조 내지 314조의 규정에 의하여 그 증거능력이 인정될 수 있는 경우에 해당하여야 함은 물론 나아가 **형사소송법 제316조 제1항의 규정에 따른 위와 같은 조건을 갖춘 때에 예외적으로 증거능력을 인정**하여야 할 것이다. [2] 사법경찰관 사무취급 작성의 피고인 아닌 자에 대한 진술조서가 피고인의 범행 자백에 대한 진술을 그 내용으로 하는 것으로서 그 성립의 진정함이 증명되고 특히 신빙할 수 있는 상태에서 행해진 것으로 판단된다는 이유로 그 증거능력을 인정한 사례. [3] 사법경찰관 사무취급 작성의 A에 대한 진술조서 중 피고인의 진술을 내용으로 하는 부분은 "피고인이 휴대폰을 훔쳐간 것으로 의심하는 말을 피해자로부터 들은 후에 피고인과 전화통화를 하였는데, '공소외인과 함께 공장에 들어갔다가 사용할 목적으로 자신이 휴대폰을 훔쳐 가지고 나왔다'고 피고인이 얘기하였다"는 내용으로서, 위 진술조서에는 진술자인 A의 서명무인이 있고 공판기일에서의 A의 진술에 의하여 그 성립의 진정함이 증명되었으므로 형사소송법 제313조 제1항의 규정에 따른 요건을 갖추었다 할 것이고, 또한 피고인이 위와 같은 진술을 하게 된 경위에 비추어 볼 때, 피고인의 진술은 특히 신빙할 수 있는 상태에서 행하여진 것으로 판단되므로 형사소송법 제316조 제1항의 규정에 따른 요건을 갖추었다 할 것이어서

결국 위 진술조서 중 피고인의 진술을 내용으로 하는 부분을 증거능력이 있다고 할 것이다.

**2-3 [대판 2005도5831]** [피고인의 진술을 내용으로 하는 전문진술 또는 그 전문진술을 기재한 조서의 증거능력을 인정하기 위한 요건] 피고인 아닌 자의 공판기일에서의 진술이 피고인의 진술을 그 내용으로 하는 것인 때에는 형사소송법 제316조 제1항의 규정에 따라 피고인의 진술이 특히 신빙할 수 있는 상태 하에서 행하여진 때에는 이를 증거로 할 수 있고, 그 전문진술이 기재된 조서는 형사소송법 제312조 내지 제314조의 규정에 의하여 증거능력이 인정되어야 할 뿐만 아니라, 형사소송법 제316조 제1항의 규정에 따른 위와 같은 조건을 갖추고 있는 때에 한하여 증거능력이 있다. 다만, 피고인을 검거한 경찰관의 검거 당시 또는 조사 당시 피고인이 범행사실을 순순히 자백하였다는 취지의 법정증언이나 위 경찰관의 진술을 기재한 서류는, 피고인이 그 경찰관 앞에서의 진술과는 달리 범행을 부인하는 이상 형사소송법 제312조 제2항(현 제312조 제3항)의 취지에 비추어 증거능력이 없다고 보아야 한다. [2] 기록에 의하면, 갑은 이 사건 발생 당시 근무책임 간부인 경찰관으로서 살인사건이 발생하였다는 신고를 받고, 먼저 출동한 경찰관들에 이어서 이 사건 현장에 도착하였는데, 먼저 도착한 경찰관들로부터 피고인이 유력한 용의자인데 횡설수설한다는 보고를 받고, 순찰차에 타고 있던 피고인의 옆자리로 다가가 피고인에게 범인과 범행 이유에 관하여 물어 피고인으로부터 자신이 범행을 하였다는 진술을 받아 낸 다음, 이러한 과정과 피고인의 진술 내용을 적은 검거경위서를 작성하였고 제1심 법정에서 같은 내용의 진술을 한 사실을 알 수 있다. 경찰관인 갑이 피고인으로부터 범행사실을 들은 경위가 이러하다면, 앞서 본 법리에 비추어 볼 때 갑의 제1심 법정에서의 진술과 갑이 작성한 검거경위서는 피고인의 유죄를 인정하는 증거로 사용할 수 없다고 보아야 한다. 그럼에도 불구하고, 원심이 갑의 증언과 위 서류를 증거로 채택·조사하여 유죄의 근거로 삼은 것은 피고인의 진술을 내용으로 하는 전문증거의 증거능력에 관한 법리를 오해한 위법이 있다.

# 57 전문법칙의 특수문제(1) – 사진의 증거능력 –

* 대법원 2013. 7. 26. 선고 2013도2511 판결
* 참조조문: 형사소송법 제308조의2,[1] 제310조의2[2]

---

| 해외촬영 사진의 증거능력 |
|---|

●**판지**● 「[1] 누구든지 자기의 얼굴이나 모습을 함부로 촬영당하지 않을 자유를 가지나, 이러한 자유도 무제한으로 보장되는 것은 아니고 국가의 안전보장 · 질서유지 · 공공복리를 위하여 필요한 경우에는 그 범위 내에서 상당한 제한이 있을 수 있으며, (가) 수사기관이 범죄를 수사함에 있어 **현재 범행이 행하여지고 있거나 행하여진 직후**이고, (나) **증거보전의 필요성 및 긴급성**이 있으며, (다) 일반적으로 **허용되는 상당한 방법으로 촬영**한 경우라면 위 촬영이 영장 없이 이루어졌다 하여 이를 위법하다고 단정할 수 없다.

[2] 원심판결 이유와 원심이 적법하게 채택한 증거들에 의하면, 피고인 X, Y, Z가 일본 또는 중국에서 **북한 공작원들과 회합하는 모습을 동영상으로 촬영**한 것은 위 피고인들이 회합한 증거를 보전할 필요가 있어서 이루어진 것이고, 피고인들이 반국가단체의 구성원과 회합 중이거나 회합하기 직전 또는 직후의 모습을 촬영한 것으로 그 촬영 장소도 차량이 통행하는 도로 또는 식당 앞길, 호텔 프런트 등 공개적인 장소인 점 등을 알 수 있으므로, 이러한 촬영이 일반적으로 허용되는 상당성을 벗어난 방법으로 이루어졌다거나, 영장 없는 강제처분에 해당하여 위법하다고 볼 수 없다. 따라서 위와 같은 사정 아래서 원심이 위 촬영행위가 위법하지 않다고 판단하고 그 판시와 같은 6mm 테이프 동영상을 캡처한 **사진들의 증거능력을 인정한 조치는 정당한 것으로 수긍**할 수 있고, 거기에 상고이유 주장과 같이 영장주의의 적용 범위나 초상권의 법리 등을 오해한 위법이 없다.

[3] 원심은 위 동영상 캡처 사진들이 국제법상 마땅히 보장되어야 하는 외국의 영토주권을 침해하고 국제형사사법 공조절차를 위반한 위법수집증거로서 그 증거능력이 부정되어야 한다는 피고인들의 주장을 배척하고 이를 유죄의 증거로 삼았음을 알 수 있다. 비록 위 동영상의 촬영행위가 증거수집을 위한 **수사행위에 해당**하고 그 촬영 장소가 우리나라가 아닌 일본이나 중국의 영역에 속한다는 사정은 있으나, 촬영의 상대방이 우리나라 국민이고 앞서 본 바와 같이 공개된 장소에서 일반적으로 허용되는 상당한 방법으로 이루어진 촬영으로서 **강제처분이라고 단정할 수 없는** 점 등을 고려하여 보면, 위와 같은 사정은 그 촬영행위에 의하여 취득된 증거의 증거능력을 부정할 사유는 되지 못한다. 결국 위 사진들의 증거능력을 인정한 원심의 조치는 정당하고, 거기에 상고이유 주장과 같이 위법수집증거배제법칙의 적용 범위에 관한 법리를 오해한 등의 위법이 있다고 할 수 없다」.

●**해설**● 1 피사체의 상황을 광학적으로 정확하게 기록하는 사진은 기계적 재생으로 신용성이 높음에 반하여 촬영 · 현상과 인화과정에서 인위적 **조작이 가능**하다는 위험성이 있어 진정성에 대한 판단이 중요한 의미를 가진다. 사진의 증거능력과 관련하여 사진을 비진술증거로 취급할 것인가 아니면 전문법칙이 적용되는 진술증거로 취급할 것인가가 문제된다. 사진은 다양한 형태로 증거방법이 될 수 있으므로 사진의 증거능력도 사진의 성질과 용법에 따라 다시 ㉠ 사본으로서의 사진, ㉡ 진술의 일부인 사진, ㉢ 현장사진으로 나누어 고찰할 수 있다. 주로 문제되는 것은 '현장사진'이다.

---

1) 형사소송법 제308조의2(**위법수집증거의 배제**) 적법한 절차에 따르지 아니하고 수집한 증거는 증거로 할 수 없다.
2) 형사소송법 제310조의2(**전문증거와 증거능력의 제한**) 제311조 내지 제316조에 규정한 것 이외에는 공판준비 또는 공판기일에서의 진술에 대신하여 진술을 기재한 서류나 공판준비 또는 공판기일 외에서의 타인의 진술을 내용으로 하는 진술은 이를 증거로 할 수 없다.

**2 사본으로서의 사진**　　문서의 사본이나 범행에 사용된 흉기의 사진 등과 같이 사진이 증거로 제출되어야 할 서면이나 '증거물의 대용물'로 사용되는 경우를 말한다. 이 경우는 원본의 성질에 따라 사진에 대한 전문법칙 적용 여부가 정해지게 된다. 먼저 (1) 원본이 범행에 사용된 '흉기를 찍은' 사진과 같은 **비진술증거**(대판 2015도2275, Ref 1−1)이거나 사이버스토킹범죄에서 휴대전화기에 저장된 문자정보와 같은 **원진술의 '존재 자체'가** 요증사실인 경우(대판 2006도2556, Ref 2−1)는 전문증거에 해당되지 않아 전문법칙이 적용되지 않는다(이 경우는 최량증거법칙의 요건만으로 증거능력이 인정된다). 다음으로 (2) 원본의 **내용의 '진실여부'가** 요증사실인 경우에는 전문법칙에 따라 성립의 진정 등이 요구된다(대판 81도2591, Ref 3)(이 경우는 최량증거법칙뿐만 아니라 전문법칙 예외 요건을 갖추어야 그 증거능력이 인정된다). 한편, (3) 판례는 사본으로서의 사진의 증거능력판단과 관련하여 '**최량증거법칙**(best evidence rule)'을 취한다(최량증거의 법칙은 제출 가능한 증거 가운데 가장 우량한 증거를 제출해야 한다는 법원리를 말한다. 전문증거를 원칙적으로 증거의 세계에서 배제하는 이유 또한 최량증거 법칙에 의해 이해될 수 있다. 형사소송법에서 최량증거의 법칙은 검사의 증명활동에 적용되는 원칙이다. 피고인은 자기부죄거부의 권리를 가지기 때문이다). 즉 ㉠ 원본이 존재하거나 존재하였을 것, ㉡ 원본 제출이 불가능하거나 곤란한 사정이 있을 것(**필요성**), ㉢ 원본과 정확하게 같을 것(**정확성**) 3가지 요건이 갖추어지면 증거능력이 인정된다(대판 2015도2275, Ref 1−1).

**3 진술의 일부인 사진**　　'검증조서'나 '감정서'에 첨부된 사진과 같이 진술자의 진술내용을 정확하게 표현하기 위하여 사진이 진술증거의 일부분으로 사용되는 경우이다. 이 경우 진술의 일부인 사진은 진술증거의 일부를 구성하는 보조수단에 불과하므로 검증조서나 감정서와 일체로서 증거로 판단하면 된다. 다만, '**범행재연사진**'과 관련하여 판례는 「사법경찰관이 작성한 **검증조서**에 피의자이던 피고인이 검사 이외의 수사기관 앞에서 자백한 범행내용을 현장에 따라 진술·재연한 내용이 기재되고 **그 재연 과정을 촬영한 사진이 첨부되어 있다면**, 그러한 기재나 사진은 피고인이 공판정에서 그 진술내용 및 범행재연의 상황을 모두 부인하는 이상 증거능력이 없다」고 판시하였다(대판 2003도6548, Ref 4−1). 이는 진술기재부분 이외에 범해재연사진은 일반적인 사진과 달리 **행동적 진술로서 '진술증거'** 해당하므로 피고인의 진술에 해당하는 경우에는 작성주체에 따라 제312조 제1항 내지 제3항이 적용됨을 의미한다(즉 '**범행재연사진**'은 '피의자신문조서'와 동일하다고 보면 된다).

**4 현장사진**　　현장사진이란 범인의 행동에 중점을 두어 범행 당시 및 범행과 이어진 전후 상황을 촬영한 사진이 **독립증거**로 제출된 경우를 말한다(시위현장에서의 채증사진이나 간통현장을 촬영한 사진, 은행의 폐쇄회로에 찍힌 피의자의 현금인출사진, 무인장비로 속도위반차량을 찍은 사진 등). 현장사진은 범죄의 증명에 결정적인 '독립증거'로 사용되는 경우가 많다(재판실무는 현장사진을 '비진술증거'로 취급한다. 따라서 현장사진은 전문법칙이 적용되지 않는다. 대판 97도1230, Ref 9). 대상판결도 이와 관련된다. 특히 대상판결은 '**비밀촬영**'의 적법성 여부가 문제된다. 비밀녹음(감청)에 대해서는 통신비밀보호법이 기준을 제시하고 있는 반면에 비밀촬영에 대해서는 별다른 법적 규정이 없는 형편이다. 다수설은 비밀촬영은 피촬영자의 의사에 반하여 그의 촬영권을 침해하는 수사방법이므로 '강제수사'에 해당한다고 본다. 따라서 증거로 인정받기 위해서는 위법수집증거 아니어야 한다. 이와 관련하여 대법원은 대상판결에서와 같이 「(가) 수사기관이 범죄를 수사함에 있어 **현재 범행이 행하여지고 있거나 행하여진 직후**이고, (나) **증거보전의 필요성 및 긴급성**이 있으며, (다) 일반적으로 허용되는 **상당한 방법으로 촬영**한 경우라면 위 촬영이 영장 없이 이루어졌다 하여 이를 위법하다고 단정할 수 없다」는 입장을 견지하고 있다. 즉 판례는 ㉠ **범죄의 '현행**

성', ㉡ 증거보전의 '필요성' 및 '긴급성', ㉢ 촬영방법의 '상당성'이 갖추어졌다면 그 비밀촬영은 위법한 수사 방법이 아닌 것으로 보고 있다. 나아가 **사인에 의한 비밀촬영**(위법수집증거)의 경우에도 효과적인 형사소추 및 형사소송에서의 진실발견이라는 공익과 개인의 사생활의 보호이익을 **비교형량**하여, '공익의 우월성'이 있는 때에는 그 증거능력을 인정하고 있다(대판 97도1230, Ref 9).

**5 증거조사의 방법**        형사소송법 제292조의3은 "도면·사진·녹음테이프·비디오테이프·컴퓨터용디스크, 그 밖에 정보를 담기 위하여 만들어진 물건으로서 문서가 아닌 증거의 조사에 관하여 필요한 사항은 대법원규칙으로 정한다."고 규정하고 있으며, 이를 받아 형사소송규칙 제134조의9는 "도면·사진 그 밖에 정보를 담기 위하여 만들어진 물건으로서 문서가 아닌 증거의 조사에 관하여는 특별한 규정이 없으면 법 제292조,[3] 법 제292조의2[4])의 규정을 준용한다."고 하여 증거조사의 방식에 대한 규정을 두고 있다.

*Reference*

## * 사본으로서의 사진 *

**\*최량증거법칙(best evidence rule)\***

1-1 [대판 2015도2275] [수표를 발행한 후 예금부족 등으로 지급되지 아니하게 하였다는 부정수표단속법위반 공소사실을 증명하기 위하여 제출되는 수표에 대하여 형사소송법 제310조의2의 전문법칙이 적용되는지 여부(소극) / 이때 수표 **원본이 아닌 전자복사기를 사용하여 복사한 사본이 증거로 제출**되고 피고인이 이를 증거로 하는 데 부동의한 경우, 위 수표 사본의 증거능력을 인정하기 위한 요건] (가) 피고인이 수표를 발행하였으나 예금부족 또는 거래정지처분으로 지급되지 아니하게 하였다는 부정수표단속법위반의 공소사실을 증명하기 위하여 제출되는 수표는 그 서류의 **'존재 또는 상태 자체'가 증거**가 되는 것이어서 **증거물인 서면**에 해당하고 어떠한 사실을 **직접 경험한 사람의 진술에 갈음하는 대체물이 아니므로**, 증거능력은 증거물의 예에 의하여 판단하여야 하고, 이에 대하여는 형사소송법 제310조의2에서 정한 **전문법칙이 적용될 여지가 없다**. 이때 (나) 수표 원본이 아니라 전자복사기를 사용하여 **복사한 사본이 증거로 제출**되었고 피고인이 이를 증거로 하는 데 부동의한 경우 위 수표 사본을 증거로 사용하기 위해서는 ㉠ **수표 원본을 법정에 제출할 수 없거나 제출이 곤란한 사정이 있고** ㉡ **수표 원본이 존재하거나 존재하였으며** ㉢ **증거로 제출된 수표 사본이 이를 정확하게 전사한 것이라는 사실이 증명되어야 한다**. cf) 대상판결은 **원본과의 동일성**을 요구하는 최량증거법칙을 제시하고 있다.

---

3) 형사소송법 제292조(**증거서류에 대한 조사방식**) ① 검사, 피고인 또는 변호인의 신청에 따라 증거서류를 조사하는 때에는 신청인이 이를 낭독하여야 한다. ② 법원이 직권으로 증거서류를 조사하는 때에는 소지인 또는 재판장이 이를 낭독하여야 한다. ③ 재판장은 필요하다고 인정하는 때에는 제1항 및 제2항에도 불구하고 내용을 고지하는 방법으로 조사할 수 있다. ④ 재판장은 법원사무관등으로 하여금 제1항부터 제3항까지의 규정에 따른 낭독이나 고지를 하게 할 수 있다. ⑤ 재판장은 열람이 다른 방법보다 적절하다고 인정하는 때에는 증거서류를 제시하여 열람하게 하는 방법으로 조사할 수 있다.

4) 형사소송법 제292조의2(**증거물에 대한 조사방식**) ① 검사, 피고인 또는 변호인의 신청에 따라 증거물을 조사하는 때에는 신청인이 이를 제시하여야 한다. ② 법원이 직권으로 증거물을 조사하는 때에는 소지인 또는 재판장이 이를 제시하여야 한다. ③ 재판장은 법원사무관등으로 하여금 제1항 및 제2항에 따른 제시를 하게 할 수 있다.

**1-2 [대판 2000도5461]** [검사 작성의 피의자신문조서의 일부를 발췌한 초본의 증거능력 유무(한정 적극)] 피고인에 대한 검사 작성의 피의자신문조서가 그 내용 중 일부를 가린 채 복사를 한 다음 원본과 상위 없다는 인증을 하여 초본의 형식으로 제출된 경우에, 위와 같은 피의자신문조서초본은 피의자신문조서원 본 중 가려진 부분의 내용이 가려지지 않은 부분과 분리 가능하고 당해 공소사실과 관련성이 없는 경우에 만, (가) 그 피의자신문조서의 원본이 존재하거나 존재하였을 것, (나) 피의자신문조서의 원본 제출이 불능 또는 곤란한 사정이 있을 것, (다) 원본을 정확하게 전사하였을 것 등 3가지 요건을 전제로 피고인에 대한 검사 작성의 피의자신문조서원본과 동일하게 취급할 수 있다. **cf)** 대상판결은 **원본과의 동일성**을 요구하는 최량증거법칙을 제시하고 있다.

**2-1 [대판 2006도2556]** [휴대전화기 화면에 띄워 촬영한 사진의 증거능력] ●**사실**● 피고인 X는 피해자 A 의 휴대전화에 1. 2003.12.18. 11:42경 '땅에 떨어진 당신의 악함을 지켜보고 있으리라, X'이라는 내용의 문 자메시지를 보내고, 2. 2003.12.18. 17:52~17:57경 '나요 만사 다 포기했음, 내 인생도 포기했음, 만신창이 되는 길을 선택합니다, A씨에게 개 취급당했는데 둘 다 불구덩이 속으로 가봅시다, 그 속이 얼마나 뜨거운 지 봅시다, 누가 이기나 봅시다'라는 내용의 문자메시지를 보내고, 이후 다섯 차례 더 공포심이나 불안감을 유발하는 글을 반복적으로 보낸 혐의로 기소되었다. 이에 대해 X는 문자메세지 중 4개는 A에게 보낸 적이 없고, 나머지 3개는 그 내용이 일부만 발췌되어 편집된 것이라는 취지로 이 사건 공소사실을 극구 부인하 였다. 제1심은 이 사건 공소사실을 모두 유죄로 인정하였으나 **원심은 문자메시지의 형태로 전송된 문자정보 를 휴대전화기의 화면에 표시하여 이를 촬영한 이 사건 사진들에 대하여** 피고인 X가 그 성립 및 내용의 진정 을 부인한다는 이유로 이를 증거로 사용할 수 없다고 하여 무죄를 선고하였다. 이에 검사가 상고하였다. ● **판지**● [1] 형사소송법 제310조의2는 "제311조 내지 제316조에 규정한 것 이외에는 공판준비 또는 공판기 일에서의 진술에 대신하여 진술을 기재한 서류나 공판준비 또는 공판기일 외에서의 타인의 진술을 내용으 로 하는 진술은 이를 증거로 할 수 없다."고 규정하고 있는바, 이는 사실을 직접 경험한 사람의 진술이 법 정에 직접 제출되어야 하고 이에 갈음하는 대체물인 진술 또는 서류가 제출되어서는 안 된다는 이른바 **전 문법칙을 선언**한 것이다. 따라서 정보통신망을 통하여 공포심이나 불안감을 유발하는 글을 반복적으로 상 대방에게 도달하게 하는 행위를 하였다는 공소사실에 대하여 휴대전화기에 저장된 문자정보가 그 증거가 되는 경우와 같이, **그 문자정보가 범행의 '직접적인 수단'이 될 뿐 경험자의 진술에 갈음하는 대체물에 해당하 지 않는 경우**에는 형사소송법 제310조의2에서 정한 전문법칙이 적용될 여지가 없다. [2] 검사가 위 죄에 대 한 유죄의 증거로 문자정보가 저장되어 있는 휴대전화기를 법정에 제출하는 경우, 휴대전화기에 저장된 문 자정보 그 자체가 범행의 직접적인 수단으로서 증거로 사용될 수 있다. 또한, 검사는 휴대전화기 이용자가 그 문자정보를 읽을 수 있도록 한 휴대전화기의 화면을 촬영한 사진을 증거로 제출할 수도 있는데, 이를 증거로 사용하려면 문자정보가 저장된 휴대전화기를 법정에 제출할 수 없거나 그 제출이 곤란한 사정이 있 고, 그 사진의 영상이 휴대전화기의 화면에 표시된 문자정보와 정확하게 같다는 사실이 증명되어야 한다.

**2-2 [비교판례] [대판 2010도8735]** [1] 피해자가 피고인으로부터 당한 **공갈 등 피해 내용을 담아 남동생에 게 보낸 문자메시지를 촬영한 사진**은 형사소송법 제313조에 규정된 '**피해자의 진술서**'에 준하는 것인데, 제반 사정에 비추어 그 진정성립이 인정되어 증거로 할 수 있다고 한 사례 [2] 이 사건 문자메시지는 피해자가 피고인으로부터 풀려난 당일에 남동생에게 도움을 요청하면서 피고인이 협박한 말을 포함하여 공갈 등 피 고인으로부터 피해를 입은 내용을 문자메시지로 보낸 것이므로, 이 사건 문자메시지의 내용을 촬영한 사진 은 증거서류 중 **피해자의 진술서에 준하는 것으로 취급함이 상당**할 것인바, 진술서에 관한 형사소송법 제313

조에 따라 이 사건 문자메시지의 작성자인 피해자 공소외 1이 제1심 법정에 출석하여 자신이 이 사건 문자메시지를 작성하여 동생에게 보낸 것과 같음을 확인하고, 동생인 공소외 3도 제1심 법정에 출석하여 피해자 공소외 1이 보낸 이 사건 문자메시지를 촬영한 사진이 맞다고 확인한 이상, 이 사건 문자메시지를 촬영한 사진은 그 성립의 진정함이 증명되었다고 볼 수 있으므로 이를 증거로 할 수 있다.

3 [대판 81도2591] [판결사본의 증거능력] 군법회의판결사본(교도소장이 교도소에 보관 중인 판결등본을 사본한 것)은 특히 신용할 만한 정황에 의하여 작성된 문서라고 볼 여지가 있으므로 피고인이 증거로 함에 부동의하거나 그 진정성립의 증명이 없다는 이유로 그 증거능력을 부인할 수 없다.  cf) 법 제315조 제3호[5])에 따라 증거능력을 인정하고 있다.

## * 진술의 일부인 사진 *

**범행재연사진**

4-1 [대판 2003도6548] [피고인의 자백진술과 이를 기초로 한 범행재연상황을 기재한 사법경찰관 작성의 검증조서의 증거능력] 사법경찰관이 작성한 검증조서에 피의자이던 피고인이 검사 이외의 수사기관 앞에서 자백한 범행내용을 현장에 따라 진술·재연한 내용이 기재되고 **그 재연 과정을 촬영한 사진이 첨부되어 있다면, 그러한 기재나 사진은 피고인이 공판정에서 그 진술내용 및 범행재연의 상황을 모두 부인하는 이상 증거능력이 없다.**

4-2 [대판 98도159] [피고인이 사법경찰관 작성의 **검증조서 중 자신의 진술 또는 범행재연 사진 부분을 부인하는 경우,** 그 부분의 증거능력 유무(소극) 및 그 경우 검증조서 전부를 유죄의 증거로 인용한 조치의 적부(소극)] '사법경찰관이 작성한 검증조서'에는 이 사건 범행에 부합되는 피의자이었던 피고인의 진술기재부분이 포함되어 있고 또한 **범행을 재연하는 사진이 첨부되어 있으나,** 기록에 의하면 피고인이 위 검증조서에 대하여 증거로 함에 동의만 하였을 뿐 공판정에서 검증조서에 기재된 진술내용 및 범행을 재연한 부분에 대하여 그 **성립의 진정 및 내용을 인정한 흔적을 찾아 볼 수 없고** 오히려 이를 부인하고 있으므로 그 증거능력을 인정할 수 없는바, 원심으로서는 위 검증조서 중 이 사건 범행에 부합되는 피고인의 진술을 기재한 부분과 범행을 재연한 부분을 제외한 나머지 부분만을 증거로 채용하여야 함에도 이를 구분하지 아니한 채 그 전부를 유죄의 증거로 인용한 조치는 위법하다고 할 것이다.

## * 현장사진 *

5 [대판 2021도10763] 특별사법경찰관리로 지명된 공무원이 범죄수사를 위하여 음식점 등 영업소에 출입하여 증거수집 등 수사를 하는 경우에는 식품위생법 제22조 제3항이 정한 절차를 준수하지 않았다고 하여 위법하다고 할 수 없다. …… 수사기관이 범죄를 수사하면서 현재 범행이 행하여지고 있거나 행하여진 직후이고, 증거보전의 필요성 및 긴급성이 있으며, 일반적으로 허용되는 상당한 방법으로 촬영한 경우라면

---

5) 형사소송법 제315조(**당연히 증거능력이 있는 서류**) 다음에 게기한 서류는 증거로 할 수 있다. 1. 가족관계기록사항에 관한 증명서, 공정증서등본 기타 공무원 또는 외국공무원의 직무상 증명할 수 있는 사항에 관하여 작성한 문서 2. 상업장부, 항해일지 기타 업무상 필요로 작성한 통상문서 3. 기타 특히 신용할 만한 정황에 의하여 작성된 문서

위 촬영이 영장 없이 이루어졌다 하여 이를 위법하다고 할 수 없다

**6 [대판 2018도8161] 파기환송.** 나이트클럽의 운영자 피고인 갑, 연예부장 피고인 을, 남성무용수 피고인 병이 공모하여 클럽 내에서 성행위를 묘사하는 공연을 하는 등 음란행위 영업을 하여 풍속영업의 규제에 관한 법률 위반으로 기소되었는데, 당시 경찰관들이 클럽에 출입하여 피고인 병의 공연을 촬영한 영상물 및 이를 캡처한 영상사진이 증거로 제출된 사안에서, 경찰관들은 국민신문고 인터넷사이트에 '클럽에서 남성무용수의 음란한 나체쇼가 계속되고 있다.'는 민원이 제기되자 그에 관한 증거수집을 목적으로 클럽에 출입한 점, 클럽은 영업시간 중에는 출입자격 등의 제한 없이 성인이라면 누구나 출입이 가능한 일반적으로 개방되어 있는 장소인 점, 경찰관들은 클럽의 영업시간 중에 손님들이 이용하는 출입문을 통과하여 출입하였고, 출입 과정에서 보안요원 등에게 제지를 받거나 보안요원이 자리를 비운 때를 노려 몰래 들어가는 등 특별한 사정이 발견되지 않는 점, 피고인 병은 클럽 내 무대에서 성행위를 묘사하는 장면이 포함된 공연을 하였고, 경찰관들은 다른 손님들과 함께 객석에 앉아 공연을 보면서 불특정 다수의 손님들에게 공개된 피고인 병의 모습을 촬영한 점에 비추어 보면, 위 촬영물은 경찰관들이 피고인들에 대한 **범죄 혐의가 포착된 상태**에서 클럽 내에서의 음란행위 영업에 관한 증거를 보전하기 위하여, 불특정 다수에게 공개된 장소인 클럽에 통상적인 방법으로 출입하여 손님들에게 공개된 모습을 촬영한 것이므로, 영장 없이 촬영이 이루어졌더라도 위 촬영물과 이를 캡처한 영상사진은 증거능력이 인정된다는 이유로, 이와 달리 보아 피고인들에 대한 공소사실을 무죄로 판단한 원심판결에 수사기관 촬영물의 증거능력에 관한 법리오해의 잘못이 있다고 한 사례.

**7 [대판 99도2317]** [비디오테이프의 증거능력] 누구든지 자기의 얼굴 기타 모습을 함부로 촬영당하지 않을 자유를 가지나 이러한 자유도 국가권력의 행사로부터 무제한으로 보호되는 것은 아니고 국가의 안전보장·질서유지·공공복리를 위하여 필요한 경우에는 상당한 제한이 따르는 것이고, 수사기관이 범죄를 수사함에 있어 현재 범행이 행하여지고 있거나 행하여진 직후이고, 증거보전의 필요성 및 긴급성이 있으며, 일반적으로 허용되는 상당한 방법에 의하여 촬영을 한 경우라면 위 촬영이 영장 없이 이루어졌다 하여 이를 위법하다고 단정할 수 없다.

**8 [대판 98도3329]** [**무인장비에 의하여 제한속도 위반차량의 차량번호 등을 촬영한 사진**의 증거능력 유무(적극)] 수사, 즉 범죄혐의의 유무를 명백히 하여 공소를 제기·유지할 것인가의 여부를 결정하기 위하여 범인을 발견·확보하고 증거를 수집·보전하는 수사기관의 활동은 수사 목적을 달성함에 필요한 경우에 한하여 사회통념상 상당하다고 인정되는 방법 등에 의하여 수행되어야 하는 것인바, 무인장비에 의한 제한속도 위반차량 단속은 이러한 수사활동의 일환으로서 도로에서의 위험을 방지하고 교통의 안전과 원활한 소통을 확보하기 위하여 도로교통법령에 따라 정해진 제한속도를 위반하여 차량을 주행하는 (가) 범죄가 현재 행하여지고 있고, (나) 그 범죄의 성질·태양으로 보아 **긴급하게 증거보전을 할 필요가 있는 상태**에서 (다) 일반적으로 허용되는 한도를 넘지 않는 **상당한 방법**에 의한 것이라고 판단되므로, 이를 통하여 운전차량의 차량번호 등을 촬영한 사진을 두고 위법하게 수집된 증거로서 증거능력이 없다고 말할 수 없다.

**9 [대판 97도1230]** [제3자가 공갈목적을 숨기고 피고인의 동의하에 나체사진을 찍은 경우, 피고인에 대한 간통죄에 있어 위법수집증거로서 증거능력이 배제되는지 여부(소극)] 모든 국민의 인간으로서의 존엄과

가치를 보장하는 것은 국가기관의 기본적인 의무에 속하는 것이고, 이는 형사절차에서도 당연히 구현되어야 하는 것이기는 하나 그렇다고 하여 국민의 사생활 영역에 관계된 모든 증거의 제출이 곧바로 금지되는 것으로 볼 수는 없고, 법원으로서는 효과적인 형사소추 및 형사소송에서의 진실발견이라는 공익과 개인의 사생활의 보호이익을 비교형량하여 그 허용 여부를 결정하고, 적절한 증거조사의 방법을 선택함으로써 국민의 인간으로서의 존엄성에 대한 침해를 피할 수 있다고 보아야 할 것이므로, 피고인의 동의하에 촬영된 나체사진의 존재만으로 피고인의 인격권과 초상권을 침해하는 것으로 볼 수 없고, 가사 사진을 촬영한 제3자가 그 사진을 이용하여 피고인을 공갈할 의도였다고 하더라도 사진의 촬영이 임의성이 배제된 상태에서 이루어진 것이라고 할 수는 없으며, **그 사진은 범죄현장의 사진**으로서 피고인에 대한 형사소추를 위하여 반드시 필요한 증거로 보이므로, 공익의 실현을 위하여는 그 사진을 범죄의 증거로 제출하는 것이 허용되어야 하고, 이로 말미암아 피고인의 사생활의 비밀을 침해하는 결과를 초래한다 하더라도 이는 피고인이 수인하여야 할 기본권의 제한에 해당된다.

디지털 녹음기로 녹음한 내용이 콤팩트디스크에 다시 복사되어 그 콤팩트디스크에 녹음된 내용을 담은 녹취록이 증거로 제출된 사안에서, 위 콤팩트디스크의 내용이나 이를 녹취한 녹취록의 기재는 증거능력이 있는가?

●**판지**● 「[1] 대화내용을 녹음한 테이프 등의 전자매체는 그 성질상 작성자나 진술자의 서명 혹은 날인이 없을 뿐만 아니라, 녹음자의 의도나 특정한 기술에 의하여 그 내용이 편집, 조작될 위험성이 있음을 고려하여, 그 대화내용을 녹음한 원본이거나 혹은 원본으로부터 복사한 사본일 경우에는 복사과정에서 편집되는 등의 인위적 개작 없이 **원본의 내용 그대로 복사된 사본임이 입증되어야만 하고**, 그러한 입증이 없는 경우에는 쉽게 그 증거능력을 인정할 수 없다.

[2] 디지털 녹음기로 녹음한 내용이 콤팩트디스크에 다시 복사되어 그 콤팩트디스크에 녹음된 내용을 담은 녹취록이 증거로 제출된 사안에서, 위 콤팩트디스크가 현장에서 녹음하는 데 사용된 디지털 녹음기의 녹음내용 원본을 그대로 복사한 것이라는 입증이 없는 이상, 그 콤팩트디스크의 내용이나 이를 녹취한 녹취록의 기재는 증거능력이 없다.

[3] 기록에 의하면 2005. 12. 29. 서천 OO식당 모임에 참석한 갑은 디지털 녹음기로 당시 피고인의 발언 내용을 녹음하였고, 그 내용이 콤팩트디스크에 다시 복사되어 위 콤팩트디스크가 검찰에 압수되었으며, 그 콤팩트디스크에 녹음된 내용을 담은 녹취록이 증거로 제출되었고, 피고인은 위 녹취록을 증거로 할 수 있음에 동의하지 아니하였음을 알 수 있는바, 위 콤팩트디스크가 현장에서 피고인의 발언내용을 녹음하는 데 사용된 디지털 녹음기의 녹음내용 **원본을 그대로 복사한 것이라는 입증이 없는 이상**, 그 콤팩트디스크의 내용이나 이를 녹취한 녹취록의 기재는 증거능력이 없다 할 것이다」.

●**해설**● **1 녹음테이프의 성격 및 증거능력 인정 요건**　　녹음테이프나 녹음파일은 형사재판에서 빈번하게 제출되는 과학적 증거방법이지만 이 또한 조작될 위험성이 크다는 점에서 **전문법칙**을 적용할 것인지가 문제된다. (1) 녹음테이프 자체는 특성상 서명·날인에 적합하지 않은 증거방법이므로 서명·날인은 요하지 않는다(녹음테이프의 경우는 원진술자의 '목소리'가 원진술자의 '자필'에 대응하는 확인장치로 볼 수 있다). (2) 녹음테이프는 「(가) 성질상 작성자나 진술자의 서명이나 날인이 없을 뿐만 아니라 녹음자의 의도나 특정한 기술에 의하여 내용이 편집·조작될 위험이 있으므로, (나) 그 대화내용을 녹음한 원본이거나 혹은 원본으로부터 복사한 사본일 경우에는 복사과정에서 편집되는 등의 **인위적 개작 없이 원본의 내용 그대로 복사된 사본임이 증명**되어야만 하고, (다) 그러한 증명이 없는 경우에는 쉽게 증거능력을 인정할 수 없으며, (라) 녹음테이프에 수록된 대화내용이 이를 풀어쓴 녹취록의 기재와 일치한다거나 녹음테이프의 대화내용이 중단되었다고 볼 만한 사정이 없다는 점만으로는 위와 같은 증명이 있다고 할 수 없다」(대판 2011도6035, Ref 1-2). (3) 녹음테이프는 ㉠ 진술녹음, ㉡ 현장녹음, ㉢ 비밀녹음 등으로 나눌 수 있는 주로 문제되는 것은 '진술녹음'이다.

**2 진술녹음**　　진술녹음은 녹음테이프에 사람의 진술이 녹음되어 있는 경우로 그 진술내용의 진실성이 증명의 대상이 된다. 이런 측면에서 진술녹음은 진술에 대신하는 서류와 그 기능이 같으므로 전문증거에 해당하고 따라서 **전문법칙이 적용**된다. 따라서 진술녹음의 증거능력은 녹음테이프의 작성주체 및

원진술이 행해지는 단계에 따라서 **각각 제311조 내지 제313를 준용**하여 결정하여야 한다. 즉 사인이 피고인이나 피고인 아닌 자의 진술을 녹음한 때에는 제313조가 적용되며, 사법경찰관이 수사과정에서 피의자의 진술을 녹음한 때에는 제312조 제5항에 따라 제312조 제3항이 적용된다. 판례도 수사기관이 아닌 **사인이 다른 사람과의 대화**내용을 녹화한 녹음테이프를 제313조 제1항에 따라 증거능력이 인정되어야 한다고 판시하고 있다(대판 2005도2945, Ref 1−6).

**3 현장녹음**　　　현장녹음이란 범행현장의 음성이나 범행에 수반하여 발생하는 음향이나 소리의 녹음을 말한다. 현장녹음도 진술의 내용이나 진실성이 문제되는 경우에는 진술증거의 일종이 될 수 있다.

**4 비밀녹음**　　　통신비밀보호법은 "누구든지 이 법과 형사소송법 또는 군사법원법의 규정에 의하지 아니하고는 우편물의 검열·전기통신의 감청 또는 통신사실확인자료의 제공을 하거나 **공개되지 아니한 타인간의 대화를 녹음 또는 청취하지 못한다.**"(법3①) 또한 이 법 제4조는 "불법감청에 의하여 지득 또는 채록된 전기통신의 내용은 **재판** 또는 **징계절차**에서 **증거로 사용할 수 없다.**"고 하여 불법감청을 금하고 있다. (1) 이는 수사기관이 대화당사자 중 일방의 동의를 받고 녹음한 경우도 마찬가지이다(대판 2010도9016, Ref 1−8). 하지만 (2) '대화당사자의 일방'이 상대방 모르게 통화내용을 녹음하는 것은 타인 간의 대화를 녹음하는 것이 아니어서 통신비밀보호법의 감청에 해당하지 않는다(대판 2006도4981, Ref 1.10−2). (3) 대화가 아닌 사물에서 발생하는 **'음향'**이나 단순한 **'비명소리나 탄식'** 등은 특별한 사정이 없는 '대화'로 볼 수 없고 따라서 통신비밀보호법위반이 아니며 위법수집증거에도 해당하지 않는다(대판 2016도19843, Ref 1−7)(【30】 참조).

**5 비디오테이프의 증거능력**　　　비디오테이프와 같은 영상녹화물은 사진과 녹음테이프의 복합적 성질을 가지고 있으므로 그 증거능력은 원칙적으로 사진 및 녹음테이프에 준하여 판단될 수 있다. 따라서 수사기관이 아닌 사인(私人)이 피고인 아닌 사람과의 대화 내용을 촬영한 비디오테이프는 형사소송법 제311조, 제312조의 규정 이외에 피고인 아닌 자의 진술을 기재한 서류와 다를 바 없으므로, 피고인이 그 비디오테이프를 증거로 함에 동의하지 아니하는 이상 그 진술 부분에 대하여 증거능력을 부여하기 위하여는, 첫째 비디오테이프가 원본이거나 원본으로부터 복사한 사본일 경우에는 복사과정에서 편집되는 등 인위적 개작 없이 원본의 내용 그대로 복사된 사본이어야 하고('최량증거법칙'에 따라 원본동일성이 인정되어야 함) 둘째 형사소송법 제313조 제1항에 따라 원진술자의 진술에 의하여 성립의 진정이 증명되어야 한다(대판 2004도3161, Ref 2−1). 또한 **검사가 피의자와 대화**하는 내용을 녹화한 비디오테이프는 피의자신문조서에 준하여 증거능력을 판단하고 있다(대판 92도682, Ref 2−3),

## Reference 1

## 녹음테이프의 증거능력 인정 요건

1 [대판 2012도7461] [대화 내용을 녹음한 녹음테이프 및 파일 등 전자매체의 증거능력] 피고인과 상대방 사이의 대화 내용에 관한 녹취서가 공소사실의 증거로 제출되어 녹취서의 기재 내용과 녹음테이프의 녹음 내용이 동일한지에 대하여 법원이 검증을 실시한 경우에, 증거자료가 되는 것은 녹음테이프에 **녹음된 대화 내용 자체**이고, 그 중 **피고인의 진술 내용**은 실질적으로 형사소송법 제311조, 제312조의 규정 이외에 피고인

의 진술을 기재한 서류와 다름없어, 피고인이 녹음테이프를 증거로 할 수 있음에 동의하지 않은 이상 녹음 테이프에 녹음된 피고인의 진술 내용을 증거로 사용하기 위해서는 (가) 형사소송법 **제313조 제1항 단서에 따라** 공판준비 또는 공판기일에서 작성자인 상대방의 진술에 의하여 녹음테이프에 녹음된 피고인의 진술 내용이 피고인이 진술한 대로 녹음된 것임이 증명되고 (나) 나아가 그 진술이 특히 신빙할 수 있는 상태 하에서 행하여진 것임이 인정되어야 한다. (다) 또한 대화 내용을 녹음한 파일 등 전자매체는 성질상 작성 자나 진술자의 서명 또는 날인이 없을 뿐만 아니라, 녹음자의 의도나 특정한 기술에 의하여 내용이 편집 · 조작될 위험성이 있음을 고려하여, 대화 내용을 녹음한 원본이거나 원본으로부터 복사한 사본일 경우에는 복사과정에서 편집되는 등의 인위적 개작 없이 원본의 내용 그대로 복사된 사본임이 증명되어야 한다.

2 [대판 2011도6035] [대화내용을 녹음한 **녹음테이프의 증거능력을 인정하기 위한 요건**] (가) 녹음테이프 는 성질상 작성자나 진술자의 서명이나 날인이 없을 뿐만 아니라 녹음자의 의도나 특정한 기술에 의하여 내용이 편집 · 조작될 위험이 있으므로, (나) 그 대화내용을 녹음한 원본이거나 혹은 원본으로부터 복사한 사본일 경우에는 복사과정에서 편집되는 등의 **인위적 개작 없이 원본의 내용 그대로 복사된 사본임이 증명되 어야만 하고,** (다) 그러한 증명이 없는 경우에는 쉽게 증거능력을 인정할 수 없으며, (라) 녹음테이프에 수 록된 대화내용이 이를 풀어쓴 녹취록의 기재와 일치한다거나 녹음테이프의 대화내용이 중단되었다고 볼 만한 사정이 없다는 점만으로는 위와 같은 증명이 있다고 할 수 없다.

## 진술녹음 테이프의 증거능력

3-1 [대판 2010도7497] [사인(私人)이 피고인 아닌 사람과의 대화내용을 녹음한 녹음테이프의 증거능력 을 인정하기 위한 요건] [1] 수사기관 아닌 사인(私人)이 피고인 아닌 사람과의 대화내용을 녹음한 녹음테 이프는 형사소송법 제311조, 제312조 규정 이외의 **피고인 아닌 자의 진술을 기재한 서류와 다를 바 없으므로,** 피고인이 녹음테이프를 증거로 할 수 있음에 동의하지 아니하는 이상 그 증거능력을 부여하기 위해서는, 첫째 녹음테이프가 원본이거나 원본으로부터 복사한 사본일 경우 복사과정에서 편집되는 등의 인위적 개 작 없이 **원본 내용 그대로 복사된 사본**일 것, 둘째 형사소송법 제313조 제1항에 따라 공판준비나 공판기일 에서 원진술자의 진술에 의하여 녹음테이프에 녹음된 **각자의 진술내용이 자신이 진술한 대로 녹음**된 것이라 는 점이 인정되어야 한다. [2] 피고인이 자신의 아들 등에게 폭행을 당하여 입원한 피해자의 병실로 찾아가 그의 모(母) 甲과 대화하던 중 허위사실을 적시하여 피해자의 명예를 훼손하였다는 내용으로 기소된 사안 에서, 원심이 유죄의 증거로 채용한 녹취록은 甲이 甲의 이웃 乙과 나눈 대화내용을 녹음한 녹음테이프 등 을 기초로 작성된 것으로서, **형사소송법 제313조의 진술서에 준하여** 피고인의 동의가 있거나 원진술자의 공 판준비나 공판기일에서의 진술에 의하여 성립의 진정함이 증명되어야 증거능력을 인정할 수 있는데, 피고 인이 녹취록을 증거로 함에 동의하지 않았고, 甲이 원심 법정에서 "乙이 사건 당시 피고인의 말을 다 들었 다. 그래서 지금 녹취도 해왔다."고 진술하였을 뿐, 검사가 녹취록 작성의 토대가 된 대화내용을 녹음한 원 본 녹음테이프 등을 증거로 제출하지 아니하고, 원진술자인 甲과 乙의 공판준비나 공판기일에서의 진술에 의하여 자신들이 진술한 대로 기재된 것이라는 점이 인정되지도 아니하는 등 형사소송법 제313조 제1항에 따라 녹취록의 진정성립을 인정할 수 있는 요건이 전혀 갖추어지지 않았으므로, 위 녹취록은 증거능력이 없어 이를 유죄의 증거로 사용할 수 없다.

3-2 [대판 96도2417] [사인(私人)이 피고인 아닌 자의 진술을 비밀녹음한 녹음테이프 및 그 검증조서의

증거능력] 피고인의 동료 교사가 학생들과의 사적인 대화 중에 피고인이 수업시간에 학생들에게 **북한을 찬양·고무하는 발언**을 하였다는 사실에 대한 학생들의 대화 내용을 학생들 모르게 녹음한 녹음테이프에 대하여 실시한 검증의 내용은 녹음테이프에 녹음된 대화의 내용이 검증조서에 첨부된 녹취서에 기재된 내용과 같다는 것에 불과하여 증거자료가 되는 것은 여전히 녹음테이프에 녹음된 대화의 내용이라고 할 것인 바, 그 중 위와 같은 내용의 학생들의 대화의 내용은 실질적으로 형사소송법 제311조, 제312조 규정 이외의 **피고인 아닌 자의 진술을 기재한 서류와 다를 바 없으므로**, 피고인이 그 녹음테이프를 증거로 할 수 있음에 동의하지 않은 이상 녹음테이프의 녹음내용 중 위와 같은 내용의 학생들의 진술 및 이에 관한 검증조서의 기재 중 학생들의 진술내용을 공소사실을 인정하기 위한 증거자료로 사용하기 위하여는 **형사소송법 제313조 제1항에 따라** 공판준비나 공판기일에서 **원진술자인 학생들의 진술에 의하여** 이 사건 녹음테이프에 녹음된 각자의 진술내용이 자신이 진술한 대로 녹음된 것이라는 점이 인정되어야 한다.

4 [대판 2007도10804] [대화내용을 녹음한 녹음테이프의 증거능력] [1] **피고인과 피해자 사이의 대화내용에 관한 '녹취서'**가 공소사실의 증거로 제출되어 그 녹취서의 기재내용과 녹음테이프의 녹음내용이 동일한지 여부에 관하여 법원이 검증을 실시한 경우에 증거자료가 되는 것은 녹음테이프에 녹음된 대화내용 그 자체이고, 그 중 피고인의 진술내용은 실질적으로 형사소송법 제311조, 제312조의 규정 이외에 피고인의 진술을 기재한 서류와 다름없어 피고인이 그 녹음테이프를 증거로 할 수 있음에 동의하지 않은 이상 그 녹음테이프 검증조서의 기재 중 피고인의 진술내용을 증거로 사용하기 위해서는 **형사소송법 제313조 제1항 단서에 따라** 공판준비 또는 공판기일에서 그 작성자인 피해자의 진술에 의하여 녹음테이프에 녹음된 피고인의 진술내용이 피고인이 진술한 대로 녹음된 것임이 증명되고 나아가 그 진술이 특히 신빙할 수 있는 상태 하에서 행하여진 것임이 인정되어야 한다. [2] 피고인과의 대화내용을 **녹음한 보이스펜** 자체의 청취 결과 피고인의 변호인이 피고인의 음성임을 인정하고 이를 증거로 함에 동의하였고, 보이스펜의 녹음내용을 재녹음한 녹음테이프, 녹음테이프의 음질을 개선한 후 재녹음한 시디 및 녹음테이프의 녹음내용을 풀어쓴 녹취록 등에 대하여는 **증거로 함에 부동의하였으나**, 극히 일부의 청취가 불가능한 부분을 제외하고는 보이스펜, 녹음테이프 등에 **녹음된 대화내용과 녹취록의 기재가 일치**하는 것으로 확인된 사안에서, 원본인 보이스펜이나 복제본인 녹음테이프 등에 대한 **검증조서(녹취록)에 기재된 진술**은 (가) 그 성립의 진정을 인정하는 작성자의 법정진술은 없었으나, (나) 피고인의 변호인이 보이스펜을 증거로 함에 동의하였고, (다) 보이스펜, 녹음테이프 등에 녹음된 대화내용과 녹취록의 기재가 일치함을 확인하였으므로, **결국 그 진정성립이 인정된다고 할 것**이고, 나아가 녹음의 경위 및 대화내용에 비추어 그 진술이 특히 신빙할 수 있는 상태 하에서 행하여진 것으로 인정되므로 이를 증거로 사용할 수 있다.

**\*녹음한 테이프가 진술자의 상태를 확인하기 위한 증거로 제출된 경우\***

5 [대판 2007도10755] [사인(私人)이 피고인 아닌 자의 대화를 비밀녹음한 녹음테이프와 관련하여 녹음된 **진술자의 '상태' 등을 확인**하기 위하여 **법원이 테이프에 대한 검증**을 실시한 경우, 그 검증조서의 증거능력] [1] 수사기관이 아닌 사인(私人)이 피고인 아닌 자와의 전화대화를 녹음한 녹음테이프에 대하여 법원이 실시한 검증의 내용이 녹음테이프에 녹음된 전화대화의 내용이 검증조서에 첨부된 녹취서에 기재된 내용과 같다는 것에 불과한 경우에는 증거자료가 되는 것은 여전히 녹음테이프에 녹음된 **'대화 내용'**이므로, 그 중 (가) 피고인 아닌 자와의 대화의 내용은 실질적으로 형사소송법 제311조, 제312조 규정 이외의 **피고인 아닌 자의 진술을 기재한 서류와 다를 바 없어서**, 피고인이 그 녹음테이프를 증거로 할 수 있음에 동의하지 않은

이상 그 녹음테이프 검증조서의 기재 중 피고인 아닌 자의 진술내용을 증거로 사용하기 위해서는 형사소송법 제313조 제1항에 따라 공판준비나 공판기일에서 원진술자의 진술에 의하여 그 녹음테이프에 녹음된 진술내용이 자신이 진술한 대로 녹음된 것이라는 점이 인정되어야 하는 것이지만, 이와는 달리 (나) **녹음테이프에 대한 검증의 내용이 그 진술 당시 진술자의 상태 등을 확인**하기 위한 것인 경우에는, 녹음테이프에 대한 검증조서의 기재 중 진술내용을 증거로 사용하는 경우에 관한 위 법리는 적용되지 아니하고, 따라서 위 검증조서는 법원의 검증의 결과를 기재한 조서로서 **형사소송법 제311조에 의하여 당연히 증거로 할 수 있다.** [2] 원심법원은 녹음 당시 갑이 술에 취한 상태에서 횡설수설 이야기한 것인지 여부 등을 확인하기 위하여 위 녹음테이프에 대한 검증을 실시하고 그 결과(녹음 당시 갑의 발음이 전체적으로는 뚜렷하였고 목소리 자체가 횡설수설하는 것 같지는 않았다)를 증거로 채택하여 갑이 술에 취한 상태에서 다른 부동산 매도건과 착각하여 말한 것으로는 보이지 않는다고 판단하고 …… 원심의 위와 같은 판단은 정당한 것으로 수긍할 수 있다.  cf) 전문진술이 원진술자의 심리적·정신적 상황을 증명하기 위한 정황증거로 사용되는 경우에는 원진술의 내용이 요증사실인 경우가 아니므로 전문법칙이 적용되지 않는다.

  6 [대판 2005도2945] 피고인과 피해자 사이의 대화내용에 관한 녹취서가 공소사실의 증거로 제출되어 그 녹취서의 기재내용과 녹음테이프의 녹음내용이 동일한지 여부에 관하여 법원이 검증을 실시한 경우에 증거자료가 되는 것은 녹음테이프에 녹음된 대화내용 그 자체이고, 그 중 **피고인의 진술내용은 실질적으로 형사소송법 제311조, 제312조의 규정 이외에 피고인의 진술을 기재한 서류와 다름없어** 피고인이 그 녹음테이프를 증거로 할 수 있음에 동의하지 않은 이상 그 녹음테이프 검증조서의 기재 중 피고인의 진술내용을 증거로 사용하기 위해서는 **형사소송법 제313조 제1항 단서**에 따라 공판준비 또는 공판기일에서 그 작성자인 피해자의 진술에 의하여 녹음테이프에 녹음된 피고인의 진술내용이 피고인이 진술한 대로 녹음된 것임이 증명되고 나아가 그 진술이 특히 신빙할 수 있는 상태 하에서 행하여진 것임이 인정되어야 할 것이다.

## * 비밀녹음의 증거능력 *

  7 [대판 2016도19843] 공소외인이 들었다는 (가) **'우당탕' 소리는 사물에서 발생하는 음향일 뿐 사람의 목소리가 아니므로** 통신비밀보호법에서 말하는 타인 간의 '대화'에 해당하지 않는다. (나) **'악' 소리도 사람의 목소리이기는 하나 단순한 비명소리에 지나지 않아** 그것만으로 상대방에게 의사를 전달하는 말이라고 보기는 어려워 특별한 사정이 없는 한 타인 간의 **'대화'에 해당한다고 볼 수 없다.** (다) 나아가 위와 같은 소리는 막연히 몸싸움이 있었다는 것 외에 사생활에 관한 다른 정보는 제공하지 않는 점, 공소외인이 소리를 들은 시간이 길지 않은 점, 소리를 듣게 된 동기와 상황, 공소외인과 피해자의 관계 등 기록에 나타난 여러 사정에 비추어 볼 때, 통신비밀보호법에서 보호하는 타인 간의 '대화'에 준하는 것으로 보아 증거능력을 부정할 만한 특별한 사정이 있다고 보기도 어렵다. (라) 그리고 공소외인의 청취행위가 피해자 등의 사생활의 영역에 관계된 것이라 하더라도, 위와 같은 청취 내용과 시간, 경위 등에 비추어 **개인의 인격적 이익 등을 형사절차상의 공익과 비교형량**하여 보면, 공소외인의 위 진술을 상해 부분에 관한 증거로 사용하는 것이 피해자 등의 사생활의 비밀과 자유 또는 인격권을 위법하게 침해한다고 볼 수 없어 **그 증거의 제출은 허용된다**고 판단된다. (【30】 참조)

  8 [대판 2010도9016] [1] [**제3자가 전화통화자 중 일방만의 동의를 얻어** 통화 내용을 녹음하는 행위가 통

신비밀보호법상 '전기통신의 감청'에 해당하는지 여부(적극) 및 불법감청에 의하여 녹음된 전화통화 내용의 증거능력 유무(소극)] 수사기관이 甲으로부터 피고인의 마약류관리에 관한 법률 위반(향정) 범행에 대한 진술을 듣고 추가적인 증거를 확보할 목적으로, 구속수감되어 있던 甲에게 그의 압수된 휴대전화를 제공하여 피고인과 통화하고 위 범행에 관한 통화 내용을 녹음하게 한 행위는 **불법감청에 해당**하므로, 그 녹음 자체는 물론 이를 근거로 작성된 녹취록 첨부 수사보고는 **피고인의 증거동의에 상관없이 그 증거능력이 없다.** [2] **전기통신의 감청**은 제3자가 전기통신의 당사자인 송신인과 수신인의 동의를 받지 아니하고 전기통신 내용을 녹음하는 등의 행위를 하는 것만을 말한다고 풀이함이 상당하다고 할 것이므로, 전기통신에 해당하는 (가) **전화통화 당사자의 일방이 상대방 모르게 통화 내용을 녹음**하는 것은 여기의 감청에 해당하지 아니하지만, (나) **제3자의 경우는 설령 전화통화 당사자 일방의 동의를 받고 그 통화 내용을 녹음**하였다 하더라도 그 상대방의 동의가 없었던 이상, 이는 여기의 감청에 해당하여 법 제3조 제1항 위반이 되고, 이와 같이 법 제3조 제1항에 위반한 불법감청에 의하여 녹음된 전화통화의 내용은 법 제4조에 의하여 증거능력이 없다. 그리고 (다) 사생활 및 통신의 불가침을 국민의 기본권의 하나로 선언하고 있는 헌법규정과 통신비밀의 보호와 통신의 자유 신장을 목적으로 제정된 통신비밀보호법의 취지에 비추어 볼 때 피고인이나 변호인이 이를 증거로 함에 동의하였다고 하더라도 달리 볼 것은 아니다.

9 [대판 2009도14525] [피고인과 甲·乙의 대화에 관한 녹취록에 대하여 **피고인이 증거로 함에 부동의한 경우**, 녹음자인 乙의 증언만으로는 위 녹취록을 증거로 사용할 수 없다고 한 사례] 피고인과 甲·乙의 대화에 관한 녹취록은 피고인의 진술에 관한 전문증거인데 피고인이 위 녹취록에 대하여 부동의한 경우, 乙이 위 대화를 자신이 녹음하였고 녹취록의 내용이 다 맞다고 법정에서 진술하였다 하더라도, 녹취록에 그 작성자가 기재되어 있지 않을 뿐만 아니라 검사 역시 녹취록 작성의 토대가 된 위 대화내용을 녹음한 원본 녹음테이프 등을 증거로 제출하지도 아니하는 등 형사소송법 제313조 제1항에 따라 위 녹취록의 진정성립을 인정할 수 있는 요건이 전혀 갖추어지지 아니한 이상, 그 녹취록의 기재는 증거능력이 없어 이를 증거로 사용할 수 없다.

## *대화당사자 일방이 녹음한 경우*

10-1 [대판 97도240] 피고인이 범행 후 피해자에게 전화를 걸어오자 피해자가 증거를 수집하려고 그 전화내용을 녹음한 경우, 그 녹음테이프가 피고인 모르게 녹음된 것이라 하여 이를 위법하게 수집된 증거라고 할 수 없다.

10-2 [대판 2006도4981] [3인 간의 대화에 있어서 그 중 한 사람이 그 대화를 녹음하는 경우에 통신비밀보호법 제3조 제1항에 위배되는지 여부(소극)] 통신비밀보호법 제3조 제1항이 "공개되지 아니한 타인간의 대화를 녹음 또는 청취하지 못한다"라고 정한 것은, 대화에 원래부터 참여하지 않는 제3자가 그 대화를 하는 타인들 간의 발언을 녹음해서는 아니 된다는 취지이다. 3인 간의 대화에 있어서 그 중 한 사람이 그 대화를 녹음하는 경우에 다른 두 사람의 발언은 그 녹음자에 대한 관계에서 **'타인 간의 대화'라고 할 수 없으므로**, 이와 같은 녹음행위가 통신비밀보호법 제3조 제1항에 위배된다고 볼 수는 없다.

11 [대판 2001도3106] [수사기관이 아닌 사인이 '비밀녹음'한 녹음테이프에 대한 검증조서의 증거능력] [1] 통신비밀보호법은 누구든지 이 법과 형사소송법 또는 군사법원법의 규정에 의하지 아니하고는 우편물의 검열 또는 전기통신의 감청을 하거나 공개되지 아니한 타인간의 대화를 녹음 또는 청취하지 못하고(제3조

본문), 이에 위반하여 **불법검열에 의하여 취득한 우편물이나 그 내용 및 불법감청에 의하여 지득 또는 채록된 전기통신의 내용은 재판 또는 징계절차에서 증거로 사용할 수 없고**(제4조), 누구든지 공개되지 아니한 타인간의 대화를 녹음하거나 전자장치 또는 기계적 수단을 이용하여 청취할 수 없고(제14조 제1항), 이에 의한 녹음 또는 청취에 관하여 위 제4조의 규정을 적용한다(제14조 제2항)고 각 규정하고 있는바, [2] (가) 녹음테이프 검증조서의 기재 중 **피고인과 공소외인 간의 대화를 녹음한 부분**은 공개되지 아니한 타인간의 대화를 녹음한 것이므로 위 법 제14조 제2항 및 제4조의 규정에 의하여 그 증거능력이 없고, (나) 피고인들 간의 전화통화를 녹음한 부분은 피고인의 동의 없이 불법 감청한 것이므로 위 법 제4조에 의하여 그 증거능력이 없다. 또한, (다) 녹음테이프 **검증조서의 기재 중 고소인이 피고인과의 대화를 녹음한 부분**은 타인간의 대화를 녹음한 것이 아니므로 위 법 제14조의 적용을 받지는 않지만, (라) 그 녹음테이프에 대하여 실시한 검증의 내용은 녹음테이프에 녹음된 대화의 내용이 검증조서에 첨부된 녹취서에 기재된 내용과 같다는 것에 불과하여 증거자료가 되는 것은 여전히 녹음테이프에 녹음된 대화의 내용이라 할 것인바, (마) 그 중 피고인의 진술내용은 실질적으로 형사소송법 제311조, 제312조 규정 이외에 **피고인의 진술을 기재한 서류와 다를 바 없으므로**, 피고인이 그 녹음테이프를 증거로 할 수 있음에 동의하지 않은 이상 그 녹음테이프 검증조서의 기재 중 피고인의 진술내용을 증거로 사용하기 위해서는 형사소송법 제313조 제1항 단서에 따라 ㉠ 공판준비 또는 공판기일에서 그 작성자인 고소인의 진술에 의하여 녹음테이프에 녹음된 피고인의 진술내용이 피고인이 진술한 대로 녹음된 것이라는 점이 증명되고 ㉡ 그 진술이 특히 신빙할 수 있는 상태 하에서 행하여진 것으로 인정되어야 한다. **cf)** 이 사례는 간통죄의 피해자가 피고인과의 대화를 녹음한 사안이다.

## * 비디오테이프 등 영상녹화물의 증거능력 인정요건 *

---

1 [대판 2009도11575] [「성폭력범죄의 처벌 및 피해자보호 등에 관한 법률」 제21조의3에 따라 촬영한 영상에 피해자가 피해상황을 진술하면서 **보충적으로 작성한 '메모'도 함께 촬영**되어 있는 경우, 그 증거능력을 인정하기 위한 요건] 성폭력범죄의 처벌 및 피해자보호 등에 관한 법률 제21조의3에 따라 촬영한 영상물에 수록된 성폭력 범죄 피해자의 진술은 조사 과정에 동석하였던 신뢰관계 있는 자의 진술에 의하여 성립의 진정함이 인정된 때에는 증거로 할 수 있다. 그리고 위와 같이 **촬영한 영상에 피해자가 피해상황을 진술하면서 보충적으로 작성한 메모도 함께 촬영되어 있는 경우, 이는 영상물에 수록된 피해자 '진술의 일부'와 다름없다.**

2 [대판 2004도3161] [사인(私人)이 피고인 아닌 사람과의 대화 내용을 촬영한 **비디오테이프의 증거능력**] (가) 수사기관이 아닌 사인(私人)이 피고인 아닌 사람과의 대화 내용을 촬영한 비디오테이프는 **형사소송법 제311조, 제312조의 규정 이외에 피고인 아닌 자의 진술을 기재한 서류와 다를 바 없으므로**, 피고인이 그 비디오테이프를 증거로 함에 동의하지 아니하는 이상 그 진술 부분에 대하여 증거능력을 부여하기 위하여는, 첫째 비디오테이프가 원본이거나 원본으로부터 복사한 사본일 경우에는 복사과정에서 편집되는 등 인위적 개작 없이 원본의 내용 그대로 복사된 사본일 것, 둘째 형사소송법 제313조 제1항에 따라 공판준비나 공판기일에서 **'원진술자의 진술'에 의하여** 그 비디오테이프에 녹음된 각자의 진술내용이 자신이 진술한 대로 녹음된 것이라는 점이 인정되어야 할 것인바, (나) 비디오테이프는 촬영대상의 상황과 피촬영자의 동태

및 대화가 녹화된 것으로서, 녹음테이프와는 달리 **피촬영자의 동태를 그대로 재현**할 수 있기 때문에 비디오 테이프의 내용에 인위적인 조작이 가해지지 않은 것이 전제된다면, 비디오테이프에 촬영, 녹음된 내용을 재생기에 의해 시청을 마친 원진술자가 비디오테이프의 피촬영자의 **모습과 음성을 확인**하고 자신과 동일인 이라고 진술한 것은 비디오테이프에 녹음된 진술내용이 자신이 진술한 대로 녹음된 것이라는 취지의 진술을 한 것으로 보아야 한다.

3 [대판 92도682] [공범으로서 별도로 공소제기된 다른 사건의 피고인 갑에 대한 수사과정에서 검사가 피의자인 갑과 대화하는 내용과 장면을 녹화한 **비디오테이프**에 대한 법원의 검증조서의 증거능력] 공범으로서 별도로 공소제기된 다른 사건의 피고인 갑에 대한 수사과정에서 담당 검사가 피의자인 갑과 그 사건에 관하여 **대화하는 내용**과 장면을 녹화한 비디오테이프에 대한 법원의 검증조서는 이러한 비디오테이프의 녹화내용이 피의자의 진술을 기재한 피의자신문조서와 실질적으로 같다고 볼 것이므로 '피의자신문조서'에 준하여 그 증거능력을 가려야 한다.

# 59 증거동의와 증거능력

* 대법원 2010. 7. 15. 선고 2007도5776 판결
* 참조조문: 형사소송법 제318조1)

---

증거동의의 의제 및 취소·철회

●**사실**● 피고인 X는 2006.9.3. 02:00경 서울 송파구의 노상에서 술에 취해 아무런 이유없이 피해자 A (남, 52세) 소유 다마스 차량의 우측 문짝을 발로 차 약 15㎝ 가량을 찌그러지게 하여 타인의 재물을 손괴하였다. 이로 인해 X는 약식명령을 받았으나 이에 불복하고 정식재판을 청구하였으나 정식재판절차의 제1심에서 **2회 불출정**하였다. 법원은 X가 불출석한 가운데 검사 제출의 유죄증거에 관하여 법 제318조 제2항에 따른 **증거동의 간주를 하여 증거능력을 부여**한 뒤 벌금 50만원을 선고하였다. 이에 X는 항소했으나 기각되자 다시 상고하였다. 당시 X는 항소심에 출석하여 공소사실을 부인하면서 **간주된 증거동의를 철회 또는 취소한다는 의사를 표시**하였다.

●**판지**● 상고기각. 「[1] [약식명령에 불복하여 정식재판을 청구한 피고인이 2회 불출정하여 피고인의 출정 없이 증거조사를 하는 경우, 형사소송법 제318조 제2항에 따른 증거동의가 간주되는지 여부(적극)] 형사소송법 제458조 제2항, 제365조는 피고인이 출정을 하지 않음으로써 본안에 대한 변론권을 포기한 것으로 보는 **일종의 제재적 규정**으로, 이와 같은 경우 피고인의 출정 없이도 심리, 판결할 수 있고 공판심리의 일환으로 증거조사가 행해지게 마련이어서 피고인이 출석하지 아니한 상태에서 증거조사를 할 수밖에 없는 경우에는 위 법 제318조 제2항의 규정상 피고인의 진의와는 관계없이 같은 조 **제1항의 동의가 있는 것으로 간주**하게 되어 있는 점, 위 법 제318조 제2항의 입법 취지가 재판의 필요성 및 신속성 즉, 피고인의 불출정으로 인한 소송행위의 지연 방지 내지 피고인 불출정의 경우 전문증거의 증거능력을 결정하지 못함에 따른 **소송지연 방지**에 있는 점 등에 비추어, 약식명령에 불복하여 정식재판을 청구한 피고인이 정식재판절차에서 2회 불출정하여 법원이 피고인의 출정 없이 증거조사를 하는 경우에 위 법 제318조 제2항에 따른 **피고인의 증거동의가 간주된다.**

[2] [제1심에서 증거동의 간주 후 증거조사를 완료한 이상, 항소심에 출석하여 그 증거동의를 철회 또는 취소한다는 의사표시를 하더라도 그 증거능력이 상실되는지 여부(소극)] 약식명령에 불복하여 정식재판을 청구한 피고인이 정식재판절차의 제1심에서 2회 불출정하여 형사소송법 제318조 제2항에 따른 **증거동의가 간주된 후 증거조사를 완료한 이상**, 간주의 대상인 증거동의는 증거조사가 완료되기 전까지 철회 또는 취소할 수 있으나 일단 증거조사를 완료한 뒤에는 취소 또는 철회가 인정되지 아니하는 점, 증거동의 간주가 피고인의 진의와는 관계없이 이루어지는 점 등에 비추어, 비록 피고인이 항소심에 출석하여 공소사실을 부인하면서 간주된 증거동의를 철회 또는 취소한다는 의사표시를 하더라도 **그로 인하여 적법하게 부여된 증거능력이 상실되는 것이 아니다.**

[3] 약식명령에 불복하여 정식재판을 청구한 피고인이 2회 불출정함에 따라 검사 제출의 유죄증거에 관하여 증거동의 간주를 하여 증거능력을 부여한 제1심의 조치를 그대로 유지한 항소심 판단을 수긍한 사례」

---

1) 형사소송법 제318조(**당사자의 동의와 증거능력**) ① 검사와 피고인이 증거로 할 수 있음을 **동의한 서류 또는 물건**은 **진정한 것으로 인정**한 때에는 증거로 할 수 있다. ② 피고인의 출정 없이 증거조사를 할 수 있는 경우에 피고인이 출정하지 아니한 때에는 전항의 동의가 있는 것으로 간주한다. 단, 대리인 또는 변호인이 출정한 때에는 예외로 한다.

●**해설**● **1 증거동의의 의의**　　　　형사소송법 제318조 제1항은 "검사와 피고인이 증거로 할 수 있음을 **동의**한 서류 또는 물건은 **진정한 것으로 인정**한 때에는 증거로 할 수 있다."고 규정하고 있다. (1) 이는 전문법칙에 의하여 (반대신문권의 결여와 신용성의 결여로 인해) 증거능력이 없는 증거이어도 **당사자가 동의할 경우**에는 예외적으로 증거로 할 수 있음을 의미한다(반대신문권의 결여 ↔반대신문권의 포기, 신용성의 결여 ↔ 법원의 진정성 인정으로 상쇄). 이 규정의 취지는 '**신속한 재판**'과 '**소송경제**'를 도모하고자 함이다. 즉 당사자 사이에 특별한 이견이 없는 증거에 대해서는 증거동의라는 소송행위를 통해 공판절차를 간이화하는 한편, 부동의한 증거에 대하여는 당사자 사이에 공격과 방어를 집중함으로써 재판을 효율적으로 진행하고자 함이다. 실제 재판에서도 증거동의는 폭 넓게 인정되고 있다(그러나 증거동의는 증거능력 없는 전문증거에 대하여 반대신문권을 포기함으로써 실체적 진실을 밝혀낼 수 있는 기회를 놓쳐버리는 결과를 초래할 수 있으므로, 당사자의 의사표시는 신중해야 할 필요가 있다). (2) 증거동의는 입증절차에 있어서 **당사자처분주의**적 색채가 강한 소송행위이지만, 미국의 경우와 같이 당사자의 타협에 의한 당사자처분주의를 인정하지는 않는다. 따라서 동의는 증거능력발생의 전제조건에 불과하고 법원의 진정성 인정에 의하여 비로소 증거능력이 인정된다. (3) 판례는 증거동의의 본질을 '**반대신문권의 포기**'로 이해한다(대판 82도2873). 따라서 반대신문과 관련이 없는 임의성 없는 자백이나 위법수집증거는 동의가 있어도 증거로 할 수 있다. 또한 (4) 판례는 '증거동의와 전문법칙과의 관계'에 대하여, 제318조는 **전문법칙에 대한 '예외'**로 보고 있다. 즉「형사소송법 제318조 제1항은 전문증거금지의 원칙에 대한 **예외**로서 **반대신문권을 포기**하겠다는 피고인의 의사표시에 의하여 서류 또는 물건의 증거능력을 부여하려는 규정이므로 피고인의 의사표시가 위와 같은 내용을 **적극적으로 표시**하는 것이라고 인정되는 경우이면 증거동의로서의 효력이 있다」(대판 82도2873). (5) 제318조에서 당사자가 동의하는 것은 증거능력에 관한 것일 뿐이고 증명력을 다툴 권리까지 포기하는 것은 아니다.

　**2 증거동의의 주체와 상대방**　　　　(1) 동의권자는 소송의 주체인 **검사와 피고인**이다. 따라서 당사자 일방이 신청한 증거는 상대방의 동의가 있으면 된다(**법원이 직권**으로 채택한 증거에 대해서는 양당사자의 동의가 필요하다). 이와 같이, 증거능력 없는 전문증거일지라도 '당사자가 동의'하고 '법원이 진정한 것'으로 인정한 경우에는 증거능력이 있게 된다. (2) 나아가 (증거 동의의 주체는 원칙적으로 검사와 피고인이라고 명시하고 있지만) **변호인**도 피고인의 **명시한 의사에 반하지 아니하는 한** 피고인을 대리하여 증거로 함에 동의할 수 있다. ㉠ 따라서「피고인이 증거로 함에 동의하지 아니한다고 명시적인 의사표시를 한 경우 이외에는 변호인은 서류나 물건에 대하여 증거로 함에 동의할 수 있고, 이 경우 변호인의 동의에 대하여 피고인이 **즉시 이의하지 아니하는 경우**에는 변호인의 동의로 증거능력이 인정된다」(대판 88도1628, Ref 2-2). ㉡ 피고인이「즉시 이의하지 아니하는 경우에는 변호인의 동의로 증거능력이 인정되고 **증거조사 완료 전까지** 앞서의 동의가 취소 또는 철회하지 아니한 이상 일단 부여된 증거능력은 그대로 존속한다」(대판 99도2029). ㉢ 그리고 같은 맥락에서 **피고인의 부동의**를 변호인이 번복하여 동의하더라도 특별한 사정이 없는 한 효력이 없다(대판 2013도3, Ref 2-1).[2] ㉣ 피고인이 사법경찰관작성의 피해자진술조서를 증거로 동의함에 있어서「그 동의가 법률적으로 어떠한 효과가 있는지를 모르고 한 것이었다고 주장하더라도 **변호인이 그 동의시 공판정에 재정**하고 있으면서 피고인이 하는 동의에 대하여 아무런 이의나 취

_____

2) 변호인에게는 포괄대리권이 인정되므로 변호인도 증거동의권이 있다. 다만, **기피신청·증거동의·상소제기**의 경우에는 피고인의 **명시한 의사에 반하지 아니하는 한도에서** 피고인을 대리하여 증거로 함에 동의할 수 있다. 이를 달리 말하면 변호인의 증거동의는 피고인의 묵시적 의사에 반하여 행사할 수 있는 '독립대리권'에 불과하다.

소를 한 사실이 없다면 그 동의에 무슨 하자가 있다고 할 수 없다」(대판 83도1019, Ref 3). (3) 그리고 **법원이 직권**으로 채택한 증거에 대해서는 **양당사자의 동의**가 필요하다. (4) 증거동의는 반대신문권의 포기를 의미하므로 **증거동의의 상대방은 '법원'**이 된다. 따라서 법원과 상관없이 소송의 상대방에게만 하는 동의는 효력이 없다(대판 2012도7461).

**3 증거동의의 대상 및 범위**　　증거동의의 대상이 되는 것으로 형사소송법은 **'서류 또는 물건[3)]'**을 규정하고 있다. (1) 그러나 동의가 반대신문권의 포기를 의미하므로 서류 이외에 전문증거가 되는 (구두)**'진술'**도 동의의 대상에 포함된다. (2) 동의의 대상이 되는 **서류**와 관련하여 ① 사법경찰리가 작성한 피고인 아닌 자에 대한 진술조서나 압수조서, 검증조서 및 감정서 등도 동의의 대상이 되며(대판 99도3273, Ref 9), ② 동의의 대상이 될 서류는 원본에 한하지 않고 그 **'사본'도 포함**된다(대판 86도893, Ref 11), 나아가 대화내용이 녹음된 **보이스펜**도 동의의 대상이 된다(대판 2007도10804, Ref 22-3). ③ 조서의 **'일부'**에 대한 동의도 가능하다(대판 90도1303, Ref 22-2). (3) 증거동의의 대상은 증거능력이 없는 '전문증거'에 한정된다. 따라서 이미 증거능력이 있는 증거는 증거동의의 대상이 될 수 없다. (4) **임의성 없는 자백**(대판 2004도7900, Ref 8)이나 **위법수집증거**(대판 2009도11401, Ref 5-1)도 증거동의의 대상이 될 수 없다. 따라서 동의가 있더라도 증거능력이 인정되지 않는다.[4)] (5) 형사소송법이 증거능력에 관하여 아무런 규정을 두고 있지 않은 **'재전문진술'**이나 **'재전문진술을 기재한 조서'**도 증거동의의 대상이 된다(대판 2010도5948, Ref 4). (6) 유죄증거에 대한 **'반대증거'(무죄증거)**에는 동의를 요하지 아니한다. 따라서 이 경우에는 상대방의 동의가 없어도 증거판단의 자료로 할 수 있다(증거공통의 원칙)(대판 80도1547, Ref 12-1). 그러나 그 반대의 경우인 피고인이나 변호인이 무죄에 관한 자료로 제출한 서증 가운데 도리어 **유죄임을 뒷받침**하는 내용이 있는 경우에는 **검사의 동의가 없는 한** 그 서류의 진정성립 여부 등을 조사하고 아울러 그 서류에 대한 피고인이나 변호인의 의견과 변명의 기회를 준 다음이 아니면 그 서증을 **유죄인정의 증거로 쓸 수 없다**(대판 87도966, Ref 12-3).

**4 증거동의의 시기와 방식**　　(1) 증거동의는 **증거조사 완료 전**에 하여야 한다(대판 2015도3467). 이는 동의를 통해 증거능력을 인정받게 되는 것이고 증거능력이 있어야 증거조사가 가능하기 때문이다. (2) 동의는 **서면 또는 구술**로 할 수 있으며 **묵시적 동의**도 허용한다. 즉 판례는 전문증언에 대하여 피고인이 **"별 의견이 없다"**고 진술한 경우에 전문진술이라 하더라도 동의한 것으로 보아 증거능력을 인정한다(대판 83도516, Ref 17-1). 또한 (3) 판례는 **포괄적 증거동의**도 인정한다.「개개의 증거에 대하여 개별적인 증거조사방식을 거치지 아니하고 **검사가 제시한 모든 증거**에 대하여 피고인이 증거로 함에 동의한다는 방식으로도 가능하다」(대판 82도2873, Ref 18). 이와 같이, 증거동의는 폭 넓게 인정되고 있다. (4) 반면,

---

3) **'물건'**에 대해서는 증거동의의 대상이 될 수 있는지가 문제된다. 증거동의의 본질을 반대신문권의 포기로 보는 이상 물건은 반대신문과 관계가 없으므로 증거동의의 대상이 될 수 없다는 견해도 있으나 이때의 '물건'은 모든 물증을 포함하는 것이 아니라, '서류 이외의 형태'로 전달된 전문증거(영상녹화물이나 녹음, 디지털저장장치 등)를 포섭하는 것으로 해석하여야 한다(배종대/홍영기, 형사소송법, 377면). 판례도 피해자의 **상해부위를 촬영한 사진**에 대해서 증거동의를 인정하고 있다(대판 2007도3906, Ref 6).

4) 이와 같이, 위법수집증거는 증거동의의 대상이 될 수 없으나 판례는 **예외적으로** ㉠ 공판정에서 이미 증언을 마친 증인을 검사가 소환하여 이를 번복시킨 **증언번복진술조서**(대판 99도1108, Ref 10-1)나 ㉡ 증거보전절차에서 피의자·변호인에게 증인신문에 참여기회를 주지 아니한 **증인신문조서**(대판 86도1646, Ref 10-2)의 경우에 증거동의를 하면 **증거능력을 인정**하고 있다.

피고인이 **"공판정 진술과 배치되는 부분은 부동의한다."**고 진술한 경우는 그 조서를 증거로 함에 동의하지 아니한다는 취지로 해석된다(대판 84도1552, Ref 16).

**5 증거동의의 의제**　　　　증거동의가 의제되는 경우가 있다. 제318 제2항은 "피고인의 **출정 없이 증거조사**를 할 수 있는 경우에 피고인이 출정하지 아니한 때에는, 피고인의 **대리인 또는 변호인이 출정한 때를 제외하고** 피고인이 증거로 함에 동의가 있는 것으로 간주 한다."고 규정하여 피고인 불출석 재판이 가능한 경우, 피고인이 불출석하면 대리인·변호인 출석시를 제외하고는 증거동의가 의제되는 규정을 두고 있다. 이와 같이 피고인이 불출정한 경우에 소송이 **지연되는 것을 방지**하기 위하여 경미사건 등에 한하여 증거동의를 의제하는 경우 등이 있다. 구체적 예로는 다음과 같다. ① 피고인이 **법인인 경우**에 대리인이 출석하지 아니한 경우(법276단서), ② **경미사건**(다액 500만원 이하의 벌금 또는 과료에 해당)이나 **공소기각** 또는 **면소재판**을 할 것이 명백한 사건에서 피고인이 출석하지 않은 경우(법277)[5] 그리고 ③ 피고인과 변호인이 **재판장의 허가 없이 퇴정한 경우** 피고인의 진의와는 관계없이 동의가 있는 것으로 간주된다(대판 91도865, Ref 20). 또한 ④ 대상판결에서와 같이, **약식명령에 불복**하여 정식재판을 청구한 피고인이 **2회 불출정**하여 피고인의 출정 없이 증거조사를 하는 경우, 형사소송법 제318조 제2항에 따른 증거동의가 간주된다(대상판결). ⑤ **간이공판절차(법286의2)의 결정**이 있는(공판기일에 피고인이 자백한 경우) 사건의 증거에 관하여는 검사·피고인·변호인의 이의가 있는 때를 제외하고는 전문증거(제310조의2, 제312조 내지 제314조 및 제316조)의 규정에 의한 증거에 대하여 증거동의가 있는 것으로 **간주한다**(법318의3).[6] ⑥ 피고인이 공시송달의 방법에 의한 공판기일의 소환을 2회 이상 받고도 출석하지 아니하여 법원이 피고인의 출정 없이 증거조사를 하는 경우에는 형사소송법 제318조 제2항에 따른 피고인의 증거동의가 있는 것으로 간주된다(대판 2010도15977, Ref 19).

**6 증거동의의 효력**　　　　(1) 당사자의 동의가 있더라도 "법원이 **진정한 것으로 인정**한 때"에 한하여 증거능력이 인정된다(조건부인정).[7] 증거동의의 본질은 반대신문권의 포기에 있으며 **증거동의의 효력**은 원칙적으로 동의의 대상으로 특정된 서류나 물건 **전체에 미치며**, 일부에 대한 동의는 허용되지 않는다(대판 84도1552, Ref 20-1). 그러나 증거동의의 대상인 서류나 물건이 **가분(可分)이면 '일부에 대한 동의'**도

---

5) 형사소송법 제277조(**경미사건 등과 피고인의 불출석**) 다음 각 호의 어느 하나에 해당하는 사건에 관하여는 **피고인의 출석을 요하지 아니한다.** 이 경우 피고인은 대리인을 출석하게 할 수 있다. 1. 다액 500만원 이하의 벌금 또는 과료에 해당하는 사건 2. 공소기각 또는 면소의 재판을 할 것이 명백한 사건 3. 장기 3년 이하의 징역 또는 금고, 다액 500만원을 초과하는 벌금 또는 구류에 해당하는 사건에서 피고인의 불출석허가신청이 있고 법원이 피고인의 불출석이 그의 권리를 보호함에 지장이 없다고 인정하여 이를 허가한 사건. 다만, 제284조에 따른 절차를 진행하거나 판결을 선고하는 공판기일에는 출석하여야 한다. 4. 제453조제1항에 따라 피고인만이 정식재판의 청구를 하여 판결을 선고하는 사건

6) 형사소송법 제318조의3(**간이공판절차에서의 증거능력에 관한 특례**) 제286조의2의 결정이 있는 사건의 증거에 관하여는 제310조의2, 제312조 내지 제314조 및 제316조의 규정에 의한 증거에 대하여 제318조제1항의 동의가 있는 것으로 간주한다. 단, 검사, 피고인 또는 변호인이 증거로 함에 이의가 있는 때에는 그러하지 아니하다.

7) 증거동의는 법원이 그 서류 또는 물건이 **"진정한 것으로 인정**한 때"에 한하여 증거능력이 인정된다. 이는 실체적 진실발견을 위한 법원의 책무를 염두에 둔 것으로 **직권주의**의 한 표현으로 볼 수 있다. 이 때 '진정한 것으로 인정한 때'의 의미를 '임의성설'에 따라 해석하면 임의성 없는 진술을 내용으로 하는 증거의 경우 당사자의 동의가 있더라도 증거능력이 부정된다. 즉 당사자가 반대신문권을 포기하는 소송행위를 하였더라도 법관이 보기에 임의성을 의심할만한 특별한 사정이 존재하는 경우(가령, 고문, 폭행 등으로 임의성 없이 조서가 작성되었다는 의심할 만한 사정이 있는 경우), 증거능력은 부정된다.

가능하다(**물적 범위**). 따라서 피고인들이 경찰의 검증조서 가운데 범행부분만 부동의하고, 현장상황 부분에 대해서는 모두 증거로 함에 동의하였다면, 위 검증조서 중 범행상황 부분만을 증거로 채용한 제1심판결에 잘못이 없다(대판 90도1303, Ref 22-2). (2) 피고인이 수인인 경우에 피고인은 각자가 독립하여 반대신문권을 가지므로 동의의 효력은 **동의한 피고인에게만 미치고** 다른 피고인에게는 미치지 않는다(**인적 범위**). (3) 증거동의의 효력은 '공판절차의 갱신'이 있거나 '심급을 달리'하는 경우에도 **소멸되지 아니한다**(**시간적 범위**). 이는 이미 증거조사를 마쳤기 때문이다. 즉「피고인들이 제1심법정에서 경찰작성 조서들에 대하여서 증거로 함에 동의하였다면 그 후 항소심에서 범행인정 여부를 다투고 있다하여도 이미 동의한 효과에 아무런 영향을 가져오지 아니한다」(대판 89도2366). (4) 증거동의는 동의에 의하여 증거능력을 부여하는 것이므로 동의한 증거의 '증명력'을 탄핵하는 것은 가능하다.

**7 증거동의의 취소와 철회**　　　　(1) 증거동의의 취소와 철회는 **증거조사가 '완료 전'까지** 가능하다. 대상판결도 이 부분이 다투어졌다.「형사소송법 제318조에 규정된 증거동의의 의사표시는 증거조사가 **완료되기 전까지** 취소 또는 철회할 수 있으나 일단 증거조사가 완료된 뒤에는 취소 또는 철회가 인정되지 아니하므로 취소 또는 철회 이전에 이미 취득한 증거능력은 상실되지 않는다」(대판 88도1628, Ref 29) (**절차유지의 원칙**). 따라서, 일단 증거조사가 완료된 뒤에는 취소 또는 철회가 인정되지 아니하므로 제1심에서 한 증거동의를 제2심에서 취소할 수는 없다(대판 99도2029, Ref 28). 이러한 판례의 태도는 **절차의 확실성과 소송경제**를 고려한 것으로 보인다(증거조사 완료 뒤에는 이미 법관의 심증형성에 일정한 영향을 주었으므로 그 후에 철회하는 것은 적절하지 않기에 증거조사완료시까지만 허용해야 한다고 본다). (2) 다만 '아주 예외적'으로 증거동의의 의사표시에「그 효력을 그대로 유지하기 어려운 **중대한 하자가 있고** 그에 관하여 진술인에게 **귀책사유가 없는 경우에 한하여** 예외적으로 증거조사 절차가 완료된 뒤에도 그 진술을 취소할 수 있다」(대판 2007도7760, Ref 26).

*Reference*

### *증거동의와 변호인*

1 [대판 2015도19139] 형사소송법 제318조에 규정된 증거 동의는 소송 주체인 검사와 피고인이 하는 것이고, **변호인**은 피고인을 대리하여 증거 동의에 관한 의견을 낼 수 있을 뿐이므로, 피고인이 변호인과 함께 출석한 공판기일의 **공판조서**에 검사가 제출한 증거에 대하여 동의한다는 기재가 되어 있다면 이는 피고인이 증거 동의를 한 것으로 보아야 하고, 그 기재는 **절대적인 증명력**을 가진다.　**cf)** 공판조서는 무조건적인 증거능력을 인정받는다(법311). 뿐만아니라 공판기일의 소송절차로서 공판조서에 기재된 것은 그 조서만으로써 증명한다(법56).

2-1 [대판 2013도3] [피고인이 출석한 공판기일에서 증거로 하는 데 **'부동의'한다는 의견**이 진술된 후 **피고인이 출석하지 아니한 공판기일에 변호인만이 출석하여 증거로 하는 데 동의한 경우**, 증거동의의 효력 유무(원칙적 소극)] 형사소송법 제318조에 규정된 증거동의의 주체는 소송 주체인 검사와 피고인이고, 변호인은 피고인을 대리하여 증거동의에 관한 의견을 낼 수 있을 뿐이므로 **피고인의 명시한 의사에 반하여 증거로 함에 동의할 수는 없다.** 따라서 피고인이 출석한 공판기일에서 증거로 함에 부동의한다는 의견이 진술된 경우에는 그 후 피고인이 출석하지 아니한 공판기일에 변호인만이 출석하여 종전 의견을 번복하여 증거로 함에

동의하였다 하더라도 이는 특별한 사정이 없는 한 효력이 없다고 보아야 한다.

2-2 [대판 88도1628] 변호인은 피고인의 명시한 의사에 반하지 아니하는 한 피고인을 대리하여 증거로 함에 동의할 수 있으므로 피고인이 증거로 함에 동의하지 아니한다고 명시적인 의사표시를 한 경우 이외에는 변호인은 서류나 물건에 대하여 증거로 함에 동의할 수 있고 이 경우 변호인의 동의에 대하여 피고인이 즉시 이의하지 아니하는 경우에는 변호인의 동의로 증거능력이 인정된다.

2-3 [대판 2005도4428] 증거로 함에 대한 동의의 주체는 소송주체인 당사자라 할 것이지만 변호인은 피고인의 명시한 의사에 반하지 아니하는 한 피고인을 대리하여 증거로 함에 동의할 수 있으므로 피고인이 증거로 함에 동의하지 아니한다고 명시적인 의사표시를 한 경우 이외에는 변호인은 서류나 물건에 대하여 증거로 함에 동의할 수 있고, 이 경우 변호인의 동의에 대하여 피고인이 즉시 이의하지 아니하는 경우에는 변호인의 동의로 증거능력이 인정되어 증거조사 완료 전까지 그 동의가 취소 또는 철회하지 아니한 이상 일단 부여된 증거능력은 그대로 존속한다.

3 [대판 83도1019] [변호인 재정시에 피고인이 한 증거동의에 하자가 있다는 주장의 당부] 피고인이 사법경찰관작성의 피해자진술조서를 증거로 동의함에 있어서 그 동의가 법률적으로 어떠한 효과가 있는지를 모르고 한 것이었다고 주장하더라도 변호인이 그 동의 시 공판정에 재정하고 있으면서 피고인이 하는 동의에 대하여 아무런 이의나 취소를 한 사실이 없다면 그 동의에 무슨 하자가 있다고 할 수 없다.

## * 증거동의의 대상 *

4 [대판 2010도5948] [피고인이 증거로 하는 데 동의하지 아니한 재전문진술 또는 재전문진술을 기재한 조서의 증거능력 유무(소극)] 형사소송법은 전문진술에 대하여 제316조에서 실질상 단순한 전문의 형태를 취하는 경우에 한하여 예외적으로 그 증거능력을 인정하는 규정을 두고 있을 뿐, 재전문진술이나 재전문진술을 기재한 조서에 대하여는 달리 그 증거능력을 인정하는 규정을 두고 있지 아니하고 있으므로, 피고인이 증거로 하는 데 동의하지 아니하는 한 형사소송법 제310조의2의 규정에 의하여 이를 증거로 할 수 없다.

### *위법수집증거와 증거동의*

5-1 [대판 2009도11401] 형사소송법 제216조 제1항 제2호, 제217조 제2항, 제3항은 사법경찰관은 형사소송법 제200조의3(긴급체포)의 규정에 의하여 피의자를 체포하는 경우에 필요한 때에는 영장 없이 체포현장에서 압수·수색을 할 수 있고, 압수한 물건을 계속 압수할 필요가 있는 경우에는 지체 없이 압수수색영장을 청구하여야 하며, 청구한 압수수색영장을 발부받지 못한 때에는 압수한 물건을 즉시 반환하여야 한다고 규정하고 있는바, 형사소송법 제217조 제2항, 제3항에 위반하여 압수수색영장을 청구하여 이를 발부받지 아니하고도 즉시 반환하지 아니한 압수물은 이를 유죄 인정의 증거로 사용할 수 없는 것이고, 헌법과 형사소송법이 선언한 영장주의의 중요성에 비추어 볼 때 피고인이나 변호인이 이를 증거로 함에 동의하였다고 하더라도 달리 볼 것은 아니다.

5-2 [대판 2009도10092] 형사소송법 제218조는 "사법경찰관은 소유자, 소지자 또는 보관자가 임의로 제출한 물건을 영장없이 압수할 수 있다"고 규정하고 있는바, 위 규정을 위반하여 소유자, 소지자 또는 보관자가 아닌 자로부터 제출받은 물건을 영장없이 압수한 경우 그 '압수물' 및 '압수물을 찍은 사진'은 이를 유죄 인정의 증거로 사용할 수 없는 것이고, 헌법과 형사소송법이 선언한 영장주의의 중요성에 비추어 볼

때 피고인이나 변호인이 이를 증거로 함에 동의하였다고 하더라도 달리 볼 것은 아니다.

**5-3 [대판 2010도9016]** 수사기관이 甲으로부터 피고인의 마약류관리에 관한 법률 위반(향정) 범행에 대한 진술을 듣고 추가적인 증거를 확보할 목적으로, 구속수감되어 있던 甲에게 그의 압수된 휴대전화를 제공하여 피고인과 통화하고 위 범행에 관한 통화 내용을 녹음하게 한 행위는 **불법감청에 해당**하므로, 그 녹음 자체는 물론 이를 근거로 작성된 녹취록 첨부 수사보고는 피고인의 증거동의에 상관없이 그 증거능력이 없다.

**5-4 [대판 2011도15258]** 수사기관이 법원으로부터 영장 또는 감정처분허가장을 발부받지 아니한 채 피의자의 동의 없이 피의자의 신체로부터 혈액을 채취하고 사후에도 지체 없이 영장을 발부받지 아니한 채 혈액 중 알코올농도에 관한 감정을 의뢰하였다면, 이러한 과정을 거쳐 얻은 감정의뢰회보 등은 형사소송법상 **영장주의 원칙을 위반**하여 수집하거나 그에 기초하여 획득한 증거로서, 원칙적으로 절차위반행위가 적법절차의 실질적인 내용을 침해하여 피고인이나 변호인의 동의가 있더라도 유죄의 증거로 사용할 수 없다.

**6 [대판 2007도3906]** '공소외인의 **상해부위를 촬영한 사진**'은 비진술증거로서 전문법칙이 적용되지 않으므로, 위 사진이 진술증거임을 전제로 전문법칙이 적용되어야 한다는 취지의 상고이유의 주장 또한 받아들일 수 없다. …… 피고인은 제1심 제1회 공판기일에 위 **사진을 증거로 함에 동의**하였고, 이에 따라 제1심법원이 위 사진에 대한 증거조사를 완료하였음을 알 수 있으므로, 상고이유의 주장과 같이 피고인이 원심에 이르러 위 사진에 대한 증거동의의 의사표시를 취소 또는 철회하였다 하여, 위 사진의 **증거능력이 상실되지 않는다.**

**7 [대판 2005도9730]** [원진술자의 법정 출석과 피고인에 의한 반대신문이 이루어지지 못한 경우, 수사기관이 원진술자의 진술을 기재한 조서의 증거가치] 수사기관이 원진술자의 진술을 기재한 조서는 원본 증거인 원진술자의 진술에 비하여 본질적으로 낮은 정도의 증명력을 가질 수밖에 없다는 한계를 지니는 것이고, 특히 **원진술자의 법정 출석 및 반대신문이 이루어지지 못한 경우에는** 그 진술이 기재된 조서는 법관의 올바른 심증 형성의 기초가 될 만한 진정한 증거가치를 가진 것으로 인정받을 수 없는 것이 원칙이다. 따라서 피고인이 공소사실 및 이를 뒷받침하는 수사기관이 원진술자의 진술을 기재한 조서 내용을 부인하였음에도 불구하고, 원진술자의 법정 출석과 피고인에 의한 반대신문이 이루어지지 못하였다면, 그 조서에 기재된 진술이 직접 경험한 사실을 구체적인 경위와 정황의 세세한 부분까지 정확하고 상세하게 묘사하고 있어 구태여 반대신문을 거치지 않더라도 진술의 정확한 취지를 명확히 인식할 수 있고 그 내용이 경험칙에 부합하는 등 신빙성에 의문이 없어 조서의 형식과 내용에 비추어 강한 증명력을 인정할 만한 특별한 사정이 있거나, 그 조서에 기재된 진술의 신빙성과 증명력을 뒷받침할 만한 다른 유력한 증거가 따로 존재하는 등의 예외적인 경우가 아닌 이상, 그 조서는 진정한 증거가치를 가진 것으로 인정받을 수 없는 것이어서 이를 주된 증거로 하여 공소사실을 인정하는 것은 원칙적으로 허용될 수 없다. 이는 원진술자의 사망이나 질병 등으로 인하여 원진술자의 법정 출석 및 반대신문이 이루어지지 못한 경우는 물론 수사기관의 조서를 증거로 함에 **피고인이 동의한 경우에도 마찬가지**이다.

#### *임의성 없는 자백·진술과 증거동의*

**8 [대판 2004도7900]** 기록상 진술증거의 **임의성에 관하여 의심할 만한 사정**이 나타나 있는 경우에는 법원은 직권으로 그 임의성 여부에 관하여 조사를 하여야 하고, 임의성이 인정되지 아니하여 증거능력이 없

는 진술증거는 피고인이 증거로 함에 동의하더라도 증거로 삼을 수 없다 할 것이다.

**9 [대판 99도3273]** [피고인이 증거로 하는 데 동의한 사법경찰리 작성의 피고인 아닌 자에 대한 진술조서, 압수조서 등의 증거능력 유무(적극)] 사법경찰리가 작성한 피고인 아닌 자에 대한 진술조서, 압수조서, 검증조서 및 감정서 등도 피고인이 공소사실의 증거로 하는 데 동의하였다면 이들은 모두 증거능력이 있다.

### *위법수집증거이지만 증거동의로 '하자가 치유'된 사례*[8]

**10-1 [대판 99도1108 전원합의체]** [공판준비 또는 공판기일에서 이미 증언을 마친 증인을 검사가 소환한 후 피고인에게 유리한 그 증언 내용을 추궁하여 이를 일방적으로 번복시키는 방식으로 작성한 진술조서의 증거능력을 인정할 수 있는지 여부(소극)] [다수의견] 공판준비 또는 공판기일에서 이미 증언을 마친 증인을 검사가 소환한 후 피고인에게 유리한 그 증언 내용을 추궁하여 이를 일방적으로 번복시키는 방식으로 작성한 진술조서를 유죄의 증거로 삼는 것은 당사자주의·공판중심주의·직접주의를 지향하는 현행 형사소송법의 소송구조에 어긋나는 것일 뿐만 아니라, 헌법 제27조가 보장하는 기본권, 즉 법관의 면전에서 모든 증거자료가 조사·진술되고 이에 대하여 피고인이 공격·방어할 수 있는 기회가 실질적으로 부여되는 재판을 받을 권리를 침해하는 것이므로, 이러한 진술조서는 피고인이 증거로 할 수 있음에 동의하지 아니하는 한 그 증거능력이 없다고 하여야 할 것이고, 그 후 원진술자인 종전 증인이 다시 법정에 출석하여 증언을 하면서 그 진술조서의 성립의 진정함을 인정하고 피고인측에 반대신문의 기회가 부여되었다고 하더라도 그 증언 자체를 유죄의 증거로 할 수 있음은 별론으로 하고 위와 같은 진술조서의 증거능력이 없다는 결론은 달리할 것이 아니다. **cf)** 대법원은 위와 같이 위법하게 작성된 진술조서는 원칙적으로 증거능력이 없다는 점을 인정하면서도, 그 진술조서에 대하여 피고인이 증거로 할 수 있음에 동의한 경우에는 예외적으로 증거능력을 인정하고 있다.

**10-2 [대판 86도1646]** [증거보전절차로 증인신문을 하는 경우에 당사자의 참여권(참여권 침해 상태에서 작성된 증인신문조서)] 판사가 형사소송법 제184조에 의한 증거보전절차로 증인신문을 하는 경우에는 동법 제221조의2에 의한 증인신문의 경우와는 달라 동법 제163조에 따라 검사, 피의자 또는 변호인에게 증인신문의 시일과 장소를 미리 통지하여 증인신문에 참여할 수 있는 기회를 주어야 하나 참여의 기회를 주지 아니한 경우라도 피고인과 변호인이 증인신문조서를 증거로 할 수 있음에 동의하여 별다른 이의없이 적법하게 증거조사를 거친 경우에는 위 증인신문조서는 증인신문절차가 위법하였는지의 여부에 관계없이 증거능력이 부여된다.

**10-3 [대판 2013도6825]** [증인신문 예정자에 대한 수사기관 작성 진술조서] 공소가 제기된 후에는 그 사건에 관한 형사절차의 모든 권한이 사건을 주재하는 수소법원에 속하게 되며, 수사의 대상이던 피의자는 검사와 대등한 당사자인 피고인의 지위에서 방어권을 행사하게 된다. …… 이러한 형사소송법의 기본원칙에

---

8) 위법수집증거임에도 피고인의 동의가 있으면 증거능력을 부여하고 있는 이들 사례에 대한 다음의 비판이 있다. "증거가 적법절차를 위반한 위법수집증거인가에 대한 판단은 법관이 직권으로 하여야 한다. 그럼에도 불구하고 피고인의 증거동의 여부에 따라 그 증거능력을 인정하게 된다면 이는 피고인에게 그 결정권을 주는 결과를 초래하게 된다. 뿐만 아니라 피고인의 동의와 같은 주관적 의사는 수사기관 위력 등 어떤 힘에 의하여 제어될 위험이 존재할 뿐 아니라, 수사절차나 공판절차에 협조한 피고인에게 오히려 불리한 결과를 초래한다. 이러한 점에서 대법원이 굳이 증거동의로 위법수집증거배제법칙을 무력화시키는 것은 타당하다고 할 수 없다."(김형준, 위법수집증거에 대한 예외적 증거능력 인정의 타당성 여부, 법학논문집 제45집 제3호(중앙대학교 법학연구원), 179-180면).

따라 살펴보면, 제1심에서 피고인에 대하여 무죄판결이 선고되어 검사가 항소한 후, 수사기관이 항소심 공판기일에 증인으로 신청하여 신문할 수 있는 사람을 특별한 사정없이 미리 수사기관에 소환하여 작성한 진술조서는 **피고인이 증거로 할 수 있음에 동의하지 않는 한 증거능력이 없다.** 검사가 공소를 제기한 후 참고인을 소환하여 피고인에게 불리한 진술을 기재한 진술조서를 작성하여 이를 공판절차에 증거로 제출할 수 있게 한다면, 피고인과 대등한 당사자의 지위에 있는 검사가 수사기관으로서의 권한을 이용하여 일방적으로 법정 밖에서 유리한 증거를 만들 수 있게 하는 것이므로 당사자주의 · 공판중심주의 · 직접심리주의에 반하고 피고인의 공정한 재판을 받을 권리를 침해하기 때문이다. **cf)** 대법원은 이와 같이 위법하게 작성되어 증거능력 없는 진술조서라고 하더라도 피고인이 이를 증거로 할 수 있음에 동의하는 경우에는 예외적으로 증거능력이 인정된다고 판시하고 있다.

11 [대판 86도893] [형사소송법 제318조 제1항 소정의 동의의 대상이 될 서류에 사본이 포함되는지 여부] 형사소송법 제318조 제1항에 의하여 피고인이 증거로 할 수 있음을 동의한 서류 또는 물건은 진정한 것으로 인정한 때에는 증거로 할 수 있는 것이고, 여기에서 말하는 동의의 대상이 될 서류는 원본에 한하는 것이 아니라 **그 '사본'도 포함된다.**

**\*검사의 유죄증거에 대한 반대증거와 피고인의 무죄증거에 대한 유죄의 인정\***

12-1 [대판 80도1547] [범죄사실을 인정하는 증거가 아닌 증거서류도 진정성립의 증명이나 상대방의 동의를 요하는가(소극)] 유죄의 자료가 되는 것으로 제출된 증거의 **반대증거 서류**에 대하여는 그것이 유죄사실을 인정하는 증거가 되는 것이 아닌 이상 반드시 그 진정성립이 증명되지 아니하거나 이를 증거로 함에 있어서의 **상대방의 동의가 없다고 하더라도 증거판단의 자료로 할 수 있다.**

12-2 [대판 94도1159] 검사가 유죄의 자료로 제출한 증거들이 그 진정성립이 인정되지 아니하고 이를 증거로 함에 상대방의 동의가 없더라도, 이는 유죄사실을 인정하는 증거로 사용하는 것이 아닌 이상 **공소사실과 양립할 수 없는 사실을 인정하는 자료로 쓸 수 있다**고 보아야 한다.

12-3 [비교판례] [대판 87도966] [피고인이 무죄에 관한 자료로 제출한 증거를 유죄인정의 증거로 쓸 경우의 증거조사 절차] **증거공통의 원칙**이란 증거의 증명력은 그 제출자나 신청자의 입증취지에 구속되지 않는다는 것을 의미하고 증서의 증거능력이나 증거에 관한 조사절차를 불필요하게 할 수 있는 힘은 없으므로 피고인이나 변호인이 무죄에 관한 자료로 제출한 서증가운데 **도리어 유죄임을 뒷받침하는 내용이 있다 하여도 법원은 상대방의 원용(동의)이 없는 한** 그 서류의 진정성립 여부 등을 조사하고 아울러 그 서류에 대한 피고인이나 변호인의 의견과 변명의 기회를 준 다음이 아니면 **그 서증을 유죄인정의 증거로 쓸 수 없다**고 보아야만 범죄사실의 인정은 증거능력이 있고 적법한 증거조사를 거친 증거에 의한 증명(이른바 엄격한 증명)에 의하여야 한다는 증거재판주의가 실현된다 할 것이므로 무죄의 자료가 유죄로 쓰여질 수 있음을 피고인이나 변호인이 예기하였거나 할 수 있었을 것이라는 구실만으로 위와 같은 절차가 불필요하다고 보아서는 안 된다.

## \* 증거동의의 시기와 방식 \*

13 [대판 2015도3467] [증거동의가 있는 서류 또는 물건의 증거능력을 인정하는 방법 / 증거동의의 의사표시를 취소 · 철회할 수 있는 시기(=증거조사 완료 전까지)] 형사소송법 제318조 제1항은 "검사와 피고인

이 증거로 할 수 있음을 동의한 서류 또는 물건은 진정한 것으로 인정한 때에는 증거로 할 수 있다."고 규정하고 있을 뿐 진정한 것으로 인정하는 방법을 제한하고 있지 아니하므로, 증거동의가 있는 서류 또는 물건은 법원이 제반 사정을 참작하여 진정한 것으로 인정하면 증거로 할 수 있다. 그리고 증거동의의 의사표시는 **증거조사가 완료되기 전까지** 취소 또는 철회할 수 있으나, 일단 증거조사가 완료된 뒤에는 취소 또는 철회가 인정되지 아니하므로 취소 또는 철회 전에 이미 취득한 증거능력은 상실되지 아니한다.

**14** [대판 2013도12155] [피고인이 무죄에 관한 자료로 제출한 증거를 유죄인정의 증거로 사용하기 위한 요건] 피고인이나 변호인이 무죄에 관한 자료로 제출한 서증 가운데 **도리어 유죄임을 뒷받침하는 내용**이 있다 하여도, 법원은 상대방의 원용(동의)이 없는 한 그 서류의 진정성립 여부 등을 조사하고 아울러 그 서류에 대한 피고인이나 변호인의 의견과 변명의 기회를 준 다음이 아니면 그 서증을 유죄인정의 증거로 쓸 수 없다. 그러나 당해 서류를 제출한 당사자는 그것을 증거로 함에 동의하고 있음이 명백한 것이므로 상대방인 검사의 원용이 있으면 그 서증을 유죄의 증거로 사용할 수 있다

**15** [대판 2009도5945] 형사소송규칙 제132조의2 제2항, 제132조의3 제1항이 증거신청은 그 입증취지를 명시하여 개별적으로 하도록 한 취지는 증거능력이 없거나 불필요한 증거에 대한 증거신청을 효율적으로 가려내고 쟁점을 명확히 하며 상대방의 반박준비 기회를 보장하기 위한 것으로, **입증취지의 명시 등은 증거신청의 요건이지 증거조사의 적법요건은 아닌바**, 증거동의를 거쳐 법원이 증거로 채택하는 결정을 하였다면 그 결정이 취소되지 않는 이상 단순히 입증취지를 명시하여 개별적으로 신청하지 않았다는 이유만을 내세워 그 증거에 대한 조사가 위법하다고 할 수는 없다.

**16** [대판 84도1552] [검사작성의 진술조서에 대한 **"공판정 진술과 배치부분 부동의"** 라는 피고인의 진술의 취지] 검사작성의 피고인아닌 자에 대한 진술조서에 관하여 피고인이 공판정 진술과 배치되는 부분은 부동의한다고 진술한 것은 조서내용의 특정부분에 대하여 증거로 함에 동의한다는 특별한 사정이 있는 때와는 달리 그 조서를 증거로 함에 동의하지 아니한다는 취지로 해석하여야 한다.

**17-1** [대판 83도516] 피고인이 신청한 증인의 증언이 피고인 아닌 타인의 진술을 그 내용으로 하는 전문진술이라고 하더라도 피고인이 그 증언에 대하여 **별 의견이 없다고 진술**하였다면 그 증언을 증거로 함에 동의한 것으로 볼 수 있으므로 이는 증거능력 있다.

**17-2** [비교판례] [대판 2019도11552] 피고인이 새마을금고 이사장 선거와 관련하여 대의원 갑에게 자신을 지지해 달라고 부탁하면서 현금 50만 원을 제공하였다고 하여 새마을금고법 위반으로 기소되었는데, 검사는 사법경찰관 작성의 공범 갑에 대한 피의자신문조서 및 진술조서를 증거로 제출하고, 검사가 신청한 증인 을은 법정에 출석하여 '갑으로부터 피고인에게서 50만 원을 받았다는 취지의 말을 들었다'고 증언한 사안에서, …… 피고인은 일관되게 갑에게 50만 원 자체를 교부한 적이 없다고 주장하면서 적극적으로 다툰 점, 이에 따라 사법경찰관 작성의 갑에 대한 피의자신문조서 및 진술조서의 내용을 모두 부인한 점, 을의 법정증언이 전문증거로서 증거능력이 없다는 사정에 대하여 피고인 또는 변호인에게 의견을 묻는 등의 적절한 방법으로 고지가 이루어지지 않은 채 증인신문이 진행된 다음 증거조사 결과에 대한 의견진술이 이루어진 점, 을이 위와 같이 증언하기에 앞서 원진술자 갑이 피고인으로부터 50만 원을 제공받은 적이 없다고 이미 진술한 점 등을 종합하면 피고인이 을의 법정증언을 증거로 삼는 데에 동의하였다고 볼 여지는 없

고, 을의 증언에 따른 증거조사 결과에 대하여 별 의견이 없다고 진술하였더라도 달리 볼 수 없으므로, 결국 사법경찰관 작성의 갑에 대한 피의자신문조서 및 진술조서와 을의 전문진술은 증거능력이 없다는 이유로, 위 각 증거의 증거능력을 인정하여 공소사실에 대한 유죄의 증거로 삼은 원심의 조치에 형사소송법 제312조, 제316조 등에서 정한 증거능력에 관한 법리 등을 오해한 잘못이 있다. .

18 [대판 82도2873] [형사소송법 제318조 제1항 소정의 **증거동의의 방법(포괄적 동의)**] 개개의 증거에 대하여 개별적인 증거조사방식을 거치지 아니하고 **검사가 제시한 모든 증거에 대하여 피고인이 증거로 함에 동의한다는 방식으로** 이루어진 것이라 하여도 증거동의로서의 효력을 부정할 이유가 되지 못한다.

## * 증거동의의 의제 *

19 [대판 2010도15977] [피고인이 공시송달의 방법에 의한 공판기일 소환을 2회 이상 받고도 출석하지 않아 법원이 피고인의 출정 없이 증거조사를 하는 경우, 형사소송법 제318조 제2항에 따라 피고인의 증거동의가 간주되는지 여부(적극)] 소송촉진 등에 관한 특례법(이하 '소촉법'이라 한다) 제23조는 "제1심 공판절차에서 피고인에 대한 송달불능보고서가 접수된 때부터 6개월이 지나도록 피고인의 소재를 확인할 수 없는 경우에는 대법원규칙으로 정하는 바에 따라 피고인의 진술 없이 재판할 수 있다. 다만, 사형, 무기 또는 장기 10년이 넘는 징역이나 금고에 해당하는 사건의 경우에는 그러하지 아니하다."라고 규정하고 있고, 형사소송법 제318조 제2항은 "피고인의 출정 없이 증거조사를 할 수 있는 경우에 피고인이 출정하지 아니한 때에는 피고인의 동의가 있는 것으로 간주한다. 단, 대리인 또는 변호인이 출정한 때에는 예외로 한다."고 규정하고 있는바, 소촉법 제23조의 경우 피고인의 출정 없이도 심리·판결할 수 있고 공판심리의 일환으로 증거조사가 행해지게 마련이어서 피고인이 출석하지 아니한 상태에서 증거조사를 할 수밖에 없는 경우에는 형사소송법 제318조 제2항의 규정상 피고인의 진의와는 관계없이 형사소송법 제318조 제1항의 동의가 있는 것으로 간주하게 되어 있는 점, 형사소송법 제318조 제2항의 입법 취지가 재판의 필요성 및 신속성, 즉 피고인의 불출정으로 인한 소송행위의 지연 방지 내지 피고인 불출정의 경우 전문증거의 증거능력을 결정하지 못함에 따른 소송지연 방지에 있는 점 등에 비추어, 피고인이 공시송달의 방법에 의한 공판기일의 소환을 2회 이상 받고도 출석하지 아니하여 법원이 피고인의 출정 없이 증거조사를 하는 경우에는 형사소송법 제318조 제2항에 따른 피고인의 증거동의가 있는 것으로 간주된다고 할 것이다.

20 [대판 91도865] 이 사건이 필요적 변론사건이라 하여도 피고인(관련 공동피고인들 포함)이 재판거부의 의사를 표시하고 재판장의 허가 없이 퇴정하고 변호인마저 이에 동조하여 퇴정해 버린 것은 모두 피고인측의 **방어권의 남용 내지 변호권의 포기로 볼 수밖에 없는 것**이어서 수소법원으로서는 형사소송법 제330조에 의하여 피고인이나 변호인의 재정 없이도 심리판결 할 수 있는 것이고 또 공판심리는 사실심리와 증거조사가 행해지게 마련인데 이와 같이 피고인과 변호인들이 출석하지 않은 상태에서 증거조사를 할 수밖에 없는 경우에는 형사소송법 제318조 제2항의 규정상 피고인의 진의와는 관계없이 형사소송법 제318조 제1항의 **동의가 있는 것으로 간주하게 되어 있는 것이므로** 원심이 위와 같은 사실들을 바탕으로 하여 피고인의 항소(양형과경부당을 이유로 한 검사의 항소기각 포함)를 기각한 것은 위에서 본 법리를 염두에 둔 것으로 보여져 옳고 여기에 소론과 같은 위법이 없다.

# * 증거동의의 효과 *

## *증거동의의 '시간적' 효력범위*

21-1 [대판 2010도15977] 피고인이 제1심에서 공시송달의 방법에 의한 공판기일의 소환을 2회 이상 받고도 출석하지 아니하여 형사소송법 제318조 제2항에 따른 **증거동의가 간주된 후 증거조사를 완료한 이상**, 간주의 대상인 증거동의는 증거조사가 완료되기 전까지 철회 또는 취소할 수 있으나 일단 **증거조사를 완료한 뒤에는 철회 또는 취소가 인정되지 아니하는 점**, 증거동의 간주가 피고인의 진의와는 관계없이 이루어지는 점 등에 비추어, 비록 피고인이 항소심에 출석하여 공소사실을 부인하면서 간주된 증거동의를 철회 또는 취소한다는 의사표시를 하더라도 그로 인하여 적법하게 부여된 증거능력이 상실되는 것은 아니라고 할 것이다.

21-2 [대판 65도346] 피고인이 원심에서 참고인에 대한 수사기관의 진술조서를 증거로 함에 동의하였다면 항소심에서 부동의한다는 취지로 진술하더라도 **일단 적법하게 부여된 조서의 증거능력은 유지된다.**

## *증거동의의 '물적' 효력범위*

22-1 [대판 84도1552] [검사작성의 진술조서에 대한 **"공판정 진술과 배치부분 부동의"** 라는 피고인의 진술의 취지] 검사작성의 피고인아닌 자에 대한 진술조서에 관하여 피고인이 공판정 진술과 배치되는 부분은 부동의한다고 진술한 것은 조서내용의 특정부분에 대하여 증거로 함에 동의한다는 특별한 사정이 있는 때와는 달리 그 조서를 증거로 함에 **동의하지 아니한다**는 취지로 해석하여야 한다.

22-2 [대판 90도1303] [경찰의 검증조서 중 피고인들이 증거로 함에 **동의한 범행상황부분만을 증거로 채용한 조치**의 적부(적극)] 피고인들은 제1심에서 경찰의 검증조서 가운데 **범행부분**만 부동의하고 **현장상황부분**에 대해서는 모두 증거로 함에 동의하였고 제1심 또한 위 검증조서 중 범행상황 부분만 채용하였음이 그 판시자체에 의하여 명백하므로 이를 증거로 채용한 데에 잘못이 없다.

22-3 [대판 2007도10804] [1] 피고인과의 대화내용을 녹음한 (가) **보이스펜 자체**에 대하여는 증거동의가 있었지만 그 녹음내용을 재녹음한 녹음테이프, 녹음테이프의 음질을 개선한 후 재녹음한 시디 및 녹음테이프의 녹음내용을 풀어 쓴 (나) **녹취록 등에 대하여는 증거로 함에 부동의**한 사안에서, 극히 일부의 청취가 불가능한 부분을 제외하고는 보이스펜, 녹음테이프 등에 녹음된 대화내용과 녹취록의 기재가 일치하는 것으로 확인되고 그 진술이 특히 신빙할 수 있는 상태 하에서 행하여진 것으로 인정되므로 이를 증거로 사용할 수 있다고 한 사례. [2] 원본인 보이스펜이나 복제본인 녹음테이프 등에 대한 검증조서(녹취록)에 기재된 진술은 그 성립의 진정을 인정하는 작성자의 법정진술은 없었으나, 피고인의 변호인이 보이스펜을 증거로 함에 **동의하였고**, 보이스펜, 녹음테이프 등에 **녹음된 대화내용과 녹취록의 기재가** 일치함을 확인하였으므로, 결국 그 진정성립이 인정된다고 할 것이고, 나아가 녹음의 경위 및 대화내용에 비추어 그 진술이 특히 신빙할 수 있는 상태 하에서 행하여진 것으로 인정되므로 이를 증거로 사용할 수 있다.

22-4 [대판 2011도3809] 검찰관이 공판기일에 제출한 증거 중 뇌물공여자 甲이 작성한 **'고발장'**에 대하여 피고인의 **변호인이 증거 '부동의'** 의견을 밝히고, 같은 **고발장을 첨부문서로 포함**하고 있는 검찰주사보 작성의 **'수사보고'**에 대하여는 **증거에 '동의'**하여 증거조사가 행하여졌는데, 원심법원이 수사보고에 대한 증거동의의 효력이 첨부된 고발장에도 당연히 미친다고 보아 이를 유죄의 증거로 삼은 사안에서, 수사기관이 수사과정에서 수집한 자료를 기록에 현출시키는 방법으로 자료의 의미, 성격, 혐의사실과의 관련성 등을

수사보고의 형태로 요약·설명하고 해당 자료를 수사보고에 첨부하는 경우, 수사보고에 기재된 내용은 수사기관이 첨부한 자료를 통하여 얻은 인식·판단·추론이거나 자료의 단순한 요약에 불과하여 원 자료로부터 독립하여 공소사실에 대한 증명력을 가질 수 없고, 피고인이나 변호인도 수사보고의 증명력을 위와 같은 취지로 이해하여 공소사실을 부인하면서도 수사보고의 증거능력을 다투지 않은 것으로 보이는 등의 제반 사정에 비추어, 위 **고발장**은 군사법원법에 따른 적법한 증거신청·증거결정·증거조사 절차를 거쳤다고 볼 수 없거나 공소사실을 뒷받침하는 증명력을 가진 증거가 아니므로 이를 유죄의 증거로 삼을 수 없다.

### *법원의 진정성 인정*

**23-1 [대판 82도63]** [진술조서 말미에 진술자의 **날인이 없는 경우**에 그 조서를 진정한 것으로 인정한 예] 진술조서말미의 진술자란의 서명 옆에 날인이 없고 진술자란의 서명이 그의 필적이라고 단정하기는 분명하지 않다 하더라도 위 조서에는 진술자의 **간인이 되어 있고** 그 인영이 압수물가환부청구서와 압수물영수증 중의 인영과 동일한 것으로 인정되는 등의 정황에 비추어 위 날인이 없는 것은 단순한 착오에 의한 누락이라고 보여질뿐 위 조사는 **진정한 것으로 인정**된다.

**23-2 [대판 90도1229]** [피고인이 진정성립을 인정하고 증거로 함에 동의하나 그 내용을 부인한 피고인 작성의 진술서의 증거능력 유무(적극)] 피고인이 작성한 진술서에 관하여 피고인과 변호인이 공판기일에서 증거로 함에 동의하였고 그 진술서에 피고인의 서명과 무인이 있는 것으로 보아 진정한 것으로도 인정된다면, 그 진술서는 증거로 할 수 있는 것임에도 불구하고 원심이 피고인이 그 내용을 부인하기 때문에 증거로 할 수 없다고 판단한 것은 잘못이다.

**24 [대판 98도159]** [피고인이 사법경찰관 작성의 검증조서 중 자신의 진술 또는 범행재연 사진 부분을 부인하는 경우, 그 부분의 증거능력 유무(소극) 및 그 경우 검증조서 전부를 유죄의 증거로 인용한 조치의 적부(소극)] 사법경찰관 작성의 검증조서에 대하여 피고인이 증거로 함에 동의만 하였을 뿐 공판정에서 검증조서에 기재된 진술내용 및 범행을 재연한 부분에 대하여 그 성립의 진정 및 내용을 인정한 흔적을 찾아볼 수 없고 오히려 이를 부인하고 있는 경우에는 그 증거능력을 인정할 수 없으므로, 위 검증조서 중 범행에 부합되는 피고인의 진술을 기재한 부분과 범행을 재연한 부분을 제외한 나머지 부분만을 증거로 채용하여야 함에도 이를 구분하지 아니한 채 그 전부를 유죄의 증거로 인용한 항소심의 조치는 위법하다.

**25 [대판 90도1303]** [경찰의 검증조서 중 피고인들이 증거로 함에 동의한 범행상황부분만을 증거로 채용한 조치의 적부(적극)] 피고인들이 제1심 법정에서 경찰의 검증조서 가운데 범행부분만 부동의하고 현장상황 부분에 대해서는 모두 증거로 함에 동의하였다면, 위 검증조서 중 범행상황 부분만을 증거로 채용한 제1심판결에 잘못이 없다.

## * 증거동의의 철회 및 취소 *

**26 [대판 2007도7760]** [피고인 또는 변호인이 검사가 작성한 피의자신문조서에 대하여 성립의 진정을 인정하였다가 증거조사 완료 후 이를 번복한 경우, 이미 인정된 증거능력이 당연히 상실되는지 여부(원칙적 소극) 및 법원이 취해야 할 조치] 피고인이나 그 변호인이 검사 작성의 당해 피고인에 대한 피의자신문조서의 성립의 진정함을 인정하는 진술을 하였다 하더라도, 그 피의자신문조서에 대하여 구 형사소송법

(2007.6.1. 법률 제8496호로 개정되기 전의 것) 제292조에서 정한 증거조사가 완료되기 전에는 최초의 진술을 번복함으로써 그 피의자신문조서를 유죄 인정의 자료로 사용할 수 없도록 할 수 있으나, 그 피의자신문조서에 대하여 위의 증거조사가 완료된 뒤에는 그와 같은 번복의 의사표시에 의하여 이미 인정된 조서의 증거능력이 당연히 상실되는 것은 아니다. 다만, 적법절차 보장의 정신에 비추어 성립의 진정함을 인정한 최초의 진술에 그 효력을 그대로 유지하기 어려운 **중대한 하자가 있고 그에 관하여 진술인에게 귀책사유가 없는 경우에 한하여 예외적으로** 증거조사 절차가 완료된 뒤에도 그 진술을 취소할 수 있고, 그 취소 주장이 이유 있는 것으로 받아들여지게 되면 법원은 구 형사소송규칙(2007.10. 29. 대법원규칙 제2106호로 개정되기 전의 것) 제139조 제4항의 증거배제결정을 통하여 그 조서를 유죄 인정의 자료에서 제외하여야 한다.

27 [대판 2004도2611] 형사소송법 제318조에 규정된 증거동의의 의사표시는 **증거조사가 완료되기 전까지 취소 또는 철회할 수 있으나, 일단 증거조사가 완료된 뒤에는 취소 또는 철회가 인정되지 아니하므로 취소 또는 철회 이전에 이미 취득한 증거능력은 상실되지 않는다** 할 것이다. 이 사건에 있어서 공판조서의 일부를 이루는 증거목록에 의하면, 피고인은 제1심의 제1회 공판기일에 검사 작성의 피의자신문조서에 대하여는 성립 및 임의성 인정, 사법경찰리 작성의 피의자신문조서에 대하여는 성립, 임의성 및 내용인정, 사법경찰리 작성의 피해자 공소외 1에 대한 진술조서에 대하여는 **증거동의**한 것으로 각 기재되어 있고, 제1심법원의 제1회 공판조서에 의하면 법원이 증거조사결과에 대하여 의견을 묻는 데 대하여 피고인 및 변호인은 **모두 별 의견이 없다고 진술한 것으로 기재**되어 있으며, **증거조사 완료 전까지 위 증거에 대한 의사표시가 취소 또는 철회되었다고 볼 자료를 기록상 찾아볼 수 없다.** 따라서 사법경찰리 작성의 피해자 공소외 1에 대한 진술조서는 진정한 것으로 인정되는 한 피고인이 항소심에서 증거로 함에 부동의 하였다고 하더라도 이미 적법하게 부여된 증거능력을 상실한다고 볼 수 없다 할 것이다」.

28 [대판 99도2029] [1] [증거동의의 의사표시를 취소 또는 철회할 수 있는 시한(=증거조사 완료시)] 형사소송법 제318조에 규정된 증거동의의 의사표시는 '**증거조사가 완료**'되기 전까지 취소 또는 철회할 수 있으나, 일단 증거조사가 완료된 뒤에는 취소 또는 철회가 인정되지 아니하므로 제1심에서 한 증거동의를 제2심에서 취소할 수 없고, 일단 증거조사가 종료된 후에 증거동의의 의사표시를 취소 또는 철회하더라도 취소 또는 철회 이전에 이미 취득한 증거능력이 상실되지 않는다. [2] [변호인이 증거로 함에 동의한 것에 대하여 피고인이 즉시 이의하지 아니한 경우, 증거능력 유무(한정적극)] 증거로 함에 대한 동의의 주체는 소송주체인 당사자라 할 것이지만 변호인은 피고인의 명시한 의사에 반하지 아니하는 한 피고인을 대리하여 이를 할 수 있음은 물론이므로 피고인이 증거로 함에 동의하지 아니한다고 명시적인 의사표시를 한 경우 이외에는 변호인은 서류나 물건에 대하여 증거로 함에 동의할 수 있고 이 경우 변호인의 동의에 대하여 **피고인이 즉시 이의하지 아니하는 경우**에는 변호인의 동의로 증거능력이 인정되고 증거조사 완료 전까지 앞서의 동의가 취소 또는 철회하지 아니한 이상 일단 부여된 증거능력은 그대로 존속한다.

29 [대판 88도1628] 형사소송법 제318조에 규정된 증거동의의 의사표시는 증거조사가 완료되기 전까지 취소 또는 철회할 수 있으나 일단 증거조사가 완료된 뒤에는 취소 또는 철회가 인정되지 아니하므로 **취소 또는 철회 이전에 이미 취득한 증거능력은 상실되지 않는다.**

# 60 탄핵증거의 이해

* 대법원 2005. 8. 19. 선고 2005도2617 판결
* 참조조문: 형사소송법 제318조의2,[1] 형사소송규칙 제77조 제2항[2]

> 피고인이 내용을 부인하여 증거능력이 없는 사법경찰리 작성의 피의자신문조서를 탄핵증거로 사용하기
> 위한 요건과 탄핵증거의 증거신청방식

●**사실**● 피고인 X는 2004.7.9. 21:40경 제천시 청전동 동사무소 뒤 도로에서 그곳에 주차된 차량을 출발시키려다 실수로 걸어오던 피해자 A(50세)를 충격하여 약 2주간의 치료를 요하는 요추부 염좌, 좌상을 입게 하고도 구호하지 않고 그대로 도주하였다는 혐의로 기소되었다. 제1심은 X에 대해 **무죄를 선고**하였다. 이에 검사가 항소하였다. 항소이유는 피해자 A의 경찰 및 법정에서의 진술은 일부 지엽적인 부분에서만 다를 뿐 전체적으로는 일관되므로 신빙성이 있고, 특히 X는 **경찰에서 범행 일체를 자백하였다가 원심법정에서 이를 부인**하고 있는데, 위 자백을 기재한 경찰 작성의 **피의자신문조서**는 그와 모순되는 내용의 피고인의 법정진술에 대한 탄핵증거가 될 수 있다는 취지이다.

원심은 검사의 주장과 같이 경찰 작성의 피고인에 대한 피의자신문조서를 피고인의 법정진술에 대한 탄핵증거로 사용하기 위하여서는 원칙적으로 **피고인의 법정진술을 탄핵하기 위한 것이라는 입증취지가 명시**되고, 법정에서 탄핵증거로서 **증거조사가 이루어져야 할 것**인데, 검사는 2004.9.8. 원심 제1회 공판기일에서 위 피의자신문조서를 증거로 제출하였으나, 그 입증취지로 피고인의 법정진술을 탄핵하기 위한 것이라는 점을 명시하지 않았고, 이에 관하여 법정에서 탄핵증거로서 **증거조사가 이루어지지 않았기 때문에** 위 피의자신문조서는 피고인의 법정진술에 대한 **탄핵증거가 될 수 없다**고 판시하였다. 검사가 상고하였다.

●**판지**● 상고기각. 「[1] 검사가 유죄의 자료로 제출한 사법경찰리 작성의 피고인에 대한 피의자신문조서는 피고인이 그 내용을 부인하는 이상 증거능력이 없으나, (가) 그것이 임의로 작성된 것이 아니라고 의심할 만한 사정이 없는 한 (나) 피고인의 법정에서의 진술을 **탄핵하기 위한 반대증거로 사용**할 수 있으며, 또한 (다) 탄핵증거는 범죄사실을 인정하는 증거가 아니므로 **엄격한 증거조사를 거쳐야 할 필요가 없음**은 형사소송법 제318조의2의 규정에 따라 명백하나 법정에서 이에 대한 탄핵증거로서의 **증거조사는 필요한 것**이고, 한편 (라) 증거신청의 방식에 관하여 규정한 형사소송규칙 제132조 제1항[3]의 취지에 비추어 보면 탄핵증거의 제출에 있어서도 **상대방에게 이에 대한 공격방어의 수단을 강구**

---

1) 형사소송법 제318조의2(**증명력을 다투기 위한 증거**) ① 제312조부터 제316조까지의 규정에 따라 증거로 할 수 없는 서류나 진술이라도 공판준비 또는 공판기일에서의 피고인 또는 피고인이 아닌 자(공소제기 전에 피고인을 피의자로 조사하였거나 그 조사에 참여하였던 자를 포함한다. 이하 이 조에서 같다)의 **진술의 증명력을 다투기** 위하여 증거로 할 수 있다. ② 제1항에도 불구하고 피고인 또는 피고인이 아닌 자의 진술을 내용으로 하는 **영상녹화물**은 공판준비 또는 공판기일에 피고인 또는 피고인이 아닌 자가 진술함에 있어서 기억이 명백하지 아니한 사항에 관하여 **기억을 환기시켜야 할 필요**가 있다고 인정되는 때에 한하여 피고인 또는 피고인이 아닌 자에게 재생하여 시청하게 할 수 있다.

2) 형사소송규칙 제77조(**증언의 증명력을 다투기 위하여 필요한 사항의 신문**) ① 주신문 또는 반대신문의 경우에는 증언의 증명력을 다투기 위하여 필요한 사항에 관한 신문을 할 수 있다. ② 제1항에 규정한 신문은 증인의 경험, 기억 또는 표현의 정확성 등 증언의 신빙성에 관한 사항 및 증인의 이해관계, 편견 또는 예단 등 증인의 신용성에 관한 사항에 관하여 한다. 다만, 증인의 **명예를 해치는** 내용의 신문을 하여서는 아니된다.

3) 형사소송규칙 제132조의2(**증거신청의 방식**) ① 검사, 피고인 또는 변호인이 증거신청을 함에 있어서는 그 증거와 증명하고자 하는 사실과의 관계를 **구체적으로 명시**하여야 한다. ② 피고인의 자백을 보강하는 증거나 정상

할 기회를 사전에 **부여**하여야 한다는 점에서 그 증거와 증명하고자 하는 사실과의 관계 및 입증취지 등을 '**미리**' 구체적으로 **명시**하여야 할 것이므로, (마) 증명력을 다투고자 하는 증거의 어느 부분에 의하여 진술의 어느 부분을 다투려고 한다는 것을 **사전에 상대방에게 알려야 한다.**

　[2] 피고인이 내용을 부인하여 증거능력이 없는 사법경찰리 작성의 피의자신문조서에 대하여 비록 당초 증거제출 당시 **탄핵증거라는 입증취지를 명시하지 아니하였지만** 피고인의 법정 진술에 대한 **탄핵 증거로서의 증거조사절차가 대부분 이루어졌다고 볼 수 있는 점** 등의 사정에 비추어 위 피의자신문조서를 피고인의 법정 진술에 대한 탄핵증거로 사용할 수 있다고 한 사례

　[3] 그러나 위 피의자신문조서를 피고인의 법정 진술에 대한 탄핵증거로 사용할 수 있다 하더라도, 이로써 공소사실을 부인하는 피고인의 법정 진술의 증명력이 감쇄되었다고 볼 수 없고 제1항에서 판단한 바와 같이 공소사실을 인정할 증거가 없는 이상 위와 같은 잘못은 판결 결과에 영향이 없어 판결의 파기사유가 되는 위법이라고 볼 수 없다 할 것이므로, 이 점을 지적하는 상고이유의 주장은 이유 없음에 귀착된다. 그러므로 상고를 기각한다」.

●**해설**● **1 탄핵증거(impeachment)의 의의**　　탄핵증거란 피고인 또는 피고인 아닌 자의 **진술의 '증명 력'**을 다투기 위한 증거를 말한다(진술의 증명력을 다투는 방법으로는 진술자에 대한 반대신문권을 행사하여 진술의 불일치를 드러내거나 증인의 성격과 평판, 편견과 선입견, 증인의 기억 및 인지능력의 결함 등을 드러낸다). 즉 전문법칙에 의하여 증거로 할 수 없는 **서류나 진술**이더라도 공판준비 또는 공판기일에서의 피고인 또는 피고인이 아닌 자의 '진술의 증명력(신빙성)'을 다투기 위한 증거로는 사용할 수 있기 때문이다(법318 의2). 이와 같이, 탄핵증거는 **'증인'의 신빙성**을 감쇄하기 위하여 제출하는 증거를 의미하는 것으로 **영미 의 증거법**에서 유래한다. 특히 '증인'의 '**자기모순의 진술**'에 대하여 증인을 탄핵하는 경우를 도입한 것이 다(이처럼 탄핵증거가 본래 피고인이 아니라 증인의 신빙성을 감쇄하는 증거라는 영미 증거법상 개념에서 유래하였다면, 과연 증인이 아닌 피고인의 진술도 탄핵의 대상이 된다고 볼 수 있는지가 문제된다. 이에 대해 판례는 대상판결에서와 같이, 피고인의 진술도 탄핵의 대상이 된다는 긍정설의 입장이다).[4]

---

에 관한 증거는 보강증거 또는 정상에 관한 증거라는 취지를 특히 명시하여 그 조사를 신청하여야 한다. ③ 서류나 물건의 일부에 대한 증거신청을 함에 있어서는 **증거로 할 부분을 특정하여 명시**하여야 한다. ④ 법원은 필요하다고 인정할 때에는 증거신청을 한 자에게, 신문할 증인, 감정인, 통역인 또는 번역인의 성명, 주소, 서류나 물건의 표목 및 제1항 내지 제3항에 규정된 사항을 기재한 서면의 제출을 명할 수 있다. ⑤ 제1항 내지 제4항의 규정에 위반한 증거신청은 이를 기각할 수 있다.

4) 판례의 입장과는 달리, 2022년부터 시행된 개정 형사소송법에 따라 법정에서 피고인이 내용 부인한 검사 작성 피의자신문조서의 경우, 증거능력이 인정될 수 없게 되면서 증거능력 없는 '피의자신문조서'의 탄핵증거로의 사용을 반대하는 견해가 있다. "개정 「형사소송법」은 공판중심주의의 형해화를 방지하고 피고인의 방어권을 더욱 보장하려는 취지로 검사가 작성한 피의자신문조서를 경찰 작성 피의자신문조서와 마찬가지로 피고인의 내용부인이 있기만 하면 증거능력이 인정될 수 없도록 규정하였다. 그런데 「형사소송법」은 전문법칙에 따라 증거능력이 없는 증거라 하더라도 여전히 탄핵증거로는 사용할 수 있도록 규정하고 있다. 결국 개정 「형사소송법」이 검사가 작성한 피의자신문조서의 증거능력 인정요건을 엄격히 규정한다 하더라도, 탄핵증거조항에 의하여 증거능력이 없는 검사가 작성한 피의자신문조서가 탄핵증거로서 법정에 현출되는 것은 막을 수 없는 것이다. 이러한 결과는 「형사소송법」의 개정취지에 명백히 반하는 것이다. 「형사소송법」의 탄핵증거 조항은 형사소송이 법정에서의 진술이 아니라 수사기관에서 작성된 조서에 의존하는 기존의 관행을 유지하는 규정으로 기능함으로써, 공판중심주의를 형해화하고 있는 것이다. …… 증거능력이 인정되지 않는 증거가 법정에 현출되는 것은 그 자체로 증거능력 없는 증거에 의해 법관의 심증형성이 중대한 영향을 받도록 하는 결과를 초래하며, 이는 공판중심주의를 위축시키고 수사기관의 자백편중수사를 부추기게 만들 우려가 있다."(곽지현, 증거 능력 없는 피의자신문조서의 탄핵증거로의 사용, 법학논집 제27권 제3호(2023), 이화여자대학교 법학연구소,

**2 탄핵증거의 성질 및 특징**  (1) 탄핵증거는「진술의 **증명력을 감쇄**하기 위하여서 인정되는 것이고 그 증거를 범죄사실(주요사실이나 그 간접사실)의 **인정의 증거로서는 허용되지 않는다**」(대판 75도3433). 따라서 처음부터 증명력을 **지지·보강**하기 위하여 탄핵증거를 사용하는 것은 허용되지 않는다. **자기 측 증인**의 증언에 대한 탄핵도 가능하다. (2) 탄핵증거는「범죄사실을 인정하는 증거가 아니므로 그것이 증거서류이던 진술이던 간에 유죄증거에 관한 소송법상의 **엄격한 증거능력을 요하지 아니한다**」(대판 85도441). (3) 탄핵증거는 요증사실에 관한 것이 아니고, 신용성의 정황적 보장과 필요성을 갖추지 않으면서도 허용되는 경우이기 때문에 전문법칙의 예외가 아니라 **처음부터 전문법칙의 '적용이 없는' 경우**에 해당한다(따라서 전문법칙의 예외요건인 '필요성'과 '신용성의 정황적 보장'과 상관없이 허용된다). (4) 탄핵증거는 판사의 **자유심증주의의 예외가 아니라 이를 '보강'**하는 제도이다. (6) 탄핵증거에 관하여는 성립의 진정을 요하지 않는다(대판 94도1159, Ref 3-1). (7) 탄핵증거가 될 수 있는 것은 전문법칙에 의하여 증거능력이 인정되지 않는 서류나 진술(즉 제312조부터 제316조까지의 규정에 따라 증거로 할 수 없는 서류나 진술)을 말한다.

**3 탄핵증거의 제한**  (1) 탄핵증거는 증거의 증명력을 감쇄하는 용도로만 사용되기 때문에 범죄사실 인정의 증거로는 사용될 수 없다(대판 2011도5459, Ref 1). (2) **위법하게 수집**한 증거나 **임의성 없는 자백**은 탄핵증거로도 사용할 수 없다(대판 2013도12507). (3) 공판정 진술 이후 자기모순의 **증언번복 진술조서**는 탄핵증거로 허용되지 않는다(대판 99도1108 전원합의체). 이는 공판중심주의를 침해한 것이기 때문이다. (4) 수사기관의 **영상녹화물**은 제318조의2 제2항에서 그 사용범위를 기억환기용으로 엄격하게 제한하고 있기 때문에 탄핵증거로는 사용하지 못한다(법318조의2②).[5]

**4 탄핵증거의 제출과 조사방법**  (1) 탄핵증거는 원칙적으로 증거제출 당시 **탄핵증거라는 취지**로 제출되어야 한다. 형사소송규칙 제132조 제1항의 취지에 비추어 탄핵증거의 제출에 있어서도 상대방에게 이에 대한 공격방어의 수단을 강구할 기회를 사전에 부여하여야 하기 때문에「증거와 증명하고자 하는 사실과의 관계 및 **입증취지** 등을 **미리 구체적으로 명시**하여야 할 것이므로, 증명력을 다투고자 하는 증거의 '어느 부분'에 의하여 진술의 '어느 부분'을 다투려고 한다는 것을 **사전에 상대방에게 알려야 한다**」(대판 2005도2617). 다만, 예외적으로 대상판결에서와 같이 증거제출 당시 유죄를 입증하기 위한 증거로 제출되어 탄핵증거라는 입증취지를 명시하지 아니하였어도 '탄핵증거로 증거조사가 이루어지면' 탄핵증거로 사용될 수 있다. (2) 증거조사는 **상당하다고 인정**되는 방법으로 실시할 수 있다. 따라서「비록 증거목록에 기재되지 않았고 증거결정이 있지 아니하였다 하더라도 공판과정에서 그 입증취지가 구체적으로 **명시되고 제시까지 된 이상** 위 각 서증들에 대하여 탄핵증거로서의 증거조사는 이루어졌다고 보아야 할

---

103면). 같은 맥락에서, 입법론적으로 작성 주체를 불문하고 피고인이 내용을 부인한 피의자신문조서의 증거능력을 배제하고자 한 현행 형사소송법과 상충되는 성격을 갖고 있는 제318조의2에서 피고인의 진술은 탄핵대상에서 제외하는 입법이 필요하다는 주장이 있다(곽규택, 피고인진술의 증명력을 다투는 탄핵증거의 합리적 제한방안, 인권과 정의(2023.12), 85면).

5) **영상녹화물은 기억환기용으로만 활용**할 수 있고 탄핵증거로는 사용할 수 없다. 영상녹화물은 실제 재판에서 법관의 **심증형성에 큰 영향**을 줄 수 있고, 따라서 위험성이 큰 점을 고려한 것이다(법원행정처, 형사소송법 개정 법률 해설, 143면). 하지만「성폭력범죄의 처벌 등에 관한 특례법」**제30조의2 제1항**,「아동·청소년의 성보호에 관한 법률」제26조 제6항,「아동학대범죄의 처벌 등에 관한 특례법」제17조는 일정한 대상범죄의 피해자의 진술이 수록된 영상녹화물에 대하여 **독립된 증거능력을 인정**하고 있다.

것이다」(대판 2005도6271). (3) 법정에서 증거로 제출된 바가 없어 전혀 증거조사가 이루어지지 아니한 채 **수사기록에만 편철**되어 있는 서류(소득세징수액집계표)를 탄핵의 증거로 사용하는 것은 조사방법에 대한 위법이 있다(대판 97도1770, Ref 2).

**5 대상판결의 정리**　　　엄격한 증명의 자료로 될 수 없는 전문증거를 탄핵증거로 사용하는 것이므로 탄핵증거에 대하여 정규의 증거조사절차와 방식을 요구할 수는 없다**(자유로운 증명)**. 그러나 (공개재판의 원칙에 비추어) 최소한 **공판정에서의 증거조사는 필요하다**는 것이 법원의 입장이다. 문제는 **탄핵증거로 인정되기 위한 증거조사의 정도를 어느 범위까지 받아들일 것인지**가 대상판결에서 다투어졌다. 대법원은 비록 법정에서 탄핵증거로서 증거조사가 이루어지지는 않았으나 (가) 탄핵증거는 범죄사실을 인정하는 증거가 아니므로 엄격한 증거조사를 거쳐야 할 필요가 없으며, (나) 위 피의자신문조서에 대하여 탄핵증거로서의 증거조사가 이루어진 바는 없지만 어쨌든 법정에 제출되어 증거조사가 이루어졌고, (다) 위 피의자신문조서에 대한 탄핵증거로서의 증거조사절차는 결국 검사가 입증취지 등을 진술하고 피고인 측에 열람의 기회를 준 후 그 의견을 듣는 방법에 의할 것인데, 원심에 이르기까지 이와 같은 절차가 대부분 이루어졌다는 점 등을 들어, 위 피의자신문조서는 피고인의 법정 진술에 대한 **탄핵증거로 사용할 수 있다**고 보았다. 그러나 위 피의자신문조서를 피고인의 법정 진술에 대한 탄핵증거로 사용할 수 있다 하더라도, 이로써 공소사실을 부인하는 피고인의 법정 진술의 **증명력이 감쇄되었다고 볼 수 없다고 판단**하여 검사의 상고를 기각하였다.

## *Reference*

**1 [대판 2011도5459] [탄핵증거의 증명력]** [1] 탄핵증거는 진술의 증명력을 감쇄하기 위하여 인정되는 것이고 범죄사실 또는 그 간접사실의 인정의 증거로서는 허용되지 않는다. [2] 검사가 **탄핵증거로 신청한 '체포·구속인접견부 사본'**은 피고인의 **부인진술을 탄핵한다**는 것이므로 결국 검사에게 입증책임이 있는 **공소사실 자체를 입증하기 위한 것에 불과**하므로 형사소송법 제318조의2 제1항 소정의 피고인의 진술의 증명력을 다투기 위한 탄핵증거로 볼 수 없다.

**2 [대판 97도1770]** [피고인이 내용을 부인하여 증거능력이 없는 사법경찰리 작성의 피의자신문조서 등을 탄핵증거로 사용하기 위한 요건] [1] 사법경찰리 작성의 피고인에 대한 피의자신문조서와 피고인이 작성한 자술서들은 모두 검사가 유죄의 자료로 제출한 증거들로서 피고인이 각 **그 내용을 부인하는 이상 증거능력이 없으나** 그러한 증거라 하더라도 그것이 임의로 작성된 것이 아니라고 의심할 만한 사정이 없는 한 피고인의 법정에서의 진술을 탄핵하기 위한 반대증거로 사용할 수 있다. [2] 탄핵증거는 범죄사실을 인정하는 증거가 아니므로 **엄격한 증거조사를 거쳐야 할 필요가 없음**은 형사소송법 제318조의2의 규정에 따라 명백하다고 할 것이나, 법정에서 이에 대한 **탄핵증거로서의 증거조사는 필요하다.** [3] 원심은 법정에서 증거로 제출된 바가 없어 전혀 증거조사가 이루어지지 아니한 채 수사기록에만 편철되어 있는 1995. 9월분 **소득세징수액집계표**를 피고인 및 그 사무실 직원 허○회 등의 진술을 탄핵하는 증거로 사용하였는바, 이러한 원심의 조치에는 탄핵증거의 조사방법에 관한 법리오해의 위법이 있다 할 것이다.

**3-1 [대판 94도1159]** [검사가 유죄의 자료로 제출한 것이나 증거능력이 없는 증거를 공소사실과 양립할

수 없는 사실을 인정하는 자료로 쓸 수 있는지 여부] 검사가 유죄의 자료로 제출한 증거들이 (가) 그 진정 성립이 인정되지 아니하고 (나) 이를 증거로 함에 상대방의 동의가 없더라도, 이는 유죄사실을 인정하는 증거로 사용하는 것이 아닌 이상 **공소사실과 양립할 수 없는 사실을 인정하는 자료로 쓸 수 있다**고 보아야 한다.  cf) 따라서 진술자의 **서명·날인이 없어** 성립의 진정이 인정되지 아니한 증거도 임의성이 인정되는 한 탄핵증거가 될 수 있다.

3-2 [대판 81도370] 유죄의 자료가 되는 것으로 제출된 증거의 반대증거인 서류 및 진술에 대하여는 그 것이 유죄사실을 인정하는 증거가 아니므로 그 진정 성립의 증명이 되어 있지 않거나 전문증거로서 상대방 이 증거로 함에 동의를 한 바 없었다고 하여도 **증거능력을 다투기 위한 자료로 삼을 수는 있다.**

# 61 자백의 보강법칙

* 대법원 1996. 10. 17. 선고 94도2865 전원합의체 판결
* 참조조문: 헌법 제12조 제7항,[1] 형사소송법 제310조[2]

피고인이 업무추진 과정에서 지출한 자금 내역을 기록한 **수첩의 기재 내용**이 자백에 대한 독립적인 보강증거가 될 수 있는가?

●**사실**● 피고인 X는 공무원 Y에게 8회에 걸쳐 합계 305만원을 제공하여 뇌물공여죄를 범하였다는 혐의로 기소되었다. 제1심과 원심은 8회의 뇌물공여사실 중 6회분 33만원의 뇌물공여 부분에 대해서만 유죄로 인정하고, 피고인의 그 나머지 뇌물공여 사실에 관한 증거로는 검사 작성의 피고인에 대한 진술조서 및 피의자신문조서의 각 기재와 동 **피고인이 작성한 수첩의 기재 등 피고인의 자백**만 있을 뿐이어서 이는 피고인의 자백만이 있고 보강증거가 없는 경우에 해당된다는 이유로 (자백의 보강법칙에 따라) 무죄를 선고하였다. 이에 검사가 상고하였다.

●**판지**● 파기환송. [1] [**상업장부·항해일지·진료일지·금전출납부** 등 사무 내역을 기재한 문서의 증거력 및 그 기재 내용 중 공소사실에 부합되는 부분이 **자백문서에 해당하는지 여부**(소극)] [다수의견] 상업장부나 항해일지, 진료일지 또는 이와 유사한 금전출납부 등과 같이 범죄사실의 인정 여부와는 관계없이 자기에게 맡겨진 사무를 처리한 사무 내역을 **그때그때 계속적, 기계적으로 기재한 문서** 등의 경우는 사무처리 내역을 증명하기 위하여 존재하는 문서로서 그 존재 자체 및 기재가 그러한 내용의 사무가 처리되었음의 여부를 판단할 수 있는 별개의 **독립된 증거자료**이고, 설사 그 문서가 우연히 피고인이 작성하였고 그 문서의 내용 중 피고인의 범죄사실의 존재를 추론해 낼 수 있는, 즉 공소사실에 일부 부합되는 사실의 기재가 있다고 하더라도, 이를 일컬어 피고인이 범죄사실을 자백하는 문서라고 볼 수는 없다.

[2] [피고인이 **업무추진 과정에서 지출한 자금 내역을 기록한 수첩**의 기재 내용이 자백에 대한 독립적인 보강증거가 될 수 있는지 여부(적극)] [다수의견] 피고인이 뇌물공여 혐의를 받기 전에 이와는 관계없이 준설공사에 필요한 각종 인·허가 등의 업무를 위임받아 이를 추진하는 과정에서 그 업무수행에 필요한 자금을 지출하면서, 스스로 그 지출한 자금내역을 자료로 남겨두기 위하여 뇌물자금과 기타 자금을 구별하지 아니하고 그 지출 일시, 금액, 상대방 등 내역을 **그때그때 계속적, 기계적으로 기입한 수첩의 기재 내용**은, 피고인이 자신의 범죄사실을 시인하는 자백이라고 볼 수 없으므로, 증거능력이 있는 한 피고인의 금전출납을 증명할 수 있는 별개의 증거라고 할 것인즉, 피고인의 검찰에서의 **자백에 대한 보강증거가 될 수 있다.**

●**해설**● **1 자백보강법칙의 의의 및 근거**　　　형사소송법 제310조는 "피고인의 자백이 그 피고인에게 불이익한 유일의 증거인 때에는 이를 유죄의 증거로 하지 못한다."고 하여 자백의 보강법칙을 선언하고 있다. (1) 형식적 진실주의가 적용되는 민사소송에서는 당사자의 자

---

1) 헌법 제12조 ⑦ 피고인의 **자백**이 고문·폭행·협박·구속의 부당한 장기화 또는 기망 기타의 방법에 의하여 자의로 진술된 것이 아니라고 인정될 때 또는 정식재판에 있어서 피고인의 **자백이 그에게 불리한 유일한 증거일 때**에는 이를 유죄의 증거로 삼거나 이를 이유로 처벌할 수 없다.
2) 형사소송법 제310조(**불이익한 자백의 증거능력**) 피고인의 자백이 그 피고인에게 불이익한 유일한 증거인 때에는 이를 유죄의 증거로 하지 못한다.

백은 법원을 구속하지만(민소법288),3) 실체적 진실을 추구하는 형사소송에서는 피고인의 자백만으로는 유죄를 선고할 수 없다. 따라서 피고인이 임의로 자백하여도 반드시 보강증거가 있어야 유죄인정이 가능하다. 이와 같이 신빙성이 인정되는 자백이더라도 유죄를 인정하려면 보강증거가 요구된다는 원칙이 '**자백의 보강법칙**'이고, 이는 '**헌법상**'의 원칙이기도 하다(헌법12⑦). (2) 자백보강법칙은 법관이 허위의 자백을 신뢰함으로써 발생할 수 있는 ㉠ **오판의 위험을 방지**하고 형사절차에서 자백편중으로 인한 ㉡ **인권침해의 폐단을 예방**함에 목적이 있다.

**2 자백보강법칙의 적용범위**　　　　(1) 법관의 유죄의 심증에도 보강증거가 없으면 유죄판결을 하지 못한다는 점에서 (법관의 자유판단을 제한하는) 자백의 보강법칙은 **자유심증주의의 예외**가 된다. (2) 자백보강의 법칙은 '**정식재판**'에 대해서만 적용된다(헌법12⑦). 여기서 정식재판이란 「형사소송법」이 적용되는 통상의 형사소송절차를 말한다. **간이공판절차**(법286의2)나 **약식명령절차**(법448)도 정식재판으로 본 법칙이 적용된다(모두 검사의 '공소제기'로 진행되는 공판절차라는 점에서 같기 때문이다). 하지만 「즉결심판절차법」이나 「소년법」의 적용을 받는 '**즉결심판**'이나 '**소년보호사건**'(대결 82모36)에서는 자백보강법칙이 적용되지 않는다. (3) 자백배제법칙(법309)이 자백의 **증거능력**을 제한하는 법칙이라면, 자백보강법칙(법310)은 자백의 **증명력**을 제한하는 법칙이다. (4) 보강증거 없이 피고인의 자백만을 근거로 유죄를 인정하였다면, 그 자체로 판결 결과에 영향을 미친 위법이 있는 것으로 보아야 한다. 따라서 제1심법원이 증거의 요지에서 피고인의 자백을 뒷받침할 만한 보강증거를 거시하지 않았음에도, 원심법원이 조사·채택한 증거들로 피고인의 자백을 뒷받침하기에 충분하다는 이유로 제1심법원의 판단을 유지한 것은 위법하다(대판 2007도7835, Ref 1−1). (5) 만약 자백을 유일한 증거로 하여 유죄판결이 확정되었다면, 비상상고(법441)4)를 통한 구제는 가능하지만, 무죄의 증거가 새로 발견된 경우가 아니므로 재심사유(법420)에는 해당되지 아니한다.

**3 자백의 신빙성 및 피고인의 자백**　　　　(1) 자백의 '**신빙성**' 유무를 판단함에 있어서는 「첫째로 자백의 진술내용 자체가 객관적인 합리성을 띠고 있는가, 둘째로 자백의 동기나 이유 및 자백에 이르게 된 경위가 어떠한가, 셋째로 자백외의 정황증거 중 자백과 저촉되거나 모순되는 것이 없는가 하는 점 등을 고려하여 판단하여야 한다」(대판 83도712). 그리고 (2) **피고인의 자백인 이상** 피고인의 지위에서 한 것에 한하지 않고 **참고인이나 증인으로서** 한 자백도 추후 자신의 피고사건에서는 피고인의 자백이 된다(자백당시의 지위는 묻지 않는다). 따라서 피고인의 자백이 「그에게 불리한 유일한 증거인 때에는 그 자백이 **공판정에서의 자백이든** 피의자로서의 조사관에 대한 진술이든 그 자백의 증거능력이 제한되어 있고 그 어느 것이나 독립하여 유죄의 증거가 될 수 없으므로 **위 자백을 아무리 합쳐 보더라도** 그것만으로는 유죄의 판결을 할 수 없다」(대판 66도634 전원합의체). (3) **자백의 형식 또한 불문**하므로 일기장이나 수첩, 비망록, 편지 등에 기재된 자백도 여기의 자백에 해당하여 보강증거가 필요하다. (4) 자백의 상대방도 **수사기**

---

3) 민사소송법의 경우에는 당사자가 자백한 사실에 관하여는 증명을 요하지 않고 판단을 내릴 수 있다. '**형식적 진실**'에 만족한다. 그러나 실체적 진실을 추구하는 형사소송에서는 피고인이 공판정에서 자백하더라도 그것만으로는 부족하고 '**실체적 진실**'을 담보하기 위한 보강증거가 있어야 유죄의 사실을 인정할 수 있다. 「민사소송법」 제288조(**불요증사실**) 법원에서 당사자가 자백한 사실과 현저한 사실은 증명을 필요로 하지 아니한다. 다만, 진실에 어긋나는 자백은 그것이 착오로 말미암은 것임을 증명한 때에는 취소할 수 있다.

4) 형사소송법 제441조(**비상상고이유**) 검찰총장은 판결이 확정한 후 그 사건의 심판이 **법령에 위반**한 것을 발견한 때에는 대법원에 비상상고를 할 수 있다.

관·사인을 불문한다.

**4 보강증거의 자격**　　　　(1) 보강법칙에 적용되는 자백은 유죄판결을 가능하게 하는 증거로 사용되므로 '증거능력이 있고' '신빙성 있는 자백'이어야 한다. 따라서 **'전문증거'**는 증거능력이 없으므로 전문법칙의 예외의 경우를 제외하고는 보강증거로 사용될 수 없으며(대판 2019도13290, Ref 2-1) 같은 맥락에서 **위법수집증거**도 보강증거가 될 수 없다. (2) 보강증거는 자백의 증명력을 보강하는 증거이므로 자백과 (실질적으로) **독립한 '별개의 증거'**이어야 한다. 따라서 자백은 아무리 반복되어도 보강증거가 될 수 없다(대판 94도2865 전원합의체).[5] 같은 선상에서 **피고인의 자백을 내용으로 하는 피고인이 아닌 자의 진술**도 보강증거가 될 수 없다(대판 2007도10937, Ref 2.3-1). 이는 결국 피고인의 자백을 피고인의 자백으로서 보강하는 결과가 되기 때문이다. (3) 보강증거는 독립증거이면 족하고 인증이나 물증임을 불문하고, **간접증거(정황증거)**도 좋은 보강증거가 될 수 있다. 다만, 정황증거는 자백한 범죄사실과 직접 또는 간접으로 **관련이 있는** 것이어야 한다(대판 85도2656, Ref 2.4-1). 따라서 '범죄사실'과 관련이 없는 **범행동기**(대판 90도2010, Ref 2.4-2)나 **습성**(대판 95도1794, Ref 2.4-3)에 관한 것인 경우에는 보강증거가 될 수 없다. (4) 판례는 **상업장부**나 **항해일지, 진료일지** 또는 이와 유사한 **금전출납부** 등과 같이 **'사무 처리내역'**을 그때그때 **계속적, 기계적으로 기재**한 문서는 자백문서가 아니라 보강증거가 될 수 있다고 본다(대상판결). (5) 자백에 대한 보강증거는 「(가) 범죄사실의 전부 또는 중요부분을 인정할 수 있는 정도가 되지 아니하더라도 피고인의 자백이 가공적인 것이 아닌 **진실한 것임을 인정할 수 있는 정도만 되면 족한** 것으로서, (나) 자백과 서로 어울려서 전체로서 범죄사실을 인정할 수 있으면 유죄의 증거로 충분하고, 나아가 (다) 사람의 기억에는 한계가 있는 만큼 자백과 보강증거 사이에 어느 정도의 차이가 있어도 '중요부분이 일치'하고 그로써 '진실성이 담보'되면 보강증거로서의 자격이 있다」(대판 2008도2343, Ref 2.2-12).

**5 대상판결에서의 쟁점 : '독립된 별개의 증거'**　　　　보강증거는 **증거능력**있는 증거이어야 하고, 보강증거는 피고인의 자백과는 실질적으로 **독립된 증거가치**를 가지는 것이어야 한다. 피고인의 자백과는 별개의 독립증거라면, 인증·물증·서증 등 증거방법의 형태는 묻지 아니한다. 피고인의 자백은 자백에 대한 독립증거가 될 수 없어 보강증거가 될 수 없다. 대상판결에서 피고인 X는 뇌물공여 사실을 자백하였고 **공여사실을 기재해 놓은 '수첩'**이 증거로 제출되었다. 수첩에 기재된 내용이 자백과 독립된 증거로 인정되면 X는 유죄가 되지만 그 수첩에 기재된 내용이 자백으로 판단하게 되면 수첩은 보강증거가 될 수 없어 무죄가 된다. 제1심과 제2심은 수첩의 독립증거성을 인정하지 않아 무죄를 선고하였다. 하지만 대법원은 그 **수첩은 '독립된 증거'**(그때그때 계속적, 기계적으로 기재한 문서 등의 경우는 사무처리 내역을 증명하기 위하여 존재하는 문서로서 그 존재 자체 및 기재가 그러한 내용의 사무가 처리되었음의 여부를 판단할 수 있는 별개의 독립된 증거자료이다)이고 따라서 자백의 보강증거가 될 수 있다고 판단하여 유죄취지 파기환송을 한다. 이는 수첩의 기재내용뿐만 아니라 존재 자체가 증거가 된다는 입장이다. (2)　피고인이 범행을 자인하는 것을 들었다는 피고인 아닌 자의 진술내용은 형사소송법 제310조의 피고인의 자백에는 포함되지 아니하나 이는 **독립된 증거로 볼 수 없어** 피고인의 자백의 보강증거로 될 수 없다(대판 81도1314, Ref

---

5) 따라서 피고인의 ㉠ 수사단계 등 공판정 외에서의 자백이나 ㉡ 피고인의 자백이 기재된 조서·진술서 등 증거서류, ㉢ 항소심에서 행한 자백에 대한 제1심에서 행한 자백, ㉣ **피고인으로부터 자백을 들은 자의 진술**, ㉤ 검증현장에서의 피고인의 범행장면 재연 등은 자백에 대한 보강증거가 될 수 없다. 따라서 피고인이 경찰 조사과정에서 자백하였다는 조사 경찰관의 증언도 피고인의 자백에 대해서 실질적으로 독립된 증거가치가 없으므로 자백에 대한 보강증거가 될 수 없다.

2.3−2. 피고인의 자백을 내용으로 하고 있는 피고인 아닌 자의 진술기재내용을 피고인의 자백의 보강증거로 삼는다면 결국 피고인의 자백을 피고인의 자백으로서 보강하는 결과가 되어 아무런 보강도 하지 못하기 때문이다).

**6 공범자의 자백**　　　　피고인이 자백하는 경우에 **피고인과 공범관계**에 있던 자의 자백을 보강증거로 하여 유죄판결을 할 수 있는지가 문제된다. 공범자의 자백은 "피 묻은 칼과 같다."는 말이 있듯이 판례는 공범자의 자백은 보강증거가 될 수 있다고 본다.[6] 「공범인 피고인들의 **각 자백은 상호보강증거가** 되므로 그들의 자백만으로 범죄사실을 인정하였다 하여 보강증거 없이 자백만으로 범죄사실을 인정한 위법이 있다 할 수 없다」(대판 83도1111). 이는 「피고인들 간에 이해관계가 상반된다고 하여도 마찬가지」이다(대판 2006도1944, Ref 1.2−1). 따라서 상황에 따라서는 공범 중 1인만 자백한 경우, 그 자백에 신빙성이 있고 그 외에 다른 증거가 없다면, 자백한 공범은 보강증거가 없어 무죄가 되고, 부인한 공범은 공범자의 자백만으로 유죄가 인정될 수 있다.[7] 이상과 같이 판례는 ① 공범자의 자백을 제310조의 피고인의 자백으로 볼 수 없고(피고인의 자백에는 공범인 공동피고인의 진술은 포함되지 않는다), 따라서 ② **공범자의 자백에 대해서는 보강증거가 필요없다**는 입장이다(대판 92도917, Ref 1.2−3).

**7 자백에 대한 보강증거의 정도**　　　　자백에 대한 보강증거는 「(가) 범죄사실의 전부 또는 중요부분을 인정할 수 있는 정도가 되지 아니하더라도 (나) 피고인의 자백이 가공적인 것이 아닌 진실한 것임을 인정할 수 있는 정도만 되면 족한 것으로서, (다) 자백과 서로 어울려서 전체로서 범죄사실을 인정할 수 있으면 유죄의 증거로 충분하고, 나아가 (라) 사람의 기억에는 한계가 있는 만큼 자백과 보강증거 사이에 어느 정도의 차이가 있어도 **중요부분이 일치하고 그로써 '진실성이 담보'되면 보강증거로서의 자격**이 있다」(진실성담보설)(대판 2008도2343).

**8 보강증거의 요부 및 증명력**　　　　자백을 유죄의 증거로 하기 위해서는 (1) 피고인이 자백한 범죄의 **'객관적 구성요건'**에 해당하는 사실(행위)에 대해서는 보강증거가 필요하다. (2) 그러나 범죄의 **주관적 요소**('고의'나 '목적')에 대하여는 **보강증거가 필요 없으며** 자백만으로 인정할 수 있다(대판 4294형상171). (3) 또한 **처벌조건**에 관한 사실이나 **전과**(前科)(대판 81도1353), **확정판결**의 존부(대판 83도820) 및 **정상**(情

---

6) 공범자의 자백은 **'죄수의 딜레마'** 상황을 연상케 한다. 상황은 다음과 같다. 두 명의 공범 용의자가 체포되어 서로 다른 취조실에 격리되어 심문을 받고 있다. 이들에게는 자백여부에 따라 다음의 선택이 가능하다. ① 둘 중 하나가 배신하여 죄를 자백하면 자백한 사람은 즉시 풀어주고 나머지 한 명이 10년을 복역해야 한다. ② 둘 모두 서로를 배신하여 죄를 자백하면 둘 모두 5년을 복역한다. ③ 둘 모두 죄를 자백하지 않으면 둘 모두 6개월을 복역한다. 이 게임의 죄수는 상대방의 결과는 고려하지 않고 자신의 이익만을 최대화한다는 가정 하에 움직이게 된다. 이때 언제나 협동(침묵)보다는 배신(자백)이 많은 이익을 얻을 수 있다고 생각하여 모든 참가자가 배신(자백)을 택하는 상태가 **내쉬 균형**이 된다. 참가자 입장에서는 상대방의 선택에 상관없이 자백을 하는 쪽이 언제나 이익이므로 합리적인 참가자라면 자백을 택한다. 결국 결과는 둘 모두 5년을 복역하는 것이고, 이는 둘 모두가 자백하지 않고 6개월을 복역하는 것보다 나쁜 결과가 된다. ko.wikipedia.org

7) 예를 들어, 갑은 뇌물수수죄로, 을은 뇌물공여죄로 기소되어 병합심리 되었는데, 갑은 부인하고 을은 자백한 경우, 다른 증거가 없더라도 법원은 갑에 대하여 유죄선고를 할 수 있다. 형사소송법 제310조의 피고인의 자백에는 공범인 공동피고인의 진술은 포함되지 않으며, 이러한 공동피고인의 진술에 대하여는 피고인의 반대신문권이 보장되어 있어 '독립한 증거능력'이 있기 때문이다. 즉 공동피고인의 자백은 이에 대한 피고인의 반대신문권이 보장되어 있어 **증인으로 신문**한 경우와 다를 바 없으므로 독립한 증거능력이 있고, 이는 피고인들 간에 이해관계가 상반된다고 하여도 마찬가지이다.

狀)에 관한 사실도 범죄사실이 아니므로 피고인의 자백만으로서도 그 존부를 인정할 수 있다.

**9 죄수와 보강증거**   (1) (실체적) **경합범**은 실질적으로 수죄이므로 '각 범죄사실'에 관하여 자백에 대한 보강증거가 필요하다. 따라서 필로폰 **매수 대금을 송금**한 사실에 대한 증거가 필로폰 매수죄와 실체적 '경합범 관계'에 있는 필로폰 **투약행위**에 대한 보강증거가 될 수는 없다(대판 2007도10937, Ref 2.3-1)(반면 상상적 경합범에 대해서는 아직 구체적 판례가 없다). (2) 포괄1죄인 '**상습범**'에 있어서도 이를 구성하는 '각 행위'에 관하여 **개별적**으로 보강증거를 요구함에 주의를 요한다(대판 95도1794, Ref 2.4-3). 이는 개별적 행위가 '독립된' 의미를 가진다고 보기 때문이다.

**10 자백보강법칙 위반의 효과**   보강법칙을 위반하여 자백을 유일한 증거로 유죄를 선고하더라도 그 판결이 **당연무효가 되는 것은 아니다**. 하지만 보강증거 없이 피고인의 자백만으로 유죄를 인정하는 것은 그 자체로 판결에 영향을 미친 위법이 있다. 따라서 이 경우는 항소이유(법365의5 i )나 상고이유(법 383 i )가 되며, 유죄판결이 확정되면 비상상고(법441)의 사유가 된다.

*Reference 1*

## \* 자백보강법칙과 관련된 주요판례 \*

1 [대판 2007도7835] [1] [보강증거 없이 피고인의 자백만을 근거로 유죄를 인정한 경우, 그 자체로 판결 결과에 영향을 미친 위법이 있는지 여부(적극)] 피고인의 자백이 그 피고인에게 불이익한 유일의 증거인 때에는 이를 유죄의 증거로 하지 못하는 것이므로, 보강증거가 없이 피고인의 자백만을 근거로 공소사실을 유죄로 판단한 경우에는 그 자체로 판결 결과에 영향을 미친 위법이 있는 것으로 보아야 한다. [2] [제1심 법원이 증거의 요지에서 피고인의 자백을 뒷받침할 만한 **보강증거를 거시하지 않았음에도**, 원심법원이 조사·채택한 증거들로 피고인의 자백을 뒷받침하기에 충분하다는 이유로 **제1심법원의 판단을 유지한 것은 위법하다고** 판단한 사례] 제1심법원이 증거의 요지에서 피고인의 자백을 뒷받침할 만한 보강증거를 거시하지 않았음에도, 원심이 적법하게 증거조사를 마쳐 채택한 증거들로 피고인의 자백을 뒷받침하기에 충분하므로 제1심법원의 잘못이 판결 결과에 아무런 영향을 미치지 않았다고 본 원심판결에 대하여, 형사소송법 제 310조, 제361조의5 제1호 위반을 이유로 파기하고 자판한 사례.

**\*공범자의 자백에 대한 자백보강법칙의 적용여부\***

2-1 [대판 2006도1944] [이해관계가 상반되는 공동피고인 자백의 증거능력] 공동피고인의 자백은 이에 대한 피고인의 반대신문권이 보장되어 있어 증인으로 신문한 경우와 다를 바 없으므로 **독립한 증거능력**이 있고, 이는 피고인들 간에 이해관계가 상반된다고 하여도 마찬가지라 할 것이다.

2-2 [대판 85도951] [형사소송법 제310조 소정의 피고인의 자백에 공범인 공동피고인의 자백이 포함되는지 여부(소극)] 형사소송법 제310조의 피고인의 자백에는 공범인 공동피고인의 진술이 포함되지 아니하므로 공범인 공동피고인의 진술은 다른 공동피고인에 대한 범죄사실을 인정하는데 있어서 증거로 쓸 수 있고 그에 대한 보강증거의 여부는 법관의 자유심증에 맡긴다.

2-3 [대판 92도917] [공범인 공동피고인의 진술의 증거능력] 형사소송법 제310조의 피고인의 자백에는 공범인 공동피고인의 진술은 포함되지 않으며, 이러한 공동피고인의 진술에 대하여는 피고인의 반대신문권

이 보장되어 있어 **독립한 증거능력**이 있다.

2-4 [대판 2012도6848] 공범인 공동피고인은 당해 소송절차에서는 피고인의 지위에 있어 다른 공동피고인에 대한 공소사실에 관하여 증인이 될 수 없으나, **소송절차가 분리되어** 피고인의 지위에서 벗어나게 되면 다른 공동피고인에 대한 공소사실에 관하여 증인이 될 수 있다

3 [대판 66도634] [불이익한 유일한 증거인 피고인의 자백과, 보강증거로서의 상황증거] [1] 구 헌법 (62.12.26개정) 제10조 및 본건의 규정에 의하면 피고인의 자백이 그에게 불리한 유일한 증거인 때에는 그 **자백이 공판정에서의 자백이든** 피의자로서의 조사관에 대한 진술이든 그 자백의 증거능력이 제한되어 있고 그 어느 것이나 독립하여 유죄의 증거가 될 수 없으므로 위 자백을 아무리 합쳐 보더라도 그것만으로는 유죄의 판결을 할 수 없다. [2] 피고인에게 불이익한 자백도 보강증거가 있으면 유죄의 증거로 할 수 있고 보강증거로서는 직접증거 뿐 만아니라 상황증거도 증거능력이 있다.

## Reference 2

### * 보강증거가 될 수 있다고 판단한 사례 *

1 [대판 2019도13290] 피고인이 지하철역 에스컬레이터에서 휴대전화기의 카메라를 이용하여 성명불상 여성 피해자의 치마 속을 몰래 촬영하다가 현행범으로 체포되어 「성폭력범죄의 처벌 등에 관한 특례법」위반(카메라등이용촬영)으로 기소된 사안에서, 피고인은 공소사실에 대해 자백하고 검사가 제출한 모든 서류에 대하여 **증거로 함에 동의**하였는데, 그 서류들 중 체포 당시 임의제출 방식으로 압수된 피고인 소유 휴대전화기에 대한 **압수조서의 '압수경위'란**에 '지하철역 승강장 및 게이트 앞에서 경찰관이 지하철범죄 예방·검거를 위한 비노출 잠복근무 중 검정 재킷, 검정 바지, 흰색 운동화를 착용한 20대 가량 남성이 짧은 치마를 입고 에스컬레이터를 올라가는 여성을 쫓아가 뒤에 밀착하여 치마 속으로 휴대폰을 집어넣는 등 해당 여성의 신체를 몰래 촬영하는 행동을 하였다'는 내용이 포함되어 있고, 그 하단에 피고인의 범행을 직접 목격하면서 위 압수조서를 작성한 사법경찰관 및 사법경찰리의 각 **기명날인**이 들어가 있으므로, 위 압수조서 중 '압수경위'란에 기재된 내용은 피고인이 범행을 저지르는 현장을 직접 목격한 사람의 진술이 담긴 것으로서 형사소송법 제312조 제5항에서 정한 '피고인이 아닌 자가 수사과정에서 작성한 진술서'에 준하는 것으로 볼 수 있고, 이에 따라 휴대전화기에 대한 임의제출절차가 적법하였는지에 영향을 받지 않는 별개의 독립적인 증거에 해당하여, 피고인이 증거로 함에 동의한 이상 유죄를 인정하기 위한 증거로 사용할 수 있을 뿐 아니라 피고인의 **자백을 보강하는 증거**가 된다고 볼 여지가 많다는 이유로, 이와 달리 피고인의 자백을 뒷받침할 보강증거가 없다고 보아 무죄를 선고한 원심판결에 자백의 보강증거 등에 관한 법리를 오해하거나 필요한 심리를 다하지 아니한 잘못이 있다.

#### *자백의 보강증거가 되는 간접증거(정황증거)*

2-1 [대판 4292형상880] **낙태를 시키려 한 것** 등의 정형적 사실은 정황적 사실은 가정불화로 유아를 살해하였다는 공소사실에 대한 보강증거가 된다. 유아를 살해하였다는 공소사실에 대한 자백에 피해자의 사체의 존재 등은 충분한 보강증거가 된다 할 것이다.

2-2 [대판 82도3107] 자백에 대한 보강증거는 (가) 피고인의 임의적인 자백사실이 가공적인 것이 아니고 **진실하다고 인정**될 정도의 증거이면 직접증거이거나 간접증거이거나 보강증거능력이 있다 할 것이고,

(나) 반드시 그 증거만으로 객관적 구성요건에 해당하는 사실을 인정할 수 있는 정도의 것임을 요하는 것이 아니라 할 것이므로, (다) 피고인이 위조신분증을 제시 행사한 사실을 자백하고 있고, **위 제시행사한 신분증이 현존한다면** 그 자백이 임의성이 없는 것이 아닌 한 위 신분증은 피고인의 위 자백사실의 진실성을 인정할 간접증거가 된다고 보아야 한다.

2-3 [대판 85도1838] 검사의 피고인에 대한 피의자신문조서기재에 피고인이 성명불상자로부터 반지 1개를 편취한 후 이 반지를 1984.4.20경 소송외 갑에게 매도하였다는 취지로 진술하고 있고 한편 검사의 갑에 대한 진술조서기재에 위 일시경 **피고인으로부터 금반지 1개를 매입하였다고** 진술하고 있다면 위 갑의 진술은 피고인이 자백하고 있는 편취물품의 소재 내지 행방에 부합하는 진술로서 형식적으로 피고인의 자백의 진실성을 보강하는 증거가 될 수 있다.

2-4 [대판 90도741] [**국가보안법상의 회합죄에 있어서 회합 당시 받은 명함의 현존**이 보강증거로 되는지 여부(적극)] 자백에 대한 보강증거는 범죄사실 전체에 관한 것이 아니라 할지라도 피고인의 자백사실이 가공적인 것이 아니고 진실한 것이라고 인정할 수 있는 정도이면 충분하고, 이러한 증거는 직접증거뿐만 아니라 **간접증거 내지 정황증거라도 족하다** 할 것이므로 국가보안법상 회합죄를 피고인이 자백하는 경우 회합 당시 상대방으로부터 받았다는 **명함의 현존**은 보강증거로 될 수 있다.

2-5 [대판 94도993] 뇌물공여의 상대방인 공무원이 뇌물을 수수한 사실을 부인하면서도 **그 일시경에 뇌물공여자를 만났던 사실 및 공무에 관한 청탁을 받기도 한 사실자체는 시인**하였다면, 이는 뇌물을 공여하였다는 뇌물공여자의 자백에 대한 보강증거가 될 수 있다.

2-6 [대판 94도1146] 오토바이를 절취당한 피해자로부터 오토바이가 세워져 있다는 신고를 받고 그 곳에 출동한 경찰관이 잠복근무하다가 피고인이 오토바이의 시동을 걸려는 것을 보고 그를 즉시 체포하면서 그로부터 오토바이를 압수하였다는 사법경찰리 작성의 **압수조서의 기재**는 피고인이 운전면허가 없다는 사실에 대한 직접적인 보강증거는 아니지만 오토바이를 **운전하였다는 사실**의 자백 부분에 대한 보강증거는 되는 것이므로 결과적으로 피고인이 운전면허 없이 운전하였다는 전체 범죄사실의 보강증거로 충분하다.

2-7 [대판 98도2890] 뇌물수수자가 무자격자인 뇌물공여자로 하여금 건축공사를 하도급 받도록 알선하고 그 하도급계약을 승인받을 수 있도록 하였으며 **공사와 관련된 각종의 편의를 제공한 사실**을 인정할 수 있는 증거들이 뇌물공여자의 자백에 대한 보강증거가 될 수 있다.

2-8 [대판 99도338] 피고인이 **검문 당시 버린 주사기에서 메스암페타민염이 검출된 사실** 등을 인정할 수 있는 정황증거들이 메스암페타민 투약사실에 대한 피고인의 검찰에서의 자백에 대한 보강증거로서 충분하다.

2-9 [대판 2000도2365] **자동차등록증에 차량의 소유자가 피고인으로 등록·기재된 것**이 피고인이 그 차량을 운전하였다는 사실의 자백 부분에 대한 보강증거가 될 수 있고 결과적으로 피고인의 무면허운전이라는 전체 범죄사실의 보강증거로 충분하다.

2-10 [대판 2001도1897] 2000.10.19. 채취한 소변에 대한 검사결과 메스암페타민 성분이 검출된 경우, 위 소변검사결과는 2000.10.17. 메스암페타민을 투약하였다는 자백에 대한 보강증거가 될 수 있음은 물론 **같은 달 13.** 메스암페타민을 투약하였다는 자백에 대한 보강증거도 될 수 있다.

2-11 [대판 2007도5845] 기소된 대마 흡연일자로부터 한 달 후 피고인의 주거지에서 압수된 대마 잎이 피고인의 자백에 대한 보강증거가 된다.

2-12 [대판 2008도2343] 피고인이 자신이 거주하던 다세대주택의 여러 세대에서 7건의 절도행위를 한

것으로 기소되었는데 그 중 4건은 범행 장소인 구체적 호수가 특정되지 않은 사안에서, 위 4건에 관한 피고인의 범행 관련 진술이 매우 사실적·구체적·합리적이고 진술의 신빙성을 의심할 만한 사유도 없어 자백의 진실성이 인정되므로, **피고인의 집에서 해당 피해품을 압수한 압수조서와 압수물 사진**은 위 자백에 대한 보강증거가 된다.

**2-13 [대판 2010도11272]** 파기환송. 2010.2.18. 01:35경 자동차를 타고 온 피고인으로부터 필로폰을 건네받은 후 피고인이 위 차량을 운전해 갔다고 한 **甲의 진술**과 2010.2.20. 피고인으로부터 채취한 **소변에서 나온 필로폰 양성 반응**은, 피고인이 2010.2.18. 02:00경의 필로폰 투약으로 정상적으로 운전하지 못할 우려가 있는 상태에 있었다는 공소사실 부분에 대한 자백을 보강하는 증거가 되기에 충분하다.

**2-14 [대판 2011도8015]** 파기환송. [1] 피고인이 甲과 합동하여 乙의 재물을 절취하려다가 미수에 그쳤다는 내용의 공소사실을 자백한 사안에서, 피고인을 현행범으로 체포한 乙의 수사기관에서의 **진술과 현장사진이 첨부된 '수사보고서'**가 피고인 자백의 진실성을 담보하기에 충분한 보강증거가 되는데도, 이와 달리 본 원심판결에 법리오해의 위법이 있다. [2] 피해자 A는 2010.11.3. 1:00경 집에서 잠을 자고 있던 중 집 앞에 있는 컨테이너 박스 쪽에서 쿵쿵하는 소리가 들려 그쪽에 가서 노루발못뽑이(일명 빠루)로 컨테이너 박스 출입문의 시정장치를 부수는 피고인을 현행범으로 체포하였다고 수사기관에서 진술한 사실, 수사보고서에 첨부된 **현장사진에는 범행에 사용된 노루발못뽑이와 손괴된 쇠창살의 모습이 촬영**되어 있는 사실 …… 피고인을 현행범으로 체포한 피해자 A의 수사기관에서의 진술과 앞서 본 **현장사진이 첨부된 수사보고서**는 피고인의 자백의 진실성을 담보하기에 충분한 보강증거가 된다고 할 것이다.

**2-15 [대판 2017도4827]** 갑은 피고인의 최초 메트암페타민 투약행위가 있었던 2015. 12. 28. 당일 피고인의 지시에 따라 □□버스터미널에서 버스를 통하여 운송된 **메트암페타민이 담긴 쇼핑백을 받아 피고인에게 이를 전달**하고 그 즉시 메트암페타민의 일부를 무상으로 교부받았는데 피고인과 함께 △△모텔에 갔다가 바로 집으로 돌아왔고 피고인은 위 모텔에 그대로 남았다는 것이다. 이러한 갑의 진술은 피고인이 위 모텔에서 2015. 12. 28.과 그 다음 날 2회에 걸쳐 메트암페타민을 투약하였다는 자백의 진실성을 담보하기에 충분하다.

**2-16 [대판 2017도17628]** 피고인은 수사기관에서 이 사건 공소사실을 자백하면서 제1심판결의 범죄일람표 기재 일자별 횡령행위와 횡령 금액, 피고인이 공소외인 명의로 이 사건 부동산을 매수하면서 부족한 매수자금을 마련하기 위해 이 사건 횡령 범행을 저질렀다는 횡령의 경위와 동기, 횡령 금액의 사용처 등에 관하여 매우 구체적으로 진술하였다. 피고인이 제1심 법정과 원심 법정에서도 일관되게 이 사건 공소사실을 자백한 사정에 비추어 그 자백의 임의성을 의심할 만한 사정이 없다. 나아가 원심이 적법하게 증거로 채택한 '부동산등기부등본', '수사보고(압수수색검증영장 집행 결과 보고), 횡령 및 반환 일시 거래내역', '수사보고(공소외인 계좌 영장집행 결과 보고), 계좌거래내역', '사실확인서'는 피고인의 자백이 진실함을 뒷받침하기에 충분하다고 판단된다.

**2-17 [대판 2017도20247]** 파기환송. 피고인이 마약류취급자가 아님에도 향정신성의약품인 러미라를 3회에 걸쳐 갑에게 제공하고, 2회에 걸쳐 스스로 투약하였다고 하여 마약류 관리에 관한 법률 위반(향정)으로 기소된 사안에서, 피고인은 동종 범죄전력이 4회 더 있어 공소사실을 자백하면 더 불리한 처벌을 받으리라는 사정을 알고 있었음에도, 수사기관에서 '을로부터 러미라 약 1,000정을 건네받아 그중 일부는 갑에게 제공하고, 남은 것은 자신이 투약하였다'고 자백하면서 투약방법과 동기 등에 관하여 구체적으로 진술한 이래 원심에 이르기까지 일관되게 진술을 유지하여 **자백의 임의성이 인정**되고, 을에 대한 검찰 진술조서 및

수사보고(피의자 휴대전화에서 복원된 메시지 관련)의 기재 내용에 의하면, 을은 피고인의 최초 러미라 투약 행위가 있었던 시점에 피고인에게 50만 원 상당의 **채무변제에 갈음하여 러미라 약 1,000정이 들어있는 플라스틱통 1개를 건네주었다**고 하고 있고, 갑은 을에게 피고인으로부터 러미라를 건네받았다는 취지의 카카오톡 메시지를 보낸 사실을 알 수 있어, 이러한 **을에 대한 검찰 진술조서 및 수사보고**는 피고인이 을로부터 수수한 러미라를 투약하고 갑에게 제공하였다는 자백의 진실성을 담보하기에 충분하다.

2-18 [대판 2019도11967] 피고인은 2017.9.1. 20:30경부터 지하철역 계단에서 피해자(여)의 허벅지와 엉덩이 부분을 몰래 촬영한 것을 비롯하여 그 무렵부터 2018.5.25. 까지 총 26회에 걸쳐 피해자들의 엉덩이 등을 몰래 촬영한 사실로 기소되었다. …… 임의제출된 이 사건 휴대전화에서 탐색된 전자정보를 복제한 시디 및 출력한 사진(검사는 이를 증거로 제출하였다)은 경찰이 피압수자인 피고인에게 **참여의 기회를 부여하지 않은** 상태에서 임의로탐색·복제·출력한 전자정보로서, 피고인에게 압수한 전자정보 목록을 교부했다거나 피고인이 그 과정에 참여하지 않을 의사였다고 보기 어려우므로, 이는 **위법하게 수집된 증거**로서 증거능력이 없다. …… 이 사건 휴대전화에 대한 **임의제출서, 압수조서, 압수목록, 압수품 사진, 압수물 소유권 포기여부 확인서**는 경찰이 피고인의 이 부분 범행 직후 범행 현장에서 피고인으로부터 위 휴대전화를 임의제출 받아 압수하였다는 내용으로서 이 사건 휴대전화에 저장된 전자정보의 증거능력 여부에 영향을 받지 않는 **별개의 독립적인 증거**에 해당하므로, 피고인이 증거로 함에 동의한 이상 유죄를 인정하기 위한 증거로 사용할 수 있고, 이 부분 공소사실에 대한 피고인의 자백을 보강하는 증거가 된다고 볼 여지가 많다.

## * 보강증거가 될 수 없다고 판단한 사례 *

### *피고인의 자백을 내용으로 하는, 피고인 아닌 자의 진술*

3-1 [대판 2007도10937] [1] 피고인이 범행을 자인하는 것을 들었다는 피고인 아닌 자의 진술내용은 형사소송법 제310조의 피고인의 자백에는 포함되지 아니하나 이는 피고인의 자백의 보강증거로 될 수 없다. [2] [**실체적 경합범과 자백의 보강증거**] 실체적 경합범은 실질적으로 '수죄'이므로 각 범죄사실에 관하여 자백에 대한 보강증거가 있어야 한다. **필로폰 매수 대금을 송금한 사실**에 대한 증거가 필로폰 매수죄와 실체적 경합범 관계에 있는 필로폰 투약행위에 대한 보강증거가 될 수 없다.

3-2 [대판 81도1314] 피고인이 범행을 자인하는 것을 들었다는 피고인 아닌 자의 진술내용은 형사소송법 제310조의 피고인의 자백에는 포함되지 아니하나 이는 피고인의 자백의 보강증거로 될 수 없다. …… **피고인의 자백을 내용**으로 하고 있는 이와 같은 진술기재내용을 피고인의 자백의 보강증거로 삼는다면 결국 피고인의 자백을 피고인의 자백으로서 보강하는 결과가 되어 아무런 보강도 하는 바 없는 것이니 보강증거가 되지 못하고 오히려 보강증거를 필요로 하는 피고인의 자백과 동일하게 보아야 할 성질의 것이라고 할 것이다.

### *자백의 보강증거가 되지 않는 간접증거(정황증거)*

4-1 [대판 85도2656] 성남시 태평동 자기집 앞에 세워둔 봉고화물차 **1대를 도난당하였다**는 공소외인의 진술은 피고인이 위 차를 타고 그 무렵 충주까지 가서 소매치기 범행을 하였다고 자백하고 있는 경우, 위 피고인의 자백이 그 차량을 범행의 수단, 방법으로 사용하였다는 취지가 아니고 피고인이 범행 장소인 충주까지 가기 위한 교통수단으로 이용하였다는 취지에 불과하여 위 '**소매치기범행**'과는 직접적으로나 간접적으로 아무런 관계가 없어 이는 위 피고인의 자백에 대한 보강증거가 될 수 없다.

4-2 [대판 90도2010] [검사 제출의 증거가 **공소사실의 객관적 부분과 관련이 없는 것**이어서 자백에 대한 보강증거가 될 수 없다고 본 사례] 검사가 보강증거로서 제출한 증거의 내용이 피고인과 공소외 갑이 현대자동차 춘천영업소를 점거했다가 갑이 처벌받았다는 것이고, 피고인의 자백내용은 현대자동차 점거로 갑이 처벌받은 것은 학교 측의 제보 때문이라 하여 피고인이 그 보복으로 학교총장실을 침입 점거했다는 것이라면, 위 증거는 공소사실의 객관적 부분인 **주거침입, 점거사실과는 관련이 없는 범행의 침입'동기'에 관한 정황증거에 지나지 않으므로** 위 증거와 피고인의 자백을 합쳐 보아도 자백사실이 가공적인 것이 아니고 진실한 것이라 인정하기에 족하다고 볼 수 없으므로 검사 제출의 위 증거는 자백에 대한 보강증거가 될 수 없다.

4-3 [대판 95도1794] [소변검사 결과와 압수된 약물은 마약사범의 각 투약행위에 대한 보강증거가 될 수 없다고 본 사례] 소변검사 결과는 1995.1.17.자 투약행위로 인한 것일 뿐 **그 이전의 4회에 걸친 투약행위와는 무관**하고, 압수된 약물도 이전의 투약행위에 사용되고 남은 것이 아니므로, 위 소변검사 결과와 압수된 약물은 결국 피고인이 **투약'습성'이 있다**는 점에 관한 **정황증거에 불과하다** 할 것인바, 피고인의 습벽을 범죄구성요건으로 하며 포괄1죄인 상습범에 있어서도 이를 구성하는 각 행위에 관하여 개별적으로 보강증거를 요구하고 있는 점에 비추어 보면 투약습성에 관한 정황증거만으로 향정신성의약품관리법위반죄의 객관적 구성요건인 **각 투약행위가 있었다는 점에 관한 보강증거로 삼을 수는 없다.**

# 62 공판조서의 배타적 증명력

* 대법원 2012. 5. 10. 선고 2012도2496 판결
* 참조조문: 형사소송법 제56조,[1] 제51조,[2] 제53조,[3] 제54조,[4] 제55조[5]

---

| 증거에 관한 피고인의 의견이 기재된 증거목록의 증명력 |
| --- |

●**판지**●「공판조서의 기재가 명백한 오기인 경우를 제외하고는 공판기일의 소송절차로서 공판조서에 기재된 것은 **조서만으로써 증명**하여야 하고 그 증명력은 공판조서 이외의 자료에 의한 **반증이 허용되지 않는** 절대적인 것이므로, 검사 제출의 증거에 관하여 동의 또는 진정성립 여부 등에 관한 피고인의 의견이 증거목록에 기재된 경우에는 그 증거목록의 기재는 공판조서의 일부로서 명백한 오기가 아닌 이상 **절대적인 증명력**을 가지게 된다」.

●**해설**● **1 공판조서의 의의**　　　공판조서란 **공판'기일'의 소송'절차'**를 기재한 조서를 말한다(공판조서는 ㉠ 기본이 되는 공판조서, ㉡ 증인신문조서 등의 부수조서, ㉢ 증거목록으로 구성된다). (1) 형사소송법 제56조는 "공판기일의 소송절차로서 공판조서에 기재된 것은 그 조서만으로써 증명한다."는 **공판조서의 '배타적 증명력'**를 규정하고 있다(절대적 증명력). 이에 따라, 공판조서의 기재가 소송기록상 명백한 오기인 경우를 제외하고는 공판조서에 기재된 것으로 증명되고, 다른 자료에 의한 반증은 허용되지 않는다(대판 95도110, Ref 5−1). (2) 이점에서 공판조서의 배타적 증명력은 **자유심증주의의 예외**가 된다. (3) 공판조서에 배타적 증명력을 부여하는 것은 특히 **'상소심' 절차의 지연을 방지**하고 상소심에서의 **심사의 편의**를 도

---

1) 형사소송법 제56조(**공판조서의 증명력**) 공판기일의 소송절차로서 공판조서에 기재된 것은 **그 조서만으로써 증명**한다.

2) 형사소송법 제51조(**공판조서의 기재요건**) ① 공판기일의 **소송절차**에 관하여는 참여한 **법원사무관**등이 공판조서를 작성하여야 한다. ② 공판조서에는 다음 사항 기타 모든 소송절차를 기재하여야 한다. 1. 공판을 행한 일시와 법원 2. 법관, 검사, 법원사무관등의 관직, 성명 3. 피고인, 대리인, 대표자, 변호인, 보조인과 통역인의 성명 4. 피고인의 출석여부 5. 공개의 여부와 공개를 금한 때에는 그 이유 6. 공소사실의 진술 또는 그를 변경하는 서면의 낭독 7. 피고인에게 그 권리를 보호함에 필요한 진술의 기회를 준 사실과 그 진술한 사실 8. 제48조제2항에 기재한 사항 9. 증거조사를 한 때에는 증거될 서류, 증거물과 증거조사의 방법 10. 공판정에서 행한 검증 또는 압수 11. 변론의 요지 12. 재판장이 기재를 명한 사항 또는 소송관계인의 청구에 의하여 기재를 허가한 사항

3) 형사소송법 제53조(**공판조서의 서명 등**) ① 공판조서에는 재판장과 참여한 법원사무관등이 기명날인 또는 서명하여야 한다. ② 재판장이 기명날인 또는 서명할 수 없는 때에는 다른 법관이 그 사유를 부기하고 기명날인 또는 서명하여야 하며 법관전원이 기명날인 또는 서명할 수 없는 때에는 참여한 법원사무관등이 그 사유를 부기하고 기명날인 또는 서명하여야 한다. ③ 법원사무관등이 기명날인 또는 서명할 수 없는 때에는 재판장 또는 다른 법관이 그 사유를 부기하고 기명날인 또는 서명하여야 한다.

4) 형사소송법 제54조(**공판조서의 정리 등**) ① 공판조서는 각 공판기일 후 신속히 정리하여야 한다. ② 다음 회의 공판기일에 있어서는 전회의 공판심리에 관한 주요사항의 요지를 조서에 의하여 고지하여야 한다. 다만, 다음 회의 공판기일까지 전회의 공판조서가 정리되지 아니한 때에는 조서에 의하지 아니하고 고지할 수 있다. ③ 검사, 피고인 또는 변호인은 공판조서의 기재에 대하여 **변경을 청구**하거나 **이의를 제기**할 수 있다. ④ 제3항에 따른 청구나 이의가 있는 때에는 그 취지와 이에 대한 재판장의 의견을 기재한 조서를 당해 공판조서에 첨부하여야 한다.

5) 형사소송법 제55조(**피고인의 공판조서열람권등**) ① 피고인은 공판조서의 열람 또는 등사를 청구할 수 있다. ② 피고인이 공판조서를 읽지 못하는 때에는 공판조서의 낭독을 청구할 수 있다. ③ 전2항의 청구에 응하지 아니한 때에는 그 공판조서를 유죄의 증거로 할 수 없다.

모하는데 의의가 있다(입법취지). (4) 형사소송법은 공판조서의 **정확성을 보장**하기 위해 ㉠ 재판장과 참여한 법원사무관 등은 공판조서에 반드시 **기명날인하거나 서명**케 하고(법53)(대판 70도1312, Ref 8-1), ㉡ 변호인이과 피고인에게 공판조서를 **열람·등사**할 수 있게 하고 있다(법55①)(대판 2003도3282, Ref 4-1). 만약, 법원이 이에 응하지 아니한 때에는 그 공판조서를 유죄의 증거로 할 수 없다(법55③).

**2 공판조서의 '배타적 증명력'의 범위**　　　(1) 공판조서의 배타적 증명력은 **'공판기일'**의 절차에 한한다. 따라서 **'공판기일 외'**에서 행해지는 절차('공판준비절차'나 '공판기일 외'의 증인신문·검증 절차 등)에 대해서는 배타적 증명력이 인정되지 않는다. (2) 배타적 증명력은 **'소송절차'**에 대해서만 인정되며, 진술내용과 같은 **실체관련사항**(증인의 증언내용이나 피고인의 진술내용 등)에 대해서는 공판조서에 기재되어 있다고 할지라도 다른 증거에 의하여 다툴 수 있다(대판 2005도6271, Ref 3). 소송절차에 관한 사실인 이상, 소송절차의 적법성뿐만 아니라 그 **존부**를 문제 삼는 경우에도 배타적 증명력은 인정된다(피고인이나 변호인의 출석 여부, 진술거부권의 고지 여부, 증거동의 여부 등). (3) 공판조서에 **'기재'되지 않은** 소송절차는 공판조서 이외의 자료에 의한 증명이 허용된다(자유로운 증명). (4) 공판조서에 기재된 사항이라 할지라도 기재가 **불명확하거나 모순**이 있는 경우에는 공판조서의 배타적 증명력이 인정되지 않는다(대판 95도110, Ref 5-1). 판례는 기재내용이 서로 다른 공판조서에 대해 법관의 자유로운 심증에 맡기고 있다(대판 86도1646, Ref 6). (5) 공판조서의 배타적 증명력은 **당해 사건**의 공판조서에 한정된다(이 경우 제311조에 의해 절대적 증거능력이 인정된다). 따라서 **다른 사건**의 공판조서에 대해서는 배타적 증명력이 인정되지 않는다(하지만 이 경우도 제315조 제3호에 의해 증거능력은 인정된다)(대판 2011도15653, Ref 2). (6) 공판조서의 배타적 증명력은 유효한 공판조서의 존재를 전제로 하므로, 당해 공판기일에 '열석하지 아니한 판사'가 재판장으로서 서명 날인한 경우와 같이 **중대한 방식위반**으로 무효인 경우에는 배타적 증명력이 인정되지 않는다(대판 82도2940, Ref 8-2).

## *Reference*

1 **[대판 2015도19139]** [피고인이 변호인과 함께 출석한 공판기일의 공판조서에 검사가 제출한 증거에 대하여 동의한다는 기재가 되어 있는 경우, 피고인이 증거 동의를 한 것으로 보아야 하는지 여부(적극) 및 그 기재의 증명력] 형사소송법 제318조에 규정된 **증거 동의는 소송 주체인 검사와 피고인이 하는 것**이고, '변호인'은 피고인을 대리하여 증거 동의에 관한 의견을 낼 수 있을 뿐이므로, 피고인이 변호인과 함께 출석한 공판기일의 공판조서에 검사가 제출한 증거에 대하여 동의한다는 기재가 되어 있다면 이는 **피고인이 증거 동의를 한 것으로 보아야** 하고, 그 기재는 절대적인 증명력을 가진다.

2 **[대판 2011도15653]** [형사재판에서 관련 형사사건 확정판결에서 인정된 사실의 증명력] [1] 형사재판에서 이와 관련된 다른 형사사건의 확정판결에서 인정된 사실은 특별한 사정이 없는 한 유력한 증거자료가 되는 것이나, 당해 형사재판에서 제출된 다른 증거 내용에 비추어 관련 형사사건 확정판결의 사실판단을 그대로 채택하기 어렵다고 인정될 경우에는 이를 배척할 수 있다. [2] 피고인이 '甲 등과 공동하여 乙을 폭행하고, 피고인은 乙을 마구 때려 사망에 이르게 하였다'는 내용의 유죄판결이 확정된 후, 관련 형사사건의 증인으로 출석하여 '乙을 때린 사실이 없고, 피고인과 甲은 乙의 사망과 관련이 없다'는 취지로 허위 진술을 하여 위증하였다는 내용으로 기소된 사안에서, 유죄 확정판결이 내려지게 된 결정적 증거인 피고인과

甲의 수사기관 및 제1심 법정에서의 자백 진술과 甲의 항소심 증언은 범행에 이르게 된 동기, 범행 장소까지 가게 된 경위 내지 과정, 범행 장소에 도착한 이후부터 사건 현장에 이르기까지 이동 방식 및 경로, 폭행 당시 구체적인 행동 양태와 범행 이후의 제반 정황, 폭행 시각과 사망추정 시각의 불일치, 피고인과 甲이 자백을 번복하게 된 경위 등 여러 사정에 비추어 신빙성을 인정하기 어렵고, 달리 피고인의 증언이 허위라고 인정할 만한 증거가 없다고 보아 무죄를 인정한 원심판단을 수긍한 사례.

3 [대판 2005도6271] [피고인이 제1심 법정 이래 공소사실을 계속 부인하는 경우, 증거목록에 피고인이 경찰 작성의 피의자신문조서의 **내용을 인정한 것으로 기재되었더라도** 이는 착오 기재거나 조서를 잘못 정리한 것이어서 위 피의자신문조서가 증거능력을 가지게 되는 것은 아니라고 한 사례] 기록에 의하면, 피고인은 제1심 법정 이래 계속 이 사건 공소사실을 부인하고 있으므로 이는 공소사실에 대하여 자백하는 듯한 취지가 포함되어 있는 경찰 작성의 피의자신문조서의 진술내용을 인정하지 않는 것이라고 보아야 할 것이고, 한편 기록에 편철된 증거목록을 보면 제1심 제2회 공판기일에 피고인 본인이 경찰 작성의 피의자신문조서의 내용을 인정한 것으로 기재되어 있으나, 이는 착오 기재이었거나 아니면 피고인이 그와 같이 진술한 사실이 있었다는 것을 내용인정으로 조서를 잘못 정리한 것으로 이해될 뿐 이로써 위 피의자신문조서가 증거능력을 가지게 되는 것은 아니다. 같은 취지에서 경찰 작성의 피의자신문조서의 증거능력을 배척한 원심의 조치는 정당하다.

#### *피고인의 공판조서에 대한 열람 또는 등사청구권*

4-1 [대판 2003도3282] [피고인의 공판조서에 대한 열람 또는 등사청구권이 침해된 경우] 형사소송법 제55조 제1항이 피고인에게 공판조서의 열람 또는 등사청구권을 부여한 이유는 공판조서의 열람 또는 등사를 통하여 피고인으로 하여금 진술자의 진술내용과 그 기재된 조서의 기재내용의 일치 여부를 확인할 수 있도록 기회를 줌으로써 그 조서의 정확성을 담보함과 아울러 피고인의 방어권을 충실하게 보장하려는 데 있으므로 피고인의 공판조서에 대한 열람 또는 등사청구에 법원이 불응하여 피고인의 **열람 또는 등사청구권이 침해된 경우에는** 그 공판조서를 유죄의 증거로 할 수 없을 뿐만 아니라, 공판조서에 기재된 당해 피고인이나 증인의 진술도 증거로 할 수 없다.

4-2 [대판 2007도3906] [**피고인이 원하는 시기에 공판조서를 열람·등사하지 못하였더라도 변론종결 전에는 이를 하였던 경우** 위 공판조서의 증거능력 유무(원칙적 적극)] 비록 피고인이 차회 공판기일 전 등 원하는 시기에 공판조서를 열람·등사하지 못하였다 하더라도 그 변론종결 이전에 이를 열람·등사한 경우에는 그 열람·등사가 늦어짐으로 인하여 피고인의 방어권 행사에 지장이 있었다는 등의 특별한 사정이 없는 한 형사소송법 제55조 제1항 소정의 피고인의 공판조서의 열람·등사청구권이 침해되었다고 볼 수 없어, 그 공판조서를 유죄의 증거로 할 수 있다고 보아야 한다.

#### *공판조서의 증명력과 반증의 허부*

5-1 [대판 95도110] [공판조서의 공판기일의 소송절차 기재가 소송기록상 **명백한 오기**인 경우, 그 공판조서의 증명력] 형사소송법 제56조는 "공판기일의 소송절차로서 공판조서에 기재된 것은 그 조서만으로써 증명한다"고 규정하고 있으므로 소송절차에 관한 사실은 공판조서에 기재된 대로 공판절차가 진행된 것으로 증명되고 다른 자료에 의한 **반증은 허용되지 아니하나,** 공판조서의 기재가 소송기록상 명백한 오기인 경우에는 공판조서는 그 올바른 내용에 따라 증명력을 가진다.

5-2 [대판 82도571] 공판조서에 재판장이 판결서에 의하여 판결을 선고하였음이 기재되어 있다면 동 판결선고 절차는 적법하게 이루어졌음이 증명되었다고 할 것이며 여기에는 **다른 자료에 의한 반증을 허용하지 못하는 바이니** 검찰서기의 판결서 없이 판결선고되었다는 내용의 보고서로써 공판조서의 기재내용이 허위라고 판정할 수 없다.

6 [대판 86도1646] [기재내용이 '서로 다른' 공판조서에 대한 증명력] 동일한 사항에 관하여 두개의 서로 다른 내용이 기재된 공판조서가 병존하는 경우 양자는 동일한 증명력을 가지는 것으로서 그 증명력에 우열이 있을 수 없다고 보아야 할 것이므로 그 중 어느 쪽이 진실한 것으로 볼 것인지는 공판조서의 증명력을 판단하는 문제로서 **법관의 자유로운 심증**에 따를 수밖에 없다.

7 [대판 74도3293] [결심공판에 검사가 출석하였으나 공판조서에 검사의 의견진술이 누락된 경우에 판결에 영향을 미치는가의 여부] 결심공판에 출석한 검사가 사실과 법률적용에 관하여 의견을 진술하지 않더라도 공판절차가 무효로 되는 것은 아니며 위 공판조서에 검사의 의견진술이 누락되어 있다 하여도 이로써 판결에 영향을 미친 법률위반이 있는 경우에 해당한다고는 볼 수 없다.

### *공판조서가 중대한 방식위반으로 무효인 경우*

8-1 [대판 70도1312] 공판조서에 그 공판에 관여한 **법관의 성명이 기재되어 있지 아니하다면** 공판절차가 법령에 위반되어 판결에 영향을 미친 위법이 있다 할 것이다.

8-2 [대판 82도2940] [당해 공판기일에 **열석하지 아니한 판사**가 재판장으로서 서명 날인한 공판조서의 증명력] 공판조서에 서명날인할 재판장은 당해 공판기일에 열석한 재판장이어야 하므로 당해 공판기일에 열석하지 아니한 판사가 재판장으로서 서명날인한 공판조서는 적식의 공판조서라고 할 수 없어 이와 같은 공판조서는 **소송법상 무효**라 할 것이므로 공판기일에 있어서의 소송절차를 증명할 공판조서로서의 증명력이 없다.

# 부록

# 부록 1 수사기관(검사·공수처검사와 사법경찰관리)

**형사소송법**

[시행 2025. 1. 17.] [법률 제20460호, 2024. 10. 16., 일부개정]

## 제2편 제1심

## 제1장 수사

### 【수사기관】

**제195조(검사와 사법경찰관의 관계 등)** ① 검사와 사법경찰관은 수사, 공소제기 및 공소유지에 관하여 **서로 협력**하여야 한다.[1]

② 제1항에 따른 수사를 위하여 준수하여야 하는 일반적 **수사준칙**에 관한 사항은 **대통령령**으로 정한다.[2]

**제196조(검사의 수사)** ① 검사는 범죄의 혐의가 있다고 사료하는 때에는 범인, 범죄사실과 증거를 수사한다.[3] 〈개정 2022. 5. 9.〉

② 검사는 제197조의3제6항, 제198조의2제2항 및 제245조의7제2항에 따라 사법경찰관으로부터 **송치받은 사건**에 관하여는 해당 사건과 동일성을 해치지 아니하는 범위 내에서 수사할 수 있다. 〈신설 2022. 5. 9.〉

**제197조(사법경찰관리)** ① 경무관, 총경, 경정, 경감, 경위는 **사법경찰관**으로서 범죄의 혐의가 있다고 사료하는 때에는 범인, 범죄사실과 증거를 수사한다.

② 경사, 경장, 순경은 **사법경찰리**로서 수사의 보조를 하여야 한다.

③ 삭제

④ 삭제

⑤ 삭제

⑥ 삭제

**제197조의2(보완수사요구)**[4] ① 검사는 다음 각 호의 어느 하나에 해당하는 경우에 사법경찰관에게 보완수사를 요구할 수 있다.

1. 송치사건의 **공소제기** 여부 결정 또는 **공소의 유지**에 관하여 필요한 경우

2. 사법경찰관이 신청한 **영장의 청구** 여부 결정에 관하여 필요한 경우

② 사법경찰관은 제1항의 요구가 있는 때에는 **정당한 이유**가 없는 한 **지체 없이 이를 이행**하고, 그 결과를 검사에게 **통보**하여야 한다.

③ 검찰총장 또는 각급 검찰청 검사장은 사법경찰관이 정당한 이유 없이 제1항의 요구에 따르지 아니하는 때에는 권한 있는 사람에게 해당 사법경찰관의 **직무배제** 또는 **징계를 요구**할 수 있고, 그 징계 절차는 「공무원 징계령」 또는 「경찰공무원 징계령」에 따른다.

**제197조의3(시정조치요구 등)**[5] ① 검사는 사법경찰관리의 수사과정에서 **법령위반, 인권침해** 또는 **현저한 수사권 남용**이 의심되는 사실의 신고가 있거나 그러한 사실을 인식하게 된 경우에는 사법경찰관에게 사건기록 등본의 송부를 요구할 수 있다.

② 제1항의 송부 요구를 받은 사법경찰관은 **지체 없이** 검사에게 사건기록 등본을 송부하여야 한다.

③ 제2항의 송부를 받은 검사는 필요하다고 인정되는 경우에는 사법경찰관에게 **시정조치**를 요구할 수 있다.

④ 사법경찰관은 제3항의 시정조치 요구가 있는 때에는 **정당한 이유**가 없으면 **지체 없이** 이를 이행하고, 그 결과를 **검사에게 통보**하여야 한다.

⑤ 제4항의 통보를 받은 검사는 제3항에 따른 시정조치 요구가 정당한 이유 없이 이행되지 않았다고 인정되는 경우에는 사법경찰관에게 **사건을 송치할 것을 요구**할 수 있다.

⑥ 제5항의 송치 요구를 받은 사법경찰관은 검사에게 사건을 **송치하여야 한다.**

⑦ 검찰총장 또는 각급 검찰청 **검사장**은 사법경찰관리의 수사과정에서 법령위반, 인권침해 또는 현저한 수사권 남용이 있었던 때에는 권한 있는 사람에게 해당 사법경찰관리의 **징계를 요구**할 수 있고, 그 징계 절차는 「공무원 징계령」 또는 「경찰공무원 징계령」에 따른다.

⑧ **사법경찰관은 피의자를 '신문하기 전'에** 수사과정에서 법령위반, 인권침해 또는 현저한 수사권 남용이 있는 경우 **검사에게 구제를 신청할 수 있음을 피의자에게 알려주어야** 한다.

---

1) 「수사준칙」 제6조~제9조 참조.

2) 「검사와 사법경찰관의 상호협력과 일반적 **수사준칙**에 관한 규정」(약칭 '수사준칙')을 말한다.

3) 다만, 검사의 직접적 수사개시권은 제한적으로만 인정된다. 「검찰청법」 제4조 참조.

4) 「수사준칙」 제59조~제60조 참조.

5) 「수사준칙」 제45조~제47조 참조.

**제197조의4(수사의 경합)**[6] ① 검사는 사법경찰관과 **동일한 범죄사실**을 수사하게 된 때에는 사법경찰관에게 사건을 **송치할 것을 요구**할 수 있다.

② 제1항의 요구를 받은 사법경찰관은 **지체 없이** 검사에게 사건을 송치하여야 한다. 다만, 검사가 **영장을 청구하기 전**에 동일한 범죄사실에 관하여 사법경찰관이 **영장을 신청**한 경우에는 해당 영장에 기재된 범죄사실을 **계속 수사할 수 있다.**

**제198조(준수사항)** ① 피의자에 대한 수사는 **불구속 상태**에서 함을 **원칙**으로 한다.

② 검사·사법경찰관리와 그 밖에 직무상 수사에 관계있는 자는 피의자 또는 다른 사람의 **인권을 존중**하고 수사과정에서 취득한 **비밀을 엄수**하며 수사에 방해되는 일이 없도록 하여야 한다.

③ 검사·사법경찰관리와 그 밖에 직무상 수사에 관계있는 자는 수사과정에서 수사와 관련하여 작성하거나 취득한 서류 또는 물건에 대한 목록을 빠짐없이 작성하여야 한다.

④ 수사기관은 수사 중인 사건의 범죄 혐의를 밝히기 위한 목적으로 합리적인 근거 없이 **별개의 사건**을 부당하게 수사하여서는 아니 되고, 다른 사건의 수사를 통하여 확보된 증거 또는 자료를 내세워 **관련 없는 사건**에 대한 자백이나 진술을 강요하여서도 아니 된다. 〈신설 2022. 5. 9.〉

**제198조의2(검사의 체포·구속장소감찰)** ①지방검찰청 검사장 또는 지청장은 불법체포·구속의 유무를 조사하기 위하여 검사로 하여금 **매월 1회 이상** 관하수사관서의 피의자의 체포·구속장소를 **감찰**하게 하여야 한다. 감찰하는 검사는 체포 또는 구속된 자를 심문하고 관련서류를 조사하여야 한다.

② 검사는 적법한 절차에 의하지 아니하고 체포 또는 구속된 것이라고 의심할 만한 상당한 이유가 있는 경우에는 즉시 체포 또는 구속된 자를 석방하거나 사건을 검찰에 **송치할 것**을 명하여야 한다.

**제199조(수사와 필요한 조사)** ① 수사에 관하여는 그 목적을 달성하기 위하여 필요한 조사를 할 수 있다. 다만, 강제처분은 이 법률에 특별한 규정이 있는 경우에 한하며, 필요한 최소한도의 범위 안에서만 하여야 한다.

② 수사에 관하여는 공무소 기타 공사단체에 조회하여 필요한 사항의 보고를 요구할 수 있다.

.

**제210조(사법경찰관리의 관할구역 외의 수사)** 사법경찰관리가 관할구역 외에서 수사하거나 관할구역 외의 사법경찰관리의 촉탁을 받아 수사할 때에는 **관할지방검찰청 검사장 또는 지청장**에게 보고하여야 한다. 다만, 제200조의3, 제212조, 제214조, 제216조와 제217조의 규정에 의한 수사를 하는 경우에 긴급을 요할 때에는 사후에 보고할 수 있다.

.

**제221조의5(사법경찰관이 신청한 영장의 청구 여부에 대한 심의)** ① 검사가 사법경찰관이 **신청**한 영장을 **정당한 이유 없이** 판사에게 **청구**하지 아니한 경우 사법경찰관은 그 검사 소속의 지방검찰청 소재지를 관할하는 **고등검찰청**에 영장 청구 여부에 대한 **심의를 신청**할 수 있다.

② 제1항에 관한 사항을 심의하기 위하여 각 고등검찰청에 **영장심의위원회**(이하 이 조에서 "심의위원회"라 한다)를 둔다.

③ 심의위원회는 위원장 1명을 포함한 **10명 이내의 외부위원**으로 구성하고, 위원은 각 고등검찰청 검사장이 위촉한다.

④ 사법경찰관은 심의위원회에 **출석하여 의견을 개진**할 수 있다.

⑤ 심의위원회의 구성 및 운영 등 그 밖에 필요한 사항은 법무부령으로 정한다.

.

**제238조(고소, 고발과 사법경찰관의 조치)** 사법경찰관이 고소 또는 고발을 받은 때에는 신속히 조사하여 관계서류와 증거물을 검사에게 **송부**하여야 한다.

.

**제245조의2(전문수사자문위원의 참여)** ① 검사는 공소제기 여부와 관련된 사실관계를 분명하게 하기 위하여 필요한 경우에는 **직권**이나 피의자 또는 변호인의 **신청**에 의하여 전문수사자문위원을 지정하여 수사절차에 **참여**하게 하고 **자문**을 들을 수 있다.

② 전문수사자문위원은 전문적인 지식에 의한 설명 또는 의견을 기재한 서면을 제출하거나 전문적인 지식에 의하여 설명이나 의견을 진술할 수 있다.

③ 검사는 제2항에 따라 전문수사자문위원이 제출한 서면이나 전문수사자문위원의 설명 또는 의견의 진술에 관하여 피의자 또는 변호인에게 구술 또는 서면에 의한 **의견진술의 기회**를 주어야 한다.

**제245조의3(전문수사자문위원 지정 등)** ① 제245조의2제1항에 따라 전문수사자문위원을 수사절차에 참여시키는 경우 검사는 **각 사건마다 1인 이상**의 전문수사자문위원을 지정한다.

---

6) 「수사준칙」 제48조~제50조 참조.

② 검사는 상당하다고 인정하는 때에는 전문수사자문위원의 지정을 **취소할 수 있다.**

③ 피의자 또는 변호인은 검사의 전문수사자문위원 지정에 대하여 **관할 고등검찰청검사장에게 이의를 제기할 수** 있다.

④ 전문수사자문위원에게는 수당을 지급하고, 필요한 경우에는 그 밖의 여비, 일당 및 숙박료를 지급할 수 있다.

⑤ 전문수사자문위원의 지정 및 지정취소, 이의제기 절차 및 방법, 수당지급, 그 밖에 필요한 사항은 법무부령으로 정한다.

**제245조의4(준용규정)** 제279조의7 및 제279조의8은 검사의 전문수사자문위원에게 준용한다.

**제245조의5(사법경찰관의 사건송치 등)** 사법경찰관은 고소·고발 사건을 포함하여 범죄를 수사한 때에는 다음 각 호의 구분에 따른다.

1. 범죄의 혐의가 있다고 인정되는 경우에는 지체 없이 검사에게 사건을 송치하고, 관계 서류와 증거물을 검사에게 송부하여야 한다.

2. **그 밖의 경우**에는 그 이유를 명시한 서면과 함께 **관계 서류와 증거물**을 지체 없이 검사에게 송부하여야 한다. 이 경우 검사는 송부받은 날부터 **90일 이내**에 사법경찰관에게 반환하여야 한다.

**제245조의6(고소인 등에 대한 송부통지)** 사법경찰관은 제245조의5제2호의 경우에는 그 송부한 날부터 **7일 이내**에 서면으로 고소인·고발인·피해자 또는 그 법정대리인(피해자가 사망한 경우에는 그 배우자·직계친족·형제자매를 포함한다)에게 사건을 검사에게 송치하지 아니하는 취지와 그 이유를 통지하여야 한다.

**제245조의7(고소인 등의 이의신청)** ① 제245조의6의 통지를 받은 **사람(고발인을 제외한다)**은 해당 사법경찰관의 **소속 관서의 장에게** 이의를 신청할 수 있다. 〈개정 2022. 5. 9.〉

② 사법경찰관은 제1항의 신청이 있는 때에는 지체 없이 검사에게 사건을 **송치**하고 관계 서류와 증거물을 송부하여야 하며, 처리결과와 그 이유를 제1항의 신청인에게 통지하여야 한다.

**제245조의8(재수사요청 등)** ① 검사는 제245조의5제2호의 경우에 사법경찰관이 사건을 송치하지 아니한 것이 **위법 또는 부당**한 때에는 그 이유를 문서로 명시하여 사법경찰관에게 **재수사를 요청할 수 있다.**

② 사법경찰관은 제1항의 요청이 있는 때에는 사건을 **재수사하여야 한다.**

**제245조의9(검찰청 직원)** ① 검찰청 직원으로서 사법경찰관리의 직무를 행하는 자와 그 직무의 범위는 법률로 정한다.

② 사법경찰관의 직무를 행하는 검찰청 직원은 검사의 지휘를 받아 수사하여야 한다.

③ 사법경찰리의 직무를 행하는 검찰청 직원은 검사 또는 사법경찰관의 직무를 행하는 검찰청 직원의 수사를 보조하여야 한다.

④ 사법경찰관리의 직무를 행하는 검찰청 직원에 대하여는 제197조의2부터 제197조의4까지, 제221조의5, 제245조의5부터 제245조의8까지의 규정을 적용하지 아니한다.

**제245조의10(특별사법경찰관리)** ① 삼림, 해사, 전매, 세무, 군수사기관, 그 밖에 특별한 사항에 관하여 사법경찰관리의 직무를 행할 특별사법경찰관리와 그 직무의 범위는 **법률로** 정한다.[7]

② 특별사법경찰관은 **모든 수사에 관하여 검사의 지휘를 받는다.**

③ 특별사법경찰관은 범죄의 혐의가 있다고 인식하는 때에는 범인, 범죄사실과 증거에 관하여 수사를 개시·진행하여야 한다.

④ 특별사법경찰관리는 검사의 지휘가 있는 때에는 이에 따라야 한다. 검사의 지휘에 관한 구체적 사항은 법무부령으로 정한다.

⑤ 특별사법경찰관은 범죄를 수사한 때에는 지체 없이 검사에게 사건을 송치하고, 관계 서류와 증거물을 송부하여야 한다.

⑥ 특별사법경찰관리에 대하여는 제197조의2부터 제197조의4까지, 제221조의5, 제245조의5부터 제245조의8까지의 규정을 적용하지 아니한다.

## 제2장 공소

**제246조(국가소추주의)** 공소는 검사가 제기하여 수행한다.

**제247조(기소편의주의)** 검사는「형법」제51조의 사항을 참작하여 공소를 제기하지 아니할 수 있다.

---

7) 여기서 '법률'은 '사법경찰관의 직무를 수행할 자와 그 직무범위에 관한 법률'을 말한다.

## 국가경찰과 자치경찰의 조직 및 운영에 관한 법률
### (약칭: 경찰법)

[시행 2023. 2. 16.] [법률 제19023호, 2022. 11. 15., 일부개정]

**제16조(국가수사본부장)**  ① 경찰청에 국가수사본부를 두며, 국가수사본부장은 치안정감으로 보한다.

② 국가수사본부장은 「형사소송법」에 따른 경찰의 수사에 관하여 각 시·도경찰청장과 경찰서장 및 수사부서 소속 공무원을 지휘·감독한다.

③ 국가수사본부장의 임기는 2년으로 하며, 중임할 수 없다.

④ 국가수사본부장은 임기가 끝나면 당연히 퇴직한다.

⑤ 이하 생략.

## 검찰청법

[시행 2022. 9. 10.] [법률 제18861호, 2022. 5. 9., 일부개정]

### 제1장 총칙

**제4조(검사의 직무)** ① 검사는 공익의 대표자로서 다음 각 호의 직무와 권한이 있다.

1. 범죄수사, 공소의 제기 및 그 유지에 필요한 사항. 다만, 검사가 수사를 개시할 수 있는 범죄의 범위는 다음 각 목과 같다.

가. **부패범죄, 경제범죄 등 대통령령으로 정하는 중요 범죄**

나. **경찰공무원**(다른 법률에 따라 사법경찰관리의 직무를 행하는 자를 포함한다) 및 **고위공직자범죄수사처 소속 공무원**(「고위공직자범죄수사처 설치 및 운영에 관한 법률」에 따른 파견공무원을 포함한다)이 범한 범죄

다. 가목·나목의 범죄 및 **사법경찰관이 송치한 범죄**와 관련하여 인지한 각 해당 범죄와 **직접 관련성**이 있는 범죄

2. 범죄수사에 관한 특별사법경찰관리 지휘·감독

3. 법원에 대한 법령의 정당한 적용 청구

4. 재판 집행 지휘·감독

5. 국가를 당사자 또는 참가인으로 하는 소송과 행정소송 수행 또는 그 수행에 관한 지휘·감독

6. 다른 법령에 따라 그 권한에 속하는 사항

② **검사는 자신이 수사개시한 범죄에 대하여는 공소를 제기할 수 없다.** 다만, 사법경찰관이 송치한 범죄에 대하여는 그러하지 아니하다.

③ 검사는 그 직무를 수행할 때 국민 전체에 대한 봉사자로서 헌법과 법률에 따라 국민의 인권을 보호하고 적법절차를 준수하며, 정치적 중립을 지켜야 하고 주어진 권한을 남용하여서는 아니 된다.

**제5조(검사의 직무관할)** 검사는 법령에 특별한 규정이 있는 경우를 제외하고는 소속 검찰청의 관할구역에서 직무를 수행한다. 다만, 수사에 필요할 때에는 관할구역이 아닌 곳에서 직무를 수행할 수 있다.

**제6조(검사의 직급)** 검사의 직급은 검찰총장과 검사로 구분한다.

**제7조(검찰사무에 관한 지휘·감독)** ① 검사는 검찰사무에 관하여 소속 상급자의 지휘·감독에 따른다.

② 검사는 구체적 사건과 관련된 제1항의 지휘·감독의 적법성 또는 정당성에 대하여 이견이 있을 때에는 **이의를 제기**할 수 있다.

**제7조의2(검사 직무의 위임·이전 및 승계)** ① **검찰총장**, 각급 검찰청의 **검사장** 및 **지청장**은 소속 검사로 하여금 그 권한에 속하는 직무의 일부를 처리하게 할 수 있다.

② 검찰총장, 각급 검찰청의 검사장 및 지청장은 소속 검사의 직무를 자신이 처리하거나 다른 검사로 하여금 처리하게 할 수 있다.

**제8조(법무부장관의 지휘·감독)** 법무부장관은 검찰사무의 최고 감독자로서 일반적으로 검사를 지휘·감독하고, **구체적 사건**에 대하여는 **검찰총장만을** 지휘·감독한다.

### 제6장 검찰청 직원

**제45조(검찰청 직원)**[8] 검찰청에는 고위공무원단에 속하는 일반직공무원, 검찰부이사관, 검찰수사기관, 검찰사무관, 수사사무관, 마약수사사무관, 검찰주사, 마약수사주사, 검찰주사보, 마약수사주사보, 검찰서기, 마약수사서기, 검찰서기보, 마약수사서기보 및 별정직공무원을 둔다.

**제46조(검찰수사서기관 등의 직무)** ① 검찰수사서기관, 검찰사무관, 검찰주사, 마약수사주사, 검찰주사보, 마약수사주사보, 검찰서기 및 마약수사서기는 다음 각 호의 사무에 종사한다.

1. 검사의 명을 받은 수사에 관한 사무

2. 형사기록의 작성과 보존

3. 국가를 당사자 또는 참가인으로 하는 소송과 행정소송의 수행자로 지정을 받은 검사의 소송 업무 보좌 및 이에 관한 기록, 그 밖의 서류의 작성과 보존에 관한 사무

4. 그 밖에 검찰행정에 관한 사무

---

8) 검찰청 직원인 사법경찰관리는 ㉠ 검사의 수사 지휘를 받는 점과 ㉡ 수사종결권이 없다는 점에서 일반 경찰공무원인 사법경찰관리와는 구별된다.

② 검찰수사서기관, 수사사무관 및 마약수사사무관은 **검사를 보좌**하며 「형사소송법」 제245조의9제2항에 따른 사법경찰관으로서 **검사의 지휘를 받아** 범죄수사를 한다.

③ 검찰서기, 마약수사서기, 검찰서기보 및 마약수사서기보는 검찰수사서기관, 검찰사무관, 수사사무관, 마약수사사무관, 검찰주사, 마약수사주사, 검찰주사보 또는 마약수사주사보를 보좌한다.

④ 검찰수사서기관, 검찰사무관, 검찰주사, 마약수사주사, 검찰주사보, 마약수사주사보, 검찰서기 및 마약수사서기는 수사에 관한 조서 작성에 관하여 검사의 의견이 자기의 의견과 다른 경우에는 조서의 끝 부분에 그 취지를 적을 수 있다.

**제47조(사법경찰관리로서의 직무수행)** ① 검찰주사, 마약수사주사, 검찰주사보, 마약수사주사보, 검찰서기, 마약수사서기, 검찰서기보 또는 마약수사서기보로서 검찰총장 또는 각급 검찰청 검사장의 지명을 받은 사람은 소속 검찰청 또는 지청에서 접수한 사건에 관하여 다음 각 호의 구분에 따른 직무를 수행한다.

1. 검찰주사, 마약수사주사, 검찰주사보 및 마약수사주사보: 「형사소송법」 제245조의9제2항에 따른 사법경찰관의 직무

2. 검찰서기, 마약수사서기, 검찰서기보 및 마약수사서기보: 「형사소송법」 제245조의9제3항에 따른 사법경찰리의 직무

② 별정직공무원으로서 검찰총장 또는 각급 검찰청 검사장의 지명을 받은 공무원은 다음 각 호의 구분에 따른 직무를 수행한다.

1. 5급 상당부터 7급 상당까지의 공무원: 「형사소송법」 제245조의9제2항에 따른 사법경찰관의 직무

2. 8급 상당 및 9급 상당 공무원: 「형사소송법」 제245조의9제3항에 따른 사법경찰리의 직무

.

## 제7장 사법경찰관리의 지휘·감독

**제54조(교체임용의 요구)** ① **서장이 아닌 경정 이하**의 사법경찰관리가 직무 집행과 관련하여 부당한 행위를 하는 경우 **지방검찰청 검사장**은 해당 사건의 수사 중지를 명하고, 임용권자에게 그 사법경찰관리의 교체임용을 요구할 수 있다.

② 제1항의 요구를 받은 임용권자는 정당한 사유가 없으면 **교체임용을 하여야 한다.**

# 고위공직자범죄수사처 설치 및 운영에 관한 법률
## (약칭: 공수처법)

[시행 2022. 9. 10.] [법률 제18861호, 2022. 5. 9., 타법개정]

## 제4장 수사와 공소의 제기 및 유지

**제23조(수사처검사의 수사)** 수사처검사는 고위공직자범죄의 혐의가 있다고 사료하는 때에는 범인. 범죄사실과 증거를 **수사하여야 한다**

**제24조(다른 수사기관과의 관계)** ① 수사처의 범죄수사와 중복되는 다른 수사기관의 범죄수사에 대하여 처장이 수사의 진행 정도 및 공정성 논란 등에 비추어 수사처에서 수사하는 것이 적절하다고 판단하여 이첩을 요청하는 경우 해당 수사기관은 이에 응하여야 한다.

② 다른 수사기관이 범죄를 수사하는 과정에서 고위공직자범죄 등을 인지한 경우 그 사실을 **즉시 수사처에 통보하여야 한다.**

③ 처장은 피의자, 피해자, 사건의 내용과 규모 등에 비추어 다른 수사기관이 고위공직자범죄 등을 수사하는 것이 적절하다고 판단될 때에는 해당 수사기관에 사건을 **이첩할 수 있다.**

④ 제2항에 따라 고위공직자범죄등 사실의 통보를 받은 처장은 통보를 한 다른 수사기관의 장에게 수사처규칙으로 정한 기간과 방법으로 수사개시 여부를 회신하여야 한다.

**제25조(수사처검사 및 검사 범죄에 대한 수사)** ① 처장은 수사처검사의 범죄 혐의를 발견한 경우에 관련 자료와 함께 이를 **대검찰청에 통보**하여야 한다.

② 수사처 외의 다른 수사기관이 검사의 고위공직자범죄 혐의를 발견한 경우 그 수사기관의 장은 사건을 수사처에 이첩하여야 한다.

**제26조(수사처검사의 관계 서류와 증거물 송부 등)** ① 수사처검사는 제3조제1항제2호에서 정하는 사건을 제외한 고위공직자범죄등에 관한 수사를 한 때에는 관계 서류와 증거물을 지체 없이 **서울중앙지방검찰청 소속 검사에게 송부하여야** 한다.

② 제1항에 따라 관계 서류와 증거물을 송부받아 사건을 처리하는 검사는 처장에게 해당 사건의 공소제기 여부를 신속하게 통보하여야 한다.

**제27조(관련인지 사건의 이첩)** 처장은 고위공직자범죄에 대하여 **불기소 결정**을 하는 때에는 해당 범죄의 수사과정에서 알게 된 관련범죄 사건을 **대검찰청에 이첩**하여야 한다.

# 검사와 사법경찰관의 상호협력과 일반적 수사준칙에 관한 규정

[시행 2023. 11. 1.] [대통령령 제33808호, 2023. 10. 17., 일부개정]

## 제1장 총칙
## 제2장 협력

**제6조(상호협력의 원칙)** ① 검사와 사법경찰관은 상호 존중해야 하며, 수사, 공소제기 및 공소유지와 관련하여 **협력해야** 한다.

② 검사와 사법경찰관은 수사와 공소제기 및 공소유지를 위해 필요한 경우 **수사·기소·재판 관련 자료를 서로 요청할 수 있다.**

③ 검사와 사법경찰관의 협의는 신속히 이루어져야 하며, 협의의 지연 등으로 수사 또는 관련 절차가 지연되어서는 안 된다.

**제7조(중요사건 협력절차)** ① 검사와 사법경찰관은 다음 각 호의 어느 하나에 해당하는 사건(이하 "중요사건"이라 한다)의 경우에는 송치 전에 수사할 사항, 증거 수집의 대상, 법령의 적용, 범죄수익 환수를 위한 조치 등에 관하여 상호 의견을 제시·교환할 것을 요청할 수 있다. 이 경우 검사와 사법경찰관은 특별한 사정이 없으면 **상대방의 요청에 응해야 한다.**

1. **공소시효가 임박**한 사건

2. 내란, 외환, 대공(對共), 선거(정당 및 정치자금 관련 범죄를 포함한다), 노동, 집단행동, 테러, 대형참사 또는 연쇄살인 관련 사건

3. 범죄를 목적으로 하는 단체 또는 집단의 조직·구성·가입·활동 등과 관련된 사건

4. 주한 미합중국 군대의 구성원·외국인군무원 및 그 가족이나 초청계약자의 범죄 관련 사건

5. 그 밖에 많은 피해자가 발생하거나 국가적·사회적 피해가 큰 중요한 사건

② 제1항에도 불구하고 검사와 사법경찰관은 다음 각 호의 어느 하나에 따른 공소시효가 적용되는 사건에 대해서는 **공소시효 만료일 3개월 전까지** 제1항 각 호 외의 부분 전단에 규정된 사항 등에 관하여 상호 의견을 제시·교환해야 한다. 다만, 공소시효 만료일 전 3개월 이내에 수사를 개시한 때에는 **지체 없이 상호 의견을 제시·교환해야** 한다.

1. 「공직선거법」 제268조

2. 「공공단체등 위탁선거에 관한 법률」 제71조

3. 「농업협동조합법」 제172조제4항

4. 「수산업협동조합법」 제178조제5항

5. 「산림조합법」 제132조제4항

6. 「소비자생활협동조합법」 제86조제4항

7. 「염업조합법」 제59조제4항

8. 「엽연초생산협동조합법」 제42조제5항

9. 「중소기업협동조합법」 제137조제3항

10. 「새마을금고법」 제85조제6항

11. 「교육공무원법」 제62조제5항

[전문개정 2023. 10. 17.]

**제8조(검사와 사법경찰관의 협의)** ① 검사와 사법경찰관은 수사와 사건의 송치, 송부 등에 관한 이견의 조정이나 협력 등이 필요한 경우 서로 협의를 요청할 수 있다. 다만, 다음 각 호의 어느 하나에 해당하는 경우에는 상대방의 협의 요청에 응해야 한다.

1. **중요사건**에 관하여 상호 의견을 제시·교환하는 것에 대해 이견이 있거나, 제시·교환한 의견의 내용에 대해 이견이 있는 경우

2. 「형사소송법」(이하 "법"이라 한다) 제197조의2제2항 및 제3항에 따른 **정당한 이유의 유무**에 대해 이견이 있는 경우

3. 법 제197조의3제4항 및 제5항에 따른 **정당한 이유의 유무**에 대해 이견이 있는 경우

4. 법 제197조의4제2항 단서에 따라 사법경찰관이 계속 수사할 수 있는지 여부나 사법경찰관이 계속 수사할 수 있는 경우 수사를 계속할 주체 또는 사건의 이송 여부 등에 대해 이견이 있는 경우

5. 법 제222조에 따라 **변사자 검시**를 하는 경우에 수사의 착수 여부나 수사할 사항 등에 대해 이견의 조정이나 협의가 필요한 경우

6. 법 제245조의8제2항에 따른 **재수사**의 결과에 대해 이견이 있는 경우

7. 법 제316조제1항에 따라 **사법경찰관이 조사자**로서 공판준비 또는 공판기일에서 진술하게 된 경우

② 제1항제1호, 제2호, 제4호 또는 제6호의 경우 해당 검사와 사법경찰관의 **협의에도 불구하고 이견이 해소되지 않는 경우**에는 해당 검사가 소속된 검찰청의 장과 해당 사법경찰관이 소속된 경찰관서(지방해양경찰관서를 포함한다. 이하 같다)의 장의 협의에 따른다.

**제9조(수사기관협의회)** ① **대검찰청, 경찰청 및 해양경찰청** 간에 수사에 관한 제도 개선 방안 등을 논의하고, 수사기관 간 협조가 필요한 사항에 대해 서로 의견을 협의·조정하기 위해 **수사기관협의회를 둔다.**

② 수사기관협의회는 다음 각 호의 사항에 대해 협의·조정한다.

1. 국민의 인권보호, 수사의 신속성·효율성 등을 위한 제도 개선 및 정책 제안

2. 국가적 재난 상황 등 관련 기관 간 긴밀한 협조가 필요한 업무를 공동으로 수행하기 위해 필요한 사항

3. 그 밖에 제1항의 어느 한 기관이 수사기관협의회의 협의 또는 조정이 필요하다고 요구한 사항

③ 수사기관협의회는 **반기마다 정기적으로 개최**하되, 제1항의 **어느 한 기관이 요청하면 수시로 개최**할 수 있다.

④ 제1항의 각 기관은 수사기관협의회에서 협의·조정된 사항의 세부 추진계획을 수립·시행해야 한다.

⑤ 제1항부터 제4항까지의 규정에서 정한 사항 외에 수사기관협의회의 운영 등에 필요한 사항은 수사기관협의회에서 정한다.

## 제3장 수사
### 제5절 시정조치요구

**제45조(시정조치 요구의 방법 및 절차 등)** ① 검사는 법 제197조의3제1항에 따라 사법경찰관에게 **사건기록 등본의 송부**를 요구할 때에는 그 내용과 이유를 구체적으로 적은 **서면으로** 해야 한다.

② 사법경찰관은 제1항에 따른 요구를 받은 날부터 **7일 이내**에 사건기록 등본을 검사에게 송부해야 한다.

③ 검사는 제2항에 따라 사건기록 등본을 **송부받은 날부터 30일**(사안의 경중 등을 고려하여 **10일의 범위에서 한 차례 연장할 수 있다**) 이내에 법 제197조의3제3항에 따른 시정조치 요구 여부를 결정하여 사법경찰관에게 통보해야 한다. 이 경우 **시정조치 요구의 통보**는 그 내용과 이유를 구체적으로 적은 **서면으로** 해야 한다.

④ 사법경찰관은 제3항에 따라 시정조치 요구를 통보받은 경우 **정당한 이유**가 있는 경우를 제외하고는 **지체 없이 시정조치를 이행**하고, 그 이행 결과를 서면에 구체적으로 적어 검사에게 통보해야 한다.

⑤ 검사는 법 제197조의3제5항에 따라 사법경찰관에게 **사건송치를 요구**하는 경우에는 그 내용과 이유를 구체적으로 적은 **서면으로** 해야 한다.

⑥ 사법경찰관은 제5항에 따라 서면으로 사건송치를 요구받은 날부터 **7일 이내에 사건을 검사에게 송치해야 한다.** 이 경우 **관계 서류와 증거물을 함께 송부**해야 한다.

⑦ 제5항 및 제6항에도 불구하고 검사는 **공소시효 만료일의 임박 등 특별한 사유**가 있을 때에는 제5항에 따른 서면에 그 사유를 명시하고 **별도의 송치기한을 정하여** 사법경찰관에게 통지할 수 있다. 이 경우 사법경찰관은 정당한 이유가 있는 경우를 제외하고는 통지받은 송치기한까지 사건을 검사에게 송치해야 한다.

**제46조(징계요구의 방법 등)** ① 검찰총장 또는 각급 검찰청 검사장은 법 제197조의3제7항에 따라 사법경찰관리의 징계를 요구할 때에는 서면에 그 사유를 구체적으로 적고 이를 증명할 수 있는 관계 자료를 첨부하여 해당 사법경찰관리가 소속된 경찰관서의 장(이하 "경찰관서장"이라 한다)에게 통보해야 한다.

② 경찰관서장은 제1항에 따른 징계요구에 대한 처리 결과와 그 이유를 징계를 요구한 검찰총장 또는 각급 검찰청 검사장에게 통보해야 한다.

**제47조(구제신청 고지의 확인)** 사법경찰관은 법 제197조의3제8항에 따라 검사에게 구제를 신청할 수 있음을 피의자에게 알려준 경우에는 피의자로부터 **고지 확인서**를 받아 사건기록에 **편철**한다. 다만, 피의자가 고지 확인서에 기명날인 또는 서명하는 것을 거부하는 경우에는 사법경찰관이 고지 확인서 끝부분에 그 사유를 적고 기명날인 또는 서명해야 한다.

### 제6절 수사의 경합

**제48조(동일한 범죄사실 여부의 판단 등)** ① 검사와 사법경찰관은 법 제197조의4에 따른 수사의 경합과 관련하여 동일한 범죄사실 여부나 영장(「통신비밀보호법」 제6조 및 제8조에 따른 통신제한조치허가서 및 같은 법 제13조에 따른 통신사실 확인자료제공 요청 허가서를 포함한다. 이하 이 조에서 같다) 청구·신청의 시간적 선후관계 등을 판단하기 위해 필요한 경우에는 그 필요한 범위에서 사건기록의 상호 열람을 요청할 수 있다.

② 제1항에 따른 영장 청구·신청의 시간적 선후관계는 **검사의 영장청구서와 사법경찰관의 영장신청서가** 각각 법원과 검찰청에 '**접수된 시점**'을 기준으로 판단한다.

③ 검사는 제2항에 따른 사법경찰관의 영장신청서의 접수를 거부하거나 지연해서는 안 된다.

**제49조(수사경합에 따른 사건송치)** ① 검사는 법 제197조의4제1항에 따라 사법경찰관에게 사건송치를 요구할 때에는 그 내용과 이유를 구체적으로 적은 서면으로 해야 한다.

② 사법경찰관은 제1항에 따른 요구를 받은 날부터 **7일 이내**에 사건을 검사에게 **송치해야** 한다. 이 경우 관계 서류와 증거물을 함께 송부해야 한다.

**제50조(중복수사의 방지)** 검사는 법 제197조의4제2항 단서에 따라 사법경찰관이 범죄사실을 계속 수사할 수 있게 된 경우에는 정당한 사유가 있는 경우를 제외하고는 그와 동일한 범죄사실에 대한 사건을 이송하는 등 중복수사를 피하기 위해 노력해야 한다.

# 제4장 사건송치와 수사종결

## 제2절 사건송치와 보완수사요구

**제58조(사법경찰관의 사건송치)** ① 사법경찰관은 관계 법령에 따라 검사에게 사건을 송치할 때에는 송치의 이유와 범위를 적은 송치 결정서와 압수물 총목록, 기록목록, 범죄경력 조회 회보서, 수사경력 조회 회보서 등 관계 서류와 증거물을 함께 송부해야 한다.

② 사법경찰관은 피의자 또는 참고인에 대한 조사과정을 영상녹화한 경우에는 해당 영상녹화물을 봉인한 후 검사에게 사건을 송치할 때 봉인된 영상녹화물의 종류와 개수를 표시하여 사건기록과 함께 송부해야 한다.

③ 사법경찰관은 사건을 송치한 후에 새로운 증거물, 서류 및 그 밖의 자료를 추가로 송부할 때에는 이전에 송치한 사건명, 송치 연월일, 피의자의 성명과 추가로 송부하는 서류 및 증거물 등을 적은 **추가송부서를 첨부**해야 한다.

**제59조(보완수사요구의 대상과 범위)** ① 검사는 법 제245조의5제1호에 따라 사법경찰관으로부터 송치받은 사건에 대해 보완수사가 필요하다고 인정하는 경우에는 특별히 직접 보완수사를 할 필요가 있다고 인정되는 경우를 제외하고는 사법경찰관에게 보완수사를 요구하는 것을 원칙으로 한다.

② 검사는 법 제197조의2제1항제1호에 따라 사법경찰관에게 송치사건 및 관련사건(법 제11조에 따른 관련사건 및 법 제208조제2항에 따라 간주되는 동일한 범죄사실에 관한 사건을 말한다. 다만, 법 제11조제1호의 경우에는 수사기록에 명백히 현출(現出)되어 있는 사건으로 한정한다)에 대해 다음 각 호의 사항에 관한 보완수사를 요구할 수 있다.

1. 범인에 관한 사항
2. 증거 또는 범죄사실 증명에 관한 사항
3. 소송조건 또는 처벌조건에 관한 사항
4. 양형 자료에 관한 사항
5. 죄명 및 범죄사실의 구성에 관한 사항
6. 그 밖에 송치받은 사건의 공소제기 여부를 결정하는 데 필요하거나 공소유지와 관련해 필요한 사항

③ 검사는 사법경찰관이 신청한 영장(「통신비밀보호법」 제6조 및 제8조에 따른 통신제한조치허가서 및 같은 법 제13조에 따른 통신사실 확인자료 제공 요청 허가서를 포함한다. 이하 이 항에서 같다)의 청구 여부를 결정하기 위해 필요한 경우 법 제197조의2제1항제2호에 따라 사법경찰관에게 보완수사를 요구할 수 있다. 이 경우 보완수사를 요구할 수 있는 범위는 다음 각 호와 같다.

1. 범인에 관한 사항

2. 증거 또는 범죄사실 소명에 관한 사항
3. 소송조건 또는 처벌조건에 관한 사항
4. 해당 영장이 필요한 사유에 관한 사항
5. 죄명 및 범죄사실의 구성에 관한 사항
6. 법 제11조(법 제11조제1호의 경우는 수사기록에 명백히 현출되어 있는 사건으로 한정한다)와 관련된 사항
7. 그 밖에 사법경찰관이 신청한 영장의 청구 여부를 결정하기 위해 필요한 사항

**제60조(보완수사요구의 방법과 절차)** ① 검사는 법 제197조의2제1항에 따라 보완수사를 요구할 때에는 그 이유와 내용 등을 구체적으로 적은 서면과 관계 서류 및 증거물을 사법경찰관에게 함께 송부해야 한다. 다만, 보완수사 대상의 성질, 사안의 긴급성 등을 고려하여 관계 서류와 증거물을 송부할 필요가 없거나 송부하는 것이 적절하지 않다고 판단하는 경우에는 해당 관계 서류와 증거물을 송부하지 않을 수 있다.

② 보완수사를 요구받은 사법경찰관은 제1항 단서에 따라 송부받지 못한 관계 서류와 증거물이 보완수사를 위해 필요하다고 판단하면 해당 서류와 증거물을 대출하거나 그 전부 또는 일부를 등사할 수 있다.

③ 사법경찰관은 법 제197조의2제2항에 따라 보완수사를 이행한 경우에는 그 이행 결과를 검사에게 서면으로 통보해야 하며, 제1항 본문에 따라 관계 서류와 증거물을 송부받은 경우에는 그 서류와 증거물을 함께 반환해야 한다. 다만, 관계 서류와 증거물을 반환할 필요가 없는 경우에는 보완수사의 이행 결과만을 검사에게 통보할 수 있다.

④ 사법경찰관은 법 제197조의2제1항제1호에 따라 보완수사를 이행한 결과 법 제245조의5제1호에 해당하지 않는다고 판단한 경우에는 제51조제1항제3호에 따라 사건을 **불송치**하거나 같은 항 제4호에 따라 **수사중지**할 수 있다.

**제61조(직무배제 또는 징계 요구의 방법과 절차)** ① 검찰총장 또는 각급 검찰청 검사장은 법 제197조의2제3항에 따라 사법경찰관의 직무배제 또는 징계를 요구할 때에는 그 이유를 구체적으로 적은 서면에 이를 증명할 수 있는 관계 자료를 첨부하여 해당 사법경찰관이 소속된 경찰관서장에게 통보해야 한다.

② 제1항의 직무배제 요구를 통보받은 경찰관서장은 정당한 이유가 있는 경우를 제외하고는 그 요구를 받은 날부터 20일 이내에 해당 사법경찰관을 직무에서 배제해야 한다.

③ 경찰관서장은 제1항에 따른 요구의 처리 결과와 그 이유를 직무배제 또는 징계를 요구한 검찰총장 또는 각급 검찰청 검사장에게 통보해야 한다.

## 제3절 사건불송치와 재수사요청

**제62조(사법경찰관의 사건불송치)** ① 사법경찰관은 법 제245조의5제2호 및 이 영 제51조제1항제3호에 따라 불송치 결정을 하는 경우 불송치의 이유를 적은 불송치 결정서와 함께 압수물 총목록, 기록목록 등 관계 서류와 증거물을 검사에게 송부해야 한다.

② 제1항의 경우 영상녹화물의 송부 및 새로운 증거물 등의 추가 송부에 관하여는 제58조제2항 및 제3항을 준용한다.

**제63조(재수사요청의 절차 등)** ① 검사는 법 제245조의8에 따라 사법경찰관에게 재수사를 요청하려는 경우에는 법 제245조의5제2호에 따라 관계 서류와 증거물을 송부받은 날부터 **90일 이내**에 해야 한다. 다만, 다음 각 호의 어느 하나에 해당하는 경우에는 관계 서류와 증거물을 송부받은 날부터 90일이 지난 후에도 재수사를 요청할 수 있다.

1. 불송치 결정에 영향을 줄 수 있는 명백히 새로운 증거 또는 사실이 발견된 경우

2. 증거 등의 허위, 위조 또는 변조를 인정할 만한 상당한 정황이 있는 경우

② 검사는 제1항에 따라 재수사를 요청할 때에는 그 내용과 이유를 구체적으로 적은 서면으로 해야 한다. 이 경우 법 제245조의5제2호에 따라 송부받은 관계 서류와 증거물을 사법경찰관에게 반환해야 한다.

③ 검사는 법 제245조의8에 따라 재수사를 요청한 경우 그 사실을 고소인등에게 통지해야 한다.

**제64조(재수사 결과의 처리)** ① 사법경찰관은 법 제245조의8제2항에 따라 재수사를 한 경우 다음 각 호의 구분에 따라 처리한다.

1. 범죄의 혐의가 있다고 인정되는 경우: 법 제245조의5제1호에 따라 검사에게 사건을 송치하고 관계 서류와 증거물을 송부

2. 기존의 불송치 결정을 유지하는 경우: 재수사 결과서에 그 내용과 이유를 구체적으로 적어 검사에게 통보

② 검사는 사법경찰관이 제1항제2호에 따라 재수사 결과를 통보한 사건에 대해서 **다시 재수사를 요청을 하거나 송치 요구를 할 수 없다.** 다만, 사법경찰관의 재수사에도 불구하고 관련 법리에 위반되거나 송부받은 관계 서류 및 증거물과 재수사결과만으로도 공소제기를 할 수 있을 정도로 명백히 채증법칙에 위반되거나 공소시효 또는 형사소추의 요건을 판단하는 데 오류가 있어 사건을 송치하지 않은 위법 또는 부당이 시정되지 않은 경우에는 재수사 결과를 통보받은 날부터 **30일 이내**에 법 제197조의3에 따라 사건송치를 요구할 수 있다.

**제65조(재수사 중의 이의신청)** 사법경찰관은 법 제245조의8제2항에 따라 재수사 중인 사건에 대해 법 제245조의7제1항에 따른 이의신청이 있는 경우에는 재수사를 중단해야 하며, 같은 조 제2항에 따라 해당 사건을 지체 없이 **검사에게 송치**하고 관계 서류와 증거물을 송부해야 한다.

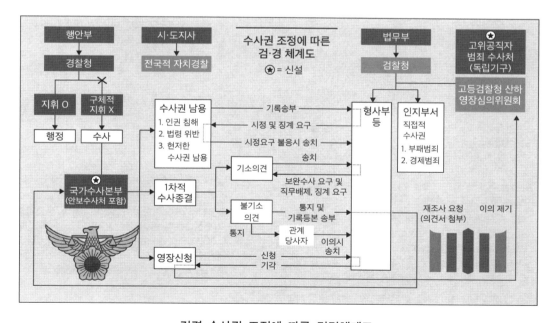

**검경 수사권 조정에 따른 검경체계도**

# 부록 2 통신비밀보호법(법률)

## 통신비밀보법

[시행 2024. 7. 24.] [법률 제20072호, 2024. 1. 23., 일부개정]

**제1조(목적)** 이 법은 통신 및 대화의 비밀과 자유에 대한 제한은 그 대상을 한정하고 엄격한 법적 절차를 거치도록 함으로써 통신비밀을 보호하고 통신의 자유를 신장함을 목적으로 한다.

**제2조(정의)** 이 법에서 사용하는 용어의 정의는 다음과 같다.

1. **"통신"**이라 함은 우편물 및 전기통신을 말한다.

2. "우편물"이라 함은 우편법에 의한 통상우편물과 소포우편물을 말한다.

3. **"전기통신"**이라 함은 전화·전자우편·회원제정보서비스·모사전송·무선호출 등과 같이 유선·무선·광선 및 기타의 전자적 방식에 의하여 모든 종류의 음향·문언·부호 또는 영상을 송신하거나 수신하는 것을 말한다.

4. **"당사자"**라 함은 우편물의 발송인과 수취인, 전기통신의 송신인과 수신인을 말한다.

5. "내국인"이라 함은 대한민국의 통치권이 사실상 행사되고 있는 지역에 주소 또는 거소를 두고 있는 대한민국 국민을 말한다.

6. "검열"이라 함은 우편물에 대하여 당사자의 동의없이 이를 개봉하거나 기타의 방법으로 그 내용을 지득 또는 채록하거나 유치하는 것을 말한다.

7. **"감청"이라 함은** 전기통신에 대하여 당사자의 동의없이 전자장치·기계장치등을 사용하여 통신의 음향·문언·부호·영상을 청취·공독하여 그 내용을 **지득** 또는 **채록**하거나 전기통신의 송·수신을 **방해**하는 것을 말한다.

8. "감청설비"라 함은 대화 또는 전기통신의 감청에 사용될 수 있는 전자장치·기계장치 기타 설비를 말한다. 다만, 전기통신 기기·기구 또는 그 부품으로서 일반적으로 사용되는 것 및 청각교정을 위한 보청기 또는 이와 유사한 용도로 일반적으로 사용되는 것중에서, 대통령령이 정하는 것은 제외한다.

8의2. "불법감청설비탐지"라 함은 이 법의 규정에 의하지 아니하고 행하는 감청 또는 대화의 청취에 사용되는 설비를 탐지하는 것을 말한다.

9. "전자우편"이라 함은 컴퓨터 통신망을 통해서 메시지를 전송하는 것 또는 전송된 메시지를 말한다.

10. "회원제정보서비스"라 함은 특정의 회원이나 계약자에게 제공하는 정보서비스 또는 그와 같은 네트워크의 방식을 말한다.

11. **"통신사실확인자료"**라 함은 다음 각목의 어느 하나에 해당하는 전기통신사실에 관한 자료를 말한다.

　가. 가입자의 전기통신일시

　나. 전기통신개시·종료시간

　다. 발·착신 통신번호 등 상대방의 가입자번호

　라. 사용도수

　마. 컴퓨터통신 또는 인터넷의 사용자가 전기통신역무를 이용한 사실에 관한 컴퓨터통신 또는 인터넷의 로그기록자료

　바. 정보통신망에 접속된 정보통신기기의 위치를 확인할 수 있는 발신기지국의 위치추적자료

　사. 컴퓨터통신 또는 인터넷의 사용자가 정보통신망에 접속하기 위하여 사용하는 정보통신기기의 위치를 확인할 수 있는 접속지의 추적자료

12. "단말기기 고유번호"라 함은 이동통신사업자와 이용계약이 체결된 개인의 이동전화 단말기기에 부여된 전자적 고유번호를 말한다.

**제3조(통신 및 대화비밀의 보호)** ① 누구든지 이 법과 형사소송법 또는 군사법원법의 규정에 의하지 아니하고는 우편물의 검열·전기통신의 감청 또는 통신사실확인자료의 제공을 하거나 **공개되지 아니한 '타인간의 대화'**를 녹음 또는 청취하지 못한다. 다만, 다음 각호의 경우에는 당해 법률이 정하는 바에 의한다. 1. 2. …… 5. (생략).

② 우편물의 **검열** 또는 전기통신의 **감청**(이하 **"통신제한조치"**라 한다)은 범죄수사 또는 국가안전보장을 위하여 **보충적인 수단**으로 이용되어야 하며, 국민의 통신비밀에 대한 **침해가 최소한**에 그치도록 노력하여야 한다.

③ 누구든지 **단말기기 고유번호**를 제공하거나 제공받아서는 아니된다. 다만, 이동전화단말기 제조업체 또는 이동통신사업자가 단말기의 개통처리 및 수리 등 정당한 업무의 이행을 위하여 제공하거나 제공받는 경우에는 그러하지 아니하다.

**제4조(불법검열에 의한 우편물의 내용과 불법감청에 의한 전기통신내용의 증거사용 금지)** 제3조의 규정에 위반하여, 불법검열에 의하여 취득한 우편물이나 그 내용 및 불법감청에 의하여 지득 또는 채록된 전기통신의 내용은 **재판 또는 징계절차**에서 증거로 사용할 수 없다.

제5조(범죄수사를 위한 통신제한조치의 허가요건) ①통신제한조치는 다음 각호의 범죄를 계획 또는 실행하고 있거나 실행하였다고 **의심할만한 충분한 이유**가 있고 다른 방법으로는 그 범죄의 실행을 저지하거나 범인의 체포 또는 증거의 수집이 **어려운 경우에 한하여** 허가할 수 있다. 1. 2. …… 12. (생략).

② 통신제한조치는 제1항의 요건에 해당하는 자가 발송·수취하거나 송·수신하는 특정한 우편물이나 전기통신 또는 그 해당자가 일정한 기간에 걸쳐 발송·수취하거나 송·수신하는 우편물이나 전기통신을 대상으로 허가될 수 있다.

제6조(범죄수사를 위한 통신제한조치의 허가절차) ①검사(군검사를 포함한다. 이하 같다)는 제5조제1항의 요건이 구비된 경우에는 법원(군사법원을 포함한다. 이하 같다)에 대하여 **각 피의자별 또는 각 피내사자별**로 통신제한조치를 허가하여 줄 것을 청구할 수 있다.

② **사법경찰관**(군사법경찰관을 포함한다. 이하 같다)은 제5조제1항의 요건이 구비된 경우에는 검사에 대하여 **각 피의자별 또는 각 피내사자별**로 통신제한조치에 대한 허가를 **신청**하고, 검사는 법원에 대하여 그 허가를 **청구**할 수 있다.

③ 제1항 및 제2항의 통신제한조치 청구사건의 관할법원은 그 통신제한조치를 받을 통신당사자의 쌍방 또는 일방의 주소지·소재지, 범죄지 또는 통신당사자와 공범관계에 있는 자의 주소지·소재지를 관할하는 지방법원 또는 지원(군사법원을 포함한다)으로 한다.

④ 제1항 및 제2항의 통신제한조치청구는 필요한 통신제한조치의 종류·그 목적·대상·범위·기간·집행장소·방법 및 당해 통신제한조치가 제5조제1항의 허가요건을 충족하는 사유등의 청구이유를 기재한 서면(이하 "청구서"라 한다)으로 하여야 하며, 청구이유에 대한 소명자료를 첨부하여야 한다. 이 경우 동일한 범죄사실에 대하여 그 피의자 또는 피내사자에 대하여 통신제한조치의 허가를 청구하였거나 허가받은 사실이 있는 때에는 다시 통신제한조치를 청구하는 취지 및 이유를 기재하여야 한다.

⑤ 법원은 청구가 이유 있다고 인정하는 경우에는 각 피의자별 또는 각 피내사자별로 통신제한조치를 허가하고, 이를 증명하는 서류(이하 "허가서"라 한다)를 청구인에게 발부한다.

⑥ 제5항의 허가서에는 통신제한조치의 종류·그 목적·대상·범위·기간 및 집행장소와 방법을 특정하여 기재하여야 한다.

⑦ 통신제한조치의 기간은 **2개월**을 초과하지 못하고, 그 기간 중 통신제한조치의 목적이 달성되었을 경우에는 **즉시 종료**하여야 한다. 다만, 제5조제1항의 허가요건이 존속하는 경우에는 소명자료를 첨부하여 제1항 또는 제2항에 따라 **2개월의 범위**에서 통신제한조치기간의 **연장을** 청구할 수 있다.

⑧ 검사 또는 사법경찰관이 제7항 단서에 따라 통신제한조치의 연장을 청구하는 경우에 통신제한조치의 총 **연장기간은 1년을 초과할 수 없다.** 다만, 다음 각 호의 어느 하나에 해당하는 범죄의 경우에는 통신제한조치의 총 연장기간이 **3년을 초과할 수 없다.**

1. 「형법」제2편 중 제1장 내란의 죄, 제2장 외환의 죄 중 제92조부터 제101조까지의 죄, 제4장 국교에 관한 죄 중 제107조, 제108조, 제111조부터 제113조까지의 죄, 제5장 공안을 해하는 죄 중 제114조, 제115조의 죄 및 제6장 폭발물에 관한 죄

2. 「군형법」제2편 중 제1장 반란의 죄, 제2장 이적의 죄, 제11장 군용물에 관한 죄 및 제12장 위령의 죄 중 제78조·제80조·제81조의 죄

3. 「국가보안법」에 규정된 죄

4. 「군사기밀보호법」에 규정된 죄

5. 「군사기지 및 군사시설보호법」에 규정된 죄

⑨ 법원은 제1항·제2항 및 제7항 단서에 따른 청구가 이유없다고 인정하는 경우에는 청구를 기각하고 이를 청구인에게 통지한다.

제7조(국가안보를 위한 통신제한조치) ① 대통령령이 정하는 정보수사기관의 장(이하 "정보수사기관의 장"이라 한다)은 국가안전보장에 상당한 위험이 예상되는 경우 또는 「국민보호와 공공안전을 위한 테러방지법」제2조제6호의 대테러활동에 필요한 경우에 한하여 그 위해를 방지하기 위하여 이에 관한 정보수집이 특히 필요한 때에는 다음 각호의 구분에 따라 통신제한조치를 할 수 있다.

1. 통신의 **일방 또는 쌍방당사자가 '내국인'인 때**에는 **고등법원 수석판사**의 허가를 받아야 한다. 다만, 군용전기통신법 제2조의 규정에 의한 군용전기통신(작전수행을 위한 전기통신에 한한다)에 대하여는 그러하지 아니하다.

2. 대한민국에 적대하는 국가, 반국가활동의 혐의가 있는 외국의 기관·단체와 외국인, 대한민국의 통치권이 사실상 미치지 아니하는 한반도내의 집단이나 외국에 소재하는 그 산하단체의 구성원의 통신인 때 및 제1항제1호 단서의 경우에는 서면으로 **대통령의 승인을** 얻어야 한다.

② 제1항의 규정에 의한 통신제한조치의 기간은 **4월을 초과하지 못하고**, 그 기간중 통신제한조치의 목적이 달성되었을 경우에는 즉시 종료하여야 하되, 제1항의 요건이 존속하는 경우에는 소명자료를 첨부하여 고등법원 수석판사의 허가 또는 대통령의 승인을 얻어 **4월의 범위 이내에서** 통신제한조치의 기간을 연장할 수 있다. 다만, 제1항제1호 단서의 규정에 의한 통신제한조치는 전시·사변 또는 이에 준하는 국가비상사태에 있어서 적과 교전상태에 있는 때에는 **작전이 종료될 때까지 대통령의 승인을 얻지 아니하고 기간을 연장할 수 있다.**

③ 제1항제1호에 따른 허가에 관하여는 제6조제2항, 제4항부터 제6항까지 및 제9항을 준용한다. 이 경우 "사법경찰관(군사법경찰관을 포함한다. 이하 같다)"은 "정보수사기관의 장"으로, "법원"은 "고등법원 수석판사"로, "제5조제1항"은 "제7조제1항제1호 본문"으로, 제6조제2항 및 제5항 중 "각 피의자별 또는 각 피내사자별로 통신제한조치"는 각각 "통신제한조치"로 본다.

④ 제1항제2호의 규정에 의한 대통령의 승인에 관한 절차 등 필요한 사항은 대통령령으로 정한다.

**제8조(긴급통신제한조치)** ① 검사, 사법경찰관 또는 정보수사기관의 장은 국가안보를 위협하는 음모행위, 직접적인 사망이나 심각한 상해의 위험을 야기할 수 있는 범죄 또는 조직범죄등 중대한 범죄의 계획이나 실행 등 긴박한 상황에 있고 제5조제1항 또는 제7조제1항제1호의 규정에 의한 요건을 구비한 자에 대하여 제6조 또는 제7조제1항 및 제3항의 규정에 의한 절차를 거칠 수 없는 긴급한 사유가 있는 때에는 법원의 허가없이 통신제한조치를 할 수 있다.

② 검사, 사법경찰관 또는 정보수사기관의 장은 제1항에 따른 통신제한조치(이하 **"긴급통신제한조치"**라 한다)의 집행에 착수한 후 지체 없이 제6조(제7조제3항에서 준용하는 경우를 포함한다)에 따라 **법원에 허가청구**를 하여야 한다.

③ 사법경찰관이 긴급통신제한조치를 할 경우에는 **미리 검사의 지휘**를 받아야 한다. 다만, 특히 급속을 요하여 미리 지휘를 받을 수 없는 사유가 있는 경우에는 긴급통신제한조치의 집행착수후 **지체없이 검사의 승인**을 얻어야 한다.

④ 검사, 사법경찰관 또는 정보수사기관의 장이 긴급통신제한조치를 하고자 하는 경우에는 반드시 긴급검열서 또는 긴급감청서(이하 "긴급감청서등"이라 한다)에 의하여야 하며 소속기관에 **긴급통신제한조치대장을 비치**하여야 한다.

⑤ 검사, 사법경찰관 또는 정보수사기관의 장은 긴급통신제한조치의 집행에 착수한 때부터 **36시간 이내에 법원의 허가를 받지 못한 경우**에는 해당 조치를 즉시 중지하고 해당 조치로 취득한 자료를 **폐기하여야 한다**[1].

⑥ 검사, 사법경찰관 또는 정보수사기관의 장은 제5항에 따라 긴급통신제한조치로 취득한 자료를 폐기한 경우 폐기이유·폐기범위·폐기일시 등을 기재한 **자료폐기결과보고서를 작성하여 폐기일부터 7일 이내에** 제2항에 따라 허가청구를 한 법원에 송부하고, 그 부본(副本)을 피의자

의 수사기록 또는 피내사자의 내사사건기록에 첨부하여야 한다.

⑦ 삭제

⑧ 정보수사기관의 장은 국가안보를 위협하는 음모행위, 직접적인 사망이나 심각한 상해의 위험을 야기할 수 있는 범죄 또는 조직범죄등 중대한 범죄의 계획이나 실행 등 긴박한 상황에 있고 제7조제1항제2호에 해당하는 자에 대하여 대통령의 승인을 얻을 시간적 여유가 없거나 통신제한조치를 긴급히 실시하지 아니하면 국가안전보장에 대한 위해를 초래할 수 있다고 판단되는 때에는 소속 장관(국가정보원장을 포함한다)의 승인을 얻어 통신제한조치를 할 수 있다.

⑨ 정보수사기관의 장은 제8항에 따른 통신제한조치의 집행에 착수한 후 지체 없이 제7조에 따라 대통령의 승인을 얻어야 한다.

⑩ 정보수사기관의 장은 제8항에 따른 통신제한조치의 집행에 착수한 때부터 36시간 이내에 대통령의 승인을 얻지 못한 경우에는 해당 조치를 즉시 중지하고 해당 조치로 취득한 자료를 폐기하여야 한다.

**제9조(통신제한조치의 집행)** ① 제6조 내지 제8조의 통신제한조치는 이를 청구 또는 신청한 검사·사법경찰관 또는 정보수사기관의 장이 집행한다. 이 경우 체신관서 기타 관련기관등(이하 "통신기관등"이라 한다)에 그 집행을 위탁하거나 집행에 관한 협조를 요청할 수 있다.

② 통신제한조치의 집행을 위탁하거나 집행에 관한 협조를 요청하는 자는 통신기관등에 통신제한조치허가서(제7조제1항제2호의 경우에는 대통령의 승인서를 말한다. 이하 이 조, 제16조제2항제1호 및 제17조제1항제1호·제3호에서 같다) 또는 긴급감청서등의 표지의 **사본을 교부**하여야 하며, 이를 위탁받거나 이에 관한 협조요청을 받은 자는 통신제한조치허가서 또는 긴급감청서등의 표지 사본을 대통령령이 정하는 기간동안 보존하여야 한다.

③ 통신제한조치를 집행하는 자와 이를 위탁받거나 이에 관한 협조요청을 받은 자는 당해 통신제한조치를 청구한 목적과 그 집행 또는 협조일시 및 대상을 기재한 대장을 대통령령이 정하는 기간동안 비치하여야 한다.

④ 통신기관등은 통신제한조치허가서 또는 긴급감청서등에 기재된 통신제한조치 대상자의 전화번호 등이 사실과 일치하지 않을 경우에는 그 집행을 거부할 수 있으며, 어떠한 경우에도 전기통신에 사용되는 비밀번호를 누설할 수 없다.

---

1) 집행착수시부터 36시간 내에 법원의 **허가를 받아야 하고** 허가의 청구만으로는 사후허가의 요건이 충족되지는 못한다.

제9조의2(통신제한조치의 집행에 관한 통지) ① 검사는 제6조제1항 및 제8조제1항에 따라 통신제한조치를 집행한 사건에 관하여 공소를 제기하거나, 공소의 제기 또는 입건을 하지 아니하는 처분(기소중지결정, 참고인중지결정을 제외한다)을 한 때에는 그 처분을 한 날부터 30일 이내에 우편물 검열의 경우에는 그 **대상자**에게, 감청의 경우에는 그 대상이 된 전기통신의 **가입자**에게 통신제한조치를 집행한 사실과 집행기관 및 그 기간 등을 **서면으로 통지하여야 한다**. 다만, 고위공직자범죄수사처(이하 "수사처"라 한다)검사는 「고위공직자범죄수사처 설치 및 운영에 관한 법률」 제26조제1항에 따라 서울중앙지방검찰청 소속 검사에게 관계 서류와 증거물을 송부한 사건에 관하여 이를 처리하는 검사로부터 공소를 제기하거나 제기하지 아니하는 처분(기소중지결정, 참고인중지결정은 제외한다)의 통보를 받은 경우에도 그 통보를 받은 날부터 30일 이내에 서면으로 통지하여야 한다.

② 사법경찰관은 제6조제1항 및 제8조제1항에 따라 통신제한조치를 집행한 사건에 관하여 검사로부터 공소를 제기하거나 제기하지 아니하는 처분(기소중지 또는 참고인중지 결정은 제외한다)의 통보를 받거나 검찰송치를 하지 아니하는 처분(수사중지 결정은 제외한다) 또는 내사사건에 관하여 입건하지 아니하는 처분을 한 때에는 그 날부터 30일 이내에 우편물 검열의 경우에는 그 대상자에게, 감청의 경우에는 그 대상이 된 전기통신의 가입자에게 통신제한조치를 집행한 사실과 집행기관 및 그 기간 등을 서면으로 통지하여야 한다.

③ 정보수사기관의 장은 제7조제1항제1호 본문 및 제8조제1항의 규정에 의한 통신제한조치를 **종료한 날부터 30일 이내**에 우편물 검열의 경우에는 그 대상자에게, 감청의 경우에는 그 대상이 된 전기통신의 가입자에게 통신제한조치를 집행한 사실과 집행기관 및 그 기간 등을 서면으로 통지하여야 한다.

④ 제1항 내지 제3항의 규정에 불구하고 다음 각호의 1에 해당하는 사유가 있는 때에는 그 사유가 해소될 때까지 **통지를 유예**할 수 있다.

1. 통신제한조치를 통지할 경우 국가의 안전보장·공공의 안녕질서를 위태롭게 할 현저한 우려가 있는 때
2. 통신제한조치를 통지할 경우 사람의 생명·신체에 중대한 위험을 초래할 염려가 현저한 때

⑤ 검사 또는 사법경찰관은 제4항에 따라 통지를 유예하려는 경우에는 소명자료를 첨부하여 미리 관할지방검찰청검사장의 승인을 받아야 한다. 다만, 수사처검사가 제4항에 따라 통지를 유예하려는 경우에는 소명자료를 첨부하여 미리 수사처장의 승인을 받아야 하고, 군검사 및 군사법경찰관이 제4항에 따라 통지를 유예하려는 경우에는 소명자료를 첨부하여 미리 관할 보통검찰부장의 승인을

받아야 한다.

⑥ 검사, 사법경찰관 또는 정보수사기관의 장은 제4항 각호의 사유가 해소된 때에는 그 사유가 해소된 날부터 30일 이내에 제1항 내지 제3항의 규정에 의한 통지를 하여야 한다.

제9조의3(압수·수색·검증의 집행에 관한 통지) ① 검사는 송·수신이 완료된 전기통신에 대하여 압수·수색·검증을 집행한 경우 그 사건에 관하여 공소를 제기하거나 공소의 제기 또는 입건을 하지 아니하는 처분(기소중지결정, 참고인중지결정을 제외한다)을 한 때에는 그 처분을 한 날부터 **30일 이내**에 수사대상이 된 가입자에게 압수·수색·검증을 집행한 사실을 서면으로 통지하여야 한다. 다만, 수사처검사는 「고위공직자범죄수사처 설치 및 운영에 관한 법률」 제26조제1항에 따라 서울중앙지방검찰청 소속 검사에게 관계 서류와 증거물을 송부한 사건에 관하여 이를 처리하는 검사로부터 공소를 제기하거나 제기하지 아니하는 처분(기소중지결정, 참고인중지결정은 제외한다)의 통보를 받은 경우에도 그 통보를 받은 날부터 30일 이내에 서면으로 통지하여야 한다.

② 사법경찰관은 송·수신이 완료된 전기통신에 대하여 압수·수색·검증을 집행한 경우 그 사건에 관하여 검사로부터 공소를 제기하거나 제기하지 아니하는 처분(기소중지 또는 참고인중지 결정은 제외한다)의 통보를 받거나 검찰송치를 하지 아니하는 처분(수사중지 결정은 제외한다) 또는 내사사건에 관하여 입건하지 아니하는 처분을 한 때에는 그 날부터 30일 이내에 수사대상이 된 가입자에게 압수·수색·검증을 집행한 사실을 서면으로 통지하여야 한다.

제10조(감청설비에 대한 인가기관과 인가절차) ①감청설비를 제조·수입·판매·배포·소지·사용하거나 이를 위한 광고를 하고자 하는 자는 과학기술정보통신부장관의 인가를 받아야 한다. 다만, 국가기관의 경우에는 그러하지 아니하다.

② 삭제

③ 과학기술정보통신부장관은 제1항의 인가를 하는 경우에는 인가신청자, 인가연월일, 인가된 감청설비의 종류와 수량등 필요한 사항을 대장에 기재하여 비치하여야 한다.

④ 제1항의 인가를 받아 감청설비를 제조·수입·판매·배포·소지 또는 사용하는 자는 인가연월일, 인가된 감청설비의 종류와 수량, 비치장소등 필요한 사항을 대장에 기재하여 비치하여야 한다. 다만, 지방자치단체의 비품으로서 그 직무수행에 제공되는 감청설비는 해당 기관의 비품대장에 기재한다.

⑤ 제1항의 인가에 관하여 기타 필요한 사항은 대통령령으로 정한다.

**제10조의2(국가기관 감청설비의 신고)** ① 국가기관(정보수사기관은 제외한다)이 감청설비를 도입하는 때에는 매 반기별로 그 제원 및 성능 등 대통령령으로 정하는 사항을 과학기술정보통신부장관에게 신고하여야 한다.

② 정보수사기관이 감청설비를 도입하는 때에는 매 반기별로 그 제원 및 성능 등 대통령령으로 정하는 사항을 국회 정보위원회에 통보하여야 한다.

**제10조의3(불법감청설비탐지업의 등록 등)** ① 영리를 목적으로 불법감청설비탐지업을 하고자 하는 자는 대통령령으로 정하는 바에 의하여 과학기술정보통신부장관에게 등록을 하여야 한다.

② 제1항에 따른 등록은 법인만이 할 수 있다.

③ 제1항에 따른 등록을 하고자 하는 자는 대통령령으로 정하는 이용자보호계획·사업계획·기술·재정능력·탐지장비 그 밖에 필요한 사항을 갖추어야 한다.

④ 제1항에 따른 등록의 변경요건 및 절차, 등록한 사업의 양도·양수·승계·휴업·폐업 및 그 신고, 등록업무의 위임 등에 관하여 필요한 사항은 대통령령으로 정한다.

**제10조의4(불법감청설비탐지업자의 결격사유)** 법인의 대표자가 다음 각 호의 어느 하나에 해당하는 경우에는 제10조의3에 따른 등록을 할 수 없다.

1. 피성년후견인 또는 피한정후견인

2. 파산선고를 받은 자로서 복권되지 아니한 자

3. 금고 이상의 실형을 선고받고 그 집행이 종료(집행이 종료된 것으로 보는 경우를 포함한다)되거나 집행이 면제된 날부터 3년이 지나지 아니한 자

4. 금고 이상의 형의 집행유예를 선고받고 그 유예기간중에 있는 자

5. 법원의 판결 또는 다른 법률에 의하여 자격이 상실 또는 정지된 자

6. 제10조의5에 따라 등록이 취소(제10조의4제1호 또는 제2호에 해당하여 등록이 취소된 경우는 제외한다)된 법인의 취소 당시 대표자로서 그 등록이 취소된 날부터 2년이 지나지 아니한 자

**제10조의5(등록의 취소)** 과학기술정보통신부장관은 불법감청설비탐지업을 등록한 자가 다음 각 호의 어느 하나에 해당하는 경우에는 그 등록을 취소하거나 6개월 이내의 기간을 정하여 그 영업의 정지를 명할 수 있다. 다만, 제1호 또는 제2호에 해당하는 경우에는 그 등록을 취소하여야 한다.

1. 거짓이나 그 밖의 부정한 방법으로 등록 또는 변경등록을 한 경우

2. 제10조의4에 따른 결격사유에 해당하게 된 경우

3. 영업행위와 관련하여 알게 된 비밀을 다른 사람에게 누설한 경우

4. 불법감청설비탐지업 등록증을 다른 사람에게 대여한 경우

5. 영업행위와 관련하여 고의 또는 중대한 과실로 다른 사람에게 중대한 손해를 입힌 경우

6. 다른 법률의 규정에 의하여 국가 또는 지방자치단체로부터 등록취소의 요구가 있는 경우

**제11조(비밀준수의 의무)** ① 통신제한조치의 허가·집행·통보 및 각종 서류작성 등에 관여한 공무원 또는 그 직에 있었던 자는 직무상 알게 된 통신제한조치에 관한 사항을 외부에 공개하거나 누설하여서는 아니된다.

② 통신제한조치에 관여한 통신기관의 직원 또는 그 직에 있었던 자는 통신제한조치에 관한 사항을 외부에 공개하거나 누설하여서는 아니된다.

③ 제1항 및 제2항에 규정된 자 외에 누구든지 이 법에 따른 통신제한조치로 알게 된 내용을 이 법에 따라 사용하는 경우 외에는 이를 외부에 공개하거나 누설하여서는 아니 된다

④ 법원에서의 통신제한조치의 허가절차·허가여부·허가내용 등의 비밀유지에 관하여 필요한 사항은 대법원규칙으로 정한다.

**제12조(통신제한조치로 취득한 자료의 사용제한)** 제9조의 규정에 의한 통신제한조치의 집행으로 인하여 취득된 우편물 또는 그 내용과 전기통신의 내용은 다음 각호의 경우외에는 사용할 수 없다.

1. 통신제한조치의 목적이 된 제5조제1항에 규정된 범죄나 이와 관련되는 범죄를 수사·소추하거나 그 범죄를 예방하기 위하여 사용하는 경우

2. 제1호의 범죄로 인한 징계절차에 사용하는 경우

3. 통신의 당사자가 제기하는 손해배상소송에서 사용하는 경우

4. 기타 다른 법률의 규정에 의하여 사용하는 경우

**제12조의2(범죄수사를 위하여 인터넷 회선에 대한 통신제한조치로 취득한 자료의 관리)**[2] ① **검사**는 인터넷 회선을 통하여 송신·수신하는 전기통신을 대상으로 제6조 또는 제8조(제5조제1항의 요건에 해당하는 사람에 대한 긴급통신제한조치에 한정한다)에 따른 통신제한조치를 집행한 경우 그 전기통신을 제12조제1호에 따라 사용하거나 사용을 위하여 보관(이하 이 조에서 "보관등"이라 한다)하고자 하는 때에는 집행종료일부터 **14일 이내**에 보관등이 필요한 전기통신을 선별하여 통신제한조치를 허가한 **법원**에 보관등의 **승인을 청구**하여야 한다.

---

2) 인터넷 회선 감청(**패킷감청**)은 인터넷 통신망을 통하여 흐르는 전기신호 형태의 패킷(packet)을 중간에 확보하여 그 내용을 지득하는 것으로 전기통신의 감청에 해당한다.

② **사법경찰관**은 인터넷 회선을 통하여 송신·수신하는 전기통신을 대상으로 제6조 또는 제8조(제5조제1항의 요건에 해당하는 사람에 대한 긴급통신제한조치에 한정한다)에 따른 통신제한조치를 집행한 경우 그 전기통신의 보관등을 하고자 하는 때에는 집행종료일부터 **14일 이내**에 보관등이 필요한 전기통신을 선별하여 **검사**에게 보관등의 **승인을 신청**하고, 검사는 신청일부터 **7일 이내**에 통신제한조치를 허가한 법원에 그 **승인을 청구**할 수 있다.

③ 제1항 및 제2항에 따른 승인청구는 통신제한조치의 집행 경위, 취득한 결과의 요지, 보관등이 필요한 이유를 기재한 서면으로 하여야 하며, 다음 각 호의 서류를 첨부하여야 한다.

1. 청구이유에 대한 소명자료

2. 보관등이 필요한 전기통신의 목록

3. 보관등이 필요한 전기통신. 다만, 일정 용량의 파일 단위로 분할하는 등 적절한 방법으로 정보저장매체에 저장·봉인하여 제출하여야 한다.

④ 법원은 청구가 이유 있다고 인정하는 경우에는 보관등을 승인하고 이를 증명하는 서류(이하 이 조에서 "승인서"라 한다)를 발부하며, 청구가 이유 없다고 인정하는 경우에는 청구를 기각하고 이를 청구인에게 통지한다.

⑤ 검사 또는 사법경찰관은 제1항에 따른 청구나 제2항에 따른 신청을 하지 아니하는 경우에는 집행종료일부터 **14일**(검사가 사법경찰관의 신청을 기각한 경우에는 그 날부터 7일) 이내에 통신제한조치로 취득한 전기통신을 폐기하여야 하고, 법원에 승인청구를 한 경우(취득한 전기통신의 일부에 대해서만 청구한 경우를 포함한다)에는 제4항에 따라 법원으로부터 승인서를 발부받거나 청구기각의 통지를 받은 날부터 **7일 이내에 승인을 받지 못한 전기통신을 폐기하여야 한다.**

⑥ 검사 또는 사법경찰관은 제5항에 따라 통신제한조치로 취득한 전기통신을 폐기한 때에는 폐기의 이유와 범위 및 일시 등을 기재한 **폐기결과보고서**를 작성하여 피의자의 수사기록 또는 피내사자의 내사사건기록에 첨부하고, **폐기일부터 7일 이내**에 통신제한조치를 허가한 법원에 송부하여야 한다.

## 【통신사실 확인자료 제공요청】

**제13조(범죄수사를 위한 통신사실 확인자료제공의 절차)** ① 검사 또는 사법경찰관은 수사 또는 형의 집행을 위하여 필요한 경우 전기통신사업법에 의한 전기통신사업자(이하 "전기통신사업자"라 한다)에게 통신사실 확인자료의 **열람**이나 **제출**(이하 "통신사실 확인자료제공"이라 한다)을 요청할 수 있다.

② 검사 또는 사법경찰관은 제1항에도 불구하고 수사를 위하여 통신사실확인자료 중 다음 각 호의 어느 하나에 해당하는 자료가 **필요한 경우**에는 다른 방법으로는 범죄

의 실행을 저지하기 어렵거나 범인의 발견·확보 또는 증거의 수집·보전이 어려운 경우에만 전기통신사업자에게 해당 자료의 열람이나 제출을 요청할 수 있다. 다만, 제5조제1항 각 호의 어느 하나에 해당하는 범죄 또는 전기통신을 수단으로 하는 범죄에 대한 통신사실확인자료가 필요한 경우에는 제1항에 따라 열람이나 제출을 요청할 수 있다.

1. 제2조제11호바목·사목 중 실시간 추적자료

2. 특정한 기지국에 대한 통신사실확인자료

③ 제1항 및 제2항에 따라 통신사실 확인자료제공을 요청하는 경우에는 요청사유, 해당 가입자와의 연관성 및 필요한 자료의 범위를 기록한 서면으로 관할 지방법원(군사법원을 포함한다. 이하 같다) 또는 지원의 허가를 받아야 한다. 다만, 관할 지방법원 또는 지원의 허가를 받을 수 없는 긴급한 사유가 있는 때에는 통신사실 확인자료제공을 요청한 후 **지체 없이** 그 허가를 받아 전기통신사업자에게 송부하여야 한다.

④ 제3항 단서에 따라 긴급한 사유로 통신사실확인자료를 제공받았으나 지방법원 또는 지원의 허가를 받지 못한 경우에는 지체 없이 제공받은 통신사실확인자료를 폐기하여야 한다.

⑤ 검사 또는 사법경찰관은 제3항에 따라 통신사실 확인자료제공을 받은 때에는 해당 통신사실 확인자료제공요청사실 등 필요한 사항을 기재한 대장과 통신사실 확인자료제공요청서 등 관련자료를 소속기관에 비치하여야 한다.

⑥ 지방법원 또는 지원은 제3항에 따라 통신사실 확인자료제공 요청허가청구를 받은 현황, 이를 허가한 현황 및 관련된 자료를 보존하여야 한다.

⑦ 전기통신사업자는 검사, 사법경찰관 또는 정보수사기관의 장에게 통신사실 확인자료를 제공한 때에는 자료제공현황 등을 연 2회 과학기술정보통신부장관에게 보고하고, 해당 통신사실 확인자료 제공사실등 필요한 사항을 기재한 대장과 통신사실 확인자료제공요청서등 관련자료를 통신사실확인자료를 **제공한 날부터 7년간 비치**하여야 한다.

⑧ 과학기술정보통신부장관은 전기통신사업자가 제7항에 따라 보고한 내용의 사실여부 및 비치하여야 하는 대장 등 관련자료의 관리실태를 점검할 수 있다.

⑨ 이 조에서 규정된 사항 외에 범죄수사를 위한 통신사실 확인자료제공과 관련된 사항에 관하여는 제6조(제7항 및 제8항은 제외한다)를 준용한다.

**제13조의2(법원에의 통신사실확인자료제공)** 법원은 재판상 필요한 경우에는 민사소송법 제294조 또는 형사소송법 제272조의 규정에 의하여 전기통신사업자에게 통신사실 확인자료제공을 요청할 수 있다.

제13조의3(범죄수사를 위한 통신사실 확인자료제공의 통지)
① 검사 또는 사법경찰관은 제13조에 따라 통신사실 확인자료제공을 받은 사건에 관하여 다음 각 호의 구분에 따라 정한 기간 내에 통신사실 확인자료제공을 받은 사실과 제공요청기관 및 그 기간 등을 통신사실 확인자료제공의 대상이 된 당사자에게 서면으로 통지하여야 한다.

1. 공소를 제기하거나, 공소제기·검찰송치를 하지 아니하는 처분(기소중지·참고인중지 또는 수사중지 결정은 제외한다) 또는 입건을 하지 아니하는 처분을 한 경우: 그 처분을 한 날부터 30일 이내. 다만, 다음 각 목의 어느 하나에 해당하는 경우 그 통보를 받은 날부터 30일 이내

　가. 수사처검사가 「고위공직자범죄수사처 설치 및 운영에 관한 법률」 제26조제1항에 따라 서울중앙지방검찰청 소속 검사에게 관계 서류와 증거물을 송부한 사건에 관하여 이를 처리하는 검사로부터 공소를 제기하거나 제기하지 아니하는 처분(기소중지 또는 참고인중지 결정은 제외한다)의 통보를 받은 경우

　나. 사법경찰관이 「형사소송법」 제245조의5제1호에 따라 검사에게 송치한 사건으로서 검사로부터 공소를 제기하거나 제기하지 아니하는 처분(기소중지 또는 참고인중지 결정은 제외한다)의 통보를 받은 경우

2. 기소중지·참고인중지 또는 수사중지 결정을 한 경우: 그 결정을 한 날부터 1년(제6조제8항 각 호의 어느 하나에 해당하는 범죄인 경우에는 3년)이 경과한 때부터 30일 이내. 다만, 다음 각 목의 어느 하나에 해당하는 경우 그 통보를 받은 날로부터 1년(제6조제8항 각 호의 어느 하나에 해당하는 범죄인 경우에는 3년)이 경과한 때부터 30일 이내

　가. 수사처검사가 「고위공직자범죄수사처 설치 및 운영에 관한 법률」 제26조제1항에 따라 서울중앙지방검찰청 소속 검사에게 관계 서류와 증거물을 송부한 사건에 관하여 이를 처리하는 검사로부터 기소중지 또는 참고인중지 결정의 통보를 받은 경우

　나. 사법경찰관이 「형사소송법」 제245조의5제1호에 따라 검사에게 송치한 사건으로서 검사로부터 기소중지 또는 참고인중지 결정의 통보를 받은 경우

3. 수사가 진행 중인 경우: 통신사실 확인자료제공을 받은 날부터 1년(제6조제8항 각 호의 어느 하나에 해당하는 범죄인 경우에는 3년)이 경과한 때부터 30일 이내

② 제1항제2호 및 제3호에도 불구하고 다음 각 호의 어느 하나에 해당하는 사유가 있는 경우에는 그 사유가 해소될 때까지 같은 항에 따른 통지를 유예할 수 있다.

1. 국가의 안전보장, 공공의 안녕질서를 위태롭게 할 우려가 있는 경우

2. 피해자 또는 그 밖의 사건관계인의 생명이나 신체의 안전을 위협할 우려가 있는 경우

3. 증거인멸, 도주, 증인 위협 등 공정한 사법절차의 진행을 방해할 우려가 있는 경우

4. 피의자, 피해자 또는 그 밖의 사건관계인의 명예나 사생활을 침해할 우려가 있는 경우

③ 검사 또는 사법경찰관은 제2항에 따라 통지를 유예하려는 경우에는 소명자료를 첨부하여 미리 관할 지방검찰청 검사장의 승인을 받아야 한다. 다만, 수사처검사가 제2항에 따라 통지를 유예하려는 경우에는 소명자료를 첨부하여 미리 수사처장의 승인을 받아야 한다.

④ 검사 또는 사법경찰관은 제2항 각 호의 사유가 해소된 때에는 그 날부터 30일 이내에 제1항에 따른 통지를 하여야 한다.

⑤ 제1항 또는 제4항에 따라 검사 또는 사법경찰관으로부터 통신사실 확인자료제공을 받은 사실 등을 통지받은 당사자는 해당 통신사실 확인자료제공을 요청한 사유를 알려주도록 서면으로 신청할 수 있다.

⑥ 제5항에 따른 신청을 받은 검사 또는 사법경찰관은 제2항 각 호의 어느 하나에 해당하는 경우를 제외하고는 그 신청을 받은 날부터 30일 이내에 해당 통신사실 확인자료제공 요청의 사유를 서면으로 통지하여야 한다.

⑦ 제1항부터 제5항까지에서 규정한 사항 외에 통신사실 확인자료제공을 받은 사실 등에 관하여는 제9조의2(제3항은 제외한다)를 준용한다.

제13조의4(국가안보를 위한 통신사실 확인자료제공의 절차 등) ① 정보수사기관의 장은 국가안전보장에 대한 위해를 방지하기 위하여 정보수집이 필요한 경우 전기통신사업자에게 통신사실 확인자료제공을 요청할 수 있다.

② 제7조 내지 제9조 및 제9조의2제3항·제4항·제6항의 규정은 제1항의 규정에 의한 통신사실 확인자료제공의 절차 등에 관하여 이를 준용한다. 이 경우 "통신제한조치"는 "통신사실 확인자료제공 요청"으로 본다.

③ 통신사실확인자료의 폐기 및 관련 자료의 비치에 관하여는 제13조제4항 및 제5항을 준용한다.

제13조의5(비밀준수의무 및 자료의 사용 제한) 제11조 및 제12조의 규정은 제13조의 규정에 의한 통신사실 확인자료제공 및 제13조의4의 규정에 의한 통신사실 확인자료제공에 따른 비밀준수의무 및 통신사실확인자료의 사용제한에 관하여 이를 각각 준용한다.

제14조(타인의 대화비밀 침해금지) ① 누구든지 공개되지 아니한 타인간의 대화를 녹음하거나 전자장치 또는 기계적 수단을 이용하여 청취할 수 없다.

② 제4조 내지 제8조, 제9조제1항 전단 및 제3항, 제9조의2, 제11조제1항·제3항·제4항 및 제12조의 규정은 제1항의 규정에 의한 녹음 또는 청취에 관하여 이를 적용한다.

제15조(국회의 통제) ① 국회의 상임위원회와 국정감사 및 조사를 위한 위원회는 필요한 경우 특정한 통신제한조치 등에 대하여는 법원행정처장, 통신제한조치를 청구하거나 신청한 기관의 장 또는 이를 집행한 기관의 장에 대하여, 감청설비에 대한 인가 또는 신고내역에 관하여는 과학기술정보통신부장관에게 보고를 요구할 수 있다.

② 국회의 상임위원회와 국정감사 및 조사를 위한 위원회는 그 의결로 수사관서의 감청장비보유현황, 감청집행기관 또는 감청협조기관의 교환실 등 필요한 장소에 대하여 현장검증이나 조사를 실시할 수 있다. 이 경우 현장검증이나 조사에 참여한 자는 그로 인하여 알게 된 비밀을 정당한 사유없이 누설하여서는 아니된다.

③ 제2항의 규정에 의한 현장검증이나 조사는 개인의 사생활을 침해하거나 계속중인 재판 또는 수사중인 사건의 소추에 관여할 목적으로 행사되어서는 아니된다.

④ 통신제한조치를 집행하거나 위탁받은 기관 또는 이에 협조한 기관의 중앙행정기관의 장은 국회의 상임위원회와 국정감사 및 조사를 위한 위원회의 요구가 있는 경우 대통령령이 정하는 바에 따라 제5조 내지 제10조와 관련한 통신제한조치보고서를 국회에 제출하여야 한다. 다만, 정보수사기관의 장은 국회정보위원회에 제출하여야 한다.

제15조의2(전기통신사업자의 협조의무) ① 전기통신사업자는 검사ㆍ사법경찰관 또는 정보수사기관의 장이 이 법에 따라 집행하는 통신제한조치 및 통신사실 확인자료제공의 요청에 협조하여야 한다.

② 제1항의 규정에 따라 통신제한조치의 집행을 위하여 전기통신사업자가 협조할 사항, 통신사실확인자료의 보관기간 그 밖에 전기통신사업자의 협조에 관하여 필요한 사항은 대통령령으로 정한다.

제15조의3(시정명령) 과학기술정보통신부장관은 제13조제7항을 위반하여 통신사실확인자료제공 현황등을 과학기술정보통신부장관에게 보고하지 아니하였거나 관련자료를 비치하지 아니한 자에게는 기간을 정하여 그 시정을 명할 수 있다.

제15조의4(이행강제금) ① 과학기술정보통신부장관은 제15조의3에 따라 시정명령을 받은 후 그 정한 기간 이내에 명령을 이행하지 아니하는 자에게는 1천만원 이하의 이행강제금을 부과할 수 있다.

② 제1항에 따른 이행강제금의 납부기한은 특별한 사유가 있는 경우를 제외하고는 시정명령에서 정한 이행기간 종료일 다음 날부터 30일 이내로 한다.

③ 과학기술정보통신부장관은 제1항에 따른 이행강제금을 부과하기 전에 이행강제금을 부과ㆍ징수한다는 것을 미리 문서로 알려 주어야 한다.

④ 과학기술정보통신부장관은 제1항에 따른 이행강제금을 부과하는 경우 이행강제금의 금액, 부과사유, 납부기한, 수납기관, 이의제기 방법 등을 밝힌 문서로 하여야 한다.

⑤ 과학기술정보통신부장관은 제1항에 따른 이행강제금을 최초의 시정명령이 있었던 날을 기준으로 하여 1년에 2회 이내의 범위에서 그 시정명령이 이행될 때까지 반복하여 부과ㆍ징수할 수 있다.

⑥ 과학기술정보통신부장관은 제15조의3에 따라 시정명령을 받은 자가 이를 이행하면 새로운 이행강제금의 부과를 즉시 중지하되, 이미 부과된 이행강제금은 징수하여야 한다.

⑦ 과학기술정보통신부장관은 제1항에 따라 이행강제금 부과처분을 받은 자가 이행강제금을 기한까지 납부하지 아니하면 국세강제징수의 예에 따라 징수한다.

⑧ 제1항에 따른 이행강제금의 부과 및 징수절차 등 필요한 사항은 대통령령으로 정한다.

제16조(벌칙) ① 다음 각 호의 어느 하나에 해당하는 자는 1년 이상 10년 이하의 징역과 5년 이하의 자격정지에 처한다.

1. 제3조의 규정에 위반하여 우편물의 검열 또는 전기통신의 감청을 하거나 공개되지 아니한 타인간의 대화를 녹음 또는 청취한 자

2. 제1호에 따라 알게 된 통신 또는 대화의 내용을 공개하거나 누설한 자

② 다음 각호의 1에 해당하는 자는 10년 이하의 징역에 처한다.

1. 제9조제2항의 규정에 위반하여 통신제한조치허가서 또는 긴급감청서등의 표지의 사본을 교부하지 아니하고 통신제한조치의 집행을 위탁하거나 집행에 관한 협조를 요청한 자 또는 통신제한조치허가서 또는 긴급감청서등의 표지의 사본을 교부받지 아니하고 위탁받은 통신제한조치를 집행하거나 통신제한조치의 집행에 관하여 협조한 자

2. 제11조제1항(제14조제2항의 규정에 의하여 적용하는 경우 및 제13조의5의 규정에 의하여 준용되는 경우를 포함한다)의 규정에 위반한 자

③ 제11조제2항(제13조의5의 규정에 의하여 준용되는 경우를 포함한다)의 규정에 위반한 자는 7년 이하의 징역에 처한다.

④ 제11조제3항(제14조제2항의 규정에 의하여 적용하는 경우 및 제13조의5의 규정에 의하여 준용되는 경우를 포함한다)의 규정에 위반한 자는 5년 이하의 징역에 처한다.

제17조(벌칙) ① 다음 각 호의 어느 하나에 해당하는 자는 5년 이하의 징역 또는 3천만원 이하의 벌금에 처한다.

1. 제9조제2항의 규정에 위반하여 통신제한조치허가서 또는 긴급감청서등의 표지의 사본을 보존하지 아니한 자

2. 제9조제3항(제14조제2항의 규정에 의하여 적용하는 경우를 포함한다)의 규정에 위반하여 대장을 비치하지 아니한 자

3. 제9조제4항의 규정에 위반하여 통신제한조치허가서 또는 긴급감청서등에 기재된 통신제한조치 대상자의 전화번호 등을 확인하지 아니하거나 전기통신에 사용되는 비밀번호를 누설한 자

4. 제10조제1항의 규정에 위반하여 인가를 받지 아니하고 감청설비를 제조·수입·판매·배포·소지·사용하거나 이를 위한 광고를 한 자

5. 삭제

5의2. 제10조의3제1항의 규정에 의한 등록을 하지 아니하거나 거짓으로 등록하여 불법감청설비탐지업을 한 자

6. 삭제

② 다음 각 호의 어느 하나에 해당하는 자는 3년 이하의 징역 또는 1천만원 이하의 벌금에 처한다.

1. 제3조제3항의 규정을 위반하여 단말기기 고유번호를 제공하거나 제공받은 자

2. 제8조제5항을 위반하여 긴급통신제한조치를 즉시 중지하지 아니한 자

2의2. 제8조제10항을 위반하여 같은 조 제8항에 따른 통신제한조치를 즉시 중지하지 아니한 자

3. 제9조의2(제14조제2항의 규정에 의하여 적용하는 경우를 포함한다)의 규정에 위반하여 통신제한조치의 집행에 관한 통지를 하지 아니한 자

4. 제15조의3을 위반하여 정해진 기간 내 시정명령을 이행하지 아니한 자

5. 제10조제3항 또는 제4항을 위반하여 감청설비의 인가대장을 작성 또는 비치하지 아니한 자

**제18조(미수범)** 제16조 및 제17조에 규정된 죄의 미수범은 처벌한다.

### 부칙

**제1조**제1조(시행일) 이 법은 공포 후 6개월이 경과한 날부터 시행한다.

**제2조**제2조(벌칙에 관한 경과조치) 이 법 시행 전에 제13조제7항을 위반하여 통신사실확인자료제공 현황등을 과학기술정보통신부장관에게 보고하지 아니하였거나 관련 자료를 비치하지 아니한 자에 대하여 벌칙을 적용할 때에는 종전의 규정에 따른다.

# 부록 3 검사와 사법경찰관의 상호협력과 일반적 수사준칙에 관한 규정

**검사와 사법경찰관의 상호협력과**
**일반적 수사준칙에 관한 규정**

[시행 2023. 11. 1.] [대통령령 제33808호, 2023. 10. 17., 일부개정]

## 제1장 총칙

**제1조(목적)** 이 영은 「형사소송법」 제195조에 따라 검사와 사법경찰관의 **상호협력**과 일반적 수사준칙에 관한 사항을 규정함으로써 수사과정에서 국민의 인권을 보호하고, 수사절차의 투명성과 수사의 효율성을 보장함을 목적으로 한다.

**제2조(적용 범위)** 검사와 사법경찰관의 협력관계, 일반적인 수사의 절차와 방법에 관하여 다른 법령에 특별한 규정이 있는 경우를 제외하고는 이 영이 정하는 바에 따른다.

**제3조(수사의 기본원칙)** ① 검사와 사법경찰관은 모든 수사과정에서 헌법과 법률에 따라 보장되는 피의자와 그 밖의 피해자 · 참고인 등(이하 "사건관계인"이라 한다)의 권리를 보호하고, 적법한 절차에 따라야 한다.

② 검사와 사법경찰관은 예단이나 편견 없이 신속하게 수사해야 하고, 주어진 권한을 자의적으로 행사하거나 남용해서는 안 된다.

③ 검사와 사법경찰관은 수사를 할 때 다음 각 호의 사항에 유의하여 실체적 진실을 발견해야 한다.

1. **물적 증거를 기본**으로 하여 객관적이고 신빙성 있는 증거를 발견하고 수집하기 위해 노력할 것

2. 과학수사 기법과 관련 지식 · 기술 및 자료를 충분히 활용하여 합리적으로 수사할 것

3. 수사과정에서 선입견을 갖지 말고, 근거 없는 추측을 배제하며, 사건관계인의 진술을 과신하지 않도록 주의할 것

④ 검사와 사법경찰관은 다른 사건의 수사를 통해 확보된 증거 또는 자료를 내세워 관련이 없는 사건에 대한 자백이나 진술을 강요해서는 안 된다.

**제4조(불이익 금지)** 검사와 사법경찰관은 피의자나 사건관계인이 인권침해 신고나 그 밖에 인권 구제를 위한 신고, 진정, 고소, 고발 등의 행위를 하였다는 이유로 부당한 대우를 하거나 불이익을 주어서는 안 된다.

**제5조(형사사건의 공개금지 등)** ① 검사와 사법경찰관은 공소제기 전의 형사사건에 관한 내용을 공개해서는 안 된다.

② 검사와 사법경찰관은 수사의 전(全) 과정에서 피의자와 사건관계인의 사생활의 비밀을 보호하고 그들의 명예나 신용이 훼손되지 않도록 노력해야 한다.

③ **제1항에도 불구하고** 법무부장관, 경찰청장 또는 해양경찰청장은 무죄추정의 원칙과 국민의 알권리 등을 종합적으로 고려하여 형사사건 **공개에 관한 준칙**을 정할 수 있다.

## 제2장 협력

**제6조(상호협력의 원칙)** ① 검사와 사법경찰관은 상호 존중해야 하며, 수사, 공소제기 및 공소유지와 관련하여 **협력**해야 한다.

② 검사와 사법경찰관은 수사와 공소제기 및 공소유지를 위해 필요한 경우 **수사 · 기소 · 재판 관련 자료를 서로 요청할 수 있다.**

③ 검사와 사법경찰관의 협의는 신속히 이루어져야 하며, 협의의 지연 등으로 수사 또는 관련 절차가 지연되어서는 안 된다.

**제7조(중요사건 협력절차)** ① 검사와 사법경찰관은 다음 각 호의 어느 하나에 해당하는 사건(이하 "중요사건"이라 한다)의 경우에는 **송치 전**에 수사할 사항, **증거 수집의 대상**, 법령의 적용, 범죄수익 환수를 위한 조치 등에 관하여 상호 의견을 제시 · 교환할 것을 **요청할 수 있다.** 이 경우 검사와 사법경찰관은 특별한 사정이 없으면 **상대방의 요청에 응해야 한다.**

1. 공소시효가 임박한 사건

2. 내란, 외환, 대공(對共), 선거(정당 및 정치자금 관련 범죄를 포함한다), 노동, 집단행동, 테러, 대형참사 또는 연쇄살인 관련 사건

3. 범죄를 목적으로 하는 단체 또는 집단의 조직 · 구성 · 가입 · 활동 등과 관련된 사건

4. 주한 미합중국 군대의 구성원 · 외국인군무원 및 그 가족이나 초청계약자의 범죄 관련사건

5. 그 밖에 많은 피해자가 발생하거나 국가적 · 사회적 피해가 큰 중요한 사건

② 제1항에도 불구하고 검사와 사법경찰관은 다음 각 호의 어느 하나에 따른 공소시효가 적용되는 사건에 대해서는 **공소시효 만료일 3개월 전까지** 제1항 각 호 외의 부분 전단에 규정된 사항 등에 관하여 **상호 의견을 제시 · 교환해야 한다.** 다만, 공소시효 만료일 전 3개월 이내에 수사를 개시한 때에는 지체 없이 상호 의견을 제시 · 교환해야 한다.

1. 「공직선거법」 제268조

2. 「공공단체등 위탁선거에 관한 법률」 제71조

3. 「농업협동조합법」 제172조제4항

4. 「수산업협동조합법」 제178조제5항

5. 「산림조합법」 제132조제4항

6. 「소비자생활협동조합법」 제86조제4항

7. 「엽업조합법」 제59조제4항

8. 「엽연초생산협동조합법」 제42조제5항

9. 「중소기업협동조합법」 제137조제3항

10. 「새마을금고법」 제85조제6항

11. 「교육공무원법」 제62조제5항

[전문개정 2023. 10. 17.]

**제8조(검사와 사법경찰관의 협의)** ① 검사와 사법경찰관은 수사와 사건의 송치, 송부 등에 관한 이견의 조정이나 협력 등이 필요한 경우 서로 **협의를 요청할 수 있다.** 이 경우 특별한 사정이 없으면 상대방의 협의 **요청에 응해야 한다.** 〈개정 2023. 10. 17.〉

② 제1항에 따른 협의에도 불구하고 이견이 해소되지 않는 경우로서 다음 각 호의 어느 하나에 해당하는 경우에는 해당 검사가 소속된 검찰청의 장과 해당 사법경찰관이 소속된 경찰관서(지방해양경찰관서를 포함한다. 이하 같다)의 장의 협의에 따른다. 〈개정 2023. 10. 17.〉

1. 중요사건에 관하여 상호 의견을 제시·교환하는 것에 대해 이견이 있거나 제시·교환한 의견의 내용에 대해 이견이 있는 경우

2. 「형사소송법」(이하 "법"이라 한다) 제197조의2제2항 및 제3항에 따른 정당한 이유의 유무에 대해 이견이 있는 경우

3. 법 제197조의4제2항 단서에 따라 사법경찰관이 계속 수사할 수 있는지 여부나 사법경찰관이 계속 수사할 수 있는 경우 수사를 계속할 주체 또는 사건의 이송 여부 등에 대해 이견이 있는 경우

4. 법 제245조의8제2항에 따른 재수사의 결과에 대해 이견이 있는 경우

**제9조(수사기관협의회)** ① 대검찰청, 경찰청 및 해양경찰청 간에 수사에 관한 제도 개선 방안 등을 논의하고, 수사기관 간 협조가 필요한 사항에 대해 서로 의견을 협의·조정하기 위해 **수사기관협의회를** 둔다.

② 수사기관협의회는 다음 각 호의 사항에 대해 협의·조정한다.

1. 국민의 인권보호, 수사의 신속성·효율성 등을 위한 제도 개선 및 정책 제안

2. 국가적 재난 상황 등 관련 기관 간 긴밀한 협조가 필요한 업무를 공동으로 수행하기 위해 필요한 사항

3. 그 밖에 제1항의 어느 한 기관이 수사기관협의회의 협의 또는 조정이 필요하다고 요구한 사항

③ 수사기관협의회는 **반기마다 정기적으로 개최**하되, 제1항의 **어느 한 기관이 요청하면 수시로 개최**할 수 있다.

④ 제1항의 각 기관은 수사기관협의회에서 협의·조정된 사항의 세부 추진계획을 수립·시행해야 한다.

⑤ 제1항부터 제4항까지의 규정에서 정한 사항 외에 수사기관협의회의 운영 등에 필요한 사항은 수사기관협의회에서 정한다.

# 제3장 수사
## 제1절 통칙

**제10조(임의수사 우선의 원칙과 강제수사 시 유의사항)** ① 검사와 사법경찰관은 수사를 할 때 수사 대상자의 자유로운 의사에 따른 임의수사를 원칙으로 해야 하고, 강제수사는 법률에서 정한 바에 따라 필요한 경우에만 최소한의 범위에서 하되, 수사 대상자의 권익 침해의 정도가 더 적은 절차와 방법을 선택해야 한다.

② 검사와 사법경찰관은 피의자를 체포·구속하는 과정에서 피의자 및 현장에 있는 가족 등 지인들의 인격과 명예를 침해하지 않도록 유의해야 한다.

③ 검사와 사법경찰관은 압수·수색 과정에서 사생활의 비밀, 주거의 평온을 최대한 보장하고, 피의자 및 현장에 있는 가족 등 지인들의 인격과 명예를 침해하지 않도록 유의해야 한다.

**제11조(회피)** 검사 또는 사법경찰관리는 피의자나 사건관계인과 친족관계 또는 이에 준하는 관계가 있거나 그 밖에 **수사의 공정성**을 의심 받을 염려가 있는 사건에 대해서는 소속 기관의 장의 허가를 받아 **그 수사를 회피해야 한다.**

**제12조(수사 진행상황의 통지)** ① 검사 또는 사법경찰관은 수사에 대한 진행상황을 사건관계인에게 적절히 통지하도록 노력해야 한다.

② 제1항에 따른 통지의 구체적인 방법·절차 등은 법무부장관, 경찰청장 또는 해양경찰청장이 정한다.

**제13조(변호인의 피의자신문 참여·조력)** ① 검사 또는 사법경찰관은 피의자신문에 참여한 변호인이 피의자의 옆자리 등 **실질적인 조력을 할 수 있는 위치에 앉도록** 해야 하고, 정당한 사유가 없으면 피의자에 대한 법적인 조언·상담을 보장해야 하며, 법적인 조언·상담을 위한 변호인의 메모를 허용해야 한다.

② 검사 또는 사법경찰관은 피의자에 대한 신문이 아닌 **단순 면담** 등이라는 이유로 변호인의 참여·조력을 제한해서는 안 된다.

③ 제1항 및 제2항은 검사 또는 사법경찰관의 사건관계인에 대한 조사·면담 등의 경우에도 적용한다.

제14조(변호인의 의견진술) ① 피의자신문에 참여한 변호인은 검사 또는 사법경찰관의 **신문 후 조서를 열람**하고 **의견을 진술**할 수 있다. 이 경우 변호인은 별도의 서면으로 의견을 제출할 수 있으며, 검사 또는 사법경찰관은 해당 서면을 사건기록에 편철한다.

② 피의자신문에 참여한 변호인은 **신문 중이라도** 검사 또는 사법경찰관의 **승인을 받아 의견을 진술**할 수 있다. 이 경우 검사 또는 사법경찰관은 정당한 사유가 있는 경우를 제외하고는 변호인의 의견진술 요청을 승인해야 한다.

③ 피의자신문에 참여한 변호인은 제2항에도 불구하고 부당한 신문방법에 대해서는 검사 또는 사법경찰관의 승인 없이 이의를 제기할 수 있다.

④ 검사 또는 사법경찰관은 제1항부터 제3항까지의 규정에 따른 의견진술 또는 이의제기가 있는 경우 해당 내용을 **조서에 적어야 한다.**

제15조(피해자 보호) ① 검사 또는 사법경찰관은 피해자의 명예와 사생활의 평온을 보호하기 위해 「범죄피해자 보호법」 등 피해자 보호 관련 법령의 규정을 준수해야 한다.

② 검사 또는 사법경찰관은 피의자의 범죄수법, 범행 동기, 피해자와의 관계, 언동 및 그 밖의 상황으로 보아 피해자가 피의자 또는 그 밖의 사람으로부터 생명ㆍ신체에 위해를 입거나 입을 염려가 있다고 인정되는 경우에는 직권 또는 피해자의 신청에 따라 신변보호에 필요한 조치를 강구해야 한다.

## 제2절 수사의 개시

제16조(수사의 개시) ① 검사 또는 사법경찰관이 다음 각 호의 어느 하나에 해당하는 행위에 착수한 때에는 수사를 개시한 것으로 본다. 이 경우 검사 또는 사법경찰관은 **해당 사건을 즉시 입건**해야 한다.[1]

1. 피혐의자의 수사기관 **출석조사**
2. 피의자신문조서의 **작성**
3. 긴급체포
4. **체포ㆍ구속영장**의 청구 또는 신청
5. 사람의 신체, 주거, 관리하는 건조물, 자동차, 선박, 항공기 또는 점유하는 방실에 대한 **압수ㆍ수색 또는 검증영장(부검을 위한 검증영장은 제외**한다)의 청구 또는 신청

② 검사 또는 사법경찰관은 수사 중인 사건의 범죄 혐의를 밝히기 위한 목적으로 관련 없는 사건의 수사를 개시하거나 수사기간을 부당하게 연장해서는 안 된다.

③ 검사 또는 사법경찰관은 입건 전에 범죄를 의심할 만한 정황이 있어 수사 개시 여부를 결정하기 위한 사실관계의 확인 등 필요한 조사를 할 때에는 적법절차를 준수하고 사건관계인의 인권을 존중하며, 조사가 부당하게 장기화되지 않도록 신속하게 진행해야 한다.

④ 검사 또는 사법경찰관은 제3항에 따른 **조사 결과 입건하지 않는 결정을 한 때**에는 피해자에 대한 보복범죄나 2차 피해가 우려되는 경우 등을 제외하고는 **피혐의자 및 사건관계인에게 통지**해야 한다.

⑤ 제4항에 따른 통지의 구체적인 방법 및 절차 등은 법무부장관, 경찰청장 또는 해양경찰청장이 정한다.

⑥ 제3항에 따른 조사와 관련한 서류 등의 열람 및 복사에 관하여는 제69조제1항, 제3항, 제5항(같은 조 제1항 및 제3항을 준용하는 부분으로 한정한다. 이하 이 항에서 같다) 및 제6항(같은 조 제1항, 제3항 및 제5항에 따른 신청을 받은 경우로 한정한다)을 준용한다.

제16조의2(고소ㆍ고발 사건의 수리 등) ① 검사 또는 사법경찰관은 고소 또는 고발을 받은 경우에는 이를 수리**해야 한다.**

② 검사 또는 사법경찰관은 고소 또는 고발에 따라 범죄를 수사하는 경우에는 고소 또는 고발을 수리한 날부터 **3개월 이내에 수사를 마쳐야 한다.**

[본조신설 2023. 10. 17.]

제17조(변사자의 검시 등) ① 사법경찰관은 변사자 또는 변사한 것으로 의심되는 사체가 있으면 변사사건 발생사실을 **검사에게 통보**해야 한다.

② 검사는 법 제222조제1항에 따라 검시를 했을 경우에는 검시조서를, 검증영장이나 같은 조 제2항에 따라 검증을 했을 경우에는 검증조서를 각각 작성하여 **사법경찰관에게 송부**해야 한다.

③ 사법경찰관은 법 제222조제1항 및 제3항에 따라 검시를 했을 경우에는 검시조서를, 검증영장이나 같은 조 제2항 및 제3항에 따라 검증을 했을 경우에는 검증조서를 각각 작성하여 **검사에게 송부**해야 한다.

④ 검사와 사법경찰관은 법 제222조에 따라 변사자의 검시를 한 사건에 대해 사건 종결 전에 수사할 사항 등에 관하여 상호 의견을 제시ㆍ교환해야 한다.

---

[1] 본 조항은 수사기관이 실질적 수사 행위를 한 경우 의무적으로 입건하도록 하여 **사법통제** 하에 두기 위한 목적이다.

**제18조(검사의 사건 이송 등)** ① 검사는 다음 각 호의 어느 하나에 해당하는 때에는 사건을 검찰청 외의 수사기관에 **이송해야 한다.**

1. 「검찰청법」 제4조제1항제1호 각 목[2]에 해당되지 않는 범죄에 대한 고소 · 고발 · 진정 등이 접수된 때

2. 「검사의 수사개시 범죄 범위에 관한 규정」 제2조 각 호의 범죄에 해당하는 사건 수사 중 범죄 혐의 사실이 「검찰청법」 제4조제1항제1호 각 목의 범죄에 해당되지 않는다고 판단되는 때. 다만 **구속영장이나 사람의 신체, 주거, 관리하는 건조물, 자동차, 선박, 항공기 또는 점유하는 방실에 대하여 압수 · 수색 또는 검증영장이 발부된 경우는 제외한다.**

② 검사는 다음 각 호의 어느 하나에 해당하는 때에는 사건을 검찰청 외의 수사기관에 **이송할 수 있다.**

1. 법 **제197조의4제2항 단서[3]**에 따라 사법경찰관이 범죄사실을 계속 수사할 수 있게 된 때

2. **그 밖에 다른 수사기관**에서 수사하는 것이 적절하다고 판단되는 때

③ 검사는 제1항 또는 제2항에 따라 사건을 이송하는 경우에는 관계 서류와 증거물을 해당 수사기관에 함께 송부해야 한다.

④ 검사는 제2항제2호에 따른 이송을 하는 경우에는 특별한 사정이 없으면 사건을 수리한 날부터 **1개월 이내에 이송**해야 한다. 〈신설 2023. 10. 17.〉

### 제3절 임의수사

**제19조(출석요구)** ① 검사 또는 사법경찰관은 피의자에게 출석요구를 할 때에는 다음 각 호의 사항을 유의해야 한다.

1. 출석요구를 하기 전에 우편 · 전자우편 · 전화를 통한 진술 등 **출석을 대체**할 수 있는 방법의 선택 가능성을 고려할 것

2. 출석요구의 방법, 출석의 일시 · 장소 등을 정할 때에는 피의자의 명예 또는 사생활의 비밀이 침해되지 않도록 주의할 것

3. 출석요구를 할 때에는 피의자의 **생업에 지장을 주지 않도록** 충분한 시간적 여유를 두도록 하고, 피의자가 출석 일시의 연기를 요청하는 경우 특별한 사정이 없으면 출석 일시를 조정할 것

4. 불필요하게 여러 차례 출석요구를 하지 않을 것

② 검사 또는 사법경찰관은 피의자에게 출석요구를 하려는 경우 **피의자와** 조사의 일시 · 장소에 관하여 **협의해야** 한다. 이 경우 변호인이 있는 경우에는 **변호인과도 협의**해야 한다.

③ 검사 또는 사법경찰관은 피의자에게 출석요구를 하려는 경우 피의사실의 요지 등 출석요구의 취지를 구체적으로 적은 **출석요구서를 발송**해야 한다. 다만, 신속한 출석요구가 필요한 경우 등 부득이한 사정이 있는 경우에는 전화, 문자메시지, 그 밖의 상당한 방법으로 출석요구를 할 수 있다.

④ 검사 또는 사법경찰관은 제3항 본문에 따른 방법으로 출석요구를 했을 때에는 출석요구서의 사본을, 같은 항 단서에 따른 방법으로 출석요구를 했을 때에는 그 취지를 적은 수사보고서를 각각 사건기록에 편철한다.

⑤ 검사 또는 사법경찰관은 피의자가 치료 등 수사관서에 출석하여 조사를 받는 것이 현저히 곤란한 사정이 있는 경우에는 수사관서 외의 장소에서 조사할 수 있다.

⑥ 제1항부터 제5항까지의 규정은 피의자 외의 사람에 대한 출석요구의 경우에도 적용한다.

**제20조(수사상 임의동행 시의 고지)** 검사 또는 사법경찰관은 임의동행을 요구하는 경우 상대방에게 동행을 거부할 수 있다는 것과 동행하는 경우에도 언제든지 자유롭게 동행 과정에서 이탈하거나 동행 장소에서 퇴거할 수 있다는 것을 알려야 한다.

---

2) 검찰청법 **제4조(검사의 직무)** ① 검사는 공익의 대표자로서 다음 각 호의 직무와 권한이 있다. 1. 범죄수사, 공소의 제기 및 그 유지에 필요한 사항. 다만, 검사가 수사를 개시할 수 있는 범죄의 범위는 다음 각 목과 같다.
　가. 부패범죄, 경제범죄 등 대통령령으로 정하는 중요 범죄
　나. 경찰공무원(다른 법률에 따라 사법경찰관리의 직무를 행하는 자를 포함한다) 및 고위공직자범죄수사처 소속 공무원(「고위공직자범죄수사처 설치 및 운영에 관한 법률」에 따른 파견공무원을 포함한다)이 범한 범죄
　다. 가목 · 나목의 범죄 및 사법경찰관이 송치한 범죄와 관련하여 인지한 각 해당 범죄와 직접 관련성이 있는 범죄
3) 형사소송법 **제197조의4(수사의 경합)** ① 검사는 사법경찰관과 동일한 범죄사실을 수사하게 된 때에는 사법경찰관에게 사건을 송치할 것을 요구할 수 있다. ② 제1항의 요구를 받은 사법경찰관은 **지체 없이** 검사에게 사건을 송치하여야 한다. 다만, 검사가 영장을 청구하기 전에 동일한 범죄사실에 관하여 사법경찰관이 영장을 신청한 경우에는 해당 영장에 기재된 범죄사실을 계속 수사할 수 있다.

제21조(심야조사 제한) ① 검사 또는 사법경찰관은 조사, 신문, 면담 등 그 명칭을 불문하고 피의자나 사건관계인에 대해 오후 9시부터 오전 6시까지 사이에 조사(이하 "심야조사"라 한다)를 해서는 안 된다. 다만, 이미 작성된 조서의 열람을 위한 절차는 자정 이전까지 진행할 수 있다.

② 제1항에도 불구하고 다음 각 호의 어느 하나에 해당하는 경우에는 심야조사를 할 수 있다. 이 경우 심야조사의 사유를 조서에 명확하게 적어야 한다.

1. 피의자를 체포한 후 48시간 이내에 구속영장의 청구 또는 신청 여부를 판단하기 위해 불가피한 경우

2. 공소시효가 임박한 경우

3. 피의자나 사건관계인이 출국, 입원, 원거리 거주, 직업상 사유 등 재출석이 곤란한 구체적인 사유를 들어 심야조사를 요청한 경우(변호인이 심야조사에 동의하지 않는다는 의사를 명시한 경우는 제외한다)로서 해당 요청에 상당한 이유가 있다고 인정되는 경우

4. 그 밖에 사건의 성질 등을 고려할 때 심야조사가 불가피하다고 판단되는 경우 등 법무부장관, 경찰청장 또는 해양경찰청장이 정하는 경우로서 검사 또는 사법경찰관의 소속 기관의 장이 지정하는 인권보호 책임자의 허가 등을 받은 경우

제22조(장시간 조사 제한) ① 검사 또는 사법경찰관은 조사, 신문, 면담 등 그 명칭을 불문하고 피의자나 사건관계인을 조사하는 경우에는 대기시간, 휴식시간, 식사시간 등 모든 시간을 합산한 조사시간(이하 "총조사시간"이라 한다)이 12시간을 초과하지 않도록 해야 한다. 다만, 다음 각 호의 어느 하나에 해당하는 경우에는 예외로 한다.

1. 피의자나 사건관계인의 서면 요청에 따라 조서를 열람하는 경우

2. 제21조제2항 각 호의 어느 하나에 해당하는 경우

② 검사 또는 사법경찰관은 특별한 사정이 없으면 총조사시간 중 식사시간, 휴식시간 및 조서의 열람시간 등을 제외한 실제 조사시간이 8시간을 초과하지 않도록 해야 한다.

③ 검사 또는 사법경찰관은 피의자나 사건관계인에 대한 조사를 마친 때부터 8시간이 지나기 전에는 다시 조사할 수 없다. 다만, 제1항제2호에 해당하는 경우에는 예외로 한다.

제23조(휴식시간 부여) ① 검사 또는 사법경찰관은 조사에 상당한 시간이 소요되는 경우에는 특별한 사정이 없으면 피의자 또는 사건관계인에게 조사 도중에 최소한 2시간마다 10분 이상의 휴식시간을 주어야 한다.

② 검사 또는 사법경찰관은 조사 도중 피의자, 사건관계인 또는 그 변호인으로부터 휴식시간의 부여를 요청받았을 때에는 그때까지 조사에 소요된 시간, 피의자 또는 사건관계인의 건강상태 등을 고려해 적정하다고 판단될 경우 휴식시간을 주어야 한다.

③ 검사 또는 사법경찰관은 조사 중인 피의자 또는 사건관계인의 건강상태에 이상 징후가 발견되면 의사의 진료를 받게 하거나 휴식하게 하는 등 필요한 조치를 해야 한다.

제24조(신뢰관계인의 동석) ① 법 제244조의5에 따라 피의자와 동석할 수 있는 신뢰관계에 있는 사람과 법 제221조제3항에서 준용하는 법 제163조의2에 따라 피해자와 동석할 수 있는 신뢰관계에 있는 사람은 피의자 또는 피해자의 직계친족, 형제자매, 배우자, 가족, 동거인, 보호ㆍ교육시설의 보호ㆍ교육담당자 등 피의자 또는 피해자의 심리적 안정과 원활한 의사소통에 도움을 줄 수 있는 사람으로 한다.

② 피의자, 피해자 또는 그 법정대리인이 제1항에 따른 신뢰관계에 있는 사람의 동석을 신청한 경우 검사 또는 사법경찰관은 그 관계를 적은 동석신청서를 제출받거나 조서 또는 수사보고서에 그 관계를 적어야 한다.

제25조(자료ㆍ의견의 제출기회 보장) ① 검사 또는 사법경찰관은 조사과정에서 피의자, 사건관계인 또는 그 변호인이 사실관계 등의 확인을 위해 자료를 제출하는 경우 그 자료를 수사기록에 편철한다.

② 검사 또는 사법경찰관은 조사를 종결하기 전에 피의자, 사건관계인 또는 그 변호인에게 자료 또는 의견을 제출할 의사가 있는지를 확인하고, 자료 또는 의견을 제출받은 경우에는 해당 자료 및 의견을 수사기록에 편철한다.

제26조(수사과정의 기록) ① 검사 또는 사법경찰관은 법 제244조의4에 따라 조사(신문, 면담 등 명칭을 불문한다. 이하 이 조에서 같다) 과정의 진행경과를 다음 각 호의 구분에 따른 방법으로 기록해야 한다.

1. 조서를 작성하는 경우: 조서에 기록(별도의 서면에 기록한 후 조서의 끝부분에 편철하는 것을 포함한다)

2. 조서를 작성하지 않는 경우: 별도의 서면에 기록한 후 수사기록에 편철

② 제1항에 따라 조사과정의 진행경과를 기록할 때에는 다음 각 호의 구분에 따른 사항을 구체적으로 적어야 한다.

1. 조서를 작성하는 경우에는 다음 각 목의 사항

가. 조사 대상자가 조사장소에 도착한 시각

나. 조사의 시작 및 종료 시각

다. 조사 대상자가 조사장소에 도착한 시각과 조사를 시작한 시각에 상당한 시간적 차이가 있는 경우에는 그 이유

라. 조사가 중단되었다가 재개된 경우에는 그 이유와 중단 시각 및 재개 시각

2. 조서를 작성하지 않는 경우에는 다음 각 목의 사항

가. 조사 대상자가 조사장소에 도착한 시각

나. 조사 대상자가 조사장소를 떠난 시각

다. 조서를 작성하지 않는 이유

라. 조사 외에 실시한 활동

마. 변호인 참여 여부

## 제4절 강제수사

**제27조(긴급체포)** ① 사법경찰관은 법 제200조의3제2항에 따라 긴급체포 후 **12시간 내**에 검사에게 긴급체포의 승인을 요청해야 한다. 다만, 다음 각 호의 어느 하나에 해당하는 경우에는 긴급체포 후 **24시간 이내**에 긴급체포의 승인을 요청해야 한다. 〈개정 2023. 10. 17.〉

1. 제51조제1항제4호가목에 따른 피의자중지 또는 제52조제1항제3호에 따른 기소중지 결정이 된 피의자를 소속 경찰관서가 위치하는 특별시·광역시·특별자치시·도 또는 특별자치도 외의 지역에서 긴급체포한 경우

2. 「해양경비법」 제2조제2호에 따른 경비수역에서 긴급체포한 경우

② 제1항에 따라 긴급체포의 승인을 요청할 때에는 범죄사실의 요지, 긴급체포의 일시·장소, 긴급체포의 사유, 체포를 계속해야 하는 사유 등을 적은 긴급체포 승인요청서로 요청해야 한다. 다만, 긴급한 경우에는 「형사사법절차 전자화 촉진법」 제2조제4호에 따른 형사사법정보시스템(이하 "형사사법정보시스템"이라 한다) 또는 팩스를 이용하여 긴급체포의 승인을 요청할 수 있다.

③ 검사는 사법경찰관의 긴급체포 승인 요청이 이유 있다고 인정하는 경우에는 **지체 없이 긴급체포 승인서**를 사법경찰관에게 송부해야 한다.

④ 검사는 사법경찰관의 긴급체포 승인 요청이 이유 없다고 인정하는 경우에는 지체 없이 사법경찰관에게 불승인 통보를 해야 한다. 이 경우 사법경찰관은 긴급체포된 피의자를 즉시 석방하고 그 석방 일시와 사유 등을 검사에게 통보해야 한다.

**제28조(현행범인 조사 및 석방)** ① 검사 또는 사법경찰관은 법 제212조 또는 제213조에 따라 현행범인을 체포하거나 체포된 현행범인을 인수했을 때에는 조사가 현저히 곤란하다고 인정되는 경우가 아니면 **지체 없이 조사**해야 하며, 조사 결과 계속 구금할 필요가 없다고 인정할 때에는 현행범인을 **즉시 석방**해야 한다.

② 검사 또는 사법경찰관은 제1항에 따라 현행범인을 석방했을 때에는 석방 일시와 사유 등을 적은 피의자 석방서를 작성해 사건기록에 편철한다. 이 경우 **사법경찰관은 석방 후 지체 없이 검사에게 석방 사실을 통보**해야 한다.

**제29조(구속영장의 청구·신청)** ① 검사 또는 사법경찰관은 구속영장을 청구하거나 신청하는 경우 법 제209조에서 준용하는 법 제70조제2항의 필요적 고려사항이 있을 때에는 구속영장 청구서 또는 신청서에 그 내용을 적어야 한다.

② 검사 또는 사법경찰관은 체포한 피의자에 대해 구속영장을 청구하거나 신청할 때에는 구속영장 청구서 또는 신청서에 체포영장, 긴급체포서, 현행범인 체포서 또는 현행범인 인수서를 첨부해야 한다.

**제30조(구속 전 피의자 심문)** 사법경찰관은 법 제201조의2제3항 및 같은 조 제10항에서 준용하는 법 제81조제1항에 따라 판사가 통지한 피의자 심문 기일과 장소에 체포된 피의자를 출석시켜야 한다.

**제31조(체포·구속영장의 재청구·재신청)** 검사 또는 사법경찰관은 동일한 범죄사실로 다시 체포·구속영장을 청구하거나 신청하는 경우(체포·구속영장의 청구 또는 신청이 기각된 후 다시 체포·구속영장을 청구하거나 신청하는 경우와 이미 발부받은 체포·구속영장과 동일한 범죄사실로 다시 체포·구속영장을 청구하거나 신청하는 경우를 말한다)에는 그 취지를 체포·구속영장 청구서 또는 신청서에 적어야 한다.

**제32조(체포·구속영장 집행 시의 권리 고지)** ① 검사 또는 사법경찰관은 피의자를 체포하거나 구속할 때에는 법 제200조의5(법 제209조에서 준용하는 경우를 포함한다)에 따라 피의자에게 피의사실의 요지, 체포·구속의 이유와 변호인을 선임할 수 있음을 말하고, 변명할 기회를 주어야 하며, 진술거부권을 알려주어야 한다.

② 제1항에 따라 피의자에게 알려주어야 하는 진술거부권의 내용은 법 제244조의3제1항제1호부터 제3호까지의 사항으로 한다.

③ 검사와 사법경찰관이 제1항에 따라 피의자에게 그 권리를 알려준 경우에는 피의자로부터 권리 고지 확인서를 받아 사건기록에 편철한다.

**제32조의2(체포·구속영장 사본의 교부)** ① 검사 또는 사법경찰관은 영장에 따라 피의자를 체포하거나 구속하는 경우에는 법 제200조의6 또는 제209조에서 준용하는 법 제85조제1항 또는 제4항에 따라 피의자에게 반드시 영장을 제시하고 그 사본을 교부해야 한다.

② 검사 또는 사법경찰관은 제1항에 따라 피의자에게 영장을 제시하거나 영장의 사본을 교부할 때에는 사건관계인의 개인정보가 피의자의 방어권 보장을 위해 필요한 정도를 넘어 불필요하게 노출되지 않도록 유의해야 한다.

③ 검사 또는 사법경찰관은 제1항에 따라 피의자에게 영장의 사본을 교부한 경우에는 피의자로부터 영장 **사본 교부 확인서**를 받아 사건기록에 편철한다.

④ 피의자가 영장의 사본을 수령하기를 거부하거나 영장 사본 교부 확인서에 기명날인 또는 서명하는 것을 거부하는 경우에는 검사 또는 사법경찰관이 영장 사본 교부 확인서 끝 부분에 그 사유를 적고 기명날인 또는 서명해야 한다.

[본조신설 2023. 10. 17.]

제33조(체포·구속 등의 통지) ① 검사 또는 사법경찰관은 피의자를 체포하거나 구속하였을 때에는 법 제200조의6 또는 제209조에서 준용하는 법 제87조에 따라 변호인이 있으면 변호인에게, 변호인이 없으면 법 제30조제2항에 따른 사람 중 피의자가 지정한 사람에게 24시간 이내에 서면으로 사건명, 체포·구속의 일시·장소, 범죄사실의 요지, 체포·구속의 이유와 변호인을 선임할 수 있음을 통지해야 한다.

② 검사 또는 사법경찰관은 제1항에 따른 통지를 하였을 때에는 그 통지서 사본을 사건기록에 편철한다. 다만, 변호인 및 법 제30조제2항에 따른 사람이 없어서 체포·구속의 통지를 할 수 없을 때에는 그 취지를 수사보고서에 적어 사건기록에 편철한다.

③ 제1항 및 제2항은 법 제214조의2제2항에 따라 검사 또는 사법경찰관이 같은 조 제1항에 따른 자 중에서 피의자가 지정한 자에게 체포 또는 구속의 적부심사를 청구할 수 있음을 통지하는 경우에도 준용한다.

제34조(체포·구속영장 등본의 교부) 검사 또는 사법경찰관은 법 제214조의2제1항에 따른 자가 체포·구속영장 등본의 교부를 청구하면 그 등본을 교부해야 한다.

제35조(체포·구속영장의 반환) ① 검사 또는 사법경찰관은 체포·구속영장의 유효기간 내에 영장의 집행에 착수하지 못했거나, 그 밖의 사유로 영장의 집행이 불가능하거나 불필요하게 되었을 때에는 즉시 해당 영장을 법원에 반환해야 한다. 이 경우 체포·구속영장이 여러 통 발부된 경우에는 모두 반환해야 한다.

② 검사 또는 사법경찰관은 제1항에 따라 체포·구속영장을 반환하는 경우에는 반환사유 등을 적은 영장반환서에 해당 영장을 첨부하여 반환하고, 그 사본을 사건기록에 편철한다.

③ 제1항에 따라 사법경찰관이 체포·구속영장을 반환하는 경우에는 그 영장을 청구한 검사에게 반환하고, 검사는 사법경찰관이 반환한 영장을 법원에 반환한다.

제36조(피의자의 석방) ① 검사 또는 사법경찰관은 법 제200조의2제5항 또는 제200조의4제2항에 따라 구속영장을 청구하거나 신청하지 않고(사법경찰관이 구속영장의 청구를 신청하였으나 검사가 그 신청을 기각한 경우를 포함한다) 체포 또는 긴급체포한 피의자를 석방하려는 때에는 다음 각 호의 구분에 따른 사항을 적은 피의자 석방서를 작성해야 한다. 〈개정 2023. 10. 17.〉

1. 체포한 피의자를 석방하려는 때: 체포 일시·장소, 체포 사유, 석방 일시·장소, 석방 사유 등

2. 긴급체포한 피의자를 석방하려는 때: 법 제200조의4제4항 각 호의 사항

② 사법경찰관은 제1항에 따라 피의자를 석방한 경우 다음 각 호의 구분에 따라 처리한다. 〈개정 2023. 10. 17.〉

1. 체포한 피의자를 석방한 때: 지체 없이 검사에게 석방

사실을 통보하고, 그 통보서 사본을 사건기록에 편철한다.

2. 긴급체포한 피의자를 석방한 때: 즉시 검사에게 석방 사실을 보고하고, 그 보고서 사본을 사건기록에 편철한다.

제37조(압수·수색 또는 검증영장의 청구·신청) 검사 또는 사법경찰관은 압수·수색 또는 검증영장을 청구하거나 신청할 때에는 압수·수색 또는 검증의 범위를 범죄 혐의의 소명에 필요한 최소한으로 정해야 하고, 수색 또는 검증할 장소·신체·물건 및 압수할 물건 등을 구체적으로 특정해야 한다. 이 경우 수사기밀이나 사건관계인의 개인정보가 압수·수색 또는 검증을 필요로 하는 사유의 소명에 필요한 정도를 넘어 불필요하게 노출되지 않도록 유의해야 한다. 〈개정 2023. 10. 17.〉

제38조(압수·수색 또는 검증영장의 제시·교부) ① 검사 또는 사법경찰관은 법 제219조에서 준용하는 법 제118조에 따라 영장을 제시할 때에는 처분을 받는 자에게 법관이 발부한 영장에 따른 압수·수색 또는 검증이라는 사실과 영장에 기재된 범죄사실 및 수색 또는 검증할 장소·신체·물건, 압수할 물건 등을 명확히 알리고, 처분을 받는 자가 해당 영장을 열람할 수 있도록 해야 한다. 이 경우 처분을 받는 자가 피의자인 경우에는 해당 영장의 사본을 교부해야 한다. 〈개정 2023. 10. 17.〉

② 압수·수색 또는 검증의 처분을 받는 자가 여럿인 경우에는 모두에게 개별적으로 영장을 제시해야 한다. 이 경우 피의자에게는 개별적으로 해당 영장의 사본을 교부해야 한다. 〈개정 2023. 10. 17.〉

③ 검사 또는 사법경찰관은 제1항 및 제2항에 따라 피의자에게 영장을 제시하거나 영장의 사본을 교부할 때에는 사건관계인의 개인정보가 피의자의 방어권 보장을 위해 필요한 정도를 넘어 불필요하게 노출되지 않도록 유의해야 한다. 〈신설 2023. 10. 17.〉

④ 검사 또는 사법경찰관은 제1항 후단 및 제2항 후단에 따라 피의자에게 영장의 사본을 교부한 경우에는 피의자로부터 영장 사본 교부 확인서를 받아 사건기록에 편철한다. 〈신설 2023. 10. 17.〉

⑤ 피의자가 영장의 사본을 수령하기를 거부하거나 영장 사본 교부 확인서에 기명날인 또는 서명하는 것을 거부하는 경우에는 검사 또는 사법경찰관이 영장 사본 교부 확인서 끝 부분에 그 사유를 적고 기명날인 또는 서명해야 한다. 〈신설 2023. 10. 17.〉 [제목개정 2023. 10. 17.]

제39조(압수·수색 또는 검증영장의 재청구·재신청 등) 압수·수색 또는 검증영장의 재청구·재신청(압수·수색 또는 검증영장의 청구 또는 신청이 기각된 후 다시 압수·수색 또는 검증영장을 청구하거나 신청하는 경우와 이미 발부받은 압수·수색 또는 검증영장과 동일한 범죄사실로 다시 압수·수색 또는 검증영장을 청구하거나 신청하는 경우를 말한다)과 반환에 관해서는 제31조 및 제35조를 준용한다.

제40조(압수조서와 압수목록) 검사 또는 사법경찰관은 증거물 또는 몰수할 물건을 압수했을 때에는 압수의 일시·장소, 압수 경위 등을 적은 압수조서와 압수물건의 품종·수량 등을 적은 **압수목록을 작성**해야 한다. 다만, 피의자신문조서, 진술조서, 검증조서에 압수의 취지를 적은 경우에는 그렇지 않다.

제41조(전자정보의 압수·수색 또는 검증 방법) ① 검사 또는 사법경찰관은 법 제219조에서 준용하는 법 제106조제3항에 따라 컴퓨터용디스크 및 그 밖에 이와 비슷한 정보저장매체(이하 이 항에서 "정보저장매체등"이라 한다)에 기억된 정보(이하 "전자정보"라 한다)를 압수하는 경우에는 해당 정보저장매체등의 소재지에서 수색 또는 검증한 후 범죄사실과 관련된 전자정보의 범위를 정하여 출력하거나 복제하는 방법으로 한다.

② 제1항에도 불구하고 제1항에 따른 압수 방법의 실행이 불가능하거나 그 방법으로는 압수의 목적을 달성하는 것이 현저히 곤란한 경우에는 압수·수색 또는 검증 현장에서 정보저장매체등에 들어 있는 전자정보 전부를 복제하여 그 복제본을 정보저장매체등의 소재지 외의 장소로 반출할 수 있다.

③ 제1항 및 제2항에도 불구하고 제1항 및 제2항에 따른 압수 방법의 실행이 불가능하거나 그 방법으로는 압수의 목적을 달성하는 것이 현저히 곤란한 경우에는 피압수자 또는 법 제123조에 따라 압수·수색영장을 집행할 때 참여하게 해야 하는 사람(이하 "피압수자등"이라 한다)이 참여한 상태에서 정보저장매체등의 원본을 봉인(封印)하여 정보저장매체등의 소재지 외의 장소로 반출할 수 있다.

제42조(전자정보의 압수·수색 또는 검증 시 유의사항) ① 검사 또는 사법경찰관은 전자정보의 탐색·복제·출력을 완료한 경우에는 지체 없이 피압수자등에게 **압수한 전자정보의 목록을 교부**해야 한다.

② 검사 또는 사법경찰관은 제1항의 목록에 포함되지 않은 전자정보가 있는 경우에는 해당 전자정보를 지체 없이 삭제 또는 폐기하거나 반환해야 한다. 이 경우 삭제·폐기 또는 반환확인서를 작성하여 피압수자등에게 교부해야 한다.

③ 검사 또는 사법경찰관은 전자정보의 복제본을 취득하거나 전자정보를 복제할 때에는 해시값(파일의 고유값으로서 일종의 전자지문을 말한다)을 확인하거나 압수·수색 또는 검증의 과정을 촬영하는 등 전자적 증거의 **동일성과 무결성(無缺性)**을 보장할 수 있는 적절한 방법과 조치를 취해야 한다.

④ 검사 또는 사법경찰관은 압수·수색 또는 검증의 전 과정에 걸쳐 피압수자 등이나 **변호인의 참여권을 보장**해야 하며, 피압수자 등과 변호인이 참여를 거부하는 경우에는 신뢰성과 전문성을 담보할 수 있는 상당한 방법으로 압수·수색 또는 검증을 해야 한다.

⑤ 검사 또는 사법경찰관은 제4항에 따라 참여한 피압수자 등이나 변호인이 압수 대상 전자정보와 사건의 관련성에 관하여 의견을 제시한 때에는 이를 조서에 적어야 한다.

제43조(검증조서) 검사 또는 사법경찰관은 검증을 한 경우에는 검증의 일시·장소, 검증 경위 등을 적은 검증조서를 작성해야 한다.

제44조(영장심의위원회) 법 제221조의5에 따른 영장심의위원회의 위원은 해당 업무에 전문성을 가진 중립적 외부 인사 중에서 위촉해야 하며, 영장심의위원회의 운영은 독립성·객관성·공정성이 보장되어야 한다.

## 제5절 시정조치요구

제45조(시정조치 요구의 방법 및 절차 등) ① 검사는 법 제197조의3제1항[4])에 따라 사법경찰관에게 **사건기록 등본의 송부**를 요구할 때에는 그 내용과 이유를 구체적으로 적은 **서면으로** 해야 한다.

② 사법경찰관은 제1항에 따른 요구를 받은 날부터 **7일 이내**에 사건기록 등본을 검사에게 송부해야 한다.

③ 검사는 제2항에 따라 사건기록 등본을 **송부받은 날부터 30일**(사안의 경중 등을 고려하여 **10일의 범위에서 한 차례** 연장할 수 있다) 이내에 법 제197조의3제3항에 따른 시정조치 요구 여부를 결정하여 사법경찰관에게 통보해야 한다. 이 경우 **시정조치 요구의 통보**는 그 내용과 이유를 구체적으로 적은 **서면으로** 해야 한다.

④ 사법경찰관은 제3항에 따라 시정조치 요구를 통보받은 경우 **정당한 이유**가 있는 경우를 제외하고는 **지체 없이 시정조치를 이행**하고, 그 이행 결과를 서면에 구체적으로 적어 검사에게 통보해야 한다.

⑤ 검사는 법 제197조의3제5항에 따라 사법경찰관에게 **사건송치를 요구**하는 경우에는 그 내용과 이유를 구체적으로 적은 **서면으로** 해야 한다.

⑥ 사법경찰관은 제5항에 따라 서면으로 사건송치를 요구받은 날부터 **7일 이내에 사건을 검사에게 송치해야 한다.** 이 경우 관계 서류와 증거물을 함께 송부해야 한다.

⑦ 제5항 및 제6항에도 불구하고 검사는 **공소시효 만료일의 임박 등 특별한 사유**가 있을 때에는 제5항에 따른 서면에 그 사유를 명시하고 **별도의 송치기한을 정하여** 사법경찰관에게 통지할 수 있다. 이 경우 사법경찰관은 정당한 이유가 있는 경우를 제외하고는 통지받은 송치기한까지 사건을 검사에게 송치해야 한다.

---

4) 형사소송법 **제197조의3(시정조치요구 등)** ① 검사는 사법경찰관리의 수사과정에서 **법령위반, 인권침해 또는 현저한 수사권 남용**이 의심되는 사실의 신고가 있거나 그러한 사실을 인식하게 된 경우에는 사법경찰관에게 사건기록 등본의 송부를 요구할 수 있다.

제46조(징계요구의 방법 등) ① 검찰총장 또는 각급 검찰청 검사장은 법 제197조의3제7항에 따라 사법경찰관리의 징계를 요구할 때에는 서면에 그 사유를 구체적으로 적고 이를 증명할 수 있는 관계 자료를 첨부하여 해당 사법경찰관리가 소속된 경찰관서의 장(이하 "경찰관서장"이라 한다)에게 통보해야 한다.

② 경찰관서장은 제1항에 따른 징계요구에 대한 처리 결과와 그 이유를 징계를 요구한 검찰총장 또는 각급 검찰청 검사장에게 통보해야 한다.

제47조(구제신청 고지의 확인) 사법경찰관은 법 제197조의3 제8항에 따라 검사에게 구제를 신청할 수 있음을 피의자에게 알려준 경우에는 피의자로부터 **고지 확인서**를 받아 사건기록에 **편철**한다. 다만, 피의자가 고지 확인서에 기명날인 또는 서명하는 것을 거부하는 경우에는 사법경찰관이 고지 확인서 끝부분에 그 사유를 적고 기명날인 또는 서명해야 한다.

## 제6절 수사의 경합

제48조(동일한 범죄사실 여부의 판단 등) ① 검사와 사법경찰관은 법 제197조의4에 따른 수사의 경합과 관련하여 동일한 범죄사실 여부나 영장('통신비밀보호법」 제6조 및 제8조에 따른 통신제한조치허가서 및 같은 법 제13조에 따른 통신사실 확인자료제공 요청 허가서를 포함한다. 이하 이 조에서 같다) 청구·신청의 시간적 선후관계 등을 판단하기 위해 필요한 경우에는 그 필요한 범위에서 사건기록의 상호 열람을 요청할 수 있다.

② 제1항에 따른 영장 청구·신청의 시간적 선후관계는 **검사의 영장청구서와 사법경찰관의 영장신청서**가 각각 법원과 검찰청에 **접수된 시점을 기준으로 판단**한다.

③ 검사는 제2항에 따른 사법경찰관의 영장신청서의 접수를 거부하거나 지연해서는 안 된다.

제49조(수사경합에 따른 사건송치) ① 검사는 법 제197조의4제1항에 따라 사법경찰관에게 사건송치를 요구할 때에는 그 내용과 이유를 구체적으로 적은 서면으로 해야 한다.

② 사법경찰관은 제1항에 따른 요구를 받은 날부터 **7일 이내**에 사건을 검사에게 **송치해야** 한다. 이 경우 관계 서류와 증거물을 함께 송부해야 한다.

제50조(중복수사의 방지) 검사는 법 제197조의4제2항 단서에 따라 사법경찰관이 범죄사실을 계속 수사할 수 있게 된 경우에는 정당한 사유가 있는 경우를 제외하고는 그와 동일한 범죄사실에 대한 사건을 이송하는 등 중복수사를 피하기 위해 노력해야 한다.

## 제4장 사건송치와 수사종결
## 제1절 통칙

제51조(사법경찰관의 결정) ① 사법경찰관은 사건을 수사한 경우에는 다음 각 호의 구분에 따라 결정해야 한다.

1. **법원송치**
2. 검찰송치
3. 불송치
   가. 혐의없음
      1) 범죄인정안됨
      2) 증거불충분
   나. 죄가안됨
   다. 공소권없음
   라. 각하
4. 수사중지
   가. 피의자중지
   나. 참고인중지
5. **이송**

② 사법경찰관은 하나의 사건 중 피의자가 여러 사람이거나 피의사실이 여러 개인 경우로서 분리하여 결정할 필요가 있는 경우 그중 일부에 대해 제1항 각 호의 결정을 할 수 있다.

③ 사법경찰관은 제1항제3호나목 또는 다목에 해당하는 사건이 다음 각 호의 어느 하나에 해당하는 경우에는 해당 사건을 검사에게 이송한다. 〈개정 2023. 10. 17.〉

1. 「형법」 제10조제1항에 따라 벌할 수 없는 경우

2. 기소되어 사실심 계속 중인 사건과 포괄일죄를 구성하는 관계에 있거나 「형법」 제40조에 따른 상상적 경합 관계에 있는 경우

④ 사법경찰관은 제1항제4호에 따른 수사중지 결정을 한 경우 **7일 이내**에 사건기록을 검사에게 송부해야 한다. 이 경우 검사는 사건기록을 송부받은 날부터 **30일 이내에 반환**해야 하며, 그 기간 내에 법 제197조의3에 따라 **시정조치요구**를 할 수 있다.

⑤ 사법경찰관은 제4항 전단에 따라 검사에게 사건기록을 송부한 후 피의자 등의 소재를 발견한 경우에는 소재발견 및 수사 재개 사실을 검사에게 통보해야 한다. 이 경우 통보를 받은 검사는 **지체 없이** 사법경찰관에게 사건기록을 반환해야 한다.

제52조(검사의 결정) ① 검사는 사법경찰관으로부터 사건을 송치받거나 직접 수사한 경우에는 다음 각 호의 구분에 따라 결정해야 한다.

1. 공소제기
2. 불기소
   가. 기소유예
   나. 혐의없음
      1) 범죄인정안됨

        2) 증거불충분

        다. 죄가안됨

        라. 공소권없음

        마. 각하

    3. 기소중지

    4. 참고인중지

    5. 보완수사요구

    6. 공소보류

    7. 이송

    8. 소년보호사건 송치

    9. 가정보호사건 송치

    10. 성매매보호사건 송치

    11. 아동보호사건 송치

② 검사는 하나의 사건 중 피의자가 여러 사람이거나 피의사실이 여러 개인 경우로서 분리하여 결정할 필요가 있는 경우 그중 일부에 대해 제1항 각 호의 결정을 할 수 있다.

**제53조(수사 결과의 통지)** ① 검사 또는 사법경찰관은 제51조 또는 제52조에 따른 결정을 한 경우에는 그 내용을 고소인·고발인·피해자 또는 그 법정대리인(피해자가 사망한 경우에는 그 배우자·직계친족·형제자매를 포함한다. 이하 "고소인등"이라 한다)과 피의자에게 **통지해야** 한다. 다만, 다음 각 호의 어느 하나에 해당하는 경우에는 고소인등에게만 통지한다. 〈개정 2023. 10. 17.〉

1. 제51조제1항제4호가목에 따른 피의자중지 결정 또는 제52조제1항제3호에 따른 기소중지 결정을 한 경우

2. 제51조제1항제5호 또는 제52조제1항제7호에 따른 이송(법 제256조에 따른 송치는 제외한다) 결정을 한 경우로서 검사 또는 사법경찰관이 해당 피의자에 대해 출석요구 또는 제16조제1항 각 호의 어느 하나에 해당하는 행위를 하지 않은 경우

② 고소인등은 법 제245조의6에 따른 통지를 받지 못한 경우 사법경찰관에게 불송치 통지서로 통지해 줄 것을 요구할 수 있다.

③ 제1항에 따른 통지의 구체적인 방법·절차 등은 법무부장관, 경찰청장 또는 해양경찰청장이 정한다.

**제54조(수사중지 결정에 대한 이의제기 등)** ① 제53조에 따라 사법경찰관으로부터 제51조제1항제4호에 따른 수사중지 결정의 통지를 받은 사람은 해당 사법경찰관이 소속된 바로 위 **상급경찰관서의 장**에게 이의를 제기할 수 있다.

② 제1항에 따른 이의제기의 절차·방법 및 처리 등에 관하여 필요한 사항은 경찰청장 또는 해양경찰청장이 정한다.

③ 제1항에 따른 통지를 받은 사람은 해당 **수사중지 결정이 법령위반, 인권침해 또는 현저한 수사권 남용**이라고 의심되는 경우 검사에게 법 제197조의3제1항에 따른 신고를 할 수 있다.

④ 사법경찰관은 제53조에 따라 고소인등에게 제51조제1항제4호에 따른 수사중지 결정의 통지를 할 때에는 제3항에 따라 신고할 수 있다는 사실을 함께 고지해야 한다.

**제55조(소재수사에 관한 협력 등)** ① 검사와 사법경찰관은 소재불명(所在不明)인 피의자나 참고인을 발견한 때에는 해당 사실을 통보하는 등 서로 협력해야 한다.

② 검사는 법 제245조의5제1호 또는 법 제245조의7제2항에 따라 송치된 사건의 피의자나 참고인의 소재 확인이 필요하다고 판단하는 경우 피의자나 참고인의 주소지 또는 거소지 등을 관할하는 경찰관서의 사법경찰관에게 소재수사를 요청할 수 있다. 이 경우 요청을 받은 사법경찰관은 이에 협력해야 한다.

③ 검사 또는 사법경찰관은 제51조제1항제4호 또는 제52조제1항제3호·제4호에 따라 수사중지 또는 기소중지·참고인중지된 사건의 피의자 또는 참고인을 발견하는 등 수사중지 결정 또는 기소중지·참고인중지 결정의 사유가 해소된 경우에는 즉시 수사를 진행해야 한다.

**제56조(사건기록의 등본)** ① 검사 또는 사법경찰관은 사건 관계 서류와 증거물을 분리하여 송부하거나 반환할 필요가 있으나 해당 서류와 증거물의 분리가 불가능하거나 현저히 곤란한 경우에는 그 서류와 증거물을 등사하여 송부하거나 반환할 수 있다.

② 검사 또는 사법경찰관은 제45조제1항, 이 조 제1항 등에 따라 사건기록 등본을 송부받은 경우 이를 다른 목적으로 사용할 수 없으며, 다른 법령에 특별한 규정이 있는 경우를 제외하고는 그 사용 목적을 위한 기간이 경과한 때에 즉시 이를 반환하거나 폐기해야 한다.

**제57조(송치사건 관련 자료 제공)** 검사는 사법경찰관이 송치한 사건에 대해 검사의 공소장, 불기소결정서, 송치결정서 및 법원의 판결문을 제공할 것을 요청하는 경우 이를 사법경찰관에게 지체 없이 제공해야 한다.

## 제2절 사건송치와 보완수사요구

**제58조(사법경찰관의 사건송치)** ① 사법경찰관은 관계 법령에 따라 검사에게 사건을 송치할 때에는 송치의 이유와 범위를 적은 송치 결정서와 압수물 총목록, 기록목록, 범죄경력 조회 회보서, 수사경력 조회 회보서 등 관계 서류와 증거물을 함께 송부해야 한다.

② 사법경찰관은 피의자 또는 참고인에 대한 조사과정을 영상녹화한 경우에는 해당 영상녹화물을 봉인한 후 검사에게 사건을 송치할 때 봉인된 영상녹화물의 종류와 개수를 표시하여 사건기록과 함께 송부해야 한다.

③ 사법경찰관은 사건을 송치한 후에 새로운 증거물, 서류 및 그 밖의 자료를 추가로 송부할 때에는 이전에 송치한 사건명, 송치 연월일, 피의자의 성명과 추가로 송부하는 서류 및 증거물 등을 적은 **추가송부서를 첨부**해야 한다.

**제59조(보완수사요구의 대상과 범위)** ① 검사는 사법경찰관으로부터 송치받은 사건에 대해 보완수사가 필요하다고 인정하는 경우에는 **직접 보완수사를 하거나 법 제197조의2제1항제1호에 따라 사법경찰관에게 보완수사를 요구할 수 있다.** 다만, 송치사건의 공소제기 여부 결정에 필요한 경우로서 다음 각 호의 어느 하나에 해당하는 경우에는 특별히 사법경찰관에게 보완수사를 요구할 필요가 있다고 인정되는 경우를 제외하고는 검사가 직접 보완수사를 하는 것을 원칙으로 한다. 〈개정 2023. 10. 17.〉

1. 사건을 수리한 날(이미 보완수사요구가 있었던 사건의 경우 보완수사 이행 결과를 통보받은 날을 말한다)부터 **1개월**이 경과한 경우

2. 사건이 송치된 이후 검사가 해당 피의자 및 피의사실에 대해 상당한 정도의 보완수사를 한 경우

3. 법 제197조의3제5항, 제197조의4제1항 또는 제198조의2제2항에 따라 사법경찰관으로부터 사건을 송치받은 경우

4. 제7조 또는 제8조에 따라 검사와 사법경찰관이 사건 송치 전에 수사할 사항, 증거수집의 대상 및 법령의 적용 등에 대해 **협의**를 마치고 송치한 경우

② 검사는 법 제197조의2제1항에 따른 보완수사요구 여부를 판단하는 경우 필요한 보완수사의 정도, 수사 진행 기간, 구체적 사건의 성격에 따른 수사 주체의 적합성 및 검사와 사법경찰관의 상호 존중과 협력의 취지 등을 종합적으로 고려한다. 〈신설 2023. 10. 17.〉

③ 검사는 법 제197조의2제1항제1호에 따라 사법경찰관에게 송치사건 및 관련사건(법 제11조에 따른 관련사건 및 법 제208조제2항에 따라 간주되는 동일한 범죄사실에 관한 사건을 말한다. 다만, 법 제11조제1호의 경우에는 수사기록에 명백히 현출(現出)되어 있는 사건으로 한정한다)에 대해 다음 각 호의 사항에 관한 보완수사를 요구할 수 있다. 〈개정 2023. 10. 17.〉

1. 범인에 관한 사항

2. 증거 또는 범죄사실 증명에 관한 사항

3. 소송조건 또는 처벌조건에 관한 사항

4. 양형 자료에 관한 사항

5. 죄명 및 범죄사실의 구성에 관한 사항

6. 그 밖에 송치받은 사건의 공소제기 여부를 결정하는 데 필요하거나 공소유지와 관련해 필요한 사항

④ 검사는 사법경찰관이 신청한 영장(「통신비밀보호법」 제6조 및 제8조에 따른 통신제한조치허가서 및 같은 법 제13조에 따른 통신사실 확인자료 제공 요청 허가서를 포함한다. 이하 이 항에서 같다)의 청구 여부를 결정하기 위해 필요한 경우 법 제197조의2제1항제2호에 따라 사법경찰관에게 보완수사를 요구할 수 있다. 이 경우 보완수사를 요구할 수 있는 범위는 다음 각 호와 같다. 〈개정 2023. 10. 17.〉

1. 범인에 관한 사항

2. 증거 또는 범죄사실 소명에 관한 사항

3. 소송조건 또는 처벌조건에 관한 사항

4. 해당 영장이 필요한 사유에 관한 사항

5. 죄명 및 범죄사실의 구성에 관한 사항

6. 법 제11조(법 제11조제1호의 경우는 수사기록에 명백히 현출되어 있는 사건으로 한정한다)와 관련된 사항

7. 그 밖에 사법경찰관이 신청한 영장의 청구 여부를 결정하기 위해 필요한 사항

**제60조(보완수사요구의 방법과 절차)** ① 검사는 법 제197조의2제1항에 따라 보완수사를 요구할 때에는 그 이유와 내용 등을 구체적으로 적은 서면과 관계 서류 및 증거물을 사법경찰관에게 함께 송부해야 한다. 다만, 보완수사 대상의 성질, 사안의 긴급성 등을 고려하여 관계 서류와 증거물을 송부할 필요가 없거나 송부하는 것이 적절하지 않다고 판단하는 경우에는 해당 관계 서류와 증거물을 송부하지 않을 수 있다.

② 보완수사를 요구받은 사법경찰관은 제1항 단서에 따라 송부받지 못한 관계 서류와 증거물이 보완수사를 위해 필요하다고 판단하면 해당 서류와 증거물을 대출하거나 그 전부 또는 일부를 등사할 수 있다.

③ 사법경찰관은 법 제197조의2제1항에 따른 보완수사요구가 접수된 날부터 **3개월 이내**에 보완수사를 마쳐야 한다. 〈신설 2023. 10. 17.〉

④ 사법경찰관은 법 제197조의2제2항에 따라 보완수사를 이행한 경우에는 그 이행 결과를 검사에게 서면으로 통보해야 하며, 제1항 본문에 따라 관계 서류와 증거물을 송부받은 경우에는 그 서류와 증거물을 함께 반환해야 한다. 다만, 관계 서류와 증거물을 반환할 필요가 없는 경우에는 보완수사의 이행 결과만을 검사에게 통보할 수 있다. 〈개정 2023. 10. 17.〉

⑤ 사법경찰관은 법 제197조의2제1항제1호에 따라 보완수사를 이행한 결과 법 제245조의5제1호에 해당하지 않는다고 판단한 경우에는 제51조제1항제3호에 따라 사건을 불송치하거나 같은 항 제4호에 따라 수사중지할 수 있다. 〈개정 2023. 10. 17.〉

**제61조(직무배제 또는 징계 요구의 방법과 절차)** ① 검찰총장 또는 각급 검찰청 검사장은 법 제197조의2제3항에 따라 사법경찰관의 직무배제 또는 징계를 요구할 때에는 그 이유를 구체적으로 적은 서면에 이를 증명할 수 있는 관계 자료를 첨부하여 해당 사법경찰관이 소속된 경찰관서장에게 통보해야 한다.

② 제1항의 직무배제 요구를 통보받은 경찰관서장은 정당한 이유가 있는 경우를 제외하고는 그 요구를 받은 날부터 **20일 이내**에 해당 사법경찰관을 직무에서 배제해야 한다.

③ 경찰관서장은 제1항에 따른 요구의 처리 결과와 그 이유를 직무배제 또는 징계를 요구한 검찰총장 또는 각급 검찰청 검사장에게 통보해야 한다.

## 제3절 사건불송치와 재수사요청

**제62조(사법경찰관의 사건불송치)** ① 사법경찰관은 법 제245조의5제2호 및 이 영 제51조제1항제3호에 따라 불송치 결정을 하는 경우 불송치의 이유를 적은 불송치 결정서와 함께 압수물 총목록, 기록목록 등 관계 서류와 증거물을 검사에게 송부해야 한다.

② 제1항의 경우 영상녹화물의 송부 및 새로운 증거물 등의 추가 송부에 관하여는 제58조제2항 및 제3항을 준용한다.

**제63조(재수사요청의 절차 등)** ① 검사는 법 제245조의8에 따라 사법경찰관에게 재수사를 요청하려는 경우에는 법 제245조의5제2호에 따라 관계 서류와 증거물을 송부받은 날부터 **90일 이내**에 해야 한다. 다만, 다음 각 호의 어느 하나에 해당하는 경우에는 관계 서류와 증거물을 송부받은 날부터 90일이 지난 후에도 재수사를 요청할 수 있다.

1. 불송치 결정에 영향을 줄 수 있는 명백히 새로운 증거 또는 사실이 발견된 경우

2. 증거 등의 허위, 위조 또는 변조를 인정할 만한 상당한 정황이 있는 경우

② 검사는 제1항에 따라 재수사를 요청할 때에는 그 내용과 이유를 구체적으로 적은 서면으로 해야 한다. 이 경우 법 제245조의5제2호에 따라 송부받은 관계 서류와 증거물을 사법경찰관에게 반환해야 한다.

③ 검사는 법 제245조의8에 따라 재수사를 요청한 경우 그 사실을 고소인등에게 통지해야 한다.

④ 사법경찰관은 법 제245조의8제1항에 따른 재수사의 요청이 접수된 날부터 **3개월 이내**에 재수사를 마쳐야 한다. 〈신설 2023. 10. 17.〉

**제64조(재수사 결과의 처리)** ① 사법경찰관은 법 제245조의8제2항에 따라 재수사를 한 경우 다음 각 호의 구분에 따라 처리한다.

1. 범죄의 혐의가 있다고 인정되는 경우: 법 제245조의5제1호에 따라 검사에게 사건을 송치하고 관계 서류와 증거물을 송부

2. 기존의 불송치 결정을 유지하는 경우: 재수사 결과서에 그 내용과 이유를 구체적으로 적어 검사에게 통보

② 검사는 사법경찰관이 제1항제2호에 따라 재수사 결과를 통보한 사건에 대해서 다시 재수사를 요청하거나 송치 요구를 할 수 없다. 다만, 검사는 사법경찰관이 사건을 송치하지 않은 위법 또는 부당이 시정되지 않아 사건을 송치받아 수사할 필요가 있는 다음 각 호의 경우에는 법 제197조의3에 따라 **사건송치를 요구할 수 있다.** 〈개정 2023. 10. 17.〉

1. 관련 법령 또는 법리에 위반된 경우

2. 범죄 혐의의 유무를 명확히 하기 위해 **재수사를 요청한 사항에 관하여 그 이행이 이루어지지 않은 경우.** 다만, 불송치 결정의 유지에 영향을 미치지 않음이 명백한 경우는 제외한다.

3. 송부받은 관계 서류 및 증거물과 재수사 결과만으로도 범죄의 혐의가 명백히 인정되는 경우

4. 공소시효 또는 형사소추의 요건을 판단하는 데 오류가 있는 경우

③ 검사는 제2항 각 호 외의 부분 단서에 따른 사건송치 요구 여부를 판단하기 위해 필요한 경우에는 사법경찰관에게 관계 서류와 증거물의 송부를 요청할 수 있다. 이 경우 요청을 받은 사법경찰관은 이에 협력해야 한다. 〈신설 2023. 10. 17.〉

④ 검사는 재수사 결과를 통보받은 날(제3항에 따라 관계 서류와 증거물의 송부를 요청한 경우에는 관계 서류와 증거물을 송부받은 날을 말한다)부터 **30일 이내**에 제2항 각 호 외의 부분 단서에 따른 사건송치 요구를 해야 하고, 그 기간 내에 사건송치 요구를 하지 않을 경우에는 송부받은 관계 서류와 증거물을 사법경찰관에게 반환해야 한다. 〈신설 2023. 10. 17.〉

**제65조(재수사 중의 이의신청)** 사법경찰관은 법 제245조의8제2항에 따라 재수사 중인 사건에 대해 법 제245조의7제1항에 따른 이의신청이 있는 경우에는 재수사를 중단해야 하며, 같은 조 제2항에 따라 해당 사건을 지체 없이 검사에게 송치하고 관계 서류와 증거물을 송부해야 한다.

## 제5장 보칙

**제66조(재정신청 접수에 따른 절차)** ① 사법경찰관이 수사 중인 사건이 법 제260조제2항제3호에 해당하여 같은 조 제3항에 따라 지방검찰청 검사장 또는 지청장에게 재정신청서가 제출된 경우 해당 지방검찰청 또는 지청 소속 검사는 즉시 사법경찰관에게 그 사실을 통보해야 한다.

② 사법경찰관은 제1항의 통보를 받으면 즉시 검사에게 해당 사건을 송치하고 관계 서류와 증거물을 송부해야 한다.

③ 검사는 제1항에 따른 재정신청에 대해 법원이 법 제262조제2항제1호에 따라 기각하는 결정을 한 경우에는 해당 결정서를 사법경찰관에게 송부해야 한다. 이 경우 제2항에 따라 송치받은 사건을 사법경찰관에게 이송해야 한다.

**제67조(형사사법정보시스템의 이용)** 검사 또는 사법경찰관은 「형사사법절차 전자화 촉진법」 제2조제1호에 따른 형사사법업무와 관련된 문서를 작성할 때에는 형사사법정보시스템을 이용해야 하며, 그에 따라 작성한 문서는 형사사법정보시스템에 저장·보관해야 한다. 다만, 다음 각 호의 어느 하나에 해당하는 문서로서 형사사법정보시스템을 이용하는 것이 곤란한 경우는 그렇지 않다.

1. 피의자나 사건관계인이 직접 작성한 문서

2. 형사사법정보시스템에 작성 기능이 구현되어 있지 않은 문서

3. 형사사법정보시스템을 이용할 수 없는 시간 또는 장소에서 불가피하게 작성해야 하거나 형사사법정보시스템의 장애 또는 전산망 오류 등으로 형사사법정보시스템을 이용할 수 없는 상황에서 불가피하게 작성해야 하는 문서

**제68조(사건 통지 시 주의사항 등)** 검사 또는 사법경찰관은 제12조에 따라 수사 진행상황을 통지하거나 제53조에 따라 수사 결과를 통지할 때에는 해당 사건의 피의자 또는 사건관계인의 명예나 권리 등이 부당하게 침해되지 않도록 주의해야 한다.

**제69조(수사서류 등의 열람·복사)** ① 피의자, 사건관계인 또는 그 변호인은 검사 또는 사법경찰관이 수사 중인 사건에 관한 **본인의 진술이 기재된 부분 및 본인이 제출한 서류**의 전부 또는 일부에 대해 열람·복사를 신청할 수 있다.

② 피의자, 사건관계인 또는 그 변호인은 검사가 **불기소 결정**을 하거나 사법경찰관이 **불송치 결정**을 한 사건에 관한 기록의 전부 또는 일부에 대해 열람·복사를 신청할 수 있다.

③ 피의자 또는 그 변호인은 필요한 사유를 소명하고 고소장, 고발장, 이의신청서, 항고장, 재항고장(이하 "고소장등"이라 한다)의 열람·복사를 신청할 수 있다. 이 경우 열람·복사의 범위는 피의자에 대한 혐의사실 부분으로 한정하고, 그 밖에 사건관계인에 관한 사실이나 개인정보, 증거방법 또는 고소장등에 첨부된 서류 등은 제외한다.

④ 체포·구속된 피의자 또는 그 변호인은 현행범인체포서, 긴급체포서, 체포영장, 구속영장의 열람·복사를 신

청할 수 있다.

⑤ 피의자 또는 사건관계인의 법정대리인, 배우자, 직계친족, 형제자매로서 피의자 또는 사건관계인의 위임장 및 신분관계를 증명하는 문서를 제출한 사람도 제1항부터 제4항까지의 규정에 따라 열람·복사를 신청할 수 있다.

⑥ 검사 또는 사법경찰관은 제1항부터 제5항까지의 규정에 따른 신청을 받은 경우에는 해당 서류의 공개로 사건관계인의 개인정보나 영업비밀이 침해될 우려가 있거나 **범인의 증거인멸·도주를 용이**하게 할 우려가 있는 경우 등 정당한 사유가 있는 경우를 제외하고는 열람·복사를 허용해야 한다.

**제70조(영의 해석 및 개정)** ① 이 영을 해석하거나 개정하는 경우에는 법무부장관은 행정안전부장관과 협의하여 결정해야 한다.

② 제1항에 따른 해석 및 개정에 관한 법무부장관의 자문에 응하기 위해 법무부에 외부전문가로 구성된 자문위원회를 둔다.

**제71조(민감정보 및 고유식별정보 등의 처리)** 검사 또는 사법경찰관리는 범죄 수사 업무를 수행하기 위해 불가피한 경우 「개인정보 보호법」 제23조에 따른 민감정보, 같은 법 시행령 제19조에 따른 주민등록번호, 여권번호, 운전면허의 면허번호 또는 외국인등록번호나 그 밖의 개인정보가 포함된 자료를 처리할 수 있다.

**부칙** 〈제31089호, 2020. 10. 7.〉

**제1조(시행일)** 이 영은 2021년 1월 1일부터 시행한다.

**제2조(다른 법령의 폐지)** 「검사의 사법경찰관리에 대한 수사지휘 및 사법경찰관리의 수사준칙에 관한 규정」은 폐지한다.

**제3조(일반적 적용례)** 이 영은 이 영 시행 당시 수사 중이거나 법원에 계속 중인 사건에 대해서도 적용한다. 다만, 이 영 시행 전에 부칙 제2조에 따라 폐지되는 「검사의 사법경찰관리에 대한 수사지휘 및 사법경찰관리의 수사준칙에 관한 규정」에 따라 한 행위의 효력에는 영향을 미치지 않는다.

# 부록 4 (경찰청) 디지털 증거의 처리 등에 관한 규칙(경찰청훈령)

## (경찰청) 디지털 증거의 처리 등에 관한 규칙

[시행 2023. 7. 4.] [경찰청훈령 제1086호, 2023. 7. 4., 일부 개정.]

### 제1장 총칙

**제1조(목적)** 이 규칙은 디지털 증거를 수집·보존·운반·분석·현출·관리하는 과정에서 준수하여야 할 기본원칙 및 업무처리절차를 규정함으로써 실체적 진실을 발견하고 인권보호에 기여함을 목적으로 한다.

**제2조(정의)** 이 규칙에서 사용하는 용어의 뜻은 다음과 같다.

1. "전자정보"란 전기적 또는 자기적 방법으로 저장되거나 네트워크 및 유·무선 통신 등을 통해 전송되는 정보를 말한다.

2. "디지털포렌식"이란 전자정보를 수집·보존·운반·분석·현출·관리하여 범죄사실 규명을 위한 증거로 활용할 수 있도록 하는 과학적인 절차와 기술을 말한다.

3. "디지털 증거"란 범죄와 관련하여 증거로서의 가치가 있는 전자정보를 말한다.

4. "정보저장매체등"이란 전자정보가 저장된 컴퓨터용 디스크, 그 밖에 이와 비슷한 정보저장매체를 말한다.

5. "정보저장매체등 원본"이란 전자정보 압수·수색·검증을 목적으로 반출의 대상이 된 정보저장매체등을 말한다.

6. "복제본"이란 정보저장매체등에 저장된 전자정보 전부를 하드카피 또는 이미징 등의 기술적 방법으로 별도의 다른 정보저장매체에 저장한 것을 말한다.

7. "디지털 증거분석 의뢰물"이란 범죄사실을 규명하기 위해 디지털 증거분석관에게 분석의뢰된 전자정보, 정보저장매체등 원본, 복제본을 말한다.

8. "디지털 증거분석관"이란 제6조의 규정에 따라 선발된 사람으로서 디지털 증거분석 의뢰를 받고 이를 수행하는 사람을 말한다.

9. "디지털증거 통합관리시스템"이란 디지털 증거분석 의뢰와 분석결과 회신 등을 포함한 디지털포렌식 업무를 종합적으로 관리하기 위하여 구축된 전산시스템을 말한다.

**제3조(적용범위)** 경찰의 디지털 증거 수집·보존·운반·분석·현출·관리(이하 "처리"라 한다) 업무에 대하여 다른 법령 및 규칙에 특별한 규정이 있는 경우를 제외하고는 이 규칙에 따른다.

**제4조(인권보호 원칙 등)** 디지털 증거의 처리업무를 수행하는 사람은 업무처리 과정에서 다음 각 호의 사항에 유의하여 업무를 수행하여야 한다.

1. 사건관계인의 인권을 존중하고 적법절차를 준수하며 신속·공정·성실하게 업무를 수행하여야 한다.

2. 객관적인 입장에서 공정하게 예단이나 편견 없이 중립적으로 업무를 수행하여야 하고, 주어진 권한을 자의적으로 행사하거나 남용하여서는 안 된다.

3. 업무의 전 과정에서 사건관계인의 사생활의 비밀을 보호하고 명예나 신용이 훼손되지 않도록 노력하여야 한다.

**제5조(디지털 증거 처리의 원칙)** ① 디지털 증거는 수집 시부터 수사 종결 시까지 변경 또는 훼손되지 않아야 하며, 정보저장매체등에 저장된 전자정보와 동일성이 유지되어야 한다.

② 디지털 증거 처리의 각 단계에서 업무처리자 변동 등의 이력이 관리되어야 한다.

③ 디지털 증거의 처리 시에는 디지털 증거 처리과정에서 이용한 장비의 기계적 정확성, 프로그램의 신뢰성, 처리자의 전문적인 기술능력과 정확성이 담보되어야 한다.

**제6조(디지털 증거분석관의 자격 및 선발)** 디지털 증거분석관(이하 "증거분석관"이라 한다)은 다음 각 호의 어느 하나에 해당하는 사람 중에서 선발한다.

1. 경찰 교육기관의 디지털 포렌식 관련 전문교육을 수료한 사람

2. 국가 또는 공공기관의 디지털 포렌식 관련 분야에서 3년 이상 근무한 사람

3. 디지털 포렌식, 컴퓨터공학, 전자공학, 정보보호공학 등 관련 분야 대학원 과정을 이수하여 석사 이상의 학위를 소지한 사람

4. 디지털 포렌식, 컴퓨터공학, 전자공학, 정보보호공학 등 관련 분야 학사학위를 소지하고, 해당 분야 전문교육 과정을 수료하거나 자격증을 소지한 사람

**제7조(디지털 증거분석의 처리체계)** ① 경찰청 국가수사본부 사이버수사국 디지털포렌식센터(이하 "경찰청 디지털 포렌식센터"라 한다)는 다음 각 호의 경우 디지털 증거분석업무를 수행한다.

1. 경찰청 각 부서에서 증거분석을 요청한 경우

2. 고도의 기술이나 특정 분석장비 등이 필요하여 시·도경찰청에서 증거분석이 곤란한 경우

3. 법원, 수사 · 조사기관, 중앙행정기관, 국외 기관 등이 범죄사실 규명을 위하여 디지털 증거분석을 요청하고 그 정당성과 필요성이 인정되는 경우

4. 그 밖에 경찰청에서 디지털 증거분석을 하여야 할 상당한 이유가 있다고 인정되는 경우

② 시 · 도경찰청 사이버수사과(사이버수사과가 설치되지 않은 시 · 도경찰청은 수사과로 하며, 이하 같다)는 다음 각 호의 경우 디지털 증거분석업무를 수행한다.

1. 시 · 도경찰청 각 부서 및 경찰서에서 증거분석을 요청한 경우

2. 관할 내 법원, 수사 · 조사기관, 행정기관 등이 범죄사실 규명을 위하여 디지털 증거분석을 요청하고 그 정당성과 필요성이 인정되는 경우

3. 경찰청 디지털포렌식센터와 협의하여 다른 시 · 도경찰청의 디지털 증거분석 업무를 지원할 것을 결정한 경우

4. 그 밖에 시 · 도경찰청에서 디지털 증거분석을 하여야 할 상당한 이유가 있다고 인정되는 경우

**제8조(디지털포렌식 자문단 운영)** ① 경찰청장은 디지털포렌식의 공정성과 신뢰성을 제고하고 관련 정책, 법률, 기술 등에 대한 자문을 구하기 위하여 전문가로 구성된 디지털포렌식 자문단(이하 "자문단"이라 한다)을 운영할 수 있다.

② 자문위원은 디지털포렌식 관련 분야의 전문지식과 경험이 풍부한 사람 중에서 사이버수사국장의 추천을 받아 경찰청장이 위촉한다.

③ 자문위원의 임기는 2년으로 한다.

④ 자문위원은 자문단의 업무와 관련하여 알게 된 비밀을 외부에 누설하여서는 아니 된다.

⑤ 회의 소집, 자문 등에 응한 자문위원에게는 예산의 범위 내에서 수당을 지급할 수 있다.

⑥ 그 밖에 자문단 운영에 필요한 사항은 경찰청장이 정한다.

## 제2장 디지털 증거의 수집

**제9조(디지털 증거 수집 시 원칙)** 디지털 증거의 수집은 수사목적을 달성하는데 필요한 최소한의 범위에서 이루어져야 하며, 「형사소송법」 등 관계 법령에 따른 적법절차를 준수하여야 한다.

**제10조(지원요청 및 처리)** ① 수사과정에서 전자정보 압수 · 수색 · 검증의 지원이 필요한 경우 경찰청 각 부서는 경찰청 디지털포렌식센터장에게, 시 · 도경찰청 각 부서 및 경찰서의 수사부서는 시 · 도경찰청 사이버수사과장에게 압수 · 수색 · 검증에 관한 지원을 요청할 수 있다.

② 경찰청 디지털포렌식센터장 또는 시 · 도경찰청 사이버수사과장은 압수 · 수색 · 검증에 관한 지원을 요청받은 경우에는 지원의 타당성과 필요성을 검토한 후, 지원여

부를 결정하여 통보하여야 한다.

③ 제2항에 따라 지원이 결정된 경우 증거분석관은 전자정보의 압수 · 수색 · 검증을 지원할 수 있다.

④ 압수 · 수색 · 검증과정을 지원하는 증거분석관은 성실한 자세로 기술적 지원을 하고, 경찰관은 압수 · 수색 · 검증영장 및 제11조 각 호의 사항을 증거분석관에게 사전에 충실히 제공하는 등 수사의 목적이 달성될 수 있도록 상호 협력하여야 한다.

**제11조(압수 · 수색 · 검증의 준비)** 경찰관은 전자정보를 압수 · 수색 · 검증하고자 할 때에는 사전에 다음 각 호의 사항을 고려하여야 한다.

1. 사건의 개요, 압수 · 수색 · 검증 장소 및 대상

2. 압수 · 수색 · 검증할 컴퓨터 시스템의 네트워크 구성형태, 시스템 운영체제, 서버 및 대용량 저장장치, 전용 소프트웨어

3. 압수대상자가 사용 중인 정보저장매체등

4. 압수 · 수색 · 검증에 소요되는 인원 및 시간

5. 디지털 증거분석 전용 노트북, 쓰기방지 장치 및 하드디스크 복제장치, 복제용 하드디스크, 하드디스크 운반용 박스, 정전기 방지장치 등 압수 · 수색 · 검증에 필요한 장비

**제12조(압수 · 수색 · 검증영장의 신청)** ① 경찰관은 압수 · 수색 · 검증영장을 신청하는 때에는 전자정보와 정보저장매체등을 구분하여 판단하여야 한다.

② 경찰관은 전자정보에 대한 압수 · 수색 · 검증영장을 신청하는 경우에는 혐의사실과의 관련성을 고려하여 압수 · 수색 · 검증할 전자정보의 범위 등을 명확히 하여야 한다. 이 경우 영장 집행의 실효성 확보를 위하여 다음 각 호의 사항을 고려하여야 한다.

1. 압수 · 수색 · 검증 대상 전자정보가 원격지의 정보저장매체등에 저장되어 있는 경우 등 특수한 압수 · 수색 · 검증방식의 필요성

2. 압수 · 수색 · 검증영장에 반영되어야 할 압수 · 수색 · 검증 장소 및 대상의 특수성

③ 경찰관은 다음 각 호의 어느 하나에 해당하여 필요하다고 판단하는 경우 전자정보와 별도로 정보저장매체등의 압수 · 수색 · 검증영장을 신청할 수 있다.

1. 정보저장매체등이 그 안에 저장된 전자정보로 인하여 「형법」 제48조제1항의 몰수사유에 해당하는 경우

2. 정보저장매체등이 범죄의 증명에 필요한 경우

**제13조(압수 · 수색 · 검증 시 참여 보장)** ① 전자정보를 압수 · 수색 · 검증할 경우에는 피의자 또는 변호인, 소유자, 소지자, 보관자의 참여를 보장하여야 한다. 이 경우, 압수 · 수색 · 검증 장소가 「형사소송법」 제123조제1항, 제2항에 정한 장소에 해당하는 경우에는 「형사소송법」 제123조에 정한 참여인의 참여를 함께 보장하여야 한다.

② 경찰관은 제1항에 따른 피의자 또는 변호인의 참여를 압수·수색·검증의 전 과정에서 보장하고, 미리 집행의 일시와 장소를 통지하여야 한다. 다만, 위 통지는 참여하지 아니한다는 의사를 명시한 때 또는 참여가 불가능하거나 급속을 요하는 때에는 예외로 한다.

③ 제1항에 따른 참여의 경우 경찰관은 참여인과 압수정보와의 관련성, 전자정보의 내용, 개인정보보호 필요성의 정도에 따라 압수·수색·검증 시 참여인 및 참여 범위를 고려하여야 한다.

④ 피의자 또는 변호인, 소유자, 소지자, 보관자, 「형사소송법」 제123조에 정한 참여인(이하 "피압수자 등"이라 한다)이 참여를 거부하는 경우 전자정보의 고유 식별값(이하 "해시값"이라 한다)의 동일성을 확인하거나 압수·수색·검증과정에 대한 사진 또는 동영상 촬영 등 신뢰성과 전문성을 담보할 수 있는 상당한 방법으로 압수하여야 한다.

⑤ 경찰관은 피압수자 등이 전자정보의 압수·수색·검증절차 참여과정에서 알게 된 사건관계인의 개인정보와 수사비밀 등을 누설하지 않도록 피압수자 등에게 협조를 요청할 수 있다.

**제14조(전자정보 압수·수색·검증의 집행)** ① 경찰관은 압수·수색·검증 현장에서 전자정보를 압수하는 경우에는 범죄 혐의사실과 관련된 전자정보에 한하여 문서로 출력하거나 휴대한 정보저장매체에 해당 전자정보만을 복제하는 방식(이하 "선별압수"라 한다)으로 하여야 한다. 이 경우 해시값 확인 등 디지털 증거의 동일성, 무결성을 담보할 수 있는 적절한 방법과 조치를 취하여야 한다.

② 압수가 완료된 경우 경찰관은 별지 제1호서식의 전자정보 확인서를 작성하여 피압수자 등의 확인·서명을 받아야 한다. 이 경우 피압수자 등의 확인·서명을 받기 곤란한 경우에는 그 사유를 해당 확인서에 기재하고 기록에 편철한다.

③ 경찰관은 별지 제1호서식의 전자정보 확인서 및 상세목록을 피압수자에게 교부한 경우 「경찰수사규칙」 제64조제2항의 압수목록교부서 및 「형사소송법」 제129조 압수목록의 교부에 갈음할 수 있다.

④ 경찰관은 압수한 전자정보의 상세목록을 피압수자 등에게 교부하는 때에는 출력한 서면을 교부하거나 전자파일 형태로 복사해 주거나 이메일을 전송하는 등의 방식으로 할 수 있다.

⑤ 그 외 압수·수색·검증과 관련된 서류의 작성은 「범죄수사규칙」(경찰청훈령)의 규정을 준용한다.

**제15조(복제본의 획득·반출)** ① 경찰관은 다음 각 호의 사유로 인해 압수·수색·검증 현장에서 제14조제1항 전단에 따라 선별압수 하는 방법이 불가능하거나 압수의 목적을 달성하기에 현저히 곤란한 경우에는 복제본을 획득하여 외부로 반출한 후 전자정보의 압수·수색·검증을

진행할 수 있다.

1. 피압수자 등이 협조하지 않거나, 협조를 기대할 수 없는 경우

2. 혐의사실과 관련될 개연성이 있는 전자정보가 삭제·폐기된 정황이 발견되는 경우

3. 출력·복제에 의한 집행이 피압수자 등의 영업활동이나 사생활의 평온을 침해한다는 이유로 피압수자 등이 요청하는 경우

4. 그 밖에 위 각 호에 준하는 경우

② 경찰관은 제1항에 따라 획득한 복제본을 반출하는 경우에는 복제본의 해시값을 확인하고 피압수자 등에게 전자정보 탐색 및 출력·복제과정에 참여할 수 있음을 고지한 후 별지 제3호서식의 복제본 반출(획득) 확인서를 작성하여 피압수자 등의 확인·서명을 받아야 한다. 이 경우, 피압수자 등의 확인·서명을 받기 곤란한 경우에는 그 사유를 해당 확인서에 기재하고 기록에 편철한다.

**제16조(정보저장매체등 원본 반출)** ① 경찰관은 압수·수색·검증현장에서 다음 각 호의 사유로 인해 제15조제1항에 따라 복제본을 획득·반출하는 방법이 불가능하거나 압수의 목적을 달성하기에 현저히 곤란한 경우에는 정보저장매체등 원본을 외부로 반출한 후 전자정보의 압수·수색·검증을 진행할 수 있다.

1. 영장 집행현장에서 하드카피·이미징 등 복제본 획득이 물리적·기술적으로 불가능하거나 극히 곤란한 경우

2. 하드카피·이미징에 의한 집행이 피압수자 등의 영업활동이나 사생활의 평온을 침해한다는 이유로 피압수자 등이 요청하는 경우

3. 그 밖에 위 각 호에 준하는 경우

② 경찰관은 제1항에 따라 정보저장매체등 원본을 반출하는 경우에는 피압수자 등의 참여를 보장한 상태에서 정보저장매체등 원본을 봉인하고 봉인해제 및 복제본의 획득과정 등에 참여할 수 있음을 고지한 후 별지 제4호서식의 정보저장매체 원본 반출 확인서 또는 별지 제5호서식의 정보저장매체 원본 반출 확인서(모바일기기)를 작성하여 피압수자 등의 확인·서명을 받아야 한다. 이 경우, 피압수자 등의 확인·서명을 받기 곤란한 경우에는 그 사유를 해당 확인서에 기재하고 기록에 편철한다.

**제17조(현장 외 압수 시 참여 보장절차)** ① 경찰관은 제15조 또는 제16조에 따라 복제본 또는 정보저장매체등 원본을 반출하여 현장 이외의 장소에서 전자정보의 압수·수색·검증을 계속하는 경우(이하 "현장 외 압수"라고 한다) 피압수자 등에게 현장 외 압수 일시와 장소를 통지하여야 한다. 다만, 제15조제2항 또는 제16조제2항에 따라 참여할 수 있음을 고지받은 자가 참여하지 아니한다는 의사를 명시한 때 또는 참여가 불가능하거나 급속을 요하는 때에는 예외로 한다.

② 피압수자 등의 참여 없이 현장 외 압수를 하는 경우에는 해시값의 동일성을 확인하거나 압수·수색·검증과정에 대한 사진 또는 동영상 촬영 등 신뢰성과 전문성을 담보할 수 있는 상당한 방법으로 압수하여야 한다.

③ 제1항 전단에 따른 통지를 받은 피압수자 등은 현장 외 압수 일시의 변경을 요청할 수 있다.

④ 제3항의 변경 요청을 받은 경찰관은 범죄수사 및 디지털 증거분석에 지장이 없는 범위 내에서 현장 외 압수 일시를 변경할 수 있다. 이 경우 경찰관은 피압수자 등에게 변경된 일시를 통지하여야 하고, 변경하지 않은 경우에는 변경하지 않은 이유를 통지하여야 한다.

⑤ 제1항, 제4항에 따라 통지한 현장 외 압수 일시에 피압수자 등이 출석하지 않은 경우 경찰관은 일시를 다시 정한 후 이를 피압수자 등에게 통지하여야 한다. 다만, 피압수자 등이 다음 각호의 사유로 불출석하는 경우에는 제2항의 절차를 거쳐 현장 외 압수를 진행할 수 있다.

1. 피압수자 등의 소재를 확인할 수 없거나 불명인 경우

2. 피압수자 등이 도망하였거나 도망한 것으로 볼 수 있는 경우

3. 피압수자 등이 증거인멸 또는 수사지연, 수사방해 등을 목적으로 출석하지 않은 경우

4. 그 밖에 위의 사유에 준하는 경우

⑥ 경찰관 또는 증거분석관은 현장 외 압수를 진행함에 있어 다음 각 호의 어느 하나에 해당하는 경우 별지 제6호서식의 참여 (철회) 확인서를 작성하고 피압수자 등의 확인·서명을 받아야 한다. 피압수자 등의 확인·서명을 받기 곤란한 경우에는 그 사유를 해당 확인서에 기재하고 기록에 편철한다.

1. 현장 외 압수에 참여 의사를 명시한 피압수자 등이 참여를 철회하는 때. 이 경우 제2항의 절차를 거쳐야 한다.

2. 현장 외 압수에 불참 의사를 명시한 피압수자등이 다시 참여 의사를 명시하는 때

제18조(현장 외 압수절차의 설명) ① 경찰관은 현장 외 압수에 참여하여 동석한 피압수자 등에게 현장 외 압수절차를 설명하고 그 사실을 기록에 편철한다. 이 경우 증거분석관이 현장 외 압수를 지원하는 경우에는 전단의 설명을 보조할 수 있다.

② 경찰관 및 증거분석관은 별지 제7호서식의 현장 외 압수절차 참여인을 위한 안내서를 피압수자 등에게 교부하여 전항의 설명을 갈음할 수 있다.

제19조(현장 외 압수절차) ① 경찰관은 제16조제1항에 따라 정보저장매체등 원본을 반출한 경우 위 원본으로부터 범죄혐의와 관련된 부분만을 선별하여 전자정보를 탐색·출력·복제하거나, 위 원본의 복제본을 획득한 후 그 복

제본에 대하여 범죄혐의와 관련된 부분만을 선별하여 전자정보를 탐색·출력·복제하는 방법으로 압수한다. 이 경우 작성 서류 및 절차는 제14제2항부터 제5항, 제15조 제2항을 준용한다.

② 경찰관은 제15조제1항에 따라 복제본을 반출한 경우 범죄혐의와 관련된 부분만을 선별하여 탐색·출력·복제하여야 한다. 이 경우 작성 서류 및 절차는 제14조제2항부터 제5항을 준용한다.

③ 경찰관은 제1항의 절차를 완료한 후 정보저장매체등 원본을 피압수자 등에게 반환하는 경우에는 별지 제8호서식의 정보저장매체 인수증을 작성·교부하여야 한다.

④ 특별한 사정이 없는 한 정보저장매체등 원본은 그 반출일로부터 10일 이내에 반환하여야 한다.

제20조(별건 혐의와 관련된 전자정보의 압수) 경찰관은 제14조부터 제17조, 제19조까지의 규정에 따라 혐의사실과 관련된 전자정보를 탐색하는 과정에서 별도의 범죄 혐의(이하 "별건 혐의"라 한다)를 발견한 경우 별건 혐의와 관련된 추가 탐색을 중단하여야 한다. 다만, 별건 혐의에 대해 별도 수사가 필요한 경우에는 압수·수색·검증영장을 별도로 신청·집행하여야 한다.

제21조(정보저장매체 자체의 압수·수색·검증 종료 후 전자정보 압수) 경찰관은 저장된 전자정보와의 관련성 없이 범행의 도구로 사용 또는 제공된 정보저장매체 자체를 압수한 이후에 전자정보에 대한 압수·수색·검증이 필요한 경우 해당 전자정보에 대해 압수·수색·검증영장을 별도로 신청·집행하여야 한다.

제22조(임의제출) ① 전자정보의 소유자, 소지자 또는 보관자가 임의로 제출한 전자정보의 압수에 관하여는 제13조부터 제20조까지의 규정을 준용한다. 다만, 별지 제1호서식의 전자정보확인서는 별지 제2호서식의 전자정보확인서(간이)로 대체할 수 있다.

② 제1항의 경우 경찰관은 제15조제1항 또는 제16조제1항의 사유가 없더라도 전자정보를 임의로 제출한 자의 동의가 있으면 위 해당규정에서 정하는 방법으로 압수할 수 있다.

③ 경찰관은 정보저장매체등을 임의로 제출 받아 압수하는 경우에는 피압수자의 자필서명으로 그 임의제출 의사를 확인하고, 제출된 전자정보가 증거로 사용될 수 있음을 설명하고 제출받아야 한다.

④ 저장된 전자정보와 관련성 없이 범행의 도구로 사용 또는 제공된 정보저장매체 자체를 임의제출 받은 이후 전자정보에 대한 압수·수색·검증이 필요한 경우 해당 전자정보에 대해 피압수자로부터 임의제출을 받거나 압수·수색·검증영장을 신청하여야 한다.

## 제3장 디지털 증거분석 의뢰 및 수행

**제23조(디지털 증거분석 의뢰)** ① 경찰관은 디지털 증거분석을 의뢰하는 경우 디지털 증거분석 의뢰물(이하 "분석의뢰물"이라 한다)이 충격, 자기장, 습기 및 먼지 등에 의해 손상되지 않고 안전하게 보관될 수 있도록 봉인봉투 등으로 봉인한 후 직접 운반하여야 한다. 다만, 직접 운반이 현저히 곤란한 경우 분석의뢰물이 손상되지 않고 운반 이력이 확인될 수 있는 안전한 방법으로 의뢰할 수 있다.

② 제1항에도 불구하고 경찰관은 분석의뢰물을 전자적 방식으로 전송하는 것이 효율적이고 적합하며 디지털 증거의 동일성·무결성을 담보하는 경우 해시값을 기록하는 등 분석의뢰물의 동일성을 유지하는 조치를 취하고 디지털증거 통합관리시스템을 통하여 분석의뢰물을 전송할 수 있다.

③ 제1항과 제2항의 경우 경찰관은 수사상 필요한 범위 내에서 디지털 증거분석이 원활하게 이루어질 수 있도록 증거분석관에게 제14조부터 제19조까지에 따라 작성한 서류 사본, 분석에 필요한 검색어, 검색 대상기간, 파일명, 확장자 등의 정보를 구체적으로 제공하여야 한다.

**제24조(분석의뢰물의 상태 기록)** 경찰청 디지털포렌식센터장 및 시·도경찰청 사이버수사과장은 디지털 증거분석 의뢰를 접수한 때에는 디지털 증거 보관의 연속성이 유지될 수 있도록 분석의뢰물의 보존에 유의하여 최초의 상태를 살피고 이를 사진으로 촬영하여야 한다. 다만, 분석의뢰물을 제23조제2항에 따라 전자적 방식으로 전송받은 경우 등 사진촬영이 곤란한 경우에는 분석의뢰물의 최초 상태를 기록하여 이에 갈음할 수 있다.

**제25조(분석의뢰물의 배당)** ① 경찰청 디지털포렌식센터장 및 시·도경찰청 사이버수사과장은 자체적으로 배당 기준을 마련하여 그에 따라 증거분석관에게 분석의뢰물을 배당하여야 한다. 다만, 분석의뢰물을 배당받을 증거분석관에게 「범죄수사규칙」 제8조에 따른 제척사유가 있거나 제9조에 따른 기피 신청이 인용된 때에는 해당 분석의뢰물을 다른 증거분석관에게 재배당하여야 한다.

② 분석의뢰물을 배당받은 증거분석관은 「검사와 사법경찰관의 상호협력과 일반적 수사준칙에 관한 규정」 제11조의 사유가 있다고 판단하는 경우 회피하여야 한다. 이 경우 경찰청 디지털포렌식센터장 및 시·도경찰청 사이버수사과장은 회피사유가 있다고 인정할 때에는 해당 분석의뢰물을 다른 증거분석관에게 재배당하여야 한다.

**제26조(관할조정)** ① 디지털 증거분석 의뢰를 접수한 시·도경찰청 사이버수사과장은 해당 시·도경찰청에서 분석을 수행할 경우 분석의 공정성과 신뢰성에 의혹이 제기될 우려가 있을 때에는 경찰청 디지털포렌식센터장에게 다른 시·도경찰청으로의 이송을 요청할 수 있다.

② 제1항의 건의를 받은 경찰청 디지털포렌식센터장은 이

송의 타당성과 필요성이 인정될 경우 이송을 보낼 다른 시·도경찰청 사이버수사과장과 협의하여 이송을 결정하여야 한다.

**제27조(분석의뢰물의 분석)** ① 증거분석관은 분석의뢰물이 변경되지 않도록 분석의뢰물을 복제하여 디지털 증거분석을 수행하여야 한다. 이 경우 분석의뢰물과 복제한 전자정보의 해시값을 비교·기록하여 동일성을 유지하여야 한다.

② 수사상 긴박한 사정이 있거나 복제본을 획득할 수 없는 부득이한 사정이 있는 경우에는 쓰기방지 장치를 사용하는 등 분석의뢰물이 변경되지 않도록 조치한 후 의뢰받은 분석의뢰물을 직접 분석할 수 있다.

**제28조(디지털 증거분석실 등의 출입제한)** 디지털 증거분석실 또는 증거물 보관실의 출입은 증거분석관 등 관계자로 제한한다.

**제29조(외부기관 분석 의뢰)** 경찰청 디지털포렌식센터장과 시·도경찰청 사이버수사과장은 디지털 증거분석의 공정성 등 확보가 필요하다고 판단되는 경우 디지털 증거분석을 의뢰한 수사부서와 협의하여 외부 전문기관에 분석을 의뢰할 수 있다.

## 제4장 디지털 증거분석결과 검토 및 보고

**제30조(결과보고서 작성)** 증거분석관은 분석을 종료한 때에는 다음 각호의 사항을 기재한 디지털 증거분석 결과보고서를 작성하여야 한다.

1. 사건번호 등 분석의뢰정보 및 분석의뢰자정보

2. 증거분석관의 소속 부서 및 성명

3. 분석의뢰물의 정보 및 의뢰 요청사항

4. 분석의뢰물의 접수일시 및 접수자 등 이력정보

5. 분석에 사용된 장비·도구 및 준비과정

6. 증거분석과정 및 그 과정을 기록한 사진·영상자료

7. 증거분석에 의해 획득한 자료 및 이에 대한 상세 내용 등 증거분석결과

8. 그 밖에 분석과정에서 행한 조치 등 특이사항

**제31조(내부심의회의 운영)** ① 경찰청 디지털포렌식센터장과 시·도경찰청 사이버수사과장은 디지털 증거분석의 공정성, 객관성, 신뢰성 제고를 위하여 필요한 경우 소속 증거분석관으로 구성된 내부심의회를 구성하여 운영할 수 있다.

② 내부심의회는 소속 부서에서 수행한 디지털 증거분석 결과의 검토 등을 수행한다.

③ 분석을 담당하는 증거분석관은 제2항에 따른 내부심의 결과를 디지털 증거분석 결과에 반영할 수 있다.

제32조(분석결과 통보) 증거분석관은 분석결과를 분석의뢰자에게 신속하게 통보하고, 디지털 증거분석이 완료된 분석의뢰물 등을 제23조제1항 및 제2항의 방법으로 반환하여야 한다. 제29조에 따른 외부기관 분석을 의뢰한 경우 분석의뢰자에게 외부기관 분석 결과를 함께 통보하여야 한다.

제33조(추가분석의뢰) 경찰관은 제32조의 분석결과와 관련하여 필요한 경우에는 해당 분석의뢰물의 압수·수색을 허가한 영장의 효력 범위 안에서 추가분석을 요청할 수 있다.

## 제5장 디지털 증거의 관리

제34조(디지털 증거 등의 보관) ① 분석의뢰물, 제27조제1항의 복제자료, 증거분석을 통해 획득한 전자정보(디지털 증거를 포함한다)는 항온·항습·무정전·정전기차단시스템이 설치된 장소에 보관함을 원칙으로 한다. 이 경우 열람제한설정, 보관장소 출입제한 등 보안유지에 필요한 조치를 병행하여야 한다.

제35조(전자정보의 삭제·폐기) ① 증거분석관은 분석을 의뢰한 경찰관에게 분석결과물을 회신한 때에는 해당 분석 과정에서 생성된 전자정보를 지체 없이 삭제·폐기하여야 한다.

② 경찰관은 제1항의 분석결과물을 회신받아 디지털 증거를 압수한 경우 압수하지 아니한 전자정보를 지체 없이 삭제·폐기하고 피압수자에게 그 취지를 통지하여야 한다. 다만, 압수 상세목록에 삭제·폐기하였다는 취지를 명시하여 교부함으로써 통지에 갈음할 수 있다.

③ 경찰관은 사건을 이송 또는 송치한 경우 수사과정에서 생성한 디지털 증거의 복사본을 지체 없이 삭제·폐기하여야 한다.

④ 제1항부터 제3항까지에 따른 전자정보의 삭제·폐기는 복구 또는 재생이 불가능한 방식으로 하여야 한다.

제36조(입건 전 조사편철·관리미제사건 등록 사건의 압수한 전자정보 보관 등) 경찰관은 입건 전 조사편철·관리미제사건 등록한 사건의 압수한 전자정보는 다음 각호와 같이 처리하여야 한다.

1. 압수를 계속할 필요가 있는 경우 해당 사건의 공소시효 만료일까지 보관 후 삭제·폐기한다.

2. 압수를 계속할 필요가 없다고 인정되는 경우 삭제·폐기한다.

3. 압수한 전자정보의 삭제·폐기는 관서별 통합 증거물 처분심의위원회의 심의를 거쳐 관련 법령 및 절차에 따라 삭제·폐기한다.

4. 압수한 전자정보 보관 시 충격, 자기장, 습기 및 먼지 등에 의해 손상되지 않고 안전하게 보관될 수 있도록 별도의 정보저장매체등에 담아 봉인봉투 등으로 봉인한 후 소속부서에서 운영 또는 이용하는 증거물 보관시설에 보관하는 등 압수한 전자정보의 무결성과 보안 유지에 필요한 조치를 병행하여야 한다.

제37조(디지털 증거 관리책임) 디지털 증거를 다루는 부서의 장(과장급)은 소속 부서의 디지털 증거 보관 및 삭제·폐기 등 관리 현황을 정기적으로 점검하고 필요한 조치를 취하여야 한다.

부칙 〈제1086호, 2023. 7. 4.〉

제1조(시행일) 이 규칙은 2023. 7. 4.부터 시행한다.

제2조(존속기한) 이 규칙은 「훈령·예규 등의 발령 및 관리에 관한 규정」에 따라 이 규칙을 발령한 후의 법령이나 현실 여건의 변화 등을 검토하여야 하는 2026. 8. 31.까지 효력을 가진다.

# 판례 번호 판례 색인

# 저자 약력

## 박상진(朴相珍)
Prof. Dr. Sangjin Park

1967년 부산 출생
1990년 중앙대학교 법과대학 졸업
1990 – 1999 중앙대학교 대학원 법학석사 · 법학박사
2001 – 현재 건국대학교 법학과교수/경찰학과 교수
건국대학교 강의우수교수상(3회)
건국대학교 기획조정처장, 공공인재대학 학장, 링크사업단 ICC장
사법시험 등 국가고시 출제위원

### 주요저서
최신중요 형법판례각론 (제2판, 박영사, 2024)
최신중요 형법판례총론 (제2판, 박영사, 2024)
최신중요 일본형법판례(총론편) (공저 · 박영사, 2021)
최신중요 일본형법판례(각론편) (공저 · 박영사, 2021)
반려동물법률상담사례집 (제2판, 공저 · 박영사, 2024)

최신중요 형사소송법판례

초판발행      2025년 2월 28일

지은이        박상진
펴낸이        안종만·안상준

편 집         윤혜경
기획/마케팅    김한유
표지디자인     이영경
제 작         고철민·김원표

펴낸곳        (주) 박영사
             서울특별시 금천구 가산디지털2로 53, 210호(가산동, 한라시그마밸리)
             등록  1959. 3. 11. 제300-1959-1호(倫)

전 화         02)733-6771
f a x         02)736-4818
e-mail        pys@pybook.co.kr
homepage      www.pybook.co.kr
ISBN          979-11-303-4913-8   93360

정 가        37,000원